Adley Rutschman

JN013539

Rafael Devers
Red Sox
ラファエル・デヴァーズ
レッドソックス

Dylan Cease
White Sox
ディラン・シース
ホワイトソックス

Steven Kwan
Guardians
スティーヴン・クワン
ガーディアンズ

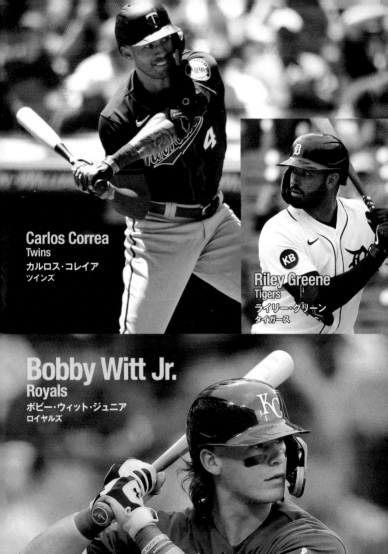

Carlos Correa
Twins
カルロス・コレイア
ツインズ

Riley Greene
Tigers
ライリー・グリーン
タイガース

Bobby Witt Jr.
Royals
ボビー・ウィット・ジュニア
ロイヤルズ

Jeremy Pena
Astros
ジェレミー・ペーニャ
アストロズ

Julio Rodriguez
Mariners
フリオ・ロドリゲス
マリナーズ

Patrick Sandoval
Angels
パトリック・サンドヴァル
エンジェルス

Jonah Heim
Rangers
ジョナ・ハイム
レンジャーズ

Domingo Acevedo
Athletics
ドミンゴ・アセヴェド
アスレティックス

Kyle Wright
Braves
カイル・ライト
ブレーブス

Jeff McNeil
Mets
ジェフ・マクニール
メッツ

Kyle Schwarber

Phillies

カイル・シュワーバー
フィリーズ

Sandy Alcantara

Marlins

サンディ・アルカンタラ
マーリンズ

Joey Meneses
Nationals
ジョーイ・メネセス
ナショナルズ

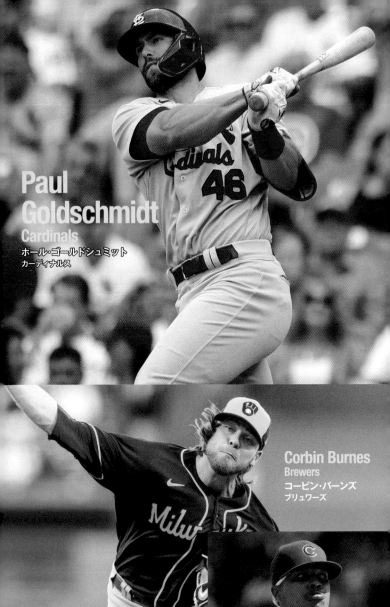

**Paul
Goldschmidt**
Cardinals
ポール・ゴールドシュミット
カーディナルス

Corbin Burnes
Brewers
コービン・バーンズ
ブリュワーズ

Marcus Stroman
Cubs
マーカス・ストローマン
カブス

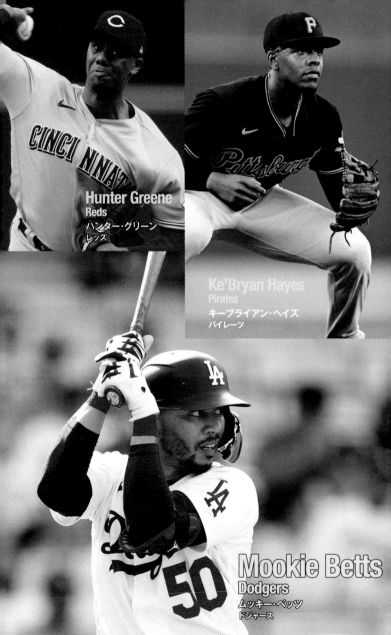

Hunter Greene
Reds
ハンター・グリーン
レッズ

Ke'Bryan Hayes
Pirates
キーブライアン・ヘイズ
パイレーツ

Mookie Betts
Dodgers
ムッキー・ベッツ
ドジャース

MAJOR LEAGUE
REMARKABLE
PLAYERS OF
30 TEAMS

Ha-Seong Kim
Padres
金河成（キム・ハソン）
パドレス

Logan Webb
Giants
ローガン・ウェッブ
ジャイアンツ

Christian Walker **53**
Diamondbacks
クリスチャン・ウォーカー
ダイヤモンドバックス

Brendan Rodgers
Rockies
ブレンダン・ロジャーズ
ロッキーズ

メジャーリーグ・
リーグ・
完全データ
選手名鑑
2023

監修　　　　編著
村上雅則　友成那智

**Major League
Perfect Data
Players Directory
2023**

廣済堂出版

WBC、新ルール…今年は日本人投手の試練の年に

　昨年私は日本人メジャーリーガー第1号ということで、日米協会が主催した『野球伝来150年』に招待され、LAとヒューストンで行われたイベントに参加しました。ベースボールが150年という節目の年を迎えたように、毎年、廣済堂出版から刊行されているこの本も20冊目になるとのこと。監修者として最初から関わってきた私としては、感慨深いものがあります。

　今年はメジャーリーグに3人の新たな日本人選手が挑戦します。千賀滉大にとって重要なのは、1日も早くメジャーのボールに慣れることです。それができれば高低の投げ分けをきっちりできるようになり、白星が続くでしょう。藤浪晋太郎にはサプライズ的な活躍を見せてもらいたい。メジャー式の調整法は彼に合っていると思うので、別人のように安定したピッチングをやってのける可能性があります。選球眼にスランプはないので、吉田正尚には「出塁率王」を期待しています。

　大谷翔平は今季の成績次第では、来季からの契約が6億ドル規模にも4億ドル規模にもなる大事な年。悪くても35本塁打と15勝をクリアしてほしいです。ダルビッシュ有は年齢的にサイ・ヤング賞を狙えるラストチャンスだと思うので、春先からフル回転で行ってほしい。トミー・ジョン手術明けの前田健太に求められるのは、2ケタ勝利と3点台前半の防御率。それを実現すると新たに3年契約をゲットできるはずです。菊池雄星に関しては、異常に多い与四球を半分にすることを望みます。それができれば、先発失格になることはないでしょう。

　鈴木誠也は、持ち前の明るい性格でチームに完全に溶け込んでいるのがいい。彼のようなリラックスできる日本人選手は、2年目に大活躍する傾向があるので、楽しみです。筒香嘉智はマイナー契約でレンジャーズに入り、3Aで好成績を出してメジャーにはい上がるいばらの道を選択しました。試行錯誤の1年になるでしょうが、打棒復活のきっかけになるものを見つけてほしいと思います。

　今年は春のキャンプ期間中にWBCがあり、参加した選手は疲労が早く来て体調管理が難しくなります。さらにルール改正で投手は走者なしの場面では15秒、ありのときは20秒以内に投げなくてはいけなくなり、日本人投手は投球間隔が長いので、苦労しそうです。その試練をどう乗り切るか、見守っていきたいと思います。

村上雅則

20年の間にメジャーリーグから消えたもの

　本書は今年で20年目を迎えます。「冬の時代」に入って久しい出版界で本書が命脈を保つことができたのは、読み物としての面白さを見いだし、愛読し続けてくださった読者の皆様のおかげです。心より感謝申し上げます。今回も、データやエピソードを交え、これまでで最も多い849人の選手をくわしく紹介しています。

　1年目の2004年度版からざっと読み返してみると、メジャーリーグから消えてしまった大事なものがあることに気がつきます。それはナックルボーラーです。筆者はナックルボーラー・マニアで、これまでナックルボーラーには大きなスペースを割いて紹介し、ナックルボーラーのメジャーデビューがあれば、1、2試合しか登板がなくても紹介文を書いてきました。そんなことをするのは、ナックルボール投げがメジャーリーグで脈々と受け継がれてきた伝統芸であり、ノスタルジーを感じるからです。ピッチャーがキャッチボールのような軽いモーションで遅いフラフラ揺れるボールを投げ、打者は力んで打ちにいくがバットにかすりもせず、ボールはキャッチャーの特大ミットに吸い込まれる。この光景は、メジャーリーグの風物詩の1つでした。本著の刊行が続くうちに、ローテーションに入るようなナックルボーラーの出現を願ってやみません。

　初期からざっと読み返してみると、遅々として進まないFA市場の進行に悩まされてきた記憶もよみがえります。名鑑を書く場合、所属先の決まらない選手が大量に存在することほど困った問題はありません。オフのFA市場の進行が、代理人たちの銭闘の横行で遅くなる年は、1月下旬になっても所属先が決まらない大物がたくさん残っているので、執筆に取りかかれない球団がいくつも出ます。1月中旬まで遅い進行だったのに、1月下旬から契約ラッシュが起きると、選手の入れ替えに忙殺され、編集スタッフも泊まりがけで、昼夜兼行の作業を強いられることになります。

　幸いなことに今回は、FA市場の進行が驚くほど早く、1月上旬にほとんどの大物の契約が完了していたので、そうした動向に振り回されずに済みました。その理由は推測するしかありませんが、筆者はコロナ禍の終焉で各球団の収益が回復したことと、今年から全国放映権料の分配金が大幅に増えたことが、各球団の財布のヒモをゆるくしたのではないかと思っています。

友成那智

Contents

【巻頭カラー】全球団注目選手 ………………………………… 2

はじめに──WBC、新ルール…日本人投手の試練の年 ……… 12

本書の特徴──20年の間にメジャーリーグから消えたもの ……… 13

本書の見方 ……………………………………………………… 16

メジャー用語解説 ……………………………………………… 17

特集1 日本人・新メジャーリーガー **2023年大予測!** …… 20

特集2 第5回WBC開催記念! **国家別戦力分析** ………… 23

特集3 何が変わる?**MLBの3つの新ルール** ………… 26

アメリカン・リーグ AMERICAN LEAGUE 27

本拠地マップ&チーム略記表 ………………………………… 28

東部地区 EAST

ニューヨーク・ヤンキース NEW YORK YANKEES ……………… 29

トロント・ブルージェイズ TORONTO BLUE JAYS ……………… 45

タンパベイ・レイズ TAMPA BAY RAYS …………………………… 61

ボルティモア・オリオールズ BALTIMORE ORIOLES ……………… 77

ボストン・レッドソックス BOSTON RED SOX …………………… 91

中部地区 CENTRAL

クリーブランド・ガーディアンズ CLEVELAND GUARDIANS … 105

シカゴ・ホワイトソックス CHICAGO WHITE SOX ……………… 121

ミネソタ・ツインズ MINNESOTA TWINS ………………………… 135

デトロイト・タイガース DETROIT TIGERS ……………………… 149

カンザスシティ・ロイヤルズ KANSAS CITY ROYALS …………… 161

西部地区 WEST

ヒューストン・アストロズ HOUSTON ASTROS …………………… 175

シアトル・マリナーズ SEATTLE MARINERS ……………………… 191

ロサンジェルス・エンジェルス LOS ANGELES ANGELS ………… 207

テキサス・レンジャーズ TEXAS RANGERS ……………………… 227

オークランド・アスレティックス OAKLAND ATHLETICS …… 243

ナショナル・リーグ NATIONAL LEAGUE　257

本拠地マップ&チーム略記表 …………………………………………………… 258

東部地区　EAST

アトランタ・ブレーブス ATLANTA BRAVES ……………… 259
ニューヨーク・メッツ NEW YORK METS ……………………… 275
フィラデルフィア・フィリーズ PHILADELPHIA PHILLIES ……… 293
マイアミ・マーリンズ MIAMI MARLINS …………………………… 311
ワシントン・ナショナルズ WASHINGTON NATIONALS ……………… 323

中部地区　CENTRAL

セントルイス・カーディナルス ST. LOUIS CARDINALS ………… 335
ミルウォーキー・ブリュワーズ MILWAUKEE BREWERS ………… 351
シカゴ・カブス CHICAGO CUBS ………………………………… 367
シンシナティ・レッズ CINCINNATI REDS ……………………… 381
ピッツバーグ・パイレーツ PITTSBURGH PIRATES ……………… 393

西部地区　WEST

ロサンジェルス・ドジャース LOS ANGELES DODGERS ………… 405
サンディエゴ・パドレス SAN DIEGO PADRES ………………… 421
サンフランシスコ・ジャイアンツ SAN FRANCISCO GIANTS … 437
アリゾナ・ダイヤモンドバックス ARIZONA DIAMONDBACKS … 451
コロラド・ロッキーズ COLORADO ROCKIES ………………… 465

巻末付録 1　2022年度メジャーリーグ最終成績　477

◆最終順位 ………………………………………………………………478
◆プレーオフ結果&タイトル受賞者(MVP、サイ・ヤング賞、新人王、最優秀監督)……479
◆部門別個人成績　●アメリカン・リーグ投手 …480　●アメリカン・リーグ打者 …481
　　　　　　　　　　●ナショナル・リーグ投手 …482　●ナショナル・リーグ打者 …483
◆タイトル受賞者(ゴールドグラブ賞、シルバースラッガー賞) ………………………484

巻末付録 2　歴代メジャーリーグ記録　485

◆歴代ワールドシリーズ成績 …………486　◆歴代投手記録 ………………488
◆歴代打者記録 …………………………489　◆歴代MVP …………………490

■索引 ……………………………………………………………………………491

本書の見方

投手

年齢（2023年満年齢）生年月日
｜身長 体重｜サイド アンダー は明記
　　　　　 ハンド、ハンド

先発、クローザーなどの役割

背番号 — 昨季のQS25は、ナショナル・リーグ最多　**先発**

11 ダルビッシュ有
Yu Darvish ★WBC日本代表

- ◆37歳 1986.8.16生｜196cm｜99kg｜右投右打
- ◆速球のスピード／150キロ台前半（フォーシーム、ツーシーム）
- ◆決め球と持ち球／☆スライダー、◎フォーシーム、
  ◎シンカー、◎スプリッター、△カッター、△カーブ
- ◆対左打者被打率／.185 ◆対右打者被打率／.233
- ◆ホーム防御率／2.60 ◆アウェー防御率／3.50
- ◆ドラフトデータ／2004①日本ハム、2012㉘レンジャーズ
- ◆出身地／大阪府 ◆年俸／2400万ドル（約31億2000万円）
- ◆最多勝1回（20年）、最多奪三振1回（13年）

各能力 5段階評価	
球威	5
制球	5
緩急	5
守備・牽制	3
度胸	5

第5回WBC
（ワールド・ベースボール・クラシック）
参加予定者の出場国名

- ◆好調時の速球のスピード
- ◆球種（☆はアウトピッチレベル、◎は上級レベル、
  ○は平均レベル、△は平均未満レベル）
- ◆昨季の対左打者・対右打者被打率
- ◆昨季のホーム・アウェー防御率
- ◆ドラフトデータ
  （入団年、指名巡（ドラフト外は㉘）、指名球団）
- ◆出身地
- ◆2023年の年俸
- ◆主要タイトル受賞歴
  （MVP、サイ・ヤング賞、最優秀防御率、最多勝、最多奪三振、最多セーブ、
  最優秀救援投手賞、ゴールドグラブ賞、シルバースラッガー賞、
  カムバック賞、ロベルト・クレメンテ賞、新人王）

球威	
制球	
緩急	
守備・牽制	
度胸	

（5⁺も、
稀にあり）

野手

年齢（2023年満年齢）生年月日
｜身長 体重｜スイッチヒッターは両打と表示

今季移籍入団した選手
（新人王受賞資格を有する
者は、ルーキーマークが入る）

ポジション

背番号 — 恩師ロング打撃コーチのいるフィリーズを選択　**ショート**

移籍

7 トレイ・ターナー
Trea Turner ★WBCアメリカ代表

- ◆30歳 1993.6.30生｜188cm｜83kg｜右投右打
- ◆対左投手打率／.298(168-50) ◆対右投手打率／.298(484-144)
- ◆ホーム打率／.292(315-92) ◆アウェー打率／.303(337-102)
- ◆得点圏打率／.315(178-56)
- ◆22年のポジション別出場数／ショート＝160
- ◆ドラフトデータ／2014①パドレス
- ◆出身地／フロリダ州
- ◆年俸／2727万ドル（約35億4510万円）
- ◆首位打者1回(21年)、盗塁王2回(18,21年)、シルバースラッガー賞1回(22年)

各能力5段階評価	
ミート	5
パワー	5
走塁	5
守備	4
肩	3

- ◆昨季の対左投手・対右投手打率
- ◆昨季のホーム・アウェー打率
- ◆昨季の得点圏打率
- ◆昨季のポジション別出場数
- ◆ドラフトデータ（入団年、指名巡（ドラフト外は㉘）、指名球団）
- ◆出身地
- ◆2023年の年俸
- ◆主要タイトル受賞歴
  （MVP、首位打者、本塁打王、打点王、盗塁王、ゴールドグラブ賞、シルバース
  ラッガー賞、ハンク・アーロン賞、カムバック賞、ロベルト・クレメンテ賞、新人王）

ミート	
パワー	
走塁	
守備	
肩	

（5⁺も、
稀にあり）

メジャー用語解説

主な球種と代表的投手

■フォーシームの速球

日本における「直球」「ストレート」。J・デグロームやS・ストライダーは、100マイル（約161キロ）のフォーシームで、三振を量産。

■ツーシームの速球

動く速球で、日本の「シュート」もこれに含まれる。一般にフォーシームより球速は落ちる。最近は「シンカー」でまとめられることも多い。

■シンカー

ゴロを打たせるのに最適な沈む速球。ツーシームを含める場合もある。代表的な使い手には、S・アルカンタラ、R・スアレスなどがいる。

■カッター(カットファストボール)

速球に近いスピードで来て、打者の手元で小さく鋭く変化する球種。K・ジャンセン、E・クラセー、C・バーンズらが、武器にしている。

■チェンジアップ

打者の近くで沈むスピードの遅い変化球で、握り方によって変化は異なる。代表的な投手に、D・ウィリアムズ、T・アンダーソンなどがいる。

■スライダー

ヨコやタテに鋭く曲がる変化球。多くの投手が持ち球にしている。大谷翔平、A・ムニョス、E・ディアスらのスライダーは一級品。

■カーブ

大きく曲がりながら落ちる変化球。代表的な使い手には、F・ヴァルデス、M・フリード、J・ウリーアス、A・ウェインライトなどがいる。

■スプリッター

打者の近くでストンと落ちる変化球。日本における「フォークボール」もこれに含まれる。大谷翔平、千賀滉大、K・ゴーズマンらの勝負球。

■ナックルボール

揺れながら来て、打者の近くで予測のつかない沈みを見せる変化球。最近のメジャーでは、この球種を武器にする投手がほぼいなくなった。

投手に関する用語

■ブルペン

もとの意味は、投球練習場。転じて、「リリーフ」の意。

■クオリティ・スタート(QS)

先発して6回以上を投げ、自責点3以下に抑えた試合。昨季のメジャー最多はF・ヴァルデスの26、2位はダルビッシュ有とA・マノアの25。

■WHIP(Walks & Hits per Inning Pitched)

1イニングあたりに許した走者（安打＋四球）の数。J・ヴァーランダーの0.83が昨季、規定投球回に達した投手の中でベストの数字。

17

■サイ・ヤング賞
その年、最も活躍した投手に贈られる賞。両リーグから1人ずつ選ばれる。
昨季はJ・ヴァーランダーとS・アルカンタラが受賞した。

■スターター
先発投手のこと。メジャーでは100球を目途に交代するケースが多い。

■クローザー
リードしている試合の9回、ないし8回の途中から登板する抑え投手。

■セットアップ
7回、8回から登板し、クローザーへつなぐ役割をになう投手。

■スイングマン
チーム事情によって、先発にリリーフにと様々な使い方をされる投手。

■オープナー
本来はリリーフの投手が先発し、1、2回の短いイニングを投げる戦術。

野手に関する用語

■5(ファイブ)ツール
野手を評価する際によく用いられる、重要な5つの能力。「高打率を出す能力」「長打力」「走塁技術」「守備力」「肩の強さ」を指す。

■クラッチヒッター
チャンスや大事な場面でしっかり結果を出す勝負強い打者。

■フリースインガー
狙い球をしぼらず、なんでもかんでも打ちにいく打者。出塁率が低い。

■ユーティリティ・プレーヤー
複数のポジションを守ることのできる選手。投手と捕手以外ならどこでも守れる、内外野兼用のユーティリティ・プレーヤーもいる。

■プラトーン・プレーヤー
左投手（右投手）が先発する際に、先発で出場する右打者（左打者）。

■OPS(On-base Plus Slugging)
出塁率と長打率を合わせた、強打者度を示す数値。昨季のメジャートップは、A・ジャッジの1.111。2位はY・アルヴァレスの1.019。

■DRS(Defensive Runs Saved)
守備力を測る数値。ある選手がそのポジションの平均と比べ、シーズンを通して守備でどれだけ失点を防いだ（与えた）かを示す。

■アシスト
補殺のこと。打球を捕球後、打者や走者をアウトにした送球など。

■ゴールドグラブ賞・シルバースラッガー賞
ゴールドグラブ賞はその年、とくに優れた守備を見せた選手に贈られる賞。シルバースラッガー賞は、とくに優れた打撃を見せた選手に贈られる賞。両リーグから各ポジション1人ずつ選ばれる。

■ハンク・アーロン賞
その年、最も活躍した打者に贈られる賞。両リーグから1人ずつ選ばれる。昨季は、A・ジャッジとP・ゴールドシュミットが受賞している。

■ゼネラル・マネージャー(GM)

トレードやドラフトなど、チーム編成業務の統括的役職。最近ではさらなる編成上の責任者を、GMの上に置く球団も増えている。

■ベンチコーチ

監督の補佐的役割をになうコーチ。日本の「ヘッドコーチ」にあたる。

■フリー・エージェント(FA)

所属先が確定しておらず、どのチームとも契約を結べる自由契約選手。

■ドラフト

7月に開催。指名対象地域はアメリカ、カナダ、プエルトリコ。

■ルール5(ファイブ)ドラフト

毎年12月に行われる。各チームのメジャー登録選手枠に入っていない選手を他球団が獲得できる、選手の飼い殺しを防ぐ制度。獲得した選手の起用法や相手球団への補償など、細かな制約がいくつもある。

■オプトアウト

契約を途中破棄すること。選手が球団と長期契約を結ぶ際、途中で有利な条件に乗り換えられるよう、オプトアウト条項を盛り込む場合も多い。

■故障者リスト(IL=Injured List)

故障選手の登録制度。リストに登録された選手は、メジャー選手の資格を持ったまま、申請期日満了となるまでベンチ入り枠から除外される。

■トミー・ジョン手術

ヒジの腱の移植手術。数多くの選手がこの手術を受け、復活している。投手であれば通常、実戦復帰までに1～1年半の時間がかかる。

■スモールボール

犠打、盗塁、ヒットエンドランなど、小技や機動力を駆使する戦術。

■カムバック賞

病気やケガを乗り越え、活躍した選手に贈られる賞。

■ロベルト・クレメンテ賞

慈善活動に積極的に取り組んでいる選手に贈られる名誉ある賞。

MLB英語略記

G=試合、AB=打数、H=安打、HR=本塁打、RBI=打点、AVG=打率、BB=四球、SO=三振、SB=盗塁、CS=盗塁死、OBP=出塁率、GS=先発試合数、W=勝利、L=敗戦、SV=セーブ、IP=投球回、ER=自責点、E=失策、FPCT=守備率、WS=ワールドシリーズ、ALCS=アメリカン・リーグ・チャンピオンシップシリーズ、NLCS=ナショナル・リーグ・チャンピオンシップシリーズ、ALDS=アメリカン・リーグ・ディヴィジョンシリーズ、NLDS=ナショナル・リーグ・ディヴィジョンシリーズ

Roster(出場選手登録)略記

R=右投げ（右打ち）、L=左投げ（左打ち）、S=両打ち、SP=先発投手、RP=リリーフ投手、1B=ファースト、2B=セカンド、3B=サード、SS=ショート、LF=レフト、CF=センター、RF=ライト、OF=外野手、UT=ユーティリティ、DH=指名打者

千賀滉大
Kodai Senga

日本人・新メジャーリーガー
2023年
大予測！

吉田正尚
Masataka Yoshida

藤浪晋太郎
Shintaro Fujinami

海外FA権を行使した千賀滉大と、ポスティングシステムを利用した吉田正尚、藤浪晋太郎が、今季からメジャーでプレーする。彼らの活躍を予測してみよう。

千賀滉大（メッツ）…メッツファンはお化けフォークに期待

　メッツが千賀滉大に期待することは、2大エース（シャーザー、ヴァーランダー）に次ぐ、先発3番手として8割以上稼働し、3点台前半の防御率をマークして12勝以上することだ。正式な契約を交わす前の身体検査で、メッツは肩かヒジに疑わしい個所があることを知ったが、契約を解除するレベルではなかったので、代理人と話し合った末、いくらか減額することで話がつき、5年7500万ドル（約97億5000万円）で契約した。これがなければ、1億ドルを超す契約になっていた可能性が高い。

＋プラス要因　1：フォーシームとスプリッター（フォークボール）を高低に投げ分ける日本人投手は、メジャーで最も成功例が多い。
2：メッツは千賀が故障しないよう、万全の態勢を組むと表明している。

千賀のスプリッターは、魔球レベル。メジャーでも十分通用するだろう。

3：メッツの本拠地シティ・フィールドは、広い球場であり、本塁打が出にくい。フライ打球が多くなる千賀には有利に働く。
4：女房役になるニドとナルヴァエスは、どちらもボール

ブロックがうまいので、千賀は安心してフォークを使える。

５：フライ打球が多くなる千賀にとって、守備力の高いメッツ外野陣は心強い存在。

ーマイナス要因　１：メジャーリーグでは中４日での登板が基本になるので、ヒジや肩の故障リスクが格段に増す。

２：ニューヨークのメディアは辛辣（しんらつ）で、高給取りなのに働きの悪い選手は容赦（ようしゃ）ない批判にさらされる。千賀も故障が続いて稼働率が悪くなれば、「壮大な無駄遣い」と批判されるだろう。

　このようにマイナス要因もあるが、プラス要因のほうがずっと多い。あとは、故障を最小限に抑えることができるかどうかだ。

吉田正尚（レッドソックス）…「オン・ベース・マシン」として入団

　吉田正尚は、５年9000万ドル（約117億円）という当初の予想をはるかに超える大型契約でレッドソックスに入団した。レッドソックスが吉田に期待するのは、「出塁率４割を出せるトップバッター」になることだ。100以上の得点をマークすることも期待されている。

＋プラス要因　１：レッドソックスは、日本人選手の扱いに慣れている球団。

２：レギュラーの座が約束されているのでポジション争いで疲弊（ひへい）することがなく、マイナー落ちのプレッシャーを感じながらプレーすることもない。

３：吉田の守備面での短所は、守備範囲が広くないことと、肩がイマイチであることだ。レッドソックスの本拠地フェンウェイ・パークは、レフトが極端に浅い形状のため、そうした短所が目立たない。

４：逆方向に強い打球を飛ばす技術が高い吉田は、レフトが浅いだけでなく、高さ11メートルの巨大なフェンスが設置されている本拠地で、レフトへの二塁打をたくさんかせげる。

ーマイナス要因　１：メジャーリーグでは審判によってかなりストライクゾーンが違うので、四球をハイペースでかせげなくなる恐れがある。

２：吉田は右足を上げてタイミングをとるため、メジャーの投手の150キロ台後半の快速球に差し込まれるケースが多く

逆方向にも打球が伸びる吉田には、「グリーンモンスター」直撃の長打量産を期待。

なるかもしれない。

3：肩がイマイチであるため、レフトが深いヤンキー・スタジアムやキャムデンヤーズの形状は不利に働く。

このようにプラスもマイナスもいくつかあるが、吉田は何を求められているのかはっきりわかっているので、出塁率3割8分以上をキープできれば、優秀なトップバッターと評価されるだろう。

藤浪晋太郎（アスレティックス）…若手優先のチームで生き残るのは大変

藤浪晋太郎は1年325万ドル（約4億2250万円）の契約で、アスレティックスに入団した。過去に、アスレティックスで成功した日本人選手は1人もいない。すべての面で、自前で育成した若手が優先される球団なので、外部から獲得した中堅、ベテランをじっくり使うという気がない。そんな球団で日本人投手が生き残るのは至難の業だ。藤浪は試練の年を迎えることになりそうだ。

＋プラス要因 　1：阪神時代は無責任なマスコミに叩かれ続けたが、アメリカでは、外野の騒音に悩まされずにマウンドに立てる。

2：アスレティックスは、藤浪の先発で投げることへのこだわりを理解し、初めは先発で使ってみて、ダメならリリーフに回すというスタンスだ。

3：本拠地球場はアメフトとの兼用球場で、ファウルゾーンがたいへん広い。これはフライ打球が多くなる藤浪に有利に働く。

ーマイナス要因 　1：制球に難がある藤浪が、100球で5回終了まで投げ切るのは容易なことではない。

2：デッドボールが多い藤浪にとって、ぶつけられた打者が怒ってマウンドめがけて突進してくることは、恐怖以外の何物でもない。

3：オープン戦でスランプになれば、中島宏之のように開幕前にマイナー落ちして2度と浮上できなくなる恐れがある。そのため、オープン戦から結果を出し続ける必要がある。

マイナス要因はほかにもいくつかあるが、プラス要因になるものはあまりないので、藤浪は厳しい環境の中で生き抜かないといけない。藤浪は明晰な頭脳の持ち主なので、それを乗り越える可能性は十分ある。

◀潜在能力の高さはピカイチの藤浪。その才能が、メジャーで開花するか!?

第5回WBC開催記念!

国家別

戦力分析

今回のWBCはMLBが各球団に主力選手の供出を呼びかけ、大半の国がベストメンバーか、それに近い陣容で大会に臨む。その背景を説明したうえで、主要国、注目国の特徴を解説したい。各国の野球・選手のスタイルを知ると、シーズン中も楽しめる!

▲ マイク・トラウトら多くのスター選手がアメリカ代表でのWBC出場を表明

MLBがWBC優先主義に転じた背景

　WBCに関してはこれまで、メジャーの各球団が選手のケガを恐れて主力選手の参加に難色を示してきた。そのため日本や韓国では国民的な関心事になっているのに、本家本元のアメリカでは盛り上がりに欠け、USAとプエルトリコの対戦となった前回大会の決勝戦ですら、米国でのテレビ視聴率は1%台だった。ところが今回のWBCでは、打って変わってMLBがリーダーシップを発揮し、各球団に主力選手を参加させるよううながしたため、各国代表チームの陣容はベストメンバーかそれに近いものになっている。

　MLBがWBC優先主義に転じたのは、「ESPN」に代わって今回からWBCのテレビ中継をになう「FOXテレビ」の意向が強く反映していると見られている。「FOXテレビ」はカタールで行われたFIFAワールドカップのアメリカでの独占放映権を獲得し、USA代表の試合などで高い視聴率を記録したため、WBCも各国がベストメンバーで参加し、死力を尽くして戦えば、野球版のワールドカップにすることができると考えている。それはマンフレッド・コミッショナーの望むところでもあったので、MLBは今回の大会から徹底したWBC優先主義に転じたのである。

主要国はベストメンバーかそれに近い陣容

アメリカ: カーショウがエース格で、リアルミュートが守りの司令塔になる。打線にはトラウト、ゴールドシュミット、ベッツら有名選手が顔をそろえる。

監督はこれまではトーリ、リーランドといった長老が務めていたが、今回は若い理論派解説者マーク・デローサだ。

ドミニカ：WBCが国民的関心事になっているため、トップレベルの選手がこぞって参加を表明。アルカンタラとハヴィエアを頭に頂く先発陣は、実力ナンバーワン。リリーフ陣には平均球速162.3キロのデュランと160.3キロのクラセーがいる。野手も、キャッチャー以外は最強の陣容。

プエルトリコ：昨シーズンまで現役で、現場監督でもあったヤディアー・モリナが監督を務める。モリナがいると、B級の投手がエース級のピッチングを見せるから不思議だ。

ベネズエラ：投手野手とも強力な陣容だが、士気が低い。

キューバ：亡命者が多過ぎて危機的状況となっている。MLBで活躍する選手2人と日本で活躍する選手が5〜7人はいるので、予選ラウンドは突破できるかもしれない。

メキシコ：有名選手が多数参加するが、勝利への執着が薄いチーム。

カナダ：フリーマンとクワントリルだけでは勝てない。層が薄い。

オランダ：これまでと同様、めぼしい人材が内野手に片寄っていて、先発投手がかなり手薄。それでもまとまりが良く、接戦に強い。

イタリア：リリーフ陣は強力だが、先発投手が弱体で、長距離砲が不在。1勝はできても、1次ラウンドを勝ち上がれる力はまだない。

チェコ：欧州の地区予選を勝ち上がってWBCの本大会出場が決まったことで、チェコでは野球ファンが急増中。1勝してほしい。

イスラエル：メンバーに現役メジャーリーガーが10人近くもいる。キンズラー監督、ユーキリス打撃コーチを中心にまとまりもいい。

日本：大谷翔平の登板があるかは不透明だが、山本由伸、佐々木朗希、ダルビッシュ有が主体となる先発陣は最高レベル。準決勝と決勝は1点を争うゲームになるので、打者大谷が打線に入ることは、大きな意味を持つ。

韓国：スモールボールのスキルが高い金河成（キム・ハ ソン）とエドマンが1、2番コンビを組めば、うるさい存在になるだろう。

中国：韓国リーグで投げている投手・朱権（チュ・グァン）がエース。

台湾：投手陣にはNPBでまあまあの働きをしている者や、マイナーリーグ経験者が多いが、王建民（ワン・チェンミン）、陳偉殷（チェン・ウェイン）レベルの投手は出なくなった。

オーストラリア：野球人気の低下で優秀な人材が出なくなり、ナショナルチームも弱体化。格下のチームと見なされるようになった。

　辛辣（しんらつ）なことをズケズケと書いたが、野球の国際大会は番狂わせが付き物。それを楽しみにして、テレビ観戦していただきたい。

第5回WBC参加予定の主なメジャーリーガー

アメリカ	【投手】クレイトン・カーショウ(ドジャース)、マイルズ・マイコラス(カーディナルス)、アダム・ウェインライト(カーディナルス)、ライアン・プレスリー(アストロズ) 【野手】マイク・トラウト(エンジェルス)、ムッキー・ベッツ(ドジャース)、ポール・ゴールドシュミット(カーディナルス)、トレイ・ターナー(フィリーズ)、J.T.リアルミュート(フィリーズ)、ピート・アロンゾ(メッツ)、カイル・シュワーバー(フィリーズ)、ノーラン・アレナード(カーディナルス)、ティム・アンダーソン(ホワイトソックス)
ドミニカ	【投手】サンディ・アルカンタラ(マーリンズ)、クリスチャン・ハヴィエア(アストロズ) 【野手】マニー・マチャード(パドレス)、ブラディミール・ゲレーロ・ジュニア(ブルージェイズ)、ホアン・ソト(パドレス)、ジェレミー・ペーニャ(アストロズ)
プエルトリコ	【投手】マーカス・ストローマン(カブス)、ホセ・ベリオス(ブルージェイズ) 【野手】フランシスコ・リンドーア(メッツ)、マーティン・マルドナード(アストロズ)
ベネズエラ	【投手】マーティン・ペレス(レンジャーズ)、レンジャー・スアレス(フィリーズ) 【野手】ホセ・アルトゥーヴェ(アストロズ)、サルヴァドール・ペレス(ロイヤルズ)
キューバ	【野手】ヨアン・モンカダ(ホワイトソックス)、ルイス・ロバート・ジュニア(ホワイトソックス)
メキシコ	【投手】フリオ・ウリアス(ドジャース)、ホセ・アーキーディ(アストロズ) 【野手】ランディ・アロザレーナ(レイズ)、アレハンドロ・カーク(ブルージェイズ)
コロンビア	【投手】ホセ・キンタナ(メッツ)、ナビル・クリズマット(パドレス) 【野手】ジオ・アーシェラ(エンジェルス)、ハロルド・ラミレス(レイズ)
ニカラグア	【投手】ジョナサン・ロアイシガ(ヤンキース)、エラスモ・ラミレス(ナショナルズ)
パナマ	【投手】ハイメ・バリア(エンジェルス)　【野手】クリスチャン・ベタンコート(レイズ)
カナダ	【投手】カル・クワントリル(ガーディアンズ)、ニック・ピヴェタ(レッドソックス) 【野手】フレディ・フリーマン(ドジャース)、ジョシュ・ネイラー(ガーディアンズ)
オランダ	【投手】ケンリー・ジャンセン(レッドソックス)　【野手】ザンダー・ボーガーツ(パドレス)、ジョナサン・スコープ(タイガース)、チャドウィック・トロンプ(ブレーブス)
イタリア	【野手】デイヴィッド・フレッチャー(エンジェルス)、ニッキー・ロペス(ロイヤルズ)
イギリス	【野手】トレイス・トンプソン(ドジャース)
イスラエル	【投手】ディーン・クレーマー(オリオールズ)、リチャード・ブライアー(レッドソックス)、ザック・ワイス(エンジェルス)、ジェイク・バード(ロッキーズ) 【野手】ジョック・ピーダーソン(ジャイアンツ)、ギャレット・スタッブス(フィリーズ)
日本	【投手】大谷翔平(エンジェルス)、ダルビッシュ有(パドレス) 【野手】大谷翔平(エンジェルス)、鈴木誠也(カブス)、吉田正尚(レッドソックス)、ラーズ・ヌートバー(カーディナルス)
韓国	【野手】金河成(パドレス)、トミー・エドマン(カーディナルス)
台湾	【野手】ユー・チャン(今季所属未定)

※2023年2月13日時点。チェコ、中国、オーストラリア代表に、メジャーリーガーの参加予定なし

特集 3

何が変わる？
MLBの3つの新ルール

2023年シーズンから、新たに3つのルールが導入される。戦術面に、大きな影響を与えることになりそうだ。

▲昨季、コーリー・シーガーは、ヒット性の当たりを何本もシフトに阻まれた。

新ルールが大谷翔平に与える影響は？

1「シフト禁止令」：一塁と二塁、ないしは二塁と三塁の間に内野手を3人配置する守備陣形が全面的に禁止される。同時に内野手が外野の芝生まで下がって守備につく行為も禁止に。違反した場合は、自動的にボールが1つ加算される。■恩恵を受ける選手：強いゴロ打球の多い打者。プルヒッター。■デメリットの多い選手：シンカーボーラー。シンカー＆スライダータイプの投手。ゴロ打球の比率が50％を超える投手。

2「ピッチ・タイマー」：投手の投球間隔を規制するルールで、投手は投げたあと、走者なしの場面では15秒以内に、走者ありの場面では20秒以内に、次の投球モーションに入らないといけない。違反した場合はボールが1つ加算される。日本人投手の投球間隔は、MLBの「スタットキャスト・データ」によると、大谷翔平が走者なしの場面で21.6秒、ありの場面で26.9秒。ダルビッシュがなしの場面で21.0秒、ありの場面で25.1秒。菊池雄星がなしの場面で19.9秒、ありの場面で25.3秒となっている。大谷はなしの場面でも、ありの場面でも、6秒以上オーバーしているので、苦労するのではないかと思ってしまうが、制限秒数以内に投げること自体は難しいことではないようで、1年先行して15、20秒より1秒短い「14秒、19秒ルール」を導入した3Aでは、1試合当たりの違反件数は0.45件しか出ていない。「ピッチ・タイマー」ルールにはピッチャーの牽制球を制限する条項もあり、牽制球を投げる行為や、プレート板から軸足を外して目で走者を牽制する行為は、1人の打者につき2回までに制限された。

3「ベースの拡大」：ファースト、セカンド、サードの各ベースが15インチ四方（38.1センチ四方）から18インチ四方（45.7センチ四方）に拡大される。これは守備側と走者の衝突によるケガを減らすのが目的。塁間が15.2センチ縮まるため、盗塁敢行が大幅に増えると予想されている。

AMERICAN
LEAGUE
アメリカン・リーグ

東部地区
ニューヨーク・ヤンキース
トロント・ブルージェイズ
タンパベイ・レイズ
ボルティモア・オリオールズ
ボストン・レッドソックス

中部地区
クリーブランド・ガーディアンズ
シカゴ・ホワイトソックス
ミネソタ・ツインズ
デトロイト・タイガース
カンザスシティ・ロイヤルズ

西部地区
ヒューストン・アストロズ
シアトル・マリナーズ
ロサンジェルス・エンジェルス
テキサス・レンジャーズ
オークランド・アスレティックス

AMERICAN LEAGUE

マリナーズ
(ワシントン州
シアトル市)

ツインズ
(ミネソタ州
ミネアポリス市)

ブリュワーズ
(ウィスコンシン州
ミルウォーキー市)

パイレーツ
(ペンシルヴァニア州
ピッツバーグ市)

フィリーズ
(ペンシルヴァニア州
フィラデルフィア市)

ホワイトソックス
(イリノイ州シカゴ市)

ブルージェイズ
(オンタリオ州
トロント市
(カナダ))

ヤンキース
(ニューヨーク州
ニューヨーク市)

メッツ
(ニューヨーク州
ニューヨーク市)

アスレティックス
(カリフォルニア州
オークランド市)

タイガース
(ミシガン州
デトロイト市)

ロイヤルズ
(ミズーリ州カンザスシティ市)

カブス
(イリノイ州
シカゴ市)

レッズ
(オハイオ州
シンシナティ市)

レッドソックス
(マサチューセッツ州
ボストン市)

ジャイアンツ
(カリフォルニア州
サンフランシスコ市)

エンジェルス
(カリフォルニア州
アナハイム市)

ロッキーズ
(コロラド州
デンバー市)

カーディナルス
(ミズーリ州セントルイス市)

ガーディアンズ
(オハイオ州
クリーブランド市)

オリオールズ
(メリーランド州
ボルティモア市)

ナショナルズ
(コロンビア特別区)

レンジャーズ
(テキサス州
アーリントン市)

ダイヤモンドバックス
(アリゾナ州
フェニックス市)

レイズ
(フロリダ州
セントピーターズバーグ市)

ブレーブス
(ジョージア州アトランタ市)

パドレス
(カリフォルニア州サンディエゴ市)

アストロズ
(テキサス州ヒューストン市)

ドジャース
(カリフォルニア州ロサンジェルス市)

マーリンズ
(フロリダ州マイアミ市)

		略記	
EAST	NEW YORK YANKEES	**NYY**	ヤンキース
	TORONTO BLUE JAYS	**TOR**	ブルージェイズ
	TAMPA BAY RAYS	**TB**	レイズ
	BALTIMORE ORIOLES	**BAL**	オリオールズ
	BOSTON RED SOX	**BOS**	レッドソックス
CENTRAL	CLEVELAND GUARDIANS	**CLE**	ガーディアンズ
	CHICAGO WHITE SOX	**CWS**	ホワイトソックス
	MINNESOTA TWINS	**MIN**	ツインズ
	DETROIT TIGERS	**DET**	タイガース
	KANSAS CITY ROYALS	**KC**	ロイヤルズ
WEST	HOUSTON ASTROS	**HOU**	アストロズ
	SEATTLE MARINERS	**SEA**	マリナーズ
	LOS ANGELES ANGELS	**LAA**	エンジェルス
	TEXAS RANGERS	**TEX**	レンジャーズ
	OAKLAND ATHLETICS	**OAK**	アスレティックス

ニューヨーク・ヤンキース

◆創　立：1901年
◆本拠地：ニューヨーク州ニューヨーク市
◆ワールドシリーズ制覇：27回　◆リーグ優勝：40回
◆地区優勝：20回／◆ワイルドカード獲得：9回

主要オーナー ハル・スタインブレナー（スポーツ企業家）

過去5年成績

年度	勝	負	勝率	ゲーム差	地区順位	ポストシーズン成績
2018	100	62	.617	8.0	②	地区シリーズ敗退
2019	103	59	.636	7.0	①	リーグ優勝決定シリーズ敗退
2020	33	27	.550	7.0	②	地区シリーズ敗退
2021	92	70	.568	8.0	②(同率)	ワイルドカードゲーム敗退
2022	**99**	**63**	**.611**	**(7.0)**	**①**	**リーグ優勝決定シリーズ敗退**

監督 **17 アーロン・ブーン** *Aaron Boone*

◆年　齢…………50歳（カリフォルニア州出身）
◆現役時代の経歴…12シーズン　レッズ（1997～2003）、
（サード）　　　ヤンキース（2003）、インディアンズ（2005～06）、
　　　　　　　　マーリンズ（2007）、ナショナルズ（2008）、
　　　　　　　　アストロズ（2009）
◆現役通算成績……1152試合　.263　126本　555打点
◆監督経歴…………5シーズン　ヤンキース（2018～）
◆通算成績…………427勝281敗（勝率.603）

　就任以来、5シーズン連続で、チームをポストシーズンに導いている指揮官。だが、ワールドシリーズには一度も到達できていないため、ファンからバッシングを浴びることも多い。これも、常勝軍団を率いる監督の宿命か。選手を守る姿勢が強く、不調の選手をかばう発言が多い。試合でも、選手のため、審判に猛烈な抗議を見せることが多く、昨シーズンの退場数は9回。昨季のメジャーの監督の中で、ダントツの多さだった。祖父、父、兄も、元メジャーの名選手。

注目コーチ **64 カルロス・メンドーサ** *Carlos Mendoza*

　ベンチコーチ。44歳。長くヤンキースの組織に関わり、2020年より現職。昨シーズン終了後、ホワイトソックスの新監督候補に、名前が挙がっていた。ベネズエラ出身。

編成責任者 **ブライアン・キャッシュマン** *Brian Cashman*

　56歳。1998年からチームの編成を任され、球団の豊富な資金を武器に、常勝軍団を作り上げてきた。オフの最大の課題だった、アーロン・ジャッジとの再契約は成功。

スタジアム **ヤンキー・スタジアム** *Yankee Stadium*

◆開場年…………2009年
◆仕　様…………天然芝
◆収容能力………46,537人
◆フェンスの高さ…2.4～2.6m
◆特　徴…………ホームランのよく出る球場。ホームからライトフェンスまでの距離が短く、フェンスのふくらみも小さいため、左の強打者にとくに有利。この左打者に有利な造りは、旧ヤンキー・スタジアム（1923～2008年）時代から続く伝統。

ヒッターズパーク

122　124　117
97　　　　96

① グレイバー・トーレス……セカンド　　⑥ ハリソン・ベイダー……センター
② アーロン・ジャッジ……ライト　　　　⑦ オズワルド・カブレラ／アーロン・ヒックス……レフト
③ アンソニー・リゾ……ファースト　　　⑧ ホセ・トレヴィーニョ……キャッチャー
④ ジャンカルロ・スタントン……DH　　⑨ アイザイア・カイナー＝ファレーファ……ショート
⑤ ジョシュ・ドナルドソン……サード

Depth Chart　　　　　　　　　　　　[ポジション別選手層・メンバーリスト]

※2023年2月13日時点の候補選手。
数字は背番号(開幕前に変更する
場合もあり)、右・左等は投・打の順。

センター
22 **ハリソン・ベイダー [右・右]**
99 アーロン・ジャッジ [右・右]
93 エヴァーソン・ペレイラ [右・右]
90 エステヴァン・フロリアル [右・右]

レフト
95 **オズワルド・カブレラ [右・両]**
31 アーロン・ヒックス [右・両]
27 ジャンカルロ・スタントン [右・右]
93 エヴァーソン・ペレイラ [右・右]

ライト
99 **アーロン・ジャッジ [右・右]**
27 ジャンカルロ・スタントン [右・右]
95 オズワルド・カブレラ [右・両]
93 エヴァーソン・ペレイラ [右・右]

ショート
12 **アイザイア・カイナー＝ファレーファ [右・右]**
91 オズワルド・ペラザ [右・右]
95 オズワルド・カブレラ [右・両]

セカンド
25 **グレイバー・トーレス [右・右]**
26 DJ・ラメイヒュー [右・右]
95 オズワルド・カブレラ [右・両]

サード
28 **ジョシュ・ドナルドソン [右・右]**
26 DJ・ラメイヒュー [右・右]
95 オズワルド・カブレラ [右・両]

ローテーション
45 ゲリット・コール [右・右]
55 カルロス・ロドーン [左・左]
40 ルイス・セヴェリーノ [右・右]
65 ネスター・コルテス [左・左]
47 フランキー・モンタス [右・右]
86 クラーク・シュミット [右・右]
0 ドミンゴ・ヘルマン [右・右]

ファースト
48 **アンソニー・リゾ [左・左]**
26 DJ・ラメイヒュー [右・右]

キャッチャー
39 **ホセ・トレヴィーニョ [右・右]**
66 カイル・ヒガシオカ [右・右]

DH
27 **ジャンカルロ・スタントン [右・右]**
28 ジョシュ・ドナルドソン [右・右]

ブルペン
35 クレイ・ホームズ [右・右] **CL**
43 ジョナサン・ロアイシガ [右・右]
41 トミー・ケインリー [右・右]
58 ワンディ・ペラルタ [左・左]
56 ルー・トリヴィーノ [右・右]
34 マイケル・キング [右・右]
97 ロン・マリナシオ [右・右]
85 グレッグ・ウェイザート [右・右]
84 アルバート・アブレイユ [右・右]
83 デイヴィー・ガルシア [右・右]

※**CL**＝クローザー

ヤンキース試合日程……＊はアウェーでの開催

3月		5月		6月	
3月30・4月1・2	ジャイアンツ	5月1・2・3	ガーディアンズ	6月2・3・4	ドジャース＊
3・4・5	フィリーズ	5・6・7	レイズ＊	6・7・8	ホワイトソックス
6・8・9	オリオールズ＊	8・9・10	アスレティックス＊	9・10・11	レッドソックス
10・11・12	ガーディアンズ＊	11・12・13・14	レイズ	13・14	メッツ＊
13・14・15・16	ツインズ	15・16・17・18	ブルージェイズ	16・17・18	レッドソックス＊
18・19・20	エンジェルス	19・20・21	レッズ＊	20・21・22	マリナーズ
21・22・23	ブルージェイズ	23・24・25	オリオールズ＊	23・24・25	レンジャーズ
24・25・26	ツインズ＊	26・27・28	パドレス	27・28・29	アスレティックス＊
27・28・29・30	レンジャーズ＊	29・30・31	マリナーズ＊	30・7月1・2	カーディナルス＊

球団メモ ヤンキースにかつて所属した経験がある日本人プレーヤーには、投手では伊良部秀輝、井川慶、黒田博樹、五十嵐亮太、田中将大、野手ではイチロー、松井秀喜がいる。

ヤンキース

■投手力➡…★★★☆☆【昨年度チーム防御率3.30、リーグ2位】

昨シーズンの先発防御率が、アメリカン・リーグ3位の3.51だったローテーションからタイヨンが抜け、ロドーンが入った。これは大きなプラスだ。ローテーションに故障者が出ても、6番手以下に平均レベルの実力があるシュミットとヘルマンが控えているので、ローテーションのレベルが大きく下がることもない。一方で、リリーフ陣のほうは、未知数な部分が多い。昨季途中からクローザーを務めるホームズに、昨年並みの活躍を期待するのは無理がある。セットアッパー陣もイマイチの顔ぶれだ。

■攻撃力↘…★★★☆★【昨年度チーム得点807、リーグ1位】

昨シーズンはジャッジの驚異的な活躍があったため、チーム得点807はリーグのトップだった。しかし、今シーズンはジャッジの打点が131から100前後に減ると予想される。そのうえ、打線にはネームバリューのある打者が顔をそろえているが、下り坂の年齢になっているベテランが多いため、チーム得点が「中の上」くらいに低下してしまう可能性がある。

■守備力➡…★★★★☆【昨年度チーム失策数74、リーグ3位】

昨年、プラチナ・ゴールドグラブ賞に輝いた捕手トレヴィーニョが今シーズンも守りの司令塔となる。外野は昨季途中から加入したベイダーがセンターに入るので、センターラインの強力さはメジャー随一。

■機動力➡…★★★☆☆【昨年度チーム盗塁数102、リーグ4位】

チーム盗塁数は102でリーグ4位。盗塁数の多い選手の流出はなかった。

総合評価 ➡ ★★★★☆	資金力野球の総本山なので、ローテーションも打線も有名選手が顔をそろえる。ピークを過ぎた選手が多いが、彼らは最低限のノルマをきちんと出せる計算できる選手でもあるので、投打の主力に故障者が続出しない限り、90勝は堅いように見える。

IN　主な入団選手	OUT　主な退団選手
投手 カルロス・ロドーン⬅ジャイアンツ トミー・ケインリー⬅ドジャース **野手** とくになし	**投手** ジェイムソン・タイヨン➡カブス ミゲール・カストロ➡ダイヤモンドバックス ルーカス・リッキー➡ブレーブス アロルディス・チャップマン➡ロイヤルズ **野手** マット・カーペンター➡パドレス アンドルー・ベニンテンディ➡ホワイトソックス

3・4・5・6	オリオールズ	3・4・5・6	アストロズ	5・6・7	タイガース
7・8・9	カブス	7・8・9	ホワイトソックス＊	8・9・10	ブリュワーズ
11	オールスターゲーム	11・12・13	マーリンズ＊	11・12・13・14	レッドソックス＊
14・15・16	ロッキーズ＊	14・15・16	ブレーブス＊	15・16・17	パイレーツ＊
17・18・19	エンジェルス＊	18・19・20	レッドソックス	19・20・21	ブルージェイズ
21・22・23	ロイヤルズ	22・23・24	ナショナルズ	22・23・24	ダイヤモンドバックス
25・26	メッツ	25・26・27	レイズ＊	26・27・28	ブルージェイズ
28・29・30	オリオールズ＊	28・29・30・31	タイガース＊	29・30・**10**月1	ロイヤルズ＊
31・**8**月1・2	レイズ	**9**月1・2・3	アストロズ		

球団メモ	昨季はアーロン・ジャッジが本塁打を量産。チーム本塁打数（254本）が、4年ぶりにアメリカン・リーグでトップだった。なお、ワーストはタイガースの110本。

トミー・ジョン手術後、エース級に変身　**先発**　**移籍**

55 カルロス・ロドーン
Carlos Rodon

31歳｜1992.12.10生｜190cm｜110kg｜左投左打

◆速球のスピード／150キロ台前半（フォーシーム主体）
◆決め球と持ち球／☆フォーシーム、☆スライダー、△カーブ、△チェンジアップ
◆対左打者被打率／.179　◆対右打者被打率／.207
◆ホーム防御率／1.93　◆アウェー防御率／3.73
◆ドラフトデータ／2014①ホワイトソックス
◆出身地／フロリダ州
◆年俸／2200万ドル（約28億6000万円）

球威	5
制球	5
緩急	5
守備・軽打	2
度胸	4

　昨年ジャイアンツで目を見張る活躍をしたあと、ヤンキースに6年1億6200万ドルの大型契約で入団した先発サウスポー。トミー・ジョン手術を受けたあと、以前より球速がかなりアップした投手の1人で、手術前はフォーシームの平均球速が149.5キロだったが、同手術から復帰後は153.3キロにアップ。それにともない球速差が拡大したため、スライダーの効果も倍増した。同手術を受けたのは、ホワイトソックスで投げていた2019年5月のこと。本格的なカムバックイヤーになったのは21年だったが、この年、24試合に先発して13勝5敗、防御率2.37という見事な数字を出して、完全復活をアピールした。シーズン終了後にFA権を取得したので、2年4400万ドルの契約でジャイアンツに入団。昨季はシーズンを通して制球が安定し、31試合に先発したうち、18試合を自責点1以内に抑えた。1年目終了時点でオプトアウトできる契約だったため、シーズン終了後、FAになり、数球団の獲得合戦になった末、ヤンキースを選択した。

　優秀な野球選手を送り出してきたキューバ系の米国人。ロドーン自身もキューバ系であることに誇りを持ち、ユニフォームの名前を「RODÓN」と、スペイン語独特のアクセント記号を付けて表記している。

　中学生時代は帰宅後、毎日、父（カルロス・シニア）が投手になって打撃練習に励んだが、打球が父に当たらないよう引っ張ってばかりいたので、打者としては伸びなかった。だが、高校に入ったあと、父のアレンジで、当時所属していた高校のライバルチームの投手コーチからピッチングの指導を受けられるようになり、ピッチャーとして急成長した。

カモ G・スプリンガー（ブルージェイズ）.067(15-1)0本　A・ベニンテンディ（ホワイトソックス）.000(13-0)0本
苦手 E・ヘルナンデス（レッドソックス）.500(6-3)3本　W・メリフィールド（ブルージェイズ）.400(25-10)0本

年度	所属チーム	勝利	敗戦	防御率	試合数	先発	セーブ	投球イニング	被安打	失点	自責点	被本塁打	与四球	奪三振	WHIP
2015	ホワイトソックス	9	6	3.75	26	23	0	139.1	130	63	58	11	71	139	1.44
2016	ホワイトソックス	9	10	4.04	28	28	0	165.0	176	82	74	23	54	168	1.39
2017	ホワイトソックス	2	5	4.15	12	12	0	69.1	64	35	32	12	31	76	1.37
2018	ホワイトソックス	6	8	4.18	20	20	0	120.2	97	61	56	15	55	90	1.26
2019	ホワイトソックス	3	2	5.19	7	7	0	34.2	33	22	20	4	17	46	1.44
2020	ホワイトソックス	0	2	8.22	4	2	0	7.2	9	7	7	1	3	6	1.57
2021	ホワイトソックス	13	5	2.37	24	24	0	132.2	91	39	35	13	36	185	0.96
2022	ジャイアンツ	14	8	2.88	31	31	0	178.0	131	59	57	12	52	237	1.03
通算成績		56	46	3.60	152	147	0	847.1	731	368	339	91	319	947	1.24

　カモ 苦手 は通算成績

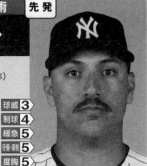

打者のタイミングを外す多彩な投球術　先発

65 ネスター・コルテス
Nestor Cortes ★WBCアメリカ代表

ヤンキース

29歳 1994.12.10生｜180cm｜95kg｜左投右打

◆速球のスピード／140キロ台後半（フォーシーム主体）
◆決め球と持ち球／☆フォーシーム、☆カッター、
　◎スライダー、○チェンジアップ、△カーブ
◆対左打者被打率／.110　◆対右打者被打率／.202
◆ホーム防御率／1.95　◆アウェー防御率／3.06
◆ドラフトデータ／2013㊱ヤンキース
◆出身地／キューバ
◆年俸／320万ドル（約4億1600万円）

球威 3
制球 4
緩急 5
守備・牽制 5
度胸 5

　昨年エース級に大化けした、クセモノ・サウスポー。タイミングを外すためならどんなことでもやる千両役者で、スローモーションのような2段モーションで投げたあと、4倍速のクイックモーションで投げることもあれば、体をセンターのほうにひねるトルネード投法や、脚を高く上げるハイキック投法で投げることもある。打者を笑わせて、集中力をそぐことにも長けていて、一昨年、エンジェルスの大谷翔平と対決したとき、投球モーションに入る際に軸足を貧乏ゆすりのようにふるわせて大谷を爆笑させ、まんまと集中力をそぐことに成功した。

　意表を突くことにも長けていて、左打者を追い込むと突然サイドハンドから投げ込んで空振りを誘う。こうした変幻自在の投球術に加え、昨季はカッターを効果的に使えるようになり、急成長した。

　キューバ生まれだが、生後7カ月のとき、両親に連れられて米国に移住。亡命キューバ人が集住するマイアミ近郊で育った。ドラフト36巡目指名からはい上がった苦労人で、ヤンキースのマイナーにいた2018年12月にルール5ドラフトでオリオールズから指名され、翌年の開幕時にメジャーデビュー。しかし4試合にリリーフ登板して被本塁打2、与四球4、失点4と打たれまくったため、ヤンキースに送り返された。

　その後もメジャーに定着できず、19年11月にタダ同然の扱いでマリナーズにトレードされたが、ここでも結果を出せず自由契約になった。このときはマイナー契約で雇ってくれる球団すらなく、投手人生が終わりかけたが、古巣のヤンキースがマイナー契約で拾ってくれたため生き延びただけでなく、ここで変幻自在のいやらしいピッチングを身につけたことで、メジャーの舞台で活躍できるようになった。

[カモ] A・カーク（ブルージェイズ）.000(8-0)0本　C・マリンズ（オリオールズ）.083(12-1)0本
[苦手] R・レフスナイダー（レッドソックス）.600(10-6)0本　B・ビシェット（ブルージェイズ）.500(10-5)1本

年度	所属チーム	勝利	敗戦	防御率	試合数	先発	セーブ	投球イニング	被安打	失点	自責点	被本塁打	与四球	奪三振	WHIP
2018	オリオールズ	0	0	7.71	4	0	0	4.2	10	4	4	2	4	3	3.00
2019	ヤンキース	5	1	5.67	33	1	0	66.2	75	44	42	16	28	69	1.55
2020	マリナーズ	0	1	15.26	5	1	0	7.2	12	14	13	6	6	8	2.35
2021	ヤンキース	2	3	2.90	22	14	0	93.0	75	32	30	14	25	103	1.08
2022	ヤンキース	12	4	2.44	28	28	0	158.1	108	44	43	16	38	163	0.92
通算成績		19	9	3.60	92	44	0	330.1	280	138	132	54	101	346	1.15

45 ゲリット・コール Gerrit Cole 〈先発〉

味方の拙守に冷静さを失い、大谷に本塁打を献上

33歳 1990.9.8生｜193cm｜99kg｜右投右打

◆速球のスピード／150キロ台後半（フォーシーム主体）
◆決め球と持ち球／☆フォーシーム、☆スライダー、○チェンジアップ、△カーブ、△カッター
◆対左.182 ◆対右.229 ◆ホ防3.20 ◆ア防3.81
◆ド2011①パイレーツ ◆出カリフォルニア州
◆年3600万ドル（約46億8000万円）※9年契約の単年平均 ◆最多勝1回（21年）、最優秀防御率1回（19年）、最多奪三振2回（19、22年）

球威5 制球4 緩急5 守備・牽制4 度胸4

昨季はメジャー最多の257奪三振を記録し、ヤンキースの球団記録を44年ぶりに塗り替えた。その一方で被本塁打33もメジャー最多で、6月9日のツインズ戦では、初回にいきなり3本連続して外野席に叩き込まれたこともあった。味方の拙守に足を引っ張られると、頭に血がのぼるタイプ。昨年8月31日のエンジェルス戦では、セカンドとショートが立て続けに凡エラーをやって、走者一、二塁となったところで、大谷翔平と対戦。真っ向勝負を挑んだが、フォーシームが甘く入ってセンター奥に運ばれ、敗戦投手になった。

[カモ] M・オルソン（ブレーブス）.000(21-0)0本　[苦手] R・ウリーアス（オリオールズ）.455(11-5)1本

年度	所属チーム	勝利	敗戦	防御率	試合数	先発	セーブ	投球イニング	被安打	失点	自責点	被本塁打	与四球	奪三振	WHIP
2013	パイレーツ	10	7	3.22	19	19	0	117.1	109	43	42	7	28	100	1.17
2014	パイレーツ	11	5	3.65	22	22	0	138.0	127	58	56	11	40	138	1.21
2015	パイレーツ	19	8	2.60	32	32	0	208.0	183	71	60	11	44	202	1.09
2016	パイレーツ	7	10	3.88	21	21	0	116.0	131	57	50	7	36	98	1.44
2017	パイレーツ	12	12	4.26	33	33	0	203.0	199	98	96	31	55	196	1.25
2018	アストロズ	15	5	2.88	32	32	0	200.1	143	68	64	19	64	276	1.03
2019	アストロズ	20	5	2.50	33	33	0	212.1	142	66	59	29	48	326	0.89
2020	ヤンキース	7	3	2.84	12	12	0	73.0	53	27	23	14	17	94	0.96
2021	ヤンキース	16	8	3.23	30	30	0	181.1	151	69	65	24	41	243	1.06
2022	ヤンキース	13	8	3.50	33	33	0	200.2	154	81	78	33	50	257	1.02
通算成績		130	71	3.23	267	267	0	1650.0	1392	638	593	186	423	1930	1.10

35 クレイ・ホームズ Clay Holmes 〈クローザー／セットアップ〉

無名に近いのに、チャップマンの後継者に

30歳 1993.3.27生｜196cm｜110kg｜右投右打

◆速球のスピード／150キロ台後半（シンカー主体）
◆決め球と持ち球／☆シンカー、◎スライダー
◆対左.250 ◆対右.159 ◆ホ防2.56 ◆ア防2.53
◆ド2011⑨パイレーツ ◆出アラバマ州
◆年330万ドル（約4億2900万円）

球威5 制球3 緩急3 守備・牽制4 度胸4

シンカー8割、スライダー2割の比率で投げるリリーフ右腕。シンカーは平均スピードが156.9キロあるうえ、ホームプレート付近でシュートしながら沈む軌道になるため、そう簡単には打てないボールだ。2018年にパイレーツでメジャーデビューしたものの、メジャーに定着できない状態が3年半続いた末、21年7月にトレードでヤンキースに移籍。腕の振りや投げ込む角度などを見直したところ、見違えるように良くなった。昨季は最初の登板で1失点したあと、無失点登板を続けた。そのため5月下旬にクローザーのチャップマンが離脱すると、その後釜に指名されて、20セーブをマークした。

[カモ] T・ストーリー（レッドソックス）.000(5-0)0本　[苦手] P・デヤング（カーディナルス）.714(7-5)0本

年度	所属チーム	勝利	敗戦	防御率	試合数	先発	セーブ	投球イニング	被安打	失点	自責点	被本塁打	与四球	奪三振	WHIP
2018	パイレーツ	1	3	6.84	11	4	0	26.1	30	21	20	2	23	21	2.01
2019	パイレーツ	1	2	5.58	35	0	0	50.0	45	36	31	5	36	56	1.62
2020	パイレーツ	0	0	0.00	1	0	0	1.1	2	0	0	0	5	1	1.50
2021	パイレーツ	3	2	4.93	44	0	0	42.0	35	24	23	3	25	44	1.43
2021	ヤンキース	5	2	1.61	25	0	0	28.0	18	8	5	2	4	34	0.79
2021	2チーム計	8	4	3.60	69	0	0	70.0	53	32	28	5	29	78	1.17
2022	ヤンキース	7	4	2.54	62	0	20	63.2	45	21	18	2	20	65	1.02
通算成績		17	13	4.13	178	4	20	211.1	175	110	97	14	108	221	1.34

[対左]=対左打者被打率　[対右]=対右打者被打率　[ホ防]=ホーム防御率　[ア防]=アウェー防御率
[ド]=ドラフトデータ　[出]=出身地　[年]=年俸　[カモ] [苦手]は通算成績

40 ルイス・セヴェリーノ Luis Severino

故障せず好成績を出せば、4年契約も可能 先発

29歳 1994.2.20生 | 188cm | 98kg | 右投右打 | 國150キロ台中頃(フォーシーム主体) | 國☆フォーシーム
國左.196 國右.195 | ⑤2011⑦ヤンキース | 囲ドミニカ | 囲1500万ドル(約19億5000万円)

球 4
制 4
緩 4
守 5
度 4

球団がオプションを行使し、今季は年俸1500万ドルでプレーするケガにたたられ続ける元エース。2017年はサイ・ヤング賞の最終候補に、18年には19勝した実績があるが、20年2月にトミー・ジョン手術を受け、さらに翌21年マイナーでリハビリ登板していた際、股関節を痛めてしまい、また離脱。同年9月20日、706日ぶりにメジャー復帰がかなった。昨季は開幕3番手でシーズンに入り、安定したピッチングを見せていたが、7月中旬に広背筋を痛めてIL(故障者リスト)入り。それでも9月20日に復帰。ポストシーズンでは2試合に先発し、まずまずの投球を見せた。

年度	所属チーム	勝利	敗戦	防御率	試合数	先発	セーブ	投球イニング	被安打	失点	自責点	被本塁打	与四球	奪三振	WHIP
2022	ヤンキース	7	3	3.18	19	19	0	102.0	72	37	36	14	30	112	1.00
通算成績		50	29	3.39	122	107	0	638.0	534	257	240	74	181	709	1.12

56 ルー・トリヴィーノ Lou Trivino

外見はいかついが、スイーツ類に目がない甘党 セットアップ/クローザー

32歳 1991.10.1生 | 196cm | 106kg | 右投右打 | 國150キロ台前半(シンカー、フォーシーム) | 國☆スライダー
國左.356 國右.255 | ⑤2013⑪アスレティックス | 囲ペンシルヴァニア州 | 囲410万ドル(約5億3300万円)

球 3
制 3
緩 4
守 4
度 3

昨年8月1日に、アスレティックスから移籍した耐久性抜群のリリーフ右腕。7月までは失点が多く、防御率が6点台から7点台で推移した。これはシンカーを被打率4割、フォーシームを3割4分という高率で打たれていたことが大きい。ヤンキース移籍後、失点が急減したのは、スライダーを多用するようになったからだ。あだ名は「スイート・ルー」。これは、もともとヤンキースのイケメン選手で、女性に人気があったルー・ピネラ(元マリナーズ、カブスなどの監督)に付けられたあだ名だが、トリヴィーノは大の甘党でスイーツ類に目がないので、半世紀ぶりに復活。

年度	所属チーム	勝利	敗戦	防御率	試合数	先発	セーブ	投球イニング	被安打	失点	自責点	被本塁打	与四球	奪三振	WHIP
2022	アスレティックス	1	6	6.47	39	0	10	32.0	46	25	23	6	14	45	1.88
2022	ヤンキース	1	2	1.66	25	0	1	21.2	18	6	4	1	10	22	1.29
2022	2チーム計	2	8	4.53	64	0	11	53.2	64	31	27	6	24	67	1.64
通算成績		21	25	3.86	285	1	37	284.2	252	137	122	29	130	299	1.34

41 トミー・ケインリー Tommy Kahnle

魔球レベルの高速チェンジアップが武器 ミドル/リリーフ 移籍

34歳 1989.8.7生 | 185cm | 104kg | 右投右打 | 國150キロ台中頃(フォーシーム主体) | 國☆チェンジアップ
國左.154 國右.077 | ⑤2010⑤ヤンキース | 囲ニューヨーク州 | 囲575万ドル(約7億4750万円)

球 5
制 4
緩 4
守 3
度 4

2シーズン、ドジャースに在籍したあと、2年1150万ドルの契約でヤンキースに復帰した、高速チェンジアップを武器にするリリーフ右腕。ヤンキースに在籍していた2020年8月に、ヒジを壊してトミー・ジョン手術を受けたため、その年の10月に解雇され、ドジャースに2年420万ドルの契約で入団。翌年(21年)は全休し、昨年5月1日にドジャースでメジャーに復帰。4試合投げただけで、前腕部に痛みが生じIL入り。9月中旬まで復帰できなかった。球種はチェンジアップとフォーシームだけで、昨季はチェンジアップ8割、フォーシーム2割の比率で投げていた。

年度	所属チーム	勝利	敗戦	防御率	試合数	先発	セーブ	投球イニング	被安打	失点	自責点	被本塁打	与四球	奪三振	WHIP
2022	ドジャース	0	0	2.84	13	0	1	12.2	5	4	4	2	3	14	0.63
通算成績		9	9	3.78	298	0	5	290.1	230	142	122	30	135	358	1.26

國=速球のスピード　國=決め球

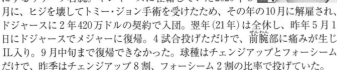

投|手

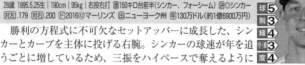

34 トミー・ジョン手術を回避
ロング リリーフ
マイケル・キング *Michael King*

28歳 1995.5.25生 | 190cm | 95kg | 右投右打 球150キロ台前半（シンカー、フォーシーム）決○シンカー
対左.179 対右.200 ド2016⑫マーリンズ 出ニューヨーク州 年130万ドル（約1億6900万円）

球速 **5**
制球 **3**
縦 **4**
守備 **3**
度 **4**

　勝利の方程式に不可欠なセットアッパーに成長した、シンカーとカーブを主体に投げる右腕。シンカーの球速が年を追うごとに増しているため、三振をハイペースで奪えるようになった。昨季は主に複数イニングを投げるセットアッパーとして起用され、16ホールドをマーク。だが、7月下旬にヒジを痛め、ヒジ関節の骨折と診断されたため修復手術を受けた。一時はトミー・ジョン手術も必要になるという観測が流れたが、その後必要ないと判明、今季は春季キャンプから参加する。強心臓で、ピンチの火消し役として登板した際は、引き継いだ走者の85%を生還させなかった。

年度	所属チーム	勝利	敗戦	防御率	試合数	先発	セーブ	投球イニング	被安打	失点	自責点	被本塁打	与四球	奪三振	WHIP
2022	ヤンキース	6	3	2.29	34	0	1	51.0	35	15	13	3	16	66	1.00
通算成績		9	9	3.84	66	10	1	143.0	124	68	61	14	51	155	1.22

58 地区シリーズでは全試合に登板
セット アップ
ワンディ・ペラルタ *Wandy Peralta*

32歳 1991.7.27生 | 183cm | 102kg | 左投左打 球150キロ台前半（シンカー主体）決○チェンジアップ
対左.155 対右.237 ド2009外レッズ 出ドミニカ 年355万ドル（約4億3550万円）

球速 **3**
制球 **4**
縦 **5**
守備 **4**
度 **4**

　安定感あふれる、ドミニカ出身の左のセットアッパー。昨季は故障者が相次ぐリリーフ陣にあって頼りにされ、シーズンを通して2点台の防御率をキープした。自身も9月半ばにIL入りしたが、ポストシーズンで復帰。ガーディアンズとの地区シリーズでは、全5試合に登板したヤンキース初の投手になった。シンカーとチェンジアップを低めに集め、ゴロを打たせてアウトを取るピッチングが持ち味。この2つの球種に、スライダー、フォーシームも交えて投げる。長所は、打者のタイミングを外す術に長けていること。明るい性格で、チームメートたちから愛されている。

年度	所属チーム	勝利	敗戦	防御率	試合数	先発	セーブ	投球イニング	被安打	失点	自責点	被本塁打	与四球	奪三振	WHIP
2022	ヤンキース	3	4	2.72	56	0	4	56.1	42	19	17	2	17	47	1.05
通算成績		15	16	4.07	322	1	9	291.2	275	148	132	33	127	240	1.38

43 チャップマンと同時にIL入りする間の悪さ
セット アップ
ジョナサン・ロアイシガ *Jonathan Loaisiga*
★WBCニカラグラ代表

29歳 1994.11.2生 | 180cm | 74kg | 右投右打 球150キロ台後半（シンカー主体）決○シンカー
対左.243 対右.228 ド2012外ジャイアンツ 出ニカラグア 年226万ドル（約2億9380万円）

球速 **5**
制球 **2**
縦 **5**
守備 **4**

　昨シーズン開幕時点では、守護神アロルディス・チャップマンの後継者第1候補と目されていたリリーフ右腕。昨季は序盤から肩に違和感があり、5月25日にIL入り。するとその4日後に、チャップマンがアキレス腱痛でIL入りし、長期欠場することが確実になった。その時点で、第2候補と目されていたチャド・グリーンもトミー・ジョン手術で戦列を離れていたため、第3の候補だったホームズが、守護神の座を引き継ぐことになった。平均球速157キロの超高速シンカーを武器にするグラウンドボール・ピッチャー。昨季は肩の不調で制球に苦しみ、防御率の高い状態が続いた。

年度	所属チーム	勝利	敗戦	防御率	試合数	先発	セーブ	投球イニング	被安打	失点	自責点	被本塁打	与四球	奪三振	WHIP
2022	ヤンキース	2	3	4.13	50	0	2	48.0	43	25	22	4	19	37	1.29
通算成績		18	9	3.55	143	11	9	198.0	177	88	78	18	70	198	1.25

球=速球のスピード　決=決め球　対左=対左打者被打率　対右=対右打者被打率
ド=ドラフトデータ　出=出身地　年=年俸

今季限りでFAになるため気合十分　先発

47 フランキー・モンタス Frankie Montas

30歳 1993.3.21生 | 188cm | 115kg | 右投右打 ®150キロ台前半（フォーシーム、ツーシーム）®○スプリッター
®左.254 ®右.245 ®2009⑥レッドソックス ⊕ドミニカ ⊞750万ドル（約9億7500万円）

球 **4**
制 **3**
経 **4**
守 **3**
度 **3**

　昨年8月1日にヤンキースに来てから、まったくいいところがなかった先発右腕。昨季はアスレティックスの開幕投手を務め、7月末までに先発の柱として19試合に登板し、14試合を自責点2以内に抑えた。そのためヤンキースでは大いに期待されたが、シンカーとフォーシームの制球がにわかに悪くなって、四球がらみの失点が急増。不甲斐ないピッチングを続けた末、9月20日に右肩の炎症を理由にIL入り。今季はキャンプで先発5番手の座をドミンゴ・ヘルマン、クラーク・シュミットらと争うことになるが、故障しない限り、その座を取り損なうことはないだろう。

年度	所属チーム	勝利	敗戦	防御率	試合数	先発	セーブ	投球イニング	被安打	失点	自責点	被本塁打	与四球	奪三振	WHIP
2022	アスレティックス	4	9	3.18	19	19	0	104.2	91	44	37	12	28	109	1.14
2022	ヤンキース	1	3	6.35	8	8	0	39.2	46	28	28	6	15	33	1.54
2022	2チーム計	5	12	4.05	27	27	0	144.1	137	72	65	18	43	142	1.25
通算成績		36	35	3.90	129	99	0	592.1	569	288	257	72	196	611	1.29

先発5番手候補の元ドラ1　ロングリリーフ 先発

86 クラーク・シュミット Clarke Schmidt

27歳 1996.2.20生 | 185cm | 90kg | 右投右打 ®150キロ台前半（シンカー、フォーシーム）®○カーブ
®左.268 ®右.192 ®2017①ヤンキース ⊕ジョージア州 ⊞72万ドル（約9360万円）+α

球 **4**
制 **2**
緩 **3**
守 **3**
度 **3**

　先発ローテーション入りを狙う、2017年のドラフトで、ヤンキースが1巡目（全体16位）に指名した右腕。昨季はメジャーとマイナーを何度か行き来しながら、メジャーでは計29試合に登板。そのほとんどがリリーフで、先発で投げた3試合の防御率は4.63だった。球種は、シンカー、フォーシーム、カーブ、スライダー、チェンジアップ。速球（シンカー、フォーシーム）とカーブのスピン量はトップレベルだが、速球は細かい制球に欠けるため、よく打たれていた。アトランタ近郊で育ち、少年時代はブレーブスのファン。チッパー・ジョーンズが、あこがれの選手だった。

年度	所属チーム	勝利	敗戦	防御率	試合数	先発	セーブ	投球イニング	被安打	失点	自責点	被本塁打	与四球	奪三振	WHIP
2022	ヤンキース	5	5	3.12	29	3	2	57.2	46	23	20	5	23	56	1.20
通算成績		5	5	3.71	34	5	2	70.1	64	36	29	6	33	69	1.38

89 ヨエンドリス・ゴメス Yoendrys Gomez　先発 期待度B ルーキー

24歳 1999.10.15生 | 190cm | 79kg | 右投右打 ◆昨季はルーキー級、1A+、2Aでプレー ®2016㊐ヤンキース ⊕ベネズエラ

　16歳のとき、契約金5万ドルでプロ入り。年を追うごとにフォーシームのスピン量と球速が増し、昨年は平均球速が153キロに上昇。軌道も伸びのあるライジングボールになった。スライダーも、ホームプレート付近でヨコに鋭く曲がる一級品だ。弱点は、まだ5回を投げ切るスタミナがないこと。

― クレイトン・ビーター Clayton Beeter　先発 リリーフ 期待度C+ ルーキー

25歳 1998.10.9生 | 188cm | 99kg | 右投右打 ◆昨季は2Aでプレー ®2020②ドジャース ⊕テキサス州

　150キロ台前半の伸びのあるフォーシームと、強烈なスピンのかかったカーブを高低に投げ分けてくる右の本格派。ウリは、三振を奪う能力が高いこと。弱点は制球が不安定で、四球を乱発すること。マイナーでは先発で使われているが、リリーフに回れば、メジャーへの道が開けるだろう。昨季は2Aで投げ、防御率4.56。

ヤンキースと新たに9年3億6000万ドルの契約　ライト

99 アーロン・ジャッジ
Aaron Judge

31歳 1992.4.26生 201cm 127kg 右投右打

- ◆対左投手打率／.274(135-37)　◆対右投手打率／.322(435-140)
- ◆ホーム打率／.308(289-89)　◆アウェー打率／.313(281-88)
- ◆得点圏打率／.346(104-36)
- ◆22年のポジション別出場数／センター=78、ライト=73、DH=25
- ◆ドラフトデータ／2013①ヤンキース
- ◆出身地／カリフォルニア州
- ◆年俸／4000万ドル(約52億円)
- ◆MVP1回(22年)、本塁打王2回(17、22年)、打点王1回(22年)、シルバースラッガー賞3回(17、21、22年)、ハンク・アーロン賞1回(22年)、新人王(17年)

ミート 5
パワー 5
走塁 3
守備 4
肩 4

筋肉増強剤を使用しない打者では史上最多の62本塁打を放ち、MVPになったヤンキースの主砲。アメリカン・リーグのMVP争いでは、ジャッジ、大谷翔平、アストロズのアルヴァレスの3人が最終候補にノミネートされたが、投票ではジャッジが1位票30のうち28票を獲得して圧勝した。

昨季はシーズン終了後にFA権を取得するため、球団は引き止めに必死で、開幕前に7年2億1360万ドル（約278億円）の契約を提示したが、ジャッジ側はこれを拒否してシーズンに入った。そこで好成績を出したうえでFAになれば、もっと大きな契約をゲットできると考えていたのだ。その思惑通り、昨季はシーズンを通して一発とタイムリーがよく出て、本塁打(62)、得点(133)、出塁率(.425)、OPS(1.111)はメジャー全体でダントツ。打点(131)はリーグ1位、打率(.311)は5厘差の2位で、シーズン最終戦まで三冠王のチャンスがあった。

ポストシーズンではスランプだったが、レギュラーシーズンで驚異的な活躍をしたため、シーズン終了後にFAになると、ジャイアンツ、メッツ、ドジャースなど数球団が獲得に強い意欲を見せた。また、ヤンキースもあきらめたわけではなく、引き続き代理人とコンタクトを取って連れ戻すことに注力した。最初に有力視されたのは、ジャッジが生まれ育った北カリフォルニアに本拠地を置くジャイアンツだったが、ヤンキースが巻き返して、2度目の提示で合意に至った。契約規模は9年3億6000万ドル（約468億円）。開幕前の提示は7年2億1360万ドルだったので、1年間目を見張る活躍をしたことで60%強、契約規模が大きくなった。

カモ D・クレマー(オリオールズ).571(7-4)3本　M・ストローマン(カブス).476(21-10)4本
苦手 D・テイト(オリオールズ).000(9-0)0本　A・マノア(ブルージェイズ).063(16-1)1本

年度	所属チーム	試合数	打数	得点	安打	二塁打	三塁打	本塁打	打点	四球	三振	盗塁	盗塁死	出塁率	OPS	打率
2016	ヤンキース	27	84	10	15	3	0	4	10	9	42	0	1	.263	.608	.179
2017	ヤンキース	155	542	128	154	24	3	52	114	127	208	9	4	.422	1.049	.284
2018	ヤンキース	112	413	77	115	22	0	27	67	76	152	6	3	.392	.920	.278
2019	ヤンキース	102	378	75	103	18	1	27	55	64	141	3	2	.381	.921	.272
2020	ヤンキース	28	101	23	26	3	0	9	22	10	32	0	1	.336	.890	.257
2021	ヤンキース	148	550	89	158	24	0	39	98	75	158	6	3	.373	.917	.287
2022	ヤンキース	157	570	133	177	28	0	62	131	111	175	16	3	.425	1.111	.311
通算成績		729	2638	535	748	121	4	220	497	472	908	40	15	.394	.977	.284

プラチナグラブ賞に輝く

キャッチャー

39 ホセ・トレヴィーニョ
Jose Trevino

31歳 1992.11.28生／178cm／97kg／右投右打 ◆盗塁阻止率／.231(39-9)
◆対左投手打率／.304(69-21) ◆対右投手打率／.233(266-62)
◆ホーム打率／.269(167-45) ◆アウェー打率／.226(168-38)
◆得点圏打率／.355(93-33)
◆22年のポジション別出場数／キャッチャー＝112、DH＝1
◆ドラフトデータ／2014⑥レンジャーズ
◆出身地／テキサス州
◆年俸／236万ドル（約3億680万円）
◆ゴールドグラブ賞1回(22年)

ミート	3
パワー	3
走塁	2
守備	5
肩	5

ヤンキース

　昨年の開幕直前にレンジャーズから移籍し、5月以降はレギュラーとして活躍したキャッチャー。最大の特徴は、守備面での長所がたくさんあること。長所その1は、フレーミングの達人であること。昨季は巧みなフレーミングで、度々ボール球をストライクと判定させ、それによって防いだ失点が17点あった。長所その2は、捕手牽制刺のエキスパートであること。出塁した走者の隙を突くことに長けていて、離塁が大きいと見るや、矢のような送球を一塁に放って刺す。長所その3は、ボールブロックがうまく、ワイルドピッチを最小限に抑えることができること。長所その4は、敏捷で打球への反応も早いため、バント処理や捕手前に転がったゴロの処理がうまいこと。長所その5は、リードが的確で捕手防御率が抜群にいいこと。とくに変幻自在のピッチングを見せるコルテスと相性が良く、バッテリーを組んだ15試合の防御率は1.97だった。

　このように守備ではオールラウンドに能力が高いため、昨季は初めてゴールドグラブ賞を受賞した。また、それだけでなく、ゴールドグラブ受賞者の中で、守備力ナンバーワンの選手に贈られるプラチナグラブ賞（両リーグから1人ずつ受賞）にも輝いている。

　打者としての長所は、タイミングをうまく取れるので変化球への対応力が高いこと。その一方で、早打ちで四球が少ないため出塁率が低い、快速球に差し込まれることが多い、といった短所もある。

　テキサス州コーパスクリスティ出身。父ジョーさんは、空軍と陸軍に32年間在籍した職業軍人だが、少年野球の指導者としても活躍。トレヴィーニョは高校時代まで父が監督を務めるチームでプレーし、着実に成長した。妻マーラさんが昨年9月に出産。これで2人の男の子のパパになった。

カモ F・モンタス(ヤンキース).600(5-3)1本　C・バシット(ブルージェイズ).429(7-3)0本
苦手 J・ベリオス(ブルージェイズ).000(8-0)0本　F・ヴァルデス(アストロズ).000(9-0)0本

年度	所属チーム	試合数	打数	得点	安打	二塁打	三塁打	本塁打	打点	四球	三振	盗塁	盗塁死	出塁率	OPS	打率
2018	レンジャーズ	3	8	0	2	0	0	0	3	0	1	0	0	.250	.500	.250
2019	レンジャーズ	40	120	18	31	9	0	2	13	3	27	0	0	.272	.655	.258
2020	レンジャーズ	24	76	10	19	8	0	2	9	3	15	0	0	.280	.714	.250
2021	レンジャーズ	89	285	23	68	14	0	5	30	12	57	1	1	.267	.607	.239
2022	ヤンキース	115	335	39	83	12	1	11	43	15	62	2	1	.283	.671	.248
通算成績		271	824	90	203	43	1	20	98	33	162	3	2	.275	.649	.246

グレイバー・トーレス

FA権を取得するのは2024年のオフ　セカンド

25 **グレイバー・トーレス** *Gleyber Torres*

★WBCベネズエラ代表

27歳 1996.12.13生｜185cm｜92kg｜右投右打

- ◆対左投手打率／.255　◆対右投手打率／.257
- ◆ホーム打率／.244　◆アウェー打率／.269　◆得点圏打率／.236
- ◆22年のポジション別出場数／セカンド＝124、DH＝9、ショート＝6
- ◆Ⓓ2013外カブス　◆囲ベネズエラ
- ◆匍995万ドル（約12億9350万円）

ミート	3
パワー	5
走塁	4
守備	4
肩	4

昨年、長打力がよみがえった好打の二塁手。打棒が復活したのは、何度も対戦している投手に対しては、早いカウントから打ちに行くようにしたことが大きい。これはローソン打撃コーチと話し合って決めた方針転換で、相手投手が安易にカウントを取りにきたところを叩いて長打にするケースが、大幅に増えた。昨季は大きな故障がなかったため、セカンドの守備でもいい動きを見せ、DRS（守備で防いだ失点）が9つある。20歳で結婚。しばらく子供がいなかったが、昨年3月に待望の第一子（イーサン君）が誕生した。

カモ 菊池雄星（ブルージェイズ）.444(18-8)1本　苦手 T・ハウク（レッドソックス）.100(10-1)0本

年度	所属チーム	試合数	打数	得点	安打	二塁打	三塁打	本塁打	打点	四球	三振	盗塁	盗塁死	出塁率	OPS	打率
2018	ヤンキース	123	431	54	117	16	1	24	77	42	122	6	2	.340	.820	.271
2019	ヤンキース	144	546	96	152	26	0	38	90	48	129	5	2	.337	.872	.278
2020	ヤンキース	42	136	17	33	8	0	3	16	22	28	1	0	.356	.724	.243
2021	ヤンキース	127	459	50	119	22	0	9	51	50	104	14	6	.331	.697	.259
2022	ヤンキース	140	526	73	135	28	1	24	76	39	129	10	5	.310	.761	.257
通算成績		576	2098	290	556	100	2	98	310	201	512	36	15	.331	.786	.265

DJ・ラメイヒュー

6年契約の3年目に入る、いぶし銀の男　ファースト／セカンド／サード

26 **DJ・ラメイヒュー** *DJ LeMahieu*

35歳 1988.7.13生｜193cm｜99kg｜右投右打

- ◆対左投手打率／.285　◆対右投手打率／.253
- ◆ホーム打率／.286　◆アウェー打率／.240　◆得点圏打率／.188
- ◆22年のポジション別出場数／サード＝47、セカンド＝35、DH＝21
- ◆Ⓓ2009②カブス　◆囲カリフォルニア州
- ◆匍1500万ドル（約19億5000万円）　◆首位打者2回(16、20年)、ゴールドグラブ賞4回(14、17、18、22年)、シルバースラッガー賞2回(19、20年)

ミート	5
パワー	3
走塁	3
守備	5
肩	3

昨季は内野の3つのポジションを兼任し、新設されたユーティリティ部門のゴールドグラブ賞を受賞。打撃面でのウリは選球眼の良さと、広角にライナーを弾き返す技術の高さ。そのため高打率と高出塁率を期待できる好打者で、過去に2度首位打者に輝いている。昨季は主にトップバッターで起用され、チャンスメーカーとしていい働きをしていたが、8月中旬のレッドソックス戦で、右足のつま先を痛めてから打撃成績が急落。検査で骨折していることが判明し、9月5日にIL入り。ポストシーズンにも出場できなかった。

カモ T・ソーントン（ブルージェイズ）.462(13-6)3本　苦手 T・ハウク（レッドソックス）.000(9-0)0本

年度	所属チーム	試合数	打数	得点	安打	二塁打	三塁打	本塁打	打点	四球	三振	盗塁	盗塁死	出塁率	OPS	打率
2011	カブス	37	60	3	15	2	0	0	4	1	12	0	0	.262	.545	.250
2012	ロッキーズ	81	229	26	68	12	4	2	22	13	42	1	2	.332	.742	.297
2013	ロッキーズ	109	404	39	113	21	3	2	28	19	67	18	7	.311	.672	.280
2014	ロッキーズ	149	494	59	132	15	5	5	42	33	97	10	10	.315	.663	.267
2015	ロッキーズ	150	564	85	170	21	5	6	61	50	107	23	3	.358	.746	.301
2016	ロッキーズ	146	552	104	192	32	8	11	66	66	80	11	7	.416	.911	.348
2017	ロッキーズ	155	609	95	189	28	4	8	64	59	90	6	5	.374	.783	.310
2018	ロッキーズ	128	533	90	147	32	2	15	62	37	82	6	5	.321	.749	.276
2019	ヤンキース	145	602	109	197	33	2	26	102	46	90	5	2	.375	.893	.327
2020	ヤンキース	50	195	41	71	10	2	10	27	18	21	3	0	.421	1.011	.364
2021	ヤンキース	150	597	84	160	24	1	10	57	73	94	4	2	.349	.711	.268
2022	ヤンキース	125	467	74	122	18	0	12	46	67	71	4	3	.357	.734	.261
通算成績		1425	5306	809	1576	248	36	107	581	482	853	91	46	.356	.774	.297

若手に人気がある、面倒見のいいベテラン ファースト

48 アンソニー・リゾ Anthony Rizzo

34歳 1989.8.8生 190cm 108kg 左投左打
- ◆対左投手率／.233 ◆対右投手率／.220
- ◆ホーム打率／.222 ◆アウェー打率／.225 ◆得点圏打率／.200
- ◆22年のポジション別出場数／ファースト=120、DH=9
- ◆Ⓓ2007⑥レッドソックス ◆Ⓗフロリダ州
- ◆電1600万ドル（約20億8000万円） ◆ゴールドグラブ賞4回(16、18～20年)、シルバースラッガー賞1回(16年)、ロベルト・クレメンテ賞1回(17年)

ミート 3
パワー 5
走塁 3
守備 4
肩 3

ヤンキース

　2年4000万ドルの契約を交わし、残留した形になった強打者。昨季は出だしから好調で、一発と打点をハイペースで生産。6月末時点の本塁打数は21だったが、7月以降は生産ペースが落ちた。打者としては、失投をじっくり待つタイプ。そのため打率は低いが、長打が多く、出塁率が高い。守備では、内野手からくるワンバウンドの送球を、ほとんどそらさない。ベースカバーに入った投手へのトスなど、細かいプレーもそつなくこなす。

カモ K・ジャンセン(レッドソックス).455(11-5)2本　苦手 J・マスグローヴ(パドレス).063(16-1)0本

年度	所属チーム	試合数	打数	得点	安打	二塁打	三塁打	本塁打	打点	四球	三振	盗塁	盗塁死	出塁率	OPS	打率
2011	パドレス	49	128	9	18	8	1	1	9	21	46	2	1	.281	.523	.141
2012	カブス	87	337	44	96	15	0	15	48	27	62	3		.342	.805	.285
2013	カブス	160	606	71	141	40	2	23	80	76	127	6	5	.323	.742	.233
2014	カブス	140	524	89	150	28	1	32	78	73	116	5	4	.386	.913	.286
2015	カブス	160	586	94	163	38	3	31	101	78	105	17	6	.387	.899	.278
2016	カブス	155	583	94	170	43	4	32	109	74	108	3	5	.385	.929	.292
2017	カブス	157	572	99	156	32	3	32	109	91	90	10	4	.392	.899	.273
2018	カブス	153	566	74	160	29	1	25	101	70	80	6	4	.376	.846	.283
2019	カブス	146	512	89	150	29	3	27	94	71	86	5	2	.405	.925	.293
2020	カブス	58	203	26	45	6	0	11	24	28	38	3	1	.342	.756	.222
2021	カブス	92	323	41	80	16	3	14	40	36	59	4	2	.346	.792	.248
2021	ヤンキース	49	173	32	43	7	0	8	21	16	28	2	0	.340	.768	.249
2021	2チーム計	141	496	73	123	23	3	22	61	52	87	6	2	.344	.784	.248
2022	ヤンキース	130	465	77	104	21	1	32	75	58	101	6	3	.338	.818	.224
通算成績		1536	5578	839	1476	312	22	283	889	719	1046	72	41	.366	.847	.265

ファンが急増中のニューヨーカー センター

22 ハリソン・ベイダー Harrison Bader
★WBCイスラエル代表

29歳 1994.6.3生 183cm 95kg 右投右打
- ◆対左投手率／.212 ◆対右投手率／.258
- ◆ホーム打率／.229 ◆アウェー打率／.270 ◆得点圏打率／.304
- ◆22年のポジション別出場数／センター=85
- ◆Ⓓ2015③カーディナルス ◆Ⓗニューヨーク州
- ◆電470万ドル（約6億1100万円） ◆ゴールドグラブ賞1回(21年)

ミート 3
パワー 4
走塁 5
守備 5
肩 4

　地元ニューヨーク出身の外野手。昨季はカーディナルスでシーズンに入ったが、調子が出ないうちにIL入り。その後、8月2日にヤンキースにトレードされた。9月20日に復帰後は連日センターで先発起用されたが、故障明けのため、冴えない数字に終わった。しかしポストシーズンでは打ちまくり、全9試合で本塁打を5本放って、ヒーローに。ユダヤ系米国人で、父ルイスさんはベライゾン社の主任法律顧問を務めるリッチな弁護士。今季はまずイスラエル代表チームに加わって、WBCでプレー後、チームに合流する。

カモ A・サンプソン(カブス).750(8-6)2本　苦手 ダルビッシュ有(パドレス).000(10-0)0本

年度	所属チーム	試合数	打数	得点	安打	二塁打	三塁打	本塁打	打点	四球	三振	盗塁	盗塁死	出塁率	OPS	打率
2017	カーディナルス	32	85	10	20	3	0	3	10	5	24	2	1	.283	.659	.235
2018	カーディナルス	138	379	61	100	20	2	12	37	31	125	15	3	.334	.756	.264
2019	カーディナルス	128	347	54	71	14	3	12	39	46	117	11	3	.314	.680	.205
2020	カーディナルス	50	106	21	24	7	2	4	11	13	40	3	1	.336	.779	.226
2021	カーディナルス	103	367	45	98	21	1	16	50	27	85	9	4	.324	.784	.267
2022	カーディナルス	72	246	35	63	7	3	5	21	13	47	15	2	.303	.673	.256
2022	ヤンキース	14	46	3	10	3	0	0	9	2	15	2	1	.245	.528	.217
2022	2チーム計	86	292	38	73	10	3	5	30	15	62	17	3	.294	.650	.250
通算成績		537	1576	229	386	75	11	52	177	137	453	57	15	.317	.722	.245

27 ジャンカルロ・スタントン Giancarlo Stanton
13年契約の9年目に入る、落ち目の長距離砲 DH／ライト

34歳 1989.11.8生｜198cm｜110kg｜右投右打

◆対左投手打率／.184　◆対右投手打率／.220
◆ホーム打率／.243　◆アウェー打率／.186　◆得点圏打率／.229
◆22年のポジション別出場数／DH=65、レフト=4
◆Ⓓ2007②マーリンズ　◆Ⓤカリフォルニア州
◆Ⓨ3200万ドル（約41億6000万円）　◆MVP1回（17年）、本塁打王2回（14、17年）、打点王1回（17年）、シルバースラッガー賞2回（14、17年）、ハンク・アーロン賞2回（14、17年）

ミート**3**
パワー**5**
走塁**2**
守備**2**
肩**3**

　昨季はアキレス腱痛で110試合の出場にとどまったが、パワフルな打撃は健在で31本塁打を記録。衰えが始まる年齢に差しかかっているが、故障がなければまだ50本打つパワーは備えている。ジャッジがMVPに選出された際、メディアに引っ張り出され、彼を称賛しまくっていたが、内心はナニクソと思っていたはず。それをエネルギーに、巻き返しに出てもらいたいものだ。

カモ D・テイト（オリオールズ）.800(5-4)1本　**苦手** 菊池雄星（ブルージェイズ）.083(12-1)0本

年度	所属チーム	試合数	打数	得点	安打	二塁打	三塁打	本塁打	打点	四球	三振	盗塁	盗塁死	出塁率	OPS	打率
2010	マーリンズ	100	359	45	93	21	1	22	59	34	123	5	2	.326	.833	.259
2011	マーリンズ	150	516	79	135	30	5	34	87	70	166	5	5	.356	.893	.262
2012	マーリンズ	123	449	75	130	30	1	37	86	46	143	6	2	.361	.969	.290
2013	マーリンズ	116	425	62	106	26	0	24	62	74	140	1	0	.365	.845	.249
2014	マーリンズ	145	539	89	155	31	1	37	105	94	170	13	1	.395	.950	.288
2015	マーリンズ	74	279	47	74	12	1	27	67	34	95	4	2	.346	.952	.265
2016	マーリンズ	119	413	56	99	20	1	27	74	50	140	0	0	.326	.815	.240
2017	マーリンズ	159	597	123	168	32	0	59	132	85	163	2	2	.376	1.007	.281
2018	ヤンキース	158	617	102	164	34	1	38	100	70	211	5	0	.343	.852	.266
2019	ヤンキース	18	59	8	17	3	0	3	13	12	24	0	0	.403	.895	.288
2020	ヤンキース	23	76	12	19	7	0	4	11	15	27	1	1	.387	.887	.250
2021	ヤンキース	139	510	64	139	19	0	35	97	63	157	0	0	.354	.870	.273
2022	ヤンキース	110	398	53	84	7	0	31	78	50	137	0	0	.297	.759	.211
通算成績		1434	5237	815	1383	272	11	378	971	697	1696	42	15	.354	.891	.264

12 アイザイア・カイナー＝ファレーファ Isiah Kiner-Falefa
日本人の血も混じるハワイアン ショート

28歳 1995.3.23生｜180cm｜86kg｜右投右打

◆対左投手打率／.264　◆対右投手打率／.260
◆ホーム打率／.260　◆アウェー打率／.261　◆得点圏打率／.327
◆22年のポジション別出場数／ショート=138、サード=6
◆Ⓓ2013④レンジャーズ　◆Ⓤハワイ州
◆Ⓨ600万ドル（約7億8000万円）　◆ゴールドグラブ賞1回（20年）

ミート**3**
パワー**2**
走塁**5**
守備**4**
肩**5**

　昨年3月13日に、ツインズ経由でレンジャーズから移籍した遊撃手。ヤンキースがトレードで彼を獲得したのは、「デレク・ジーター2世」のヴォルピーを2024年にショートのレギュラーに据えるまでの、つなぎ役として使うのが目的。打者としては多くを期待できないが、守備はオールラウンドに能力が高く、足も大きな戦力になるスモールボール仕様のプレーヤー。気の毒なのは、ヤンキースでは、つなぎ役として来た「期間限定のレギュラー」でも合格ラインが高いことだ。昨季は守備ではまずまずの働きを見せたが、打撃面では低い評価しかもらえなかった。今季も打撃成績が低迷するようだと、レギュラー失格になりかねない。今季は出だしから、結果を出す必要がある。

カモ E・ロドリゲス（タイガース）.467(15-7)1本　**苦手** R・ブレイジャー（レッドソックス）.000(9-0)0本

年度	所属チーム	試合数	打数	得点	安打	二塁打	三塁打	本塁打	打点	四球	三振	盗塁	盗塁死	出塁率	OPS	打率
2018	レンジャーズ	111	356	45	93	18	2	4	34	28	62	7	5	.325	.682	.261
2019	レンジャーズ	65	200	23	48	12	1	1	21	14	49	3	0	.299	.621	.238
2020	レンジャーズ	58	211	29	59	4	3	3	10	14	32	8	5	.329	.699	.280
2021	レンジャーズ	158	635	74	172	25	3	8	53	28	90	20	5	.312	.665	.271
2022	ヤンキース	142	483	64	126	20	0	4	48	35	72	22	4	.314	.641	.261
通算成績		534	1887	234	498	79	9	20	166	119	305	60	19	.316	.663	.264

ヤンキース

28 ジョシュ・ドナルドソン Josh Donaldson

最後のひと花を咲かせられるか? 2015年のMVP　サード

38歳 1985.12.8生 | 185cm | 95kg | 右投右打 対左.217 対右.223 ホ.207 ア.233 得.239 ①2007①カブス 田フロリダ州 年2100万ドル(約27億3000万円) ◆MVP1回(15年)、打点王1回(15年)、シルバースラッガー賞2回(15、16年)、ハンク・アーロン賞1回(15年)、カムバック賞1回(19年)

ミ 3
バ 4
走 2
守 4
肩 3

　アクの強さ、口の悪さでは誰にも負けないメジャーきってのヒール。2021年6月に粘着物質禁止令が出たが、その発端は当時ツインズにいたドナルドソンが、ゲリット・コールを「粘着物質を使って投げている汚い野郎だ。MLBは取り締まるべき」と非難したことだった。その後、2人は非難合戦を繰り広げ、天敵の関係になった。ところが昨年3月13日のトレードで、ドナルドソンがヤンキースに移籍したため、両者の関係に注目が集まった。ブーン監督を交えてコールと話し合いの場を持ったドナルドソンは、なごやかな雰囲気で語り合い、過去のことは水に流すことで合意。

年度	所属チーム	試合数	打数	得点	安打	二塁打	三塁打	本塁打	打点	四球	三振	盗塁	盗塁死	出塁率	OPS	打率
2022	ヤンキース	132	478	59	106	28	0	15	62	54	148		2	.308	.682	.222
通算成績		1333	4857	798	1256	282	12	266	790	703	1171	40	10	.361	.853	.265

95 オズワルド・カブレラ Oswaldo Cabrera

実戦経験が少ない外野守備で好守連発　ユーティリティ

24歳 1999.3.1生 | 183cm | 90kg | 右投両打 対左.286 対右.238 ホ.218 ア.276 得.162 ②2015外ヤンキース 田ベネズエラ 年72万ドル(約9360万円)+α

ミ 3
バ 3
走 3
守 4
肩 5

　昨年8月にメジャーデビューしたユーティリティ。デビュー後、しばらく本塁打が出なかったが、9月11日以降の3週間で6本の一発を放ち、適応力の高さを示した。昨季注目されたのは守備の多様性で、ライトで27試合、レフトで9試合に出場したほか、内野の4ポジションでも各3試合程度出場。外野守備はマイナーでほとんど経験がなかったが、十分及第点を与えられるもので、とくに打球判断の良さと強肩が光った。終盤の攻守にわたる活躍が認められ、ポストシーズンのメンバーにも選ばれている。学習能力が高い選手なので、攻守ともにさらなる成長が期待される。

年度	所属チーム	試合数	打数	得点	安打	二塁打	三塁打	本塁打	打点	四球	三振	盗塁	盗塁死	出塁率	OPS	打率
2022	ヤンキース	44	154	21	38	8	1	6	19	15	44	3	2	.312	.741	.247
通算成績		44	154	21	38	8	1	6	19	15	44	3	2	.312	.741	.247

66 カイル・ヒガシオカ Kyle Higashioka

正捕手の座を1カ月で失う　キャッチャー　★WBCアメリカ代表

33歳 1990.4.20生 | 185cm | 91kg | 右投右打 盗塁阻止率/.321(28-9) 対左.254 対右.216 ホ.212 ア.240 得.185 ①2008⑦ヤンキース 田カリフォルニア州 年146万ドル(約1億8980万円)

ミ 2
バ 2
走 2
守 3
肩 4

　バックアップ捕手を務める日系4世のキャッチャー。昨季はキャンプ開始早々にゲーリー・サンチェスがツインズにトレードされたため、正捕手としてシーズンに入った。しかし打撃不振に加え、新加入の捕手トリヴィーノがハイレベルな守備を見せたことで徐々に出場機会が減り、トリヴィーノが正捕手格で使われるようになった。ただヒガシオカも守備力が向上しており、盗塁阻止率、ワイルドピッチを出す頻度、フレーミングなどはどれも「中の上」レベル。投手をコントロールする能力も高いので、今季も50〜70試合、先発でマスクをかぶる機会を与えられるだろう。

年度	所属チーム	試合数	打数	得点	安打	二塁打	三塁打	本塁打	打点	四球	三振	盗塁	盗塁死	出塁率	OPS	打率
2022	ヤンキース	83	229	27	52	7	0	10	31	12	52	0	1	.264	.653	.227
通算成績		222	616	70	123	25	0	30	87	37	170	0	1	.245	.631	.200

対左=対左投手打率　対右=対右投手打率　ホ=ホーム打率　ア=アウェー打率　得=得点圏打率　43

野手

シャイアン夫人はタイガー・ウッズの姪

31 アーロン・ヒックス *Aaron Hicks*

レフト／センター

34歳 1989.10.2生｜185cm｜92kg｜右投両打 [対左].234 [対右].209 [杰].164 [ｱ].256 [得].175 [ｆ]2008①ツインズ [出]カリフォルニア州 [年]1050万ドル（約13億6500万円）

ミ**2** パ**2** 走**4** 守**3** 肩**4**

　7年契約の5年目に入る、劣化が進む外野手。昨シーズンは4年ぶりに一度もIL入りせずに過ごしたが、打撃面ではパワーが落ち、長打の生産能力が大幅に減少。守備面でも守備範囲の広さやジャンプ力が落ち、センターよりレフト向きの選手になった感がある。ただ、トレードしたくても、欲しがる球団がないレベルになってしまったので、八方ふさがりの状態になっている。趣味はゴルフで、腕はプロ級。一昨年、LPGAのツアープロであるシャイアン・ウッズさんと結婚し、昨年4月に第一子が誕生している。シャイアンさんは、プロゴルファーのタイガー・ウッズの姪だ。

年度	所属チーム	試合数	打数	得点	安打	二塁打	三塁打	本塁打	打点	四球	三振	盗塁	盗塁死	出塁率	OPS	打率
2022	ヤンキース	130	384	54	83	9	2	8	40	62	109	10	3	.330	.643	.216
通算成績		870	2809	419	648	111	14	100	351	413	701	65	26	.330	.717	.231

今季、狙うは正遊撃手の座

91 オズワルド・ペラザ *Oswald Peraza*

ショート

23歳 2000.6.15生｜183cm｜90kg｜右投右打 [対左].222 [対右].325 [杰].364 [ｱ].259 [得].091 [ｆ]2016⑭ヤンキース [出]ベネズエラ [年]72万ドル（約9360万円）＋α

ミ**3** パ**2** 走**4** 守**4** 肩**4**

　ヤンキースが将来の正遊撃手候補として、期待をかけてきたベネズエラ出身のプロスペクト（有望株）。昨季は開幕から3Aでプレーし、9月2日にメジャーデビュー。マイナーでは、パワーを除く4ツール備えた選手として評価されていたが、最近は長打もよく出るようになり、選手としての完成度が高まっている。ブーン監督は、野球に真面目に取り組む姿勢も称賛。今季、メジャーで一定の出場機会を与えられるだろうが、ショートにはヴォルピー、オズワルド・カブレラなど若いライバルが多いので、2024年の開幕を正遊撃手で迎えるには、なんとしても結果を残す必要がある。

年度	所属チーム	試合数	打数	得点	安打	二塁打	三塁打	本塁打	打点	四球	三振	盗塁	盗塁死	出塁率	OPS	打率
2022	ヤンキース	18	49	8	15	3	0	1	2	6	9	2	0	.404	.833	.306
通算成績		18	49	8	15	3	0	1	2	6	9	2	0	.404	.833	.306

― アンソニー・ヴォルピー *Anthony Volpe*

ショート　期待度 **A**　ルーキー

22歳 2001.4.28生｜180cm｜81kg｜右投右打 ◆昨季は2A、3Aでプレー [ｆ]2019①ヤンキース [出]ニュージャージー州

　「デレク・ジーター2世」と呼ばれ始めた今年度の最有望新人。ウリは、パワーとスピードを併せ待つこと。2021年と22年の2年間で二塁打を70本、三塁打を11本、本塁打を48本、盗塁を83個記録している。ショートの守備は、肩の強さは平均以下だが、グラブさばきがうまく、リリースが素早い。

93 エヴァーソン・ペレイラ *Everson Pereira*

外野手　期待度 **B**　ルーキー

22歳 2001.4.10生｜183cm｜86kg｜右投右打 ◆昨季は1A＋、2Aでプレー [ｆ]2017⑭ヤンキース [出]ベネズエラ

　動体視力が良く、打球を上げることに長けた外野のホープ。一昨年から急速にパワーアップし、長打がよく出るようになった。スピードもあるため、とくに三塁打が多い。守備は打球への反応が早く、守備範囲も広い。センターで使うのがベストだが、強肩なのでライトで使ってもいい働きができる。

44　[対左]=対左投手打率　[対右]=対右投手打率　[杰]=ホーム打率　[ｱ]=アウェー打率　[得]=得点圏打率

[ｆ]=ドラフトデータ　[出]=出身地　[年]=年俸

トロント・ブルージェイズ

◆創　立：1977年
◆本拠地：オンタリオ州トロント市（カナダ）

◆ワールドシリーズ制覇：2回／◆リーグ優勝：2回
◆地区優勝：6回　◆ワイルドカード獲得：3回

主要オーナー　ロジャーズ・コミュニケーションズ社（総合メディア企業）

過去5年成績	年度	勝	負	勝率	ゲーム差	地区順位	ポストシーズン成績
	2018	73	89	.451	35.0	④	―
	2019	67	95	.414	36.0	④	―
	2020	32	28	.533	8.0	③	ワイルドカードシリーズ敗退
	2021	91	71	.562	9.0	④	―
	2022	**92**	**70**	**.568**	**7.0**	②	**ワイルドカードシリーズ敗退**

監督　14 ジョン・シュナイダー *John Schneider*

◆年　齢…………43歳（ニュージャージー州）
◆現役時代の経歴 … メジャーでのプレー経験なし
　（キャッチャー）
◆監督経歴…………1シーズン　ブルージェイズ（2022～）
◆通算成績…………46勝28敗（勝率.622）

　昨年7月、監督のモントーヨが成績不振で解任され、ベンチコーチだったシュナイダーが、監督代行に就任。するとチームは上昇気流に乗り、ポストシーズン進出も果たした。シーズン終了後、3年契約で正式な監督に就任している。現役時代は捕手。2002年のドラフトで、ブルージェイズから13巡目に指名され、プロ入りした。だが、メジャーに昇格することなく、07年に引退。その後はブルージェイズのマイナーで、コーチとしてのキャリアを着々と積み上げてきた。

注目コーチ　➖ ドン・マティングリー *Don Mattingly*

　新ベンチコーチ。62歳。2011～15年まではドジャース、16～22年まではマーリンズの監督。現役時代はヤンキースのスター選手（一塁手）で、背番号「23」は永久欠番。

編成責任者　ロス・アトキンス *Ross Atkins*

　50歳。マイナーで投げていた元ピッチャー。だが、投手の補強成功率はイマイチだ。昨シーズン途中、モントーヨからシュナイダーへの監督「継投」策は、見事にはまった。

スタジアム　ロジャーズ・センター *Rogers Centre*

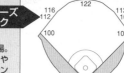

◆開場年…………1989年
◆仕　様…………人工芝、開閉式屋根付き
◆収容能力………49,282人
◆フェンスの高さ…2.4～4.4m
◆特　徴…………カナダのトロントにある球場。オフの工事で、右中間と左中間のフェンスがやや前に来た。全体的にフェンスは高くなったが、センターのフェンスは低いまま（2.4メートル）なので、中堅手のホームランキャッチは変わらず見られる。

ヒッターズパーク

116 112　122　113 109
100　100

Best Order [ベストオーダー]

① ジョージ・スプリンガー……ライト
② ボー・ビシェット……ショート
③ ヴラディミール・ゲレーロ・ジュニア……ファースト
④ アレハンドロ・カーク……キャッチャー
⑤ ドールトン・ヴァーショ……レフト
⑥ マット・チャップマン……サード
⑦ ブランドン・ベルト……DH
⑧ ケビン・キアマイア……センター
⑨ ウィット・メリフィールド……セカンド

Depth Chart [ポジション別選手層・メンバーリスト]

※2023年2月13日時点の候補選手。数字は背番号(開幕前に変更する場合もあり)、右・左等は投・打の順。

センター
39 ケビン・キアマイア [右・左]
4 ジョージ・スプリンガー [右・右]
15 ウィット・メリフィールド [右・右]

レフト
25 ドールトン・ヴァーショ [右・左]
15 ウィット・メリフィールド [右・右]

ライト
4 ジョージ・スプリンガー [右・右]
15 ウィット・メリフィールド [右・右]
8 キャヴァン・ビジオ [右・左]

ショート
11 ボー・ビシェット [右・右]
5 サンティアーゴ・エスピナル [右・右]
51 オットー・ロペス [右・右]

セカンド
15 ウィット・メリフィールド [右・右]
5 サンティアーゴ・エスピナル [右・右]
8 キャヴァン・ビジオ [右・左]
51 オットー・ロペス [右・右]

サード
26 マット・チャップマン [右・右]
5 サンティアーゴ・エスピナル [右・右]
8 キャヴァン・ビジオ [右・右]

ローテーション
6 アレック・マノア [右・右]
34 ケビン・ゴーズマン [右・右]
17 ホセ・ベリオス [右・右]
40 クリス・バシット [右・右]
16 菊池雄星 [左・左]
99 柳賢振(リュ・ヒョンジン) [左・右]

ファースト
27 ヴラディミール・ゲレーロ・ジュニア [右・右]
- ブランドン・ベルト [左・左]
8 キャヴァン・ビジオ [右・右]

キャッチャー
30 アレハンドロ・カーク [右・右]
9 ダニー・ジャンセン [右・右]
- ロブ・ブラントリー [右・右]

DH
- ブランドン・ベルト [左・左]
27 ヴラディミール・ゲレーロ・ジュニア [右・右]
30 アレハンドロ・カーク [右・右]
9 ダニー・ジャンセン [右・右]

ブルペン
68 ジョーダン・ロマーノ [右・右] CL
50 エリック・スワンソン [右・右]
93 ジミー・ガルシア [右・右]
52 アンソニー・バス [右・右]
58 ティム・メイザ [左・左]
90 アダム・シンバー [右・右]
33 トレヴァー・リチャーズ [右・右]
56 ザック・ポップ [右・右]
57 トレント・ソーントン [右・右]
- チャド・グリーン [右・右]
45 ミッチ・ホワイト [右・右]
- ザック・トンプソン [右・右]

※CL=クローザー

ブルージェイズ試合日程……*はアウェーでの開催

3月30・4月1・2 カーディナルス*	**5月**1・2・3・4 レッドソックス*	2・3・4 メッツ*
3・4・5・6 ロイヤルズ*	5・6・7 パイレーツ	5・6・7・8 アストロズ
7・8・9 エンジェルス*	9・10 フィリーズ*	9・10・11 ツインズ
11・12・13 タイガース	12・13・14 ブレーブス	13・14・15 オリオールズ*
14・15・16 レイズ	15・16・17・18 ヤンキース	16・17・18 レンジャーズ*
17・18・19 アストロズ*	19・20・21 オリオールズ	19・20・21 マーリンズ*
21・22・23 ヤンキース*	22・23・24・25 レイズ*	23・24・25 アスレチックス
24・25・26 ホワイトソックス	26・27・28 ツインズ*	27・28・29 ジャイアンツ
28・29・30 マリナーズ	30・31・**6月**1 ブリュワーズ	30・**7月**1・2 レッドソックス

46 **球団メモ** 2005年に、モントリオール・エクスポズ(現ワシントン・ナショナルズ)がワシントンに移転してからは、カナダに本拠地を置くメジャーで唯一の球団となった。

ブルージェイズ

■投手力 🡒…★★★☆★ 【昨年度チーム防御率3.87、リーグ7位】

ローテーションは1～4番手がマノア、ゴーズマン、新加入のバシット、ベリオスで確定しており、5番手を菊池雄星と若手2、3人で争う。昨季は先発防御率がリーグ8位の3.98だった。バシットの加入はさほど大きなプラスにはならないだろうが、昨年防御率5.23だったベリオスの復調を期待できるので、ローテーションは「中の上」レベルと評価できる。リリーフ陣は昨年平均レベルだったが、セットアッパーにマリナーズからスワンソン（昨季57試合登板で、防御率1.68）が加わったくらいで、代わり映えがしない陣容だ。クローザーのロマーノに何かあったときに、取って代わる人材が見当たらない。

■攻撃力 🡒…★★★★★ 【昨年度チーム得点775、リーグ2位】

昨年チーム得点（775）がリーグ2位だった打線から、テオスカー・ヘルナンデスとグリエルが抜けて、ヴァーショ、ベルト、キアマイアが加わった。これは得点力を大きくアップさせる要因にはならないだろう。

■守備力 🡒…★★★★★ 【昨年度チーム失策数82、リーグ4位タイ】

外野は守備力の低いヘルナンデスと、「中の下」レベルだったグリエルが去って、守備力の高いキアマイアとヴァーショが加わった。これは大きなプラスだ。守備力がワーストレベルのビシェットに守備力の向上が見られれば、チーム全体の守備力は「上」レベルに上昇するだろう。

■機動力 🡒…★★☆★★ 【昨年度チーム盗塁数67、リーグ11位】

ヴァーショとキアマイアの2人で、25前後の盗塁を期待できる。

総合評価
★★★☆★

伸びしろの大きい若手の多さが強み。昨年はベリオスのスランプという予期せぬ事態に見舞われたが、マノアとカークのブレイクがあったため勝ち星が前年より1つ増えた。今季もブレイクする選手が出て、チームの勝ち星を90まで押し上げるだろう。

IN	主な入団選手

投手
クリス・バシット ← メッツ
エリック・スワンソン ← マリナーズ
ザック・トンプソン ← パイレーツ

野手
ドールトン・ヴァーショ ← ダイヤモンドバックス
ケヴィン・キアマイア ← レイズ
ブランドン・ベルト ← ジャイアンツ

OUT	主な退団選手

投手
ロス・ストリップリング → ジャイアンツ

野手
テオスカー・ヘルナンデス → マリナーズ
ルルデス・グリエル・ジュニア → ダイヤモンドバックス
ガブリエル・モレノ → ダイヤモンドバックス

4・5・6	ホワイトソックス*	4・5・6	レッドソックス*	4・5・6	アスレティックス*
7・8・9	タイガース*	7・8・9・10	ガーディアンズ*	8・9・10	ロイヤルズ
11	オールスターゲーム	11・12・13	カブス	11・12・13・14	レンジャーズ
14・15・16	ダイヤモンドバックス	15・16	フィリーズ	15・16・17	レッドソックス
18・19・20	パドレス	18・19・20	レッズ*	19・20・21	ヤンキース*
21・22・23	マリナーズ*	22・23・24	オリオールズ*	22・23・24	レイズ*
24・25・26	ドジャース*	25・26・27	ガーディアンズ	26・27・28	ヤンキース
28・29・30	エンジェルス	28・29・30	ナショナルズ	29・30・**10月**1	レイズ
31・**8月**1・2・3	オリオールズ*	**9月**1・2・3	ロッキーズ*		

球団メモ　昨年4月9日、加藤豪将がプロ入り10年目で、念願のメジャーデビューを果たした。その後は、メッツのマイナーでプレー。今シーズンは、北海道日本ハムでプレーする。

47

投	手

マイアミのキューバ系社会で育った逸材　先発

⑥ アレック・マノア
Alek Manoah

25歳 | 1998.1.9生 | 198cm | 128kg | 右投右打

◆速球のスピード／150キロ台前半（フォーシーム、シンカー）
◆決め球と持ち球／☆フォーシーム、☆シンカー、
　◎スライダー、○チェンジアップ
◆対左打者被打率／.237　◆対右打者被打率／.159
◆ホーム防御率／2.42　◆アウェー防御率／2.07
◆ドラフトデータ／2019①ブルージェイズ
◆出身地／フロリダ州
◆年俸／72万ドル（約9360万円）+α

球威	5
制球	4
緩急	3
守備・牽制	4
度胸	4

　メジャー2年目で大化けし、早くもサイ・ヤング賞候補になった巨漢投手。昨季は4月絶好調で、4試合に登板し、4勝0敗、防御率1.44と見事な数字を出した。5月以降も大半のゲームでQSが付くピッチングを見せ、初めてオールスターに出場。シーズン後半に入ると疲労が出て、8月末まで1勝しかできなかったが、9月に入ると再びエンジン全開。9月は6試合に登板して無失点が3回、1失点が2回あり、月間最優秀投手に選出された。シーズン防御率2.24、16勝は、ともにリーグ3位の数字だ。

　フォーシーム、ツーシーム、スライダーを主体に投げるパワーピッチャーで、攻めのピッチングが持ち味。ポッチャリ体型で柔和な顔立ちをしているが、闘争心旺盛なブルドッグ・メンタリティの持ち主。インサイドにどんどん投げ込むため、打者にぶつけることもよくあり、一昨年の16与死球と昨年の15与死球は、いずれもリーグ最多の数字だ。

　気合が入り過ぎて打者を三振に切って取ったあと、トゲのある言葉を打者に浴びせることがよくある。レッドソックス戦では、ボーガーツやドルベックと、キツい言葉のやりとりが起き、緊張が走ったこともあった。

　優秀な野球選手が多数誕生した、マイアミのキューバ系社会の出身。スペイン語が飛び交う地域で育ったため、マノアは英語だけでなくスペイン語も堪能で、中南米出身のチームメートとはスペイン語で話す。

　3歳上の兄エリック・ジュニアは、地元の高校で活躍した優秀なピッチャーで、2014年のドラフトでメッツに13巡目指名され、マイナーで5シーズン、プレーした。マノアは少年時代、この兄と行動をともにしながら、多くのことを吸収し、優秀な投手に成長した。シーズン中は、ウエストバージニア大学時代に知り合ったマリエレーナ・ソモザさんというプエルトリコ出身の女性と、行動をともにしている。マリエレーナさんは、大学時代、バレーボールで活躍した長身のスポーツウーマン。

カモ	A・ヘイズ（オリオールズ）.077(13-1)0本　R・デヴァーズ（レッドソックス）.100(10-1)0本
苦手	A・ヴァードゥーゴ（レッドソックス）.438(16-7)1本　J・ウォルシュ（エンジェルス）.500(6-3)1本

年度	所属チーム	勝利	敗戦	防御率	試合数	先発	セーブ	投球イニング	被安打	失点	自責点	被本塁打	与四球	奪三振	WHIP
2021	ブルージェイズ	9	2	3.22	20	20	0	111.2	77	44	40	12	40	127	1.05
2022	ブルージェイズ	16	7	2.24	31	31	0	196.2	144	55	49	16	51	180	0.99
通算成績		25	9	2.60	51	51	0	308.1	221	99	89	28	91	307	1.01

カモ 苦手 は通算成績

`投手`

34 ケヴィン・ゴーズマン　Kevin Gausman
奪三振はトップレベル、与四球は最少レベル　`先発`

32歳　1991.1.6生 | 188cm | 92kg | 右投左打

◆速球のスピード／150キロ台前半（フォーシーム主体）
◆決め球と持ち球／☆スプリッター、〇フォーシーム、△スライダー
◆対左.244　◆対右.292　◆ホ防4.57　◆ア防2.30
◆ﾄ2012①オリオールズ　◆出コロラド州
◆年2100万ドル（約27億3000万円）

球威4／制球5／緩急5／守・走2／度胸4

　5年契約の2年目に入る、脚の長いイケメン投手。特徴は、日本人投手のようにスプリッターを多投すること。長所は、初球ストライク率の高さ。そのためストライク先行で打者を追い込むことが多く、最後は低めのボールゾーンにスプリッターを叩き込んで、三振にしとめる。ただスプリッターは、だんだん落ちが悪くなってきたため、被打率は一昨年1割3分0厘だったものが、昨年は1割9分2厘に悪化した。与四球の少なさも、長所の1つだ。

`カモ` 大谷翔平（エンジェルス）.000(6-0)0本　`苦手` L・アラエズ（マーリンズ）.833(6-5)0本

年度	所属チーム	勝利	敗戦	防御率	試合数	先発	セーブ	投球イニング	被安打	失点	自責点	被本塁打	与四球	奪三振	WHIP
2013	オリオールズ	3	5	5.66	20	5	0	47.2	51	30	30	8	13	49	1.34
2014	オリオールズ	7	7	3.57	20	20	0	113.1	111	48	45	7	38	88	1.31
2015	オリオールズ	4	7	4.25	25	17	0	112.1	109	53	53	17	29	103	1.23
2016	オリオールズ	9	12	3.61	30	30	0	179.2	183	76	72	28	47	174	1.28
2017	オリオールズ	11	12	4.68	34	34	0	186.2	208	99	97	29	71	179	1.49
2018	オリオールズ	5	8	4.43	21	21	0	124.0	139	62	61	21	32	104	1.38
2018	ブレーブス	5	3	2.87	10	10	0	59.2	50	23	19	5	18	44	1.14
2018	2チーム計	10	11	3.92	31	31	0	183.2	189	85	80	26	50	148	1.30
2019	ブレーブス	3	7	6.19	16	16	0	80.0	92	60	55	12	27	85	1.49
2019	レッズ	0	2	4.03	15	1	0	22.1	21	11	10	3	5	29	1.16
2019	2チーム計	3	9	5.72	31	17	0	102.1	113	71	65	15	32	114	1.42
2020	ジャイアンツ	3	3	3.62	12	10	0	59.2	50	26	24	8	16	79	1.11
2021	ジャイアンツ	14	6	2.81	33	33	0	192.0	150	64	60	20	50	227	1.04
2022	ブルージェイズ	12	10	3.35	31	31	0	174.2	188	72	65	15	28	205	1.24
通算成績		76	82	3.93	267	228	0	1352.0	1352	629	591	173	374	1366	1.28

68 ジョーダン・ロマーノ　Jordan Romano
1点差を守り切るタフ・セーブが多い守護神　`クローザー`

30歳　1993.4.21生 | 196cm | 95kg | 右投右打

◆速球のスピード／150キロ台中頃（フォーシーム主体）
◆決め球と持ち球／☆フォーシーム、◎スライダー
◆対左.202　◆対右.179　◆ホ防1.10　◆ア防3.16
◆ﾄ2014⑩ブルージェイズ　◆出カナダ
◆年454万ドル（約5億9020万円）

球威5／制球3／緩急3／守・走2／度胸4

　昨季は4月11日のゲームで、一昨年から続く連続セーブ成功記録を26に伸ばし、球団記録を更新。7月には、初めてオールスターに出場した。フォーシームとスライダーだけで投げるツーピッチ・ピッチャーで、一昨年はフォーシームとスライダーを2対1の割合で投げていたが、昨季は被本塁打を減らすという球団の方針に従い、スライダーの割合を51%に増やした。苦労人で、契約金わずか2万5000ドルで入団。翌年のキャンプ中にトミー・ジョン手術を受けたため、1年間全休。2018年12月のルール5ドラフトでは、他球団に指名されたが、翌年のキャンプで結果を出せず、ブルージェイズに返却された。カナダ人だが、WBCは前回大会で、イタリア代表として出場。

`カモ` A・ヴァードゥーゴ（レッドソックス）.000(6-0)0本　`苦手` ―――

年度	所属チーム	勝利	敗戦	防御率	試合数	先発	セーブ	投球イニング	被安打	失点	自責点	被本塁打	与四球	奪三振	WHIP
2019	ブルージェイズ	0	2	7.63	17	0	0	15.1	17	14	13	4	9	21	1.70
2020	ブルージェイズ	2	1	1.23	15	0	2	14.2	8	3	2	2	5	21	0.89
2021	ブルージェイズ	7	1	2.14	62	0	23	63.0	41	17	15	7	25	85	1.05
2022	ブルージェイズ	5	4	2.11	63	0	36	64.0	44	18	15	4	21	73	1.02
通算成績		14	8	2.58	157	0	61	157.0	110	52	45	17	60	200	1.08

対左＝対左打者被打率　対右＝対右打者被打率　ホ防＝ホーム防御率　ア防＝アウェー防御率
ﾄ＝ドラフトデータ　出＝出身地　年＝年俸

ブルージェイズ

投手

考え抜かれた変則投法で打者を幻惑

セットアップ

90 アダム・シンバー　*Adam Cimber*

33歳 1990.8.15生｜190cm｜88kg｜右投アンダー右打

◆速球のスピード／140キロ前後（シンカー、フォーシーム）
◆決め球と持ち球／◎フォーシーム、○スライダー、△シンカー
◆対左.214　◆対右.270　◆ホ防2.72　◆ア防2.88
◆ド2013⑨パドレス　◆出オレゴン州
◆年315万ドル（約4億950万円）

球威3
制球4
緩急5
守備・牽制4
度胸3

昨季、メジャー最多タイの77試合に登板した、耐久性抜群のサブマリン。球種はフォーシーム、スライダー、シンカーの3つで、右打者にはシンカー5割、スライダー3割、フォーシーム2割。左打者にはフォーシーム6割、スライダー4割くらいの比率で投げ、シンカーは使わない。昨季は右打者によく打たれていたが、これは右打者に多投するシンカーが沈まなくなったのが原因。アンダーハンドで投げ始めたのは、16歳の頃だ。当時は小柄で細かったので、投手をやりたくても、高校の野球チームの入団テストに合格する見込みがなかった。そこで父ラスさんの勧めに従い、ブラッド・ジーグラーをお手本に下から投げてみたところ、入団テストに合格し、道が開けた。

カモ G・スタントン（ヤンキース）.000(6-0)0本　苦手 D・ラメイヒュー（ヤンキース）.417(12-5)0本

年度	所属チーム	勝利	敗戦	防御率	試合数	先発	セーブ	投球イニング	被安打	失点	自責点	被本塁打	与四球	奪三振	WHIP
2018	パドレス	3	5	3.17	42	0	0	48.1	42	19	17	2	10	51	1.08
2018	インディアンズ	1	3	4.05	28	0	0	20.0	26	9	9	3	7	1	1.65
2018	2チーム計	4	8	3.42	70	0	0	68.1	68	28	26	5	17	58	1.24
2019	インディアンズ	6	3	4.45	68	0	1	56.2	56	29	28	6	19	41	1.32
2020	インディアンズ	0	1	3.97	14	0	0	11.1	13	5	5	1	2	9	1.32
2021	マーリンズ	1	2	2.88	33	0	0	34.1	30	14	11	0	11	21	1.19
2021	ブルージェイズ	3	2	1.69	39	0	1	37.1	31	10	7	2	5	30	0.96
2021	2チーム計	4	4	2.26	72	0	1	71.2	61	24	18	2	16	51	1.07
2022	ブルージェイズ	10	6	2.80	77	0	4	70.2	66	28	22	6	13	58	1.12
通算成績		22	22	3.20	301	0	6	278.2	264	114	99	20	67	213	1.19

スプリッターをマスターして大変身

セットアップ　移籍

50 エリック・スワンソン　*Erik Swanson*

30歳 1993.9.4生｜190cm｜100kg｜右投右打

◆速球のスピード／150キロ前後（フォーシーム）
◆決め球と持ち球／☆スプリッター、◎フォーシーム、△スライダー
◆対左.200　◆対右.205　◆ホ防1.13　◆ア防2.49
◆ド2014⑧レンジャーズ　◆出ノースダコタ州
◆年125万ドル（約1億6250万円）

球威4
制球4
緩急4
守備・牽制3
度胸4

オフのトレードでトロント入りした、昨季、マリナーズで大活躍のリリーフ右腕。以前は、速球、スライダー、チェンジアップを組み合わせて投げていたが、変化球の質がイマイチで、メジャーの打者を抑えられずにいた。しかし、2021年から本格的にスプリッターを取り入れたところ、これが大成功。制球力も向上した昨シーズンは、速球とスプリッターを高低に投げ分けて三振の山を築き、57試合で防御率1.68と、すばらしい数字を残した。栄養士の妻マディソンさんは、数多くの競技を経験してきたスポーツウーマンだ。

カモ J・ラミレス（ガーディアンズ）.143(7-1)0本　苦手 大谷翔平（エンジェルス）.500(6-3)0本

年度	所属チーム	勝利	敗戦	防御率	試合数	先発	セーブ	投球イニング	被安打	失点	自責点	被本塁打	与四球	奪三振	WHIP
2019	マリナーズ	1	5	5.74	27	8	0	58.0	56	41	37	17	12	52	1.17
2020	マリナーズ	0	2	12.91	9	0	0	7.2	11	12	11	3	2	9	1.70
2021	マリナーズ	0	3	3.31	33	2	1	35.1	28	18	13	5	10	35	1.08
2022	マリナーズ	3	2	1.68	57	1	0	53.2	39	11	10	3	10	70	0.91
通算成績		4	12	4.13	126	11	6	154.2	134	82	71	28	34	166	1.09

対左=対左打者被打率　対右=対右打者被打率　ホ防=ホーム防御率　ア防=アウェー防御率
ド=ドラフトデータ　出=出身地　年=年俸　カモ 苦手 は通算成績

16 このままでは終われない、志の高いサウスポー 先 発 ロングリリーフ

菊池雄星 *Yusei Kikuchi*

32歳 1991.6.17生｜183cm｜92kg｜左投左打
◆速球のスピード／150キロ台前半（フォーシーム）
◆決め球と持ち球／◎チェンジアップ、○フォーシーム、△スライダー
◆対左.198　◆対右.256　◆ホ防4.58　◆ア防5.91
◆ド2010①埼玉西武、2019外マリナーズ　◆田岩手県
◆年1000万ドル（約13億円）

球威 4
制球 2
緩急 3
守備・牽制 3
度胸 2

今季はどのような使い方をされるのか不透明な、逆風にさらされるサウスポー。昨季、3年3600万ドルという、マリナーズ時代の成績を考えれば破格の契約を手にして入団、先発5番手としてシーズンを迎えた。しかし右打者を封じる武器がないため、出だしから苦しいピッチングが続いた。さらに6月以降は深刻な一発病になり、8月中旬にロングリリーフに回った。今季は先発6番手とロングリリーフを兼ねるスイングマンとして使われる可能性が高いが、球団がオフに実績のある先発投手を補強できなかった場合は、キャンプで柳賢振と、先発5番手の座を争うことになるだろう。昨年のローテーション落ちが発奮材料になり、今季、目を見張る巻き返しが見られるといいのだが。

カモ J・ウォルシュ（エンジェルス）.000(8-0)0本　苦手 M・トラウト（エンジェルス）.429(14-6)2本

年度	所属チーム	勝利	敗戦	防御率	試合数	先発	セーブ	投球イニング	被安打	失点	自責点	被本塁打	与四球	奪三振	WHIP
2019	マリナーズ	6	11	5.46	32	32	0	161.2	195	109	98	36	50	116	1.52
2020	マリナーズ	2	4	5.17	9	9	0	47.0	41	27	27	3	20	47	1.30
2021	マリナーズ	7	9	4.41	29	29	0	157.0	145	82	77	27	62	163	1.32
2022	ブルージェイズ	6	7	5.19	32	20	1	100.2	93	67	58	23	58	124	1.50
通算成績		21	31	5.02	102	90	1	466.1	474	285	260	89	190	450	1.42

40 メッツのポストシーズン進出に大きく貢献 先 発 移籍

クリス・バシット *Chris Bassitt*

34歳 1989.2.22｜196cm｜98kg｜右投右打
◆速球のスピード／150キロ前後（シンカー、フォーシーム）
◆決め球と持ち球／☆カーブ、◎シンカー、◎カッター、
　◎スライダー、○フォーシーム、○チェンジアップ
◆対左.247　◆対右.224　◆ホ防2.95　◆ア防4.00
◆ド2011⑯ホワイトソックス　◆田オハイオ州
◆年1800万ドル（約23億4000万円）

球威 4
制球 5
緩急 5
守備・牽制 3
度胸 4

30歳を過ぎてブレイクした大器晩成型の右腕。多彩な変化球と巧みな投球術で、打者に自分のスイングをさせないのが強みだ。昨季は開幕が間近にせまった3月12日に、アスレティックスからメッツへ移籍。チームでただ1人、規定投球回を投げ、チーム最多タイの15勝をマークした。しかしポストシーズンでは、パドレスとの地区シリーズ第3戦に登板し、敗戦投手に。打席でタイムを繰り返すパドレス打者陣の術中にはまり、自分のリズムで投げられなかった。オフにFAとなり、3年6300万ドルでブルージェイズ入り。

カモ A・ガルシア（アストロズ）.000(11-0)0本　苦手 J・ターナー（レッドソックス）.625(8-5)0本

年度	所属チーム	勝利	敗戦	防御率	試合数	先発	セーブ	投球イニング	被安打	失点	自責点	被本塁打	与四球	奪三振	WHIP
2014	ホワイトソックス	1	1	3.94	6	5	0	29.2	34	13	13	0	13	21	1.58
2015	アスレティックス	1	8	3.56	18	13	0	86.0	78	36	34	5	30	64	1.26
2016	アスレティックス	0	2	6.11	5	5	0	28.0	35	20	19	5	14	23	1.75
2018	アスレティックス	2	3	3.02	11	7	0	47.2	40	21	16	4	19	41	1.24
2019	アスレティックス	10	5	3.81	28	25	0	144.0	125	66	61	21	47	141	1.19
2020	アスレティックス	5	2	2.29	11	11	0	63.0	56	18	16	6	17	55	1.16
2021	アスレティックス	12	4	3.15	27	27	0	157.1	127	55	55	15	39	159	1.06
2022	メッツ	15	9	3.42	30	30	0	181.2	159	71	69	19	49	167	1.14
通算成績		46	34	3.45	136	123	0	737.1	654	300	283	75	228	671	1.20

ブルージェイズ

クローザーでも十分使えるパワーピッチャー

93 ジミー・ガルシア *Yimi Garcia* ★WBCドミニカ代表

セットアップ

33歳 1990.8.18生 | 185cm | 104kg 右投右打 園150キロ台半ば（フォーシーム、ツーシーム）函☆フォーシーム 対左.222 対右.211 D2009外ドジャース 田ドミニカ 囲500万ドル（約6億5000万円）

球5 制3 緩3 守2 度3

　リリーバーでは、最も威力のある速球を投げる男と評価される豪腕。昨季のフォーシームの被打率は1割2分7厘という低さだが、これほど打たれないのは、コンパクトで球の出どころが見えにくい投球フォームから、強烈なスピンがかかったボールを投げ込んでくるからだ。普段は物静かだが、マウンドではホットになる。昨年5月のヤンキース戦では、ドナルドソンへの死球が故意と認定されて退場処分を受けた。ブルージェイズの実況中継では、「YIMI」を「イーミ」ではなく、スペイン語読みの「ジミー」と呼ぶようになった。もちろん正しい読みはこちらのほうだ。

年度	所属チーム	勝利	敗戦	防御率	試合数	先発	セーブ	投球イニング	被安打	失点	自責点	被本塁打	与四球	奪三振	WHIP
2022	ブルージェイズ	4	5	3.10	61	0	1	61.0	48	26	21	6	16	58	1.05
通算成績		16	25	3.50	302	1	18	293.1	234	134	114	46	69	303	1.03

ゴロを量産する左のシンカーボーラー

58 ティム・メイザ *Tim Mayza*

セットアップ

31歳 1992.1.15生 | 190cm | 96kg 左投左打 園150キロ台前半（シンカー主体）函☆シンカー 対左.162 対右.291 D2013⑫ブルージェイズ 田ペンシルヴァニア州 囲210万ドル（約2億7300万円）

球4 制4 緩2 守3 度4

　昨季終盤、多くの投手が本塁打記録を狙うジャッジとの勝負を避ける中で、堂々と勝負を挑んだリリーフ左腕。結果はアメリカン・リーグ・タイ記録の61号を献上することになったが、いさぎよい態度は、各方面から称賛された。ゴロを打たせることに主眼を置くグラウンドボール・ピッチャー。球種はシンカーとスライダーで、年を追うごとにシンカーの比率が増えており、昨季は83%に達した。2019年9月にヒジを壊し、トミー・ジョン手術だけでなく、前腕屈筋の修復手術も受けた。再起を危ぶまれたが、一昨年見事に復活し、手術前よりレベルの高い投球を見せている。

年度	所属チーム	勝利	敗戦	防御率	試合数	先発	セーブ	投球イニング	被安打	失点	自責点	被本塁打	与四球	奪三振	WHIP
2022	ブルージェイズ	8	1	3.14	63	0	2	48.2	42	19	17	7	12	44	1.11
通算成績		17	6	3.98	248	0	3	205.2	184	97	91	26	69	223	1.23

どのようにピッチングを立て直すか注目

17 ホセ・ベリオス *Jose Berrios* ★WBCプエルトリコ代表

先発

29歳 1994.5.27生 | 183cm | 92kg 右投右打 園150キロ台前半（フォーシーム、シンカー）函◎カーブ 対左.298 対右.276 D2012①ツインズ 田プエルトリコ 囲1500万ドル（約19億5000万円）

球3 制2 緩4 守4 度3

　7年1億3100万ドルの大型契約を交わして臨んだ昨季は、エースのピッチングを期待されたが、シーズンを通して不安定な投球が続いた。防御率5.23は、メジャーの規定投球回に達した45人の中でワースト。不振の原因は、速球が以前のように動く軌道にならず、フラットな軌道で真ん中に入ることが続いたからだ。シーズン後半になると速球の制球難はやや改善されたが、今度はカーブを狙い打ちされたため、最後まで失点の多い状態が続いた。ただ、こうした乱調イヤーは、体を大きく横回転させて投げる投手にしばしば現れる現象なので、今季は持ち直すと見る向きが多い。

年度	所属チーム	勝利	敗戦	防御率	試合数	先発	セーブ	投球イニング	被安打	失点	自責点	被本塁打	与四球	奪三振	WHIP
2022	ブルージェイズ	12	7	5.23	32	32	0	172.0	199	103	100	29	45	149	1.42
通算成績		72	54	4.24	180	179	0	1023.2	973	518	482	137	311	1006	1.25

　園=速球のスピード　浜=決め球　対左=対左打者被打率　対右=対右打者被打率
D=ドラフトデータ　田=出身地　囲=年俸

ブルージェイズ

52 アンソニー・バス Anthony Bass
34歳でブレイクし、頼れるセットアッパーに セットアップ

36歳 1987.11.1生｜188cm｜92kg｜右投右打｜球150キロ台前半(シンカー、フォーシーム)｜決◎シンカー
対左.268 対右.159 旧2008⑤パドレス 田ミシガン州 囲300万ドル(約3億9000万円)

球制 3
制 5
緩 3
守・度 4
度 4

走者は出しても得点は許さない粘りのピッチングが光る、いぶし銀のリリーフ右腕。昨季は開幕からマーリンズでセットアッパーとして投げたあと、8月2日のトレードで2年ぶりにブルージェイズに復帰。ここでも7回ないし8回の抑えとしていい働きを見せ、マイアミでもトロントでも防御率は1点台だった。ただ移籍後は、スライダーが抜けて一発を食うケースが度々あった。2016年に来日し、1シーズン、北海道日本ハムに在籍。大谷翔平とチームメートだった。日本シリーズでNPB史上最多タイとなる3勝をあげ、いまだに日本の多くのファンに記憶されている。

年度	所属チーム	勝利	敗戦	防御率	試合数	先発	セーブ	投球イニング	被安打	失点	自責点	本塁打	与四球	奪三振	WHIP
2022	マーリンズ	2	3	1.41	45	0	0	44.2	32	10	7	1	10	45	0.94
2022	ブルージェイズ	2	0	1.75	28	0	0	25.2	19	5	5	5	10	28	1.13
2022	2チーム計	4	3	1.54	73	0	0	70.1	51	15	12	6	20	73	1.01
通算成績		16	28	3.87	360	19	15	504.2	464	243	217	54	180	397	1.28

56 ザック・ポップ Zach Pop
トロント郊外ブランプトン出身の注目株 ミドルリリーフ

27歳 1996.9.20生｜193cm｜99kg｜右投右打｜球150キロ台中盤(シンカー主体)｜決◎シンカー
対左.290 対右.258 旧2017⑦ドジャース 田カナダ 囲72万ドル(約9360万円)+α

球制 4
制 2
緩 2
守・度 1
度 3

昨年8月2日のトレードで生まれ育ったトロントに戻り、目を見張る活躍をしたカナダ人投手。シンカー8割、スライダー2割くらいの割合で投げるツーピッチ・ピッチャー。シンカーは153〜156キロの球速があり、プレート付近で強烈にシュートする。強運の持ち主で、2Aに在籍していた2019年5月にトミー・ジョン手術を受けたため出世が遅れると思われたのに、翌20年12月のルール5ドラフトで指名されたことで、21年の開幕時にマーリンズでメジャーデビューを果たした。典型的なシンカー&スライダー・タイプのゴロ打たせ屋で、一発を食うリスクが低いのがウリ。

年度	所属チーム	勝利	敗戦	防御率	試合数	先発	セーブ	投球イニング	被安打	失点	自責点	本塁打	与四球	奪三振	WHIP
2022	マーリンズ	2	0	3.60	18	0	0	20.0	23	9	8	1	2	14	1.25
2022	ブルージェイズ	2	0	1.89	17	0	0	19.0	18	4	4	1	2	11	1.05
2022	2チーム計	4	0	2.77	35	0	0	39.0	41	13	12	2	4	25	1.15
通算成績		5	0	3.56	85	0	0	93.2	95	42	37	5	28	76	1.31

57 トレント・ソーントン Trent Thornton
適性はロングリリーフとピンチの火消し屋 ミドルリリーフ

30歳 1993.9.30生｜183cm｜86kg｜右投右打｜球150キロ前後(フォーシーム主体)｜決◎スライダー
対左.246 対右.231 旧2015⑤アストロズ 田ノースカロライナ州 囲100万ドル(約1億3000万円)

球制 2
制 3
緩 3
度 3

マイナー落ちと再昇格を繰り返す、エレベーター状態が続くリリーフ右腕。昨季はメジャーで32試合、マイナーで21試合に登板。メジャーではロングリリーフ、中盤のリリーフ、ピンチの火消し屋、モップアップ(敗戦処理)で使われたが、ピンチの火消し屋で使われたときは引き継いだ走者17人のうち16人の生還を阻止。生還阻止率94％は、トップレベルの数字だ。フォーシームはスピン量が平均よりかなり多いのに、高めに投じると一発を食いやすい欠点がある。昨季はポストシーズンのメンバーから外れたので、今季は是が非でも結果を残さないとあとがない状況だ。

年度	所属チーム	勝利	敗戦	防御率	試合数	先発	セーブ	投球イニング	被安打	失点	自責点	本塁打	与四球	奪三振	WHIP
2022	ブルージェイズ	0	2	4.11	32	0	0	46.0	40	21	21	7	17	37	1.24
通算成績		7	14	4.84	104	35	0	255.0	265	148	137	43	97	244	1.42

速球の制球に苦しみ、チェンジアップ依存に

ミドル リリーフ

33 トレヴァー・リチャーズ *Trevor Richards*

30歳 1993.5.15生 | 188cm | 92kg | 右投右打 球150キロ前後（フォーシーム主体）決○チェンジアップ
対左.237 対右.238 ド2016外マーリンズ 田イリノイ州 年150万ドル（約1億9500万円）

球 3
制 3
緩 3
4
度 3

独立リーグで２シーズン投げたあと、マーリンズとマイナー契約してメジャーへの道が開けた苦労人のリリーフ右腕。昨季はフルシーズン、メジャーで投げ、中盤のリリーフ、セットアップ、ロングリリーフ、オープナー戦術の先発、ピンチの火消し屋、モップアップと様々な役回りで使われた。しかしシーズンを通して速球の制球が定まらず、度々四球がらみで失点。カウントを悪くして、甘く入った速球を外野席に運ばれるケースも多々あった。防御率５点台にもかかわらず、初めてポストシーズンのメンバーに入ったときは大いに感激。ワイルドカードの第２戦に登板し、好投。

年度	所属チーム	勝利	敗戦	防御率	試合数	先発	セーブ	投球イニング	被安打	失点	自責点	被本塁打	与四球	奪三振	WHIP
2022	ブルージェイズ	3	2	5.34	62	4	0	64.0	57	41	38	9	35	82	1.44
通算成績		20	25	4.41	119	56	1	422.0	389	219	207	61	178	444	1.34

7月の復帰を目標にリハビリ中だが…

先発

99 柳賢振 *Hyun Jin Ryu*

36歳 1987.3.25生 | 190cm | 113kg | 右投左打 球140キロ台中盤（フォーシーム主体）決○チェンジアップ
対左.222 対右.308 ド2012外ドジャース 田韓国 年2000万ドル（約26億円）◆最優秀防御率1回（19年）

球 2
制 3
4
緩 4
度 4

昨年６月にトミー・ジョン手術を受けたが、今季は契約最終年であるため、ブルージェイズでふたたびマウンドに立てるか懸念される左腕。2019年にドジャースで、ナショナル・リーグのサイ・ヤング賞投票２位になり、ブルージェイズに４年8000万ドルの契約で迎えられた20年も、アメリカン・リーグのサイ・ヤング賞投票で３位に入る活躍を見せた。しかし、21年は後半から制球が不安定になり、失点が急増。昨季は先発３番手としてシーズンを迎えたが、２試合連続で大量失点してIL入り。５月に復帰したが、その後も乱調で、前腕部の炎症を理由に、６月２日に再度IL入り。

年度	所属チーム	勝利	敗戦	防御率	試合数	先発	セーブ	投球イニング	被安打	失点	自責点	被本塁打	与四球	奪三振	WHIP
2022	ブルージェイズ	2	0	5.67	6	6	0	27.0	32	17	17	5	4	16	1.33
通算成績		75	45	3.27	175	174	1	1003.1	960	391	364	107	222	896	1.18

— ヨスヴァー・ズルエタ *Yosver Zulueta*

先発 **期待度 B** **ルーキー**

25歳 1998.1.23生 | 185cm | 86kg | 右投右打 ◆昨季は1A、1A+、2A、3Aでプレー ド2019外ブルージェイズ 田キューバ

キューバ出身の右腕。2019年６月に入団したが、トミー・ジョン手術とヒザの前十字靱帯断裂で、キャリアの開始が２年半遅れてしまった。150キロ台後半の速球にスライダー、カーブを組み合わせて投げるパワーピッチャー。昨季、1A、1A+、2A、3Aを１シーズンのうちに駆け上がり、注目された。

— ヘイデン・ユンガー *Hayden Juenger*

先発 リリーフ **期待度 B** **ルーキー**

23歳 2000.8.9生 | 183cm | 81kg | 右投右打 ◆昨季は2A、3Aでプレー ド2021⑥ブルージェイズ 田イリノイ州

メジャー昇格後は、優秀な中継ぎ要員になりそうなリリーフのホープ。球種は、150キロ台中頃の速球とスライダー、チェンジアップ。ウリは奪三振率が高いこと。チェンジアップがレベルアップしたことで、左打者にめっぽう強くなった。2Aまでは主に先発で投げていたが、昨年７月に3Aに昇格した際、リリーフに回った。

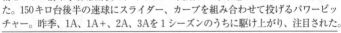

球=速球のスピード 決=決め球 対左=対左打者被打率 対右=対右打者被打率

ド=ドラフトデータ 田=出身地 年=年俸
※メジャー経験がない投手の「先発」「リリーフ」はマイナーでの役割

ジャンセンの故障中に大活躍し、大化け

キャッチャー・DH

30 アレハンドロ・カーク
Alejandro Kirk ★WBCメキシコ代表

25歳 1998.11.6生 | 173cm | 110kg | 右投右打 | 盗塁阻止率/.255(47-12)

◆対左投手打率/.276(98-27) ◆対右投手打率/.288(372-107)
◆ホーム打率/.250(208-52) ◆アウェー打率/.313(262-82)
◆得点圏打率/.278(115-32)
◆22年のポジション別出場数/キャッチャー=78、DH=51
◆ドラフトデータ/2016⑥ブルージェイズ
◆出身地/メキシコ
◆年俸/72万ドル(約9360万円)+α
◆シルバースラッガー賞1回(22年)

ミート	5
パワー	4
走塁	2
守備	4
肩	4

　昨年ブレイクし、オールスターゲームにも出場したメキシコ出身のキャッチャー。一昨年は、身長が173センチしかないのに体重が120キロもあったため、オフに厳格な栄養管理を行い、ひと回りスリムになって昨年のキャンプに参加。これによって体のキレが良くなり、打撃と守備の両面で大きなプラスになった。昨季は、球団の構想では「DHの一番手、兼バックアップ捕手」という位置付けで使われることになっていた。ところが開幕早々、正捕手のジャンセンが側胸部の筋肉を痛めてIL入り、それにともない捕手で先発出場する機会が大幅に増え、大化けにつながった。

　打撃面での最大の長所は、ミートがうまく、選球眼もいいため、三振より四球が多いこと。ブルージェイズには25本塁打以上を期待できるスラッガーが何人もいるのに、シーズン中盤以降はカークが3番、ないし4番打者で使われ続けた。これは三振が少なく四球が多いため、打線のつながりを良くする打者と評価されていたからだ。

　守備面ではボールブロックがうまいので、ワイルドピッチを出す頻度は最少レベル。リリースが早いため盗塁阻止率(25.5%)も「中の上」レベルで、捕手牽制刺も2つ記録している。フレーミングの技術も高く、メジャーの捕手の中で五指に入るレベルと評価されている。まだメジャーでの経験が浅いにもかかわらず、リードも的確で捕手防御率はチームのほかの捕手よりずっと低い。最も相性のいい投手はマノアで、昨季はほぼ全試合、女房役を務め、好リードで彼のブレイクに一役買った。

　シーズン中は、同じメキシコ人のソフィア・カスタニェーダさんという美女と一緒に暮らしているが、正式な結婚はしていないようだ。米国との国境に近い、メキシコのティファナ出身。父ホアン・マヌエルさんは、リトルリーグの監督で、少年時代は父のチームでプレーしていた。

カモ K・ブラディッシュ(オリオールズ).714(7-5)0本　L・ジオリート(ホワイトソックス).444(9-4)3本
苦手 N・コルテス(ヤンキース).000(8-0)0本　D・ラスマッセン(レイズ).182(11-2)0本

年度	所属チーム	試合数	打数	得点	安打	二塁打	三塁打	本塁打	打点	四球	三振	盗塁	盗塁死	出塁率	OPS	打率
2020	ブルージェイズ	9	24	4	9	2	0	1	3	1	4	0	0	.400	.983	.375
2021	ブルージェイズ	60	165	19	40	8	0	8	24	19	22	0	0	.328	.764	.242
2022	ブルージェイズ	139	470	59	134	19	0	14	63	63	58	0	0	.372	.787	.285
通算成績		208	659	82	183	29	0	23	90	83	84	0	0	.362	.788	.278

カモ 苦手 は通算成績

フライ打球になる比率が減少し、本塁打が激減 ｜ファースト｜

27 ヴラディミール・ゲレーロ・ジュニア
Vladimir Guerrero Jr. ★WBCドミニカ代表

24歳 1999.3.16生｜188cm｜108kg｜右投右打

- ◆対左投手打率／.245(110-27) ◆対右投手打率／.280(528-148)
- ◆ホーム打率／.273(315-86) ◆アウェー打率／.276(323-89)
- ◆得点圏打率／.267(146-39)
- ◆22年のポジション別出場数／ファースト=128、DH=32、サード=1
- ◆ドラフトデータ／2015㊾ブルージェイズ
- ◆出身地／カナダ
- ◆年俸／1450万ドル（約18億8500万円）
- ◆本塁打王1回（21年）、ゴールドグラブ賞1回（22年）、
  シルバースラッガー賞1回（21年）、ハンク・アーロン賞1回（21年）

ミート	4
パワー	5
走塁	3
守備	4
肩	3

悲願である「親子2代のMVP」の実現に、意欲を燃やすブルージェイズの主砲。一昨年は本塁打王に輝いたため、昨年は大きな期待を背負ってシーズンに入った。しかし出だし好調だったものの、4月中旬以降は打球が上がらなくなり、内野ゴロばかりが多くなった。そのため5月末時点の本塁打数は、わずか9本だった。問題点はハッキリしていて、スイング軌道にブレが生じて、フライ打球の比率が大幅に減少したことにあった。そのため早出ししてギレルモ・マルティネス打撃コーチの助言を受けながら、連日ケージで打ち込みを行い、いったんは調子が上向いたが、ボール球に手を出すケースも大幅に増えたため、好調は長続きしなかった。

昨季はゴールドグラブ賞を受賞し、多くのファンを驚かせた。だが、これはアメリカン・リーグに守備力の高い一塁手がいなくなったことが大きい。昨季の10エラーは、リーグのワースト2位。守備範囲の広さも平均よりやや落ちるが、ピンチになるとダイビングキャッチでヒット性の当たりを好捕することがあり、守備で防いだ失点（DRS）が3つある。

ドミニカのベースボール・ファミリー出身。父ヴラディミール・ゲレーロ・シニアは、2004年のアメリカン・リーグMVPで、通算477本塁打の大打者。父の兄である伯父のウィルトン・ゲレーロも元メジャーで8シーズン、プレーした内野手。いとこのギャビー・ゲレーロは外野手で、18年にレッズでメジャーデビューしている。また、ゲレーロ・ジュニアには、優秀な打者に育ちつつある、パブロ・ゲレーロとヴラディ・ミゲール・ゲレーロという2人の異母弟がいる。ともに今年16歳になるので、メジャー球団と高額で契約することになるだろう。

結婚はしていないが、ナタリーさんというドミニカ人美女との間に、ヴリミルちゃん、ヴリシルちゃんという娘が2人いる。

| カモ | S・アルカンタラ（マーリンズ）.714(7-5)1本　D・クレマー（オリオールズ）.375(16-6)4本 |
| 苦手 | S・ビーバー（ガーディアンズ）.111(9-1)0本　M・キング（ヤンキース）.143(14-2)0本 |

年度	所属チーム	試合数	打数	得点	安打	二塁打	三塁打	本塁打	打点	四球	三振	盗塁	盗塁死	出塁率	OPS	打率
2019	ブルージェイズ	123	464	52	126	26	2	15	69	46	91	0	1	.339	.772	.272
2020	ブルージェイズ	60	221	34	58	13	2	9	33	20	38	1	0	.329	.791	.262
2021	ブルージェイズ	161	604	123	188	29	1	48	111	86	110	4	1	.401	1.002	.311
2022	ブルージェイズ	160	638	90	175	35	0	32	97	58	116	8	3	.339	.819	.274
通算成績		504	1927	299	547	103	5	104	310	210	355	13	5	.358	.862	.284

野手

ライト／センター

4 ブルージェイズでもリーダーシップを発揮
ジョージ・スプリンガー George Springer

34歳 1989.9.19生｜190cm｜99kg｜右投右打

◆対左投手打率／.252　◆対右投手打率／.271
◆ホーム打率／.255　◆アウェー打率／.281　◆得点圏打率／.256
◆22年のポジション別出場数／センター＝86、DH＝40、ライト＝26
◆Ⓓ2011①アストロズ　◆⊞コネティカット州
◆囲2250万ドル（約29億2500万円）　◆シルバースラッガー賞2回（17、19年）

ミート	4
パワー	5
走塁	4
守備	3
肩	3

打つほうでは打線の牽引役、守るほうでは外野の守備の要としてフルに機能している強打の外野手。6年契約1年目の2021年シーズンは、ケガに泣いて78試合の出場にとどまった。だが、昨季は夏場に短いIL入りがあっただけで133試合に出場。連日得点にからむ活躍を見せ、チームのポストシーズン進出に貢献した。社会貢献に熱心。幼少期、吃音で苦労したため、とくに吃音の子供を支援する活動に注力している。得意技はバック宙（後方宙返り）。少年時代に、体操競技の選手だった母ローラさんに教えてもらったものだ。

カモ 大谷翔平（エンジェルス）.467(15-7)2本　苦手 K・エイキン（オリオールズ）.000(9-0)0本

年度	所属チーム	試合数	打数	得点	安打	二塁打	三塁打	本塁打	打点	四球	三振	盗塁	盗塁死	出塁率	OPS	打率
2014	アストロズ	78	295	45	68	8	1	20	51	39	114	5	2	.336	.804	.231
2015	アストロズ	102	388	59	107	19	2	16	41	50	109	16	4	.367	.826	.276
2016	アストロズ	162	644	116	168	29	5	29	82	88	178	9	10	.359	.816	.261
2017	アストロズ	140	548	112	155	29	0	34	85	64	111	5	3	.367	.889	.283
2018	アストロズ	140	544	102	144	26	0	22	71	64	122	6	4	.346	.780	.265
2019	アストロズ	122	479	96	140	20	3	39	96	67	113	6	2	.383	.974	.292
2020	アストロズ	51	189	37	50	6	2	14	32	24	38	1	1	.359	.899	.265
2021	ブルージェイズ	78	299	59	79	19	1	22	50	37	79	4	1	.352	.907	.264
2022	ブルージェイズ	133	513	89	137	22	4	25	76	54	100	14	2	.342	.814	.267
通算成績		1006	3899	715	1048	178	18	221	584	487	964	66	34	.358	.852	.269

ショート

11 ヒット数は2年連続でリーグ最多だが…
ボー・ビシェット Bo Bichette

25歳 1998.3.5生｜183cm｜86kg｜右投右打

◆対左投手打率／.262　◆対右投手打率／.295
◆ホーム打率／.282　◆アウェー打率／.297　◆得点圏打率／.252
◆22年のポジション別出場数／ショート＝157、DH＝1
◆Ⓓ2016②ブルージェイズ　◆⊞フロリダ州
◆囲285万ドル（約3億7050万円）

ミート	4
パワー	5
走塁	4
守備	1
肩	4

一昨年、得点と打点がどちらも100を超えたため、昨季も同レベルの数字を期待された。しかし出だしのスランプがたたって、8月までは出塁率が平均以下、OPSも平均レベルという状態が続いた。ところが9月に、突然ギアがトップに入り、シーズン終了までに43安打、7二塁打、8本塁打と打ちまくり、チームのポストシーズン進出に貢献した。守備面では、課題が山積み。一昨年、メジャーの遊撃手で最多の24失策を記録したときは、球団も、ほかの守備指標は平均レベルだし、まだ23歳だから、と大目に見ていた。だが、昨季もメジャーワースト2位の23失策をやらかし、DRS（守備で防いだ失点）も-15でメジャーの遊撃手でワースト。そのため、セカンドへのコンバート案が浮上。

カモ N・コルテス（ヤンキース）.500(10-5)1本　苦手 T・グラスナウ（レイズ）.000(6-0)0本

年度	所属チーム	試合数	打数	得点	安打	二塁打	三塁打	本塁打	打点	四球	三振	盗塁	盗塁死	出塁率	OPS	打率
2019	ブルージェイズ	46	196	32	61	18	0	11	21	14	50	4	4	.358	.929	.311
2020	ブルージェイズ	29	123	18	37	9	1	5	23	5	27	4	1	.328	.840	.301
2021	ブルージェイズ	159	640	121	191	30	1	29	102	40	137	25	1	.343	.827	.298
2022	ブルージェイズ	159	652	91	189	43	1	24	93	41	155	13	8	.333	.802	.290
通算成績		393	1611	262	478	100	3	69	239	100	369	46	14	.340	.831	.297

野手

サード

26 期待されるのは「守備の王者」の復活

マット・チャップマン *Matt Chapman*

30歳 1993.4.28生｜183cm｜97kg｜右投右打 対左.245 対右.225 ホ.240
ア.218 得.234 ④2014①アスレティックス 出カリフォルニア州
年1200万ドル（約15億6000万円）◆ゴールドグラブ賞2回（18、19年）

ミ③
バ⑤
走③
守④
肩④

　チームが変わって劣化に歯止めがかかったが、まだ再上昇の兆しは見えない三塁手。昨年3月、トレードでアスレティックスから移籍し、巻き返しを期待された。打撃面では、メジャー全体でワースト2位だった三振数が9位となり、二塁打が12本増えたので、移籍は多少プラスになった。しかし、2018、19年に2年連続でプラチナ・ゴールドグラブ賞（各リーグで守備力ナンバーワンの選手に贈られる賞）に輝いた守備面は、「中の上」レベルに落ちたままだった。今年のオフにFAとなるので、今季は凋落から再上昇に転じたことを、ハッキリ示す数字を出す必要がある。

年度	所属チーム	試合数	打数	得点	安打	二塁打	三塁打	本塁打	打点	四球	三振	盗塁	盗塁死	出塁率	OPS	打率
2022	ブルージェイズ	155	538	83	123	27	1	27	76	68	170	2	2	.324	.757	.229
通算成績		728	2629	421	632	152	17	138	372	319	811	7	10	.329	.798	.240

キャッチャー DH

9 打者としての価値が急上昇している捕手

ダニー・ジャンセン *Danny Jansen*

28歳 1995.4.15生｜188cm｜97kg｜右投右打 ◆盗塁阻止率.231(39-9) 対左.226 対右.272 ホ.252
ア.270 得.308 ④2013⑯ブルージェイズ 出イリノイ州 年350万ドル（約4億5500万円）

ミ③
バ⑤
走②
守④
肩④

　白ふちのオシャレな乱視用メガネがトレードマークの捕手。昨季前半は故障続きで、ほとんど稼働しなかった。その間にバックアップ捕手のカークが打ちまくったため、シーズン後半は捕手で先発出場したゲームが、69試合中40試合にとどまった。その一方で、格段にパワーアップしており、昨季は14.3打数に1本という目を見張るペースで本塁打を生産。このペースは、チームでダントツの数字だ。今季は、DHで出場する機会が大幅に増える可能性がある。守備面では、キャッチングとボールブロックのうまさに定評がある。強肩で、昨季は捕手牽制刺を2つ記録している。

年度	所属チーム	試合数	打数	得点	安打	二塁打	三塁打	本塁打	打点	四球	三振	盗塁	盗塁死	出塁率	OPS	打率
2022	ブルージェイズ	72	215	34	56	10	0	15	44	25	44	1	0	.339	.855	.260
通算成績		323	947	137	211	44	4	48	143	103	215	1	1	.307	.730	.223

レフト キャッチャー

移籍

25 外野に専念すれば、ゴールドグラブ賞確実!?

ドールトン・ヴァーショ *Daulton Varsho*

27歳 1996.7.2生｜178cm｜93kg｜右投左打 ◆盗塁阻止率.333(18-6) 対左.221 対右.240 ホ.221
ア.248 得.293 ④2017②ダイヤモンドバックス 出ウィスコンシン州 年305万ドル（約3億9650万円）

ミ③
バ④
走③
守⑤
肩③

　オフのトレードで、ダイヤモンドバックスから移籍の外野手兼捕手。昨季はライトと、新設されたユーティリティの2枠で、ゴールドグラブ賞の最終候補にノミネートされた。外野守備では打球判断が良く、ダイビングキャッチの名手。今季はレフトがメインになりそうだが、通年で守ることができれば、ゴールドグラブ賞獲得の可能性も十分ある。引っ張り一辺倒の打撃がどこまで進化するかが、躍進のカギを握る。父ゲイリーも元メジャーの外野手で、トレードをきっかけに活躍できるようになった。それもあり、ヴァーショは、今回のトレードを前向きにとらえている。

年度	所属チーム	試合数	打数	得点	安打	二塁打	三塁打	本塁打	打点	四球	三振	盗塁	盗塁死	出塁率	OPS	打率
2022	ダイヤモンドバックス	151	531	79	125	23	3	27	74	46	145	16	6	.302	.745	.235
通算成績		283	916	136	214	45	7	41	121	88	245	25	7	.306	.738	.234

58 　対左＝対左投手打率　対右＝対右投手打率　ホ＝ホーム打率　ア＝アウェー打率　得＝得点圏打率
　ド＝ドラフトデータ　出＝出身地　年＝年俸

5 オールスター選手になった地味なヒーロー
サンティアーゴ・エスピナル Santiago Espinal
ユーティリティ

29歳 1994.11.13生 | 178cm | 84kg | 右投右打 対左.301 対右.256 困.298 ⑦.238
德.231 ⑤2016⑩レッドソックス 囲ドミニカ 囲210万ドル（約2億7300万円）

ミ④
バ②
走④
守④
肩③

ブルージェイズ打線に欠かせない名脇役。昨季はシミエンが抜けたセカンドに、ビジオとエスピナルがプラトーンで起用されると思われた。しかし、ビジオが深刻な打撃不振で、エスピナルがレギュラー格で使われることに。その後は最強の8番打者と評価されるようになり、アルトゥーヴェの代替選手としてオールスターにも出場した。ドミニカ生まれだが13歳のときに一家で米国に移住。その後は、高校の野球チームでプレーし、一般入試で短大進学。ここで好成績を出したため、強豪校マイアミデード短大から、奨学金付きで誘われ、ドラフトで指名される道が開けた。

年度	所属チーム	試合数	打数	得点	安打	二塁打	三塁打	本塁打	打点	四球	三振	盗塁	盗塁死	出塁率	OPS	打率
2022	ブルージェイズ	135	449	51	120	25	0	7	51	36	68	6	6	.322	.692	.267
通算成績		254	731	93	205	42	1	9	74	62	114	13	7	.338	.716	.280

15 盗塁王3回、打率3割2回の野球職人
ウィット・メリフィールド Whit Merrifield
セカンド
外野手

34歳 1989.1.24生 | 185cm | 88kg | 右投右打 対左.238 対右.255 困.249 ⑦.251
德.250 ⑤2010⑨ロイヤルズ 囲サウスカロライナ州 囲650万ドル（約8億4500万円）◆盗塁王3回（17,18,21年）

ミ④
バ③
走⑤
守④
肩③

昨年8月2日のトレードでロイヤルズから移籍した、2度のオールスター選出歴がある盗塁名人。27歳でメジャーデビューした遅咲きだが、昇格後は俊足とミートのうまさを買われてリードオフマンに起用され、優秀なチャンスメーカーになった。ロイヤルズがそんな重要な選手を放出したのは、ボビー・ウィット、ニッキー・ロペスに代表される内野のホープが台頭し、世代交代が図られたからだ。ロイヤルズでは二塁手兼外野手として使われてきたが、移籍後、ブルージェイズでも同じパターンで使われた。今季はセカンドの1番手、兼ライトの2番手で起用される予定。

年度	所属チーム	試合数	打数	得点	安打	二塁打	三塁打	本塁打	打点	四球	三振	盗塁	盗塁死	出塁率	OPS	打率
2022	ロイヤルズ	95	383	51	92	23	1	6	42	30	61	15	3	.290	.642	.240
2022	ブルージェイズ	44	121	19	34	5	0	5	16	8	24	1	2	.323	.769	.281
2022	2チーム計	139	504	70	126	28	1	11	58	38	85	16	5	.298	.673	.250
通算成績		907	3627	522	1035	220	26	79	403	244	621	175	43	.331	.757	.285

39 守備のいい外野手の代表格
ケヴィン・キアマイア Kevin Kiermaier
センター | 移籍

33歳 1990.4.22生 | 185cm | 95kg | 右投左打 対左.256 対右.221 困.204 ⑦.248
德.326 ⑤2010⑨レイズ 囲インディアナ州 囲900万ドル（約11億7000万円）◆ゴールドグラブ賞3回（15,16,19年）

ミ②
バ③
走④
守⑤
肩⑤

昨季まで同地区レイズでプレーしていた中堅守備の名手。得意技は「ホームランキャッチ」で、これまで数多くのホームランをアウトにしてきた。メジャー10年目の昨季は股関節の状態が悪く、シーズン前半のみのプレー。63試合の出場にとどまったが、相変わらずの好守を見せていた。バットで魅せたのは、4月23日のレッドソックス戦。この試合、投手陣が9回終了まで相手打線を無安打無得点に抑えていたが、レイズ打線も沈黙していたため延長戦に突入し、10回表に2点を奪われてしまった。だが、キアマイアが逆転サヨナラ弾を放ち、レイズが劇的な勝利を収めている。

年度	所属チーム	試合数	打数	得点	安打	二塁打	三塁打	本塁打	打点	四球	三振	盗塁	盗塁死	出塁率	OPS	打率
2022	レイズ	63	206	28	47	8	0	7	22	14	61	6	1	.281	.650	.228
通算成績		914	3053	410	756	140	51	82	316	236	736	112	36	.308	.715	.248

殿堂入りしたクレイグ・ビジオの次男

8 キャヴァン・ビジオ Cavan Biggio

セカンド
ファースト
ライト

28歳 1995.4.11生 | 188cm | 90kg | 右投左打 | 対左.150 | 対右.212 | ホ.177 | ア.222
得.237 | ド2016⑤ブルージェイズ | 出テキサス州 | 年280万ドル(約3億6400万円)

ミ2
バ4
走4
守3
肩2

故障続きで打撃成績の低下に歯止めがかからない、血統書付きのプレーヤー。シミエンがFAでチームを去ったため、昨季はセカンドのレギュラー候補の筆頭に名が挙がっていた。しかし、オフのトレーニング中にヒジを痛めたことが響いて出遅れ、レギュラー獲りに失敗。打撃不振にもあえぎ、開幕からほとんどヒットが出ない状態が続いた。しかし、4月下旬にコロナ陽性が判明。32日間IL入りしたことがプラスに作用し、5月下旬に復帰後は調子を戻した。打ち続くケガと打撃不振で存在感が薄れつつあり、今季は何が何でも結果を出さないとあとがないところに来ている。

年度	所属チーム	試合数	打数	得点	安打	二塁打	三塁打	本塁打	打点	四球	三振	盗塁	盗塁死	出塁率	OPS	打率
2022	ブルージェイズ	97	257	43	52	18	1	6	24	38	85	2	0	.318	.668	.202
通算成績		335	1081	177	246	61	4	37	127	187	347	25	1	.346	.740	.228

12シーズン、ジャイアンツでプレー

ブランドン・ベルト Brandon Belt

DH
ファースト

移籍

35歳 1988.4.20生 | 190cm | 104kg | 左投左打 | 対左.182 | 対右.223 | ホ.279
ア.161 | 得.148 | ド2009⑤ジャイアンツ | 出テキサス州 | 年930万ドル(約12億900万円)

ミ3
バ3
走2
守3
肩3

1年930万ドルの契約で入団したベテラン一塁手。メジャーデビューから昨季までの12シーズン、ジャイアンツの中心選手として活躍し、2度のワールドシリーズ制覇も経験。一昨年は97試合の出場ながら、自己最多の29本塁打を記録した。ただ昨季は打撃不振で、自己ワーストの打率2割1分3厘。ここ数年、故障が多く、とくに右ヒザの状態は限界に達していて、昨年もシーズン終盤の9月に手術を受けている。打撃面の長所は、高い出塁率を期待できること。昨季も出塁率はメジャー平均を上回っていた。今季、ブルージェイズでの役回りは、DH、代打、控えの一塁手。

年度	所属チーム	試合数	打数	得点	安打	二塁打	三塁打	本塁打	打点	四球	三振	盗塁	盗塁死	出塁率	OPS	打率
2022	ジャイアンツ	78	254	25	54	9	1	8	23	37	81	1	0	.326	.676	.213
通算成績		1310	4390	628	1146	267	36	175	584	617	1205	47	21	.356	.814	.261

51 オットー・ロペス Otto Lopez ★WBCカナダ代表

セカンド | 期待度 B | ルーキー

25歳 1998.10.1生 | 178cm | 83kg | 右投右打 ◆昨季はメジャーで8試合に出場 | ド2016⑯ブルージェイズ | 出ドミニカ

本来のポジションはセカンドだが、ショートとセンターにも対応する使い勝手の良いプレーヤー。グラブよりバットで貢献するタイプで、パワーには欠けるものの、ミートがうまく、スピードもあるため、二塁打と三塁打が多い。選球眼が良いので、三振が少なく、四球を多く選べる点も大きな長所だ。

オレルヴィス・マルティネス Orelvis Martinez

サード
ショート | 期待度 B+ | ルーキー

22歳 2001.11.19生 | 185cm | 90kg | 右投右打 ◆昨季は2Aでプレー | ド2018⑰ブルージェイズ | 出ドミニカ

昨季、マイナーの2Aで30本塁打を記録した強打の内野手。ウリはスイングスピードが速いことと、広角に飛距離が出ること。欠点は、ボールになる変化球にバットが出てしまうため、三振が多いこと。守備は、グラブさばきがうまく強肩だが、守備範囲の広さはイマイチ。ショートよりサードが適任。

対左=対左投手打率 対右=対右投手打率 ホ=ホーム打率 ア=アウェー打率 得=得点圏打率
ド=ドラフトデータ 出=出身地 年=年俸

タンパベイ・レイズ

◆創　立：1998年　　　　　　　　　　　　◆ワールドシリーズ制覇：0回／◆リーグ優勝：2回
◆本拠地：フロリダ州セントピーターズバーグ市　◆地区優勝：4回　／◆ワイルドカード獲得：4回

主要オーナー　ステュワート・スターンバーグ（投資家）

過去5年成績	年度	勝	負	勝率	ゲーム差	地区順位	ポストシーズン成績
	2018	90	72	.556	18.0	③	―
	2019	96	66	.593	7.0	②	地区シリーズ敗退
	2020	40	20	.667	(7.0)	①	ワールドシリーズ敗退
	2021	100	62	.617	(8.0)	①	地区シリーズ敗退
	2022	86	76	.531	13.0	③	ワイルドカードシリーズ敗退

監督　16　ケヴィン・キャッシュ *Kevin Cash*

◆年　齢…………46歳（フロリダ州出身）
◆現役時代の経歴…8シーズン　ブルージェイズ（2002〜04）、
（キャッチャー）　デビルレイズ（2005）、レッドソックス（2007〜
　　　　　　　　08）、ヤンキース（2009）、アストロズ（2010）、
　　　　　　　　レッドソックス（2010）
◆現役通算成績……246試合　.183　12本　58打点
◆監督経歴…………8シーズン　レイズ（2015〜）
◆通算成績…………640勝554敗（勝率.536）最優秀監督賞2回（20.21年）

「オープナー」「4人制ローテーション」など、革新的な作戦を取り入れ、低予算のチームを引っ張ってきた智将。2020年、21年に、2年連続でアメリカン・リーグの最優秀監督賞を受賞している。一昨年のオールスターでは、大谷翔平のため、先発投手とDHの兼務を可能とする特別ルールをMLB機構に提案し、認めさせた。しかし、この「大谷ルール」が昨季より公式戦でも導入され、敵として戦うことになったキャッシュは「悪いアイディアだった」と苦笑い。

注目コーチ　27　ロドニー・リナレス *Rodney Linares*

　ベンチコーチ。46歳。アストロズの組織で長く働き、アルトゥーヴェ、コレイア、ブレグマンなど、数多くの若手選手のブレイクを手助けした。ドミニカ系アメリカ人。

編成責任者　エリック・ニアンダー *Erik Neander*

　40歳。斬新な戦術の導入、安価で的確な補強、将来を見据えた若手の育成……。編成トップとしての手腕を存分に発揮し、資力力のない球団で結果を出し続けている。

スタジアム　トロピカーナ・フィールド *Tropicana Field*

◆開場年…………1990年
◆仕　様…………人工芝、ドーム球場
◆収容能力…………25,000人
◆フェンスの高さ…2.7〜3.4m
◆特　徴…………現在、メジャーでは唯一の密閉式ドーム球場。ホームランがやや出にくい。バックスクリーン前の右翼寄り外野席に、巨大水槽が設置され、その中を、旧チーム名の由来にもなっているイトマキエイ（デビルレイ）が泳いでいる。

ピッチャーズパーク

123　125　113　113　96　98

61

Best Order [ベストオーダー]

①ヤンディ・ディアス……サード
②ワンダー・フランコ……ショート
③ランディ・アロザレーナ……レフト
④ブランドン・ラウ……セカンド
⑤ジョナサン・アランダ……ファースト
⑥ハロルド・ラミレス……DH
⑦マニュエル・マーゴウ……ライト
⑧フランシスコ・メヒーア……キャッチャー
⑨ホセ・シリ……センター

Depth Chart [ポジション別選手層・メンバーリスト]

※2023年2月13日時点の候補選手。数字は背番号(開幕前に変更する場合もあり)、右・左等は投・打の順。

センター
22 ホセ・シリ [右・右]
15 ジョシュ・ロウ [右・右]
13 マニュエル・マーゴウ [右・右]

レフト
56 ランディ・アロザレーナ [右・右]
15 ジョシュ・ロウ [右・右]

ライト
13 マニュエル・マーゴウ [右・右]
15 ジョシュ・ロウ [右・右]
43 ハロルド・ラミレス [右・右]
7 ヴィダル・ブルハーン [右・両]

ショート
5 ワンダー・フランコ [右・両]
0 テイラー・ウォールズ [右・両]
7 ヴィダル・ブルハーン [右・両]

セカンド
8 ブランドン・ラウ [右・左]
17 アイザック・パレデス [右・右]
7 ヴィダル・ブルハーン [右・両]
0 テイラー・ウォールズ [右・両]

サード
2 ヤンディ・ディアス [右・右]
17 アイザック・パレデス [右・右]
7 ヴィダル・ブルハーン [右・両]
62 ジョナサン・アランダ [右・右]

ローテーション
18 シェイン・マクラナハン [左・右]
20 タイラー・グラスナウ [右・右]
57 ドルー・ラスマッセン [右・右]
24 ザック・エフリン [右・右]
59 ジェフリー・スプリングス [左・右]
72 ヨニー・チリノス [右・右]

ファースト
62 ジョナサン・アランダ [右・右]
17 アイザック・パレデス [右・右]
7 ヴィダル・ブルハーン [右・両]
8 ブランドン・ラウ [右・左]

キャッチャー
21 フランシスコ・メヒーア [右・両]
14 クリスチャン・ベタンコート [右・右]
50 レネ・ピント [右・右]

DH
43 ハロルド・ラミレス [右・右]
56 ランディ・アロザレーナ [右・右]
14 クリスチャン・ベタンコート [右・右]

ブルペン
29 ピート・フェアバンクス [右・右] CL
47 ジェイソン・アダム [右・右]
68 ジャレン・ビークス [左・右]
60 ギャレット・クレヴィンジャー [左・右]
72 ヨニー・チリノス [右・右]
38 コリン・ポシェイ [左・右]
81 ライアン・トンプソン [右・右]
64 ショーン・アームストロング [右・右]
58 カルヴィン・ファウチャー [右・右]
72 ジェフリー・スプリングス [左・右]

※ CL =クローザー

レイズ試合日程……*はアウェーでの開催

3月30・4月1・2	タイガース	5月2・3・4	パイレーツ	6月2・3・4	レッドソックス*
3・4・5	ナショナルズ*	5・6・7	ヤンキース	6・7・8	ツインズ
7・8・9	アスレティックス	8・9・10	オリオールズ*	9・10・11	レンジャーズ
10・11・12・13	レッドソックス	11・12・13・14	ヤンキース*	12・13・14・15	アスレティックス*
14・15・16	ブルージェイズ*	16・17・18	メッツ*	16・17・18	パドレス*
17・18・19	レッズ*	19・20・21	ブリュワーズ	20・21	オリオールズ
21・22・23	ホワイトソックス	22・23・24・25	ブルージェイズ	22・23・24・25	ロイヤルズ
24・25・26	アストロズ	26・27・28	ドジャース	27・28・29	ダイヤモンドバックス*
27・28・29・30	ホワイトソックス*	29・30・31	カブス*	30・7月1・2	マリナーズ*

球団メモ 2007年までの球団名「デビルレイズ」は、タンパ湾に生息するイトマキエイが由来。08年に「デビル」が取れ、エイのほかに、光線という意味を持つ「レイズ」に。

レイズ

■投手力🔼…★★★★★【昨年度チーム防御率3.41、リーグ3位】

　昨シーズン、先発防御率が3.45でリーグ2位だったローテーションには、今年もマクラナハン、グラスナウ、ラスマッセン、スプリングとイキのいいパワーピッチャーが顔をそろえる。エフリンの加入は大きなプラスにはならないが、今季はグラスナウをフルシーズン使えるので、これは間違いなく大きなプラスだ。6、7番手にチリノスとパティーニョがいるのも心強い。リリーフ陣の特徴は、「中の上」レベルの投手がたくさんいること。そのため故障者が複数出ても、大きくレベルダウンすることがない。

■攻撃力➡…★★★★★【昨年度チーム得点666、リーグ11位】

　FA補強にカネを使わないチーム。ブレイクする者が複数出れば、チーム得点は平均以上になるが、昨季はヤンディ・ディアスが小化けした程度で、大化けは出なかったのでチーム得点は「中の下」レベルにとどまった。今季はアランダ、ジョシュ・ロウがブレイクを期待されている。

■守備力🔽…★★🔼★★【昨年度チーム失策数84、リーグ7位タイ】

　キアマイアがチームを去り、センターにシリが入る。キアマイアは守備力がかなり落ちていたので、大きなマイナスにはならない。ベタンコートが正捕手に抜擢されれば、守備面では大きなプラスになる。

■機動力➡…★★🔼★★【昨年度チーム盗塁数95、リーグ5位タイ】

　スモールボールのチームというイメージがあるが、盗塁数は「中の上」レベルの95個で成功率が低い。送りバントはほとんど使わなくなった。

| 総合評価🔼　★★★★★ | 資金力野球のヤンキース、レッドソックスに育成力で対抗し、互角に渡り合っている偉大な貧乏球団。とくにピッチャーの育成力は群を抜く。打線は今季も「中の下」レベルにとどまるだろうが、そのマイナスを補って余りあるパワフルな投手力がある。 |

IN　主な入団選手
投手
ザック・エフリン←フィリーズ
野手
とくになし

OUT　主な退団選手
投手
コーリー・クルーバー➡レッドソックス
ライアン・ヤーブロー➡ロイヤルズ
ブルックス・レイリー➡メッツ
野手
マイク・ズニーノ➡ガーディアンズ
崔志萬➡パイレーツ
デイヴィッド・ペラルタ➡ドジャース

4・5・6	フィリーズ	4・5・6	タイガース*	4・5・6	レッドソックス
7・8・9	ブレーブス	8・9・10	カーディナルス	7・8・9・10	マリナーズ
11	オールスターゲーム	11・12・13	ガーディアンズ	11・12・13	ツインズ*
14・15・16	ロイヤルズ*	14・15・16	ジャイアンツ*	14・15・16・17	オリオールズ*
17・18・19	レンジャーズ*	18・19・20	エンジェルス*	19・20・21	エンジェルス
20・21・22・23	オリオールズ	22・23・24	ロッキーズ	22・23・24	ブルージェイズ
25・26	マーリンズ	25・26・27	ヤンキース	26・27	レッドソックス
28・29・30	アストロズ*	29・30	マーリンズ	29・30・**10月**1	ブルージェイズ*
31・**8月**1・2	ヤンキース*	**9月**1・2・3	ガーディアンズ		

球団メモ　昨年9月15日の「ロベルト・クレメンテ・デー」に行われた試合では、1～9番までのスタメン全員を、ラテンアメリカ出身者だけで組み、大きな話題になった。

投手

今季もサイ・ヤング賞の有力候補　先　発

18 シェイン・マクラナハン
Shane McClanahan

26歳　1997.4.28生 ｜ 185cm ｜ 90kg ｜ 左投左打
◆球速のスピード／150キロ台中頃（フォーシーム主体）
◆決め球と持ち球／☆スプリッター、☆カーブ、
　◎フォーシーム、△スライダー
◆対左打者被打率／.204　◆対右打者被打率／.192
◆ホーム防御率／2.81　◆アウェー防御率／2.08
◆ドラフトデータ／2018①レイズ
◆出身地／メリーランド州
◆年俸／72万ドル（約9360万円）＋α

球威	5
制球	5
緩急	5
守備・割	3
度胸	4

昨年8月末時点では、サイ・ヤング賞の有力候補だったレイズの若きエース。昨季は開幕投手としてシーズンに入り、出だしはイマイチだったが、5月11日のエンジェルス戦で7回を3安打無失点に抑えてから波に乗り、13試合連続で6イニング以上を2失点以内に抑えた。それにより初めてオールスターに選出され、アメリカン・リーグの先発投手を務めた。

シーズン後半に入ると失点がやや多くなるが、それでもリーグ2位の防御率をキープしており、サイ・ヤング賞争いはヴァーランダーとマクラナハンの一騎打ちの様相を呈していた。しかし、8月30日のマーリンズ戦で試合前の投球練習をしていたとき、左肩に痛みが走り、急遽登板を取りやめた。ただちに検査を受けたところ、肩のインピンジメント（上腕骨と肩峰の間に腱板の一部が挟み込まれ、痛みが生じる疾患）と判明し、IL（故障者リスト）入りを余儀なくされた。その後、復帰したのは9月15日で、それからシーズン終了までに4試合に先発したが、四球がらみや一発を食って失点するケースが多くなり、サイ・ヤング賞の望みはついえた。ポストシーズンでは、ガーディアンズとのワイルドカード・シリーズ初戦に先発し、7回をホセ・ラミレスに打たれたツーランによる2失点のみに抑えたが、味方の得点援護がなく、負け投手になった。

このように幕切れは冴えなかったが、シーズン全体で見れば、故障や不調でローテーションから脱落者が続出する中で、終始先発の柱として機能した功績は大きく、押しも押されもせぬエースになった感がある。

サウスフロリダ大学時代に知り合った、アンドレア・ラーン・スネッフェルドさんという女子プロサッカーの選手と一緒に暮らしている。アンドレアさんはアイスランド人で、同国女子サッカー・ナショナルチームのメンバー。ナショナルチームに参加するとき以外は、メキシコの女子一部リーグのチームで、ミッドフィールダーとして活躍中。

カモ　A・ジャッジ（ヤンキース）.188(16-3)1本　大谷翔平（エンジェルス）.200(10-2)0本
苦手　G・スプリンガー（ブルージェイズ）.417(12-5)3本　G・トーレス（ヤンキース）.462(13-6)1本

年度	所属チーム	勝利	敗戦	防御率	試合数	先発	セーブ	投球イニング	被安打	失点	自責点	被本塁打	与四球	奪三振	WHIP
2021	レイズ	10	6	3.43	25	25	0	123.1	120	49	47	14	37	141	1.27
2022	レイズ	12	8	2.54	28	28	0	166.1	116	52	47	19	38	194	0.93
通算成績		22	14	2.92	53	53	0	289.2	236	101	94	33	75	335	1.07

　カモ　苦手 は通算成績

投手

今季の課題は6回を投げ切るスタミナ　先発

57 ドルー・ラスマッセン　Drew Rasmussen

28歳 1995.7.27生 185cm／95kg 右投右打

◆速球のスピード／150キロ台前半（フォーシーム主体）
◆決め球と持ち球／☆フォーシーム、◎カッター、△シンカー、△カーブ
◆[対左].207 ◆[対右].232 ◆[ホ防]2.24 ◆[ア防]3.49
◆[ド]2018⑥ブリュワーズ ◆[田]ワシントン州
◆[年]72万ドル（約9360万円）＋α

球威 4
制球 5
緩急 3
守備・制 3
度胸 4

エース級の実力を備えた投手に成長した先発右腕。昨シーズンは6月に半月ほどハムストリングの肉離れでIL入りしたため、規定投球回に届かなかった。だが、28試合に先発して2点台の防御率をマーク。とくに8月は好調で、3勝1敗、防御率1.57という数字を出し、リーグの月間最優秀投手に輝いた。昨季のベストゲームは8月14日のオリオールズ戦で、ワイルドカード争いのライバルに浮上したオリオールズ打線を、9回の先頭打者に二塁打を打たれるまでパーフェクトに抑えた。昨季からカッターを多投するようになったが、そのため以前より効率良くアウトを取れるようなっている。昨年9月、妻スティービーさんが第一子となる男の子（レット君）を出産、パパになった。

[カモ] C・マリンズ（オリオールズ）.000(11-0)0本　[苦手] R・デヴァーズ（レッドソックス）.400(10-4)1本

年度	所属チーム	勝利	敗戦	防御率	試合数	先発	セーブ	投球イニング	被安打	失点	自責点	被本塁打	与四球	奪三振	WHIP
2020	ブリュワーズ	1	0	5.87	12	0	0	15.1	17	10	10	3	9	21	1.70
2021	ブリュワーズ	0	1	4.24	15	0	0	17.0	13	11	8	2	12	25	1.47
2021	レイズ	4	0	2.44	20	10	0	59.0	44	16	16	3	13	48	0.97
2021	2チーム計	4	1	2.84	35	10	0	76.0	57	27	24	5	25	73	1.08
2022	レイズ	11	7	2.84	28	28	1	146.0	121	51	46	13	31	125	1.04
通算成績		16	8	3.03	75	38	1	237.1	195	88	80	21	65	219	1.10

契約金1000ドルから、はい上がった苦労人　先発ロングリリーフ

59 ジェフリー・スプリングス　Jeffrey Springs

31歳 1992.9.20生 190cm／98kg 左投左打

◆速球のスピード／140キロ台後半（フォーシーム主体）
◆決め球と持ち球／☆チェンジアップ、◎スライダー、○フォーシーム
◆[対左].248 ◆[対右].215 ◆[ホ防]2.23 ◆[ア防]2.65
◆[ド]2015㉚レンジャーズ ◆[田]ノースカロライナ州
◆[年]400万ドル（約5億2000万円）

球威 4
制球 5
緩急 5
守備・制 4
度胸 5

5月から先発に回り、チェンジアップを武器に大化けした遅咲きの左腕。昨季はキャンプ入りの直前に、妻ベイリーさんが男の子（ステットソン君）を出産。張り切ってキャンプに臨み、シーズン開幕後はリリーフで無失点登板を続けた。それが評価され、5月9日からローテーション入り。好投を続けたため、シーズン終了まで先発で起用された。球種はフォーシーム、チェンジアップ、スライダー。クロスファイアーで投げ込んでくるので、フォーシームとチェンジアップはプレート付近でかなりシュートする。プロ入り時の契約金が1000ドルだったため、マイナー時代はいつも金欠状態。オフになるとアルバイトに精を出し、庭師、YMCAのジムの受付などをやってかせいだ。

[カモ] M・チャップマン（ブルージェイズ）.071(14-1)0本　[苦手] E・ヘルナンデス（レッドソックス）.500(8-4)1本

年度	所属チーム	勝利	敗戦	防御率	試合数	先発	セーブ	投球イニング	被安打	失点	自責点	被本塁打	与四球	奪三振	WHIP
2018	レンジャーズ	1	1	3.38	18	2	0	32.0	32	14	12	4	14	31	1.44
2019	レンジャーズ	4	1	6.40	25	0	0	32.1	38	23	23	4	23	32	1.89
2020	レッドソックス	0	2	7.08	16	0	0	20.1	30	18	16	5	7	28	1.82
2021	レイズ	5	1	3.43	43	0	2	44.2	35	21	17	9	14	63	1.10
2022	レイズ	9	5	2.46	33	25	0	135.1	114	42	37	14	31	144	1.07
通算成績		19	10	3.57	135	27	2	264.2	249	118	105	36	89	298	1.28

[対左]＝対左打者被打率　[対右]＝対右打者被打率　[ホ防]＝ホーム防御率　[ア防]＝アウェー防御率
[ド]＝ドラフトデータ　[田]＝出身地　[年]＝年俸

投手

セットアップ

信仰熱心なクリスチャンである遅咲きの求道者

47 ジェイソン・アダム *Jason Adam*
★WBCアメリカ代表

32歳 1991.8.4生／190cm／103kg／右投右打

◆速球のスピード／150キロ台前半（フォーシーム主体）
◆決め球と持ち球／☆スライダー、◎フォーシーム、◎チェンジアップ
◆対左.136 ◆対右.154 ◆ホ防1.53 ◆ア防1.61
◆⑤2010⑤ロイヤルズ ◆⊞ネブラスカ州
◆囲178万ドル（約2億3140万円）

球威	3
制球	4
緩急	5
守備・牽制	2
度胸	4

コンパクトで球の出どころが見えにくい変則フォームで投げる技巧派右腕。昨シーズン、30歳でブレイクした苦労人で、成功のきっかけになったのは、フォーシーム主体のピッチングを、チェンジアップとスライダーを主体にしたものに変えたことだった。実績がなかったため、最初のうちは重要度の低い場面で使われていたが、好投を続けたため、5月下旬からセットアッパーで使われるようになり、7月以降はしばしばクローザーでも起用された。マイナー時代の2014年にヒジを痛め、計4度手術を受けたため、15、16年を全休。カブスに在籍した21年には、打撃練習中に足首を複雑骨折して、選手生命を危ぶまれた。だが、信仰心をよりどころに試練を乗り越えてきた。

カモ D・ラメイヒュー（ヤンキース）.000（5-0）0本 　苦手 J・アブレイユ（アストロズ）.667（6-4）3本

年度	所属チーム	勝利	敗戦	防御率	試合数	先発	セーブ	投球イニング	被安打	失点	自責点	被本塁打	与四球	奪三振	WHIP
2018	ロイヤルズ	0	3	6.12	31	0	0	32.1	30	22	22	9	15	37	1.39
2019	ブルージェイズ	3	0	2.91	23	0	0	21.2	15	8	7	1	10	18	1.15
2020	カブス	2	1	3.29	13	0	0	13.2	9	7	5	2	8	21	1.24
2021	カブス	1	0	5.91	12	0	0	10.2	10	7	7	1	6	19	1.50
2022	レイズ	2	3	1.56	67	0	8	63.1	31	12	11	5	17	75	0.76
通算成績		8	7	3.30	146	0	8	141.2	95	56	52	18	56	170	1.07

クローザー セットアップ

平均球速159キロの速球で奪三振マシンに

29 ピート・フェアバンクス *Pete Fairbanks*

30歳 1993.12.16生／198cm／101kg／右投右打

◆速球のスピード／160キロ前後（フォーシーム主体）
◆決め球と持ち球／☆フォーシーム、◎スライダー
◆対左.189 ◆対右.133 ◆ホ防0.75 ◆ア防1.50
◆⑤2015⑨レンジャーズ ◆⊞ウィスコンシン州
◆囲367万ドル（約4億7710万円）

球威	5
制球	4
緩急	4
守備・牽制	2
度胸	4

クローザーで使えるレベルに進化した右腕。昨季は広背筋を痛めた影響で、メジャーで投げ始めたのは7月17日だった。その後は最初の2度の登板で3失点したあとは、22試合連続で無失点に抑え、クローザーおよびセットアッパーとしてフルに機能。ポストシーズンでは、最初の登板で投げているとき、右手人差し指がしびれ出し、無念の降板となった。昨年注目されたのは、フォーシームの平均球速が159.1キロまでアップしたことだ。スピンレートも大幅にアップしているため、打者を追い込むとこれを高めに投げ込み、目を見張るペースで三振を奪った。マウンド上で集中力が高まると、まばたきをしなくなるので、「サイコ・ピート（狂人ピート）」のニックネームがある。

カモ J・ラミレス（ガーディアンズ）.000（5-0）0本 　苦手 R・マグワイア（レッドソックス）.600（5-3）1本

年度	所属チーム	勝利	敗戦	防御率	試合数	先発	セーブ	投球イニング	被安打	失点	自責点	被本塁打	与四球	奪三振	WHIP
2019	レンジャーズ	0	2	9.35	8	0	0	8.2	8	10	9	4	7	15	1.73
2019	レイズ	2	1	5.11	13	0	0	12.1	17	10	7	1	3	13	1.62
2019	2チーム計	2	3	6.86	21	0	0	21.0	25	20	16	5	10	28	1.67
2020	レイズ	6	3	2.70	27	2	0	26.2	23	9	8	2	14	39	1.39
2021	レイズ	3	6	3.59	47	0	5	42.2	40	22	17	2	21	56	1.43
2022	レイズ	0	0	1.13	24	0	8	24.0	13	3	3	1	3	38	0.67
通算成績		11	12	3.46	119	2	13	114.1	101	54	44	10	48	161	1.30

対左＝対左打者被打率　対右＝対右打者被打率　ホ防＝ホーム防御率　ア防＝アウェー防御率
⑤＝ドラフトデータ　⊞＝出身地　囲＝年俸　カモ 苦手 は通算成績

投手

ポストシーズンで目を見張るピッチング 先発

20 タイラー・グラスナウ Tyler Glasnow

30歳 1993.8.23生 | 203cm | 101kg | 右投左打

◆速球のスピード／150キロ台中頃〜後半（フォーシーム主体）
◆決め球と持ち球／フォーシーム、☆カーブ、◎スライダー
◆対左.214 ◆対右.100 ◆ホ防―― ◆ア防1.35
◆ド2011⑤パイレーツ ◆出カリフォルニア州
◆年535万ドル（約6億9550万円）

球威 5
制球 4
緩急 5
守・補 2
度胸 4

　2021年8月4日にトミー・ジョン手術を受けたため、今季が本格的なカムバックイヤーになるパワーピッチャー。ヒジの側副靭帯断裂の原因になったのは、一昨年6月中旬から始まった粘着物質禁止令だった。それによって以前よりボールを強く握る必要が生じ、ヒジに大きな負荷がかかるようになったのだ。昨季は9月7日に3Aで4試合に登板後、9月28日にメジャーに復帰。2試合にリリーフ登板。ワイルドカード・シリーズでは第2戦に先発し、5回を2安打無失点に抑える快投を見せ、完全復活をアピールした。復帰後のフォーシームの平均球速は156.8キロで、手術前より多少アップしている。

カモ C・マリンズ（オリオールズ）.000(9-0)0本　苦手 M・シミエン（レンジャーズ）.667(6-4)2本

年度	所属チーム	勝利	敗戦	防御率	試合数	先発	セーブ	投球イニング	被安打	失点	自責点	被本塁打	与四球	奪三振	WHIP
2016	パイレーツ	0	2	4.24	7	4	0	23.1	22	13	11	2	13	24	1.50
2017	パイレーツ	2	7	7.69	15	13	0	62.0	81	61	53	13	44	56	2.02
2018	パイレーツ	1	2	4.34	34	0	0	56.0	47	28	27	5	34	72	1.45
2018	レイズ	1	5	4.20	11	11	0	55.2	42	27	26	10	19	64	1.10
2018	2チーム計	2	7	4.27	45	11	0	111.2	89	55	53	15	53	136	1.27
2019	レイズ	6	1	1.78	12	12	0	60.2	40	13	12	6	14	76	0.89
2020	レイズ	5	1	4.08	11	11	0	57.1	43	26	26	11	22	91	1.13
2021	レイズ	5	2	2.66	14	14	0	88.0	55	26	26	10	27	123	0.93
2022	レイズ	0	1	1.35	2	2	0	6.2	4	1	1	1	2	10	0.90
通算成績		20	20	4.00	106	67	0	409.2	334	195	182	56	175	516	1.24

イニングイーターにもってこいのタイプ 先発 移籍

24 ザック・エフリン Zach Eflin

29歳 1994.4.8生 | 198cm | 99kg | 右投右打

◆速球のスピード／150キロ前後（フォーシーム、シンカー）
◆決め球と持ち球／◎カーブ、◎シンカー、○フォーシーム、○チェンジアップ、△スライダー
◆対左.277 ◆対右.209 ◆ホ防1.73 ◆ア防6.88
◆ド2012①パドレス ◆出フロリダ州
◆年1100万ドル（約14億3000万円）

球威 3
制球 4
緩急 4
守・補 5
度胸 3

　フィリーズをFAで出て、3年3900万ドルの契約でレイズに来た、制球力が生命線の右腕。2018年にローテーションに定着してから、ずっと3、4番手で使われてきた投手。昨季も3番手でシーズンに入ったが、6月下旬にヒザの故障でIL入り。9月中旬に復帰後はリリーフに回り、ポストシーズンでは10試合にリリーフで登板し、リーグ優勝決定シリーズとワールドシリーズでは、6試合連続で無失点に抑える好投を見せた。レイズがエフリンを好待遇で獲得したのは、目を見張る好投はしないものの、早い回のKOもほとんどない安定感があり、イニングイーターで使うのにもってこい、と評価したからだ。

カモ A・リゾ（ヤンキース）.188(16-3)0本　苦手 R・デヴァーズ（レッドソックス）.800(5-4)2本

年度	所属チーム	勝利	敗戦	防御率	試合数	先発	セーブ	投球イニング	被安打	失点	自責点	被本塁打	与四球	奪三振	WHIP
2016	フィリーズ	3	5	5.54	11	11	0	63.1	67	42	39	12	17	31	1.33
2017	フィリーズ	1	5	6.16	11	11	0	64.1	79	45	44	16	12	35	1.41
2018	フィリーズ	11	8	4.36	24	24	0	128.0	130	69	62	16	37	123	1.30
2019	フィリーズ	10	13	4.13	32	28	0	163.1	172	88	75	28	48	129	1.35
2020	フィリーズ	4	2	3.97	11	10	0	59.0	60	28	26	8	15	70	1.27
2021	フィリーズ	4	7	4.17	18	18	0	105.2	116	52	49	15	16	99	1.25
2022	フィリーズ	3	5	4.04	20	13	1	75.2	70	38	34	8	15	65	1.12
通算成績		36	45	4.49	127	115	1	659.1	694	362	329	103	160	552	1.30

一発病を克服できれば、さらなる成長も可能

セットアップ

38 コリン・ポシェイ *Colin Poche*

29歳 1994.1.17 | 190cm | 101kg | 左投左打 | 國150キロ前後（フォーシーム主体）| 圏◯カーブ
対左.189 対右.218 | D2016⑭ダイヤモンドバックス | 田オハイオ州

球 4
制 3
緩 4
守 2
度 4

トミー・ジョン手術を乗り越えて、昨年見事に復活したリ
リーフ左腕。2019年のポストシーズンで好投して注目され
たが、翌20年7月にヒジを痛めてトミー・ジョン手術を受け、
21年は全休となった。昨季は3Aで6試合に登板後、4月下旬に3年ぶりにメジ
ャーに復帰。その後は以前より威力を増したフォーシームと新たに投げ始めた
カーブを主体にしたピッチングで好投を続けたため、左のセットアッパーとして
使われるようになった。さらに5月下旬にキトレッジがヒジを痛めて離脱すると、
しばしばクローザーでも使われるようになり、8月上旬までに7セーブをマーク。

年度	所属チーム	勝利	敗戦	防御率	試合数	先発	セーブ	投球イニング	被安打	失点	自責点	被本塁打	与四球	奪三振	WHIP
2022	レイズ	4	2	3.99	65	0	7	58.2	46	30	26	11	22	64	1.16
通算成績		9	7	4.32	116	0	9	110.1	79	57	53	20	41	136	1.09

昨年9月のテスト登板は上々の出来

スイングマン

72 ヨニー・チリノス *Yonny Chirinos*

30歳 1993.12.26生 | 188cm | 101kg | 右投右打 | 國150キロ前後（シンカー、フォーシーム）| 圏◯シンカー
対左.143 対右.286 | D2012㉚レイズ | 田ベネズエラ | 年128万ドル（約1億6640万円）

球 3
制 3
緩 3
守 4
度 3

走者を出しても得点は最小限に抑える、粘りのピッチング
が持ち味の技巧派。2020年8月にトミー・ジョン手術を受け
たあと、順調に回復しなかったため、マイナーで投げ始めた
のは同手術から23カ月が経過した昨年7月になってからだ。その後はルーキー
級、1A級、3A級で3試合ずつ登板し、まずまずのピッチングを見せたので、9
月7日にメジャーに呼ばれて試された。結果は上々で、2試合に登板して7イニ
ングを無失点に抑えたため、今季の活躍を期待されるようになった。球団は今
季、スポット先発とロングリリーフを兼ねるスイングマンとして使う方針のようだ。

年度	所属チーム	勝利	敗戦	防御率	試合数	先発	セーブ	投球イニング	被安打	失点	自責点	被本塁打	与四球	奪三振	WHIP
2022	レイズ	1	0	0.00	2	1	0	7.0	7	0	0	0	1	6	1.14
通算成績		15	10	3.54	49	29	0	241.1	217	105	95	32	58	205	1.14

トミー・ジョン手術後、球速が3キロもアップ

ミドルリリーフ

68 ジャレン・ビークス *Jalen Beeks*

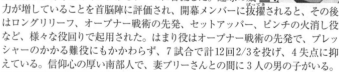

30歳 1993.7.10生 | 180cm | 97kg | 左投左打 | 國150キロ台前半（フォーシーム主体）| 圏◯チェンジアップ
対左.219 対右.219 | D2014⑫レッドソックス | 田アーカンソー州 | 年72万ドル（約9360万円）+α

球 4
制 3
守 4
度 4

トミー・ジョン手術から復帰後、速球のスピードがアップし
たリリーフ左腕。同手術を受けたのは2020年8月で、21年
は全休し、昨年のキャンプからチームに合流した。速球の威
力が増していることを首脳陣に評価され、開幕メンバーに抜擢されると、その後
はロングリリーフ、オープナー戦術の先発、セットアッパー、ピンチの火消し役
など、様々な役回りで起用された。はまり役はオープナー戦術の先発で、プレッ
シャーのかかる難役にもかかわらず、7試合で計12回2/3を投げ、4失点に抑
えている。信仰心の厚い南部人で、妻ブリーさんとの間に3人の男の子がいる。

年度	所属チーム	勝利	敗戦	防御率	試合数	先発	セーブ	投球イニング	被安打	失点	自責点	被本塁打	与四球	奪三振	WHIP
2022	レイズ	2	3	2.80	42	7	2	61.0	49	22	19	7	22	70	1.16
通算成績		14	8	4.09	101	11	4	235.1	237	118	107	26	90	227	1.39

國=速球のスピード　圏=決め球　対左=対左打者被打率　対右=対右打者被打率
D=ドラフトデータ　田=出身地　年=年俸

レイズ復帰後は3点台の防御率

64 ショーン・アームストロング *Shawn Armstrong*

33歳 1990.9.11生｜188cm｜101kg｜右投右打 圏150キロ台前半（フォーシーム、シンカー）圏○フォーシーム
対左.293 対右.263 旧2011⑱インディアンズ 田ノースカロライナ州 囲120万ドル（約1億5600万円）

球 4
制 3
緩 2
守 3
度 3

　昨季、レイズに出戻り、まずまずの働きを見せたリリーフ右腕。一昨年途中、オリオールズから金銭トレードでレイズに移籍。その後、メジャーで11試合に登板するが、40人枠から外され、昨季はマーリンズで開幕を迎えた。しかし不安定な投球が続いたため、5月に入ってすぐ、戦力外に。するとレイズがマイナー契約で獲得し、同月末、メジャー再昇格を果たした。以前はフォーシーム、カッター、スライダーの組み合わせで投げていたが、昨季から新たにシンカーを取り入れ、多投していた。「食」にこだわりがあり、基本的にオーガニック食品しか食べないようにしている。

年度	所属チーム	勝利	敗戦	防御率	試合数	先発	セーブ	投球イニング	被安打	失点	自責点	被本塁打	与四球	奪三振	WHIP
2022	マーリンズ	0	0	10.80	7	0	0	6.2	10	10	8	1	3	5	1.95
2022	レイズ	2	3	3.60	43	3	2	55.0	56	22	22	6	14	61	1.27
2022	2チーム計	2	3	4.38	50	3	2	61.2	66	32	30	7	17	66	1.35
通算成績		7	5	4.57	203	3	7	228.2	226	123	116	34	84	240	1.36

ポストシーズンで好投し、評価が急上昇

60 ギャレット・クレヴィンジャー *Garrett Cleavinger*

29歳 1994.4.23生｜185cm｜99kg｜左投右打 圏150キロ台中盤（フォーシーム、シンカー）圏○スライダー
対左.200 対右.158 旧2015③オリオールズ 田カンザス州 囲72万ドル（約9360万円）+α

球 5
制 4
緩 3
守 3
度 4

　昨年8月1日にドジャースから移籍後、驚異的なペースで三振を奪ったリリーフ左腕。とくにポストシーズンでは2試合に登板し、7つのアウトのうち6つを三振で取り、注目された。球種はスライダー、フォーシーム、ツーシームで、右打者には時折カーブも交える。スライダーは、プレート付近まで速球に近い軌道で来て、急速に斜めに変化する一級品。レイズ移籍後はこのスライダーの制球が安定し、打者を追い込むとこれを低めに投げ込んで三振に切って取るケースが多かったが、ポストシーズンではフォーシームを高めいっぱいに投げ込んで豪快に三振を奪っていた。

年度	所属チーム	勝利	敗戦	防御率	試合数	先発	セーブ	投球イニング	被安打	失点	自責点	被本塁打	与四球	奪三振	WHIP
2022	ドジャース	0	1	10.38	4	0	0	4.1	6	7	5	1	3	22	2.08
2022	レイズ	1	0	2.41	13	0	0	18.2	8	5	5	1	4	25	0.64
2022	2チーム計	1	1	3.91	17	0	0	23.0	14	12	10	2	7	32	0.91
通算成績		3	5	3.67	40	0	0	41.2	36	24	17	7	19	54	1.32

― タージ・ブラッドリー *Taj Bradley*

22歳 2001.3.20生｜188cm｜86kg｜右投右打 ◆昨季は2A、3Aでプレー 旧2018⑤レイズ 田カリフォルニア州

　今季の中盤までにメジャーデビューすることを期待されているトップ・プロスペクト（最有望株）。150キロ台前半のフォーシームと140キロ前後のカッターを主体に、テンポ良く投げ込んでくるパワーピッチャー。長所は、学習能力が高いこと。失敗から学べるため、使い続けていると成績が良くなる。

― メイソン・モンゴメリー *Mason Montgomery*

23歳 2000.6.17生｜188cm｜88kg｜左投左打 ◆昨季は1A+、2Aでプレー 旧2021⑥レイズ 田テキサス州

　昨年急成長した先発サウスポー。特徴は、上体を後ろにそらせて、真上から投げ込んでくる変則的な投球フォーム。浮き上がる軌道のフォーシームを高めに、スライダー、チェンジアップを低めに投げ分けて、ハイペースで三振を奪う。昨年は2Aと3Aで併せて124イニングを投げているが、171もの三振を奪っている。

流れを変える一打が多いクラッチヒッター

56 ランディ・アロザレーナ
Randy Arozarena ★WBC メキシコ代表

28歳 1995.2.28生 ｜ 180cm ｜ 83kg ｜ 右投右打

◆対左投手打率／.317(120-38)　◆対右投手打率／.249(466-116)
◆ホーム打率／.264(276-73)　◆アウェー打率／.261(310-81)
◆得点圏打率／.272(169-46)
◆22年のポジション別出場数／レフト=104、DH=27、ライト=25
◆ドラフトデータ／2016外 カブス
◆出身地／キューバ
◆年俸／415万ドル（約5億3950万円）
◆新人王（21年）

ミート 3
パワー 5
走塁 5
守備 3
肩 3

　2年連続で、本塁打20と盗塁20を同時に達成する「20-20（トゥウェンティ・トゥウェンティ）」をやってのけた、パワーとスピードを兼ね備えたスラッガー。2020年のポストシーズンで、神がかった活躍をして一躍人気者になったが、その後は中軸をになう打者に成長。昨年の二塁打41、本塁打20、得点72、打点89は、いずれもチームでベストの数字だった。打撃面の長所は、バットスピードが速いため、155キロ以上の豪速球が来てもコンパクトに振り抜いて、弾丸ライナーを弾き返せること。逆方向に飛距離が出ることも、大きな長所だ。変化球はカーブにめっぽう強い。その一方で、昨季は追い込まれると、誘い球の変化球にバットが出てしまうケースが多々あった。走塁面では、昨季の32盗塁はアメリカン・リーグ3位の数字。だが、盗塁死12はリーグ最多だった。

　キューバの一部リーグ、セリエ・ナシオナールで2シーズン、プレーしたあと、2016年に母サンドラさん、弟のライコ、ロニーと一緒に、密航船に乗り込んでキューバを脱出。メキシコのユカタン半島に上陸し、短期間、メキシカンリーグでプレーした。その後、契約金125万ドルでカーディナルスに入団している。しかし、ケガが多いことがマイナスになり、20年1月のトレードで、レイズに放出された。

　自宅はメキシコ・ユカタン州の州都メリダ近郊にあり、オフはここでコロンビア人の妻セネリアさんと一緒に過ごしている。2018年までは別のメキシコ人の女性と同棲し、リアちゃんという娘もできたが、別れたあとはそのメキシコ人の女性が、リアちゃんの親権を持っている。

　20年11月、アロザレーナは娘を自分の手元に置きたくなり、元の同棲相手の父親に暴力をふるって力ずくで取り戻したため、誘拐容疑でメキシコの司法当局に逮捕され、大きなニュースになった。

カモ D・クレマー（オリオールズ）.429(7-3)2本　S・ワトキンス（オリオールズ）.636(11-7)0本
苦手 G・コール（ヤンキース）.174(23-4)0本　R・レイ（マリナーズ）.100(20-2)0本

年度	所属チーム	試合数	打数	得点	安打	二塁打	三塁打	本塁打	打点	四球	三振	盗塁	盗塁死	出塁率	OPS	打率
2019	カーディナルス	19	20	4	6	1	0	1	2	2	4	2	1	.391	.891	.300
2020	レイズ	23	64	15	18	2	0	7	11	6	22	4	0	.382	1.023	.281
2021	レイズ	141	529	94	145	32	3	20	69	56	170	20	10	.356	.815	.274
2022	レイズ	153	586	72	154	41	3	20	89	46	156	32	12	.327	.772	.263
通算成績		336	1199	185	323	76	6	48	171	110	352	58	23	.344	.807	.269

サード／ファースト

2 ヤンディ・ディアス *Yandy Diaz*

打線のつながりを良くする打撃巧者

32歳　1991.8.8生｜188cm｜97kg｜右投右打

◆対左投手打率／.310　◆対右投手打率／.291
◆ホーム打率／.252　◆アウェー打率／.332　◆得点圏打率／.264
◆22年のポジション別出場数／サード=102、ファースト=17、DH=14
◆Ⓓ2013㉔インディアンズ　◆囲キューバ
◆囮600万ドル（約7億8000万円）

ミート 5
パワー 3
走塁 2
守備 2
肩 3

レイズ

リーグ3位の出塁率4割0分1厘をマークした、キューバ亡命組の打撃職人。打席では早打ちせず、失投をじっくり待つタイプ。選球眼もいいため四球で出塁することが多く、それが4割超の出塁率につながった。昨季は打率もリーグ11位の2割9分6厘をマークしたが、これはウエイトトレーニングに励んだ結果、バットスピードが速くなり、速球に差し込まれなくなったことが大きい。同じキューバ亡命組のアロザレーナとは犬猿の仲で、昨年9月19日のアストロズ戦のあと、クラブハウスで派手なケンカをやらかし、たまたま居合わせたラジオ局のスタッフに目撃されニュースになった。キャッシュ監督は怒り心頭で、翌日2人をベンチスタートにして反省をうながした。

カモ G・コール（ヤンキース）.343(35-12)1本　苦手 D・クレマー（オリオールズ）.125(8-1)0本

年度	所属チーム	試合数	打数	得点	安打	二塁打	三塁打	本塁打	打点	四球	三振	盗塁	盗塁死	出塁率	OPS	打率
2017	インディアンズ	49	156	25	41	8	1	0	13	21	35	2	0	.352	.679	.263
2018	インディアンズ	39	109	15	34	5	2	1	15	11	19	0	0	.375	.797	.312
2019	レイズ	79	307	53	82	20	1	14	38	35	61	2	3	.340	.816	.267
2020	レイズ	34	114	16	35	3	0	2	11	23	17	0	0	.428	.814	.307
2021	レイズ	134	465	62	119	20	1	13	64	69	85	1	3	.353	.740	.256
2022	レイズ	137	473	71	140	33	0	9	57	78	60	3	3	.401	.824	.296
通算成績		472	1624	242	451	89	5	39	198	237	277	8	6	.372	.783	.278

ショート

5 ワンダー・フランコ *Wander Franco*

メジャー経験5カ月で11年契約をゲットしたが…

★WBCドミニカ代表

22歳　2001.3.1生｜178cm｜85kg｜右投両打

◆対左投手打率／.304　◆対右投手打率／.269
◆ホーム打率／.250　◆アウェー打率／.302　◆得点圏打率／.290
◆22年のポジション別出場数／ショート=72、DH=10
◆Ⓓ2017㉔レイズ　◆囲ドミニカ
◆囮200万ドル（約2億6000万円）

ミート 5
パワー 4
走塁 3
守備 4
肩 4

2年目は故障続きで期待に応えられなかったため、今季巻き返しを図る大型遊撃手。2021年6月にメジャーデビューし、目を見張る活躍を見せた。そのため球団は、チームを背負って立つ大選手に成長すると見て、シーズン終了後、11年1億8200万ドルの契約をプレゼントしてつなぎ止めた。これは20歳の選手の契約規模としては史上最高額だったため、昨季は大きな期待を背負ってシーズン入り。それに応えるように、開幕から1カ月くらいはよくヒットが出ていた。しかし、5月下旬になって、大腿の表側にある四頭筋が痛むようになり、IL入り。6月26日に復帰したが、7月10日に今度は右手首を痛めて手術を受けたため、復帰できたのは9月9日になってからだった。

カモ C・セイル（レッドソックス）.667(6-4)1本　苦手 K・ゴーズマン（ブルージェイズ）.000(8-0)0本

年度	所属チーム	試合数	打数	得点	安打	二塁打	三塁打	本塁打	打点	四球	三振	盗塁	盗塁死	出塁率	OPS	打率
2021	レイズ	70	281	53	81	18	5	7	39	24	37	2	1	.347	.810	.288
2022	レイズ	83	314	46	87	20	3	6	33	26	33	8	0	.328	.745	.277
通算成績		153	595	99	168	38	8	13	72	50	70	10	1	.337	.776	.282

野 手

8 | **セカンド**

ケガのデパートと化し、稼働率が大幅に低下

ブランドン・ラウ Brandon Lowe

29歳 1994.7.6生 | 178cm | 83kg | 右投左打

◆対左投手打率／.261　◆対右投手打率／.212
◆ホーム打率／.263　◆アウェー打率／.182　◆得点圏打率／.224
◆22年のポジション別出場数／セカンド=53、DH=11、ライト=1
◆⑫2015③レイズ　◆⑪ヴァージニア州
◆⑭525万ドル（約6億8250万円）

ミート **3**
パワー **5**
走塁 **4**
守備 **2**
肩 **3**

　故障をなくすことが望まれている、レイズの左の主砲。昨季は出だし不調で、5月に入った頃から調子が上向いてきた。ところが5月中旬に腰が痛むようになったため検査を受けたところ、腰の疲労骨折と診断され、2カ月間IL入りを強いられた。その後、7月中旬に復帰したが、8月末に今度は上腕三頭筋を痛めてIL入り。9月7日に復帰したが、13日に「腰の違和感」を理由に再度IL入りし、ポストシーズンにも出場できなかった。そうした故障の影響がバッティングに出て、昨季は本塁打のペースが大幅に落ち、強打者度を測る指標OPSも平均以下になった。契約は2024年まであるので、今季はゲームで好成績を出すことより、腰の状態を良くすることのほうが重要になる。

[カモ] S・アルカンタラ（マーリンズ）.500(8-4)0本　[苦手] 菊池雄星（ブルージェイズ）.000(6-0)0本

年度	所属チーム	試合数	打数	得点	安打	二塁打	三塁打	本塁打	打点	四球	三振	盗塁	盗塁死	出塁率	OPS	打率
2018	レイズ	43	129	16	30	6	2	6	25	16	38	1	1	.324	.774	.233
2019	レイズ	82	296	42	80	17	2	17	51	25	113	5	0	.336	.850	.270
2020	レイズ	56	193	36	52	9	2	14	37	25	58	3	0	.362	.916	.269
2021	レイズ	149	535	97	132	31	0	39	99	68	167	7	1	.340	.863	.247
2022	レイズ	65	235	31	52	10	2	8	25	27	61	1	0	.308	.691	.221
通算成績		395	1388	222	346	73	8	84	237	161	437	18	2	.335	.830	.249

0 | **ユーティリティ**

「守備一流、打撃三流」からの脱却を目指す

テイラー・ウォールズ Taylor Walls

27歳 1996.7.10生 | 178cm | 83kg | 右投両打

◆対左投手打率／.164　◆対右投手打率／.175
◆ホーム打率／.245　◆アウェー打率／.110　◆得点圏打率／.168
◆22年のポジション別出場数／ショート=92、セカンド=34、
サード=25、DH=2　◆⑫2017③レイズ
◆⑪ジョージア州　◆⑭72万ドル（約9360万円）+α

ミート **1**
パワー **2**
走塁 **4**
守備 **5**
肩 **4**

　セカンド、ショート、サードの2番手として使われている、グラブで貢献するタイプのユーティリティ。昨季は内野陣に故障者が続出したため、レギュラー級の出場機会を得た。とくにショートのフランコが四頭筋を痛めて5月末から1カ月弱、手首の故障で約2カ月IL入りしたときは、打率が1割6分から7分台を低空飛行していたにもかかわらず、守備力を買われて連日ショートに起用された。この判断は正解だったようで、昨季は遊撃手として味方のピンチに再三スーパープレーを見せ、遊撃手としてのDRS（守備で防いだ失点）が10もあった。さらに三塁手として5つ、二塁手としても3つ記録しているので、DRSは計18個に達した。これはアメリカン・リーグの内野手では最多の数字だ。バッティングは快速球に弱く、差し込まれることが多い。

[カモ] ─　[苦手] 菊池雄星（ブルージェイズ）.143(7-1)0本

年度	所属チーム	試合数	打数	得点	安打	二塁打	三塁打	本塁打	打点	四球	三振	盗塁	盗塁死	出塁率	OPS	打率
2021	レイズ	54	152	15	32	10	0	1	15	23	49	4	2	.314	.610	.211
2022	レイズ	142	407	53	70	18	2	8	33	52	120	10	3	.268	.553	.172
通算成績		196	559	68	102	28	2	9	48	75	169	14	5	.281	.569	.182

野手

キャッチャー
21 フランシスコ・メヒーア
守備面リード面で多大な貢献をする捕手に成長
Francisco Mejia
★WBCドミニカ代表

28歳 1995.10.27生 173cm 85kg 右投両打 ◆盗塁阻止率／.182(44-8)

◆対左投手打率／.337 ◆対右投手打率／.202
◆ホーム打率／.288 ◆アウェー打率／.204 ◆得点圏打率／.262
◆22年のポジション別出場数／キャッチャー=83、DH=4、ファースト=2
◆℉2012㊿インディアンズ ◆囲ドミニカ
◆囲216万ドル（約2億8080万円）

ミート	2
パワー	3
走塁	4
守備	4
肩	4

今季も正捕手でシーズンに入る両打ちのキャッチャー。昨季は正捕手のズニーノが胸郭出口症候群で6月にIL入り、長期欠場が確実になったため正捕手に格上げされた。いい働きをしたのは守備面とリード面。守備面では、内野手と連携して行うピックオフプレー、バント守備に冴えを見せ、リード面ではイニングごとにピッチャーや投手コーチと密にコミュニケーションを取って、状況の変化に即したリードをできるようになった。とくにラスマッセンのパーソナル捕手となって、失点を最小限に抑えたことは高く評価された。打撃面ではまだ進化の兆しは見えず、依然早打ちのフリースインガーだ。

カモ M・ペレス(レンジャーズ).625(8-5)0本　苦手 A・マノア(ブルージェイズ).154(13-2)0本

年度	所属チーム	試合数	打数	得点	安打	二塁打	三塁打	本塁打	打点	四球	三振	盗塁	盗塁死	出塁率	OPS	打率
2017	インディアンズ	11	13	1	2	0	0	0	1	1	3	0	0	.214	.368	.154
2018	インディアンズ	10	43	5	8	2	0	0	2	0	16	0	0	.500	.500	.000
2018	パドレス	20	54	6	10	2	0	3	8	3	19	0	0	.241	.630	.185
2018	2チーム計	21	56	6	10	2	0	3	8	5	19	0	0	.258	.633	.179
2019	パドレス	79	226	27	60	11	2	8	22	13	56	1	1	.316	.754	.265
2020	パドレス	17	39	5	3	1	0	1	6	2	9	0	0	.143	.322	.077
2021	レイズ	84	250	31	65	15	3	6	35	17	49	0	0	.322	.738	.260
2022	レイズ	93	289	32	70	22	0	6	37	7	65	0	0	.264	.645	.242
通算成績		305	873	102	210	51	5	24	99	44	201	1	1	.288	.681	.241

サード セカンド ファースト
17 アイザック・パレデス
レフト方向に本塁打が集中するプルヒッター
Isaac Paredes
★WBCメキシコ代表

24歳 1999.2.18生 180cm 96kg 右投右打

◆対左投手打率／.231 ◆対右投手打率／.196
◆ホーム打率／.210 ◆アウェー打率／.202 ◆得点圏打率／.175
◆22年のポジション別出場数／サード=50、セカンド=43、
ファースト=29、ショート=1 ◆℉2015㊿カブス
◆囲メキシコ ◆囲72万ドル（約9360万円）+α

ミート	2
パワー	5
走塁	2
守備	3
肩	3

昨年の開幕直前、トレードでタイガースから移籍し、長打力を開花させたメキシコ出身のスラッガー。打者としては、早打ちをせず失投をじっくり待つため、三振も多いが四球も多いタイプ。典型的なプルヒッターで、レフト方向に飛距離が出る。昨季の20本塁打はすべてレフト方向に打ったものだ。昨季の本塁打生産ペースは16.6打数に1本のペースで、大谷翔平の17.2打数に1本や、ゲレーロ・ジュニアの19.9打数に1本をしのいでいた。その一方、右投手のスライダーが苦手で、昨季は右投手のスライダーに対する打率が1割1分3厘（62打数7安打）だった。以前は鈍足で敏捷性に欠けるため、守備は低レベルだったが、トレーニングの成果が出て、昨季はサードやセカンドに入ってもエラーが少なく、守備範囲の広さも平均レベルだった。

カモ N・ピヴェッタ(レッドソックス).500(6-3)2本　苦手 D・シース(ホワイトソックス).000(6-0)0本

年度	所属チーム	試合数	打数	得点	安打	二塁打	三塁打	本塁打	打点	四球	三振	盗塁	盗塁死	出塁率	OPS	打率
2020	タイガース	34	100	7	22	4	0	1	8	3	24	0	0	.278	.568	.220
2021	タイガース	23	72	7	15	3	1	1	5	10	11	0	0	.306	.625	.208
2022	レイズ	111	331	48	68	16	0	20	45	44	67	0	1	.304	.739	.205
通算成績		168	503	62	105	23	1	22	56	62	102	0	1	.300	.690	.209

レイズ

73

ブレイクを期待される未完の大器

ライト / レフト

15 ジョシュ・ロウ *Josh Lowe*

25歳 | 1998.2.2生 | 193cm | 92kg | 右投左打

◆対左投手打率／.095　◆対右投手打率／.259
◆ホーム打率／.212　◆アウェー打率／.234　◆得点圏打率／.231
◆22年のポジション別出場数／ライト=33、レフト=10、
　センター=9、DH=7　◆Ɗ2016①レイズ
◆⊞ジョージア州　◆囲72万ドル（約9360万円）+α

ミート	2
パワー	4
走塁	4
守備	3
肩	4

打撃開眼の兆しが見える、パワーとスピードを併せ持つ外野手。昨季はシーズン序盤に19試合、中盤に23試合メジャーのゲームに出場したが、変化球を効果的に使うメジャーの投手の投球術に翻弄され、三振の山を築いた。しかし3Aでは長打がよく出て、打点を量産。とくに8月以降は三振も大幅に減少したため、今季はメジャーでブレイクする可能性がある。2020年までレイズに在籍したナサニエル・ロウ（現レンジャーズ）の3歳下の弟で、17年には一時期1A級のチームで一緒にプレーしたことがある。兄弟がそろって優秀な野球選手に成長したのは、父デイヴィッドさんがドラフトでマリナーズに指名された実績のある優秀なアマチュア選手で、海軍航空隊の将校として軍務に就くかたわら、子供たちに野球の基礎をしっかり叩き込んだからだ。

カモ T・ウェルズ（オリオールズ）.600(5-3)0本　**苦手** C・クロフォード（レッドソックス）.167(6-1)0本

年度	所属チーム	試合数	打数	得点	安打	二塁打	三塁打	本塁打	打点	四球	三振	盗塁	盗塁死	出塁率	OPS	打率
2021	レイズ	2	1	0	1	0	0	0	0	1	0	0	0	1.000	2.000	1.000
2022	レイズ	52	181	24	40	12	2	2	13	15	66	3	0	.284	.627	.221
通算成績		54	182	24	41	12	2	2	13	16	66	4	0	.291	.637	.225

守備の名手キアマイアの代役として活躍

センター

22 ホセ・シリ *Jose Siri*

28歳 | 1995.7.22生 | 188cm | 79kg | 右投右打

◆対左投手打率／.156　◆対右投手打率／.232
◆ホーム打率／.206　◆アウェー打率／.217　◆得点圏打率／.164
◆22年のポジション別出場数／センター=54、DH=1
◆Ɗ2012⑭レッズ　◆⊞ドミニカ
◆囲72万ドル（約9360万円）+α

ミート	2
パワー	3
走塁	5
守備	5
肩	4

昨年8月1日にアストロズから移籍し、センターのレギュラー格で使われた快足外野手。レイズがシリを獲得した目的は、外野の守備の要だったキアマイアが股関節の手術を受けたため、その代わりを務める守備力の高いセンターが必要になったからだ。一昨年9月にアストロズでメジャーデビューして快調にヒットを放ち、ポストシーズンにも出場したため、昨季は期待され、開幕から準レギュラー格でセンターに起用された。しかし、打率が1割台を低空飛行した末、マイナー落ち。ところがレイズ移籍後は長打がよく出るようになり、ガーディアンズと対戦したポストシーズンの初戦では、0対0で迎えた6回表に相手のエース、ビーバーから先制ソロを打って注目された。

カモ G・オットー（レンジャーズ）.667(6-4)1本　**苦手** A・マノア（ブルージェイズ）.000(7-0)0本

年度	所属チーム	試合数	打数	得点	安打	二塁打	三塁打	本塁打	打点	四球	三振	盗塁	盗塁死	出塁率	OPS	打率
2021	アストロズ	21	46	10	14	0	1	4	9	1	17	3	1	.347	.956	.304
2022	アストロズ	48	135	18	24	4	2	3	9	9	48	6	1	.238	.542	.178
2022	レイズ	56	166	35	40	9	0	4	14	11	60	8	1	.292	.659	.241
2022	2チーム計	104	301	53	64	13	2	7	24	20	108	14	2	.268	.607	.213
通算成績		125	347	63	78	13	3	11	33	21	125	17	3	.278	.653	.225

14 二刀流に挑戦したこともある異色の捕手
クリスチャン・ベタンコート *Christian Bethancourt*
キャッチャー／ファースト
★WBCパナマ代表

32歳 1991.9.2生 | 190cm | 92kg | 右投右打 ◆盗塁阻止率/.414(29-12) 対左.252 対右.251 ホ.219
ア.282 得.294 D2008外ブレーブス 田パナマ 甲135万ドル（約1億7550万円）

　昨年5年ぶりにメジャーに復帰し、アメリカン・リーグでトップの盗塁阻止率41.4％を記録した鉄砲肩で鳴る捕手。パドレス時代の2017年には、強肩を見込まれて二刀流で使われることになり、投手として4試合に登板。フォーシームの平均球速は152.1キロもあった。打撃面での成長が見られないため、18年以降は3Aや韓国リーグのチームを渡り歩き、昨季もアスレティックスにマイナー契約で入団。3Aで開幕を迎えたが、選手層の薄さが幸いし、メジャーに呼ばれた。7月にレイズがトレードで獲得したのは、IL入りしたズニーノの穴埋め要員が必要になったからだ。

年度	所属チーム	試合数	打数	得点	安打	二塁打	三塁打	本塁打	打点	四球	三振	盗塁	盗塁死	出塁率	OPS	打率
2022	アスレティックス	56	169	23	42	11	0	4	19	10	41	4	1	.298	.683	.249
2022	レイズ	45	149	16	38	6	0	7	15	2	39	1	0	.265	.701	.255
2022	2チーム計	101	318	39	80	17	0	11	34	12	80	5	1	.283	.692	.252
通算成績		262	787	82	184	37	0	19	80	30	199	8	5	.264	.617	.234

62 昨季は3AのMVPに選出された好打者
ジョナサン・アランダ *Jonathan Aranda*
ユーティリティ
★WBCメキシコ代表

25歳 1998.5.23生 | 183cm | 95kg | 右投左打 対左.143 対右.197 ホ.233 ア.143
得.286 D2015外レイズ 田メキシコ 甲72万ドル（約9360万円）+α

　昨年6月にメジャーデビューした、天性の打撃センスを備えた内野手。その後はメジャーと3Aの間を2度往復し、メジャーではイマイチの数字だったが、3Aでは104試合の出場で打率3割1分8厘、二塁打26、本塁打18、打点85をマーク。3Aインターナショナル・リーグ（3Aの20球団で構成されるリーグ）のMVPになった。打者としてはパワーアップし、カウントを考えた打撃もできるようになったので、メジャーの投手に慣れてくれば、主砲級の打者に成長する可能性がある。守備はかなり難があるが、ファーストで使うと、「中の下」レベルの守備は期待できる。

年度	所属チーム	試合数	打数	得点	安打	二塁打	三塁打	本塁打	打点	四球	三振	盗塁	盗塁死	出塁率	OPS	打率
2022	レイズ	32	78	10	15	4	0	2	6	8	23	0		.276	.597	.192
通算成績		32	78	10	15	4	0	2	6	8	23	0		.276	.597	.192

13 巻き返しをはかる、昨年ケガに泣いたベテラン
マニュエル・マーゴウ *Manuel Margot*
ライト／センター

29歳 1994.9.28生 | 180cm | 81kg | 右投右打 対左.346 対右.252 ホ.262 ア.287
得.283 D2011外レッドソックス 田ドミニカ 甲700万ドル（約9億1000万円）

　味方のピンチを、スーパーキャッチで救うクラッチ・ディフェンダー。昨季は開幕の2日前に、球団と2年1900万ドルの契約を交わし、張り切ってシーズンに臨んだ。だが、5月にハムストリングの肉離れで10日間IL入り。6月から8月にかけてはヒザの捻挫で61日間もIL入りしたため、69試合しか出場できず、2度のケガの影響で、トップレベルだった守備範囲の広さは「中の上」レベルに落ちた。しかし勝負強さは健在で、チャンスに打席に立つと長打がよく出てチームに貢献。4月12日のアスレティックス戦では、延長10回裏にサヨナラタイムリーを放っている。

年度	所属チーム	試合数	打数	得点	安打	二塁打	三塁打	本塁打	打点	四球	三振	盗塁	盗塁死	出塁率	OPS	打率
2022	レイズ	89	336	36	92	18	2	4	47	24	68	7	3	.325	.700	.274
通算成績		689	2301	276	585	112	24	48	245	179	452	82	36	.308	.694	.254

対左=対左投手打率　対右=対右投手打率　ホ=ホーム打率　ア=アウェー打率　得=得点圏打率　75

左投手用のDHで使うと生きるタイプ

DH / ライト / ファースト

43 ハロルド・ラミレス *Harold Ramirez* ★WBCコロンビア代表

29歳 1994.9.6生｜178cm｜104kg｜右投右打 対左.360 対右.277
闲.333 ⑦.270 得.312 D2011㋐パイレーツ 田コロンビア

ミート	5
パワー	3
走力	2
守備	2
肩	2

　早打ちのフリースインガーだが、長所もたくさんあるため、昨年初めて打率３割を記録した掘り出し物の好打者。一番の長所は、左足（前の足）をうまく使って、タイミングを上手に取ること。そのため、「快速球＋チェンジアップ」の緩急を使った攻めに強い。もう１つの長所は、無理に打球を上げず、強いライナーを広角に弾き返すことに徹している点。そのため本塁打は１ケタだが、二塁打の生産ペースはトップレベルだ。守備は期待できない。昨季はファーストで29試合、ライトで15試合先発出場したが、ファーストでは捕球ミスが多く、ライトで使うには肩が弱い。

年度	所属チーム	試合数	打数	得点	安打	二塁打	三塁打	本塁打	打点	四球	三振	盗塁	盗塁死	出塁率	OPS	打率
2022	レイズ	120	403	46	121	24	0	6	58	19	72	3	5	.343	.747	.300
通算成績		341	1173	135	330	65	4	24	150	52	221	8	8	.320	.725	.281

第2のベン・ゾブリスト目指して修業中

ユーティリティ

7 ヴィダル・ブルハーン *Vidal Brujan*

25歳 1998.2.9生｜178cm｜81kg｜右投両打 対左.220 対右.134 闲.111 ⑦.213
得.194 D2014㊢レイズ 田ドミニカ 囲72万ドル（約9360万円）＋α

ミート	2
パワー	3
走力	4
守備	3
肩	3

　内野と外野のすべてのポジションに起用可能なユーティリティ。それだけでなく、スイッチヒッターで俊足、スモールボールのスキルもあるため、ピンチヒッター、ピンチランナー、ピンチバンターとしても起用可能で、１人で10役以上できるのが一番のウリだ。そのため昨季はかつてのベン・ゾブリストのように、ポジション日替わりの優秀なチャンスメーカーになることを期待された。だが、緩急を巧みに使うメジャーの投手の投球術に翻弄され、いいところがなかった。それでも球団の期待は大きく、ポストシーズンではメンバーに抜擢され、２試合で盗塁を２個決めた。

年度	所属チーム	試合数	打数	得点	安打	二塁打	三塁打	本塁打	打点	四球	三振	盗塁	盗塁死	出塁率	OPS	打率
2022	レイズ	52	147	13	24	5	0	3	16	12	37	5	5	.228	.487	.163
通算成績		62	173	16	26	5	0	3	18	12	45	6	5	.207	.438	.150

— カーティス・ミード *Curtis Mead*

サード / セカンド ｜ 期待度 A- ｜ ルーキー

23歳 2000.10.26生｜188cm｜77kg｜右投右打 ◆昨季は2A、3Aでプレー D2018.㊢フィリーズ 田オーストラリア

　球団がサードのレギュラーに育成しようとしているオーストラリア出身の内野手。ウリはミートのうまさ、選球眼、パワーを兼ね備えていること。昨シーズンはマイナーの2Aと3Aで併せて76試合に出場し、打率２割９分８厘、出塁率３割９分０厘をマーク。二塁打を27本、本塁打を13本記録している。

— オスレイビス・バサベ *Osleivis Basabe*

ショート ｜ 期待度 B+ ｜ ルーキー

23歳 2000.9.13生｜185cm｜85kg｜右投右打 ◆昨季は1A+、2Aでプレー D2017.㊢レンジャーズ 田ベネズエラ

　高打率を期待できるベネズエラ出身の内野手。ウリは、スピードとバットコントロールの良さ。2020年11月に、レイズがナサニエル・ロウをレンジャーズに放出した際、その見返りに移籍。昨季はマイナーで安打製造機ぶりをいかんなく発揮しており、1A+級で打率３割１分５厘、2A級では３割３分３厘をマークしている。

対左＝対左投手打率　対右＝対右投手打率　闲＝ホーム打率　⑦＝アウェー打率　得＝得点圏打率
D＝ドラフトデータ　田＝出身地　囲＝年俸

ボルティモア・オリオールズ

◆創　立：1901年
◆本拠地：メリーランド州ボルティモア市
◆ワールドシリーズ制覇：3回／リーグ優勝：7回
◆地区優勝：9回／ワイルドカード獲得：3回

主要オーナー　ピーター・アンジェロス（弁護士）

過去5年成績

年度	勝	負	勝率	ゲーム差	地区順位	ポストシーズン成績
2018	47	115	.290	61.0	⑤	―
2019	54	108	.333	49.0	⑤	―
2020	25	35	.417	15.0	④	―
2021	52	110	.321	48.0	⑤	―
2022	**83**	**79**	**.512**	**16.0**	**④**	**―**

監督

18 ブランドン・ハイド *Brandon Hyde*

◆年　齢…………50歳（カリフォルニア州出身）
◆現役時代の経歴…メジャーでのプレー経験なし
（キャッチャー、ファースト）
◆監督経歴…………4シーズン　オリオールズ（2019〜）
◆通算成績…………214勝332敗（勝率.392）

　選手のモチベーションを上げるのが上手な指揮官。一昨年、オリオールズはメジャーで最も多く負けたチームだった。そのため昨季も苦しい戦いが予想されたが、30勝以上もの上積みに成功。最優秀監督賞投票では2位になった。就任から3シーズンは低迷したが、「自信が揺らぐことはなかった」と語るポジティブな性格。ベテラン投手のライルズ（今季ロイヤルズ）は、「監督のおかげで、ロッカールームの雰囲気はいつもポジティブに保たれていた」と称賛。

注目コーチ　57 フレディ・ゴンザレス *Fredi Gonzalez*

　ベンチコーチ。59歳。2007〜10年途中まではマーリンズ、11〜16年途中まではブレーブスで監督を務め、監督通算成績は710勝692敗。キューバ生まれ、マイアミ育ち。

編成責任者　マイク・イライアス *Mike Elias*

　41歳。アストロズのGM補佐を経て、2018年オフから現職。地道な再建計画が、実を結び始めている。名門イェール大学出身。大学の野球チームでは、投手だった。

スタジアム　オリオールパーク・アット・キャムデンヤーズ *Oriole Park at Camden Yards*

◆開場年…………1992年
◆仕　様…………天然芝
◆収容能力………45,971人
◆フェンスの高さ…4.0〜6.4m
◆特　徴…………打者の有利を減らすため、昨季開幕前に、レフトフェンスの位置をやや後ろにずらしている。レンガと鉄骨を基調とした、レトロな外観が人気。ライトスタンド後方にそびえる、レンガ造りの古い倉庫が、シンボルとなっている。

ヒッターズ
パーク

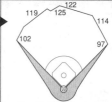

122
119　125
114
102
97

Best Order [ベストオーダー]

① セドリック・マリンズ……センター
② アドリー・ラッチマン……キャッチャー
③ ガナー・ヘンダーソン……ショート
④ アンソニー・サンタンデーア……ライト
⑤ ライアン・マウントキャッスル……ファースト
⑥ オースティン・ヘイズ……レフト
⑦ ラモン・ウリーアス……サード
⑧ カイル・ストワーズ……DH
⑨ アダム・フレイジャー……セカンド

Depth Chart [ポジション別選手層・メンバーリスト]

※2023年2月13日時点の候補選手。
数字は背番号（開幕前に変更する
場合もあり）、右・左等は投・打の順。

センター
31 セドリック・マリンズ [左・左]
21 オースティン・ヘイズ [右・右]
26 ライアン・マッケナ [右・右]

レフト
21 オースティン・ヘイズ [右・右]
26 ライアン・マッケナ [右・右]
83 カイル・ストワーズ [左・左]

ライト
25 アンソニー・サンタンデーア [右・両]
83 カイル・ストワーズ [左・左]
26 ライアン・マッケナ [右・右]

ショート
2 ガナー・ヘンダーソン [右・左]
3 ホルヘ・マテオ [右・右]
29 ラモン・ウリーアス [右・右]

セカンド
12 アダム・フレイジャー [右・左]
29 ラモン・ウリーアス [右・右]
77 テリン・ヴァヴラ [右・左]

サード
29 ラモン・ウリーアス [右・右]
2 ガナー・ヘンダーソン [右・左]

ローテーション
32 カイル・ギブソン [右・右]
39 カイル・ブラディッシュ [右・右]
64 ディーン・クレーマー [右・右]
19 コール・アーヴィン [左・左]
68 タイラー・ウェルズ [右・右]
85 グレイソン・ロドリゲス [右・右]
51 オースティン・ヴォース [右・右]

ファースト
6 ライアン・マウントキャッスル [右・右]
27 ジェイムズ・マッキャン [右・右]

キャッチャー
35 アドリー・ラッチマン [右・両]
27 ジェイムズ・マッキャン [右・右]

DH
83 カイル・ストワーズ [左・左]
25 アンソニー・サンタンデーア [右・両]
6 ライアン・マウントキャッスル [右・右]

ブルペン
74 フェリックス・バウティスタ [右・右] CL
55 ディロン・テイト [右・右]
58 シオネル・ペレス [左・右]
43 ブライアン・ベイカー [右・右]
51 オースティン・ヴォース [右・右]
60 マイカル・ギヴンズ [右・右]
24 DL・ホール [左・左]
71 ローガン・ギラスピー [右・右]
80 スペンサー・ワトキンス [右・右]
45 キーガン・エイキン [左・右]
78 イェニエル・カノー [右・右]

※CL＝クローザー

オリオールズ試合日程……＊はアウェーでの開催

3月30・4月1・2	レッドソックス＊	5月2・3・4	ロイヤルズ＊
3・4・5	レンジャーズ＊	5・6・7	ブレーブス＊
6・8・9	ヤンキース	8・9・10	レイズ
11・12・13	アスレティックス	12・13・14	パイレーツ
14・15・16	ホワイトソックス＊	15・16・17・18	エンジェルス
18・19	ナショナルズ＊	19・20・21	ブルージェイズ＊
21・22・23	タイガース	23・24・25	ヤンキース＊
24・25・26	レッドソックス	26・27・28	レンジャーズ
27・28・29・30	タイガース＊	29・30・31	ガーディアンズ

6月2・3・4	ジャイアンツ＊
6・7・8	ブリュワーズ＊
9・10・11	ロイヤルズ
13・14・15	ブルージェイズ
16・17・18	カブス＊
20・21	レイズ＊
23・24・25	マリナーズ
26・27・28	レッズ
30・7月1・2	ツインズ

78 **球団メモ** 昨季開幕時、ロースター入りを果たした選手の平均年俸は、約156万ドル（約2億円）でメジャー最低。ちなみに1位のドジャースは、約1003万ドル（約13億円）。

■投手力➡…★★★★★　【昨年度チーム防御率3.97、リーグ9位】

　ローテーションから昨年の勝ち頭であるライルズが抜け、アーヴィンとギブソンが入る形になった。ライルズは若い投手たちの良き助言者となっていたので、その退団が大きなボディブローになる可能性がある。ただクレーマーとブラディッシュはさらなる成長を望めるので、全員が防御率4点台という非常事態になることはないだろう。リリーフ陣の実力は平均レベルだが、バウティスタとテイトの逃げ切りコンビはかなり強力だ。

■攻撃力➡…★★★★★　【昨年度チーム得点674、リーグ10位】

　一昨年はチーム得点がリーグ15球団中14位だった。しかし、昨年はラッチマンの出現などでチーム得点は10位に上がった。今シーズン、新人王の有力候補となっているガナー・ヘンダーソンが期待通りにブレイクすれば、チーム得点が「中」レベルまで上昇する可能性がある。

■守備力↗…★★★★★　【昨年度チーム失策数91、リーグ10位】

　昨年はチームの併殺数とアシスト数がリーグでトップ。DRS（守備で防いだ失点）は36で、「中の上」レベルだった。守備力がワーストレベルだったオドーアとチリノスがチームを去ったことも、大きなプラス要因だ。

■機動力➡…★★★☆★　【昨年度チーム盗塁数95、リーグ5位タイ】

　パワー優先の選手起用を行っているので、スモールボールのスキルがある選手が少ない。送りバントの成功率は46%という低さだ。マテオとマリンズが昨季、30個以上の盗塁を決めたが、走れる選手がほかに見当たらない。

オリオールズ

総合評価➡ ★★★★★	昨年は4月に大きく負け越し、2年連続で100敗すると誰もが思ったが、大物ルーキー、ラッチマンのメジャーデビューがチームの空気を一変させた。今季はヘンダーソンが「第2のラッチマン」の役割を期待されている。ちょっと荷が重そうだが……。

IN　主な入団選手	**OUT**　主な退団選手
〔投手〕 コール・アーヴィン ← アスレティックス カイル・ギブソン ← フィリーズ マイカル・ギヴンズ ← メッツ 〔野手〕 ジェイムズ・マッキャン ← メッツ アダム・フレイジャー ← マリナーズ	〔投手〕 ジョーダン・ライルズ → ロイヤルズ 〔野手〕 タイラー・ネヴィン → タイガース ヘスース・アギラー → アスレティックス ロウグネッド・オドーア → 所属先未定

3・4・5・6	ヤンキース*	4・5・6	メッツ	4・5・6	エンジェルス*
7・8・9	ツインズ*	8・9・10	アストロズ	8・9・10	レッドソックス*
11	オールスターゲーム	11・12・13	マリナーズ*	11・12・13	カーディナルス
14・15・16	マーリンズ	14・15・16	パドレス*	14・15・16・17	レイズ
17・18・19	ドジャース	18・19・20	アスレティックス*	18・19・20	アストロズ*
20・21・22・23	レイズ	22・23・24	ブルージェイズ	21・22・23・24	ガーディアンズ*
24・25・26	フィリーズ*	25・26・27	ロッキーズ	26・27	ナショナルズ
28・29・30	ヤンキース	28・29・30	ホワイトソックス	28・29・30・**10月**1	レッドソックス*
31・**8**月1・2・3	ブルージェイズ*	**9**月1・2・3	ダイヤモンドバックス		

球団メモ　昨年のドラフトで1巡目（全体1位）に高校生遊撃手のジャクソン・ホリデイを指名。父マットは、2007年のロッキーズ時代に、首位打者と打点王を獲得した大打者。

ヘブライ語を話せる唯一のメジャーリーガー　先発

64 ディーン・クレーマー
Dean Kremer　★WBCイスラエル代表

27歳 1996.1.7生｜188cm｜90kg｜右投右打

◆速球のスピード／150キロ前後（フォーシーム、シンカー）
◆決め球と持ち球／◎フォーシーム、◎カッター、
　○チェンジアップ、○カーブ、△シンカー
◆対左打者被打率／.271　◆対右打者被打率／.258
◆ホーム防御率／2.84　◆アウェー防御率／3.63
◆ドラフトデータ／2016⑭ドジャース
◆出身地／カリフォルニア州
◆年俸／72万ドル（約9360万円）+α

球威	3
制球	4
緩急	4
守備・牽制	3
度胸	4

　今季は先発の柱になることを期待されている、昨年ミニブレイクした技巧派右腕。昨季開幕直後に、側胸部の筋肉を痛めてIL（故障者リスト）入り。ローテーションに入って投げ始めたのは6月5日だった。その後は四球がらみの失点が減り、6月中旬から下旬にかけて3試合連続無失点をやってのけ、評価が急上昇。その後、7月に入って一発病におちいり、失点が多くなる。だが、8月に入って持ち直し、シーズン終了まで先発の柱として機能した。球種は5つあり、シーズン全体で見た使用比率はフォーシーム、カッター各30%、チェンジアップ、カーブ各15%、シンカー10%くらい。フォーシームの比率は、初めの頃50%を超えていたが、終盤になると20%前後に下がり、その分、チェンジアップとシンカーの比率が上昇した。

　生まれ育ったのは、北カリフォルニアのストックトンだが、父シガルさんと母アディさんは、イスラエル国籍のユダヤ人で、クレーマーもイスラエルと米国の二重国籍だ。家では両親がヘブライ語を使うため、クレーマーもヘブライ語に堪能。少年時代は毎年、夏の2カ月間をイスラエルのテルアビブにある祖父母の家で、普通にヘブライ語を使って過ごしていた。WBCには、2大会連続でイスラエル代表チームの一員として参加。2023年の大会には、真っ先に参加を表明した。

　ユダヤ教の戒律を厳格に守ったメジャーリーガーとして知られるのは、ドジャースの大エースだったサンディ・コーファックスだ。コーファックスは1964年のワールドシリーズ初戦に先発する予定だったが、ちょうどユダヤ教のヨムキップール（贖罪の日。重要な祭日で一切の労働を禁じる）と重なったため、登板を回避して物議をかもした。クレーマーはコーファックスの行動を理想としており、「僕も、ワールドシリーズの先発日とヨムキップールが同じ日になったら、ヨムキップールをとる」と断言している。

カモ M・チャップマン（ブルージェイズ）.000(10-0)0本　G・スプリンガー（ブルージェイズ）.077(13-1)0本
苦手 S・エスピナル（ブルージェイズ）.714(7-5)0本　A・ジャッジ（ヤンキース）.571(7-4)3本

年度	所属チーム	勝利	敗戦	防御率	試合	先発	セーブ	投球イニング	被安打	失点	自責点	被本塁打	与四球	奪三振	WHIP
2020	オリオールズ	1	1	4.82	4	4	0	18.2	15	10	10	0	12	22	1.45
2021	オリオールズ	0	7	7.55	13	13	0	53.2	63	46	45	17	25	47	1.64
2022	オリオールズ	8	7	3.23	22	21	0	125.1	123	48	45	11	34	87	1.25
通算成績		9	15	4.55	39	38	0	197.2	201	104	100	28	71	156	1.38

投手

スプリッターで三振を量産する新守護神　クローザー

74 フェリックス・バウティスタ
Felix Bautista

28歳　1995.6.20生｜196cm｜86kg｜右投右打

◆速球のスピード／160キロ前後（ツーシーム、フォーシーム）
◆決め球と持ち球／☆スプリッター、◎シンカー、
　◎フォーシーム、△カーブ
◆対左打者被打率／.149　◆対右打者被打率／.176
◆ホーム防御率／2.58　◆アウェー防御率／1.65
◆ドラフトデータ／2012㉕マーリンズ
◆出身地／ドミニカ
◆年俸／72万ドル（約9360万円）+α

球威 **5**
制球 **3**
緩急 **5**
守備・牽制 **3**
度胸 **4**

オリオールズ

昨年8月2日にホルヘ・ロペスがトレードされたあと、クローザーに抜擢され、いい働きをしたリリーフ右腕。特徴は、速球のスピードが尋常でないこと。速球はツーシームもフォーシームも平均球速が159.6キロで、昨年の最速は163.8キロだった。もう1つの特徴は、スプリッターを多投すること。昨季は全投球の26%がスプリッターで、奪三振率が高い。それは、打者を追い込むと、このスプリッターが炸裂するからだ。

典型的なオーバーハンドのパワーピッチャーで、真上から投げ込んでくるため、ツーシームもフォーシームも角度がつき、威力が増す。メジャーデビューは26歳で迎えた昨年の開幕時で、2012年11月にプロ入りしているので、プロ11年目の遅い出世だった。

泣く子も黙る豪速球があるのにこれだけ時間がかかったのは、あきれるほどコントロールが悪かったからだ。マーリンズに入団して迎えたプロ1年目（2013年）は、マイナーのルーキー級で26イニングを投げ、14四球だった。それは許容範囲だったが、翌14年は12イニングで20四球を記録し、解雇されてしまった。その後は雇ってくれる球団がなく、浪人生活を送るが、豪速球の威力に惚れ込んだオリオールズのスカウトから声がかかり、16年からルーキー級でキャリアを再開。ノーコン病はすぐに完治しなかったものの、昨年の開幕時にようやくメジャーに到達した。

ニックネームは「マウンテン（山）」。こんなあだ名が付いたのは、山のように体が大きい人間だからだ。公式発表では、身長196センチ、体重86キロになっている。しかし、本人がインタビューで「実際の身長は203センチで、体重は129〜131キロくらいある」と語っているので、「マウンテン」というニックネームが付いたことは納得がいく。

ドミニカ出身。正式な結婚はまだだが、一児の父で、ザンダー・ミゲール君という男の子がいる。

| カモ | G・スタントン（ヤンキース）.000(5-0)0本　R・アロザレーナ（レイズ）.000(4-0)0本 |
| 苦手 | J・ドナルドソン（ヤンキース）.667(3-2)1本　―― |

年度	所属チーム	勝利	敗戦	防御率	試合数	先発	セーブ	投球イニング	被安打	失点	自責点	被本塁打	与四球	奪三振	WHIP
2022	オリオールズ	4	4	2.19	65	0	15	65.2	38	18	16	7	23	88	0.93
通算成績		4	4	2.19	65	0	15	65.2	38	18	16	7	23	88	0.93

初球ストライク率が大幅にアップし、大変身　セットアップ

58 シオネル・ペレス　*Cionel Perez*

27歳｜1996.4.21生｜180cm｜73kg｜左投右打

◆速球のスピード／150キロ台中頃〜後半（フォーシーム、シンカー）
◆決め球と持ち球／◎フォーシーム、◎スライダー、△シンカー
◆対左.224　◆対右.218　◆本防0.29　◆ア防2.73
◆ド2016外アストロズ　◆田キューバ
◆年72万ドル（約9360万円）+α

球威	5
制球	3
緩急	3
引球	3
度胸	4

オリオールズが一昨年11月にウエーバー経由で獲得した、元手のかかっていないキューバ亡命組の豪腕リリーバー。4年間メジャーに定着できず、一昨年の防御率が6.38だったペレスが、昨年防御率1.40の最強のセットアッパーに変身できた最大の要因は、初球ストライク率が44％から62％に跳ね上がったことが大きい。それにより、カウントを悪くして、置きにいった球を痛打されるケースが激減した。18歳のとき、キューバの国内リーグ（セリエ・ナシオナール）で防御率2.08をマークして、将来を期待されたが、その翌年、密航船でキューバを脱出。契約金515万ドルでアストロズに入団した。

カモ T・ウォールズ（レイズ）.167(6-1)0本　苦手 C・イェリッチ（ブリュワーズ）.750(4-3)1本

年度	所属チーム	勝利	敗戦	防御率	試合数	先発	セーブ	投球イニング	被安打	失点	自責点	被本塁打	与四球	奪三振	WHIP
2018	アストロズ	0	0	3.97	8	0	0	11.1	6	5	5	3	7	12	1.15
2019	アストロズ	1	1	10.00	5	0	0	9.0	11	10	10	3	2	7	1.44
2020	アストロズ	0	0	2.84	7	0	0	6.1	7	2	2	0	6	8	2.05
2021	レッズ	1	2	6.38	25	0	0	24.0	21	21	17	5	20	25	1.71
2022	オリオールズ	7	1	1.40	66	0	1	57.2	46	11	9	2	21	55	1.16
通算成績		9	4	3.57	111	0	1	108.1	91	49	42	13	56	107	1.36

今季は先発でフルシーズン稼働するのが目標　先発ロングリリーフ

68 タイラー・ウェルズ　*Tyler Wells*

29歳｜1994.8.26生｜203cm｜115kg｜右投右打

◆速球のスピード／150キロ前後（フォーシーム主体）
◆決め球と持ち球／◎チェンジアップ、◎フォーシーム、○スライダー、○カッター、△カーブ
◆対左.193　◆対右.263　◆本防4.79　◆ア防3.81
◆ド2016⑮ツインズ　◆田オクラホマ州
◆年72万ドル（約9360万円）+α

球威	3
制球	4
緩急	2
引球	4
度胸	3

昨年先発に転向してシーズン前半は期待通りの働きを見せたが、後半はケガに泣いた注目の右腕。2020年12月のルール5ドラフトで、オリオールズに指名されてチャンスをつかんだ投手。21年の開幕時にメジャーデビューを果たし、その年はすべてリリーフ登板。9月にはクローザーとして起用され、4セーブをマーク。そのため昨季は開幕からクローザーかトップ・セットアッパーで使われると思われたが、ケガ人続出で先発のコマが足りなくなり、実験的に先発で使われることになった。いざ先発で投げてみると、変化球を効果的に使って打者に的をしぼらせないピッチングを展開。前半終了時点の防御率は3.38だった。しかし、後半戦は脇腹の筋肉と右肩を相次いで痛めたため、18イニングの登板にとどまった。今季はフルシーズンの稼働を目指す。

カモ A・リゾ（ヤンキース）.000(10-0)0本　苦手 A・ジャッジ（ヤンキース）.429(14-6)2本

年度	所属チーム	勝利	敗戦	防御率	試合数	先発	セーブ	投球イニング	被安打	失点	自責点	被本塁打	与四球	奪三振	WHIP
2021	オリオールズ	2	3	4.11	44	0	4	57.0	40	27	26	9	12	65	0.91
2022	オリオールズ	7	7	4.25	23	23	0	103.2	90	49	49	16	28	76	1.14
通算成績		9	10	4.20	67	23	4	160.2	130	76	75	25	40	141	1.06

対左＝対左打者被打率　対右＝対右打者被打率　本防＝ホーム防御率　ア防＝アウェー防御率
ド＝ドラフトデータ　田＝出身地　年＝年俸　カモ　苦手＝通算成績

投手

先発 ロングリリーフ

オリオールズ再生工場の一番の成功例

51 オースティン・ヴォース Austin Voth

31歳 1992.6.26生 | 188cm | 97kg | 右投右打

◆速球のスピード／150キロ前後（フォーシーム主体）
◆決め球と持ち球／◎カーブ、○フォーシーム、○カッター、○スライダー
◆対左.283 ◆対右.269 ◆ホ防4.30 ◆ア防4.38
◆ド2013⑤ナショナルズ ◆囲ワシントン州
◆囲185万ドル（約2億4050万円）

球威	3
制球	3
緩急	3
守備・走塁	4
度胸	3

オリオールズ

オリオールズが昨年6月に獲得し、見事に再生させた投手。ナショナルズでは、先発3、4番手での定着を期待されていた。だが速球の威力に欠け、制球も不安定なため、先発投手としては結果を出せず、リリーフに回った。しかしリリーフでも一発病が深刻で昨季は失点が多く、5月末に防御率が10点台に。これで40人枠から外され、ウエーバー経由でオリオールズに移籍。その後、コーチ陣に勧められてカーブを多投して打たせて取るピッチングにシフトしたところ、好投が続いた。それによって6月中旬からは先発に回り、17試合に登板、先発17試合は防御率が3.07で、5失点以上が一度もなかった。

| カモ | R・アロザレーナ（レイズ）.111(9-1)1本 | 苦手 | J・ドナルドソン（ヤンキース）.571(7-4)2本 |

年度	所属チーム	勝利	敗戦	防御率	試合数	先発	セーブ	投球イニング	被安打	失点	自責点	被本塁打	与四球	奪三振	WHIP
2018	ナショナルズ	1	1	6.57	4	2	0	12.1	12	9	9	3	6	11	1.46
2019	ナショナルズ	2	1	3.30	9	8	0	43.2	33	16	16	5	13	44	1.05
2020	ナショナルズ	2	5	6.34	11	11	0	49.2	57	36	35	14	18	44	1.51
2021	ナショナルズ	4	1	5.34	49	1	0	57.1	57	35	34	10	28	59	1.48
2022	ナショナルズ	0	0	10.13	19	0	0	18.2	34	22	21	4	6	18	2.14
2022	オリオールズ	5	4	3.04	22	17	0	83.0	77	30	28	10	25	72	1.23
2022	2チーム計	5	4	4.34	41	17	0	101.2	111	52	49	14	31	90	1.40
通算成績		14	12	4.86	114	39	0	264.2	270	148	143	46	96	248	1.38

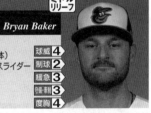

ミドル リリーフ

昨季は中盤から貴重な戦力に

43 ブライアン・ベイカー Bryan Baker

29歳 1994.12.2生 | 198cm | 110kg | 右投右打

◆速球のスピード／150キロ台中頃（フォーシーム主体）
◆決め球と持ち球／◎フォーシーム、◎チェンジアップ、○スライダー
◆対左.225 ◆対右.233 ◆ホ防3.72 ◆ア防3.24
◆ド2016⑪ロッキーズ ◆囲フロリダ州
◆囲72万ドル（約9360万円）+α

球威	4
制球	2
緩急	3
守備・走塁	3
度胸	4

今季は重要度の高い場面で使われるケースが増えると思われる、遅咲きのリリーフ右腕。球種はフォーシーム、スライダー、チェンジアップの3つ。ブルドッグメンタリティの投手で、インサイドに快速球をどんどん投げ込む強気のピッチングが持ち味。一昨年はブルージェイズに在籍したが、11月に40人枠から外されたため、ウエーバー経由でオリオールズに移籍。キャンプに招待選手として参加し、開幕メンバーに抜擢された。しかし、その後は安定感を欠き、5月末時点の防御率は5.66だったが、選手層の薄いことが幸いしてマイナー落ちすることはなかった。好調に転じたのは6月からで、その後は月を追うごとに投球内容が良くなり、オリオールズにポストシーズン進出の可能性が出てきた8月には、ハイペースで三振を奪ってチームに貢献した。

| カモ | R・アロザレーナ（レイズ）.143(7-1)0本 | 苦手 | ― |

年度	所属チーム	勝利	敗戦	防御率	試合数	先発	セーブ	投球イニング	被安打	失点	自責点	被本塁打	与四球	奪三振	WHIP
2021	ブルージェイズ	0	0	0.00	1	0	0	1.0	1	0	0	0	0	1	1.00
2022	オリオールズ	4	3	3.49	66	2	1	69.2	60	29	27	3	26	76	1.23
通算成績		4	3	3.44	67	2	1	70.2	61	29	27	3	26	77	1.23

昨季はアスレティックスのエース格

先発　**移籍**

19 コール・アーヴィン Cole Irvin

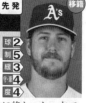

29歳 1994.1.31生｜193cm｜98kg｜左投左打 **球**140キロ台中頃(フォーシーム、シンカー) **決**◎チェンジアップ
対左.229 **対右**.257 **ド**2016⑤フィリーズ **出**カリフォルニア州 **年**72万ドル(約9360万円)+α

球	2
制	5
緩	3
▶	4
度	4

　昨季、アスレティックスで唯一、規定投球回に達した先発サウスポー。低迷するチームで孤軍奮闘し、とくに7月は4勝1敗、防御率1.85と好調で、月間最優秀投手の候補にも挙がった。エンジェルス戦はほぼ援護点がないまま0勝4敗に終わった一方で、王者アストロズには3勝2敗と勝ち越している。今季はアスレティックスの開幕投手最右翼と見られていたが、今年1月26日、オリオールズ側が有望株の内野手ダレル・ハーネイズを放出し、トレードが成立した。ウリは制球力。シンカーやチェンジアップをコーナーに投げ分け、打たせて取るピッチングが持ち味だ。

年度	所属チーム	勝利	敗戦	防御率	試合数	先発	セーブ	投球イニング	被安打	失点	自責点	被本塁打	与四球	奪三振	WHIP
2022	アスレティックス	9	13	3.98	30	30	0	181.0	174	87	80	25	36	128	1.16
通算成績		21	30	4.40	81	65	1	404.2	425	216	198	56	92	288	1.28

スライダーのモデルチェンジが大成功

セットアップ

55 ディロン・テイト Dillon Tate

29歳 1994.5.1生｜188cm｜88kg｜右投右打 **球**150キロ前後(シンカー) **決**◎スライダー
対左.265 **対右**.190 **ド**2015①レンジャーズ **出**カリフォルニア州 **年**150万ドル(約1億9500万円)+α

球	4
制	4
緩	4
▶	3
度	4

　2シーズン連続でチーム最多の登板数を記録したリリーフ右腕。シンカーでゴロを打たせる投球が持ち味で、これにチェンジアップ、スライダーを交える。昨季の大きな変化は、カッター扱いされていた曲がりの小さなスライダーを、曲がりの大きなものに変えたことだ。これによって球速は落ちたものの、投球の幅が広がり、ストライクゾーンでもどんどん勝負できるようになった。以前はランナーを背負うとばたばたしてしまうことが多かったが、昨季はそれもなく、引き継いだランナー23人のうち、2人の生還しか許さなかった。生還阻止率91%はトップレベルの数字だ。

年度	所属チーム	勝利	敗戦	防御率	試合数	先発	セーブ	投球イニング	被安打	失点	自責点	被本塁打	与四球	奪三振	WHIP
2022	オリオールズ	4	4	3.05	67	0	5	73.2	57	29	25	6	16	60	0.99
通算成績		5	13	3.97	157	0	8	179.0	145	86	79	17	53	143	1.11

学習能力の高さはピカイチ

先発

39 カイル・ブラディッシュ Kyle Bradish

27歳 1996.9.12生｜193cm｜99kg｜右投右打 **球**150キロ台前半(フォーシーム、ツーシーム) **決**◎スライダー
対左.235 **対右**.280 **ド**2018④エンジェルス **出**アリゾナ州 **年**72万ドル(約9360万円)+α

球	4
制	4
緩	3
▶	4
度	4

　エースにのし上がる可能性もある右腕。2019年12月にバンディがエンジェルスにトレードされた際、その見返りで獲得した4選手の1人。昨季は4月29日にメジャーデビューし、ローテーションに入って投げたが、四球がらみや一発で頻繁に失点し、5回終了まで持ちこたえられずにKOされることが続いた。6月24日に肩の炎症でIL入りした時点の防御率は7.38だったが、7月末に復帰後は、見違えるように制球が安定し、13試合に先発して防御率は3.28だった。今季はクレーマーとブラディッシュが2本柱となって、ローテーションを牽引すると予想する向きもある。

年度	所属チーム	勝利	敗戦	防御率	試合数	先発	セーブ	投球イニング	被安打	失点	自責点	被本塁打	与四球	奪三振	WHIP
2022	オリオールズ	4	7	4.90	23	23	0	117.2	119	68	64	17	46	111	1.40
通算成績		4	7	4.90	23	23	0	117.2	119	68	64	17	46	111	1.40

球=速球のスピード **決**=決め球 **対左**=対左打者被打率 **対右**=対右打者被打率
ド=ドラフトデータ **出**=出身地 **年**=年俸

投手

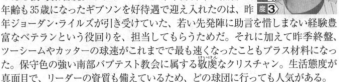

若い先発陣に好影響を与える、質の高いベテラン 　先発　移籍

32 カイル・ギブソン Kyle Gibson

36歳 1987.10.23生 | 198cm | 97kg | 右投右打 | 國150キロ前後(ツーシーム、フォーシーム) | 國◎カッター
[対左].260 [対右].274 | 國2009①ツインズ | 囲インディアナ州 | 囲1000万ドル(約13億円)

球 **2**
制 **4**
緩 **3**
守 **4**
度 **3**

　1年1000万ドルの契約で入団したオールスター出場経験のある技巧派右腕。オリオールズが昨年防御率5点台で、年齢も35歳になったギブソンを好待遇で迎え入れたのは、昨年ジョーダン・ライルズが引き受けていた、若い先発陣に助言を惜しまない経験豊富なベテランという役回りを、担当してもらうためだ。それに加えて昨季終盤、ツーシームやカッターの球速がこれまでで最も速くなったこともプラス材料になった。保守色の強い南部バプテスト教会に属する敬虔なクリスチャン。生活態度が真面目で、リーダーの資質も備えているため、どの球団に行っても人気がある。

年度	所属チーム	勝利	敗戦	防御率	試合数	先発	セーブ	投球イニング	被安打	失点	自責点	被本塁打	与四球	奪三振	WHIP
2022	フィリーズ	10	8	5.05	31	31	0	167.2	176	98	94	24	48	144	1.34
通算成績		89	91	4.52	267	261	0	1504.0	1549	806	755	180	534	1202	1.38

オリオールズに拾われ、メジャーリーガーに 　スイングマン

80 スペンサー・ワトキンス Spenser Watkins

31歳 1992.8.27生 | 188cm | 83kg | 右投右打 | 國140キロ台後半(フォーシーム) | 國○スライダー
[対左].297 [対右].269 | 國2014⑩タイガース | 囲アリゾナ州 | 囲72万ドル(約9360万円)+α

球 **2**
制 **3**
緩 **3**
守 **3**
度 **3**

　今季はスイングマンとして使われる可能性が高い、遅咲きの右腕。14年のドラフトで、タイガースから30巡目に指名されてプロ入り。しかしメジャーで投げることなく、21年の開幕前にクビになった。そのため現役を引退し、高校のコーチをするつもりだったが、オリオールズからマイナー契約のオファーが来たので現役生活を続行。同年8月にメジャーデビューを果たし、昨季は序盤、ローテーションに入って投げる幸運にも恵まれた。球種はフォーシーム、カッター、スライダー、カーブ、チェンジアップと豊富だが、打者を圧倒するようなボールがなく、奪三振率は低い。

年度	所属チーム	勝利	敗戦	防御率	試合数	先発	セーブ	投球イニング	被安打	失点	自責点	被本塁打	与四球	奪三振	WHIP
2022	オリオールズ	5	6	4.70	23	20	0	105.1	119	59	55	11	30	63	1.41
通算成績		7	13	5.85	39	30	0	160.0	193	109	104	25	49	98	1.51

85 グレイソン・ロドリゲス Grayson Rodriguez 　先発　期待度 **A⁻**　ルーキー

24歳 1999.11.16生 | 196cm | 99kg | 右投左打 | ◆昨季は1A+、2A、3Aでプレー | 國2018①オリオールズ | 囲テキサス州

　開幕時にメジャーデビューし、先発で投げる可能性がある将来のエース候補。一番の武器は平均156キロの豪速球。カーブ、スライダー、チェンジアップも平均以上のレベル。昨季は3Aで投げ、6月1日時点で5勝1敗、防御率2.09だった。だが、メジャー入り直前に広背筋を痛め、3カ月間、IL入りした。

24 DL・ホール DL Hall 　リリーフ　期待度 **B**　ルーキー

25歳 1998.9.19生 | 188cm | 88kg | 左投左打 | ◆昨季、メジャーで11試合に出場 | 國2017①オリオールズ | 囲ジョージア州

　優秀な左のセットアッパーに成長する可能性があるサウスポー。昨季は終盤に2度メジャーに呼ばれて試されたが、リリーフで投げた10試合では、平均球速155キロの速球とチェンジアップを組み合わせてハイペースで三振を奪った。短所はスライダーがイマイチで、左打者を封じる武器がないこと。

オリオールズ

チーム躍進のカギを握る若手捕手

キャッチャー

35 アドリー・ラッチマン
Adley Rutschman

25歳 1998.2.6生／188cm／99kg／右投両打 ◆盗塁阻止率／.306(36-11)
◆対左投手打率／.173(98-17) ◆対右投手打率／.280(300-84)
◆ホーム打率／.272(184-50) ◆アウェー打率／.238(214-51)
◆得点圏打率／.222(81-18)
◆22年のポジション別出場数／キャッチャー=93、
　DH=23
◆ドラフトデータ／2019①オリオールズ
◆出身地／オレゴン州
◆年俸／72万ドル(約9360万円)+α

ミート	4
パワー	5
走塁	2
守備	4
肩	5

昨季、アメリカン・リーグの新人王投票で2位になった守備、リード、打撃のすべてがハイレベルなキャッチャーの逸材。昨季は開幕前に上腕三頭筋を痛めてIL入りしたため、メジャーデビューは5月21日にずれ込んだ。その後は捕手として93試合に出場。ルーキーらしからぬ巧みなリードで、若い投手たちから頻繁に好投を引き出し、負けグセが付いていた投手陣を勝てる集団に変えた。7月以降、ラッチマンがキャッチャーとして出場したゲームの勝敗は43勝24敗で、これがチームを勢いづかせる一つの要因になった。

守備面では、盗塁阻止率が30.6%(36-11)でトップレベル。ボールブロックもうまく、ワイルドピッチを出す頻度は平均より3割くらい低い。フレーミングの技術も高く、ボール球をストライクとコールさせて防いだ失点が4ある。打者としては早打ちをせず、じっくり見ていくタイプ。選球眼が良く、当てる技術もあるため、四球が多く、出塁率が高い。トップレベルのパワーを備えているが、打球を上げることより、強い打球を飛ばすことを志向しているため、本塁打より二塁打が多い。

オレゴン州立大学時代は、大学野球のナンバーワン捕手。2019年のドラフトでは、オリオールズから全体1位で指名され、契約金810万ドルで入団。キャッチャーが全体1位指名されることはあまりなく、1965年にドラフトが始まってから6例目となる。

オレゴン州のスポーツファミリー出身。高校時代は、春は野球、秋はアメフトで活躍。アメフトのポジションはキッカー兼ラインバッカー。キッカーとして高校最後の年に、オレゴン州の州記録となる63ヤード(57.6メートル)のフィールドゴールを決めた実績がある。野球＋アメフトの二刀流は大学1年まで続けた。祖父アドさんは、オレゴンではレジェンド扱いされている大学フットボールの指導者で、春は野球チームの監督もしていた。

カモ J・ベリオス(ブルージェイズ).700(10-7)1本　K・ゴーズマン(ブルージェイズ).600(5-3)0本
苦手 S・ビーバー(ガーディアンズ).000(6-0)0本　菊池雄星(ブルージェイズ).143(7-1)1本

年度	所属チーム	試合数	打数	得点	安打	二塁打	三塁打	本塁打	打点	四球	三振	盗塁	盗塁死	出塁率	OPS	打率
2022	オリオールズ	113	398	70	101	35	1	13	42	65	86	4	0	.362	.807	.254
通算成績		113	398	70	101	35	1	13	42	65	86	4	0	.362	.807	.254

ブレイクの期待がかかるスター候補生

ショート サード

ルーキー

2 ガナー・ヘンダーソン Gunnar Henderson

22歳 2001.6.29生｜188cm｜95kg｜右投左打

- ◆対左投手打率／.130 ◆対右投手打率／.290
- ◆ホーム打率／.227 ◆アウェー打率／.300 ◆得点圏打率／.316
- ◆22年のポジション別出場数／サード＝24、ショート＝7、
  DH＝4、セカンド＝3 ◆⑤2019②オリオールズ
- ◆⊕アラバマ州 ◆⊛72万ドル（約9360万円）＋α

ミート **3**
パワー **5**
走塁 **3**
守備 **4**
肩 **5**

オリオールズ

今季は開幕からサードのレギュラーに固定される、新人王の有力候補。昨季はマイナーの2Aと3Aで計112試合に出場し、19本塁打、101打点を記録したあと、8月末にメジャー昇格。デビュー戦でいきなりガーディアンズの先発マッケンジーのスライダーを叩いて、ライト席に飛距離130メートルの特大アーチを叩き込んだ。一番のウリは、毎年20本塁打以上を期待できるパワーを備えていること。もう1つのウリは、打席では早打ちせずじっくり見ていくため四球が多く、出塁率が際立って高いこと。3つ目のウリは球種を識別する能力が高く、ボール球に手を出す比率も低いこと。短所は三振が多いことだ。守備面のウリは、サードで使ってもショートで使っても平均以上のパフォーマンスを期待できること。守備範囲が広く、強肩であるうえ、グラブさばきがうまいため、昨季、メジャーではエラーが1つしかなかった。

カモ —— 　苦手 A・マノア（ブルージェイズ）.000(4-0)0本

年度	所属チーム	試合数	打数	得点	安打	二塁打	三塁打	本塁打	打点	四球	三振	盗塁	盗塁死	出塁率	OPS	打率
2022	オリオールズ	34	116	12	30	7	1	4	18	16	34	1	1	.348	.788	.259
通算成績		34	116	12	30	7	1	4	18	16	34	1	1	.348	.788	.259

クローン病と向き合いながら、着実に進化

センター

31 セドリック・マリンズ Cedric Mullins

★WBCアメリカ代表

29歳 1994.10.1生｜173cm｜79kg｜左投左打

- ◆対左投手打率／.209 ◆対右投手打率／.279
- ◆ホーム打率／.243 ◆アウェー打率／.272 ◆得点圏打率／.284
- ◆22年のポジション別出場数／センター＝150、DH＝4
- ◆⑤2015⑬オリオールズ ◆⊕ノースカロライナ州
- ◆⊛410万ドル（約5億3300万円） ◆シルバースラッガー賞1回（21年）

ミート **4**
パワー **4**
走塁 **5**
守備 **5**
肩 **3**

昨季は低調な打撃成績に終わったオリオールズの看板選手。ただ、守備面ではスーパープレーを連発してゴールドグラブ賞級の活躍を見せ、走塁面でも34盗塁を記録して「準盗塁王」になった。これは難病の1つであるクローン病と共存しながら現役生活を続けていることを考えれば、驚異的なことだ。クローン病を発症したのは2020年春のことで、その年は下腹部に生じる不快感を抑えながらプレーを続けたが、症状が進んで腸に潰瘍ができ、放置すると重篤な合併症を引き起こす恐れがあったため、その年の11月に腸管を10～15センチ切除する手術を受けた。この決断が翌年の大化けにつながるのだ。

カモ L・ジオリート（ホワイトソックス）.615(13-8)0本　苦手 D・ラスマッセン（レイズ）.000(11-0)0本

年度	所属チーム	試合数	打数	得点	安打	二塁打	三塁打	本塁打	打点	四球	三振	盗塁	盗塁死	出塁率	OPS	打率
2018	オリオールズ	45	170	23	40	9	0	4	11	17	37	2	3	.312	.671	.235
2019	オリオールズ	22	64	7	6	0	2	0	4	4	14	1	0	.181	.337	.094
2020	オリオールズ	48	140	16	38	4	3	3	12	8	37	7	2	.315	.722	.271
2021	オリオールズ	159	602	91	175	37	5	30	59	59	125	30	8	.360	.878	.291
2022	オリオールズ	156	608	89	157	32	4	16	64	47	126	34	10	.318	.721	.258
通算成績		430	1584	226	416	82	14	53	150	135	339	74	23	.328	.760	.263

25 好調時は本塁打量産、不調時は内野フライの山
アンソニー・サンタンデーア *Anthony Santander*

ライト

★WBCベネズエラ代表

29歳 1994.10.19生 | 188cm | 106kg | 右投両打 対左.293 対右.221 ホ.269 ア.212
得.247 ド2011外インディアンズ 田ベネズエラ 年740万ドル（約9億6200万円）

ミ3
バ4
走2
守2
肩3

　昨年、チーム最多の33本塁打と89打点を叩き出したスイッチヒッターの長距離砲。オリオールズはルール5ドラフトが重要な人的資源獲得の手段になっているが、サンタンデーアも2016年12月のルール5で獲得した掘り出し物で、昨年ようやく高い潜在力を開花させた。ウリは同地区内のレッドソックスとヤンキースに強いこと。昨年、レッドソックス戦では7本塁打23打点を、ヤンキース戦では6本塁打13打点をマーク。5月19日のヤンキース戦では9回裏にサヨナラスリーランを放ち、地元のファンを熱狂させた。ライトの守備は、ひいき目に見ても「中の下」レベル。

年度	所属チーム	試合数	打数	得点	安打	二塁打	三塁打	本塁打	打点	四球	三振	盗塁	盗塁死	出塁率	OPS	打率
2022	オリオールズ	152	574	78	138	24	0	33	89	55	122	0	2	.318	.773	.240
通算成績		438	1644	211	403	89	3	83	238	113	363	3	6	.300	.754	.245

29 誰もが驚いた奇跡のゴールドグラブ
ラモン・ウリーアス *Ramon Urias*

ユーティリティ

29歳 1994.6.3生 | 183cm | 86kg | 右投右打 対左.222 対右.259 ホ.229 ア.272
得.215 ド2010外レンジャーズ 田メキシコ 年72万ドル（約9360万円）+α ◆ゴールドグラブ賞1回（22年）

ミ3
バ4
走3
守5
肩5

　昨年、三塁手としてゴールドグラブ賞に輝いたメキシコ出身の内野手。それまでセカンドとショートのサブだった彼が、昨年サードでまとまった出場機会を得たのは、サードのレギュラー格で使われる予定だったグティエレスがキャンプで評価を下げ、その代わりを務めることになったからだ。連日スタメン出場するようになったウリーアスは、味方のピンチに度々スーパープレーを見せて、投手を助けた。ゴールドグラブ賞の選考では、有名選手のマット・チャップマンとホセ・ラミレスもノミネートされたが、DRS（守備で防いだ失点）がダントツのウリーアスが選出された。

年度	所属チーム	試合数	打数	得点	安打	二塁打	三塁打	本塁打	打点	四球	三振	盗塁	盗塁死	出塁率	OPS	打率
2022	オリオールズ	118	403	50	100	17	1	16	51	30	98	0	.305	.719	.248
通算成績		213	690	86	182	33	1	24	92	60	180	2	2	.331	.750	.264

3 ア・リーグの盗塁王になった快足遊撃手
ホルヘ・マテオ *Jorge Mateo*

ショート

28歳 1995.6.23生 | 183cm | 82kg | 右投右打 対左.203 対右.228 ホ.195 ア.246
得.214 ド2012外ヤンキース 田ドミニカ 年200万ドル（約2億6000万円）◆盗塁王1回（22年）

ミ2
バ3
走4
守4
肩5

　昨年開幕からショートのレギュラーに固定され、守備で目を見張る活躍をした遊撃手。守備面のウリは、守備範囲の広さと強肩。昨季はヒット性の当たりを好捕し、鉄砲肩でアウトにするシーンが度々あったため、アシスト数（417）はアメリカン・リーグの遊撃手で最多、DRS（守備で防いだ失点）14は2位だ。それでいながらゴールドグラブ賞の最終候補に入れなかったのは、エラー数（17）が4番目に多かったからだ。打撃のほうはフリースインガーで、四球が少なく、出塁率が低い。ただスピードはトップレベル。昨季は35盗塁で、アメリカン・リーグの盗塁王に輝いた。

年度	所属チーム	試合数	打数	得点	安打	二塁打	三塁打	本塁打	打点	四球	三振	盗塁	盗塁死	出塁率	OPS	打率
2022	オリオールズ	150	494	63	109	25	7	13	50	27	147	35	9	.267	.646	.221
通算成績		261	714	86	161	39	8	17	66	37	213	46	12	.271	.645	.225

対左＝対左投手打率　対右＝対右投手打率　ホ＝ホーム打率　ア＝アウェー打率　得＝得点圏打率
ド＝ドラフトデータ　田＝出身地　年＝年俸

野手

シーズン後半のスランプで評価ダウン

21 オースティン・ヘイズ Austin Hays レフト

28歳 1995.7.5生 | 183cm | 92kg | 右投右打 対左.247 対右.252 .266 ⑦.237 ⑱.252 ⑤2016③オリオールズ ⑪フロリダ州 囲320万ドル（約4億1600万円）

	ミ	3
	パ	4
	走	3
	守	3
	肩	4

昨季前半は絶好調だった外野手。そのため2年連続の20本塁打クリアは、確実と思われた。しかし、7月に入ってすぐ手首を痛めたこともあり、後半戦は打率2割2分0厘、4本塁打と失速。シーズン全体で見ると、打率2割5分0厘、16本塁打と平凡な成績に終わり、出塁率もメジャー平均を下回った。打撃面の特徴は、バットスピードが速いため、強い打球を飛ばせること。以前は打ち気にはやる早打ちのフリースインガーだったが、だいぶ改善されてきてはいる。外野の守備は、強肩がウリ。本来のポジションはセンターだが、マリンズがいるため、レフトを守る。

年度	所属チーム	試合数	打数	得点	安打	二塁打	三塁打	本塁打	打点	四球	三振	盗塁	盗塁死	出塁率	OPS	打率
2022	オリオールズ	145	535	66	134	35	2	16	60	34	114	2	4	.306	.719	.250
通算成績		350	1273	175	327	72	6	47	161	79	275	10	10	.309	.743	.257

球場が広くなって、本塁打が減少

6 ライアン・マウントキャッスル Ryan Mountcastle ファースト

26歳 1997.2.18生 | 193cm | 104kg | 右投右打 対左.239 対右.254 .274 ⑦.227 ⑱.243 ⑤2015①オリオールズ ⑪フロリダ州 囲72万ドル（約9360万円）+α

	ミ	2
	パ	5
	走	3
	守	3
	肩	2

アッパー軌道の一発が出やすい、パワフルなスイングが魅力の一塁手。一昨年、ルーキー最多の33本塁打を放ったため、昨季は大いに期待された。しかし、豪速球に差し込まれることが多く、22本塁打にとどまった。昨季開幕前に行われた工事で、本拠地球場のレフトフェンスが後ろに後退したことも、本塁打数ダウンの原因になったようだ。ファーストの守備は、まずまず。以前はレフトも守っていたが、ワーストレベルの守備だったため、一昨年後半、一塁に固定された。2013年から交際している、ブライダル・スタイリストのテイラー・スカローラさんと事実婚状態にある。

年度	所属チーム	試合数	打数	得点	安打	二塁打	三塁打	本塁打	打点	四球	三振	盗塁	盗塁死	出塁率	OPS	打率
2022	オリオールズ	145	555	62	139	28	1	22	85	43	154	4	1	.305	.728	.250
通算成績		324	1215	151	317	56	2	60	197	95	345	8	5	.315	.773	.261

球団期待の「2019年ドラフト・トリオ」の1人

83 カイル・ストワーズ Kyle Stowers 外野手 DH

25歳 1998.1.2生 | 190cm | 90kg | 左投左打 対左.500 対右.247 .216 ⑦.300 ⑱.190 ⑤2019②オリオールズ ⑪カリフォルニア州 囲72万ドル（約9360万円）+α

	ミ	2
	パ	4
	走	3
	守	3
	肩	4

昨年メジャーデビューした、パワーヒッターとしての成長が期待されている外野手。ローボールヒッターで、スイングはナチュラルなアッパー軌道を描く。課題は、ハイファストボールへの対応。守備面は、レフトとライトでは、平均レベルの守備を期待できる。肩は強く、送球も正確なほうだ。昨年9月3日のアスレティックス戦では、同じ2019年ドラフトで入団したアドリー・ラッチマン、ガナー・ヘンダーソンとともにスタメン出場。同じ年のドラフトで最初に指名された3人がスタメンに名をつらねたのは、球団史上初めてのことだった。名門スタンフォード大学の出身。

年度	所属チーム	試合数	打数	得点	安打	二塁打	三塁打	本塁打	打点	四球	三振	盗塁	盗塁死	出塁率	OPS	打率
2022	オリオールズ	34	91	11	23	4	1	3	11	5	29	0	0	.306	.724	.253
通算成績		34	91	11	23	4	1	3	11	5	29	0	0	.306	.724	.253

オリオールズ

役回りは「第2捕手兼ラッチマンの助言者」

27 **ジェイムズ・マッキャン** *James McCann*

キャッチャー　移籍

33歳 1990.6.13生｜190cm｜99kg｜右投右打 ◆盗塁阻止率／.235(34-8) 対左.092 対右.257 ホ.198
ア.192 得.216 2011②タイガース カリフォルニア州 1200万ドル(約15億6000万円)

ミ **2**
バ **2**
走 **3**
守 **3**
肩 **4**

　メッツから移籍した、オールスターに出場した経験もある
ベテラン捕手。期待される役回りは、バックアップ捕手とし
て40〜50試合に先発出場することと、若い正捕手ラッチマ
ンの良き助言者になることだ。昨季はメッツの正捕手としてシーズンに入ったが、
極端な打撃不振と故障で出場機会が減り、正捕手の座をニドに明け渡した。ウ
リはリードのうまさと、盗塁阻止力が高いこと。以前苦手だったフレーミングも
平均以上のレベルになったが、ボールブロックはイマイチ。生活態度が真面目
な、敬虔なクリスチャン。「酒は毒」であるとして、アルコール類は一切飲まない。

年度	所属チーム	試合数	打数	得点	安打	二塁打	三塁打	本塁打	打点	四球	三振	盗塁	盗塁死	出塁率	OPS	打率
2022	メッツ	61	174	19	34	6	0	3	18	11	46	3	0	.257	.539	.195
通算成績		783	2621	265	637	105	10	78	316	172	734	11	9	.296	.676	.243

打撃成績の低下に歯止めをかけられるか注目

12 **アダム・フレイジャー** *Adam Frazier*

セカンド　移籍

32歳 1991.12.14生｜178cm｜81kg｜右投左打 対左.210 対右.248 ホ.229 ア.247
得.248 2013⑥パイレーツ ジョージア州 800万ドル(約10億4000万円)

ミ **3**
バ **1**
走 **3**
守 **4**
肩 **4**

　1年800万ドルの契約で入団した、ディフェンダーとして価
値が高いプレーヤー。一昨年パドレスで3割超の打率をマー
クしたため、昨季はマリナーズで開幕からリードオフマンとし
て起用された。しかし、強い打球が出る比率が低下し、打率が低迷。5月末にお
役御免になった。守備面ではサード、ショート、レフト、センター、ライトでも使
えるため、セカンドで100試合前後、ほかのポジションで50試合前後使うことも
可能。もう1つのウリは内野で使っても、外野で使っても平均レベルの守備を期
待できること。スモールボールのスキルが高く、1点が欲しい場面でも役に立つ。

年度	所属チーム	試合数	打数	得点	安打	二塁打	三塁打	本塁打	打点	四球	三振	盗塁	盗塁死	出塁率	OPS	打率
2022	マリナーズ	156	541	61	129	22	4	3	42	46	73	11	6	.301	.612	.238
通算成績		821	2751	374	751	149	25	43	257	228	388	41	28	.336	.728	.273

— **ジョーダン・ウエストバーグ** *Jordan Westburg*

ショート
サード　期待度 **A⁻**　ルーキー

24歳 1999.2.18生｜190cm｜92kg｜右投右打 ◆昨季は2A、3Aでプレー 2020①オリオールズ テキサス州

　パワーとバットスピードの速さがウリの遊撃手兼三塁手。昨シーズン
はマイナーの2Aと3Aで138試合に出場し、二塁打39、本塁打27、打点
106という目を見張る数字を出した。今季は開幕時か、早い時期の昇格が予想される。
ポジションはショートよりサード向き。守備範囲の広さは並のレベルだが、肩は強い。

— **コルトン・カウザー** *Colton Cowser*

センター　期待度 **B⁺**　ルーキー

23歳 2000.3.20生｜190cm｜88kg｜右投右打 ◆昨季は1A+、2A、3Aでプレー 2021①オリオールズ テキサス州

　パワーと選球眼を併せ持つ、トップバッター向きの外野手。打席では早打ちせ
ずじっくり見ていくため、出塁率が際立って高い。昨季はマイナーで計138試合
(1A+、2A、3A)に出場。二塁打36、本塁打19を記録しているが、注目された
のは得点114のほうだ。優秀なチャンスメーカーであることを示す数字だからだ。

対左=対左投手打率　対右=対右投手打率　ホ=ホーム打率　ア=アウェー打率　得=得点圏打率
ド=ドラフトデータ　出=出身地　年=年俸

ボストン・レッドソックス

◆創　立：1901年
◆本拠地：マサチューセッツ州ボストン市
◆ワールドシリーズ制覇：9回／リーグ優勝：14回
◆地区優勝：10回／ワイルドカード獲得：8回

主要オーナー　ジョン・ヘンリー（投資会社J.W.ヘンリー社会長）

過去5年成績	年度	勝	負	勝率	ゲーム差	地区順位	ポストシーズン成績
	2018	108	54	.667	(8.0)	①	ワールドシリーズ制覇
	2019	84	78	.519	19.0	③	—
	2020	24	36	.400	16.0	⑤	—
	2021	92	70	.568	8.0	②(同率)	リーグ優勝決定シリーズ敗退
	2022	**78**	**84**	**.481**	**21.0**	**⑤**	**—**

監督　21 アレックス・コーラ *Alex Cora*

◆年　齢……………48歳(プエルトリコ出身)
◆現役時代の経歴…14シーズン　ドジャース(1998〜2004)、
（ショート、セカンド）　インディアンズ(2005)、レッドソックス(2005〜08)、
　　　　　　　　　　　メッツ(2009〜10)、レンジャーズ(2010)、
　　　　　　　　　　　ナショナルズ(2011)
◆現役通算成績……1273試合　.243　35本　286打点
◆監督経歴…………4シーズン　レッドソックス(2018〜19、21〜)
◆通算成績…………362勝286敗(勝率.559)

　選手、監督の両方で、ワールドシリーズ制覇経験がある、プエルトリコ出身の監督。その采配手腕は高く評価されているが、昨シーズンはフロントの補強がうまくいかなかったこともあり、チームは最下位に沈んだ。2019年オフ、アストロズのコーチ時代に、不正なサイン盗みに関与していたことが発覚。それにより、レッドソックスの監督を解任され、MLB機構からも職務の停止処分を受けた。処分が解けた21年シーズンより、レッドソックスの監督に復帰している。

注目コーチ　54 ルイス・オーティズ *Luis Ortiz*

　打撃コーチ補佐。53歳。2019〜21年はレンジャーズの打撃コーチ。現役時代は三塁手で、ヤクルトでのプレー経験もある。ドミニカ出身者初の大卒のメジャーリーガー。

編成責任者　ハイム・ブルーム *Chaim Bloom*

　40歳。本格的な野球経験はないが、イェール大学在学時に、野球のデータ分析にのめり込んだ。アナリスト活動後、レイズの組織で活躍し、レッドソックスが引き抜く。

スタジアム　フェンウェイ・パーク *Fenway Park*

◆開 場 年…………1912年
◆仕　　様…………天然芝
◆収容能力…………37,755人
◆フェンスの高さ…0.9〜11.3m
◆特　　徴…………歴史的な建造物として国も指定する、メジャー最古の球場。名物は、高さ11.3メートルの巨大フェンス「グリーンモンスター」。ホームからの距離も短いため、浅めのフライがこのフェンスに当たり、長打になるケースも多い。

ヒッターズパーク

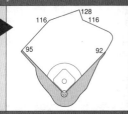

Best Order [ベストオーダー]

① 吉田正尚……レフト
② エンリケ・ヘルナンデス……ショート
③ ラファエル・デヴァース……サード
④ ジャスティン・ターナー……DH
⑤ アレックス・ヴァードゥーゴ……ライト
⑥ トリスタン・カサス……ファースト
⑦ アダム・デュヴォール……センター
⑧ クリスチャン・アローヨ……セカンド
⑨ リース・マグワイア……キャッチャー

Depth Chart [ポジション別選手層・メンバーリスト]

※2023年2月13日時点の候補選手。
数字は背番号（開幕前に変更する
場合もあり）、右・左等は投・打の順。

センター
18 アダム・デュヴォール [右・右]
16 ジャレン・デュラン [右・左]
5 エンリケ・ヘルナンデス [右・右]
30 ロブ・レフスナイダー [右・右]

レフト
7 吉田正尚 [右・左]
99 アレックス・ヴァードゥーゴ [左・左]
30 ロブ・レフスナイダー [右・右]

ライト
99 アレックス・ヴァードゥーゴ [左・左]
39 クリスチャン・アローヨ [右・右]
18 アダム・デュヴォール [右・右]

ショート
5 エンリケ・ヘルナンデス [右・右]
10 トレバー・ストーリー [右・右]
39 クリスチャン・アローヨ [右・右]
27 アダルベルト・モンデシー [右・両]

セカンド
39 クリスチャン・アローヨ [右・右]
10 トレバー・ストーリー [右・右]
5 エンリケ・ヘルナンデス [右・右]
27 アダルベルト・モンデシー [右・両]

ローテーション
41 クリス・セイル [左・左]
28 コーリー・クルーバー [右・右]
37 ニック・ピヴェタ [右・右]
22 ギャレット・ウィトロック [右・右]
66 ブライアン・ベーロ [右・右]
50 カッター・クロフォード [右・右]
65 ジェイムズ・パクストン [左・左]

サード
11 ラファエル・デヴァース [右・左]
2 ジャスティン・ターナー [右・右]
39 クリスチャン・アローヨ [右・右]
36 トリスタン・カサス [右・左]
27 アダルベルト・モンデシー [右・両]

ファースト
36 トリスタン・カサス [右・左]
2 ジャスティン・ターナー [右・右]
29 ボビー・ドルベック [右・右]
28 ニコ・グッドラム [右・両]

キャッチャー
3 リース・マグワイア [右・左]
12 コナー・ウォン [右・右]

DH
2 ジャスティン・ターナー [右・右]

ブルペン
74 ケンリー・ジャンセン [右・両] CL
55 クリス・マーティン [右・右]
46 ジョン・シュライバー [右・右]
89 タナー・ハウク [右・右]
35 リチャード・ブライアー [左・左]
57 ジョエリー・ロドリゲス [左・左]
50 カッター・クロフォード [右・右]
70 ライアン・ブレイジャー [右・右]
－ ワイアット・ミルズ [右・右]
76 ザック・ケリー [右・右]
79 ブライアン・マータ [右・右]

※CL＝クローザー

レッドソックス試合日程……＊はアウェーでの開催

3月30・4月1・2 オリオールズ	5月1・2・3・4 ブルージェイズ	2・3・4 レイズ
3・4・5 パイレーツ	5・6・7 フィリーズ＊	6・7・8 ガーディアンズ＊
6・8・9 タイガース	9・10 ブレーブス＊	9・10・11 ヤンキース＊
10・11・12・13 レイズ＊	12・13・14 カーディナルス	12・13・14 ロッキーズ
14・15・16・17 エンジェルス	15・16・17 マリナーズ	16・17・18 ヤンキース
18・19・20 ツインズ	19・20・21 パドレス＊	19・20・21・22 ツインズ＊
21・22・23 ブリュワーズ＊	22・23・24 エンジェルス＊	23・24・25 ホワイトソックス
24・25・26 オリオールズ＊	26・27・28 ダイヤモンドバックス＊	27・28・29 マーリンズ
28・29・30 ガーディアンズ	30・31・6月1 レッズ	30・7月1・2 ブルージェイズ

球団メモ 背番号「34」が永久欠番になっているデイヴィッド・オーティズが、昨年1月、米国野球殿堂入りを果たした。現役通算2472安打、541本塁打、1768打点。

■**投手力**➡️…★★☆★★ 【昨年度チーム防御率4.53、リーグ14位】

ローテーションから防御率3.32のワカと3.87のイオヴォルディが抜け、1番手から4番手までは、①故障リスクがたいへん高いエース（セイル）、②実力平均レベルのイニングイーター（ビヴェタ）、③先発経験がわずか9試合の若手（ウィトロック）、劣化が進むかつてのサイ・ヤング賞投手（クルーバー）という、かなり寒い陣容。昨年崩壊状態になったブルペンは、クローザーにケンリー・ジャンセンを、セットアッパーにクリス・マーティンを獲得し、うまく機能しそうな顔ぶれになっている。

■**攻撃力**↘️…★★★★★ 【昨年度チーム得点735、リーグ4位】

昨季はチーム得点が前年比94点も減少。その原因がトップバッターの出塁率の低さにあると見たブルームGMは、出塁率が驚異的に高い吉田正尚を獲得してリードオフマンに据えるという奇策に出る。これは、はまれば中程度のプラス。逆に、ボーガーツとJ.D.マルティネスが抜けたことは、大きなマイナス。

■**守備力**➡️…★★☆★★ 【昨年度チーム失策数85、リーグ9位】

昨年ゴールドグラブ賞候補になったボーガーツが、チームを去った。守備力の高いストーリーが、右ヒジの故障で6月まで使えなくなったこともマイナス要素だ。昨年8月から正捕手を務めるマグワイアも守備力はイマイチで、レッドソックスはセンターラインが脆弱になってしまった。

■**機動力**➡️…★☆★★★ 【昨年度チーム盗塁数52、リーグ13位】

バットで勝つ野球なので、足と小技を活用することには不熱心。

総合評価 ➡️ ★★★★★	監督は優秀で、打線の得点力も高い。最下位に沈んだのは、投手陣に故障者が続出したためだ。今季の勝ち星が90以上になるか75以下になるかは、投手陣の主力に長期欠場者が何人出るかで決まる。1人で済めば、ポストシーズンの可能性が高まる。

IN 主な入団選手	**OUT** 主な退団選手
投手	投手
ケンリー・ジャンセン←ブレーブス	ネイサン・イオヴォルディ→レンジャーズ
コーリー・クルーバー←レイズ	マシュー・ストローム→フィリーズ
クリス・マーティン←ドジャース	リッチ・ヒル→パイレーツ
野手	野手
吉田正尚←オリックス	ザンダー・ボーガーツ→パドレス
ジャスティン・ターナー←ドジャース	J.D.マルティネス→ドジャース
アダム・デュヴォール←ブレーブス	エリック・ホズマー→カブス

4・5・6	レンジャーズ	4・5・6	ブルージェイズ	4・5・6	レイズ*
7・8・9	アスレティックス	7・8・9・10	ロイヤルズ	8・9・10	オリオールズ
11	オールスターゲーム	11・12・13	タイガース	11・12・13・14	ヤンキース
14・15・16	カブス*	15・16・17	ナショナルズ*	15・16・17	ブルージェイズ*
17・18・19	アスレティックス*	18・19・20	ヤンキース*	18・19・20	レンジャーズ*
21・22・23	メッツ	21・22・23・24	アストロズ*	22・23・24	ホワイトソックス*
25・26	ブレーブス	25・26・27	ドジャース	26・27	レイズ
28・29・30	ジャイアンツ*	28・29・30	アストロズ	28・29・30・**10**月1	オリオールズ*
31・**8**月1・2	マリナーズ*	**9**月1・2・3	ロイヤルズ*		

投手

トレードしたくてもできないガラスのエース　先発

41 クリス・セイル
Chris Sale

34歳 1989.3.30生｜198cm｜82kg｜左投左打

◆速球のスピード／150キロ台前半（フォーシーム、シンカー）
◆決め球と持ち球／◎スライダー、◎フォーシーム、
　○チェンジアップ、○シンカー
◆対左打者被打率／.000　◆対右打者被打率／.294
◆ホーム防御率／──　◆アウェー防御率／3.18
◆ドラフトデータ／2010①ホワイトソックス
◆出身地／フロリダ州　◆年俸／2750万ドル（約35億7500万円）
◆最多奪三振2回（15、17年）

球威	5
制球	4
緩急	4
守備・制球	4
度胸	4

　2020年3月にトミー・ジョン手術を受けたため、昨季（22年）は本格的なカムバックイヤーとなるはずだった。しかし2月に打撃投手を務めた際、肋骨を疲労骨折。これによって4カ月間投げられない状態が続き、メジャー復帰がかなったのは7月12日だった。復帰戦では5回を3安打無失点に抑える好投を見せたが、2度目の登板ではピッチャー返しの痛烈なライナーを捕球しようとした際、左小指を骨折。IL（故障者リスト）入りして手術を受ける羽目に。さらにIL入りしていた8月6日には、自転車に乗ったままランチボックスを受け取ろうとして転倒し、右手首を骨折。それによってシーズン中の復帰が不可能になった。

　2019年3月に、レッドソックスと2020年に始まる5年1億4500万ドルの契約を交わしているが、1年目の20年はトミー・ジョン手術で全休。2年目の21年もトミー・ジョン手術のリハビリで、8月中旬まで全休。3年目の昨季は通常ならあり得ないケガが続いて、2試合に投げただけ。これにより、3年目までの稼働率は15％という悲惨な数字になっている。1つだけ健在なのは「キレたときの破壊行為」。ホワイトソックス時代からよく癇癪を起こすことで知られるが、昨年7月7日に3Aで登板し、4回途中で3失点しKOされたときは、自分の不甲斐ないピッチングに立腹して、ベンチ裏の通路に置いてあった用具類やビデオ機材を狂ったように壊しまくった。この様子が別のカメラにとらえられていたため、ファンは「ブチ切れ男健在」を確認できた。34歳になるが、球威は衰えていない。今季はエースの投球が見られるかもしれない。

[カモ] G・トーレス（ヤンキース）.000(15-0)0本　J・ギャロ（ツインズ）.091(11-1)0本
[苦手] D・ラメイヒュー（ヤンキース）.700(10-7)3本　F・リンドーア（メッツ）.419(31-13)1本

年度	所属チーム	勝利	敗戦	防御率	試合数	先発	セーブ	投球イニング	被安打	失点	自責点	被本塁打	与四球	奪三振	WHIP
2010	ホワイトソックス	2	1	1.93	21	0	4	23.1	15	5	5	2	10	32	1.07
2011	ホワイトソックス	2	2	2.79	58	0	8	71.0	52	22	22	6	27	79	1.11
2012	ホワイトソックス	17	8	3.05	30	29	0	192.0	167	66	65	19	51	192	1.14
2013	ホワイトソックス	11	14	3.07	30	30	0	214.1	184	81	73	23	46	226	1.07
2014	ホワイトソックス	12	4	2.17	26	26	0	174.0	129	48	42	13	39	208	0.97
2015	ホワイトソックス	13	11	3.41	31	31	0	208.2	185	88	79	23	42	274	1.09
2016	ホワイトソックス	17	10	3.34	32	32	0	226.2	190	88	84	27	45	233	1.04
2017	レッドソックス	17	8	2.90	32	32	0	214.1	165	73	69	24	43	308	0.97
2018	レッドソックス	12	4	2.11	27	27	0	158.0	102	39	37	11	34	237	0.86
2019	レッドソックス	6	11	4.40	25	25	0	147.1	123	80	72	24	37	218	1.09
2021	レッドソックス	5	1	3.16	9	9	0	42.2	45	19	15	6	12	52	1.34
2022	レッドソックス	0	1	3.18	2	2	0	5.2	5	3	2	1	5	1.06
通算成績		114	75	3.03	323	243	12	1678.0	1362	612	565	178	387	2064	1.04

　[カモ] [苦手] は通算成績

投手

74 ケンリー・ジャンセン Kenley Jansen
通算391セーブは歴代8位の記録　**クローザー**　**移籍**　★WBCオランダ代表

36歳 1987.9.30生｜196cm｜119kg｜右投両打
◆速球のスピード／150キロ前後（カッター主体）
◆決め球と持ち球／☆カッター、◯シンカー、◯スライダー
◆対左.213 ◆対右.175 ◆ホ防3.57 ◆ア防3.14
◆ド2004外ドジャース ◆田オランダ領キュラソー島
◆年1600万ドル（約20億8000万円）◆最多セーブ2回(17,22年)、最優秀救援投手1回(16,17年)

球威5 制球3 緩急3 守備・機動2 度胸4

昨年ブレーブスでリーグ最多の41セーブをマークしたあと、2年3200万ドルの契約でレッドソックスに来たクローザー。プロ入り5年目に捕手からリリーフ投手に転向したことと、カッターを多投することで知られる。ただ最近はシンカーとスライダーを増やし、2018年までは全投球の85〜90％を占めていたカッターの比率が、昨季は65％だった。最大のリスク要因は、心臓病。昨年6月末には不整脈が出たため、15日間IL入りして治療を受けた。

カモ 大谷翔平（エンジェルス）.000(5-0)0本　苦手 A・リゾ（ヤンキース）.455(11-5)2本

年度	所属チーム	勝利	敗戦	防御率	試合数	先発	セーブ	投球イニング	被安打	失点	自責点	被本塁打	与四球	奪三振	WHIP
2010	ドジャース	1	0	0.67	25	0	4	27.0	12	2	2	0	15	41	1.00
2011	ドジャース	2	1	2.85	51	0	5	53.2	30	17	17	3	26	96	1.04
2012	ドジャース	5	3	2.35	65	0	25	65.0	33	18	17	6	22	99	0.85
2013	ドジャース	4	3	1.88	75	0	28	76.2	48	16	16	6	18	111	0.86
2014	ドジャース	2	3	2.76	68	0	44	65.1	55	20	20	5	19	101	1.13
2015	ドジャース	2	1	2.41	54	0	36	52.1	33	14	14	6	8	80	0.78
2016	ドジャース	3	2	1.83	71	0	47	68.2	35	14	14	4	11	104	0.67
2017	ドジャース	5	0	1.32	65	0	41	68.1	44	11	10	5	7	109	0.75
2018	ドジャース	1	5	3.01	69	0	38	71.2	54	28	24	13	17	82	0.99
2019	ドジャース	5	3	3.71	62	0	33	63.0	51	28	26	9	16	80	1.06
2020	ドジャース	3	1	3.33	27	0	11	24.1	19	11	9	2	9	33	1.15
2021	ドジャース	4	4	2.22	69	0	38	69.0	36	21	17	4	36	86	1.04
2022	ブレーブス	5	2	3.38	65	0	41	64.0	45	25	24	8	22	85	1.05
通算成績		42	28	2.46	766	0	391	769.0	495	225	210	71	226	1107	0.94

28 コーリー・クルーバー Corey Kluber
1年1000万ドルの契約で入団　**先発**　**移籍**

37歳 1986.4.10生｜193cm｜97kg｜右投右打
◆速球のスピード／140キロ台前半（シンカー主体）
◆決め球と持ち球／◎カッター、◎カーブ、◎チェンジアップ、◯シンカー、◯フォーシーム
◆対左.279 ◆対右.270 ◆ホ防3.71 ◆ア防5.05
◆ド2007④パドレス ◆田アラバマ州
◆年1000万ドル（約13億円）◆サイ・ヤング賞2回(14,17年)、最優秀防御率1回(17年)、最多勝2回(14,17年)

球威2 制球5 緩急4 守備・機動4 度胸4

「ピンポイントの制球力を持つ男」として知られる、サイ・ヤング賞2回の右腕。レイズで投げた昨季は、コントロールが元のレベルに戻ったため滅多にフォアボールを出さず、与四球率（9イニングあたりの与四球）は1.15。これは規定投球回に達したメジャーの全投手の中で、ベストの数字。その一方で、全盛期の2014年には平均151キロだったシンカーの球速が昨シーズンは143キロまで低下したため、投球が浮く日は連打を浴びて大量失点した。

カモ D・フレッチャー（エンジェルス）.000(8-0)0本　苦手 M・チャップマン（ブルージェイズ）1.000(5-5)2本

年度	所属チーム	勝利	敗戦	防御率	試合数	先発	セーブ	投球イニング	被安打	失点	自責点	被本塁打	与四球	奪三振	WHIP
2011	インディアンズ	0	0	8.31	3	0	0	4.1	6	4	4	0	3	5	2.08
2012	インディアンズ	2	5	5.14	12	12	0	63.0	76	44	36	9	18	54	1.49
2013	インディアンズ	11	5	3.85	26	24	0	147.1	153	67	63	15	33	136	1.26
2014	インディアンズ	18	9	2.44	34	34	0	235.2	207	72	64	14	51	269	1.09
2015	インディアンズ	9	16	3.49	32	32	0	222.0	189	92	86	22	45	245	1.05
2016	インディアンズ	18	9	3.14	32	32	0	215.0	170	82	75	22	57	227	1.06
2017	インディアンズ	18	4	2.25	29	29	0	203.2	141	56	51	21	36	265	0.87
2018	インディアンズ	20	7	2.89	33	33	0	215.0	179	75	69	25	34	222	0.99
2019	インディアンズ	2	3	5.80	7	7	0	35.2	44	26	23	4	15	38	1.65
2020	レンジャーズ	0	0	0.00	1	1	0	1.0	0	0	0	0	1	1	1.00
2021	ヤンキース	5	3	3.83	16	16	0	80.0	74	37	34	8	31	82	1.34
2022	レイズ	10	10	4.34	31	31	0	164.0	178	82	79	20	21	139	1.21
通算成績		113	71	3.31	256	251	0	1586.2	1417	637	584	160	347	1683	1.11

対左=対左打者被打率　対右=対右打者被打率　ホ防=ホーム防御率　ア防=アウェー防御率
ド=ドラフトデータ　田=出身地　年=年俸

レッドソックス

95

初球ストライク率78%はメジャーでベスト

セットアップ **移籍**

55 クリス・マーティン *Chris Martin*

37歳 1986.6.2生｜203cm｜101kg｜右投右打 園150キロ台前半（フォーシーム、ツーシーム）園☆フォーシーム
対左.232 対右.229 D2005㉑ロッキーズ 田テキサス州 囲600万ドル（約7億8000万円）

球 **4**
制 **5**
緩 **3**
守 **4**
度 **4**

　2年1750万ドルの契約で入団した、日本のファンにおなじみのリリーフ右腕。2016年と17年、北海道日本ハムに在籍し、クローザーとして大活躍。18年にメジャーにUターンしたあとは、日本ハム時代に身につけた投球術と制球力で、毎年ハイレベルな活躍を見せている。昨季は開幕からカブスで投げ、度々一発を食ったため、7月30日のドジャースにトレードされた時点の防御率は、平均以下の4.31だった。だが、ドジャース移籍後は制球が見違えるように安定し、24イニングで三振を34個奪う一方で、与四球はわずか1個だった。これが高く評価され、好待遇での入団になった。

年度	所属チーム	勝利	敗戦	防御率	試合数	先発	セーブ	投球イニング	被安打	失点	自責点	被本塁打	与四球	奪三振	WHIP
2022	カブス	1	0	4.31	34	0	0	31.1	38	16	15	5	4	40	1.34
2022	ドジャース	3	1	1.46	26	0	2	24.2	12	4	4	1	1	34	0.53
2022	2チーム計	4	1	3.05	60	0	2	56.0	50	20	19	6	5	74	0.98
通算成績		9	16	3.84	269	0	9	251.0	255	112	107	29	34	261	1.15

迷走するリリーフ陣の救世主に

セットアップ

46 ジョン・シュライバー *John Schreiber*

29歳 1994.3.5生｜188cm｜95kg｜右投右打 園150キロ台前半（フォーシーム、シンカー）園☆スライダー
対左.198 対右.193 D2016⑮タイガース 田ミシガン州 囲72万ドル（約9360万円）＋α

球 **5**
制 **4**
緩 **4**
守 **4**
度 **4**

　昨年5月からメジャーに定着し、セットアッパーおよびクローザーとして大車輪の活躍を見せたリリーフ右腕。球種はサイドハンドから、大きく腕を振って投げ込むスライダー、フォーシーム、シンカー。左打者には時折チェンジアップも交える。昨季はスライダーとフォーシームの平均球速が3キロアップしたことで、空振り率が大幅に向上し、登板するたびに無失点に抑えて注目された。通常より1年遅い大学4年終了後に、契約金6000ドルでタイガースに入団。2019年にメジャーデビューしたが伸び悩み、一昨年2月にウエーバーにかけられた際、レッドソックスが獲得。

年度	所属チーム	勝利	敗戦	防御率	試合数	先発	セーブ	投球イニング	被安打	失点	自責点	被本塁打	与四球	奪三振	WHIP
2022	レッドソックス	4	4	2.22	64	0	8	65.0	45	19	16	3	19	74	0.98
通算成績		6	5	3.44	93	0	8	96.2	84	40	37	8	28	112	1.16

最大のウリはイニングをかせげること

先発

37 ニック・ピヴェタ *Nick Pivetta* ★WBCカナダ代表

30歳 1993.2.14生｜196cm｜96kg｜右投右打 園150キロ前後（フォーシーム主体）園☆スライダー
対左.252 対右.254 D2013④ナショナルズ 田カナダ 囲535万ドル（約6億9550万円）

球 **3**
制 **3**
緩 **3**
守 **3**
度 **3**

　昨季レッドソックスの先発投手で、ただ1人、ローテーション通りに登板した、酷使しても壊れない右腕。ただ、内容はイマイチ。7月以降、深刻な一発病におちいったため、失点がにわかに多くなり、防御率がどんどん悪くなった。球種はフォーシーム5割、カーブ3割、スライダー2割くらいの比率で投げているが、時折サークルチェンジを交えることもある。昨季はカーブの制球が不安定で、3割近い高率で打たれていた。耐久性があり、目を見張る好投は少ないが、早い回に大量失点することも少ないので、先発の4、5番手に置き、イニングイーターとして重宝するタイプ。

年度	所属チーム	勝利	敗戦	防御率	試合数	先発	セーブ	投球イニング	被安打	失点	自責点	被本塁打	与四球	奪三振	WHIP
2022	レッドソックス	10	12	4.56	33	33	0	179.2	175	91	91	27	73	175	1.38
通算成績		40	50	5.02	158	136	2	741.0	740	429	413	124	291	784	1.39

園=速球のスピード 園=決め球 対左=対左打者被打率 対右=対右打者被打率
D=ドラフトデータ 田=出身地 囲=年俸

89 タナー・ハウク *Tanner Houck*

ワクチン未接種でローテーション落ち

ロングリリーフ 先発

27歳 1996.6.29生 | 196cm | 104kg | 右投右打 ⑬150キロ台前半(シンカー、フォーシーム) ⑲○スライダー
匿左.259 匿右.205 ⑫2017①レッドソックス ⑪ミズーリ州 ⑭72万ドル(約9360万円)+α

球 4
制 3
緩 3
守 4
度 3

コロナワクチンに懐疑的な考えを持ち、球団からワクチン接種を受けるように言われても従わない選手の1人。昨季は先発の3番手でシーズンに入り、まずまずのピッチングを見せていた。だが、ワクチン未接種のためカナダに入国できず、予定されていた4月26日のブルージェイズ戦に登板できなかった。それを機に先発を外され、リリーフに回った。6月中旬から半月ほどクローザーで起用されたときは、好投を続けてセーブを6つかせいだ。8月上旬に腰椎を痛めて、IL入り。手術を受け、シーズン中に復帰できなかったが、今季はキャンプから参加できる見込みだ。

年度	所属チーム	勝利	敗戦	防御率	試合数	先発	セーブ	投球イニング	被安打	失点	自責点	被本塁打	与四球	奪三振	WHIP
2022	レッドソックス	5	4	3.15	32	4	8	60.0	49	22	21	3	22	56	1.18
通算成績		9	9	3.02	53	20	9	146.0	112	56	49	8	52	164	1.12

22 ギャレット・ウィトロック *Garrett Whitlock*

リリーバーでは優秀、先発ではまあまあ

スイングマン

27歳 1996.6.11生 | 196cm | 101kg | 右投右打 ⑬150キロ台中頃(シンカー主体) ⑲○チェンジアップ
匿左.192 匿右.244 ⑫2017⑱ヤンキース ⑪ジョージア州 ⑭100万ドル(約1億3000万円)

球 3
制 5
緩 4
守 4
度 3

先発かリリーフか、決める時期が来ている、シンカーを多投する右腕。昨季は開幕からロングリリーフで使われたあと、4月下旬から先発ローテーションに入って9試合に登板。その後、ひと月ほど股関節を痛めてIL入りし、7月15日に復帰後はすべてリリーフで登板。先発で起用された9試合は防御率4.15、WHIP1.256であるのに対し、リリーフで登板した22試合は、防御率2.75、WHIP0.788で、数字上はリリーフ向きに見える。ウリは与四球が少ないことと、球持ちが良く、リリースポイントが前にあること。また、ハイレベルなチェンジアップがあることも、長所の1つだ。

年度	所属チーム	勝利	敗戦	防御率	試合数	先発	セーブ	投球イニング	被安打	失点	自責点	被本塁打	与四球	奪三振	WHIP
2022	レッドソックス	4	2	3.45	31	9	6	78.1	65	32	30	10	15	82	1.02
通算成績		12	6	2.73	77	9	8	151.2	129	54	46	16	32	163	1.06

66 ブライアン・ベーロ *Brayan Bello*

ペドロ・マルティネスが絶賛する若手

先発

24歳 1999.5.17生 | 185cm | 77kg | 右投右打 ⑬150キロ台中頃(シンカー、フォーシーム) ⑲○チェンジアップ
匿左.295 匿右.329 ⑫2017外レッドソックス ⑪ドミニカ ⑭72万ドル(約9360万円)+α

球 3
制 2
緩 4
守 2
度 3

昨年7月にメジャーデビューしたドミニカ出身の右腕。レッドソックスのOBで、同国出身の大投手ペドロ・マルティネスが、「並の新人ではない」と絶賛する才能の持ち主。最大の武器はチェンジアップ。これは、チェンジアップの魔術師だった、同国出身の大リリーバー、フェルナンド・ロドニー直伝のボール。ピッチングは、速球とチェンジアップを高低に投げ分け、打者の目線を狂わすことに長けている。ただ、速球は球速こそあるものの、スピン量が少ないため、昨季はよく打たれていた。プロ入り時は有望株と見なされておらず、契約金は2万8000ドルだった。

年度	所属チーム	勝利	敗戦	防御率	試合数	先発	セーブ	投球イニング	被安打	失点	自責点	被本塁打	与四球	奪三振	WHIP
2022	レッドソックス	2	8	4.71	13	11	0	57.1	75	34	30	1	27	55	1.78
通算成績		2	8	4.71	13	11	0	57.1	75	34	30	1	27	55	1.78

レッドソックス

ミドルリリーフ / 移籍

57 中日ドラゴンズでレベルアップ
ジョエリー・ロドリゲス *Joely Rodriguez*

32歳 1991.11.14生｜185cm｜90kg｜左投左打 🔵150キロ前後（シンカー、フォーシーム）🔴○シンカー
対左.233 対右.220 📋2009外パイレーツ 🏠ドミニカ 💰150万ドル（約1億9500万円）

球速 3／制球 2／緩急 4／守備 3／度胸 4

　メッツを出てFAになり、レッドソックスに入団したリリーフ左腕。契約は出来高部分が厚くなっており、保証年俸は150万ドルだが、26人の出場登録枠に120日間入っていれば200万ドル、50試合に登板すれば15万ドルのボーナスが出るので、悪くない契約だ。2017年7月に来日して、1シーズン半、中日ドラゴンズでセットアッパーとして投げているうちに制球力が向上。アメリカにUターンしたあと、メジャーに定着できるようになった。昨季はピンチの火消し役として登板したときは、引き継いだ走者17人のうち14人を生還させず、82%という高い生還阻止率をマーク。

年度	所属チーム	勝利	敗戦	防御率	試合数	先発	セーブ	投球イニング	被安打	失点	自責点	被本塁打	与四球	奪三振	WHIP
2022	メッツ	2	4	4.47	55	0	0	50.1	42	28	25	3	26	57	1.35
通算成績		5	9	4.56	157	0	1	146.0	148	87	74	11	68	146	1.48

ロングリリーフ / 先発

50 タイミングが取りにくい投球モーション
カッター・クロフォード *Kutter Crawford*

27歳 1996.4.1生｜185cm｜94kg｜右投右打 🔵150キロ前後（フォーシーム）🔴○カッター
対左.275 対右.265 📋2017⑯レッドソックス 🏠フロリダ州 💰72万ドル（約9360万円）+α

球速 3／制球 2／緩急 2／守備 2／度胸 2

　先発ローテーション入りを狙う、独特のフォームで投げる右腕。昨季はマイナー降格とメジャー昇格を繰り返しながら、先発で12試合、リリーフで9試合に登板。どちらで投げたときも防御率は5点台半ばで、結果を残せなかった。球種はフォーシーム、カッター、カーブ、チェンジアップ、スライダー。テイクバックのとき、腕を上げずに畳んだまま腕を振り出すので、打者はタイミングを取りにくい。5歳上の兄ジョナサンは、2013年ドラフトで、タイガースから1巡目（全体20位）に指名された投手だが、メジャーには昇格できず、2020年からは独立リーグで投げている。

年度	所属チーム	勝利	敗戦	防御率	試合数	先発	セーブ	投球イニング	被安打	失点	自責点	被本塁打	与四球	奪三振	WHIP
2022	レッドソックス	3	6	5.47	21	12	0	77.1	81	49	47	12	29	77	1.42
通算成績		3	7	5.90	22	13	0	79.1	86	54	52	13	31	79	1.47

先発 / 期待度 B+ / ルーキー

79 ブライアン・マータ *Bryan Mata*

24歳 1999.5.3生｜190cm｜107kg｜右投右打 ◆昨季は1A、1A+、2A、3Aでプレー 📋2016⑯レッドソックス 🏠ベネズエラ

　2021年4月にトミー・ジョン手術を受けたため、昨季は6月からマイナーの1A級で投げ始め、1A+級、2A級で好成績をあげてシーズン終盤に3A級に到達。シンカー、スライダー、チェンジアップは、どれも平均以上のレベルだ。制球に難があるため、メジャーではリリーフで使われる可能性が高い。

先発リリーフ / 期待度 B / ルーキー

— ブランドン・ウォルター *Brandon Walter*

27歳 1996.9.8生｜188cm｜90kg｜左投左打 ◆昨季は2A、3Aでプレー 📋2019㉖レッドソックス 🏠デラウェア州

　大学時代にトミー・ジョン手術を受けたため、プロ入りが1年遅れたサウスポー。ウリは奪三振率とゴロ比率が際立って高いこと。球種はロー・スリークォーターから投げ込むシンカー、スライダー、チェンジアップ。シンカーは打者の手元でよく沈む一級品。スライダーはヨコに大きく曲がるタイプ。

🔵=速球のスピード 🔴=決め球 対左=対左打者被打率 対右=対右打者被打率
📋=ドラフトデータ 🏠=出身地 💰=年俸

※メジャー経験がない投手の「先発」「リリーフ」はマイナーでの役割

世界一出塁率の高い男と評価され、入団 | レフト

ルーキー

7 吉田正尚
Masataka Yoshida ★WBC日本代表

30歳 1993.7.15生 | 173cm | 79kg | 右投左打

◆メジャーでのプレー経験なし
◆ドラフトデータ／2015①オリックス、2022㉑レッドソックス
◆出身地／福井県
◆年俸／1500万ドル（約19億5000万円）

ミート **5**
パワー **4**
走塁 **3**
守備 **3**
肩 **2**

レッドソックス

　5年9000万（約117億円）ドルという破格の待遇で入団したオリックスの元主砲。レッドソックスはオリックスに別途、譲渡金を1537万ドル（約20億円）支払うので、総投資額は1億537万ドルになる。レッドソックスが、これだけの資金を注ぎ込んで吉田を獲得したのは、4割超の出塁率を出せる1番打者の獲得が、チームの最優先課題だったからだ。

　レッドソックスは攻撃野球のチームで、1番の打順に出塁率の高い打者を据え、2～5番に長打力のある打者を据えて大量得点を狙う。出塁率の高いムッキー・ベッツ（現ドジャース）をトップバッターに据えていた2018年は、トップバッターの出塁率が4割1分8厘だったため、チーム得点がメジャー30球団で一番高かった。しかし、ベッツが2019年限りでチームを去ったあと、トップバッター向きの出塁率の高い打者がいなくなり、昨年はファムが45試合、ヘルナンデスが43試合、デュランが39試合、トップバッターで起用された。しかし皆、ヒットも四球もかせげないため、レッドソックスの1番打者の出塁率は2割9分5厘だった。これは30球団中27番目の、どん尻に近い数字である。そのため、「出塁率4割を出せる」トップバッターの獲得が急務になったのだ。

　問題なのは、メジャーリーグに高い出塁率を出せる打者が少なくなっていることだ。昨季、規定打席に到達した打者で、出塁率4割以上は6人しかいない。そのうちの5人はジャッジ、フリーマンといった長距離砲で、トップバッター向きの打者は1人もいない。そこで昨年、オリックスで出塁率4割4分7厘をマークし、この3年間の出塁率も4割4分3厘である「世界一出塁率の高い男＝吉田正尚」に目を付けたのだ。

　ポジションは、レフトを守ることになるだろう。吉田の短所は、守備範囲の広さと肩の強さが並のレベルであることだが、レッドソックスの本拠地フェンウェイ・パークでは、それがあまり不利にならない。この球場は、レフトが極端に浅く、左中間のふくらみもない。そのため、レフトは守備範囲が広くなくても十分務まるのだ。

年度	所属チーム	試合数	打数	得点	安打	二塁打	三塁打	本塁打	打点	四球	三振	盗塁	盗塁死	出塁率	OPS	打率
2022	オリックス	119	412	56	138	28	1	21	88	80	41	4	0	.447	1.008	.335
通算成績		762	2703	418	884	161	7	133	467	421	300	21	10	.421	.960	.327

看板選手に成長した童顔の主砲

11 ラファエル・デヴァーズ
Rafael Devers ★WBCドミニカ代表

27歳 1996.10.24生｜183cm｜108kg｜右投左打

- ◆対左投手打率／.272(151-41)　◆対右投手打率／.304(404-123)
- ◆ホーム打率／.323(254-82)　◆アウェー打率／.272(301-82)
- ◆得点圏打率／.256(125-32)
- ◆22年のポジション別出場数／サード=138、DH=3
- ◆ドラフトデータ／2013外 レッドソックス
- ◆出身地／ドミニカ
- ◆年俸／1750万ドル(約22億7500万円)
- ◆シルバースラッガー賞1回(21年)

ミート	5
パワー	5
走塁	2
守備	3
肩	4

　天性の打撃センスを備えた三塁手。今年1月11日、レッドソックスと2024年に始まる10年3億1350万ドル(約408億円)の契約を交わし、来季以降もボストンでプレーすることが決まった。打撃面の一番のウリは、タイミングを取ることに長けているため、どんな球種でも強く叩いて、速い打球を打ち返せることだ。コースなりに広角に弾き返すことができるのも、長所の1つだ。チャンスにめっぽう強いクラッチヒッターだが、昨季は88打点にとどまった。これは前を打つ1番打者の出塁率が低いため、走者がいる場面で打席に立つケースが大幅に減ったことが響いた。

　サードの守備は、ワーストレベルから「中の下」レベルに改善された。依然、悪送球が多いものの、捕球ミスは大幅に減少。三塁線に来た痛烈な打球に強く、昨季は抜ければ二塁打になる当たりを度々横っ飛びでグラブに収め、素早いリリースでアウトにするシーンが見られた。

　20歳でメジャーのレギュラーになった天才打者。打撃の基本を叩き込んでくれたのは、ドミニカのアマチュアリーグでプレーした経験がある父ラファエル・シニア。14歳の頃から、メジャー球団の現地スカウトたちから注目されるようになり、16歳になったとき、150万ドルという高額契約金でレッドソックスに入団した。レティシアさんというドミニカ人女性と事実婚状態で、18年に誕生したレイチェルちゃんと、20年に誕生したレイチェリンちゃんというかわいらしい顔をした2人の娘がいる。レティシアさんと娘たちは、シーズン中はドミニカの家で暮らしているため、試合前に必ず家に電話を入れて、娘の声を聞くことが至福の時間になっている。母親思いで、ドミニカにいる母ルクレシアさんにも、電話を欠かさない。以前は1日2回かけていたが、最近は少し減ったようだ。

カモ	T・ソーントン(ブルージェイズ).600(10-6)1本　Z・エフリン(レイズ).800(5-4)2本
苦手	菊池雄星(ブルージェイズ).000(7-0)0本　W・ペラルタ(ヤンキース).000(9-0)0本

年度	所属チーム	試合数	打数	得点	安打	二塁打	三塁打	本塁打	打点	四球	三振	盗塁	盗塁死	出塁率	OPS	打率
2017	レッドソックス	58	222	34	63	14	0	10	30	18	57	3	1	.338	.820	.284
2018	レッドソックス	121	450	59	108	24	0	21	66	38	121	5	2	.298	.731	.240
2019	レッドソックス	156	647	129	201	54	4	32	115	48	119	8	8	.361	.916	.311
2020	レッドソックス	57	232	32	61	16	1	11	43	13	67	0	0	.310	.793	.263
2021	レッドソックス	156	591	101	165	37	1	38	113	62	143	5	3	.352	.890	.279
2022	レッドソックス	141	555	84	164	42	1	27	88	50	114	3	3	.358	.879	.295
通算成績		689	2697	439	762	187	7	139	455	229	621	24	17	.342	.854	.283

期待されるのはグリーンモンスター越えの一発

2 ジャスティン・ターナー Justin Turner

移籍

39歳 1984.11.23生 | 180cm | 91kg | 右投右打

◆対左投手打率／.275　◆対右投手打率／.279
◆ホーム打率／.296　◆アウェー打率／.260　◆得点圏打率／.339
◆22年のポジション別出場数／サード=66、DH=62
◆Ⓓ2006⑦レッズ　◆田カリフォルニア州
◆囲830万ドル（約10億7900万円）　◆ロベルト・クレメンテ賞1回（22年）

ミート 4　パワー 4　走塁 2　守備 2　肩 2

赤ヒゲがトレードマークのスラッガー。レッドソックスが38歳のターナーを獲得したのは、今季、指名打者のレギュラーで使うのが目的。クラッチヒッターの代名詞的存在で、しかもフェンウェイ・パークで最も有利な右のフライボールヒッターであるため、球団首脳は打点マシンになってくれることを期待している。数字に表れない貢献が大きいベテラン。人柄が良く、話し好きで後輩の面倒見もいいため、ドジャースではたいへん人望があった。

カモ T・アンダーソン（エンジェルス）.500(34-17)3本　苦手 ダルビッシュ有（パドレス）.182(22-4)1本

年度	所属チーム	試合数	打数	得点	安打	二塁打	三塁打	本塁打	打点	四球	三振	盗塁	盗塁死	出塁率	OPS	打率
2009	オリオールズ	12	18	2	3	0	0	0	3	4	3	0	0	.318	.485	.167
2010	オリオールズ	5	9	0	0	0	0	0	0	0	3	0	0	.000	.000	.000
2010	メッツ	4	8	1	1	1	0	0	0	0	0	0	0	.222	.472	.125
2010	2チーム計	9	17	1	1	1	0	0	0	0	3	0	0	.111	.229	.059
2011	メッツ	117	435	49	113	30	0	4	51	39	59	7	2	.334	.690	.260
2012	メッツ	94	171	20	46	13	1	2	19	19	24	1	1	.319	.711	.269
2013	メッツ	86	200	12	56	13	1	2	16	11	34	0	1	.319	.704	.280
2014	ドジャース	109	288	46	98	21	1	7	43	28	58	6	1	.404	.897	.340
2015	ドジャース	126	385	55	113	26	1	16	60	36	71	5	2	.370	.861	.294
2016	ドジャース	151	556	79	153	34	3	27	90	48	107	4	1	.339	.832	.275
2017	ドジャース	130	457	72	147	32	0	21	71	59	56	7	1	.415	.945	.322
2018	ドジャース	103	365	62	114	31	1	14	52	47	54	2	1	.406	.924	.312
2019	ドジャース	135	479	80	139	24	0	27	67	51	88	2	0	.372	.881	.290
2020	ドジャース	42	150	26	46	9	1	4	23	18	26	1	0	.400	.860	.307
2021	ドジャース	151	533	87	148	22	0	27	87	61	98	3	0	.361	.832	.278
2022	ドジャース	128	468	61	130	36	1	13	81	50	89	3	0	.350	.788	.278
通算成績		1393	4522	652	1307	292	9	164	663	462	770	41	10	.366	.832	.289

バットでも貢献できる捕手に成長

3 リース・マグワイア Reese McGuire

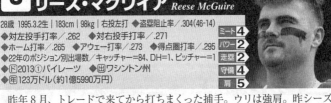

28歳 1995.3.2生 | 183cm | 98kg | 右投左打　◆盗塁阻止率／.304(46-14)

◆対左投手打率／.262　◆対右投手打率／.271
◆ホーム打率／.265　◆アウェー打率／.273　◆得点圏打率／.295
◆22年のポジション別出場数／キャッチャー=84、DH=1、ピッチャー=1
◆Ⓓ2013①パイレーツ　◆田ワシントン州
◆囲123万ドル（約1億5990万円）

ミート 4　パワー 2　走塁 2　守備 4　肩 5

昨年8月、トレードで来てから打ちまくった捕手。ウリは強肩。昨シーズンも移籍後は41.6%（12-5）の高率で盗塁を阻止。フレーミングの技術も高い。ただし、球団がマイナーから投手の有望株を次々に引き上げ、先発で使うようになった時期に来たため、捕手防御率はワーストレベルの6.33だった。ドジなところがあり、2020年2月、駐車場に車を停め、同乗の女性にひわいな行為を見せていたところ、警察官に見つかってしまい、罰金500ドルを科された。

カモ P・フェアバンクス（レイズ）.600(5-3)1本　苦手 G・コール（ヤンキース）.077(13-1)1本

年度	所属チーム	試合数	打数	得点	安打	二塁打	三塁打	本塁打	打点	四球	三振	盗塁	盗塁死	出塁率	OPS	打率
2018	ブルージェイズ	14	31	5	9	3	0	2	4	2	9	1	0	.333	.914	.290
2019	ブルージェイズ	30	97	14	29	7	0	5	11	7	18	0	0	.345	.872	.299
2020	ブルージェイズ	19	41	2	3	0	0	0	1	0	11	0	0	.073	.219	.073
2021	ブルージェイズ	78	198	22	50	15	0	1	10	15	44	0	0	.310	.653	.253
2022	ホワイトソックス	53	151	12	34	9	0	0	10	6	33	0	0	.261	.546	.225
2022	ブルージェイズ	36	98	13	33	5	1	3	12	6	23	1	0	.377	.877	.337
2022	2チーム計	89	249	25	67	14	1	3	22	12	56	1	0	.307	.676	.269
通算成績		230	616	68	158	39	1	12	48	36	138	2	0	.301	.682	.256

レッドソックス

野手

5 奥さんのマリアンナは名のある女優
エンリケ・ヘルナンデス *Enrique Hernandez*
★WBC プエルトリコ代表

ショート
センター
セカンド

32歳 1991.8.24生 | 180cm | 86kg | 右投右打 対左.224 対右.221 ホ.229 ア.215
得.316 ド2009⑥アストロズ 田プエルトリコ 年1000万ドル（約13億円）

ミ3
バ4
走3
守4
肩4

　1年1000万ドルの契約で残留したハッスルプレーヤー。昨季は股関節の屈筋を痛めて約2カ月間IL入りしたため、93試合の出場にとどまり、働きもイマイチだった。とくに1番打者で起用されたときは低出塁率にあえぎ、チャンスメーカーとして機能しなかった。2018年に結婚した妻マリアーナ・ビセンテは絶世の美女。09年にミスユニバースのプエルトリコ代表になったあと、女優兼モデルに転じ、様々な映画やテレビシリーズ、ビデオクリップなどに出演し、現在も多忙な身だ。くわしいことをお知りになりたい方は、「Mariana Vicente」で検索すると良い。

年度	所属チーム	試合数	打数	得点	安打	二塁打	三塁打	本塁打	打点	四球	三振	盗塁	盗塁死	出塁率	OPS	打率
2022	レッドソックス	93	361	48	80	24	0	6	45	34	71	0	2	.291	.629	.222
通算成績		917	2660	384	637	153	15	97	332	279	598	13	5	.314	.732	.239

99 今季結果を出せなければ、トレードの可能性も
アレックス・ヴァードゥーゴ *Alex Verdugo*
★WBC メキシコ代表

ライト
レフト

27歳 1996.5.15生 | 183cm | 86kg | 左投左打 対左.266 対右.285 ホ.262 ア.297
得.253 ド2014②ドジャース 田アリゾナ州 年630万ドル（約8億1900万円）

ミ4
バ4
走2
守2
肩4

　ドジャースからレッドソックスに来て3年たつが、成長が止まってしまった印象を受ける、岐路に立つ外野手。昨季終了時の記者会見でコーラ監督は、ヴァードゥーゴについて「彼はもっとたくさん一発を打つ打者になれるし、ヒットを量産する潜在力もある」と語っており、今季は何が何でも一発を20本前後打って、脱皮したことをアピールする必要がある。それができれば、FA権の取得時期が近づいているので、球団から4年契約くらいのオファーが来るかもしれない。ジャミーユ・アルカラさんという女性と事実婚状態で、2020年にはAJ君という名の男の子が誕生。

年度	所属チーム	試合数	打数	得点	安打	二塁打	三塁打	本塁打	打点	四球	三振	盗塁	盗塁死	出塁率	OPS	打率
2022	レッドソックス	152	593	75	166	39	1	11	74	42	86	1	3	.328	.733	.280
通算成績		509	1781	254	510	115	5	44	201	146	294	15	7	.341	.772	.286

36 トップレベルのパワーがある期待の星
トリスタン・カサス *Triston Casas*

ファースト

ルーキー

23歳 2000.1.15生 | 193cm | 113kg | 右投左打 対左.211 対右.193 ホ.257 ア.146
得.333 ド2018①レッドソックス 田フロリダ州 年72万ドル（約9360万円）+α

ミ2
バ5
走2
守4
肩5

　今季ファーストのレギュラーに抜擢される、本塁打20と二塁打35を期待できる逸材。打席では早打ちをせず、失投をじっくり待つタイプ。そのため長打が多く、出塁率が高い半面、打率が低く、三振が多い。ウリはライト方向だけでなく、レフト方向にも飛距離が出ること。昨季メジャーで打った5本のうち2本は逆方向への一発だった。2A在籍時の2021年夏に、アメリカ代表チームの主砲として東京オリンピックに参加。阪神の青柳からスリーランを放つなど3本塁打、8打点を叩き出す活躍で評価が急上昇した。一塁の守備はグラブさばきがうまく、かなりの強肩。

年度	所属チーム	試合数	打数	得点	安打	二塁打	三塁打	本塁打	打点	四球	三振	盗塁	盗塁死	出塁率	OPS	打率
2022	レッドソックス	27	76	11	15	1	0	5	12	19	23	1	0	.358	.766	.197
通算成績		27	76	11	15	1	0	5	12	19	23	1	0	.358	.766	.197

102　対左=対左投手打率　対右=対右投手打率　ホ=ホーム打率　ア=アウェー打率　得=得点圏打率
ド=ドラフトデータ　田=出身地　年=年俸

30 31歳でミニブレイクした苦労人 外野手
ロブ・レフスナイダー Rob Refsnyder

32歳 1991.3.26生｜183cm｜92kg｜右投右打 対左.359 対右.270 困.370 ⑦.236 圏.212 ⑥2012⑤ヤンキース 囲韓国 囲120万ドル（約1億5600万円）

ミ	5
バ	4
走	3
守	3
肩	4

　打撃不振のため、マイナー契約でチームを渡り歩く状態が続いていた外野手。しかし昨季、レッドソックスで打撃に開眼。変化球への対応力が格段に増し、シーズンを通して3割超の打率をキープ。それによりオフに、1年120万ドルのメジャー契約をゲットした。韓国で生まれて、生後間もない時期に米国人の養子になった国際養子の1人。里親が優秀なスポーツマンだったため、野球とアメフトが得意な万能選手に成長した。妻モニカさんは、2008年と12年のオリンピック代表選考会に出場したレベルの水泳選手。15年に結婚し、一昨年ファーストベイビーが誕生した。

年度	所属チーム	試合数	打数	得点	安打	二塁打	三塁打	本塁打	打点	四球	三振	盗塁	盗塁死	出塁率	OPS	打率
2022	レッドソックス	57	153	25	47	11	0	6	21	15	46	1	1	.384	.881	.307
通算成績		289	689	96	167	36	1	12	56	81	177	10	5	.327	.677	.242

18 2021年のナショナル・リーグ打点王 外野手 移籍
アダム・デュヴォール Adam Duvall

35歳 1988.9.4生｜185cm｜97kg｜右投右打 対左.233 対右.206 困.196 ⑦.229 圏.226 ⑥2010⑪ジャイアンツ 囲ケンタッキー州 囲700万ドル（約9億1000万円）◆打点王1回（21年）、ゴールドグラブ賞1回（21年）

ミ	2
バ	5
走	3
守	4
肩	4

　フライ打球の比率がきわめて高い、フェンウェイ・パーク向きの右のパワーヒッター。オフに1年700万ドルの契約で、レッドソックスに加入。積極的に打っていくタイプ。そのため四球が少なく、出塁率も低い。また、好不調の波が激しいタイプで、昨季は開幕からの2カ月間でホームランはわずか2本。6月になってようやくハイペースで長打が出るようになったが、7月23日の試合で左手首を負傷し、シーズン終了となった。守備は外野の3つのポジションに対応可能。一昨年、ライトでゴールドグラブ賞を受賞したが、昨季はレフトで守備についた際、やや精彩を欠いた。

年度	所属チーム	試合数	打数	得点	安打	二塁打	三塁打	本塁打	打点	四球	三振	盗塁	盗塁死	出塁率	OPS	打率
2022	ブレーブス	86	287	39	61	16	1	12	36	21	101	0	2	.276	.677	.213
通算成績		830	2770	382	637	137	13	163	478	204	865	18	12	.289	.754	.230

39 最近はチーム事情に振り回されがち セカンド ショート
クリスチャン・アローヨ Christian Arroyo

28歳 1995.5.30生｜185cm｜95kg｜右投右打 対左.295 対右.281 困.312 ⑦.261 圏.282 ⑥2013①ジャイアンツ 囲フロリダ州 囲200万ドル（約2億6000万円）

ミ	3
バ	3
走	3
守	4
肩	3

　セカンドで起用すると、良い働きをする内野手。昨季はボーガーツが正遊撃手のため、新加入のストーリーがセカンドに回り、そのあおりでユーティリティに押し出された。チーム事情から外野（ライト）も初めて守ったが、守備範囲の広さがワーストレベルで、投手の足を引っ張っている。オフにボーガーツがパドレスへ去ったため、今季はストーリーがショートに戻り、アローヨは正二塁手としてプレーする予定だった。だが、ストーリーがヒジの手術の影響で出遅れるため、ショートでプレーする機会も多くなりそうだ。肩の強さは並だが、送球の正確さにやや課題が残る。

年度	所属チーム	試合数	打数	得点	安打	二塁打	三塁打	本塁打	打点	四球	三振	盗塁	盗塁死	出塁率	OPS	打率
2022	レッドソックス	87	280	32	80	16	1	6	36	13	49	5	1	.322	.736	.286
通算成績		229	722	83	184	38	2	21	96	44	170	7	3	.307	.707	.255

野手

「ランニング満塁ホーマー」の生みの親に

センター/ライト

16 ジャレン・デュラン *Jarren Duran* ★WBCメキシコ代表

27歳 1996.9.5生 | 188cm | 95kg | 右投左打 | 対左.184 対右.229 ホ.202 ア.242 得.282 ド2018⑦レッドソックス 出カリフォルニア州 年72万ドル（約9360万円）+α

ミ2
バ2
走5
守2
肩2

　3Aでは活躍できる外野手。ただ、メジャーではパワーピッチャーのハイファストボールに対応できず、結果を出せない状態が続いている。打撃以上にひどいのが守備だ。7月22日午後に行われたブルージェイズ戦では、2死満塁の場面で、なんでもないセンターフライを見失って「ランニング満塁ホーマー」にしてしまった。こんなバカげたプレーがあると、投手陣はやる気をなくす。その試合は、28対5でブルージェイズが勝った。これほどのヘマをしてもサングラスをかけようとしないため、8月7日のデーゲームでは陽光が目に入ってフライを見失い、三塁打にしてしまった。

年度	所属チーム	試合数	打数	得点	安打	二塁打	三塁打	本塁打	打点	四球	三振	盗塁	盗塁死	出塁率	OPS	打率
2022	レッドソックス	58	204	23	45	14	3	3	17	14	63	7	1	.283	.646	.221
通算成績		91	311	40	68	17	5	5	27	18	103	9	2	.269	.623	.219

1月にトミー・ジョン手術。復帰は6月以降か

セカンド/ショート

10 トレヴァー・ストーリー *Trevor Story*

31歳 1992.11.15生 | 188cm | 96kg | 右投右打 | 対左.253 対右.233 ホ.251 ア.226 得.290 ド2011①ロッキーズ 出テキサス州 年2000万ドル（約26億円）
◆盗塁王1回（20年）、シルバースラッガー賞2回（18、19年）

ミ3
バ4
走4
守4
肩4

　ボーガーツがFAでチームを去ったため、今季は開幕から本来のポジションであるショートに入ることになっていた内野手。しかし、今年1月上旬にヒジの側副靭帯を断裂してトミー・ジョン手術を受けたため、大幅に出遅れることが確実になった。手術はレンジャーズのチームドクターであるキース・マイスター博士の執刀で、通常とは違うダメージが少ない方式で行われたので、6月か7月には復帰可能と見られている。復帰後も右ヒジに大きな負担をかけることは避けないといけないので、入るポジションは遠投の多いショートではなく、昨年同様、セカンドになるだろう。

年度	所属チーム	試合数	打数	得点	安打	二塁打	三塁打	本塁打	打点	四球	三振	盗塁	盗塁死	出塁率	OPS	打率
2022	レッドソックス	94	357	53	85	22	0	16	66	32	122	13	0	.303	.737	.238
通算成績		839	3179	516	853	202	27	174	516	246	987	113	30	.336	.849	.268

― セダン・ラファエラ *Ceddanne Rafaela*

センター/ショート 期待度 **B+** ルーキー

23歳 2000.9.18生 | 173cm | 68kg | 右投右打 ◆昨季は1A+、2Aでプレー ド2017⑱レッドソックス 出オランダ領キュラソー島

　体は小さいが、パワーとスピードを兼ね備えたスーパーサブ。昨季は2Aと3Aで116試合に出場。二塁打32、三塁打10、本塁打21、盗塁28を記録した。欠点は、打席で気負いすぎてタイミングがぶれることと、早打ちで四球が少ないこと。身体能力が高く、守備はセンターでもショートでも使える。

― エマヌエル・ヴァルデス *Enmanuel Valdez*

ユーティリティ 期待度 **B−** ルーキー

25歳 1998.12.28生 | 175cm | 86kg | 右投左打 ◆昨季は2A、3Aでプレー ド2015⑮アストロズ 出ドミニカ

　バットで貢献するタイプのスーパーサブ。ウリは、パワーと勝負強さだ。昨季は2Aと3Aで計126試合に出場し、二塁打35、本塁打8、打点107をマーク。OPSは.918という目を見張る数字だった。ただ、スピード、肩の強さ、守備力はどれも平均以下で、センターとショートには対応できない。

対左=対左投手打率　対右=対右投手打率　ホ=ホーム打率　ア=アウェー打率　得=得点圏打率
ド=ドラフトデータ　出=出身地　年=年俸

クリーブランド・ガーディアンズ

◆創　立：1894年
◆本拠地：オハイオ州クリーブランド市
◆ワールドシリーズ制覇：2回／◆リーグ優勝：6回
◆地区優勝：11回／◆ワイルドカード獲得：2回

主要オーナー　ローレンス・ドーラン（弁護士）

過去5年成績	年度	勝	負	勝率	ゲーム差	地区順位	ポストシーズン成績
	2018	91	71	.562	(13.0)	①	地区シリーズ敗退
	2019	93	69	.574	8.0	②	—
	2020	35	25	.583	1.0	②(同率)	ワイルドカードシリーズ敗退
	2021	80	82	.494	13.0	②	—
	2022	**92**	**70**	**.568**	**(11.0)**	**①**	**地区シリーズ敗退**

監督　77 テリー・フランコーナ　*Terry Francona*

◆年　齢……………64歳（サウスダコタ州出身）
◆現役時代の経歴 … 10シーズン　エクスポズ（1981〜85）、
（ファースト、外野手）　カブス（1986）、レッズ（1987）、インディアンズ
　　（1988）、ブリュワーズ（1989〜90）
◆現役通算成績……707試合 .274 16本 143打点
◆監督経歴…………22シーズン　フィリーズ（1997〜2000）、レッドソックス
　　（2004〜11）、インディアンズ・ガーディアンズ（2013〜）
◆通算成績…………1874勝1586敗（勝率.542）最優秀監督賞3回（13,16,22年）

　自身3度目の最優秀監督賞を受賞した名監督。昨季、チームは大きな補強がなく、かつ、経験が少ない若いプレーヤーが多かった。だが、フランコーナは選手のやる気をうまく引き出し、また、基礎的なプレーの大切さをしっかりと浸透させ、チームを地区優勝に導いた。以前から、選手やスタッフとのコミュニケーションを、とにかく重視する監督として知られている。ここ数年は、常に健康面の不安がつきまとい、シーズン途中に一時、休養することも多い。

注目コーチ　15 サンディ・アロマー・ジュニア　*Sandy Alomar Jr.*

　一塁ベースコーチ。57歳。現役時代は、オールスター選出6度の捕手。父サンディ・シニア、弟ロベルトもメジャーで活躍した、ベースボール・ファミリーの出身だ。

編成責任者　クリス・アントネッティ　*Chris Antonetti*

　48歳。昨年、MLB最優秀エグゼクティブ賞を受賞。若手の力を見抜く眼力には定評あり。FA補強やトレードの成功率も高く、予算の少ないチームで好成績を残している。

スタジアム　プログレッシブ・フィールド　*Progressive Fields*

◆開場年…………1994年
◆仕　様…………天然芝
◆収容能力………34,830人
◆フェンスの高さ…2.7〜5.8m
◆特　徴…………外野フェンスの半分（センター〜ライト側）は低いが、もう半分（センター〜レフト側）は6メートル近い高さがある。19本の細長い形をした照明が球場を照らすが、これは工業都市クリーブランドの煙突に合わせたデザイン。

ニュートラルパーク

Best Order [ベストオーダー]

①スティーヴン・クワン……レフト
②アーメド・ロザリオ……ショート
③ホセ・ラミレス……サード
④ジョシュ・ベル……DH
⑤アンドレス・ヒメネス……セカンド
⑥ジョシュ・ネイラー……ファースト
⑦オスカー・ゴンザレス……ライト
⑧マイク・ズニーノ……キャッチャー
⑨マイルズ・ストロウ……センター

Depth Chart [ポジション別選手層・メンバーリスト]

※2023年2月13日時点の候補選手。
数字は背番号（開幕前に変更する
場合もあり）、右・左等は投・打の順。

センター
⑦ **マイルズ・ストロウ [右・右]**
⑥⑥ ウィル・ブレナン [左・右]

レフト
③⑧ **スティーヴン・クワン [左・左]**
⑥⑥ ウィル・ブレナン [左・右]

ライト
③⑨ **オスカー・ゴンザレス [右・右]**
⑥⑥ ウィル・ブレナン [左・右]
②② ジョシュ・ネイラー [左・左]

ショート
① **アーメド・ロザリオ [右・右]**
⓪ アンドレス・ヒメネス [右・左]
② タイラー・フリーマン [右・右]
⑧ ガブリエル・アリアス [右・右]

セカンド
⓪ **アンドレス・ヒメネス [右・左]**
② タイラー・フリーマン [右・右]
⑧ ガブリエル・アリアス [右・右]

サード
⑪ **ホセ・ラミレス [右・両]**
② タイラー・フリーマン [右・右]
⑧ ガブリエル・アリアス [右・右]

ローテーション
⑤⑦ シェイン・ビーバー [右・右]
②④ トリスタン・マッケンジー [右・右]
④⑦ カル・クワントリル [右・右]
④③ アーロン・シヴァーリ [右・右]
③④ ザック・プリーサック [右・右]
③⑥ コーディ・モリス [右・右]

ファースト
②② **ジョシュ・ネイラー [左・両]**
⑤⑤ ジョシュ・ベル [右・両]
⑥⑥ ウィル・ブレナン [左・右]
⑧ ガブリエル・アリアス [右・右]

キャッチャー
⑩ **マイク・ズニーノ [右・右]**
②③ ボー・ネイラー [左・左]
④⑥ メイブリーズ・ヴィロリア [右・左]

DH
⑤⑤ **ジョシュ・ベル [右・両]**
②② ジョシュ・ネイラー [左・左]

ブルペン
④⑧ エマヌエル・クラセー [左・右] CL
③⑦ トレヴァー・ステフィン [右・右]
③① サム・ヘンジェス [左・左]
⑨⑨ ジェイムズ・カリンチャク [右・右]
⑥② エンジェル・デロスサントス [右・右]
⑤② ニック・サンドリン [右・右]
④⑨ イーライ・モーガン [右・右]
④⑤ コナー・ピルキントン [左・左]
③⑥ コーディ・モリス [右・右]

※CL＝クローザー

ガーディアンズ試合日程……＊はアウェーでの開催

3月		5月		6月	
3月30・31・4月1・2	マリナーズ	5月1・2・3	ヤンキース＊	6月1・2・3・4	ツインズ＊
3・4・5	アスレティックス＊	5・6・7	ツインズ	6・7・8	レッドソックス
7・8・9	マリナーズ	8・9・10	タイガース	9・10・11	アストロズ
10・11・12	ヤンキース	12・13・14	エンジェルス	13・14・15	パドレス＊
14・15・16	ナショナルズ＊	16・17・18	ホワイトソックス＊	16・17・18	ダイヤモンドバックス＊
17・18・19	タイガース	19・20・21	メッツ＊	20・21・22	アスレティックス
21・22・23	マーリンズ	22・23・24	ホワイトソックス	23・24・25	ブリュワーズ
24・25・26	ロッキーズ	26・27・28	カーディナルス	27・28・29	ロイヤルズ＊
28・29・30	レッドソックス＊	29・30・31	オリオールズ＊	30・7月1・2	カブス＊

球団メモ 昨季より、「ガーディアンズ」の球団名を使用している。2021年シーズンまでの球団名は「インディアンズ」だったが、人種差別的との批判が、年々高まっていた。

■投手力➡…★★★🌗★【昨年度チーム防御率3.46、リーグ4位】

　昨年は先発防御率が3.73でリーグ5位。ピッチャーは基本的に自前で育成する方針のチームなので、FA補強やトレードは行わなかったが、モリスとエスピノーサがいつでもローテーション入りできるレベルに成長している。リリーフ陣にはクラセー、ステフィン、カリンチャクなどのイキのいいパワーピッチャーがそろっており、メジャー屈指の陣容を誇る。

■攻撃力➡…★★★🌗★【昨年度チーム得点698、リーグ6位】

　チームの本塁打数は127で15球団中14位だったが、三振率はリーグで最も低く、打線のつながりがいいため、チーム得点は698でリーグ5位だった。今季はジョシュ・ベルが加入して中軸を打つが、ムラがあって計算が立ちにくい打者なので、大きなプラスにはならないだろう。

■守備力➡…★★★★🌗【昨年度チーム失策数97、リーグ14位】

　昨年はゴールドグラブ賞の受賞者が、ガーディアンズから4人も出た。セカンドのヒメネス、レフトのクワン、センターのストロウ、ピッチャーのビーバーである。今季はキャッチャーに守備力の高いズニーノが入るので、センターラインはメジャー屈指のレベルになった。

■機動力➡…★★★★🌗【昨年度チーム盗塁数119、リーグ2位】

　昨季は盗塁数が119でリーグの2位。盗塁成功率も81.5%で2位だった。送りバントも多用し、成功率はメジャー30球団で最も高かった。俊足の選手が多いため、内野安打の数（224）はメジャー最多。

ガーディアンズ

総合評価➡ ★★★★★	このチームの最強兵器はフランコーナ監督ではないだろうか。小柄な選手を上手に励まして大選手に育てる名人として知られ、最初の成功例はペドロイアだが、ガーディアンズではホセ・ラミレスを大化けさせ、昨年はヒメネスが大ブレイク。

IN 主な入団選手	**OUT** 主な退団選手
投手	投手
とくになし	とくになし
野手	野手
ジョシュ・ベル←パドレス	オースティン・ヘッジス➡パイレーツ
マイク・ズニーノ←レイズ	ルーク・メイリー➡レッズ
メイブリーズ・ヴィロリア←レンジャーズ	ノーラン・ジョーンズ➡ロッキーズ
	オーウェン・ミラー➡ブリュワーズ

3・4・5	ブレーブス	4・5・6	ホワイトソックス	4・5・6	ツインズ
6・7・8・9	ロイヤルズ	7・8・9・10	ブルージェイズ	7・8・9・10	エンジェルス*
11	オールスターゲーム	11・12・13	レイズ*	11・12・13	ジャイアンツ*
14・15・16	レンジャーズ*	15・16	レッズ*	15・16・17	レンジャーズ
17・18・19	パイレーツ*	17・18・19・20	タイガース*	18・19・20	ロイヤルズ*
21・22・23	フィリーズ	22・23・24	ドジャース	21・22・23・24	オリオールズ*
24・25・26	ロイヤルズ	25・26・27	ブルージェイズ*	26・27	レッズ
27・28・29・30	ホワイトソックス*	28・29・30	ツインズ*	29・30・**10**月	タイガース*
31・**8**月1・2	アストロズ*	**9**月1・2・3	レイズ		

球団メモ　昨季、メジャーでプレーした選手の平均年齢は、30球団の中で最も若い26歳。また、メジャーデビューした人数は17人で、アスレティックスの19人に次いで多かった。

セーブ42と登板数77はメジャー最多

クローザー

48 エマヌエル・クラセー
Emmanuel Clase

25歳｜1998.3.18生｜188cm｜93kg｜右投右打

◆速球のスピード／160キロ前後（カッター主体）
◆決め球と持ち球／☆カッター、☆スライダー
◆対左打者被打率／.179　◆対右打者被打率／.158
◆ホーム防御率／0.47　◆アウェー防御率／2.34
◆ドラフトデータ／2015⑩ パドレス
◆出身地／ドミニカ
◆年俸／150万ドル（約1億9500万円）
◆最多セーブ1回（22年）、最優秀救援投手賞1回（22年）

球威	5
制球	4
緩急	3
守備・走塁	2
度胸	4

　メジャーリーグ最多の42セーブをマークし、アメリカン・リーグの最優秀救援投手に贈られるマリアーノ・リヴェラ賞に輝いた豪腕リリーバー。昨季は開幕直前に球団と5年2000万ドルの契約を交わし、張り切ってシーズンに臨んだ。序盤は制球が定まらず、4月は防御率が4.91だったが、5月以降はほとんど失点しなくなり、7月17日のシーズン前半終了までに19セーブをマークした。初めてオールスターにも出場。9回にアメリカン・リーグの抑え役として登板し、セーブをゲットした。シーズン後半は、チームがツインズ、ホワイトソックスと熾烈な首位争いを繰り広げたため出番が急増、後半だけで37試合に登板したが、失点したのは4試合だけで、セーブ数を42まで伸ばした。

　2つの球種だけで投げるツーピッチ・ピッチャーで、球種はナチュラル・カッターとスライダーだけだが、ナチュラル・カッターは平均球速160.1キロの超高速カッター。スライダーも平均球速が147.7キロの超高速スライダーで、通常はこの2つを6対4くらいの比率で投げる。球速がすごいので、三振を量産するタイプと勘違いされがちだが、奪三振率（9.5）はリリーバーとしては平均レベルで、打球がゴロになる比率が際立って高い。

　ドミニカ出身で、16歳のとき、パドレスと契約。2018年5月にレンジャーズにトレードされ、翌19年8月にメジャーデビュー。その年の12月にレンジャーズがインディアンズ（現ガーディアンズ）からクルーバーを獲得した際、その見返りとして放出された。20年はセットアッパーに予定されていたが、開幕前の尿検査で筋肉増強剤のボルデノンの成分が検出され、80試合の出場停止処分。そのため20年は出場がなく、21年4月4日に復帰。その後はクローザーの1番手で起用され、24セーブをマークした。ハイチ系のドミニカ人で、姓は「クラセー」とフランス語式に発音する。

カモ Y・モンカダ（ホワイトソックス）.000(6-0)0本　M・ケプラー（ホワイトソックス）.000(6-0)0本
苦手 J・スクープ（タイガース）.500(6-3)0本　──

年度	所属チーム	勝利	敗戦	防御率	試合数	先発	セーブ	投球イニング	被安打	失点	自責点	被本塁打	与四球	奪三振	WHIP
2019	レンジャーズ	2	3	2.31	21	1	1	23.1	20	8	6	2	6	21	1.11
2021	インディアンズ	4	5	1.29	71	0	24	69.2	51	18	10	2	16	74	0.96
2022	ガーディアンズ	3	4	1.36	77	0	42	72.2	43	18	11	3	10	77	0.73
通算成績		9	12	1.47	169	1	67	165.2	114	44	27	7	32	172	0.88

　カモ **苦手** は通算成績

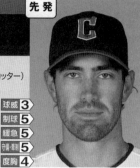

ゴールドグラブ賞を初受賞

先発

57 シェイン・ビーバー
Shane Bieber

28歳 1995.5.31生 │ 190cm │ 90kg │ 右投右打

◆速球のスピード／140キロ台中盤～後半（フォーシーム、カッター）
◆決め球と持ち球／☆スライダー、◎カッター、
　◎カーブ、○フォーシーム、○チェンジアップ
◆対左打者被打率／.221　◆対右打者被打率／.238
◆ホーム防御率／3.22　◆アウェー防御率／2.65
◆ドラフトデータ／2016④インディアンズ
◆出身地／カリフォルニア州　◆年俸／1001万ドル（約13億130万円）
◆サイ・ヤング賞1回（20年）、最優秀防御率1回（20年）、最多勝1回
（20年）、最多奪三振1回（20年）、ゴールドグラブ賞1回（22年）

球威 **3**
制球 **5**
緩急 **5**
守備・牽制 **5**
度胸 **4**

ガーディアンズ

　2020年に投手三冠（最優秀防御率・最多勝・最多奪三振）を達成し、サイ・ヤング賞に輝いた右腕。昨季前半は四球がらみの失点が多く、4勝5敗、防御率3.24というやや物足りない数字だった。しかしシーズン後半に入って、チームがツインズ、ホワイトソックスと白熱した地区優勝争いを繰り広げるようになるとにわかにスイッチが入り、7月29日のレイズ戦から9月22日のホワイトソックス戦までは、11試合中10試合を2失点以内に抑える好投を見せてチームの牽引（けんいん）役になった。ポストシーズンでもワイルドカードシリーズの初戦で、レイズ打線を8回途中まで1失点に抑えて勝ち投手になり、ヤンキースとの地区シリーズ第2戦でも、6回の2死まで2失点に抑えてチームに勝利を呼び込んだ。

　ピッチングは2つの速球（フォーシーム、カッター）とスライダー、ナックルカーブのコンビネーション。フォーシームとカッターはスピードがほぼ同じで、途中まで同じ軌道で来るため打者は見分けがつきにくい。スライダーとナックルカーブはどちらもタテに変化するタイプで、球速差が3～5キロ程度なので、こちらも見分けがつきにくい。

　特技はフィールディング。ゴロ打球への反応が早く、ベースカバーも迅速（じんそく）。捕球後の送球も正確で、ピックオフプレーもうまい。そうした点が評価され、昨季は初めてゴールドグラブ賞に輝いた。

　高校時代は速球のスピードが140キロに届かない三流投手で、奨学金付きで誘ってくれる大学がなかった。そのため、一般入試でUCサンタバーバラ校に入り、入団テストをパスして晴れて野球チームのメンバーに。

　シーズン中はクリーブランド郊外ウエストレイクにある家で、2021年7月に婚約したケイラさんと一緒に暮らしている。

カモ J・バエズ（タイガース）.083（12-1）0本　大谷翔平（エンジェルス）.154（13-2）0本
苦手 E・エスコバー（メッツ）.833（6-5）1本　A・ベニンテンディ（ホワイトソックス）.500（18-9）1本

年度	所属チーム	勝利	敗戦	防御率	試合数	先発	セーブ	投球イニング	被安打	失点	自責点	被本塁打	与四球	奪三振	WHIP
2018	インディアンズ	11	5	4.55	20	19	0	114.2	130	60	58	13	23	118	1.33
2019	インディアンズ	15	8	3.28	34	33	0	214.1	186	86	78	31	40	259	1.05
2020	インディアンズ	8	1	1.63	12	12	0	77.1	46	15	14	7	21	122	0.87
2021	インディアンズ	7	4	3.17	16	16	0	96.2	84	36	34	11	33	134	1.21
2022	ガーディアンズ	13	8	2.88	31	31	0	200.0	172	70	64	18	36	198	1.04
通算成績		54	26	3.17	113	111	0	703.0	618	267	248	80	153	831	1.10

ストローマンがぶら下げたニンジンはロレックス　先発

24 トリスタン・マッケンジー Triston McKenzie

26歳 1997.8.2生 196cm 74kg 右投右打

◆速球のスピード／150キロ前後（フォーシーム）
◆決め球と持ち球／☆フォーシーム、☆カーブ、△スライダー
◆対左.194 ◆対右.205 ◆ホ防2.77 ◆ア防3.11
◆ド2015①インディアンズ ◆田ニューヨーク州
◆年72万ドル（約9360万円）+α

球威	5
制球	4
緩急	4
守備・牽制	4
度胸	4

　長い腕と長身を利して、フォーシーム、カーブ、スライダーを投げ下ろしてくる先発右腕。フォーシームは平均球速が平均以下の149キロだが、強烈なバックスピンのかかった一級品。カーブも垂直に大きく変化する威力満点のボール。昨季は同じニューヨーク出身のストローマン（カブス）から、「防御率3.75と160イニングをクリアしたら、ロレックスをプレゼントするよ」と約束されてシーズンに入った。6月に入って一発病におちいり、防御率が4点台になったため、ロレックスは遠のいたかに見えたが、7月に入ってヤンキース、ロイヤルズ、タイガースを3試合連続無失点に抑え、さらにその後も好調を維持。最終的に防御率は2点台になり、イニング数も190を超えた。

[カモ] A・ヴォーン（ホワイトソックス）.000（13-0）0本　[苦手] G・アーシェラ（エンジェルス）.467（15-7）2本

年度	所属チーム	勝利	敗戦	防御率	試合数	先発	セーブ	投球イニング	被安打	失点	自責点	被本塁打	与四球	奪三振	WHIP
2020	インディアンズ	2	1	3.24	8	6	0	33.1	21	12	12	6	9	42	0.90
2021	インディアンズ	5	9	4.95	25	24	0	120.0	84	66	66	21	58	136	1.18
2022	ガーディアンズ	11	11	2.96	31	30	0	191.1	138	65	63	25	44	190	0.95
通算成績		18	21	3.68	64	60	0	344.2	243	143	141	52	111	368	1.03

早い回のKOがほとんどない抜群の安定感　先発

47 カル・クワントリル Cal Quantrill
★WBCカナダ代表

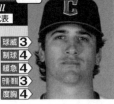

28歳 1995.2.10生 190cm 88kg 右投左打

◆速球のスピード／150キロ台前半（シンカー、カッター）
◆決め球と持ち球／◎カッター、◎チェンジアップ、○カーブ、△シンカー
◆対左.228 ◆対右.274 ◆ホ防3.28 ◆ア防3.53
◆ド2016①パドレス ◆田カナダ
◆年555万ドル（約7億2150万円）

球威	3
制球	4
緩急	4
守備・牽制	3
度胸	4

　先発でフルシーズン投げるのは昨季が初だったが、スタミナ切れを起こさず、最後まで投げ切ったタフな右腕。通常はシンカーとカッターを主体に打たせて取るピッチングを見せる技巧派で、特徴は奪三振率の低さと空振り率の低さ。その一方で制球力があり、与四球率も低い。長所は早い回の大量失点がほとんどなく、悪いときは悪いなりに持ちこたえて5回ないし6回を投げ切ってしまうことだ。チェンジアップとカーブを効果的に使って、ボール球に手を出させる技術も高い。父ポールはメジャーで14シーズン投げたリリーバーで、ブルージェイズ時代の2001年にはオールスターにも出場。

[カモ] J・ポランコ（ツインズ）.000（16-0）0本　[苦手] M・カブレラ（タイガース）.583（12-7）0本

年度	所属チーム	勝利	敗戦	防御率	試合数	先発	セーブ	投球イニング	被安打	失点	自責点	被本塁打	与四球	奪三振	WHIP
2019	パドレス	6	8	5.16	23	18	0	103.0	106	61	59	15	28	89	1.30
2020	パドレス	2	0	2.60	10	1	0	17.1	17	6	5	2	6	18	1.33
2020	インディアンズ	0	0	1.84	8	2	0	14.2	14	6	3	2	2	13	1.09
2020	2チーム計	2	0	2.25	18	3	1	32.0	31	12	8	4	8	31	1.22
2021	インディアンズ	8	3	2.89	40	22	0	149.2	129	55	48	16	47	121	1.18
2022	ガーディアンズ	15	5	3.38	32	32	0	186.1	178	78	70	21	47	128	1.21
通算成績		31	16	3.54	113	75	1	471.0	444	206	185	56	130	369	1.22

[対左]=対左打者被打率 [対右]=対右打者被打率 [ホ防]=ホーム防御率 [ア防]=アウェー防御率
[ド]=ドラフトデータ [田]=出身地 [年]=年俸 [カモ][苦手]は通算成績

ワクチンを打たない自由を主張

99 ジェイムズ・カリンチャク *James Karinchak*

28歳 1995.9.22生 | 190cm | 97kg | 右投右打

◆速球のスピード／150キロ台前半（フォーシーム主体）
◆決め球と持ち球／☆フォーシーム、○カーブ
◆対左.129 ◆対右.194 ◆㐂防1.93 ◆⑦防2.21
◆ⓓ2017⑨インディアンズ ◆⑲ニューヨーク州
◆囲150万ドル（約1億9500万円）

球威	5
制球	2
緩急	5
守備・敏捷	2
度胸	4

荒々しい投球フォームから、伸びのあるフォーシームとブレーキの利いたカーブを投げ込んでくるセットアッパー。昨季は開幕直前に肩の裏側にある大円筋を痛めてIL（故障者リスト）入り。復帰は7月4日で、その後は最初の2度の登板で3失点したが、3度目の登板からはずっと失点がなく、23試合連続で無失点登板を続けた。トランプ前大統領のワクチン陰謀論を支持し、新たなワクチン接種を拒否しているため、カナダに入国できず、8月12日からのブルージェイズ3連戦を欠場した。IL入りしていた昨年4月には、ナチス政権の大幹部だったゲーリングの言葉を引用する形で「ワクチン打たねば自由はない」とツイートし、反トランプ派の人々からバッシングされた。

カモ J・アブレイユ（アストロズ）.000(8-0)0本　苦手 ──

年度	所属チーム	勝利	敗戦	防御率	試合数	先発	セーブ	投球イニング	被安打	失点	自責点	被本塁打	与四球	奪三振	WHIP
2019	インディアンズ	0	0	1.69	5	0	0	5.1	3	1	1	0	1	8	0.75
2020	インディアンズ	1	2	2.67	27	0	1	27.0	14	9	8	1	16	53	1.11
2021	インディアンズ	7	4	4.07	60	0	11	55.1	35	27	25	9	32	78	1.21
2022	ガーディアンズ	2	0	3.08	38	0	3	39.0	22	9	9	2	21	62	1.10
通算成績		10	6	3.06	130	0	15	126.2	74	46	43	12	70	201	1.14

スプリッターの多投で奪三振が激増

37 トレヴァー・ステフィン *Trevor Stephan*

28歳 1995.11.25生 | 196cm | 101kg | 右投右打

◆速球のスピード／150キロ台中頃（フォーシーム主体）
◆決め球と持ち球／◎スライダー、○スプリッター、○フォーシーム
◆対左.280 ◆対右.207 ◆㐂防4.01 ◆⑦防1.20
◆ⓓ2017③ヤンキース ◆⑲テキサス州
◆囲72万ドル（約9360万円）+α

球威	5
制球	4
緩急	4
守備・敏捷	1
度胸	4

2020年12月のルール5ドラフトで、ガーディアンズが獲得した掘り出し物。翌21年のオープン戦でまずまずの成績を出したため、使い続けることになり、1年目は43試合に登板して防御率は4.41だった。昨季もシーズン前半は同じ役回りだったが、シーズン後半は奪三振率の高さと、一発リスクが低いことを評価されてセットアッパーに抜擢された。チームがツインズ、ホワイトソックスと三つ巴の首位争いを繰り広げていたため、その後は出番が異様に多くなったが、好投を続け、後半戦だけで15ホールドをマークしている。ポストシーズンでは4試合に登板。5回2/3を投げて被安打0、奪三振11という目を見張るピッチングを見せた。11奪三振の内訳は、スプリッターで奪ったものが6個、スライダーが3個、フォーシームが2個だった。

カモ C・コレイア（ツインズ）.000(5-0)0本　苦手 K・ファーマー（ツインズ）1.000(3-3)0本

年度	所属チーム	勝利	敗戦	防御率	試合数	先発	セーブ	投球イニング	被安打	失点	自責点	被本塁打	与四球	奪三振	WHIP
2021	インディアンズ	3	1	4.41	43	0	1	63.1	58	32	31	15	31	75	1.41
2022	ガーディアンズ	6	5	2.69	66	0	3	63.2	57	24	19	3	18	82	1.18
通算成績		9	6	3.54	109	0	4	127.0	115	56	50	18	49	157	1.29

ガーディアンズ

投｜手

あこがれは同じ左腕のヨハン・サンタナ

31 サム・ヘンジェス *Sam Hentges*

27歳 1996.7.18生｜198cm｜110kg｜左投左打 ⑬150キロ台中頃（フォーシーム、シンカー）⑱❾カーブ ［対左］.143 ［対右］.215 Ⓓ2014④インディアンズ Ⓗミネソタ州 Ⓨ72万ドル（約9360万円）＋α

球 **4**
制 **3**
緩 **4**
守 **3**
度 **3**

　昨季、速球とカーブの緩急をうまく使ったピッチングで好投した、198センチの長身リリーフ左腕。シンカーの割合を大幅に増やしたことで、ゴロを打たせてアウトを取れるようになり、投球の幅が広がった。昨季とくに称賛されたのは、0対0のまま延長戦に突入した、レイズとのワイルドカードシリーズ第2戦のピッチング。ヘンジェスは13回表からマウンドに上がると、15回までの3イニングを1人の走者も許さず、6奪三振。15回裏のサヨナラ勝ちを呼び込んだ。ミネアポリス近郊で育ったため、少年時代は大のツインズファン。ヨハン・サンタナがヒーローだった。

年度	所属チーム	勝利	敗戦	防御率	試合数	先発	セーブ	投球イニング	被安打	失点	自責点	被本塁打	与四球	奪三振	WHIP
2022	ガーディアンズ	3	2	2.32	57	0	1	62.0	41	17	16	3	19	72	0.97
通算成績		4	6	4.61	87	12	1	130.2	131	71	67	13	51	140	1.39

9月27日にイマキュレート・イニングを達成

62 エンジェル・デロスサントス *Enyel De Los Santos*
★WBCドミニカ代表

28歳 1995.12.25生｜190cm｜106kg｜右投右打 ⑬150キロ台前半（フォーシーム主体）⑱❾フォーシーム ［対左］.209 ［対右］.208 Ⓓ2014外マリナーズ Ⓗドミニカ Ⓨ72万ドル（約9360万円）＋α

球 **3**
制 **3**
緩 **2**
守 **3**
度 **3**

　フォーシームの威力と制球力が格段にアップし、メジャーに定着できるようになったリリーフ右腕。昨季はマイナー契約で入団し、キャンプに招待選手として参加。好成績を出したが、開幕メジャー入りはならなかった。しかし、開幕後2週間ほどしてメジャーに呼ばれ、主にリードされている場面のリリーフとして起用された。9月27日のレイズ戦では7回に登板し、意表を突く配球で3人の打者をすべて三球三振に切って取り、1イニングを9球で終わらせるイマキュレート・イニングを達成。その勢いを駆ってポストシーズンでも3試合に登板し、すべて無失点に抑えている。

年度	所属チーム	勝利	敗戦	防御率	試合数	先発	セーブ	投球イニング	被安打	失点	自責点	被本塁打	与四球	奪三振	WHIP
2022	ガーディアンズ	5	0	3.04	50	0	1	53.1	40	18	18	3	17	61	1.07
通算成績		8	2	4.70	95	3	1	118.2	115	69	62	17	48	133	1.37

制球力と耐久性に課題あり

52 ニック・サンドリン *Nick Sandlin*

26歳 1997.1.10生｜180cm｜79kg｜右投左右打 ⑬150キロ台前半（シンカー、フォーシーム）⑱❾シンカー ［対左］.231 ［対右］.149 Ⓓ2018②インディアンズ Ⓗジョージア州 Ⓨ72万ドル（約9360万円）＋α

球 **4**
制 **2**
緩 **3**
守 **3**

　サイドハンドの変則的な投球フォームで投げる個性派のリリーフ右腕。球種はスライダー、シンカー、フォーシームで、時折スプリッターも交える。脚をゆっくり上げてからクイックで快速球を投げ込んだり、腕の振りを少し遅らせたりして、打者のタイミングを外してくることもある。課題は制球力。昨季も四球がらみの失点が多かった。マイナー時代から故障が多く、昨季はレイズとのワイルドカードシリーズ第2戦で大円筋を痛めてしまい、その後のヤンキースとの地区シリーズでは投げられず。ヤンキースの右打者に対する武器と考えていた首脳陣を、残念がらせた。

年度	所属チーム	勝利	敗戦	防御率	試合数	先発	セーブ	投球イニング	被安打	失点	自責点	被本塁打	与四球	奪三振	WHIP
2022	ガーディアンズ	5	2	2.25	46	0	0	44.0	27	13	11	2	24	41	1.16
通算成績		6	3	2.55	80	0	0	77.2	48	28	22	4	41	89	1.15

⑬＝速球のスピード ⑱＝決め球 ［対左］＝対左打者被打率 ［対右］＝対右打者被打率
Ⓓ＝ドラフトデータ Ⓗ＝出身地 Ⓨ＝年俸

変化球の制球力が生命線

34 ザック・プリーサック *Zach Plesac*

先発

28歳 1995.1.21生 | 190cm | 99kg | 右投右打 ⑮140キロ台後半（フォーシーム主体）◎スライダー
対左.288 対右.231 ⑤2016⑫インディアンズ 囲インディアナ州 囲295万ドル（約3億8350万円）

球	2
制	3
緩	3
守	5
度	3

悪夢の1年が終わり、今季復活を期す先発右腕。昨季は防御率が平均レベルの4.31だったのに、3勝12敗と大きく負け越した。これは好投したときに限って得点援護がなかったからで、無失点に抑えたのに勝ち星が付かなかったケースが2試合、自責点1に抑えたのに勝ち投手になれなかったケースが5試合あった。球種はフォーシーム、スライダー、カーブ、チェンジアップの4つで、昨季はピンチになるとスライダーを多投してしのいでいた。昨季終盤にモリスが先発でいい働きを見せ、今季は有望株エスピーノの台頭が予想される。ローテーションの座を守れるか注目だ。

年度	所属チーム	勝利	敗戦	防御率	試合数	先発	セーブ	投球イニング	被安打	失点	自責点	被本塁打	与四球	奪三振	WHIP
2022	ガーディアンズ	3	12	4.31	25	24	0	131.2	136	74	63	19	38	100	1.32
通算成績		25	26	4.04	79	78	0	445.1	413	219	200	69	118	345	1.19

カッターの制球力を取り戻せるか注目

43 アーロン・シヴァーリ *Aaron Civale*

先発

28歳 1995.6.12生 | 188cm | 97kg | 右投右打 ⑮140キロ台後半（シンカー、フォーシーム）◎カーブ
対左.240 対右.257 ⑤2016③インディアンズ 囲コネティカット州 囲260万ドル（約3億3800万円）

球	2
制	3
緩	4
守	3
度	3

カッター、カーブ、シンカーを効果的に使ってタイミングを外すことに主眼を置いたピッチングを見せる技巧派右腕。昨季は故障続きで5月下旬に臀部、7月中旬には手首、9月初旬には前腕部の炎症でIL入りしたため、先発登板は20試合にとどまった。しかも序盤は一番の武器だったカッターの制球に苦しみ、4月は防御率が10.67という荒れようだった。もう1つ評価を下げたのは、ヤンキースとのリーグ優勝決定シリーズの初戦に先発で起用されながら、初回に連打を浴び、アウトを1つ取っただけでKOされたことだ。その屈辱をバネにして、今季、巻き返しを図る。

年度	所属チーム	勝利	敗戦	防御率	試合数	先発	セーブ	投球イニング	被安打	失点	自責点	被本塁打	与四球	奪三振	WHIP
2022	ガーディアンズ	5	6	4.92	20	20	0	97.0	93	58	53	14	22	98	1.19
通算成績		24	21	4.08	63	63	0	353.0	327	171	160	52	85	312	1.17

36 コーディ・モリス *Cody Morris*

先発 リリーフ　期待度 B+　ルーキー

27歳 1996.11.4生 | 193cm | 92kg | 右投右打 ◆昨季はメジャーで7試合に出場 ⑤2018⑦インディアンズ 囲メリーランド州

ブレーキの利いたハイレベルなチェンジアップを武器にする注目の右腕。通常はこれとフォーシームを高低に投げ分けて、三振か凡フライにしとめるのが投球の基本線だ。昨季は肩の故障で開幕から3カ月以上欠場したが、8月に3Aで好投を続けたため、9月2日にメジャーに呼ばれ、先発で活躍した。

— ダニエル・エスピーノ *Daniel Espino*

先発　期待度 A-　ルーキー

22歳 2001.1.5生 | 188cm | 102kg | 右投右打 ◆昨季は2Aでプレー ⑤2019①インディアンズ 囲パナマ

ガーディアンズの有望新人リストのトップにランクされている将来のエース候補。150キロ台中盤のフォーシームと、2種類のスライダーを主体に投げるパワーピッチャー。昨季は2Aで開幕を迎え、4試合目までに1勝0敗、防御率2.45という数字を出していたが、ヒザを痛め、その後、復帰できず。

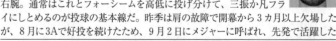

ガーディアンズ

スモールボールのスキルも高い野球巧者 セカンド

0 アンドレス・ヒメネス
Andres Gimenez ★WBCベネズエラ代表

25歳 1998.9.4生｜180cm｜72kg｜右投左打

◆対左投手打率／.336(113-38)　◆対右投手打率／.286(378-108)
◆ホーム打率／.288(240-69)　◆アウェー打率／.307(251-77)
◆得点圏打率／.333(126-42)
◆22年のポジション別出場数／セカンド＝125、ショート＝18
◆ドラフトデータ／2015㉞メッツ
◆出身地／ベネズエラ
◆年俸／72万ドル(約9360万円)＋α
◆ゴールドグラブ賞1回(22年)

ミート	5
パワー	4
走塁	5
守備	5
肩	5

　昨年大ブレイクし、初めてオールスターに選出されたほか、ゴールドグラブ賞にも輝いた野球IQの高い二塁手。一昨年まではディフェンダーとしては優秀だが、打者としての価値は低いと見られていた。しかし開幕後は、4月12日に勝ち越しツーラン、29日に勝ち越し満塁アーチ、さらに6月30日にはサヨナラホーマーを放って、価値ある一発をよく打つクラッチヒッターと見なされるようになった。その一方でヒットも途切れることなく出て、シーズンを通して3割前後の高打率をキープした。

　打者として大化けした最大の要因は、メジャーの投手の緩急を巧みに使う投球術に、対処できるようになったことが大きい。とくにチェンジアップをタイミングよく打てるようになり、一昨年は1割6分0厘だったチェンジアップに対する打率が、昨年は4割ちょうどに急上昇した。

　特技はバントと盗塁で、ゲーム終盤の1点が欲しいときに最も役に立つプレーヤーでもある。盗塁を試みる機会はそう多くないが、投手のモーションを盗むことに長けているので成功率が高く、昨季は23回トライして20回成功させている(成功率86.9％)。昨年はバントヒットも8本決めている。これはアメリカン・リーグで2番目に多い数字だ。

　ゴールドグラブ賞を獲得したセカンドの守備は、グラブさばきがうまく、守備範囲が広い。もともとは遊撃手なので強肩で、送球も正確なほうだ。ピンチに好守を見せることが多く、昨年はDRS(守備で防いだ失点)が16あった。これはア・リーグの二塁手では最多の数字だ。

　優秀な内野手の一大産地であるベネズエラの出身。幼少期のあこがれは、同国人の守備の名手オマー・ヴィスケルだった。少年時代から、メジャー球団のベネズエラ駐在スカウトたちに注目され、16歳のとき、メッツに契約金120万ドルで入団している。

カモ L・リン(ホワイトソックス).389(18-7)1本　F・モンタス(ヤンキース).500(6-3)1本
苦手 C・ハヴィエア(アストロズ).000(5-0)0本　L・ジオリート(ホワイトソックス).111(9-1)1本

年度	所属チーム	試合数	打数	得点	安打	二塁打	三塁打	本塁打	打点	四球	三振	盗塁	盗塁死	出塁率	OPS	打率
2020	メッツ	49	118	22	31	3	2	3	12	7	28	8	1	.333	.731	.263
2021	インディアンズ	68	188	23	41	10	0	5	16	11	54	11	0	.282	.633	.218
2022	ガーディアンズ	146	491	66	146	26	3	17	69	34	112	20	3	.371	.837	.297
通算成績		263	797	111	218	39	5	25	97	52	194	39	4	.345	.774	.274

ルーキーイヤーにゴールドグラブ賞！ レフト

38 スティーヴン・クワン
Steven Kwan

26歳 1997.9.5生 | 175cm | 77kg | 左投左打

◆対左投手打率/.285(130-37) ◆対右投手打率/.303(433-131)
◆ホーム打率/.295(271-80) ◆アウェー打率/.301(292-88)
◆得点圏打率/.306(121-37)
◆22年のポジション別出場数/レフト=123、ライト=
　20、センター=7、DH=6
◆ドラフトデータ/2018⑤インディアンズ
◆出身地/カリフォルニア州
◆年俸/72万ドル（約9360万円）+α
◆ゴールドグラブ賞1回（22年）

ミート	5
パワー	3
走塁	5
守備	5
肩	3

ガーディアンズ

　昨年、彗星のごとく現れ、新人王投票で3位に入る活躍をしたアジア系のイケメン外野手。打撃面の長所は、当てるのが抜群にうまいことと、選球眼がいいこと。そのため高い出塁率を期待でき、チャンスメーカーにうってつけのタイプだ。昨年はオープン戦好調で、打率4割6分9厘をマーク。選球眼が良く、四球をたくさん選べることもフランコーナ監督に評価され、開幕メンバーに抜擢された。それだけでなく、いきなりレフトで先発出場する機会を与えられたため大張り切りで、それからの5試合は打率6割6分7厘、出塁率7割5分0厘と神がかった活躍を見せた。

　それ以上に注目されたのは、6戦目第1打席の2球目に、レッズのロドロが投じたカーブを空振りするまで、116球投げられて一度も空振りをしなかったことだ。これは2000年以降では、空振りなしの最長記録だ。

　その後も4月はよくヒットが出て、4割台中頃の高出塁率をキープしていたが、5月に入ってスランプにおちいり、打率が2割4分台、出塁率も3割4分台まで落ちた。しかし監督が我慢強く使い続けてくれたことで、6月に復調。その後はトップバッターに固定され、打線の牽引役になった。ポストシーズンではヤンキースとの地区シリーズで21打数9安打（打率4割2分9厘）と打ちまくったが、中軸が不振で得点に結びつかなかった。

　レフトの守備は、打球への反応が早く、守備範囲が広い。とくに味方のピンチに度々ファインプレーをやって、投手を助けていた。DRS（守備で防いだ失点）21は、メジャーの左翼手でダントツの数字だ。肩の強さは平均レベルだが、送球が正確であるため、アシストも7つ記録。それらが評価され、ルーキーながらもゴールドグラブ賞に輝いた。

　父レイモンドさんは、サンフランシスコのチャイナタウンで育った広東系米国人。母ジェインさんは日系で、大学時代、バレーボールの選手として活躍したスポーツウーマンだ。

| カモ | D・シース（ホワイトソックス）.500(10-5)0本　B・シンガー（ロイヤルズ）.500(10-5)0本 |
| 苦手 | G・コール（ヤンキース）.000(5-0)0本　L・ジオリート（ホワイトソックス）.143(7-1)0本 |

年度	所属チーム	試合数	打数	得点	安打	二塁打	三塁打	本塁打	打点	四球	三振	盗塁	盗塁死	出塁率	OPS	打率
2022	ガーディアンズ	147	563	89	168	25	7	6	52	62	60	19	5	.373	.773	.298
通算成績		147	563	89	168	25	7	6	52	62	60	19	5	.373	.773	.298

野手

昨季は左打席で本塁打と打点を量産

サード

11 ホセ・ラミレス
Jose Ramirez

31歳 1992.9.17生｜175cm｜86kg｜右投両打

◆対左投手打率／.236(157-37)　◆対右投手打率／.295(444-131)
◆ホーム打率／.269(297-80)　◆アウェー打率／.289(304-88)
◆得点圏打率／.331(157-52)
◆22年のポジション別出場数／サード=127、DH=30
◆ドラフトデータ／2009⑭インディアンズ
◆出身地／ドミニカ
◆年俸／1400万ドル（約18億2000万円）
◆シルバースラッガー賞4回(17、18、20、22年)

ミート **5**
パワー **5**
走塁 **5**
守備 **4**
肩 **4**

　今季もMVP候補の1人と見なされているスイッチヒッターの主砲。昨季は開幕前日に、新たに球団と2024年に始まる総額1億500万ドルの5年契約を交わし、気分を良くしてシーズンを迎えた。

　4月は絶好調で本塁打が7本も出たうえ、そのうちの2本が満塁弾、4本がツーランであったため、打点が28もあった。その後もコンスタントに打点を叩き出したため、前半戦終了時点での打点75は、アメリカン・リーグのトップで、2位のジャッジに5差をつけていた。しかし、シーズン前半の打点ラッシュで、メジャーリーグきってのクラッチヒッターというイメージが広まったため、シーズン終盤になるとチャンスに打席に入っても勝負してもらえないケースが多くなり、9月以降は11回も敬遠されたため、打点が伸びず、ジャッジに5差をつけられ、2位に甘んじることに。

　MVPにはまだなっていないが、MVP争いの常連であり、2020年はMVP投票で2位、18、19年は3位、昨年は4位、一昨年は6位だった。安定してハイレベルな打撃成績を出せる理由を、名将フランコーナ監督は「彼は調子が落ちてくると、難しいボールは無理にセンターに弾き返そうとせず、ファウル、ファウルで逃げて、最終的に四球をゲットして出塁している。そのクレバーさが最大の強みなんだ」と語っている。

　サードの守備は全体で見ると「中の上」レベル。リリースが早く、守備範囲の広さも平均以上だが、ルーティーンプレーでのエラーがやや多い。

　まだ正式な結婚はしていないが、2019年にパートナーだった女性が、ベラちゃんという女の子を出産、一児の父になった。

カモ J・ヒーズリー（ロイヤルズ）.750(8-6)2本　R・ヒル（パイレーツ）.545(11-6)1本
苦手 A・デスクラファーニ（ジャイアンツ）.000(12-0)0本　L・ヘンドリックス（ホワイトソックス）.091(11-1)0本

年度	所属チーム	試合数	打数	得点	安打	二塁打	三塁打	本塁打	打点	四球	三振	盗塁	盗塁死	打率	OPS	出塁率
2013	インディアンズ	15	12	5	4	0	1	0	0	0	0	1	0	.429	.929	.333
2014	インディアンズ	68	237	27	62	10	2	2	17	13	35	10	1	.300	.646	.262
2015	インディアンズ	97	315	50	69	14	3	6	27	32	39	10	4	.291	.631	.219
2016	インディアンズ	152	565	84	176	46	3	11	76	44	62	22	7	.363	.825	.312
2017	インディアンズ	152	585	107	186	56	6	29	83	52	69	17	5	.374	.957	.318
2018	インディアンズ	157	578	110	156	38	4	39	105	106	80	34	6	.387	.939	.270
2019	インディアンズ	129	482	68	123	33	3	23	83	52	74	24	4	.327	.806	.255
2020	インディアンズ	58	219	45	64	16	1	17	46	31	43	10	3	.386	.993	.292
2021	インディアンズ	152	552	111	147	32	5	36	103	72	87	27	4	.355	.893	.266
2022	ガーディアンズ	157	601	90	168	44	5	29	126	69	82	20	7	.355	.869	.280
通算成績		1137	4146	697	1155	289	33	192	666	473	573	174	42	.354	.857	.279

ガーディアンズ

敵地でのブーイングがすごいクラッチヒッター ［ファースト／DH／ライト］

22 ジョシュ・ネイラー Josh Naylor

26歳 1997.6.22生｜180cm｜113kg｜左投左打

◆対左投手打率／.173　◆対右投手打率／.283
◆ホーム打率／.224　◆アウェー打率／.288　◆得点圏打率／.309
◆22年のポジション別出場数／ファースト=88、DH=27、ライト=5
◆ⓓ2015①マーリンズ　◆⑪カナダ
◆囲335万ドル（約4億3550万円）

ミート	3
パワー	5
走塁	3
守備	3
肩	4

昨季は主に4番打者ないし5番打者で起用され、ゲームを決める一発を何度も放った。5月9日のホワイトソックス戦では、4対8で迎えた9回表に満塁アーチを放ち、さらに次の打席でスリーランをかっ飛ばし、チームに勝利をもたらしている。話題になったのは、価値ある一発を打ったあと、狂人のようにわめき散らしながら、勝ち誇ったポーズを連発すること。これは地元のファンには大受けだが、敵地のファンには大ひんしゅく。ポストシーズンの地区シリーズでは、ヤンキースファンが、ネイラーがよくやる腕で輪を作って左右に振るゼスチャーをやりながら、激しいブーイングを浴びせていた。

カモ K・グレイヴマン（ホワイトソックス）.714(5-7).0本　苦手 Z・ギャレン（ダイヤモンドバックス）.000(8-0).0本

年度	所属チーム	試合数	打数	得点	安打	二塁打	三塁打	本塁打	打点	四球	三振	盗塁	盗塁死	出塁率	OPS	打率
2019	パドレス	94	253	29	63	15	0	8	32	25	64	1	1	.315	.718	.249
2020	パドレス	18	36	4	10	0	1	1	4	1	4	1	0	.316	.733	.278
2020	インディアンズ	22	61	9	14	3	0	0	2	4	8	0	0	.277	.556	.230
2020	2チーム計	40	97	13	24	3	1	1	6	5	12	1	0	.291	.621	.247
2021	インディアンズ	69	233	28	59	13	0	7	21	14	45	1	0	.301	.700	.253
2022	ガーディアンズ	122	449	47	115	28	0	20	79	38	80	6	1	.319	.771	.256
通算成績		325	1032	117	261	59	1	36	138	82	201	9	2	.312	.729	.253

メジャーの三塁打王になった快足遊撃手 ［ショート］

1 アーメド・ロザリオ Amed Rosario

28歳 1995.11.20生｜188cm｜86kg｜右投右打

◆対左投手打率／.295　◆対右投手打率／.279
◆ホーム打率／.298　◆アウェー打率／.268　◆得点圏打率／.299
◆22年のポジション別出場数／ショート=140、レフト=6、DH=6
◆ⓓ2012⑩メッツ　◆⑪ドミニカ
◆囲780万ドル（約10億1400万円）

ミート	4
パワー	4
走塁	5
守備	4
肩	4

今季終了時にFA権を得るため、開幕からギアをトップに入れていくと思われる遊撃手。守備面ではメジャー入りしてからずっとDRS（守備で防いだ失点）がマイナスだったが、昨年は守備範囲が広くなったことで+6を記録。内野の要としてセカンド、サードとボディランゲージで密にコミュニケーションを取っているため、ガーディアンズの内野はプレーの連係が良く、守備力はトップレベルと評価されるようになった。打撃面では、依然早打ちで四球が極端に少ないが、打球初速が上がって、フェンスに届く打球が多くなったため、昨季はメジャー最多の三塁打9を記録。得点にからむ活躍もよく見せた。

カモ D・リンチ（ロイヤルズ）.545(11-6).0本　苦手 M・バムガーナー（ダイヤモンドバックス）.000(10-0).0本

年度	所属チーム	試合数	打数	得点	安打	二塁打	三塁打	本塁打	打点	四球	三振	盗塁	盗塁死	出塁率	OPS	打率
2017	メッツ	46	165	16	41	4	4	4	10	3	49	7	3	.271	.665	.248
2018	メッツ	154	554	76	142	26	8	9	51	29	119	24	11	.295	.676	.256
2019	メッツ	157	616	75	177	30	7	15	72	31	124	19	10	.323	.755	.287
2020	メッツ	46	143	20	36	3	1	4	15	4	34	0	1	.272	.643	.252
2021	インディアンズ	141	550	77	155	25	6	11	57	31	120	13	0	.321	.730	.282
2022	ガーディアンズ	153	637	86	180	26	9	11	71	25	111	18	4	.312	.715	.283
通算成績		697	2665	350	731	114	35	54	276	123	557	81	29	.308	.712	.274

55 ジョシュ・ベル Josh Bell

予想の半分以下の2年3300万ドルで入団

DH／ファースト　移籍

31歳　1992.8.14生｜193cm｜117kg｜右投両打

- ◆対左投打率／.276　◆対右投打率／.261
- ◆ホーム打率／.293　◆アウェー打率／.240　◆得点圏打率／.240
- ◆22年のポジション別出場数／ファースト=124、DH=32
- ◆Ⓓ2011②パイレーツ　◆Ⓔテキサス州
- ◆Ⓨ1650万ドル（約21億4500万円）　◆シルバースラッガー賞1回（22年）

ミート 3／パワー 5／走塁 2／守備 2／肩 3

　調子の波の大きいスラッガー。昨年は8月1日までナショナルズでプレー、打率3割0分1厘、14本塁打、57打点と見事な数字を出した。しかしパドレスに移籍後は、打率1割9分2厘、3本塁打、14打点といいところがなかった。昨季はDHでの出場は32試合しかなかったが、ナショナル・リーグにDHで好成績を出した打者がいなかったため、DHとしてのシルバースラッガー賞を受賞した。しかし、17本塁打にとどまったことは、FA市場での商品価値を大きく下げる結果になり、契約が予想されていた規模の半分程度になった。

カモ M・ローレンゼン（タイガース）.391（23-9）2本　苦手 A・ミンター（ブレーブス）.000（10-0）0本

年度	所属チーム	試合数	打数	得点	安打	二塁打	三塁打	本塁打	打点	四球	三振	盗塁	盗塁死	出塁率	OPS	打率
2016	パイレーツ	45	128	18	35	8	0	3	19	21	19	0	1	.368	.774	.273
2017	パイレーツ	159	549	75	140	26	6	26	90	66	117	2	4	.334	.800	.255
2018	パイレーツ	148	501	74	131	31	4	12	62	77	104	2	5	.357	.768	.261
2019	パイレーツ	143	527	94	146	37	3	37	116	74	118	0	1	.367	.936	.277
2020	パイレーツ	57	195	22	44	3	0	8	22	22	59	0	0	.305	.669	.226
2021	ナショナルズ	144	498	75	130	24	1	27	88	65	101	0	0	.347	.823	.261
2022	ナショナルズ	103	375	52	113	24	3	14	57	49	61	0	1	.384	.877	.301
2022	パドレス	53	177	26	34	5	0	3	14	32	41	0	0	.316	.587	.192
2022	2チーム計	156	552	78	147	29	3	17	71	81	102	0	1	.362	.784	.266
通算成績		852	2950	436	773	158	17	130	468	406	620	4	12	.351	.810	.262

10 マイク・ズニーノ Mike Zunino

守備力と長打力に定評があるベテラン捕手

キャッチャー　移籍

32歳　1991.3.25生｜188cm｜106kg｜右投右打　◆盗塁阻止率／.158（19-3）

- ◆対左投手打率／.135　◆対右投手打率／.154
- ◆ホーム打率／.149　◆アウェー打率／.146　◆得点圏打率／.240
- ◆22年のポジション別出場数／キャッチャー=35
- ◆Ⓓ2012①マリナーズ　◆Ⓔフロリダ州
- ◆Ⓨ600万ドル（約7億8000万円）

ミート 2／パワー 5／走塁 2／守備 5／肩 4

　新天地のガーディアンズで復活を期す、オールスター出場経験のある捕手。一昨年はレイズで33本塁打を放って注目されたが、昨季は左肩に違和感があり、出だしから打撃不振にあえいだ。6月に入って検査を受けたところ、胸郭出口症候群が原因とわかって手術を受けたため、6月10日以降は全休を余儀なくされた。チャーノフGMが今季、ズニーノに期待するのは、打撃面では本塁打を20本以上打つこと。守備面では、リーダーシップを発揮して守備の司令塔になることと、将来の正捕手ボー・ネイラーの教育係になることだ。

カモ K・ゴーズマン（ブルージェイズ）.455（11-5）1本　苦手 J・ヴァーランダー（メッツ）.000（14-0）0本

年度	所属チーム	試合数	打数	得点	安打	二塁打	三塁打	本塁打	打点	四球	三振	盗塁	盗塁死	出塁率	OPS	打率
2013	マリナーズ	52	173	22	37	5	0	5	14	16	49	1	0	.290	.619	.214
2014	マリナーズ	131	438	51	87	20	2	22	60	17	158	0	3	.254	.658	.199
2015	マリナーズ	112	350	28	61	11	0	11	28	21	132	0	1	.230	.530	.174
2016	マリナーズ	55	164	16	34	7	0	12	31	21	65	0	0	.318	.788	.207
2017	マリナーズ	124	387	52	97	25	0	25	64	39	160	1	1	.331	.840	.251
2018	マリナーズ	113	373	37	75	18	0	20	44	24	150	0	2	.259	.669	.201
2019	レイズ	90	266	30	44	10	1	9	32	20	98	0	0	.232	.544	.165
2020	レイズ	28	75	8	11	4	0	4	10	6	37	0	0	.238	.598	.147
2021	レイズ	109	333	64	72	11	2	33	62	34	132	0	0	.301	.860	.216
2022	レイズ	36	115	7	17	3	0	5	16	6	46	0	0	.195	.499	.148
通算成績		850	2674	315	535	114	5	146	361	204	1027	2	4	.271	.681	.200

　Ⓓ=ドラフトデータ　Ⓔ=出身地　Ⓨ=年俸　カモ 苦手 は通算成績

39　ポストシーズンで驚異的な勝負強さを発揮　ライト

オスカー・ゴンザレス　Oscar Gonzalez

25歳 1998.1.10生｜193cm｜108kg｜右投右打　対左.266　対右.308　ホ.304　ア.284
得.262　ド2014外インディアンズ　出ドミニカ　年72万ドル（約9360万円）+α

ミ3　パ4　走4　守3　肩5

　ポストシーズンで2本のサヨナラ打を放った外野手。昨年5月26日にメジャーデビュー。打棒好調で、ライトのレギュラー格で起用されるようになった。とくにチームが首位争いを繰り広げていたシーズン終盤によく打ち、地区優勝に大きく貢献。その勢いは、ポストシーズンに入っても止まらず、まず、レイズとのワイルドカードシリーズ第2戦では、0対0で迎えた15回裏にサヨナラホームラン。ヤンキースとの地区シリーズ第2戦では、10回表に勝ち越し打。同シリーズ第3戦では、9回裏に逆転サヨナラタイムリーと、神がかり的な勝負強さを見せ、ヒーローになった。

年度	所属チーム	試合数	打数	得点	安打	二塁打	三塁打	本塁打	打点	四球	三振	盗塁	盗塁死	出塁率	OPS	打率
2022	ガーディアンズ	91	362	39	107	27	0	11	43	15	75	1	2	.327	.788	.296
通算成績		91	362	39	107	27	0	11	43	15	75	1	2	.327	.788	.296

7　ゴールドグラブ賞に輝いた守備の達人　センター

マイルズ・ストロウ　Myles Straw

29歳 1994.10.17生｜178cm｜80kg｜右投右打　対左.264　対右.207　ホ.218　ア.222
得.202　ド2015⑤アストロズ　出カリフォルニア州　年250万ドル（約3億2500万円）◆ゴールドグラブ賞1回(22年)

ミ3　パ1　走4　守5　肩5

　パワーに欠けるため打撃では大きな貢献ができないが、守備力はオールラウンドに高く、センターで使うとチームに多大な貢献をする守備のエキスパート。昨季は535打数でついに1本も本塁打を打てなかったが、守備ではピンチに再三スーパープレーを見せてピッチャーを助け、さらに強肩にものを言わせてメジャー最多の12アシストを記録した。外野の守備の要としてもリーダーシップを発揮するようになり、4月24日のアウェーでのヤンキース戦では、興奮したファンがものを投げ始めたとき、フェンスによじ登って直接「静かに観戦してほしい」と要請し、男を上げた。

年度	所属チーム	試合数	打数	得点	安打	二塁打	三塁打	本塁打	打点	四球	三振	盗塁	盗塁死	出塁率	OPS	打率
2022	ガーディアンズ	152	535	72	118	22	3	0	32	54	87	21	1	.291	.564	.221
通算成績		408	1298	197	320	59	6	5	96	145	254	67	10	.322	.635	.247

23　今季は正捕手ズニーノのもとで修業　キャッチャー　ルーキー

ボー・ネイラー　Bo Naylor　★WBCカナダ代表

23歳 2000.2.21生｜183cm｜92kg｜右投左打　◆盗塁阻止率／.250(4-1)　対左.000　対右.000　ホ.000
ア—　得.000　ド2018①インディアンズ　出カナダ　年72万ドル（約9360万円）+α

ミ3　パ5　走4　守4　肩4

　「将来の正捕手」の呼び声が高い守備、打撃ともハイレベルな捕手のホープ。ジョシュ・ネイラーの3歳下の弟で、兄と同様、身体能力が際立って高い。守備面では、敏捷性もあるためボールブロックがうまく、強肩で盗塁阻止率も高い。レシービング（捕球）にもそつがなく、フレーミングもうまい。一昨年までは守高打低だったが、打撃面でも昨年、長足の進化を遂げ、もともとあったパワーとバットスピードの速さが長打の数に反映されるようになった。今季はメジャーのバックアップ捕手として50〜70試合に先発出場し、ズニーノの助言を受けながら修業することになる。

年度	所属チーム	試合数	打数	得点	安打	二塁打	三塁打	本塁打	打点	四球	三振	盗塁	盗塁死	出塁率	OPS	打率
2022	ガーディアンズ	5	8	0	0	0	0	0	0	0	5	0	0	.000	.000	.000
通算成績		5	8	0	0	0	0	0	0	0	5	0	0	.000	.000	.000

ガーディアンズ

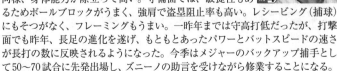

63 じっくり見ていくタイプだが、三振は少なめ

外野手
ファースト
ルーキー

ウィル・ブレナン Will Brennan

25歳 1998.2.2生 | 183cm | 90kg | 左投左打 | 対左.167 対右.389 ホ.407 ア.267 得.500 ド2019⑧インディアンズ 出コロラド州 年72万ドル(約9360万円)+α

ミ **3**
バ **3**
走 **3**
守 **3**
肩 **3**

　高い出塁率を期待できる外野手。スティーヴン・クワンと似たタイプの打者と評されることが多い。昨年9月21日にメジャーデビューし、シーズン終了までに打率3割5分7厘(42打数15安打)と打撃をアピール。ポストシーズンのメンバーにも選ばれた。打者としては、二塁打を量産するギャップヒッタータイプ。以前はパワー不足が課題と言われていたが、その点も改善されてきている。守備は、外野の3つのポジションに対応可能で、4人目の外野手にうってつけだが、今季は右打者のストロウとコンビを組む形で、センターにプラトーンで使われる可能性もある。

年度	所属チーム	試合数	打数	得点	安打	二塁打	三塁打	本塁打	打点	四球	三振	盗塁	盗塁死	出塁率	OPS	打率
2022	ガーディアンズ	11	42	6	15	1	1	1	8	2	4	2	1	.400	.900	.357
通算成績		11	42	6	15	1	1	1	8	2	4	2	1	.400	.900	.357

46 昨季の盗塁阻止率は46.7%!

キャッチャー
移籍

メイブリーズ・ヴィロリア Meibrys Viloria
★WBCコロンビア代表

26歳 1997.2.15生 | 180cm | 101kg | 右投左打 ◆盗塁阻止率./.467(15-7) 対左.200 対右.155 ホ.273 ア.033 得.091 ド2017⑥ロイヤルズ 出コロンビア 年72万ドル(約9360万円)+α

ミ **2**
バ **4**
走 **2**
守 **4**
肩 **5**

　今季は3Aの捕手としてプレーし、故障者が出た場合、メジャーに呼ばれることになる守備力の高い捕手。一番のウリは、盗塁阻止率の高さ。昨季は15回走られて7回刺しており、阻止率は46.7%だった。これは肩が強いだけでなく、捕球からリリースまでの時間が短く、送球も正確だからこそ可能になった数字だ。もう1つのウリは、完全なバイリンガルであるため、英語でもスペイン語でも投手陣と突っ込んだやりとりができること。打者としては平均以上のパワーがあるが、メジャーの投手の質の高い変化球と緩急を巧みに使う投球術に、うまく対処できないことが多い。

年度	所属チーム	試合数	打数	得点	安打	二塁打	三塁打	本塁打	打点	四球	三振	盗塁	盗塁死	出塁率	OPS	打率
2022	レンジャーズ	26	63	10	10	1	0	2	5	11	29	0	0	.280	.550	.159
通算成績		93	244	22	49	11	0	3	24	24	91	0	1	.270	.553	.201

76 ジョージ・ヴァレラ George Valera

ライト
レフト
期待度 **B+**
ルーキー

23歳 2000.11.13生 | 183cm | 88kg | 左投左打 ◆昨季は2A、3Aでプレー ド2017⑭インディアンズ 出ニューヨーク州

　打撃面の一番のウリはパワー。打球にバックスピンをかけて遠くに飛ばす技術も覚えたので、昨季はマイナーで20打数に1本のペースでアーチを生産。選球眼も良く、四球が多いため、打率が低くても高い出塁率を期待できる。守備は打球への反応がやや遅いが、肩は強いのでライトがベストフィット。

8 ガブリエル・アリアス Gabriel Arias

ユーティリティ
期待度 **B+**
ルーキー

23歳 2000.2.27生 | 185cm | 98kg | 右投右打 ◆昨季はメジャーで16試合に出場 ド2016⑦パドレス 出ベネズエラ

　守備面でのウリはショート、サード、セカンドの3つのポジションに対応し、平均レベルか、それ以上の守備を期待できること。打者としてのウリは、フル出場すれば毎年20～25本塁打を期待できるパワーを備えていること。ただ、相手投手に緩急をうまくつけられると、強い打球を飛ばせなくなる。

対左=対左投手打率 対右=対右投手打率 ホ=ホーム打率 ア=アウェー打率 得=得点圏打率 ド=ドラフトデータ 出=出身地 年=年俸

シカゴ・ホワイトソックス

◆創　立：1900年
◆本拠地：イリノイ州シカゴ市
◆ワールドシリーズ制覇：3回／◆リーグ優勝：6回
◆地区優勝：6回　◆ワイルドカード獲得：1回

主要オーナー　ジェリー・ラインズドーフ（弁護士、公認会計士、シカゴ・ブルズ オーナー）

過去5年成績

年度	勝	負	勝率	ゲーム差	地区順位	ポストシーズン成績
2018	62	100	.383	29.0	④	―
2019	72	89	.447	28.5	③	―
2020	35	25	.583	1.0	②（同率）	ワイルドカードシリーズ敗退
2021	93	69	.574	(13.0)	①	地区シリーズ敗退
2022	**81**	**81**	**.500**	**11.0**	②	―

監督

新

5 ペドロ・グリフォル *Pedro Grifol*

◆年　齢…………54歳（フロリダ州）
◆現役時代の経歴……メジャーでのプレー経験なし
（キャッチャー）
◆監督経歴…………メジャーでの監督経験なし

　昨季までロイヤルズのベンチコーチを務めていた、ホワイトソックスの第42代監督。おだやかで忍耐強く、理知的な人物。ロイヤルズの組織では、監督、コーチ、選手、そのほかのスタッフの橋渡し的な役割もにない、スムーズなチーム運営をサポートしてきた。また、スペイン語が堪能なため、ラテンアメリカ出身の選手から、とくに頼りにされていたようだ。ホワイトソックスには野手を中心にラテンアメリカ出身の選手が多いので、その点も強みになるだろう。

注目コーチ　 チャーリー・モントーヨ *Charlie Montoyo*

　新ベンチコーチ。58歳。2019年からブルージェイズの監督を務めていたが、成績不振で昨年7月に解任された。明るい性格で、選手の気持ちを盛り上げるのがうまい。

編成責任者　リック・ハーン *Rick Hahn*

　52歳。ここ数年、大金と有望株を投入して補強を進めたが、望んだ結果は出ず。ラルーサ前監督の就任はオーナーの意向が強かったが、今回の新監督選びはハーン主導。

スタジアム　ギャランティード・レート・フィールド *Guaranteed Rate Field*

◆開 場 年…………1991年
◆仕　　様…………天然芝
◆収容能力…………40,615人
◆フェンスの高さ…2.4m
◆特　　徴…………外野フェンスの低さや風の影響で、本塁打が出やすい。ホワイトソックスの選手が本塁打を放つと、スコアボードの電子風車が回る。球場名は、命名権を取得している、住宅ローン会社のギャランティード・レート社に由来。

ヒッターズ
パーク

① ティム・アンダーソン……ショート
② アンドルー・ベニンテンディ……レフト
③ ルイス・ロバート・ジュニア……センター
④ エロイ・ヒメネス……DH
⑤ ヨアン・モンカダ……サード
⑥ アンドルー・ヴォーン……ファースト
⑦ ヤスマニ・グランダル……キャッチャー
⑧ ギャヴィン・シーツ……ライト
⑨ ロミー・ゴンザレス……セカンド

Depth Chart [ポジション別選手層・メンバーリスト]

※2023年2月13日時点の候補選手。数字は背番号（開幕前に変更する場合もあり）、右・左等は投・打の順。

センター
88 ルイス・ロバート・ジュニア [右・右]
28 レウリー・ガルシア [右・両]

レフト
23 **アンドルー・ベニンテンディ [左・左]**
74 エロイ・ヒメネス [右・右]
25 アンドルー・ヴォーン [右・右]
28 レウリー・ガルシア [右・両]

ライト
32 **ギャヴィン・シーツ [左・左]**
25 アンドルー・ヴォーン [右・右]
28 レウリー・ガルシア [右・両]

ショート
7 **ティム・アンダーソン [右・右]**
28 レウリー・ガルシア [右・両]
12 ロミー・ゴンザレス [右・右]
50 レニン・ソーサ [右・右]

セカンド
28 **レウリー・ガルシア [右・両]**
50 レニン・ソーサ [右・右]
30 ジェイク・バーガー [右・右]
12 ロミー・ゴンザレス [右・右]

サード
10 **ヨアン・モンカダ [右・両]**
30 ジェイク・バーガー [右・右]

ローテーション
84 ディラン・シース [右・右]
33 ランス・リン [右・両]
27 ルーカス・ジオリート [右・右]
34 マイケル・コペック [右・右]
52 マイク・クレヴィンジャー [右・右]

ファースト
25 **アンドルー・ヴォーン [右・右]**
32 ギャヴィン・シーツ [左・左]

キャッチャー
24 **ヤスマニ・グランダル [右・両]**
44 セビー・ザヴァラ [右・右]

DH
74 **エロイ・ヒメネス [右・右]**
25 アンドルー・ヴォーン [右・右]
24 ヤスマニ・グランダル [右・両]

ブルペン
31 リーアム・ヘンドリックス [右・右] **CL**
49 ケンドール・グレイヴマン [右・右]
39 アーロン・バマー [左・右]
17 ジョー・ケリー [右・右]
55 ジェイク・ディークマン [左・右]
40 レイナルド・ロペス [右・右]
45 ギャレット・クロシェ [左・右]
66 ホセ・ルイーズ [右・右]
－ ニック・アヴィラ [右・右]
65 デイヴィス・マーティン [右・右]
58 ジミー・ランバート [右・右]
－ フランクリン・ハーマン [右・右]
60 グレゴリー・サントス [右・右]

※**CL**=クローザー

ホワイトソックス試合日程……＊はアウェーでの開催

3月30・31・4月1・2 アストロズ＊	**5月2・3・4** ツインズ	**6月2・3・4** タイガース
3・5・6 ジャイアンツ	5・6・7 レッズ＊	6・7・8 ヤンキース＊
7・8・9 パイレーツ＊	8・9・10・11 ロイヤルズ＊	9・10・11 マーリンズ
10・11・12 ツインズ＊	12・13・14 アストロズ	13・14・15 ドジャース＊
14・15・16 オリオールズ	16・17・18 ガーディアンズ	16・17・18 マリナーズ＊
17・18・19 フィリーズ	19・20・21 ロイヤルズ	19・20・21 レンジャーズ
21・22・23 レイズ＊	22・23・24 ガーディアンズ＊	23・24・25 レッドソックス
24・25・26 ブルージェイズ＊	25・26・27・28 タイガース＊	26・27・28・29 エンジェルス＊
27・28・29・30 レイズ	29・30・31 エンジェルス	30・**7月**1・2 アスレティックス＊

球団メモ 2021年に監督に就任したトニー・ラルーサ（77歳）が、昨年8月末、健康上の理由で休養し、シーズン終了後、正式に引退。監督通算2884勝は、MLB歴代2位。

122

ホワイトソックス

■投手力🔼…★★★🔼★【昨年度チーム防御率3.92、リーグ8位】

ローテーションは、シース、リン、ジオリート、コペックの4人は昨季から変わりなし。力のある投手がそろっているものの、昨季の先発防御率は3.89で、リーグ平均よりやや良い程度だった。クエトの抜けた穴はクレヴィンジャーで埋めることにしたが、契約後、クレヴィンジャーにDV疑惑が発覚しており、出場停止の処分が科される可能性もある。一方、リリーフ防御率が昨季、リーグ平均を下回ったブルペンもピンチだ。大きな補強がないうえ、守護神ヘンドリックスが癌の治療のため、長期離脱する可能性が高い。

■攻撃力➡…★★★🔼★【昨年度チーム得点686、リーグ9位】

早打ち傾向の強い打者が多く、昨季の四球率はリーグワースト。ただ、チーム打率はリーグ3位と高く、出塁率は平均レベルだった。打線から主砲アブレイユが抜けたが、オフにベニンテンディを獲得。アンダーソン、ロバート・ジュニア、ヒメネスらが名を連ねる上位打線は、今季もハイレベルだ。

■守備力➡…★★★★★【昨年度チーム失策数101、リーグ15位】

打力重視のレギュラー構成のため、内野も外野も守備は「下」レベル。集中力を欠いたプレーで、投手の足を引っ張っている。

■機動力➡…★★★★★【昨年度チーム盗塁数58、リーグ12位】

監督が盗塁嫌いのラルーサから、機動力野球のロイヤルズから来たグリフォルに変わったので、戦い方に変化が見られるかもしれない。昨季のチーム盗塁王は、13盗塁を決めたアンダーソンで、失敗は一度もなかった。

総合評価 ★★★🔼★
このオフの目立った補強は、外野手のベニンテンディくらい。投手陣に予期せぬ事態が発生したほか、守備力の強化も進まず、開幕に向けて課題は多い。チームの精神的支柱でもあったアブレイユの退団が、様々な面に負の影響を及ぼす可能性もある。

IN 主な入団選手
投手
マイク・クレヴィンジャー ←パドレス
グレゴリー・サントス ←ジャイアンツ
野手
アンドルー・ベニンテンディ ←ヤンキース

OUT 主な退団選手
投手
ジョニー・クエト ➡マーリンズ
ヴィンス・ヴェラスケス ➡パイレーツ
野手
ホセ・アブレイユ ➡アストロズ
AJ・ポロック ➡マリナーズ
ジョシュ・ハリソン ➡フィリーズ
エルヴィス・アンドルス ➡所属先未定

4・5・6	ブルージェイズ	4・5・6	ガーディアンズ*	5・6・7	ロイヤルズ*
7・8・9	カーディナルス	7・8・9	ヤンキース	8・9・10	タイガース*
11	オールスターゲーム	11・12・13	ブリュワーズ	11・12・13	ロイヤルズ
14・15・16	ブレーブス*	15・16	カブス*	14・15・16・17	ツインズ
18・19・20	メッツ*	18・19・20	ロッキーズ*	18・19・20	ナショナルズ*
21・22・23	ツインズ	21・22・23	マリナーズ	22・23・24	レッドソックス*
25・26	カブス	24・25・26・27	アスレティックス*	25・26・27	ダイヤモンドバックス
27・28・29・30	ガーディアンズ	28・29・30	オリオールズ*	29・30・**10**1	パドレス
81・2・3	レンジャーズ*	**9**1・2・3	タイガース		

球団メモ 昨季、アウェーでは44勝37敗と勝ち越したが、ホームでは37勝44敗と負け越した。シーズン全体では81勝81敗で、3シーズン連続のポストシーズン進出ものがした。

先発14試合連続で自責点1以下

先発

84 ディラン・シース
Dylan Cease

28歳 1995.12.28生｜188cm｜88kg｜右投右打

◆球速のスピード／150キロ台中頃（フォーシーム）
◆決め球と持ち球／☆スライダー、◎フォーシーム、
　◎カーブ、○チェンジアップ
◆対左打者被打率／.219　◆対右打者被打率／.163
◆ホーム防御率／2.35　　アウェー防御率／2.00
◆ドラフトデータ／2014⑥カブス
◆出身地／ジョージア州
◆年俸／570万ドル（約7億4100万円）

球威 **5**
制球 **2**
緩急 **5**
守備・連携 **4**
度胸 **4**

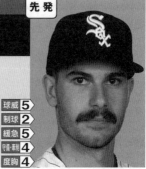

　昨季、アメリカン・リーグのサイ・ヤング賞投票で2位に入った右腕。メジャー3年目の2021年に13勝をあげてミニブレイクしたが、昨季はさらに進化。150キロ台半ばのフォーシームと切れ味を増したスライダーを両輪に、時折130キロ台前半のカーブも交え、強い打球を飛ばされないことに主眼を置いたピッチングで、リーグ2位の防御率2.20を記録した。

　昨季は、開幕からしばらくは不安定な投球も散見され、5月には6失点以上の試合が2試合もあった。しかし、5月29日のカブス戦からにわかに制球が安定し、8月11日のロイヤルズ戦まで、14試合連続で自責点1以下に抑えた。これはメジャー史上最長記録だ。この間は5連勝を含む8勝をマークし、防御率は0.66だった。シーズン防御率も一時は1点台まで下がり、一気にサイ・ヤング賞争いに食い込むことに。勝負のかかった9月も、6試合の先発で防御率1.95と奮闘した。しかしサイ・ヤング賞投票では、1位票を独占したヴァーランダーに敗れた。それでもこの2位で、昨年の新労使協定で導入された、年俸調停権を得る前の選手を対象としたボーナスを獲得。ボーナスの額は活躍に応じて変わり、シースは約246万ドルを得た。この額は、ボーナス対象者の中でトップの数字だ。なお、2位はヨーダン・アルヴァレス（アストロズ）の約238万ドルだった。

　今後の課題は、制球力の向上だ。昨季はリーグ最多の78四球を出し、球数がふくらむ原因になった。そのため、6回終了まで到達するのがやっとというケースが多かった。先に紹介した14試合連続の記録中も、途中で球数がふくらんで、5回未満での交代となったケースが2試合あった。今季は、昨年16にとどまったQSを大幅に増やすことが、1つの目標になる。

　高校時代は、双子の兄弟アレクさんとバッテリーを組んでいた。伯父のブルースさんは2シーズン、マイナーでのプレー経験がある元一塁手。

カモ C・コレイア（ツインズ）.077（13-1）0本　A・バドゥー（タイガース）.091（11-1）0本
苦手 S・クワン（ガーディアンズ）.500（10-5）0本　J・アルトゥーヴェ（アストロズ）.500（10-5）2本

年度	所属チーム	勝利	敗戦	防御率	試合数	先発	セーブ	投球イニング	被安打	失点	自責点	被本塁打	与四球	奪三振	WHIP
2019	ホワイトソックス	4	7	5.79	14	14	0	73.0	78	51	47	15	35	81	1.55
2020	ホワイトソックス	5	4	4.01	12	12	0	58.1	50	30	26	12	34	44	1.44
2021	ホワイトソックス	13	7	3.91	32	32	0	165.2	139	77	72	20	68	226	1.25
2022	ホワイトソックス	14	8	2.20	32	32	0	184.0	126	55	45	16	78	227	1.11
通算成績		36	26	3.56	90	90	0	481.0	393	213	190	63	215	578	1.26

元トップ・プロスペクトが軌道修正に成功　先発

34 マイケル・コペック　*Michael Kopech*

27歳　1996.4.30生　190cm／95kg　右投右打

◆速球のスピード／150キロ台中頃（フォーシーム）
◆決め球と持ち球／◎フォーシーム、◎スライダー、◎カーブ
◆対左.214　◆対右.186　◆ホ防3.01　◆ア防4.26
◆ⓓ2014①レッドソックス　◆田テキサス州
◆囲205万ドル（約2億6650万円）

球威 **5**
制球 **5**
緩急 **5**
守備・牽制 **3**
度胸 **5**

　一時は、メジャーでも屈指のトップ・プロスペクト（最有望株）と評価されていた逸材。トミー・ジョン手術による長期離脱と、新型コロナウイルスの感染拡大を受けた2020年シーズン全休を経た21年は、3年ぶりのメジャーということもあってリリーフがメインだった。しかし、昨季は25試合すべてが先発登板。イニング制限を受けていたことや、9月にヒザの故障で離脱したことなどで勝ち星は5勝にとどまったが、3点台半ばの防御率を記録。被打率も1割9分6厘と良好な数字で、さらなる飛躍を期待されるようになった。

カモ A・ジャッジ（ヤンキース）.000（6-0）0本　苦手 A・キリロフ（ツインズ）.500（6-3）1本

年度	所属チーム	勝利	敗戦	防御率	試合数	先発	セーブ	投球イニング	被安打	失点	自責点	被本塁打	与四球	奪三振	WHIP
2018	ホワイトソックス	1	1	5.02	4	4	0	14.1	20	8	8	4	2	15	1.53
2021	ホワイトソックス	4	3	3.50	44	4	0	69.1	54	27	27	9	24	103	1.13
2022	ホワイトソックス	5	9	3.54	25	25	0	119.1	85	53	47	15	57	105	1.19
通算成績		10	13	3.64	73	33	0	203.0	159	88	82	28	83	223	1.19

病気治療のため、今季の登板は不透明　クローザー

31 リーアム・ヘンドリックス　*Liam Hendriks*

34歳　1989.2.10生　183cm／106kg　右投右打

◆速球のスピード／150キロ台後半（フォーシーム）
◆決め球と持ち球／◎フォーシーム、◎スライダー、◎カーブ
◆対左.219　◆対右.202　◆ホ防2.76　◆ア防2.86
◆ⓓ2007⑩ツインズ　◆田オーストラリア
◆囲1400万ドル（約18億2000万円）
◆最多セーブ1回（21年）、最優秀救援投手賞2回（20、21年）

球威 **5**
制球 **4**
緩急 **3**
守備・牽制 **3**
度胸 **5**

　オーストラリア出身の豪腕リリーバー。30歳となった2019年、アスレティックスでクローザーとしてブレイク。21年のホワイトソックス移籍後も、不動の守護神として活躍し、21年はリーグ最多の38セーブ、昨季も2位の37セーブと期待に応えた。23年シーズンも頼れるクローザーとして君臨するはずだったが、今年1月、癌の一種である非ホジキンリンパ腫と診断されたことを公表。この治療に専念するため、長期の離脱は避けられなくなっている。

カモ C・コレイア（ツインズ）.091（11-1）0本　苦手 S・ペレス（ロイヤルズ）.667（12-8）1本

年度	所属チーム	勝利	敗戦	防御率	試合数	先発	セーブ	投球イニング	被安打	失点	自責点	被本塁打	与四球	奪三振	WHIP
2011	ツインズ	0	2	6.17	4	4	0	23.1	29	16	16	3	6	16	1.50
2012	ツインズ	1	8	5.59	16	16	0	85.1	106	61	53	17	26	50	1.55
2013	ツインズ	1	3	6.85	10	8	0	47.1	67	39	36	10	14	34	1.71
2014	ブルージェイズ	1	0	6.08	3	3	0	13.1	12	9	9	3	4	8	1.20
2014	ロイヤルズ	0	2	4.66	6	3	0	19.1	26	12	10	0	3	15	1.50
2014	2チーム計	1	2	5.23	9	6	0	32.2	38	21	19	3	7	23	1.38
2015	ブルージェイズ	5	0	2.92	58	0	0	64.2	59	23	21	3	11	71	1.08
2016	アスレティックス	0	4	3.76	53	0	0	64.2	69	31	27	6	14	71	1.28
2017	アスレティックス	4	2	4.22	70	0	1	64.0	57	34	30	7	23	78	1.25
2018	アスレティックス	0	4	4.13	25	8	0	24.0	25	11	11	3	10	22	1.46
2019	アスレティックス	4	4	1.80	75	2	25	85.0	61	18	17	5	21	124	0.96
2020	アスレティックス	3	1	1.78	24	0	14	25.1	14	6	5	1	3	37	0.67
2021	ホワイトソックス	8	3	2.54	69	0	38	71.0	45	23	20	11	7	113	0.73
2022	ホワイトソックス	4	4	2.81	58	0	37	57.2	44	22	18	7	16	85	1.04
通算成績		31	34	3.81	471	44	115	645.0	614	305	273	76	158	724	1.20

対左＝対左打者被打率　対右＝対右打者被打率　ホ防＝ホーム防御率　ア防＝アウェー防御率
ⓓ＝ドラフトデータ　田＝出身地　囲＝年俸

サイ・ヤング賞投票3位の一昨年から一転

33 ランス・リン Lance Lynn ★WCBアメリカ代表

先発

36歳 1987.5.12生 | 196cm | 122kg | 右投両打 函140キロ台後半(フォーシーム、シンカー) 困○フォーシーム
対左.249 対右.245 [ド]2008①カーディナルス 国インディアナ州 囲1850万ドル(約24億500万円)

球 4
制 5
緩 2
総 2
度 4

昨季は春季キャンプでヒザを痛め、出遅れた左腕。6月に戦列復帰も、試合中にコーチと口論になる場面があるなど、試練のシーズンになった。フォーシーム、ツーシーム(シンカー)、カッターが投球の9割を占める投手で、球速は平均以下だが、スピン量はトップレベルなのが長所。体重が120キロを超える巨漢で、ピザとビールが大好き。それだけに、コンディショニングにはキャリアを通じて悩まされている。カーディナルス時代には、ウェインライトら先輩投手たちに相談したり、チームシェフを自宅に派遣してもらい、食事から問題解決に取り組んだりしたこともあった。

年度	所属チーム	勝利	敗戦	防御率	試合数	先発	セーブ	投球イニング	被安打	失点	自責点	被本塁打	与四球	奪三振	WHIP
2022	ホワイトソックス	8	7	3.99	21	21	0	121.2	119	65	54	19	19	124	1.13
通算成績		123	84	3.52	309	285	1	1705.1	1554	725	667	171	593	1715	1.26

FA前の大事なシーズンで巻き返しなるか

27 ルーカス・ジオリート Lucas Giolito

先発

29歳 1994.7.14生 | 198cm | 110kg | 右投右打 函140キロ台後半(フォーシーム) 困○チェンジアップ
対左.217 対右.312 [ド]2012①ナショナルズ 国カリフォルニア州 囲1040万ドル(約13億5200万円)

球 4
制 3
緩 3
総 4

短縮シーズンだった2020年を除けば、4年連続で2ケタ勝利をあげ、3年連続で開幕投手を務めてきたチームの大黒柱。しかし昨季は、前年と同じ11勝をマークしたものの、防御率は3.53から4.90に大幅悪化し、投球回数や奪三振数、与四球率などほぼすべての数字が悪くなった。今シーズン終了後にフリーエージェントとなるため、今季は自身にとっても巻き返し必須な大事なシーズンとなる。母は女優で、父はゲームプロデューサー。2人の祖父は俳優とフェンシングの五輪代表、兄弟も俳優で、叔父にはテレビプロデューサー兼脚本家がいるという異色の家系出身として知られる。

年度	所属チーム	勝利	敗戦	防御率	試合数	先発	セーブ	投球イニング	被安打	失点	自責点	被本塁打	与四球	奪三振	WHIP
2022	ホワイトソックス	11	9	4.90	30	30	0	161.2	171	92	88	24	61	177	1.44
通算成績		53	47	4.33	147	145	0	829.1	717	421	399	125	312	873	1.24

DV疑惑が持ち上がり、球団は困惑

52 マイク・クレヴィンジャー Mike Clevinger

先発 移籍

33歳 1990.12.21生 | 193cm | 97kg | 右投右打 函150キロ台前半(フォーシーム、シンカー) 困○スライダー
対左.211 対右.257 [ド]2011④エンゼルス 国フロリダ州 囲800万ドル(約10億4000万円)

球 4
制 3
緩 3
総 3

インディアンズ(現ガーディアンズ)時代の2017〜19年に、3年連続の2ケタ勝利をマークした右腕。パドレス移籍後は2度目のトミー・ジョン手術で、21年を全休。昨年5月に復帰し、先発で22試合に登板したが、速球の平均球速が以前と比べ、3キロ近く落ちていた。オフにFAとなると、今季は完全復活すると見たホワイトソックスが獲得。開幕からローテーションに入れて先発で活用するつもりだった。ところが今年1月、かつての恋人がクレヴィンジャーからのDV被害を告発。本人は否定しているが、MLB機構から、何らかの処分を科される可能性がある。

年度	所属チーム	勝利	敗戦	防御率	試合数	先発	セーブ	投球イニング	被安打	失点	自責点	被本塁打	与四球	奪三振	WHIP
2022	パドレス	7	7	4.33	23	22	0	114.1	102	56	55	20	35	91	1.20
通算成績		51	30	3.39	128	114	0	656.2	538	256	247	78	242	694	1.19

函=速球のスピード 困=決め球 対左=対左打者被打率 対右=対右打者被打率
[ド]=ドラフトデータ 国=出身地 囲=年俸

ホワイトソックス

49 高速シンカーで凡打の山を築く

セットアップ

ケンドール・グレイヴマン *Kendall Graveman* ★WBCアメリカ代表

33歳 1990.12.21生｜188cm｜90kg｜右投右打 球150キロ台後半（シンカー主体）決◎シンカー
対左.260 対右.254 ド2013⑧ブルージェイズ 田アラバマ州 甲800万ドル（約10億4000万円）

球5／制3／緩3／守3／度4

150キロ台半ばから後半のシンカーを武器にするセットアッパー。キャリア初期は先発だったが、トミー・ジョン手術後の2020年からはリリーフで投げている。昨季はホワイトソックス移籍1年目で、チーム最多の65試合に登板。27ホールドと期待に応えてみせたが、シーズン後半は大事な場面で打たれるケースも目立った。高速シンカーが投球の約4割なのに対して、フォーシームは1割強。昨季は投球における、スライダーとチェンジアップの割合が多くなっていた。アスレティックス時代の2018年3月29日のエンジェルス戦で、大谷翔平にメジャー初ヒットを献上。

年度	所属チーム	勝利	敗戦	防御率	試合数	先発	セーブ	投球イニング	被安打	失点	自責点	被本塁打	与四球	奪三振	WHIP
2022	ホワイトソックス	3	4	3.18	65	0	6	65.0	65	29	23	5	26	66	1.40
通算成績		32	37	4.04	212	80	16	585.2	599	285	263	68	184	428	1.34

39 右打者相手に大苦戦

セットアップ

アーロン・バマー *Aaron Bummer*

30歳 1993.9.21生｜190cm｜97kg｜左投左打 球150キロ台前半（シンカー）決◎スライダー
対左.231 対右.323 ド2014⑲ホワイトソックス 田カリフォルニア州 甲375万ドル（約4億8750万円）

球4／制2／緩3／守3／度4

昨季は右ヒザや広背筋を相次いで痛めて離脱を繰り返し、わずか32試合の登板にとどまったリリーフ左腕。それでも左打者に対しては被打率2割3分1厘、被本塁打ゼロと、マウンドに上がればそれなりの役目は果たした。ただし対右打者には、被打率3割2分3厘。これまでとくに右打者を苦手にしていたわけではないが、昨季は右打者に有効に働いていたバックドア・スライダーの制球に苦しみ、空振りを奪えなくなっていた。ここ2年、フォーシームは一切投げず、6割のシンカーと3割のスライダーの2種類で、ほぼ投球を組み立てている。そのためゴロアウトが多い。

年度	所属チーム	勝利	敗戦	防御率	試合数	先発	セーブ	投球イニング	被安打	失点	自責点	被本塁打	与四球	奪三振	WHIP
2022	ホワイトソックス	2	1	2.36	32	0	2	26.2	30	11	7	2	10	30	1.50
通算成績		9	10	3.03	228	0	5	213.2	173	87	72	14	93	231	1.24

55 制球難に苦しむベテランサウスポー

ミドルリリーフ

ジェイク・ディークマン *Jake Diekman*

36歳 1987.1.21生｜193cm｜88kg｜左投右打 球150キロ台前半（フォーシーム、シンカー）決◎フォーシーム
対左.250 対右.234 ド2007㉚フィリーズ 田ネブラスカ州 甲350万ドル（約4億5500万円）

球4／制1／緩3／守3／度3

バマーが故障離脱したこともあって、昨シーズン途中にレッドソックスから獲得したリリーフ左腕。しかし移籍後は26試合の登板で防御率6.52と、期待外れの結果に終わった。ピッチングの基本は、速球とスライダーのコンビネーションでバマーと同じだが、こちらはフォーシームがメイン。そして若手の頃から改善されてこなかった制球難を、今なお抱えている。昨季、2球団での与四球率（9イニングあたりの四球数）は6.6と、ひどい数字だった。ウリは、酷使に耐えうるタフさ。妻アマンダさんのお父さんも元投手だが、ヒジの故障で、メジャーには到達できなかった。

年度	所属チーム	勝利	敗戦	防御率	試合数	先発	セーブ	投球イニング	被安打	失点	自責点	被本塁打	与四球	奪三振	WHIP
2022	レッドソックス	5	1	4.23	44	0	1	38.1	27	22	18	5	30	51	1.49
2022	ホワイトソックス	0	3	6.52	26	0	0	19.1	25	18	14	4	12	28	1.91
2022	2チーム計	5	4	4.99	70	0	1	57.2	52	40	32	9	42	79	1.63
通算成績		25	29	3.87	599	0	15	513.2	423	259	221	43	296	660	1.40

今季は勝利の方程式入りを目指す右腕

ミドルリリーフ

40 レイナルド・ロペス *Reynaldo Lopez*

29歳 1994.1.4生｜185cm｜101kg｜右投右打 球150キロ台後半（フォーシーム） 決○スライダー
対左.239 対右.204 ⑤2012⑪ナショナルズ 出ドミニカ 年363万ドル（約4億7190万円）

球速 **4**
制球 **3**
緩急 **2**
守備 **3**
度 **3**

リリーフ転向で新境地を開いたパワーピッチャー。2019年に33試合に先発して10勝をあげた右腕だが、この年は35本ものホームランを浴び、自責点はリーグ最多の110。球が速いわりに奪三振率が低く、翌年以降は伸び悩んでいた。しかし、リリーフに専念（先発で投げた1試合は、オープナー戦術のショート先発）した昨季は、防御率2.76。先発時代に比べて速球の平均球速は約3キロ上昇、チェンジアップの代わりにスライダーを多投し始めたのも功を奏したのか、被本塁打はわずか1本と劇的な改善を見せた。とはいえ登板試合のほとんどは、ビハインドか大量リードの場面だった。

年度	所属チーム	勝利	敗戦	防御率	試合数	先発	セーブ	投球イニング	被安打	失点	自責点	被本塁打	与四球	奪三振	WHIP
2022	ホワイトソックス	6	4	2.76	61	1	0	65.1	51	24	20	1	11	63	0.95
通算成績		36	42	4.43	173	97	2	613.2	585	335	302	91	215	534	1.30

移籍1年目で期待を裏切り、正念場に

セットアップ

17 ジョー・ケリー *Joe Kelly*

35歳 1988.6.9生｜185cm｜78kg｜右投右打 球150キロ台後半（シンカー） 決○カーブ
対左.239 対右.263 ⑤2009⑪カーディナルス 出カリフォルニア州 年800万ドル（約10億4000万円）

球速 **4**
制球 **2**
緩急 **3**
守備 **3**
度 **4**

レッドソックスとドジャースで、ワールドシリーズ制覇を経験したベテラン右腕。メジャーデビュー当初は先発だったがリリーフに転向し、2021年はドジャースで48試合に登板して防御率2.86と安定していた。そこを買われて21年オフに、2年1700万ドルでホワイトソックスへ移籍。しかし1年目の昨季は、故障離脱が度々あったうえ、制球にも苦しみ、43試合で防御率6.08とキャリアワーストのシーズンとなってしまった。マウンドでは闘志あふれる姿を見せるが、普段はジョーク好きの明るい性格。妻アシュリーさんの父デレク・パークスは、元ツインズのキャッチャー。

年度	所属チーム	勝利	敗戦	防御率	試合数	先発	セーブ	投球イニング	被安打	失点	自責点	被本塁打	与四球	奪三振	WHIP
2022	ホワイトソックス	1	3	6.08	43	1	0	37.0	36	26	25	2	23	53	1.59
通算成績		51	32	3.94	408	81	6	767.2	733	368	336	66	321	672	1.37

― サミー・ペラルタ *Sammy Peralta*

リリーフ **期待度 C+** **ルーキー**

25歳 1998.5.10生｜188cm｜92kg｜左投左打 ◆昨季は2A、3Aでプレー ⑤2019⑱ホワイトソックス 出ニューヨーク州

2019年のドラフト18巡目（全体530位）と、低い評価でプロ入りしたが、3年目で3Aまで昇格したリリーフ右腕。ゴロを打たせる投球が持ち味だが、奪三振率もそれなりに高い。課題だった制球も徐々に改善されており、3Aでの活躍次第では、今季、メジャーデビューのチャンスがめぐってくるかも。

― ショーン・バーク *Sean Burke*

先発 **期待度 B−** **ルーキー**

24歳 1999.12.18生｜198cm｜104kg｜右投右打 ◆昨季は1A+、2A、3Aでプレー ⑤2021③ホワイトソックス 出マサチューセッツ州

2021年のドラフトで、3巡目に指名された長身の右腕。昨季、1A+から3Aまで一気に駆け上がった。球種は平均球速150キロ前後のフォーシーム、ナックルカーブ、スライダー、チェンジアップ。ローテーションの3～4番手を任せられる投手に成長することを、期待されている。高校時代はバスケットボールでも活躍した。

球団史上最大のFA契約で加入　　　　　　　　　　　　　　**レフト**　　移籍

23 アンドルー・ベニンテンディ
Andrew Benintendi

29歳　1994.7.6生｜175cm｜81kg｜左投左打

◆対左投手打率／.269(134-36)　◆対右投手打率／.318(327-104)
◆ホーム打率／.290(241-70)　◆アウェー打率／.318(220-70)
◆得点圏打率／.300(110-33)
◆22年のポジション別出場数／レフト＝124、DH＝1
◆ドラフトデータ／2015①レッドソックス
◆出身地／オハイオ州
◆年俸／800万ドル(約10億4000万円)
◆ゴールドグラブ賞1回(21年)

ミート	4
パワー	3
走塁	3
守備	5
肩	3

ホワイトソックス

新たに加入した高い出塁率を期待できる中距離ヒッター。昨季はロイヤルズで、開幕から高打率をキープ。オールスターに初選出されたあと、ヤンキースへ移籍した。ただ新天地では、33試合で打率2割5分4厘と期待に応えられず、9月に入ってすぐに左手首を故障し、シーズン終了となった。オフに入り、ホワイトソックスと5年7500万ドルで契約。この金額は、FA選手との契約規模としては、ホワイトソックスの史上最高額だ。

もともとレッドソックスでは「20本塁打・20盗塁」を達成するなど、パワーとスピードを兼ね備えた外野手という印象だった。だが、ロイヤルズ2年目の昨季はヒットメーカーにモデルチェンジし、出だしから安打を量産。7月末のヤンキース移籍後は調子を落としたものの、キャリアで初めて打率を3割の大台に乗せた。レフトの守備は、肩はさほど強くないが、守備範囲が広く、2021年にはゴールドグラブ賞を獲得している。

2015年ドラフトで、レッドソックスが1巡目(全体7位)に指名してプロ入り。実はこのとき、ホワイトソックスも全体8位で指名準備をしていたという(代わりに指名したカーソン・フルマーは、メジャー通算6勝で20年途中に放出。昨季はメジャー登板なし)。ホワイトソックスからすれば、あれから実に8年近くの歳月を経て、意中の選手獲得にこぎつけたことになる。なお、ホワイトソックスのグリフォル監督は、昨季までロイヤルズのベンチコーチを務めており、2人の間には信頼関係がすでにできている。

イタリア系米国人で、父方の祖父母がシチリア島から米国に移住。ベニンテンディはシンシナティで育ち、少年時代はレッズのファンだった。

[カモ] S・ビーバー(ガーディアンズ).500(18-9)1本　S・グレイ(ツインズ).412(17-7)1本
[苦手] R・ヤーブロー(ロイヤルズ).000(15-0)0本　C・ロドーン(ヤンキース).000(13-0)0本

年度	所属チーム	試合数	打数	得点	安打	二塁打	三塁打	本塁打	打点	四球	三振	盗塁	盗塁死	出塁率	OPS	打率
2016	レッドソックス	34	105	16	31	11	1	2	14	10	25	1	0	.359	.835	.295
2017	レッドソックス	151	573	84	155	26	1	20	90	70	112	20	5	.352	.776	.271
2018	レッドソックス	148	579	103	168	41	6	16	87	71	106	21	3	.366	.831	.290
2019	レッドソックス	138	541	72	144	40	5	13	68	59	140	10	3	.343	.774	.266
2020	レッドソックス	14	39	4	4	1	0	0	1	11	17	1	2	.314	.442	.103
2021	ロイヤルズ	134	493	63	136	27	2	17	73	36	97	8	9	.324	.766	.276
2022	ロイヤルズ	93	347	40	111	14	2	3	39	39	52	4	2	.387	.785	.320
2022	ヤンキース	33	114	14	29	9	1	2	12	13	25	4	1	.331	.735	.254
2022	2チーム計	126	461	54	140	23	3	5	51	52	77	8	3	.373	.772	.304
通算成績		745	2791	396	778	169	18	73	384	309	574	69	25	.351	.782	.279

[カモ] [苦手] は通算成績

129

野手

ファースト / ライト

25 昨季の本塁打数と打点はチームトップ
アンドルー・ヴォーン
Andrew Vaughn

25歳 1998.4.3生｜183cm｜97kg｜右投右打
◆対左投手打率／.307　◆対右投手打率／.260
◆ホーム打率／.233　◆アウェー打率／.307　◆得点圏打率／.339
◆22年のポジション別出場数／ライト=45、レフト=44、DH=29、ファースト=23、セカンド=2
◆⑤2019①ホワイトソックス　◆⑪カリフォルニア州
◆囲72万ドル（約9360万円）+α

ミート **3**
パワー **4**
走塁 **2**
守備 **3**
肩 **3**

成長著しい若き中軸候補。メジャー1年目の2021年に15本塁打を放ち、さらなる飛躍が見込まれた昨季は、チームトップとはいえ17本塁打。期待されたほど本数は伸びなかったが、打点は48から76へ急増しており、打率や出塁率、長打率などほぼすべてのスタッツが確かな成長を裏付けていた。これまでは主に外野の両翼を守っていたが、アンドルー・ベニンテンディの入団とホセ・アブレイユの退団にともない、今シーズンからはファーストがレギュラーポジションとなる見込みで、守備の負担軽減による打力向上が期待される。プロ入り前の2017年には日米大学野球選手権に出場し、森下暢仁（現広島）からタイムリーツーベースを放つなどの活躍で、MVPを獲得した。

カモ R・ヤーブロー（ロイヤルズ）.833(6-5)0本　苦手 T・マッケンジー（ガーディアンズ）.000(13-0)0本

年度	所属チーム	試合数	打数	得点	安打	二塁打	三塁打	本塁打	打点	四球	三振	盗塁	盗塁死	出塁率	OPS	打率
2021	ホワイトソックス	127	417	56	98	22	0	15	48	41	101	1	1	.309	.705	.235
2022	ホワイトソックス	134	510	60	138	28	1	17	76	31	96	0	0	.321	.750	.271
通算成績		261	927	116	236	50	1	32	124	72	197	1	1	.315	.729	.255

ショート

7 完全復活が待たれる元首位打者
ティム・アンダーソン
Tim Anderson
★WBCアメリカ代表

30歳 1993.6.23生｜185cm｜83kg｜右投右打
◆対左投手打率／.397　◆対右投手打率／.281
◆ホーム打率／.306　◆アウェー打率／.296　◆得点圏打率／.231
◆22年のポジション別出場数／ショート=79
◆⑤2013①ホワイトソックス　◆⑪アラバマ州
◆囲1250万ドル（約16億2500万円）
◆首位打者1回（19年）、シルバースラッガー賞1回（20年）

ミート **5**
パワー **3**
走塁 **4**
守備 **2**
肩 **3**

2019年に打率3割3分5厘で首位打者に輝いた巧打者。以降も打率3割を毎年キープ。だが昨季は、右足や左手中指などを相次いで痛めて離脱を繰り返し、結局、8月上旬を最後に戦列復帰がかなわなかった。昨季は長期離脱前の好成績もあって、2年連続でオールスターに選ばれた。ホワイトソックスの遊撃手が2年続けて選出されたのは、長い歴史でもわずか4人目の快挙だった。黒人メジャーリーガーの代表としての自覚が強く、自身をジャッキー・ロビンソンになぞらえたことがある。昨年5月、ヤンキースのドナルドソンがそれをからかい、「ジャッキー」と呼びかけたため、怒りをあらわにした。MLBは不適切な発言とし、ドナルドソンに1試合の出場停止処分を科している。

カモ B・シンガー（ロイヤルズ）.538(13-7)0本　苦手 E・ロドリゲス（タイガース）.000(14-0)0本

年度	所属チーム	試合数	打数	得点	安打	二塁打	三塁打	本塁打	打点	四球	三振	盗塁	盗塁死	出塁率	OPS	打率
2016	ホワイトソックス	99	410	57	116	22	6	9	30	13	117	10	2	.306	.738	.283
2017	ホワイトソックス	146	587	72	151	26	4	17	56	13	162	15	1	.276	.678	.257
2018	ホワイトソックス	153	567	77	136	28	3	20	64	30	149	26	8	.281	.687	.240
2019	ホワイトソックス	123	498	81	167	32	0	18	56	15	109	17	5	.357	.865	.335
2020	ホワイトソックス	49	208	45	67	11	1	10	21	10	50	5	2	.357	.886	.322
2021	ホワイトソックス	123	527	94	163	29	2	17	61	22	119	18	7	.338	.807	.309
2022	ホワイトソックス	79	332	50	100	13	0	6	25	14	55	13	0	.339	.734	.301
通算成績		772	3129	476	900	161	16	97	313	117	761	104	25	.316	.758	.288

⑤=ドラフトデータ　⑪=出身地　囲=年俸　カモ 苦手は通算成績

野手

88 さらなる成長期待の5ツールプレーヤー　センター
ルイス・ロバート・ジュニア　*Luis Robert Jr.*
★WBCキューバ代表

26歳 1997.8.3生｜188cm｜99kg｜右投右打

- ◆対左投手打率／.354　◆対右投手打率／.266
- ◆ホーム打率／.253　◆アウェー打率／.306　◆得点圏打率／.302
- ◆22年のポジション別出場数／センター＝91、DH＝4
- ◆🅳2017㉘ホワイトソックス　◆🅑キューバ
- ◆💰950万ドル（約12億3500万円）　◆ゴールドグラブ賞1回（20年）

ミート **4**
パワー **4**
走塁 **4**
守備 **4**
肩 **4**

　キューバからの亡命組で、メジャーデビュー前に6年5000万ドルの長期契約を結んだことで話題を集めた若き強打者。メジャー3年目の昨季は目のかすみに悩まされたり、左手首を痛めたりしたため、98試合の出場にとどまった。それでも12本塁打、11盗塁、長打率4割2分6厘と、体調さえ万全ならば非凡な働きができることを証明している。メジャー1年目にゴールドグラブ賞を獲得したように、センターの守備もうまいが、昨季はやや軽率なプレーも多かった。とはいえこのまま順調に育てば、メジャーを代表する5ツールプレーヤーになるのも夢ではない。なお2020年7月26日に記録したメジャーでの初ホームランは、ツインズ戦で前田健太から放ったものだった。

カモ Z・プリーサック（ガーディアンズ）.500(16-8)0本　苦手 S・ビーバー（ガーディアンズ）.118(17-2)0本

年度	所属チーム	試合数	打数	得点	安打	二塁打	三塁打	本塁打	打点	四球	三振	盗塁	盗塁死	出塁率	OPS	打率
2020	ホワイトソックス	56	202	33	47	8	0	11	31	20	73	9	2	.302	.738	.233
2021	ホワイトソックス	68	275	42	93	22	1	13	43	14	61	6	1	.378	.945	.338
2022	ホワイトソックス	98	380	54	108	18	0	12	56	17	77	11	3	.319	.745	.284
通算成績		222	857	129	248	48	1	36	130	51	211	26	6	.334	.808	.289

74 故障なくフル出場すれば、シーズン40発も　DHレフト
エロイ・ヒメネス　*Eloy Jimenez*
★WBCドミニカ代表

27歳 1996.11.27生｜193cm｜108kg｜右投右打

- ◆対左投手打率／.300　◆対右投手打率／.293
- ◆ホーム打率／.315　◆アウェー打率／.274　◆得点圏打率／.364
- ◆22年のポジション別出場数／DH＝50、レフト＝30
- ◆🅳2013㉘カブス　◆🅑ドミニカ　◆💰950万ドル（約12億3500万円）
- ◆シルバースラッガー賞1回（20年）

ミート **4**
パワー **5**
走塁 **3**
守備 **3**
肩 **4**

　ルイス・ロバート・ジュニアよりひと足早く、メジャーデビュー前に6年4300万ドルでホワイトソックスと契約した逸材。短縮シーズンだった2020年にはシルバースラッガー賞を獲得したが、ここ2年は相次ぐ故障で不完全燃焼が続いている。それでも昨季は84試合で16本塁打、54打点。試合に出られさえすれば、確かな働きが期待できる打者だ。アンドルー・ベニンテンディの加入によって左翼守備から解放され、今季は主に指名打者として起用されることが濃厚。これが吉と出てフル出場につながれば、打率3割に40本塁打も見えてくる。もともとはカブスのマイナーで屈指の有望株だったが、17年途中に、左腕ホセ・キンターナとの1対3のトレードで移籍した。

カモ B・シンガー（ロイヤルズ）.563(16-9)0本　苦手 K・ブービッチ（ロイヤルズ）.050(20-1)0本

年度	所属チーム	試合数	打数	得点	安打	二塁打	三塁打	本塁打	打点	四球	三振	盗塁	盗塁死	出塁率	OPS	打率
2019	ホワイトソックス	122	468	69	125	18	2	31	79	30	134	0	0	.315	.828	.267
2020	ホワイトソックス	55	213	26	63	14	0	14	41	12	56	0	0	.332	.891	.296
2021	ホワイトソックス	55	213	23	53	10	0	10	37	16	57	0	0	.303	.740	.249
2022	ホワイトソックス	84	292	40	86	12	0	16	54	28	72	0	0	.358	.858	.295
通算成績		316	1186	158	327	54	2	71	211	86	319	0	0	.327	.831	.276

ホワイトソックス

24 今シーズンは4年契約の最終年　キャッチャー
ヤスマニ・グランダル　Yasmani Grandal

35歳 1988.11.8生｜188cm｜101kg｜右投両打　◆盗塁阻止率／.132(53-7)

◆対左投手打率／.257　◆対右投手打率／.186
◆ホーム打率／.191　◆アウェー打率／.212　◆得点圏打率／.213
◆22年のポジション別出場数／キャッチャー＝71、DH＝25、
ファースト＝5　◆⑤2010①レッズ
◆⊞キューバ　◆囲1825万ドル（約23億7250万円）

ミート	2
パワー	4
走塁	1
守備	2
肩	4

打撃と守備の両面で衰えが見られるベテラン捕手。ドジャースで強打の捕手として名を上げ、ブリュワーズに1シーズン在籍したあと、2019年のオフに、4年7300万ドルの契約でホワイトソックスに加入した。移籍後は守備力の衰えが顕著で、昨シーズンは自慢のパワーも不発。一昨年は93試合で23本塁打を放ち、ホームランの生産ペース（12.1打数に1本）が大谷翔平とほぼ同レベルだったのに、昨季は99試合でわずか5本しか打てなかった。スイッチヒッターだが、昨季は対左投手打率が2割5分7厘だったのに対し、対右は1割8分6厘と成績が偏っていた。移籍後は、故障離脱も多くなっている。

[カモ] 前田健太（ツインズ）.500(8-4)1本　[苦手] ダルビッシュ有（パドレス）.100(10-1)0本

年度	所属チーム	試合数	打数	得点	安打	二塁打	三塁打	本塁打	打点	四球	三振	盗塁	盗塁死	出塁率	OPS	打率
2012	パドレス	60	192	28	57	7	1	8	36	31	39	0	0	.394	.863	.297
2013	パドレス	28	88	13	19	8	0	1	9	18	18	0	1	.352	.693	.216
2014	パドレス	128	377	47	85	19	1	15	49	58	115	3	0	.327	.728	.225
2015	ドジャース	115	355	43	83	12	0	16	47	65	92	0	1	.353	.756	.234
2016	ドジャース	126	390	49	89	14	1	27	72	64	116	1	3	.339	.816	.228
2017	ドジャース	129	438	50	108	27	0	22	58	40	130	0	1	.308	.767	.247
2018	ドジャース	140	440	65	106	23	2	24	68	72	124	2	1	.349	.815	.241
2019	ブリュワーズ	153	513	79	126	26	2	28	77	109	139	5	1	.380	.848	.246
2020	ホワイトソックス	46	161	27	37	7	0	8	27	30	58	0	1	.351	.773	.230
2021	ホワイトソックス	93	279	60	67	7	0	23	62	87	82	0	0	.420	.940	.240
2022	ホワイトソックス	99	327	15	66	7	0	5	27	45	79	1	0	.301	.570	.202
通算成績		1117	3560	476	843	159	7	177	532	619	992	12	7	.350	.785	.237

32 父親は元横浜の名助っ人　ライト／ファースト
ギャヴィン・シーツ　Gavin Sheets

27歳 1996.4.23生｜196cm｜104kg｜左投左打

◆対左投手打率／.171　◆対右投手打率／.250
◆ホーム打率／.276　◆アウェー打率／.208　◆得点圏打率／.225
◆22年のポジション別出場数／ライト＝85、DH＝15、
ファースト＝13、レフト＝3　◆⑤2017②ホワイトソックス
◆⊞メリーランド州　◆囲72万ドル（約9360万円）＋α

ミート	3
パワー	4
走塁	2
守備	2
肩	3

メジャー2年目の昨季、ライトのレギュラー定着へのきっかけをつかんだ未完の大器。昨季は124試合の出場で15本塁打を放った。とはいえ攻守ともに、まだまだ物足りない。長所の長打力をさらに伸ばしつつ、出塁率を高め、平均を下回っている外野守備の改善も必要だ。シーズン前半でつまずけば控えに落とされる可能性も十分あり、春先から首脳陣にアピールしておきたい。父親はオリオールズなどで活躍したラリー・シーツ。1992年には横浜大洋（現・横浜DeNA）でプレーし、打点王とベストナインを獲得。当時のチームメートに、のちにメジャーで活躍する佐々木主浩（元マリナーズ）がいた。

[カモ] J・ライルズ（ロイヤルズ）.571(7-4)1本　[苦手] B・シンガー（ロイヤルズ）.100(10-1)1本

年度	所属チーム	試合数	打数	得点	安打	二塁打	三塁打	本塁打	打点	四球	三振	盗塁	盗塁死	出塁率	OPS	打率
2021	ホワイトソックス	54	160	23	40	8	0	11	34	16	40	0	0	.324	.824	.250
2022	ホワイトソックス	124	377	34	91	19	0	15	53	27	86	0	0	.295	.706	.241
通算成績		178	537	57	131	27	0	26	87	43	126	0	0	.304	.743	.244

長期契約後に右肩下がりで崖っぷちに

サード

10 ヨアン・モンカダ Yoan Moncada ★WBCキューバ代表

28歳 1995.5.27生 | 188cm | 101kg | 右投両打 [対左].241 [対右].204 [困].169 [ア].244
[得].286 [ド]2015⑭レッドソックス [出]キューバ [年]1700万ドル（約22億1000万円）

ホワイトソックス

ミ3 パ3 走3 守3 肩4

キューバ亡命組の三塁手。2019年に打率3割1分5厘、25本塁打を放ち、20年3月に5年7000万ドルで契約を延長。メジャー屈指の名三塁手への成長を期待されたが、ここ3年ですっかり株を落とした感がある。昨季は、アメリカン・リーグの選手では初となる、1シーズンで2度の5安打5打点を達成。しかしシーズンを通してみると、打率2割1分2厘、12本塁打と、どちらも短縮シーズンを除けばレギュラー定着後で最少だった。21年にはミュージシャンとしてもデビュー。ラテン調の陽気な曲に合わせて、水着の美女とたわむれるミュージックビデオは一見の価値あり。

年度	所属チーム	試合数	打数	得点	安打	二塁打	三塁打	本塁打	打点	四球	三振	盗塁	盗塁死	出塁率	OPS	打率
2022	ホワイトソックス	104	397	41	84	18	1	12	51	32	114	2	0	.273	.626	.212
通算成績		643	2424	333	613	134	18	82	299	281	800	30	13	.334	.759	.253

どこでも守れる貴重なユーティリティ

ユーティリティ

12 ロミー・ゴンザレス Romy Gonzalez

27歳 1996.9.6生 | 185cm | 97kg | 右投右打 [対左].314 [対右].200 [困].217 [ア].267
[得].333 [ド]2018⑱ホワイトソックス [出]フロリダ州 [年]72万ドル（約9360万円）+α

ミ2 パ2 走3 守3 肩3

セカンドをメインに、内野と外野の複数のポジションをこなすユーティリティ・プレーヤー。ピッチャーとしても1試合登板したことがあり、マイナーではキャッチャー以外はすべて守った経験がある。今季のホワイトソックスはセカンドが手薄となっており、ゴンザレスもレギュラー獲得の可能性はゼロではない。出場機会をさらに伸ばすには、守備力ももちろんだが、現状ではかなり物足りない打撃力に磨きをかける必要がある。高校時代はアメリカンフットボールでも活躍し、野球とどちらのプロを目指すか迷ったこともあったが、マイアミ大学では野球を選択した。

年度	所属チーム	試合数	打数	得点	安打	二塁打	三塁打	本塁打	打点	四球	三振	盗塁	盗塁死	出塁率	OPS	打率
2022	ホワイトソックス	32	105	15	25	4	1	2	11	2	39	0	1	.257	.609	.238
通算成績		42	137	19	33	7	1	2	13	3	50	0	1	.261	.611	.241

2番手キャッチャーとしては高水準

キャッチャー

44 セビー・ザヴァラ Seby Zavala

30歳 1993.8.28生 | 180cm | 92kg | 右投右打 ◆盗塁阻止率／.241(29-7) [対左].216 [対右].284 [困].295
[ア].250 [得].298 [ド]2015⑫ホワイトソックス [出]テキサス州 [年]72万ドル（約9360万円）+α

ミ3 パ2 走2 守3 肩4

過去2シーズンは、故障の多かったグランダルの穴を埋める形で出場機会を増やした2番手キャッチャー。メジャー屈指の強打の捕手であるグランダルと、打撃力を比べるのは酷な話になるが、それでも昨季は61試合の出場ながら打率2割7分0厘、OPS.729。控え捕手にしては上出来の結果を残している。守備も悪くなく、盗塁阻止能力、フレーミング技術も向上。また、昨シーズンの捕手防御率は、グランダルよりも良かった。とくに新エースとなったシースが投げる際、マスクをかぶることが多く、バッテリーを組んだ17試合の防御率は1.54だった（グランダルは9試合で4.84）。

年度	所属チーム	試合数	打数	得点	安打	二塁打	三塁打	本塁打	打点	四球	三振	盗塁	盗塁死	出塁率	OPS	打率
2022	ホワイトソックス	61	178	22	48	14	0	2	21	19	64	0	0	.347	.729	.270
通算成績		103	283	38	66	17	0	7	36	25	114	0	0	.303	.670	.233

回り道から本流復帰のプロスペクト

サード / セカンド

30 ジェイク・バーガー *Jake Burger*

27歳 1996.4.10生｜188cm｜104kg｜右投右打 [対左].326 [対右].224 [ホ].313 [ア].159
[得].275 [ド]2017①ホワイトソックス [出]ミズーリ州 [年]72万ドル（約9360万円）+α

ミート	2
パワー	3
走塁	3
守備	3
肩	3

　2017年のドラフトで、ホワイトソックスが1巡目（全体11位）に指名した内野手。18年の春季キャンプで左足のアキレス腱を断裂する重傷を負って2シーズンを棒に振ったこと、さらに20年のマイナーリーグが新型コロナウイルスの影響で中止になったことから出世が遅れた。だが21年に、4年ぶりにマイナーで実戦の打席に立つと、3Aで18本塁打を放ってメジャーデビューにこぎつけた。昨季はメジャーで51試合に出場して8本塁打。モンカダが今季も不振にあえぐようならば、途中でレギュラー昇格の芽も出てきそうだ。昨年11月に第一子が誕生し、力もみなぎっている。

年度	所属チーム	試合数	打数	得点	安打	二塁打	三塁打	本塁打	打点	四球	三振	盗塁	盗塁死	出塁率	OPS	打率
2022	ホワイトソックス	51	168	20	42	9	1	8	26	10	56	0	0	.302	.760	.250
通算成績		66	206	25	52	12	2	9	29	14	71	0	0	.308	.769	.252

貴重なユーティリティだが、物足りなさも

ユーティリティ

28 レウリー・ガルシア *Leury Garcia*

32歳 1991.3.18生｜173cm｜86kg｜右投両打 [対左].188 [対右].216 [ホ].206 [ア].213
[得].232 [ド]2007外レンジャーズ [出]ドミニカ [年]550万ドル（約7億1500万円）

ミート	2
パワー	2
走塁	3
守備	3
肩	3

　セカンド、ショート、サードのほか、外野の3ポジションにも対応可能なドミニカ出身のユーティリティ。センターの守備は平均未満だが、ほかのポジションでは、まずまずの守備を期待できる。深刻なのは打撃面。昨季の打率は2割1分0厘で、四球がほとんどなかったため、出塁率も2割3分台とワーストレベルの数字だった。ここまでひどいと、複数のポジションに対応できる使い勝手の良さも半減する。2021年のオフに、ホワイトソックスと3年1650万ドルの契約を結んでおり、今季が2年目のシーズン。年俸に見合った働きを、首脳陣もファンも期待しているが……。

年度	所属チーム	試合数	打数	得点	安打	二塁打	三塁打	本塁打	打点	四球	三振	盗塁	盗塁死	出塁率	OPS	打率
2022	ホワイトソックス	97	300	38	63	8	0	3	20	7	65	2	0	.233	.500	.210
通算成績		703	2217	290	560	85	15	34	201	109	550	64	17	.293	.643	.253

50 レニン・ソーサ *Lenyn Sosa*

ショート / セカンド　期待度 B　ルーキー

23歳 2000.1.25生｜183cm｜81kg｜右投右打 ◆昨季はメジャーで11試合に出場 [ド]2016外ホワイトソックス [出]ベネズエラ

　打撃面の期待が大きいベネズエラ出身の内野手。昨季、3Aでは57試合で打率2割9分7厘、9本塁打とまずまず成績でメジャーデビューも果たした。もっともメジャーでは初本塁打こそ出たが、36打数4安打（打率1割1分4厘）、12三振と苦しんだ。肩は強いほうだが、守備力、スピードは平均未満。

— オスカー・コラス *Oscar Colas*

センター / ライト　期待度 A−　ルーキー

25歳 1998.9.17生｜185cm｜99kg｜左投左打 ◆昨季は1A+、2A、3Aでプレー [ド]2022⑦ホワイトソックス [出]キューバ

　パワーと強肩が魅力の外野手。2017年にキューバから日本のソフトバンクに派遣され、19年にはプロ初打席で初球本塁打の快挙。20年1月にメジャー移籍のため亡命して、ひと悶着あったが、22年1月にホワイトソックスと契約を結んだ。日本に来た当初は投打の二刀流だったが、現在は打者に専念。

[対左]＝対左投手打率　[対右]＝対右投手打率　[ホ]＝ホーム打率　[ア]＝アウェー打率
[得]＝得点圏打率　[ド]＝ドラフトデータ　[出]＝出身地　[年]＝年俸

ミネソタ・ツインズ

◆創　立：1901年
◆本拠地：ミネソタ州ミネアポリス市
◆ワールドシリーズ制覇：3回／◆リーグ優勝：6回
◆地区優勝：12回／◆ワイルドカード獲得：1回

主要オーナー ジム・ポーラッド（スポーツ企業家）

過去5年成績

年度	勝	負	勝率	ゲーム差	地区順位	ポストシーズン成績
2018	78	84	.481	13.0	②	―
2019	101	61	.623	(8.0)	①	地区シリーズ敗退
2020	36	24	.600	(1.0)	①	ワイルドカードシリーズ敗退
2021	73	89	.451	20.0	⑤	―
2022	**78**	**84**	**.481**	**14.0**	**③**	**―**

監督　5 ロッコ・バルデッリ *Rocco Baldelli*

◆年　齢…………42歳（ロードアイランド州出身）
◆現役時代の経歴…7シーズン
　（外野手）　　デビルレイズ[現レイズ]（2003〜04、06〜08）、
　　　　　　　レッドソックス（2009）、レイズ（2010）
◆現役通算成績……519試合　.278　60本　262打点
◆監督経歴…………4シーズン　ツインズ（2019〜）
◆通算成績…………288勝258敗（勝率.527）
　　　　　　　　　最優秀監督賞1回（19年）

　就任5年目のシーズンを迎える、イタリア系アメリカ人監督。身長が193センチあり、アメリカン・リーグの監督で最も背が高い。また、今季開幕時41歳で、リーグの監督で最も年齢が若い。監督就任1年目の2019年に、最優秀監督賞を38歳（歴代最年少記録）で受賞している。作戦面の特徴は、盗塁や送りバントをほとんど使わないこと。21年に結婚し、同年、女の子が誕生。競馬好きで、自ら競走馬を所有し、生産者として繁殖事業に力を入れていたこともある。

注目コーチ　35 ハンク・コンガー *Hank Conger*

　一塁ベースコーチ、捕手コーチ。35歳。韓国系アメリカ人で、韓国野球のロッテでのコーチ経験がある。2006年ドラフトで、エンジェルスに1巡目指名され、プロ入り。

編成責任者　デレク・ファルヴィー *Derek Falvey*

　40歳。2019年、20年は補強策が的中し、地区優勝。だが、21年は補強が空振りに終わり、最下位。コレイアを迎え入れた昨季は、チームにケガ人が続出し、後半大失速。

スタジアム　ターゲット・フィールド *Target Field*

◆開場年…………2010年
◆仕　様…………天然芝
◆収容能力………38,544人
◆フェンスの高さ…2.4〜7.0m
◆特　徴…………ライト側のフェンスが、センターやレフト側に比べて、極端に高い。気候面では、春先の寒さが選手を苦しめる。ただ、8月や9月は気温が上昇。空気抵抗が小さくなってボールがよく飛び、ホームランが増加する傾向がある。

ニュートラルパーク

115　123　112
103　　　　100

135

Best Order [ベストオーダー]

①バイロン・バクストン……センター
②カルロス・コレイア……ショート
③ホルヘ・ポランコ……セカンド
④マックス・ケプラー……ライト
⑤ホセ・ミランダ……サード
⑥ジョーイ・ギャロ……レフト
⑦アレックス・キリロフ……ファースト
⑧ニック・ゴードン……DH
⑨クリスチャン・ヴァスケス……キャッチャー

Depth Chart [ポジション別選手層・メンバーリスト]

※2023年2月13日時点の候補選手。数字は背番号(開幕前に変更する場合もあり)、右・左等は投・打の順。

センター
25 バイロン・バクストン [右・右]
1 ニック・ゴードン [右・右]
26 マックス・ケプラー [左・左]
2 マイケル・A・テイラー [右・右]

レフト
13 ジョーイ・ギャロ [右・左]
19 アレックス・キリロフ [左・右]
9 トレヴァー・ラーナック [右・右]

ライト
26 マックス・ケプラー [左・左]
13 ジョーイ・ギャロ [右・左]
9 トレヴァー・ラーナック [右・右]
38 マット・ウォールナー [右・右]

ショート
4 カルロス・コレイア [右・右]
12 カイル・ファーマー [右・右]
23 ロイス・ルイス [右・右]

セカンド
11 ホルヘ・ポランコ [右・両]
1 ニック・ゴードン [右・右]

ローテーション
54 ソニー・グレイ [右・右]
49 パブロ・ロペス [右・右]
41 ジョー・ライアン [右・右]
51 タイラー・マーリー [右・右]
18 前田健太 [右・右]
17 ベイリー・オーバー [右・右]
37 ルーイ・ヴァーランド [右・右]

サード
64 ホセ・ミランダ [右・右]
1 ニック・ゴードン [右・左]
12 カイル・ファーマー [右・右]

ファースト
19 アレックス・キリロフ [左・右]
64 ホセ・ミランダ [右・右]

キャッチャー
8 クリスチャン・ヴァスケス [右・右]
27 ライアン・ジェファーズ [右・右]

DH
1 ニック・ゴードン [右・左]
64 ホセ・ミランダ [右・右]

ブルペン
59 ヨアン・デュラン [右・右] CL
48 ホルヘ・ロペス [右・右]
56 ケイレブ・スィールバー [左・右]
22 グリフィン・ジャックス [右・右]
66 ホルヘ・アルカラ [右・右]
71 ジョヴァニ・モラン [左・右]
15 エミリオ・パガン [右・右]
58 トレヴァー・メギル [右・右]
78 シモン・ウッズ・リチャードソン [右・右]
31 ロニー・ヘンリケス [右・右]
77 コール・サンズ [右・右]
74 ジョシュ・ウィンダー [右・右]

※CL=クローザー

ツインズ試合日程……＊はアウェーでの開催

3月30・4月1・2 ロイヤルズ＊	**5月2・3・4** ホワイトソックス＊	**6月1・2・3・4** ガーディアンズ
3・4・5 マーリンズ＊	5・6・7 ガーディアンズ＊	6・7・8 レイズ＊
6・8・9 アストロズ	9・10・11 パドレス	9・10・11 ブルージェイズ＊
10・11・12 ホワイトソックス	12・13・14 カブス	13・14 ブリュワーズ
13・14・15・16 ヤンキース＊	15・16・17 ドジャース＊	15・16・17・18 タイガース
18・19・20 レッドソックス＊	19・20・21 エンジェルス＊	19・20・21・22 レッドソックス
21・22・23 ナショナルズ	22・23・24 ジャイアンツ	23・24・25 タイガース＊
24・25・26 ヤンキース	26・27・28 ブルージェイズ	26・27・28 ブレーブス＊
27・28・29・30 ロイヤルズ	29・30・31 アストロズ＊	30・**7月**1・2 オリオールズ＊

136　球団メモ　昨季の得失点差は+13だが、シーズン成績は78勝84敗で、負け数が勝ち数を上回った。昨季、得失点差がプラスなのに負け越したのは、30球団中ツインズだけ。

■投手力⬈…★★★★★【昨年度チーム防御率3.98、リーグ10位】

　昨季の先発防御率は4.11で、リーグ平均よりやや低い程度。開幕前、先発陣の弱さが指摘されていたが、6人制ローテーションで乗り切った。今季はマーリンズとのトレードでパブロ・ロペスが加わり、また、トミー・ジョン手術後のリハビリに努めていた前田健太も復帰するので、ローテーションのレベルは平均程度にはなった。ただ、絶対的なエースの不在が物足りない。リリーフ陣もリーグ平均レベルの力がある。昨季、デュランがブレイク。

■攻撃力⬇…★★★★★【昨年度チーム得点696、リーグ7位】

　昨季は故障者が続出も、チーム打率、チーム出塁率、チーム本塁打数はリーグ平均レベルを維持し、チーム得点もリーグ平均（684）をわずかながら上回った。この打線から、首位打者のアラエズが抜けたのは大きなマイナス。コレイアとの再契約がなかったら、たいへんなことになっていた。長距離砲ギャロが新たに加わっているが、昨季大不振で、過大な期待は禁物。

■守備力⬈…★★★★★【昨年度チーム失策数83、リーグ6位】

　正捕手が、サンチェスから好守のヴァスケスに変わるのはプラス要素。新加入の外野手2人（ギャロ、テイラー）もゴールドグラブ賞の獲得歴があり、もともと高かった外野の守備力は、さらにアップした。

■機動力⬌…★☆★★★★【昨年度チーム盗塁数38、リーグ15位】

　バルデッリ監督は長打志向で、足をからめた攻撃はあまり用いない。盗塁にも消極的。就任後の4シーズンで、チーム盗塁数リーグ最少が3度。

総合 評価　⬌ ★★★★★	コレイアの退団が濃厚で、戦力ダウンは必至と見られていたが、オフに再契約を交わすことに成功。昨年8月上旬時点では、地区首位にいたように、地力はあるチーム。故障者が多く、その後失速したが、今季も優勝争いにからんでくる可能性が高い。

ツインズ

IN　　主な入団選手
投手
パブロ・ロペス←マーリンズ
野手
ジョーイ・ギャロ←ドジャース
クリスチャン・ヴァスケス←アストロズ
カイル・ファーマー←レッズ
マイケル・A・テイラー←ロイヤルズ

OUT　　主な退団選手
投手
マイケル・フルマー→カブス
ディラン・バンディ→所属先未定
野手
ルイス・アラエズ→マーリンズ
ジオヴァニー・アーシェラ→エンジェルス
ゲーリー・サンチェス→所属先未定
ミゲール・サノー→所属先未定

3・4・5	ロイヤルズ	4・5・6	ダイヤモンドバックス	4・5・6	ガーディアンズ＊
7・8・9	オリオールズ	7・8・9・10	タイガース＊	8・9・10	メッツ
11	オールスターゲーム	11・12・13	フィリーズ	11・12・13	レイズ
14・15・16	アスレティックス＊	15・16	タイガース	14・15・16・17	ホワイトソックス＊
17・18・19・20	マリナーズ＊	18・19・20	パイレーツ	18・19・20	レッズ＊
21・22・23	ホワイトソックス	22・23	ブリュワーズ＊	22・23・24	エンジェルス
24・25・26	マリナーズ	24・25・26・27	レンジャーズ	26・27・28	アスレティックス
28・29・30	ロイヤルズ＊	28・29・30	ガーディアンズ	29・30・**10**月1	ロッキーズ＊
8月1・2・3	カーディナルス＊	**9**月1・2・3	レンジャーズ＊		

18 2020年にサイ・ヤング賞投票2位の実績 先発

前田健太 *Kenta Maeda*

35歳 1988.4.11生｜185cm｜83kg｜右投右打

◆速球のスピード／140キロ台後半（フォーシーム主体）
◆決め球と持ち球／◎スライダー、◎スプリッター、◎フォーシーム、○シンカー、○カーブ
◆昨季はメジャー出場なし ◆២2006①広島、2016外ドジャース
◆២大阪府 ◆២300万ドル（約3億9000万円）

球威 4
制球 4
緩急 4
守備·牽制 4
度胸 4

2021年9月にトミー・ジョン手術を受けたため、昨季は全休した広島東洋カープの元エース。ヒジの回復具合は順調で、今季は開幕からローテーションに入って投げることになる。今季は8年契約の最終年。年齢が30代半ばになっているため、シーズン終了後、好条件で新たな契約をゲットするには、長期欠場せず、3点台の防御率を残す必要があるだろう。そのためにも開幕からの好投を期待したいが、それを困難にするのが、4月でも冬並みの冷たい風が吹くミネソタの寒さだ。開幕投手を務めた21年、前田は初めて経験するミネソタの寒さに対応できず、4月の月間防御率は6.17と散々だった。

カモ T・アンダーソン（ホワイトソックス）.071(14-1)0本　苦手 Y・グランダル（ホワイトソックス）.500(8-4)1本

年度	所属チーム	勝利	敗戦	防御率	試合数	先発	セーブ	投球イニング	被安打	失点	自責点	被本塁打	与四球	奪三振	WHIP
2016	ドジャース	16	11	3.48	32	32	0	175.2	150	72	68	20	50	179	1.14
2017	ドジャース	13	6	4.22	29	25	1	134.1	121	66	63	22	34	140	1.15
2018	ドジャース	8	10	3.81	39	20	2	125.1	115	58	53	13	43	153	1.26
2019	ドジャース	10	8	4.04	37	26	3	153.2	114	70	69	22	51	169	1.07
2020	ツインズ	6	1	2.70	11	11	0	66.2	40	20	20	9	10	80	0.75
2021	ツインズ	6	5	4.66	21	21	0	106.1	106	60	55	16	32	113	1.30
通算成績		59	41	3.87	169	135	6	762.0	646	348	328	102	220	834	1.14

41 タイガース&ロイヤルズ相手に8戦8勝 先発

ジョー・ライアン *Joe Ryan*

27歳 1996.6.5生｜188cm｜92kg｜右投右打

◆速球のスピード／150キロ前後（フォーシーム）
◆決め球と持ち球／◎フォーシーム、◎スライダー、○チェンジアップ、○カーブ
◆対左.202 ◆対右.219 ◆ホ防3.04 ◆ア防4.22
◆២2018⑦レイズ ◆២カリフォルニア州
◆២72万ドル（約9360万円）+α

球威 3
制球 4
緩急 3
守備·牽制 3
度胸 3

昨シーズンはルーキーながら開幕投手を務め、チーム最多の13勝をマークした右腕。フォーシームは球威こそ並だが、コーナーに決める制球力があり、昨季のフォーシーム被打率は1割7分4厘。これに変化球を組み合わせ、ツインズのルーキー記録となる151三振を奪った。防御率も3.55と優れた数字を残したが、昨シーズンの好成績は、打線のレベルが落ちる地区で投げているおかげと、うがった見方もある。事実、アメリカン・リーグ中部地区のチームを相手に投げた12試合の防御率が1.39だったのに対し、それ以外の15試合は5.59だった。2021年の東京オリンピックでは、アメリカ代表チームの一員として銀メダルを獲得。レイズ傘下から、オリンピックで投げる1週間前にツインズ傘下にトレードされ、同年9月にメジャーデビュー。

カモ B・ウィットJr.（ロイヤルズ）.000(10-0)0本　苦手 A・ベニンテンディ（ホワイトソックス）.800(5-4)0本

年度	所属チーム	勝利	敗戦	防御率	試合数	先発	セーブ	投球イニング	被安打	失点	自責点	被本塁打	与四球	奪三振	WHIP
2021	ツインズ	2	1	4.05	5	5	0	26.2	16	12	12	4	5	30	0.79
2022	ツインズ	13	8	3.55	27	27	0	147.0	115	60	58	20	47	151	1.10
通算成績		15	9	3.63	32	32	0	173.2	131	72	70	24	52	181	1.05

対左=対左打者被打率　対右=対右打者被打率　ホ防=ホーム防御率　ア防=アウェー防御率
២=ドラフトデータ　២=出身地　២=年俸　カモ 苦手 は通算成績

球速160キロ台の豪速球を連発　クローザー

59 ヨアン・デュラン　*Jhoan Duran*

25歳　1998.1.8生｜196cm｜104kg｜右投右打

◆速球のスピード／160キロ台前半（フォーシーム）
◆決め球と持ち球／◎フォーシーム、◎カーブ、△スプリッター
◆[対左].204　◆[対右].209　◆[本防]0.83　◆[ア防]2.83
◆[ド]2015外ダイヤモンドバックス　◆[田]ドミニカ
◆[年]72万ドル（約9360万円）+α

球威	5
制球	4
緩急	4
守備・走塁	3
度胸	4

昨年メジャーデビューした、ツインズ史上、最も速いボールを投げる男。昨年の春季キャンプには先発で投げる気満々で臨んだが、命じられたのはリリーフの役割だった。しかし、この転向は大成功。シーズンが始まると、最速167キロのフォーシーム、被打率1割前半のカーブ、「スプリンカー」と呼ばれる平均球速155キロの高速スプリッターで打者をねじ伏せ、9回の抑えを任されることもあった。防御率1.86は、新人リリーフ投手の球団記録（65イニング以上）だ。特筆すべきは、「球速はすごいがノーコン」というタイプではなく、制球力もあること。デュラン自身も、それを誇りにしている。

[カモ] A・ベニンテンディ（ホワイトソックス）.000(4-0)0本　[苦手] ──

年度	所属チーム	勝利	敗戦	防御率	試合数	先発	セーブ	投球イニング	被安打	失点	自責点	被本塁打	与四球	奪三振	WHIP
2022	ツインズ	2	4	1.86	57	0	8	67.2	50	15	14	6	16	89	0.98
通算成績		2	4	1.86	57	0	8	67.2	50	15	14	6	16	89	0.98

球団の早めの投手継投に不満　先 発

54 ソニー・グレイ　*Sonny Gray*

34歳　1989.11.7生｜178cm｜88kg｜右投右打

◆速球のスピード／140キロ台後半（フォーシーム、シンカー）
◆決め球と持ち球／◎シンカー、◎カーブ、◎スライダー、○フォーシーム、△カッター、△チェンジアップ
◆[対左].202　◆[対右].244　◆[本防]2.66　◆[ア防]3.63
◆[ド]2011①アスレティックス　◆[田]テネシー州　◆[年]1000万ドル（約13億円）

球威	3
制球	3
緩急	4
守備・走塁	4
度胸	4

今季、メジャー11年目のシーズンを迎えるベテラン右腕。相手を圧倒するような球種はないが、打者心理を読んだ頭脳的なピッチングが持ち味だ。開幕直前のトレードでレッズから移籍した昨季は、ハムストリングの故障などで何度もIL（故障者リスト）入り。ただ、長期の離脱はなかったので、24試合に先発登板でき、上々の防御率（3.08）をマークしている。契約は昨季までだったが、シーズン終了後、球団がオプションを行使したため、もう1年、ミネソタで投げることになった。ツインズは、相手打線が3巡目に入る前に、先発投手を交代させる傾向が強い。そのことに、強い不満をいだいている。

[カモ] J・バエズ（タイガース）.048(21-1)0本　[苦手] A・レンドーン（エンジェルス）.455(11-5)0本

年度	所属チーム	勝利	敗戦	防御率	試合数	先発	セーブ	投球イニング	被安打	失点	自責点	被本塁打	与四球	奪三振	WHIP
2013	アスレティックス	5	3	2.67	12	10	0	64.0	51	22	19	4	20	67	1.11
2014	アスレティックス	14	10	3.08	33	33	0	219.0	187	84	75	15	74	183	1.19
2015	アスレティックス	14	7	2.73	31	31	0	208.0	166	71	63	17	59	169	1.08
2016	アスレティックス	5	11	5.69	22	22	0	117.0	133	80	74	18	42	94	1.50
2017	アスレティックス	6	5	3.43	16	16	0	97.0	84	48	37	8	30	94	1.18
2017	ヤンキース	4	7	3.72	11	11	0	65.1	55	31	27	11	27	59	1.26
2017	2チーム計	10	12	3.55	27	27	0	162.1	139	79	64	19	57	153	1.21
2018	ヤンキース	11	9	4.90	30	23	0	130.1	138	73	71	14	57	123	1.50
2019	レッズ	11	8	2.87	31	31	0	175.1	122	59	56	17	68	205	1.08
2020	レッズ	5	3	3.70	11	11	0	56.0	42	26	23	4	26	72	1.21
2021	レッズ	7	9	4.19	26	26	0	135.1	115	67	63	19	50	155	1.22
2022	ツインズ	8	5	3.08	24	24	0	119.2	99	44	41	11	36	117	1.13
通算成績		90	77	3.56	247	238	0	1387.0	1192	605	549	138	489	1338	1.21

ツインズ

投手

医学をいったんあきらめた頭脳派右腕 先発 移籍

49 パブロ・ロペス *Pablo Lopez* ★WBCベネズエラ代表

27歳 1996.3.7生 | 193cm | 101kg | 右投左打 圏150キロ前後(フォーシーム) 囲☆チェンジアップ
対左.249 対右.218 ⑤2012 例マリナーズ 囲ベネズエラ 囲545万ドル(約7億850万円)

球 4
制 4
緩 5
守 3
度 4

今年1月20日のトレードで、マイナー2選手とともに、マーリンズからやって来たベネズエラ出身の右腕。小さなテイクバックから、素早い動作で150キロ前後の速球と変化球を投げ分ける。昨季はシーズンを通して先発の座を守り、初めて規定投球回をクリア。2ケタの勝ち星もマークした。ツインズはトレードを成立させるため、昨年の首位打者ルイス・アラエズを放出。オフの目標だった、複数年保有可能な、実力ある先発投手の獲得に成功した。医者の家庭で育ち、ロペス自身も、15歳で高校を卒業するほどの超秀才。その時点で、4カ国語を操ることができたという。

年度	所属チーム	勝利	敗戦	防御率	試合数	先発	セーブ	投球イニング	被安打	失点	自責点	被本塁打	与四球	奪三振	WHIP
2022	マーリンズ	10	10	3.75	32	32	0	180.0	157	78	75	21	53	174	1.17
通算成績		28	31	3.94	94	94	0	510.0	463	234	223	59	142	489	1.19

9回無失点でも勝ち投手になれず 先発

51 タイラー・マーリー *Tyler Mahle*

29歳 1994.9.29生 | 190cm | 95kg | 右投右打 圏150キロ前後(フォーシーム) 囲◎スプリッター
対左.192 対右.268 ⑤2013⑦レッズ 囲カリフォルニア州 囲750万ドル(約9億7500万円)

球 4
制 3
緩 4
守 3
度 3

一昨年、レッズでチーム最多の13勝を記録した右腕。レッズの開幕投手を務めた昨季は、4月、5月は不安定な投球が続いたものの、6月に入って復調。同月14日のダイヤモンドバックス戦では、9回3安打無四球無失点、12奪三振の快投を見せた。しかし、援護がまったくなかったため、自身初の完封勝利とはならなかった。その後、8月2日のトレードで、有望株3名との交換でツインズへ移籍。ポストシーズン進出への切り札として期待されたが、右肩の状態がおもわしくなく、移籍後は4試合の出場にとどまった。球種はフォーシーム、スプリッター、カッター、スライダー。

年度	所属チーム	勝利	敗戦	防御率	試合数	先発	セーブ	投球イニング	被安打	失点	自責点	被本塁打	与四球	奪三振	WHIP
2022	レッズ	5	7	4.40	19	19	0	104.1	91	53	51	12	39	114	1.25
2022	ツインズ	1	1	4.41	4	4	0	16.1	13	8	8	4	4	12	1.04
2022	2チーム計	6	8	4.40	23	23	0	120.2	104	61	59	16	43	126	1.22
通算成績		32	39	4.35	118	117	0	610.0	576	316	295	93	226	649	1.31

少年時代のあこがれはランディ・ジョンソン 先発

17 ベイリー・オーバー *Bailey Ober*

28歳 1995.7.12生 | 206cm | 117kg | 右投右打 圏140キロ台後半(フォーシーム) 囲◎スライダー
対左.258 対右.205 ⑤2017⑫ツインズ 囲ノースカロライナ州 囲72万ドル(約9360万円)+α

球 2
制 4
緩 4
守 4
度 3

チームで最も背が高い、身長206センチの先発右腕。メジャー2年目の昨季は、先発6人ローテーションの3番手でスタート。4月はまずまずのピッチングを見せたが、5月以降は股関節の故障で、ほとんど投げることができなかった。ただ、9月半ばの完全復帰後は好調し、今季も開幕からローテーションに入って投げる見込みだ。少年時代のあこがれは、身長208センチの大投手ランディ・ジョンソン(MLB通算303勝)。高身長は同じだが、速球派左腕のランディと異なり、自身は軟投派右腕。140キロ台のフォーシームに変化球を交え、緩急と制球力で勝負するタイプだ。

年度	所属チーム	勝利	敗戦	防御率	試合数	先発	セーブ	投球イニング	被安打	失点	自責点	被本塁打	与四球	奪三振	WHIP
2022	ツインズ	2	3	3.21	11	11	0	56.0	48	22	20	4	11	51	1.05
通算成績		5	6	3.82	31	31	0	148.1	140	67	63	24	30	147	1.15

圏=速球のスピード 囲=決め球 対左=対左打者被打率 対右=対右打者被打率
⑤=ドラフトデータ 囲=出身地 囲=年俸

48 ホルヘ・ロペス Jorge Lopez

昨季途中加入のゴロ打たせ投手 【セットアップ】

★WBCプエルトリコ代表

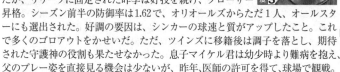

30歳 1993.2.10生｜190cm｜90kg｜右投右打 圏150キロ台後半(シンカー主体) 國○シンカー
(対左).218 (対右).199 ド2011②ブリュワーズ 囲プエルトリコ 囲545万ドル(約7億850万円)

球 4
制 2
緩 4
守 3
度 3

　昨年8月のトレードで加入したプエルトリコ出身右腕。一昨年はオリオールズで主に先発で投げ、防御率は6点台。だが、リリーフに固定された昨季は好投を続け、クローザー昇格。シーズン前半の防御率は1.62で、オリオールズからただ1人、オールスターにも選出された。好調の要因は、シンカーの球速と質がアップしたこと。これで多くのゴロアウトをかせいだ。ただ、ツインズに移籍後は調子を落とし、期待された守護神の役割も果たせなかった。息子マイケル君は幼少時より難病を抱え、父のプレー姿を直接見る機会は少ないが、昨年、医師の許可を得て、球場で観戦。

年度	所属チーム	勝利	敗戦	防御率	試合数	先発	セーブ	投球イニング	被安打	失点	自責点	被本塁打	与四球	奪三振	WHIP
2022	オリオールズ	4	6	1.68	44	0	19	48.1	30	15	9	3	17	54	0.97
2022	ツインズ	0	1	4.37	23	0	4	22.2	23	11	11	1	14	18	1.63
2022	2チーム計	4	7	2.54	67	0	23	71.0	53	26	20	4	31	72	1.18
通算成績		16	38	5.45	198	58	24	421.0	456	272	255	65	169	369	1.48

56 ケイレブ・スィールバー Caleb Thielbar

生還阻止率81%は「上」レベルの数字 【ミドルリリーフ】

36歳 1987.1.31生｜183cm｜92kg｜左投左打 圏150キロ台前後(フォーシーム) 國◎スライダー
(対左).225 (対右).226 ド2009⑱ブリュワーズ 囲ミネソタ州 囲240万ドル(約3億1200万円)

球 3
制 3
緩 4
守 3
度 4

　昨季、チーム最多タイの67試合に登板したリリーフ左腕。ピッチングはフォーシームの速球を軸に、左打者にはスライダー、右打者にはカーブを交えて投げることが多い。110キロ台のカーブは、打者のタイミングを外す効果的な武器になっており、左投手だが右打者を苦にしないのが強みだ。昨季はピンチの火消し役としても機能し、引き継いだ走者43人のうち、35人の生還を阻止した(生還阻止率81.3%)。2015年4月にツインズで投げたのを最後に、メジャーの舞台から遠ざかり、所属を転々としていたが、ツインズのマイナーに戻り、2020年に5年ぶりにメジャー復帰。

年度	所属チーム	勝利	敗戦	防御率	試合数	先発	セーブ	投球イニング	被安打	失点	自責点	被本塁打	与四球	奪三振	WHIP
2022	ツインズ	4	3	3.49	67	0	1	59.1	51	26	23	5	18	80	1.16
通算成績		18	7	3.01	252	0	1	242.0	200	89	81	20	77	258	1.14

22 グリフィン・ジャックス Griffin Jax

空軍士官学校出身初のメジャーリーガー 【ミドルリリーフ】

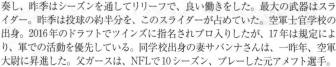

29歳 1994.11.22生｜188cm｜88kg｜右投右打 圏150キロ台前半(フォーシーム) 國◎スライダー
(対左).189 (対右).224 ド2016③ツインズ 囲アリゾナ州 囲72万ドル(約9360万円)+α

球 3
制 3
緩 2
守 3

　メジャーデビューした一昨年は主に先発で起用されたが、相手打線が2巡目に入ると、打ち崩される傾向が強かった。そこで首脳陣は、リリーフへの配置転換を決断。それが功を奏し、昨季はシーズンを通してリリーフで、良い働きをした。最大の武器はスライダー。昨季は投球の約半分を、このスライダーが占めていた。空軍士官学校の出身。2016年のドラフトでツインズに指名されプロ入りしたが、17年は規定により、軍での活動を優先している。同学校出身の妻サバンナさんは、一昨年、空軍大尉に昇進した。父ガースは、NFLで10シーズン、プレーした元アメフト選手。

年度	所属チーム	勝利	敗戦	防御率	試合数	先発	セーブ	投球イニング	被安打	失点	自責点	被本塁打	与四球	奪三振	WHIP
2022	ツインズ	7	4	3.36	65	0	1	72.1	56	29	27	7	20	78	1.05
通算成績		11	9	4.96	83	14	1	154.1	138	91	85	30	49	143	1.21

ツインズ

投 手

66 ホルヘ・アルカラ Jorge Alcala
右ヒジの回復具合が気がかり セットアップ

28歳 1995.7.28生 | 190cm | 92kg | 右投右打 | 國150キロ台中頃（フォーシーム） | 函◯スライダー
对左1.000 对右.000 ⑤2014アストロズ 田ドミニカ 毎79万ドル（約1億270万円）

球速 5
制球 2
線 3
変化 2
度 3

　右ヒジの故障から復帰するリリーフ右腕。一昨年、最速162キロのフォーシームとスライダーを武器に健闘したため、昨季はセットアッパーとしての活躍を期待されていた。しかし開幕早々、右ヒジの炎症で戦線離脱。状態は良くならず、8月に手術を受けたため、昨季はわずか2試合（2回1/3）の出場にとどまった。ドミニカ出身選手としてはかなり遅い19歳のときに、アストロズに発見され、プロ入り。ツインズに移籍後も、コーチ陣のアドバイスによく耳を傾けてレベルアップを図り、2019年にメジャーデビュー。ウェス・ジョンソン前投手コーチの指導で才能が開花した。

年度	所属チーム	勝利	敗戦	防御率	試合数	先発	セーブ	投球イニング	被安打	失点	自責点	被本塁打	与四球	奪三振	WHIP
2022	ツインズ	0	0	0.00	2	0	0	2.1	2	0	0	0	2	2	1.71
通算成績		5	7	3.39	79	0	1	87.2	69	37	33	13	24	91	1.06

71 ジョヴァニ・モラン Jovani Moran
メジャーの打者もチェンジアップに苦戦 ミドルリリーフ ★WBCプエルトリコ代表

26歳 1997.4.24生 | 185cm | 75kg | 左投左打 | 國150キロ前後（フォーシーム） | 函◯チェンジアップ
对左.229 对右.144 ⑦2015①ツインズ 田プエルトリコ 毎72万ドル（約9360万円）+α

球速 3
制球 2
線 4
変化 2
度 2

　マイナー時代から、ハイレベルなチェンジアップが評判だったリリーフ左腕。メジャー2年目の昨季は、マイナーとの往復を繰り返しながらも実力をアピール。今季はより重要度の高い場面での登板が増えそうだ。ピッチングの基本は、フォーシームの速球とチェンジアップのコンビネーション。この2つの球種に、スライダーもたまに交える。昨季はフォーシームの球速がアップしたことで、一級品のチェンジアップが、より大きな効果を発揮した。課題は制球力。向上しているとはいえ、まだまだ四球が多い。ランナーを背負うと投球がやや不安定になる点も、改善が必要だ。

年度	所属チーム	勝利	敗戦	防御率	試合数	先発	セーブ	投球イニング	被安打	失点	自責点	被本塁打	与四球	奪三振	WHIP
2022	ツインズ	0	1	2.21	31	0	0	40.2	25	11	10	0	18	54	1.06
通算成績		0	1	3.14	36	0	0	48.2	34	18	17	0	25	64	1.21

37 ルーイ・ヴァーランド Louie Varland
先発 期待度 B ルーキー

26歳 1997.12.9生 | 185cm | 92kg | 右投左打 | ◆昨季はメジャーで5試合に出場 | ⑤2019⑮ツインズ 田ミネソタ州

　今季早い段階で、ローテーションに入って投げている可能性もある右腕。球種は平均球速151キロのフォーシーム、スライダー、カッター、チェンジアップ。テイクバックの小さい投球モーションで投げ込んでくるため、打者はタイミングが取りにくい。昨季、メジャーで5試合に先発し、防御率3.81。

78 シメオン・ウッズ・リチャードソン Simeon Woods Richardson
先発 期待度 B ルーキー

23歳 2000.9.27生 | 190cm | 95kg | 右投右打 | ◆昨季はメジャーで1試合に出場 | ⑤2018②メッツ 田テキサス州

　ブルージェイズの2Aでプレーしていた一昨年、米国代表チームの一員として東京五輪に参加。大会期間中の7月31日午前2時、電話でツインズへのトレードを告げられた。移籍後、さらに力を付け、昨季途中、3A昇格。好成績を残し、メジャーでも1試合投げた。最大の武器はチェンジアップ。

國=速球のスピード 函=決め球 对左=対左打者被打率 对右=対右打者被打率
⑤=ドラフトデータ 田=出身地 毎=年俸
※メジャー経験がない投手の「先発」「リリーフ」はマイナーでの役割

3億ドル以上の超大型契約は幻に終わる ショート

4 カルロス・コレイア
Carlos Correa

29歳｜1994.9.22｜193cm｜99kg｜右投右打

◆対左投手打率／.299　　◆対右投手打率／.289
◆ホーム打率／.310　　　◆アウェー打率／.273
◆得点圏打率／.277
◆22年のポジション別出場数／ショート＝132、DH＝4
◆ドラフトデータ／2012①アストロズ
◆出身地／プエルトリコ
◆年俸／3200万ドル（約41億6000万円）
◆ゴールドグラブ賞1回（21年）、新人王（15年）

ミート	5
パワー	4
走塁	3
守備	5
肩	5

ツインズ

　すったもんだの末、ツインズに残ったスター遊撃手。2021年まで、アストロズの中心選手として活躍。FAとなった同年オフ、希望していた3億ドル超えの契約を得られず、開幕直前、ツインズに3年1億530万ドルの契約で入団した。これには1年ごとに契約を破棄できる権利が付いており、コレイアと代理人ボラスの狙いは、2022年に優れた成績を残し、ふたたびFA市場に参戦することにあった。その目論見は当たり、昨季も攻守で活躍。計画通り、オフにツインズとの契約を破棄し、FA市場に打って出た。

　熱心にコレイアの獲得に動いたのは、ジャイアンツとメッツだった。どちらも大金を投じる構えを見せ、こうなれば辣腕ボラスの腕の見せ所。金額はどんどんつり上がり、昨年12月13日、ついにジャイアンツと13年3億5000万ドル（内野手史上最高額）で契約がまとまった、かに見えた。不穏な空気が流れ出したのは、同月20日。入団会見が予定されていたが、直前で延期になったのだ。これは身体検査で、コレイアの右足首の古傷をジャイアンツが問題視したため。これにへそを曲げたボラスは、その日のうちにメッツのコーエン・オーナーに電話をかけて、直談判。急転直下、12年3億1500万ドルでメッツとの契約がまとまった、かに見えた。ところが、これもメッツが契約の見直しを要求し、破談に終わる。理由はジャイアンツと同じだった。この古傷はメジャー昇格前のもので、昇格後、それが原因による離脱は一度もない。それだけにコレイアの落胆は激しく、ボラスは「2球団とも同じ医者に判断させたんだ。意味がわからん」と、怒り心頭だった。結局、年明けの1月11日、6年2億ドルでツインズと再契約。活躍次第では、最大10年2億7000万ドルに及ぶ内容になっている。

カモ G・コール（ヤンキース）.600（10-6）2本　菊池雄星（ブルージェイズ）.500（18-9）0本
苦手 L・トリヴィーノ（ヤンキース）.067（15-1）0本　D・シース（ホワイトソックス）.077（13-1）0本

年度	所属チーム	試合数	打数	得点	安打	二塁打	三塁打	本塁打	打点	四球	三振	盗塁	盗塁死	出塁率	OPS	打率
2015	アストロズ	99	387	52	108	22	1	22	68	40	78	14	4	.345	.857	.279
2016	アストロズ	153	577	76	158	36	3	20	96	75	139	13	3	.361	.812	.274
2017	アストロズ	109	422	82	133	25	1	24	84	53	92	2	1	.391	.941	.315
2018	アストロズ	110	402	60	96	20	1	15	65	53	111	3	0	.323	.728	.239
2019	アストロズ	75	280	42	78	16	1	21	59	35	75	1	0	.358	.926	.279
2020	アストロズ	58	201	22	53	9	0	5	25	16	49	0	0	.326	.709	.264
2021	アストロズ	148	555	104	155	34	1	26	92	75	116	0	0	.366	.851	.279
2022	ツインズ	136	522	70	152	24	1	22	64	61	121	0	1	.366	.833	.291
通算成績		888	3346	508	933	186	9	155	553	408	781	33	9	.357	.836	.279

カモ 苦手 は通算成績

野手

25 バイロン・バクストン Byron Buxton

またしても故障で途中離脱

センター

30歳 1993.12.18生｜188cm｜86kg｜右投右打
- ◆対左投手打率／.252 ◆対右投手打率／.211
- ◆ホーム打率／.228 ◆アウェー打率／.219 ◆得点圏打率／.145
- ◆22年のポジション別出場数／センター＝57、DH＝35
- ◆Ⓓ2012①ツインズ ◆囲ジョージア州
- ◆囲1500万ドル（約19億5000万円） ◆ゴールドグラブ賞1回（17年）

ミート	4
パワー	5
走塁	5
守備	5
肩	5

能力は超一流ながら、とにかく故障が多い外野手。昨季は12.1打数に1本のハイペースで本塁打を生産し、シーズン前半で自己ベストの本塁打をクリア。初めて出場したオールスターでは、高めの悪球を特大本塁打にして、ベンチで見ていた大谷翔平をはじめとするメジャーリーガーたちの度肝を抜いた。センターの守備も依然ハイレベル。昨年7月4日のホワイトソックス戦では、無死一、二塁の場面で大飛球をキャッチし、トリプルプレーを演出している。しかし案の定、昨季もシーズンをまっとうできず、8月に腰を痛めて離脱。9月には右ヒザの手術も受けた。軍人やその家族への支援活動を積極的に行っており、昨年、ロベルト・クレメンテ賞にノミネートされている。

カモ M・ゴンザレス（マリナーズ）.400(10-4)3本　苦手 T・マッケンジー（ガーディアンズ）.083(12-1)1本

年度	所属チーム	試合数	打数	得点	安打	二塁打	三塁打	本塁打	打点	四球	三振	盗塁	盗塁死	出塁率	OPS	打率
2015	ツインズ	46	129	16	27	7	1	2	6	6	44	2	2	.250	.576	.209
2016	ツインズ	92	298	44	67	19	6	10	38	23	118	10	2	.284	.714	.225
2017	ツインズ	140	462	69	117	14	6	16	51	38	150	29	1	.314	.727	.253
2018	ツインズ	28	90	8	14	4	0	0	4	3	28	5	0	.183	.383	.156
2019	ツインズ	87	271	48	71	30	4	10	46	19	68	14	3	.314	.827	.262
2020	ツインズ	39	130	19	33	3	0	13	27	2	36	2	1	.267	.844	.254
2021	ツインズ	61	235	50	72	23	0	19	32	13	62	9	1	.358	1.005	.306
2022	ツインズ	92	340	61	76	13	3	28	51	34	116	6	0	.306	.832	.224
通算成績		585	1955	315	477	113	20	98	255	138	622	77	10	.301	.774	.244

1 ニック・ゴードン Nick Gordon

速球は130キロ程度だが、投げるのが大好き

ユーティリティ

28歳 1995.10.24生｜183cm｜72kg｜右投左打
- ◆対左投手打率／.200 ◆対右投手打率／.289
- ◆ホーム打率／.272 ◆アウェー打率／.271 ◆得点圏打率／.279
- ◆22年のポジション別出場数／レフト＝62、センター＝38、セカンド＝36、ショート＝17、ピッチャー＝4、DH＝2、サード＝1
- ◆Ⓓ2014①ツインズ ◆囲フロリダ州 ◆囲72万ドル（約9360万円）＋α

ミート	3
パワー	3
走塁	3
守備	3
肩	3

元メジャーリーガーの父を持つ2世選手。内外野を守れるユーティリティで、昨季はチームで3番目に多い138試合に出場。故障者の穴を埋めるべく奮闘し、期待以上の働きを見せた。細身の体で、以前はパワー不足を指摘されていたが、それも改善されつつある。父トム・ゴードンは、メジャー通算21年の元投手で、MLBでただ1人「100勝・100セーブ・100ホールド」を達成している人物。息子のニックも投げるのは大好き。バルデッリ監督に、一昨年から登板を志願しており、昨季は点差の離れたゲームで4度、敗戦処理で登板した（防御率22.09）。父直伝のカーブで三振を奪う夢は、今季に持ち越し。

カモ J・ベリオス（ブルージェイズ）.455(11-5)1本　苦手 L・リン（ホワイトソックス）.083(12-1)0本

年度	所属チーム	試合数	打数	得点	安打	二塁打	三塁打	本塁打	打点	四球	三振	盗塁	盗塁死	出塁率	OPS	打率
2021	ツインズ	73	200	19	48	9	1	4	23	12	55	10	1	.292	.647	.240
2022	ツインズ	138	405	45	110	28	4	9	50	19	105	6	4	.316	.743	.272
通算成績		211	605	64	158	37	5	13	73	31	160	16	5	.308	.711	.261

7月の月間最優秀新人賞を受賞

サード
ファースト

64 ホセ・ミランダ *Jose Miranda*

★WBCプエルトリコ代表

25歳 1998.6.29生｜188cm｜95kg｜右投右打

◆対左投手打率／.275　◆対右投手打率／.265

ミート **3**

◆ホーム打率／.277　◆アウェー打率／.260　◆得点圏打率／.272

パワー **3**

◆22年のポジション別出場数／ファースト=77、サード=34、DH=21

走塁 **2**

◆Ⓓ2016②ツインズ　◆囲プエルトリコ

守備 **2**

◆囲72万ドル（約9360万円）+α

肩 **2**

ツインズ

ルーキーながらチーム最多の66打点をマークした、プエルトリコ出身の内野手。昨年5月2日にメジャーデビュー。ミゲール・サノーの故障離脱にともない、ファーストのレギュラー格で起用された。最初の1カ月間は打率1割台と低迷したものの、徐々にメジャーの投手に対応し始め、7月は打率3割5分5厘、5本塁打で、月間最優秀新人賞を受賞している。ヒットは広角に出るが、昨季の15本塁打はすべて、センターからレフト寄りへの一発。逆方向への打球も伸びるようになれば、本塁打の数もおのずと増えていくだろう。いとこに、劇作家・音楽家・俳優のリン＝マニュエル・ミランダがいる。

カモ B・プリスキー（タイガース）1.000(4-4)1本　苦手 S・ビーバー（ガーディアンズ）.091(11-1)0本

年度	所属チーム	試合数	打数	得点	安打	二塁打	三塁打	本塁打	打点	四球	三振	盗塁	盗塁死	出塁率	OPS	打率
2022	ツインズ	125	444	45	119	25	0	15	66	28	91	1	1	.325	.751	.268
通算成績		125	444	45	119	25	0	15	66	28	91	1	1	.325	.751	.268

2021年の最多四球王&最多三振王

レフト
ライト

13 ジョーイ・ギャロ *Joey Gallo*

移籍

30歳 1993.11.19生｜196cm｜113kg｜右投左打

◆対左投手打率／.110　◆対右投手打率／.173

ミート **1**

◆ホーム打率／.172　◆アウェー打率／.148　◆得点圏打率／.165

パワー **5**

◆22年のポジション別出場数／レフト=77、ライト=48、DH=
5、センター=1、ファースト=1

走塁 **2**

◆Ⓓ2012①レンジャーズ　◆囲ネヴァダ州　◆囲1100万ドル（約14億3000万円）

守備 **4**

肩 **5**

ピンストライプの重圧に押しつぶされた長距離砲。一昨年7月、左の大砲不在だったヤンキースが、レンジャーズからトレードで獲得。だが、昨季は期待された本塁打がたまに出る程度で、ニューヨークのファンやメディアから厳しく非難された。これにはギャロも大弱りで、ますます打てなくなる悪循環。結局、8月2日のトレードでドジャースへ移ったが、移籍後の成績もぱっとしなかった。オフに1年契約でツインズ入り。今季はプレッシャーの比較的少ない球団でプレーできるので、長打量産の期待がかかる。「三振か四球かホームランか」という極端な打撃スタイルで、通算打率は1割9分9厘。

カモ J・カプリリアン（アスレティックス）.500(10-5)4本　苦手 ダルビッシュ有（パドレス）.000(7-0)0本

年度	所属チーム	試合数	打数	得点	安打	二塁打	三塁打	本塁打	打点	四球	三振	盗塁	盗塁死	出塁率	OPS	打率
2015	レンジャーズ	36	108	16	22	3	1	6	14	15	57	3	0	.301	.718	.204
2016	レンジャーズ	17	25	2	1	0	0	1	1	5	19	1	0	.200	.360	.040
2017	レンジャーズ	145	449	85	94	18	3	41	80	75	196	7	2	.333	.870	.209
2018	レンジャーズ	148	500	82	103	24	1	40	92	74	207	3	4	.312	.810	.206
2019	レンジャーズ	70	241	54	61	15	1	22	49	52	114	4	2	.389	.987	.253
2020	レンジャーズ	57	193	23	35	8	0	10	26	29	79	2	0	.301	.679	.181
2021	レンジャーズ	95	310	57	69	6	1	25	55	74	125	6	0	.379	.869	.223
2021	ヤンキース	58	188	33	30	7	0	13	22	37	88	0	0	.303	.707	.160
2021	2チーム計	153	498	90	99	13	1	38	77	111	213	6	0	.351	.809	.199
2022	ヤンキース	82	233	32	37	4	1	12	24	40	106	2	0	.282	.621	.159
2022	2チーム計	44	117	16	19	4	1	7	23	16	57	1	0	.277	.670	.162
2022	2チーム計	126	350	48	56	8	2	19	47	56	163	3	0	.280	.637	.160
通算成績		752	2364	400	471	89	9	177	386	417	1048	29	8	.325	.794	.199

一昨年から本塁打が半減

セカンド

11 ホルヘ・ポランコ *Jorge Polanco*

30歳 1993.7.5生 | 180cm | 94kg | 右両両打

- ◆対左投手打率／.226　◆対右投手打率／.240
- ◆ホーム打率／.271　◆アウェー打率／.198　◆得点圏打率／.276
- ◆22年のポジション別出場数／セカンド＝97、ショート＝6、DH＝5
- ◆Ⓓ2009㉞ツインズ　◆㊤ドミニカ
- ◆㊙750万ドル（約9億7500万円）

ミート **3**
パワー **4**
走塁 **3**
守備 **3**
肩 **2**

ここぞの場面での勝負強さが光る、スイッチヒッターの内野手。一昨年、33本塁打、98打点とキャリアハイの成績残したため、昨季も大いに期待された。しかし、夏場を除き、バットが湿りがち。故障離脱の少ない選手だが、昨季は腰やヒザを痛め、戦列を離れている期間が計50日間ほどあった。打率も2割3分台と自己ワーストだったが、四球をしっかりかせぎ、高い出塁率を残したのはさすが。ドミニカ出身。16歳でプロ入りし、以来、一貫してツインズの組織でプレー。同郷の妻ルセロさんとの間に、3人の子供がいる。

カモ J・ウレーニャ（ロッキーズ）1.000(7-7)0本　**苦手** C・クワントリル（ガーディアンズ）.000(16-0)0本

年度	所属チーム	試合数	打数	得点	安打	二塁打	三塁打	本塁打	打点	四球	三振	盗塁	盗塁死	出塁率	OPS	打率
2014	ツインズ	5	6	2	2	1	1	0	3	2	2	0	0	.500	1.333	.333
2015	ツインズ	4	10	1	3	0	0	0	1	2	1	0	0	.417	.717	.300
2016	ツインズ	69	245	24	69	15	4	4	27	17	46	4	3	.332	.756	.282
2017	ツインズ	133	488	60	125	30	3	13	74	41	78	13	5	.313	.723	.256
2018	ツインズ	77	302	38	87	18	3	6	42	25	62	7	7	.345	.732	.288
2019	ツインズ	153	631	107	186	40	7	22	79	60	116	4	3	.356	.841	.295
2020	ツインズ	55	209	22	54	8	0	4	19	13	35	4	2	.304	.658	.258
2021	ツインズ	152	588	97	158	35	2	33	98	45	118	11	6	.323	.826	.269
2022	ツインズ	104	375	54	88	16	0	16	56	64	95	3	3	.346	.751	.235
通算成績		752	2854	405	772	163	20	98	399	269	553	47	29	.334	.779	.270

2球団でワールドシリーズ制覇を経験

キャッチャー

8 クリスチャン・ヴァスケス *Christian Vazquez*
★WBCプエルトリコ代表

移籍

33歳 1990.8.21生 | 175cm | 92kg | 右投右打　◆盗塁阻止率／.239(67-16)

- ◆対左投手打率／.304　◆対右投手打率／.264
- ◆ホーム打率／.294　◆アウェー打率／.253　◆得点圏打率／.304
- ◆22年のポジション別出場数／キャッチャー＝108、ファースト＝9、セカンド＝1、DH＝1
- ◆Ⓓ2008⑨レッドソックス　◆㊤プエルトリコ　◆㊙1000万ドル（約13億円）

ミート **3**
パワー **3**
走塁 **2**
守備 **4**
肩 **4**

攻守両面で頼りになる、捕手大国プエルトリコ出身のキャッチャー。長くレッドソックスでマスクをかぶっていたが、昨年8月1日の試合前に、その日の対戦相手であるアストロズへのトレードを告げられた。移籍後はマルドナードのバックアップを務め、ポストシーズンでも捕手として5試合に出場。フィリーズとのワールドシリーズ第4戦では4人の投手を巧みにリードし、継投によるノーヒッターを演出した。オフに3年3000万ドルでツインズ入り。

カモ S・ビーバー（ガーディアンズ）.800(5-4)0本　**苦手** 大谷翔平（エンジェルス）.000(5-0)0本

年度	所属チーム	試合数	打数	得点	安打	二塁打	三塁打	本塁打	打点	四球	三振	盗塁	盗塁死	出塁率	OPS	打率
2014	レッドソックス	55	175	15	42	9	0	1	20	19	33	0	0	.308	.617	.240
2016	レッドソックス	57	172	21	39	4	1	1	12	10	39	0	0	.277	.585	.227
2017	レッドソックス	99	324	43	94	18	2	5	32	17	64	7	2	.330	.734	.290
2018	レッドソックス	80	251	24	52	10	0	3	16	13	41	4	1	.257	.540	.207
2019	レッドソックス	138	482	66	133	26	1	23	72	33	101	4	2	.320	.797	.276
2020	レッドソックス	47	173	22	49	9	0	7	23	16	43	4	2	.344	.801	.283
2021	レッドソックス	138	458	51	118	23	1	6	49	33	84	8	4	.308	.660	.258
2022	レッドソックス	84	294	33	83	20	0	8	42	18	51	1	2	.327	.759	.282
2022	2チーム計	35	104	8	26	3	0	1	10	4	18	0	0	.278	.586	.250
2022	2チーム計	119	398	41	109	23	0	9	52	22	69	1	0	.315	.714	.274
通算成績		733	2433	283	636	127	5	55	276	163	474	28	16	.310	.696	.261

マイナー時代のメインポジションは捕手 **ユーティリティ** **移籍**

12 カイル・ファーマー Kyle Farmer

33歳 1990.8.17生 | 183cm | 92kg | 右投右打 対左.309 対右.235 ホ.253 ア.257 得.308 ド2013⑧ドジャース 田ジョージア州 囲559万ドル（約7億2670万円）

ミ	3
バ	3
走	2
守	3
肩	3

レッズで2シーズン、正遊撃手を務めたあと、オフのトレードでやって来たユーティリティ。左投手からよく長打を放ち、対右投手の通算打率も2割8分8厘と数字を残している（対右は2割4分1厘）。大学時代も遊撃手で、2013年ドラフトの8巡目指名でドジャース入り。マイナーでは、プロ入り後にコンバートされた捕手で、試合に多く出場していた。高校時代はアメフトにも力を入れ、マイケル・ルイス（『マネー・ボール』の著者として有名）原作の映画『しあわせの隠れ場所（原題『The Blind Side』）』では、高校のアメフト選手役の1人としてエキストラ出演している。

年度	所属チーム	試合数	打数	得点	安打	二塁打	三塁打	本塁打	打点	四球	三振	盗塁	盗塁死	出塁率	OPS	打率
2022	レッズ	145	526	58	134	25	1	14	78	33	99	4	3	.315	.701	.255
通算成績		480	1344	146	342	61	4	39	183	75	286	11	7	.311	.704	.254

舞踏家の両親を持つドイツ人メジャーリーガー **ライト／センター**

26 マックス・ケプラー Max Kepler

30歳 1993.2.10生 | 193cm | 101kg | 左投左打 対左.243 対右.221 ホ.213 ア.244 得.196 ド2009ツインズ 田ドイツ 囲850万ドル（約11億500万円）

ミ	2
バ	3
走	4
守	5
肩	4

打撃面の衰えが止まらない、ドイツ出身の外野手。2019年に36本塁打を放って大ブレイクしたが、以降、打撃成績は下り坂。昨季はわずか9本塁打に終わった。一方、ライトの守備では相変わらずの好守を見せ、受賞には至らなかったものの、ゴールドグラブ賞にノミネートされた。ドイツのベルリンで生まれ育ち、ポーランド人の父、アメリカ人の母はともにバレエダンサー。優れた身体能力と端正なルックスは、この両親から受け継いだものだ。少年時代はドイツの子らしく、テニスやサッカーにも親しんだが、結局、野球を選択している。正式名は「マキシミリアン」。

年度	所属チーム	試合数	打数	得点	安打	二塁打	三塁打	本塁打	打点	四球	三振	盗塁	盗塁死	出塁率	OPS	打率
2022	ツインズ	115	388	54	88	18	1	9	43	49	66	3	2	.318	.666	.227
通算成績		837	2955	439	686	162	13	129	400	345	603	33	15	.317	.744	.232

昨季は右投手の変化球に大苦戦 **キャッチャー**

27 ライアン・ジェファーズ Ryan Jeffers

26歳 1997.6.3生 | 193cm | 106kg | 右投右打 ◆盗塁阻止率／.139(36-5) 対左.306 対右.167 ホ.230 ア.188 得.315 ド2018②ツインズ 田ノースカロライナ州 囲72万ドル（約9360万円）+α

ミ	3
バ	4
走	2
守	3
肩	3

打撃の粗さが改善されない、かつての正捕手候補。昨季も打率は、終始1割と2割を行き来する低空飛行で、浮上することなくシーズンを終えた。ただ、左投手には3割を超える打率を残している。ディフェンス面では、以前からリード面の評価が高い。昨季の捕手防御率は3.59で、正捕手格だったゲーリー・サンチェスの4.27よりも良かった。球団は今季、新たに加入したヴァスケスとの併用を予定しており、ジェファーズは50〜60試合程度、先発マスクをかぶることになるだろう。2019年に結婚したレクシーさんとの間に、昨年、第一子となる女の子（ハーパーちゃん）が誕生。

年度	所属チーム	試合数	打数	得点	安打	二塁打	三塁打	本塁打	打点	四球	三振	盗塁	盗塁死	出塁率	OPS	打率
2022	ツインズ	67	212	25	44	10	1	7	27	23	62	0	0	.285	.648	.208
通算成績		178	534	58	112	20	2	24	69	50	189	0	1	.285	.675	.210

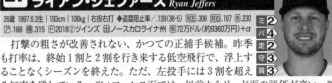

対左＝対左投手打率　対右＝対右投手打率　ホ＝ホーム打率　ア＝アウェー打率　得＝得点圏打率　147

野手

右手首の故障に苦しむ2016年のドラ1

19 アレックス・キリロフ *Alex Kirilloff*

ファースト / レフト

26歳 1997.11.9生｜188cm｜88kg｜左投左打 対左.167 対右.267 ホ.218 ア.288 得.300 Ⓓ2016①ツインズ 出ペンシルヴァニア州 年72万ドル（約9360万円）+α

ミ3 / バ3 / 走2 / 守2 / 肩3

　2020年のポストシーズンで、メジャーデビューを果たした外野手兼一塁手。昨季は3Aでは打ちまくったが、メジャーでは結果を残せず、さらに右手首の手術を受けたため、8月1日が最後の試合になってしまった。16年のドラフトで、ツインズから1巡目（全体15位）に指名された逸材だが、右手首の故障が慢性化しており、才能を発揮できずにいる。父デイヴィッドさんは、元パイレーツのスカウトで、現在は野球のトレーニング施設を運営。生後11ヵ月（!）から、この父による打撃練習が始まり、8歳のときには、12歳以上の子と一緒にプレーできるまでになっていたという。

年度	所属チーム	試合数	打数	得点	安打	二塁打	三塁打	本塁打	打点	四球	三振	盗塁	盗塁死	出塁率	OPS	打率
2022	ツインズ	45	144	14	36	7	0	3	21	5	36	0	0	.290	.651	.250
通算成績		104	359	37	90	18	1	11	55	19	88	1	1	.295	.693	.251

今季は4人目の外野手の役回り

2 マイケル・A・テイラー *Michael A. Taylor*

外野手 / 移籍

32歳 1991.3.26生｜193cm｜97kg｜右投右打 対左.238 対右.260 ホ.288 ア.218 得.234 Ⓓ2009⑥ナショナルズ 出フロリダ州 年450万ドル（約6億3000万円）◆ゴールドグラブ賞1回（21年）

ミ2 / バ4 / 走4 / 守5 / 肩5

　メジャーを代表する好守の外野手。今年1月、マイナー2投手との交換トレードで、同地区ロイヤルズからやって来た。打球判断が良いため守備範囲が広く、ダイビングキャッチやホームランキャッチなどのスーパープレーもよく見せる。肩も強く、送球も正確だ。昨季はセンターでのDRS（守備で防いだ失点）が19もあり、2年連続でメジャーの中堅手で最多だった。しかし、2年連続のゴールドグラブ賞受賞はのがしている。打撃では多くを期待できず、ロイヤルズでは打順7番や8番を打つことが多かった。だだ、昨シーズンはボール球に手を出すケースが、以前に比べて減っていた。

年度	所属チーム	試合数	打数	得点	安打	二塁打	三塁打	本塁打	打点	四球	三振	盗塁	盗塁死	出塁率	OPS	打率
2022	ロイヤルズ	124	414	49	105	10	3	9	43	35	109	4	2	.313	.670	.254
通算成績		840	2561	311	618	113	12	74	281	191	819	95	30	.296	.677	.241

38 マット・ウォールナー *Matt Wallner*

レフト / ライト　期待度 B　ルーキー

26歳 1997.12.12生｜196cm｜99kg｜右投左打 ◆昨季はメジャーで18試合に出場 Ⓓ2019①ツインズ 出ミネソタ州

　パワーと強肩がウリの外野手。昨年9月17日にメジャーデビュー。その試合で、メジャー初ヒットをホームランで飾った。メジャーでは計18試合に出場し、打率2割2分8厘、2本塁打。大学時代はリリーフ投手としても活躍。ミネソタ州ミネアポリス近郊で育ち、少年時代はもちろんツインズのファン。

― エドアール・ジュリエン *Edouard Julien*

★WBCカナダ代表

セカンド　期待度 B　ルーキー

24歳 1999.4.30生｜188cm｜88kg｜右投左打 ◆昨季は2Aでプレー Ⓓ2019⑱ツインズ 出カナダ

　将来の正二塁手候補。ウリは出塁能力の高さ。2Aでプレーした昨季は、3割ちょうどの打率をマークしたが、四球も多く選び、出塁率は4割4分1厘だった。パワーもまずまずだが、守備、肩、走塁面は、今のところ、平均未満の評価。カナダ出身。フランス語、英語、スペイン語を話すトリリンガル。

対左=対左投手打率　対右=対右投手打率　ホ=ホーム打率　ア=アウェー打率　得=得点圏打率
Ⓓ=ドラフトデータ　出=出身地　年=年俸

デトロイト・タイガース

◆創 立：1894年
◆本拠地：ミシガン州デトロイト市

◆ワールドシリーズ制覇：4回　◆リーグ優勝：11回
◆地区優勝：7回／ワイルドカード獲得：1回

主要オーナー　クリストファー・イーリッチ（スポーツ企業家）

過去5年成績

年度	勝	負	勝率	ゲーム差	地区順位	ポストシーズン成績
2018	64	98	.395	27.0	③	―
2019	47	114	.292	53.5	⑤	―
2020	23	35	.397	12.0	⑤	―
2021	77	85	.475	16.0	③	―
2022	**66**	**96**	**.407**	**26.0**	④	―

監督　**14 A.J.ヒンチ** *A.J. Hinch*

◆年　齢 …………48歳（アイオワ州出身）
◆現役時代の経歴 …7シーズン　アスレティックス（1998〜2000）、
（キャッチャー）　ロイヤルズ（2001〜02）、タイガース（2003）、
　　　　　　　　　フィリーズ（2004）
◆現役通算成績 ……350試合　.219　32本　112打点
◆監督経歴 …………9シーズン　ダイヤモンドバックス（2009〜10）、
　　　　　　　　　アストロズ（2015〜19）、タイガース（2021〜）
◆通算成績 …………713勝633敗（勝率.530）

　アストロズ監督時代の2017年に、ワールドシリーズ制覇を成し遂げた名将。だが、アストロズがチームぐるみで行っていたサイン盗みの責任を問われ（ヒンチの関与は少なかったが）、19年のオフに職を追われることになった。MLB機構からの、1年間の出場停止処分が解けた21年に、タイガースの指揮官として監督職に復帰している。昨年11月、MLB選抜の監督として韓国選抜と戦う予定だったが、MLBの韓国ツアーが契約上の問題で中止となり、実現しなかった。

注目コーチ　**─ キース・ボーリガード** *Keith Beauregard*

　新打撃コーチ。40歳。独立リーグでプレー後、大学のコーチを経て、ドジャースの組織に加入。昨年までドジャースのマイナーで、多くの若手の成長をあと押ししてきた。

編成責任者　**スコット・ハリス** *Scott Harris*

　37歳。ジャイアンツの要職にあったが、昨年9月に引き抜かれた。就任後すぐ、医療部門の改革に着手。スカウト部門のトップも解任し、新任者をレイズから連れてきた。

スタジアム　**コメリカ・パーク** *Comerica Park*

◆開 場 年 …………2000年
◆仕　様 …………天然芝
◆収容能力 …………41,083人
◆フェンスの高さ …2.1m
◆特　徴 …………センターのフェンスが深い位置にあり、本塁打がやや出にくい一方、三塁打が多いというデータがある。ただ、オフにセンターフェンスを2メートルほど手前に動かし、フェンスの高さも全体的に低くしたため、変化があるかも。

ニュートラルパーク

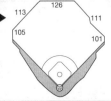

126
113　　111
105　　101

149

Best Order [ベストオーダー]

① オースティン・メドウズ……ライト
② ハヴィエア・バエズ……ショート
③ ライリー・グリーン……センター
④ ジョナサン・スコープ……セカンド
⑤ ケリー・カーペンター……DH
⑥ エリック・ハース……キャッチャー
⑦ スペンサー・トーケルソン……ファースト
⑧ ライアン・クライドラー……サード
⑨ アキル・バドゥー……レフト

Depth Chart [ポジション別選手層・メンバーリスト]

※2023年2月13日時点の候補選手。数字は背番号（開幕前に変更する場合もあり）、右・左等は投・打の順。

センター
31 ライリー・グリーン [左・左]

レフト
60 アキル・バドゥー [左・左]
－ マット・ヴィアリング [右・右]
－ ニック・メイトン [右・左]
13 エリック・ハース [右・右]

ライト
17 オースティン・メドウズ [左・左]
30 ケリー・カーペンター [右・左]

ショート
28 ハヴィエア・バエズ [右・右]
32 ライアン・クライドル [右・右]

セカンド
7 ジョナサン・スコープ [右・右]
－ マット・ヴィアリング [右・右]

ローテーション
57 エドゥアルド・ロドリゲス [左・左]
48 マシュー・ボイド [左・左]
21 マイケル・ローレンゼン [右・右]
25 マット・マニング [右・右]
56 スペンサー・ターンブル [右・右]
－ ボー・ブリスキー [右・右]
29 タリク・スクーバル [左・右]

サード
32 ライアン・クライドラー [右・右]
－ マット・ヴィアリング [右・右]
－ タイラー・ネヴィン [右・右]
－ ニック・メイトン [右・左]

ファースト
20 スペンサー・トーケルソン [右・右]
24 ミゲール・カブレラ [右・右]
－ マット・ヴィアリング [右・右]

キャッチャー
13 エリック・ハース [右・右]
34 ジェイク・ロジャーズ [右・右]

DH
30 ケリー・カーペンター [右・左]
24 ミゲール・カブレラ [右・右]

ブルペン
55 アレックス・ラング [右・右] CL
68 ジェイソン・フォーリー [右・右]
67 ホセ・シスネロ [右・右]
70 タイラー・アレグザンダー [左・右]
43 ジョーイ・ウエンツ [左・左]
50 ギャレット・ヒル [右・右]
19 ウィル・ヴェスト [右・右]
－ エドウィン・ウセタ [右・右]
49 アレックス・ファエド [右・右]

※CL＝クローザー

タイガース試合日程……＊はアウェーでの開催

3月30・4月1・2	レイズ＊	5月2・3・4	メッツ	6月2・3・4	ホワイトソックス＊
3・4・5	アストロズ＊	5・6・7	カーディナルス＊	5・6・7	フィリーズ
6・8・9	レッドソックス	8・9・10	ガーディアンズ＊	9・10・11	ダイヤモンドバックス
11・12・13	ブルージェイズ＊	12・13・14	マリナーズ	12・13・14	ブレーブス
14・15・16	ジャイアンツ	16・17	パイレーツ	15・16・17・18	ツインズ＊
17・18・19	ガーディアンズ	19・20・21	ナショナルズ＊	19・20・21	ロイヤルズ
21・22・23	オリオールズ＊	22・23・24	ロイヤルズ＊	23・24・25	ツインズ
24・25・26	ブリュワーズ＊	25・26・27・28	ホワイトソックス	26・27・28・29	レンジャーズ＊
27・28・29・30	オリオールズ	29・30・31	レンジャーズ	30・7月1・2	ロッキーズ＊

150 **球団メモ** エンジェルスとともに、最もポストシーズンから遠ざかっているチーム。最後にポストシーズンに進出したのは2014年で、以降8シーズン、出場できていない。

タイガース

■**投手力** ⬇️…★★★☆☆ 【昨年度チーム防御率4.05、リーグ11位】

　昨季は先発防御率がリーグ12位(4.51)と低調。若きエース候補のマイズが、2試合投げただけで故障離脱(トミー・ジョン手術を受けて、今季全休濃厚)。ローテーションの柱になることを期待されて入団したロドリゲスも、長期離脱を余儀なくされた。オフにローレンゼン、ボイドを加え、とりあえずローテーションの頭数はそろったが、劇的に良化することはないだろう。昨季、リリーフ陣はリーグ平均よりいい防御率を残したが、その中心として活躍したソト、ヒメネスが、オフにチームを去っており、弱体化している。

■**攻撃力** ➡️…★★☆☆☆ 【昨年度チーム得点557、リーグ15位】

　昨季、最有望新人のトーケルソンがメジャーデビュー。バエズ、メドウズといった強打者も加わり、得点力の大幅アップが期待されていた。しかし全員、低調な打撃成績に終わり、チーム得点はリーグワースト。チーム本塁打数もリーグワーストで、20本塁打以上は1人もいなかった。オフに大きな補強はなく、今季も期待感の小さい打線になっている。

■**守備力** ⬇️…★★☆☆☆ 【昨年度チーム失策数93、リーグ12位】

　捕手バーンハート(ゴールドグラブ賞2度)の移籍はマイナス。遊撃手バエズ(2020年にゴールドグラブ賞受賞)は昨季、守備でも精彩を欠いた。

■**機動力** ↗️…★★☆☆☆ 【昨年度チーム盗塁数47、リーグ14位】

　昨季、盗塁数が2ケタになった選手は1人もいなかった。ただ、新たに加入したヴィアリングは、スモールボールのスキルが高い。

総合評価 ⬇️ ★★☆☆☆	昨季は若手のブレイクが期待でき、それに合わせて投打の補強も行ったため、アメリカン・リーグ中部地区のダークホース的存在になっていた。だが、スタートからつまずき、8月にアビーラGMが職を解かれた。再建計画の見直しがせまられている。

IN　主な入団選手
投手
マイケル・ローレンゼン←エンジェルス
マシュー・ボイド←マリナーズ
野手
マット・ヴィアリング←フィリーズ
ニック・メイトン←フィリーズ
タイラー・ネヴィン←オリオールズ

OUT　主な退団選手
投手
グレゴリー・ソト➡フィリーズ
ジョー・ヒメネス➡ブレーブス
アンドルー・チェイビン➡ダイヤモンドバックス
野手
タッカー・バーンハート➡カブス
ジャイマー・キャンデラリオ➡ナショナルズ
コディ・クレメンス➡フィリーズ

4・5・6	アスレティックス	4・5・6	レイズ	5・6・7	ヤンキース*
7・8・9	ブルージェイズ	8・9・10	ツインズ	8・9・10	ホワイトソックス*
11	オールスターゲーム	11・12・13	レッドソックス*	12・13・14	レッズ
14・15・16	マリナーズ*	15・16	ツインズ*	15・16・17	エンジェルス*
17・18・19・20	ロイヤルズ*	17・18・19・20	ガーディアンズ*	18・19・20	ドジャース*
21・22・23	パドレス	21・22・23	カブス	21・22・23・24	アスレティックス*
25・26・27	エンジェルス	25・26・27	アストロズ	26・27・28	ロイヤルズ
28・29・30	マーリンズ*	28・29・30・31	ヤンキース	29・30・**10**月1	ガーディアンズ*
8月1・2	パイレーツ*	**9**月1・2・3	ホワイトソックス*		

球団メモ	1968年に、デニー・マクレインが31勝を記録。以降、メジャーで「30勝投手」は現れていない。マクレインは引退後、麻薬密売、横領、恐喝などの罪で服役。	151

移籍1年目は不完全燃焼のシーズン　先発

57　エドゥアルド・ロドリゲス　*Eduardo Rodriguez*
★WBCベネズエラ代表

30歳 1993.4.7生 ｜ 188cm ｜ 104kg ｜ 左投左打

◆速球のスピード／150キロ前後（フォーシーム、シンカー）
◆決め球と持ち球／☆シンカー、◎フォーシーム、◎チェンジアップ、◎カッター、△スライダー
◆対左.299　◆対右.235　◆ホ防3.80　◆ア防4.33
◆ド2010外オリオールズ　◆田ベネズエラ
◆年1400万ドル（約18億2000万円）

球威	3
制球	4
緩急	4
守備・牽制	5
度胸	4

　2021年オフに、タイガースが5年7700万ドルで獲得した先発左腕。昨季は4回3失点で負け投手となった開幕戦以降、シーズン序盤は調子が上がらなかったが、登板7試合目のオリオールズ戦で6回2/3を無失点で抑える好投を見せ、移籍後初勝利を飾った。しかし、5月19日に胸部を痛めてIL（故障者リスト）入り。その後、マイナーで調整登板をしたものの、今度は家庭の事情で制限リストに入り、結局、約3カ月にわたるブランクを作ってしまった。復帰初戦となる8月21日のエンジェルス戦は、投手・大谷翔平とのマッチアップ。5回をノーヒット、無失点で切り抜け、2勝目をマークした。

カモ T・アンダーソン（ホワイトソックス）.000（14-0）0本　苦手 J・ラミレス（ガーディアンズ）.385（13-5）2本

年度	所属チーム	勝利	敗戦	防御率	試合数	先発	セーブ	投球イニング	被安打	失点	自責点	被本塁打	与四球	奪三振	WHIP
2015	レッドソックス	10	6	3.85	21	21	0	121.2	120	55	52	13	37	98	1.29
2016	レッドソックス	3	7	4.71	20	20	0	107.0	99	58	56	16	40	100	1.30
2017	レッドソックス	6	7	4.19	25	24	0	137.1	126	66	64	19	50	150	1.28
2018	レッドソックス	13	5	3.82	27	23	0	129.2	119	56	55	16	45	146	1.26
2019	レッドソックス	19	6	3.81	34	34	0	203.1	195	88	86	24	75	213	1.33
2021	レッドソックス	13	8	4.74	32	31	0	157.2	172	87	83	19	47	185	1.39
2022	タイガース	5	5	4.05	17	17	0	91.0	87	49	41	12	34	72	1.33
通算成績		69	44	4.15	176	170	0	947.2	918	459	437	119	328	964	1.31

エンジェルスから移籍の元・二刀流プレーヤー　先発　移籍

21　マイケル・ローレンゼン　*Michael Lorenzen*

31歳 1992.1.4生 ｜ 190cm ｜ 98kg ｜ 右投右打

◆速球のスピード／150キロ台前半（フォーシーム、ツーシーム）
◆決め球と持ち球／○スライダー、◎チェンジアップ、
　◎フォーシーム、◎シンカー、△カッター、△カーブ
◆対左.233　◆対右.217　◆ホ防2.77　◆ア防5.69
◆ド2013①レッズ　◆田カリフォルニア州　◆年850万ドル（約11億500万円）

球威	4
制球	2
緩急	4
守備・牽制	3
度胸	4

　レッズ時代は、投手としては先発とリリーフで活躍。野手としては守備力の高い中堅手で、通算打率2割3分3厘、7本塁打、24打点を記録した。しかし、先発で投げたい願望が強く、2021年限りでレッズを出たあと、故郷アナハイムのエンジェルスと契約。先発投手で、まずまずの数字を残した。兄はドジャースのマイナーでプレーしていたが、15歳の少女との性交が発覚し、2年で解雇された。両親がアル中、ヤク中で、夫婦ゲンカが絶えない崩壊家庭で育ったが、高校時代、敬虔（けいけん）なクリスチャンになり、模範的な若者に成長。

カモ J・アルトゥーヴェ（アストロズ）.000（7-0）0本　苦手 T・アンダーソン（ホワイトソックス）.444（9-4）0本

年度	所属チーム	勝利	敗戦	防御率	試合数	先発	セーブ	投球イニング	被安打	失点	自責点	被本塁打	与四球	奪三振	WHIP
2015	レッズ	4	9	5.40	27	21	0	113.1	131	70	68	18	57	83	1.66
2016	レッズ	2	1	2.88	35	0	0	50.0	41	16	16	5	13	48	1.08
2017	レッズ	8	4	4.45	70	0	2	83.0	78	43	41	9	34	80	1.35
2018	レッズ	4	2	3.11	45	3	1	81.0	78	32	28	6	34	54	1.38
2019	レッズ	1	4	2.92	73	0	7	83.1	68	29	27	9	28	85	1.15
2020	レッズ	3	1	4.28	18	2	0	33.2	30	17	16	3	17	35	1.40
2021	レッズ	1	2	5.59	27	0	4	29.0	26	18	18	2	14	21	1.38
2022	エンジェルス	8	6	4.24	18	18	0	97.2	81	48	46	11	44	85	1.28
通算成績		31	29	4.10	313	44	14	571.0	533	273	260	63	241	491	1.36

対左=対左打者被打率　対右=対右打者被打率　ホ防=ホーム防御率　ア防=アウェー防御率
ド=ドラフトデータ　田=出身地　年=年俸　カモ 苦手=通算成績

投手

飛躍が期待される長身若手右腕　**先発**

25 マット・マニング *Matt Manning*

25歳　1998.1.28生　198cm／88kg　右投右打

◆速球のスピード／150キロ前後（フォーシーム）
◆決め球と持ち球／◎フォーシーム、◎スライダー、△カーブ、△チェンジアップ、△シンカー
◆対左.226　◆対右.236　◆ホ防2.52　◆ア防4.94
◆ド2016①タイガース　◆出カリフォルニア州
◆年72万ドル（約9360万円）＋α

球威	3
制球	3
緩急	4
守備・牽制	3
度胸	3

今季がメジャー3年目となる、タイガースの2016年ドラフト1巡目（全体9位）指名投手。昨季はローテーションの4番手で開幕を迎えたが、2試合に先発したあと、右肩の炎症でIL入り。回復に時間がかかり、ようやく復帰がかなったのは8月に入ってからだった。その後は、早々に打ち込まれる試合もあったものの、7回を3安打無失点に抑えた9月16日のホワイトソックス戦など、高い能力の片鱗は見せた。ピッチングは、198センチの長身から投じられる速球に、スライダー、カーブ、チェンジアップを交える。父リッチはNBAでプレーした元バスケットボール選手で、身長が211センチある。

カモ T・ウォード（エンジェルス）.000（6-0）0本　**苦手** T・アンダーソン（ホワイトソックス）.571（7-4）0本

年度	所属チーム	勝利	敗戦	防御率	試合数	先発	セーブ	投球イニング	被安打	失点	自責点	被本塁打	与四球	奪三振	WHIP
2021	タイガース	4	7	5.80	18	18	0	85.1	96	59	55	10	33	57	1.51
2022	タイガース	2	3	3.43	12	12	0	63.0	55	27	24	6	19	48	1.17
通算成績		6	10	4.79	30	30	0	148.1	151	86	79	16	52	105	1.37

2年ぶりにデトロイト復帰のサウスポー　**先発**　**移籍**

48 マシュー・ボイド *Matthew Boyd*

32歳　1991.2.2生　190cm／100kg　左投左打

◆速球のスピード／150キロ前後（フォーシーム）
◆決め球と持ち球／◎フォーシーム、◎スライダー、◎チェンジアップ、◎シンカー
◆対左.125　◆対右.105　◆ホ防2.84　◆ア防0.00
◆ド2013⑥ブルージェイズ　◆出ワシントン州
◆年1000万ドル（約13億円）

球威	3
制球	3
緩急	3
守備・牽制	3
度胸	4

1年1000万ドルの契約で、2年ぶりにタイガースへ戻ってきた先発左腕。2020年、21年には2年連続で開幕投手を任されたが、20年は防御率6点台、21年は故障がちで、シーズンオフにはタイガースから新たな契約を見送られた。そのため昨季は、まずジャイアンツと契約。リハビリに努めていたが、8月にプレーオフ進出を目指すマリナーズへトレードされ、9月にリリーフでメジャー復帰。防御率1.35の好成績を収めた。今季、タイガースではふたたび、先発ローテーションに入って投げることになる。課題は被本塁打を減らすこと。19年、20年は、2年連続で被本塁打数がリーグワーストだった。

カモ M・トラウト（エンジェルス）.000（6-0）0本　**苦手** A・ベニンテンディ（ホワイトソックス）.389（18-7）1本

年度	所属チーム	勝利	敗戦	防御率	試合数	先発	セーブ	投球イニング	被安打	失点	自責点	被本塁打	与四球	奪三振	WHIP
2015	ブルージェイズ	0	2	14.85	2	2	0	6.2	15	11	11	5	1	7	2.40
2015	タイガース	1	4	6.57	11	10	0	50.2	56	39	37	12	19	36	1.48
2015	2チーム計	1	6	7.53	13	12	0	57.1	71	50	48	17	20	43	1.59
2016	タイガース	6	5	4.53	20	18	0	97.1	97	51	49	17	29	82	1.29
2017	タイガース	6	11	5.27	26	25	0	135.0	157	84	79	18	53	110	1.56
2018	タイガース	9	13	4.39	31	31	0	170.1	146	87	83	27	51	159	1.16
2019	タイガース	9	12	4.56	32	32	0	185.1	178	101	94	39	50	238	1.23
2020	タイガース	3	7	6.71	12	12	0	60.1	67	46	45	15	22	60	1.48
2021	タイガース	3	8	3.89	15	15	0	78.2	77	37	34	9	23	67	1.27
2022	マリナーズ	2	0	1.35	10	0	0	13.1	5	2	2	0	8	13	0.98
通算成績		39	62	4.90	159	145	0	797.2	798	458	434	142	256	772	1.32

タイガース

トミー・ジョン手術から復帰するノーヒッター右腕　先発

56 スペンサー・ターンブル *Spencer Turnbull*

31歳 1992.9.18生｜190cm｜95kg｜右投右打　速150キロ台前半（フォーシーム、シンカー）　決☆スライダー

◆昨季はメジャー出場なし　ドラ2014②タイガース　出アラバマ州　年215万ドル（約2億7950万円）

球	4
制	4
緩	4
守備	3
度	4

　2021年7月にトミー・ジョン手術を受け、昨季は全休した先発右腕。21年5月18日のマリナーズ戦では、11年のジャスティン・ヴァーランダー以来、タイガースの投手としては10年ぶりとなるノーヒットノーランを達成している。フォーシームとシンカーを主体に、スライダー、カーブ、チェンジアップで緩急をつけていく投球スタイル。スライダーの切れ味は鋭く、三振も奪える決め球となっている。ローテーションに定着した19年には、アメリカン・リーグのワーストとなる17敗を喫する苦難を味わったが、制球力を磨き、一発病を克服した。精神力の強さも大きな武器。

年度	所属チーム	勝利	敗戦	防御率	試合数	先発	セーブ	投球イニング	被安打	失点	自責点	被本塁打	与四球	奪三振	WHIP
2021	タイガース	4	2	2.88	9	9	0	50.0	37	18	16	2	12	44	0.98
通算成績		11	25	4.25	54	53	0	271.1	255	140	128	19	104	256	1.32

奪三振率の高さが魅力の守護神候補　クローザー

55 アレックス・ラング *Alex Lange*

28歳 1995.10.2生｜190cm｜91kg｜右投右打　速150キロ台中頃（シンカー、フォーシーム）　決☆カーブ

対左.189　対右.213　ドラ2017①カブス　出カリフォルニア州　年72万ドル（約9360万円）＋α

球	4
制	3
緩	4
守備	4
度	3

　昨季終盤、守護神ソトにつなぐセットアップの役目を果たした、素質を開花させつつあるリリーフ右腕。2017年ドラフトで、1巡目指名でカブスに入団し、2019年7月にカステヤノスとのトレードでタイガースにやって来た。11.65という高い奪三振率が、最大の魅力。なかでも、速球とは20キロ近い球速差があるカーブの切れ味はすばらしく、昨季奪った計82三振中56個を、この決め球で記録している。幼い頃、養子縁組によりラング家の息子に。登板前に帽子を脱ぎ、天を仰ぐルーティーンは、深い愛情で彼を育ててくれた母レニーさんに対する感謝の念を表したものだ。

年度	所属チーム	勝利	敗戦	防御率	試合数	先発	セーブ	投球イニング	被安打	失点	自責点	被本塁打	与四球	奪三振	WHIP
2022	タイガース	7	4	3.41	71	0	0	63.1	47	30	24	5	31	82	1.23
通算成績		8	7	3.64	107	0	1	99.0	84	48	40	10	47	121	1.32

伸びしろ大きいパワーピッチャー　ミドルリリーフ

68 ジェイソン・フォーリー *Jason Foley*

28歳 1995.11.1生｜193cm｜97kg｜右投右打　速150キロ台中頃（シンカー主体）　決◎チェンジアップ

対左.349　対右.269　ドラ2016外タイガース　出ニューヨーク州　年72万ドル（約9360万円）＋α

球	4
制	3
緩	4
守備	4
度	3

　昨季がメジャーデビュー2年目となった、パワフルな投球が持ち味のリリーフ右腕。大学時代は、ほぼ無名の存在で、2016年にドラフト外でタイガースに入団している。18年にトミー・ジョン手術を受け、1年間の休養を余儀なくされるも、マイナーで力を蓄え、20年には球団のプロスペクト・ランキング30位にランクインした。昨季は60試合に登板し、3点台の防御率を記録。ただ、引き継いだ走者を生還させてしまうことが多く、ピンチの火消し役としては機能していなかった。投球の約6割がシンカーで、これにスライダー、フォーシーム、チェンジアップを交える。

年度	所属チーム	勝利	敗戦	防御率	試合数	先発	セーブ	投球イニング	被安打	失点	自責点	被本塁打	与四球	奪三振	WHIP
2022	タイガース	1	0	3.88	60	0	0	60.1	72	27	26	2	11	43	1.38
通算成績		1	0	3.69	71	0	0	70.2	80	30	29	3	16	49	1.36

　速＝速球のスピード　決＝決め球　対左＝対左打者被打率　対右＝対右打者被打率
ドラ＝ドラフトデータ　出＝出身地　年＝年俸

投手

右肩故障で出遅れるも、1点台の防御率を記録　ミドルリリーフ

67　ホセ・シスネロ *Jose Cisnero*

34歳 1989.4.11生 | 190cm | 116kg | 右投右打 | 國150キロ台中頃（フォーシーム、シンカー） | 國☆スライダー
対右.161　対左.185　№2007⑰アストロズ　囲ドミニカ　囲229万ドル（約2億9770万円）

球制 5
制 3
緩 3
宇 3
度 4

ドミニカ出身の苦労人。アストロズに所属していた2013年にメジャーデビューを果たしたが、結果を残せず14年に放出され、その後、トミー・ジョン手術を受けた。メキシカン・リーグなどを経て、19年にタイガースで5年ぶりのメジャー復帰。21年には67試合に登板し、ブルペン陣を支えた。昨季は右肩を痛め、初登板が7月21日と大きく出遅れたが、計28試合にリリーフ登板し、防御率1.08と優秀な数字を残している。ピッチングは、最速160キロのフォーシーム、シンカーに、スライダー、チェンジアップを交えるスタイル。昨季はスライダーのキレが抜群だった。

年度	所属チーム	勝利	敗戦	防御率	試合数	先発	セーブ	投球イニング	被安打	失点	自責点	被本塁打	与四球	奪三振	WHIP
2022	タイガース	1	0	1.08	28	0	0	25.0	15	4	3	0	19	23	1.36
通算成績		10	13	3.60	192	0	4	200.0	181	97	80	17	105	205	1.43

昨季メジャーデビューし、15試合に先発　先発

一　ボー・ブリスキー *Beau Brieske*

25歳 1998.4.5生 | 190cm | 90kg | 右投右打 | 國150キロ台前半（フォーシーム主体） | 國◆チェンジアップ
対右.206　対左.260　№2019㉗タイガース　囲アリゾナ州　囲72万ドル（約9360万円）+α

球制 3
制 3
緩 4
宇 4
度 4

ドラフト27巡目指名ながら、3年強でメジャーに昇格した若手先発右腕。プロ入り後、様々な機器から得られるデータを元に、自身のピッチングを分析し、進化を遂げた。昨年4月23日、ロッキーズとのダブルヘッダー第2戦でメジャーデビュー。6月11日のブルージェイズ戦で、5回2/3で7安打を許したものの、粘りの投球で初勝利をマークした。しかし、7月に右前腕を痛め、シーズン後半の登板はなかった。速球を主体に、20キロ近い球速差があるチェンジアップで、打者のタイミングを狂わせるピッチングが持ち味。スライダーのレベルアップが今後の課題となる。

年度	所属チーム	勝利	敗戦	防御率	試合数	先発	セーブ	投球イニング	被安打	失点	自責点	被本塁打	与四球	奪三振	WHIP
2022	タイガース	3	6	4.19	15	15	0	81.2	73	39	38	14	25	54	1.20
通算成績		3	6	4.19	15	15	0	81.2	73	39	38	14	25	54	1.20

43 ジョーイ・ウエンツ *Joey Wentz*　リリーフ 先発　期待度 B−　ルーキー

26歳 1997.10.6生 | 196cm | 99kg | 左投左打 | ◆昨季はメジャーで7試合に出場 | №2016①ブレーブス　囲カンザス州

昨年5月にメジャーデビューを果たした、長身サウスポー。9月9日のロイヤルズ戦で6回2/3を無失点に抑え、初勝利をマークしている。プロ入り前に、シンシナティで開催されたオールスターゲームのジュニアホームランダービーに出場。推定飛距離166メートルの特大弾を放ち、優勝している。

一 ウィルマー・フローレス *Wilmer Flores*　先発　期待度 B+　ルーキー

22歳 2001.2.20生 | 193cm | 102kg | 右投右打 | ◆昨季は1A+、2Aでプレー | №2020タイガース　囲ベネズエラ

昨季、タイガース傘下の「マイナーリーグ最優秀投手」に選出されたプロスペクト（有望株）。武器は、フォーシームとカーブ。まだ粗削りだが器は大きく、スター性も十分だ。ジャイアンツの内野手ウィルマー・フローレスの、10歳下の弟。ミドルネームは、兄が「アレハンドロ」、弟が「デヘスース」。

タイガース

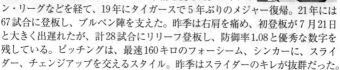

真価を問われる大型契約2年目

28 ハヴィエア・バエス *Javier Baez* ショート

★WBCプエルトリコ代表

31歳 1992.12.1生｜183cm｜86kg｜右投右打
- ◆対左投手打率／.301 ◆対右投手打率／.217
- ◆ホーム打率／.220 ◆アウェー打率／.253 ◆得点圏打率／.296
- ◆22年のポジション別出場数／ショート＝133、DH＝10
- ◆Ⓓ2011①カブス ◆⊞プエルトリコ
- ◆㊿2200万ドル（約28億6000万円）◆打点王1回（18年）、ゴールドグラブ賞1回（20年）、シルバースラッガー賞1回（18年）

ミート **3**
パワー **5**
走塁 **4**
守備 **4**
肩 **5**

　自身29回目の誕生日となる2021年12月1日に、6年1億4000万ドルの契約を結び、FA移籍してきた強打の遊撃手。昨季は4月に右親指を痛めてIL入りしたものの、ほぼフルシーズン、ショートの定位置を守り、規定打席にも余裕で到達した。しかし、本塁打数は20に届かず、OPSも21年の.813から.671にまで減少、さらに自己ワーストの26失策を記録するなど、内容的には、期待を裏切るものとなった。22年オフにオプトアウトの権利も発生するが、チームのため、また自らの価値を高めるためにも、奮起を期待したい。

カモ A・ギャレット（ロイヤルズ）.500(8-4)3本　**苦手** S・グレイ（ツインズ）.048(21-1)0本

年度	所属チーム	試合数	打数	得点	安打	二塁打	三塁打	本塁打	打点	四球	三振	盗塁	盗塁死	出塁率	OPS	打率
2014	カブス	52	213	25	36	6	0	9	20	15	95	5	1	.227	.551	.169
2015	カブス	28	76	4	22	6	0	1	4	4	24	1	2	.325	.733	.289
2016	カブス	142	421	50	115	19	1	14	59	15	108	12	3	.314	.737	.273
2017	カブス	145	469	75	128	24	2	23	75	30	144	10	3	.317	.797	.273
2018	カブス	160	606	101	176	40	9	34	111	29	167	21	9	.326	.880	.290
2019	カブス	138	531	89	149	38	4	29	85	28	156	11	7	.316	.847	.281
2020	カブス	59	222	27	45	9	1	8	24	7	75	3	0	.238	.598	.203
2021	カブス	91	335	48	83	9	2	22	65	15	131	13	5	.292	.776	.248
2021	メッツ	47	167	32	50	9	0	9	22	13	53	5	2	.371	.886	.299
2021	2チーム計	138	502	80	133	18	2	31	87	28	184	18	5	.319	.813	.265
2022	タイガース	144	555	64	132	27	4	17	67	26	147	9	2	.278	.671	.238
通算成績		1006	3595	515	936	187	23	166	532	182	1100	90	32	.302	.766	.260

並のレギュラーより役に立つスーパーサブ

ユーティリティ

一 マット・ヴィアリング *Matt Vierling* 移籍

27歳 1996.9.16生｜190cm｜92kg｜右投右打
- ◆対左投手打率／.295 ◆対右投手打率／.217
- ◆ホーム打率／.248 ◆アウェー打率／.244 ◆得点圏打率／.198
- ◆22年のポジション別出場数／センター＝61、レフト＝37、ライト＝30、サード＝5、セカンド＝4、ファースト＝2、DH＝1
- ◆Ⓓ2018⑤フィリーズ ◆⊞ミズーリ州
- ◆㊿72万ドル（約9360万円）＋α

ミート **3**
パワー **3**
走塁 **4**
守備 **2**
肩 **3**

　オフのトレードで、守護神グレゴリー・ソトを放出した見返りに、フィリーズから獲得した選手の1人。外野の3つのポジションだけでなく、サード、ショート、セカンドでも使えるユーティリティだ。一番のウリは、勝負強いバッティング。昨季はメジャーに再昇格した6月7日のブリュワーズ戦で、9回にジョシュ・ヘイダーから勝ち越しアーチ。さらに9月21日のブルージェイズ戦で、延長10回にサヨナラヒットを打ったため、クラッチヒッターと認識されるようになった。もう1つのウリは、俊足でスモールボールのスキルもあるため、ゲーム終盤の1点が欲しい場面で役に立つこと。ノートルダム大学時代は、外野手とリリーフ投手を兼任する二刀流選手として活躍。

カモ P・コービン（ナショナルズ）.583(12-7)1本　**苦手** S・アルカンタラ（マーリンズ）.000(8-0)0本

年度	所属チーム	試合数	打数	得点	安打	二塁打	三塁打	本塁打	打点	四球	三振	盗塁	盗塁死	出塁率	OPS	打率
2021	フィリーズ	34	71	11	23	3	1	2	6	4	20	2	0	.364	.843	.324
2022	フィリーズ	117	325	41	80	12	2	6	32	23	70	7	4	.297	.648	.246
通算成績		151	396	52	103	15	3	8	38	27	90	9	4	.309	.683	.260

低迷するチームの希望となった若手外野手 センター

31 ライリー・グリーン Riley Greene

23歳 2000.9.28生｜190cm｜90kg｜左投左打

◆対左投手打率／.303 ◆対右投手打率／.232
◆ホーム打率／.259 ◆アウェー打率／.248 ◆得点圏打率／.291
◆22年のポジション別出場数／センター＝93
◆Ⓓ2019①タイガース ◆Ⓗフロリダ州
◆Ⓢ72万ドル（約9360万円）＋α

ミート 4
パワー 3
走塁 3
守備 4
肩 3

昨季メジャーデビューした、2019年ドラフト1巡目指名のエリート外野手。昨季は春季キャンプで右足を骨折し、開幕からのメジャー昇格をのがしたが、6月18日のレンジャーズ戦で先発メンバーに名をつらね、メジャー初出場を果たした。この試合では3打数2安打2四球2得点の活躍を示し、チームの大勝に貢献。その後、センターの定位置を確保した。三振、盗塁死の多さなど課題は残したが、広角に打ち分ける打撃技術、選球眼の良さ、捕球技術の高さなど、次代の看板選手となり得る資質を披露したシーズンだった。

カモ C・ロドーン（ヤンキース）.667(6-4)0本 苦手 L・ジオリート（ホワイトソックス）.091(11-1)0本

年度	所属チーム	試合数	打数	得点	安打	二塁打	三塁打	本塁打	打点	四球	三振	盗塁	盗塁死	出塁率	OPS	打率
2022	タイガース	93	376	46	95	18	4	5	42	36	120	1	4	.321	.683	.253
通算成績		93	376	46	95	18	4	5	42	36	120	1	4	.321	.683	.253

今季がラストイヤーとなる大打者 DH

24 ミゲール・カブレラ Miguel Cabrera
★WBCベネズエラ代表

40歳 1983.4.18生｜193cm｜120kg｜右投右打

◆対左投手打率／.289 ◆対右投手打率／.243
◆ホーム打率／.306 ◆アウェー打率／.206 ◆得点圏打率／.302
◆22年のポジション別出場数／DH＝109 ◆Ⓓ1999㊻マーリンズ
◆Ⓗベネズエラ ◆Ⓢ3200万ドル（約41億6000万円）
◆MVP2回(12,13年)、首位打者4回(11,12,13,15年)、本塁打2回(08,12年)、打点2回(10,12年)、シルバースラッガー賞7回(05,06,10,12,13,15,16年)、ハンク・アーロン賞2回(12,13年)

ミート 4
パワー 3
走塁 2
守備 2
肩 2

今シーズン限りでの現役引退を表明した、2012年のアメリカン・リーグ三冠王。今季は、8年2億4800万ドルという超大型契約の最終年。昨年のアルバート・プーホールスのような「最後のひと花」を咲かせられるか、大いに注目される。昨年4月23日に史上33人目、ベネズエラ出身選手としては初となる、通算3000安打を達成。5月にはハンク・アーロン、プーホールスに続く、史上3人目の「3000安打・500本塁打・600二塁打」の到達者にもなった。

カモ C・クワントリル（ガーディアンズ）.583(12-7)0本 苦手 L・リン（ホワイトソックス）.158(19-3)0本

年度	所属チーム	試合数	打数	得点	安打	二塁打	三塁打	本塁打	打点	四球	三振	盗塁	盗塁死	出塁率	OPS	打率
2003	マーリンズ	87	314	39	84	21	3	12	62	25	84	0	2	.325	.793	.268
2004	マーリンズ	160	603	101	177	31	1	33	112	68	148	5	2	.366	.878	.294
2005	マーリンズ	158	613	106	198	43	2	33	116	64	125	1	0	.385	.946	.323
2006	マーリンズ	158	576	112	195	50	2	26	114	86	108	9	6	.430	.998	.339
2007	マーリンズ	157	588	91	188	38	2	34	119	79	127	2	1	.401	.966	.320
2008	タイガース	160	616	85	180	36	2	37	127	56	126	1	0	.349	.886	.292
2009	タイガース	160	611	96	198	34	0	34	103	68	107	6	2	.396	.943	.324
2010	タイガース	150	548	111	180	45	1	38	126	89	95	3	3	.420	1.042	.328
2011	タイガース	161	572	111	197	48	0	30	105	108	89	2	1	.448	1.034	.344
2012	タイガース	161	622	109	205	40	0	44	139	66	98	4	1	.393	.999	.330
2013	タイガース	148	555	103	193	26	1	44	137	90	94	3	0	.442	1.078	.348
2014	タイガース	159	611	101	191	52	1	25	109	60	117	1	1	.371	.895	.313
2015	タイガース	119	429	64	145	28	1	18	76	77	82	1	1	.440	.974	.338
2016	タイガース	158	595	92	188	31	1	38	108	75	116	0	0	.393	.956	.316
2017	タイガース	130	469	50	117	22	0	16	60	54	110	0	1	.329	.728	.249
2018	タイガース	38	134	17	40	11	0	3	22	22	27	0	0	.395	.843	.299
2019	タイガース	136	493	41	139	21	0	12	59	48	108	0	0	.346	.744	.282
2020	タイガース	57	204	28	51	4	0	10	35	24	51	1	0	.329	.746	.250
2021	タイガース	130	472	48	121	16	0	15	75	40	118	0	0	.316	.702	.256
2022	タイガース	112	397	25	101	10	0	5	43	28	101	1	0	.305	.622	.254
通算成績		2699	10022	1530	3088	607	17	507	1847	1227	2031	40	21	.384	.908	.308

大スターへの道を歩むための勝負の年

20 スペンサー・トーケルソン Spencer Torkelson

ファースト

24歳 1999.8.26生 | 185cm | 99kg | 右投右打 対左.216 対右.198 ホ.157 ア.247 得.173 ド2020①タイガース 出カリフォルニア州 年72万ドル（約9360万円）+α

ミ③ バ④ 走② 守③ 肩③

　2020年ドラフト全体1位指名、史上最高額となる契約金841万6300ドルなど、入団時から華々しいスポットライトを浴びていた将来の主砲候補。昨年4月8日、ホワイトソックスとの開幕戦でメジャーデビュー。6試合で初本塁打を放ったものの、4月の月間打率は1割9分0厘。5月以降も一向に調子は上がらず、7月にマイナー降格。9月の再昇格後も苦しんだ。ただ、シーズン最後の3試合で12打数5安打2本塁打と、「あるべき姿」を、やっと示せた。アリゾナ州立大学時代には、日米大学野球で来日。森下暢仁（広島）、伊藤大海（北海道日本ハム）らと対戦している。

年度	所属チーム	試合数	打数	得点	安打	二塁打	三塁打	本塁打	打点	四球	三振	盗塁	盗塁死	出塁率	OPS	打率
2022	タイガース	110	360	38	73	16	1	8	28	37	99	0	1	.285	.604	.203
通算成績		110	360	38	73	16	1	8	28	37	99	0	1	.285	.604	.203

二塁ベース上の「走塁妨害論議」で悪役に

7 ジョナサン・スクープ Jonathan Schoop ★WBCオランダ代表

セカンド

32歳 1991.10.16生 | 185cm | 111kg | 右投右打 対左.186 対右.207 ホ.224 ア.179 得.170 ド2008②オリオールズ 出オランダ領キュラソー島 年750万ドル（約9億7500万円）

ミ② バ④ 走③ 守③ 肩④

　昨季はリーグ最低打率、メジャー最低出塁率、メジャー最低OPSを記録するなど、散々な結果に終わった二塁手。8月12日のホワイトソックス戦では、一塁走者ルイス・ロバートの盗塁を阻止するために、二塁ベースに入ったが、捕手からの送球を落球。しかし、スクープの左足が完全にベースを覆い隠していたため、ヘッドスライディングをしたロバートの手はベースに届かず。その隙にボールを拾い上げ、走者をタッチアウトにした。この一連のプレー動画がインターネット上で拡散されると、「本来なら守備妨害になるべきスクープの汚いプレー」として、非難を浴びた。

年度	所属チーム	試合数	打数	得点	安打	二塁打	三塁打	本塁打	打点	四球	三振	盗塁	盗塁死	出塁率	OPS	打率
2022	タイガース	131	481	48	97	23	1	11	38	19	107	5	0	.239	.561	.202
通算成績		1133	4183	542	1066	210	7	174	537	182	992	15	4	.294	.727	.255

お父さんはスポーツジャーナリスト

32 ライアン・クライドラー Ryan Kreidler

サード ルーキー

26歳 1997.11.12生 | 193cm | 94kg | 右投右打 対左.240 対右.146 ホ.081 ア.278 得.200 ド2019④タイガース 出カリフォルニア州 年72万ドル（約9360万円）+α

ミ② バ③ 走④ 守④ 肩④

　昨年9月2日にメジャーデビューした内野手。デビュー戦は「9番・サード」で先発出場、2四球、2得点をマークし、勝利に貢献した。翌3日のロイヤルズ戦でメジャー初安打。7日のエンジェルス戦では、9回表、4対4の場面で殊勲のメジャー初本塁打を放っている。結局、ホームランはこの1本だけ、打率も1割台と課題は多いが、野球センスの高さが魅力。守備はセカンド、ショート、センターもこなせるが、今季はサードでの起用が主となりそうだ。父親のマークさんは、スポーツライター歴が長いジャーナリストで、サンディエゴの新聞社時代にはパドレスを担当していた。

年度	所属チーム	試合数	打数	得点	安打	二塁打	三塁打	本塁打	打点	四球	三振	盗塁	盗塁死	出塁率	OPS	打率
2022	タイガース	26	73	8	13	1	0	1	6	6	22	0	1	.244	.477	.178
通算成績		26	73	8	13	1	0	1	6	6	22	0	1	.244	.477	.178

対左＝対左投手打率　対右＝対右投手打率　ホ＝ホーム打率　ア＝アウェー打率　得＝得点圏打率
ド＝ドラフトデータ　出＝出身地　年＝年俸

60 アキル・バドゥー Akil Baddoo

鮮烈なデビューから苦闘の2年目へ　レフト

25歳 1998.8.16生｜185cm｜96kg｜左投左打｜対左.231 対右.198 得.202 ⑦.205
圏.200 ㊅2016②ツインズ 田メリーランド州 囲72万ドル（約9360万円）+α

ミ 2
パ 2
走 4
守 4
肩 3

　メジャー3年目を迎える若手外野手。デビューシーズンには、「球団史上2人目となる初打席初球ホームラン」、「球団史上初のデビュー戦から2試合連続ホームラン」、「メジャー初のデビュー戦からの3試合で満塁本塁打とサヨナラタイムリーを打った選手」という華々しい記録を打ち立てた。だが2年目の昨季は打撃不振で、マイナー落ちも味わった。走塁面でも、2021年には18個成功し、失敗は4回だけだった盗塁が、9盗塁、6盗塁死と、成功率が激減。素材の良さは間違いないだけに、今季の復調に期待したい。お父さんはガーナ、お母さんはトリニダード・トバゴの出身。

年度	所属チーム	試合数	打数	得点	安打	二塁打	三塁打	本塁打	打点	四球	三振	盗塁	盗塁死	出塁率	OPS	打率
2022	タイガース	73	201	30	41	3	2	2	9	24	64	9	6	.289	.558	.204
通算成績		197	614	90	148	23	9	15	64	69	186	27	10	.316	.697	.241

17 オースティン・メドウズ Austin Meadows

昨季は両アキレス腱を痛め、リタイア　ライト　レフト

28歳 1995.5.3生｜190cm｜101kg｜左投左打｜対左.229 対右.258 得.244 ⑦.262
圏.226 ㊅2013①パイレーツ 田ジョージア州 囲430万ドル（約5億5900万円）

ミ 3
パ 4
走 3
守 3
肩 2

　一昨年、レイズで27本塁打、106打点をマークした強打の外野手。昨季は開幕直前に、レイズからタイガースへトレードとなり、開幕戦から6試合連続ヒットの好スタート。しかし、両アキレス腱を痛め、6月中旬にリタイアした。リハビリもうまくいかず、9月にはメンタル面の不調も告白。今季、万全な状態でプレーできるか否かは微妙な情勢だ。父は野球とアメフト、母はソフトボールに打ち込んでいた、スポーツ好きの両親を持ち、弟パーカーもタイガース傘下のマイナーでプレー中。自身のツイッターには、アレクシス夫人を含めた、家族の集合写真が掲載されている。

年度	所属チーム	試合数	打数	得点	安打	二塁打	三塁打	本塁打	打点	四球	三振	盗塁	盗塁死	出塁率	OPS	打率
2022	タイガース	36	128	9	32	6	0	1	11	16	17	0	1	.347	.675	.250
通算成績		411	1486	209	385	81	15	70	236	156	360	23	13	.334	.809	.259

30 ケリー・カーペンター Kerry Carpenter

メジャー初本塁打は連敗止める決定打に　ライト　レフト

26歳 1997.9.2生｜188cm｜99kg｜右投左打｜対左.217 対右.263 得.113 ⑦.400
圏.133 ㊅2019⑲タイガース 田フロリダ州 囲72万ドル（約9360万円）+α

ミ 3
パ 4
走 3
肩 3

　昨季、タイガース傘下の「マイナーリーグ最優秀野手」に選ばれた外野手。昨年8月にメジャーデビューし、同月15日のガーディアンズ戦で、6回表にメジャー初本塁打を記録。これは4対3と勝ち越した直後に出た、勝利を手繰り寄せる一発となり、チームの連敗を「8」で止める決定打となった。その後も、パワーを兼備したシュアな打撃を披露し、計6本塁打、OPS.795と、今季への期待を高める好スタートを切った。地元のセントジョンズ州立大学で2年間プレーしたあと、ヴァージニア工科大学に移り、2019年のドラフトでタイガースから19巡目に指名され、プロ入り。

年度	所属チーム	試合数	打数	得点	安打	二塁打	三塁打	本塁打	打点	四球	三振	盗塁	盗塁死	出塁率	OPS	打率
2022	タイガース	31	103	16	26	4	1	6	10	6	32	0	0	.310	.795	.252
通算成績		31	103	16	26	4	1	6	10	6	32	0	0	.310	.795	.252

タイガース

外野も守れる打撃力がウリの捕手
13 エリック・ハース *Eric Haase*

キャッチャー / レフト

31歳 1992.12.18生 | 178cm | 95kg | 右投右打 ◆盗塁阻止率.289(38-11) 対左.281 対右.239 ホ.258 ア.250 得.290 D2011⑦インディアンズ 田ミシガン州 囲72万ドル(約9360万円)+α

ミ ③
バ ⑤
走 ③
守 ②
肩 ④

　昨シーズンは自己最多となる110試合に出場した、外野も守れるキャッチャー。打撃力の高さがセールスポイントで、ホワイトソックスとの開幕戦では、相手クローザーのヘンドリックスから、値千金の同点ホームランを放っている。また、9月7日のエンジェルス戦では、本塁打、二塁打2本を含む5打数5安打、続く9日のロイヤルズ戦でもホームラン2本と二塁打を放つ大爆発を見せた。一方、課題となっている捕手としての守備力は、相変わらず不安なまま。4月26日のツインズ戦では、さして必要とも思えない三塁送球が暴投となり、痛恨のサヨナラ負けを喫している。

年度	所属チーム	試合数	打数	得点	安打	二塁打	三塁打	本塁打	打点	四球	三振	盗塁	盗塁死	出塁率	OPS	打率
2022	タイガース	110	323	41	82	17	1	14	44	24	97	0	0	.305	.748	.254
通算成績		234	723	91	169	29	2	37	111	52	236	2	0	.287	.720	.234

昨季最終戦で兄弟対決が実現
一 ニック・メイトン *Nick Maton*

ユーティリティ / 移籍

26歳 1997.2.18生 | 188cm | 80kg | 右投左打 対左.250 対右.250 ホ.306 ア.194 得.250 D2017⑦フィリーズ 田イリノイ州 囲72万ドル(約9360万円)+α

ミ ③
バ ②
走 ③
守 ④
肩 ③

　オフのトレードでフィリーズから移籍のスーパーサブ。一番のウリは、セカンド、サード、ショートと、外野の3つのポジションに対応する使い勝手の良さ。どのポジションで使っても、平均レベルの守備を期待できるのも強みだ。アストロズの中継ぎ右腕フィル・メイトンは、4歳上の兄。昨年10月5日のアストロズ戦で兄弟対決が実現。結果は弟ニックの勝ちで、兄フィルが投じたフォーシームをライト前に運んだ。兄はこれが悔しくてたまらなかったようで、ゲーム終了後、自分のロッカーにパンチを叩き込み、右手の中手骨を骨折。ポストシーズンで投げられなくなった。

年度	所属チーム	試合数	打数	得点	安打	二塁打	三塁打	本塁打	打点	四球	三振	盗塁	盗塁死	出塁率	OPS	打率
2022	フィリーズ	35	72	13	18	2	1	5	17	10	29	0	0	.341	.855	.250
通算成績		87	189	29	48	9	2	7	31	20	68	2	0	.330	.764	.254

一 パーカー・メドウズ *Parker Meadows*

外野手　期待度 B−　ルーキー

24歳 1999.11.2生 | 196cm | 92kg | 右投左打 ◆昨季は1A+、2Aでプレー D2018②タイガース 田ジョージア州

　2018年のドラフトで、タイガースから2巡目に指名された外野手。昨季はマイナーの2つのカテゴリーで、計127試合に出場し、20本塁打、17盗塁。打撃にはまだ粗さが残るが、走塁面、守備面はともに平均以上のレベルだ。昨季からタイガースでプレーするオースティン・メドウズは、4歳上の兄。

一 アンドレイ・リプシウス *Andre Lipcius*

セカンド / サード　期待度 C+　ルーキー

25歳 1998.5.22生 | 185cm | 86kg | 右投右打 ◆昨季は2A、3Aでプレー D2019③タイガース 田メリーランド州

　メジャーデビューが目前にせまっている内野手。打撃面の特長は、しっかり打球をとらえ、広角にライナーを打てること。身体能力が高いわけではないが、野球脳が発達しているので、守備や走塁時に、状況に応じたプレーを選択できる。テネシー大学時代は、原子力工学を専攻。双子の兄弟がいる。

対左=対左投手打率　対右=対右投手打率　ホ=ホーム打率　ア=アウェー打率　得=得点圏打率　D=ドラフトデータ　田=出身地　囲=年俸

カンザスシティ・ロイヤルズ

◆創　立：1969年
◆本拠地：ミズーリ州カンザスシティ市
主要オーナー　ジョン・シャーマン（実業家）

◆ワールドシリーズ制覇：2回　◆リーグ優勝：4回
◆地区優勝：7回／ワイルドカード獲得：1回

過去5年成績

年度	勝	負	勝率	ゲーム差	地区順位	ポストシーズン成績
2018	58	104	.358	33.0	⑤	―
2019	59	103	.364	42.0	④	―
2020	26	34	.433	10.0	④	―
2021	74	88	.457	19.0	④	―
2022	**65**	**97**	**.401**	**27.0**	**⑤**	**―**

監督

新

■ マット・クアトラロ　*Matt Quatraro*

◆年　齢……………50歳（ニューヨーク州）
◆現役時代の経歴 … メジャーでのプレー経験なし
　（キャッチャー、ファースト）
◆監督経歴…………メジャーでの監督経験なし

　昨季までレイズのベンチコーチを務めていた、ロイヤルズの第18代監督。低予算ながら、革新的な戦術や手法を取り入れ、好成績を収めるレイズのコーチや編成スタッフは、他球団から人気が高く、高ポストで引き抜かれるケースがよくある。今回のクアトラロの就任もそのケースで、シャーマン・オーナーが望む「高度なデータ分析に長けた人物」として、長年、レイズの組織で働いてきたクアトラロに、白羽の矢が立った。就任会見では、「全員野球」を宣言。

注目コーチ ■ ブライアン・スウィーニー　*Brian Sweeney*

　新投手コーチ。49歳。昨季まではガーディアンズのブルペンコーチ。北海道日本ハムで3年間プレーし、08年にはダルビッシュに次いで、チームで2番目に多い12勝をマーク。

編成責任者 JJ・ピッコロ　*J. J. Picollo*

　53歳。長年、編成トップの座にあったデイトン・ムーアを15年以上、支えてきた。昨年9月、ムーアが解任されたのにともない、昇格。マイナーの整備で評価が高い。

スタジアム コーフマン・スタジアム　*Kauffman Stadium*

◆開場年…………1973年
◆仕　様…………天然芝
◆収容能力………37,903人
◆フェンスの高さ…2.7m
◆特　徴…………外野が広く、外野手には広い守備範囲が求められる。例年、ホームランは少ないが、二塁打や三塁打は多い。外野席には噴水や滝のディスプレイが設置され、噴水の街・カンザスシティの球場にふさわしい趣向がこらされている。

ニュートラルパーク

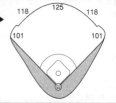

161

Best Order [ベストオーダー]

①MJ・メレンデス……DH
②ボビー・ウィット・ジュニア……ショート
③サルヴァドール・ペレス……キャッチャー
④ヴィニー・パスクァンティーノ……ファースト
⑤エドワード・オリヴァレス……ライト
⑥ハンター・ドージャー……サード
⑦カイル・イズベル……レフト
⑧ニッキー・ロペス……セカンド
⑨ドルー・ウォーターズ……センター

Depth Chart [ポジション別選手層・メンバーリスト]

※2023年2月13日時点の候補選手。数字は背番号（開幕前に変更する場合もあり）、右・左等は投・打の順。

センター
6 ドルー・ウォーターズ [右・両]
28 カイル・イズベル [右・左]
14 エドワード・オリヴァレス [右・右]

レフト
28 カイル・イズベル [右・左]
6 ドルー・ウォーターズ [右・両]
14 エドワード・オリヴァレス [右・右]
1 MJ・メレンデス [右・左]

ライト
14 エドワード・オリヴァレス [右・右]
28 カイル・イズベル [右・左]
18 ネイト・イートン [右・右]
1 MJ・メレンデス [右・左]

ショート
7 ボビー・ウィット・ジュニア [右・右]
8 ニッキー・ロペス [右・左]
27 アダルベルト・モンデシー [右・両]

セカンド
8 ニッキー・ロペス [右・左]
19 マイケル・マッシー [右・左]
7 ボビー・ウィット・ジュニア [右・右]

サード
17 ハンター・ドージャー [右・右]
18 ネイト・イートン [右・右]
8 ニッキー・ロペス [右・左]
19 マイケル・マッシー [右・左]

ローテーション
51 ブレイディ・シンガー [右・右]
24 ジョーダン・ライルズ [右・右]
23 ザック・グリンキー [右・右]
48 ライアン・ヤーブロウ [左・右]
2 ダニエル・リンチ [左・左]
50 クリス・ブービッチ [左・左]
49 ジョナサン・ヒーズリー [右・右]
37 ジャクソン・コワー [右・右]

ファースト
9 ヴィニー・パスクァンティーノ [左・左]
17 ハンター・ドージャー [右・右]
32 ニック・プラット [右・左]

キャッチャー
13 サルヴァドール・ペレス [右・右]
1 MJ・メレンデス [右・左]

DH
1 MJ・メレンデス [右・左]
9 ヴィニー・パスクァンティーノ [左・左]
17 ハンター・ドージャー [右・右]
13 サルヴァドール・ペレス [右・右]

ブルペン
58 スコット・バーロウ [右・右] CL
54 アロルディス・チャップマン [左・左]
22 アミール・ギャレット [左・左]
65 ディラン・コールマン [右・右]
45 テイラー・クラーク [右・右]
61 アンヘル・セルパ [右・左]
63 ジョシュ・ストーモント [右・右]
56 ブラッド・ケラー [右・右]
－ ジョシュ・テイラー [左・左]
74 ホセ・クアース [右・右]
40 コリン・スナイダー [右・右]

※CL＝クローザー

ロイヤルズ試合日程……＊はアウェーでの開催

3月30・4月1・2	ツインズ	**5月2・3・4**	オリオールズ	**6月2・3・4**	ロッキーズ
3・4・5・6	ブルージェイズ	5・6・7	アスレティックス	5・6・7	マーリンズ＊
7・8・9	ジャイアンツ＊	8・9・10・11	ホワイトソックス	9・10・11	オリオールズ＊
10・11・12	レンジャーズ＊	12・13・14	ブリュワーズ＊	12・13・14	レッズ
14・15・16	ブレーブス	15・16・17	パドレス＊	16・17・18	エンジェルス
17・18・19	レンジャーズ	19・20・21	ホワイトソックス＊	19・20・21	タイガース＊
21・22・23	エンジェルス＊	22・23・24	タイガース	22・23・24・25	レイズ＊
24・25・26	ダイヤモンドバックス＊	26・27・28	ナショナルズ	27・28・29	ガーディアンズ
27・28・29・30	ツインズ＊	29・30	カーディナルス＊	30・7月1・2	ドジャース

162

球団メモ スピードのある選手が多く、本拠地球場のサイズも大きいことから、三塁打が多い。昨季のチーム三塁打数38は、メジャー最多の数字だ。なお、最少はヤンキースの8。

■投手力 ➡…★★✦★★ 【昨年度チーム防御率4.70、リーグ15位】

2018年のドラフト1巡目（補完指名含む）で、4名の投手（シンガー、コーワー、リンチ、ブービッチ）を指名。ロイヤルズ首脳陣やファンは、この「2018年ドラフト入団投手」が、4、5年後にはチームのローテーションを築き、大活躍すると期待していた。しかし現実は厳しく、シンガー以外は伸び悩んでいる。今季のローテーションは、新加入のベテラン2人（ライルズ、ヤーブロウ）と、再契約した大ベテラン（グリンキー）が先発の2～4番手を務める、平均年齢の高い陣容になった。昨季、リーグワーストだった先発防御率（4.76）は、多少改善するだろう。ブルペンにはチャップマンが加入したが、打者を圧倒したかつての豪腕ぶりは、もう見られない。

■攻撃力 ➡…★★✦★★ 【昨年度チーム得点640、リーグ12位】

昨季もチーム得点は伸び悩んだが、20本塁打のウィット・ジュニアほか、パスクァンティーノ、メレンデスら、メジャー1年目の選手がまずまずの働きを見せたのは収穫。オフに補強をしていないので、こうした若手のさらなるブレイクと、2021年の二冠王ペレスの復調が、得点力アップのカギとなる。

■守備力 ⬇…★★★★★ 【昨年度チーム失策数82、リーグ4位タイ】

ウィット・ジュニアがショートの守備で苦しんでいる。今季、改善が見られるか、注目だ。中堅手テイラーが去ったのは、守備面で大きなマイナス。

■機動力 ➡…★★★★★ 【昨年度チーム盗塁数104、リーグ3位】

足をからめた機動力野球が、チームの特徴の1つになっている。

総合評価 ➡
★★✦★★

投打に楽しみな若手が多く、「数年後に期待」と言われていたチームだが、「投」のほうは期待外れ感がただよっている。これで今季、「打」の若手も伸びしろがないとなると、下位に沈んだ状態から抜け出せなくなる。最後の勝率5割以上は2015年。

ロイヤルズ

IN 主な入団選手	**OUT** 主な退団選手
投手	投手
アロルディス・チャップマン ←ヤンキース	とくになし
ジョーダン・ライルズ ←オリオールズ	
ライアン・ヤーブロウ ←レイズ	野手
ジョシュ・テイラー ←レッドソックス	マイケル・A・テイラー →ツインズ
野手	ライアン・オハーン →オリオールズ
とくになし	

3・4・5	ツインズ*	4・5・6	フィリーズ*	5・6・7	ホワイトソックス
6・7・8・9	ガーディアンズ*	7・8・9・10	レッドソックス*	8・9・10	ブルージェイズ*
11	オールスターゲーム	11・12	カーディナルス	11・12・13	ホワイトソックス*
14・15・16	レイズ	14・15・16・17	マリナーズ*	15・16・17	アストロズ
17・18・19・20	タイガース*	18・19・20	カブス*	18・19・20	ガーディアンズ*
21・22・23	ヤンキース*	21・22・23	アスレティックス*	22・23・24	アストロズ*
24・25・26	ガーディアンズ*	25・26・27	マリナーズ*	26・27・28	タイガース*
28・29・30	ツインズ	28・29・30	パイレーツ	29・30・**10**月1	ヤンキース
8月1・2・3	メッツ	**9**月1・2・3	レッドソックス		

球団メモ 昨年9月25日のホーム最終戦（対マリナーズ）、6回表までに2対11と大きくリードされていたが、6回裏に一挙11点を奪い、まさかの大逆転勝利を収めている。

163

大きな飛躍を遂げた逸材　　先発

51 ブレイディ・シンガー *Brady Singer*

★WBCアメリカ代表

27歳 1996.8.4生｜196cm｜97kg｜右投右打

◆速球のスピード／150キロ台前半（シンカー主体）
◆決め球と持ち球／◎シンカー、◎スライダー、○チェンジアップ、△フォーシーム
◆対左.233　◆対右.259　◆ホ防2.76　◆ア防3.99
◆ド2018①ロイヤルズ　◆出フロリダ州
◆年72万ドル（約9360万円）+α

球威	4
制球	4
緩急	3
守備・牽制	2
度胸	3

　チーム最多の10勝をマークしたエース候補。昨季、4月はリリーフで3試合投げただけで、マイナー落ち。しかし、5月半ばにメジャー復帰したあとは、先発で好投を続けた。マイナーに降格した際、シンカーの投げ方に微調整を加えたが、それが功を奏したようだ。また、一昨年に比べ、初球にストライクを取れるようになったことも好成績につながった。ピッチングの基本は、シンカーとスライダーのコンビネーション。左打者には時折、チェンジアップを交える。2018年のドラフトで、ロイヤルズから1巡目（全体18位）に指名されてプロ入り。425万ドルの契約金の一部で、両親の住宅ローンを返済し、孝行息子だと話題になった。好物は、マカロニ・アンド・チーズ。

カモ O・ミラー（ガーディアンズ）.000(8-0)0本　　苦手 S・ブラウン（アスレティックス）.600(10-6)3本

年度	所属チーム	勝利	敗戦	防御率	試合数	先発	セーブ	投球イニング	被安打	失点	自責点	被本塁打	与四球	奪三振	WHIP
2020	ロイヤルズ	4	5	4.06	12	12	0	64.1	52	29	29	8	23	61	1.17
2021	ロイヤルズ	5	10	4.91	27	27	0	128.1	146	81	70	14	53	131	1.55
2022	ロイヤルズ	10	5	3.23	27	24	0	153.1	140	58	55	18	35	150	1.14
通算成績		19	20	4.01	66	63	0	346.0	338	168	154	40	111	342	1.30

スライダーが空振りした打者に直撃　　クローザー

58 スコット・バーロウ *Scott Barlow*

31歳 1992.12.18生｜190cm｜95kg｜右投右打

◆速球のスピード／150キロ前後（フォーシーム）
◆決め球と持ち球／◎スライダー、◎カーブ、○フォーシーム
◆対左.211　◆対右.187　◆ホ防1.50　◆ア防3.06
◆ド2011⑥ドジャース　◆出コネティカット州
◆年530万ドル（約6億8900万円）

球威	3
制球	3
緩急	4
守備・牽制	2
度胸	4

　ロイヤルズのクローザーに定着した、長髪をなびかせて力投するリリーフ右腕。最大の武器は、130キロ台の大きく曲がるスライダー。昨年5月8日のオリオールズ戦で、左打者のサンタンデーアにこのスライダーを投じたところ、あまりに曲がりが大きかったため、空振りしたサンタンデーアの左足に、このスライダーが当たる珍しいシーンがあった。計算できるリリーフ投手ということで、夏場にはトレードの噂がさかんに流れたが、結局、ロイヤルズで投げ続けている。大のアウトドア好き。豪華な巨大キャンピングカーで寝起きし、愛妻、愛犬とともに、自然の中での生活を楽しんでいる。

カモ J・キャンデラリオ（タイガース）.000(12-0)0本　　苦手 J・ネイラー（ガーディアンズ）.750(4-3)0本

年度	所属チーム	勝利	敗戦	防御率	試合数	先発	セーブ	投球イニング	被安打	失点	自責点	被本塁打	与四球	奪三振	WHIP
2018	ロイヤルズ	1	1	3.60	6	0	0	15.0	16	7	6	2	3	15	1.27
2019	ロイヤルズ	3	3	4.22	61	0	1	70.1	64	33	33	6	37	92	1.44
2020	ロイヤルズ	2	1	4.20	32	0	2	30.0	27	14	14	4	9	39	1.20
2021	ロイヤルズ	5	3	2.42	71	0	16	74.1	61	20	20	4	28	91	1.20
2022	ロイヤルズ	7	4	2.18	69	0	24	74.1	52	23	18	9	22	77	1.00
通算成績		18	12	3.10	239	0	43	264.0	220	97	91	25	99	314	1.21

対左＝対左打者被打率　対右＝対右打者被打率　ホ防＝ホーム防御率　ア防＝アウェー防御率
ド＝ドラフトデータ　出＝出身地　年＝年俸　カモ 苦手 は通算成績

27先発でたったの3勝

先 発

50 クリス・ブービッチ *Kris Bubic*

26歳 | 1997.8.19生 | 190cm | 101kg | 左投左打

◆速球のスピード／140キロ台後半（フォーシーム）
◆決め球と持ち球／○チェンジアップ、○カーブ、△フォーシーム
◆対左.372 ◆対右.287 ◆ホ防5.80 ◆ア防5.37
◆ド2018①ロイヤルズ ◆出カリフォルニア州
◆年72万ドル（約9360万円）+α

球威 **2**
制球 **2**
緩急 **3**
精神・耐久 **3**
度胸 **2**

期待されながら、わずか3勝に終わった先発左腕。昨季はローテーションの3番手で開幕入りしたが、早い回で大量失点する試合が続き、マイナー落ちも経験。9度目の先発となった6月20日のエンジェルス戦で、ようやくシーズン初勝利を手にした。昨季は速球の制球がイマイチで、持ち前の緩急を駆使した投球が機能しなかった。防御率5.58は、100イニング以上投げたリーグの投手（68人）の中でワースト。一族のルーツは、クロアチアにある。

カモ Y・モンカダ（ホワイトソックス）.000（12-0）0本　**苦手** L・アラエズ（マーリンズ）.545（11-6）0本

年度	所属チーム	勝利	敗戦	防御率	試合数	先発	セーブ	投球イニング	被安打	失点	自責点	被本塁打	与四球	奪三振	WHIP
2020	ロイヤルズ	1	6	4.32	10	10	0	50.0	52	29	24	8	22	49	1.48
2021	ロイヤルズ	6	7	4.43	29	20	0	130.0	121	67	64	22	59	114	1.38
2022	ロイヤルズ	3	13	5.58	28	27	0	129.0	156	87	80	18	63	110	1.70
通算成績		10	26	4.89	67	57	0	309.0	329	183	168	48	144	273	1.53

「メジャー最速投手」の異名も今は昔

セットアップ クローザー

移籍

54 アロルディス・チャップマン *Aroldis Chapman*

35歳 | 1988.2.28生 | 193cm | 98kg | 左投左打

◆速球のスピード／150キロ台後半（フォーシーム主体）
◆決め球と持ち球／◎フォーシーム、◎スライダー、○スプリッター、○シンカー
◆対左.162 ◆対右.198 ◆ホ防5.06 ◆ア防3.98
◆ド2010外レッズ ◆出キューバ
◆年375万ドル（約4億8750万円） ◆最優秀救援投手賞1回（19年）

球威 **4**
制球 **1**
緩急 **3**
精神・耐久 **3**
度胸 **3**

ヤンキースとの契約最終年だった昨季は、5月に故障で一時離脱。その間に抑えの座も失った。以前は162キロを超えていたフォーシームの平均球速が、157キロまで低下しており、奪三振率も一昨年の15.50から10.65に大幅ダウン。一方、トラブルメーカーぶりは相変わらずで、昨年8月の離脱は、タトゥーをいれた際の感染症によるもの。ポストシーズン前には練習を無断欠席し、メンバーから外された。キューバ出身だが、英国領時代のジャマイカに祖先のルーツがあり、WBCではイギリス代表の暫定メンバーに選ばれた。

カモ T・マンシーニ（カブス）.000（13-0）0本　**苦手** A・ロザリオ（ガーディアンズ）.600（5-3）2本

年度	所属チーム	勝利	敗戦	防御率	試合数	先発	セーブ	投球イニング	被安打	失点	自責点	被本塁打	与四球	奪三振	WHIP
2010	レッズ	2	2	2.03	15	0	0	13.1	9	4	3	0	5	19	1.05
2011	レッズ	4	1	3.60	54	0	1	50.0	24	21	20	2	41	71	1.30
2012	レッズ	5	5	1.51	68	0	38	71.2	35	13	12	4	23	122	0.81
2013	レッズ	4	5	2.54	68	0	38	63.2	37	18	18	7	29	112	1.04
2014	レッズ	0	3	2.00	54	0	36	54.0	21	12	12	1	24	106	0.83
2015	レッズ	4	4	1.63	65	0	33	66.1	43	13	12	3	33	116	1.15
2016	ヤンキース	3	0	2.01	31	0	20	31.1	20	8	7	2	8	44	0.89
2016	カブス	1	1	1.01	28	0	16	26.2	12	4	3	0	10	46	0.83
2016	2チーム計	4	1	1.55	59	0	36	58.0	32	12	10	2	18	90	0.86
2017	ヤンキース	4	3	3.22	52	0	22	50.1	37	20	18	3	20	69	1.13
2018	ヤンキース	3	0	2.45	55	0	32	51.1	24	15	14	2	30	93	1.05
2019	ヤンキース	3	2	2.21	60	0	37	57.0	38	18	14	3	25	85	1.11
2020	ヤンキース	1	1	3.09	13	0	3	11.2	6	4	4	2	4	22	0.86
2021	ヤンキース	6	4	3.36	61	0	30	56.1	36	23	21	9	38	97	1.31
2022	ヤンキース	4	4	4.46	43	0	9	36.1	24	18	18	4	28	43	1.43
通算成績		44	35	2.48	667	0	315	640.0	366	191	176	42	318	1045	1.07

48 オープナー戦術でブレイクしたが…
ライアン・ヤーブロウ Ryan Yarbrough

先発
ロングリリーフ

移籍

32歳 1991.12.31生 | 196cm | 92kg | 左投右打 | 図140キロ前後（シンカー主体）図◎カーブ
対左.159 対右.308 | ▷2014④マリナーズ | 囲テキサス州 | 囲300万ドル（約3億9000万円）

球制 2 / 3
緩 4
守 4
度 3

昨季まではレイズで投げていた技巧派左腕。サイドハンドに近いスリークォーターから、カッター、カーブ、チェンジアップ、シンカーを投げ込んでくる。ルーキーイヤーの2018年に16勝をマークしたが、そのうちの14勝はリリーフであげたもの。この年、レイズは新戦術「オープナー」でメジャーに革命を起こしたが、ヤーブロウはその申し子とも言える存在で、「バルクガイ（オープナーのあとを引き継ぐロングリリーフ）」で勝ち星を荒かせぎした。ここ2年はカッターの制球が定まらずに苦労しているが、レイズでも一緒だったクアトラロ監督のもとで、再起を図る。

年度	所属チーム	勝利	敗戦	防御率	試合数	先発	セーブ	投球イニング	被安打	失点	自責点	被本塁打	与四球	奪三振	WHIP
2022	レイズ	3	8	4.50	20	9	0	80.0	88	44	40	12	22	61	1.38
通算成績		40	31	4.33	127	59	0	579.2	566	301	279	75	131	467	1.20

52 制球力と変化球の質の向上がカギ
ダニエル・リンチ Daniel Lynch

先発

27歳 1996.11.17生 | 198cm | 90kg | 左投左打 | 図150キロ台前半（フォーシーム主体）図◎チェンジアップ
対左.308 対右.287 | ▷2018①ロイヤルズ | 囲ヴァージニア州 | 囲72万ドル（約9360万円）+α

球制 3 / 2
緩 3
守 3
度 3

ブレイクの兆しが見られない長身左腕。先発陣の中心となる逸材と見込まれ、メジャー2年目の昨季もローテーションに入って投げたが、実りに欠ける1年だった。ピッチングはフォーシームの速球に、チェンジアップ、スライダー、カーブ、シンカーを交えるが、打者を圧倒するような球種がなく、6イニング持たずに、3、4失点して降板する試合が多かった。来季に向け、本人はスライダーのレベルアップを課題に挙げている。10歳のとき、母と死別。男手ひとつで3人の子を育ててくれた父ダンさんを、尊敬している。プロ入り時、参考にした投手はジェイコブ・デグロム。

年度	所属チーム	勝利	敗戦	防御率	試合数	先発	セーブ	投球イニング	被安打	失点	自責点	被本塁打	与四球	奪三振	WHIP
2022	ロイヤルズ	4	13	5.13	27	27	0	131.2	155	79	75	21	52	122	1.57
通算成績		8	19	5.32	42	42	0	199.2	235	125	118	30	83	177	1.59

23 人嫌いだが、大谷翔平のことは大好き
ザック・グリンキー Zack Greinke

先発

40歳 1983.10.21生 | 188cm | 90kg | 右投右打 | 図140キロ台前半（フォーシーム主体）図◎チェンジアップ
対左.286 対右.286 | ▷2002①ロイヤルズ | 囲フロリダ州 | 囲850万ドル（約11億500万円）◆サイ・ヤング賞1回（09年）、最優秀防御率2回（09、15年）、ゴールドグラブ賞6回（14〜19年）、シルバースラッガー賞2回（13、19年）

球制 2 / 5
緩 5
守 4

メジャー20年目を迎える大投手。通算223勝は、ヴァーランダーに次ぐ現役2位の数字だ。奪三振率やスタミナの低下は著しいものの、ロイヤルズは依然としてその能力を高く評価。昨季終了後FAになったが、今年2月、再契約を交わした。気難しい人物として知られ、奇行も多い。昨年6月には、ロイヤルズファンがサインを求めて差し出したボールを遠くに放り投げ、唖然とさせた。そんなグリンキーだが、大谷翔平のことは大好きで、ことあるごとに称賛。昨年7月、息子へのサインボールのお礼として、自身のユニフォームにメッセージを添え、大谷にプレゼントしている。

年度	所属チーム	勝利	敗戦	防御率	試合数	先発	セーブ	投球イニング	被安打	失点	自責点	被本塁打	与四球	奪三振	WHIP
2022	ロイヤルズ	4	9	3.68	26	26	0	137.0	157	65	56	14	27	73	1.34
通算成績		223	141	3.42	556	514	1	3247.0	3049	1328	1235	342	739	2882	1.17

図=速球のスピード 図=決め球 対左=対左打者被打率 対右=対右打者被打率
▷=ドラフトデータ 囲=出身地 囲=年俸

65 ディラン・コールマン *Dylan Coleman*

豪速球が魅力だが、制球力に課題

27歳 1996.9.16生 | 196cm | 104kg | 右投右打 | 園150キロ台後半（フォーシーム） | 阅◎フォーシーム
対左.230 対右.169 | ⑰2018④パドレス | 囲ミズーリ州 | 囲72万ドル（約9360万円）+α

球	5
制	1
緩	3
守	2
度	4

160キロ近い豪速球を武器にするパワーピッチャー。2020年オフに、トレードでパドレスから移籍し、21年9月にメジャーデビュー。昨季は開幕からメジャーで投げ、シーズン後半には、リードしている試合の7回や8回を任されるようになった。細かな制球を気にせず、キャッチャーミットめがけて、豪速球を投げ込んでいくスタイル。これにスライダーを交えて、打者のタイミングを外すこともある。セントルイス近郊の出身で、少年時代はカーディナルスのファン。とくに強打好守の三塁手として活躍した、スコット・ローレンにあこがれていた。趣味は、バスケットボール。

年度	所属チーム	勝利	敗戦	防御率	試合数	先発	セーブ	投球イニング	被安打	失点	自責点	被本塁打	与四球	奪三振	WHIP
2022	ロイヤルズ	5	2	2.78	68	0	0	68.0	47	26	21	5	37	71	1.24
通算成績		5	2	2.66	73	0	0	74.1	52	27	22	5	38	78	1.21

45 テイラー・クラーク *Taylor Clarke*

開幕から20イニング連続で四球なし

30歳 1993.5.13生 | 193cm | 98kg | 右投右打 | 園150キロ台前半（フォーシーム） | 阅◎スライダー
対左.250 対右.267 | ⑰2015③ダイヤモンドバックス | 囲ヴァージニア州 | 囲115万ドル（約1億4950万円）

球	3
制	3
緩	5
守	4
度	3

制球力がアップし、安定感が出てきたリリーフ右腕。ダイヤモンドバックスから移籍して迎えた昨季は、早速4月から好投。首脳陣の信頼を得た。8月に入ってすぐ、脇腹の筋肉を痛めて2カ月近く離脱したものの、自己最多の47試合に登板している。コーナーを丁寧に突くピッチングが持ち味。昨季は6月7日のブルージェイズ戦で、ゲレーロ・ジュニアに粘られて四球を出すまで、開幕から20イニング、四球ゼロの状態を続けていた。3児の父で、今年7歳になる双子の息子と、3歳になる女の子がいる。ちなみに奥さんのファーストネームは、自身と同じ「Taylor（テイラー）」。

年度	所属チーム	勝利	敗戦	防御率	試合数	先発	セーブ	投球イニング	被安打	失点	自責点	被本塁打	与四球	奪三振	WHIP
2022	ロイヤルズ	3	1	4.04	47	0	3	49.0	50	25	22	6	8	48	1.18
通算成績		12	9	4.78	125	20	4	220.1	223	131	117	41	73	195	1.34

24 ジョーダン・ライルズ *Jordan Lyles*

2年連続で30試合以上の先発登板

33歳 1990.10.19生 | 196cm | 104kg | 右投右打 | 園140キロ台後半（フォーシーム、シンカー） | 阅○スライダー
対左.278 対右.275 | ⑰2008①アストロズ | 囲サウスカロライナ州 | 囲850万ドル（約11億500万円）

球	2
制	3
緩	3
守	3
度	3

ここ数年、毎年のようにチームを変えて投げている先発右腕。オリオールズで投げた昨季はチームでただ1人、規定投球回数をクリアし、2ケタの勝ち星もマーク。若いチームの躍進に大きく貢献した。ただ、投球内容自体はそれほど良いものではなく、オフにオリオールズが、球団が選択権を持つ「2023年の年俸1100万ドル」のオプションを破棄。FAとなり、ロイヤルズが2年1700万ドルで迎え入れた。最大のウリは故障の少なさ。フォーシーム、シンカー、スライダー、カーブ、チェンジアップ、カッターと球種は多彩だが、決め球と呼べるものがなく、奪三振率は低い。

年度	所属チーム	勝利	敗戦	防御率	試合数	先発	セーブ	投球イニング	被安打	失点	自責点	被本塁打	与四球	奪三振	WHIP
2022	オリオールズ	12	11	4.42	32	32	0	179.0	196	94	88	26	52	144	1.39
通算成績		66	90	5.10	321	214	2	1326.1	1448	820	752	198	446	1022	1.43

74 ホセ・クアース *Jose Cuas*
プロ入り時は野手だったサイドハンド右腕　ミドルリリーフ

29歳 1994.6.28生｜190cm｜88kg｜右投ハンド右打｜囲150キロ前後（シンカー）｜変◎スライダー
対左.350 対右.231 ⑤2015⑪ブリュワーズ 囲ドミニカ 囲72万ドル（約9360万円）+α

球	3
制	2
緩	2
守	4
度	3

　2015年のドラフトで、ブリュワーズから11巡目に指名され、内野手としてプロ入り。しかし打撃面の向上が見込めず、投手にコンバートされたが、すぐクビになってしまった。その後、独立リーグでオーバーハンドの投手として投げていたが、ウォーミングアップでサイドから投げている姿を見た、当時、同じチームに所属していたフランシスコ・ロドリゲス（メジャー通算437セーブ）の勧めで、正式に横から投げることに。それがうまくいき、19年にダイヤモンドバックスと契約。そこは1年で放出されたが、21年6月にロイヤルズと契約し、わずか1年でメジャーに到達。

年度	所属チーム	勝利	敗戦	防御率	試合数	先発	セーブ	投球イニング	被安打	失点	自責点	被本塁打	与四球	奪三振	WHIP
2022	ロイヤルズ	4	2	3.58	47	0	1	37.2	39	18	15	2	24	34	1.67
通算成績		4	2	3.58	47	0	1	37.2	39	18	15	2	24	34	1.67

22 アミール・ギャレット *Amir Garrett*
すぐブチ切れる武闘派サウスポー　ミドルリリーフ

31歳 1992.5.3生｜196cm｜108kg｜左投右打｜囲150キロ台前半（フォーシーム）｜変◎スライダー
対左.106 対右.228 ⑤2011㉒レッズ 囲カリフォルニア州 囲265万ドル（約3億4450万円）

球	4
制	1
緩	2
守	2
度	4

　昨年3月のトレードでレッズから加入した、血の気と四球が多いリリーフ左腕。ピッチングは、スライダーと速球のコンビネーション。どちらの球種も昨季は被打率が1割台だったが、四球からピンチを招くケースが多かった。昨季は打たれたヒットの数よりも、出した四球の数が多かったのだ。ピンチの火消し役としては機能し、引き継いだ走者42人のうち、35人の生還を許さなかった。生還阻止率83.3%は、「上」レベルな数字だ。45回1/3を投げ、被本塁打が0だった点も、特筆に値する。昨年8月、ヤジを飛ばす観客に飲み物をバシャ。2試合の出場停止処分を受けた。

年度	所属チーム	勝利	敗戦	防御率	試合数	先発	セーブ	投球イニング	被安打	失点	自責点	被本塁打	与四球	奪三振	WHIP
2022	ロイヤルズ	3	1	4.96	60	0	0	45.1	28	26	25	0	32	49	1.32
通算成績		13	18	5.08	295	14	8	301.0	258	177	170	51	168	348	1.42

61 アンヘル・セルパ *Angel Zerpa*
先発　期待度C+　ルーキー

24歳 1999.9.27生｜183cm｜99kg｜左投右打｜◆昨季はメジャーで3試合に出場｜⑤2016㉖ロイヤルズ 囲ベネズエラ

　今季途中から、ローテーションに入って投げている可能性もある左腕。武器は、「スラーブ」と形容されることがあるスライダー。先発した昨年7月26日のエンジェルス戦では、初回に1番打者の大谷翔平を、三球三振にしとめた。だが、3回表の第2打席では、バックスクリーンへ運ばれてしまった。

67 アレク・マーシュ *Alec Marsh*
先発　期待度C　ルーキー

25歳 1998.5.14生｜188cm｜99kg｜右投right打｜◆昨季は2A、3Aでプレー｜⑤2019②ロイヤルズ 囲ウィスコンシン州

　150キロ台後半の速球（フォーシーム、ツーシーム）と、カーブが武器の右腕。一昨年は故障でほとんど投げられず、昨季も不安定な投球が続いていたが、シーズン終盤、復調の兆しを見せた。課題は、制球力の向上と、チェンジアップのレベルアップ。お手本としている投手は、ゲリット・コール。

囲=速球のスピード　変=決め球　対左=対左打者被打率　対右=対右打者被打率
⑤=ドラフトデータ　囲=出身地　囲=年俸
※メジャー経験がない投手の「先発」「リリーフ」はマイナーでの役割

メジャー1年目で「20本塁打・30盗塁」

ショート

7 ボビー・ウィット・ジュニア
Bobby Witt Jr. ★WBCアメリカ代表

23歳 2000.6.14生｜185cm｜90kg｜右投右打

◆対左投手打率／.234(141-33) ◆対右投手打率／.260(450-117)
◆ホーム打率／.288(281-81) ◆アウェー打率／.223(310-69)
◆得点圏打率／.323(127-41)
◆22年のポジション別出場数／ショート=98、サード=55、DH=2
◆ドラフトデータ／2019①ロイヤルズ
◆出身地／テキサス州
◆年俸／72万ドル(約9360万円)+α

ミート **3**
パワー **4**
走塁 **5**
守備 **3**
肩 **4**

ロイヤルズ

　メジャー1年目の昨季、打撃面では期待通りの活躍を見せたカンザスシティのニューヒーロー。2019年のドラフトで、ロイヤルズから1巡目(全体2位)に指名されてプロ入り。その後、マイナーでハイレベルな成績を残し、昨年の開幕戦、21歳でメジャーデビューを果たした。

　シーズン前から、「アメリカン・リーグの新人王に最も近い存在」と目されていたが、4月は打率2割1分6厘、0本塁打と低迷。だが、5月以降、打棒が上向き、メジャートップクラスのスピードもいかんなく発揮。最終的に、メジャーのルーキーで最も多い盗塁(30)・打点(80)・長打(57)、2番目に多い二塁打(31)・三塁打(6)と、堂々たる成績をマークした。本塁打も20本放ち、デビューイヤーの「20本塁打以上・30盗塁以上」をクリア。これはMLBの歴史の中で、1977年のミッチェル・ペイジしか記録していない快挙だった。これだけの成績を残したのにもかかわらず、マリナーズのフリオ・ロドリゲスら、昨季のMLBではルーキー勢の活躍が目覚ましく、リーグの新人王投票では4位に終わった。

　昨季守備では、4月はサードを、アダルベルト・モンデシー離脱後の5月以降は、主に本職のショートを守った。こちらは「好守」の前評判通りとはいかなかったが、ハムストリングなどに故障を抱えながらプレーしていた際のエラーが多く、首脳陣は今季、守備面での活躍も期待している。

　同名の父ボビー・ウィットは、メジャー通算142勝の元投手。一番上の姉ニコールさんの夫であるジェイムズ・ラッセルは、2010年代前半に、リリーフ投手としてカブスなどで活躍。2番目の姉キアナさんの夫ザック・ニールもメジャー経験のある投手で、昨季はロッキーズのマイナーでプレー。2019〜21年には埼玉西武ライオンズで投げ、20年には開幕投手を務めている。また、3番目の姉シェイリーさんの夫コーディ・トーマスは、昨年9月にアスレティックスでメジャーデビューした外野手だ。

カモ T・アレグザンダー(タイガース).600(5-3)0本　M・マニング(タイガース).500(6-3)0本
苦手 J・ライアン(ツインズ).000(10-0)0本　S・ビーバー(ガーディアンズ).000(7-0)0本

年度	所属チーム	試合数	打数	得点	安打	二塁打	三塁打	本塁打	打点	四球	三振	盗塁	盗塁死	出塁率	OPS	打率
2022	ロイヤルズ	150	591	82	150	31	6	20	80	30	135	30	7	.294	.722	.254
通算成績		150	591	82	150	31	6	20	80	30	135	30	7	.294	.722	.254

カモ 苦手 は通算成績

野手

9 ヴィニー・パスクァンティーノ
伝説の選手が「イタリアン・ナイトメア」と命名
ファースト DH

Vinnie Pasquantino
★WBCイタリア代表

26歳 1997.10.10生｜193cm｜110kg｜左投左打
- ◆対左投手打率／.352　◆対右投手打率／.279
- ◆ホーム打率／.318　◆アウェー打率／.278　◆得点圏打率／.232
- ◆22年のポジション別出場数／ファースト37、DH35
- ◆Ⓓ2019⑪ロイヤルズ　◆⨀ヴァージニア州
- ◆⑲72万ドル（約9360万円）＋α

ミート **4**
パワー **3**
走塁 **2**
守備 **2**
肩 **2**

高い出塁率が期待できる一塁手。昨年6月下旬、ファーストのレギュラーだったカルロス・サンタナが、トレードでチームを出たことにより、メジャー初昇格。尻上がりに調子を上げ、8月以降は打率3割4分6厘とよく打った。昨季の打球速度はメジャーでもトップクラスを誇る。選球眼が良く、ボール球に手を出さない点も魅力だ。パワーも平均以上だが、昨季はホームランにあと一歩及ばない大飛球のフライアウトが多かった。打撃面に対し、ファーストの守備は多くを期待できず、今季はDHがメインか。イタリアにルーツがあり、珍しいファミリーネーム（Pasquantino）の発音に、手こずる人も多いという。チームのレジェンド、ジョージ・ブレットが名付けたニックネームは「イタリアン・ナイトメア」。今季は昨季以上に、相手投手を悪夢へといざなう。

カモ N・ピヴェタ（レッドソックス）.600（5-3）0本　苦手 T・スクーバル（タイガース）.000（4-0）0本

年度	所属チーム	試合数	打数	得点	安打	二塁打	三塁打	本塁打	打点	四球	三振	盗塁	盗塁死	出塁率	OPS	打率
2022	ロイヤルズ	72	258	25	76	10	0	10	26	35	34	1	0	.383	.833	.295
通算成績		72	258	25	76	10	0	10	26	35	34	1	0	.383	.833	.295

13 サルヴァドール・ペレス
親指の手術で1カ月以上離脱
キャッチャー

Salvador Perez
★WBCベネズエラ代表

33歳 1990.5.10生｜190cm｜115kg｜右投右打　◆盗塁阻止率／.321（28-9）
- ◆対左投手打率／.278　◆対右投手打率／.246
- ◆ホーム打率／.273　◆アウェー打率／.236　◆得点圏打率／.337
- ◆22年のポジション別出場数／キャッチャー＝77、DH＝40
- ◆Ⓓ2006⑰ロイヤルズ　◆⨀ベネズエラ　◆⑲2000万ドル（約26億円）
- ◆本塁打王1回（21年）、打点王1回（21年）、ゴールドグラブ賞5回（13～16、18年）、シルバースラッガー賞4回（16、18、20、21年）、カムバック賞1回（20年）

ミート **4**
パワー **5**
走塁 **1**
守備 **5**
肩 **5**

一昨年、二冠（本塁打王・打点王）に輝いた強肩強打の捕手。しかし、昨季は左手親指の故障などもあり、本塁打数は一昨年の半分以下だった。守備面の長所は、並外れた強肩。ボールブロックの技術も高いが、フレーミングの技術はイマイチだ。プロ入りから一貫してロイヤルズでプレーし、今季がメジャー12年目。明るい性格で、チームメイトやファンから愛されている。愛称は「サルビー」。8歳で、「キャッチャー」の楽しさに目覚めたという。

カモ L・ヘンドリックス（ホワイトソックス）.667（12-8）1本　苦手 G・コール（ヤンキース）.083（12-1）1本

年度	所属チーム	試合数	打数	得点	安打	二塁打	三塁打	本塁打	打点	四球	三振	盗塁	盗塁死	出塁率	OPS	打率
2011	ロイヤルズ	39	148	20	49	8	2	3	21	7	20	0	0	.361	.834	.331
2012	ロイヤルズ	76	289	38	87	16	0	11	39	12	27	0	0	.328	.799	.301
2013	ロイヤルズ	138	496	48	145	26	3	13	79	21	63	0	0	.323	.756	.292
2014	ロイヤルズ	150	578	57	150	28	2	17	70	22	85	1	0	.289	.692	.260
2015	ロイヤルズ	142	531	52	138	25	0	21	70	13	82	1	0	.280	.706	.260
2016	ロイヤルズ	139	514	57	127	28	2	22	64	22	119	0	0	.288	.726	.247
2017	ロイヤルズ	129	471	57	126	24	1	27	80	17	95	1	0	.297	.792	.268
2018	ロイヤルズ	129	510	52	132	23	0	27	80	17	108	1	1	.274	.713	.235
2020	ロイヤルズ	37	150	22	50	12	0	11	32	3	36	1	0	.353	.986	.333
2021	ロイヤルズ	161	620	88	169	24	0	48	121	28	170	1	0	.316	.860	.273
2022	ロイヤルズ	114	445	48	113	23	1	23	76	18	109	0	0	.292	.757	.254
通算成績		1254	4752	539	1274	236	11	223	732	180	914	6	1	.301	.764	.268

先頭打者弾の球団ルーキー記録

1 MJ・メレンデス *MJ Melendez*

レフト
ライト
キャッチャー

★WBC**プエルトリコ代表**

25歳 1998.11.29生 | 185cm | 86kg | 右投左打 ◆盗塁阻止率／.237(38-9)

◆対左投手打率／.295　◆対右投手打率／.193
◆ホーム打率／.229　◆アウェー打率／.205　◆得点圏打率／.275
◆22年のポジション別出場数／キャッチャー=78、レフト=23、DH=23、ライト=15
◆Ⓓ2017②ロイヤルズ　◆Ⓗフロリダ州
◆Ⓢ72万ドル（約9360万円）+α

ミート	2
パワー	4
走塁	4
守備	2
肩	5

昨シーズン後半、トップバッターに定着した捕手兼外野手。一昨年、2Aと3Aで計41本塁打を放つなど長打力をアピールし、昨年5月にメジャー初昇格を果たした。打席では、じっくりボールを見ていくタイプ。そのため、昨季は低打率に沈んだが、四球を多く選んでいたので、出塁率はそこまで悪くはなかった。ヒット性の当たりが、シフトのえじきになることも他選手に比べて多かったため、極端なシフトが禁止となる今季は、打率も上昇すると予想されている。昨季は4本の先頭打者本塁打を放ったが、これはロイヤルズのルーキー記録だ。不安が多いのは守備面。以前はペレスの後継正捕手と目されていたが、捕手としての守備力は、ワーストレベルの烙印を押されてしまった。外野の守備もまだまだ経験が必要。肩は強いが、送球の正確さに欠ける。

カモ Z・プリーサック（ガーディアンズ）.556(9-5)0本　苦手 L・リン（ホワイトソックス）.000(9-0)0本

年度	所属チーム	試合数	打数	得点	安打	二塁打	三塁打	本塁打	打点	四球	三振	盗塁	盗塁死	出塁率	OPS	打率
2022	ロイヤルズ	129	460	57	100	21	3	18	62	66	131	2	3	.313	.706	.217
通算成績		129	460	57	100	21	3	18	62	66	131	2	3	.313	.706	.217

守備面での貢献が大きいユーティリティ

8 ニッキー・ロペス *Nicky Lopez*

ユーティリティ

★WBC**イタリア代表**

28歳 1995.3.13生 | 180cm | 81kg | 右投左打
◆対左投手打率／.207　◆対右投手打率／.234
◆ホーム打率／.237　◆アウェー打率／.218　◆得点圏打率／.162
◆22年のポジション別出場数／セカンド=68、ショート=52、
サード=30、DH=2、ピッチャー=1　◆Ⓓ2016⑤ロイヤルズ
◆Ⓗイリノイ州　◆Ⓢ370万ドル（約4億8100万円）

ミート	3
パワー	1
走塁	4
守備	4
肩	3

昨季はセカンド、ショート、サードとポジションを目まぐるしく変えながら、チームで2番目に多い142試合に出場した内野手。2021年は遊撃手としてプレーし、アメリカン・リーグ5位の打率3割をマークしたが、それは出来過ぎだったようで、昨季の打率は2割2分台。パワーにも欠けるため、本塁打は0。昨季、250打席以上のメジャーリーガー317人のうち、本塁打を1本も打てなかったのは、マイルズ・ストロウ（ガーディアンズ）とロペスだけだった。守備の評価は相変わらず高いが、20年にゴールドグラブ賞候補にもなったセカンドで、昨季はやや精彩を欠いた。昨年8月13日のドジャース戦では、大差をつけられた場面でマウンドに上がり、2本の本塁打を浴びた。

カモ T・アンダーソン（エンジェルス）.571(7-4)0本　苦手 E・ロドリゲス（タイガース）.111(9-1)0本

年度	所属チーム	試合数	打数	得点	安打	二塁打	三塁打	本塁打	打点	四球	三振	盗塁	盗塁死	出塁率	OPS	打率
2019	ロイヤルズ	103	379	44	91	22	2	2	30	18	51	1	5	.276	.601	.240
2020	ロイヤルズ	56	169	15	34	8	0	1	13	18	41	0	5	.286	.552	.201
2021	ロイヤルズ	151	497	78	149	21	6	2	43	49	74	22	1	.365	.743	.300
2022	ロイヤルズ	142	436	51	99	12	4	0	20	29	63	13	3	.281	.554	.227
通算成績		452	1481	188	373	63	12	5	106	114	229	36	10	.309	.630	.252

ロイヤルズ躍進のキーマンとなり得る存在
19 マイケル・マッシー Michael Massey

セカンド

25歳 1998.3.22生 | 183cm | 86kg | 右投左打 | 対左.200 対右.254 ホ.195 ア.281
得.162 ド2019④ロイヤルズ 田イリノイ州 年72万ドル（約9360万円）+α

ミ	2
バ	2
走	3
守	3
肩	2

　昨年7月にメジャーデビューした正二塁手候補。ウィット・メリフィールドの移籍にともない、8月以降、優先的にセカンドで起用され、及第点の評価を得た。現時点で突出した能力には欠けるが、打撃守備ともに、伸びしろはあると首脳陣は見ている。本人も経験を積むことで、「今日は昨日より自信がある。明日は今日よりも自信があるはず」と、日々の成長を実感しているようだ。打席では四球の少なさがネック。ただ、昨季はよく体に当てて出塁し、ほぼ後半戦のみの出場ながら、死球数8はチーム最多だった。シカゴ近郊で育ち、少年時代はホワイトソックスのファン。

年度	所属チーム	試合数	打数	得点	安打	二塁打	三塁打	本塁打	打点	四球	三振	盗塁	盗塁死	出塁率	OPS	打率
2022	ロイヤルズ	52	173	16	42	9	1	4	17	9	46	3	0	.307	.683	.243
通算成績		52	173	16	42	9	1	4	17	9	46	3	0	.307	.683	.243

ワクチン接種のおかげで、メジャー昇格
18 ネイト・イートン Nate Eaton

サード
ライト

27歳 1996.12.22生 | 180cm | 83kg | 右投右打 | 対左.300 対右.250 ホ.280 ア.250
得.188 ド2018㉑ロイヤルズ 田ヴァージニア州 年72万ドル（約9360万円）+α

ミ	2
バ	2
走	5
守	4
肩	5

　並外れた強肩と、盗塁成功率の高さが光る外野手兼三塁手。昨年7月、敵地（カナダ）でのブルージェイズ戦を前に、ワクチン未接種の10選手が入国不可となったため、急遽メジャーに呼ばれた。すると最初の試合で、メジャー初ヒットを本塁打で記録。あまり期待されていなかったバットでも、首脳陣にアピールした。2018年のドラフトで、21巡目という低い評価でロイヤルズ入り。これまで有望株扱いされることはなかったが、チャンスをしっかりとものにし、3度目の昇格となった9月以降は、3割台の打率をマーク。今季のレギュラー争いに、名乗りを上げることになった。

年度	所属チーム	試合数	打数	得点	安打	二塁打	三塁打	本塁打	打点	四球	三振	盗塁	盗塁死	出塁率	OPS	打率
2022	ロイヤルズ	44	106	16	28	4	3	1	12	10	30	11	1	.331	.718	.264
通算成績		44	106	16	28	4	3	1	12	10	30	11	1	.331	.718	.264

ドラフト指名権との交換でロイヤルズ入り
6 ドルー・ウォーターズ Drew Waters

外野手

25歳 1998.12.30生 | 188cm | 83kg | 右投両打 | 対左.222 対右.246 ホ.289 ア.196
得.364 ド2017②ブレーブス 田ジョージア州 年72万ドル（約9360万円）+α

ミ	2
バ	2
走	4
守	3
肩	4

　ブレーブスの有望株だった、俊足強肩のスイッチヒッター。2017年のドラフトで、ブレーブスから2巡目に指名されてプロ入り。トップ・プロスペクト（最有望株）として期待されていた。しかし、打撃面が伸び悩み、評価ダウン。昨年6月、22年ドラフト指名権（全体35位）との交換で、ほかのマイナー2選手とともに、ロイヤルズへ移籍となった。その後、3Aで好調をキープ。8月22日にメジャーデビューを果たすと、勝負強い打撃を披露している。ネックは、三振の多さ。19年に開催された「WBSC世界野球プレミア12」では、アメリカ代表チームの一員として日本でもプレーした。

年度	所属チーム	試合数	打数	得点	安打	二塁打	三塁打	本塁打	打点	四球	三振	盗塁	盗塁死	出塁率	OPS	打率
2022	ロイヤルズ	32	96	14	23	6	1	5	18	12	40	0	0	.324	.803	.240
通算成績		32	96	14	23	6	1	5	18	12	40	0	0	.324	.803	.240

対左=対左投手打率　対右=対右投手打率　ホ=ホーム打率　ア=アウェー打率　得=得点圏打率
ド=ドラフトデータ　田=出身地　年=年俸

野手

オープン戦では打ちまくったが…
14 エドワード・オリヴァレス Edward Olivares 外野手

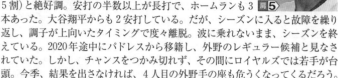

27歳 1996.3.6生｜188cm／86kg｜右投右打 | 対左.283 | 対右.287 | 困.300 | ア.275
得.278 | ド2014外ブルージェイズ | 田ベネズエラ | 年72万ドル（約9360万円）+α

ミ	3
バ	2
走	4
守	3
肩	5

メジャーではなかなか力を発揮できていない、ベネズエラ出身の外野手。昨年はオープン戦で、34打数17安打（打率5割）と絶好調。安打の半数以上が長打で、ホームランも3本あった。大谷翔平からも2安打している。だが、シーズンに入ると故障を繰り返し、調子が上向いたタイミングで度々離脱。波に乗れないまま、シーズンを終えている。2020年途中にパドレスから移籍し、外野のレギュラー候補と見なされていた。しかし、チャンスをつかみ切れず、その間にロイヤルズでは若手が台頭。今季、結果を出さなければ、4人目の外野手の座も危うくなってくるだろう。

年度	所属チーム	試合数	打数	得点	安打	二塁打	三塁打	本塁打	打点	四球	三振	盗塁	盗塁死	出塁率	OPS	打率
2022	ロイヤルズ	53	161	24	46	8	0	4	15	10	36	2	3	.333	.743	.286
通算成績		123	358	49	93	12	1	12	37	19	80	4	7	.304	.703	.260

サルヴァドール・ペレスに次ぐ高年俸
17 ハンター・ドージャー Hunter Dozier サード ファースト ライト

32歳 1991.8.22生｜193cm／99kg｜右投右打 | 対左.252 | 対右.230 | 困.258 | ア.214
得.197 | ド2013①ロイヤルズ | 田テキサス州 | 年725万ドル（約9億4250万円）

ミ	2
バ	4
走	3
守	2
肩	3

複数年契約を結んだあと、不振が続くスラッガー。昨季は外のスライダーにタイミングが合わないことが多く、シーズン後半の打率は1割台だった。メジャー3年目の2019年に、チーム2位の26本塁打をマーク。中心打者になると見込まれ、21年開幕前に4年2500万ドルの契約をロイヤルズと結んだが、2年連続で期待を裏切る結果となった。今季年俸725万ドルは、チームの野手で2番目の高給。来年は900万ドルを支払う必要があり、予算が少ないチームの財政を圧迫している。昨年8月、妻アマンダさんが女の子を出産。これで3人（一男二女）の子のパパとなった。

年度	所属チーム	試合数	打数	得点	安打	二塁打	三塁打	本塁打	打点	四球	三振	盗塁	盗塁死	出塁率	OPS	打率
2022	ロイヤルズ	129	462	51	109	26	4	12	41	34	125	4	3	.292	.679	.236
通算成績		566	2011	250	483	106	26	71	226	185	592	17	12	.307	.732	.240

メジャーの高い壁にぶち当たる
28 カイル・イズベル Kyle Isbel 外野手

26歳 1997.3.3生｜180cm／86kg｜右投左打 | 対左.204 | 対右.213 | 困.257 | ア.155
得.210 | ド2018③ロイヤルズ | 田カリフォルニア州 | 年72万ドル（約9360万円）+α

ミ	2
バ	3
走	4
守	4
肩	4

マシーニー前監督から、大きな期待をかけられていた外野手。2018年のドラフトで、ロイヤルズから3巡目に指名されてプロ入り。21年の開幕戦で、2A、3Aを経験しないまま、メジャーデビューを果たしている。だが、大きく飛躍すると見られていた昨季は、ある程度の出場機会を与えられながら、打率が1割台と2割台を行ったり来たりする状態が続き、消化不良のシーズンとなってしまった。外野守備には定評があり、マイナーでは主にセンターを守っていたが、ライトやレフトでも「中の上」レベル。21年の開幕前に結婚。妻のプリシラさんは今年4月に第一子を出産予定だ。

年度	所属チーム	試合数	打数	得点	安打	二塁打	三塁打	本塁打	打点	四球	三振	盗塁	盗塁死	出塁率	OPS	打率
2022	ロイヤルズ	106	256	32	54	10	4	5	28	16	75	9	6	.264	.604	.211
通算成績		134	332	48	75	15	6	6	35	23	98	11	6	.281	.642	.226

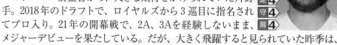

ロイヤルズ

32 理想の打者はジョーイ・ヴォト ファースト
ニック・プラット Nick Pratto

25歳 1998.10.6生 | 185cm | 97kg | 左投右打 [対左].222 [対右].172 [ホ].205 [ア].163 [得].148 [ド]2017①ロイヤルズ [出]カリフォルニア州 [年]72万ドル（約9360万円）+α

ミ	2
バ	4
走	3
守	4
肩	3

　2017年のドラフトで、ロイヤルズから1巡目に指名された強打好守の一塁手。昨年7月にデビューし、23年シーズンの正一塁手候補として、優先的に出場機会を与えられた。だが、緩急をうまく使うメジャーの投手に翻弄され、打率が低迷。9月半ばにマイナー落ちした。ジョーイ・ヴォトを理想の打者とし、自身もマイナーでは多くの四球を選び、高い出塁率を記録している。小学生の頃、所属していたチームが「リトルリーグ・ワールドシリーズ」に出場。日本代表「浜松南リトル」との決勝戦でサヨナラヒットを放ち、世界一に大きく貢献した。高校時代は投手としても活躍。

年度	所属チーム	試合数	打数	得点	安打	二塁打	三塁打	本塁打	打点	四球	三振	盗塁	盗塁死	出塁率	OPS	打率
2022	ロイヤルズ	49	158	18	29	9	1	7	20	19	66	0	0	.271	.657	.184
通算成績		49	158	18	29	9	1	7	20	19	66	0	0	.271	.657	.184

11 今季開幕は3Aスタートが濃厚 ショート ルーキー
マイケル・ガルシア Maikel Garcia

23歳 2000.3.3生 | 183cm | 65kg | 右投右打 [対左].500 [対右].214 [ホ]—— [ア].318 [得].222 [ド]2016㉖ロイヤルズ [出]ベネズエラ [年]72万ドル（約9360万円）+α

ミ	3
バ	2
走	4
守	3
肩	4

　昨年メジャーデビューした、ベネズエラ出身の若手有望株。守備面の評価が高い遊撃手で、昨季マイナー（2Aと3Aで計118試合）で、39盗塁を決めた足もウリだ。パワー不足が弱点とされていたが、昨季は長打のペースが上がっており、打撃面でも着実な進歩を見せた。同じショートのポジションには、同い年の強力なライバル、ボビー・ウィット・ジュニアがいるため、球団の今後の育成方針に注目が集まる。2015年、ロイヤルズのワールドシリーズ制覇に多大な貢献を果たしたアルシデス・エスコバー（元・東京ヤクルト、昨季はナショナルズ所属）は、いとこにあたる。

年度	所属チーム	試合数	打数	得点	安打	二塁打	三塁打	本塁打	打点	四球	三振	盗塁	盗塁死	出塁率	OPS	打率
2022	ロイヤルズ	9	22	1	7	1	0	0	2	1	5	0	0	.348	.712	.318
通算成績		9	22	1	7	1	0	0	2	1	5	0	0	.348	.712	.318

— ニック・ロフティン Nick Loftin
ユーティリティ 期待度 B ルーキー

25歳 1998.9.25生 | 185cm | 81kg | 右投右打 ◆昨季は2A、3Aでプレー [ド]2020①ロイヤルズ [出]テキサス州

　将来的に、「1番・センター」に収まることを期待されている中堅手兼遊撃手。長所は様々なポジションに対応できる器用さと、スピード。肩も強いほうだ。まずは内外野を守れるスーパーユーティリティとして、メジャー定着を目指す。昨季、3Aでは38試合に出場し、打率2割1分6厘、5本塁打。

— タイラー・ジェントリー Tyler Gentry
外野手 期待度 C+ ルーキー

24歳 1998.2.1生 | 188cm | 95kg | 右投右打 ◆昨季は1A+、2Aでプレー [ド]2020③ロイヤルズ [出]テネシー州

　昨季、2Aで好成績を残した外野手。打者としては、広角に弾き返すスプレーヒッター・タイプ。早打ちしないので、四球での出塁も多い。三振の多さも、改善してきている。足は「中」、肩は「中の上」レベルだ。今季開幕は3Aでスタートし、成績次第では、シーズン半ばにメジャー昇格の可能性もある。

[対左]=対左投手打率 [対右]=対右投手打率 [ホ]=ホーム打率 [ア]=アウェー打率 [得]=得点圏打率 [ド]=ドラフトデータ [出]=出身地 [年]=年俸

ヒューストン・アストロズ

◆創　立：1962年　　　◆ワールドシリーズ制覇：2回 ／ リーグ優勝：5回
◆本拠地：テキサス州ヒューストン市　　◆地区優勝：12回 ◆ワイルドカード獲得：4回

主要オーナー ジム・クレイン（投資グループ代表）

過去5年成績

年度	勝	負	勝率	ゲーム差	地区順位	ポストシーズン成績
2018	103	59	.636	(6.0)	①	リーグ優勝決定シリーズ敗退
2019	107	55	.660	(10.0)	①	ワールドシリーズ敗退
2020	29	31	.483	7.0	②	リーグ優勝決定シリーズ敗退
2021	95	67	.586	(5.0)	①	ワールドシリーズ敗退
2022	**106**	**56**	**.654**	**(16.0)**	**①**	**ワールドシリーズ制覇**

監督　12 ダスティ・ベイカー *Dusty Baker*

◆年　　齢……………74歳（カリフォルニア州出身）
◆現役時代の経歴…19シーズン　ブレーブス（1968〜75）、
（外野手）　　　　ドジャース（1976〜83）、ジャイアンツ（1984）、
　　　　　　　　　アスレティックス（1985〜86）
◆現役通算成績……2039試合 .278 242本 1013打点
◆監督経歴…………25シーズン ジャイアンツ（1993〜2002）、カブス（2003〜06）、
　　　　　　　　　レッズ（2008〜13）、ナショナルズ（2016〜17）、アストロズ（2020〜）
◆通算成績…………2093勝1790敗（勝率.539） 最優秀監督3回（93,97,00年）

　監督として、通算2093勝（MLB歴代9位）を記録しているレジェンド。これまで5球団で監督を務め、幾度となくポストシーズンに駒を進めてきたが、ワールドシリーズ制覇は成し遂げていなかった。だが昨シーズン、ようやく悲願達成。契約が切れ、高齢でもあることから勇退も噂されたが、「まだ、やめたくない。自身2度目のワールドチャンピオン制覇を狙いたい」と意欲を燃やし、クレイン・オーナーも続投をあと押し。1年契約で、今季も指揮することになった。

注目コーチ 22 オマー・ロペス *Omar Lopez*

　一塁ベースコーチ。46歳。長くアストロズで働き、15年前にはアルトゥーヴェの才能を見抜いて、球団に獲得を進言。2023年のWBCでは、ベネズエラ代表チームの監督。

編成責任者 ダナ・ブラウン *Dana Brown*

　56歳。前職はブレーブスのスカウト部門トップ。今年1月末、GMに就任したばかりのため、オフの編成は、オーナーの意向をくみ、3人のGM補佐が協同して進めていた。

スタジアム ミニッツメイド・パーク *Minute Maid Park*

◆開 場 年…………2000年
◆仕　　様…………天然芝,開閉式屋根付き
◆収容能力…………41,168人
◆フェンスの高さ…2.1〜6.4m
◆特　　徴…………ホームからセンター最深部までの距離は長いが、両翼までの距離が短く、左中間や右中間フェンスのふくらみも小さいので、ホームランの出やすさは平均的。レフト側のフェンスがやや前の位置にあるが、その分、フェンスは高い。

ニュートラルパーク

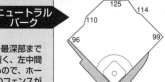

Best Order [ベストオーダー]

①ホセ・アルトゥーヴェ……セカンド
②マイケル・ブラントリー……DH
③アレックス・ブレグマン……サード
④ヨーダン・アルヴァレス……レフト
⑤ホセ・アブレイユ……ファースト
⑥カイル・タッカー……ライト
⑦ジェレミー・ペーニャ……ショート
⑧チャズ・マコーミック……センター
⑨マーティン・マルドナード……キャッチャー

Depth Chart [ポジション別選手層・メンバーリスト]

※2023年2月13日時点の候補選手。数字は背番号（開幕前に変更する場合もあり）、右・左等は投・打の順。

センター
20 チャズ・マコーミック [左・右]
6 ジェイク・マイヤーズ [左・右]
14 マウリシオ・デュボン [右・右]

レフト
44 ヨーダン・アルヴァレス [右・左]
20 チャズ・マコーミック [左・右]
23 マイケル・ブラントリー [左・右]

ライト
30 カイル・タッカー [右・左]
20 チャズ・マコーミック [左・右]
14 マウリシオ・デュボン [右・右]

ショート
3 ジェレミー・ペーニャ [右・右]
17 デイヴィッド・ヘンズリー [右・右]
14 マウリシオ・デュボン [右・右]

セカンド
27 ホセ・アルトゥーヴェ [右・右]
17 デイヴィッド・ヘンズリー [右・右]
14 マウリシオ・デュボン [右・右]

ローテーション
59 フランバー・ヴァルデス [左・右]
53 クリスチャン・ハヴィエア [右・右]
43 ランス・マッカラーズ・ジュニア [右・右]
77 ルイス・ガルシア [右・右]
65 ホセ・アーキーディ [右・右]

サード
2 アレックス・ブレグマン [右・右]
17 デイヴィッド・ヘンズリー [右・右]
14 マウリシオ・デュボン [右・右]

ファースト
79 ホセ・アブレイユ [右・右]
17 デイヴィッド・ヘンズリー [右・右]
13 J.J.マティシェヴィク [左・右]

キャッチャー
15 マーティン・マルドナード [右・右]
21 ジャイナー・ディアス [右・右]
11 コーリー・リー [右・右]

DH
23 マイケル・ブラントリー [左・左]
44 ヨーダン・アルヴァレス [右・左]

ブルペン
55 ライアン・プレスリー [右・右] CL
47 ラファエル・モンテーロ [右・右]
52 ブライアン・アブレイユ [右・右]
58 ハンター・ブラウン [右・右]
50 ヘクター・ネリス [右・右]
45 ライン・スタネック [右・右]
88 フィル・メイトン [右・右]
61 セス・マルティネス [右・右]
64 ブランドン・ビーラク [右・右]
62 ブレイク・テイラー [左・右]

※CL＝クローザー

アストロズ試合日程……＊はアウェーでの開催

3月30・31・4月1・2	ホワイトソックス	5月1・2・3	ジャイアンツ	6月1・2・3・4	エンジェルス
3・4・5	タイガース	5・6・7	マリナーズ＊	5・6・7・8	ブルージェイズ＊
6・8・9	ツインズ＊	8・9・10	エンジェルス＊	9・10・11	ガーディアンズ＊
10・11・12	パイレーツ＊	12・13・14	ホワイトソックス＊	13・14・15	ナショナルズ
14・15・16	レンジャーズ	15・16・17	カブス	16・17・18	レッズ
17・18・19	ブルージェイズ	19・20・21	アスレティックス	19・20・21	メッツ
21・22・23	ブレーブス＊	22・23・24	ブリュワーズ＊	23・24・25	ドジャース＊
24・25・26	レイズ＊	26・27・28	アスレティックス＊	27・28・29	カーディナルス＊
28・29・30	フィリーズ	29・30・31	ツインズ	30・7月1・2・3	レンジャーズ＊

176 **球団メモ** 昨季、打者・大谷に対する投手陣の被打率は.206（68打数14安打）で、打たれた本塁打は2本だけ。ただ、野手陣は投手・大谷に抑え込まれた（防御率1.21）。

■投手力⬇…★★★★★【昨年度チーム防御率2.90、リーグ1位】

　昨シーズン終盤、アストロズは6人ローテーションを組んでいたが、そこからヴァーランダーが抜け、今季はヴァルデス、ハヴィエア、マッカラーズ、ガルシア、アーキーディの5人で回す。ヴァーランダーが抜けたことは中程度のマイナスにはなるが、もともと超ハイレベルなローテーションなので、実力は依然トップレベルだ。昨季は先発防御率（2.95）だけでなく、リリーフ防御率（2.80）もダントツ。アブレイユ、モンテーロ、プレスリーと続く最強の逃げ切りリレーは、今年もフルで機能するだろう。

■攻撃力↗…★★★★★【昨年度チーム得点737、リーグ3位】

　打線からグリエルが抜けて、2020年のMVPホセ・アブレイユがホワイトソックスから移籍してきたことは得点力アップに寄与するだろう。打線に計算できるベテランが多い点は、大きな強みになっている。

■守備力➡…★★★★↗★【昨年度チーム失策数72、リーグ2位】

　守備面で一番貢献しているのは、守りの司令塔になっている捕手マルドナードだ。ショートとセンターに守備力の高いペーニャとマコーミックがいるので、センターラインも強い。今季は昨年肩の手術を受けたブラントリーをDHで使うので、守備に難のあるアブレイユがファーストに入る。

■機動力➡…★★↗★★【昨年度チーム盗塁数83、リーグ7位タイ】

　昨シーズン、チーム盗塁数は平均レベルだが、盗塁成功率はトップレベルだった。ベイカー監督は送りバントのサインをほとんど出さない。

アストロズ

総合評価 ➡ ★★★★↗	名将ベイカーはベテラン選手の操縦に長けているので、高給取りのベテランがよく働き、脱落者が出ない。昨年はヴァーランダーとアルヴァレスがブレイクしたため勝ち星が106まで伸びたが、ブレイクする者が出ない年でも90～95勝する底力がある。

IN 主な入団選手	**OUT** 主な退団選手
投手 とくになし	投手 ジャスティン・ヴァーランダー➡メッツ
野手 ホセ・アブレイユ⬅ホワイトソックス	野手 トレイ・マンシーニ➡カブス クリスチャン・ヴァスケス➡ツインズ アレドミス・ディアス➡アスレティックス ユリ・グリエル➡所属先未定

4・5	ロッキーズ	3・4・5・6	ヤンキース*	4・5・6	レンジャーズ*
6・7・8・9	マリナーズ	8・9・10	オリオールズ*	8・9・10	パドレス
11	オールスターゲーム	11・12・13	エンジェルス	11・12・13	アスレティックス
14・15・16	エンジェルス*	14・15・16	マーリンズ*	15・16・17	ロイヤルズ*
18・19	ロッキーズ*	18・19・20	マリナーズ	18・19・20	オリオールズ
20・21・22・23	アスレティックス*	21・22・23・24	レッドソックス	22・23・24	ロイヤルズ
24・25・26	レンジャーズ	25・26・27	タイガース*	25・26・27	マリナーズ*
28・29・30	レイズ	28・29・30	レッドソックス*	29・30・**10月**1	ダイヤモンドバックス*
31・**8月**1・2	ガーディアンズ	**9月**1・2・3	ヤンキース		

球団メモ 編成トップとして活躍していたジェイムズ・クリックGMが、オフにチームを去った。表向きは契約満了とされているが、実際は球団オーナーとの確執が原因と言われている。

ゴロを量産して、メジャー最多のQS 先発

59 フランバー・ヴァルデス
Framber Valdez

30歳 1993.11.19生 ｜ 180cm ｜ 108kg ｜ 左投右打

◆速球のスピード／150キロ台前半(シンカー主体)
◆決め球と持ち球／☆カーブ、◎シンカー、◎カッター、
　◎チェンジアップ
◆対左打者被打率／.192　◆対右打者被打率／.229
◆ホーム防御率／3.54　◆アウェー防御率／2.27
◆ドラフトデータ／2015㉕アストロズ
◆出身地／ドミニカ
◆年俸／680万ドル(約8億8400万円)

球威	5
制球	4
緩急	3
守備・牽制	2
度胸	4

　抜群の安定感と耐久性を備えた先発サウスポー。昨季は4月25日の登板から9月18日の登板まで、25試合連続でQSを記録し、称賛された。これほど長きにわたってQSを続けられたのは、シンカーとカーブを多投してゴロを量産し、効率良くアウトを取ることに徹していたからだ。

　もう1つ見逃せないのが、女房役マルドナードの存在だ。マルドナードはリード面では変化球の使い方がうまく、昨年ヴァルデスがカッターを使い出すと、左打者に対する秘密兵器として活用した。その一方で、マルドナードはボールブロックがうまいため、ワンバウンドになるカーブを体で止めて、ワイルドピッチになることを防いでいた。

　ポストシーズンでは4試合に先発して3勝0敗、防御率1.44という見事な数字を出した。ワールドシリーズで何よりもうれしかったのは、初めて米国を訪れた父ホセ・アントニオさんがスタンドで見守る中で、良いピッチングをできたことだ。母サンタデルフィナさんは、何度もミニッツメイド・パークに来て観戦しているのに、父が一度もなかったのは、高所恐怖症で飛行機に乗ることを拒んでいたからだ。そんな障害があるにもかかわらず、父が観戦に来てくれたことは、ヴァルデスにとって奇跡のようなことであり、ワールドシリーズ第2戦で7回に交代を告げられてマウンドを降りるときには、ホセ・アントニオさんがいると思われる方向に目をやってキャップに手をやり、感謝の気持ちを伝えている。

　アストロズが低コストで契約し、大化けさせた中南米の選手の1人。16歳か17歳でプロ入りするのが当たり前のドミニカでは、常識外れの21歳でアストロズに入団。契約金もタダ同然(1万ドル)だったが、プロ入り後はカーブを武器に、マイナーの出世階段を駆け上がった。そしてプロ入りから3年で、メジャーデビューを果たしている。

カモ M・トラウト(エンジェルス).083(12-1)0本　大谷翔平(エンジェルス).154(26-4)1本
苦手 T・ウォード(エンジェルス).500(16-8)0本　A・レンドーン(エンジェルス).438(16-7)1本

年度	所属チーム	勝利	敗戦	防御率	試合数	先発	セーブ	投球イニング	被安打	失点	自責点	被本塁打	与四球	奪三振	WHIP
2018	アストロズ	4	1	2.19	8	5	0	37.0	22	10	9	3	24	34	1.24
2019	アストロズ	4	7	5.86	26	8	0	70.2	74	51	46	9	44	68	1.67
2020	アストロズ	5	3	3.57	11	10	0	70.2	63	32	28	6	16	76	1.12
2021	アストロズ	11	6	3.14	22	22	0	134.2	110	52	47	12	58	125	1.25
2022	アストロズ	17	6	2.82	31	31	0	201.1	166	71	63	11	67	194	1.16
通算成績		41	23	3.38	98	76	0	514.1	435	216	193	40	209	497	1.25

2度の「コンバインド・ノーヒッター」

先発

53 クリスチャン・ハヴィエア
Cristian Javier ★WBCドミニカ代表

26歳 1997.3.26生 | 185cm | 96kg | 右投右打

◆速球のスピード／150キロ台前半（フォーシム主体）
◆決め球と持ち球／☆フォーシーム、☆スライダー、△カーブ、△チェンジアップ
◆対左打者被打率／.189 ◆対右打者被打率／.147
◆ホーム防御率／2.26 ◆アウェー防御率／2.84
◆ドラフトデータ／2015㉘アストロズ
◆出身地／ドミニカ
◆年俸／300万ドル（約3億9000万円）

球威	5
制球	3
緩急	5
守備・牽制	3
度胸	5

アストロズ

好調時は誰も打てない投手になるドミニカ出身の右腕。昨季は、先発6番手とロングリリーフを兼ねるスイングマンとしてスタート。先発に固定されたのは、5月中旬になってからだ。その後は制球が安定せず、8月までは調子がイマイチ。そんな中、レギュラーシーズンで一度だけ注目されたのは、6月25日のヤンキース戦で、「コンバインド・ノーヒッター（継投による無安打試合）」をやってのけたときだ。このときは、ハヴィエアが7回を無安打に抑え、さらにリリーフで出たネリスとプレスリーもヒットを1本も打たれなかったことで、記録達成となった。アンヒッタブル（誰も打てない投手）に変身したのは、9月に入ってからで、9月14日の登板から10月1日の最終登板までは、4試合連続で失点がなかった。

この好調は、ポストシーズンに入ってからも続いた。リーグ優勝決定シリーズ第3戦に先発したハヴィエアは、ヤンキース打線を6回途中まで1安打無失点に抑え、次の登板となったワールドシリーズ第4戦では、強打者が顔をそろえるフィリーズを、6回までノーヒットに抑える完璧なピッチング。このゲームでは、リリーフで登板したアブレイユ、モンテーロ、プレスリーも無安打に抑えたので、またも「コンバインド・ノーヒッター」の達成となった。この圧巻のピッチングは、フォーシームの威力が格段に増したことによって生まれたものだ。好調時のハヴィエアは、フォーシームのスピン量が増してホップする軌道になるため、フィリーズの強打者たちは高めに来たフォーシームを空振りして、次々に三振に倒れた。

アストロズが低コストで獲得し、上手に育てた中南米の選手の1人。ドミニカの有望選手育成キャンプにいた頃は外野手だったが、プロ入り後、投手にコンバートされたことにより、スピード出世が始まった。契約金はルイス・ガルシアの2万ドルよりさらに安い、1万ドルだった。

カモ J・ハイム（エンジェルス）.000(7-0)0本　M・トラウト（エンジェルス）.000(6-0)0本
苦手 T・ケンプ（アスレティックス）.500(14-7)0本　B・マーシュ（フィリーズ）.571(7-4)0本

年度	所属チーム	勝利	敗戦	防御率	試合数	先発	セーブ	投球イニング	被安打	失点	自責点	被本塁打	与四球	奪三振	WHIP
2020	アストロズ	5	2	3.48	12	10	0	54.1	36	21	21	11	18	54	0.99
2021	アストロズ	4	1	3.55	36	9	2	101.1	67	41	40	16	53	130	1.18
2022	アストロズ	11	9	2.54	30	25	0	148.2	89	44	42	17	52	194	0.95
通算成績		20	12	3.05	78	44	2	304.1	192	106	103	44	123	378	1.04

投手

55 ライアン・プレスリー
ポストシーズンでは15試合連続無失点 クローザー
Ryan Pressly
★WBCアメリカ代表

35歳 | 1988.12.15生 | 188cm | 93kg | 右投右打

- ◆速球のスピード/150キロ台前半
- ◆決め球と持ち球/☆スライダー、◎カーブ、○フォーシーム、○チェンジアップ
- ◆対左.178 ◆対右.184 ◆床防2.22 ◆ア防3.75
- ◆ド2007⑪レッドソックス ◆出テキサス州
- ◆囲1400万ドル（約18億2000万円）

球威 4
制球 4
緩急 4
守備/牽制 3
度胸 5

大舞台に強い、スライダーが武器の守護神。昨季は33セーブをマークしたが、働きはまずまず。本領を発揮したのはポストシーズンで、10試合に登板し、すべて無失点。ポストシーズンでの無失点登板は2021年から続いており、15に伸びた。昨季開幕前日、23年に始まる2年3000万ドルの契約にサイン。23、24年に各50試合以上登板があれば、自動的に契約が1年延長される。

| カモ | 大谷翔平（エンジェルス）.111(9-1)0本 | 苦手 | R・ローリアーノ（アスレティックス）.500(8-4)0本 |

年度	所属チーム	勝利	敗戦	防御率	試合数	先発	セーブ	投球イニング	被安打	失点	自責点	被本塁打	与四球	奪三振	WHIP
2013	ツインズ	3	3	3.87	49	0	0	76.2	71	37	33	6	27	49	1.28
2014	ツインズ	2	0	2.86	25	0	0	28.1	30	10	9	3	8	14	1.34
2015	ツインズ	2	2	2.93	27	0	0	27.2	27	9	9	3	12	22	1.41
2016	ツインズ	6	7	3.70	72	0	1	75.1	79	34	31	8	23	67	1.35
2017	ツインズ	2	3	4.70	57	0	0	61.1	46	34	32	10	19	61	1.06
2018	ツインズ	1	1	3.40	51	0	0	47.2	46	19	18	5	19	69	1.36
2018	アストロズ	1	0	0.77	26	0	0	23.1	11	2	2	1	3	32	0.60
2018	2チーム計	2	1	2.54	77	0	0	71.0	57	21	20	6	22	101	1.11
2019	アストロズ	2	3	2.32	55	0	3	54.1	35	15	14	6	12	72	0.90
2020	アストロズ	1	3	3.43	23	0	12	21.0	21	10	8	2	7	29	1.33
2021	アストロズ	5	3	2.25	64	0	26	64.0	49	19	16	4	13	81	0.97
2022	アストロズ	3	3	2.98	50	0	33	48.1	30	17	16	4	13	65	0.89
通算成績		29	28	3.20	499	0	77	528.0	453	206	188	48	156	561	1.15

47 ラファエル・モンテーロ
プレスリー有事の保険にもなるベテラン セットアップ
Rafael Montero
★WBCドミニカ代表

33歳 | 1990.10.17生 | 183cm | 86kg | 右投右打

- ◆速球のスピード/150キロ台中頃（フォーシーム、シンカー）
- ◆決め球と持ち球/○フォーシーム、◎シンカー、◎チェンジアップ、△スライダー
- ◆対左.158 ◆対右.225 ◆床防1.76 ◆ア防3.29
- ◆ド2011㊾メッツ ◆出ドミニカ
- ◆囲1150万ドル（約14億9500万円）

球威 5
制球 3
緩急 4
守備/牽制 3
度胸 4

昨季終了後FAになったが、アストロズと新たに3年3450万ドルの契約を交わし、残留する形になったリリーフ右腕。アストロズが好条件を示し、真っ先に連れ戻したのは、プレスリーに何かあったときは、クローザーとして使えるという読みがあるからだ。クローザーで使えることは昨年テスト済みで、プレスリーが2度IL（故障者リスト）入りした際は、その代役を務め、14セーブをマーク。昨季はフォーシームの球速がアップしたため、打者を追い込むとそれを高めに投げ込み、豪快に三振にしとめるシーンがよく見られた。

| カモ | 大谷翔平（エンジェルス）.000(8-0)0本 | 苦手 | M・シミエン（アスレティックス）.500(12-6)2本 |

年度	所属チーム	勝利	敗戦	防御率	試合数	先発	セーブ	投球イニング	被安打	失点	自責点	被本塁打	与四球	奪三振	WHIP
2014	メッツ	1	3	4.06	10	8	0	44.1	44	21	20	8	23	42	1.51
2015	メッツ	0	1	4.50	5	1	0	10.0	9	5	5	1	13	14	1.40
2016	メッツ	0	0	8.05	9	0	0	19.0	23	17	17	4	16	20	2.05
2017	メッツ	5	11	5.52	34	18	0	119.0	141	75	73	12	67	114	1.75
2019	レンジャーズ	2	0	2.48	22	0	0	29.0	23	8	8	5	5	34	0.97
2020	レンジャーズ	0	1	4.08	17	0	8	17.2	12	11	8	4	6	19	1.02
2021	マリナーズ	5	3	7.27	40	0	7	43.1	56	39	35	4	15	37	1.64
2021	アストロズ	0	1	0.00	4	0	0	3.1	1	0	0	2	5	0.83
2021	2チーム計	5	4	6.39	44	0	7	49.1	59	40	35	4	17	42	1.54
2022	アストロズ	5	2	2.37	71	0	14	68.1	47	22	18	3	23	73	1.02
通算成績		18	23	4.64	212	30	29	356.2	358	200	184	38	162	357	1.46

180

対左＝対左打者被打率　対右＝対右打者被打率　床防＝ホーム防御率　ア防＝アウェー防御率
ド＝ドラフトデータ　出＝出身地　囲＝年俸　カモ 苦手＝通算成績

大谷も真似る個性的すぎる投球モーション　先発

77　ルイス・ガルシア　Luis Garcia　★WBCベネズエラ代表

27歳 1996.12.13生｜185cm｜110kg｜右投右打　球150キロ台前半（フォーシーム主体）　決☆カッター
対左.234 対右.213　ド2017外アストロズ　出ベネズエラ　年125万ドル（約1億6250万円）

球4
制3
緩3
守2
度4

　強豪チームの先発4番手にうってつけの右腕。昨季は中盤に失点が多くなったが、終盤持ち直し、勝ち星を重ねた。ポストシーズンの地区シリーズ第3戦では延長14回から登板し、5回を無失点に抑え、勝ち投手になっている。昨年6月15日のレンジャーズ戦で、1つのイニングを3人連続3球三振で終わらせる「イマキュレート・イニング」を達成。メイトンもそれをやり、同じ試合で「イマキュレート・イニング」が2度出る奇跡が起きた。トレードマークは、踊るような投球モーション。大谷はこの真似が上手で、グラウンドですれ違った際、本人の前でやったことがある。

年度	所属チーム	勝利	敗戦	防御率	試合数	先発	セーブ	投イニング	被安打	失点	自責点	被本塁打	与四球	奪三振	WHIP
2022	アストロズ	15	8	3.72	28	28	0	157.1	131	70	65	23	47	157	1.13
通算成績		26	17	3.57	63	57	0	325.0	271	136	129	43	102	333	1.15

クローザーでも使えるレベルに成長　セットアップ

52　ブライアン・アブレイユ　Bryan Abreu　★WBCドミニカ代表

26歳 1997.4.22生｜185cm｜101kg｜右投右打　球150キロ台後半（フォーシーム主体）　決☆スライダー
対左.189 対右.225　ド2013外アストロズ　出ドミニカ　年72万ドル（約9360万円）+α

球5
制4
緩3
度4

　持ち球であるフォーシーム、スライダー、カーブがすべて進化し、大化けした豪腕リリーバー。フォーシームは、平均球速が3キロ弱アップし、160キロ台がよく出るようになった。スライダーは、スピン量が大幅にアップ。以前はカーブの制球に難があったが、昨年は左打者の外角にバックドアの軌道できっちり決められるようになった。圧巻だったのは、ポストシーズンでのピッチング。10試合に登板し、打たれたヒットは4本だけで、18三振を奪い、失点はゼロだった。育成力に自信があるアストロズが、ドミニカで低コストで獲得し、パワーピッチャーに育て上げた成功例の1つ。

年度	所属チーム	勝利	敗戦	防御率	試合数	先発	セーブ	投イニング	被安打	失点	自責点	被本塁打	与四球	奪三振	WHIP
2022	アストロズ	4	0	1.94	55	0	2	60.1	45	16	13	4	26	88	1.18
通算成績		7	3	3.16	97	0	3	108.1	85	45	38	6	54	140	1.28

5番手ながら13勝し、規定投球回もクリア　先発

65　ホセ・アーキーディ　Jose Urquidy　★WBCメキシコ代表

28歳 1995.5.1生｜183cm｜98kg｜右投右打　球150キロ前後（フォーシーム主体）　決○フォーシーム
対左.226 対右.260　ド2015外アストロズ　出メキシコ　年303万ドル（約3億9390万円）

球3
制5
緩4
度2

　実力は先発3番手レベルだが、投手王国にいるため5番手で使われている右腕。昨季は序盤不調だったが6月から好投が続くようになり、7月末までに9勝した。その頃、アストロズとカブスの間で、アーキーディと捕手のコントレラスを交換するトレード話が進行中で、オーナーの了承を得て成立する運びになっていた。ところがクレイン・オーナーが強硬に反対したため、話が流れてしまい、アーキーディは残留することに。この一件を機に、オーナーとクリックGMの反目が表面化。ワールドシリーズを制覇したチームのGMが、シーズン終了後に辞任する異常事態が起きた。

年度	所属チーム	勝利	敗戦	防御率	試合数	先発	セーブ	投イニング	被安打	失点	自責点	被本塁打	与四球	奪三振	WHIP
2022	アストロズ	13	8	3.94	29	28	0	164.1	154	74	72	29	38	134	1.17
通算成績		24	13	3.74	63	60	0	342.0	301	144	142	56	72	281	1.09

アストロズ

球＝速球のスピード　決＝決め球

ヴァーランダーの代役で鮮烈なデビュー

ロングリリーフ 先発 **ルーキー**

58 ハンター・ブラウン Hunter Brown

25歳 1998.8.29生 | 188cm | 95kg | 右投右打 | 園150キロ台中頃(フォーシーム主体) | 敗◎ナックルカーブ
[対左].136 [対右].310 | [ド]2019⑤アストロズ | 囲ミシガン州 | 匣72万ドル(約9360万円)+α

球	5
制	3
緩	4
守	3
度	4

　昨年9月1日にメジャーに上がり、圧巻のピッチングを見せた将来のエース候補。ヴァーランダーがIL入りしたため、いきなりその代役で先発起用されたが、初戦は6回を3安打無失点、2戦目は6回を5安打2失点に抑えて2連勝。ヴァーランダー復帰後はリリーフに回り、4試合を無失点に抑えたため、ポストシーズンのメンバーにも抜擢され、3試合にリリーフで登板し好投。典型的なパワーピッチャーで、フォーシームとナックルカーブを主体に投げる。どちらも威力満点のボールだ。主に右打者に使うスライダーは、抜けて甘く入ることが多い。稀にスプリッターも使う。

年度	所属チーム	勝利	敗戦	防御率	試合数	先発	セーブ	投球イニング	被安打	失点	自責点	被本塁打	与四球	奪三振	WHIP
2022	アストロズ	2	0	0.89	7	2	0	20.1	15	2	2	0	7	22	1.08
通算成績		2	0	0.89	7	2	0	20.1	15	2	2	0	7	22	1.08

ポストシーズンで天国と地獄を経験

先発

43 ランス・マッカラーズ・ジュニア Lance McCullers Jr.

30歳 1993.10.2生 | 185cm | 91kg | 右投左打 | 園150キロ前後(シンカー主体) | 敗◎スライダー
[対左].165 [対右].258 | [ド]2012①アストロズ | 囲フロリダ州 | 匣1525万ドル(約19億8250万円)

球	4
制	2
緩	4
守	4
度	4

　長い故障歴のある右腕。2016年は肩、17年は腰、18年は右ヒジを痛めてトミー・ジョン手術を受け、19年は全休。20年に復帰したが、21年のポストシーズンで右前腕の屈筋腱を痛め、昨季は開幕からIL入り。復帰できたのは8月13日だった。しかし、その後は故障明けとは思えない安定したピッチングを続けてシーズンを終え、地区シリーズ第3戦で6回を2安打無失点に抑える好投。ところがワールドシリーズ第3戦では、5回途中までに本塁打を5本献上してKOされてしまい、またどこか痛めたのではないかと勘繰られた。1試合5本はポストシーズンのワースト記録。

年度	所属チーム	勝利	敗戦	防御率	試合数	先発	セーブ	投球イニング	被安打	失点	自責点	被本塁打	与四球	奪三振	WHIP
2022	アストロズ	4	2	2.27	8	8	0	47.2	37	12	12	4	22	50	1.24
通算成績		49	32	3.48	130	127	0	718.2	603	299	278	57	296	800	1.25

監督からの「ぶつけろ指令」は忠実に実行

セットアップ

50 ヘクター・ネリス Hector Neris ★WBCドミニカ代表

34歳 1999.6.14生 | 188cm | 102kg | 右投右打 | 園150キロ台前半(フォーシーム、ツーシーム) | 敗◎スプリッター
[対左].205 [対右].205 | [ド]2010外フィリーズ | 囲ドミニカ | 匣850万ドル(約11億500万円)

球	4
制	2
緩	2
度	4

　フィリーズ時代に、クローザーとして計85セーブを記録しているリリーフ右腕。昨季はポストシーズンに初出場。8試合に登板し、2勝3ホールドをマークした。とくにピンチの火消し屋として良い働きを見せた。メジャーで最もスプリッターの比率が高い投手として知られるが、昨季はその比率を40%から30%に減らし、その分、スライダーを交えるようになった。監督から故意死球のサインが出ると、忠実に実行するタイプ。昨年6月6日のマリナーズ戦では、フランスにぶつけて主審から警告を受けたが、次打者のスアレスにも頭を狙う危険球を投げ、4試合出場停止に。

年度	所属チーム	勝利	敗戦	防御率	試合数	先発	セーブ	投球イニング	被安打	失点	自責点	被本塁打	与四球	奪三振	WHIP
2022	アストロズ	6	4	3.72	70	0	3	65.1	49	29	27	3	17	79	1.01
通算成績		27	33	3.46	475	0	87	473.0	384	200	182	62	168	599	1.17

　園=速球のスピード　敗=決め球　対左=対左打者被打率　対右=対右打者被打率
[ド]=ドラフトデータ　囲=出身地　匣=年俸

セットアップ

45 ライン・スタネック *Ryne Stanek*

160キロの豪速球＋スプリッターでブレイク

32歳 1991.7.26生 | 193cm | 102kg | 右投右打 | 球150キロ台後半（フォーシーム主体）変☆フォーシーム
対左.175 対右.198 ド2013①レイズ 田ミズーリ州 甲360万ドル（約4億6800万円）

球5
制2
緩3
守3
度3

　フォーシームの平均球速が、156キロから159キロにアップして、メジャーで最も速いボールを投げる投手の1人になった右腕。昨季はミドルリリーフとしてスタートし、重要度の低い場面で使われていた4月末から無失点登板が続いたため、6月からは重要度の高い場面で使われることが多くなった。2019年から一緒に暮らしていたジェシカ・ピートさんと、昨年11月に正式に結婚。フロリダで挙式した。ジェシカさんは、テレビのサバイバル番組に出演して人気が出た、ビキニが似合うブロンド美人。2人の間には、すでにジョーリーちゃんという娘が誕生している。

年度	所属チーム	勝利	敗戦	防御率	試合数	先発	セーブ	投球イニング	被安打	失点	自責点	被本塁打	与四球	奪三振	WHIP
2022	アストロズ	2	1	1.15	59	0	1	54.2	36	8	7	2	31	62	1.23
通算成績		7	13	3.34	283	56	4	296.1	225	123	110	38	154	355	1.28

ミドルリリーフ

88 フィル・メイトン *Phil Maton*

おバカな骨折でポストシーズンを全休

30歳 1993.3.25生 | 188cm | 93kg | 右投右打 | 球140キロ台後半（フォーシーム、シンカー）変◎カーブ
対左.242 対右.232 ド2015⑳パドレス 田ケンタッキー州 甲255万ドル（約3億3150万円）

球3
制3
緩4
守3
度4

　回転のいいフォーシームとカーブを高低に投げ分けて、打者の目線を狂わすことに長けているリリーフ右腕。この長所をいかんなく発揮して、昨年6月のレンジャーズ戦で1つのイニングをすべて3球三振で終わらせる「イマキュレート・イニング」を達成した。昨年10月5日のフィリーズ戦では、4歳下の弟ニックとの兄弟対決が実現。結果は弟がライト前にヒットを放ち、兄の負け。両軍のベンチが応援合戦を繰り広げる中で打たれたことが悔しかったようで、ゲーム後、自分のロッカーにパンチを叩き込んで右手中手骨を骨折。ポストシーズンで投げられなくなってしまった。

年度	所属チーム	勝利	敗戦	防御率	試合数	先発	セーブ	投球イニング	被安打	失点	自責点	被本塁打	与四球	奪三振	WHIP
2022	アストロズ	0	2	3.84	67	0	0	65.2	58	34	28	10	24	73	1.25
通算成績		12	9	4.55	276	1	1	281.0	275	159	142	37	111	324	1.37

先発リリーフ ／ 期待度B ／ ルーキー

— ハイメ・メレンデス *Jaime Melendez*

22歳 2001.9.26生 | 173cm | 86kg | 右投左打 | ◆昨季は2Aでプレー | ド2019㉛アストロズ | 田メキシコ

　マイナーでは先発だが、メジャーでは中継ぎ要員として使われる可能性が高いメキシコ出身の右腕。プロ入り後、ウエイトトレで体重が増えるにしたがい、球速がアップ。キレのいい速球を高めに投げ込んで、ハイペースで空振りを取れるようになった。ホームベース付近で小さく変化するスライダーもハイレベルだ。

先発リリーフ ／ 期待度C ／ ルーキー

60 フォレスト・ウィットリー *Forrest Whitley*

26歳 1997.9.15生 | 201cm | 107kg | 右投右打 | ◆昨季はルーキー級、1A、3Aでプレー | ド2016①アストロズ | 田テキサス州

　一昨年の春にトミー・ジョン手術を受けたため、昨年6月からようやくゲームで投げられるようになった長身の右腕。以前は期待ばかりが先行し、中身がともなわない「万年プロスペクト」だったが、今は3Aで通用するレベルになりつつある。制球難さえ克服できれば、メジャーへの道が開けるだろう。

3つのビッグな賞に輝いたスーパースター候補生 ショート

③ ジェレミー・ペーニャ

Jeremy Pena ★WBCドミニカ代表

26歳 1997.9.22生｜183cm｜91kg｜右投右打

◆対左投手打率／.286(140-40) ◆対右投手打率／.241(381-92)
◆ホーム打率／.262(263-69) ◆アウェー打率／.244(258-63)
◆得点圏打率／.282(110-31)
◆22年のポジション別出場数／ショート＝134
◆ドラフトデータ／2018③アストロズ
◆出身地／ドミニカ
◆年俸／72万ドル（約9360万円）＋α
◆ゴールドグラブ賞1回(22年)

ミート 3
パワー 5
走塁 4
守備 5
肩 5

　ルーキーながら、ゴールドグラブ賞に輝いただけでなく、リーグ優勝決定シリーズとワールドシリーズのMVPにも選出された遊撃手。昨季はエンジェルスとの開幕戦でメジャーデビュー。メジャー初打席と２度目の打席で、大谷翔平のスライダーにまったく対応できず、２打席連続３球三振だった。しかし、翌日のゲームでは、観戦に来た両親がテレビ局のインタビューを受けている最中に初アーチを打って、並のルーキーではないことを知らしめた。打撃面の長所は、学習能力が高いこと。シーズン序盤は、メジャーの投手の緩急を巧みにつける投球術に翻弄されていたが、終盤にはチェンジアップやカーブをまったく苦にしなくなった。守備面ではエラーが多いが、それ以上にファインプレーも多いというタイプ。昨季は味方のピンチにスーパープレーを連発したため、DRS（守備で防いだ失点）が15あった。これは、メジャーの遊撃手で最多タイの数字だ。

　ポストシーズンでは、チームの勝利に貢献する一発やタイムリーを何度も打ち、守備でもスーパープレーを見せたことが評価されて、リーグ優勝決定シリーズのMVPと、ワールドシリーズのMVPに選出された。アメリカン・リーグの選手で、この２つをダブル受賞するのは初めてのケースだ。もし地区シリーズにもMVPがあれば、それも受賞していただろう。０対０のまま延長18回にもつれ込んだ、マリナーズとの地区シリーズ第３戦で、ゲームを決めるソロアーチを打っているからだ。

　９歳のとき、一家でドミニカから米国に移住したため、英語とスペイン語が堪能。高校時代、春シーズンは野球。秋シーズンはクロスカントリーで活躍し、ロードアイランド州の大会で優勝した実績がある。シーズン中、行動をともにしているヴァシリキさんという長身の美女も、陸上競技の元選手だ。父ジェロニモ・ペーニャは、二塁手として活躍した元メジャーリーガー。1990年から６シーズン、主にカーディナルスでプレー。

カモ A・オラー（アスレティックス）.500(8-4)2本　R・デトマーズ（エンジェルス）.571(7-4)0本
苦手 L・ギルバート（マリナーズ）.000(8-0)0本　P・マーフィー（マリナーズ）.000(7-0)0本

年度	所属チーム	試合数	打数	得点	安打	二塁打	三塁打	本塁打	打点	四球	三振	盗塁	盗塁死	出塁率	OPS	打率
2022	アストロズ	136	521	72	132	20	2	22	63	22	135	11	2	.289	.715	.253
通算成績		136	521	72	132	20	2	22	63	22	135	11	2	.289	.715	.253

メジャーを代表するクラッチヒッターに成長 **レフト DH**

44 ヨーダン・アルヴァレス
Yordan Alvarez

26歳 1997.6.27生 196cm 101kg 右投左打
- ◆対左投手打率／.321(162-52) ◆対右投手打率／.299(308-92)
- ◆ホーム打率／.296(250-74) ◆アウェー打率／.318(220-70)
- ◆得点圏打率／.314(118-37)
- ◆22年のポジション別出場数／DH=77、レフト=56
- ◆ドラフトデータ／2016㉚ドジャース
- ◆出身地／キューバ
- ◆年俸／700万ドル(約9億1000万円)
- ◆シルバースラッガー賞1回(22年)、新人王(19年)

ミート **4**
パワー **5**
走塁 **3**
守備 **3**
肩 **5**

アストロズ

　昨季、アメリカン・リーグのMVP投票で、3位に入ったキューバ亡命組の長距離砲。OPS1.019は、ジャッジに次ぐリーグ2位の数字だ。昨季は6月に大爆発を起こし、打率4割1分8厘、出塁率5割1分0厘、9本塁打、28打点をマークして、月間MVPに選出された。

　この大爆発の導火線になったのは、6月3日に球団と交わした、総額1億1500万ドル(約150億円)の6年契約だった。これで将来を保証されたアルヴァレスは、アドレナリンが全開となり、この月のOPSは1.346という驚異的な数字になった。ポストシーズンでは、3本しか一発が出なかったが、1本目はマリナーズとの地区シリーズ初戦で、9回裏に出たサヨナラスリーラン。2本目は同第2戦で、1点ビハインドの場面で出たツーラン。3本目はワールドシリーズ第6戦で、1点リードされた場面で出たスリーラン。どれもが値千金の一発だった。

　まだ20代半ばの年齢なのに、主にDHでの起用が多いため、守備力は最低レベルと見なされていた。しかし、昨季はレフトの守備で何度かファインプレーを見せたほか、強肩を利してアシスト(補殺)を8つ記録。これはメジャーの左翼手で、2番目に多い数字だ。

　キューバ時代は、17歳のときに、一部リーグであるセリエ・ナシオナールのラストゥーナスに入団。3割5分1厘というハイアベレージをマークするが、翌年、亡命請負業者の船でハイチに脱出。その後、米国に来て、スカウトたちの前で打撃と守備の技量を披露した。最も獲得に熱意を見せたのはアストロズだったが、前年にユリ・グリエルと契約した際に違背行為があって手を出せなかったため、ドジャースが予想より低い200万ドル(約2億6000万円)で契約している。

カモ T・ハーン(レンジャーズ).500(14-7)1本　P・ブラックバーン(アスレティックス).333(12-4)3本
苦手 J・ルクラーク(レンジャーズ).000(5-0)0本　大谷翔平(エンジェルス).200(10-2)0本

年度	所属チーム	試合数	打数	得点	安打	二塁打	三塁打	本塁打	打点	四球	三振	盗塁	盗塁死	出塁率	OPS	打率
2019	アストロズ	87	313	58	98	26	0	27	78	52	94	0	0	.412	1.067	.313
2020	アストロズ	2	8	2	2	0	0	1	4	0	1	0	0	.333	.958	.250
2021	アストロズ	144	537	92	149	35	1	33	104	50	145	1	0	.346	.877	.277
2022	アストロズ	135	470	95	144	29	2	37	97	78	106	1	1	.406	1.019	.306
通算成績		368	1328	247	393	90	3	98	283	180	346	2	1	.384	.974	.296

7年契約の6年目に入る小さな大打者　セカンド

27　ホセ・アルトゥーヴェ
Jose Altuve
★WBCベネズエラ代表

33歳 1990.5.6生 | 168cm | 75kg | 右投右打

◆対左投手打率／.340　◆対右投手打率／.285
◆ホーム打率／.328　◆アウェー打率／.271　◆得点圏打率／.318
◆22年のポジション別出場数／セカンド=135、DH=2

ミート**5**
パワー**5**
走塁**5**
守備**2**
肩**2**

◆Ⓓ2007アストロズ　◆⊞ベネズエラ　◆由2600万ドル(約33億8000万円)
◆MVP1回(17年)、首位打者3回(14、16、17年)、盗塁王2回(14、15年)、ゴールドグラブ賞1回(15年)、シルバースラッガー賞6回(14〜18、22年)、ハンク・アーロン賞1回(17年)

打線の牽引役を務めるハイエナジー・リードオフマン。昨季は出だしスランプ。さらにIL入りもして、不安を感じさせた。しかし5月2日に復帰後は途切れることなくヒットが出て、チャンスメーカーとしてフルに機能した。特徴は、先頭打者本塁打が多いこと。高めの速球に山を張って、初球から積極的に打ちにいくのがアルトゥーヴェ流だ。セカンドの守備は危機的状況。守備範囲が狭くなり、ダブルプレーを取りにいく際の体のキレがなくなった。

カモ R・レイ(マリナーズ).550(20-11)2本　**苦手** P・サンドヴァル(エンジェルス).154(13-2)0本

年度	所属チーム	試合数	打数	得点	安打	二塁打	三塁打	本塁打	打点	四球	三振	盗塁	盗塁死	出塁率	OPS	打率
2011	アストロズ	57	221	26	61	10	1	2	12	5	29	7	3	.297	.654	.276
2012	アストロズ	147	576	80	167	34	4	7	37	40	74	33	11	.340	.739	.290
2013	アストロズ	152	626	64	177	31	2	5	52	32	85	35	13	.316	.679	.283
2014	アストロズ	158	660	85	225	47	3	7	59	36	53	56	9	.377	.830	.341
2015	アストロズ	154	638	86	200	40	4	15	66	33	67	38	13	.353	.812	.313
2016	アストロズ	161	640	108	216	42	5	24	96	60	70	30	10	.396	.927	.338
2017	アストロズ	153	590	112	204	39	4	24	81	58	84	32	6	.410	.957	.346
2018	アストロズ	137	534	84	169	29	2	13	61	55	79	17	4	.386	.837	.316
2019	アストロズ	124	500	89	149	27	3	31	74	41	82	6	5	.353	.903	.298
2020	アストロズ	48	192	32	42	9	0	5	18	17	39	2	3	.286	.630	.219
2021	アストロズ	146	601	117	167	32	1	31	83	66	91	5	1	.350	.839	.278
2022	アストロズ	141	527	103	158	39	0	28	57	66	87	18	1	.387	.920	.300
通算成績		1578	6305	986	1935	379	29	192	696	509	840	279	81	.362	.830	.307

配球を読めるスマートヒッター　ライト

30　カイル・タッカー
Kyle Tucker
★WBCアメリカ代表

26歳 1997.1.17生 | 193cm | 90kg | 右投左打

◆対左投手打率／.228　◆対右投手打率／.275
◆ホーム打率／.251　◆アウェー打率／.264　◆得点圏打率／.303
◆22年のポジション別出場数／ライト=147、DH=3

ミート**4**
パワー**5**
走塁**4**
守備**5**
肩**4**

◆Ⓓ2015①アストロズ　◆⊞フロリダ州
◆由500万ドル(約6億5000万円)　◆ゴールドグラブ賞1回(22年)

走攻守すべてにハイレベルな外野手。今季、30本塁打と30盗塁を同時達成する「30-30(サーティー・サーティー)」を期待されている。昨季はリーグで3番目に多い107打点をマークし、クラッチヒッターと認識されるようになった。典型的なフライボール・ヒッターで、ボールにバックスピンをかけて、遠くへ運ぶことに長けている。高校時代は、学業成績がトップクラスだった秀才。弱点を努力で克服するタイプで、メジャーデビュー時は、守備力は平均以下と評価されていたのに、5年でゴールドグラブ賞の受賞者に。スピードもマイナーでは平均以下と評価されていながら、5年で25盗塁を記録する盗塁名人になった。7歳上の兄プレストンも、かつてアストロズに在籍。

カモ J・バリア(エンジェルス).500(10-5)4本　**苦手** J・グレイ(レンジャーズ).000(10-0)0本

年度	所属チーム	試合数	打数	得点	安打	二塁打	三塁打	本塁打	打点	四球	三振	盗塁	盗塁死	出塁率	OPS	打率
2018	アストロズ	28	64	10	9	2	1	0	4	6	13	1		.236	.439	.141
2019	アストロズ	22	67	15	18	6	0	4	11	4	20	5	0	.319	.856	.269
2020	アストロズ	58	209	33	56	12	6	9	42	18	46	8	1	.325	.837	.268
2021	アストロズ	140	506	83	149	37	3	30	92	53	90	14	2	.359	.916	.294
2022	アストロズ	150	544	71	140	28	1	30	107	59	95	25	4	.330	.808	.257
通算成績		398	1390	212	372	85	11	73	256	140	264	53	8	.335	.837	.268

新たに加入した安定感抜群の打点マシン ［ファースト］ ［移籍］

79 ホセ・アブレイユ *Jose Abreu*

36歳｜1987.1.29生｜190cm｜106kg｜右投右打

◆対左投手打率／.294　◆対右投手打率／.307

◆ホーム打率／.274　◆アウェー打率／.334　◆得点圏打率／.268

◆22年のポジション別出場数／ファースト＝128、DH＝29

◆Ⓓ2013㊾ホワイトソックス　◆田キューバ

◆㊙1950万ドル（約25億3500万円）◆MVP1回（20年）、打点王2回（19、20年）、シル
バースラッガー賞3回（14、18、20年）、ハンク・アーロン賞1回（20年）、新人王（14年）

ミート	5
パワー	4
走塁	2
守備	3
肩	3

２度の打点王獲得歴がある、キューバ出身の一塁手。昨季まで９シーズン、ホワイトソックスの中心打者として活躍。デビューイヤーとなった2014年から、ハイレベルな打撃成績を叩き出してきた。昨季は打率と出塁率で、アメリカン・リーグ５位の数字を残している。ただ、15本塁打は自己ワーストで、2021年から半減。今季開幕時、36歳ということもあり、このまま長打力が下降線をたどると見る向きもあるが、オーナーのクレインはアブレイユの活躍を疑わず、３年5850万ドルで迎え入れた。人間性に対する評価も高い。

| カモ | R・テペラ（エンジェルス）.667(9-6)1本 | 苦手 | J・シュライバー（レッドソックス）.000(8-0)0本 |

年度	所属チーム	試合数	打数	得点	安打	二塁打	三塁打	本塁打	打点	四球	三振	盗塁	盗塁死	出塁率	OPS	打率
2014	ホワイトソックス	145	556	80	176	35	2	36	107	51	131	3	1	.383	.964	.317
2015	ホワイトソックス	154	613	88	178	34	3	30	101	39	140	0	2	.347	.849	.290
2016	ホワイトソックス	159	624	67	183	32	1	25	100	47	125	0	2	.353	.821	.293
2017	ホワイトソックス	156	621	95	189	43	6	33	102	35	119	3	0	.354	.906	.304
2018	ホワイトソックス	128	499	68	132	36	1	22	78	37	109	2	0	.325	.798	.265
2019	ホワイトソックス	159	634	85	180	38	1	33	123	36	152	2	2	.330	.833	.284
2020	ホワイトソックス	60	240	43	76	15	0	19	60	18	59	0	0	.370	.987	.317
2021	ホワイトソックス	152	566	86	148	30	2	30	117	61	143	1	0	.351	.832	.261
2022	ホワイトソックス	157	601	85	183	40	0	15	75	62	110	0	0	.378	.824	.304
通算成績		1270	4954	697	1445	303	16	243	863	386	1088	11	5	.354	.860	.292

メジャーで最もボール球に手を出さない男 ［サード］

2 アレックス・ブレグマン *Alex Bregman*

29歳｜1994.3.30生｜183cm｜86kg｜右投右打

◆対左投手打率／.225　◆対右投手打率／.277

◆ホーム打率／.305　◆アウェー打率／.215　◆得点圏打率／.311

◆22年のポジション別出場数／サード＝154

◆Ⓓ2015①アストロズ　◆田ニューメキシコ州

◆㊙2850万ドル（約37億500万円）◆シルバースラッガー賞1回（19年）

ミート	4
パワー	5
走塁	3
守備	4
肩	4

サイン盗みスキャンダルの受益者の１人。いまだにアウェーのゲームでは、盛大なブーイングを浴びせられる。２シーズン故障続きで、中心打者の役割を果たせなかったが、昨季はフルシーズン出場し、まずまずの成績。故障が続いたせいで、以前ほど本塁打が出なくなったが、選球眼の良さと当てる技術の高さは健在で、３年ぶりに四球が三振の数を上回った。ポストシーズンでは二塁打を５本、本塁打を３本放って11打点を叩き出し、チームの世界一に貢献。ポストシーズンの通算本塁打数は15となり、三塁手では最多となった。守備ではゴールドグラブ賞の最終候補になったが、受賞には至らず。

| カモ | 菊池雄星（ブルージェイズ）.389(18-7)2本 | 苦手 | J・スアレス（エンジェルス）.083(12-1)0本 |

年度	所属チーム	試合数	打数	得点	安打	二塁打	三塁打	本塁打	打点	四球	三振	盗塁	盗塁死	出塁率	OPS	打率
2016	アストロズ	49	201	31	53	13	3	8	34	15	52	2	0	.313	.791	.264
2017	アストロズ	155	556	88	158	39	5	19	71	55	97	17	5	.352	.827	.284
2018	アストロズ	157	594	105	170	51	1	31	103	96	85	10	4	.394	.926	.286
2019	アストロズ	156	554	122	164	37	2	41	112	119	83	5	1	.423	1.015	.296
2020	アストロズ	42	153	19	37	12	1	6	22	24	26	0	0	.350	.801	.242
2021	アストロズ	91	348	54	94	17	0	12	55	44	53	1	0	.355	.777	.270
2022	アストロズ	155	548	93	142	38	0	23	93	87	77	1	2	.366	.820	.259
通算成績		805	2954	512	818	207	12	140	490	440	473	36	12	.375	.872	.277

アストロズ

野手

オーナーとの関係も良好で、残留決定

DH / レフト

23 マイケル・ブラントリー Michael Brantley

36歳 1987.5.15生 | 188cm | 94kg | 左投左打

- ◆対左投手率／.295 ◆対右投手率／.285
- ◆ホーム打率／.315 ◆アウェー打率／.265 ◆得点圏打率／.283
- ◆22年のポジション別出場数／DH＝35、レフト＝29
- ◆Ⓓ2005⑦ブリュワーズ ◆Ⓑワシントン州
- ◆Ⓨ1200万ドル（約15億6000万円） ◆シルバースラッガー賞1回（14年）

ミート5 パワー3 走塁3 守備3 肩2

5度のオールスター選出歴がある外野手。一昨年は体のあちこちを痛めながらも、リーグ2位の打率3割1分1厘を記録。昨季も3割近い打率を残していたが、6月下旬に右肩の故障で離脱。その後、手術を受け、シーズンを終了した。契約は昨季までだったが、オフにアストロズと1年契約を結び、残留する形になった。若手の面倒見が良く、チームに好影響を与えるベテランとして、首脳陣から評価されている。ポストシーズンでの勝負強さもウリ。父ミッキーも元メジャーリーガーで、日本の巨人でも13試合、プレーした。

カモ M・ゴンザレス（マリナーズ）.433(30-13)0本　苦手 T・アンダーソン（エンジェルス）.000(8-0)0本

年度	所属チーム	試合数	打数	得点	安打	二塁打	三塁打	本塁打	打点	四球	三振	盗塁	盗塁死	出塁率	OPS	打率
2009	インディアンズ	28	112	10	35	4	0	0	11	8	19	4	4	.358	.706	.313
2010	インディアンズ	72	297	38	73	9	3	3	22	22	38	10	2	.296	.623	.246
2011	インディアンズ	114	451	63	120	24	4	7	46	34	76	13	5	.318	.702	.266
2012	インディアンズ	149	552	63	159	37	4	6	60	53	56	12	9	.348	.750	.288
2013	インディアンズ	151	556	66	158	26	3	10	73	40	67	17	4	.332	.728	.284
2014	インディアンズ	156	611	94	200	45	2	20	97	52	56	23	1	.385	.891	.327
2015	インディアンズ	137	529	68	164	45	0	15	84	60	51	15	1	.379	.859	.310
2016	インディアンズ	11	39	5	9	2	0	0	7	3	6	1	0	.279	.561	.231
2017	インディアンズ	90	338	47	101	20	1	9	52	31	50	11	1	.357	.801	.299
2018	インディアンズ	143	570	89	176	36	2	17	76	48	60	12	3	.364	.832	.309
2019	アストロズ	148	575	88	179	40	2	22	90	51	66	3	2	.372	.875	.311
2020	アストロズ	46	170	24	51	15	0	5	22	17	28	2	0	.364	.840	.300
2021	アストロズ	121	469	68	146	29	3	8	47	33	53	1	0	.362	.799	.311
2022	アストロズ	64	243	28	70	14	1	5	26	31	30	1	0	.370	.786	.288
通算成績		1430	5512	751	1641	346	25	127	713	483	656	125	33	.356	.795	.298

ポストシーズンで最強の伏兵に変身

センター / レフト

20 チャズ・マコーミック Chas McCormick

28歳 1995.4.19生 | 183cm | 94kg | 左投右打

- ◆対左投手率／.340 ◆対右投手率／.207
- ◆ホーム打率／.248 ◆アウェー打率／.243 ◆得点圏打率／.276
- ◆22年のポジション別出場数／レフト＝64、センター＝60、ライト＝17、DH＝1 ◆Ⓓ2017㉑アストロズ
- ◆Ⓑペンシルヴァニア州 ◆Ⓨ72万ドル（約9360万円）+α

ミート3 パワー4 走塁4 守備4 肩3

昨季は5月以降スランプで、6月26日にマイナー落ち。だが、ブラントリーのIL入りで2日後に復帰。その後は持ち直し、下位打線の怖い存在となった。ヤンキースとのリーグ優勝決定シリーズでは、第3戦と第5戦の貴重な本塁打。フィリーズとのワールドシリーズ第5戦では、1点リードして迎えた9回裏に、リアルミュートが打った大飛球をフェンスにぶつかりながらジャンプ一番好捕し、チームを救った。アストロズがドラフトの下位で指名し、タダ同然の契約金（1000ドル＝14万円）で入団させ、上手に育成した選手。

カモ P・サンドヴァル（エンジェルス）.625(8-5)1本　苦手 大谷翔平（エンジェルス）.167(12-2)0本

年度	所属チーム	試合数	打数	得点	安打	二塁打	三塁打	本塁打	打点	四球	三振	盗塁	盗塁死	出塁率	OPS	打率
2021	アストロズ	108	284	47	73	12	0	14	50	25	104	4	2	.319	.766	.257
2022	アストロズ	119	359	47	88	12	2	14	44	46	106	4	3	.332	.739	.245
通算成績		227	643	94	161	24	2	28	94	71	210	8	5	.326	.751	.250

　Ⓓ＝ドラフトデータ　Ⓑ＝出身地　Ⓨ＝年俸　カモ 苦手 は通算成績

15 数字に表れない価値がたくさんある捕手 `キャッチャー`

マーティン・マルドナード *Martin Maldonado* ★WBCプエルトリコ代表

37歳 1986.8.16生｜183cm｜104kg｜右投右打 ◆盗塁阻止率／.258(62-16) 対左.181 対右.190 ㉘.212 ⑦.176 㘠.198 ⓓ2004㉗エンジェルス 㘯プエルトリコ 㘬400万ドル(約5億2000万円) ◆ゴールドグラブ賞1回(17年)

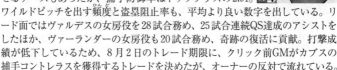

ミ **2**
パ **4**
走 **2**
守 **4**
肩 **4**

　ディフェンスの司令塔、ピッチャーのコントロール役として評価が高い捕手。守備では、多少年齢的な衰えを感じさせるケースもあったが、捕手防御率はトップクラスの2.91。ワイルドピッチを出す頻度と盗塁阻止率も、平均より良い数字を出している。リード面ではヴァルデスの女房役を28試合務め、25試合連続QS達成のアシストをしたほか、ヴァーランダーの女房役も20試合務め、奇跡の復活に貢献。打撃成績が低下しているため、8月2日のトレード期限に、クリック前GMがカブスの捕手コントレラスを獲得するトレードを決めたが、オーナーの反対で流れている。

年度	所属チーム	試合数	打数	得点	安打	二塁打	三塁打	本塁打	打点	四球	三振	盗塁	盗塁死	出塁率	OPS	打率
2022	アストロズ	113	344	40	64	12	0	15	45	22	116	0	0	.248	.600	.186
通算成績		1002	2952	316	616	117	4	96	325	258	860	3	5	.285	.634	.209

6 父ポールはマイナーで5年プレーした元外野手 `センター`

ジェイク・マイヤーズ *Jake Meyers*

27歳 1996.6.18生｜183cm｜90kg｜左投右打 対左.250 対右.214 ㉘.221 ⑦.233 㘠.294 ⓓ2017⑬アストロズ 㘯ネブラスカ州 㘬72万ドル(約9360万円)+α

ミ **2**
パ **2**
走 **4**
守 **5**
肩 **3**

　昨季はケガの影響で不本意なシーズンになったため、今季巻き返しを図る守備力の高い外野手。一昨年7月31日にメジャーデビューし、良い働きをしてポストシーズンのメンバーにもなった。だが、地区シリーズ第4戦でホームランキャッチを試みた際、左肩を痛めて退場、肩の関節唇断裂と診断され修復手術を受けた。長期のリハビリが必要になったため、昨季は出遅れ6月3日から3Aでプレーを開始。6月21日にはメジャーに呼ばれたが、打撃不振にあえいだ末、8月末に3A降格。それでも守備力を買われてポストシーズンのメンバーに入り、地区シリーズで2試合に出場した。

年度	所属チーム	試合数	打数	得点	安打	二塁打	三塁打	本塁打	打点	四球	三振	盗塁	盗塁死	出塁率	OPS	打率
2022	アストロズ	52	150	13	34	6	2	1	15	7	54	1	1	.269	.582	.227
通算成績		101	296	35	72	14	2	7	43	17	104	5	1	.296	.671	.243

17 タイル屋の従業員からワールドシリーズへ `ユーティリティ`

デイヴィッド・ヘンズリー *David Hensley*

27歳 1996.3.28生｜198cm｜86kg｜右投右打 対左.333 対右.353 ㉘.313 ⑦.385 㘠.333 ⓓ2018㉖アストロズ 㘯カリフォルニア州 㘬72万ドル(約9360万円)+α

ミ **4**
パ **3**
走 **3**
守 **3**
肩 **3**

　昨年8月20日にメジャーデビュー。華々しい活躍を見せ、ポストシーズンのメンバーに抜擢された。地区シリーズ第3戦では、9回に代打で出て、サヨナラ勝ちを呼び込む死球をゲット。ワールドシリーズでは第3戦と5戦にDHで先発出場し、「タイル屋の従業員からワールドシリーズの先発メンバーに出世した男」として話題になった。2018年のドラフトで、26巡目指名という低い評価で入団。契約金がわずか1000ドル(13万円)だったため、20年にマイナーリーグがコロナ禍で中止になったときは、食いつなぐため、タイル販売会社で働き、早朝から力仕事にいそしんだ。

年度	所属チーム	試合数	打数	得点	安打	二塁打	三塁打	本塁打	打点	四球	三振	盗塁	盗塁死	出塁率	OPS	打率
2022	アストロズ	16	29	7	10	2	1	1	5	5	6	0	0	.441	1.027	.345
通算成績		16	29	7	10	2	1	1	5	5	6	0	0	.441	1.027	.345

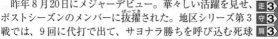

対左=対左投手打率　対右=対右投手打率　㉘=ホーム打率　⑦=アウェー打率　㘠=得点圏打率　189

アストロズ

メジャーの投手の質の高い変化球に苦戦
13 J.J.マティシェヴィク *J.J. Matijevic*

ファースト
レフト

28歳 1995.11.14生 | 183cm | 93kg | 右投左打 [対左].111 [対右].224 [本].226
[ア].194 [得].250 [ド]2017②アストロズ [出]ペンシルヴァニア州 [年]72万ドル(約9360万円)+α

ミ	2
パ	4
走	4
守	2
肩	2

　メジャーとマイナーを忙しく行き来する状態に終止符を打てるか注目される、バットで貢献するタイプのユーティリティ。3Aでは強打者だが、メジャーではなかなか結果を出せない4A選手。メジャーで通用しないのは、質の高い変化球に対応できないからだ。速球には強く、3割6分0厘という高率で打っていたが、変化球に対しては1割1分9厘でほとんど打てない。この弱点を解消できれば、メジャー定着がかないそう。「MATIJEVIC」というクロアチア系の変わったつづりの姓を、実況中継のアナや解説者は「マティジェヴィク」と発音しているが、「マティシェヴィク」が正しい。

年度	所属チーム	試合数	打数	得点	安打	二塁打	三塁打	本塁打	打点	四球	三振	盗塁	盗塁死	出塁率	OPS	打率
2022	アストロズ	32	67	7	14	2	0	2	5	2	25	1	0	.254	.582	.209
通算成績		32	67	7	14	2	0	2	5	2	25	1	0	.254	.582	.209

正捕手になる資質をフルに備えた注目株
11 コーリー・リー *Korey Lee*

キャッチャー

ルーキー

25歳 1998.7.25生 | 188cm | 95kg | 右投右打 ◆盗塁阻止率/.000(4-0) [対左].182 [対右].143 [本].071
[ア].273 [得].400 [ド]2019①アストロズ [出]カリフォルニア州 [年]72万ドル(約9360万円)+α

ミ	2
パ	4
走	4
守	3
肩	4

　将来の正捕手の呼び声が高い、キャッチャーのホープ。守備面でのウリは強肩。捕球から二塁ベースに届くまでの時間は、最速1.8秒。マイナーでは盗塁阻止率が4割を超えた年もある。身体能力が高いわりにボールブロックはイマイチ。打撃面のウリはパワー。昨季は3Aで25本塁打を記録した。メジャーに定着すれば、毎年10〜15本期待できると見る向きが多い。その一方で好不調の波が大きく、不調時はサード、ショートへのゴロが異常に多くなる。捕手になる道筋をつけてくれたのは、大学野球の捕手だった兄のケレン。兄は現在、ジャイアンツのマイナーのメンタルコーチ。

年度	所属チーム	試合数	打数	得点	安打	二塁打	三塁打	本塁打	打点	四球	三振	盗塁	盗塁死	出塁率	OPS	打率
2022	アストロズ	12	25	1	4	2	0	0	4	1	9	0	0	.192	.432	.160
通算成績		12	25	1	4	2	0	0	4	1	9	0	0	.192	.432	.160

21 ジャイナー・ディアス *Yainer Diaz*

キャッチャー
ファースト

期待度 A−

ルーキー

25歳 1998.9.21生 | 183cm | 88kg | 右投右打 ◆昨季はメジャーで6試合に出場 [ド]2016⑳インディアンズ [出]ドミニカ

　天性の打撃センスを備えた捕手の逸材。マイナーの各レベルで、判で押したように3割台の打率をマークしてきたが、昨季も初めて昇格した2Aで3割1分6厘、3Aで2割9分4厘を記録。パワーも付いてきて、昨季は2Aと3Aで、併せて25本塁打を記録。打球の平均初速は、8キロもアップした。

ー ペドロ・レオーン *Pedro Leon*

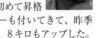

外野手
セカンド

期待度 B

ルーキー

25歳 1998.5.28生 | 178cm | 77kg | 右投右打 ◆昨季は3Aでプレー [ド]2021⑥アストロズ [出]キューバ

　キューバから亡命後の2021年1月に、契約金400万ドルでアストロズに入団。その後は遊撃手として育成されたが、ペーニャが台頭したため、昨季は3Aで主に外野手として使われた。ウリはスピードと強肩。平均以上のパワーがあり、二塁打を量産するタイプ。ミートはうまくないが、出塁能力は高い。

[対左]=対左投手打率　[対右]=対右投手打率　[本]=ホーム打率　[ア]=アウェー打率　[得]=得点圏打率
[ド]=ドラフトデータ　[出]=出身地　[年]=年俸

シアトル・マリナーズ

◆創　立：1977年
◆本拠地：ワシントン州シアトル市
◆ワールドシリーズ制覇：0回　◆リーグ優勝：0回
◆地区優勝：3回／ワイルドカード獲得：2回

主要オーナー ▶ ジョン・スタントン（投資グループ代表）

過去5年成績

年度	勝	負	勝率	ゲーム差	地区順位	ポストシーズン成績
2018	89	73	.549	14.0	③	―
2019	68	94	.420	39.0	⑤	―
2020	27	33	.450	9.0	③	―
2021	90	72	.556	5.0	②	―
2022	**90**	**72**	**.556**	**16.0**	**②**	**地区シリーズ敗退**

監督　9 スコット・サーヴィス *Scott Servais*

◆年　齢…………56歳（ウィスコンシン州出身）
◆現役時代の経歴…11シーズン
（キャッチャー）　アストロズ（1991～95）、カブス（1995～98）、
ジャイアンツ（1999～2000）、
ロッキーズ（2000）、アストロズ（2001）
◆現役通算成績……820試合　.245　63本　319打点
◆監督経歴………7シーズン　マリナーズ（2016～）
◆通算成績…………528勝504敗（勝率.512）

　チームを久々のポストシーズンに導いた、捕手出身監督。その采配には定評があるが、昨年のアストロズとの地区シリーズ第1戦では、不可解な投手継投でサヨナラ負けを喫し、ファンから非難を浴びた。一昨年のアメリカン・リーグ最優秀監督賞投票では2位に、昨年の投票では3位に入っている。マリナーズでの監督通算勝ち星528勝は、ルー・ビネラの840勝に次いで、歴代監督20人中2番目の数字だ。夫人とともに、保護犬のボランティアを行っている。

注目コーチ 32 ピート・ウッドワース *Pete Woodworth*

　投手コーチ。35歳。無理に型にはめようとはしない、その投手にあった指導法に定評がある。マリナーズの組織に来る前は、レイズのマイナーでコーチをしていた。

編成責任者 ジェリー・ディポート *Jerry Dipoto*

　55歳。あだ名は「トレーダー・ジェリー」。やたらとトレードをするので、チームの顔ぶれは2年でがらっと変わる。2015年までエンジェルスGM。元メジャーの投手。

スタジアム T-モバイル・パーク *T-Mobile Park*

◆開　場　年…………1999年
◆仕　　様…………天然芝、開閉式屋根付き
◆収容能力…………47,929人
◆フェンスの高さ…2.1～4.6m
◆特　徴…………投手に有利な球場の1つ。球場に流れ込む湿った空気の影響で、ボールが飛びにくい。エンジェルスの大谷翔平は、打者としては相性があまり良くなく、この球場での通算打撃成績は、打率1割8分1厘（105打数19安打）で、5本塁打。

ピッチャーズパーク

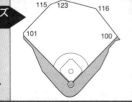

191

Best Order

[ベストオーダー]

①フリオ・ロドリゲス	……センター	⑥AJ・ポロック	……DH
②タイ・フランス	……ファースト	⑦J.P.クロフォード	……ショート
③エウヘイニオ・スアレス	……サード	⑧コルテン・ウォン	……セカンド
④キャル・ローリー	……キャッチャー	⑨ジャレッド・ケルニック	……レフト
⑤テオスカー・ヘルナンデス	……ライト		

Depth Chart

[ポジション別選手層・メンバーリスト]

※2023年2月13日時点の候補選手。数字は背番号（開幕前に変更する場合もあり）、右・左等は投・打の順。

センター
- **44 フリオ・ロドリゲス [右・右]**
- 10 ジャレッド・ケルニック [左・右]
- 25 ディラン・ムーア [右・右]

レフト
- **10 ジャレッド・ケルニック [左・左]**
- 8 AJ・ポロック [右・右]
- 21 クーパー・ハメル [右・両]
- 5 テイラー・トランメル [左・左]

ライト
- **35 テオスカー・ヘルナンデス [右・右]**
- 10 ジャレッド・ケルニック [左・右]
- 0 サム・ハガティ [右・右]
- 25 ディラン・ムーア [右・右]

ショート
- **3 J.P.クロフォード [右・左]**
- 25 ディラン・ムーア [右・右]

セカンド
- **16 コルテン・ウォン [右・左]**
- 25 ディラン・ムーア [右・右]

ローテーション
- 58 ルイス・カスティーヨ [右・右]
- 36 ローガン・ギルバート [右・右]
- 38 ロビー・レイ [左・左]
- 68 ジョージ・カービー [右・右]
- 7 マルコ・ゴンザレス [左・左]

サード
- **28 エウヘイニオ・スアレス [右・右]**
- 23 タイ・フランス [右・右]

ファースト
- **23 タイ・フランス [右・右]**
- 25 ディラン・ムーア [右・右]
- 21 クーパー・ハメル [右・両]

キャッチャー
- **29 キャル・ローリー [右・両]**
- 2 トム・マーフィー [右・右]
- 21 クーパー・ハメル [右・両]

DH
- **8 AJ・ポロック [右・右]**
- 28 エウヘイニオ・スアレス [右・右]
- 4 トミー・ラステーラ [右・左]

ブルペン
- 37 ポール・シーウォルド [右・右] Ⓒ
- 56 ベン・マーフィー [右・右]
- 54 クリス・クラーク [右・右]
- 63 ディエゴ・カスティーヨ [右・右]
- 67 マット・フェスタ [右・右]
- 39 ブレナン・ベルナディーノ [左・右]
- 75 アンドレス・ムニョス [右・右]
- 47 マット・ブラッシュ [右・右]
- 55 ゲイブ・スパイアー [左・左]
- 77 クリス・フレクセン [右・右]
- 30 トレヴァー・ゴット [右・右]

※Ⓒ=クローザー

マリナーズ試合日程

……＊はアウェーでの開催

3月30・31・4月1・2 ガーディアンズ	5月2・3・4 アスレティックス＊	6月2・3・4 レンジャーズ＊
3・4・5 エンジェルス	5・6・7 アストロズ	6・7 パドレス＊
7・8・9 ガーディアンズ＊	8・9・10 レンジャーズ	9・10・11 エンジェルス＊
10・11・12 カブス＊	12・13・14 タイガース＊	12・13・14 マーリンズ
14・15・16 ロッキーズ	15・16・17 レッドソックス＊	16・17・18 ホワイトソックス
17・18・19 ブリュワーズ	19・20・21 ブレーブス＊	20・21・22 ヤンキース＊
21・22・23 カーディナルス	22・23・24・25 アスレティックス	23・24・25 オリオールズ＊
25・26・27 フィリーズ＊	26・27・28 パイレーツ	26・27・28 ナショナルズ
28・29・30 ブルージェイズ＊	29・30・31 ヤンキース	30・7月1・2 レイズ

球団メモ 昨年4月15日の本拠地開幕戦で、イチロー（現・球団会長付特別補佐兼インストラクター）が始球式に登場。48歳とは思えない豪速球を披露し、球場をわかせた。

■投手力 ➡ …★★★⯪☆ 【昨年度チーム防御率3.59、リーグ5位】

ローテーションに変動はなく、ルイス・カスティーヨ、ギルバート、レイ、カービー、ゴンザレスの5人でシーズンに入る。昨年、先発防御率は3.75で「中の上」レベルだったが、ギルバートとカービーはまだまだ成長途上、レイは今季こそサイ・ヤング賞投手の肩書に恥じない成績を出したいと念じているので、今季は先発防御率がさらに良くなる可能性がある。リリーフ陣はムニョスとシーウォルドが8回9回の逃げ切りリレーを担当する。ネームバリューは高くないが、「中の上」レベルの実力を有する。

■攻撃力 ⬆ …★★★☆☆ 【昨年度チーム得点690、リーグ8位】

昨シーズン、打線の得点力は平均レベルの690点だった。オフのトレードなどで打線にヘルナンデスとウォンが加わり、ハニガー、ウインカー、フレイジャーが抜けた形になった。得失を考えると差し引きトントンといったところで、チーム得点を増やす効果はないように見える。

■守備力 ➡ …★★★⯪☆ 【昨年度チーム失策数69、リーグ1位】

ゴールドグラブ賞の常連になるような守備の名手はいないが、基本に忠実で堅実なプレーをする選手が多い。そのため、昨シーズンはチームのエラー数が69しかなく、アメリカン・リーグで最少だった。

■機動力 ⬆ …★★⯪☆☆ 【昨年度チーム盗塁数83、リーグ7位タイ】

新加入のウォンは、盗塁とバントを得意にしている器用な選手。もはやベテランの域だが、昨シーズンも17盗塁を決めている。

| 総合評価 ⬆ ★★★★☆ | ディポートGMは野球IQの高いプレーヤーを好むとされ、実際、捕手のローリーや先発投手のカービーのように頭脳明晰な若手が存在感を増している。緻密な采配ができるサーヴィス監督は、そうした彼らを積極活用し、チーム力を向上させている。 |

マリナーズ

IN 主な入団選手	OUT 主な退団選手
投手	**投手**
トレヴァー・ゴット ←ブリュワーズ	エリック・スワンソン ➡ブルージェイズ
野手	マシュー・ボイド ➡タイガース
テオスカー・ヘルナンデス ←ブルージェイズ	**野手**
コルテン・ウォン ←ブリュワーズ	ジェシー・ウインカー ➡ブリュワーズ
AJ・ポロック ←ホワイトソックス	エイブラハム・トロ ➡ブリュワーズ
クーパー・ハメル ←ダイヤモンドバックス	アダム・フレイジャー ➡オリオールズ
トミー・ラステーラ ←ジャイアンツ	カルロス・サンタナ ➡パイレーツ

3・4・5	ジャイアンツ*	3・4・5・6	エンジェルス*	4・5・6	レッズ*
6・7・8・9	アストロズ*	8・9	パドレス	7・8・9・10	レイズ*
11	オールスターゲーム	11・12・13	オリオールズ	11・12・13	エンジェルス
14・15・16	タイガース	14・15・16・17	ロイヤルズ*	15・16・17	ドジャース
17・18・19・20	ツインズ	18・19・20	アストロズ*	18・19・20	アスレティックス*
21・22・23	ブルージェイズ	21・22・23	ホワイトソックス*	22・23・24	レンジャーズ*
24・25・26	ツインズ*	25・26・27	ロイヤルズ	25・26・27	アストロズ
28・29・30	ダイヤモンドバックス	28・29・30	アスレティックス	28・29・30・**10月**1	レンジャーズ
31・**8月**1・2	レッドソックス	**9月**1・2・3	メッツ*		

球団メモ イチローが入団した2001年に地区優勝を果たしたあと、20シーズン、ポストシーズンから遠ざかっていたが、昨季ようやく、21年ぶりのポストシーズン進出。

161キロの速球ではなく、スライダーが武器 `セットアップ`

75 アンドレス・ムニョス
Andres Munoz

24歳 1999.1.16生 188cm 100kg 右投右打

◆速球のスピード／160キロ前後（フォーシーム主体）
◆決め球と持ち球／☆スライダー、◎フォーシーム
◆対左打者被打率／.157　対右打者被打率／.223
◆ホーム防御率／2.01　アウェー防御率／2.94
◆ドラフトデータ／2015⑭パドレス
◆出身地／メキシコ
◆年俸／150万ドル（約1億9500万円）

球威	5
制球	3
緩急	4
守備・牽制	2
度胸	4

クローザーでも使えるレベルに成長したメキシコ出身の豪腕リリーバー。速球とスライダーだけで投げるパワーピッチャーで、昨季の速球の平均球速は161.3キロもあった。ただ、この速球はストレートな軌道になりやすいため、スイングの始動を早くすれば高い確率でヒットを打てるボール。昨季は3割3分8厘という高率で打たれている。実際の一番の武器になっているのは、昨年被打率が1割2分6厘だった高速スライダーで、通常は速球を見せ球に使って、高速スライダーでしとめることが多い。昨年の使用比率はスライダー65％、速球35％だった。昨季は5人の捕手とバッテリーを組んだが、スライダーの効果的な使い方を心得たローリーと相性が良く、バッテリーを組んだ43試合は防御率が1.05。ほかの捕手と組んだときは、防御率が5点台ないし6点台という結果が出ている。

最大の長所は、三振を奪う能力が際立って高いこと。2020年3月にトミー・ジョン手術を受けているため、昨季が本格的なカムバックイヤーとなったが、初登板となった4月9日のツインズ戦で、2人目の打者から9人連続で三振に切って取り、注目された。

もともとはパドレスにいた投手で、2019年7月にメジャーデビュー。160キロの豪速球を投げる投手として注目されたが、トミー・ジョン手術で長期IL（故障者リスト）入りとなり、商品価値が急落した。そこに目を付けたのがマリナーズのディポートGMだ。復帰後に獲得に動いても、重要な戦力になっているだろうから相手にされないだろう。しかし商品価値が一番下がっている今なら、トレードに応じるかもしれない。そう読んでパドレスにトレードを申し入れたところ、7選手が動くトレードが成立した。

少年時代から身体能力が高く、高校時代は陸上競技でも活躍。三段跳びと走り幅跳びで、好記録を出している。

`カモ` C・シーガー（レンジャーズ）.000(5-0)0本　L・レンヒーフォ（エンジェルス）.000(5-0)0本
`苦手` ―

年度	所属チーム	勝利	敗戦	防御率	試合数	先発	セーブ	投球イニング	被安打	失点	自責点	被本塁打	与四球	奪三振	WHIP
2019	パドレス	1	1	3.91	22	0	0	23.0	16	10	10	2	11	30	1.17
2021	マリナーズ	0	0	0.00	1	0	0	0.2	0	0	0	0	2	1	3.00
2022	マリナーズ	2	5	2.49	64	0	4	65.0	43	20	18	5	15	96	0.89
通算成績		3	6	2.84	87	0	5	88.2	59	30	28	7	28	127	0.98

フォーシームを増やして初の防御率2点台　先発

58 ルイス・カスティーヨ
Luis Castillo

31歳　1992.12.12生｜188cm｜90kg｜右投右打

◆速球のスピード／150キロ台中頃〜後半（フォーシーム、シンカー）

◆決め球と持ち球／☆フォーシーム、◎スライダー、○シンカー、○シンカー

◆対左打者被打率／.206　◆対右打者被打率／.217

◆ホーム防御率／2.69　アウェー防御率／3.29

◆ドラフトデータ／2011㉙ジャイアンツ

◆出身地／ドミニカ　◆年俸／1000万ドル（約13億円）

球威	5
制球	4
緩急	4
守備・牽制	2
度胸	4

昨年7月29日のトレードでレッズから移籍し、好投を続けてエースと見なされるようになった右腕。先発の柱となり得る投手を喉から手が出るほど欲しかったディポートGMは、シーズン終了まで待たずに、9月24日にカスティーヨと5年1億800万ドルの契約を交わして、2027年までつなぎ止めることに成功した。当初カスティーヨの移籍先としては、ヤンキースが有力視されていたが、ディポートGMが8月2日のトレード期限が近づく前に機敏に動いて、マイナーのホープを4人レッズに放出することで話がまとまり、期限の4日前にトレードが成立した。

昨季はレッズでは得点援護がなく、マリナーズに来てからは勝ち運に恵まれなかったため、8勝しかできなかった。しかし2点台の防御率が示すように投球内容が良く、25試合の先発で自責点0か1に抑えた好投が11試合、QSの付いたゲームが17試合あった。投球内容が見違えるように良くなったのは、前年（21年）に沈まないシンカーを痛打された反省から、フォーシームの比率を増やしたことが大きい。カスティーヨのフォーシームは平均球速が156.2キロでスピン量も多いため、高めに投げ込んでも長打にはならず、三振か凡フライになる。昨年のカスティーヨの球種別被打率を見ると、フォーシームは1割5分2厘という目を見張る数字で、被本塁打は1本しかない。逆に、かつては看板ピッチだったチェンジアップが機能しなくなっており、浮いて長打を食うケースが頻発した。

投手としての長所は、酷使しても壊れない耐久性だ。悪いときでも5回ないし6回まで持ちこたえる能力も高い。短所は、スランプにおちいると、すぐには立て直せず、しばらく続くこと。

カモ　M・マンシー（ドジャース）.000（13-0）0本　N・アーメド（ダイヤモンドバックス）.000（11-0）0本

苦手　E・ホズマー（カブス）.625（16-10）1本　A・レンドーン（エンジェルス）.429（7-3）2本

年度	所属チーム	勝利	敗戦	防御率	試合数	先発	セーブ	投球イニング	被安打	失点	自責点	被本塁打	与四球	奪三振	WHIP
2017	レッズ	3	7	3.12	15	15	0	89.1	64	32	31	11	32	98	1.07
2018	レッズ	10	12	4.30	31	31	0	169.2	158	89	81	28	49	165	1.22
2019	レッズ	15	8	3.40	32	32	0	190.2	139	76	72	22	79	226	1.14
2020	レッズ	4	6	3.21	12	12	0	70.0	62	31	25	5	24	89	1.23
2021	レッズ	8	16	3.98	33	33	0	187.2	181	94	83	19	75	192	1.36
2022	レッズ	4	4	2.86	14	14	0	85.0	63	30	27	7	28	90	1.07
2022	マリナーズ	4	2	3.17	11	11	0	65.1	55	26	23	6	17	77	1.10
2022	2チーム計	8	6	2.99	25	25	0	150.1	118	56	50	13	45	167	1.08
通算成績		48	55	3.59	148	148	0	857.2	722	378	342	98	304	937	1.20

マリナーズ

36 ローガン・ギルバート Logan Gilbert

11月に馬術選手と結婚し、精神的にも充実 先発

26歳 1997.5.5生｜198cm｜97kg｜右投右打
◆球速のスピード／150キロ台前半(フォシーム主体)
◆決め球と持ち球／☆フォーシーム、○スライダー、○カーブ、△スライダー
◆[対左].201 ◆[対右].276 ◆[ホ防]3.25 ◆[ア防]3.16
◆[ド]2018①マリナーズ ◆[出]フロリダ州
◆[年]72万ドル(約9360万円)+α

球威 5
制球 4
緩急 4
守備・制 3
度胸 4

　昨年185イニングを投げて防御率3.20をマーク、メジャー2年目で早くもアメリカン・リーグの投手10傑に入った先発右腕。昨季は先発の3番手としてシーズン入り。出だし好調で、4月は4試合に先発して3勝0敗、防御率0.40という目を見張る数字を出し、月間最優秀選手に選出された。その後は四球が増え、失点も多くなったが、悪いときは悪いなりに組み立てを変えて持ちこたえるので、32試合に先発し、5回終了まで持たずに降板したケースはわずか1回しかなかった。昨年11月、25歳の若さで以前から交際していたアヴィレス・チャンピオンさんと結婚式を執り行い、正式な夫婦になった。アヴィレスさんは、ギルバートの母校でもあるステットソン大学で馬術の選手として活躍。現在は同大馬術部のイベント・コーディネーターを務めている。

[カモ] J・ウォルシュ(エンジェルス).154(13-2)0本　[苦手] T・ウォード(エンジェルス).417(12-5)0本

年度	所属チーム	勝利	敗戦	防御率	試合数	先発	セーブ	投球イニング	被安打	失点	自責点	本塁打	与四球	奪三振	WHIP
2021	マリナーズ	6	5	4.68	24	24	0	119.1	112	63	62	17	28	128	1.17
2022	マリナーズ	13	6	3.20	32	32	0	185.2	170	71	66	19	49	174	1.18
通算成績		19	11	3.78	56	56	0	305.0	282	134	128	36	77	302	1.18

37 ポール・シーウォルド Paul Sewald

WHIPは低いが、被本塁打率は高め クローザー／セットアップ

33歳 1990.5.26生｜190cm｜99kg｜右投右打
◆球速のスピード／140キロ台後半(フォーシーム)
◆決め球と持ち球／◎フォーシーム、◎スライダー
◆[対左].167 ◆[対右].130 ◆[ホ防]4.81 ◆[ア防]0.30
◆[ド]2012⑩メッツ ◆[出]ネヴァダ州
◆[年]410万ドル(約5億3300万円)

球威 4
制球 3
緩急 3
守備・制 4
度胸 3

　チーム最多の20セーブをマークしたシアトルの守護神。メッツではまったく活躍できなかったが、一昨年、マリナーズに来てから大化けし、セットアッパーとして大車輪の働きを見せたため、サーヴィス監督から「チームのMVP」と称賛された。その勢いは昨季も続き、試合の最後を任されるケースが多くなった。今季もクローザーの1番手で投げることになるが、奪三振率の低下、被本塁打の多さなど、不安な点も多い。フォーシームとスライダーだけで投げるツーピッチ・ピッチャー。フォーシームもスライダーも、ドンピシャのタイミングで打たれないようにするため、球速を変えて投げている。

[カモ] N・ロウ(レンジャーズ).111(9-1)1本　[苦手] A・ブレグマン(アストロズ).750(4-3)2本

年度	所属チーム	勝利	敗戦	防御率	試合数	先発	セーブ	投球イニング	被安打	失点	自責点	本塁打	与四球	奪三振	WHIP
2017	メッツ	0	6	4.55	57	0	0	65.1	58	36	33	8	21	69	1.21
2018	メッツ	0	7	6.07	46	0	2	56.1	62	39	38	8	23	58	1.51
2019	メッツ	1	4	4.58	17	0	1	19.2	18	10	10	3	3	22	1.07
2020	メッツ	0	0	13.50	5	0	0	6.0	12	9	9	1	4	2	2.67
2021	マリナーズ	10	3	3.06	62	0	11	64.2	42	24	22	10	24	104	1.02
2022	マリナーズ	5	4	2.67	65	0	20	64.0	32	21	19	10	17	72	0.77
通算成績		16	21	4.27	252	0	34	276.0	224	139	131	40	92	327	1.14

[対左]=対左打者被打率　[対右]=対右打者被打率　[ホ防]=ホーム防御率　[ア防]=アウェー防御率
[ド]=ドラフトデータ　[出]=出身地　[年]=年俸　[カモ] [苦手]は通算成績

投手

制球力と頭脳で投げる、ピッチャー陣のホープ　　先発

68 ジョージ・カービー　George Kirby

25歳 1998.2.4生 | 193cm | 97kg | 右投右打 | 圏150キロ台前半(フォーシーム) | 図☆フォーシーム
対左.210 対右.324 E2019①マリナーズ 田ニューヨーク州 囲72万ドル(約9360万円)+α

球3
制5
緩4
守3
度3

エースに成長することを期待される、昨年5月8日にメジャーデビューしてハイレベルな働きを見せた右腕。一番の特徴は、球種が6つもあること。フォーシームの使用比率は40%くらいで、カーブ、カッター、シンカー、スライダー、チェンジアップを各10%くらいずつ使う。飛び抜けて良い球種はないが、制球力があるため、これらの変化球とフォーシームを効果的に組み合わせて、一発を食わないことに主眼を置いた頭脳的なピッチングを見せる。最大の長所は、四球が少ないことだ。昨季は先発した25試合中7試合が無四球で、与四球率は1.52という低さだった。

年度	所属チーム	勝利	敗戦	防御率	試合数	先発	セーブ	投球イニング	被安打	失点	自責点	被本塁打	与四球	奪三振	WHIP
2022	マリナーズ	8	5	3.39	25	25	0	130.0	135	54	49	13	22	133	1.21
通算成績		8	5	3.39	25	25	0	130.0	135	54	49	13	22	133	1.21

アストロズ戦の防御率は10.97　　先発

38 ロビー・レイ　Robbie Ray

32歳 1991.10.1生 | 188cm | 101kg | 左投左打 | 圏150キロ前後(フォーシーム、シンカー) | 図◎スライダー
対左.212 対右.236 E2010②ナショナルズ 田テネシー州 囲2100万ドル(約27億3000万円)
◆サイ・ヤング賞1回(21年)、最優秀防御率1回(21年)、最多奪三振1回(21年)

球4
制4
緩4
守4
度4

マリナーズ1年目は期待外れに終わった、2021年度のサイ・ヤング賞投手。昨季は開幕投手としてシーズンに入ったが、制球が定まらず四球を乱発。6月下旬までは防御率が4点台だった。それでも一番期待されたアストロズ・キラーになることと、ポストシーズンのヒーローになることを実現できれば、称賛されただろう。だが、昨季はアストロズ戦の防御率が10.97でカモにされ続け、ポストシーズンでは2点差で迎えた9回裏にサヨナラスリーランを打たれて、チームを救うのではなく、チームの息の根を止める役割を果たした。今季、こうした借りをどう返すか注目だ。

年度	所属チーム	勝利	敗戦	防御率	試合数	先発	セーブ	投球イニング	被安打	失点	自責点	被本塁打	与四球	奪三振	WHIP
2022	マリナーズ	12	12	3.71	32	32	0	189.0	163	80	78	32	62	212	1.19
通算成績		74	70	3.95	225	221	0	1224.2	1078	572	538	188	515	1502	1.30

力でねじ伏せるスライダーマシン　　セットアップ クローザー

63 ディエゴ・カスティーヨ　Diego Castillo　★WBCドミニカ代表

29歳 1994.1.18生 | 190cm | 121kg | 右投右打 | 圏150キロ台前半(シンカー主体) | 図★スライダー
対左.243 対右.181 E2014外レイズ 田ドミニカ 囲295万ドル(約3億8350万円)

球5
制2
緩2
守2
度2

昨シーズンは3失点以上の炎上が3回あったため、防御率(3.64)が悪くなったが、依然トップレベルの実力をキープしているプロレスラー体型のリリーバー。左に鋭く変化するパワー・スライダーと、右に大きく変化するシンカーを組み合わせて投げるツーピッチ・ピッチャーで、通常はスライダー6～7割、シンカー3～4割の比率で投げる。最大の特徴は、スライダーマシンであるため右打者には抜群に強いが、左打者にはよく打たれること。セットアッパー兼クローザーとして使われているが、右打者との対戦が多い9回にクローザーとして使えば、良い結果を出すことが多い。

年度	所属チーム	勝利	敗戦	防御率	試合数	先発	セーブ	投球イニング	被安打	失点	自責点	被本塁打	与四球	奪三振	WHIP
2022	マリナーズ	7	3	3.64	59	0	7	54.1	40	27	22	5	22	53	1.14
通算成績		24	18	3.12	250	17	35	259.2	187	107	90	31	94	297	1.08

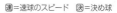
圏=速球のスピード　図=決め球

マリナーズ

197

タイミングを外す技術が低下し、試練の日々

先 発

7 マルコ・ゴンザレス *Marco Gonzales*

31歳 1992.2.16生｜183cm｜92kg｜左投左打 團140キロ台前半（フォーシーム、シンカー）圏◯チェンジアップ
医左.280 医右.268 匚2013①カーディナルス 田コロラド州 囲550万ドル（約7億1500万円）

球制	2
	4
緩	3
ｷﾚ	3
度	3

　4年契約の3年目に入る、打たせて取るタイプの左腕。3、4年前は「チェンジアップのアーチスト」と形容されるエース格の投手だったが、一昨年、深刻な一発病にかかって失点が急増。昨年もこの一発病が治癒せず防御率が4点台になった。とくに腕に疲労がたまると速球やチェンジアップが浮くようになるため、ポストシーズン進出をかけて負けられないゲームが続いた9月に一発を9本も食って1勝もできず（0勝3敗）、チームの足を引っ張った。第2のジェイミー・モイヤーを目指すには、ストライクゾーンを広げる技術と、遅い球を速く見せる技術の向上が必要。

年度	所属チーム	勝利	敗戦	防御率	試合数	先発	セーブ	投球イニング	被安打	失点	自責点	被本塁打	与四球	奪三振	WHIP
2022	マリナーズ	10	15	4.13	32	32	0	183.0	194	97	84	30	50	103	1.33
通算成績		61	48	4.08	153	145	0	843.0	858	417	382	120	220	631	1.28

大学2年までは内野手だった変わりダネ

ミドル リリーフ

56 ペン・マーフィー *Penn Murfee*

29歳 1994.5.2生｜188cm｜88kg｜右投右打 團140キロ台前半～中頃（フォーシーム、シンカー）
圏☆スライダー 医左.233 医右.169 匚2018㉓マリナーズ 田テネシー州 囲72万ドル（約9360万円）+α

球制	3
	3
緩	3
ｷﾚ	4
度	4

　ロー・スリークォーターの変則的な投球フォームから、スライダー、フォーシーム、シンカーを投げ込んでくる遅咲きのリリーバー。スライダーは右打者だけでなく左打者にも多用。バックドアの軌道で外側いっぱいをついてくる。フォーシームは打者を追い込むと高めギリギリに投げ込み、空振りを誘う。大学2年次までは内野手で、3年生のときにリリーフ投手に転向。ドラフトでは通常より1年遅い4年終了時に指名され、しかも33巡目指名という低評価だったので、契約金は5000ドルしかもらえなかった。頭脳明晰でIQの高い選手を好むディポートGMのお気に入り。

年度	所属チーム	勝利	敗戦	防御率	試合数	先発	セーブ	投球イニング	被安打	失点	自責点	被本塁打	与四球	奪三振	WHIP
2022	マリナーズ	4	0	2.99	64	1	0	69.1	48	23	23	7	18	76	0.95
通算成績		4	0	2.99	64	1	0	69.1	48	23	23	7	18	76	0.95

スライダーの威力はトップレベル

セット アップ

47 マット・ブラッシュ *Matt Brash*

25歳 1998.5.12生｜185cm｜78kg｜右投右打 團150キロ台中頃（フォーシーム主体）圏☆スライダー
医左.234 医右.257 匚2019④パドレス 田カナダ 囲72万ドル（約9360万円）+α

球制	4
	2
緩	4
ｷﾚ	4
度	3

　先発からセットアッパーに回って、伝家の宝刀であるスライダーが生きるようになった豪腕投手。昨季は先発5番手に抜擢されてシーズンに入ったが、失投が多く、5試合目終了時点で防御率が7.65に跳ね上がったためマイナー落ち。その後、リリーフとして2カ月ほど実戦経験を積んでからメジャーに復帰したところ、驚異的なペースで三振を奪うようになった。スライダーは、ホームベース付近で急速に斜めに曲がる威力満点のボール。その威力は広く知れ渡っており、「MLB.com」が昨年11月に2022年度のベスト球種を特集したときは、その1つとしてくわしく紹介された。

年度	所属チーム	勝利	敗戦	防御率	試合数	先発	セーブ	投球イニング	被安打	失点	自責点	被本塁打	与四球	奪三振	WHIP
2022	マリナーズ	4	4	4.44	39	5	0	50.2	46	25	25	3	33	62	1.56
通算成績		4	4	4.44	39	5	0	50.2	46	25	25	3	33	62	1.56

團=速球のスピード　圏=決め球　医左=対左打者被打率　医右=対右打者被打率
匚=ドラフトデータ　田=出身地　囲=年俸

77 防御率3点台でローテーション落ちした悲運の投手 スイングマン
クリス・フレクセン Chris Flexen

29歳 1994.7.1生 | 190cm | 99kg | 右投右打 | 国140キロ台後半(フォーシーム主体) | 國◎スライダー
(対左).221 (対右).275 | D2012 (ドラ) メッツ | 国カリフォルニア州 | 国800万ドル(約10億4000万円)

球	2
制	3
緩	3
守	3
度	4

今季はスイングマンとして使われる可能性が高い右腕。昨季は先発4番手としてシーズンに入り、5月は不調だったが6月以降持ち直し、4番手として十分合格点をもらえる投球を見せていた。しかし7月末にルイス・カスティーヨが来てローテーション入りしたため、その玉突きで3点台の防御率をキープしていたフレクセンが外されることに。今季は年俸800万ドルでプレーするが、これは契約に①22年に150イニング以上、②21+22年で300イニングを超えれば、23年は年俸800万ドルで自動的に契約が更新される、という取り決めがあり、8月末に②をクリアしたからだ。

年度	所属チーム	勝利	敗戦	防御率	試合数	先発	セーブ	投球イニング	被安打	失点	自責点	被本塁打	与四球	奪三振	WHIP
2022	マリナーズ	8	9	3.73	33	22	2	137.2	132	61	57	17	51	95	1.33
通算成績		25	26	4.44	91	64	2	385.1	408	204	190	50	145	269	1.44

67 曽祖父がイタリアのナポリ出身 ミドルリリーフ
マット・フェスタ Matt Festa ★WBCイタリア代表

30歳 1993.3.11生 | 185cm | 88kg | 右投右打 | 国150キロ前後(フォーシーム主体) | 國◎スライダー
(対左).211 (対右).223 | D2016 (ドラ) マリナーズ | 国ニューヨーク州 | 国72万ドル(約9360万円)+α

球	2
制	3
緩	3
守	3
度	3

昨季、2020年3月に受けたトミー・ジョン手術から復帰したリリーフ右腕。春季キャンプには招待選手としての参加だったが、オープン戦で好投し、開幕時にメジャー昇格。右ヒジの炎症で一時離脱もあったがすぐに戻り、53試合に登板した。ピッチングは、フォーシームとスライダーのコンビネーション。速球のスピードは、手術前と同水準に戻っていた。イタリア系アメリカ人で、イタリア系が多く住む、ニューヨークのブルックリン出身。今季はまず、マイク・ピアッツァ監督率いるイタリア代表チームの一員としてWBCに参加し、その後、チームに合流する予定だ。

年度	所属チーム	勝利	敗戦	防御率	試合数	先発	セーブ	投球イニング	被安打	失点	自責点	被本塁打	与四球	奪三振	WHIP
2022	マリナーズ	2	0	4.17	53	0	2	54.0	43	26	25	10	18	64	1.13
通算成績		2	2	4.36	81	1	2	84.2	76	43	41	15	32	89	1.28

— ブライス・ミラー Bryce Miller 先発 期待度B+ ルーキー

25歳 1998.8.23生 | 188cm | 81kg | 右投右打 | ◆昨季は1A、1A+、2Aでプレー | D2021 (ドラ) マリナーズ | 国テキサス州

昨年、マリナーズ傘下のマイナーで、最も急速な進歩を遂げた投手。球種はフォーシーム、スライダー、カーブ、チェンジアップ。スタミナがあり、ゲーム中盤になってもフォーシームの球速が落ちないことが、最大のウリだ。その一方で、腕の振りが大きいので、コントロールが不安定になりがち。

— エマーソン・ハンコック Emerson Hancock 先発 期待度B ルーキー

24歳 1999.5.31生 | 193cm | 96kg | 右投右打 | ◆昨季は2Aでプレー | D2020 (ドラ) マリナーズ | 国ジョージア州

持ち球は、ツーシーム、フォーシーム、チェンジアップ、スライダー、カーブ。ウリはこの5つの球種で、どんなカウントからでもストライクを取れることだ。マイナーでは全試合先発で投げてきたが、故障がちでスタミナにも難があるため、メジャー昇格後は、リリーフで使われる可能性が高い。

マリナーズ

打者としても重要な野球IQの高い若き司令塔　キャッチャー

29 キャル・ローリー
Cal Raleigh

27歳 1996.11.26生｜190cm｜106kg｜右投両打 ◆盗塁阻止率／.232(69-16)

◆対左投手打率／.212(85-18) ◆対右投手打率／.211(285-60)
◆ホーム打率／.180(194-35) ◆アウェー打率／.244(176-43)
◆得点圏打率／.227(88-20)
◆22年のポジション別出場数／キャッチャー＝115、
　DH＝1
◆ドラフトデータ／2018③マリナーズ
◆出身地／ノースカロライナ州
◆年俸／72万ドル（約9360万円）＋α

ミート **2**
パワー **5**
走塁 **2**
守備 **5**
肩 **4**

　正捕手1年目で早くもゴールドグラブ賞の最終候補になった、大きな可能性を秘めたキャッチャー。昨季マリナーズは開幕からしばらくの間、ローリー、トム・マーフィー、ルイス・トレンスの3捕手を交代で先発させ、働きの良し悪しを勘案して2人に絞り込む算段だった。振り落とされたのは、深刻な打撃不振におちいっていたローリーで、打率が0割8分3厘まで落ちた4月27日に3A降格となった。

　しかし、ローリーにはツキがあった。5月7日にマーフィーが肩を脱臼してIL入りしたため、すぐに呼び戻されたのだ。しかも時を同じくして、トレンスがスランプにおちいったため、5月下旬以降はローリーが正捕手格で使われるようになった。

　一番のウリは、守備力がオールラウンドに高いこと。キャッチングとボールブロックがうまいため、ワイルドピッチを出すケースが少ない。フレーミングの技術も高く、昨季はボール球をストライクとコールさせたことによる得失点が+8点だった。盗塁阻止率は23.2%（69-16）で、「中の上」レベルだ。リード面では、ルーキーのカービーから度々好投を引き出してブレイクに貢献。トミー・ジョン手術明けのムニョスを、スライダーを効果的に使うリードで大化けさせたことも高く評価された。

　打撃面のウリは、本塁打の生産能力。昨年の13.7打数に1本という生産ペースは、大谷翔平やゲレーロ・ジュニアをしのぐものだ。勝負強さも光る。昨年9月30日のアスレティックス戦では、1対1で迎えた9回裏にサヨナラアーチをライト席に叩き込んだが、これでマリナーズの21年ぶりのポストシーズン進出が決まったため、一躍ヒーローになった。短所は出塁率の低さだ。これは打球を上げることに意識が行き過ぎて凡フライの山になることや、四球が少ないことが背景にある。

カモ G・オットー（レンジャーズ）.571(7-4)1本　A・バク（アスレティックス）.600(5-3)0本
苦手 大谷翔平（エンジェルス）.125(8-1)0本　A・ループ（エンジェルス）.000(5-0)0本

年度	所属チーム	試合数	打数	得点	安打	二塁打	三塁打	本塁打	打点	四球	三振	盗塁	盗塁死	出塁率	OPS	打率
2021	マリナーズ	47	139	6	25	12	0	2	13	7	52	0	0	.223	.532	.180
2022	マリナーズ	119	370	46	78	20	1	27	63	38	122	1	0	.284	.773	.211
通算成績		166	509	52	103	32	1	29	76	45	174	1	0	.268	.708	.202

2年目の今季はMVPの有力候補に

センター

44 フリオ・ロドリゲス
Julio Rodriguez ★WBCドミニカ代表

23歳 2000.12.29生｜190cm｜103kg｜右投右打

- ◆対左投手打率／.275(120-33) ◆対右投手打率／.286(391-112)
- ◆ホーム打率／.285(239-68) ◆アウェー打率／.283(272-77)
- ◆得点圏打率／.288(111-32)
- ◆22年のポジション別出場数／センター=130、DH=1
- ◆ドラフトデータ／2017⑦マリナーズ
- ◆出身地／ドミニカ
- ◆年俸／400万ドル(約5億2000万円)
- ◆シルバースラッガー賞1回(22年)、新人王(22年)

ミート	4
パワー	5
走塁	3
守備	4
肩	5

アメリカン・リーグの新人王に輝き、スーパースターへの道を歩み始めた外野手。昨季はメジャー全体でナンバーワンのプロスペクトと評価され、オープン戦でもハイアベレージ（4割1分2厘）をマーク。そのため、大きな期待を背にシーズンを迎えた。開幕後はしばらく当たりが出なかったが、5月中旬から一発とタイムリーがコンスタントに出るようになった。さらに6月末からはトップバッターに固定されて、ほぼ毎試合得点にからむ活躍を見せるようになり、チームの14連勝の牽引役になった。

全米の野球ファンに認知されるようになったのは、オールスターに選出され、ホームランダービーに出場したときだ。このホームラン競争で、シーガーと前年（2021年）の勝者アロンゾを倒して決勝にコマを進めた彼は、ソトには敗れたものの、マリナーズにケタ外れのパワーを備えたルーキーが出現したことを広く知らしめた。

守備では、全試合センターで出場した。守備範囲の広さとスピードは、平均よりやや上という程度だが、肩の強さはトップレベル。こうした特徴があるので本来はライトが適任なのだが、本人がセンターを守ることに強いこだわりがあるため、今季もセンターが定位置になる。

7月までの見事な働きを見て、球団はロドリゲスが今後長きにわたって打線の牽引役になると確信し、8月26日にまだメジャー経験が4カ月しかない彼と12年契約を交わした。この契約は2階建てになっていて、1階部分は総額1億1930万ドル（約155億円）の7年契約。2階部分は、選手側に選択権のある総額9000万ドル（約117億円）の5年契約で、実質総額2億930万ドル（約272億円）の12年契約なのだが、2階部分はMVP投票での1位、トップ5、トップ10の回数や、シルバースラッガー賞の回数が多ければ多いほどふくらむ仕組みになっていて、1階部分も合わせると契約規模は最大で18年4億6930万ドル（約610億円）までふくらむ。

カモ J・カプリリアン（アスレティックス）.467(15-7)1本　J・オドリッジ（レンジャーズ）.800(5-4)1本
苦手 大谷翔平（エンジェルス）.000(6-0)0本　M・ペレス（レンジャーズ）.111(9-1)0本

年度	所属チーム	試合数	打数	得点	安打	二塁打	三塁打	本塁打	打点	四球	三振	盗塁	盗塁死	出塁率	OPS	打率
2022	マリナーズ	132	511	84	145	25	3	28	75	40	145	25	7	.345	.854	.284
通算成績		132	511	84	145	25	3	28	75	40	145	25	7	.345	.854	.284

今季終了後にFA権を取得する仕事師

35 テオスカー・ヘルナンデス *Teoscar Hernandez*

ライト 移籍 ★WBCドミニカ代表

31歳 1992.10.15生｜188cm｜97kg｜右投右打

◆対左投手打率／.286　◆対右投手打率／.262
◆ホーム打率／.259　◆アウェー打率／.273　◆得点圏打率／.269
◆22年のポジション別出場数／ライト＝117、DH＝10、レフト＝8
◆⒟2011㊙アストロズ　◆㊒ドミニカ
◆シルバースラッガー賞2回（20、21年）

ミート	3
パワー	5
走塁	4
守備	3
肩	5

ケガがなければ25～30本塁打を期待できるスラッガー。ブルージェイズに在籍していた昨季は序盤にIL入りし、131試合の出場にとどまったが、6月以降、快調に長打が出ていた。ウリは快速球に強いことで、昨季はフォーシームを3割5分0厘という高率で打っていた。その一方でスライダーが苦手で、追い込まれると誘い球にバットが出てしまう。少年時代のヒーローは同国人の大打者ヴラディミール・ゲレーロ。それもあってブルージェイズでは息子のゲレーロ・ジュニアと仲良しで、イタズラをよく仕掛け合っていた。

カモ 菊池雄星（ブルージェイズ）.444(9-4)1本　苦手 C・アーヴィン（アスレティックス）.000(7-0)0本

年度	所属チーム	試合数	打数	得点	安打	二塁打	三塁打	本塁打	打点	四球	三振	盗塁	盗塁死	出塁率	OPS	打率
2016	アストロズ	41	100	15	23	7	0	4	11	11	28	0	2	.304	.724	.230
2017	アストロズ	1	0	0	0	0	0	0	0	0	0	0	0	.000	.000	.000
2017	ブルージェイズ	26	88	16	23	6	0	8	20	6	36	0	1	.305	.907	.261
2017	2チーム計	27	88	16	23	6	0	8	20	6	36	0	1	.305	.907	.261
2018	ブルージェイズ	134	476	67	114	29	7	22	57	41	163	5	3	.302	.770	.239
2019	ブルージェイズ	125	417	58	96	19	2	26	65	45	153	6	3	.306	.778	.230
2020	ブルージェイズ	50	190	33	55	7	0	16	34	14	63	6	1	.340	.919	.289
2021	ブルージェイズ	143	550	92	163	29	1	32	116	36	148	12	4	.346	.870	.296
2022	ブルージェイズ	131	499	71	133	35	1	25	77	34	152	6	5	.316	.807	.267
通算成績		651	2320	352	607	132	10	133	380	187	743	35	19	.319	.818	.262

エラー数と本塁打数が自己最多に

16 コルテン・ウォン *Kolten Wong*

セカンド 移籍

33歳 1990.10.10生｜170cm｜83kg｜右投左打

◆対左投手打率／.138　◆対右投手打率／.277
◆ホーム打率／.242　◆アウェー打率／.260　◆得点圏打率／.202
◆22年のポジション別出場数／セカンド＝131、ショート＝1、DH＝1
◆⒟2011㊙カーディナルス　◆㊒ハワイ州
◆㊒1000万ドル（約13億円）　◆ゴールドグラブ賞2回（19、20年）

ミート	3
パワー	4
走塁	4
守備	2
肩	2

ブリュワーズから移籍の野球巧者。昨年顕著だったのは、守備力の劣化だ。かつてはエラーが少ない二塁手の代表格だったが、昨季はメジャーの二塁手で最多の17失策。守備範囲の広さもワーストレベルに落ちた。その一方で打撃面では、キャリアハイの15本塁打を記録。序盤はトップバッターで使われていたが、中盤以降は5番ないし6番打者で起用されることが多くなった。依然、盗塁には積極的だが、ドラッグバントはあまり使わなくなった。

カモ R・イグレシアス（ブレーブス）.533(15-8)1本　苦手 J・デグローム（レンジャーズ）.077(13-1)0本

年度	所属チーム	試合数	打数	得点	安打	二塁打	三塁打	本塁打	打点	四球	三振	盗塁	盗塁死	出塁率	OPS	打率
2013	カーディナルス	32	59	6	9	1	0	0	3	12	3	0	0	.194	.363	.153
2014	カーディナルス	113	402	52	100	14	3	12	42	21	71	20	4	.292	.680	.249
2015	カーディナルス	150	557	71	146	28	4	11	61	36	95	15	8	.321	.707	.262
2016	カーディナルス	121	313	39	75	7	7	5	23	34	52	7	0	.327	.682	.240
2017	カーディナルス	108	354	55	101	27	3	4	42	41	60	8	2	.376	.788	.285
2018	カーディナルス	127	353	41	88	18	2	9	38	31	60	6	1	.332	.720	.249
2019	カーディナルス	148	478	61	136	25	4	11	59	47	83	24	4	.361	.784	.285
2020	カーディナルス	53	181	26	48	4	2	1	16	20	30	5	2	.350	.676	.265
2021	ブリュワーズ	116	445	70	121	32	2	14	50	31	83	12	5	.335	.782	.272
2022	ブリュワーズ	134	430	65	108	24	4	15	47	46	88	17	6	.339	.769	.251
通算成績		1102	3572	486	932	180	31	82	378	310	634	117	36	.334	.732	.261

値千金の一打をよく放つゲームチェンジャー　サード

28　エウヘイニオ・スアレス　*Eugenio Suarez*
★WBCベネズエラ代表

32歳　1991.7.18生｜180cm｜96kg｜右投右打

- ◆対左投手打率／.269　◆対右投手打率／.225
- ◆ホーム打率／.233　◆アウェー打率／.239　◆得点圏打率／.298
- ◆22年のポジション別出場数／サード＝130、DH＝19
- ◆Ⓓ2008㉞タイガース　◆Ⓝベネズエラ
- ◆Ⓢ1100万ドル（約14億3000万円）

ミート	3
パワー	5
走塁	2
守備	2
肩	4

昨年3月にレッズから移籍し、チームのポストシーズン進出に多大な貢献をしたスラッガー。欲しいときに一発やタイムリーがよく出るクラッチヒッターで、昨季はサヨナラホーマーを2本打ったほか、ゲーム終盤に逆転打や同点弾などを度々打って、チームに勝利を呼び込んだ。打席では早打ちをせず、失投をじっくり待つタイプ。そのため本塁打が多い半面、三振も多い。昨季の196三振はリーグで最多の数字だった。マリナーズでは、常に周囲の選手たちと陽気に接し、チームに活気を与えるベテランと見なされている。

カモ　M・ペレス（レンジャーズ）.625(8-5)1本　　苦手　P・サンドバル（エンジェルス）.100(10-1)0本

年度	所属チーム	試合数	打数	得点	安打	二塁打	三塁打	本塁打	打点	四球	三振	盗塁	盗塁死	出塁率	OPS	打率
2014	タイガース	85	244	33	59	9	1	4	23	22	67	3	2	.316	.652	.242
2015	レッズ	97	372	42	104	19	2	13	48	17	94	4	1	.315	.761	.280
2016	レッズ	159	565	78	140	25	2	21	70	51	155	11	5	.317	.728	.248
2017	レッズ	156	534	87	139	25	2	26	82	84	147	4	5	.367	.828	.260
2018	レッズ	143	527	79	149	22	2	34	104	64	142	1	1	.366	.892	.283
2019	レッズ	159	575	87	156	22	0	49	103	70	189	3	2	.358	.930	.271
2020	レッズ	57	198	29	40	8	0	15	38	30	67	2	0	.312	.782	.202
2021	レッズ	145	505	71	100	23	0	31	79	56	171	0	1	.286	.714	.198
2022	マリナーズ	150	543	76	128	24	2	31	87	73	196	0	0	.332	.791	.236
通算成績		1151	4063	582	1015	177	13	224	634	467	1228	28	17	.334	.799	.250

天性の打撃センスを備えた宴会部長　ファースト

23　タイ・フランス　*Ty France*

29歳　1994.7.13生｜180cm｜97kg｜右投右打

- ◆対左投手打率／.273　◆対右投手打率／.277
- ◆ホーム打率／.280　◆アウェー打率／.272　◆得点圏打率／.311
- ◆22年のポジション別出場数／ファースト＝127、DH＝8、サード＝6、セカンド＝1　◆Ⓓ2015㉞パドレス
- ◆Ⓝカリフォルニア州　◆Ⓢ410万ドル（約5億3300万円）

ミート	4
パワー	4
走塁	2
守備	4
肩	3

昨季は2月8日に以前から交際していたマギーさんと挙式し、張り切ってシーズンに入り、出だしからタイムリーや一発がよく出ていた。4月は21試合の出場で打点が21もあったため、ブレイクイヤーになるのは確実と思われた。しかし5月中旬に左手首の炎症で10日間、6月には左ヒジの不調で10日間IL入りしたことが響いて、強い打球の出る比率が低下。シーズン前半は3割0分9厘だった打率が、後半は2割2分9厘という冴えない数字になってしまった。チームの宴会部長的存在。ヒーロー・インタビューを受けている選手にゲータレードをぶっかける祝福や、試合前にインタビューを受けている選手にカボチャのタネを投げつけるイタズラは、もっぱら彼が担当。

カモ　J・アーキディ（アストロズ）.435(23-10)3本　　苦手　大谷翔平（エンジェルス）.091(11-1)0本

年度	所属チーム	試合数	打数	得点	安打	二塁打	三塁打	本塁打	打点	四球	三振	盗塁	盗塁死	出塁率	OPS	打率
2019	パドレス	69	184	20	43	8	1	7	24	9	49	0	2	.294	.696	.234
2020	パドレス	20	55	9	17	4	0	2	13	5	15	0	0	.377	.868	.309
2020	マリナーズ	23	86	10	26	5	1	2	13	6	22	0	0	.362	.815	.302
2020	2チーム計	43	141	19	43	9	1	4	23	11	37	0	0	.368	.836	.305
2021	マリナーズ	152	571	85	166	32	1	18	73	46	106	0	0	.368	.813	.291
2022	マリナーズ	140	551	65	151	27	1	20	83	35	94	0	0	.338	.774	.274
通算成績		404	1447	189	403	76	4	49	203	101	286	0	2	.347	.785	.279

内野の守備の中心選手として重要な野球巧者 ショート

3 J.P.クロフォード *J.P. Crawford*

28歳 1995.1.11生｜188cm｜91kg｜右投左打

◆対左投手打率／.221 ◆対右投手打率／.253
◆ホーム打率／.231 ◆アウェー打率／.254 ◆得点圏打率／.227
◆22年のポジション別出場数／ショート＝144
◆Ⓓ2013①フィリーズ ◆Ⓤカリフォルニア州
◆Ⓨ1000万ドル（約13億円） ◆ゴールドグラブ賞1回（20年）

ミート **3**
パワー **2**
走塁 **3**
守備 **3**
肩 **5**

　一昨年ブレイクした反動で、昨年は打率、OPS、得点、本塁打、守備率、DRSなどの数字が軒並みダウンした遊撃手。唯一数字が良くなったのは四球で、これによって出塁率もわずかながら上昇した。昨季はキャンプ中の3月に、球団と5年5100万ドルの契約を交わした。FA権の取得は2024年のシーズン終了後なので、ディポートGMは異例の早い時期に契約したと言っていい。その背景には、打者としても優秀な遊撃手が、2億ドル3億ドル級の契約をゲットするようになったので、FA権取得までにクロフォードの打撃成績が向上すれば、商品価値が急騰して、つなぎ止められなくなる、という読みがあった。

カモ J・スアレス（エンジェルス）.400（20-8）0本　苦手 G・オットー（レンジャーズ）.000（9-0）0本

年度	所属チーム	試合数	打数	得点	安打	二塁打	三塁打	本塁打	打点	四球	三振	盗塁	盗塁死	出塁率	OPS	打率
2017	フィリーズ	23	70	8	15	4	1	0	6	16	22	1	0	.356	.656	.214
2018	フィリーズ	49	117	17	25	6	3	3	12	13	37	2	0	.319	.712	.214
2019	マリナーズ	93	345	43	78	21	4	7	46	43	83	5	3	.313	.684	.226
2020	マリナーズ	53	204	33	52	7	2	2	24	23	39	6	3	.336	.674	.255
2021	マリナーズ	160	619	89	169	37	0	9	54	58	114	3	6	.338	.714	.273
2022	マリナーズ	145	518	57	126	24	3	6	42	68	80	3	4	.339	.675	.243
通算成績		523	1873	247	465	99	13	27	184	221	375	20	14	.333	.691	.248

スモールボールのスキルも高い千両役者 外野手・セカンド

0 サム・ハガティ *Sam Haggerty*

29歳 1994.5.26生｜180cm｜79kg｜右投両打

◆対左投手打率／.364 ◆対右投手打率／.191
◆ホーム打率／.241 ◆アウェー打率／.270 ◆得点圏打率／.313
◆22年のポジション別出場数／ライト＝37、レフト＝33、DH＝7、センター＝6、セカンド＝4
◆Ⓓ2015㉔インディアンズ
◆Ⓤアリゾナ州 ◆Ⓨ72万ドル（約9360万円）＋α

ミート **3**
パワー **3**
走塁 **5**
守備 **3**
肩 **4**

　マニアックなファンの間で人気急上昇中の、外野とセカンドに対応する両打ちのサブ。昨季は開幕を3Aで迎えたあと、5月22日にメジャー昇格。その後はバットと足で度々見せ場を作り、球場をわかせた。その代表例が、7月14日のレンジャーズ戦で打ったインサイドパークホーマー（ランニングホーマー）。中堅手が打球を後ろにそらしている間に猛スピードでダイヤモンドを駆け回り、最後は滑り込んで捕手のタッチをすり抜け、セーフになった。エース級の投手にめっぽう強く、昨年オールスターに出場したフリード（ブレーブス）とコルテス（ヤンキース）から、レフト席に弾丸ライナーで飛び込む一発を打っている。盗塁とバントもお手の物で、1点が欲しい場面で役立つ。

カモ M・ペレス（レンジャーズ）.444（9-4）1本　苦手 大谷翔平（エンジェルス）.000（5-0）0本

年度	所属チーム	試合数	打数	得点	安打	二塁打	三塁打	本塁打	打点	四球	三振	盗塁	盗塁死	出塁率	OPS	打率
2019	メッツ	11	4	2	0	0	0	0	0	0	3	0	0	.000	.000	.000
2020	マリナーズ	13	50	7	13	4	0	1	6	4	16	4	0	.315	.715	.260
2021	マリナーズ	35	86	15	16	3	0	2	5	6	28	5	1	.247	.538	.186
2022	マリナーズ	83	176	29	45	9	1	5	23	18	53	13	1	.335	.738	.256
通算成績		142	316	53	74	16	1	8	34	28	100	22	2	.305	.672	.234

左投手用の半レギュラーにはうってつけ

レフト / ライト　**移籍**

8 AJ・ポロック *AJ Pollock*

36歳 1987.12.5生 | 185cm | 95kg | 右投右打 対左.286 対右.231 ホ.247 ア.244 得.246
ド2009①ダイヤモンドバックス 出コネティカット州 年700万ドル（約9億1000万円）◆ゴールドグラブ賞1回（15年）

ミ3 / バ4 / 走3 / 守3 / 肩3

　1年700万ドルの契約で入団した、家族想いなことで知られるベテラン外野手。マリナーズがポロックを獲得したのは、ケルニックとプラトーンでレフトに起用するためだ。ポロックは左投手に強く、昨季は対左投手打率が2割8分6厘で、11.5打数に1本というすごいペースで一発を打っているので、はまり役と言える。もしケルニックが今季もダメな場合は、ポロックをそのままレフトのレギュラーで使えばいいと考えているはずだ。懸念されるのは、年齢的な部分。昨年メジャー11年目で、初めて出塁率が3割を切った。それが年齢的な衰えの兆しでないといいのだが。

年度	所属チーム	試合数	打数	得点	安打	二塁打	三塁打	本塁打	打点	四球	三振	盗塁	盗塁死	出塁率	OPS	打率
2022	ホワイトソックス	138	489	61	120	26	1	14	56	32	98	3	1	.292	.681	.245
通算成績		1033	3654	560	1010	221	32	140	470	282	704	122	28	.332	.801	.276

脱臼グセに歯止めをかけられるかが注目

キャッチャー

2 トム・マーフィー *Tom Murphy*

32歳 1991.4.3生 | 185cm | 93kg | 右投右打 ◆盗塁阻止率／.000(4-0) 対左.333 対右.292 ホ.400
ア.222 得.200 ド2012③ロッキーズ 出ニューヨーク州 年162.5万ドル（約2億1125万円）

ミ2 / バ5 / 走2 / 守4 / 肩4

　昨年6月に断裂した肩の回旋筋と関節唇を修復する手術を受けたため、今季は出遅れる可能性があるベテラン捕手。回旋筋と関節唇の断裂は、昨年5月6日のゲームで、本塁に突入してきた走者にタッチした際、左肩を脱臼したことが原因。それまでにも何度か脱臼を経験し、PRP療法（多血小板血漿療法）で対処してきたため今回もこの治療法を受けたが、効果がなかったので修復手術に踏み切った。長期欠場している間にローリーが急成長し、今季はバックアップに回る。打者としては確実性に欠けるが、トップレベルのパワーがあり、DHで使っても大きな戦力になる。

年度	所属チーム	試合数	打数	得点	安打	二塁打	三塁打	本塁打	打点	四球	三振	盗塁	盗塁死	出塁率	OPS	打率
2022	マリナーズ	14	33	9	10	2	0	1	1	8	13	0	1	.439	.894	.303
通算成績		268	766	95	180	33	2	40	109	80	281	3	1	.309	.749	.235

細かいスキルがたくさんある野球テクニシャン

ユーティリティ

25 ディラン・ムーア *Dylan Moore*

31歳 1992.8.2生 | 183cm | 92kg | 右投右打 対左.247 対右.204 ホ.185 ア.279
得.232 ド2015⑦レンジャーズ 出カリフォルニア州 年296万ドル（約3億8480万円）

ミ3 / バ3 / 走5 / 守4 / 肩4

　チームに不可欠な名脇役になった、内野と外野の7つのポジションに対応するスーパーサブ。打撃面のウリは出塁能力の高さ。選球眼が良く、ミートもうまいため、追い込まれても粘り抜いて四球をゲットすることに長けている。あまり痛くない死球で出塁するコツも心得ていて、昨季はそれで13回出塁。もう1つのウリは、盗塁の名人で、進塁打も打てるため、1点が欲しい場面でキーマンになれることだ。守備面でのウリは7つのポジションに対応するだけでなく、高い守備能力が必要なショート、セカンド、センターで使っても、平均レベルの守備を期待できることだ。

年度	所属チーム	試合数	打数	得点	安打	二塁打	三塁打	本塁打	打点	四球	三振	盗塁	盗塁死	出塁率	OPS	打率
2022	マリナーズ	104	205	41	46	11	2	6	24	34	75	21	8	.368	.753	.224
通算成績		381	921	140	192	45	6	35	112	113	322	65	27	.317	.701	.208

マリナーズ

対左＝対左投手打率　対右＝対右投手打率　ホ＝ホーム打率　ア＝アウェー打率　得＝得点圏打率　205

3度目の正直でレギュラー定着なるか注目！

レフト / ライト

10 ジャレッド・ケルニック Jarred Kelenic

24歳 1999.7.16生 | 185cm | 93kg | 左投左打 [対左].130 [対右].147 [ホ].125 [ア].164 [得].152 [ド]2018①メッツ [出]ウィスコンシン州 [年]72万ドル(約9360万円)+α

ミート **1**
パワー **4**
走塁 **3**
守備 **4**
肩 **4**

3Aでは活躍できるが、メジャーでは通用しない状態が続く、迷えるホープ。1年目は打率が1割8分1厘だったが14本塁打を放ってパワーの片鱗を見せたため、依然として期待が大きく、2年目の昨季は開幕からレフトのレギュラーとして使われた。しかし相変わらず変化球を駆使するメジャーの投手の投球術に手こずり、打率が1割台の半ばを低空飛行。5月に降格した3Aでは別人のように長打が出て、7月末に再昇格。今度こそという期待が広がったが、またしてもメジャーの投手の投球術に翻弄され続けた。今季は新加入のポロックとプラトーンで、レフトに起用される。

年度	所属チーム	試合数	打数	得点	安打	二塁打	三塁打	本塁打	打点	四球	三振	盗塁	盗塁死	出塁率	OPS	打率
2022	マリナーズ	54	163	20	23	5	1	7	17	16	61	5	2	.221	.534	.141
通算成績		147	500	61	84	18	2	21	60	52	167	11	6	.251	.589	.168

メジャーでの結果が求められる、3Aの安打製造機

レフト / キャッチャー / ファースト 移籍

21 クーパー・ハメル Cooper Hummel

29歳 1994.11.28生 | 178cm | 89kg | 右投両打 [対左].149 [対右].196 [ホ].158 [ア].198 [得].159 [ド]2016⑱ブリュワーズ [出]オレゴン州 [年]72万ドル(約9360万円)+α

ミート **3**
パワー **3**
走塁 **2**
守備 **2**
肩 **3**

カイル・ルイスとの交換トレードで、ダイヤモンドバックスから移籍した両打ちのユーティリティ。打撃面のウリは四球でよく出塁するため、出塁率が高いこと。右打席でも左打席でも、同レベルの打撃成績を期待できる点もウリだ。守備面のウリは、レフトとファーストだけでなく、捕手でも使えるユーティリティであること。メジャーではまだ結果を出せないが、昨年3Aでは打率3割1分0厘、出塁率4割2分3厘、OPS.950をマークしている。ダイヤモンドバックスからマリナーズに移籍した選手は成功するというジンクスもあるので、予想外の活躍をする可能性も。

年度	所属チーム	試合数	打数	得点	安打	二塁打	三塁打	本塁打	打点	四球	三振	盗塁	盗塁死	出塁率	OPS	打率
2022	ダイヤモンドバックス	66	176	20	31	8	3	3	17	23	64		1	.274	.581	.176
通算成績		66	176	20	31	8	3	3	17	23	64		1	.274	.581	.176

― ケイド・マーロウ Cade Marlowe

外野手 期待度 B+ ルーキー

26歳 1997.6.24生 | 185cm | 95kg | 右投左打 ◆昨季は2A、3Aでプレー [ド]2019⑳マリナーズ [出]ジョージア州

大学時代は非有名校で4年プレー。ドラフトでは20巡目指名という低い評価で、契約金は5000ドルだった。大学時代は、GPA(通信簿の平均点)が4点満点の3.87だった秀才。プロ入り後はその頭脳で、長打力と選球眼を兼ね備えたクラッチヒッターに成長した。盗塁を高い確率で決める技術もある。

― ザック・デローチ Zach DeLoach

外野手 期待度 C+ ルーキー

24歳 1999.8.18生 | 185cm | 92kg | 右投左打 ◆昨季は2Aでプレー [ド]2020②マリナーズ [出]テキサス州

選球眼が良く、当てる技術も高いため、高出塁率を期待できる好打の外野手。長所は球種の見極めが良いため、誘い球の変化球に手を出さないこと。右投手からはよく長打を打つので、プラトーンで使うと生きるタイプだ。スピードは平均レベルで、守備範囲も広くない。ポジションはレフトが最適だろう。

[対左]=対左投手打率 [対右]=対右投手打率 [ホ]=ホーム打率 [ア]=アウェー打率 [得]=得点圏打率 [ド]=ドラフトデータ [出]=出身地 [年]=年俸

アメリカン・リーグ……西部地区　*LOS ANGELES ANGELS*

ロサンジェルス・エンジェルス

◆創　立：1961年
◆本拠地：カリフォルニア州アナハイム市
◆ワールドシリーズ制覇：1回／◆リーグ優勝：1回
◆地区優勝：9回／◆ワイルドカード獲得：1回

主要オーナー　アーティ・モレーノ（広告会社アウトドア・システムズ社オーナー）

過去5年成績	年度	勝	負	勝率	ゲーム差	地区順位	ポストシーズン成績
	2018	80	82	.494	23.0	④	―
	2019	72	90	.444	35.0	④	―
	2020	26	34	.433	10.0	④	―
	2021	77	85	.475	18.0	④	―
	2022	73	89	.451	33.0	③	―

監督　**88 フィル・ネヴィン** *Phil Nevin*

◆年　齢…………52歳（カリフォルニア州）
◆現役時代の経歴…12シーズン
（サード、ファースト、キャッチャー、レフト）アストロズ（1995）、タイガース（1995〜97）、エンジェルス（1998）、パドレス（1999〜2005）、レンジャーズ（2005〜06）、カブス（2006）、ツインズ（2006）
◆現役通算成績……1217試合 .270 208本 743打点
◆監督経歴…………1シーズン エンジェルス
◆通算成績…………46勝60敗（勝率.434）

　ヤンキースのコーチを経て、昨シーズンはエンジェルスの三塁ベースコーチとして開幕を迎えた。だが6月、成績不振によりジョー・マドンが監督職を解かれると、監督代行に指名され、その後の指揮を執った。シーズン終了後、1年契約で正式な監督に就任している。1992年のドラフト全体1位で、アストロズに指名されてプロ入り。ドラフト全体1位選手が監督になるのは、ネヴィンが初めてのケースだ。息子タイラーは、オリオールズでプレーする三塁手兼一塁手。

注目コーチ　 マーカス・テイムズ *Marcus Thames*

　新打撃コーチ。46歳。昨季はマーリンズで打撃コーチを務めた。2018〜21年にはヤンキースで、テイムズが打撃コーチ、新監督のネヴィンが三塁ベースコーチを務めていた。

編成責任者　ペリー・ミナシアン *Perry Minasian*

　43歳。2020年オフに就任。若手がまったく育たない状況の、改善を期待されているが、光明は見えず。マドン前監督からは「選手起用に口を出し過ぎる」と非難された。

スタジアム　エンジェル・スタジアム *Angel Stadium*

◆開 場 年………1966年
◆仕　様…………天然芝
◆収容能力………45,517人
◆フェンスの高さ…1.5〜2.4m
◆特　徴…………アメリカン・リーグでは、2番目に古いスタジアム。両翼そばのフェンスがやや奥まった位置にあり、フェンスのふくらみも小さいため、外野が横に広い、楕円のような形状になっている。フェンスの高さは、全体的に低い。

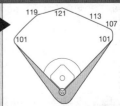

ニュートラルパーク

119　121　113
107
101　101

207

Best Order　[ベストオーダー]

①ルイス・レンヒーフォ……ショート
②マイク・トラウト……センター
③大谷翔平……DH／投手
④アンソニー・レンドーン……サード
⑤ハンター・レンフロー……ライト
⑥ブランドン・ドルーリー……セカンド
⑦テイラー・ウォード……レフト
⑧ジャレッド・ウォルシュ……ファースト
⑨ローガン・オホッピー……キャッチャー

Depth Chart　[ポジション別選手層・メンバーリスト]

※2023年2月13日時点の候補選手。数字は背番号（開幕前に変更する場合もあり）、右・左等は投・打の順。

センター
27 マイク・トラウト [右・右]
8 ブレット・フィリップス [右・左]
16 ミッキー・モニアック [右・左]

レフト
3 テイラー・ウォード [右・右]
7 ジョー・アデル [右・右]
16 ミッキー・モニアック [右・左]

ライト
12 ハンター・レンフロー [右・右]
3 テイラー・ウォード [右・右]
7 ジョー・アデル [右・右]
16 ミッキー・モニアック [右・左]

ショート
2 ルイス・レンヒーフォ [右・両]
10 ジオ・アーシェラ [右・右]
22 デイヴィッド・フレッチャー [右・右]
4 アンドルー・ヴェラスケス [右・両]

セカンド
23 ブランドン・ドルーリー [右・右]
22 デイヴィッド・フレッチャー [右・右]
38 マイケル・ステファーニク [右・右]
13 リヴァン・ソト [右・左]

サード
6 アンソニー・レンドーン [右・右]
10 ジオ・アーシェラ [右・右]
2 ルイス・レンヒーフォ [右・両]
23 ブランドン・ドルーリー [右・右]

ローテーション
17 大谷翔平 [右・左]
31 タイラー・アンダーソン [左・右]
43 パトリック・サンドヴァル [左・右]
54 ホセ・スアレス [左・左]
48 リード・デトマーズ [左・左]
63 チェイス・シルセス [右・右]
32 タッカー・デイヴィッドソン [左・右]

ファースト
20 ジャレッド・ウォルシュ [左・左]
23 ブランドン・ドルーリー [右・右]
10 ジオ・アーシェラ [右・右]

キャッチャー
14 ローガン・オホッピー [右・右]
33 マックス・スタッシー [右・右]
21 マット・タイス [右・右]

DH
17 大谷翔平 [右・左]

ブルペン
53 カルロス・エステヴェス [右・右] CL
46 ジミー・ハーゲット [右・右]
52 ライアン・テペラ [右・右]
60 アンドルー・ワンツ [右・右]
65 ホセ・キハーダ [右・右]
28 アーロン・ループ [左・左]
40 オリヴァー・オルテガ [右・右]
51 ハイメ・バリア [右・右]
32 タッカー・デイヴィッドソン [左・右]
57 ザック・ワイス [右・右]

※ CL ＝クローザー

エンジェルス試合日程……＊はアウェーでの開催

3月30・4月1・2 アスレティックス＊	5月2・3・4 カーディナルス＊	6月1・2・3・4 アストロズ＊
3・4・5 マリナーズ＊	5・6・7 レンジャーズ	6・7・8 カブス
7・8・9 ブルージェイズ	8・9・10 アストロズ	9・10・11 マリナーズ
10・11・12 ナショナルズ	12・13・14 ガーディアンズ＊	12・13・14・15 レンジャーズ＊
14・15・16・17 レッドソックス＊	15・16・17・18 オリオールズ＊	16・17・18 ロイヤルズ＊
18・19・20 ヤンキース＊	19・20・21 ツインズ	20・21 ドジャース
21・22・23 ロイヤルズ	22・23・24 レッドソックス	23・24・25 ロッキーズ＊
24・25・26・27 アスレティックス	26・27・28 マーリンズ	26・27・28・29 ホワイトソックス
28・29・30 ブリュワーズ＊	29・30・31 ホワイトソックス＊	30・7月1・2 ダイヤモンドバックス

208

球団メモ　昨年5月25日から6月8日に、球団ワースト記録となる14連敗。連敗が続いていた6月7日には、2020年シーズンから監督を務めていたジョー・マドンを解任。

■投手力 ⬆…★★★☆☆ 【昨年度チーム防御率3.77、リーグ6位】

エンジェルスの先発陣は、昨季中盤からサンドヴァル、デトマーズ、スアレスのサウスポー・トリオが、メジャーで通用する投球術を身につけて、好投を続けるようになった。昨シーズン後半の先発防御率は3.67で、これはアメリカン・リーグで4番目にいい数字だ。今季はローレンゼンがローテーションから抜けて、昨年ドジャースで大化けしたタイラー・アンダーソンが加わるので、ローテーションはさらにレベルアップする可能性がある。ブルペン陣は昨年安定感を欠き、チーム低迷の元凶になった。今季はオフに獲得したエステヴェスをクローザーに据えてシーズンに臨む。

■攻撃力 ⬆…★★★★☆ 【昨年度チーム得点623、リーグ13位】

昨年4月はチーム得点が104でリーグのトップだったのに、5月下旬から打線が機能不全におちいってしまい、急降下。通年のチーム得点はワースト3位だった。この惨状を打破すべく、オフに25〜30本塁打を期待できるレンフローとドルーリーを獲得し、打線に加えた。攻撃力はアップするはずだ。

■守備力 ⬆…★★☆☆☆ 【昨年度チーム失策数84、リーグ7位タイ】

スーパーサブとして使う目的で、守備力の高いアーシェラを獲得。この補強は内野の守備力向上に多少寄与するだろう。

■機動力 ➡…★★★★☆ 【昨年度チーム盗塁数77、リーグ10位】

昨季は1割台の低打率にあえぐ非力な選手たちが、バントをやりまくったので、送りバント成功数（25）とバントヒット数（23）はリーグ最多。

総合評価 ⬆
★★★☆☆

ネヴィンは聞き上手な監督と見なされているようだが、作戦にバラエティがなく、紋切り型の采配が目立つ。もつれたゲームになったとき、1点を取りに行く重要な局面で緻密な野球ができるだろうか？　乱闘のとき、エキサイトしすぎるのは滑稽に見える。

エンジェルス

IN　主な入団選手
投手
タイラー・アンダーソン ⬅ドジャース
カルロス・エステヴェス ⬅ロッキーズ
野手
ハンター・レンフロー ⬅ブリュワーズ
ブランドン・ドルーリー ⬅パドレス
ジオ・アーシェラ ⬅ツインズ
ブレット・フィリップス ⬅オリオールズ

OUT　主な退団選手
投手
マイケル・ローレンゼン ➡タイガース
野手
カート・スズキ ➡引退

3·4·5	パドレス*	3·4·5·6	マリナーズ	4·5·6	オリオールズ
7·8	ドジャース*	7·8·9	ジャイアンツ	7·8·9·10	ガーディアンズ
11	オールスターゲーム	11·12·13	アストロズ*	11·12·13	マリナーズ*
14·15·16	アストロズ	14·15·16	レンジャーズ*	15·16·17	タイガース
17·18·19	ヤンキース	18·19·20	レイズ	19·20·21	レイズ*
21·22·23	パイレーツ	21·22·23	レッズ	22·23·24	ツインズ*
25·26·27	タイガース*	25·26·27	メッツ*	25·26·27	レンジャーズ
28·29·30	ブルージェイズ*	28·29·30	フィリーズ	29·30·**10**月1	アスレティックス
31·**8**月1·2	ブレーブス*	**9**月1·2·3	アスレティックス*		

米国の全スポーツのナンバーワン選手に選出　先発

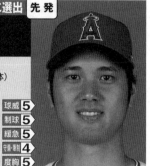

17 大谷翔平
Shohei Ohtani　★WBC**日本代表**

29歳　1994.7.5生　193cm／95kg　右投左打

◆速球のスピード／150キロ台後半（フォーシーム主体）
◆決め球と持ち球／☆スライダー、☆スプリッター、
　☆フォーシーム、◎シンカー、◎カーブ
◆対左打者被打率／.221　◆対右打者被打率／.188
◆ホーム防御率／1.82　◆アウェー防御率／2.92
◆ドラフトデータ／2012①北海道日本ハム、2018⑨エンゼルス
◆出身地／岩手県　◆年俸／3000万ドル（約39億円）
◆MVP1回（21年）、シルバースラッガー賞1回（21年）、
　新人王（18年）　※野手の大谷→218ページ

球威 **5**
制球 **5**
緩急 **5**
守備・走塁 **4**
度胸 **5**

　昨季、規定投球回をクリアし、アメリカン・リーグのサイ・ヤング賞投票で5位に入ったことで、今季はサイ・ヤング賞受賞を期待される二刀流のスーパースター。終わってみると、昨季は投手としてすごい数字が並んだが、シーズン序盤は制球が不安定で一発を食うことが多く、6月2日のヤンキース戦が終了した時点での成績は、3勝4敗、防御率3.99という冴えないものだった。しかし、その後は様々な軌道のスライダーを主体にするピッチングにシフトして、相手打線に付け入る隙を与えなくなり、6連勝。さらにシーズン終盤には、持ち球にシンカーを加えて5連勝し、得点援護が少ない中で勝ち星を15に伸ばした。

　昨季はシーズン全体でみると、スライダーの比率は39%だが、終盤に入るとその比率は50%に達した。基本的にはスライダーは2種類で、右打者にはヨコに大きく変化するスウィーピング・スライダーを、左打者にはオーバーハンドから繰り出すタテスラを多用する。しかし、状況に応じてそれ以外のタイプを使うこともあり、右打者を追い込むと時折、ヒジを下げて真横に滑るように曲がるフリスビー・スライダーを使う。左打者には、ヒザ元に食い込む、斜めに曲がるタイプを使うこともある。

　昨年称賛されたのは、弱小球団より強豪球団に強かったことだ。とくに今やメジャー最強チームとなったアストロズにめっぽう強く、昨季は5度対戦してすべて1失点以内に抑えている。同地区内の強豪マリナーズにも強く、4度対戦して防御率は0.95だった。

　昨年はヤンキースのアーロン・ジャッジの驚異的な活躍があったため、MVPにはなれなかった。だが、米国最大のスポーツチャンネル「ESPN」が選出する、米国のあらゆるスポーツの男子のベストプレーヤーに選出されており、押しも押されもせぬ「MLBの顔」になった。

カモ　J・ペーニャ（アストロズ）.091（11-1）0本　J・ロドリゲス（マリナーズ）.000（6-0）0本
苦手　J・ハイム（レンジャーズ）.429（14-6）1本　N・ロウ（レンジャーズ）.375（16-6）2本

年度	所属チーム	勝利	敗戦	防御率	試合数	先発	セーブ	投球イニング	被安打	失点	自責点	被本塁打	与四球	奪三振	WHIP
2018	エンゼルス	4	2	3.31	10	10	0	51.2	38	19	19	6	22	63	1.16
2020	エンゼルス	0	1	37.80	2	2	0	1.2	3	7	7	0	8	3	6.60
2021	エンゼルス	9	2	3.18	23	23	0	130.1	98	48	46	15	44	156	1.09
2022	エンゼルス	15	9	2.33	28	28	0	166.0	124	45	43	14	44	219	1.01
通算成績		28	14	2.96	63	63	0	349.2	263	119	115	35	118	441	1.09

昨季後半エース級の実力を備えた投手に成長 **先発**

43 パトリック・サンドヴァル
Patrick Sandoval ★WBCメキシコ代表

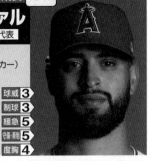

27歳 1996.10.18生 | 190cm | 86kg | 左投左打

◆速球のスピード／150キロ前後（フォーシーム、シンカー）
◆決め球と持ち球／☆スライダー、◎シンカー、
○チェンジアップ、○カーブ、△フォーシーム
◆対左打者被打率／.151 ◆対右打者被打率／.271
◆ホーム防御率／3.31 ◆アウェー防御率／2.54
◆ドラフトデータ／2015⑪アストロズ
◆出身地／カリフォルニア州
◆年俸／72万ドル（約9360万円）+α

球威	3
制球	3
緩急	5
守備・牽制	5
度胸	4

昨年大化けし、2点台の防御率をマークした「若手サウスポー三羽ガラス」の1人。得点援護に恵まれなかったことや、後続のリリーバーが打ち込まれたことなどで、昨季は6勝（9敗）しかできなかった。しかし、貢献ポイントであるWAR（ファングラフス版）は3.8で、アメリカン・リーグの全投手の中で9位だった。これは大谷翔平の5.6には及ばないものの、ヤンキースのエース、ゲリット・コール（3.4）よりも高い数字だ。WARは1.0が800万ドルに相当するので、昨季のサンドヴァルは、3040万ドル（約40億円）相当の働きをしたことになる。

ただ、昨季はいいことずくめのシーズンではなく、シーズン中盤に入ると最大の武器だったチェンジアップが機能しなくなったことや、味方の拙守に足を引っ張られたことなどで、3カ月近く勝ち星がなかった。しかし、8月以降はタテに変化するスライダーを多投するピッチングに切り替えて好投を続けるようになり、大半の試合を2失点以内に抑えた。

ウリはタイミングを外す技術、芯を外す技術、ボール球を振らせる技術がどれもハイレベルであること。課題は、制球の波が大きいこと。制球がいい日は8月19日のタイガース戦のように、97球で「マダックス完封（9回を投げ切った100球未満の完封）」をやってのけるが、悪い日は四球を連発して、5回終了まで持たずに交代となることが多い。

地元産で、アナハイムの南側に位置するミッションヴィエホの出身。スペイン語に堪能（かんのう）で、米国人の選手とは英語で、ヒスパニック系の選手とはスペイン語で話している。大谷翔平と大の仲良しで、試合前のフィールドやベンチで言葉を交わす姿が、頻繁（ひんぱん）に見られる。メディアのインタビューで大谷のことを聞かれ、「普段はおとなしくて謙虚だけど、ひょうきんな面もたくさんあるナイスガイですよ」と語っている。

エンジェルス

| カモ | T・マーフィー（マリナーズ）.000（9-0）0本　C・シーガー（レンジャーズ）.083（12-1）0本 |
| 苦手 | K・タッカー（アストロズ）.455（11-5）2本　N・アレン（アスレティックス）.800（5-4）0本 |

年度	所属チーム	勝利	敗戦	防御率	試合数	先発	セーブ	投球イニング	被安打	失点	自責点	被本塁打	与四球	奪三振	WHIP
2019	エンジェルス	0	4	5.03	10	9	0	39.1	35	22	22	6	19	42	1.37
2020	エンジェルス	1	5	5.65	9	6	0	36.2	37	26	23	10	12	33	1.34
2021	エンジェルス	3	6	3.62	17	14	0	87.0	69	38	35	11	36	94	1.21
2022	エンジェルス	6	9	2.91	27	27	0	148.2	139	56	48	8	60	151	1.34
通算成績		10	24	3.70	63	56	1	311.2	280	142	128	35	127	320	1.31

投手

マイナー落ちした際、自己改造して大化け 先発

48 リード・デトマーズ *Reid Detmers*

24歳 1999.7.8生｜188cm｜95kg｜左投左打

◆速球のスピード／150キロ前後（フォーシーム主体）
◆決め球と持ち球／◎スライダー、◎カーブ、◎フォーシーム、△チェンジアップ
◆対左.209 ◆対右.237 ◆ホ防3.22 ◆ア防4.47
◆ド2020①エンジェルス ◆出イリノイ州
◆年72万ドル（約9360万円）+α

球威	4
制球	4
緩急	4
牽制・軽打	2
度胸	4

昨年5月12日のレイズ戦で、ノーヒットノーランをやってのけた先発左腕。メジャー入りしてわずか12試合目の快挙達成で、将来のエース候補と期待されるようになった。しかし、その後はゲーム中盤に打ち込まれることが多く、1勝もできないまま6月22日にマイナー落ち。半月ほど3Aで過ごしたが、この間に投球フォームの見直しとスライダーの改良に取り組んだことが、再昇格後の大化けにつながった。7月8日にメジャー復帰すると、ハイペースで三振を奪う一方で、ほとんど一発を食わなくなった。そのため再昇格後は、先発した11試合中7試合を自責点1以内に抑え、防御率は3.04という目を見張る数字を叩き出した。オフにはフロリダのトレーニング施設で、チェンジアップを磨くことに注力。今季、それが大きな武器になるかもしれない。

カモ J.ハイム（レンジャーズ）.000(5-0)0本 　苦手 J.ペーニャ（アストロズ）.571(7-4)0本

年度	所属チーム	勝利	敗戦	防御率	試合数	先発	セーブ	投球イニング	被安打	失点	自責点	被本塁打	与四球	奪三振	WHIP
2021	エンジェルス	1	3	7.40	5	5	0	20.2	26	17	17	5	11	19	1.79
2022	エンジェルス	7	6	3.77	25	25	0	129.0	110	56	54	13	46	122	1.21
通算成績		8	9	4.27	30	30	0	149.2	136	73	71	18	57	141	1.29

フリスビー・スライダーを武器に大化け セットアップ クローザー

46 ジミー・ハーゲット *Jimmy Herget*

30歳 1993.9.9生｜190cm｜77kg｜右投ス右打

◆速球のスピード／140キロ台中頃〜後半（シンカー主体）
◆決め球と持ち球／☆スライダー、◎カーブ、◎チェンジアップ、△シンカー
◆対左.229 ◆対右.174 ◆ホ防2.80 ◆ア防2.14
◆ド2015⑥レッズ ◆出フロリダ州
◆年72万ドル（約9360万円）+α

球威	3
制球	4
緩急	3
牽制・軽打	2
度胸	4

昨年8月2日にライセル・イグレシアスがトレードされたあと、度々クローザーで使われ、9セーブをマークした個性派リリーバー。最大の特徴は、フリスビーを投げるときのように、真横から小さな腕の振りで投げ込む変則投法。これは高校時代に始めたもので、ケガのリスクを警告されても聞き入れず、ずっとこの投法を続けてきた。最大の武器はスライダー。真横に滑るように曲がり、右打者が打ちにいくと、バットの先をすり抜けていく。外見の特徴は、登板時にかけている黒縁の大きなメガネと、190センチ77キロの超スリムなボディ。この細い体を気に入っているようで、グラブには「SLIM」の文字が見える。既婚で、2020年1月にブロンド美人のケイティさんと結婚。

カモ S.マーフィー（アスレティックス）.000(6-0)0本 　苦手 J.ペーニャ（アストロズ）.667(3-2)1本

年度	所属チーム	勝利	敗戦	防御率	試合数	先発	セーブ	投球イニング	被安打	失点	自責点	被本塁打	与四球	奪三振	WHIP
2019	レッズ	0	0	4.26	5	0	0	6.1	8	3	3	2	3	0	1.74
2020	レンジャーズ	1	0	3.20	20	1	0	19.2	13	7	7	2	14	17	1.37
2021	レンジャーズ	0	1	9.00	4	0	0	4.0	5	5	4	1	0	2	1.25
2021	エンジェルス	2	2	4.30	14	0	0	14.2	15	7	7	0	4	18	1.30
2021	2チーム計	2	3	5.03	18	0	0	18.2	20	12	11	1	4	20	1.29
2022	エンジェルス	2	1	2.48	49	1	9	69.0	48	20	19	4	15	63	0.91
通算成績		5	4	3.17	92	2	9	113.2	89	42	40	9	36	100	1.10

212 　対左=対左打者被打率　対右=対右打者被打率　ホ防=ホーム防御率　ア防=アウェー防御率
ド=ドラフトデータ　出=出身地　年=年俸　カモ 苦手は通算成績

防御率2.58はナショナル・リーグ5位　先発　移籍

31 タイラー・アンダーソン Tyler Anderson

34歳｜1989.12.30｜188cm｜99kg｜左投左打

- ◆速球のスピード／140キロ台後半（フォーシーム、シンカー）
- ◆決め球と持ち球／☆チェンジアップ、◎カッター、◎フォーシーム、△シンカー、△カーブ
- ◆対左.234　◆対右.218　◆ホ防2.26　◆ア防2.87
- ◆ド2011①ロッキーズ　◆囲ネヴァダ州　◆囲1300万ドル（約16億9000万円）

球威	2
制球	5
緩急	5
精神・打撃	5
度胸	4

昨年ドジャースで大化けしたあとFAになり、3年3900万ドルでエンジェルスに入団した先発左腕。典型的な打たせて取るタイプで、奪三振は少ないが、打者のタイミングを外すことと、芯を外すことに長けており、好調時は凡打の山を築く。最大の特徴は、2段モーションに、さらに足の動きを1つ加えたトリッキーな投球フォーム。腕の振りのスピードや振り出す角度も一球一球微妙に変えて、芯でとらえられないよう工夫している。一昨年までは防御率がずっと4点台だったのに、昨年ドジャースで2.58という見事な数字を出せたのは、制球力が格段に向上し、被本塁打が半減したことが大きい。

カモ M・ブラントリー（アストロズ）.000(8-0)0本　苦手 J・ターナー（レッドソックス）.500(34-17)3本

年度	所属チーム	勝利	敗戦	防御率	試合数	先発	セーブ	投球イニング	被安打	失点	自責点	被本塁打	与四球	奪三振	WHIP
2016	ロッキーズ	5	6	3.54	19	19	0	114.1	119	50	45	12	28	99	1.29
2017	ロッキーズ	6	6	4.81	17	15	0	86.0	88	48	46	16	26	81	1.33
2018	ロッキーズ	7	9	4.55	32	32	0	176.0	165	94	89	30	59	164	1.27
2019	ロッキーズ	0	3	11.76	5	5	0	20.2	33	27	27	8	11	23	2.13
2020	ジャイアンツ	4	3	4.37	13	11	0	59.2	58	32	29	5	25	41	1.39
2021	パイレーツ	5	8	4.35	18	18	0	103.1	99	52	50	16	25	86	1.20
2021	マリナーズ	2	3	4.81	13	13	0	63.2	71	35	34	11	13	48	1.32
2021	2チーム計	7	11	4.53	31	31	0	167.0	170	87	84	27	38	134	1.25
2022	ドジャース	15	5	2.57	30	28	0	178.2	145	57	51	14	34	138	1.00
通算成績		44	43	4.16	147	141	0	802.1	778	395	371	112	221	680	1.25

クローザー経験もある豪腕　クローザー　セットアップ　移籍

53 カルロス・エステヴェス Carlos Estevez

31歳｜1992.12.28｜198cm｜125kg｜右投右打

- ◆速球のスピード／150キロ台中頃（フォーシーム）
- ◆決め球と持ち球／◎フォーシーム、◎スライダー、◎チェンジアップ
- ◆対左.216　◆対右.204　◆ホ防3.45　◆ア防3.49
- ◆ド2011ロッキーズ　◆囲ドミニカ　◆囲675万ドル（約8億7750万円）

球威	5
制球	2
緩急	3
精神・打撃	3
度胸	4

エンジェルスの課題であるブルペン改善のため、オフに2年1350万ドルで獲得したリリーフ右腕。昨季までロッキーズでプレーし、メジャー6年間の通算防御率は4.59。物足りない防御率だが、これは打者天国の本拠地球場で投げていたことが要因。敵地での通算防御率は3.51で、球団が変わればより力を発揮すると、エンジェルスの首脳陣は踏んでいるようだ。150キロ台後半のフォーシームでぐいぐい押すパワーピッチャー。右打者にはこれにスライダーを、左打者にはチェンジアップを交えて攻めるのが基本パターン。

カモ M・マチャード（パドレス）.083(12-1)0本　苦手 W・スミス（ドジャース）..714(7-5)2本

年度	所属チーム	勝利	敗戦	防御率	試合数	先発	セーブ	投球イニング	被安打	失点	自責点	被本塁打	与四球	奪三振	WHIP
2016	ロッキーズ	3	7	5.24	63	0	11	55.0	50	32	32	6	28	59	1.42
2017	ロッキーズ	5	0	5.57	35	0	0	32.1	39	21	20	3	14	31	1.64
2019	ロッキーズ	2	3	3.75	71	0	0	72.0	70	34	30	12	23	81	1.29
2020	ロッキーズ	1	1	7.50	26	0	1	24.0	33	21	20	6	9	27	1.75
2021	ロッキーズ	3	5	4.38	64	0	11	61.2	71	32	30	8	21	60	1.49
2022	ロッキーズ	4	4	3.47	62	0	2	57.0	44	27	22	7	23	54	1.18
通算成績		18	21	4.59	321	0	25	302.0	307	167	154	42	118	312	1.41

エンジェルス

後半戦はスライダーを武器に7勝、防御率2.86　先発

54 ホセ・スアレス Jose Suarez

25歳 1998.1.3生｜178cm｜101kg｜左投左打

◆速球のスピード／150キロ前後（フォーシーム、シンカー）
◆決め球と持ち球／☆スライダー、◎シンカー、○カーブ、△フォーシーム、△チェンジアップ
◆対左.202　◆対右.256　◆ホ防4.14　◆ア防3.75
◆ド2014外エンジェルス　◆出ベネズエラ
◆年72万ドル（約9360万円）+α

球威	3
制球	4
緩急	5
守備・牽制	4
度胸	3

　ベビーフェイスとポッチャリ体型が特徴の「若手サウスポー三羽ガラス」の1人。タイミングを外すことと、ボール球を振らせることに長けた技巧派で、2年連続で8勝している。一昨年はチェンジアップが最大の武器だったが、昨季はこれが機能せず、5月1日にマイナー落ち。その後も立ち直りのきっかけをつかめず、6月末まで昇格と降格を3度繰り返したため、シーズン前半は1勝4敗、防御率5.60という惨憺たる数字だった。しかし、シーズン後半に入ってスライダーを多投したところ最強の武器になり、7月末から3試合連続無失点を記録して波に乗った。陽気でコメディアンのようなキャラ。ベンチでは英語とスペイン語を使い分け、ジョークを連発している。

カモ A・ブレグマン（アストロズ）.083(12-1)0本　苦手 J・アルトゥーヴェ（アストロズ）.438(16-7)1本

年度	所属チーム	勝利	敗戦	防御率	試合数	先発	セーブ	投球イニング	被安打	失点	自責点	被本塁打	与四球	奪三振	WHIP
2019	エンジェルス	2	6	7.11	19	15	0	81.0	100	67	64	23	33	72	1.64
2020	エンジェルス	0	2	38.57	2	0	0	2.1	10	10	10	1	5	2	6.43
2021	エンジェルス	8	8	3.75	23	14	0	98.1	85	45	41	11	36	85	1.23
2022	エンジェルス	8	8	3.96	22	20	0	109.0	103	49	48	14	33	103	1.25
通算成績		18	24	5.05	66	51	0	290.2	298	171	163	49	107	262	1.39

監督代行の「ぶつけろ指令」を2度実行　ミドルリリーフ

60 アンドルー・ワンツ Andrew Wantz

28歳 1995.10.13生｜193cm｜106kg｜右投右打

◆速球のスピード／150キロ台前半（フォーシーム）
◆決め球と持ち球／☆フォーシーム、◎スライダー、△カッター、△チェンジアップ
◆対左.246　◆対右.180　◆ホ防3.42　◆ア防3.04
◆ド2018⑦エンジェルス　◆出ノースカロライナ州
◆年72万ドル（約9360万円）+α

球威	5
制球	4
緩急	3
守備・牽制	3
度胸	4

　メジャーに定着し、セットアッパーで使えるレベルに成長した右腕。最大の武器はフォーシーム。球速は平均レベルだが、強烈なスピンがかかった浮き上がる軌道のボールで、打ちにいくと凡フライか空振りになることが多い。昨シーズンのフォーシームの被打率は、1割3分6厘という目を見張る数字だった。気の荒いタイプではないが、監督の命令に忠実に従うタイプ。昨年6月26日のマリナーズ戦で、ネヴィン監督代行から「ぶつけろ！」の指令が2度出たときは、どちらもポーカーフェイスで遂行。1度目はフリオ・ロドリゲスの頭の後方30センチくらいのところに投げ、2度目はウィンカーの腰にぶつけた。どちらも致命傷にならないところに投げたが、2度目のときはマリナーズ側が激昂し、両軍総出の乱闘に。翌日、出場停止3試合の処分が下った。

カモ L・タヴェラス（レンジャーズ）.000(4-0)0本　苦手 C・コレイア（ツインズ）.500(4-2)0本

年度	所属チーム	勝利	敗戦	防御率	試合数	先発	セーブ	投球イニング	被安打	失点	自責点	被本塁打	与四球	奪三振	WHIP
2021	エンジェルス	1	0	4.94	21	0	0	27.1	23	17	15	5	11	38	1.24
2022	エンジェルス	2	1	3.22	42	1	0	50.1	37	19	18	8	21	52	1.15
通算成績		3	1	3.82	63	1	0	77.2	60	36	33	13	32	90	1.18

対左=対左打者被打率　対右=対右打者被打率　ホ防=ホーム防御率　ア防=アウェー防御率
ド=ドラフトデータ　出=出身地　年=年俸　カモ 苦手=通算成績

ピンチの火消し役としては機能せず

セットアップ

52 ライアン・テペラ *Ryan Tepera*

36歳 1987.11.3 ／ 185cm ／ 88kg ／ 右投右打

◆速球のスピード／150キロ前後（フォーシーム、シンカー）
◆決め球と持ち球／◎カッター、◎フォーシーム、◎シンカー、◎スプリッター
◆対左.193 ◆対右.208 ◆木防2.56 ◆ア防4.91
◆ド2009⑲ブルージェイズ ◆田テキサス州
◆甲700万ドル（約9億1000万円）

球威	4
制球	3
緩急	4
守備・走塁	2
度胸	3

好調時はクローザーでも使用可能なベテラン。昨季は2月にチェルシーさんと故郷ヒューストンで挙式後、2年1400万ドルの契約で入団。シーズン序盤はセットアッパーとしていい働きをしていたが、5月半ばから投球が浮くようになり、しばしば連打を食うようになった。イニングの頭から使うと好投することが多いが、走者がいる場面で使うと制球が甘くなる傾向がある。昨季は引き継いだ走者の43%を生還させてしまった。チームの14連敗が続いていたときは、2度チームのリードを消す背信投球があった。球種はカッター、フォーシーム、シンカー、スプリッターで、どれも平均以上のレベル。

カモ E・スアレス（マリナーズ）.000(8-0)0本　　苦手 J・アブレイユ（アストロズ）.667(9-6)1本

年度	所属チーム	勝利	敗戦	防御率	試合数	先発	セーブ	投球イニング	被安打	失点	自責点	被本塁打	与四球	奪三振	WHIP
2015	ブルージェイズ	0	2	3.27	32	0	1	33.0	23	14	12	8	6	22	0.88
2016	ブルージェイズ	0	0	2.95	20	0	0	18.1	17	8	6	3	8	18	1.36
2017	ブルージェイズ	7	1	3.59	73	0	2	77.2	57	35	31	7	31	81	1.13
2018	ブルージェイズ	5	5	3.62	68	0	7	64.2	55	27	26	9	24	68	1.22
2019	ブルージェイズ	0	2	4.98	23	1	0	21.2	20	12	12	5	8	14	1.29
2020	カブス	1	1	3.92	21	0	0	20.2	17	9	9	2	12	31	1.40
2021	カブス	0	2	2.91	43	0	1	43.1	22	14	14	3	12	50	0.78
2021	ホワイトソックス	0	0	2.50	22	0	1	18.0	13	5	5	1	7	24	1.11
2021	2チーム計	0	2	2.79	65	0	2	61.1	35	19	19	4	19	74	0.88
2022	エンジェルス	5	5	3.61	59	0	6	57.1	42	27	23	7	20	47	1.08
通算成績		17	18	3.50	361	1	18	354.2	266	151	138	43	128	355	1.11

気合が入り過ぎると一発を食う傾向

セットアップ

65 ホセ・キハーダ *Jose Quijada*
★WBCベネズエラ代表

28歳 1995.11.9 ／ 180cm ／ 97kg ／ 左投左打

◆速球のスピード／150キロ台前半（フォーシーム主体）
◆決め球と持ち球／◎フォーシーム、◎チェンジアップ、◎スライダー
◆対左.115 ◆対右.204 ◆木防3.74 ◆ア防4.26
◆ド2013マーリンズ ◆田ベネズエラ
◆甲72万ドル（約9360万円）+α

球威	3
制球	2
緩急	2
守備・走塁	3
度胸	5

ストライクゾーンの真ん中高めに、フォーシームをどんどん投げ込んでいく度胸満点の左腕。全投球の85%がフォーシームで、見ていてスリルを感じさせる。フォーシームは球速、回転数とも平均レベルだが、右打者にはチェンジアップを、左打者にはスライダーを時折交えて目線を狂わせるので、被打率は1割7分9厘という低さだ。気合で投げるタイプ。それがいい具合にアドレナリンを上昇させれば、速球で押しまくって三者三振でイニングを終えるが、気合が入り過ぎるとフォーシームが棒球になり、長打を食うことに。

カモ N・ロウ（レンジャーズ）.000(3-0)0本　　苦手 C・シーガー（レンジャーズ）.667(3-2)2本

年度	所属チーム	勝利	敗戦	防御率	試合数	先発	セーブ	投球イニング	被安打	失点	自責点	被本塁打	与四球	奪三振	WHIP
2019	マーリンズ	2	3	5.76	34	0	1	29.2	27	20	19	10	26	44	1.79
2020	エンジェルス	0	1	7.36	6	0	0	3.2	6	4	3	1	2	6	2.18
2021	エンジェルス	0	2	4.56	26	0	0	25.2	20	14	13	2	15	38	1.36
2022	エンジェルス	0	5	3.98	42	0	3	40.2	25	19	18	5	21	52	1.13
通算成績		2	11	4.79	108	0	4	99.2	78	57	53	18	64	140	1.42

エンジェルス

ミドルリリーフ
28 アーロン・ループ *Aaron Loup*
チームが14連敗したときのA級戦犯の1人

36歳 1987.12.19生｜180cm｜95kg｜左投がッ左打

◆速球のスピード／140キロ台後半（シンカー主体）
◆決め球と持ち球／○シンカー、○カッター、○チェンジアップ、△カーブ
◆対左.238　◆対右.233　◆ホ防5.14　◆ア防2.64
◆ド2009⑨ブルージェイズ　◆田ルイジアナ州
◆囲750万ドル（約9億7500万円）

球威	2
制球	3
緩急	4
守備・牽制	3
度胸	3

　火消し役になるはずが、炎上役になったリリーフ陣崩壊の元凶。打者のタイミングを外すことに長け、一昨年はメッツで防御率0.95をマーク。シーズン終了後、FAになったため、左の抑え役が欲しいエンジェルスが、2年1700万ドルの破格の待遇で獲得。昨季は開幕からひと月ほどは期待通りの働きをしていたが、5月下旬から多投するシンカーとカッターの制球がにわかに定まらなくなり、リードしている場面で登板して連打を浴び、同点や逆転を許すことが続いた。そのため6月下旬以降は、主に中盤のリリーフで使われた。

| カモ C・シーガー（レンジャーズ）.000(7-0)0本 | 苦手 C・ディッカーソン（ナショナルズ）.556(9-5)1本 |

年度	所属チーム	勝利	敗戦	防御率	試合数	先発	セーブ	投球イニング	被安打	失点	自責点	被本塁打	与四球	奪三振	WHIP
2012	ブルージェイズ	0	2	2.64	33	0	0	30.2	26	10	9	0	2	21	0.91
2013	ブルージェイズ	4	4	2.47	64	0	0	69.1	66	23	19	5	13	53	1.14
2014	ブルージェイズ	4	4	3.15	71	0	4	68.2	50	25	24	4	30	56	1.17
2015	ブルージェイズ	2	5	4.46	60	0	0	42.1	47	24	21	6	7	46	1.28
2016	ブルージェイズ	0	0	5.02	21	0	0	14.1	15	8	8	2	4	15	1.33
2017	ブルージェイズ	2	3	3.75	70	0	0	57.2	59	27	24	3	29	64	1.53
2018	ブルージェイズ	0	0	4.54	50	0	0	35.2	44	21	18	4	13	42	1.60
2018	フィリーズ	0	0	4.50	9	0	0	4.0	4	2	2	0	1	2	1.25
2018	2チーム計	0	0	4.54	59	0	0	39.2	48	23	20	4	14	44	1.56
2019	パドレス	0	2	0.00	4	0	0	5.0	1	0	0	0	1	5	0.90
2020	レイズ	3	2	2.52	24	0	0	25.0	17	9	7	3	4	22	0.84
2021	メッツ	6	0	0.95	65	0	0	56.2	37	9	6	1	16	57	0.94
2022	エンジェルス	0	5	3.84	65	0	0	58.2	54	38	25	4	22	52	1.30
通算成績		21	27	3.15	536	2	7	466.1	421	196	163	33	142	435	1.21

ロングリリーフ・先発
51 ハイメ・バリア *Jaime Barria*
降格人事が幸いして蘇生
★WBCパナマ代表

27歳 1996.7.18生｜185cm｜95kg｜右投右打

◆速球のスピード／140キロ台後半（フォーシーム、シンカー）
◆決め球と持ち球／◎スライダー、○フォーシーム、○シンカー、○チェンジアップ
◆対左.225　◆対右.212　◆ホ防2.72　◆ア防2.51
◆ド2013外エンジェルス　◆田パナマ
◆囲105万ドル（約1億3650万円）

球威	2
制球	4
緩急	3
守備・牽制	4
度胸	2

　2019年以降、メジャーとマイナーを往復する状態が続いていた右腕。そのため、先発失格になり、昨季は開幕からロングリリーフで起用された。リードされた場面で登板し、2～4イニング投げる役回りは、「プレッシャーのかかる場面には弱いが、耐久性は抜群」という特長を生かすことになる。称賛されたのは、イニングが長くなるほど好投すること。3イニング以上投げた11試合では9試合を自責点1以内に、4イニング以上投げた4試合では3試合を自責点1以内に抑えた。典型的な打たせて取るタイプで、粘りの投球が身上。

| カモ A・ガルシア（レンジャーズ）.000(9-0)0本 | 苦手 K・タッカー（アストロズ）.500(10-5)4本 |

年度	所属チーム	勝利	敗戦	防御率	試合数	先発	セーブ	投球イニング	被安打	失点	自責点	被本塁打	与四球	奪三振	WHIP
2018	エンジェルス	10	9	3.41	26	26	0	129.1	117	50	49	18	27	98	1.27
2019	エンジェルス	4	10	6.42	19	13	0	82.2	92	61	59	24	27	75	1.44
2020	エンジェルス	1	0	3.62	9	4	0	32.1	27	13	13	3	9	21	1.11
2021	エンジェルス	2	4	4.61	13	11	0	56.2	70	29	29	8	19	35	1.57
2022	エンジェルス	3	3	2.61	35	1	0	79.1	63	29	23	11	19	54	1.03
通算成績		20	26	4.09	100	56	0	380.1	369	182	173	63	121	289	1.29

投手

先発 **ルーキー**

先発6番手の有力候補
63 チェイス・シルセス *Chase Silseth*

23歳 2000.5.18生｜183cm｜98kg｜右投右打 | 球速150キロ台前半～中盤(フォーシーム主体) | 決め球◎スプリッター

球4 制2 緩3 守3 度2

|対左|.353|対右|.234|Ⓓ2021①エンジェルス|Ⓔニューメキシコ州|Ⓜ72万ドル(約9360万円)+α|

プロ入り後、マイナーで8試合登板しただけで、昨年5月13日にメジャーデビューした注目株。初登板のアスレティックス戦で、6回を1安打無失点に抑えて勝ち投手になったため、2020年のドラフトで11巡目指名という低い評価でプロ入りした投手が大化けしたと話題に。その後はイニングを経るごとに制球が悪くなる欠点を露呈し、ひと月ほどでマイナー落ちした。ただ、マイナー(すべて2Aでの登板)では敵なしで、7勝0敗、防御率2.28の好成績をマーク。武器はスプリッターとスライダー。フォーシームは、スピードは平均以上だが、軌道がフラットで制球にも難がある。

年度	所属チーム	勝利	敗戦	防御率	試合数	先発	セーブ	投球イニング	被安打	失点	自責点	被本塁打	与四球	奪三振	WHIP
2022	エンジェルス	1	3	6.59	7	7	0	28.2	33	21	21	7	12	24	1.57
通算成績		1	3	6.59	7	7	0	28.2	33	21	21	7	12	24	1.57

先発 **ロングリリーフ**

欠点は制球難と回転数の少ないフォーシーム
32 タッカー・デイヴィッドソン *Tucker Davidson*

27歳 1996.3.25生｜188cm｜97kg｜左投左打 | 球速150キロ前後(フォーシーム主体) | 決め球◎スライダー

球2 制2 緩3 守3 度2

|対左|.267|対右|.266|Ⓓ2016⑲ブレーブス|Ⓔテキサス州|Ⓜ72万ドル(約9360万円)+α|

ミナシアンGM(元ブレーブスGM補佐)が昨年8月2日のトレードで、古巣ブレーブスから獲得した左腕。2021年のワールドシリーズ第5戦に先発で起用された実績があるため期待され、移籍後は8試合に先発で起用された。しかし四球を連発し、QSが付いたのは1試合だけで、1勝5敗、防御率6.87という数字に終わった。最大の欠点は、速球のスピン量が足りないため、ストレートな軌道になりがちなこと。昨季はフォーシームの被打率が3割を超えていたため多投できず、スライダー頼みの投球になることが多かった。スタミナにも難があるため、リリーフに回る可能性も。

年度	所属チーム	勝利	敗戦	防御率	試合数	先発	セーブ	投球イニング	被安打	失点	自責点	被本塁打	与四球	奪三振	WHIP
2022	ブレーブス	1	2	6.46	4	3	0	15.1	15	11	11	4	13	10	1.83
2022	エンジェルス	1	5	6.87	8	8	0	36.2	39	28	28	7	22	23	1.66
2022	2チーム計	2	7	6.75	12	11	0	52.0	54	39	39	7	35	33	1.71
通算成績		2	8	5.99	17	16	0	73.2	72	54	49	11	47	53	1.62

— サム・バックマン *Sam Bachman*

先発 **リリーフ** **期待度 B** **ルーキー**

24歳 1999.9.30生｜185cm｜107kg｜右投右打 ◆昨季は2Aでプレー Ⓓ2021①エンジェルス Ⓔインディアナ州

豪速球とスライダーを武器にするパワーピッチャー。マイナーでは先発で投げているが、スタミナに難があるため、ゲーム中盤に入ると急に失点が多くなる。速球は、リリーフで投げると160キロ前後がコンスタントに出るので、メジャーでは先発より、セットアッパーとして使われる可能性が高い。

— カイ・ブッシュ *Ky Bush*

先発 **期待度 B** **ルーキー**

24歳 1999.11.12生｜198cm｜109kg｜左投左打 ◆昨季は2Aでプレー Ⓓ2021②エンジェルス Ⓔユタ州

第2のデトマーズになることを期待されている長身の先発サウスポー。武器は、タテに大きく変化するスライダー。右打者を追い込むと、これを使ってハイペースで三振を奪う。課題はサウスポーながら、左打者を封じる武器がないこと。この弱点を克服すれば、すぐにメジャーへの道が開けるだろう。

球=速球のスピード 決=決め球
※メジャー経験がない投手の「先発」「リリーフ」はマイナーでの役割

エンジェルス

217

残留でも移籍でも5億ドル級の契約は確実

DH
ピッチャー

17 大谷翔平
Shohei Ohtani ★WBC**日本代表**

29歳／1994.7.5生／193cm／95kg／右投左打
◆対左投手打率／.263(205-54)　◆対右投手打率／.278(381-106)
◆ホーム打率／.314(290-91)　◆アウェー打率／.233(296-69)
◆得点圏打率／.314(102-32)
◆22年のポジション別出場数／DH=153、ピッチャー=28
◆ドラフトデータ／2012①北海道日本ハム、2018㉚エンジェルス
◆出身地／岩手県
◆年俸／3000万ドル（約39億円）
◆MVP1回(21年)、シルバースラッガー賞1回(21年)、
　新人王(18年)　※投手の大谷→210ページ

ミート **4**
パワー **5+**
走塁 **5**
守備 **4**
肩 **5+**

　昨年の打者大谷は、MVPになった一昨年の活躍には及ばないものの、アメリカン・リーグ4位の34本塁打と7位の95打点をマークし、ダブル主砲の1人としてフルに機能した。昨年は恩師マドン監督の解任劇があり、夏場にはトレード情報が氾濫した。そんな精神的に最悪の環境にありながら、連日打席に立って結果を出し続けたことは称賛に値する。

　エンジェルスのようなビッグマーケット（経済規模の大きい都市）のチームは、看板選手のFA権取得が近づくと、早めにメガコントラクト（総額1億ドル以上の長期契約）を交わして、つなぎ止めることが多い。エンジェルスが大谷に対し、それができずにいるのは、トラウトやレンドーンと過大な契約をしているため、大谷とも長期契約して5000万ドル前後の年俸が加わると、現在のモレノ・オーナーが設定している年俸総額（1億9000万ドル）の7割近くが、この3人の年俸で占められ、まともな補強ができなくなってしまうからだ。そのため、大谷のトレード説が出るのだが、強豪チームに移ることは、ポストシーズンに出る夢をかなえてはくれるものの、昨季のようにピッチャーとバッターの両方で、トップレベルの成績を出すことは困難になる。なぜならそれを実現するには、6人ローテーションで投げる必要があるが、強豪チームはそれをしないからだ。大谷にとって好材料になりそうなのは、球団売却を撤回したモレノ・オーナーが年俸総額を大幅に引き上げる意向を持っていることだ。

　残留するにしろ、FAで移籍するにしろ、大谷は10年5億ドル規模の契約にサインすることになるだろう。彼自身はカネに無頓着だが、MLBで最も価値のある選手になった以上、最高の契約にサインせざるを得ない。それがメジャーの暗黙のルールなのだ。

[カモ] G・カービー（マリナーズ）.455(11-5)0本　F・モンタス（ヤンキース）.417(24-10)4本
[苦手] R・プレスリー（アストロズ）.111(9-1)0本　F・ヴァルデス（アストロズ）.154(26-4)1本

年度	所属チーム	試合数	打数	得点	安打	二塁打	三塁打	本塁打	打点	四球	三振	盗塁	盗塁死	出塁率	OPS	打率
2018	エンジェルス	114	326	59	93	21	2	22	61	37	102	10	4	.361	.925	.285
2019	エンジェルス	106	384	51	110	20	5	18	62	33	110	12	3	.343	.848	.286
2020	エンジェルス	46	153	23	29	6	0	7	24	22	50	7	1	.291	.657	.190
2021	エンジェルス	158	537	103	138	26	8	46	100	96	189	26	10	.372	.964	.257
2022	エンジェルス	157	586	90	160	30	6	34	95	72	161	11	9	.356	.875	.273
通算成績		581	1986	326	530	103	21	127	342	260	612	66	27	.354	.886	.267

メジャー最高の打者という評価は不変

センター

27 マイク・トラウト
Mike Trout ★WBCアメリカ代表

32歳 1991.8.7生／188cm／106kg／右投右打

◆対左投手打率／.310(116-36)　◆対右投手打率／.273(322-88)
◆ホーム打率／.330(203-67)　◆アウェー打率／.243(235-57)
◆得点圏打率／.243(74-18)
◆22年のポジション別出場数／センター=111、DH=7
◆ドラフトデータ／2009①エンジェルス
◆出身地／ニュージャージー州
◆年俸／3545万ドル（約46億850万円）
◆MVP3回(14、16、19年)、打点王1回(14年)、盗塁王1回(12年)、シルバースラッガー賞9回(12〜16、18〜20、22年)、ハンク・アーロン賞2回(14、19年)、新人王(12年)

ミート **5**
パワー **5**
走塁 **3**
守備 **3**
肩 **3**

エンジェルス

　2030年まで契約があるMVP3回、MVP次点4回の大打者。昨季は夏場に背中と側胸部の筋肉を痛めて5週間ほど欠場し、119試合の出場にとどまった。しかし、11打数に1本というハイペースでアーチを生産し、アメリカン・リーグ2位の40本塁打をマークしている。最大の長所は、パワーと選球眼を併せ持つことだ。これまでに放った本塁打は350本に達するが、その一方でア・リーグの最多四球を3度、最高出塁率を4度記録している。ただ昨季は、出塁率が前年(21年)に比べて1割近く低下した。これは四球をたくさん選んで出塁しても、エンジェルス打線が弱体で、得点に結びつかないことが多いため、積極的に打ちにいったことが原因だ。

　典型的なローボール・ヒッターで、低めは速球、変化球にかかわらず、抜群に強い。昨シーズンも本塁打の大半は、ストライクゾーンの下半分に来た投球を叩いたものだ。低めのボールゾーンの球を、すくいあげて本塁打にしたケースも3度あった。

　今季は、まずアメリカ代表としてWBCに出場し、そのあとチームに合流して、シーズンを迎える。故障が多くなっているのに、真っ先にWBC出場を決めたのは、代表チームのGMが、エンジェルスの元GMトニー・レギンスだからだ。トラウトは2009年のドラフトで、高校生ながらエンジェルスから1巡目に指名され、プロ入りしている。そのときのGMがレギンスで、トラウトはレギンスを大恩人と見なしているようだ。

カモ C・アーヴィン（アスレティックス）.571(7-4)0本　菊池雄星（ブルージェイズ）.429(14-6)2本
苦手 J・ヴァーランダー（アストロズ）.116(43-5)2本　F・ヴァルデス（アストロズ）.083(12-1)0本

年度	所属チーム	試合数	打数	得点	安打	二塁打	三塁打	本塁打	打点	四球	三振	盗塁	盗塁死	出塁率	OPS	打率
2011	エンジェルス	40	123	20	27	6	0	5	16	9	30	4	0	.281	.671	.220
2012	エンジェルス	139	559	129	182	27	8	30	83	67	139	49	5	.399	.963	.326
2013	エンジェルス	157	589	109	190	39	9	27	97	110	136	33	7	.432	.989	.323
2014	エンジェルス	157	602	115	173	39	9	36	111	83	184	16	2	.377	.938	.287
2015	エンジェルス	159	575	104	172	32	6	41	90	92	158	11	7	.402	.992	.299
2016	エンジェルス	159	549	123	173	32	5	29	100	116	137	30	7	.441	.991	.315
2017	エンジェルス	114	402	92	123	25	3	33	72	94	90	22	4	.442	1.071	.306
2018	エンジェルス	140	471	101	147	24	4	39	79	122	124	24	2	.460	1.088	.312
2019	エンジェルス	134	470	110	137	27	2	45	104	110	120	11	2	.438	1.083	.291
2020	エンジェルス	53	199	41	56	9	2	17	46	35	56	1	1	.390	.993	.281
2021	エンジェルス	36	117	23	39	8	1	8	18	27	41	2	0	.466	1.090	.333
2022	エンジェルス	119	438	85	124	28	2	40	80	54	139	1	0	.369	.999	.283
通算成績		1407	5094	1052	1543	296	51	350	896	919	1354	204	37	.415	1.002	.303

満塁弾2、サヨナラ弾1のクラッチヒッター レフト ライト

3 テイラー・ウォード
Taylor Ward

30歳｜1993.12.14生｜185cm｜90kg｜右投右打

◆対左投手打率／.268(142-38) ◆対右投手打率／.286(353-101)
◆ホーム打率／.305(213-65) ◆アウェー打率／.262(282-74)
◆得点圏打率／.313(96-30)
◆22年のポジション別出場数／ライト=125、
　センター=7、サード=2、レフト=2、DH=2
◆ドラフトデータ／2015①エンジェルス
◆出身地／オハイオ州
◆年俸／72万ドル（約9360万円）+α

ミート **5**
パワー **4**
走塁 **3**
守備 **3**
肩 **4**

　5年目の昨シーズン、突然ブレイクして中軸を打つようになった外野手。エンジェルスは、ドラフト1巡目指名の打者がモノにならないことで知られるが、ウォードも1巡目指名ながら、初めの4年間は鳴かず飛ばずで、昨季も期待は小さかった。しかも開幕前に鼠径部を痛めて出遅れ、プレーを開始したのは4月16日からとなった。ところが、復帰初戦でソロホームランを放つと、4月24日のガーディアンズ戦ではサイ・ヤング賞投手ビーバーから2本のアーチ、26日には満塁弾を放って波に乗った。

　打撃だけでなく選球眼も良いため、5月中旬に規定打席数に達すると、打率、出塁率、OPSがすべてトップとなり、「この時点でメジャー最強の打者」と報じられた。しかしその後、ハムストリング痛とダイビングキャッチを試みて肩を痛めたことが響いて、打撃成績が急降下。6月と7月は2カ月で本塁打を3本しか打てなかった。

　スランプに終止符を打ったのは、8月25日のレイズ戦だった。この日は敵地トロピカーナ・フィールドに、両親と2人の祖母が応援に駆けつけていた。本塁打が出たのは、テレビ局の女性リポーターから、95歳の祖母フェイさんがインタビューを受けているときで、一家が興奮している様子がテレビで伝えられることになった。試合後、それを知ったウォードは大喜びで、その後復調し、本塁打を23まで伸ばしてシーズンを終えた。

　打者としての特徴は、バットを真横にして構えること。本人は「背骨と90度の角度にバットを構えると、投球が来る軌道と同じ軌道にバットが入るから、やっている」と語っている。大学時代とプロ入り3年目までは捕手としてプレーしたため、外野手としての守備力が低かったが、昨年はエラーが5つあるものの、守備範囲が広くなり、平均レベルに近くなった。

カモ F・ヴァルデス(アストロズ).500(16-8)0本　菊池雄星(ブルージェイズ).800(5-4)1本
苦手 L・ガルシア(アストロズ).077(13-1)0本　C・ハヴィエア(アストロズ).000(6-0)0本

年度	所属チーム	試合数	打数	得点	安打	二塁打	三塁打	本塁打	打点	四球	三振	盗塁	盗塁死	出塁率	OPS	打率
2018	エンジェルス	40	135	14	24	3	0	6	15	9	45	2	0	.245	.578	.178
2019	エンジェルス	20	42	4	8	3	0	1	2	6	23	0	0	.292	.625	.190
2020	エンジェルス	34	94	16	26	6	2	0	5	8	28	2	0	.333	.716	.277
2021	エンジェルス	65	208	33	52	15	0	8	33	20	55	1	1	.332	.770	.250
2022	エンジェルス	135	495	73	139	22	2	23	65	60	120	5	3	.360	.833	.281
通算成績		294	974	140	249	49	4	38	120	103	271	10	4	.333	.764	.256

一発を安定生産できる、トラウトのそっくりさん　ライト　移籍

12 ハンター・レンフロー　Hunter Renfroe

31歳 1992.1.28生｜185cm｜104kg｜右投right打

◆対左投手打率／.258 　◆対右投手打率／.254

◆ホーム打率／.278 　◆アウェー打率／.232 　◆得点圏打率／.236

◆22年のポジション別出場数／ライト=118、DH=7、ファースト=1

◆Ⓓ2013①パドレス

◆⊞ミシシッピ州

ミート	3
パワー	5
走塁	3
守備	3
肩	5

オフのトレードで、ブリュワーズから移籍の長距離砲。打撃面のウリは単に飛距離が出るというだけでなく、計算できるホームランバッターであること。メジャーに定着した2017年以降は、毎年15打数に1本くらいのペースで本塁打を生産しており、ペースが大きく落ち込んだ年は一度もない。守備面でのウリは、強肩で送球も正確であること。21年は16アシスト（補殺）、22年は11アシストを記録。2年連続でアシスト数がメジャーの右翼手の中で最多だった。以前から、顔がトラウトとそっくりと言われ続けてきたため親近感をいだいており、本物のトラウトと一緒にプレーできることを喜んでいる。

カモ J・グレイ（レンジャーズ）.417(12-5)3本　苦手 C・カーショウ（ドジャース）.136(22-3)1本

年度	所属チーム	試合数	打数	得点	安打	二塁打	三塁打	本塁打	打点	四球	三振	盗塁	盗塁死	出塁率	OPS	打率
2016	パドレス	11	35	8	13	3	0	4	14	1	5	0	0	.389	1.189	.371
2017	パドレス	122	445	51	103	25	1	26	58	27	140	3	1	.284	.751	.231
2018	パドレス	117	403	53	100	23	1	26	68	30	109	2	1	.302	.806	.248
2019	レイズ	140	440	64	95	19	1	33	64	46	154	5	0	.289	.778	.216
2020	レイズ	42	122	18	19	5	0	8	22	14	37	2	0	.252	.645	.156
2021	レッドソックス	144	521	89	135	33	4	31	96	44	130	1	2	.315	.816	.259
2022	ブリュワーズ	125	474	62	121	23	1	29	72	39	121	1	1	.315	.807	.255
通算成績		701	2440	345	586	131	4	157	394	201	696	14	4	.300	.790	.240

シルバースラッガー賞を初受賞　ユーティリティ　移籍

23 ブランドン・ドルーリー　Brandon Drury

31歳 1992.8.21生｜188cm｜104kg｜右投右打

◆対左投手打率／.299 　◆対右投手打率／.248

◆ホーム打率／.275 　◆アウェー打率／.248 　◆得点圏打率／.282

◆22年のポジション別出場数／サード=67、ファースト=30、セカンド=27、DH=26、ショート=7、ライト=1

◆Ⓓ2010⑬ブレーブス　◆⊞オレゴン州

◆⊞850万ドル（約11億500万円）　◆シルバースラッガー賞1回(22年)

ミート	3
パワー	4
走塁	2
守備	3
肩	2

2年1700万ドルでエンジェルス入りしたユーティリティ。昨季はレッズとマイナー契約を結び、開幕直後にメジャー昇格。5月以降、コンスタントに長打を放っていた。8月のパドレス移籍後もまずまずの成績を残し、自己ベストの28本塁打をマーク。シルバースラッガー賞も、ユーティリティ部門で受賞した。ダイヤモンドバックスの3Aでプレーしていたときの監督が、現エンジェルス監督のネヴィンで、今もなお、深い信頼関係で結ばれている。

カモ F・ヴァルデス（アストロズ）.600(5-3)0本　苦手 M・ゴンザレス（マリナーズ）.000(6-0)0本

年度	所属チーム	試合数	打数	得点	安打	二塁打	三塁打	本塁打	打点	四球	三振	盗塁	盗塁死	出塁率	OPS	打率
2015	ダイヤモンドバックス	20	56	3	12	3	0	2	4	2	8	0	0	.254	.629	.214
2016	ダイヤモンドバックス	134	461	59	130	31	4	16	53	31	100	1	0	.329	.787	.282
2017	ダイヤモンドバックス	135	445	41	119	37	2	13	63	28	103	1	1	.317	.764	.267
2018	ヤンキース	18	51	2	9	2	0	1	7	7	12	0	0	.263	.538	.176
2018	ブルージェイズ	8	26	3	4	2	0	0	3	1	9	0	0	.241	.472	.154
2018	2チーム計	26	77	5	13	4	0	1	10	7	20	0	0	.256	.516	.169
2019	ブルージェイズ	120	418	43	91	21	1	15	41	25	113	0	1	.262	.642	.218
2020	ブルージェイズ	21	46	3	7	1	0	0	1	3	13	0	0	.184	.358	.152
2021	メッツ	51	84	7	23	5	0	4	14	3	22	0	0	.307	.783	.274
2022	レッズ	92	350	62	96	22	2	20	59	29	84	2	3	.335	.855	.274
2022	パドレス	46	168	26	40	9	0	8	28	9	42	0	1	.290	.725	.238
2022	2チーム計	138	518	87	136	31	2	28	87	38	126	2	3	.320	.812	.263
通算成績		645	2105	248	531	133	6	79	277	136	501	4	6	.302	.736	.252

第2のポージーになる可能性を秘めた捕手 キャッチャー

14 ローガン・オホッピー Logan O'Hoppe ルーキー

23歳 2000.2.9生｜188cm｜83kg｜右投右打 ◆盗塁阻止率／.000(3-0)

◆対左投手打率／.400 ◆対右投手打率／.222	ミート **4**
◆ホーム打率／.300 ◆アウェー打率／.250 ◆得点圏打率／.429	パワー **5**
◆22年のポジション別出場数／キャッチャー＝5	走塁 **3**
◆Ⓓ2018㉓フィリーズ ◆田ニューヨーク州	守備 **4**
◆軍72万ドル（約9360万円）+α	肩 **4**

正捕手に抜擢される可能性がある、昨年8月2日のトレードでフィリーズから移籍した捕手の逸材。打撃面の最大のウリはパワー。エンジェルス移籍後は、2Aで29試合に出場し、98打数で11本外野席に叩き込んだ。メジャーで常時出場するようになれば、毎年20本以上期待できる打者になると評価されている。その一方で、選球眼が良く、ミートもうまいので、四球が多く、三振が少ない。昨シーズン、エンジェルスの2Aで四球を29個記録、出塁率は4割7分3厘という高率をマークし、三振は22という少なさだった。守備面も評価が高く、肩の強さ、レシービング、ボールブロック、ゲームコーリング（リード）、ホームベースまわりの守備は、どれも平均以上。こんな優れ者をフィリーズが放出したのは、今やメジャー・ナンバーワン捕手となったリアルミュートがいるため、メジャーで活用する道が閉ざされていたからだ。

カモ ── 苦手 G・オットー（レンジャーズ）.000(3-0)0本

年度	所属チーム	試合数	打数	得点	安打	二塁打	三塁打	本塁打	打点	四球	三振	盗塁	盗塁死	出塁率	OPS	打率
2022	エンジェルス	5	14	1	4	0	0	0	2	2	3	0	0	.375	.661	.286
通算成績		5	14	1	4	0	0	0	2	2	3	0	0	.375	.661	.286

三振率の低さはメジャーで1位 セカンド ショート

22 デイヴィッド・フレッチャー David Fletcher ★WBCイタリア代表

29歳 1994.5.31生｜175cm｜83kg｜右投右打

◆対左投手打率／.250 ◆対右投手打率／.257	ミート **4**
◆ホーム打率／.259 ◆アウェー打率／.250 ◆得点圏打率／.294	パワー **2**
◆22年のポジション別出場数／セカンド＝44、ショート＝36	走塁 **4**
◆Ⓓ2015⑥エンジェルス ◆田カリフォルニア州	守備 **5**
◆軍600万ドル（約7億8000万円）	肩 **3**

5年契約の3年目に入る、球に食らいついていくタイプの小兵内野手。昨季は開幕早々、股関節の内転・伸展を行う大内転筋を痛めてIL（故障者リスト）入り。4月末に復帰したが、十日ほどで再発したため戦列を離れ、手術を受けた。7月28日に復帰後は、セカンドで連日先発出場し、よくヒットが出ていたが、9月11日のアストロズ戦で右手に死球を受け、2022年3度目のIL入りをする羽目に。パワーには欠けるが、小回りが利くタイプ。マドン前監督は「細かいことをきっちりできるし、スキルも高い。ほかの選手が気づかないことを感じとることもできる野球巧者」と高く評価。WBCにイタリア代表として出場したのは、母フェルナンダさんがイタリア出身だからだ。

カモ C・アーヴィン（アスレティックス）.500(22-11)1本 苦手 T・ハーン（レンジャーズ）.000(11-0)0本

年度	所属チーム	試合数	打数	得点	安打	二塁打	三塁打	本塁打	打点	四球	三振	盗塁	盗塁死	出塁率	OPS	打率
2018	エンジェルス	80	284	35	78	18	2	1	25	15	34	1	0	.316	.679	.275
2019	エンジェルス	154	596	83	173	30	4	6	49	55	64	8	3	.350	.734	.290
2020	エンジェルス	49	207	31	66	13	0	3	18	20	25	1	1	.376	.801	.319
2021	エンジェルス	157	626	74	164	27	3	2	47	31	60	15	3	.297	.621	.262
2022	エンジェルス	61	216	20	55	9	1	2	17	7	16	1	0	.288	.621	.255
通算成績		501	1929	243	536	97	10	14	156	128	199	29	7	.324	.684	.278

急成長し、ビッグな2つの賞の最終候補に ユーティリティ

2 ルイス・レンヒーフォ *Luis Rengifo*

★WBCベネズエラ代表

26歳 1997.2.26生｜178cm｜88kg｜右投両打

◆対左投手打率／.315　◆対右投手打率／.238
◆ホーム打率／.304　◆アウェー打率／.225　◆得点圏打率／.220
◆22年のポジション別出場数／セカンド＝99、サード＝39、
　ショート＝19、ライト＝5、レフト＝1
◆Ⓓ2013㊤マリナーズ　◆㊤ベネズエラ

ミート	3
パワー	4
走塁	4
守備	4
肩	3

名脇役への道を歩み始めた、使い勝手が抜群に良いプレーヤー。昨年、ゴールドグラブ賞とシルバースラッガー賞にユーティリティ部門が新設されたが、その両方で最終候補にノミネートされたため、評価が急上昇している。以前は貧打のイメージがあったが、昨季は8月以降、12本塁打、30打点を記録。これが評価され、シルバースラッガー賞の候補になった。相変わらずのフリースインガーではあるが、右打席では失投を見逃さない怖い打者に成長した。守備では、サードで使うと平均以上の守備を期待できる。まだ正式な結婚はしていないが一児の父で、マキシミリアーノ君という男の子がいる。

カモ R・レイ（マリナーズ）.545(11-6)2本　苦手 G・カービー（マリナーズ）.091(11-1)0本

年度	所属チーム	試合数	打数	得点	安打	二塁打	三塁打	本塁打	打点	四球	三振	盗塁	盗塁死	出塁率	OPS	打率
2019	エンジェルス	108	357	44	85	18	3	7	33	40	93	2	5	.321	.685	.238
2020	エンジェルス	33	90	12	14	1	0	1	3	14	26	3	1	.269	.469	.156
2021	エンジェルス	54	174	22	35	1	0	6	18	9	38	1	0	.246	.556	.201
2022	エンジェルス	127	489	45	129	22	4	17	52	17	79	6	2	.294	.723	.264
通算成績		322	1110	123	263	42	7	31	106	80	236	12	8	.294	.665	.237

打力の低下とオホッピーの台頭で危機的状況 キャッチャー

33 マックス・スタッシー *Max Stassi*

32歳 1991.3.15生｜178cm｜90kg｜右投右打　◆盗塁阻止率／.185(54-10)

◆対左投手打率／.162　◆対右投手打率／.190
◆ホーム打率／.168　◆アウェー打率／.192　◆得点圏打率／.176
◆22年のポジション別出場数／キャッチャー＝97、DH＝1
◆Ⓓ2009④アスレティックス　◆㊤カリフォルニア州
◆㊝700万ドル（約9億1000万円）

ミート	2
パワー	3
走塁	2
守備	4
肩	3

正捕手の座が危うくなっているキャッチャー。昨シーズンはエース・大谷翔平の女房役として、好リードで投手としてのブレイクを支えた。守備面ではボールブロックはうまいが、フレーミングは平均レベル。強肩だが、盗塁阻止率は「中の下」レベルの18.5%にとどまった。打撃面では長打力がウリだったが、6月半ばあたりからフォーシームに差し込まれることが多くなり、後半戦の打率は1割5分1厘だった。シーズン終了時、股関節の手術を受けた。

カモ R・ボラッキー（マリナーズ）.750(4-3)1本　苦手 C・アーヴィン（アスレティックス）.077(13-1)0本

年度	所属チーム	試合数	打数	得点	安打	二塁打	三塁打	本塁打	打点	四球	三振	盗塁	盗塁死	出塁率	OPS	打率
2013	アストロズ	3	7	0	2	0	0	0	1	0	2	0	0	.375	.661	.286
2014	アストロズ	7	20	2	7	2	0	0	4	0	6	0	0	.350	.800	.350
2015	アストロズ	11	15	4	6	0	0	1	1	3	6	0	0	.438	1.038	.400
2016	アストロズ	9	13	1	1	0	0	0	0	0	5	0	0	.077	.154	.077
2017	アストロズ	14	24	5	4	1	0	2	4	6	4	0	0	.323	.781	.167
2018	アストロズ	88	221	28	50	13	0	8	27	23	74	0	0	.316	.710	.226
2019	アストロズ	31	90	4	15	1	0	3	7	34	0	0	.235	.446	.167
2019	エンジェルス	20	42	3	3	0	0	2	5	15	0	0	.163	.234	.071
2019	2チーム計	51	132	7	18	1	0	5	12	49	0	0	.211	.378	.136
2020	エンジェルス	31	90	12	25	2	0	7	20	11	21	0	0	.352	.885	.278
2021	エンジェルス	87	282	45	68	11	1	13	35	28	101	0	0	.326	.752	.241
2022	エンジェルス	102	333	32	60	12	1	9	20	30	112	0	0	.267	.570	.180
通算成績		403	1137	136	241	42	2	41	128	119	379	0	0	.295	.656	.212

エンジェルス

野手

スランプの原因は神経の病気 　ファースト
20 ジャレッド・ウォルシュ *Jared Walsh*

30歳 1993.7.30生 | 183cm | 95kg | 左投左打 対左.200 対右.220 ホ.216 ア.214 得.190 ⓓ2015㊴エンジェルス ⓗウィスコンシン州 ㊏265万ドル(約3億4450万円)

ミ3
バ4
走3
守3
肩5

　昨年7月以降、打撃不振が続いた一塁手。8月下旬になって、胸郭出口症候群と診断され、手術を受けた。そのため、9月以降の出場はなかった。胸郭出口症候群は、野球選手によく見られる神経疾患の1つで、腕に力が入りにくくなったり、手がしびれたりする症状が出る。昨季は開幕からフル出場。6月末時点では、13本塁打40打点とまずまずの成績で、6月22日にはサイクルヒットも達成した。しかし、7月以降はこの疾患の症状が出始め、打率が急降下し、一発もほとんど出なくなった。ファーストの守備は、内野手からのワンバウンド送球をすくいあげる技術が高い。

年度	所属チーム	試合数	打数	得点	安打	二塁打	三塁打	本塁打	打点	四球	三振	盗塁	盗塁死	出塁率	OPS	打率
2022	エンジェルス	118	423	41	91	18	2	15	44	27	138	2	1	.269	.643	.215
通算成績		328	1131	136	283	61	6	54	173	86	340	4	2	.308	.766	.250

正遊撃手でもスーパーサブでも使用可能 　サード/ショート 　移籍
10 ジオ・アーシェラ *Gio Urshela* ★WBC コロンビア代表

32歳 1991.10.11生 | 183cm | 97kg | 右投右打 対左.291 対右.283 ホ.310 ア.261 得.262 ⓓ2008㉚インディアンズ ⓗコロンビア

ミ3
バ4
走3
守4
肩5

　ツインズから移籍したコロンビア出身の内野手。田中将大がヤンキースに在籍していた頃、サードの守備で度々スーパープレーを見せて田中を助けていた。そのため好守の三塁手というイメージが強いが、もともとは遊撃手。2021年にはヤンキースで200イニング、ショートで起用された実績もあるので、適材を欠くショートのレギュラーとしても使うことも可能だ。ただエンジェルスのミナシアンGMは、出番の多いスーパーサブとして使いたいようだ。そうしておいて、レンドーンがまた長期欠場した場合、サードのレギュラーに据えるという腹積もりなのかもしれない。

年度	所属チーム	試合数	打数	得点	安打	二塁打	三塁打	本塁打	打点	四球	三振	盗塁	盗塁死	出塁率	OPS	打率
2022	ツインズ	144	501	61	143	27	3	13	64	41	96	1	0	.338	.767	.285
通算成績		602	1980	246	544	106	6	62	256	132	407	4	2	.321	.749	.275

身体能力は高いが、野球IQは発展途上 　レフト/ライト
7 ジョー・アデル *Jo Adell*

24歳 1999.4.8生 | 190cm | 97kg | 右投右打 対左.204 対右.236 ホ.204 ア.244 得.197 ⓓ2017①エンジェルス ⓗノースカロライナ州 ㊏72万ドル(約9360万円)+α

ミ2
バ3
走3
守1
肩5

　エンジェルスのスカウト能力の低さと、育成能力のなさを象徴する成長しない大型新人。「パワーは大谷並みだがなかなかバットに当たらない」「誘い球の変化球に簡単にバットが出る」といった欠点が昨季も改善されず、打撃成績が低迷。守備面では一昨年、フェンス際のフライをグラブの土手に当ててフェンスの向こうにトスする大チョンボを2度やったが、昨年は的確にフライの軌道を読めないため、ジグザグ追いをして長打にするケースが何度かあり、7月15日のドジャース戦では走者一、二塁の場面でそれをやらかし、マウンド上でサンドバルが怒りを爆発させた。

年度	所属チーム	試合数	打数	得点	安打	二塁打	三塁打	本塁打	打点	四球	三振	盗塁	盗塁死	出塁率	OPS	打率
2022	エンジェルス	88	268	22	60	12	2	8	27	11	107	4	2	.264	.637	.224
通算成績		161	522	48	112	21	4	15	60	26	194	6	4	.259	.615	.215

対左=対左投手打率　対右=対右投手打率　ホ=ホーム打率　ア=アウェー打率　得=得点圏打率　ⓓ=ドラフトデータ　ⓗ=出身地　㊏=年俸

エンジェルス

6 エンジルス低迷の元凶、最大の不良資産
アンソニー・レンドーン　Anthony Rendon

サード

33歳 1990.6.6生 | 185cm | 90kg | 右投右打　対左.239 対右.225 ⊕.175
⑦.304 ⑦.275 ⑰2011①ナショナルズ　⊕テキサス州
⊕3800万ドル（約49億4000万円）◆打点王1回（19年）、シルバースラッガー賞2回（14、19年）

ミ 4
バ 4
走 3
守 4
肩 4

トラウトと並ぶ超高給取りでありながら、一昨年はケガの連続で稼働率が36%にとどまった。フル出場を期待された昨季も、右手首の腱の亜脱臼が原因で手術を受け、またしても6月中旬から長期欠場し、稼働率は29%に下がった。ファンの怨嗟の的になっていることを意識してか、昨年5月10日のゲームで相手の野手が投手として登板した際、右打者なのに左打席に立って本塁打を放ち、身体能力の高さをアピール。長期IL入りしている間もチームに同行し、6月26日のマリナーズ戦で乱闘が起きた際は、IL入りしている身なのに大暴れしてチーム愛を示し、5試合出場停止に。

年度	所属チーム	試合数	打数	得点	安打	二塁打	三塁打	本塁打	打点	四球	三振	盗塁	盗塁死	出塁率	OPS	打率
2022	エンジェルス	47	166	15	38	10	0	5	24	23	35	2	0	.326	.706	.229
通算成績		1073	3996	639	1138	279	16	156	635	499	717	47	16	.368	.848	.285

13 ショートのレギュラーを狙う若き野手
リヴァン・ソト　Livan Soto

ショート
セカンド
ルーキー

23歳 2000.6.22生 | 183cm | 72kg | 右投左打　対左.261 対右.500 ⊕.464 ⑦.333
⊕.375 ⑰2018⑭ブレーブス　⊕ベネズエラ　⊕72万ドル（約9360万円）+α

ミ 5
バ 2
走 4
守 3
肩 4

昨年9月中旬、遊撃手のヴェラスケスがIL入りした際、その穴埋めに2Aから呼ばれ、打率4割をマークした注目の内野手。一昨年まではマイナーで貧打にあえいでいたが、昨年、上体を前に深く傾けるクラウチング打法をやめて、アップライトに構える打法に変えたところ強い打球が出るようになり、打率が急上昇。球の見極めも良くなり、四球が増えたことで出塁率も大幅にアップした。9月中旬にメジャーデビューしたあとは、速球をコンパクトなスイングで振り抜きヒットを量産。1つ先のベースを狙える脚もあるため、二塁打を5本、三塁打を1本記録している。

年度	所属チーム	試合数	打数	得点	安打	二塁打	三塁打	本塁打	打点	四球	三振	盗塁	盗塁死	出塁率	OPS	打率
2022	エンジェルス	18	55	9	22	5	1	1	9	2	13	1	1	.414	.996	.400
通算成績		18	55	9	22	5	1	1	9	2	13	1	1	.414	.996	.400

4 ピンチに超美技が出るクラッチディフェンダー
アンドルー・ヴェラスケス　Andrew Velazquez

ショート

29歳 1994.7.14生 | 175cm | 77kg | 右投両打　対左.224 対右.183 ⊕.192 ⑦.199 ⑦.247
⑰2012⑦ダイヤモンドバックス　⊕ニューヨーク州　⊕72万ドル（約9360万円）+α

ミ 2
バ 2
走 5
守 5
肩 5

グラブを持つと一流、バットを持つと三流というタイプの遊撃手。2018年にレイズでメジャーデビューしてから、守備要員としてインディアンズ、オリオールズ、ヤンキースを渡り歩き、エンジェルスには21年11月に入団。昨季は開幕を3Aで迎えたが、その直後にフレッチャーがIL入りし、その穴埋めにメジャーに呼ばれた。その後はハイレベルな守備で、マドン前監督に気に入られ、フレッチャー復帰後もショートのレギュラー格で使われ続けた。スモールボールのスキルも高く、昨季は盗塁を18回トライして17回成功（成功率94%）。バントヒットも、5つ決めている。

年度	所属チーム	試合数	打数	得点	安打	二塁打	三塁打	本塁打	打点	四球	三振	盗塁	盗塁死	出塁率	OPS	打率
2022	エンジェルス	125	322	37	63	8	0	9	28	15	119	17	1	.236	.540	.196
通算成績		221	485	65	93	16	2	10	37	28	181	27	4	.240	.535	.192

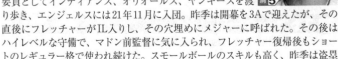
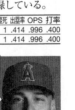

8 強肩好守のチームの盛り上げ役　外野手　移籍

ブレット・フィリップス Brett Phillips

29歳 1994.5.30生｜183cm｜88kg｜右投左打 対左.000 対右.174 困.161 ⑦.130
得.167 D2012⑥ アストロズ 囲フロリダ州 囲120万ドル（約1億5600万円）

走 ②
バ ③
守 ④
肩 ⑤

　4人目の外野手としての活躍が期待される、明るい性格の人気者。昨季はレイズとオリオールズでプレー。今年1月、1年120万ドルでエンジェルスに加入した。守備、走塁面での評価が高く、ゲーム終盤の守備固めや代走で登場することも多くなりそうだ。打撃面では意外性のあるバッティングが持ち味。一昨年、2割そこそこの打率ながら、2週間で3本の満塁弾を放って話題になった。いつもハッスルプレーをこころがけ、ムードメーカーとしても貴重な存在。妻の父は、昨季はエンジェルスのマイナーでコーチを務めていた、北海道日本ハムの元総監督トレイ・ヒルマン。

年度	所属チーム	試合数	打数	得点	安打	二塁打	三塁打	本塁打	打点	四球	三振	盗塁	盗塁死	出塁率	OPS	打率
2022	レイズ	75	184	21	27	4	0	5	14	16	85	7	0	.225	.475	.147
2022	オリオールズ	8	17	1	2	2	0	0	1	0	9	0	0	.118	.353	.118
2022	2チーム計	83	201	22	29	6	0	5	15	16	94	7	0	.217	.466	.144
通算成績		355	791	113	149	24	9	28	93	87	340	36	5	.273	.621	.188

21 メジャー定着が遠い元トップ・プロスペクト　キャッチャー

マット・タイス Matt Thaiss

28歳 1995.5.6生｜183cm｜97kg｜右投左打 ◆盗塁阻止率/.167(6-1) 対左.000 対右.259 困.235 ⑦.200
得.188 D2016① エンジェルス 囲ニュージャージー州 囲72万ドル（約9360万円）＋α

走 ④
バ ③
守 ②
肩 ④

　エンジェルスの名物となった「成長しないドラフト1巡目組」の1人。大学時代は捕手だったが、球団が打者として大成すると見て、プロ入り時に一塁手にコンバート。しかし、長打力が期待したレベルにならず、2021年に捕手に逆戻り。昨季は終盤にスタッシーが故障した際、メジャーに呼ばれてまとまった出場機会を与えられた。守備面ではワンバウンドの投球をそらすことが多く、リードにも難があるため、捕手防御率は5.00というひどい数字だった。打撃面では、ボール球にはあまり手を出さないが、メジャーの投手の質の高い変化球にうまく対応できないことが多い。

年度	所属チーム	試合数	打数	得点	安打	二塁打	三塁打	本塁打	打点	四球	三振	盗塁	盗塁死	出塁率	OPS	打率
2022	エンジェルス	29	69	9	15	1	0	2	8	11	24	1	0	.321	.640	.217
通算成績		93	244	30	50	8	0	11	32	33	85	1	0	.299	.672	.205

ー ザック・ネト Zach Neto　ショート　期待度B+　ルーキー

22歳 2001.1.31生｜183cm｜83kg｜右投右打 ◆昨季は1A+、2Aでプレー D2022① エンジェルス 囲フロリダ州

　昨年のドラフトで1巡目指名されたあと、2Aで3割2分0厘という高打率を出して注目された好打の遊撃手。打席では、足を高く上げてタイミングを取るが、動体視力が良いため、芯でとらえて痛烈なライナーを外野に弾き返す。守備のほうは、強肩でグラブさばきもうまいが、守備範囲の広さはイマイチ。

ー エドガー・ケーロ Edgar Quero　キャッチャー　期待度B−　ルーキー

20歳 2003.4.6生｜180cm｜77kg｜右投両打 ◆昨季は1Aでプレー D2021㊾ エンジェルス 囲キューバ

　身体能力が抜群に高い、キューバ出身の両打ちの捕手。一昨年2月、エンジェルスに契約金20万ドルで入団。昨季は1Aでプレーし、111試合で打率3割1分2厘、二塁打35、本塁打17と打ちまくり、評価が急上昇した。強肩で、守備力もオールラウンドに高い。学習能力も高いため、リード面でも着実に進化している。

対左＝対左投手打率 対右＝対右投手打率 困＝ホーム打率 ⑦＝アウェー打率 得＝得点圏打率 D＝ドラフトデータ 囲＝出身地 囲＝年俸

テキサス・レンジャーズ

◆創　立：1961年
◆本拠地：テキサス州アーリントン市
◆ワールドシリーズ制覇：0回　◆リーグ優勝：2回
◆地区優勝：7回　◆ワイルドカード獲得：1回

主要オーナー レイ・デイヴィス（投資グループ代表）

過去5年成績	年度	勝	負	勝率	ゲーム差	地区順位	ポストシーズン成績
	2018	67	95	.414	36.0	⑤	―
	2019	78	84	.481	29.0	③	―
	2020	22	38	.367	14.0	⑤	―
	2021	60	102	.370	35.0	⑤	―
	2022	68	94	.420	38.0	④	―

監督　**15 ブルース・ボウチー** *Bruce Bochy*

新

◆年　　齢…………68歳（フランス出身）
◆現役時代の経歴 … 9シーズン
　（キャッチャー）　アストロズ（1978〜80）、メッツ（1982）、
　　　　　　　　　　パドレス（1983〜87）
◆現役通算成績 …… 358試合　.239　26本　93打点
◆監督経歴…………25シーズン　パドレス（1995〜2006）、
　　　　　　　　　　ジャイアンツ（2007〜19）
◆通算成績…………2003勝2029敗（勝率.497）

　殿堂入りが確実視されている、3度のワールドシリーズ制覇経験がある名将。2球団（計25シーズン）で監督を務め、通算2003勝。これはMLB歴代12位の数字だ。ジャイアンツの監督を勇退後、3年間、気ままな生活を楽しんでいたが、パドレス監督時代の教え子であるクリス・ヤング（現レンジャーズGM）の説得を受ける中で、「試合が恋しく」なり、現場復帰を決めた。2025年までの3年契約。父親が米国陸軍に所属していた関係で、フランスで生まれている。

注目コーチ　**31 マイク・マダックス** *Mike Maddux*

　新投手コーチ。62歳。ブリュワーズ、レンジャーズ、ナショナルズ、カーディナルスで投手コーチを務め、8年ぶりにテキサスに復帰。大投手グレッグ・マダックスは弟。

編成責任者　**クリス・ヤング** *Chris Young*

　44歳。昨年8月に就任。名門プリンストン大学出身の、元メジャーの投手。身長208センチのパワーピッチャー体型だが、制球力で勝負するタイプで、通算79勝を記録。

スタジアム　**グローブライフ・フィールド** *Globe Life Field*

◆開場年…………2020年
◆仕　様…………人工芝、開閉式屋根付き
◆収容能力………40,300人
◆フェンスの高さ…2.4〜4.3m
◆特　徴…………ホームからバックネット側フェンスまでの距離が、42フィート（12.8メートル）で、メジャーの球場の中で最短。なお、公式規則では「60フィート（18.3メートル）以上推奨」となっているが、ほとんどの球場はこれより短い。

ニュートラル パーク

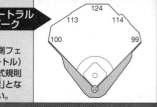

Best Order

① マーカス・シミエン……セカンド
② コーリー・シーガー……ショート
③ ナサニエル・ロウ……ファースト
④ アドリス・ガルシア……ライト
⑤ ジョシュ・ヤング……サード
⑥ ジョナ・ハイム……キャッチャー
⑦ ミッチ・ガーヴァー……DH
⑧ レオディ・タヴェラス……センター
⑨ ジョシュ・H・スミス……レフト

Depth Chart

[ポジション別選手層・メンバーリスト]

※2023年2月13日時点の候補選手。
数字は背番号（開幕前に変更する
場合もあり）、右・左等は投・打の順。

センター
③ レオディ・タヴェラス [右・両]
53 アドリス・ガルシア [右・右]
⑧ バッバ・トンプソン [右・右]

レフト
47 ジョシュ・H・スミス [右・左]
⑧ バッバ・トンプソン [右・右]

ライト
53 アドリス・ガルシア [右・右]
⑧ バッバ・トンプソン [右・右]

ショート
⑤ コーリー・シーガー [右・左]
② マーカス・シミエン [右・右]

セカンド
② マーカス・シミエン [右・右]
⑨ マーク・マティアス [右・右]
47 ジョシュ・H・スミス [右・左]

サード
⑥ ジョシュ・ヤング [右・右]
47 ジョシュ・H・スミス [右・左]
13 ブラッド・ミラー [右・右]

ローテーション
48 ジェイソン・デグロム [右・左]
54 マーティン・ペレス [左・左]
22 ジョン・グレイ [右・右]
17 ネイサン・イオヴォルディ [右・右]
44 アンドルー・ヒーニー [左・左]
23 ジェイク・オドリッジ [右・右]
33 デイン・ダニング [右・右]
49 グレン・オットー [右・右]

ファースト
30 ナサニエル・ロウ [右・左]
55 サム・ハフ [右・右]

キャッチャー
28 ジョナ・ハイム [右・両]
55 サム・ハフ [右・右]
18 ミッチ・ガーヴァー [右・右]

DH
18 ミッチ・ガーヴァー [右・右]
⑨ マーク・マティアス [右・右]
13 ブラッド・ミラー [右・右]

ブルペン
25 ホセ・ルクラーク [右・右] CL
68 ジョー・バーロウ [右・右]
72 ジョナサン・ヘルナンデス [右・右]
46 ブロック・バーク [左・左]
52 テイラー・ハーン [左・左]
59 ブレット・マーティン [左・左]
66 ジョシュ・スボーツ [右・右]
32 ジョン・キング [左・左]
51 イェリー・ロドリゲス [右・右]

※ CL =クローザー

レンジャーズ試合日程……＊はアウェーでの開催

3月30・4月1・2 フィリーズ	5月2・3	ダイヤモンドバックス	6月2・3・4	マリナーズ
3・4・5 オリオールズ	5・6・7	エンジェルス＊	5・6・7	カーディナルス
7・8・9 カブス＊	8・9・10	マリナーズ＊	9・10・11	レイズ＊
10・11・12 ロイヤルズ	11・12・13・14	アスレティックス＊	12・13・14・15	エンジェルス
14・15・16 アストロズ	15・16・17	ブレーブス	16・17・18	ブルージェイズ
17・18・19 ロイヤルズ＊	19・20・21	ロッキーズ	19・20・21	ホワイトソックス＊
21・22・23 アスレティックス	22・23・24	パイレーツ	23・24・25	ヤンキース
24・25・26 レッズ＊	26・27・28	オリオールズ＊	26・27・28・29	タイガース
27・28・29・30 ヤンキース	29・30・31	タイガース＊	30・7月1・2・3	アストロズ

228 **球団メモ** 大型補強をして臨んだ昨季だったが、成績が低迷。8月15日にウッドワード監督を解任し、その2日後には、編成トップのジョン・ダニエルズ編成本部長も解任。

■投手力⬆…★★★⯪★ 【昨年度チーム防御率4.22、リーグ12位】

今季開幕に向け、オフに最も先発陣を強化した球団がレンジャーズだ。昨季、先発防御率はリーグ13位。この弱点を改善すべく、デグローム、イオヴォルディ、ヒーニーを獲得し、ペレスとも再契約を交わした。これにグレイを加えたローテーションは、顔ぶれだけ見ればリーグ屈指。これまた新加入のオドリッジも、先発候補として控えている。ただ、この6人は全員がすでに30歳を超えており、しかも故障リスクの高い選手が多い。3〜4人がシーズン途中に離脱する可能性も十分あり、ハイリスク・ハイリターンの補強と言える。ブルペンに大きな変化はなく、リーグ平均レベルの陣容を維持。

■攻撃力➡…★★★⯪★ 【昨年度チーム得点707、リーグ5位】

一昨年、チーム得点はリーグワーストだったが、そのオフに大補強を敢行した結果、昨シーズンのチーム得点はリーグ5位までランクアップした。上位を打つシミエン、シーガー、ロウ、ガルシアは、全員が30本塁打を打てる能力を備えている。一方、下位打線は迫力不足が否めない。

■守備力➡…★★★★★ 【昨年度チーム失策数96、リーグ13位】

ファーストのロウに不安が残るが、穴は少ない。セカンドのシミエンは名手。ライトのガルシア、センターのタヴェラスは、強肩が光る。

■機動力➡…★★★⯪★ 【昨年度チーム盗塁数128、リーグ1位】

スピードのある選手が多いので、足をからめた攻撃もできるのが強みだ。昨季はチーム盗塁数がリーグトップだった。ただ、成功率は平均レベル。

総合評価⬈
★★★⯪★

2021年オフに打線を、今回のオフは先発陣を大幅に強化。投打ともにリーグ上位の陣容となり、地区優勝を狙えるチームになった。しかしそれも、故障者しだい。デグロームとヒーニーの2人は、果たしてシーズンを通して投げ切れるのだろうか。

IN 主な入団選手	**OUT** 主な退団選手
投手	投手
ジェイソン・デグローム←メッツ	デニス・サンタナ➡ブレーブス
アンドルー・ヒーニー←ドジャース	コルビー・アラード➡ブレーブス
ネイサン・イオヴォルディ←レッドソックス	有原航平➡福岡ソフトバンク
ジェイク・オドリッジ←ブレーブス	マット・ムーア➡所属先未定
野手	野手
筒香嘉智←ブルージェイズ傘下	ニック・ソラック➡レッズ
	イーライ・ホワイト➡ブレーブス

4・5・6	レッドソックス*	4・5・6	マーリンズ	4・5・6	アストロズ
7・8・9	ナショナルズ*	7・8・9	アスレティックス*	8・9・10	アスレティックス
11	オールスターゲーム	11・12・13	ジャイアンツ*	11・12・13・14	ブルージェイズ*
14・15・16	ガーディアンズ	14・15・16	エンジェルス	15・16・17	ガーディアンズ*
17・18・19	レイズ	18・19・20	ブリュワーズ	18・19・20	レッドソックス
21・22・23	ドジャース	21・22	ダイヤモンドバックス*	22・23・24	マリナーズ
24・25・26	アストロズ*	24・25・26・27	ツインズ	25・26・27	エンジェルス
28・29・30	パドレス*	28・29・30	メッツ*	28・29・30・10月1	マリナーズ*
8月1・2・3	ホワイトソックス*	9月1・2・3	ツインズ		

球団メモ 昨季の1点差ゲームの勝率.300（15勝35敗）は、メジャーワースト。ちなみに昨季、1点差ゲームの勝率が最も高かったのは、パドレスの.638（30勝17敗）。

レンジャーズ

サイ・ヤング賞2度の「ガラスのエース」　先発　移籍

48 ジェイコブ・デグローム
Jacob deGrom

35歳 1988.6.19生 | 193cm | 81kg | 右投左打

◆速球のスピード／160キロ前後（フォーシーム）
◆決め球と持ち球／☆フォーシーム、☆スライダー、
　◎チェンジアップ、○カーブ
◆対左打者被打率／.165　◆対右打者被打率／.184
◆ホーム防御率／2.52　◆アウェー防御率／3.77
◆ドラフトデータ／2010⑨メッツ
◆出身地／フロリダ州　◆年俸／3000万ドル（約39億円）
◆サイ・ヤング賞2回（18、19年）、最優秀防御率1回（18年）、
　最多奪三振2回（19、20年）、新人王（14年）

球威 5⁺
制球 5
緩急 4
守備・走塁 3
度胸 5

　マウンドに上がりさえすれば、メジャー最強レベルの実力を見せる豪腕。昨季終了後、FA投手最大の目玉として注目を集め、ドジャース、ヤンキース、ブレーブスなどが興味を示す中、12月2日、レンジャーズが5年1億8500万ドル（約240億円）で、契約を成立させた。

　2014年にメッツでメジャーデビューし、その年、新人王を受賞。18年には1.70という驚異的な防御率をマークし、翌19年は255奪三振で最多奪三振のタイトルを獲得。2年連続でサイ・ヤング賞に輝いた。短縮シーズンだった20年も、奪三振王になっている。通算の奪三振率10.91（1000投球回以上）は、先発右腕に限れば、ダルビッシュ有を抑えて現役ナンバーワンの数字だ。また、通算防御率2.52もすごい数字で、現役投手で通算防御率（1000投球回以上）が3点未満なのは、デグロームを除くと、同い年のカーショウ（2.48）しかいない。ただ、投手としてこれだけ突出した成績を残していながら、通算勝ち星はメジャー9年間で82勝。これはデグロームが、度重なる故障で離脱が絶えない「ガラスのエース」だからだ。一昨年も、開幕から6月に入るまで、防御率0点台の無双状態を続けていたが、右前腕の張りやヒジの故障で戦線離脱。昨季も故障の影響で、メジャーで投げ始めたのは8月になってからだった。

　故障がちなデグロームとの、超高額な大型契約を危ぶむ声は多い。しかし、ヤングGMもそうしたリスクは百も承知。ワールドチャンピオンのためには、デグロームのような絶対的エースが必要と、獲得に踏み切ったのだ。この240億円の大博打は、果たして吉と出るか、凶と出るか……。

カモ K・ウォン（マリナーズ）.077（13-1）0本　K・シュワーバー（フィリーズ）.083（12-1）0本
苦手 A・リゾ（ヤンキース）.417（24-10）1本　C・イェリッチ（ブリュワーズ）.405（37-15）0本

年度	所属チーム	勝利	敗戦	防御率	試合数	先発	セーブ	投イニング	被安打	失点	自責点	被本塁打	与四球	奪三振	WHIP
2014	メッツ	9	6	2.69	22	22	0	140.1	117	44	42	7	43	144	1.14
2015	メッツ	14	8	2.54	30	30	0	191.0	149	59	54	16	38	205	0.98
2016	メッツ	7	8	3.04	24	24	0	148.0	142	53	50	15	36	143	1.20
2017	メッツ	15	10	3.53	31	31	0	201.1	180	87	79	28	59	239	1.19
2018	メッツ	10	9	1.70	32	32	0	217.0	152	48	41	10	46	269	0.91
2019	メッツ	11	8	2.43	32	32	0	204.0	154	59	55	19	44	255	0.97
2020	メッツ	4	2	2.38	12	12	0	68.0	47	21	18	7	18	104	0.96
2021	メッツ	7	2	1.08	15	15	0	92.0	40	14	11	6	11	146	0.55
2022	メッツ	5	4	3.08	11	11	0	64.1	40	22	22	4	8	102	0.75
通算成績		82	57	2.52	209	209	0	1326.0	1021	407	372	117	303	1607	1.00

ドジャースで奪三振マシンに変身　**先発**　移籍

44 アンドルー・ヒーニー
Andrew Heaney

32歳　1991.6.5生｜188cm｜90kg｜左投左打

◆速球のスピード／150キロ前後（フォーシーム）
◆決め球と持ち球／☆スライダー、◎フォーシーム、△チェンジアップ
◆対左打者被打率／.230　◆対右打者被打率／.210
◆ホーム防御率／3.72　◆アウェー防御率／2.38
◆ドラフトデータ／2012①マーリンズ
◆出身地／オクラホマ州
◆年俸／1200万ドル（約15億6000万円）

球威 **4**
制球 **3**
緩急 **4**
守備·牽制 **3**
度胸 **3**

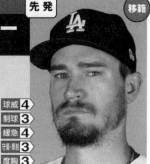

　ドジャースでようやく才能が開花した、2年前までエンジェルスで投げていたサウスポー。エンジェルスでは「エース候補」と言われ続けながら、突き抜けることができず、2021年7月にヤンキースへ移籍。ここでもホームランを浴びまくり、結果を残せなかった。ただ、ヒーニーの潜在能力を高く評価する球団は多く、21年オフにドジャースが1年850万ドルで獲得。ドジャースは、春季キャンプでヒーニーのスライダーに調整を加えるとともに、以前多投していたシンカー、チェンジアップ、カーブといった球種をほぼ封印し、速球とスライダーのツーピッチ・ピッチャーにモデルチェンジさせた。開幕後は肩の故障もあって14試合の先発にとどまったが、マウンドに上がれば、フォーシームの速球と新生スライダーのコンビネーションで、面白いように三振を奪取。その能力の高さを証明してみせた。奪三振率13.62は、昨季のメジャーの投手（70投球回以上）の中では、ブレーブスのスペンサー・ストライダーに次ぐ数字だった。

　故障リスクの高さ、被本塁打の多さ、スタミナ不足など不安な点も多いが、生まれ変わったヒーニーは、大きな戦力になるとレンジャーズは判断。昨季終了後、2年2500万ドルで迎え入れた。この契約は、登板イニング数に応じて、さらにボーナスが加算されることになっている。

　メジャーデビューした2014年に結婚した妻ジョーダンさんとは、高校時代からの付き合い。ともに犬が大好きで、小児医療センターにおける「ドッグセラピー」の活動を、夫婦で支援している。

レンジャーズ

(カモ) N・アレナード（カーディナルス）.000（7-0）0本　J・ソレーア（マーリンズ）.091（11-1）本
(苦手) J・アルトゥーヴェ（アストロズ）.393（28-11）2本　X・ボーガーツ（パドレス）.500（16-8）2本

年度	所属チーム	勝利	敗戦	防御率	試合数	先発	セーブ	投球イニング	被安打	失点	自責点	被本塁打	与四球	奪三振	WHIP
2014	マーリンズ	0	3	5.83	7	5	0	29.1	32	19	19	6	7	20	1.33
2015	エンジェルス	6	4	3.49	18	18	0	105.2	99	41	41	9	28	78	1.20
2016	エンジェルス	0	1	6.00	1	1	0	6.0	7	4	4	2	0	7	1.17
2017	エンジェルス	1	2	7.06	5	5	0	21.2	27	17	17	12	9	27	1.66
2018	エンジェルス	9	10	4.15	30	30	0	180.0	171	91	83	27	45	180	1.20
2019	エンジェルス	4	6	4.91	18	18	0	95.1	93	53	52	20	30	118	1.29
2020	エンジェルス	4	3	4.46	12	12	0	66.2	63	35	33	9	19	70	1.23
2021	エンジェルス	6	7	5.27	18	18	0	94.0	92	56	55	16	31	113	1.31
2021	ヤンキース	2	2	7.32	12	5	0	35.2	38	29	29	13	10	37	1.35
2021	2チーム計	8	9	5.83	30	23	0	129.2	130	85	84	29	41	150	1.32
2022	ドジャース	4	4	3.10	16	14	0	72.2	60	34	25	14	19	110	1.09
通算成績		36	42	4.56	137	126	0	707.0	682	379	358	128	198	760	1.24

54 マーティン・ペレス *Martin Perez*

先発

QS23はアメリカン・リーグ3位タイ

★WBCベネズエラ代表

32歳 1991.4.4生 ｜ 183cm ｜ 90kg ｜ 左投左打

◆速球のスピード／150キロ前後（シンカー主体）
◆決め球と持ち球／◎シンカー、◎チェンジアップ、
　◎カッター、○フォーシーム、△カーブ、△スライダー
◆対左.219 ◆対右.246 ◆ホ防2.92 ◆ア防2.86
◆ド2007外レンジャーズ ◆出ベネズエラ ◆年1965万ドル（約25億5450万円）

球威	3
制球	3
緩急	3
守備・牽制	2
度胸	4

　古巣に戻り、躍動したベネズエラ人左腕。4年ぶりにレンジャーズでプレーすることになった昨季は、巧みな投球術がよみがえり、アメリカン・リーグ8位の防御率をマークした。とくに前半戦の活躍は見事で、4月23日から6月5日まで、9試合連続でQSを達成。この期間の防御率は0.88だった。こうした活躍が認められ、初めてオールスターにも選ばれている。タクシー運転手だったお父さんはスポーツ嫌いだったが、お母さんの勧めで野球の道へ。

カモ	A・レンドーン（エンジェルス）.000(7-0)0本	苦手	M・マルドナード（アストロズ）.476(21-10)0本

年度	所属チーム	勝利	敗戦	防御率	試合数	先発	セーブ	投球イニング	被安打	失点	自責点	被本塁打	与四球	奪三振	WHIP
2012	レンジャーズ	1	4	5.45	12	6	0	38.0	47	26	23	3	15	25	1.63
2013	レンジャーズ	10	6	3.62	20	20	0	124.1	129	55	50	15	37	84	1.34
2014	レンジャーズ	4	3	4.38	8	8	0	51.1	50	25	25	3	19	35	1.34
2015	レンジャーズ	3	6	4.46	14	14	0	78.2	88	45	39	3	24	48	1.42
2016	レンジャーズ	10	11	4.39	33	33	0	198.2	205	110	97	18	76	103	1.41
2017	レンジャーズ	13	12	4.82	32	32	0	185.0	221	104	99	23	63	115	1.54
2018	レンジャーズ	2	7	6.22	22	15	0	85.1	116	68	59	16	36	52	1.78
2019	ツインズ	10	7	5.12	32	29	0	165.1	184	104	94	23	67	135	1.52
2020	レッドソックス	3	5	4.50	12	12	0	62.0	55	33	31	8	28	46	1.34
2021	レッドソックス	7	8	4.74	36	22	0	114.0	136	71	60	19	36	97	1.51
2022	レンジャーズ	12	8	2.89	32	32	0	196.1	178	70	63	11	69	169	1.26
通算成績		75	77	4.43	253	223	0	1299.0	1409	715	640	142	470	909	1.45

25 ホセ・ルクラーク *Jose Leclerc*

クローザー

貧困からの脱却を目指して、野球選手に

★WBCドミニカ代表

30歳 1993.12.19生 ｜ 183cm ｜ 88kg ｜ 右投右打

◆速球のスピード／150キロ台中頃（フォーシーム）
◆決め球と持ち球／◎スライダー、◎フォーシーム、◎スライダー、◎チェンジアップ、◎カッター
◆対左.173 ◆対右.209 ◆ホ防3.20 ◆ア防2.42
◆ド2010外レンジャーズ ◆出ドミニカ
◆年600万ドル（約7億8000万円）

球威	5
制球	2
緩急	4
守備・牽制	2
度胸	4

　9回のマウンドに帰ってきた豪腕。2019年にチーム最多の70試合に登板し、クローザーも務めた。しかし、20年は右肩痛で2試合の登板のみ。21年は開幕直前にトミー・ジョン手術を受け、全休となった。昨季はマイナーでのリハビリ登板を経て、6月半ばにメジャー昇格。以前の状態に戻っていたため、8月半ばからクローザーに復帰している。何も食べられない日もあるような、ドミニカの貧しい家庭で育ち、母が忙しく働いて、ルクラークを含めた4人の子供を育て上げた。ルクラーク自身も、10歳のときから働いていたという。プロ入り時、この母に感謝を示すため、家をプレゼントしている。

カモ	A・ブレグマン（アストロズ）.000(9-0)0本	苦手	G・スプリンガー（ブルージェイズ）.500(6-3)2本

年度	所属チーム	勝利	敗戦	防御率	試合数	先発	セーブ	投球イニング	被安打	失点	自責点	被本塁打	与四球	奪三振	WHIP
2016	レンジャーズ	0	0	1.80	12	0	0	15.0	11	4	3	0	13	15	1.60
2017	レンジャーズ	2	3	3.94	47	0	2	45.2	23	21	20	4	40	60	1.38
2018	レンジャーズ	2	1	1.56	59	0	12	57.2	24	16	10	1	25	85	0.85
2019	レンジャーズ	2	4	4.33	70	0	14	68.2	52	34	33	7	39	100	1.33
2020	レンジャーズ	0	0	4.50	2	0	1	2.0	2	1	1	0	2	3	2.00
2022	レンジャーズ	0	3	2.83	39	0	7	47.2	33	17	15	5	21	54	1.13
通算成績		6	13	3.12	229	3	36	236.2	145	93	82	17	140	317	1.20

対左＝対左打者被打率　対右＝対右打者被打率　ホ防＝ホーム防御率　ア防＝アウェー防御率
ド＝ドラフトデータ　出＝出身地　年＝年俸　カモ　苦手 は通算成績

世の中の不思議に興味津々 先発

22 ジョン・グレイ Jon Gray

32歳 1991.11.5生｜193cm｜101kg｜右投右打

◆速球のスピード／150キロ台中頃(フォーシーム)
◆決め球と持ち球／◎フォーシーム、◎スライダー、◎チェンジアップ、△カーブ
◆対左.248　◆対右.201　◆本防3.35　◆ア防4.27
◆ド2013①ロッキーズ　◆田オクラホマ州
◆甲1500万ドル(約19億5000万円)

球威	4
制球	3
緩急	4
守備・牽制	2
度胸	4

ロッキーズ時代の2016〜19年に、4年連続2ケタ勝利をマークした右腕。21年オフにFAとなり、4年5600万ドルでレンジャーズ入り。開幕投手を任されるなど大きな期待を背にシーズン入りした昨季だったが、度々IL(故障者リスト)入りし、不本意な成績に終わってしまった。ゴースト、未確認飛行物体、未確認生物といった、超常現象の話題が大好き。アメリカ先住民族の1つである、チェロキー族の血を引き、それをたいへん誇りにしている。

カモ K・タッカー(アストロズ).000(10-0)0本　苦手 H・レンフロー(エンジェルス).417(12-5)3本

年度	所属チーム	勝利	敗戦	防御率	試合数	先発	セーブ	投球イニング	被安打	失点	自責点	被本塁打	与四球	奪三振	WHIP
2015	ロッキーズ	0	2	5.53	9	9	0	40.2	52	26	25	4	14	40	1.62
2016	ロッキーズ	10	10	4.61	29	29	0	168.0	153	92	86	18	59	185	1.26
2017	ロッキーズ	10	4	3.67	20	20	0	110.1	113	47	45	10	30	112	1.30
2018	ロッキーズ	12	9	5.12	31	31	0	172.1	180	102	98	27	52	183	1.35
2019	ロッキーズ	11	8	3.84	26	25	0	150.0	147	70	64	19	56	150	1.35
2020	ロッキーズ	2	4	6.69	8	8	0	39.0	45	31	29	6	11	22	1.44
2021	ロッキーズ	8	12	4.59	29	29	0	149.0	140	83	76	21	58	157	1.33
2022	レンジャーズ	7	7	3.96	24	24	0	127.1	105	61	56	17	39	134	1.13
通算成績		60	56	4.51	176	175	0	956.2	935	512	479	122	319	983	1.31

移籍前の防御率は3点台、移籍後は5点台 先発 移籍

23 ジェイク・オドリッジ Jake Odorizzi

33歳 1990.3.27生｜188cm｜86kg｜右投右打

◆速球のスピード／140キロ台後半(フォーシーム)
◆決め球と持ち球／◎カッター、○スプリッター、○フォーシーム、○スライダー、△カーブ
◆対左.244　◆対右.272　◆本防3.99　◆ア防4.63
◆ド2008①ブリュワーズ　◆田イリノイ州
◆甲650万ドル(約8億4500万円)

球威	2
制球	4
緩急	3
守備・牽制	3
度胸	3

オフのトレードで加入した技巧派右腕。アストロズで投げていた昨年8月2日のトレード期限直前、ウィル・スミスとの交換でブレーブスへ移籍したが、その後は10試合に先発して、QSは1つだけと結果を残せなかった。アストロズ1年目の一昨年、早いイニングで交代させられることに腹を立て、チームの方針を批判。だが、一晩寝て冷静さを取り戻すと、自らGMに連絡して監督・投手コーチとの面談を設定してもらい、和解に努めたことがあった。

カモ E・スアレス(マリナーズ).000(13-0)0本　苦手 F・ロドリゲス(マリナーズ).800(5-4)1本

年度	所属チーム	勝利	敗戦	防御率	試合数	先発	セーブ	投球イニング	被安打	失点	自責点	被本塁打	与四球	奪三振	WHIP
2012	ロイヤルズ	0	1	4.91	2	2	0	7.1	8	4	4	1	4	4	1.64
2013	レイズ	0	1	3.94	7	4	0	29.2	28	13	13	3	8	22	1.21
2014	レイズ	11	13	4.13	31	31	0	168.0	156	79	77	20	59	174	1.28
2015	レイズ	9	9	3.35	28	28	0	169.1	149	65	63	18	46	150	1.15
2016	レイズ	10	6	3.69	33	33	0	187.2	170	80	77	29	54	166	1.19
2017	レイズ	10	8	4.14	28	28	0	143.1	117	80	66	30	61	127	1.24
2018	ツインズ	7	10	4.49	32	32	0	164.1	151	89	82	20	70	162	1.34
2019	ツインズ	15	7	3.51	30	30	0	159.0	139	65	62	16	53	178	1.21
2020	ツインズ	0	1	6.59	4	4	0	13.2	16	10	10	4	3	12	1.39
2021	アストロズ	6	7	4.21	24	23	0	104.2	97	51	49	16	34	91	1.25
2022	アストロズ	4	3	3.75	12	10	0	60.0	52	29	25	5	17	46	1.15
2022	ブレーブス	2	3	5.24	10	10	0	46.1	54	29	27	9	18	40	1.55
2022	2チーム計	6	6	4.40	22	22	0	106.1	106	58	52	14	35	86	1.33
通算成績		74	69	3.99	241	237	1	1253.1	1137	594	555	171	427	1172	1.25

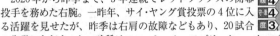

実力はエース級だが、故障が多い　先発　移籍

17 ネイサン・イオヴォルディ *Nathan Eovaldi*

33歳 1990.2.13 | 188cm | 98kg | 右投右打 球150キロ台中盤（フォーシーム） 決○スプリッター
対左.232 対右.284 ド2008①ドジャース 出テキサス州 年1600万ドル（約20億8000万円）

球4
制5
緩4
守4
度3

　2020年から昨季まで、3年連続でレッドソックスの開幕投手を務めた右腕。一昨年、サイ・ヤング賞投票の4位に入る活躍を見せたが、昨季は右肩の故障などもあり、20試合の先発にとどまった。球種はフォーシーム、スプリッター、カーブ、スライダー、カッター。昨季は右肩の状態のせいか、フォーシームの球速が低下しており、痛打される場面が目立った。オフにFAとなり、レンジャーズが2年3400万ドルで獲得。昨年5月17日のアストロズ戦では、1イニングに5本の本塁打を浴び、ノックアウトされる屈辱を味わった。同地区でプレーする今季、リベンジに期待。

年度	所属チーム	勝利	敗戦	防御率	試合数	先発	セーブ	投球イニング	被安打	失点	自責点	被本塁打	与四球	奪三振	WHIP
2022	レッドソックス	6	3	3.87	20	20	0	109.1	115	55	47	21	20	103	1.23
通算成績		67	68	4.16	240	221	0	1257.2	1307	619	581	140	356	1060	1.32

大学時代は捕手と投手の二刀流　セットアップ　クローザー

68 ジョー・バーロウ *Joe Barlow*

28歳 1995.9.28生 | 188cm | 95kg | 右投右打 球150キロ台前半（フォーシーム主体） 決○スライダー
対左.182 対右.236 ド2016⑪レンジャーズ 出ユタ州 年72万ドル（約9360万円）＋α

球4
制3
緩2
守3
度4

　スライダーでピッチングを組み立てるリリーフ右腕。ブレイクした2021年に続き、昨季も守護神としての活躍を期待され、シーズン入り。序盤は良い働きを見せていた。しかし、右手人差し指の状態が悪化したため、シーズン後半は戦列を離れていることが多かった。21年も投球におけるスライダーの割合が高かったが、昨季はさらに拍車がかかり、投球の約6割がスライダーだった。大学時代はもともと捕手。途中から投手にもなうようになったところ、レンジャーズのスカウトがその潜在能力の高さを感じ取り、16年のドラフトで11巡目に指名した。11人きょうだいの8番目。

年度	所属チーム	勝利	敗戦	防御率	試合数	先発	セーブ	投球イニング	被安打	失点	自責点	被本塁打	与四球	奪三振	WHIP
2022	レンジャーズ	3	1	3.86	35	0	13	35.0	27	18	15	5	13	28	1.14
通算成績		3	2	2.81	66	0	24	64.0	39	27	20	7	25	55	1.00

アメリカ生まれ、ドミニカ育ち　セットアップ

72 ジョナサン・ヘルナンデス *Jonathan Hernandez*

27歳 1996.7.6生 | 190cm | 86kg | 右投右打 球150キロ台後半（シンカー） 決○スライダー
対左.255 対右.215 ド2013外レンジャーズ 出テネシー州 年100万ドル（約1億3000万円）

球4
制2
緩3
度4

　昨季は一時期、クローザーも任されたリリーフ右腕。2021年開幕直後にトミー・ジョン手術を受け、シーズン全休。リハビリを経て、昨年は6月からマイナーで投げ始めた。メジャーには7月半ばに昇格。ランナーは出しても、粘り強いピッチングを見せ、得点をなかなか許さなかった。球種は、シンカー、スライダー、チェンジアップ。シンカーのスピードは160キロにせまるが、制球がアバウトで、よく打たれる。テネシー州で生まれたが、育ったのはドミニカ。これはドミニカ出身の父フェルナンドが、元メジャーの投手（登板は2試合のみ）で、引退後、母国に戻ったためだ。

年度	所属チーム	勝利	敗戦	防御率	試合数	先発	セーブ	投球イニング	被安打	失点	自責点	被本塁打	与四球	奪三振	WHIP
2022	レンジャーズ	2	3	2.97	29	0	4	30.1	26	14	10	2	17	27	1.42
通算成績		9	5	3.23	65	2	4	78.0	64	34	28	7	38	77	1.31

球＝速球のスピード　決＝決め球　対左＝対左打者被打率　対右＝対右打者被打率
ド＝ドラフトデータ　出＝出身地　年＝年俸

46 リリーフ投手で最多のイニング数
ブロック・バーク　*Brock Burke*

ミドル
リリーフ

27歳 1996.8.4生 | 193cm／95kg | 左投左打 | 國150キロ前半(フォーシーム主体) | 翅◎スライダー
翅左.192 翅右.218 | 匡2014③レイズ | 囲イリノイ州 | 軍72万ドル(約9360万円)+α

球 3
制 3
緩 3
守・走 4
度 4

　リリーフながら、チーム2位タイの7勝をマークした左腕。2020年に左肩を手術したが、その影響も消え、昨季、初めて開幕メジャー入り。主にゲーム中盤に登場して、1〜2イニングを投げ、試合の流れを決める好リリーフを見せた。防御率は5月以降、ずっと0〜1点台だった。また、引き継いだ走者11人のうち、生還を許したのは2人だけ。生還阻止率82%も、上々の結果だ。登板イニング82回1/3は、昨季、リリーフだけで投げたメジャーの投手の中で最多だった。ピッチングの基本は、速球とスライダーのコンビネーション。右打者には、チェンジアップも交える。

年度	所属チーム	勝利	敗戦	防御率	試合数	先発	セーブ	投球イニング	被安打	失点	自責点	被本塁打	与四球	奪三振	WHIP
2022	レンジャーズ	7	5	1.97	52	0	0	82.1	63	25	18	9	24	90	1.06
通算成績		7	7	3.30	58	6	0	109.0	93	47	40	15	35	104	1.17

52 リリーフに戻って復調
テイラー・ハーン　*Taylor Hearn*

ミドル
リリーフ

29歳 1994.8.30生 | 198cm／104kg | 左投左打 | 國150キロ前半(フォーシーム主体) | 翅◎フォーシーム
翅左.270 翅右.267 | 匡2015⑤ナショナルズ | 囲テキサス州 | 軍146万ドル(約1億8980万円)

球 4
制 2
緩 2
守・走 2
度 3

　今季はリリーフ専任となる左腕。一昨年後半、チーム事情により、リリーフから先発へ配置転換となり、昨季も開幕からローテーションに入って投げていた。だが、制球難で自滅する試合が多く、6月にマイナー降格。ただ、メジャーに復帰したシーズン後半は、リリーフに戻り、ピッチング内容も良くなっていた。若いアスリートや、恵まれない環境下にいるアスリートのために、様々な支援活動を行っているが、それが評価され、昨年、ロベルト・クレメンテ賞にノミネートされた。祖父クレオさんはロデオ界のレジェンドで、ハーンも5歳のときから馬に乗っていたという。

年度	所属チーム	勝利	敗戦	防御率	試合数	先発	セーブ	投球イニング	被安打	失点	自責点	被本塁打	与四球	奪三振	WHIP
2022	レンジャーズ	6	8	5.13	31	13	1	100.0	107	60	57	11	43	97	1.50
通算成績		12	15	4.95	88	25	1	222.0	219	131	122	30	100	212	1.44

59 病と付き合いながらメジャーリーガーに
ブレット・マーティン　*Brett Martin*

ミドル
リリーフ

28歳 1995.4.28生 | 193cm／90kg | 左投左打 | 國150キロ前後(シンカー、フォーシーム) | 翅◎カーブ
翅左.194 翅右.292 | 匡2014④レンジャーズ | 囲テネシー州 | 軍128万ドル(約1億6640万円)

球 3
制 4
守・走 3
度 3

　メジャー5年目を迎えるリリーフ左腕。球種は、速球(シンカー、フォーシーム)、カーブ、スライダー。ゴロを打たせてアウトを取るタイプで、被本塁打は少ないが、奪三振率は低い。昨季は負けている試合でマウンドに上がることが多かったが、クローザーが不在になった7月上旬、守護神の代役を務め、3セーブをマークした。苦手な役回りはピンチの火消し役で、一昨年も昨年も、引き継いだ走者の4割近くを生還させてしまっている。16歳のときに、インスリンの分泌不足によって引き起こされる1型糖尿病と診断され、現在もその病と付き合いながら、プレーを続けている。

年度	所属チーム	勝利	敗戦	防御率	試合数	先発	セーブ	投球イニング	被安打	失点	自責点	被本塁打	与四球	奪三振	WHIP
2022	レンジャーズ	1	7	4.14	55	1	3	50.0	50	27	23	4	18	40	1.36
通算成績		8	15	3.85	187	3	3	189.1	197	101	81	18	59	152	1.35

レンジャーズ

故障に苦しむゴロ打たせ投手

先発

33 デイン・ダニング *Dane Dunning*

29歳 1994.12.20生 | 193cm | 101kg | 右投右打 | 球=140キロ台中盤（シンカー） | 決=◎スライダー
対左.271 対右.265 | ド=2016①ナショナルズ | 田=フロリダ州 | 年=72万ドル（約9360万円）+α

球	2
制	3
緩	3
守	3
度	3

　黒縁眼鏡がトレードマークの先発右腕。昨季は、ローテーションの3番手の位置付けで開幕入り。しかし、好投しても報われない試合が多く、わずか4勝しかできなかった。シーズン終了後に股関節を手術。これまでも故障が多く、ホワイトソックスのマイナーで投げていた2019年に、トミー・ジョン手術を経験している。シンカー、スライダー、カッター、チェンジアップを低めに集め、ゴロを打たせてアウトを取る投球が持ち味。シンカーの球速低下が、気がかりだ。やや東洋系の顔立ちをしているのは、お母さんが韓国人のため。6歳上の兄ジェイクも、元メジャーの投手。

年度	所属チーム	勝利	敗戦	防御率	試合数	先発	セーブ	投球イニング	被安打	失点	自責点	本塁打	与四球	奪三振	WHIP
2022	レンジャーズ	4	8	4.46	29	29	0	153.1	158	80	76	20	62	137	1.43
通算成績		11	18	4.43	63	61	0	305.0	309	158	150	37	118	286	1.40

ルーキーではダルビッシュ以来の先発登板数

先発

49 グレン・オットー *Glenn Otto*

27歳 1996.3.11生 | 190cm | 108kg | 右投右打 | 球=150キロ前後（シンカー、フォーシーム） | 決=◎スライダー
対左.201 対右.267 | ド=2017⑤ヤンキース | 田=テキサス州 | 年=72万ドル（約9360万円）+α

球	3
制	2
緩	3
守	2
度	3

　昨季、チームで3番目に多い27試合に先発した右腕。ルーキーでここまで先発したのは、レンジャーズでは2012年のダルビッシュ有以来のことだった。オフに球団が先発陣を大補強したため、今季の出番は減りそうだが、故障リスクの高い投手が多いので、先発の機会もめぐってくるだろう。課題は制球力。四球だけでなく、死球も多く、昨季、打者にぶつけた数（13）はリーグの投手で2番目に多かった。クイックが下手で、ランナーに走られやすいのも欠点。テキサス州出身だが、アーリントンではなく、ヒューストン近郊で育ったため、少年時代はアストロズの大ファンだった。

年度	所属チーム	勝利	敗戦	防御率	試合数	先発	セーブ	投球イニング	被安打	失点	自責点	本塁打	与四球	奪三振	WHIP
2022	レンジャーズ	7	10	4.64	27	27	0	135.2	119	74	70	21	62	107	1.33
通算成績		7	13	5.32	33	33	0	159.0	151	98	94	23	70	135	1.39

─ コール・ウィン *Cole Winn*

先発 | 期待度 B | ルーキー

24歳 1999.11.25生 | 188cm | 86kg | 右投右打 | ◆昨季は2A、3Aでプレー | ド=2018①レンジャーズ | 田=コロラド州

　2018年のドラフトで、レンジャーズから1巡目に指名されてプロ入り。速球、カーブ、スライダー、チェンジアップを組み合わせ、打者心理を読んだ頭脳的なピッチングを見せる。メジャーのローテーションで、中心的存在になると期待されていたが、昨季、3Aで制球難におちいり、やや評価ダウン。

─ オーウェン・ホワイト *Owen White*

先発 | 期待度 B+ | ルーキー

24歳 1999.8.9生 | 190cm | 90kg | 右投右打 | ◆昨季は1A+、2Aでプレー | ド=2018②レンジャーズ | 田=ノースカロライナ州

　2018年のドラフトで、レンジャーズから2巡目に指名されてプロ入り。トミー・ジョン手術（19年）、新型コロナウイルスによるマイナーリーグの中止（20年）、右手骨折（21年）などの影響で実戦経験は乏しいが、昨季、力強い投球を見せ、評価が上昇中。150キロ台前半の速球とスライダーが武器。

バットとミットで大谷翔平を苦しめる

キャッチャー

28 ジョナ・ハイム
Jonah Heim

28歳 1995.6.27生 | 193cm | 99kg | 右投両打 ◆盗塁阻止率／.174(69-12)

◆対左投手打率／.267(120-32) ◆対右投手打率／.210(286-60)
◆ホーム打率／.227(194-44) ◆アウェー打率／.226(212-48)
◆得点圏打率／.253(91-23)
◆22年のポジション別出場数／キャッチャー＝111、
　DH＝8
◆ドラフトデータ／2013④オリオールズ
◆出身地／ニューヨーク州
◆年俸／72万ドル（約9360万円）+α

ミート	2
パワー	4
走塁	2
守備	4
肩	3

正捕手の座をつかみ取った「大谷翔平キラー」。昨季は、新たに加入した強打の捕手ミッチ・ガーヴァーと併用される予定だった。しかし、ガーヴァーの右腕の状態が思わしくないため、5月に入ると正捕手格でプレーするようになった。打撃が課題とされていたが、シーズン前半はまずまずの成績。しかし、8月以降は疲れが出て失速。シーズン後半の打率は1割8分1厘で、本塁打も4本にとどまった。

昨季、日本のMLBファンに強烈なインパクトを与えたのが、投手・大谷翔平に対する抜群の強さだ。4月14日のエンジェルス戦では、大谷から満塁弾を放つなど2打数2安打5打点。次の対戦となった5月18日の試合では、3打数3安打2打点。一昨年は大谷をまったく打てなかったが、肩の力を抜き、コンパクトに振り抜くことで、スーパースターを攻略した。

マイナー時代から、守備の評価は高い。メジャー昇格後、とくに注目されているのがフレーミングの技術で、この能力でも大谷を苦しめている。昨年5月16日の試合では、グレイとバッテリーを組んで、打者・大谷翔平と対決。フルカウントからグレイの投じた外角スライダーは、やや外れたかに見え、大谷もボールと判断して一塁に歩き始めたが、審判のコールはストライク。大谷は「やってられない」と言わんばかりに手を振り、怒りの表情を見せながら、ベンチへ戻っていった。これで調子を狂わされた大谷は、その後の2打席も、連続して三振に倒れている。

大谷からのグランドスラム、一昨年の2試合連続サヨナラ弾など、印象的な一発を放つハイムだが、自身の中で、とくに思い入れのある一発が昨年5月3日、フィリーズ戦でのホームランだ。この試合は、妻の出産で、父親リスト（産休制度）入りしていたハイムの復帰初戦。「ホームランを打ってくるよ」と、娘を産んだばかりの妻に告げ、臨んだ試合だった。

カモ 大谷翔平（エンジェルス）.429(14-6)1本　M・ゴンザレス（マリナーズ）.500(12-6)0本
苦手 F・ヴァルデス（アストロズ）.111(9-1)0本　R・デトマーズ（エンジェルス）.000(5-0)0本

年度	所属チーム	試合数	打数	得点	安打	二塁打	三塁打	本塁打	打点	四球	三振	盗塁	盗塁死	出塁率	OPS	打率
2020	アスレティックス	13	38	5	8	0	0	0	5	3	3	0	0	.268	.479	.211
2021	レンジャーズ	82	265	22	52	13	0	10	32	15	58	3	1	.239	.597	.196
2022	レンジャーズ	127	406	51	92	20	1	16	48	41	87	2	0	.298	.697	.227
通算成績		222	709	78	152	33	1	26	85	59	148	5	1	.275	.649	.214

カモ **苦手** は通算成績

セカンド

2 チームに好影響を与えるベテラン
マーカス・シミエン Marcus Semien

33歳 1990.9.17生｜183cm｜88kg｜右投右打

- ◆対左投手打率／.250　◆対右投手打率／.247
- ◆ホーム打率／.210　◆アウェー打率／.285　◆得点圏打率／.273
- ◆22年のポジション別出場数／セカンド＝148、ショート＝17
- ◆⑤2011⑥ホワイトソックス　◆⑪カリフォルニア州
- ◆㊐2600万ドル（約33億8000万円）
- ◆ゴールドグラブ賞1回（21年）、シルバースラッガー賞1回（21年）

ミート	3
パワー	5
走塁	4
守備	5
肩	4

リーダーシップも高く評価されている好守の強打者。レンジャーズ１年目の昨季、シーズン序盤は大不振。７年１億5000万ドル（約195億円）の大型契約で入団しただけに、ファンの落胆は大きかった。だが、５月半ばから当たりが出始め、１割台半ばだった打率は徐々に上昇。コンスタントに長打も出るようになり、最終的にリーグの二塁手で最多の83打点をマークしている。走塁面では、自己最多の25盗塁をマーク。守備は相変わらずハイレベルで、ゴールドグラブ賞にノミネートされたが、２年連続受賞とはならなかった。

カモ R・モンテーロ（アストロズ）.500（12-6）2本　苦手 L・ガルシア（アストロズ）.000（8-0）0本

年度	所属チーム	試合数	打数	得点	安打	二塁打	三塁打	本塁打	打点	四球	三振	盗塁	盗塁死	出塁率	OPS	打率
2013	ホワイトソックス	21	69	7	18	4	0	2	7	1	22	2	2	.268	.674	.261
2014	ホワイトソックス	64	231	30	54	10	2	6	28	21	70	3	0	.300	.672	.234
2015	アスレティックス	155	556	65	143	23	7	15	45	42	132	11	5	.310	.715	.257
2016	アスレティックス	159	568	72	135	27	2	27	75	51	139	10	2	.300	.735	.238
2017	アスレティックス	85	342	53	85	19	1	10	40	38	85	12	1	.325	.723	.249
2018	アスレティックス	159	632	89	161	35	2	15	70	61	131	14	6	.318	.706	.255
2019	アスレティックス	162	657	123	187	43	7	33	92	87	102	10	8	.369	.891	.285
2020	アスレティックス	53	211	28	47	9	1	7	23	25	50	4	0	.305	.679	.223
2021	ブルージェイズ	162	652	115	173	39	2	45	102	66	146	15	1	.334	.872	.265
2022	レンジャーズ	161	657	101	163	31	5	26	83	53	120	25	8	.304	.733	.248
通算成績		1181	4575	683	1166	240	29	186	565	445	997	106	33	.321	.763	.255

ライト

53 巨人を踏み台にしてメジャーリーガーに
アドリス・ガルシア Adolis Garcia

30歳 1993.3.2生｜185cm｜92kg｜右投右打

- ◆対左投手打率／.235　◆対右投手打率／.256
- ◆ホーム打率／.255　◆アウェー打率／.244　◆得点圏打率／.314
- ◆22年のポジション別出場数／ライト＝93、センター＝57、DH＝21
- ◆⑤2017、㊟カーディナルス　◆⑪キューバ
- ◆㊐72万ドル（約9360万円）＋α

ミート	2
パワー	4
走塁	4
守備	3
肩	5

日本でのプレー経験もある、キューバ出身の強肩スラッガー。一昨年、新人王投票で４位に入る活躍を見せたが、昨季もアメリカン・リーグ４位の101打点をマークするなど、打線を牽引。特筆すべきは、勝利に直結する一打が多かったことで、貢献度は数字以上のものがあった。一方、三振の多さも相変わらず。昨季の183三振は、リーグで２番目の多さだった。2016年４月、キューバ政府公認のもと、日本の読売ジャイアンツに入団。だが、７打数ノーヒットの成績を残して、８月に契約解除となった。その後、キューバへ帰国する途中、経由地のフランスで姿をくらまし、アメリカへ亡命している。

カモ Z・グリンキー（ロイヤルズ）.538（13-7）1本　苦手 大谷翔平（エンジェルス）.133（15-2）0本

年度	所属チーム	試合数	打数	得点	安打	二塁打	三塁打	本塁打	打点	四球	三振	盗塁	盗塁死	出塁率	OPS	打率
2018	カーディナルス	21	17	3	2	1	0	0	1	0	7	0	0	.118	.294	.118
2020	レンジャーズ	3	6	0	0	0	0	0	0	1	4	0	0	.143	.143	.000
2021	レンジャーズ	149	581	77	141	26	2	31	90	32	194	16	5	.286	.740	.243
2022	レンジャーズ	156	605	88	151	34	5	27	101	40	183	25	6	.300	.756	.250
通算成績		329	1209	168	294	61	7	58	192	73	388	41	11	.290	.739	.243

大谷翔平から初めて三塁打を打った男 ファースト

30 ナサニエル・ロウ Nathaniel Lowe

28歳 1995.7.7生 | 193cm | 99kg | 右投左打

◆対左投手打率／.330　◆対右投手打率／.288
◆ホーム打率／.280　◆アウェー打率／.322　◆得点圏打率／.321
◆22年のポジション別出場数／ファースト＝153、DH＝4
◆Ⓞ2016⑬レイズ　◆⊞ヴァージニア州
◆㊙405万ドル（約5億2650万円）　◆シルバースラッガー賞1回（22年）

ミート	4
パワー	4
走塁	3
守備	2
肩	2

　ブレイクした一昨年を上回る打撃成績を残し、シルバースラッガー賞に輝いた一塁手。昨季は6月以降、エンジンがかかり出し、後半戦は打率3割3分9厘、15本塁打と打ちまくった。レンジャーズの打者がシーズン打率3割（規定打席以上）を超えたのは、2016年のエルヴィス・アンドルスと、エイドリアン・ベルトレイ以来のことだ。一方、ファーストの守備指標は、メジャーの一塁手の中で「ワースト」レベルだった。昨年7月28日のエンジェルス戦では、大谷翔平から本塁打と三塁打を記録。この三塁打のほうは、大谷がメジャーで初めて許した三塁打だった。弟ジョシュは、レイズの外野手。

カモ 大谷翔平（エンジェルス）.375(16-6)2本　**苦手** R・レイ（マリナーズ）.154(13-2)1本

年度	所属チーム	試合数	打数	得点	安打	二塁打	三塁打	本塁打	打点	四球	三振	盗塁	盗塁死	出塁率	OPS	打率
2019	レイズ	50	152	24	40	8	0	7	19	13	50	0	0	.325	.779	.263
2020	レイズ	21	67	10	15	2	0	4	11	9	28	1	0	.316	.749	.224
2021	レンジャーズ	157	557	75	147	24	3	18	72	80	162	8	0	.357	.772	.264
2022	レンジャーズ	157	593	74	179	26	3	27	76	48	147	1	2	.358	.850	.302
通算成績		385	1369	183	381	60	6	56	178	150	387	11	2	.352	.806	.278

超大型契約1年目の評価はまちまち ショート

5 コーリー・シーガー Corey Seager

29歳 1994.4.27生 | 193cm | 97kg | 右投左打

◆対左投手打率／.225　◆対右投手打率／.254
◆ホーム打率／.273　◆アウェー打率／.217　◆得点圏打率／.301
◆22年のポジション別出場数／ショート＝144、DH＝7
◆Ⓞ2012①ドジャース　◆⊞ノースカロライナ州
◆㊙3500万ドル（約45億5000万円）
◆シルバースラッガー賞2回（16、17年）、新人王（16年）

ミート	5
パワー	5
走塁	2
守備	3
肩	3

　ハイレベルな活躍を義務付けられている、元ドジャースのスター選手。2021年オフに、レンジャーズ史上最大の契約である10年3億2500万ドル（約423億円）で加入。移籍1年目の昨季は、懸念されていた故障もなく、自己ベストの33本塁打をマークした。この数字は、左打ちの遊撃手に限れば、MLB史上最多の本数だ。しかし、打率、出塁率は自己ワースト。健康でフルシーズン働けば、MVP級の数字を残してくれるものと夢想していたファンにとって、やや物足りない結果に終わった。極端な守備シフトが禁止になり、リーグの投手にも慣れた今季は、打率が上向くとの声もあるが、果たして……。

カモ 大谷翔平（エンジェルス）.600(5-3)0本　**苦手** A・ループ（エンジェルス）.000(7-0)0本

年度	所属チーム	試合数	打数	得点	安打	二塁打	三塁打	本塁打	打点	四球	三振	盗塁	盗塁死	出塁率	OPS	打率
2015	ドジャース	27	98	17	33	8	1	4	17	14	19	2	0	.425	.986	.337
2016	ドジャース	157	627	105	193	40	5	26	72	54	133	3	3	.365	.877	.308
2017	ドジャース	145	539	85	159	33	0	22	77	67	131	4	2	.375	.854	.295
2018	ドジャース	26	101	13	27	5	1	2	13	11	17	0	0	.348	.744	.267
2019	ドジャース	134	489	82	133	44	1	19	87	44	98	1	0	.335	.818	.272
2020	ドジャース	52	212	38	65	12	1	15	41	17	37	1	0	.358	.943	.307
2021	ドジャース	95	353	54	108	22	3	16	57	48	66	1	1	.394	.915	.306
2022	レンジャーズ	151	593	91	145	33	0	33	83	58	103	3	0	.317	.772	.245
通算成績		787	3012	485	863	188	13	137	447	313	604	15	6	.357	.851	.287

大谷のスプリッターに手も足も出ず

センター

3 レオディ・タヴェラス *Leody Taveras*

25歳 1998.9.8生 | 188cm | 88kg | 右投両打 | 対左.264 対右.260 ホ.270 ア.252
得圏.264 ド2015,外レンジャーズ 田ドミニカ 年72万ドル(約9360万円)+α

ミ	3
パ	2
走	4
守	4
肩	5

高い身体能力を誇る、ドミニカ出身の両打ち外野手。昨シーズンは3Aでのスタートになったが、6月13日にメジャー昇格。その後はセンターのレギュラーとしてプレーし、あまり期待されていなかったバットのほうでも、それなりの結果を残した。スピードがあり、肩も強いが、走塁でも守備でも、凡ミスをやらかすことがしばしばある。昨年7月28日のエンジェルス戦では、投手・大谷翔平と3度対戦し、すべて空振り三振。通算対戦成績は、6打席で無安打(三振5、内野ゴロ1)となった。2008年にロッキーズで盗塁王に輝いたウィリー・タヴェラスは、いとこにあたる。

年度	所属チーム	試合数	打数	得点	安打	二塁打	三塁打	本塁打	打点	四球	三振	盗塁	盗塁死	出塁率	OPS	打率
2022	レンジャーズ	99	314	39	82	14	2	5	34	21	88	11	5	.309	.675	.261
通算成績		181	607	73	137	26	5	12	49	44	191	29	6	.280	.624	.226

メジャー初打席本塁打は球団史上2人目

サード **ルーキー**

6 ジョシュ・ヤング *Josh Jung*

25歳 1998.2.12生 | 188cm | 96kg | 右投右打 | 対左.270 対右.164 ホ.196 ア.214
得圏.280 ド2019①レンジャーズ 田テキサス州 年72万ドル(約9360万円)+α

ミ	3
パ	3
走	2
守	3
肩	3

テキサス生まれ、テキサス育ちの若手内野手。昨年9月9日にメジャーデビューし、初打席でいきなりホームラン。テキサスのファンを熱狂させた。主力に成長することを期待されているが、怖いのは故障。2021年開幕前には足を手術、昨年の開幕前には左肩を手術し、7月末までプレーできなかった。19年のドラフトで、レンジャーズが1巡目(全体8位)に指名。マイナーでのプロ初打席もホームランだった。弟のジェイスも、将来を期待された内野手。兄と同じテキサス工科大学でプレーし、昨年のドラフトで、タイガースから1巡目(全体12位)に指名され、プロ入り。

年度	所属チーム	試合数	打数	得点	安打	二塁打	三塁打	本塁打	打点	四球	三振	盗塁	盗塁死	出塁率	OPS	打率
2022	レンジャーズ	26	98	9	20	4	1	5	14	4	39	2	0	.235	.653	.204
通算成績		26	98	9	20	4	1	5	14	4	39	2	0	.235	.653	.204

マイナーリーグの「出塁マシーン」

レフト **サード**

47 ジョシュ・H・スミス *Josh H. Smith*

26歳 1997.8.7生 | 178cm | 77kg | 右投左打 | 対左.118 対右.212 ホ.214 ア.172
得圏.220 ド2019②ヤンキース 田ルイジアナ州 年72万ドル(約9360万円)+α

ミ	2
パ	2
走	4
守	3
肩	3

2021年7月末、レンジャーズがジョーイ・ギャロを放出した際、ヤンキースから獲得した若手4選手の1人。昨年5月末にメジャーデビューを果たし、サードで度々出場機会を与えられた。9月にジョシュ・ヤングがメジャーに昇格したあとは、レフトに回っている。本職はショートだが、試合に出られるなら、本人はどこのポジションでもかまわないという。マイナーでは、出塁率の高さが評価されていた選手。昨季、メジャーでは打率が1割台だったが、四球や死球が多かったため、出塁率は3割台だった。21年に結婚。お相手のクレアさんは、高校時代からの恋人だ。

年度	所属チーム	試合数	打数	得点	安打	二塁打	三塁打	本塁打	打点	四球	三振	盗塁	盗塁死	出塁率	OPS	打率
2022	レンジャーズ	73	213	23	42	5	0	2	16	28	50	4	3	.307	.556	.197
通算成績		73	213	23	42	5	0	2	16	28	50	4	3	.307	.556	.197

対左=対左投手打率　対右=対右投手打率　ホ=ホーム打率　ア=アウェー打率　得圏=得点圏打率
ド=ドラフトデータ　田=出身地　年=年俸

65 安打の半数以上が内野安打 　外野手
バッバ・トンプソン *Bubba Thompson*

25歳 1998.6.9生｜188cm｜89kg｜右投右打 対左.189 対右.299 帯.284 ⑦.244 ⑱.206 №2017①レンジャーズ 囲アラバマ州 囲72万ドル（約9360万円）+α

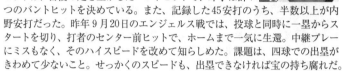

ミ2 バ2 走5 守4 肩3

わずか2カ月の出場で18盗塁をマークした、驚異的なスピードを誇る外野手。昨年8月4日にメジャーデビュー。初ヒットは、自慢の足を生かしたバントヒットで、昨季は計7つのバントヒットを決めている。また、記録した45安打のうち、半数以上が内野安打だった。昨年9月20日のエンジェルス戦では、投球と同時に一塁からスタートを切り、打者のセンター前ヒットで、ホームまで一気に生還。中継プレーにミスもなく、そのハイスピードを改めて知らしめた。課題は、四球での出塁がきわめて少ないこと。せっかくのスピードも、出塁できなければ宝の持ち腐れだ。

年度	所属チーム	試合数	打数	得点	安打	二塁打	三塁打	本塁打	打点	四球	三振	盗塁	盗塁死	出塁率	OPS	打率
2022	レンジャーズ	55	170	18	45	5	0	1	9	7	56	18	3	.302	.614	.265
通算成績		55	170	18	45	5	0	1	9	7	56	18	3	.302	.614	.265

9 第一子誕生直後にトレード決定 　ユーティリティ
マーク・マティアス *Mark Mathias*

29歳 1994.8.2生｜183cm｜90kg｜右投右打 対左.231 対右.276 帯.419 ⑦.140 ⑱.421 №2015③インディアンズ 囲カリフォルニア州 囲72万ドル（約9360万円）+α

ミ3 バ3 走3 守3 肩2

打撃に開眼しつつあるクラッチヒッター。ブリュワーズのマイナーでプレーしていた昨年7月下旬に、第一子となる長男ジャクソン君が誕生。そして、妻と赤ちゃんの退院翌日、レンジャーズへの移籍が決まった。あわただしい移籍となったが、8月17日からメジャーでプレーし、度々勝負強い打撃を披露した。移籍後の打撃好調は、コーチやスタッフの指導のおかげと本人は語っている。昨季は主に、相手投手がサウスポーの際、DHや代打で出場。また、セカンド、ファースト、レフト、サード、ライトでも、数試合で守備についている。2度手術している右肩に、不安が残る。

年度	所属チーム	試合数	打数	得点	安打	二塁打	三塁打	本塁打	打点	四球	三振	盗塁	盗塁死	出塁率	OPS	打率
2022	ブリュワーズ	6	16	2	2	0	0	1	4	0	4	1	0	.118	.431	.125
2022	レンジャーズ	24	65	11	18	3	0	5	16	9	26	2	0	.365	.919	.277
2022	2チーム計	30	81	13	20	3	0	6	20	9	30	3	0	.319	.823	.247
通算成績		46	117	15	30	6	0	6	24	9	37	4	0	.307	.769	.256

18 負傷続きで、自慢の打撃も低下気味 　キャッチャー/DH
ミッチ・ガーヴァー *Mitch Garver*

32歳 1991.1.15生｜185cm｜99kg｜右投右打 ◆盗塁阻止率.091(11-1) 対左.204 対右.196 帯.222 ⑦.176 ⑱.161 №2013⑨ツインズ 囲ニューメキシコ州 囲390万ドル（約5億700万円） ★シルバースラッガー賞1回（19年）

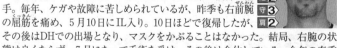

ミ3 バ3 走2 守2 肩2

昨年3月のトレードで、ツインズからやって来た強打の捕手。毎年、ケガや故障に苦しめられているが、昨季も右前腕の屈筋を痛め、5月10日にIL入り。10日ほどで復帰したが、その後はDHでの出場となり、マスクをかぶることはなかった。結局、右腕の状態は良くならず、7月になって手術を受け、その後は全休している。今年の春季キャンプには間に合う見込みだが、ハイムのブレイクで、立場が危うくなっている。2019年には、走者・大谷翔平との本塁クロスプレーで左足を負傷し、3週間ほど離脱したことがあった。ただ、この年は打棒好調で、31本塁打をマークした。

年度	所属チーム	試合数	打数	得点	安打	二塁打	三塁打	本塁打	打点	四球	三振	盗塁	盗塁死	出塁率	OPS	打率
2022	レンジャーズ	54	188	23	39	7	0	10	24	23	53	1	1	.298	.702	.207
通算成績		364	1126	173	279	59	6	63	178	137	335	2	2	.334	.813	.248

パワーが魅力の巨漢キャッチャー
55 サム・ハフ *Sam Huff*

キャッチャー／ファースト

25歳 1998.1.14生 | 196cm | 108kg | 右投右打 ◆盗塁阻止率/.115(26-3) 対左.229 対右.247 ホ.259
ア.222 得.259 ド2016⑦レンジャーズ 囲アリゾナ州 年72万ドル（約9360万円）＋α

ミ	2
バ	4
走	2
守	2
肩	4

　メジャーの現役捕手の中では、最も大柄（196センチ・108キロ）なパワーヒッター。昨シーズン、3Aでは63試合の出場で21本塁打を放っているが、打撃、守備ともに安定性に欠け、メジャーではまだ信頼を得られていない。肩は強いが、昨季の盗塁阻止率は低かった。これは、クイックが下手な投手が、レンジャーズに多いのが原因だ。打力を生かすため、昨季はファーストでも、3試合に先発出場している。少年時代、キャッチャーをやり始めた理由は、防具がカッコ良かったから。父のスティーヴさんは元投手で、かつてジャイアンツから、ドラフト指名されたこともある。

年度	所属チーム	試合数	打数	得点	安打	二塁打	三塁打	本塁打	打点	四球	三振	盗塁	盗塁死	出塁率	OPS	打率
2022	レンジャーズ	44	121	9	29	4	0	4	10	11	42	1	0	.303	.675	.240
通算成績		54	152	14	40	7	0	7	14	13	53	1	0	.321	.768	.263

メジャー昇格は、いばらの道
― 筒香嘉智 *Yoshi Tsutsugo*

レフト／ファースト　移籍

32歳 1991.11.26生 | 185cm | 102kg | 右投左打 対左.175 対右.168
ホ.189 ア.150 得.200 ド2009①横浜、2019⑦レイズ 囲和歌山県

ミ	2
バ	4
走	3
守	2
肩	3

　マイナー契約からのメジャー再昇格を目指す、2017年WBC日本代表の4番打者。渡米3年目の昨季は、パイレーツのレギュラー一塁手として開幕を迎えた。前年（2021年）8月半ば、パイレーツに入団後、豪打復活の気配を見せていたため、昨季は4番打者としての活躍を期待されていたのだ。しかし、低打率にあえぎ、8月に入って戦力外に。その後はブルージェイズのマイナーでプレーし、一昨年同様、3Aでは好成績を残した。オフには日本球界復帰も噂されたが、今年1月、レンジャーズとマイナー契約。外野の層が薄いチームなので、開幕ロースター入りの可能性もゼロではない。

年度	所属チーム	試合数	打数	得点	安打	二塁打	三塁打	本塁打	打点	四球	三振	盗塁	盗塁死	出塁率	OPS	打率
2022	パイレーツ	50	170	11	29	4	0	2	19	19	50	0	0	.249	.478	.171
通算成績		182	557	65	110	21	2	18	75	74	172	0	1	.291	.630	.197

― ダスティン・ハリス *Dustin Harris*

レフト／ファースト　期待度 B⁻　ルーキー

24歳 1999.7.8生 | 188cm | 83kg | 右投左打 ◆昨季は2Aでプレー ド2019⑪アスレティックス 囲フロリダ州

　打撃面の期待が大きい左翼手兼一塁手。昨季は2Aで好成績を残し、マイナーのオールスターである「フューチャーズゲーム」にも出場。3A昇格間近と思われたが、8月に入って左手首を負傷し、その後はプレーできなかった。高校時代はまったくの無名選手。大学で頭角を現し、プロ入り後に急成長。

16 ジョナサン・オルネラス *Jonathan Ornelas*

ユーティリティ　期待度 C⁺　ルーキー

23歳 2000.5.26生 | 183cm | 88kg | 右投右打 ◆昨季は2Aでプレー ド2018③レンジャーズ 囲アリゾナ州

　内野も外野こなせるスーパーユーティリティ。2Aフリスコでプレーした昨季、フランチャイズ記録となる157安打をマーク。守備では、ショートやセンターといった高い守備力を要求されるポジションをよく守り、チームの「ディフェンダー・オブ・ザ・イヤー」に選ばれた。欠点は、パワー不足なこと。

対左＝対左投手打率 対右＝対右投手打率 ホ＝ホーム打率 ア＝アウェー打率 得＝得点圏打率
ド＝ドラフトデータ 囲＝出身地 年＝年俸

オークランド・アスレティックス

◆創　立：1901年
◆本拠地：カリフォルニア州オークランド市
◆ワールドシリーズ制覇：9回　◆リーグ優勝：15回
◆地区優勝：17回　◆ワイルドカード獲得：4回

主要オーナー　ジョン・フィッシャー（スポーツ企業家）

過去5年成績

年度	勝	負	勝率	ゲーム差	地区順位	ポストシーズン成績
2018	97	65	.599	6.0	②	ワイルドカードゲーム敗退
2019	97	65	.599	10.0	②	ワイルドカードゲーム敗退
2020	36	24	.600	(7.0)	①	地区シリーズ敗退
2021	86	76	.531	9.0	③	―
2022	**60**	**102**	**.370**	**46.0**	⑤	―

監督　7 マーク・コッツェイ　*Mark Kotsay*

◆年　齢……………48歳（カリフォルニア州出身）
◆現役時代の経歴……17シーズン　マーリンズ（1997～2000）、パドレス（2001
（外野手、ファースト）　～03）、アスレティックス（2004～07）、ブレーブス（2008）、
　　　　　　　　　　　レッドソックス（2008～09）、ホワイトソックス（2009～10）、
　　　　　　　　　　　ブリュワーズ（2011）、パドレス（2012～13）
◆現役通算成績……… 1914試合　.276　127本　720打点
◆監督経歴…………… 1シーズン　アスレティックス（2022～）
◆通算成績…………… 60勝102敗（勝率.370）

　2016年からアスレティックスのコーチを務め、昨季、監督に昇格。だが就任1年目は、アメリカン・リーグでワーストの102敗という結果に終わった。とはいえ、これはチームが、再建の真っただ中にあるため。21年オフに、チームの主力選手たちをトレードで次々放出した結果、昨季はまともに戦える戦力ではなかったのだ。そのため球団も、コッツェイの責任を問うどころか、この厳しい状況の中で、ポジティブな面を見つけようと努力した点を、高く評価している。

注目コーチ　51 ダレン・ブッシュ　*Darren Bush*

　新ベンチコーチ。49歳。20代で指導者の道に入り、2013年にアスレティックスのブルペンコーチに就任。その後、打撃コーチを経て、昨季は三塁ベースコーチだった。

編成責任者　デイヴィッド・フォースト　*David Forst*

　47歳。20年以上、編成部門のトップだったビリー・ビーンの後任として、昨年11月に就任。ハーバード大学時代は、遊撃手でキャプテン。独立リーグでのプレー歴がある。

スタジアム　オークランド・コロシアム　*Oakland Coliseum*

◆開場年……………1966年
◆仕　様……………天然芝
◆収容能力…………46,847人
◆フェンスの高さ…2.4m
◆特　徴……………老朽化が激しい、アメリカンフットボールとの兼用球場。海からの風の影響でホームランが出にくく、また、ファウルテリトリーが広いので、他球場なら内野スタンドに入りそうな飛球が、ファウルフライになるケースも多い。

ピッチャーズ
パーク

122
118　118
112　110　110　112
101　　　　　　101

243

Best Order [ベストオーダー]

① トニー・ケンプ……セカンド
② ラモン・ローリアーノ……センター
③ セス・ブラウン……ライト
④ ヘスース・アギラー……ファースト
⑤ ジェイス・ピーターソン……サード
⑥ アレドミス・ディアス……DH
⑦ ニック・アレン……ショート
⑧ エステウリー・ルイーズ……レフト
⑨ マニー・ピーニャ……キャッチャー

Depth Chart [ポジション別選手層・メンバーリスト]

※2023年2月13日時点の候補選手。数字は背番号(開幕前に変更する場合もあり)、右・左等は投・打の順。

センター
22 ラモン・ローリアーノ [右・右]
－ JJ・ブレディ [左・左]
－ エステウリー・ルイーズ [右・右]
20 クリスチャン・パチェ [右・右]

レフト
－ エステウリー・ルイーズ [右・右]
12 アレドミス・ディアス [右・右]
5 トニー・ケンプ [右・左]
15 セス・ブラウン [左・左]

ライト
15 セス・ブラウン [左・左]
22 ラモン・ローリアーノ [右・右]
72 コナー・ケイペル [左・左]
6 ジェイス・ピーターソン [右・左]

ショート
2 ニック・アレン [右・右]
12 アレドミス・ディアス [右・右]

セカンド
5 トニー・ケンプ [右・左]
75 ジョーダン・ディアス [右・右]
12 アレドミス・ディアス [右・右]
77 ジョナ・ブライド [右・右]

サード
6 ジェイス・ピーターソン [右・左]
76 デルミス・ガルシア [右・右]
75 ジョーダン・ディアス [右・右]
77 ジョナ・ブライド [右・右]

ローテーション
58 ポール・ブラックバーン [右・右]
32 ジェイムズ・カプリリアン [右・右]
47 ドルー・ルチンスキー [右・右]
11 藤浪晋太郎 [右・右]
38 JP・シアーズ [左・左]
－ カイル・ムラー [右・右]
64 ケン・ウォルドチャック [左・左]

ファースト
99 ヘスース・アギラー [右・右]
15 セス・ブラウン [左・左]
76 デルミス・ガルシア [右・右]
75 ジョーダン・ディアス [右・右]
98 ライアン・ノダ [左・左]

DH
12 アレドミス・ディアス [右・右]
23 シェイ・ランゲリアーズ [右・右]
99 ヘスース・アギラー [右・右]
75 ジョーダン・ディアス [右・右]

キャッチャー
9 マニー・ピーニャ [右・右]
23 シェイ・ランゲリアーズ [右・右]

ブルペン
68 ドミンゴ・アセヴェド [右・右] CL
61 ザック・ジャクソン [右・右] CL
56 ダニー・ヒメネス [右・右]
65 トレヴァー・メイ [右・右]
36 アダム・オラー [右・右]
54 カービー・スニード [左・右]
60 サム・モル [左・左]
61 ザック・ジャクソン [右・右]
62 フレディ・ターノク [右・右]

※CL=クローザー

アスレティックス試合日程……＊はアウェーでの開催

3月30・4月1・2	エンジェルス	**5月**2・3・4	マリナーズ	**6月**2・3・4	マーリンズ＊
3・4・5	ガーディアンズ	5・6・7	ロイヤルズ＊	5・6・7	パイレーツ＊
7・8・9	レイズ＊	8・9・10	ヤンキース＊	9・10・11	ブリュワーズ＊
10・11・12・13	オリオールズ＊	11・12・13・14	レンジャーズ	12・13・14・15	レイズ
14・15・16	メッツ	15・16・17	ダイヤモンドバックス	16・17・18	フィリーズ
17・18・19	カブス	19・20・21	アストロズ＊	20・21・22	ガーディアンズ＊
21・22・23	レンジャーズ＊	22・23・24・25	マリナーズ	23・24・25	ブルージェイズ＊
24・25・26・27	エンジェルス＊	26・27・28	アストロズ	27・28・29	ヤンキース
28・29・30	レッズ	29・30・31	ブレーブス	30・**7月**1・2	ホワイトソックス

球団メモ 昨季は球団史上最多となる64名もの選手がメジャーでプレー。その半数以上が新人王資格のあるルーキーで、メジャーデビューした選手数(19人)は30球団最多。

■**投手力**⬆…★★★★★【昨年度チーム防御率4.52、リーグ13位】

　貧乏球団アスレティックスは、投打の主力を、FA権を得る前にトレードに出し、マイナーの有望株3、4人と交換。それを2、3年かけて強力な戦力に育成して地区優勝を争うチームにしたあと、3、4年後にまた主力選手のFA権取得が近づいたら一斉にトレードに出し、マイナーの有望株と交換するというパターンを繰り返してきた。現在は、チームの主力を他球団の有望株に交換し終えたところ。有望株が成長するまでは過渡期の戦力が必要になるので、ローテーションは売れ残りのブラックバーン、カプリリアン、アジアから低コストで調達した藤浪晋太郎、ルチンスキー、育成中の若手のウォルドチャック、シアーズ、ムラー、マルティネスの中から、使えそうな5人を選んで先発させ、頻繁（ひんぱん）に入れ替えを行うパターンになるだろう。リリーフ陣も同じ状況だ。とりあえずクローザー、セットアッパーは低コストで調達したメイ、ヒメネスあたりを据えてしのごうという算段のようだ。

■**攻撃力**➡…★★★★★【昨年度チーム得点568、リーグ14位】

　打線は育成がうまくいっていない。今シーズンは低コストで獲得したピーターソン、アギラー、ディアスあたりが打線の中軸をなす。

■**守備力**⬆…★★★★★【昨年度チーム失策数92、リーグ11位】

　守備とリードのうまい捕手ピーニャ獲得は、大きなプラスになるかも。

■**機動力**➡…★★★★★【昨年度チーム盗塁数78、リーグ9位】

　出塁率優先で機動力は重視しないチーム。

総合評価

★★★★★

　今季を予測すると、前半は大きく負けが込むが、後半はトレードで獲得して育成していた有望株が次々と台頭し、チームの勝利に貢献するようになる可能性はある。そうした有望株の踏ん張り次第では、100敗しないで済むかもしれないが……。

アスレティックス

IN　主な入団選手	**OUT**　主な退団選手
投手	投手
藤浪晋太郎←阪神	コール・アーヴィン➡オリオールズ
トレヴァー・メイ←メッツ	ジョエル・パヤンプス➡ブリュワーズ
ドルー・ルチンスキー←NCダイノス（韓国）	A.J.パク➡マーリンズ
野手	野手
アレドミス・ディアス←アストロズ	ショーン・マーフィー➡ブレーブス
ジェイス・ピーターソン←ブリュワーズ	スティーヴン・ヴォート➡引退
マニー・ピーニャ←ブレーブス	

4・5・6	タイガース*	5・7・8	ジャイアンツ	4・5・6	ブルージェイズ
7・8・9	レッドソックス*	7・8・9	レンジャーズ	8・9・10	レンジャーズ*
11	オールスターゲーム	11・12・13	ナショナルズ*	11・12・13	アストロズ*
14・15・16	ツインズ	14・15・16	カーディナルス*	15・16・17	パドレス
17・18・19	レッドソックス	18・19・20	オリオールズ	18・19・20	マリナーズ
20・21・22・23	アストロズ	21・22・23	ロイヤルズ	21・22・23・24	タイガース
25・26	ジャイアンツ*	24・25・26・27	ホワイトソックス*	26・27・28	ツインズ*
28・29・30	ロッキーズ*	28・29・30	マリナーズ*	29・30・**10月**1	エンジェルス*
8月1・2・3	ドジャース*	**9月**1・2・3	エンジェルス		

先発で成功するには与四球の半減が必須

先発
ロングリリーフ

ルーキー

11 藤浪晋太郎
Shintaro Fujinami

29歳 1994.4.12生 | 198cm | 98kg | 右投右打

- ◆速球のスピード／150キロ台中頃（フォーシーム主体）
- ◆決め球と持ち球／◎スプリッター、○フォーシーム、○カッター
- ◆メジャーでのプレー経験なし
- ◆ドラフトデータ／2012①阪神、2023アスレティックス
- ◆出身地／大阪府
- ◆年俸／325万ドル（約4億2250万円）

球威	4
制球	2
緩急	4
守備・牽制	3
度胸	2

1年325万ドルの契約でアスレティックスに入団した、「メジャーで投げる」という夢が現実のものとなった右腕。大阪桐蔭高校から阪神タイガースに入団し、1年目から3年連続で2ケタの勝ち星をマーク。だが、その後、制球難に苦しむようになり、目立った成績を残せなくなった。プロ入り10年目の昨季は、先発では10試合に登板し、2勝5敗、防御率3.84。リリーフでは6試合に登板し、1勝0敗、防御率0.00という数字だった。NPB全体の昨年の平均防御率は3.26なので、先発で投げたときの3.84という防御率は、決していい数字ではない。

アスレティックスは「最強の貧乏球団」として知られる。その成功の秘訣は、持ち前の育成力で、有望な若手を次々にメジャーの強力な戦力に育て上げて優勝を争うチームにしたあと、年俸総額を抑えるため、それらの若手がFA権を取得する前に次々にトレードで放出してマイナーの有望株3、4人と交換し、それらを1～3年かけて育成して優勝を争うチームにする、というパターンを繰り返すことにある。このパターンの泣きどころは、主力選手たちを有望株と交換したあと、一時的に戦力がガタ落ちすることだ。その落ち込みを最小限に抑えるには、外部から過渡期の戦力を獲得するしかない。そのような意図のもとでアスレティックスが1年契約で獲得したのが、NPBで投げていた藤浪と、KBO（韓国のプロ野球リーグ）で投げていた右腕ドルー・ルチンスキーなのだ。

アスレティックスは、先発で根気強く使うという気持ちはさらさらないので、先発で結果が出なければリリーフに回し、一番適性のありそうな役回りでシーズン終了まで使い切って終わりというパターンになる可能性が高い。それを考えれば、藤浪は1年目からハイレベルな数字を出す必要がある。一番怖いのは、オープン戦でスランプにおちいることだ。2013年に2年650万ドルの契約でアスレティックスに入団した中島宏之は、オープン戦スランプで開幕前にマイナー落ち。その後2年間、メジャーでプレーすることなく終わった。この轍だけは踏まないでほしいものだ。

年度	所属チーム	勝利	敗戦	防御率	試合数	先発	セーブ	投球イニング	被安打	失点	自責点	被本塁打	与四球	奪三振	WHIP
2022	阪神	3	5	3.38	16	10	0	66.2	58	28	25	6	21	65	1.19
通算成績		57	54	3.41	189	154	0	994.1	886	455	377	61	459	1011	1.35

カモ 苦手 は通算成績

手首骨折を乗り越え、6年目に才能開花 先発

58 ポール・ブラックバーン Paul Blackburn

30歳 1993.12.4生｜185cm｜88kg｜右投右打
◆速球のスピード／140キロ台後半（シンカー主体）
◆決め球と持ち球／◎シンカー、◎カーブ、○フォーシーム、
　△カッター、△チェンジアップ、△スライダー
◆対左.260 ◆対右.250 ◆ホ防8.31 ◆ア防2.12
◆ド2012①カブス ◆田カリフォルニア州
◆年190万ドル（約2億4700万円）

球威 3
制球 3
緩急 4
守備・牽制 4
度胸 4

メジャー6年目で、才能を実績に結びつけた苦労人。2012年にドラフト1巡目でカブス入りし、アスレティックスで17年にメジャーデビュー。好成績を残していたが、同年8月のオリオールズ戦で、トレイ・マンシーニの打球が右手首を直撃して骨折。その後なかなか定着できず、昨季ようやく先発ローテーションの一角となった。とくに6月までは絶好調で、防御率も2点台をキープし、自身初のオールスター出場を果たしている。ところが、8月に右手中指を痛めて、早々にシーズン終了。スプリングキャンプまでには、完全復帰を目指している。投球の4割近くを占めるシンカー主体のスタイルだ。

カモ W・メリフィールド（ブルージェイズ）.000(9-0)0本　苦手 大谷翔平（エンジェルス）.500(8-4)1本

年度	所属チーム	勝利	敗戦	防御率	試合数	先発	セーブ	投球イニング	被安打	失点	自責点	被本塁打	与四球	奪三振	WHIP
2017	アスレティックス	3	1	3.22	10	10	0	58.2	58	22	21	5	16	22	1.26
2018	アスレティックス	2	3	7.16	6	6	0	27.2	33	23	22	2	6	19	1.41
2019	アスレティックス	0	2	10.64	4	1	0	11.0	19	14	13	3	4	8	2.09
2020	アスレティックス	0	1	27.00	1	1	0	2.1	5	7	7	0	2	2	3.00
2021	アスレティックス	1	4	5.87	9	9	0	38.1	52	26	25	8	10	26	1.62
2022	アスレティックス	7	6	4.28	21	21	0	111.1	110	53	53	15	30	89	1.26
通算成績		13	17	5.09	51	48	0	249.1	277	145	141	33	68	166	1.38

アルメニアにルーツがある、元ヤンキースのドラ1 先発

32 ジェイムズ・カプリリアン James Kaprielian

29歳 1994.3.2生｜190cm｜101kg｜右投右打
◆速球のスピード／150キロ前後（フォーシーム主体）
◆決め球と持ち球／◎スライダー、◎フォーシーム、
　◎カーブ、△チェンジアップ、△シンカー
◆対左.237 ◆対右.241 ◆ホ防5.09 ◆ア防3.67
◆ド2015①ヤンキース ◆田カリフォルニア州
◆年72万ドル（約9360万円）+α

球威 4
制球 3
緩急 3
守備・牽制 3
度胸 3

2015年のドラフトで、ヤンキースから1巡目に指名されてプロ入りした右腕。その後、ヒジの故障に苦しんだが、20年にアスレティックスでメジャーデビュー。昨季は前半、制球に苦しみ、防御率も6点前後を行き来していたが、7月以降、持ち直した。ただ、好不調の波が大きく、一昨年より若干成績を落としている。オフに肩の手術を受けたが、回復は順調で、今季は開幕からローテーションに入って投げる見込みだ。先祖のルーツがアルメニアにあり、アルメニア系アメリカ人が多く集まるロサンジェルス近郊の出身。同じ南カリフォルニア育ちで、一昨年までチームメートだったマット・チャップマン（現ブルージェイズ）とは親友同士。チャップマンには結婚式の司会も任された。

カモ J・ウォルシュ（エンジェルス）.143(14-2)1本　苦手 J・ロドリゲス（マリナーズ）.467(15-7)1本

年度	所属チーム	勝利	敗戦	防御率	試合数	先発	セーブ	投球イニング	被安打	失点	自責点	被本塁打	与四球	奪三振	WHIP
2020	アスレティックス	0	0	7.36	2	0	0	3.2	4	3	3	2	2	4	1.64
2021	アスレティックス	8	5	4.07	24	21	0	119.1	105	55	54	19	41	123	1.22
2022	アスレティックス	5	9	4.23	26	26	0	134.0	121	68	63	16	59	98	1.34
通算成績		13	14	4.20	52	47	0	257.0	230	126	120	37	102	225	1.29

対左＝対左打者被打率　対右＝対右打者被打率　ホ防＝ホーム防御率　ア防＝アウェー防御率
ド＝ドラフトデータ　田＝出身地　年＝年俸

シーズン終盤にクローザー昇格

クローザー／セットアップ

68 ドミンゴ・アセヴェド *Domingo Acevedo*

29歳 1994.3.6生 | 201cm | 108kg | 右投右打 | 國150キロ前後（フォーシーム） | 愈◎スライダー
対左.215 対右.201 ⑤2012例ヤンキース 囲ドミニカ 囲72万ドル（約9360万円）+α

球	4
制	4
緩	3
守	3
度	4

　ヤンキースが原石として発掘し、2021年からアスレティックスで光を放ち始めたブルペンエース。昨季はミドルリリーフでスタートしたが、徐々に大事な場面を任されるようになり、9月半ばにクローザー昇格。ラスト10登板のうち8登板で無失点と安定感を示した。再建モードに入り、成績が落ち込んで観客動員が伸び悩むチームにあって、応援を続ける地元オークランドのファンに対して敬意と感謝の意を示す。「たとえ球場に10人のファンしかいなくてもベストを尽くす」と、地元ドミニカのメディアに語っている。今季はクローザーの筆頭候補としてシーズンを迎える。

年度	所属チーム	勝利	敗戦	防御率	試合数	先発	セーブ	投球イニング	被安打	失点	自責点	被本塁打	与四球	奪三振	WHIP
2022	アスレティックス	4	4	3.33	70	0	4	67.2	50	26	25	9	17	58	0.99
通算成績		4	4	3.32	80	0	4	78.2	59	30	29	12	21	67	1.02

移籍後、ローテーションに定着

先発

38 JP・シアーズ *JP Sears*

27歳 1996.2.19生 | 180cm | 81kg | 左投右打 | 國140キロ台後半（フォーシーム） | 愈◎スライダー
対左.265 対右.254 ⑤2017①マリナーズ 囲サウスカロライナ州 囲72万ドル（約9360万円）+α

球	2
制	3
緩	3
守	4
度	4

　昨季途中にヤンキースから移籍後、先発の座をつかんだ左腕。4月のメジャーデビュー以降、主にリリーフで3勝0敗、防御率2.05と好調を維持。8月1日にアスレティックスへ移籍し、初登板のエンジェルス戦では、大谷翔平にあわや本塁打かという大きなレフトフライを打たれたが、5回1/3を2失点と無難なスタート。これを契機に先発としての評価が高まって、ローテーションの一角をになうことになった。球威はなく、球種も少ないが、テイクバックが小さく、打者にとってはタイミングの取りにくいタイプ。サウスカロライナ軍事大学時代は、ビジネス管理学を専攻。

年度	所属チーム	勝利	敗戦	防御率	試合数	先発	セーブ	投球イニング	被安打	失点	自責点	被本塁打	与四球	奪三振	WHIP
2022	ヤンキース	3	0	2.05	7	0	0	22.0	14	5	5	1	5	15	0.86
2022	アスレティックス	3	3	4.69	10	9	0	48.0	53	26	25	7	18	36	1.48
2022	2チーム計	6	3	3.86	17	11	0	70.0	67	31	30	8	23	51	1.29
通算成績		6	3	3.86	17	11	0	70.0	67	31	30	8	23	51	1.29

ヤンキース相手に8回無失点の好投

ロングリリーフ／先発

36 アダム・オラー *Adam Oller*

29歳 1994.10.17生 | 193cm | 101kg | 右投右打 | 國150キロ台前半（フォーシーム） | 愈◎カッター
対左.262 対右.292 ⑤2016⑳パイレーツ 囲テキサス州 囲72万ドル（約9360万円）+α

球	3
制	2
緩	3
守	3
度	4

　昨季27歳でメジャーデビューを果たした先発候補。2016年、パイレーツから20巡目で指名されてプロ入りしたものの、2年後には解雇され、19年に拾われたジャイアンツでも芽が出ず、同年のルール5ドラフトによってメッツへ。そして昨季開幕前、クリス・バシットがらみのトレードでアスレティックスへ。ただ、4試合の先発登板で自責点20、防御率12.27と大炎上し、ブルペンに回された。ハイライトは先発復帰後、8月27日のヤンキース戦で、8回2安打無失点の快投。今シーズンも先発ローテーション入りを狙うが、スプリングキャンプ次第で、その処遇は定かではない。

年度	所属チーム	勝利	敗戦	防御率	試合数	先発	セーブ	投球イニング	被安打	失点	自責点	被本塁打	与四球	奪三振	WHIP
2022	アスレティックス	2	8	6.30	19	14	0	74.1	82	55	52	17	39	46	1.63
通算成績		2	8	6.30	19	14	0	74.1	82	55	52	17	39	46	1.63

國=速球のスピード　愈=決め球　対左=対左打者被打率　対右=対右打者被打率
⑤=ドラフトデータ　囲=出身地　囲=年俸

球威が生命線のセットアッパー候補

セットアップ/クローザー

61 ザック・ジャクソン *Zach Jackson*

29歳 1994.12.25生 | 193cm | 104kg | 右投右打 | 迅150キロ台中頃(フォーシーム) | 決◎フォーシーム
対左.143 対右.188 ド2016③ブルージェイズ 田オクラホマ州 国72万ドル(約9360万円)+α

球威 5
制球 2
緩急 2
守備力 4
度 4

　プロ入り7年目にして、メジャーのマウンドへたどり着いた剛球リリーフ投手。2016年にブルージェイズ入団後、マイナーで抑えを任され、一昨年、ルール5ドラフトによって移籍して来た。昨季早々にメジャーデビュー後は、勝ちパターン投手の1人としてマウンドに上がり続けたものの、8月末に右肩痛が発生してシーズン終了。オーバーハンドから、角度のあるフォーシームやパワーカーブを投げ込み、三振を奪いにいく。ほぼこの2つの球種で、奪三振率は12.56とハイレベルだ。問題は制球力。与四球率6.2はメジャー投手平均のほぼ倍であり、WHIPの悪化を招いている。

年度	所属チーム	勝利	敗戦	防御率	試合数	先発	セーブ	投球イニング	被安打	失点	自責点	被本塁打	与四球	奪三振	WHIP
2022	アスレティックス	2	3	3.00	54	0	3	48.0	28	18	16	1	33	67	1.27
通算成績		2	3	3.00	54	0	3	48.0	28	18	16	1	33	67	1.27

動画投稿にも全力投球

セットアップ **移籍**

65 トレヴァー・メイ *Trevor May*

34歳 1989.9.23生 | 196cm | 108kg | 右投右打 | 迅150キロ台中頃(フォーシーム) | 決◎スライダー
対左.283 対右.250 ド2008④フィリーズ 田ワシントン州 国700万ドル(約9億1000万円)

球威 5
制球 4
緩急 4
守備力 2
度 4

　新加入のベテラン・リリーバー。ツインズ時代の2017年にトミー・ジョン手術を受けたが、復帰後は球威、制球力ともに向上し、セットアッパーとして活躍。20年オフに、2年1500万ドルの好条件でメッツに迎え入れられた。メッツ2年目の昨シーズンは右腕の不調で戦列を離れていた期間が長く、稼働率が50%にも満たなかったが、シーズン終盤には速球の威力が戻っていたため、アスレティックスは、いまだ大きな戦力になると判断。オフに1年700万ドルで契約した。「YouTube」で自身のチャンネルを開設し、面白おかしく野球情報を発信している。趣味は、オンラインゲーム。

年度	所属チーム	勝利	敗戦	防御率	試合数	先発	セーブ	投球イニング	被安打	失点	自責点	被本塁打	与四球	奪三振	WHIP
2022	メッツ	2	0	5.04	26	0	1	25.0	27	14	14	4	9	30	1.44
通算成績		32	24	4.35	309	26	12	403.2	391	207	195	56	136	480	1.31

ケガさえなければ、チームに貢献可能

セットアップ/クローザー

56 ダニー・ヒメネス *Dany Jimenez*

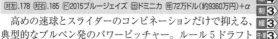
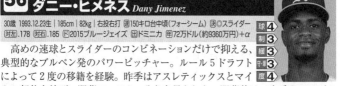

30歳 1993.12.23生 | 185cm | 82kg | 右投右打 | 迅150キロ台中頃(フォーシーム) | 決◎スライダー
対左.178 対右.185 ド2015ブルージェイズ 田ドミニカ 国72万ドル(約9360万円)+α

球威 4
制球 3
緩急 3
守備力 3
度 4

　高めの速球とスライダーのコンビネーションだけで抑える、典型的なブルペン発のパワーピッチャー。ルール5ドラフトによって2度の移籍を経験。昨季はアスレティックスとマイナー契約を結び、開幕ロースター入りを果たした。開幕後は、春季キャンプの好調を維持し、4月下旬にはクローザーの地位を築いたかに見えたが、6月に右肩を痛めてIL(故障者リスト)入り。8月に復帰したが、すぐにまた離脱して、そのままシーズンを終えた。ただ、今季の春季キャンプには間に合う見込みだ。スライダーが低めに決まっていれば、空振り三振と内野ゴロで、アウトを重ねる。

年度	所属チーム	勝利	敗戦	防御率	試合数	先発	セーブ	投球イニング	被安打	失点	自責点	被本塁打	与四球	奪三振	WHIP
2022	アスレティックス	3	4	3.41	34	0	11	34.1	23	16	13	2	18	34	1.19
通算成績		3	4	3.53	36	0	11	35.2	24	17	14	2	21	35	1.26

アスレティックス

チームの近未来をになう大型サウスポー

64 ケン・ウォルドチャック *Ken Waldichuk* 先発 ルーキー

25歳 1998.1.8生 | 193cm | 99kg | 左投左打 | 150キロ台前半（フォーシーム） 決◎スライダー
対左.138 対右.275 ド2019⑤ヤンキース 出カリフォルニア州 囲72万ドル（約9360万円）+α

球 4
制 4
緩 3
守 4
度 3

　昨年の夏、ヤンキースとのトレードで、シアーズらととも
に加入したスケールの大きい先発サウスポー。移籍後は今季
に向けて経験を積ませるために、9月1日、メジャーデビュ
ー。スリークォーターから、速球、スライダー、チェンジアップ、カーブを投げ
込み、空振りを多く奪った。右打者の克服をはじめ、すべての面で改善すべきこ
とも多かったが、それも首脳陣にとっては織り込み済み。フォーストGMは「先発
に残れるかどうかは、今後の努力次第」としている。オフには、ドミニカのウイン
ターリーグで好投。今季の開幕ローテーション入りの可能性は、大いにありそう。

年度	所属チーム	勝利	敗戦	防御率	試合数	先発	セーブ	投球イニング	被安打	失点	自責点	被本塁打	与四球	奪三振	WHIP
2022	アスレティックス	2	2	4.93	7	7	0	34.2	32	19	19	5	10	33	1.21
通算成績		2	2	4.93	7	7	0	34.2	32	19	19	5	10	33	1.21

昨季の与四球率1.58はKBOリーグ2位

47 ドルー・ルチンスキー *Drew Rucinski* 先発 移籍

35歳 1988.12.30生 | 188cm | 86kg | 右投右打 | 150キロ前後（フォーシーム主体） 決◎スライダー
◆昨季はメジャー出場なし ド2011⑯インディアンズ 出ウィスコンシン州 囲300万ドル（約3億9000万円）

球 3
制 4
緩 3
守 3
度 3

　韓国球界を経て、5年ぶりにメジャー復帰する右腕。2014
年にエンジェルスでメジャーデビューし、その後、マーリン
ズでもリリーフ投手として投げたが、30歳までに目立った成
績を残せず、メジャー契約が困難な状況に追い込まれた。そこで活躍の場を求め、
18年オフ、KBOリーグ（韓国プロ野球）のNCダイノスに、先発投手として入団。
ここで4シーズン投げ、53勝36敗、防御率3.06の好成績をマーク。4シーズン
すべてで、30試合以上先発したリーグ唯一の投手となり、この間の657奪三振は
リーグ1位の数字だった。オフに1年300万ドルで、アスレティックスと契約。

年度	所属チーム	勝利	敗戦	防御率	試合数	先発	セーブ	投球イニング	被安打	失点	自責点	被本塁打	与四球	奪三振	WHIP
2018	マーリンズ	4	2	4.33	32	0	0	35.1	34	21	17	2	13	27	1.33
通算成績		4	4	5.33	41	1	0	54.0	63	36	32	5	23	44	1.59

— カイル・ムラー *Kyle Muller* 先発 期待度A⁻ 移籍 ルーキー

26歳 1997.10.7生 | 201cm | 113kg | 左投右打 ◆昨季はメジャーで3試合に出場 ド2016②ブレーブス 出テキサス州

　ショーン・マーフィーの放出にともなう三角トレードで、ブレーブ
スからやって来たトップ・プロスペクト（最有望株）。スピンの利いたフ
ォーシームは、最速150キロ台半ばをマーク。これにパワフルなスライダーとカー
ブを交える。チームのローテーションに大きなインパクトを与える存在と言える。

62 フレディ・ターノク *Freddy Tarnok* 先発リリーフ 期待度B⁺ 移籍 ルーキー

25歳 1998.11.24生 | 190cm | 83kg | 右投右打 ◆昨季はメジャーで1試合に出場 ド2017③ブレーブス 出フロリダ州

　昨年12月、マーフィーを放出したトレードで、ブレーブスから獲得
した若手4選手の1人。昨年8月のメッツ戦で、メジャーデビューを
果たしている。ピッチングは150キロ台中盤の速球に、カーブ、チェンジアップ、
スライダーを交える。課題は制球力。お母さんのヌンさんは、タイにルーツを持つ。

頼みの得点源となるクリーンアップヒッター ファーストライト

15 セス・ブラウン Seth Brown

31歳 1992.7.13生｜185cm｜100kg｜左投左打

◆対左投手打率／.174 ◆対右投手打率／.243
◆ホーム打率／.237 ◆アウェー打率／.224 ◆得点圏打率／.250
◆22年のポジション別出場数／ファースト=84、レフト=38、ライト=32、センター=17、DH=2
◆🅓2015⑲アスレティックス
◆🅟オレゴン州 ◆🅨72万ドル（約9360万円）+α

ミート	2
パワー	5
走塁	3
守備	4
肩	3

打線の中軸をになう強打のファースト兼外野手。昨季は打撃に安定感が増し、打率2割前後だった序盤から夏場以降は成績が上昇。9月には8本塁打17打点と本領を発揮した。全打席の約半分で4番に座り、チャンスに強いところを見せ続けた。7月下旬には第一子となる長男キャノン君の誕生に合わせ、父親リスト（育休制度）入りして3試合を欠場。出産に立ち会ったあと、自宅のあるオレゴン州から深夜便で遠征先のシカゴへ降り立つや、直後のホワイトソックス戦で2本塁打を放って勝利に貢献、「パパは強し」を見せつけた。本人も「今日は特別な夜」と感慨深げで、ホームランボールはブリタニー夫人と息子のもとへ持ち帰ることにした。パワーは30本塁打も可能なレベルだ。

| カモ B・シンガー（ロイヤルズ）.600(10-6)3本 | 苦手 大谷翔平（エンジェルス）.118(17-2)0本 |

年度	所属チーム	試合数	打数	得点	安打	二塁打	三塁打	本塁打	打点	四球	三振	盗塁	盗塁死	出塁率	OPS	打率
2019	アスレティックス	26	75	11	22	8	2	0	13	7	23	1	0	.361	.814	.293
2020	アスレティックス	7	5	0	0	0	0	0	0	0	2	0	0	.000	.000	.000
2021	アスレティックス	111	281	43	60	13	1	20	48	23	89	4	1	.274	.754	.214
2022	アスレティックス	150	500	55	115	26	3	25	73	51	146	11	2	.305	.749	.230
通算成績		294	861	109	197	47	6	45	134	81	260	16	3	.298	.752	.229

大学時代から米国でプレーするドミニカ人 センターライト

22 ラモン・ローリアーノ Ramon Laureano

29歳 1994.7.15生｜180cm｜91kg｜右投右打

◆対左投手打率／.210 ◆対右投手打率／.211
◆ホーム打率／.210 ◆アウェー打率／.212 ◆得点圏打率／.224
◆22年のポジション別出場数／ライト=71、センター=34、DH=3
◆🅓2014⑯アストロズ ◆🅟ドミニカ
◆🅨355万ドル（約4億6150万円）

ミート	2
パワー	4
走塁	4
守備	5
肩	5

俊足好守がウリの外野手。しかし、過去2シーズンはトラブル続きだ。一昨年8月に禁止薬物の検査に引っかかり、80試合の出場停止処分を受けたため、昨シーズンは開幕から28試合目に初出場。それもあってか5月下旬まで絶不調で、6月以降持ち直したものの、夏場からまた打撃はどん底状態に。しまいには右ハムストリングの肉離れに加え、股関節も痛めてしまったためILLとなり、そのままシーズンを終えた。健康であれば広角に安打を放てる技術を持っており、20本塁打以上打てる長打力もある。そのうえ足も使えるので、2番打者としては最適の人材だ。それだけに、ベンチの期待も大きいのだが……。

| カモ R・レイ（マリナーズ）.625(8-5)1本 | 苦手 J・スアレス（エンジェルス）.125(8-1)0本 |

年度	所属チーム	試合数	打数	得点	安打	二塁打	三塁打	本塁打	打点	四球	三振	盗塁	盗塁死	出塁率	OPS	打率
2018	アスレティックス	48	156	27	45	12	1	5	19	16	50	7	1	.358	.832	.288
2019	アスレティックス	123	434	79	125	29	0	24	67	27	123	13	2	.340	.861	.288
2020	アスレティックス	54	183	27	39	8	1	6	25	24	58	2	1	.338	.704	.213
2021	アスレティックス	88	341	43	84	21	2	14	39	27	98	12	5	.317	.760	.246
2022	アスレティックス	94	346	49	73	18	0	13	34	25	104	11	6	.287	.663	.211
通算成績		407	1460	225	366	88	4	62	184	119	433	45	15	.324	.768	.251

🅓=ドラフトデータ 🅟=出身地 🅨=年俸 カモ 苦手 は通算成績

数少ないファンになじみの主力選手

セカンド レフト

5 トニー・ケンプ Tony Kemp

32歳 1991.10.31生 | 168cm | 72kg | 右投左打

◆対左投手打率／.219 ◆対右投手打率／.238
◆ホーム打率／.227 ◆アウェー打率／.242 ◆得点圏打率／.286
◆22年のポジション別出場数／セカンド=89、レフト=65、DH=3
◆Ⓓ2013⑤アストロズ ◆Ⓟテネシー州
◆Ⓢ373万ドル（約4億8490万円）

ミート	2
パワー	2
走塁	5
守備	3
肩	2

　昨季、自己最多の147試合に出場したリードオフマン。ただ、「四球が多く、三振が少ない」という最大の長所が、ややかすんでしまっていた。それでも2割3分台の打率に対し、出塁率は3割を超えている。セカンド、レフトの守備は平均レベル。ジャイアンツのマイク・ヤストレムスキーとは、ヴァンダービルト大学時代のチームメートで、今なお固い友情で結ばれている。昨年8月には本拠地で対戦後、ユニフォーム姿のまま、それぞれ生後7カ月と8カ月の娘を抱いて取材に応じ、その写真が地元メディアに紹介された。

カモ C・ハヴィエア（アストロズ）.500（14-7）0本 　苦手 R・テペラ（エンジェルス）.125（8-1）0本

年度	所属チーム	試合数	打数	得点	安打	二塁打	三塁打	本塁打	打点	四球	三振	盗塁	盗塁死	出塁率	OPS	打率
2016	アストロズ	59	120	15	26	4	3	1	7	14	27	2	1	.296	.621	.217
2017	アストロズ	17	37	6	8	1	0	0	4	1	5	1	0	.256	.499	.216
2018	アストロズ	97	255	37	67	15	0	6	30	32	44	9	3	.351	.743	.263
2019	アストロズ	66	163	23	37	6	2	7	17	16	29	4	3	.308	.725	.227
2019	カブス	44	82	8	15	3	2	1	12	7	18	0	1	.258	.563	.183
2019	2チーム計	110	245	31	52	9	4	8	29	23	47	4	4	.291	.671	.212
2020	アスレティックス	49	93	15	23	5	0	0	4	15	14	3	1	.363	.664	.247
2021	アスレティックス	131	330	54	92	16	3	8	37	52	51	8	2	.382	.707	.279
2022	アスレティックス	147	497	61	117	24	2	7	46	45	69	11	1	.307	.641	.235
	通算成績	610	1577	219	385	74	12	30	157	182	257	38	12	.330	.693	.244

優勝チームから最下位のチームへ

DH ユーティリティ 移籍

12 アレドミス・ディアス Aledmys Diaz

33歳 1990.8.1生 | 185cm | 88kg | 右投右打

◆対左投手打率／.267 ◆対右投手打率／.233
◆ホーム打率／.263 ◆アウェー打率／.227 ◆得点圏打率／.288
◆22年のポジション別出場数／レフト=28、セカンド=22、ショート=18、サード=10、DH=7、ファースト=6、ライト=1
◆Ⓓ2014カーディナルス ◆Ⓟキューバ ◆Ⓢ650万ドル（約8億4500万円）

ミート	3
パワー	4
走塁	3
守備	3
肩	3

　アストロズを出てFAになり、2年1450万ドルの契約で加入したユーティリティ。打撃面の特徴は、左投手とチャンスに強いこと。欠点は、キューバ亡命組選手に多い早打ちのフリースインガーで、四球が少ないこと。そのため、打率のわりに出塁率が低い。守備は、内野の4つのポジションと、レフトを守る。ショートの守備は「下」レベルだが、そのほかの守備は平均レベルだ。昨年のポストシーズンは、バットが湿りっぱなし。そのためフィリーズとのワールドシリーズ第4戦では、何とか塁に出ようと死球での出塁を試みたが、自ら当たりにいったのがばればれだったため、審判に認めてもらえなかった。

カモ A・ウッド（ジャイアンツ）.600（5-3）2本 　苦手 J・スアレス（エンジェルス）.000（7-0）0本

年度	所属チーム	試合数	打数	得点	安打	二塁打	三塁打	本塁打	打点	四球	三振	盗塁	盗塁死	出塁率	OPS	打率
2016	カーディナルス	111	404	71	121	28	3	17	65	41	60	4	4	.369	.879	.300
2017	カーディナルス	79	286	31	74	17	0	7	20	13	42	6	1	.290	.680	.259
2018	ブルージェイズ	130	422	55	111	26	0	18	55	23	62	3	4	.303	.756	.263
2019	アストロズ	69	210	36	57	12	1	9	40	26	28	2	0	.356	.823	.271
2020	アストロズ	17	58	8	14	5	0	3	6	1	12	0	0	.254	.737	.241
2021	アストロズ	84	294	28	76	19	0	8	45	16	62	0	1	.317	.722	.259
2022	アストロズ	92	305	35	74	13	0	12	38	18	53	1	1	.287	.690	.243
	通算成績	582	1979	264	527	120	4	74	269	138	319	14	11	.320	.763	.266

23 シェイ・ランゲリアーズ Shea Langeliers

マイナーでは最も守備のうまい捕手との評判　キャッチャー/DH

26歳　1997.11.18生｜183cm｜92kg｜右投右打｜盗塁阻止率／.158(19-3)
◆対左右投手打率／.276　◆対右投手打率／.204
◆ホーム打率／.214　◆アウェー打率／.222　◆得点圏打率／.345
◆22年のポジション別出場数／DH=24、キャッチャー=17
◆Ⓓ2019①ブレーブス　◆田オレゴン州
◆囲72万ドル（約9360万円）+α

ミート2　パワー3　走塁3　守備4　肩4

2019年のドラフトで、ブレーブスが1巡目（全体9位）に指名した捕手。21年オフ、アスレティックスが主砲マット・オルソンをブレーブスに放出したトレードで、クリスチャン・パチェらとともに移籍。昨年8月16日にメジャーデビューし、まずまずのプレーぶりを見せた。オフにショーン・マーフィーがチームを出たため、今シーズンは開幕から正捕手格で起用される見込みだ。マイナーでは守備力を高く評価されていたが、打撃も向上しており、攻守両面での貢献を球団は期待している。昨年のフューチャーズゲーム（マイナーのオールスター）ではホームランを放ち、MVPに選ばれた。婚約者レーガン・パジェットさんのお姉さんは、大打者アレックス・ロドリゲスの元恋人。

カモ　J・タイヨン（カブス）.667(3-2)1本　　苦手　大谷翔平（エンジェルス）.000(3-0)0本

年度	所属チーム	試合数	打数	得点	安打	二塁打	三塁打	本塁打	打点	四球	三振	盗塁	盗塁死	出塁率	OPS	打率
2022	アスレティックス	40	142	14	31	10	1	6	22	9	53	0	0	.261	.691	.218
通算成績		40	142	14	31	10	1	6	22	9	53	0	0	.261	.691	.218

6 ジェイス・ピーターソン Jace Peterson

妻の妹の夫はダンズビー・スワンソン　サード　移籍

33歳　1990.5.9生｜183cm｜97kg｜右投左打
◆対左投手打率／.281　◆対右投手打率／.230
◆ホーム打率／.184　◆アウェー打率／.286　◆得点圏打率／.211
◆22年のポジション別出場数／サード=86、ライト=12、ファースト=5、セカンド=3、レフト=3、DH=2、ピッチャー=1
◆Ⓓ2011①パドレス　◆田ルイジアナ州　◆囲450万ドル（約5億8500万円）

ミート2　パワー3　走塁5　守備4　肩3

2年950万ドルで加入した、使い勝手の良さが光るスーパー・ユーティリティ。内野4ポジションのほか、レフト、ライトにも対応可能で、ブリュワーズでプレーしていた一昨年、昨年と、2年連続でマウンドにも立っている。昨季は主にサードでの出場が多く、好守で投手陣を助けていた。アスレティックスでも、サードでの起用がメインになりそうだ。昨季、アスレティックスの三塁手（計8名起用）のOPSは、リーグ最低。球団やファンからは、グラブだけでなく、バットでの貢献も切望されている。今季からカブスでプレーするダンズビー・スワンソンとは、義理の兄弟の間柄（妻同士が姉妹）だ。

カモ　K・ヘンドリックス（カブス）.450(20-9)2本　　苦手　M・マイコラス（カーディナルス）.083(12-1)1本

年度	所属チーム	試合数	打数	得点	安打	二塁打	三塁打	本塁打	打点	四球	三振	盗塁	盗塁死	出塁率	OPS	打率
2014	パドレス	27	53	3	6	0	0	0	0	3	18	2	0	.161	.274	.113
2015	ブレーブス	152	528	55	126	23	5	6	52	56	120	12	10	.314	.649	.239
2016	ブレーブス	115	350	45	89	16	1	7	29	52	69	5	5	.350	.716	.254
2017	ブレーブス	89	186	15	40	9	2	2	17	27	48	3	0	.318	.635	.215
2018	ヤンキース	3	10	0	3	0	0	0	0	1	3	0	1	.364	.664	.300
2018	オリオールズ	93	200	21	39	13	2	3	28	30	55	13	2	.308	.633	.195
2018	2チーム計	96	210	21	42	13	2	3	28	31	58	13	3	.310	.634	.200
2019	ブリュワーズ	29	100	14	22	3	1	2	11	6	24	4	1	.269	.599	.220
2020	ブリュワーズ	26	45	6	9	1	0	2	5	15	20	1	0	.393	.749	.200
2021	ブリュワーズ	94	259	36	64	11	1	6	31	38	68	10	1	.348	.715	.247
2022	ブリュワーズ	113	288	44	68	14	2	8	34	33	85	12	1	.316	.698	.236
通算成績		741	2019	239	466	90	14	36	207	260	510	62	21	.321	.664	.231

アスレティックス

大谷翔平のノーヒッターを阻止
72 コナー・ケイペル Conner Capel

ライト ／ ルーキー

26歳 1997.5.19生｜185cm｜83kg｜左投左打 対左.500 対右.300 ホ.387 ア.190
得.333 ド2016⑤インディアンズ 田テキサス州 年72万ドル（約9360万円）+α

ミート 4／パワー 3／走力 3／守備 3／肩 4

　昨年9月にカーディナルスからウエーバー公示され、アスレティックスが獲得した若手外野手。カーディナルスではチャンスを多く与えられず、実力は未知数のままだったが、アスレティックスでは潜在能力が開花したかのように打撃好調で、わずか40打席ながら、今季へ期待をいだかせる内容を示した。9月29日のエンジェルス戦では、8回2死からショートへ内野安打を放ち、大谷翔平のノーヒッターを阻止している。打撃面の長所は、選球眼が良く、広角に打球を飛ばす能力を備えていること。ただ、左投手への対応が不安視されている。父マイクは、元メジャーの投手。

年度	所属チーム	試合数	打数	得点	安打	二塁打	三塁打	本塁打	打点	四球	三振	盗塁	盗塁死	出塁率	OPS	打率
2022	カーディナルス	9	17	1	3	0	0	1	3	0	0	0	0	.211	.564	.176
2022	アスレティックス	13	35	6	13	0	1	2	9	4	8	1	1	.425	1.025	.371
2022	2チーム計	22	52	7	16	0	1	3	11	5	10	1	1	.356	.875	.308
通算成績		22	52	7	16	0	1	3	11	5	10	1	1	.356	.875	.308

近い将来のゴールドグラブ賞候補
2 ニック・アレン Nick Allen

ショート セカンド

25歳 1998.10.8生｜173cm｜75kg｜右投右打 対左.276 対右.179 ホ.196 ア.219
得.150 ド2017③アスレティックス 田カリフォルニア州 年72万ドル（約9360万円）+α

ミート 2／パワー 2／走力 3／守備 5／肩 4

　ずば抜けた守備力を備えた内野手。昨年4月18日、新型コロナに感染した選手の代替で、メジャー初昇格。5月に2度降格したが、6月下旬以降は定着し、機敏な動作とグラブさばきで契約切れ寸前だったエルヴィス・アンドルスを押しのけ、ショートでの出場機会を増やした。2021年の東京五輪では米国代表として活躍。日本戦では田中将大、森下暢仁、伊藤大海らから長短安打を放ち、大会の最優秀守備選手にも選ばれた。本人は「これまでの野球人生で最高の経験だった」と述べており、代表入りを許可してくれた球団に感謝していた。打力を磨けばレギュラーへの道は近い。

年度	所属チーム	試合数	打数	得点	安打	二塁打	三塁打	本塁打	打点	四球	三振	盗塁	盗塁死	出塁率	OPS	打率
2022	アスレティックス	100	299	31	62	13	0	4	19	19	64	3	2	.256	.547	.207
通算成績		100	299	31	62	13	0	4	19	19	64	3	2	.256	.547	.207

盗塁とインチキ死球がダントツに多いクセモノ
一 エステウリー・ルイーズ Esteury Ruiz

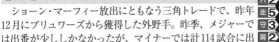

外野手 ／ 移籍 ／ ルーキー

24歳 1999.2.15生｜183cm｜76kg｜右投右打 対左.190 対右.143 ホ.125 ア.185
得.250 ド2015㉘ロイヤルズ 田ドミニカ 年72万ドル（約9360万円）+α

ミート 3／パワー 2／走力 5／守備 3／肩 2

　ショーン・マーフィー放出にともなう三角トレードで、昨年12月にブリュワーズから獲得した外野手。昨季、メジャーでは出番が少ししかなかったが、マイナーでは計114試合に出場し、85盗塁を記録して注目された。打力も向上し、3Aでは4割を超える出塁率をマークしている。選手層の薄いチームに来たので、今季、出場機会が増えるのは確実。俊足でバントもうまいため、4人目の外野手として使うのにうってつけで、1点が欲しい場面のキーマンになるかもしれない。インサイドに来た投球を上手に体に当てて、死球で出塁する名人。昨季はマイナーで27死球を記録。

年度	所属チーム	試合数	打数	得点	安打	二塁打	三塁打	本塁打	打点	四球	三振	盗塁	盗塁死	出塁率	OPS	打率
2022	パドレス	14	27	1	6	1	0	2	0	5	1	2	.222	.555	.222
2022	ブリュワーズ	3	8	2	0	0	0	0	1	2	0	0	.111	.111	.000
2022	2チーム計	17	35	3	6	1	1	0	2	1	7	1	2	.194	.451	.171
通算成績		17	35	3	6	1	1	0	2	1	7	1	2	.194	.451	.171

対左＝対左投手打率　対右＝対右投手打率　ホ＝ホーム打率　ア＝アウェー打率　得＝得点圏打率
ド＝ドラフトデータ　田＝出身地　年＝年俸

76 16歳のときヤンキースが320万ドルで契約
デルミス・ガルシア *Dermis Garcia* ｜ファースト

25歳 1998.1.7生｜190cm｜90kg｜右投右打 対左.167 対右.225 囲.196 ⑦.215
得.345 ⑤2014⑳ヤンキース 囲ドミニカ 囲72万ドル（約9360万円）+α

ミ2／バ4／走2／守3／肩2

ヤンキースが、アレックス・ロドリゲス並みの期待をかけていた元プロスペクト（有望株）。しかし、一向に才能が開花せず、マイナーで足踏みが続いた末、一昨年オフに自由契約となり、昨年3月、アスレティックスとマイナー契約を交わした。すると開幕後、3Aでパワフルな打撃を見せ、7月にメジャー初昇格。念願かなった本人も奮起し、9月上旬までは打率3割を維持していた。だが、その後は失速。シーズン終了までの2週間は、打率1割4分台と尻すぼみとなってしまった。再建途上のチームだけに、チャンスはまだある。ただし、与えられた時間はそう長くはない。

年度	所属チーム	試合数	打数	得点	安打	二塁打	三塁打	本塁打	打点	四球	三振	盗塁	盗塁死	出塁率	OPS	打率
2022	アスレティックス	39	116	13	24	6	0	5	20	8	55	0	0	.264	.652	.207
通算成績		39	116	13	24	6	0	5	20	8	55	0	0	.264	.652	.207

75 背番号「13」でのプレーが願い
ジョーダン・ディアス *Jordan Diaz* ★WBCコロンビア代表 ｜ファースト／セカンド／DH ｜ルーキー

23歳 2000.8.13生｜178cm｜79kg｜右投右打 対左.250 対右.273 囲.280 ⑦.250
得.250 ⑤2016⑳アスレティックス 囲コロンビア 囲72万ドル（約9360万円）+α

ミ4／バ2／走2／守2／肩3

昨季、2A、3Aでヒットを打ちまくり、9月18日にメジャー初昇格を果たしたコロンビア出身の内野手。打撃面の長所は、広角に打球を飛ばせるので、高打率を期待できること。ただ、早打ちの傾向が強いので、四球は少ない。守備はもともとサードだったが、向上が見られず、ファーストにコンバートされた。ただ昨季メジャーでは、マイナーでもあまり経験がない、セカンドでの出場が多かった。少年時代のスターは、アレックス・ロドリゲス。彼と同じ「13」を背負って、メジャーでプレーしたいと願っている。お父さんは、コロンビアリーグでプレーした元プロ野球選手。

年度	所属チーム	試合数	打数	得点	安打	二塁打	三塁打	本塁打	打点	四球	三振	盗塁	盗塁死	出塁率	OPS	打率
2022	アスレティックス	15	49	3	13	3	0	1	2	1	7	0	0	.294	.621	.265
通算成績		15	49	3	13	3	0	1	2	1	7	0	0	.294	.621	.265

9 ランゲリアーズの教育係として最適
マニー・ピーニャ *Manny Pina* ｜キャッチャー ｜移籍

36歳 1987.6.5生｜183cm｜100kg｜右投右打 ◆盗塁阻止率／.000(1-0) 対左.000 対右.200 囲.000
⑦.400 得.250 ⑤2004⑳レンジャーズ 囲ベネズエラ 囲450万ドル（約5億8500万円）

ミ1／バ3／走2／守5／肩5

ディフェンス面での価値が高い、ベネズエラ出身のベテラン捕手。2021年オフにブリュワーズをFAとなり、ブレーブスに加入したが、左手首の故障で、昨季はわずか5試合の出場に終わった。昨季終了後、ブレーブスがアスレティックスの正捕手マーフィーをトレードで獲得した際、交換要員の1人としてオークランドに。今季は、ランゲリアーズのバックアップおよび教育係としての役割を期待されている。捕手としての能力は、オールラウンドに高い。鉄砲肩の持ち主で、盗塁阻止力はトップレベル。また、ボールブロックがうまく、フレーミングの技術にも優れている。

年度	所属チーム	試合数	打数	得点	安打	二塁打	三塁打	本塁打	打点	四球	三振	盗塁	盗塁死	出塁率	OPS	打率
2022	ブレーブス	5	14	1	2	0	0	0	2	1	1	0	0	.235	.378	.143
通算成績		414	1114	132	271	55	2	42	148	94	258	4	1	.313	.722	.243

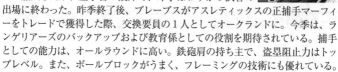

アスレティックス

センター
20 ブレーブスの有望株だった中堅手
クリスチャン・パチェ *Cristian Pache*

25歳 1998.11.19生 | 188cm | 97kg | 右投右打 | 対左.220 対右.138 困.143 ⑦.186
⑯.222 ⑤2015⑳ブレーブス 囲ドミニカ 囲72万ドル(約9360万円)+α

ミ 2
バ 2
走 4
守 4
肩 4

2021年オフ、主砲マット・オルソンを放出したアスレティックスが、ブレーブスから獲得した若手選手の1人。マイナー時代はその身体能力の高さから、5ツールそろった選手に成長すると大いに期待され、ゴールドグラブ賞10度獲得の中堅手アンドリュー・ジョーンズを、イメージさせるとの声もあった。しかし、打撃面に課題が多く、アスレティックス1年目の昨季は、ある程度の出場機会を与えられながら、打率、出塁率ともにワーストレベルの数字だった。ファンを大切にするナイスガイ。とくに、野球を観戦して喜ぶ子供たちの姿を見ることに、幸せを感じている。

年度	所属チーム	試合数	打数	得点	安打	二塁打	三塁打	本塁打	打点	四球	三振	盗塁	盗塁死	出塁率	OPS	打率
2022	アスレティックス	91	241	18	40	5	2	3	18	15	70	2	2	.218	.459	.166
通算成績		115	308	24	48	8	2	4	22	17	97	2	2	.205	.439	.156

ファースト DH　移籍
99 塁上での即席コントにも注目
ヘスース・アギラー *Jesus Aguilar*

33歳 1990.6.30生 | 190cm | 125kg | 右投右打 | 対左.196 対右.247 困.247
⑦.223 ⑯.263 ⑤2007インディアンズ 囲ベネズエラ 囲300万ドル(約3億9000万円)

ミ 3
バ 4
走 2
守 3
肩 3

新天地で復活を期す、ベネズエラ出身のパワーヒッター。昨年8月末にマーリンズを戦力外になり、オリオールズに拾われたが、そこでも結果を残せなかった。ただ、2018年にブリュワーズで、35本塁打、108打点をマークした実績があり、一昨年も故障離脱するまでは、勝負強い打撃で打点マシンとなっていた。そのため、再ブレイクの可能性があると見たアスレティックスが、オフに1年300万ドルで獲得している。明るい性格のベテランで、ムードメーカーの存在。塁上で、相手選手とコミカルな掛け合いを見せることがよくある。関西出身の藤浪とは気が合うかもしれない。

年度	所属チーム	試合数	打数	得点	安打	二塁打	三塁打	本塁打	打点	四球	三振	盗塁	盗塁死	出塁率	OPS	打率
2022	マーリンズ	113	415	37	98	18	0	15	49	27	106	1	0	.286	.674	.236
2022	オリオールズ	16	49	2	11	1	0	1	2	1	13	0	0	.240	.546	.224
2022	2チーム計	129	464	39	109	19	0	16	51	28	119	1	0	.281	.660	.235
通算成績		759	2244	280	571	105	2	109	393	227	591	1	1	.324	.773	.254

ファースト　期待度 C+　移籍　ルーキー
98 ライアン・ノダ *Ryan Noda*

27歳 1996.3.30生 | 190cm | 98kg | 左投左打 ◆昨季は3Aでプレー ⑤2017⑮ブルージェイズ 囲イリノイ州

ボールをじっくり見ていくタイプの打者で、高い出塁率が期待できる一塁手。昨季はドジャース傘下の3Aで135試合に出場し、3割9分6厘の出塁率を記録。パワーも付いてきており、25本のホームランを放った。一塁の守備は、体型のわりに機敏に動くとの評価。レフトとライトも守ることができる。

サード セカンド　期待度 B+　ルーキー
— ザック・ゲロフ *Zack Gelof* ★WBCイスラエル代表

24歳 1999.10.19生 | 190cm | 92kg | 右投右打 ◆昨季は2A、3Aでプレー ⑤2021②アスレティックス 囲デラウェア州

走攻守で、高いレベルの活躍を見込める期待の内野手。リーダーの資質も備えていると評判だ。打撃面では、中距離ヒッタータイプで、逆方向にも打球がよく伸びる。今季は3Aでスタートし、シーズン中の昇格を目指す。高校時代はサッカーでも活躍し、学業も優秀だった。両親は、ともに弁護士。

対左=対左投手打率 対右=対右投手打率 困=ホーム打率 ⑦=アウェー打率 ⑯=得点圏打率
⑤=ドラフトデータ 囲=出身地 囲=年俸

NATIONAL

LEAGUE

ナショナル・リーグ

東部地区
アトランタ・ブレーブス
ニューヨーク・メッツ
フィラデルフィア・フィリーズ
マイアミ・マーリンズ
ワシントン・ナショナルズ

中部地区
セントルイス・カーディナルス
ミルウォーキー・ブリュワーズ
シカゴ・カブス
シンシナティ・レッズ
ピッツバーグ・パイレーツ

西部地区
ロサンジェルス・ドジャース
サンディエゴ・パドレス
サンフランシスコ・ジャイアンツ
アリゾナ・ダイヤモンドバックス
コロラド・ロッキーズ

NATIONAL LEAGUE

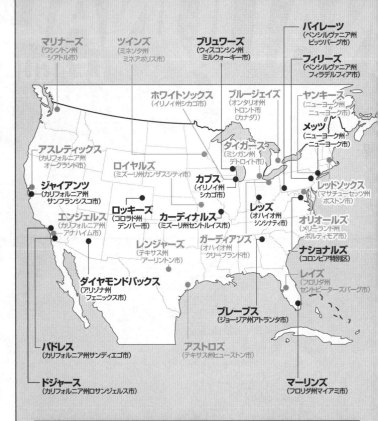

マリナーズ
(ワシントン州
シアトル市)

ツインズ
(ミネソタ州
ミネアポリス市)

ブリュワーズ
(ウィスコンシン州
ミルウォーキー市)

パイレーツ
(ペンシルヴァニア州
ピッツバーグ市)

フィリーズ
(ペンシルヴァニア州
フィラデルフィア市)

ホワイトソックス
(イリノイ州シカゴ市)

ブルージェイズ
(オンタリオ州
トロント市
(カナダ))

ヤンキース
(ニューヨーク州
ニューヨーク市)

メッツ
(ニューヨーク州
ニューヨーク市)

アスレティックス
(カリフォルニア州
オークランド市)

ロイヤルズ
(ミズーリ州カンザスシティ市)

タイガース
(ミシガン州
デトロイト市)

カブス
(イリノイ州
シカゴ市)

レッドソックス
(マサチューセッツ州
ボストン市)

ジャイアンツ
(カリフォルニア州
サンフランシスコ市)

ロッキーズ
(コロラド州
デンバー市)

カーディナルス
(ミズーリ州セントルイス市)

レッズ
(オハイオ州
シンシナティ市)

オリオールズ
(メリーランド州
ボルティモア市)

エンジェルス
(カリフォルニア州
アナハイム市)

レンジャーズ
(テキサス州
アーリントン市)

ガーディアンズ
(オハイオ州
クリーブランド市)

ナショナルズ
(コロンビア特別区)

ダイヤモンドバックス
(アリゾナ州
フェニックス市)

レイズ
(フロリダ州
セントピーターズバーグ市)

ブレーブス
(ジョージア州アトランタ市)

パドレス
(カリフォルニア州サンディエゴ市)

アストロズ
(テキサス州ヒューストン市)

ドジャース
(カリフォルニア州ロサンゼルス市)

マーリンズ
(フロリダ州マイアミ市)

		略記	
EAST	ATLANTA BRAVES	**ATL**	ブレーブス
	NEW YORK METS	**NYM**	メッツ
	PHILADELPHIA PHILLIES	**PHI**	フィリーズ
	MIAMI MARLINS	**MIA**	マーリンズ
	WASHINGTON NATIONALS	**WSH**	ナショナルズ
CENTRAL	ST. LOUIS CARDINALS	**STL**	カーディナルス
	MILWAUKEE BREWERS	**MIL**	ブリュワーズ
	CHICAGO CUBS	**CHC**	カブス
	CINCINNATI REDS	**CIN**	レッズ
	PITTSBURGH PIRATES	**PIT**	パイレーツ
WEST	LOS ANGELES DODGERS	**LAD**	ドジャース
	SAN DIEGO PADRES	**SD**	パドレス
	SAN FRANCISCO GIANTS	**SF**	ジャイアンツ
	ARIZONA DIAMONDBACKS	**ARI**	ダイヤモンドバックス
	COLORADO ROCKIES	**COL**	ロッキーズ

アトランタ・ブレーブス

◆創　立：1871年
◆本拠地：ジョージア州アトランタ市
◆ワールドシリーズ制覇：4回　◆リーグ優勝：18回
◆地区優勝：22回　◆ワイルドカード獲得：2回

主要オーナー ▷ リバティ・メディア社（総合メディア企業）

過去5年成績	年度	勝	負	勝率	ゲーム差	地区順位	ポストシーズン成績
	2018	90	72	.556	(8.0)	①	地区シリーズ敗退
	2019	97	65	.599	(4.0)	①	地区シリーズ敗退
	2020	35	25	.583	(4.0)	①	リーグ優勝決定シリーズ敗退
	2021	88	73	.547	(6.5)	①	ワールドシリーズ制覇
	2022	**101**	**61**	**.623**	**(0.0)**	**①**	**地区シリーズ敗退**

監　督 ▷ **43** ブライアン・スニッカー *Brian Snitker*

◆年　　齢…………68歳（イリノイ州出身）
◆現役時代の経歴 … メジャーでのプレー経験なし
　（キャッチャー）
◆監督経歴…………7シーズン　ブレーブス（2016〜）
◆通算成績…………542勝451敗（勝率.546）最優秀監督1回（18年）

　選手に「誠実」に向き合うことを、何より大事にしている監督。一昨年、チームはワールドシリーズを制覇。しかし昨季は開幕から乗り切れず、5月末時点で勝率が5割を切るありさまだった。このタイミングでスニッカーは、選手を集めて臨時ミーティングを開催。リラックスして試合に臨むことの大切さを説き、そこからチームは14連勝と波に乗った。マイナーでの選手時代、その後のコーチ時代を含め、40数年間にわたり、ブレーブスの組織に所属している。

注目コーチ ▷ 2 エリック・ヤング・シニア *Eric Young Sr.*

　一塁ベースコーチ。56歳。現役時代は快足で鳴らし、通算465盗塁を記録。息子のヤング・ジュニアは、同地区ナショナルズで、父同様、一塁ベースコーチを務めている。

編成責任者 ▷ アレックス・アンソポウロス *Alex Anthopoulos*

　46歳。的確な補強と育成で、就任後、地区5連覇中。カナダ出身。カナダに本拠地があるブルージェイズの編成トップを、務めたこともある。趣味は、ベースの演奏。

スタジアム ▷ トゥルーイスト・パーク *Truist Park*

◆開場年…………2017年
◆仕　様…………天然芝
◆収容能力…41,084人
◆フェンスの高さ…3.4〜4.6m
◆特　徴…………メジャーで2番目に新しい球場。
臨場感を出すため、安全面を考慮したうえで、客席とフィールドの距離をできるだけ近づけている。そのため、ファウルテリトリーが、他球場に比べて狭い。ホームランの出やすさは、平均レベル。

ニュートラルパーク

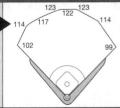

259

Best Order [ベストオーダー]

① ロナルド・アクーニャ・ジュニア……ライト　⑥ マーセル・オズーナ……DH
② マイケル・ハリス2世……センター　　　　　⑦ オジー・オルビーズ……セカンド
③ オースティン・ライリー……サード　　　　　⑧ エディ・ロザリオ……レフト
④ マット・オルソン……ファースト　　　　　　⑨ ヴォーン・グリッソム……ショート
⑤ ショーン・マーフィー……キャッチャー

Depth Chart [ポジション別選手層・メンバーリスト]

※2023年2月13日時点の候補選手。数字は背番号（開幕前に変更する場合もあり）、右・左等は投・打の順。

センター
23 マイケル・ハリス2世 [左・左]
8 エディ・ロザリオ [右・右]
22 サム・ヒラード [左・左]
38 イーライ・ホワイト [右・右]

レフト
8 エディ・ロザリオ [右・左]
20 マーセル・オズーナ [右・右]
24 ジョーダン・ルブロウ [右・右]

ライト
13 ロナルド・アクーニャ・ジュニア [右・右]
8 エディ・ロザリオ [右・左]
22 サム・ヒラード [左・左]
38 イーライ・ホワイト [右・右]

ショート
18 ヴォーン・グリッソム [右・右]
11 オルランド・アルシア [右・右]

セカンド
1 オジー・オルビーズ [右・両]
11 オルランド・アルシア [右・右]
18 ヴォーン・グリッソム [右・右]

ローテーション
54 マックス・フリード [左・左]
30 カイル・ライト [右・右]
50 チャーリー・モートン [右・右]
99 スペンサー・ストライダー [右・右]
55 ブライス・エルダー [右・右]
36 イアン・アンダーソン [右・右]
40 マイク・ソロカ [右・右]

サード
27 オースティン・ライリー [右・右]
11 オルランド・アルシア [右・右]

ファースト
28 マット・オルソン [右・左]
27 オースティン・ライリー [右・右]

キャッチャー
12 ショーン・マーフィー [右・右]
16 トラビス・ダーノウ [右・右]
60 チャドウィック・トロンプ [右・右]

DH
20 マーセル・オズーナ [右・右]
11 オルランド・アルシア [右・右]

ブルペン
26 ライセル・イグレシアス [右・右] CL
33 A.J.ミンター [左・左]
77 ジョー・ヒメネス [右・右]
52 コリン・マクヒュー [右・右]
52 ディラン・リー [左・左]
63 ルーカス・リトキー [左・左]
22 カービー・イェーツ [右・右]
68 タイラー・マツェック [左・左]
53 ジャクソン・スティーヴンス [右・右]
55 ブライス・エルダー [右・右]
19 ワスカル・イノーア [右・右]
59 デニス・サンタナ [右・右]

※ CL =クローザー

ブレーブス試合日程……*はアウェーでの開催

3月30・4月1・2	ナショナルズ*	2・3・4	マーリンズ*	6月2・3・4	ダイヤモンドバックス*
3・4・5	カーディナルス*	5・6・7	オリオールズ	6・7・8	メッツ
6・7・8・9	パドレス	9・10	レッドソックス	9・10・11	ナショナルズ
10・11・12	レッズ	12・13・14	ブルージェイズ*	12・13・14	タイガース*
14・15・16	ロイヤルズ*	15・16・17	レンジャーズ*	15・16・17・18	ロッキーズ
17・18・19	パドレス*	19・20・21	マリナーズ	20・21・22	フィリーズ*
21・22・23	アストロズ	22・23・24	ドジャース	23・24・25	レッズ*
24・25・26・27	マーリンズ	25・26・27・28	フィリーズ	26・27・28	ツインズ
28・29・30・5月1	メッツ*	29・30・31	アスレティックス*	30・7月1・2	マーリンズ

球団メモ 1991年から2005年まで（シーズンがストで中断した94年を除く）、連続で地区優勝。現在、2018年から5年連続で地区優勝中。ふたたび黄金期を作り上げている。

■投手⮕…★★★⯪★ 【昨年度チーム防御率3.46、リーグ2位】

ローテーションは1～4番手がフリード、ライト、モートン、ストライダーで5番手はソロカが有力視されている。「中の上」レベルの布陣と評価できるが、ブレーブスの強みはこちらにあるのではなく、ローテーションに故障者が続出しても、6番手以下にエルダー、イアン・アンダーソン、アラードらが控えているため、レベルが落ちないことにある。ブルペンのほうはジャンセンがチームを出たので、イグレシアスがクローザーに回る。

■攻撃力⮕…★★★★★ 【昨年度チーム得点789、リーグ2位】

打線からスワンソンが抜けたが、打撃のいい捕手マーフィーが加わったので、それほど大きなマイナスにはならない。DV事件以後、精彩を欠いているオズーナや、昨年スランプのロザリオら実力者が以前のバッティングを取り戻せば、チーム得点がさらに増える可能性もある。

■守備力⬈…★★★★★ 【昨年度チーム失策数77、リーグ6位】

ブレーブスの内野の守備の要で、昨年のゴールドグラブ賞受賞者でもあるスワンソンがチームを去ったことは大きなマイナスとなる。キャッチャーのレギュラー格が打者として重要なダーノウから、守備力の高いマーフィーに代わることは、チームの守備力向上に寄与するだろう。

■機動力⮕…★⯪★★★ 【昨年度チーム盗塁数87、リーグ9位】

スニッカー監督はどうやらバント嫌いのようだ。昨シーズンは送りバントのサインを3回しか出さなかった（成功したのは1回だけ）。

総合評価⮕
★★★★★

スニッカー監督は、オールドスクールの代表格と見なされる指揮官だが、チームに勢いをつける名人でもある。昨シーズンは終盤、チームに勢いをつけ、最後の最後でメッツを首位から引きずり下ろした。今年もその再現が見られるか、注目したい。

IN	主な入団選手
投手	
ジョー・ヒメネス	←タイガース
デニス・サンタナ	←レンジャーズ
野手	
ショーン・マーフィー	←アスレティックス
ジョーダン・ルプロウ	←ダイヤモンドバックス
サム・ヒラード	←ロッキーズ
イーライ・ホワイト	←レンジャーズ

OUT	主な退団選手
投手	
ケンリー・ジャンセン	→レッドソックス
ルーク・ジャクソン	→ジャイアンツ
野手	
ダンズビー・スワンソン	→カブス
ウィリアム・コントレラス	→ブリュワーズ
アダム・デュヴォール	→レッドソックス
マニー・ピーニャ	→アスレティックス

3・4・5	ガーディアンズ*	4・5・6	カブス*	5・6・7	カーディナルス
7・8・9	レイズ*	7・8・9・10	パイレーツ*	8・9・10	パイレーツ
11	オールスターゲーム	11・12・13	メッツ*	12・13・14	フィリーズ*
14・15・16	ホワイトソックス	14・15・16	ヤンキース	15・16・17	マーリンズ*
18・19・20	ダイヤモンドバックス	18・19・20	ジャイアンツ	18・19・20	フィリーズ
21・22・23	ブリュワーズ*	21・22・23	メッツ	21・22・23・24	ナショナルズ*
25・26	レッドソックス	25・26・27	ジャイアンツ	26・27・28	カブス
28・29・30	ブリュワーズ	28・29・30	ロッキーズ*	29・30・**10月**1	ナショナルズ
31・**8月**1・2	エンジェルス	31・**9月**1・2・3	ドジャース*		

投 手

実験的な投球が大好きな頭脳派のエース 先 発

54 マックス・フリード
Max Fried

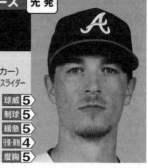

29歳 1994.1.18生｜193cm｜86kg｜左投左打

◆速球のスピード／150キロ前後（フォーシーム、シンカー）
◆決め球と持ち球／☆カーブ、◎フォーシーム、◎チェンジアップ、◎シンカー、◎スライダー
◆対左打者被打率／.206 ◆対右打者被打率／.231
◆ホーム防御率／2.42 ◆アウェー防御率／2.55
◆ドラフトデータ／2012①パドレス
◆出身地／カリフォルニア州
◆年俸／1350万ドル（約17億5500万円）
◆ゴールドグラブ賞3回（20、21、22年）、シルバースラッガー賞1回（21年）

球威 5
制球 5
緩急 5
守備・牽制 4
度胸 5

　昨年、エースとしてフルに機能し、ナショナル・リーグのサイ・ヤング賞投票で2位に入ったスタイリッシュなサウスポー。個々の球種もハイレベルだが、最大の武器はピンポイントの制球力と、研ぎ澄まされた頭脳だ。一番のウリは、悪いときでも、何とか持ちこたえて、先発の責任を果たすことだ。昨季は安定感が抜群で、5回終了まで持たずにKOされたことが、一度もなかった。球種はフォーシーム、シンカー、カーブ、スライダー、チェンジアップと5つある。特徴は、どれもハイレベルなので、すべての球種を15％以上の比率で使って投げることだ。しかも、日によって使う比率を大きく変えてくる。兄貴分であるチャーリー・モートンは「彼はいつもデータを精査していて、そこから今日はこれを実験してやろうと思ってマウンドに立つんだ」と語っている。

　実験的なピッチングをするには、キャッチャーもそれを理解し、その日実験する球種を、どんな状況で使うのか、理解していないといけない。ひと昔前のブレーブスでは、正捕手のハーヴィ・ロペスではなく、第2捕手のエディ・ペレスがマダックスのパーソナル捕手になって「頭のピッチング」を支えていた。現在のブレーブスでその役割をになっているのは、ベテラン捕手のダーノウである。昨季は先発した30試合のうち、29試合をダーノウが女房役を務め、綿密なゲームプランに基づいて、四球を最小限に抑えることと一発を食わないことに主眼を置いたリードを見せていた。

　特技は守備で、昨年もゴールドグラブ賞を受賞した。打球への反応が早いので、バントやボテボテのゴロへの対応力が高い。敏捷で、ジャンプ力もあるため、高いバウンドのゴロにも強い。

[カモ] L・トーマス（ナショナルズ）.000(11-0)0本　M・ベッツ（ドジャース）.111(9-1)0本
[苦手] A・ロザリオ（ガーディアンズ）.421(19-8)0本　T・ストーリー（レッドソックス）.429(7-3)2本

年度	所属チーム	勝利	敗戦	防御率	試合数	先発	セーブ	投球イニング	被安打	失点	自責点	被本塁打	与四球	奪三振	WHIP
2017	ブレーブス	1	1	3.81	9	4	0	26.0	30	15	11	3	12	22	1.62
2018	ブレーブス	1	4	2.94	14	5	0	33.2	26	12	11	3	20	44	1.37
2019	ブレーブス	17	6	4.02	33	30	0	165.2	174	80	74	21	47	173	1.33
2020	ブレーブス	7	0	2.25	11	11	0	56.0	42	14	14	2	19	50	1.09
2021	ブレーブス	14	7	3.04	28	28	0	165.2	139	61	56	15	41	158	1.09
2022	ブレーブス	14	7	2.48	30	30	0	185.1	156	55	51	12	32	170	1.01
通算成績		54	25	3.09	125	108	0	632.1	567	237	217	56	171	617	1.17

[カモ][苦手]は通算成績

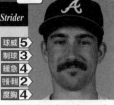

ブレーブス

99 スペンサー・ストライダー Spencer Strider
厳格な菜食主義を実践する奪三振マシン 　先発

25歳 1998.10.28生 | 183cm | 88kg | 右投右打
◆速球のスピード／150キロ台後半（フォーシーム）
◆決め球と持ち球／☆フォーシーム、◎スライダー、△チェンジアップ
◆対左.202 ◆対右.156 ◆ホ防2.17 ◆ア防3.25
◆ド2020④ブレーブス ◆囲オハイオ州
◆囲100万ドル（約1億3000万円）

球威5
制球3
緩急4
守備・牽制2
度胸4

　新人王投票で2位になったピッチャーのホープ。長所は、球が速いこと。昨シーズンはフォーシームの平均球速が、157.6キロあった。これは100イニング以上投げた先発投手で、2番目に速い数字だ。この豪速球があるため、奪三振率は13.84で、メジャーの先発投手（100イニング以上）で最も高かった。昨季はロングリリーフでしばらく投げたあと、5月30日にローテーション入りし、その後20試合に先発登板したが、そのうちの4試合は無失点、9試合は1失点という目を見張る内容だった。9月1日のロッキーズ戦では、8回終了までに、球団記録となる16三振を奪った。残念だったのは、9月下旬に腹斜筋を痛めてIL（故障者リスト）入りを余儀なくされたことだ。15日後に復帰して、地区シリーズ第3戦に先発したが、3回に5失点してKOされた。2019年にヴィーガンになり、肉、卵、乳製品を、一切口にしなくなった。

カモ R・ホスキンス（フィリーズ）.000（9-0）0本　苦手 B・ニモ（メッツ）.444（9-4）1本

年度	所属チーム	勝利	敗戦	防御率	試合数	先発	セーブ	投球イニング	被安打	失点	自責点	被本塁打	与四球	奪三振	WHIP
2021	ブレーブス	1	0	3.86	2	0	0	2.1	2	1	1	1	1	0	1.29
2022	ブレーブス	11	5	2.67	31	20	0	131.2	86	42	39	7	45	202	0.99
通算成績		12	5	2.69	33	20	0	134.0	88	43	40	8	46	202	1.00

30 カイル・ライト Kyle Wright
「新エース誕生」と喜ぶのは早計 　先発

28歳 1995.10.2生 | 193cm | 97kg | 右投右打
◆速球のスピード／150キロ台前半（シンカー、フォーシーム）
◆決め球と持ち球／◎カーブ、◎シンカー、◎チェンジアップ、○フォーシーム、○スライダー
◆対左.234 ◆対右.230 ◆ホ防2.86 ◆ア防3.64
◆ド2017①ブレーブス ◆囲アラバマ州
◆囲72万ドル（約9360万円）+α ◆最多勝1回（22年）

球威4
制球3
緩急4
守備・牽制3
度胸3

　昨季のナショナル・リーグ最多勝投手。2017年のドラフトで、ブレーブスから1巡目（全体5位）に指名されてプロ入り。翌年早くもメジャーデビューを果たしたが、一昨年までの4年間で2勝しかあげられずにいた。しかし昨季、制球難が改善し、ブレイク。カーブとシンカーの投げる比率を増やしたことで、ゴロを打たせて多くのアウトを奪えるようになり、両リーグ最多の21勝をマークした。ただ、シーズン終盤の4連勝のうちQSは1試合だけなど、運に恵まれた面もある。防御率も、リーグのベスト10に入っていない。

カモ K・シュワーバー（フィリーズ）.000（8-0）0本　苦手 J・マクニール（メッツ）.500（18-9）0本

年度	所属チーム	勝利	敗戦	防御率	試合数	先発	セーブ	投球イニング	被安打	失点	自責点	被本塁打	与四球	奪三振	WHIP
2018	ブレーブス	0	0	4.50	4	0	0	6.0	4	3	3	2	6	5	1.67
2019	ブレーブス	0	3	8.69	7	4	0	19.2	24	19	19	4	13	18	1.88
2020	ブレーブス	2	4	5.21	8	8	0	38.0	35	23	22	7	24	30	1.55
2021	ブレーブス	0	1	9.95	2	2	0	6.1	7	7	7	2	6	6	1.89
2022	ブレーブス	21	5	3.19	30	30	0	180.1	156	67	64	19	53	174	1.16
通算成績		23	13	4.13	51	44	0	250.1	226	119	115	34	101	233	1.31

対左=対左打者被打率　対右=対右打者被打率　ホ防=ホーム防御率　ア防=アウェー防御率
ド=ドラフトデータ　囲=出身地　囲=年俸

エンジェルスではスライダーが抜けて大惨事に クローザー セットアップ

26 ライセル・イグレシアス *Raisel Iglesias*

33歳 1990.1.4生 | 188cm | 86kg | 右投右打

◆速球のスピード／150キロ台前半（フォーシーム、シンカー）
◆決め球と持ち球／☆チェンジアップ、◎フォーシーム、○シンカー、○スライダー
◆対左.200 ◆対右.206 ◆ホ防0.85 ◆ア防4.15
◆ド2014外レッズ ◆田キューバ
◆囲1600万ドル（約20億8000万円）

球威	4
制球	4
緩急	5
守備·走塁	3
度胸	4

　エンジェルスでは炎上クローザーだったが、ブレーブスでは救世主になった右腕。昨季、エンジェルスは5月12日時点で勝ち越しが10あった。しかしイグレシアスが、同月14日と18日にサヨナラアーチを打たれたのをきっかけに勢いを失い、14連敗に突入した。8月2日にブレーブス移籍後は、チェンジアップを多投し、強い打球を打たれないことに注力。それが功を奏して28試合の登板で、防御率0.34、被本塁打0という目を見張る数字を出した。

カモ W・コントレラス（カブス）.000(10-0)0本　苦手 B・ハーパー（フィリーズ）.667(6-4)3本

年度	所属チーム	勝利	敗戦	防御率	試合数	先発	セーブ	投球イニング	被安打	失点	自責点	被本塁打	与四球	奪三振	WHIP
2015	レッズ	3	7	4.15	18	16	0	95.1	81	45	44	11	28	104	1.14
2016	レッズ	3	2	2.53	37	5	6	78.1	63	22	22	6	26	83	1.14
2017	レッズ	3	3	2.49	63	0	28	76.0	57	22	21	5	27	92	1.11
2018	レッズ	2	5	2.38	66	0	30	72.0	52	22	19	12	25	80	1.07
2019	レッズ	3	12	4.16	68	0	34	67.0	61	31	31	12	21	89	1.22
2020	レッズ	4	3	2.74	22	0	8	23.0	16	11	7	1	5	31	0.91
2021	エンジェルス	7	5	2.57	65	0	34	70.0	53	25	20	11	12	103	0.93
2022	エンジェルス	2	6	4.04	39	0	16	35.2	29	18	16	5	9	48	1.07
2022	ブレーブス	0	0	0.34	28	0	1	26.1	17	2	1	0	5	30	0.84
2022	2チーム計	2	6	2.47	67	0	17	62.0	46	20	17	5	14	78	0.97
通算成績		27	43	3.00	406	21	157	543.2	429	198	181	64	158	660	1.08

昨年ブレイクしたサウスポーの豪腕リリーフ セットアップ

33 A.J.ミンター *A.J. Minter*

30歳 1993.9.2生 | 183cm | 97kg | 左投左打

◆速球のスピード／150キロ台中頃（フォーシーム主体）
◆決め球と持ち球／☆フォーシーム、◎チェンジアップ、△カッター
◆対左.132 ◆対右.222 ◆ホ防2.23 ◆ア防1.87
◆ド2015②ブレーブス ◆田テキサス州
◆囲429万ドル（約5億5770万円）

球威	5
制球	4
緩急	5
守備·走塁	3
度胸	5

　スニッカー監督にトコトン頼りにされ、昨年75試合に登板したリリーフ左腕。昨季は主に8回担当のセットアッパーとして起用され、メジャーリーグ全体でダントツの34ホールドを記録。クローザーのジャンセンが不整脈でIL入りしたときは、その代役を務め、5セーブをマーク。球種はフォーシーム、カッター、チェンジアップ。チェンジアップは主に、右打者に使う。奪三振率が大幅にアップしたのは、フォーシームの球速とスピン量が増し、フォーシームでも高率で空振りを取れるようになったことが大きい。闘争心旺盛なブルドッグメンタリティ。ゲームでは常に攻めのピッチングを見せる。

カモ B・ハーパー（フィリーズ）.091(11-1)0本　苦手 A・ボーム（フィリーズ）.444(9-4)0本

年度	所属チーム	勝利	敗戦	防御率	試合数	先発	セーブ	投球イニング	被安打	失点	自責点	被本塁打	与四球	奪三振	WHIP
2017	ブレーブス	0	1	3.00	16	0	0	15.0	13	5	5	1	2	26	1.00
2018	ブレーブス	4	3	3.23	65	0	15	61.1	57	23	22	3	22	69	1.29
2019	ブレーブス	3	4	7.06	36	0	5	29.1	36	23	23	3	23	35	2.01
2020	ブレーブス	1	1	0.83	22	0	0	21.2	15	2	2	2	9	24	1.11
2021	ブレーブス	3	6	3.78	61	0	0	52.1	44	27	22	2	20	57	1.22
2022	ブレーブス	5	4	2.06	75	0	5	70.0	49	21	16	5	15	94	0.91
通算成績		16	19	3.24	275	0	25	249.2	214	102	90	15	91	305	1.22

対左＝対左打者被打率　対右＝対右打者被打率　ホ防＝ホーム防御率　ア防＝アウェー防御率
ド＝ドラフトデータ　田＝出身地　囲＝年俸　カモ 苦手は通算成績

若手のお手本になる、人望のあるベテラン　先発

50 チャーリー・モートン *Charlie Morton*

40歳 1983.11.12生｜196cm｜97kg｜右投右打

◆速球のスピード／150キロ台前半（フォーシーム、シンカー）　球威 4
◆決め球と持ち球／☆カーブ、◎フォーシーム、◎シンカー、○チェンジアップ、△カッター　制球 3
◆対左.229　◆対右.236　◆ホ防3.05　◆ア防5.72　緩急 5
◆ド2002③ブレーブス　◆出ニュージャージー州　守備・制球 3
◆年2000万ドル（約26億円）　度胸 4

ブレーブス

　今シーズン開幕時39歳のベテラン先発右腕。昨季も大きな故障なく投げ切り、奪三振率10.73はリーグ3位（規定投球回以上）。若手の面倒をよく見るため、所属したどの球団でも尊敬され、モートンの助言でレベルアップした選手も多い。その知性と誠実な人柄は、メディアにも評判が良く、記者たちが各投手の長所などを記事にする際、モートンに取材して書くことも多い。

カモ 大谷翔平（エンジェルス）.000（6-0）0本　苦手 F・フリーマン（ドジャース）.533（15-8）2本

年度	所属チーム	勝利	敗戦	防御率	試合数	先発	セーブ	投球イニング	被安打	失点	自責点	被本塁打	与四球	奪三振	WHIP
2008	ブレーブス	4	8	6.15	16	15	0	74.2	80	56	51	9	41	48	1.62
2009	パイレーツ	5	9	4.55	18	18	0	97.0	102	49	49	7	40	62	1.46
2010	パイレーツ	2	12	7.57	17	17	0	79.2	112	79	67	15	26	59	1.73
2011	パイレーツ	10	10	3.83	29	29	0	171.2	186	82	73	6	77	110	1.53
2012	パイレーツ	2	6	4.65	9	9	0	50.1	62	30	26	5	11	25	1.45
2013	パイレーツ	7	4	3.26	20	20	0	116.0	113	51	42	6	36	85	1.28
2014	パイレーツ	6	12	3.72	26	26	0	157.1	143	76	65	9	57	126	1.27
2015	パイレーツ	9	9	4.81	23	23	0	129.0	137	77	69	13	41	96	1.38
2016	フィリーズ	1	1	4.15	4	4	0	17.1	15	8	8	1	8	19	1.33
2017	アストロズ	14	7	3.62	25	25	0	146.2	125	65	59	14	50	163	1.19
2018	アストロズ	15	3	3.13	30	30	0	167.0	130	63	58	18	64	201	1.16
2019	レイズ	16	6	3.05	33	33	0	194.2	154	71	66	15	57	240	1.08
2020	レイズ	2	2	4.74	9	9	0	38.0	43	21	20	4	10	42	1.39
2021	ブレーブス	14	6	3.34	33	33	0	185.2	136	77	69	16	58	216	1.04
2022	ブレーブス	9	6	4.34	31	31	0	172.0	149	85	83	28	63	205	1.23
通算成績		116	101	4.03	323	322	0	1797.0	1687	890	805	166	639	1697	1.29

スライダーの魔術師に変身し、見事な働き　ミドルリリーフ

52 ディラン・リー *Dylan Lee*

29歳 1994.8.1生｜190cm｜96kg｜左投左打

◆速球のスピード／150キロ前後（フォーシーム主体）　球威 4
◆決め球と持ち球／◎フォーシーム、◎スライダー、○チェンジアップ　制球 4
◆対左.158　◆対右.248　◆ホ防1.40　◆ア防2.88　緩急 3
◆ド2016⑩マーリンズ　◆出カリフォルニア州　守備・制球 3
◆年72万ドル（約9360万円）+α　度胸 4

　27歳でメジャーデビューした、地味だがよく働くリリーフ左腕。昨季は左のリリーフ投手の4番手という位置付けだったため、開幕前にマイナー落ち。復帰は5月23日だった。しかしその後、ウィル・スミスが乱調、マツェックがIL入りしたため、重要度の高い場面で使われるようになり、好投を続けてチームの快進撃に貢献した。一昨年はフォーシーム4割、スライダー3割、チェンジアップ3割くらいの比率で投げていたが、昨年はスライダーを5割に増やし、フォーシームは4割のままだが、チェンジアップは1割に減らした。スライダーは左打者の外側に逃げる軌道のほか、右打者のヒザに食い込む軌道や、バックドアで外側いっぱいに食い込む軌道にも投げ込んでくる。

カモ B・ハーパー（フィリーズ）.000（5-0）0本　苦手 L・トーマス（ナショナルズ）.667（3-2）2本

年度	所属チーム	勝利	敗戦	防御率	試合数	先発	セーブ	投球イニング	被安打	失点	自責点	被本塁打	与四球	奪三振	WHIP
2021	ブレーブス	0	0	9.00	2	0	0	2.0	3	2	2	1	0	3	1.50
2022	ブレーブス	5	1	2.13	46	0	0	50.2	40	16	12	5	10	59	0.99
通算成績		5	1	2.39	48	0	0	52.2	43	18	14	6	10	62	1.01

スライダーの軌道を変えるエキスパート

32 コリン・マクヒュー *Collin McHugh*

セット
アップ

36歳 1987.6.19生 | 188cm | 86kg | 右投右打 | 迅140キロ台前半(カッター) | 決☆スライダー
対左.182 対右.220 ド2008⑱メッツ 田イリノイ州 年500万ドル(約6億5000万円)

球 2
制 5
緩 5
守 4
度 4

　複数イニングもいける、セットアッパーとしていい働きを
している技巧派。特徴は、ほとんどカッターとスライダーし
か投げないツーピッチ・ピッチャーであること。一昨年までは
フォーシームも交えていたが、昨季から使わなくなった。スライダーは様々な軌
道で投げ込んでくるが、右打者に追いかけ振りをさせることが得意で、外側の
ストライクゾーンから少し外れたスポットに、ピンポイントで投げ込む。通常は
強い打球を打たれないことに主眼を置いているため、球速だけでなく腕の振りや
投球モーションも変えて、ドンピシャのタイミングで叩かれないようにしている。

年度	所属チーム	勝利	敗戦	防御率	試合数	先発	セーブ	投球イニング	被安打	失点	自責点	被本塁打	与四球	奪三振	WHIP
2022	ブレーブス	3	2	2.60	58	0	0	69.1	51	20	20	5	14	75	0.94
通算成績		67	46	3.68	305	126	1	934.0	870	405	382	101	258	920	1.21

学習能力の高い、若き頭脳派

55 ブライス・エルダー *Bryce Elder*

先 発

24歳 1999.5.19生 | 188cm | 99kg | 右投右打 | 迅140キロ台後半(シンカー、フォーシーム) | 決◎シンカー
対左.231 対右.231 ド2020⑤ブレーブス 田テキサス州 年72万ドル(約9360万円)+α

球 2
制 3
緩 3
守 3
度 4

　今シーズンのローテーション定着を目指す、昨年4月12
日にメジャーデビューした技巧派のホープ。シンカーとスラ
イダーを主体に投げる、打たせて取るタイプで、通常はこれ
にチェンジアップも加え、タイミングを外すことと、芯を外すことに重点を置い
たピッチングを見せる。昨シーズンは計5回メジャーに呼ばれたが、回を追うご
とに投球内容が良くなり、3度目の昇格ではマーリンズを7回まで1失点、4度
目の昇格では同じくマーリンズを6回まで無失点。そして5度目の昇格ではナシ
ョナルズを9回まで6安打無失点に抑える完封勝ちをやってのけ、注目された。

年度	所属チーム	勝利	敗戦	防御率	試合数	先発	セーブ	投球イニング	被安打	失点	自責点	被本塁打	与四球	奪三振	WHIP
2022	ブレーブス	2	4	3.17	10	9	0	54.0	44	19	19	4	23	47	1.24
通算成績		2	4	3.17	10	9	0	54.0	44	19	19	4	23	47	1.24

先発投手として再度スタートラインに

36 イアン・アンダーソン *Ian Anderson*

先 発

25歳 1998.5.2生 | 190cm | 77kg | 右投右打 | 迅150キロ前後(フォーシーム主体) | 決◎チェンジアップ
対左.211 対右.313 ド2016①ブレーブス 田ニューヨーク州 年72万ドル(約9360万円)+α

球 2
制 4
緩 4
守 4
度 3

　昨季、不甲斐ないピッチングを続けた末、8月にマイナー
落ちした先発右腕。不調の原因は一昨年夏の肩の故障で、
完全に治っていなかったため、ピッチングに深刻な影響が出
た。その1つが速球の威力低下だ。スピードは1キロ落ちた程度だが、スピン
量が2045から1937に低下し、3割を超す高率で打たれるようになった。それに
加え、制球も悪くなり、与四球率4.35はリーグの先発投手でワーストの数字だ。
昨年8月7日にローテーションから外され、オフの間はマイナーの選手扱いにな
っていたので、今季は先発5番手の座をエルダー、ソロカと争うことになる。

年度	所属チーム	勝利	敗戦	防御率	試合数	先発	セーブ	投球イニング	被安打	失点	自責点	被本塁打	与四球	奪三振	WHIP
2022	ブレーブス	10	6	5.00	22	22	0	111.2	115	63	62	12	54	97	1.51
通算成績		22	13	3.97	52	52	0	272.1	241	125	120	29	121	262	1.33

迅=速球のスピード 決=決め球 対左=対左打者被打率 対右=対右打者被打率
ド=ドラフトデータ 田=出身地 年=年俸

ブレーブス

ハイペースで三振を奪うプエルトリカン ミドルリリーフ 移籍

77 ジョー・ヒメネス Joe Jimenez

28歳 1995.1.17生 | 190cm | 125kg | 右投右打 | 球150キロ台中頃（フォーシーム主体） | 決○スライダー

対左 .253 対右 .206 ド2013④タイガース 囲プエルトリコ 甲277万ドル（約3億6010万円）

球4 制4 緩3 守2 度3

オフのトレードで、タイガースから移籍したリリーフ右腕。タイガースでは「将来のクローザー候補」と期待され、2年目の2018年にはトップ・セットアッパーに抜擢され、オールスターにも選出された。しかし与四球が多いことや、一発を食い過ぎることが災いして期待通りに成長せず、重要な場面で使われるケースも少なくなっていた。昨年好成績を出して、劣化に歯止めをかけることができたのは、制球が安定してストライク先行に持っていけるケースが多くなったことが大きい。今季終了後にFA権を取得するので、今季は出だしから気合の入った投球が見られるだろう。

年度	所属チーム	勝利	敗戦	防御率	試合数	先発	セーブ	投球イニング	被安打	失点	自責点	被本塁打	与四球	奪三振	WHIP
2022	タイガース	3	2	3.49	62	0	2	56.2	49	24	22	4	13	77	1.09
通算成績		19	19	5.24	297	0	20	266.0	248	171	155	39	108	333	1.34

アキレス腱を2度断裂し、2020年8月から全休 先発

40 マイク・ソロカ Mike Soroka

26歳 1997.8.4生 | 196cm | 101kg | 右投右打 | 球150キロ前後（ツーシーム、フォーシーム） | 決◎ツーシーム
◆昨季メジャー出場なし ド2015①ブレーブス 囲カナダ 甲280万ドル（約3億6400万円）

球4 制4 緩4 守3 度4

昨年9月にマイナーのゲームで実戦に復帰したため、今シーズンの早い時期にメジャー復帰が実現すると思われる悲劇の右腕。ソロカは20歳でメジャーデビュー、21歳でブレイクし、オールスターにも選出された新世代の星だった。しかしブレイクした翌年（2020年）、守備でベースカバーに入った際、アキレス腱を断裂。修復手術を受けたがリハビリがうまくいかず、翌21年に再断裂。また手術が必要になり、昨季もリハビリに費やした。一時はヒジ痛にも悩まされたが、大事には至らなかったため、マイナーで昨季、3試合に試運転登板している。（5段階評価は長期欠場前のもの）

年度	所属チーム	勝利	敗戦	防御率	試合数	先発	セーブ	投球イニング	被安打	失点	自責点	被本塁打	与四球	奪三振	WHIP
2020	ブレーブス	0	1	3.95	3	3	0	13.2	11	7	6	1	0	7	1.32
通算成績		15	6	2.86	37	37	0	214.0	194	77	68	15	55	171	1.16

― ジャレッド・シュスター Jared Shuster 先発 期待度B+ ルーキー

25歳 1998.8.3生 | 190cm | 95kg | 左投左打 ◆昨季は2A、3Aでプレー ド2020①ブレーブス 囲マサチューセッツ州

今季、ブレーブスの有望新人リストのトップにランクされている先発左腕。ウリは、制球が安定していて与四球が少ないこと。もう1つのウリは、ハイレベルなチェンジアップがあるため、ハイペースで三振を奪えることだ。チェンジアップの制球に自信があるので、これをどんなカウントからでも使ってくる。

― ヴィクター・ヴォドニク Victor Vodnik リリーフ 期待度B+ ルーキー

24歳 1999.10.9生 | 183cm | 90kg | 右投右打 ◆昨季は2A、3Aでプレー ド2018⑭ブレーブス 囲カリフォルニア州

160キロ近い快速球とチェンジアップを主体に投げるリリーフ右腕。ウリは、奪三振率の高さ。弱点は制球が不安定で与四球が多いこと。そのため先発で使うと球数がふくらんで結果を出せないが、リリーフで使うと好投することが多い。スライダーに磨きがかかれば、メジャーでも活躍できるだろう。

伝統的な価値観を大切にする南部人　サード

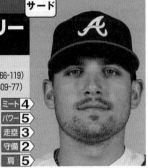

27 オースティン・ライリー
Austin Riley

26歳 1997.4.2生／190cm／108kg／右投右打

◆対左投手打率／.329(149-49)　◆対右投手打率／.255(466-119)
◆ホーム打率／.297(306-91)　◆アウェー打率／.249(309-77)
◆得点圏打率／.247(150-37)
◆22年のポジション別出場数／サード=159、ファースト=1
◆ドラフトデータ／2015①ブレーブス
◆出身地／テネシー州
◆年俸／1500万ドル（約19億5000万円）
◆シルバースラッガー賞1回(21年)

ミート **4**
パワー **5**
走塁 **3**
守備 **2**
肩 **5**

　昨年8月に、球団と2023年に始まる10年2億1200万ドル（約276億円）の契約を交わしたブレーブスの看板打者。これはブレーブスの球団史上最高額で、35歳まで主砲の地位を約束されたことになる。

　一昨年大ブレイクしたため、昨年も大きな期待を背にシーズンに入ったが、出だしから途切れることなく長打が出て、主砲としてフルに機能。とくに7月は絶好調で、11本の本塁打と15本の二塁打を放って、ナショナル・リーグの月間MVPを受賞している。7月17日のシーズン前半終了時の本塁打は27本で、トップのシュワーバーに2本差の2位だったため、本塁打王の可能性もあった。しかし、8月に失速し、脱落した。

　球団がシーズン途中の8月に超大型契約をプレゼントしたのは、ワールドシリーズ2連覇のためには、ポストシーズンでのライリーの活躍が不可欠と見ていたからだ。しかし、こちらのほうは球団の意図通りにはいかず、4試合でヒットを1本打っただけで終わった。サードの守備は「中の下」レベル。強肩だが、守備範囲は平均以下だ。

　伝統的な価値観を大切にする南部人で、敬虔なメソジスト派のクリスチャン。早婚で、メジャーデビューする前の2017年11月にアナ・モーガン・ハリントンさんと婚約。その1年後に、21歳の若さで挙式した。アナさんは高校の同級生で、高校時代は一度も口をきいたことがなかったが、大学1年次が終了して帰郷したときに交際が始まった。昨年4月に第一子となる男児が誕生。「イーソン」と命名した。高校時代、春は野球で、秋はアメフトのチームに所属し、パンターとして活躍。ボールを高く蹴り上げるコツは、小さい頃から元大学フットボールのパンターだった父マイクさんに叩き込まれていたので、蹴り損なうことはほとんどなかった。高校時代は学業成績も優秀で、GPA（通信簿の平均点）は4点満点の3.35だった。

カモ　A・ノーラ(フィリーズ).429(42-18)3本　D・ピーターソン(メッツ).500(16-8)0本
苦手　C・カラスコ(メッツ).000(8-0)0本　ダルビッシュ有(パドレス).000(7-0)0本

年度	所属チーム	試合数	打数	得点	安打	二塁打	三塁打	本塁打	打点	四球	三振	盗塁	盗塁死	出塁率	OPS	打率
2019	ブレーブス	80	274	41	62	11	1	18	49	16	108	0	2	.279	.750	.226
2020	ブレーブス	51	188	24	45	7	1	8	27	16	49	0	0	.301	.716	.239
2021	ブレーブス	160	590	91	179	33	1	33	107	52	168	0	1	.367	.898	.303
2022	ブレーブス	159	615	90	168	39	2	38	93	57	168	2	0	.349	.877	.273
通算成績		450	1667	246	454	90	5	97	276	141	493	2	3	.339	.846	.272

移籍の翌日、破格の8年契約にサイン

28 マット・オルソン
Matt Olson

29歳 1994.3.29生｜196cm｜101kg｜右投左打

- ◆対左投手打率／.235(183-43) ◆対右投手打率／.242(433-105)
- ◆ホーム打率／.230(296-68) ◆アウェー打率／.250(320-80)
- ◆得点圏打率／.268(153-41)
- ◆22年のポジション別出場数／ファースト＝162
- ◆ドラフトデータ／2012①アスレティックス
- ◆出身地／ジョージア州
- ◆年俸／2100万ドル（約27億3000万円）
- ◆ゴールドグラブ賞2回(18、19年)

ミート	3
パワー	5
走塁	3
守備	4
肩	2

　ブレーブス1年目は、偉大な前任者フレディ・フリーマンに引けを取らない見事な働きを見せた地元産の一塁手。昨年3月10日にロックアウトが解除されたあと、ブレーブスは2021年に契約が終了した主砲フリーマンをチームに残留させるため最終交渉に臨んだが、金額に大きな隔たりがあったため引き止めを断念。ただちにアスレティックスにオルソンのトレードを申し入れ、見返りに5人の有望株を差し出すことで話がまとまった。アトランタ出身で自宅もアトランタにあるが、ブレーブスに移籍することはオルソンにとっていい話ではなかった。前任者のフリーマンと同レベルの働きを期待され、いい働きができなければ、容赦のないブーイングにさらされるからだ。ブレーブスはその不安を取り除くため、移籍後ただちに長期契約を交わすことを約束して3月14日にトレードを成立させ、翌日オルソンと8年1億6800万ドルの長期契約を交わした。

　まだ一度も打席に立たないうちから主砲の地位を保証されたオルソンは、気を良くしてシーズン入り。序盤は2番打者で起用され、快調にヒットを放ってチャンスメーカーとなり、5月下旬から中軸をになうようになると、二塁打と本塁打をハイペースで生産し、打線の牽引役になった。ファーストの守備は、守備範囲の広さが平均レベルに落ちているが、グラブさばきのうまさは健在で、内野手からのワンバウンドの送球をそらすことがほとんどない。味方のピンチにしばしば投手を好守で助けることもあるので、ゴールドグラブ賞の最終候補になったが、受賞には至らなかった。

　一昨年の11月に、以前から一緒に住んでいたニコル・キダーさんと正式に結婚。ニコルさんはイタリアに留学した経験のある才媛。

カモ C・カラスコ(メッツ).417(12-5)2本　J・スアレス(エンジェルス).500(8-4)2本
苦手 G・コール(ヤンキース).000(21-0)0本　大谷翔平(エンジェルス).125(16-2)1本

年度	所属チーム	試合数	打数	得点	安打	二塁打	三塁打	本塁打	打点	四球	三振	盗塁	盗塁死	出塁率	OPS	打率
2016	アスレティックス	11	21	3	2	1	0	0	0	7	4	0	0	.321	.464	.095
2017	アスレティックス	59	189	33	49	2	0	24	45	22	60	0	0	.352	1.003	.259
2018	アスレティックス	162	580	85	143	33	0	29	84	70	163	2	1	.335	.788	.247
2019	アスレティックス	127	483	73	129	26	0	36	91	51	138	0	0	.351	.896	.267
2020	アスレティックス	60	210	28	41	4	1	14	42	34	77	1	0	.310	.734	.195
2021	アスレティックス	156	565	101	153	35	0	39	111	88	113	4	1	.371	.911	.271
2022	ブレーブス	162	616	86	148	44	0	34	103	75	170	0	0	.325	.802	.240
通算成績		737	2664	409	665	145	1	176	476	347	725	7	2	.343	.846	.250

マーキス・グリッソムの指導を受けて成長　センター

23　マイケル・ハリス2世
Michael Harris II

22歳 2001.3.7生／183cm／88kg／左投左打

◆対左投手打率／.238(126-30)　◆対右投手打率／.323(288-93)
◆ホーム打率／.274(190-52)　◆アウェー打率／.317(224-71)
◆得点圏打率／.383(94-36)
◆22年のポジション別出場数／センター=114
◆ドラフトデータ／2019③ブレーブス
◆出身地／ジョージア州
◆年俸／500万ドル（約6億5000万円）
◆新人王(22年)

ミート	5
パワー	5
走塁	5
守備	4
肩	5

　さらなる飛躍を期待される、昨年度のナショナル・リーグ新人王。昨季はブレーブスの有望新人ランキングのトップにランクされていたが、もう少し実戦で経験を積ませる必要があるということで、2Aに送られてシーズンを迎えた。開幕後は驚異的なペースで打ちまくったため、球団は3Aを経由させずにメジャーで使う方針を固め、打率3割0分5厘、出塁率3割7分2厘、二塁打16、本塁打5、打点33という見事な数字を置き土産にして、5月28日にメジャー昇格を果たした。

　初めて出場したマーリンズ戦で、メジャー初安打を記録。昨年のサイ・ヤング賞投手アルカンタラの、159キロのシンカーを逆方向にライナーで弾き返し、只者ではないことを知らしめた。その後は頻繁に得点にからむ活躍を見せ、6月、8月、9月の月間最優秀新人に選出された。ナショナル・リーグの新人王投票では、チームメートのストライダーとの争いになったが、ハリスが1位票30票のうち22票を獲得し、選出された。

　打者としての長所は、打球の初速が早いため、二塁打の量産を期待できること。昨季は本塁打も22打数に1本のペースで生産しており、打球を上げられるようになれば、毎年30本以上打つ打者に成長する可能性がある。センターの守備は、守備範囲が広く、球際に強い。高校時代は優秀な投手でもあったため、強肩で、送球も正確だ。得意ワザはダイビングキャッチで、走者がいる場面でそれを何度も決め、ピッチャーに感謝されていた。

　父マイケル・シニアさんは、プロ経験はないが、セミプロリーグでプレー後、大学野球のコーチに転じた人物。母ラタウーチャさんは、博士号を持つ特殊教育の専門家。父が通算2251安打の大打者マーキス・グリッソムと知り合いだった関係で、高校時代は毎年春の野球シーズンが終わると、グリッソムのもとに通って指導を受けて好打者に成長。新人王に選出されたあとの記者会見では、グリッソムへの感謝の言葉を口にしている。

カモ　S・アルカンタラ（マーリンズ）.600(5-3)1本　C・エドワーズ（ナショナルズ）.667(6-4)0本
苦手　R・スアレス（フィリーズ）.000(9-0)0本　M・シャーザー（メッツ）.111(9-1)0本

年度	所属チーム	試合数	打数	得点	安打	二塁打	三塁打	本塁打	打点	四球	三振	盗塁	盗塁死	出塁率	OPS	打率
2022	ブレーブス	114	414	75	123	27	3	19	64	21	107	20	2	.339	.853	.297
通算成績		114	414	75	123	27	3	19	64	21	107	20	2	.339	.853	.297

2029年まで正捕手を務める新加入の捕手　キャッチャー　移籍

12 ショーン・マーフィー　*Sean Murphy*

29歳 1994.10.4生｜190cm｜103kg｜右投右打　◆盗塁阻止率／.192(52-10)

◆対左投手打率／.242　◆対右投手打率／.252

ミート **3**

◆ホーム打率／.226　◆アウェー打率／.272　◆得点圏打率／.234

パワー **5**

◆22年のポジション別出場数／キャッチャー＝116、DH＝30

走塁 **2**

◆Ⓓ2016③アスレティックス　◆Ⓗニューヨーク州

守備 **5**

◆Ⓨ400万ドル（約5億2000万円）　◆ゴールドグラブ賞1回(21年)

肩 **4**

昨年12月12日のトレードでアスレティックスから移籍し、同月27日にブレーブスと7年8800万ドルの長期契約を交わした捕手。ブレーブスがまだ1試合もプレーしていないうちに、破格の契約を交わして2029年までつなぎ止めることにしたのは、守備、打撃、リードのすべてにおいて、リアルミュートと同レベルの実力があると評価したからだ。昨季の捕手のWAR（ファングラフス版）を比較すると、リアルミュートが6.5で1位。マーフィーは5.1で3位だったが、リアルミュートが優勝を争うチームでプレーしていたのに対し、マーフィーはモチベーションをキープしにくい最下位チームで孤軍奮闘していた。それを考えれば、両者の差はほとんどないと言っていいだろう。

カモ G・カービー（マリナーズ）.556(9-5)0本　　苦手 大谷翔平（エンジェルス）.133(15-2)1本

年度	所属チーム	試合数	打数	得点	安打	二塁打	三塁打	本塁打	打点	四球	三振	盗塁	盗塁死	出塁率	OPS	打率
2019	アスレティックス	20	53	14	13	5	0	4	8	6	16	0	0	.333	.899	.245
2020	アスレティックス	43	116	21	27	5	0	7	14	24	37	0	0	.364	.821	.233
2021	アスレティックス	119	393	47	85	23	0	17	59	40	114	0	0	.306	.711	.216
2022	アスレティックス	148	537	67	134	37	2	18	66	56	124	1	0	.332	.758	.250
通算成績		330	1099	149	259	70	2	46	147	126	291	1	0	.326	.755	.236

ヒザも良くなり、今季は豪打復活に期待　ライト

13 ロナルド・アクーニャ・ジュニア　*Ronald Acuña Jr.*　★WBCベネズエラ代表

26歳 1997.12.18生｜183cm｜92kg｜右投右打

◆対左投手打率／.234　◆対右投手打率／.275

ミート **4**

◆ホーム打率／.268　◆アウェー打率／.263　◆得点圏打率／.305

パワー **5**

◆22年のポジション別出場数／ライト＝92、DH＝27、センター＝1

走塁 **5**

◆Ⓓ2014外ブレーブス　◆Ⓗベネズエラ　◆Ⓨ1700万ドル（約22億1000万円）

守備 **5**

◆盗塁王1回(19年)、シルバースラッガー賞2回(19、20年)、新人王(18年)

肩 **5**

大ケガから復帰したブレーブスのスター外野手。一昨年7月に右ヒザの前十字靱帯を断裂した影響で、昨季は4月末からのスタート。ただ、ヒザの状態が万全でなかったため、例年に比べて長打の出る頻度が低く、守備面、走塁面でもやや精彩を欠いた。人気は相変わらずで、昨年のオールスターのファン投票では、ナショナル・リーグ最多得票だった。ベースボールファミリーの出身。祖父と父は元マイナーリーガーで、弟ホセは現在、レンジャーズのマイナーでプレー。昨季ナショナルズでプレーしていたアルシデス・エスコバー（元東京ヤクルト）をはじめ、いとこにメジャー経験者が4人いる。

カモ R・レイ（マリナーズ）.500(12-6)3本　　苦手 H・ネリス（アストロズ）.000(12-0)0本

年度	所属チーム	試合数	打数	得点	安打	二塁打	三塁打	本塁打	打点	四球	三振	盗塁	盗塁死	出塁率	OPS	打率
2018	ブレーブス	111	433	78	127	26	4	26	64	45	123	16	5	.366	.918	.293
2019	ブレーブス	156	626	127	175	22	2	41	101	76	188	37	9	.365	.883	.280
2020	ブレーブス	46	160	46	40	11	0	14	29	38	60	8	1	.406	.987	.250
2021	ブレーブス	82	297	72	84	19	1	24	52	49	85	17	6	.394	.990	.283
2022	ブレーブス	119	467	71	124	24	0	15	50	53	126	29	11	.351	.764	.266
通算成績		514	1983	394	550	102	7	120	296	261	582	107	32	.370	.887	.277

Ⓓ＝ドラフトデータ　Ⓗ＝出身地　Ⓨ＝年俸

野手

16 リードとフレーミングの名手　キャッチャー
トラヴィス・ダーノウ Travis d'Arnaud

34歳 1989.2.10生｜188cm｜95kg｜右投右打 ◆盗塁阻止率／.185(54-10)

◆対左投手打率／.341　◆対右投手打率／.246
◆ホーム打率／.268　◆アウェー打率／.268　◆得点圏打率／.307
◆22年のポジション別出場数／キャッチャー＝99、DH＝6
◆Ｄ2007①フィリーズ　◆Ｈカリフォルニア州
◆Ｙ800万ドル（約10億4000万円）　◆シルバースラッガー賞1回(20年)

ミート 3
パワー 5
走塁 2
守備 4
肩 3

以前は打撃のいい捕手の代表格だったが、最近はリードのうまさも注目されるようになったベテラン捕手。昨季はエース・フリードのパーソナル捕手となって、多彩な球種を駆使する頭脳的な投球を支え、ストライダーが先発するゲームでも度々好投を引き出して、大化けに貢献した。フレーミングのうまさもトップレベルで、昨季はフレーミングでプラス10点分の働きをしたと評価された。これはメジャーの全捕手の中で3番目に良い数字だ。打撃面では、自己ベストの18本塁打と25二塁打を記録。衰えの兆候は見えない。

カモ Z・ウィーラー（フィリーズ）.467(15-7)1本　苦手 ダルビッシュ有（パドレス）.000(12-0)0本

年度	所属チーム	試合数	打数	得点	安打	二塁打	三塁打	本塁打	打点	四球	三振	盗塁	盗塁死	出塁率	OPS	打率
2013	メッツ	31	99	4	20	3	0	1	5	12	21	0	0	.286	.549	.202
2014	メッツ	108	385	48	93	22	3	13	41	32	64	1	0	.302	.718	.242
2015	メッツ	67	239	31	64	14	1	12	41	23	49	0	0	.340	.825	.268
2016	メッツ	75	251	27	62	7	0	4	15	19	50	0	0	.307	.630	.247
2017	メッツ	112	348	39	85	19	1	16	57	23	59	0	0	.293	.736	.244
2018	メッツ	4	15	1	3	0	0	1	3	1	5	0	0	.250	.650	.200
2019	メッツ	10	23	2	2	0	0	0	2	2	5	0	0	.160	.247	.087
2019	ドジャース	1	1	0	0	0	0	0	0	0	0	0	0	.000	.000	.000
2019	レイズ	92	327	50	86	16	0	16	67	30	80	0	1	.323	.782	.263
2019	3チーム計	103	351	52	88	16	0	16	69	32	85	0	1	.312	.745	.251
2020	ブレーブス	44	165	19	53	8	0	9	34	16	50	1	0	.386	.919	.321
2021	ブレーブス	60	209	21	46	14	0	7	26	17	53	0	0	.284	.672	.220
2022	ブレーブス	107	396	61	106	25	1	18	60	19	90	0	0	.319	.791	.268
通算成績		711	2458	303	620	128	6	97	351	194	526	2	1	.312	.740	.252

1 調子が上向いたと思ったら故障離脱　セカンド
オジー・オルビーズ Ozzie Albies

26歳 1997.1.7生｜173cm｜74kg｜右投両打

◆対左投手打率／.250　◆対右投手打率／.245
◆ホーム打率／.271　◆アウェー打率／.219　◆得点圏打率／.258
◆22年のポジション別出場数／セカンド＝64
◆Ｄ2013㊻ブレーブス　◆Ｈオランダ領キュラソー島
◆Ｙ700万ドル（約9億1000万円）　◆シルバースラッガー賞2回(19、21年)

ミート 3
パワー 5
走塁 5
守備 4
肩 4

昨季は打撃不振とケガで散々だった、オランダ領キュラソー島出身の二塁手。一昨年、30本塁打、106打点の活躍で、チームがワールドシリーズを制覇する起爆剤になった。そのため昨季も大いに期待されたが、開幕から低打率にあえぎ、4月下旬から1カ月半、ホームランが1本も出なかった。そして6月に左足を骨折し、長期離脱。9月半ばにようやくメジャーでのプレーを再開したが、復帰2戦目で今度は小指を骨折し、シーズン終了となった。

カモ J・キンターナ（メッツ）.625(8-5)2本　苦手 E・ディアス（メッツ）.000(8-0)0本

年度	所属チーム	試合数	打数	得点	安打	二塁打	三塁打	本塁打	打点	四球	三振	盗塁	盗塁死	出塁率	OPS	打率
2017	ブレーブス	57	217	34	62	9	5	6	28	21	36	8	1	.354	.810	.286
2018	ブレーブス	158	639	105	167	40	5	24	72	36	116	14	3	.305	.757	.261
2019	ブレーブス	160	640	102	189	43	8	24	86	54	112	15	4	.352	.852	.295
2020	ブレーブス	29	118	21	32	5	0	6	19	5	30	3	1	.306	.772	.271
2021	ブレーブス	156	629	103	163	40	7	30	106	47	128	20	4	.310	.798	.259
2022	ブレーブス	64	247	36	61	16	0	8	35	16	47	3	5	.294	.703	.247
通算成績		624	2490	401	674	153	25	98	346	179	469	63	18	.322	.792	.271

野手

18 ショートのレギュラーで起用される可能性も　ショート/セカンド

ヴォーン・グリッスム　*Vaughn Grissom*

22歳 2001.1.5生｜190cm｜95kg｜右投右打 [対左].333 [対右].273 [ホ].339 [ア].259 [得].200 [ド]2019①ブレーブス ［出］フロリダ州 [年]72万ドル（約9360万円）+α

ミート 4
パワー 3
走力 4
守備 2
肩力 4

昨年、マイナーの1A＋級と2A級で好成績を出し、3Aを飛び越えて8月10日にメジャーに到達した注目の内野手。その後はIL入りしたオルビーズに代わって連日セカンドで起用されたが、ボストンでのデビュー戦でいきなりグリーンモンスター越えの場外アーチを放ったのを皮切りにヒットがよく出て、1カ月以上3割超の打率をキープ。しかし9月下旬に息切れして当たりが止まり、ポストシーズンではアルシアがセカンドで先発出場した。FAでチームを去ったスワンソンの後継候補の1人に名が挙がっているが、守備範囲が広くないため、ショートは不向きという声もある。

年度	所属チーム	試合数	打数	得点	安打	二塁打	三塁打	本塁打	打点	四球	三振	盗塁	盗塁死	出塁率	OPS	打率
2022	ブレーブス	41	141	24	41	6	0	5	18	11	34	5	2	.353	.793	.291
通算成績		41	141	24	41	6	0	5	18	11	34	5	2	.353	.793	.291

8 貢献度を示すWARはワーストレベル　レフト

エディ・ロザリオ　*Eddie Rosario*　★WBCプエルトリコ代表

32歳 1991.9.28生｜185cm｜81kg｜右投左打 [対左].143 [対右].221 [ホ].176 [ア].252 [得].234 [ド]2010④ツインズ ［出］プエルトリコ [年]900万ドル（約11億7000万円）

ミート 4
パワー 3
走力 3
守備 2
肩力 2

昨年、チームの足を最も引っ張った外野手。一昨年の7月末に、インディアンズ（現ガーディアンズ）から移籍。ポストシーズンでは、ドジャースとのリーグ優勝決定シリーズで打ちまくってMVPに。それが評価されてオフに2年1800万ドルの契約をゲットして、引き続きブレーブスでプレーすることになった。しかし、高額年俸を手にしたことでモチベーションが下がり、昨季は開幕から絶不調。開幕後15試合でヒットが3本しか出ないため、4月25日に目の不調を理由にIL入り。7月4日に復帰後は、必死にヒットを生産し、打率2割をクリアするところまで持っていた。

年度	所属チーム	試合数	打数	得点	安打	二塁打	三塁打	本塁打	打点	四球	三振	盗塁	盗塁死	出塁率	OPS	打率
2022	ブレーブス	80	250	27	53	12	1	5	24	17	68	3	0	.259	.587	.212
通算成績		888	3290	469	889	165	26	138	474	176	668	53	23	.305	.767	.270

20 2度の逮捕で不良資産化の恐れ　DH/レフト

マーセル・オズーナ　*Marcell Ozuna*

33歳 1990.11.12生｜185cm｜101kg｜右投右打 [対左].200 [対右].236 [ホ].222 [ア].229 [得].183 [ド]2008⑳マーリンズ ［出］ドミニカ [年]1800万ドル（約23億4000万円）★本塁打王1回（20年）、打点王1回（20年）、ゴールドグラブ賞1回（17年）、シルバースラッガー賞2回（17,20年）

ミート 2
パワー 4
走力 2
守備 2
肩力 2

4年契約の3年目に入る、2年間で2回も逮捕されたおバカ外野手。最初の逮捕は一昨年5月29日のことで、自宅で酔っぱらって奥さんに暴力をふるっていたところ、近隣の住民が通報。駆けつけた地元の警察に逮捕され、手錠をかけられて警察署に連行された。2度目の逮捕は昨年8月19日のことで、酔っぱらって自動車を運転していたところ交通警官に怪しまれ、側道に入って自動車を横に寄せて停車するよう命じられたが、酔っていたためそれができず、酒気帯び運転が発覚。逮捕された。私生活の乱れで打撃成績が危険水域まで低下し、選手生命の危機に瀕している。

年度	所属チーム	試合数	打数	得点	安打	二塁打	三塁打	本塁打	打点	四球	三振	盗塁	盗塁死	出塁率	OPS	打率
2022	ブレーブス	124	470	56	106	19	0	23	56	31	122	2	1	.274	.687	.226
通算成績		1163	4422	582	1186	201	20	196	676	379	1042	28	14	.327	.783	.268

ブレーブス

[対左]=対左投手打率 [対右]=対右投手打率 [ホ]=ホーム打率 [ア]=アウェー打率 [得]=得点圏打率　273

大谷翔平のスライダーを叩いてスリーラン

11 **オルランド・アルシア** *Orlando Arcia* `ユーティリティ`

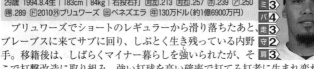

29歳 1994.8.4生 | 183cm | 84kg | 右投右打 対左.213 対右.257 ホ.239 ア.250
得.289 ド2010外 ブリュワーズ 出ベネズエラ 年130万ドル(約1億6900万円)

ミ	3
バ	4
走	3
守	2
肩	3

　ブリュワーズでショートのレギュラーから滑り落ちたあと、ブレーブスに来てサブに回り、しぶとく生き残っている内野手。移籍後は、しばらくマイナー暮らしを強いられたが、そこで打撃改造に取り組み、強い打球を高い確率で打てる打者に生まれ変わった。昨年7月23日のエンジェルス戦では、大谷翔平からスリーランアーチを放って、世界中の大谷ファンを落胆させた。大谷ファンががっかりしたのは、6月9日のレッドソックス戦から続いていたQSが途切れてしまったからだ。兄オズワルドはツインズなどで活躍した外野手で、2018年には北海道日本ハムに在籍した。

年度	所属チーム	試合数	打数	得点	安打	二塁打	三塁打	本塁打	打点	四球	三振	盗塁	盗塁死	出塁率	OPS	打率
2022	ブレーブス	68	209	25	51	9	0	9	30	21	51	0	0	.316	.732	.244
通算成績		642	2012	216	488	81	7	53	223	151	445	40	16	.295	.664	.243

大叔父も元メジャーの外野手

24 **ジョーダン・ルプロウ** *Jordan Luplow* `外野手` `移籍`

30歳 1993.9.26生 | 185cm | 88kg | 右投右打 対左.171 対右.181 ホ.182
ア.171 得.179 ド2014③ パイレーツ 出カリフォルニア州 年140万ドル(約1億8200万円)

ミ	2
バ	4
走	3
守	4
肩	5

　1年140万ドルの契約で加入した、4人目の外野手候補。一発があるので、左投手用の代打の切り札としても役立つだろう。打席では、失投をじっくり待つタイプ。四球を多く選べるので、打率は低いが出塁率は悪くない。守備面では、肩が強く、外野の3つのポジションに対応可能だ。大叔父のアル・ルプロウも元メジャーリーガー(外野手)で、1960年代にインディアンズ(現ガーディアンズ)などで7シーズン、プレーした。アルがパイレーツでキャリアを終え、自身がパイレーツからドラフトされプロ入りしたことに、運命的なものを感じている。今季がメジャー7年目。

年度	所属チーム	試合数	打数	得点	安打	二塁打	三塁打	本塁打	打点	四球	三振	盗塁	盗塁死	出塁率	OPS	打率
2022	ダイヤモンドバックス	83	205	26	36	5	0	11	28	25	60	5	1	.274	.635	.176
通算成績		323	841	121	179	37	6	45	120	114	237	11	9	.313	.745	.213

— **ブレイデン・シューメイク** *Braden Shewmake* `ショート` 期待度 `C` `ルーキー`

26歳 1997.11.19生 | 193cm | 86kg | 右投左打 ◆昨季は3Aでプレー ド2019① ブレーブス 出テキサス州

　打者としての長所は、動体視力が良いことと学習能力が高いこと。パワーは「中の下」レベル。脚力は平均レベルだが、盗塁を高確率で決める能力もある。ショートの守備も大きな欠点がなく、平均以上のパフォーマンスを期待できる。40人枠に入っており、今季は開幕メジャー入りを期待されている。

— **ルーク・ワッデル** *Luke Waddell* `ショート` `セカンド` 期待度 `B` `ルーキー`

25歳 1998.7.13生 | 175cm | 81kg | 右投左打 ◆昨季は2Aでプレー ド2021⑤ ブレーブス 出オハイオ州

　アリゾナ秋季リーグで好成績を出し、注目されるようになった巧打の内野手。打者としてはパワーに欠けるがミートがうまく、ライナーと強いゴロを打つことに徹する。選球眼も良いため、高い出塁率を期待できる。その一方で、三振が少ない。メジャーでは優秀なスーパーサブになりそうなタイプだ。

対左=対左投手打率 対右=対右投手打率 ホ=ホーム打率 ア=アウェー打率 得=得点圏打率
ド=ドラフトデータ 出=出身地 年=年俸

ニューヨーク・メッツ

◆創　立：1962年
◆本拠地：ニューヨーク州ニューヨーク市
◆ワールドシリーズ制覇：2回　／◆リーグ優勝：5回
◆地区優勝：6回／◆ワイルドカード獲得：4回

主要オーナー　スティーヴ・コーヘン（投資家）

過去5年成績

年度	勝	負	勝率	ゲーム差	地区順位	ポストシーズン成績
2018	77	85	.475	13.0	④	―
2019	86	76	.531	11.0	③	―
2020	26	34	.433	9.0	④(同率)	―
2021	77	85	.475	11.5	③	―
2022	**101**	**61**	**.623**	**0.0**	**②**	**ワイルドカードシリーズ敗退**

監　督　**11** **バック・ショーウォルター** *Buck Showalter*

◆年　齢……………67歳（フロリダ州出身）
◆現役時代の経歴 … メジャーでのプレー経験なし
（外野手、ファースト）
◆監督経歴……………21シーズン　ヤンキース（1992～95）、
ダイヤモンドバックス（1998～2000）、レンジャーズ
（2003～06）、オリオールズ（2010～18）、メッツ（2022～）
◆通算成績……………1652勝1578敗（勝率.511）
最優秀監督賞4回（94、04、14、22年）

　メッツ監督就任1年目の昨季、自身4度目（MLB最多タイ記録）の最優秀監督賞に輝いた名将。4度の受賞はすべて異なる球団でのもので、これの達成者はショウォルターだけだ。ただ、ワールドチャンピオンには縁がなく、監督通算1500勝以上（24人）で頂点に立っていないのは、ショウォルターを含めて2人しかいない。「データ」を軽視するわけではないが、自身の「経験」と「目」により価値を見いだすオールドスクール派（伝統的な野球観を好むタイプ）。

注目コーチ　**56** **ジョーイ・コーラ** *Joey Cora*

　三塁ベースコーチ。58歳。1995年（マリナーズ所属）、ポストシーズンで51回打席に立ち、三振0。これはMLB記録となっている。弟のアレックスは現レッドソックス監督。

編成責任者　**ビリー・エプラー** *Billy Eppler*

　48歳。2020年まではエンジェルスの編成トップで、大谷翔平の獲得に成功。大谷との信頼関係を築いていることもあり、大谷の移籍先候補にメッツの名前がよく出る。

スタジアム　**シティ・フィールド** *Citi Field*

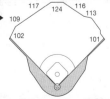

◆開　場　年………2009年
◆仕　　　様………天然芝
◆収容能力………41,922人
◆フェンスの高さ…2.4m
◆特　　　徴………開場当初は、メジャーで最もホームランの出にくい球場の1つだった。しかし、その後、フェンス位置を手前にずらしたり、フェンスを低くしたりなどの対策を講じ、「投手天国」から、「やや投手に有利な球場」に変わっている。

ピッチャーズ
パーク

117　124　116
109　　　　　113
102　　　　　101

Best Order

[ベストオーダー]

①ブランドン・ニモ……センター
②スターリング・マーテイ……ライト
③フランシスコ・リンドーア……ショート
④ピート・アロンゾ……ファースト
⑤ジェフ・マクニール……セカンド
⑥マーク・キャナ……レフト
⑦ダニエル・ヴォーゲルバック……DH
⑧エドゥアルド・エスコバー……サード
⑨オマー・ナルヴァエス……キャッチャー

Depth Chart

[ポジション別選手層・メンバーリスト]

※2023年2月13日時点の候補選手。数字は背番号(開幕前に変更する場合もあり)、右・左等は投・打の順。

センター
9 **ブランドン・ニモ [右・左]**
19 マーク・キャナ [右・右]
6 スターリング・マーテイ [右・右]

レフト
19 **マーク・キャナ [右・右]**
1 ジェフ・マクニール [右・左]
22 ブレット・ベイティ [右・左]
28 トミー・ファム [右・右]

ライト
6 **スターリング・マーテイ [右・右]**
1 ジェフ・マクニール [右・左]

ショート
12 **フランシスコ・リンドーア [右・両]**
13 ルイス・ギヨーメ [右・左]
20 ダニー・メンディック [右・右]

セカンド
1 **ジェフ・マクニール [右・左]**
13 ルイス・ギヨーメ [右・左]

ローテーション
35 ジャスティン・ヴァーランダー [右・右]
21 マックス・シャーザー [右・右]
34 千賀滉大 [右・左]
59 カルロス・カラスコ [右・右]
62 ホセ・キンターナ [左・右]
23 デイヴィッド・ピーターソン [左・左]
38 タイラー・メギル [右・右]

サード
10 **エドゥアルド・エスコバー [右・両]**
13 ルイス・ギヨーメ [右・左]
22 ブレット・ベイティ [右・左]

ファースト
20 **ピート・アロンゾ [右・右]**
32 ダニエル・ヴォーゲルバック [右・左]
33 ダリン・ラフ [右・右]

キャッチャー
2 **オマー・ナルヴァエス [右・左]**
3 トマス・ニド [右・右]
50 フランシスコ・アルヴァレス [右・右]

DH
32 **ダニエル・ヴォーゲルバック [右・左]**
10 エドゥアルド・エスコバー [右・両]
28 トミー・ファム [右・右]

ブルペン
39 エドウィン・ディアス [右・右] CL
0 アダム・オタヴィーノ [右・両]
30 デイヴィッド・ロバートソン [右・右]
40 ドルー・スミス [右・右]
25 ブルックス・レイリー [左・左]
57 エリエザー・ヘルナンデス [右・右]
29 トミー・ハンター [右・右]
23 デイヴィッド・ピーターソン [左・左]
38 タイラー・メギル [右・右]
46 ジョン・カーティス [右・右]

※CL=クローザー

メッツ試合日程……＊はアウェーでの開催

3月30・31・**4**月1・2	マーリンズ＊	2・3・4	タイガース＊	2・3・4	ブルージェイズ
3・4・5	ブリュワーズ＊	5・6・7	ロッキーズ	6・7・8	ブレーブス＊
6・8・9	マーリンズ	9・10・11	レッズ＊	9・10・11	パイレーツ＊
10・11・12	パドレス	12・13・14・15	ナショナルズ＊	13・14	ヤンキース
14・15・16	アスレティックス＊	16・17・18	レイズ	16・17・18	カーディナルス
17・18・19	ドジャース＊	19・20・21	ガーディアンズ	19・20・21	アストロズ＊
20・21・22・23	ジャイアンツ＊	23・24・25	カブス＊	23・24・25	フィリーズ＊
25・26・27	ナショナルズ	26・27・28	ロッキーズ＊	26・27・28・29	ブリュワーズ
28・29・30・**5**月1	ブレーブス	30・31・**6**月1	フィリーズ	30・**7**月1・2	ジャイアンツ

球団メモ 昨季、ブレーブスと同じ101勝61敗（勝率.623）だったのに、ブレーブスが地区1位でメッツが2位だったのは、直接対決の成績がメッツの8勝9敗だったためだ。

メッツ

■投手力⬆…★★★★✦【昨年度チーム防御率3.57、リーグ3位】

ローテーションからデグローム、バシット、ウォーカーの3人が抜け、ヴァーランダー、千賀滉大、キンターナが加わった。故障リスクの高いデグロームのスポットに低いヴァーランダーが入ることは、大きなプラスだ。千賀は故障期間を2割程度に抑えられれば、大きな戦力になる。故障リスクの高そうなローテーションだが、6番手以下に人材がそろっているので、故障者が2人出ても大きなレベルダウンにはならないだろう。リリーフ陣はクローザーのディアスを残留させることに成功したので、依然最強レベル。

■攻撃力➡…★★★✦★【昨年度チーム得点772、リーグ3位タイ】

打線には計算できるベテランが多いため、どんなに悪くても平均レベルの得点力は維持できる。弱点は、そのベテラン勢が、シーズン終盤に差しかかると息切れを起こすことだ。今年、メッツにはWBCのメンバーに入っている選手が多いので、今季はそれが早めに始まる可能性がある。

■守備力➡…★★★✦★【昨年度チーム失策数67、リーグ2位】

守備の達人はいないが、質の高いベテランが多いため、エラーが少ない。昨年はチームエラー数が67で、首位に1差の2位だった。昨季は守備力の高いニドが正捕手を務めたため、ワイルドピッチがリーグで最少だった。

■機動力➡…★★✦★★【昨年度チーム盗塁数62、リーグ12位】

若い快足選手がいないため、チーム盗塁数は62で15球団中12位。ショーウォルター監督は、送りバントのサインはよく出す。成功率も高い。

総合評価　➡
★★★★★

順調なら105勝、主力に故障者が4、5人出ても90勝できる戦力だ。昨季終盤、シャーザーとデグロームが息切れし、ブレーブスに逆転された。クレバーなショーウォルター監督はそこから多くの教訓を得たはず。それをどのように活用するか注目だ。

IN 主な入団選手	**OUT** 主な退団選手
投手	投手
ジャスティン・ヴァーランダー ←アストロズ	ジェイコブ・デグローム→レンジャーズ
千賀滉大←福岡ソフトバンク	クリス・バシット→ブルージェイズ
ホセ・キンターナ←カーディナルス	タイワン・ウォーカー→フィリーズ
デヴィッド・ロバートソン←フィリーズ	セス・ルーゴ→パドレス
ブルックス・レイリー←レイズ	野手
野手	マイケル・コンフォルト→ジャイアンツ
オマー・ナルヴァエス←ブリュワーズ	ジェイムズ・マッキャン→オリオールズ

4・5・6	ダイヤモンドバックス*	4・5・6	オリオールズ*	5・6	ナショナルズ*
7・8・9	パドレス*	7・8・9	カブス	8・9・10	ツインズ*
11	オールスターゲーム	11・12・13	ブレーブス	11・12・13・14	ダイヤモンドバックス*
14・15・16	ドジャース	14・15・16	パイレーツ	15・16・17	レッズ
18・19・20	ホワイトソックス	17・18・19・20	カーディナルス*	18・19・20	マーリンズ*
21・22・23	ヤンキース*	21・22・23	ブレーブス*	21・22・23	フィリーズ*
25・26	ヤンキース*	25・26・27	エンジェルス	26・27・28	マーリンズ
27・28・29・30	ナショナルズ	28・29・30	レンジャーズ	29・30・**10月**1	フィリーズ
8月1・2・3	ロイヤルズ*	**9月**1・2・3	マリナーズ		

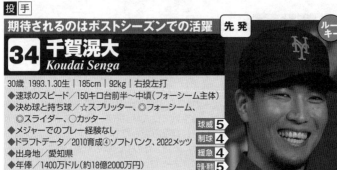

期待されるのはポストシーズンでの活躍 先発 ルーキー

34 千賀滉大
Koudai Senga

30歳｜1993.1.30生｜185cm｜92kg｜右投左打

- ◆速球のスピード／150キロ台前半〜中頃（フォーシーム主体）
- ◆決め球と持ち球／☆スプリッター、◎フォーシーム、◎スライダー、○カッター
- ◆メジャーでのプレー経験なし
- ◆ドラフトデータ／2010育成④ソフトバンク、2022メッツ
- ◆出身地／愛知県
- ◆年俸／1400万ドル（約18億2000万円）

球威	5
制球	4
緩急	4
守備・牽制	5
度胸	4

　5年7500万ドル（約98億円）の大型契約で入団した、ソフトバンクの元エース。育成ドラフトでのプロ入りながら、日本球界を代表する投手に成長し、昨季はパ・リーグ2位の防御率を記録。シーズン終了後、海外FA権を行使し、かねてからの夢だったメジャー移籍の意向を正式に表明した。日本人投手では最も成功確率の高い「ハイファストボール＋スプリッター」タイプのピッチャーであるため、以前からメジャー球団の関心が高く、10球団前後が獲得を検討。契約先を決めるにあたっては、千賀自身が渡米して代理人同伴で6〜7球団のGM、監督、投手コーチなどと面会している。有力視されたのはパドレス、メッツ、レッドソックス、カブスだったが、本人が優勝を狙える球団を強く希望していたため、メッツになった。

　典型的なパワーピッチャーで、フォーシームの球速は大半が151〜156キロ。これにフォークボール（スプリッター）、カッター、スライダーを組み合わせて投げる。これ以外にカーブ、シンカー、ハードシンカーもあるが、どれも使用頻度が1〜2％台なので、メジャーでは使わない可能性が高い。最大の武器はフォークボール。一瞬、打者の視界から消えるため、「お化けフォーク」の異名をとる魔球だ。これで三振を量産するようになれば、米国でも「ゴースト・スプリッター」という言葉が生まれるだろう。

　懸念されるのは、故障リスクの高さだ。ソフトバンク時代には、腹斜筋の肉離れ、右肩痛、背中の張り、右肩の違和感、右前腕の張り、右ふくらはぎの違和感、左足首の靭帯損傷などで度々戦列を離れており、昨季も右前腕の張りやヒジ周辺の張りで、2度直前で登板を回避している。これは故障リスクが高いだけでなく、自分の体の異変に気づく能力が高いことも示しており、メジャーでも年に1、2度故障でIL（故障者リスト）入りするが、致命的な故障はない投手として、活躍を続ける可能性が高い。球団は初めから千賀の稼働率を7〜8割に設定しているのではないだろうか。なぜなら千賀との契約前日に、ラバーアーム（ゴムの腕＝酷使しても壊れない投手）として知られるホセ・キンターナとも契約しているからだ。

年度	所属チーム	勝利	敗戦	防御率	試合数	先発	セーブ	投球イニング	被安打	失点	自責点	被本塁打	与四球	奪三振	WHIP
2022	福岡ソフトバンク	11	6	1.94	22	22	0	144.0	103	37	31	7	49	156	1.06
通算成績		87	44	2.59	224	153	1	1089.0	800	345	313	85	414	1252	1.12

　カモ 苦手 は通算成績

高速スライダーを多投し、奪三振マシンに　**クローザー**

39 エドウィン・ディアス
Edwin Diaz ★WBCプエルトリコ代表

メッツ

29歳 1994.3.22生｜190cm｜74kg｜右投右打

◆速球のスピード／160キロ前後（フォーシーム主体）
◆決め球と持ち球／☆スライダー、◎フォーシーム
◆対左打者被打率／.101　◆対右打者被打率／.202
◆ホーム防御率／0.74　◆アウェー防御率／2.13
◆ドラフトデータ／2012③マリナーズ
◆出身地／プエルトリコ
◆年俸／1725万ドル（約22億4250万円）
◆最多セーブ1回（18年）、最優秀救援投手賞2回
　（18、22年）

球威	5
制球	5
緩急	5
守・走・軽	4
度胸	5

メッツと新たに、リリーフ投手としては史上最高額となる5年1億200万ドル（約133億円）の契約を交わして残留した豪腕クローザー。昨季は、1イニングあたり平均2個の三振を奪う圧巻のピッチングを見せて32セーブをマーク。ナショナル・リーグの最優秀救援投手に贈られるトレヴァー・ホフマン賞を受賞、サイ・ヤング賞の投票でも9位に入った。

球種は2つしかないが、フォーシームは平均球速159.3キロの豪速球、スライダーは平均球速145.9キロの高速スライダーで、どちらもメジャー屈指のレベルと評価されている。一昨年はこの2つを、フォーシーム6割、スライダー4割の割合で投げていた。だが昨季は、スライダー6割、フォーシーム4割の比率に変え、打者を追い込むともっぱら高速スライダーを決め球に使ったことが、驚異的なペースで三振を奪う決め手になった。

ペドロ・マルティネスを師と仰いでおり、2019年以降、毎年ブルペンでの投球練習をビデオに撮ってペドロのもとに送り、直接会ったときに、改善すべき点を指摘してもらっている。昨年、うれしかったのは、2歳下の弟アレクシスが、レッズでメジャーデビューし、クローザーとして10セーブ、セットアッパーとして13ホールドをマークする活躍を見せたことだ。5月17日には兄エドウィンがニューヨークで9個目のセーブを記録したあと、弟アレクシスがクリーブランドでプロ初セーブをマーク。同じ日に兄弟がセーブを記録した史上初のケースとなった。

好不調の波があるタイプで、これまで偶数年は好調で1点台の防御率をマークするが、奇数年は不調で防御率が3点台かそれ以上になった。今季は、不調になる奇数年だが、このジンクスを打破できるか注目だ。

カモ O・オルビーズ（ブレーブス）.000(8-0)0本　R・ホスキンス（フィリーズ）.077(13-1)0本
苦手 Y・ゴームス（カブス）.500(8-4)0本　J・リアルミュート（フィリーズ）.417(12-5)1本

年度	所属チーム	勝利	敗戦	防御率	試合数	先発	セーブ	投球イニング	被安打	失点	自責点	被本塁打	与四球	奪三振	WHIP
2016	マリナーズ	0	4	2.79	49	0	18	51.2	45	16	16	5	15	88	1.16
2017	マリナーズ	4	6	3.27	66	0	34	66.0	44	28	24	10	32	89	1.15
2018	マリナーズ	0	4	1.96	73	0	57	73.1	41	17	16	5	17	124	0.79
2019	メッツ	2	7	5.59	66	0	26	58.0	58	36	36	15	22	99	1.38
2020	メッツ	2	1	1.75	26	0	6	25.2	18	6	5	2	14	50	1.25
2021	メッツ	5	6	3.45	63	0	32	62.2	43	27	24	3	23	89	1.05
2022	メッツ	3	1	1.31	61	0	32	62.0	34	9	9	3	18	118	0.84
通算成績		16	29	2.93	404	0	205	399.1	283	139	130	43	141	657	1.06

投 手

39歳でサイ・ヤング賞に輝いた奇跡の右腕　先 発

移籍

35 ジャスティン・ヴァーランダー
Justin Verlander

40歳　1983.2.20生｜196cm｜106kg｜右投右打

◆速球のスピード／150キロ台前半（フォーシーム主体）
◆決め球と持ち球／☆フォーシーム、☆スライダー、◎カーブ、△チェンジアップ
◆対左打者被打率／.163　◆対右打者被打率／.208
◆ホーム防御率／1.64　◆アウェー防御率／1.86
◆ドラフトデータ／2004①タイガース
◆出身地／ヴァージニア州　◆年俸／4333万ドル（約56億3290万円）
◆MVP1回（11年）、サイ・ヤング賞3回（11、19、22年）、最優秀防御率2回（11、22年）、最多勝4回（09、11、19、22年）、最多奪三振5回（09、11、12、16、18年）、カムバック1回（22年）、新人王（06年）

球威 5
制球 5
緩急 4
守備力 3
度胸 5

　トミー・ジョン手術明けの昨季、アストロズで3度目のサイ・ヤング賞に輝いたあと、FAになってメッツに来た大投手。契約は2年8666万ドルで、今季と来季の年俸は4333万ドル。これはシャーザーの年俸と同額で、ピッチャーの年俸の最高額だ。今季40歳、来季は41歳になることを考えれば出し過ぎのように思えるが、エプラーGMは球速、球威、制球にまったく衰えの兆しが見えないことに着目し、故障リスクの高いデグロームを3年1億2000万ドル規模の契約でつなぎ止めるより、年齢は高いが故障リスクは低いヴァーランダーと契約したほうが得策と、判断したようだ。

　トミー・ジョン手術を受けたのは2020年9月末のことで、21年は全休となった。だが、同年11月には速球のスピードが回復したため、アストロズが2年4000万ドルで契約。昨季は先発3番手としてシーズンに入ったが、フォーシーム、スライダー、カーブの3つがフルに機能し、7月16日の前半終了までに12勝。後半も11試合に先発したうち無失点が5試合、1失点が3試合あり、1.74という目を見張る防御率でシーズンを終えた。2年契約なのに1年目終了時にFAになったのは、契約の中に「1年目終了時にオプトアウト（契約破棄）できる」という条文があったからだ。

　昨季は防御率（1.75）、WHIP（0.829）、被打率（1割8分6厘）がすべてメジャーベスト。サイ・ヤング賞に満票で選出されたほか、カムバック賞も受賞。さらに、選手の投票で決める年間最優秀投手にも選出された。

カモ　M・ベッツ（ドジャース）.000（16-0）0本　M・トラウト（エンジェルス）.116（43-5）2本
苦手　J・アルトゥーヴェ（アストロズ）.563（16-9）0本　J・アブレイユ（アストロズ）.388（49-19）6本

年度	所属チーム	勝利	敗戦	防御率	試合数	先発	セーブ	投球イニング	被安打	失点	自責点	被本塁打	与四球	奪三振	WHIP
2005	タイガース	0	2	7.15	2	2	0	11.1	15	9	9	1	5	7	1.76
2006	タイガース	17	9	3.63	30	30	0	186.0	187	78	75	21	60	124	1.33
2007	タイガース	18	6	3.66	32	32	0	201.2	181	88	82	20	67	183	1.23
2008	タイガース	11	17	4.84	33	33	0	201.0	195	119	108	18	87	163	1.40
2009	タイガース	19	9	3.45	35	35	0	240.0	219	99	92	20	63	269	1.18
2010	タイガース	18	9	3.37	33	33	0	224.1	190	89	84	14	71	219	1.16
2011	タイガース	24	5	2.40	34	34	0	251.0	174	73	67	24	57	250	0.92
2012	タイガース	17	8	2.64	33	33	0	238.1	192	81	70	19	60	239	1.06
2013	タイガース	13	12	3.46	34	34	0	218.1	212	94	84	19	75	217	1.31
2014	タイガース	15	12	4.54	32	32	0	206.0	223	114	104	18	65	159	1.40
2015	タイガース	5	8	3.38	20	20	0	133.1	113	56	50	13	32	113	1.09
2016	タイガース	16	9	3.04	34	34	0	227.2	171	81	77	30	57	254	1.00
2017	タイガース	10	8	3.82	28	28	0	172.0	153	76	73	23	67	176	1.28
2017	アストロズ	5	0	1.06	5	5	0	34.0	17	4	4	4	5	43	0.65
2017	2チーム計	15	8	3.36	33	33	0	206.0	170	80	77	27	72	219	1.17
2018	アストロズ	16	9	2.52	34	34	0	214.0	156	63	60	28	37	290	0.90
2019	アストロズ	21	6	2.58	34	34	0	223.0	137	66	64	36	42	300	0.80
2020	アストロズ	1	0	3.00	1	1	0	6.0	3	2	2	1	1	7	0.67
2022	アストロズ	18	4	1.75	28	28	0	175.0	116	43	34	12	29	185	0.83
通算成績		244	133	3.24	482	482	0	3163.0	2654	1235	1139	322	880	3198	1.12

　カモ　苦手 は通算成績

故障リスクと疲労リスクが急上昇

先発

21 マックス・シャーザー
Max Scherzer

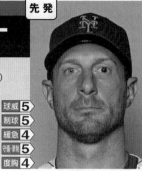

メッツ

39歳 | 1984.7.27生 | 190cm | 94kg | 右投右打

◆速球のスピード／150キロ台前半（フォーシーム主体）
◆決め球と持ち球／☆フォーシーム、☆スライダー、◎カーブ、△カッター、△チェンジアップ
◆対左打者被打率／.196 ◆対右打者被打率／.215
◆ホーム防御率／1.67 ◆アウェー防御率／2.79
◆ドラフトデータ／2006①ダイヤモンドバックス
◆出身地／ミズーリ州 ◆年俸／4333万ドル（約566億3290万円）
◆サイ・ヤング賞3回（13、16、17年）、最多勝4回（13、14、16、18年）、最多奪三振3回（16〜18年）

球威	5
制球	5
緩急	4
持久・耐久	5
度胸	4

ポストシーズンの初戦で大量失点してKOされ、本拠地で激しいブーイングにさらされたサイ・ヤング賞3回の大エース。一昨年まではメジャーを代表する「鉄人投手」として知られ、2009年にメジャーに定着してから21年までの13年間で、IL入りしたのは4回だけ。どれも軽度の故障だったため、IL入りした日数の合計は50日程度だった。しかし、37歳で迎えた昨季は、側胸部（そくきょうぶ）の筋肉を痛めて2度IL入りし、計55日間欠場を余儀なくされたため、23試合にしか先発できなかった。しかも疲労が蓄積するようになり、それがシーズン大詰めになってフォーシームの威力を著しく低下させたため、地区優勝がかかった10月1日のブレーブス戦に先発して2本外野席に叩き込まれ、4失点。さらに絶対負けられないポストシーズンの初戦では、パドレス打線に4本も一発を食って7失点した。レギュラーシーズンで101勝したメッツが、ポストシーズンで早々に姿を消したのは、このシャーザーのメルトダウンが最大の要因になった。

ただレギュラーシーズンでは23試合の先発にとどまったものの、そのうちの11試合は6回以上を1失点以内に抑えたもので、万全な状態で登板したときは、依然メジャーで最も打たれない投手の1人であることに変わりはない。メッツでもリーダーシップを発揮しており、若手に助言を惜しまないため、シャーザーの加入は、ぬるま湯だったメッツの空気を変える効果もあったと称賛されている。

カモ R・ホスキンス（フィリーズ）.067（30-2）0本 M・トラウト（エンジェルス）.188（16-3）1本
苦手 B・ストット（フィリーズ）.857（7-6）0本 K・シュワーバー（フィリーズ）.364（11-4）2本

年度	所属チーム	勝利	敗戦	防御率	試合数	先発	セーブ	投球イニング	被安打	失点	自責点	被本塁打	与四球	奪三振	WHIP
2008	ダイヤモンドバックス	0	4	3.05	16	7	0	56.0	48	24	19	5	21	66	1.23
2009	ダイヤモンドバックス	9	11	4.12	30	30	0	170.1	166	94	78	20	63	174	1.34
2010	タイガース	12	11	3.50	31	31	0	195.2	174	84	76	20	70	184	1.25
2011	タイガース	15	9	4.43	33	33	0	195.0	207	101	96	29	56	174	1.35
2012	タイガース	16	7	3.74	32	32	0	187.2	179	82	78	23	60	231	1.27
2013	タイガース	21	3	2.90	32	32	0	214.1	152	73	69	18	56	240	0.97
2014	タイガース	18	5	3.15	33	33	0	220.1	196	80	77	18	63	252	1.18
2015	ナショナルズ	14	12	2.79	33	33	0	228.2	176	74	71	27	34	276	0.92
2016	ナショナルズ	20	7	2.96	34	34	0	228.1	165	77	75	31	56	284	0.97
2017	ナショナルズ	16	6	2.51	31	31	0	200.2	126	62	56	22	55	268	0.90
2018	ナショナルズ	18	7	2.53	33	33	0	220.2	150	66	62	23	51	300	0.91
2019	ナショナルズ	11	7	2.92	27	27	0	172.1	144	59	56	18	33	243	1.03
2020	ナショナルズ	5	4	3.74	12	12	0	67.1	70	30	28	10	23	92	1.38
2021	ナショナルズ	8	4	2.76	19	19	0	111.0	71	36	34	18	28	147	0.89
2021	ドジャース	7	0	1.98	11	11	0	68.1	48	17	15	5	8	89	0.82
2021	2チーム計	15	4	2.46	30	30	0	179.1	119	53	49	23	36	236	0.86
2022	メッツ	11	5	2.29	23	23	0	145.1	108	39	37	13	24	173	0.91
通算成績		201	102	3.11	430	421	0	2682.0	2180	998	927	300	701	3193	1.07

59 数々の試練を乗り越え、通算104勝　**先発**

カルロス・カラスコ　*Carlos Carrasco*

36歳　1987.3.21生｜193cm｜101kg｜右投右打

◆速球のスピード／150キロ前後（フォーシーム、ツーシーム）
◆決め球と持ち球／◎チェンジアップ、◎カーブ、○スライダー、○フォーシーム、○シンカー
◆対左.249　◆対右.289　◆ホ防3.56　◆ア防4.57
◆ドラ2003㉟フィリーズ　◆出ベネズエラ
◆年1400万ドル（約18億2000万円）　◆最多勝1回（17年）、カムバック賞1回（19年）、ロベルト・クレメンテ賞1回（19年）

球威	3
制球	5
緩急	5
守備・走塁	4
度胸	4

　昨年、チーム最多タイの15勝をマークした右腕。メッツ1年目の2021年は、開幕前にハムストリングを断裂して7月下旬までIL入りし、ほとんど貢献できなかった。昨季も結果を出せなければ、投手人生が終わるところだったが、その危機感をモチベーションに好投を続け、前半戦終了までに10勝。完全復活をアピールした。これまでもトミー・ジョン手術、7時間に及ぶ心臓の手術、慢性骨髄性白血病と、大きな故障や疾患を乗り越えてきた苦労人。

カモ A・ライリー（ブレーブス）.000(8-0)0本　苦手 T・ターナー（フィリーズ）.750(8-6)0本

年度	所属チーム	勝利	敗戦	防御率	試合数	先発	セーブ	投イニング	被安打	失点	自責点	被本塁打	与四球	奪三振	WHIP
2009	インディアンズ	0	4	8.87	5	5	0	22.1	40	23	22	6	11	11	2.28
2010	インディアンズ	2	2	3.83	7	7	0	44.2	47	20	19	6	14	38	1.37
2011	インディアンズ	8	9	4.62	21	21	0	124.2	130	68	64	15	40	85	1.36
2013	インディアンズ	1	4	6.75	15	7	0	46.2	64	36	35	4	18	30	1.76
2014	インディアンズ	8	7	2.55	40	14	1	134.0	103	40	38	7	29	140	0.99
2015	インディアンズ	14	12	3.63	30	30	0	183.2	154	75	74	18	43	216	1.07
2016	インディアンズ	11	8	3.32	25	25	0	146.1	134	64	54	21	34	150	1.15
2017	インディアンズ	18	6	3.29	32	32	0	200.0	173	73	73	21	46	226	1.10
2018	インディアンズ	17	10	3.38	32	30	0	192.0	173	78	72	21	43	231	1.13
2019	インディアンズ	6	7	5.29	23	12	1	80.0	92	48	47	18	16	96	1.35
2020	インディアンズ	3	4	2.91	12	12	0	68.0	55	22	22	8	27	82	1.21
2021	メッツ	1	5	6.04	12	12	0	53.2	59	39	36	12	18	50	1.43
2022	メッツ	15	7	3.97	29	29	0	152.0	161	71	67	17	41	152	1.33
通算成績		104	85	3.87	283	236	2	1448.0	1385	657	623	174	380	1507	1.22

0 一級品のスライダーが最大の武器　**セットアップ**

アダム・オタヴィーノ　*Adam Ottavino*　★WBCアメリカ代表

38歳　1985.11.22生｜196cm｜111kg｜右投両打

◆速球のスピード／150キロ前後（シンカー、フォーシーム）
◆決め球と持ち球／☆スライダー、◎シンカー、○フォーシーム、○チェンジアップ、○カッター
◆対左.301　◆対右.160　◆ホ防2.57　◆ア防1.47
◆ドラ2006①カーディナルス　◆出ニューヨーク州
◆年775万ドル（約10億750万円）

球威	3
制球	3
緩急	3
守備・走塁	2
度胸	4

　3年前はヤンキースでも投げていた、地元ニューヨーク出身のリリーフ右腕。1年400万ドルでメッツに加入した昨季は、チーム最多の66試合に登板。抜群の安定感で、ショーウォルター監督から頼りにされた。シーズン終了後、新たに2年1450万ドルの好条件をゲットし、残留する形に。今季開幕時37歳のベテランだが、元気いっぱい。シーズン前には米国代表でWBCに参戦。

カモ M・マチャード（パドレス）.000(8-0)0本　苦手 G・スタントン（ヤンキース）.364(11-4)2本

年度	所属チーム	勝利	敗戦	防御率	試合数	先発	セーブ	投イニング	被安打	失点	自責点	被本塁打	与四球	奪三振	WHIP
2010	カーディナルス	0	2	8.46	5	3	0	22.1	37	21	21	5	9	12	2.06
2012	ロッキーズ	5	1	4.56	53	0	0	79.0	76	42	40	9	34	81	1.39
2013	ロッキーズ	1	3	2.64	51	0	0	78.1	73	27	23	5	31	78	1.33
2014	ロッキーズ	1	3	3.60	75	0	1	65.0	67	26	26	6	16	70	1.28
2015	ロッキーズ	1	0	0.00	10	0	3	10.1	3	0	0	0	2	13	0.48
2016	ロッキーズ	1	3	2.67	34	0	7	27.0	18	9	8	3	17	35	0.93
2017	ロッキーズ	2	3	5.06	63	0	0	53.1	48	30	30	8	39	63	1.63
2018	ロッキーズ	6	4	2.43	75	0	6	77.2	41	25	21	5	36	112	0.99
2019	ヤンキース	6	5	1.90	73	0	2	66.1	47	17	14	5	40	88	1.31
2020	ヤンキース	2	3	5.89	24	0	0	18.1	20	12	12	2	9	25	1.58
2021	レッドソックス	7	3	4.21	69	0	11	62.0	55	31	29	5	35	71	1.45
2022	メッツ	6	3	2.06	66	0	3	65.2	48	15	15	6	16	79	0.97
通算成績		38	34	3.44	598	3	33	625.1	533	255	239	59	274	727	1.29

対左=対左打者被打率　対右=対右打者被打率　ホ防=ホーム防御率　ア防=アウェー防御率
ドラ=ドラフトデータ　出=出身地　年=年俸　カモ 苦手 は通算成績

昨季終盤、カーディナルスでエース級の活躍　先発　移籍

62　ホセ・キンターナ　Jose Quintana
★WBCコロンビア代表

34歳　1989.1.24生｜185cm｜99kg｜左投右打

◆速球のスピード／140キロ台後半（フォーシーム、シンカー）
◆決め球と持ち球／◎カーブ、◎フォーシーム、○チェンジアップ、○シンカー
◆対左.219　◆対右.251　◆ホ防2.24　◆ア防3.80
◆ド2006外メッツ　◆囲コロンビア
◆囲1300万ドル（約16億9000万円）

球威 4　制球 5　緩急 4　守備・牽制 4　度胸 4

メッツ

　2年2600万ドルで入団した、耐久力抜群の先発左腕。一昨年はエンジェルスで、制球難に一発病も重なって1勝もできなかった。だが、パイレーツに移籍して迎えた昨季は、出だしから制球が安定。8月1日のトレードでカーディナルスに移籍するまで20試合に先発し、そのうちの14試合を自責点2以内に抑えた。移籍後は9月に入ったあたりから絶好調になり、ポストシーズンでは初戦の先発を任され、6回途中まで無失点に抑える好投を見せた。

カモ J.アルトゥーヴェ（アストロズ）.185(27-5)0本　　苦手 P.ゴールドシュミット（カーディナルス）.647(17-11)3本

年度	所属チーム	勝利	敗戦	防御率	試合数	先発	セーブ	投球イニング	被安打	失点	自責点	被本塁打	与四球	奪三振	WHIP
2012	ホワイトソックス	6	6	3.76	25	22	0	136.1	142	62	57	14	42	81	1.35
2013	ホワイトソックス	9	7	3.51	33	33	0	200.0	188	83	78	23	56	164	1.22
2014	ホワイトソックス	9	11	3.32	32	32	0	200.1	197	87	74	10	52	178	1.24
2015	ホワイトソックス	9	10	3.36	32	32	0	206.1	218	81	77	16	44	177	1.27
2016	ホワイトソックス	13	12	3.20	32	32	0	208.0	192	76	74	22	50	181	1.16
2017	ホワイトソックス	4	8	4.49	18	18	0	104.1	98	55	52	14	40	109	1.32
2017	カブス	7	3	3.74	14	14	0	84.1	72	37	35	9	21	98	1.10
2017	2チーム計	11	11	4.15	32	32	0	188.2	170	92	87	23	61	207	1.22
2018	カブス	13	11	4.03	32	32	0	174.1	162	81	78	25	68	158	1.32
2019	カブス	13	9	4.68	32	31	0	171.0	191	100	89	20	46	152	1.39
2020	カブス	0	0	4.50	4	1	0	10.0	10	5	5	1	3	12	1.30
2021	エンジェルス	0	3	6.75	24	10	0	53.1	66	45	40	9	29	73	1.78
2021	ジャイアンツ	0	0	4.66	5	0	0	9.2	8	5	5	3	6	12	1.45
2021	2チーム計	0	3	6.43	29	10	0	63.0	74	50	45	12	35	85	1.73
2022	パイレーツ	3	5	3.50	20	20	0	103.0	100	43	40	7	31	89	1.27
2022	カーディナルス	3	2	2.01	12	12	0	62.2	54	18	14	1	16	48	1.12
2022	2チーム計	6	7	2.93	32	32	0	165.2	154	61	54	8	47	137	1.21
通算成績		89	87	3.75	315	289	0	1723.2	1698	778	718	174	504	1532	1.28

スピン量では誰にも負けないパワーピッチャー　セットアップ

40　ドルー・スミス　Drew Smith

30歳　1993.9.24生｜188cm｜86kg｜右投右打

◆速球のスピード／150キロ台前半～中頃（フォーシーム主体）
◆決め球と持ち球／◎フォーシーム、◎スライダー、○カーブ、○チェンジアップ、△シンカー
◆対左.268　◆対右.200　◆ホ防2.88　◆ア防3.86
◆ド2015③タイガース　◆囲テキサス州
◆囲130万ドル（約1億6900万円）

球威 5　制球 3　緩急 4　守備・牽制 4　度胸 4

　頼れるセットアッパーに成長した右腕。昨季は開幕から12試合連続で無失点を続け、重要度の高い場面で使われるようになった。フォーシームとスライダーを主体に投げる豪腕タイプ。昨季のフォーシームの平均スピン量は2503で、これはメジャーのリリーフ投手でトップレベルの数字。スライダーもスピン量の多い一級品だが、抜けて真ん中に入るケースがよくあり、一発を食いやすいのが欠点。故障リスクが高く、一昨年は肩の炎症で50日、昨年は広背筋を痛めて、約2カ月IL入り。まだフルシーズン稼働したことがない。

カモ O.オルビーズ（ブレーブス）.000(6-0)0本　　苦手 G.クーパー（マーリンズ）.750(4-3)2本

年度	所属チーム	勝利	敗戦	防御率	試合数	先発	セーブ	投球イニング	被安打	失点	自責点	被本塁打	与四球	奪三振	WHIP
2018	メッツ	1	1	3.54	27	0	0	28.0	34	11	11	2	6	18	1.43
2020	メッツ	0	1	6.43	8	0	0	7.0	6	6	5	2	2	7	1.14
2021	メッツ	3	1	2.40	31	1	0	41.1	28	13	11	7	16	41	1.06
2022	メッツ	3	3	3.33	44	0	0	46.0	38	17	17	9	15	53	1.15
通算成績		7	6	3.24	110	1	0	122.1	106	47	44	20	39	119	1.19

東京五輪への参加でメジャー復帰がかなう

セットアップ

移籍

30 デイヴィッド・ロバートソン David Robertson

38歳 1985.4.9生 | 180cm | 88kg | 右投右打 圏150キロ前後（ナチュラルカッター）圏◎カーブ
対左.168 対右.179 ⑥2006⑰ヤンキース 囲アラバマ州 囲1000万ドル（約13億円）

球威	5
制球	3
緩急	4
守備	4
度	4

田中将大がヤンキースにいた頃、クローザー、セットアッパーとして活躍していたため、日本のファンにもよく知られたリリーバー。2019年4月にトミー・ジョン手術を受けたが、順調に回復しなかったため、ゲームで投げられる状態になるまで丸2年かかった。しかし、その頃には忘れ去られた存在になっていたため、どこからも声がかからない。そこで米国代表チームの一員となって東京五輪に参加。2試合に好投したところレイズからオファーが来て、復帰がかなった。ピッチングの主体は、マリアーノ・リヴェラ直伝のカッター。これにカーブとスライダーを交える。

年度	所属チーム	勝利	敗戦	防御率	試合数	先発	セーブ	投球イニング	被安打	失点	自責点	被本塁打	与四球	奪三振	WHIP
2022	カブス	3	0	2.23	36	0	14	40.1	23	10	10	4	19	51	1.04
2022	フィリーズ	1	3	2.70	22	0	6	23.1	16	8	7	2	16	30	1.37
2022	2チーム計	4	3	2.40	58	0	20	63.2	39	18	17	6	35	81	1.16
通算成績		57	36	2.89	731	1	157	739.1	550	253	237	65	305	977	1.16

ローテーションに故障者が出たときの保険として重要

スイングマン

23 デイヴィッド・ピーターソン David Peterson

26歳 1995.9.3生 | 198cm | 108kg | 左投左打 圏150キロ前後（フォーシーム、ツーシーム）圏◎スライダー
対左.176 対右.252 ⑥2017①メッツ 囲コロラド州 囲72万ドル（約9360万円）+α

球威	3
制球	3
緩急	4
守備	3
度	3

他球団なら、先発4番手で使われる実力を備えた技巧派左腕。しかし金満球団のメッツでは、ローテーションが大金をかけたベテランで埋め尽くされる宿命があるため、ローテーションに故障者が出たときの補充要員、およびロングリリーバーとして使われている。最大のウリは、先発だけでなくロングリリーフ、セットアップ、ピンチの火消し役などにも対応する使い勝手の良さで、先発でもリリーフでも、同レベルの投球を期待できる。先発投手としてはスタミナに欠けるが、タイミングを外すことに長けているため、速球の走りが悪いときでも、大量失点することがほとんどない。

年度	所属チーム	勝利	敗戦	防御率	試合数	先発	セーブ	投球イニング	被安打	失点	自責点	被本塁打	与四球	奪三振	WHIP
2022	メッツ	7	5	3.83	28	19	0	105.2	93	50	45	11	48	126	1.33
通算成績		15	13	4.26	53	43	0	222.0	193	114	105	27	101	235	1.32

ショーウォルター監督お気に入りの右腕

スイングマン

38 タイラー・メギル Tylor Megill

26歳 1995.7.28生 | 201cm | 104kg | 右投右打 圏150キロ台前半（フォーシーム主体）圏◎フォーシーム
対左.293 対右.205 ⑥2018⑧メッツ 囲カリフォルニア州 囲72万ドル（約9360万円）+α

球威	4
制球	3
緩急	3
守備	3
度	3

昨季はメッツの開幕投手としてシーズンに入り、4月に4勝。それまでメジャーで、18試合しか登板経験のないメギルが開幕投手に指名されたのは、2大エースのデグロームとシャーザーが、開幕直前に相次いで故障したためだ。ただ4月は華々しい活躍をしたものの、5月中旬に上腕二頭筋を痛めて約1カ月IL入り。さらに6月中旬に、今度は肩痛でIL入りし、9月中旬まで復帰できなかった。今季は先発の7番手くらいの位置付けなので、開幕ローテーション入りは難しいが、シャーザー、千賀、カラスコは故障リスクが高いので、先発で投げる機会は十分あるだろう。

年度	所属チーム	勝利	敗戦	防御率	試合数	先発	セーブ	投球イニング	被安打	失点	自責点	被本塁打	与四球	奪三振	WHIP
2022	メッツ	4	2	5.13	15	9	0	47.1	46	28	27	7	13	51	1.25
通算成績		8	8	4.73	33	27	0	137.0	134	73	72	26	40	150	1.27

圏=速球のスピード 圏=決め球 対左=対左打者被打率 対右=対右打者被打率
⑥=ドラフトデータ 囲=出身地 囲=年俸

25 ブルックス・レイリー *Brooks Raley*

レイズから移籍した、韓国で進化した投手

★WBCアメリカ代表

セットアップ／移籍

35歳 1988.6.29生 | 190cm | 90kg | 左投左打 | 園140キロ台中頃（シンカー主体）園◎スライダー
対左.155 対右.208 ド2009⑥カブス 田テキサス州 甲450万ドル（約5億8500万円）

球威 2
制球 4
緩急 4
守備 4
度胸 3

　韓国リーグで投げている間にレベルアップし、アメリカに帰国後、リリーフで活躍している技巧派サウスポー。もともとはカブスにいた投手で、2012年にメジャーデビューしたが、球威不足と一発病で定着できず、15年から韓国・釜山のロッテ・ジャイアンツで先発投手として投げることになった。ここで効率良くアウトを取ることを覚えたレイリーは、ロッテに在籍した5年間、判で押したように毎年180イニング前後を投げた。球種はスライダー、シンカー、カッター、チェンジアップ。昨年はスライダーとチェンジアップを増やしたことで、以前ほど一発を食わなくなった。

年度	所属チーム	勝利	敗戦	防御率	試合数	先発	セーブ	投球イニング	被安打	失点	自責点	被本塁打	与四球	奪三振	WHIP
2022	レイズ	1	1	2.68	60	0	6	53.2	37	19	16	3	15	61	0.97
通算成績		4	8	4.64	153	5	9	161.0	137	93	83	21	56	183	1.20

57 エリエザー・ヘルナンデス *Elieser Hernandez*

被本塁打率2.74はメジャーワースト

★WBCベネズエラ代表

スイングマン／移籍

28歳 1995.5.3生 | 183cm | 96kg | 右投右打 | 園140キロ台後半（フォーシーム、シンカー）園◎シンカー
対左.273 対右.264 ド2011⑩アストロズ 田ベネズエラ 甲160万ドル（約2億800万円）

球威 2
制球 2
緩急 3
守備 4
度胸 3

　昨年11月にマーリンズから移籍、リリーフ専業となって出直す右腕。アストロズのマイナーに在籍していた2017年12月に、ルール5ドラフトでマーリンズから指名され、移籍。その後は先発ローテーション定着を期待されたが、度重なる故障と制球難で結果を出せなかった。昨季はローテーション定着のラストチャンスだったが、出だしから異常なペースで一発を食い、防御率が6点台になったところで先発失格の烙印を押され、マイナー落ち。課題はスライダーの制球。スライダーが抜けると、ど真ん中に入るため、昨年打たれた本塁打の半分はスライダーを叩かれたものだった。

年度	所属チーム	勝利	敗戦	防御率	試合数	先発	セーブ	投球イニング	被安打	失点	自責点	被本塁打	与四球	奪三振	WHIP
2022	マーリンズ	3	6	6.35	20	10	0	62.1	67	44	44	19	22	60	1.43
通算成績		10	21	5.04	90	48	0	287.2	286	171	161	68	94	277	1.32

70 ホセ・ブット *Jose Butto*

先発／期待度B＋／ルーキー

25歳 1998.3.19生 | 185cm | 91kg | 右投右打 | ◆昨季はメジャーで1試合に出場 ド2017⑩メッツ 田ベネズエラ

　昨年2Aと3Aで好成績をあげ、メジャーでも1試合に先発した右腕。キレのいいフォーシームとブレーキの利いたチェンジアップ、カーブを高低に投げ分け、三振か凡フライにしとめるタイプ。リリーフで投げると球速が増し、奪三振率も高くなるので、メジャーではリリーフで使われる可能性が高い。

ー グラント・ハートウィグ *Grant Hartwig*

リリーフ／期待度B＋／ルーキー

26歳 1997.12.18生 | 196cm | 106kg | 右投右打 | ◆昨季は1A、1A＋、2A、3Aでプレー ド2021⑳メッツ 田ミシガン州

　通常より2年遅い大学5年のとき、ドラフト外でようやくプロ入りがかなった投手。しかしシンカー、スライダー、チェンジアップはどれもハイレベル。昨季はマイナーの1A級、1A＋級、2A級でいずれも好成績をあげて、9月22日に3Aに昇格。基本的にはゴロを量産するタイプだが、奪三振率も高い。

赤ちゃんからエネルギーをもらって首位打者に

セカンド / レフト / ライト

1 ジェフ・マクニール

Jeff McNeil ★WBCアメリカ代表

31歳 1992.4.8生 | 185cm | 88kg | 右投左打

- ◆対左投手打率／.312(157-49) ◆対右投手打率／.332(376-125)
- ◆ホーム打率／.297(263-78) ◆アウェー打率／.356(270-96)
- ◆得点圏打率／.336(143-48)
- ◆22年のポジション別出場数／セカンド=106、レフト=34、ライト=13、DH=4、サード=1
- ◆ドラフトデータ／2013⑫メッツ
- ◆出身地／カリフォルニア州
- ◆年俸／625万ドル（約8億1250万円）
- ◆首位打者1回(22年)、シルバースラッガー賞1回(22年)

ミート **5**
パワー **3**
走塁 **3**
守備 **4**
肩 **3**

　ビッグタイトルを手にした、天性の打撃センスを備えたプレーヤー。2018年にメジャーデビューしてから、3年連続で3割超の打率をマークして注目されたが、4年目の2021年はスランプで、打率が2割5分1厘に終わった。そのため評価が急落し、昨季開幕前の段階では、1年間の出場停止から復帰する大物カノーがセカンドに入ることになっていたので、マクニールはポジションがない状態だった。しかしショーウォルター監督がセカンドには衰えが目立つカノーではなく、ハッスルプレーを連発するマクニールを使うことを決断したため、開幕から連日先発出場する機会を得た。

　開幕後は途切れることなくヒットが出て、7月16日の前半戦終了時の打率はアメリカン・リーグ6位の3割0分1厘だった。しかし、後半戦が始まると急にヒットが出なくなり、7月28日には打率が2割8分7厘まで落ち、首位打者戦線から脱落したかに見えた。ここからマクニールは巻き返しに転じる。エネルギーを与えてくれたのは、7月7日に生まれたばかりの男児ルーカス君だった。8月に入ってヒットがハイペースで出るようになると、打率は右肩上がりで上昇。最後はドジャースのフリーマンとの一騎打ちになったが、競り勝って念願のタイトルを手にした。オールスターに2度出場し、首位打者にもなったことを考えれば、セカンドのレギュラーに固定されても良さそうなものだが、ショーウォルター監督は、マクニールをマルチポジション・プレーヤーとして使ったほうがメリットが大きいと見ており、今季も時々レフトかライトに入ることになるだろう。

　妻タティアナさんと結婚したのは2018年のことで、ルーカス君はファーストベイビーだ。昨年のオールスターゲームには、生後1週間のルーカス君を2人で交互に抱きながら、カメラの放列を浴びていた。

カモ K・ライト（ブレーブス）.500(18-9)0本　M・フリード（ブレーブス）.370(27-10)0本
苦手 Z・ウィーラー（フィリーズ）.192(26-5)0本　ダルビッシュ有（パドレス）.091(11-1)1本

年度	所属チーム	試合数	打数	得点	安打	二塁打	三塁打	本塁打	打点	四球	三振	盗塁	盗塁死	出塁率	OPS	打率
2018	メッツ	63	225	35	74	11	6	3	19	14	24	7	1	.381	.852	.329
2019	メッツ	133	510	83	162	38	1	23	75	35	75	5	6	.384	.915	.318
2020	メッツ	52	183	19	57	14	0	4	23	20	24	0	2	.383	.837	.311
2021	メッツ	120	386	48	97	19	1	7	35	29	58	3	0	.319	.679	.251
2022	メッツ	148	533	73	174	39	1	9	62	40	61	4	0	.382	.836	.326
通算成績		516	1837	258	564	121	9	46	214	138	242	19	9	.370	.828	.307

ゲームを決める打点が多いクラッチヒッター ファースト

20 ピート・アロンゾ
Pete Alonso ★WBC**アメリカ代表**

メッツ

29歳 1994.12.7生｜190cm｜110kg｜右投右打

◆対左投手打率／.247(146-36) ◆対右投手打率／.279(451-126)
◆ホーム打率／.280(279-78) ◆アウェー打率／.264(318-84)
◆得点圏打率／.300(160-48)
◆22年のポジション別出場数／ファースト=134、DH=27
◆ドラフトデータ／2016②メッツ
◆出身地／フロリダ州
◆年俸／1450万ドル（約18億8500万円）
◆本塁王1回(19年)、打点王1回(22年)、新人王(19年)

ミート	4
パワー	5
走塁	2
守備	2
肩	3

昨年、131打点を叩き出して、ナショナル・リーグの打点王になったメッツの主砲。この131打点という数字は、マイク・ピアッツァとデイヴィッド・ライトの125打点を更新する、球団記録でもある。

昨季はアメリカン・リーグでも、ヤンキースのアーロン・ジャッジが131打点で打点王になった。40本塁打のアロンゾと、62本塁打のジャッジの打点が同数になったのは、アロンゾの場合、走者が塁にいる場面で一発が出ることが多かったからだ。ジャッジは62本塁打中42本がソロだったが、アロンゾはソロは15本だけで、ツーランが14本、スリーランが9本、満塁弾が2本ある。アロンゾとジャッジに共通するのは、相手投手がなかなか勝負してくれない中で、本塁打や打点をかせぎ出していたことだ。ジャッジは昨季、敬遠四球が19あったが、アロンゾも16あり、これは昨年のナショナル・リーグで最多の数字だった。アロンゾのクラッチヒッターぶりを示す数字は、勝利打点27だ。これは1985年に、キース・ヘルナンデスが記録した24を37年ぶりに更新する球団記録だった。

打者としてのタイプは、典型的なフライボールヒッターで、打球に強いバックスピンをかけて遠くに飛ばすことに長けている。以前は、チェンジアップやカーブでタイミングを外されると、空振りか弱いゴロになることが多かった。しかし昨季は、左足(投手寄りの足)でうまく間を取って、ドンピシャのタイミングで叩けるようになり、チェンジアップに対しては打率が3割1分7厘(60-19)、本塁打6。カーブに対しては打率3割5分6厘(45-16)、4本塁打と、見事な数字を残している。

敬虔なカトリックで、2021年11月に、元フィギュアスケート選手のヘイリー・ウォルシュさんと挙式後、新婚旅行で欧州に行き、ローマ教皇フランシスコから直に祝福を受けている。

カモ A・ノーラ(フィリーズ).349(43-15)5本 K・ライト(ブレーブス).385(13-5)2本
苦手 T・ロジャーズ(マーリンズ).071(14-1)1本 S・アルカンタラ(マーリンズ).167(30-5)1本

年度	所属チーム	試合数	打数	得点	安打	二塁打	三塁打	本塁打	打点	四球	三振	盗塁	盗塁死	出塁率	OPS	打率
2019	メッツ	161	597	103	155	30	2	53	120	72	183	1	0	.358	.941	.260
2020	メッツ	57	208	31	48	6	0	16	35	24	61	1	0	.326	.816	.231
2021	メッツ	152	561	81	147	27	3	37	94	60	127	3	0	.344	.863	.262
2022	メッツ	160	597	95	162	27	0	40	131	67	128	5	1	.352	.870	.271
通算成績		530	1963	310	512	90	5	146	380	223	499	10	1	.349	.884	.261

野手

9 4年契約が妥当なのに、8年契約に大化け　センター
ブランドン・ニモ　Brandon Nimmo

30歳　1993.3.27生｜190cm｜93kg｜右投左打
- ◆対左投手打率／.264　◆対右投手打率／.280
- ◆ホーム打率／.234　◆アウェー打率／.309　◆得点圏打率／.317
- ◆22年のポジション別出場数／センター=151
- ◆Ⓓ2011①メッツ　◆Ⓔワイオミング州
- ◆Ⓕ1825万ドル（約23億7250万円）

ミート3　パワー4　走塁3　守備3　肩3

　昨季終了後FAになり、数球団が獲得を検討したが、結局メッツと8年1億6200万ドルで契約し、残留する形になった外野手。故障が多いため、100試合以上出場したシーズンは2回しかない。タイトル獲得やオールスター出場も一度もない。それでいながら、スター選手級の大型契約をゲットできたのは、代理人ボラスの辣腕に加え、オフのFA市場は出塁率の高いトップバッターに人気が集中したことが大きい。契約には、本人の同意がなければ、どの球団にもトレードできない「ノー・トレード条項」が盛り込まれている。

カモ　C・バーンズ（ブリュワーズ）.500(12-6)0本　　苦手　S・アルカンタラ（マーリンズ）.138(29-4)0本

年度	所属チーム	試合数	打数	得点	安打	二塁打	三塁打	本塁打	打点	四球	三振	盗塁	盗塁死	出塁率	OPS	打率
2016	メッツ	32	73	12	20	1	0	1	6	6	20	0	0	.338	.667	.274
2017	メッツ	69	177	26	46	11	1	5	21	33	60	2	0	.379	.797	.260
2018	メッツ	140	433	77	114	28	8	17	47	80	140	9	6	.404	.887	.263
2019	メッツ	69	199	34	44	11	1	8	29	46	71	3	0	.375	.782	.221
2020	メッツ	55	186	33	52	8	3	8	18	33	43	1	2	.404	.888	.280
2021	メッツ	92	325	51	95	17	3	8	28	54	79	5	4	.401	.834	.292
2022	メッツ	151	580	102	159	30	7	16	64	71	116	3	2	.367	.800	.274
通算成績		608	1973	335	530	106	23	63	213	323	529	23	14	.385	.826	.269

12 5ツールをフル装備したメッツの看板選手　ショート
フランシスコ・リンドーア　Francisco Lindor
★WBCプエルトリコ代表

30歳　1993.11.14生｜180cm｜86kg｜右投両打
- ◆対左投手打率／.271　◆対右投手打率／.269
- ◆ホーム打率／.258　◆アウェー打率／.280　◆得点圏打率／.286
- ◆22年のポジション別出場数／ショート=159、DH=2
- ◆Ⓓ2011①インディアンズ　◆Ⓔプエルトリコ
- ◆Ⓕ3200万ドル（約41億6000万円）　◆ゴールドグラブ賞2回
  （16、19年）、シルバースラッガー賞2回(17、18年)

ミート4　パワー5　走塁5　守備4　肩4

　メッツ2年目は、打撃守備の両面でフルに機能したスター遊撃手。メッツ1年目はプレッシャーにつぶされたが、2年目の昨季は開幕から3番打者に固定され、タイムリーや長打が途切れることなく出て、キャリアハイの107打点をマーク。ショートの守備では内野の要となって、セカンドやサードに絶えずシグナルを送り、見事に統率した。2020年のキャンプ地のアリゾナで知り合ったカーティア・レグエロさんとすぐに同棲をはじめ、その年の12月にカーティアさんが女児を出産。21年12月に挙式し、法的にも夫婦になった。カーティアさんは、端正な顔立ちをしたクラシックのバイオリン奏者。

カモ　A・デスクラファーニ（ジャイアンツ）.533(15-8)3本　　苦手　M・フリード（ブレーブス）.130(23-3)1本

年度	所属チーム	試合数	打数	得点	安打	二塁打	三塁打	本塁打	打点	四球	三振	盗塁	盗塁死	出塁率	OPS	打率
2015	インディアンズ	99	390	50	122	22	4	12	51	27	69	12	2	.353	.835	.313
2016	インディアンズ	158	604	99	182	30	3	15	78	57	88	19	5	.358	.793	.301
2017	インディアンズ	159	651	99	178	44	4	33	89	60	93	15	3	.337	.842	.273
2018	インディアンズ	158	661	129	183	42	2	38	92	70	107	25	10	.352	.871	.277
2019	インディアンズ	143	598	101	170	40	2	32	74	46	98	22	5	.335	.854	.284
2020	インディアンズ	60	236	30	61	13	0	8	27	24	41	6	2	.335	.750	.258
2021	メッツ	125	452	73	104	16	3	20	63	58	96	10	4	.322	.734	.230
2022	メッツ	161	630	98	170	25	5	26	107	59	133	16	6	.339	.788	.270
通算成績		1063	4222	679	1170	232	23	184	581	401	725	125	37	.342	.816	.277

野手

6 身内に不幸が続くシングルファザーの外野手 ライト
スターリング・マーテイ Starling Marte

35歳 1988.10.9生 | 185cm | 88kg | 右投右打

◆対左投手打率／.302 ◆対右投手打率／.287
◆ホーム打率／.305 ◆アウェー打率／.279 ◆得点圏打率／.289
◆22年のポジション別出場数／ライト＝116、センター＝2、DH＝1
◆Ⓓ2007外パイレーツ ◆囲ドミニカ
◆囲1950万ドル（約25億3500万円） ◆ゴールドグラブ賞2回（15、16年）

ミート	4
パワー	4
走塁	4
守備	4
肩	5

2020年に妻と死別し、3人の子を育てながら現役生活を続けている外野手。メッツに4年7800万ドルで迎えられた昨季は、体のあちこちを痛めながらも、IL入りせずにプレーを続け、チームの快進撃を支えた。そんな中で5月に5日間戦列を離れたのは、9歳のときから自分を育ててくれた祖母ブリヒーダさんが亡くなり、ドミニカでの葬儀に参列したからだ。復帰戦では最初の打席で初球を外野席に叩き込んで、天国にいる祖母への手向けにした。

カモ K・ゴーズマン（ブルージェイズ）.615(13-8)1本 　苦手 J・クエト（マーリンズ）.036(28-1)0本

年度	所属チーム	試合数	打数	得点	安打	二塁打	三塁打	本塁打	打点	四球	三振	盗塁	盗塁死	出塁率	OPS	打率
2012	パイレーツ	47	167	18	43	3	6	5	17	8	50	12	5	.300	.737	.257
2013	パイレーツ	135	510	83	143	26	10	12	35	25	138	41	15	.343	.784	.280
2014	パイレーツ	135	495	73	144	29	6	13	56	33	131	30	11	.356	.809	.291
2015	パイレーツ	153	579	84	166	30	2	19	81	27	123	30	10	.337	.781	.287
2016	パイレーツ	129	489	71	152	34	5	9	46	23	104	47	12	.362	.818	.311
2017	パイレーツ	77	309	48	85	7	2	7	31	20	63	21	4	.333	.712	.275
2018	パイレーツ	145	559	81	155	32	5	20	72	35	109	33	14	.327	.787	.277
2019	パイレーツ	132	539	97	159	31	6	23	82	25	94	25	6	.342	.845	.295
2020	ダイヤモンドバックス	33	122	23	38	8	1	2	14	10	19	5	2	.384	.827	.311
2020	マーリンズ	28	106	13	26	6	0	4	13	2	22	5	0	.286	.701	.245
2020	2チーム計	61	228	36	64	14	1	6	27	12	41	10	2	.340	.770	.281
2021	マーリンズ	64	233	52	71	11	1	7	25	32	57	22	3	.405	.856	.305
2021	アスレティックス	56	234	37	74	16	2	5	30	11	42	25	2	.359	.825	.316
2021	2チーム計	120	467	89	145	27	3	12	55	43	99	47	5	.383	.841	.310
2022	メッツ	118	466	76	136	24	5	16	63	26	87	18	9	.347	.815	.292
通算成績		1252	4808	756	1392	257	51	142	565	277	1049	314	93	.346	.799	.290

13 ユニフォームを着たスイスアーミーナイフ ユーティリティ
ルイス・ギヨーメ Luis Guillorme

29歳 1994.9.27生 | 178cm | 86kg | 右投左打

◆対左投手打率／.214 ◆対右投手打率／.296
◆ホーム打率／.304 ◆アウェー打率／.235 ◆得点圏打率／.186
◆22年のポジション別出場数／セカンド＝67、サード＝22、
ショート＝15、DH＝3 ◆Ⓓ2013⑩メッツ
◆囲ベネズエラ ◆囲160万ドル（約2億800万円）

ミート	5
パワー	2
走塁	3
守備	5
肩	4

右肩上がりで出場機会が増えている、1人で何役もこなす野球巧者。守備ではセカンド、サード、ショートに対応可能で、平均以上の守備を期待できる。打撃面はミートがうまく、また、選球眼もいいため、四球を選んで出塁する能力が高い。以前はパワーに欠ける貧打者の代表格だったが、昨年は二塁打12本、三塁打1本、本塁打2本を記録し、打者としても一定の貢献ができるようになった。スイッチヒッターだが、打者として価値があるのは左打席で、昨季は出塁率3割5分1厘をマーク。長打も左打席のほうがよく出た。

カモ M・シャーザー（メッツ）.500(6-3)0本 　苦手 I・アンダーソン（ブレーブス）.000(6-0)0本

年度	所属チーム	試合数	打数	得点	安打	二塁打	三塁打	本塁打	打点	四球	三振	盗塁	盗塁死	出塁率	OPS	打率
2018	メッツ	35	67	4	14	4	0	0	5	7	3	1	0	.284	.523	.209
2019	メッツ	45	61	8	15	4	0	1	3	7	14	0	0	.324	.685	.246
2020	メッツ	30	57	6	19	6	0	0	3	7	10	17	2	.426	.865	.333
2021	メッツ	69	132	13	35	3	0	1	5	23	23	0	2	.374	.685	.265
2022	メッツ	102	297	33	81	12	1	2	17	34	46	1	0	.351	.691	.273
通算成績		281	614	64	164	27	1	4	39	81	103	4	2	.354	.688	.267

メッツ

メジャーきっての「当たり屋」でもある打撃職人 レフト

19 マーク・キャナ *Mark Canha*

34歳 1989.2.15生 | 188cm | 94kg | 右投右打
◆対左投手打率／.241 ◆対右投手打率／.28
◆ホーム打率／.248 ◆アウェー打率／.282 ◆得点圏打率／.275
◆22年のポジション別出場数／レフト＝123、センター＝11、
ライト＝6、DH＝3、ファースト＝1、サード＝1
◆ⓓ2010⑦マーリンズ ◆ⓑカリフォルニア州
◆ⓢ1050万ドル（約13億6500万円）

ミート	4
パワー	4
走塁	3
守備	3
肩	3

もしメジャーリーグに「安定感ランキング」があれば、最上位にランクされそうな好打の外野手。ウリは出塁率の高さ。アスレティックスからメッツに移籍して迎えた昨季も、出塁率3割6分7厘をマーク。これは、リーグで6番目に高い数字だ。高出塁率の秘訣は、四球ではなく、「死球」が多いからだ。一昨年はメジャー最多タイの27死球を記録したが、昨季はさらに1つ増えて28死球。これはメジャー全体で単独トップの数字。これだけ多くの死球をゲットできるのは、ケガをしない程度にぶつけられる技術があるためだ。

[カモ] L・リン（ホワイトソックス）.471（17-8）0本 [苦手] E・ロドリゲス（タイガース）.000（13-0）0本

年度	所属チーム	試合数	打数	得点	安打	二塁打	三塁打	本塁打	打点	四球	三振	盗塁	盗塁死	出塁率	OPS	打率
2015	アスレティックス	124	441	61	112	22	3	16	70	33	96	7	2	.315	.741	.254
2016	アスレティックス	16	41	4	5	0	0	3	6	0	20	0	1	.140	.481	.122
2017	アスレティックス	57	173	16	36	13	1	5	14	7	56	2	0	.262	.644	.208
2018	アスレティックス	122	365	60	91	22	0	17	52	34	88	1	4	.328	.777	.249
2019	アスレティックス	126	410	80	112	16	3	26	58	67	107	3	4	.396	.913	.273
2020	アスレティックス	59	191	32	47	12	2	5	33	37	54	4	0	.387	.795	.246
2021	アスレティックス	141	519	93	120	22	4	17	61	77	128	12	3	.358	.745	.231
2022	メッツ	140	462	71	123	24	0	13	61	48	97	3	1	.367	.770	.266
通算成績		785	2602	417	646	131	13	102	355	303	646	32	10	.348	.774	.248

初めてゴールドグラブ賞の最終候補に キャッチャー

3 トマス・ニド *Tomas Nido*

29歳 1994.4.12生 | 183cm | 95kg | 右投右打 ◆盗塁阻止率／.194（62-12）
◆対左投手打率／.259 ◆対右投手打率／.227
◆ホーム打率／.243 ◆アウェー打率／.236 ◆得点圏打率／.282
◆22年のポジション別出場数／キャッチャー＝96
◆ⓓ2012⑧メッツ ◆ⓑプエルトリコ
◆ⓢ160万ドル（約2億800万円）

ミート	3
パワー	2
走塁	2
守備	5
肩	4

昨季の途中から正捕手格で使われるようになり、ポストシーズンでも全試合に先発出場したキャッチャー。ウリは、守備力がオールラウンドに高いこと。一昨年は盗塁阻止率の高さ（55％）が注目されたが、昨季はボールブロックとフレーミングのうまさを称賛された。ワイルドピッチを出す頻度は9イニングあたり0.153回で、300イニング以上マスクをかぶった捕手の中ではベストの数字だ。リード面ではシャーザーと相性が良く、バッテリー防御率は2.02だった。今季は経験豊富なナルヴァエスが加入し、捕手のホープ、アルヴァレスの台頭も予想されるため、出場機会を維持できるか注目だ。

[カモ] M・ソロカ（ブレーブス）.500（6-3）0本 [苦手] A・ノーラ（フィリーズ）.111（9-1）0本

年度	所属チーム	試合数	打数	得点	安打	二塁打	三塁打	本塁打	打点	四球	三振	盗塁	盗塁死	出塁率	OPS	打率
2017	メッツ	5	10	0	3	1	0	0	3	0	2	0	0	.300	.700	.300
2018	メッツ	34	84	10	14	3	0	1	9	4	27	0	0	.200	.438	.167
2019	メッツ	50	136	9	26	5	0	4	14	7	37	0	0	.231	.547	.191
2020	メッツ	7	24	4	7	1	0	2	6	2	6	0	0	.346	.929	.292
2021	メッツ	58	153	16	34	5	1	3	13	5	44	1	0	.261	.588	.222
2022	メッツ	98	284	31	68	15	0	3	28	14	76	0	0	.276	.600	.239
通算成績		252	691	70	152	30	1	13	73	32	192	1	0	.257	.580	.220

「守備型捕手」にモデルチェンジ!?

2 **オマー・ナルヴァエス** *Omar Narvaez*

キャッチャー　移籍

★WBCベネズエラ代表

31歳 1992.2.10生 | 180cm | 99kg | 右投左打 ◆盗塁阻止率／.205(44-9) 対左.212 対右.205 困.161
⑦.240 ⑱.237 Ⓓ2008外レイズ 囲ベネズエラ 用800万ドル(約11億2000万円)

ミ**2**
バ**4**
走**2**
守**4**
肩**3**

一昨年、オールスターに選出されたベネズエラ出身の捕手。マリナーズ時代の2019年に22本塁打を放つなど、以前は打撃面が注目されていたが、20年にブリュワーズに移ってからは、強打が影をひそめてしまった。その一方、守備力は格段にレベルアップ。「フレーミングの名人」となって、捕球時に審判の目を上手にあざむき、ブリュワーズ投手陣の好投を支えた。オフにFAとなり、2年1500万ドルでメッツ入り。1年目終了後に、オプトアウト（契約破棄）の権利も与えられている。ボールブロックもうまくなっているので、千賀のフォークボールにも対応してくれるだろう。

年度	所属チーム	試合数	打数	得点	安打	二塁打	三塁打	本塁打	打点	四球	三振	盗塁	盗塁死	出塁率	OPS	打率
2022	ブリュワーズ	84	262	21	54	12	1	4	23	29	57	0	0	.292	.597	.206
通算成績		600	1823	212	470	76	2	51	191	223	396	1	0	.343	.729	.258

レギュラー落ちに発奮して大活躍する可能性も

10 **エドゥアルド・エスコバー** *Eduardo Escobar*

DH　サード　セカンド

★WBCベネズエラ代表

34歳 1989.1.5生 | 178cm | 87kg | 右投両打 対左.259 対右.231 困.207 ⑦.271
⑱.210 Ⓓ2006外ホワイトソックス 囲ベネズエラ 用950万ドル(約12億3500万円)

ミ**3**
バ**4**
走**2**
守**2**
肩**3**

今季はサードのレギュラー格ではなく、ユーティリティとして使われる可能性が高くなったスイッチヒッターの内野手。理由は大型新人ブレット・ベイティが台頭し、開幕からサードのレギュラーに抜擢されると思われるからだ。ただレギュラー落ちするとはいえ、パワーと勝負強さは健在だ。とくに右打席ではOPSが.817で、主砲級のパフォーマンスを期待できる。それを考えれば今季はセカンド、サード、DHの2番手として、各10〜40試合先発出場する機会を与えられるだろう。守備力が低下しているので、左投手用のDHとして使われるケースが多くなるかもしれない。

年度	所属チーム	試合数	打数	得点	安打	二塁打	三塁打	本塁打	打点	四球	三振	盗塁	盗塁死	出塁率	OPS	打率
2022	メッツ	136	495	58	119	26	4	20	69	40	129	0	2	.295	.725	.240
通算成績		1264	4403	561	1120	241	41	158	605	333	965	21	17	.308	.743	.254

プラトーンで使っても20本期待できるパワー

32 **ダニエル・ヴォーゲルバック** *Daniel Vogelbach*

DH　ファースト

31歳 1992.12.17生 | 183cm | 122kg | 右投左打 対左.139 対右.261 困.264 ⑦.216
⑱.289 Ⓓ2011②カブス 囲フロリダ州 用150万ドル(約1億9500万円)

ミ**2**
バ**5**
走**1**
守**2**
肩**2**

今季も「右投手用のDH」という役回りのスラッガー。典型的なホームランバッターで、打席では早打ちせず、失投をじっくり待つ。追い込まれても当てに行くようなことはしないため、打率が低く、三振も多いが、その一方で長打が多く、出塁率も高い。ユニフォームのおなかのボタンが破裂しそうな巨漢で、メジャーきっての鈍足でもあるため、守備では多くを期待できず、DHで使うのが無難なタイプだ。人柄が良いので、どのチームに行っても人気があるナイスガイ。昨年1月末に、以前から同棲していたクリスティナ・ルッシさんとフロリダで挙式し、正式に夫婦になった。

年度	所属チーム	試合数	打数	得点	安打	二塁打	三塁打	本塁打	打点	四球	三振	盗塁	盗塁死	出塁率	OPS	打率
2022	パイレーツ	75	237	29	54	10	1	12	34	40	67	0	0	.338	.768	.228
2022	メッツ	55	149	18	38	9	0	6	25	33	47	0	0	.393	.829	.255
2022	2チーム計	130	386	47	92	19	1	18	59	73	114	0	0	.360	.793	.238
通算成績		467	1305	175	284	50	1	67	190	245	394	0	0	.343	.754	.218

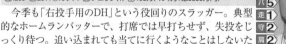

対左=対左投手打率　対右=対右投手打率　困=ホーム打率　⑦=アウェー打率　⑱=得点圏打率

打撃練習では誰よりも飛距離が出る注目株

サード / レフト

ルーキー

22 ブレット・ベイティ *Brett Baty*

24歳 1999.11.13生 | 190cm | 95kg | 右投左打 対左.111 対右.207 ホ.273 ア.148 得.176 ド2019①メッツ 出テキサス州 年72万ドル（約9360万円）+α

ミ	2
パ	5
走	3
守	3
肩	4

メジャー初打席で、ツーラン・アーチをライト席に叩き込んで注目された内野のホープ。昨季は開幕から2Aでプレー。打率3割1分2厘、本塁打19、OPS.950をマークして、8月8日に3A昇格。ここで6試合が経過したとき、突然メジャーに呼ばれ、翌日のゲームで三塁手として先発出場した。この予期せぬ昇格は、サードのエスコバーと5人目の内野手であるギヨーメが相次いで故障したため、その穴埋めとして使われることになったからだ。その後、8月末に右手親指の腱を断裂してIL入りを余儀なくされたが、パワーは実証済みで、今季はサードのレギュラー獲りに挑む。

年度	所属チーム	試合数	打数	得点	安打	二塁打	三塁打	本塁打	打点	四球	三振	盗塁	盗塁死	出塁率	OPS	打率
2022	メッツ	11	38	4	7	0	0	2	5	2	8	0	0	.244	.586	.184
通算成績		11	38	4	7	0	0	2	5	2	8	0	0	.244	.586	.184

オンラインゲームのトラブルで暴力行為

外野手

移籍

28 トミー・ファム *Tommy Pham*

35歳 1988.3.8生 | 185cm | 100kg | 右投右打 対左.273 対右.224 ホ.247 ア.224 得.246 ド2006⑯カーディナルス 出ネヴァダ州 年600万ドル（約7億8000万円）

ミ	2
パ	4
走	3
守	2
肩	4

1年600万ドルの契約でメッツに加入した外野手。今季開幕時35歳。全盛期と比べると、走攻守すべてにおいて衰えは否めないが、4人目の外野手としては、十分戦力になり得る存在だ。2020年10月に、ケンカに巻き込まれて刃物で刺され、大ケガを負ったことがある。レッズに在籍していた昨年5月27日にも、暴力がらみのトラブルがあったが、これは自らが起こしたもの。ジャイアンツとの試合前、練習中の相手選手ピーダーソンに強烈な平手打ちをくらわし、3試合の出場停止処分が科された。原因は、オンラインゲーム内でのトラブル。なんとも幼稚な理由だった。

年度	所属チーム	試合数	打数	得点	安打	二塁打	三塁打	本塁打	打点	四球	三振	盗塁	盗塁死	出塁率	OPS	打率
2022	レッズ	91	340	57	81	11	1	11	39	42	100	7	2	.320	.694	.238
2022	レッドソックス	53	214	32	50	12	0	6	24	14	67	11	1	.298	.672	.234
2022	2チーム計	144	554	89	131	23	1	17	63	56	167	18	3	.312	.686	.236
通算成績		876	2957	504	767	136	18	114	363	407	816	97	29	.354	.787	.259

50 フランシスコ・アルヴァレス *Francisco Alvarez*

キャッチャー　**期待度 A**　**ルーキー**

22歳 2001.11.19生 | 178cm | 105kg | 右投右打 ◆昨季はメジャーで5試合に出場 ド2018⑰メッツ 出ベネズエラ

メッツのトップ・プロスペクト（最有望株）というだけでなく、メジャー全体の有望株ランキングでもトップにランクされているキャッチャーの逸材。最大のウリはパワー。昨季はマイナーの2Aで14.1打数に1本、3Aでも17.6打数に1本という目を見張るペースで本塁打を生産。守備では強肩がウリ。

60 ロニー・マウリシオ *Ronny Mauricio*

ショート　**期待度 B**　**ルーキー**

22歳 2001.4.4生 | 190cm | 100kg | 右投両打 ◆昨季は2Aでプレー ド2017⑮メッツ 出ドミニカ

パワーと強肩がウリのスイッチヒッターの遊撃手。打者としての特徴は、左打席でよく打つこと。昨季は2Aで26本塁打を記録しているが、24本は左打席で打ったものだ。欠点は、早打ちで四球が少ないこと。ショートの守備は打球への反応が早く、かなりの強肩だが、捕球ミスと悪送球がやや多い。

  対左=対左投手打率 対右=対右投手打率 ホ=ホーム打率 ア=アウェー打率 得=得点圏打率 ド=ドラフトデータ 出=出身地 年=年俸

フィラデルフィア・フィリーズ

◆創　立：1883年　　　　　　　　　◆ワールドシリーズ制覇：2回　◆リーグ優勝：8回
◆本拠地：ペンシルヴァニア州フィラデルフィア市　◆地区優勝：11回　◆ワイルドカード獲得：1回
主要オーナー　ジョン・S・ミドルトン（スポーツ企業家）

過去5年成績	年度	勝	負	勝率	ゲーム差	地区順位	ポストシーズン成績
	2018	80	82	.494	10.0	③	―
	2019	81	81	.500	16.0	④	―
	2020	28	32	.467	7.0	③	―
	2021	82	80	.506	6.5	②	―
	2022	**87**	**75**	**.537**	**14.0**	**③**	**ワールドシリーズ敗退**

監督　**59 ロブ・トムソン** *Rob Thomson*

◆年　　齢…………60歳（カナダ）
◆現役時代の経歴 …メジャーでのプレー経験なし
　（キャッチャー、サード）
◆監督経歴…………1シーズン　フィリーズ（2022〜）
◆通算成績…………65勝46敗（勝率.586）

　MLB史上3人目のカナダ出身監督。2018年から、フィリーズのベンチコーチを務めていたが、昨年6月2日、監督のジョー・ジラーディが解任されたため、監督代行の座に就いた。その後、チームの立て直しに成功。低迷していたチームは、ポストシーズン進出を果たし、ワールドシリーズまで駒を進めた。おおらかで、どっしりと構えるその姿は、チームに安心感を与える。フィリーズに来る前は、ヤンキースで長くコーチを務め、ワールドシリーズ制覇も経験している。

注目コーチ　**94 デイヴィッド・ランドクイスト** *David Lundquist*

　ブルペンコーチ。50歳。チームの弱点である、リリーフ陣のレベルアップに尽力中。現役時代はリリーフ投手。2003年に来日し、広島で6試合に登板（防御率8.22）。

編成責任者　**デイヴ・ドンブロウスキー** *Dave Dombrowski*

　67歳。マーリンズとレッドソックスの編成トップ時代、ワールドシリーズを制覇。大金と有望株をつぎ込み、目先の勝利を追求するが、結果が出ているので文句なし!?

スタジアム　**シティズンズ・バンク・パーク** *Citizens Bank Park*

◆開場年…………2004年
◆仕　様…………天然芝
◆収容能力………42,792人
◆フェンスの高さ…1.8〜4.0m
◆特　徴…………外野フェンスのふくらみが小さく、ホームランが出やすい。名物は、フィラデルフィアの象徴「自由の鐘」を模した、右中間後方の巨大な電飾。フィリーズの選手がホームランを放つと光り輝き、球場にベルの音がこだまする。

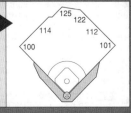

ヒッターズ
パーク

125
122
114　　112
100　　101

293

Best Order [ベストオーダー]

① トレイ・ターナー……ショート
② カイル・シュワーバー……レフト
③ リース・ホスキンス……ファースト
④ J.T.リアルミュート……キャッチャー
⑤ デリック・ホール……DH
⑥ ニック・カステヤノス……ライト
⑦ アレック・ボーム……サード
⑧ ブライソン・ストット……セカンド
⑨ ブランドン・マーシュ……センター

Depth Chart [ポジション別選手層・メンバーリスト]

※2023年2月13日時点の候補選手。数字は背番号(開幕前に変更する場合もあり)、右・左等は投・打の順。

センター
16 ブランドン・マーシュ [右・左]
60 ジェイク・ケイヴ [左・左]

レフト
12 カイル・シュワーバー [右・左]
60 ジェイク・ケイヴ [左・左]

ライト
8 ニック・カステヤノス [右・右]
60 ジェイク・ケイヴ [左・左]
3 ブライス・ハーパー [右・左]

ショート
7 トレイ・ターナー [右・右]
33 エドマンド・ソーサ [右・右]
5 ブライソン・ストット [右・左]

セカンド
5 ブライソン・ストット [右・左]
2 ジョシュ・ハリソン [右・右]
33 エドマンド・ソーサ [右・右]

サード
28 アレック・ボーム [右・右]
2 ジョシュ・ハリソン [右・右]
33 エドマンド・ソーサ [右・右]
5 ブライソン・ストット [右・左]
- コーディ・クレメンス [右・左]

ローテーション
27 アーロン・ノーラ [右・右]
45 ザック・ウィーラー [右・右]
99 タイワン・ウォーカー [右・右]
55 レンジャー・スアレス [左・左]
70 ベイリー・フォルター [左・左]
61 クリストファー・サンチェス [左・左]

ファースト
17 リース・ホスキンス [右・右]
28 アレック・ボーム [右・右]
24 デリック・ホール [左・左]

キャッチャー
10 J.T.リアルミュート [右・右]
21 ギャレット・スタッブス [右・左]

DH
24 デリック・ホール [右・左]
3 ブライス・ハーパー [右・左]
8 ニック・カステヤノス [右・右]
17 リース・ホスキンス [右・右]

ブルペン
58 セランソニー・ドミンゲス [右・右] CL
46 ホセ・アルヴァラード [左・左]
31 クレイグ・キンブル [右・右]
30 グレゴリー・ソト [左・左]
64 アンドリュー・ベラッティ [右・右]
25 マット・ストラーム [左・左]
75 コナー・ブログドン [右・右]
57 ニック・ネルソン [右・右]
49 マイケル・プラスマイヤー [左・左]
- エリック・オールメン [右・右]

※ CL=クローザー

フィリーズ試合日程……＊はアウェーでの開催

3月30・31・4月1・2 レンジャーズ＊	**5月1・2・3** ドジャース＊	**2・3・4** ナショナルズ＊
3・4・5 ヤンキース＊	5・6・7 レッドソックス	5・6・7 タイガース
6・8・9 レッズ	9・10 ブルージェイズ	9・10・11 ドジャース
10・11・12 マーリンズ	12・13・14 ロッキーズ＊	12・13・14・15 ダイヤモンドバックス＊
13・14・15・16 レッズ	15・16・17 ジャイアンツ＊	16・17・18 アスレティックス＊
17・18・19 ホワイトソックス＊	19・20・21 カブス	20・21・22 ブレーブス
20・21・22・23 ロッキーズ	22・23・24 ダイヤモンドバックス	23・24・25 メッツ
25・26・27 マリナーズ	25・26・27・28 ブレーブス＊	27・28・29 カブス＊
28・29・30 アストロズ＊	30・31・**6月1** メッツ＊	30・**7月1・2** ナショナルズ

球団メモ 昨季開幕時点ではマリナーズに次いで、ポストシーズンから遠ざかっていたチーム。だが昨季、11年ぶりにポストシーズンに進出し、ワールドシリーズまで到達した。

フ
ィ
リ
ー
ズ

■**投手力**➡…★★★↗★　【昨年度チーム防御率3.97、リーグ9位】

　昨シーズンのローテーションは先発防御率が3.80で平均レベルだった。ウォーカーの加入は、大きなプラス要因にならない。期待されるのは、昨年のポストシーズンで目を見張る活躍をしたレンジャー・スアレスのブレイクだ。先発の柱がノーラ、ウィーラー、スアレスの3人になれば、ローテーションは大幅にレベルアップするだろう。ブルペンは外部からソトとキンブルを獲得した。これは中程度のプラスと考えられる。

■**攻撃力**↗…★★★★★　【昨年度チーム得点747、リーグ5位】

　昨季、カステヤノスは30本塁打を期待されたのに、ひどいスランプにさいなまれ、10本しか打てなかった。今季は復調する可能性が高いので、25本前後期待できる。新加入のターナーも20本前後期待できる。

■**守備力**↗…★★★★★　【昨年度チーム失策数69、リーグ3位タイ】

　移籍してきたターナーがショートに入る。それによって、司令塔リアルミュート、ターナー、センターのマーシュと続く強力なセンターラインができあがった。ターナーは内野のリーダーとしても優秀で、口パクやボディランゲージでセカンド、サードとコミュニケーションを取って巧みに統率する。フィリーズの内野の守備力はワーストレベルなので、ターナーが内野の要としてリーダーシップを発揮することを期待している。

■**機動力**↗…★★★★★　【昨年度チーム盗塁数105、リーグ3位】

　昨季のチーム盗塁数は、105でリーグ3位。成功率も高い。

総合評価　★★★↗★

　昨年、フィリーズはジラーディ監督の解任が格好のショック療法になり、ものすごい勢いで勝ち出してリーグ優勝という奇跡をやってのけた。同じように今季もショック療法になるような事件が起きれば、ものすごい勢いで勝ち出す可能性があるが……。

IN 主な入団選手
投手
タイワン・ウォーカー◀メッツ
クレイグ・キンブル◀ドジャース
グレゴリー・ソト◀タイガース
マット・ストラーム◀レッドソックス
野手
トレイ・ターナー◀ドジャース
ジョシュ・ハリソン◀ホワイトソックス

OUT 主な退団選手
投手
ザック・エフリン▶レイズ
ノア・シンダーガード▶ドジャース
カイル・ギブソン▶オリオールズ
コーリー・クネイブル▶所属先未定
野手
ジーン・セグラ▶マーリンズ
マット・ヴィアリング▶タイガース

4・5・6	レイズ*	4・5・6	ロイヤルズ	4・5・6	パドレス*
7・8・9	マーリンズ*	7・8・9・10	ナショナルズ	8・9・10	マーリンズ
11	オールスターゲーム	11・12・13	ツインズ	12・13・14	ブレーブス
14・15・16	パドレス	15・16	ブルージェイズ*	15・16・17	カーディナルス*
18・19・20	ブリュワーズ	18・19・20	ナショナルズ*	18・19・20	ブレーブス*
21・22・23	ガーディアンズ*	21・22・23	ジャイアンツ	21・22・23・24	メッツ
24・25・26	オリオールズ	25・26・27	カーディナルス	26・27・28	パイレーツ
28・29・30	パイレーツ*	28・29・30	エンゼルス	29・30・**10**1	メッツ*
31・**8月**1・2・3	マーリンズ*	**9月**1・2・3	ブリュワーズ		

球団メモ　昨季開幕メンバーの総年俸は、メジャー全体で4位。代表オーナーのジョン・ミドルトンは、パイプたばこ・葉巻の製造会社を先祖から受け継ぎ、成功を収めた人物。

ポストシーズンでの「兄弟対決」第1号に　先 発

27 アーロン・ノーラ
Aaron Nola

30歳　1993.6.4生｜188cm｜90kg｜右投右打

◆速球のスピード／150キロ前後（フォーシーム、ツーシーム）
◆決め球と持ち球／☆フォーシーム、☆ツーシーム、
　◎カーブ、○カッター、△チェンジアップ
◆対左打者被打率／.200　◆対右打者被打率／.237
◆ホーム防御率／3.53　◆アウェー防御率／3.00
◆ドラフトデータ／2014①フィリーズ
◆出身地／ルイジアナ州
◆年俸／1600万ドル（約20億8000万円）

球威	4
制球	5
緩急	5
守備・牽制	3
度胸	3

　昨年のサイ・ヤング賞投票で4位に入った、フィリーズのもう1人のエース。最大のウリは、酷使しても壊れない耐久性。2017年5月から、ほぼフル稼働しており、昨季は32試合に登板し、メジャー全体で2番目に多い205イニングを投げた。ただ昨季終盤は、酷使による疲労で失点が多くなった。ポストシーズンでも、リーグ優勝決定シリーズとワールドシリーズに3度登板したが、いずれも5回終了まで投げ切れずKOされている。もう1つのウリは制球力。昨年の与四球率（9イニングあたりの与四球）1.27は、規定投球回に達したメジャーの全投手の中でベストの数字だ。

　4歳上の兄オースティンは、パドレスの正捕手。昨年6月24日のパドレス戦で、初めて「兄弟対決」が実現。6回に兄が弟からタイムリーを放ち、パドレスが0対1で勝利したため、弟は兄のせいで敗戦投手になった。昨季はリーグ優勝決定シリーズ第2戦でも対戦があり、ポストシーズンでの「兄弟対決」第1号ということで注目された。このときはルイジアナから父AJさんと母ステイシーさんが観戦に来ていたが、親としてはどちらか一方に肩入れするわけにはいかないので、父は頭にフィリーズのキャップ、体にはパドレスのジャージ。母は逆のパターンで両軍を平等に応援していることを示しつつ、兄弟対決を見守った。結果はまたしても兄の勝ちで、弟は5回に兄オースティンにタイムリーを打たれ敗戦投手になった。

　父AJさんはリトルリーグの指導者。兄弟がそろってメジャーのレギュラー級の選手になることができたのは、高校に上がるまで父のチームに在籍し、マンツーマンで指導を受けることができたからだ。

カモ O・アルシア（ブレーブス）.000（13-0）0本　M・マチャード（パドレス）.077（13-1）0本
苦手 A・ライリー（ブレーブス）.429（42-18）3本　J・インディア（レッズ）.800（5-4）1本

年度	所属チーム	勝利	敗戦	防御率	試合数	先発	セーブ	投球イニング	被安打	失点	自責点	被本塁打	与四球	奪三振	WHIP
2015	フィリーズ	6	2	3.59	13	13	0	77.2	74	31	31	11	19	68	1.20
2016	フィリーズ	6	9	4.78	20	20	0	111.0	116	68	59	10	29	121	1.31
2017	フィリーズ	12	11	3.54	27	27	0	168.0	154	67	66	18	49	184	1.21
2018	フィリーズ	17	6	2.37	33	33	0	212.1	149	57	56	17	58	224	0.97
2019	フィリーズ	12	7	3.87	34	34	0	202.1	176	91	87	27	80	229	1.27
2020	フィリーズ	5	5	3.28	12	12	0	71.1	54	31	26	9	23	96	1.08
2021	フィリーズ	9	9	4.63	32	32	0	180.2	165	95	93	26	39	223	1.13
2022	フィリーズ	11	13	3.25	32	32	0	205.0	168	75	74	19	29	235	0.96
通算成績		78	62	3.60	203	203	0	1228.1	1056	515	492	137	326	1380	1.13

フィリーズ、リーグ制覇のキーマン　先発

55 レンジャー・スアレス
Ranger Suarez ★WBCベネズエラ代表

28歳｜1995.8.26生｜185cm｜98kg｜左投左打

◆速球のスピード／150キロ前後（シンカー、フォーシーム）
◆決め球と持ち球／☆シンカー、◎カッター、
　○チェンジアップ、△フォーシーム、△カーブ
◆対左打者被打率／.197　◆対右打者被打率／.263
◆ホーム防御率／4.27　◆アウェー防御率／3.20
◆ドラフトデータ／2012㉞フィリーズ
◆出身地／ベネズエラ
◆年俸／295万ドル（約3億8350万円）

球威 **3**
制球 **3**
緩急 **4**
守備・牽制 **5**
度胸 **5**

フィリーズ

　昨年のポストシーズンで、先発とリリーフの両面で見事な働きを見せ、チームをナショナル・リーグの覇者に押し上げたサウスポー。ウリは、先発で使ってもリリーフで使ってもハイレベルな投球を期待できること。一昨年は（2021年）は開幕からロングリリーフで起用され、7月にクローザーに回り4セーブをマークしたあと、8月からはローテーションに入って先発で好投を続けた。昨季はレギュラーシーズンではすべて先発で起用されたが、シーズン前半は制球が不安定で、四球がらみで失点することが多く、防御率はずっと4点台だった。シーズン後半に入ると一番の武器であるシンカーでゴロを量産できるようになり、QSが付くゲームが多くなるが、シーズン全体でみると働きはイマイチの感があった。

　先発でもリリーフでも行ける使い勝手の良さを存分に発揮したのは、リーグ優勝決定シリーズに入ってからだ。第3戦に先発してパドレス打線を5回まで2失点に抑えて勝ち投手になると、第5戦では1点リードの9回1死一、二塁の場面で登板し、送りバントで2死二、三塁になったあと、カステヤノスをライトへの凡フライにしとめてセーブをマークした。アストロズとのワールドシリーズでは、第3戦に先発で登板し、5回を無失点に抑えて勝ち投手になり、ヒーローになった。

　スペイン語を母語とするベネズエラの出身なのに、「レンジャー」という英語のファーストネームが付いているのは、スアレス家には子供に「R」で始まる英語風の名を付ける伝統があるため。スアレスの男の兄弟には、「レイマー」「ロスマー」、妹には「レンジャーリン」というファーストネームが付いている。正式な結婚はしていないが、ホセアニーさんという女性と一緒に住んでおり、子供が2人（ソフィアちゃん、ドミニック君）いる。

[カモ] M・ハリス（ブレーブス）.000（9-0）0本　T・ダーノウ（ブレーブス）.091（11-1）0本
[苦手] W・コントレラス（ブレーブス）.429（14-6）2本　L・トーマス（ナショナルズ）.500（10-5）0本

年度	所属チーム	勝利	敗戦	防御率	試合数	先発	セーブ	投球イニング	被安打	失点	自責点	被本塁打	与四球	奪三振	WHIP
2018	フィリーズ	1	1	5.40	4	3	0	15.0	21	14	9	3	6	11	1.80
2019	フィリーズ	6	1	3.14	37	0	0	48.2	52	18	17	6	12	42	1.32
2020	フィリーズ	0	1	20.25	3	0	0	4.0	10	9	9	1	4	1	3.50
2021	フィリーズ	8	5	1.36	39	12	4	106.0	73	20	16	4	33	107	1.00
2022	フィリーズ	10	7	3.65	29	29	0	155.1	149	74	63	15	58	129	1.33
通算成績		25	15	3.12	112	44	4	329.0	305	135	114	29	113	290	1.27

投｜手

5年契約の4年目に入る豪腕エース　先発

45 ザック・ウィーラー Zack Wheeler

33歳 1990.5.30生｜193cm｜88kg｜右投左打

◆速球のスピード／150キロ台中頃（フォーシーム、ツーシーム）
◆決め球と持ち球／☆フォーシーム、☆ツーシーム、○スライダー、○カーブ
◆対左.201　◆対右.240　◆ホ防1.85　◆ア防3.84
◆ド2009①ジャイアンツ　◆出ジョージア州
◆年2450万ドル（約31億8500万円）　◆最多奪三振1回（21年）

球威5／制球5／緩急4／守備・走塁4／度胸4

フィリーズに来てから、3年連続で2点台の防御率をマークしているパワーピッチャー。昨季は2度IL（故障者リスト）入りし、レギュラーシーズンでは規定投球回に達しなかった。だが、ポストシーズンでは先発の柱としてフル回転し、チームのワールドシリーズ進出に貢献した。最大の武器はフォーシーム。150キロ台中頃の球速があるうえ、球持ちが良く、リリースポイントが前にあるため、打者は差し込まれることが多い。2019年秋にドミニク・リゾさんと結婚。昨年7月に女児が誕生し、早くも2児の父になった。

| カモ | O・オルビーズ（ブレーブス）.167(36-6)1本 | 苦手 | T・ダーノウ（ブレーブス）.467(15-7)1本 |

年度	所属チーム	勝利	敗戦	防御率	試合数	先発	セーブ	投球イニング	被安打	失点	自責点	被本塁打	与四球	奪三振	WHIP
2013	メッツ	7	5	3.42	17	17	0	100.0	90	42	38	10	46	84	1.36
2014	メッツ	11	11	3.54	32	32	0	185.1	167	84	73	14	79	187	1.33
2017	メッツ	3	7	5.21	17	17	0	86.1	97	53	50	15	40	81	1.59
2018	メッツ	12	7	3.31	29	29	0	182.1	150	69	67	14	55	179	1.12
2019	メッツ	11	8	3.96	31	31	0	195.1	196	93	86	22	50	195	1.26
2020	フィリーズ	4	2	2.92	11	11	0	71.0	67	26	23	3	16	53	1.17
2021	フィリーズ	14	10	2.78	32	32	0	213.1	169	72	66	16	46	247	1.01
2022	フィリーズ	12	7	2.82	26	26	0	153.0	125	52	48	13	34	163	1.04
通算成績		74	57	3.42	195	195	0	1186.2	1061	491	451	107	366	1189	1.20

短期間ならクローザーでも使える豪腕　セットアップ クローザー

58 セランソニー・ドミンゲス Seranthony Dominguez

29歳 1994.11.25生｜185cm｜101kg｜右投右打

◆速球のスピード／150キロ台後半（フォーシーム、シンカー）
◆決め球と持ち球／◎シンカー、○フォーシーム、○スライダー、△チェンジアップ
◆対左.209　◆対右.190　◆ホ防1.95　◆ア防4.24
◆ド2011外フィリーズ　◆出ドミニカ
◆年72万ドル（約9360万円）+α

球威5／制球3／緩急3／守備・走塁3／度胸3

昨年、クローザーとして9セーブ、セットアッパーとしては15ホールドを記録したリリーフ右腕。2020年7月にトミー・ジョン手術を受けたが、昨年のキャンプ時にはそのダメージも消え、開幕後は主にセットアッパーとして起用された。すると好投が続いたため、6月中旬にクネーベルがIL入りすると、9回の抑えに使われるケースが多くなった。だが、上腕三頭筋を痛めて8月21日にIL入り。9月15日に復帰したが、その後はクローザーで使われることはなかった。ポストシーズンでは9試合に登板。球速160キロ前後のフォーシームとシンカーを多投して、驚異的なペースで三振を奪い、注目された。妻サラヒさんとの間に、サイモン君とサンダー君という男の子がいる。

| カモ | F・フリーマン（ドジャース）.000(7-0)0本 | 苦手 | N・アレナード（カーディナルス）.500(4-2)1本 |

年度	所属チーム	勝利	敗戦	防御率	試合数	先発	セーブ	投球イニング	被安打	失点	自責点	被本塁打	与四球	奪三振	WHIP
2018	フィリーズ	2	5	2.95	53	0	16	58.0	32	19	19	4	22	74	0.93
2019	フィリーズ	3	0	4.01	27	0	0	24.2	24	13	11	3	12	29	1.46
2021	フィリーズ	0	0	0.00	1	0	0	1.0	0	0	0	0	0	1	0.00
2022	フィリーズ	6	5	3.00	54	0	9	51.0	36	18	17	4	22	61	1.14
通算成績		11	10	3.14	135	0	25	134.2	92	50	47	11	56	165	1.10

対左＝対左打者被打率　対右＝対右打者被打率　ホ防＝ホーム防御率　ア防＝アウェー防御率
ド＝ドラフトデータ　出＝出身地　年＝年俸　カモ　苦手 は通算成績

298

2シーズン連続で後半戦失速

99 タイワン・ウォーカー *Taijuan Walker*

★WBCメキシコ代表

31歳 1992.8.13生／193cm／106kg／右投右打
- ◆速球のスピード／150キロ前後（フォーシーム、シンカー）
- ◆決め球と持ち球／◎フォーシーム、◎スプリッター、◎スライダー、◎カッター、○シンカー、○カッター
- ◆[対左].242 ◆[対右].239 ◆[ア防]3.54
- ◆[ド]2010①マリナーズ ◆[田]ルイジアナ州
- ◆[年]1800万ドル（約23億4000万円）

球威 4
制球 3
緩急 4
守備・牽制 5
度胸 3

　メッツで2年投げたあとFAとなり、4年7200万ドルの契約でフィリーズに加入した先発右腕。メッツ1年目の2021年は前半戦絶好調で、オールスターにも選ばれたが、後半大失速。2年目の昨季も、前半戦は防御率が2.55だったのに、後半戦は4.80だった。昨年5月、チームメートのカルロス・カラスコから握りのアドバイスをもらい、スプリッターの質が向上。新チームでも背番号は「99」。フィリーズで同番号を背負うのは、田口壮以来4人目。

[カモ] M・マチャード（パドレス）.118(17-2)0本　[苦手] M・トラウト（エンジェルス）.579(19-11)3本

年度	所属チーム	勝利	敗戦	防御率	試合数	先発	セーブ	投球イニング	被安打	失点	自責点	被本塁打	与四球	奪三振	WHIP
2013	マリナーズ	1	0	3.60	3	3	0	15.0	11	7	6	0	4	12	1.00
2014	マリナーズ	2	3	2.61	8	5	0	38.0	31	12	11	2	18	34	1.29
2015	マリナーズ	11	8	4.56	29	29	0	169.2	163	92	86	25	40	157	1.20
2016	マリナーズ	8	11	4.22	25	25	0	134.1	129	75	63	27	37	119	1.24
2017	ダイヤモンドバックス	9	9	3.49	28	28	0	157.1	148	76	61	17	61	146	1.33
2018	ダイヤモンドバックス	0	0	3.46	3	3	0	13.0	15	5	5	1	5	9	1.54
2019	ダイヤモンドバックス	0	0	0.00	1	0	0	1.0	0	0	0	0	1	0	1.00
2020	マリナーズ	2	2	4.00	5	5	0	27.0	21	13	12	5	8	25	1.07
2020	ブルージェイズ	2	1	1.37	6	6	0	26.1	22	10	4	3	11	25	1.25
2020	2チーム計	4	3	2.70	11	11	0	53.1	43	23	16	8	19	50	1.16
2021	メッツ	7	11	4.47	30	29	0	159.0	133	84	79	26	55	146	1.18
2022	メッツ	12	5	3.49	29	29	0	157.1	143	63	61	15	45	132	1.19
通算成績		54	50	3.89	167	163	0	898.0	817	437	388	121	284	806	1.23

通算400セーブまであと6つ

31 クレイグ・キンブル *Craig Kimbrel*

35歳 1988.5.28生／183cm／97kg／右投右打
- ◆速球のスピード／150キロ台中頃（フォーシーム）
- ◆決め球と持ち球／◎フォーシーム、◎カーブ
- ◆[対左].261 ◆[対右].193 ◆[ア防]4.21
- ◆[ド]2008③ブレーブス ◆[田]アラバマ州
- ◆[年]1000万ドル（約13億円）　◆最多セーブ4回（11～14年）、最優秀救援投手賞2回（14,17年）、新人王（11年）

球威 4
制球 2
緩急 4
守備・牽制 2
度胸 4

　MLB歴代7位、現役では最多の通算394セーブを記録している右腕。昨季開幕直前、トレードでドジャースに移籍し、クローザーの役割を与えられた。だが、シーズンを通してピリッとせず、セーブ失敗も多かったため、終盤には守護神の座から降ろされてしまった。フォーシームで空振りが奪えなくなり、奪三振率は2021年の15.08から、昨季は10.80に大きくダウンした。

[カモ] M・マチャード（パドレス）.000(11-0)0本　[苦手] J・ベル（ガーディアンズ）.750(4-3)2本

年度	所属チーム	勝利	敗戦	防御率	試合数	先発	セーブ	投球イニング	被安打	失点	自責点	被本塁打	与四球	奪三振	WHIP
2010	ブレーブス	4	0	0.44	21	0	1	20.2	9	1	1	0	16	40	1.21
2011	ブレーブス	4	3	2.10	79	0	46	77.0	48	19	18	3	32	127	1.04
2012	ブレーブス	3	1	1.01	63	0	42	62.2	27	7	7	3	14	116	0.65
2013	ブレーブス	4	3	1.21	68	0	50	67.0	39	10	9	4	20	98	0.88
2014	ブレーブス	0	3	1.61	63	0	47	61.2	30	13	11	2	26	95	0.91
2015	パドレス	4	2	2.58	61	0	39	59.1	40	19	17	6	22	87	1.04
2016	レッドソックス	2	6	3.40	57	0	31	53.0	28	22	20	4	30	83	1.09
2017	レッドソックス	5	0	1.43	67	0	35	69.0	33	11	11	6	14	126	0.68
2018	レッドソックス	5	1	2.74	63	0	42	62.1	31	19	19	7	31	96	0.99
2019	カブス	0	4	6.53	23	0	13	20.2	21	15	15	9	12	30	1.60
2020	カブス	0	1	5.28	18	0	2	15.1	10	9	9	5	12	28	1.43
2021	カブス	4	1	0.49	39	0	23	36.2	13	6	2	1	13	64	0.71
2021	ホワイトソックス	0	1	5.09	24	0	1	23.0	18	13	13	5	10	36	1.22
2021	2チーム計	4	2	2.26	63	0	24	59.2	31	19	15	6	23	100	0.91
2022	ドジャース	6	7	3.75	63	0	22	60.0	51	31	25	4	28	72	1.32
通算成績		41	36	2.31	709	0	394	688.1	398	196	177	56	280	1098	0.98

球は速いが、奪三振率は平凡

セットアップ **移籍**

30 グレゴリー・ソト Gregory Soto ★WBCドミニカ代表

28歳 1995.2.11生 | 185cm | 105kg | 左投左打 | 國160キロ前後（フォーシーム、シンカー）| 因○フォーシーム
対左.245 対右.218 国2012外タイガース 囲ドミニカ 囲393万ドル（約5億1090万円）

球速5 制球2 縦変2 球威3 度3

　オフのトレードで獲得した、昨季、タイガースで30セーブをマークした豪腕リリーバー。昨季のフォーシームの平均球速は、98.7マイル（159キロ）。これは今季、チームメートになるアルヴァラードのツーシーム（平均160.4キロ）に次ぐ、メジャーの左腕で2番目の速い球種だった。以前はシンカーが投球の6〜7割程度を占めていたが、昨季はこのフォーシームの投げる割合を増やし、シンカー5割、フォーシーム3割、スライダー2割くらいの比率で投げていた。球威は抜群だが、与四死球の多さが弱点。走者を背負うと、もろい面もあり、昨季は負け数が11にも達した。

年度	所属チーム	勝利	敗戦	防御率	試合数	先発	セーブ	投球イニング	被安打	失点	自責点	被本塁打	与四球	奪三振	WHIP
2022	タイガース	2	11	3.28	64	0	30	60.1	49	32	22	2	34	60	1.38
通算成績		8	20	4.13	186	7	50	204.2	185	112	94	20	120	210	1.49

刑務所や独立リーグも経験した波乱万丈の男

ミドル リリーフ

64 アンドルー・ベラッテイ Andrew Bellatti

32歳 1991.8.5生 | 185cm | 86kg | 右投右打 | 國150キロ台前半（フォーシーム主体）| 因○スライダー
対左.278 対右.209 国2009⑫レイズ 囲カリフォルニア州 囲72万ドル（約9360万円）+α

球速4 制球3 縦変3 球威4 度4

　レイズにプロ入りした2009年のシーズン終了後、時速130キロで自動車を運転中、事故を起こして50歳の男性を死なせてしまった。懲役8カ月の実刑判決を受け、服役。出所後、レイズに復帰し、15年にメジャーデビューを果たしたが定着できず、その後はマイナーのチームや独立リーグのチームを渡り歩くことに。その後、21年にマーリンズでメジャー復帰したが、3試合に投げただけでマイナー落ち。オフに解雇され、フィリーズとマイナー契約。昨年4月中旬にメジャーに呼ばれると、スライダーを多投してゴロを量産し、良い働きを見せた。ポストシーズンでも活躍。

年度	所属チーム	勝利	敗戦	防御率	試合数	先発	セーブ	投球イニング	被安打	失点	自責点	被本塁打	与四球	奪三振	WHIP
2022	フィリーズ	4	4	3.31	59	0	2	54.1	47	25	20	5	25	78	1.33
通算成績		7	5	3.44	79	1	2	81.0	69	37	31	9	37	100	1.31

粘りのピッチングが身上のリリーフ右腕

セットアップ

75 コナー・ブログドン Connor Brogdon

28歳 1995.1.29生 | 198cm | 92kg | 右投右打 | 國150キロ台中頃（フォーシーム主体）| 因○チェンジアップ
対左.241 対右.263 国2017⑩フィリーズ 囲カリフォルニア州 囲72万ドル（約9360万円）+α

球速4 制球4 縦変4 球威4 度4

　昨年はロックアウトが解除される時期を読み間違えて調整に失敗し、開幕後3試合に登板しただけでマイナー落ち。しかし5月に復帰後は、チェンジアップとカッターを多投して好投を続け、6月以降は重要度の高い場面でも使われるようになった。ポストシーズンでは7試合に登板。パドレスとのリーグ優勝決定シリーズの第4戦では、先発のフォルターが1回終了まで持たずにKOされたため緊急登板し、2回1/3を無失点に抑える好投でチームの勝利に貢献した。通常より1年遅い22歳のときにドラフトで指名され、タダ同然の契約金（5000ドル＝65万円）で入団している。

年度	所属チーム	勝利	敗戦	防御率	試合数	先発	セーブ	投球イニング	被安打	失点	自責点	被本塁打	与四球	奪三振	WHIP
2022	フィリーズ	2	2	3.27	47	0	2	44.0	44	16	16	6	11	50	1.25
通算成績		8	6	3.42	112	1	3	113.0	96	48	43	15	34	117	1.15

國=速球のスピード 因=決め球 対左=対左打者被打率 対右=対右打者被打率
国=ドラフトデータ 囲=出身地 囲=年俸

好調時はクローザーでも使えるリリーフ左腕

セットアップ

46 ホセ・アルヴァラード Jose Alvarado ★WBCベネズエラ代表

28歳 1995.5.21生｜188cm｜110kg｜左投左打｜球160キロ前後（ツーシーム主体）｜決☆カッター
対左.237 対右.188 ド2012外レイズ 田ベネズエラ 年345万ドル（約4億4850万円）

球	5
制	3
緩	3
守	2
度	2

平均球速160.4キロのツーシームと、150.7キロのカッターを持ち球にする左のセットアッパー。昨シーズンは5月に入ってツーシームのスピン量が落ち、失点が多くなったため、5月27日にマイナー落ち。しかし6月12日に復帰後は安定した投球を見せ、シーズン終了までに登板した42試合中38試合は失点がなかった。昨年からカッターを使い出し、ツーシーム55％、カッター45％くらいの比率で投げるようになった。それにより奪三振率が大幅にアップ。趣味はハンティング。ベネズエラに帰国した際にやるので、狙うのはイグアナや、パカという齧歯類の動物だ。

年度	所属チーム	勝利	敗戦	防御率	試合数	先発	セーブ	投球イニング	被安打	失点	自責点	被本塁打	与四球	奪三振	WHIP
2022	フィリーズ	4	2	3.18	59	0	1	51.0	38	21	18	2	24	81	1.22
通算成績		13	18	3.57	272	1	22	239.1	184	109	95	13	142	310	1.36

サンディ・コーファックスの崇拝者

先発 ロングリリーフ

70 ベイリー・フォルター Bailey Falter

26歳 1997.4.24生｜193cm｜79kg｜左投右打｜球140キロ後半（シンカー、フォーシーム）｜決○シンカー
対左.229 対右.273 ド2015⑤フィリーズ 田カリフォルニア州 年72万ドル（9360万円）+α

球	3
制	4
緩	3
守	4
度	3

制球力が生命線の左腕。今季はフルシーズン、先発ローテーションに入って投げることを期待されている。球種はフォーシーム、ツーシーム、カーブ、スライダーで、右打者には時折チェンジアップも交える。特徴は、往年のドジャースの大エース、サンディ・コーファックスの投げ方を参考にしたクラッシックな投球フォーム。腕を大きく振り、歩幅を広くとって投げるため、ほかの投手よりリリースポイントがかなり前にある。昨年のポストシーズンでは、パドレスとのリーグ優勝決定シリーズ第4戦に先発したが、初回に打ち込まれ、アウトを2つ取っただけでKOされた。

年度	所属チーム	勝利	敗戦	防御率	試合数	先発	セーブ	投球イニング	被安打	失点	自責点	被本塁打	与四球	奪三振	WHIP
2022	フィリーズ	6	4	3.86	20	16	0	84.0	85	39	36	16	17	74	1.21
通算成績		8	5	4.36	42	17	0	117.2	119	60	57	21	23	108	1.21

初めてワールドシリーズに登板

ミドルリリーフ

57 ニック・ネルソン Nick Nelson

28歳 1995.12.5生｜185cm｜92kg｜右投右打｜球150キロ台中頃（フォーシーム主体）｜決○スライダー
対左.256 対右.258 ド2016④ヤンキース 田フロリダ州 年72万ドル（約9360万円）+α

球	3
制	2
緩	3
守	3

昨年初めてマイナー落ちせずフルシーズン、メジャーで投げたリリーフ右腕。ヤンキースから移籍して迎えた昨季は、ロングリリーフ、中盤のリリーフ、ピンチの火消し役、モップアップ（敗戦処理）などで使われた。多投する球種はフォーシーム、チェンジアップ、スライダーで、右打者には時折カーブも交える。最速157キロのフォーシームは、スピン量の少ない棒球になりやすいボール。そのためこれを見せ球に使って、チェンジアップやスライダーでしとめるパターンが多い。変化球の制球に難があり、昨季のワイルドピッチ13は、リーグのリリーバーではワースト。

年度	所属チーム	勝利	敗戦	防御率	試合数	先発	セーブ	投球イニング	被安打	失点	自責点	被本塁打	与四球	奪三振	WHIP
2022	フィリーズ	3	2	4.85	47	2	1	68.2	66	38	37	1	36	69	1.49
通算成績		4	4	5.38	69	4	1	103.2	101	67	62	5	63	109	1.58

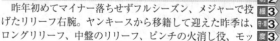

制球が安定すれば、メジャー定着も可能

スイングマン

61 クリストファー・サンチェス *Cristopher Sanchez*

27歳 1996.12.12生｜185cm／74kg｜左投左打 | 球150キロ前後（シンカー主体）| 決○シンカー
対左.277 対右.229 ド2013外レイズ 田ドミニカ 年72万ドル（約9360万円）+α

球	4
制	2
緩	3
守	3
度	3

　昨季、メジャーとマイナーの間をシャトル便のように6往復した、先発でもリリーフでも使える左腕。球種はロー・スリークォーターから投げ込んでくるシンカー、チェンジアップ、スライダー。長所は、シンカーが全投球の6割を占めるため一発リスクが低いことと、低いアングルからクロスファイア気味に投げ込んでくるため球の出どころが見えにくいこと。昨季、メジャーではスポット先発とロングリリーフを兼務するスイングマンとして起用されたが、被打率は先発のときが2割0分4厘、リリーフのときが2割6分2厘で、先発のときのほうがいい数字だった。

年度	所属チーム	勝利	敗戦	防御率	試合数	先発	セーブ	投球イニング	被安打	失点	自責点	被本塁打	与四球	奪三振	WHIP
2022	フィリーズ	2	2	5.63	15	3	1	40.0	38	25	25	5	17	35	1.38
通算成績		3	2	5.47	22	4	1	52.2	54	33	32	6	24	48	1.48

ヒザの状態が良くなり、球速もアップ

ミドルリリーフ｜移籍

25 マット・ストローム *Matt Strahm*

32歳 1991.11.12生｜188cm／86kg｜左投左打 | 球150キロ台前半（フォーシーム、シンカー）| 決○フォーシーム
対左.229 対右.221 ド2012⑤ロイヤルズ 田ノースダコタ州 年750万ドル（約9億7500万円）

球	5
制	4
緩	4
守	3
度	3

　長髪がトレードマークのリリーフ左腕。2021年は右ヒザの故障で、登板はわずか6試合。22年の所属先が決まらなかったため、昨年3月に各球団に呼びかけ、16チームのスカウトを前に投球を披露。ヒザの状態が万全なことをアピールした。すると、数球団から声がかかり、その中から医療面のサポートが充実しているレッドソックスを選択。開幕後は球速がアップしたフォーシームを軸に好投し、左手首を痛めて1カ月ほどの離脱はあったものの、自己最多の50試合に登板した。オフにまた、数球団から声がかかったが、最も勝利を追求する姿勢を見せていたフィリーズを選択。

年度	所属チーム	勝利	敗戦	防御率	試合数	先発	セーブ	投球イニング	被安打	失点	自責点	被本塁打	与四球	奪三振	WHIP
2022	レッドソックス	4	4	3.83	50	0	4	44.2	38	24	19	4	9	52	1.23
通算成績		17	28	3.81	207	25	4	304.2	270	139	129	42	98	325	1.21

49 マイケル・プラスマイヤー *Michael Plassmeyer*　リリーフ｜期待度C｜ルーキー

27歳 1996.11.5生｜188cm／89kg｜左投左打 | ◆昨季はメジャーで2試合に出場 | ド2018④マリナーズ 田ミズーリ州

　昨年8月23日にメジャーデビューした左腕。デビュー戦のレッズ戦では、2死満塁の場面で登板し、打者を3球三振に切って取り、注目された。マイナーでは先発で投げていたが、メジャーではリリーフで使われたため、速球の使用率を減らし、スプリッターとチェンジアップを多投。牽制がうまい。

69 フランシスコ・モラレス *Francisco Morales*　リリーフ｜期待度C｜ルーキー

24歳 1999.10.27生｜193cm／83kg｜右投右打 | ◆昨季はメジャーで3試合に出場 | ド2016外フィリーズ 田ベネズエラ

　昨季2Aで30イニングを投げ、54個の三振を奪って注目されたリリーフ右腕。しかし3Aではうって変わって、20イニングで28個の四球を出して、大量失点。決め球はスライダーで、メジャーでも十分通用するレベル。今季、速球の制球が安定し、四球病を克服できれば、マイナーを卒業できるかも。

野 手

メジャーリーグでナンバーワンの捕手 キャッチャー

10 J.T.リアルミュート
J.T. Realmuto ★WBCアメリカ代表

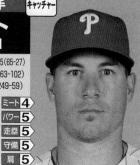

32歳 1991.3.18生 ｜ 185cm／95kg ｜ 右投右打 ◆盗塁阻止率／.415(65-27)
◆対左投手打率／.262(141-37) ◆対右投手打率／.281(363-102)
◆ホーム打率／.314(255-80) ◆アウェー打率／.237(249-59)
◆得点圏打率／.266(124-33)
◆22年のポジション別出場数／キャッチャー＝133、ファースト＝3、DH＝3
◆ドラフトデータ／2010③マーリンズ
◆出身地／オクラホマ州
◆年俸／2388万ドル（約31億440万円）
◆ゴールドグラブ賞2回(19,22年)、シルバースラッガー賞3回(18,19,22年)

ミート **4**
パワー **5**
走塁 **5**
守備 **5**
肩 **5**

フィリーズ

　ゴールドグラブ賞とシルバースラッガー賞をダブル受賞した、走攻守すべてに優秀なキャッチャー。昨季はメジャーの捕手では最多の130試合に先発出場。守備面では、メジャーリーグでダントツの盗塁阻止率41.5％(65-27)をマーク。ホームベースまわりの守備でも軽快な動きを見せ、DRS(守備で防いだ失点)が11あった。これは全捕手の中で最多の数字だ。ボールブロックのうまさにも定評があり、ワイルドピッチを出す頻度は平均より3割くらい低かった。リード面ではノーラと28試合バッテリーを組み、復活のアシストをしたほか、ウィーラーとスアレスが先発するゲームも、ほとんどリアルミュートが女房役を務め、好投を引き出していた。

　初めて経験するポストシーズンでは、全17試合に先発出場。どのゲームでも、試合終了までマスクをかぶっている。地区シリーズとリーグ優勝決定シリーズでは、若い中継ぎ陣を巧みにリードして失点を最小限に抑え、チームが接戦にことごとく勝利する土台を作った。

　打撃面では長打力がウリで、昨年も22本塁打を記録。これがシルバースラッガー賞の受賞につながったが、それ以上に評価が高かったのがスピード。捕手としてはあり得ないレベルの俊足で、昨季は盗塁を22回試みて21回成功させた。捕手が20以上の盗塁を記録したのは、20年ぶりの快挙。ベースランニングもうまく、昨季は三塁打を5本記録したほか、ポストシーズンの地区シリーズ第4戦では、センターにフェンス直撃の大飛球を放ち、中堅手がもたついている間にダイヤモンドを猛スピードで一周し、インサイドパークホームラン（ランニングホームラン）にしてしまった。

カモ S・ストラスバーグ（ナショナルズ）.455(22-10)0本　G・コール（ヤンキース）.647(17-11)1本
苦手 M・シャーザー（メッツ）.115(61-7)2本　C・スミス（ダイヤモンドバックス）.000(10-0)0本

年度	所属チーム	試合数	打数	得点	安打	二塁打	三塁打	本塁打	打点	四球	三振	盗塁	盗塁死	出塁率	OPS	打率
2014	マーリンズ	11	29	4	7	1	1	0	1	8	0	0		.267	.612	.241
2015	マーリンズ	126	441	49	114	21	7	10	47	19	70	8	4	.290	.696	.259
2016	マーリンズ	137	509	60	154	31	0	11	48	28	100	12	4	.343	.771	.303
2017	マーリンズ	141	532	68	148	31	5	17	65	36	106	8	2	.332	.783	.278
2018	マーリンズ	125	477	74	132	30	3	21	74	38	104	3	2	.340	.824	.277
2019	フィリーズ	145	538	92	148	36	3	25	83	41	123	9	1	.328	.821	.275
2020	フィリーズ	47	173	33	46	6	0	11	32	16	48	4	1	.349	.840	.266
2021	フィリーズ	134	476	64	125	25	4	17	73	48	129	13	3	.343	.782	.263
2022	フィリーズ	139	504	75	139	26	4	22	84	41	119	21	4	.342	.820	.276
通算成績		1005	3679	519	1013	207	28	134	515	268	807	78	18	.332	.788	.275

カモ 苦手 は通算成績

野手

本塁打と三振がリーグ最多のパワーヒッター　レフト

12 カイル・シュワーバー
Kyle Schwarber　★WBCアメリカ代表

30歳 1993.3.5生｜183cm｜103kg｜右投左打

- ◆対左投手打率／.193(197-38)　◆対右投手打率／.232(380-88)
- ◆ホーム打率／.225(298-67)　◆アウェー打率／.211(279-59)
- ◆得点圏打率／.234(111-26)
- ◆22年のポジション別出場数／レフト＝139、DH＝15
- ◆ドラフトデータ／2014①カブス
- ◆出身地／オハイオ州
- ◆年俸／2000万ドル（約26億円）
- ◆本塁打王1回(22年)、シルバースラッガー賞1回(22年)

ミート	2
パワー	5
走塁	2
守備	2
肩	2

　昨年、46本外野スタンドに叩き込んで、ナショナル・リーグの本塁打王になった長距離砲。フィリーズに4年7900万ドルの契約で迎えられた昨シーズンは、出だしから変化球に手こずり、5月中旬までは打率が1割台で、チームが低迷する原因の1つになっていた。しかし、6月3日にジラーディ監督が解任され、トムソン・ベンチコーチが代行に就任したことが格好のショック療法になり、それを機に本塁打の生産ペースが急上昇。6月に12本、7月に10本叩き込んで、打線の牽引役になった。

　レギュラーシーズンでは、本塁打を46本打っているのに、打点が94にとどまり、その一方で得点が100あった。これは出塁率の高さを買われて、5月下旬以降、ずっとトップバッターで起用されたからだ。

　本塁打を打つために存在する打者なので、打席では早打ちをせず、失投をじっくり待つことが多い。それによって本塁打と四球が多い半面、打率が低く、三振も多い。昨季の200三振は、メジャーリーグ全体で最多の数字だ。最大のウリは、飛距離が出ること。昨年のパドレスとのリーグ優勝決定シリーズ初戦で、ダルビッシュ有の甘く入ったカッターを叩いてライトの2階席に運んだアーチは、推定飛距離が149メートルで、ペトコ・パークの19年の歴史の中で最も距離が出た一発になった。

　レフトの守備はエラーこそ少ないが、守備範囲が狭く、ジャンプ力や肩の強さもイマイチ。昨年のレフトの守備でのDRS（守備で防いだ失点）は、マイナス14でワーストレベルだった。

　昨年3月、妻ペイジさんが第一子となる男の子（ケイド君）を出産。

[カモ] J・グレイ(ナショナルズ).400(10-4)2本　G・マルケス(ロッキーズ).429(14-6)2本
[苦手] K・ライト(ブレーブス).000(8-0)0本　J・ヘイダー(パドレス).000(13-0)0本

年度	所属チーム	試合数	打数	得点	安打	二塁打	三塁打	本塁打	打点	四球	三振	盗塁	盗塁死	出塁率	OPS	打率
2015	カブス	69	232	52	57	6	1	16	43	36	77	3	3	.355	.842	.246
2016	カブス	2	4	0	0	0	0	0	0	1	2	0	0	.200	.200	.000
2017	カブス	129	422	67	89	16	1	30	59	59	150	1	1	.315	.782	.211
2018	カブス	137	428	64	102	14	3	26	61	78	140	4	3	.356	.823	.238
2019	カブス	155	529	82	132	29	3	38	92	70	156	2	3	.339	.870	.250
2020	カブス	59	191	30	36	6	0	11	24	30	66	1	0	.308	.701	.188
2021	ナショナルズ	72	265	42	67	9	0	25	53	31	88	1	1	.340	.910	.253
2021	レッドソックス	41	134	34	39	10	0	7	18	33	39	0	0	.435	.957	.291
2021	2チーム計	113	399	76	106	19	0	32	71	64	127	1	1	.374	.928	.266
2022	フィリーズ	155	577	100	126	21	3	46	94	86	200	10	1	.323	.827	.218
通算成績		819	2782	471	648	111	11	199	444	424	918	22	12	.339	.834	.233

　[カモ][苦手]は通算成績

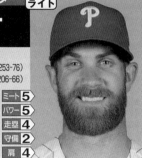

熱心なモルモン教徒であるスーパースター DHライト

3 ブライス・ハーパー
Bryce Harper

31歳 1992.10.16生 | 190cm | 95kg | 右投左打

- ◆対左投手打率／.256(117-30) ◆対右投手打率／.300(253-76)
- ◆ホーム打率／.244(164-40) ◆アウェー打率／.320(206-66)
- ◆得点圏打率／.354(79-28)
- ◆22年のポジション別出場数／DH=90、ライト=8
- ◆ドラフトデータ／2010①ナショナルズ
- ◆出身地／ネヴァダ州 ◆年俸／2600万ドル（約33億8000万円）
- ◆MVP2回(15、21年)、本塁打王1回(15年)、シルバースラッガー賞
  2回(15、21年)、ハンク・アーロン賞2回(15、21年)、新人王(12年)

ミート 5
パワー 5
走塁 4
守備 2
肩 4

フィリーズ

昨年11月にトミー・ジョン手術を受けたため、今季は7月のオールスター休み明けに復帰するフィリーズの看板打者。一昨年は長打がよく出て2度目のMVPに輝いたが、昨年はケガにたたられた試練のシーズンになった。ヒジが痛み出したのは5月中旬のことで、専門医の診察を受けたところ、ヒジの側副靭帯（そくふくじんたい）に小さな断裂があることがわかった。ただトミー・ジョン手術が必要なレベルではなく、ボールを投げることさえしなければ、指名打者として出場できるということだったので、その後はDHのレギュラーとして連日出場。途切れることなくヒットが出て、ひと月ほどで打率が3割2分台に上昇した。しかし、6月25日のパドレス戦で、左腕スネルが投じた球速156キロの抜けたフォーシームが右手親指を直撃。検査で骨折していることが判明したため、手術が必要になり、骨折した部位を固定する金属ピンが3本埋め込まれた。このときは、シーズン中の復帰が危ぶまれたが、幸い回復が早かったため、8月26日に復帰がかなった。

ポストシーズンでは、地区シリーズとリーグ優勝決定シリーズで打ちまくり、チームがワールドシリーズに進む原動力となった。リーグ優勝決定シリーズでは、MVPにも選出されている。

敬虔（けいけん）なモルモン教の信者で、2014年にアルコール依存症を克服してからは、信仰心がさらに強くなった。2児の父で、16年に結婚した妻ケイラさんとの間に、19年8月に誕生した息子クルー君と、20年11月に授かった娘ブルックリンちゃんがいる。

| カモ | C・モートン（ブレーブス）.417(24-10)1本 R・イグレシアス（ブレーブス）.667(6-4)3本 |
| 苦手 | A・ミンター（ブレーブス）.091(11-1)0本 M・ストローマン（カブス）.077(13-1)0本 |

年度	所属チーム	試合数	打数	得点	安打	二塁打	三塁打	本塁打	打点	四球	三振	盗塁	盗塁死	失策	出塁率	OPS	打率
2012	ナショナルズ	139	533	98	144	26	9	22	59	56	120	18	6	.340	.817	.270
2013	ナショナルズ	118	424	71	116	24	3	20	58	61	94	11	4	.368	.854	.274
2014	ナショナルズ	100	352	41	96	10	2	13	32	38	104	2	2	.344	.767	.273
2015	ナショナルズ	153	521	118	172	38	1	42	99	124	131	6	4	.460	1.109	.330
2016	ナショナルズ	147	506	84	123	24	2	24	86	108	117	21	10	.373	.814	.243
2017	ナショナルズ	111	420	95	134	27	1	29	87	68	99	4	2	.413	1.008	.319
2018	ナショナルズ	159	550	103	137	34	0	34	100	130	169	13	3	.393	.889	.249
2019	フィリーズ	157	573	98	149	36	1	35	114	99	178	15	3	.372	.882	.260
2020	フィリーズ	58	190	41	51	9	2	13	33	49	43	8	2	.420	.962	.268
2021	フィリーズ	141	488	101	151	42	1	35	84	100	134	13	3	.429	1.044	.309
2022	フィリーズ	99	370	63	106	28	1	18	65	46	87	11	4	.364	.878	.286
通算成績		1382	4927	913	1379	298	23	285	817	879	1276	122	43	.390	.913	.280

恩師ロング打撃コーチのいるフィリーズを選択 ショート 移籍

7 トレイ・ターナー
Trea Turner ★WBCアメリカ代表

30歳 1993.6.30生｜188cm｜83kg｜右投右打
◆対左投手打率／.298(168-50) ◆対右投手打率／.298(484-144)
◆ホーム打率／.292(315-92) ◆アウェー打率／.303(337-102)
◆得点圏打率／.315(178-56)
◆22年のポジション別出場数／ショート＝160
◆ドラフトデータ／2014①パドレス
◆出身地／フロリダ州
◆年俸／2727万ドル（約35億4510万円）
◆首位打者1回(21年)、盗塁王2回(18、21年)、シルバースラッガー賞1回(22年)

ミート	5
パワー	5
走塁	5
守備	4
肩	3

11年3億ドルの契約でフィリーズに入団した快足遊撃手。昨季はフルシーズン、ドジャースでプレー。得点、打点とも100を超える見事な働きを見せ、ベッツ、フリーマンとともにメジャー最強打線の牽引役になった。ポストシーズンでも、意気が上がらないドジャース打線にあって4試合で本塁打と二塁打を2本ずつ打って気を吐いた。昨季は序盤不調だったが、6月中旬に打率を3割の大台に乗せてからずっと3割超の打率をキープ。8月下旬には3割1分台になり、2年連続の首位打者の可能性が出てきた。しかし9月に入って失速し、絵にかいた餅に終わった。

シーズン終了とともにFAになり、獲得合戦が繰り広げられることになった。最終的にパドレスとフィリーズの一騎打ちになり、パドレスのオファーは11年3億4200万ドル。これにサインすれば、リンドーアの3億4100万ドルを100万ドル上回り、内野手の史上最高額になるが、彼は11年3億ドルを提示したフィリーズを選択した。これは、パドレスがターナーをドラフト1巡目指名で入団させながら、翌年トレードで放出したことへの反発から来たものではない。ターナーはフロリダ州で生まれ育ち、大学はノースカロライナ州立大学の出身。また、妻クリスティンさんの実家もフィラデルフィアに近いニュージャージー州にあるので、ゆかりの深い東海岸にいたかったのだ。それに加え、ナショナルズ時代に打撃コーチとして強打者に成長する道筋をつけてくれたドン・ロングが、今はフィリーズの打撃コーチをしていることも、大きなプラス要因になったようだ。

カモ C・カラスコ(メッツ).750(8-6)0本　T・アンダーソン(エンジェルス).500(10-5)0本
苦手 C・モートン(ブレーブス).091(11-1)0本　E・ディアス(メッツ).000(7-0)0本

年度	所属チーム	試合数	打数	得点	安打	二塁打	三塁打	本塁打	打点	四球	三振	盗塁	盗塁死	出塁率	OPS	打率
2015	ナショナルズ	27	40	5	9	1	0	1	1	4	12	2	2	.295	.620	.225
2016	ナショナルズ	73	307	53	105	14	8	13	40	14	59	33	6	.370	.937	.342
2017	ナショナルズ	98	412	75	117	24	6	11	45	30	80	46	8	.338	.789	.284
2018	ナショナルズ	162	664	103	180	27	6	19	73	69	132	43	9	.344	.760	.271
2019	ナショナルズ	122	521	96	155	37	5	19	57	43	113	35	5	.353	.850	.298
2020	ナショナルズ	59	233	46	78	15	4	12	41	22	36	12	4	.394	.982	.335
2021	ナショナルズ	96	388	66	125	19	3	18	49	26	77	21	3	.369	.890	.322
2021	ドジャース	52	207	41	70	17	0	10	28	15	33	11	2	.385	.950	.338
2021	2チーム計	148	595	107	195	34	3	28	77	41	110	32	5	.375	.911	.328
2022	ドジャース	160	652	101	194	35	4	21	100	45	131	27	3	.343	.809	.298
通算成績		849	3424	586	1033	191	36	124	434	268	673	230	42	.355	.842	.302

波に乗ると長打ラッシュになる長距離砲

ファースト

17 リース・ホスキンス Rhys Hoskins

フィリーズ

30歳 1993.3.17生 | 193cm | 110kg | 右投左打

◆対左投手打率／.286 ◆対右投手打率／.233
◆ホーム打率／.262 ◆アウェー打率／.231 ◆得点圏打率／.292
◆22年のポジション別出場数／ファースト=151、DH=4
◆Ⓓ2014⑤フィリーズ ◆Ⓗカリフォルニア州
◆Ⓨ1200万ドル（約15億6000万円）

ミート	3
パワー	5
走塁	2
守備	2
肩	2

本塁打の生産力はトップクラスだが、好不調の波が大きいフィリーズ生え抜きのスラッガー。長所は、早打ちせず失投をじっくり待てることと、四球をたくさん選べるので出塁率が高いこと。典型的なプルヒッターで、レフトから左中間方向への本塁打が多い。弱点は守備。昨年のエラー12は、メジャーの一塁手で最多の数字。守備範囲の広さもワーストレベルだ。スピードと肩の強さも平均以下で、バット以外で貢献できる部分が少ない。今季終了後にFA権を取得するが、球団は長期契約でつなぎ止める気はないようだ。欲しがっている球団がいくつかあるので、7月末までにトレードされる可能性も。

カモ A・ウェインライト（カーディナルス）.500（14-7）3本　**苦手** I・アンダーソン（ブレーブス）.000（10-0）0本

年度	所属チーム	試合数	打数	得点	安打	二塁打	三塁打	本塁打	打点	四球	三振	盗塁	盗塁死	出塁率	OPS	打率
2017	フィリーズ	50	170	37	44	7	0	18	48	37	46	2	0	.396	1.014	.259
2018	フィリーズ	153	558	89	137	38	0	34	96	87	150	5	3	.354	.850	.246
2019	フィリーズ	160	570	86	129	33	5	29	85	116	173	2	2	.364	.818	.226
2020	フィリーズ	41	151	35	37	9	0	10	26	29	43	1	0	.384	.887	.245
2021	フィリーズ	107	389	64	96	29	0	27	71	47	108	3	2	.334	.864	.247
2022	フィリーズ	156	589	81	145	33	2	30	79	72	169	2	1	.332	.794	.246
通算成績		667	2427	392	588	149	7	148	405	388	689	15	8	.353	.845	.242

不安定な守備がファンの心配の種に

サード

28 アレック・ボーム Alec Bohm

27歳 1996.8.3生 | 196cm | 98kg | 右投右打

◆対左投手打率／.352 ◆対右投手打率／.253
◆ホーム打率／.292 ◆アウェー打率／.269 ◆得点圏打率／.281
◆22年のポジション別出場数／サード=135、ファースト=10、DH=9
◆Ⓓ2018①フィリーズ ◆Ⓗネブラスカ州
◆Ⓨ72万ドル（約9360万円）+α

ミート	4
パワー	3
走塁	2
守備	2
肩	4

昨シーズン、打撃面では苦手にしていた快速球にうまく対応できるようになったが、早打ちで四球が少ないため、出塁率は低いままだった。サードの守備は、依然ワーストレベルだ。エラーが多いだけでなく、打球への反応が遅れてヒットにしてしまうケースが少なくない。今やボームの守備は、フィリーズファンの心配の種になっており、昨年4月12日のメッツ戦では、ルーティーンゴロを処理しただけなのに、一部のファンがスタンディングオベーションでたたえる場面があった。プライドの高いボームは怒り心頭で、ベンチに帰ってから「こんなクソ球場、大嫌いだ！」と叫んでいたが、そのシーンがテレビカメラにとらえられていたため、試合後、謝罪する羽目になった。

カモ C・モートン（ブレーブス）.409（22-9）0本　**苦手** J・グレイ（ナショナルズ）.000（8-0）0本

年度	所属チーム	試合数	打数	得点	安打	二塁打	三塁打	本塁打	打点	四球	三振	盗塁	盗塁死	出塁率	OPS	打率
2020	フィリーズ	44	160	24	54	11	0	4	23	16	36	1	1	.400	.881	.338
2021	フィリーズ	115	380	46	94	15	0	7	47	31	111	4	0	.305	.647	.247
2022	フィリーズ	152	586	79	164	24	3	13	72	31	110	2	3	.315	.713	.280
通算成績		311	1126	149	312	50	3	24	142	78	257	7	4	.324	.715	.277

16 ブランドン・マーシュ *Brandon Marsh*

左投手を苦にしなくなれば、さらなる飛躍も可能　センター

26歳　1997.12.18生｜193cm｜97kg｜右投左打
◆対左投手打率／.188　◆対右投手打率／.262
◆ホーム打率／.262　◆アウェー打率／.229　◆得点圏打率／.306
◆22年のポジション別出場数／レフト=77、センター=59、ライト=2
◆ドラフト2016②エンジェルス　◆出ジョージア州
◆年72万ドル（約9360万円）＋α

ミート 3　パワー 3　走塁 4　守備 5　肩 4

　昨年８月２日のトレードでエンジェルスから移籍し、目を見張る活躍をした身体能力の高い外野手。エンジェルスではセンターにトラウトが居座っているため主にレフトで起用されたが、フィリーズでは適任ポジションのセンターで起用され、外野の守備の要（かなめ）としてフルに機能した。守備面でのウリは、フライの軌道を的確に読んで最短ルートで落下点に入れること。それ以外にも、球際に強い、ジャンプ力がある、強肩で送球も正確、といった長所がある。打者としては、二塁打を量産するギャップヒッター・タイプ。昨年の地区シリーズ第４戦では、ブレーブスのモートンから先制スリーランを放ち、２年連続の世界一を目指すブレーブスに、強烈なボディブローを浴びせた。

カモ D·ダニング（レンジャーズ）.600（10-6）0本　苦手 A·マノア（ブルージェイズ）.000（6-0）0本

年度	所属チーム	試合数	打数	得点	安打	二塁打	三塁打	本塁打	打点	四球	三振	盗塁	盗塁死	出塁率	OPS	打率
2021	エンジェルス	70	236	27	60	12	3	2	19	20	91	6	1	.317	.673	.254
2022	エンジェルス	93	292	34	66	9	2	8	37	22	117	8	2	.284	.637	.226
2022	フィリーズ	41	132	15	38	9	2	3	15	6	41	2	2	.319	.774	.288
2022	2チーム計	134	424	49	104	18	4	11	52	28	158	10	4	.295	.679	.245
通算成績		204	660	76	164	30	7	13	71	48	249	16	5	.303	.677	.248

8 ニック・カステヤノス *Nick Castellanos*

このままでは不良資産化する可能性も　ライト DH

31歳　1992.3.4生｜193cm｜91kg｜右投右打
◆対左投手打率／.295　◆対右投手打率／.254
◆ホーム打率／.250　◆アウェー打率／.276　◆得点圏打率／.292
◆22年のポジション別出場数／ライト=121、DH=12、レフト=3
◆ドラフト2010①タイガース　◆出フロリダ州
◆年2000万ドル（約26億円）　◆シルバースラッガー賞1回（21年）

ミート 3　パワー 4　走塁 3　守備 2　肩 4

　フィリーズ１年目はみじめな成績に終わったスラッガー。一昨年、レッズで34本塁打、100打点をマークしたあとFAになり、５年１億ドルの大型契約でフィリーズに入団。2021年同様、30本、100打点レベルの活躍を期待された。しかし、速球にも変化球にもタイミングが合わないことが多く、強い打球が出る比率が大幅に減少。本塁打は前年比62％も減少した。ライトの守備は、昨年エラーがゼロだったものの、守備範囲の広さはワーストレベル。

カモ C·マキュー（ブレーブス）.462（13-6）1本　苦手 C·モートン（ブレーブス）.083（12-1）0本

年度	所属チーム	試合数	打数	得点	安打	二塁打	三塁打	本塁打	打点	四球	三振	盗塁	盗塁死	出塁率	OPS	打率
2013	タイガース	11	18	1	5	0	0	0	0	0	1	0	0	.278	.556	.278
2014	タイガース	148	533	50	138	31	4	11	66	36	140	2	2	.306	.700	.259
2015	タイガース	154	549	42	140	33	6	15	73	39	152	0	3	.303	.722	.255
2016	タイガース	110	411	54	117	25	4	18	58	28	111	1	1	.331	.827	.285
2017	タイガース	157	614	73	167	36	10	26	101	41	142	4	5	.320	.810	.272
2018	タイガース	157	620	88	185	46	5	23	89	49	151	2	1	.354	.854	.298
2019	タイガース	100	403	57	110	37	3	11	37	31	96	2	1	.328	.790	.273
2019	カブス	51	212	43	68	21	0	16	36	10	47	0	1	.356	1.002	.321
2019	2チーム計	151	615	100	178	58	3	27	73	41	143	2	2	.337	.862	.289
2020	レッズ	60	218	37	49	11	2	14	34	19	69	0	2	.298	.784	.225
2021	レッズ	138	531	95	164	38	1	34	100	41	121	3	1	.362	.938	.309
2022	フィリーズ	136	524	56	138	27	0	13	62	29	130	7	1	.305	.694	.263
通算成績		1222	4633	596	1281	305	35	181	656	323	1160	21	18	.326	.801	.276

野手

5 シーズン後半打撃に開眼した内野のホープ　セカンド
ブライソン・ストット *Bryson Stott*

26歳 1997.10.6生｜190cm｜90kg｜右投左打　対左.263 対右.226 困.239 ⑦.230
得.245 ⑤2019①フィリーズ 囲ネヴァダ州 囲72万ドル（約9360万円）+α

ミ	4
パ	2
走	4
守	4
肩	3

今季はセカンドに回る学習能力の高い内野手。昨季はオープン戦でジラーディ監督の目に留まり、開幕第2戦でメジャーデビュー。ショートのレギュラーだったグレゴリアスがヒザのケガで5月にIL入りすると、その穴埋めに使われることになり、大きなチャンスをつかんだ。だが、連日ショートで先発出場するようになっても、メジャーの投手の質の高い変化球にうまく対応できず、3カ月近く打率が1割台を低空飛行。しかし辛抱強く使い続けた結果、8月に入ったあたりから途切れることなくヒットが出るようになり、打者としてもチームに貢献できるようになった。

年度	所属チーム	試合数	打数	得点	安打	二塁打	三塁打	本塁打	打点	四球	三振	盗塁	盗塁死	出塁率	OPS	打率
2022	フィリーズ	127	427	58	100	19	2	10	49	36	89	12	4	.295	.653	.234
通算成績		127	427	58	100	19	2	10	49	36	89	12	4	.295	.653	.234

24 「ハーパーの代役」以上の仕事をして高評価　DH／ファースト
デリック・ホール *Darick Hall*

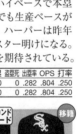

28歳 1995.7.25生｜193cm｜104kg｜右投左打　対左.083 対右.266 困.297 ⑦.208
得.192 ⑤2016⑭フィリーズ 囲アリゾナ州 囲72万ドル（約9360万円）+α

ミ	3
パ	5
走	2
守	2
肩	4

昨年6月29日にメジャーデビューした遅咲きのスラッガー。メジャーに呼ばれたのは、ハーパーが左手親指を骨折し、その代役を務めるパワーヒッターが必要になったからだ。昨季はメジャーに呼ばれるまで、3Aで14.0打数に1本というハイペースで本塁打を生産していたが、変化球にうまく対応できるためメジャーでも生産ペースが落ちず、15.1打数に1本というペースで生産し、称賛された。ハーパーは昨年11月にトミー・ジョン手術を受け、今季の復帰は7月のオールスター明けになる。それまでDHのレギュラーとして起用されるが、15本塁打以上を期待されている。

年度	所属チーム	試合数	打数	得点	安打	二塁打	三塁打	本塁打	打点	四球	三振	盗塁	盗塁死	出塁率	OPS	打率
2022	フィリーズ	42	136	19	34	8	1	9	16	5	44	0	0	.282	.804	.250
通算成績		42	136	19	34	8	1	9	16	5	44	0	0	.282	.804	.250

2 ハッスルプレーでチームを盛り上げる　セカンド／サード　移籍
ジョシュ・ハリソン *Josh Harrison*

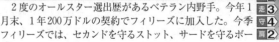

36歳 1987.7.8生｜173cm｜86kg｜右投右打　対左.250 対右.258 困.260 ⑦.253
得.213 ⑤2008⑥カブス 囲オハイオ州 囲200万ドル（約2億6000万円）

ミ	3
パ	2
走	4
守	4
肩	2

2度のオールスター選出歴があるベテラン内野手。今年1月末、1年200万ドルの契約でフィリーズに加入した。今季フィリーズでは、セカンドを守るストット、サードを守るボームのバックアップを務めることになる。体は小さいが、エネルギッシュなプレーぶりで球場をわかせる。その持ち味は35歳になった昨季も変わっていなかった。打撃面ではコースに逆らわないバッティングを見せ、逆方向へのヒットが多い。守備では背面キャッチが得意で、内野の後方にふらふらっと上がった打球を好捕し、投手をよく助けている。叔父のジョン・シェルビーは元メジャーの外野手。

年度	所属チーム	試合数	打数	得点	安打	二塁打	三塁打	本塁打	打点	四球	三振	盗塁	盗塁死	出塁率	OPS	打率
2022	ホワイトソックス	119	386	50	99	19	2	7	27	21	71	2	1	.317	.687	.256
通算成績		1168	3894	492	1059	215	32	71	378	184	642	91	37	.318	.716	.272

大谷翔平から三振を奪った内野手

ユーティリティ　移籍

━ コーディ・クレメンス Kody Clemens

27歳 1996.5.15生 | 185cm | 90kg | 右投左打 | 対左.273 対右.116 ホ.231 ア.038 得.200 ド2018③タイガース 田テキサス州 年72万ドル（約9360万円）+α

ミ	2
バ	3
走	2
守	3
肩	3

サイ・ヤング賞を7度受賞した、大投手ロジャー・クレメンスの息子。オフのトレードで、タイガースから移籍した。昨年5月31日のツインズ戦でメジャーデビュー。6月13日のホワイトソックス戦で、メジャー19打席目にしてようやく初ヒットを記録した。昨季はサード、ファースト、セカンド、レフトを守ったほか、敗戦処理で7試合、投手も経験。9月5日のエンジェルス戦では、110キロのスローボールで大谷翔平から見逃し三振を奪い、話題になった。翌日、大谷がそのボールに「What a nasty pitch!（なんてやっかいな投球だ！）」とサインをしてくれ、大感激した。

年度	所属チーム	試合数	打数	得点	安打	二塁打	三塁打	本塁打	打点	四球	三振	盗塁	盗塁死	出塁率	OPS	打率
2022	タイガース	57	117	13	17	4	0	5	17	8	33	1	0	.197	.505	.145
通算成績		57	117	13	17	4	0	5	17	8	33	1	0	.197	.505	.145

進化が止まったフリースインガー

ユーティリティ

33 エドマンド・ソーサ Edmundo Sosa

27歳 1996.3.6生 | 183cm | 95kg | 右投右打 | 対左.232 対右.223 ホ.247 ア.205 得.231 ド2012⑩カーディナルス 田パナマ 年95万ドル（約1億2350万円）+α

ミ	3
バ	2
走	3
守	4
肩	4

昨年7月末にカーディナルスから移籍した、グラブで貢献するタイプの内野手。移籍後は、ゲームが接戦の場合は守備に難があるボームに代わってサードの守備固めに入ったほか、プラトーンでセカンドやショートに起用されることもあった。打撃面では、早いカウントから何にでも手を出すフリースインガーで、四球をほとんど選べないため出塁率が低い。以前は快速球をコンパクトなスイングで振り抜いてライナーで弾き返していたが、最近は差し込まれることが多くなり、それが打率低下の一因になっている。パナマ出身で結婚はまだだが、ナジャちゃんという娘がいる。

年度	所属チーム	試合数	打数	得点	安打	二塁打	三塁打	本塁打	打点	四球	三振	盗塁	盗塁死	出塁率	OPS	打率
2022	カーディナルス	53	122	17	23	4	3	0	8	4	38	3	1	.244	.514	.189
2022	フィリーズ	25	54	9	17	7	1	2	13	1	12	0	0	.345	.938	.315
2022	2チーム計	78	176	26	40	11	4	2	21	5	50	6	1	.275	.644	.227
通算成績		202	474	68	120	19	8	4	48	24	116	11	5	.321	.699	.253

40 サイモン・ムズィオティ Simon Muzziotti

外野手　期待度 B⁻　ルーキー

25歳 1998.12.27生 | 185cm | 79kg | 左投左打 ◆昨季はメジャーで9試合に出場 ド2015⑩レッドソックス 田ベネズエラ

パワーには欠けるがミートがうまく、選球眼も良い好打者。守備でのウリはフライの軌道を的確に読んで、落下点に最短距離で到達できることと、外野のどのポジションで使っても平均レベルか、それ以上の守備を期待できること。メジャーデビュー後は、4人目の外野手で使うと生きるタイプだ。

━ ヨハン・ロハス Johan Rojas

外野手　期待度 A⁻　ルーキー

23歳 2000.8.14生 | 185cm | 74kg | 右投右打 ◆昨季は1A+、2Aでプレー ド2018フィリーズ 田ドミニカ

スピードとパワーを併せ持つ、オールスター級の選手に成長する可能性がある逸材。昨年は球種の見極めが良くなり、チェンジアップやスライダーに、簡単に引っかからなくなった。外野の守備は、守備範囲が広く、球際にも強い。最適のポジションはセンターだが、肩も強いのでライト向きでもある。

対左＝対左投手打率　対右＝対右投手打率　ホ＝ホーム打率　ア＝アウェー打率　得＝得点圏打率　ド＝ドラフトデータ　田＝出身地　年＝年俸

マイアミ・マーリンズ

◆創　立：1993年
◆本拠地：フロリダ州マイアミ市
◆ワールドシリーズ制覇：2回／◆リーグ優勝：2回
◆地区優勝：0回／◆ワイルドカード獲得：3回

主要オーナー▶ ブルース・シャーマン（スポーツ企業家）

過去5年成績

年度	勝	負	勝率	ゲーム差	地区順位	ポストシーズン成績
2018	63	98	.391	26.5	⑤	－
2019	57	105	.352	40.0	⑤	－
2020	31	29	.517	4.0	②	地区シリーズ敗退
2021	67	95	.414	21.5	④	－
2022	69	93	.426	32.0	④	－

監督　■ スキップ・シューマーカー *Skip Schumaker*

◆年　齢…………43歳（カリフォルニア州）
◆現役時代の経歴…11シーズン
　（外野手、セカンド）カーディナルス（2005〜12）、ドジャース（2013）、レッズ（2014〜15）
◆現役通算成績……1149試合　.278　28本　284打点
◆監督経歴…………メジャーでの監督経験なし

　選手時代から、リーダーシップを高く評価されていたマーリンズの新監督。現役引退後、パドレスのコーチを経て、昨季はカーディナルスでベンチコーチを務めていた。マーリンズの監督就任会見では、最も大切なこととして、選手やスタッフとの「コミュニケーション」を挙げている。5歳のとき、オーレル・ハーシュハイザー（メジャー通算203勝の元投手）にサインをもらい、感動。彼の背番号である「55」を、選手・コーチ時代に、好んで背負ってきた。

注目コーチ▶ ■ ジョン・ジェイ *Jon Jay*

　新一塁ベースコーチ。38歳。外野守備も担当する。地元マイアミのキューバ系住民の居住地域出身。シューマーカー新監督は、カーディナルス時代の元チームメイトだ。

編成責任者▶ キム・アング *Kim Ng*

　55歳。2020年11月、就任。メジャー初の「女性GM」として話題になった。中国系アメリカ人で、メジャー初の「東アジア系GM」でもある。夫はワイン会社のオーナー。

スタジアム▶ ローンデポ・パーク *LoanDepot Park*

◆開場年…………2012年
◆仕　様…………人工芝、開閉式屋根付き
◆収容能力………37,446人
◆フェンスの高さ…2.7〜3.7m
◆特　徴…………他球場に比べて、外野が広く、ホームランが出にくい。住宅ローン会社のローンデポ社が、命名権を持っている。人気球場飯は、牛肉、ポテトなど、ぎっしり詰め込んだ食材に、秘伝のソースをかけた「ピンチョス・バーガー」。

ピッチャーズパーク

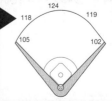

Best Order [ベストオーダー]

① ジャズ・チゾム・ジュニア……センター
② ルイス・アラエズ……セカンド
③ ジーン・セグーラ……サード
④ ギャレット・クーパー……ファースト
⑤ アヴィサイル・ガルシア……ライト
⑥ ホルヘ・ソレーア……DH
⑦ ジョーイ・ウェンドル……ショート
⑧ ブライアン・デラクルーズ……レフト
⑨ ジェイコブ・スターリングス……キャッチャー

Depth Chart [ポジション別選手層・メンバーリスト]

※2023年2月13日時点の候補選手。数字は背番号（開幕前に変更する場合もあり）、右・左等は投・打の順。

センター
2 ジャズ・チゾム・ジュニア [右・左]
14 ブライアン・デラクルーズ [右・右]
7 ヘスース・サンチェス [右・左]

レフト
14 ブライアン・デラクルーズ [右・右]
7 ヘスース・サンチェス [右・左]

ライト
24 アヴィサイル・ガルシア [右・右]
14 ブライアン・デラクルーズ [右・右]

ショート
18 ジョーイ・ウェンドル [右・左]
9 ジーン・セグーラ [右・右]
10 ジョーダン・グロシャンズ [右・右]

セカンド
3 ルイス・アラエズ [右・左]
2 ジャズ・チゾム・ジュニア [右・左]
5 ジョン・バーティ [右・右]

ローテーション
22 サンディ・アルカンタラ [右・右]
47 ジョニー・クエト [右・右]
44 ヘスース・ルザード [左・左]
27 エドワード・カブレラ [右・右]
28 トレヴァー・ロジャーズ [左・左]
29 ブラクストン・ギャレット [左・右]

サード
9 ジーン・セグーラ [右・右]
5 ジョン・バーティ [右・右]
10 ジョーダン・グロシャンズ [右・右]

ファースト
26 ギャレット・クーパー [右・右]
3 ルイス・アラエズ [右・左]

キャッチャー
58 ジェイコブ・スターリングス [右・右]
4 ニック・フォーテス [右・右]

DH
12 ホルヘ・ソレーア [右・右]
26 ギャレット・クーパー [右・右]
24 アヴィサイル・ガルシア [右・右]

ブルペン
36 ディラン・フローロ [右・左] CL
66 タナー・スコット [左・右]
48 スティーヴン・オカート [左・右]
84 JT・シャゴワー [右・両]
32 マット・バーンズ [右・右]
31 ワスカル・ブラジバン [右・右]
37 アンソニー・ベンダー [右・右]
51 トミー・ナンス [右・右]
33 アンドルー・ナルディ [左・右]
— A.J.パク [左・左]

※ CL =クローザー

マーリンズ試合日程……＊はアウェーでの開催

3月30・31・4月1・2	メッツ	5月2・3・4	ブレーブス	2・3・4	アスレティックス
3・4・5	ツインズ	5・6・7	カブス＊	5・6・7	ロイヤルズ
6・8・9	メッツ＊	8・9・10	ダイヤモンドバックス＊	9・10・11	ホワイトソックス＊
10・11・12	フィリーズ＊	12・13・14	レッズ	12・13・14	マリナーズ
14・15・16	ダイヤモンドバックス	16・17・18	ナショナルズ	16・17・18	ナショナルズ＊
17・18・19	ジャイアンツ	19・20・21	ジャイアンツ＊	19・20・21	ブルージェイズ
21・22・23	ガーディアンズ＊	22・23・24・25	ロッキーズ＊	22・23・24・25	パイレーツ
24・25・26・27	ブレーブス＊	26・27・28	エンジェルス＊	27・28・29	レッドソックス＊
28・29・30	カブス	30・31・6月1	パドレス	30・7月1・2	ブレーブス＊

球団メモ　創設から30年、地区優勝は一度もない。ただ、ワイルドカードで3度ポストシーズンに進出しており、1997年と2003年には、ワールドシリーズを制覇している。

マーリンズ

■投手力 ➡…★★★☆☆【昨年度チーム防御率3.87、リーグ8位】

昨季、エースのアルカンタラがサイ・ヤング賞を受賞。投手陣を引っ張り、先発防御率はリーグ4位の3.70だった。ただ、オフのトレードで、ローテーション2番手のロペスがツインズへ移籍。今季のローテーションには、実績あるクエトが加わり、楽しみな若手（ルザード、カブレラ）もいるが、ロペスの穴を埋めるのは難しいだろう。それでも先発ローテーションは、平均レベルは維持。それに対してリリーフ陣は、「中の下」レベル。

■攻撃力 ➡…★★☆☆☆【昨年度チーム得点586、リーグ15位】

オフにロハスとアンダーソンが抜けたが、昨季のアメリカン・リーグ首位打者アラエズをトレードでツインズから獲得し、フィリーズをFAになった好打者セグーラも迎え入れた。この2人が打線の上位に入ることで、昨季リーグワーストだったチーム得点数は、アップするだろう。ただ、ホームランを期待できる選手が少ないので、相手投手に与える脅威は少ない打線だ。

■守備力 ➡…★★★☆☆【昨年度チーム失策数69、リーグ3位タイ】

昨季ゴールドグラブ賞の候補にもなった、好守の遊撃手ロハスがドジャースへ移籍した。ただ、今季の正遊撃手候補ウェンデルも、平均以上の守備力がある。サードがアンダーソンからセグーラに変わるのは、多少プラスか。

■機動力 ➡…★★★★☆【昨年度チーム盗塁数122、リーグ1位】

昨季、バーティが41盗塁をマークして、盗塁王のタイトルを獲得。チゾム・ジュニア、ウェンデル、新加入のセグーラもスピードがある。

総合評価
★★☆☆☆

2021年オフ、打線のテコ入れを図ったが、得点力のアップにはつながらなかった。今回のオフも、計算が立つアラエズ、セグーラを獲得して打線の強化に努めてはいるものの、上位3チーム（ブレーブス、メッツ、フィリーズ）との差は開いてしまった感がある。

IN　主な入団選手	OUT　主な退団選手
投手	投手
ジョニー・クエト←ホワイトソックス	パブロ・ロペス→ツインズ
JT・シャゴワー←レイズ	エリエザー・ヘルナンデス→メッツ
A.J.パク←アスレティックス	野手
野手	ミゲール・ロハス→ドジャース
ルイス・アラエズ←ツインズ	ブライアン・アンダーソン→ブリュワーズ
ジーン・セグーラ←フィリーズ	JJ・ブレディ→アスレティックス

3・4・5・6	カーディナルス	4・5・6	レンジャーズ*	5・6・7	ドジャース
7・8・9	フィリーズ	7・8・9	レッズ*	8・9・10	フィリーズ*
11	オールスターゲーム	11・12・13	ヤンキース	11・12・13・14	ブリュワーズ*
14・15・16	オリオールズ*	14・15・16	アストロズ	15・16・17	ブレーブス
17・18・19	カーディナルス*	18・19・20	ドジャース*	18・19・20	メッツ
21・22・23	ロッキーズ	21・22・23	パドレス*	22・23・24	ブリュワーズ
25・26	レイズ*	25・26・27	ナショナルズ	26・27・28	メッツ*
28・29・30	タイガース	29・30	レイズ	29・30・10月1	パイレーツ*
31・8月1・2・3	フィリーズ	31・9月1・2・3	ナショナルズ*		

投 **手**

ドミニカ人3人目のサイ・ヤング賞受賞

先発

22 サンディ・アルカンタラ

Sandy Alcantara ★WBCドミニカ代表

28歳 1995.9.7生 | 196cm | 90kg | 右投右打
◆速球のスピード／150キロ台後半（シンカー、フォーシーム）
◆決め球と持ち球／☆シンカー、☆フォーシーム、◎スライダー、◎チェンジアップ、○カーブ
◆対左打者被打率／.196 ◆対右打者被打率／.231
◆ホーム防御率／1.64 ◆アウェー防御率／3.01
◆ドラフトデータ／2013㊐カーディナルス
◆出身地／ドミニカ ◆年俸／600万ドル（約7億8000万円）
◆サイ・ヤング賞1回（22年）

球威 5
制球 4
緩急 4
守備・牽制 3
度胸 4

パワーとスキルを兼ね備えた完投能力の高いエース右腕。昨季はナショナル・リーグのサイ・ヤング賞に、満場一致で選出された。ドミニカ人としてはバートロ・コローン、ペドロ・マルティネス（2回）に続き、史上3人目。今回の受賞は、子供の頃からあこがれだったそのペドロから発表された。併せて選手が選ぶ最優秀投手賞、ホワン・マリシャル賞（最優秀ドミニカ選手賞）も受賞。なにしろ、全登板のうち22試合で7回以上を投げ、うち完投がダントツの6度、終わってみれば2年連続で200イニングと200奪三振を達成し、貢献度を測るWARが「ファングラフス」版で5.7、「ベースボールリファレンス」版で8.1と、ともに投手部門1位となったのだから、21世紀になって10人目の満票受賞も当然の結果と言える。

長いイニングを投げることができるのは、抜群の耐久性を備えているうえに、試合序盤にはあえて三振を狙わず球数を抑え、本人が最も重視する6～8回にかけてギアをあげるからだ。球速も、終盤に最速をマークすることが多い。球種は、ときに160キロを超えるハードシンカー、チェンジアップ、曲がり幅の大きいスライダー。これにフォーシームを加え、それぞれ均等に投げ分けていく。昨季中に投じた3248球は、すべてジェイコブ・スターリングスが受けている。サイ・ヤング賞投手で、1人の捕手だけに投げたのは、メジャー史上3人目だった。

赤いグラブの外側には、2021年7月に肺癌（はいがん）で亡くなった母フランシスカさんと、4年前にバイク事故で命を落とした弟レクシーさんへの思いを込めて、青い大文字で「RIP MOM & LEXI」と刺繍（ししゅう）がほどこされている。本人は「5日に1度、僕は家族と一緒にマウンドに上がる」、そして「彼らはここから僕を支えてくれている」と語っている。

カモ M・オルソン（ブレーブス）.000（10-0）0本 N・アレナード（カーディナルス）.071（14-1）0本
苦手 M・オズーナ（ブレーブス）.462（13-6）0本 M・マチャード（パドレス）.625（8-5）0本

年度	所属チーム	勝利	敗戦	防御率	試合数	先発	セーブ	投球イニング	被安打	失点	自責点	被本塁打	与四球	奪三振	WHIP
2017	カーディナルス	0	0	4.32	8	0	0	8.1	9	6	4	2	6	10	1.80
2018	マーリンズ	2	3	3.44	6	6	0	34.0	25	13	13	3	23	30	1.41
2019	マーリンズ	6	14	3.88	32	32	0	197.1	179	94	85	23	81	151	1.32
2020	マーリンズ	3	2	3.00	7	7	0	42.0	35	22	14	4	15	39	1.19
2021	マーリンズ	9	15	3.19	33	33	0	205.2	171	85	73	21	50	201	1.07
2022	マーリンズ	14	9	2.28	32	32	0	228.2	174	67	58	16	50	207	0.98
通算成績		34	43	3.10	118	110	0	716.0	593	287	247	69	225	638	1.14

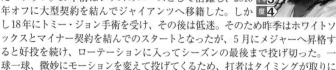

先発 **移籍**

47 ジョニー・クエト *Johnny Cueto*
くねくねした投球モーションで打者をまどわす

★WBCドミニカ代表

37歳 1986.2.15｜180cm｜103kg 右投右打 國140キロ台後半（シンカー、フォーシーム）図◎チェンジアップ
対左.277 対右.258 ⑤2004⑩レッズ 囲ドミニカ 囲600万ドル（約7億8000万円）◆最多奪三振1回（2014年）

球制緩キレ度

1年契約で加入した、打者のタイミングを外すことに長けたベテラン。10年前はレッズのエースとして活躍し、2015年オフに大型契約を結んでジャイアンツへ移籍した。しかし18年にトミー・ジョン手術を受け、その後は低迷。そのため昨季はホワイトソックスとマイナー契約を結んでのスタートとなったが、5月にメジャーへ昇格すると好投を続け、ローテーションに入ってシーズンの最後まで投げ切った。一球一球、微妙にモーションを変えて投げてくるため、打者はタイミングが取りにくい。球種はシンカー、フォーシーム、チェンジアップ、スライダー、カッター。

年度	所属チーム	勝利	敗戦	防御率	試合数	先発	セーブ	投球イニング	被安打	失点	自責点	被本塁打	与四球	奪三振	WHIP
2022	ホワイトソックス	8	10	3.35	25	24	0	158.1	161	66	59	15	33	102	1.23
通算成績		143	107	3.44	355	353	0	2192.2	2029	910	839	232	619	1812	1.21

先発

44 ヘスース・ルザード *Jesus Luzardo*
史上初のペルー生まれのメジャーリーガー

★WBCベネズエラ代表

26歳 1997.9.30生｜183cm｜98kg 左投左打 國150キロ台中頃（フォーシーム、シンカー）図◎チェンジアップ
対左.203 対右.189 ⑤2016③ナショナルズ 囲ペルー 囲245万ドル（約3億1850万円）

球制緩キレ度

ケガさえなければエース級の働きも期待できる速球派左腕。開幕ローテーション入りした昨季は、5月半ばに前腕部を痛めてIL（故障者リスト）入りし、復帰までに70日以上を費やした。8月にマウンドに戻って以降は、12登板のうち9試合でQS。とくに最終登板のブレーブス戦では、6回4安打無失点、キャリアハイの12奪三振をマークした。スライダーとチェンジアップを決め球に、右打者も苦にしない。開幕からしっかり投げ続けることができれば、一流の仲間入りも可能だ。ベネズエラ人の両親のもと、ペルーのリマで生まれたが、1歳の頃からずっとアメリカ暮らし。

年度	所属チーム	勝利	敗戦	防御率	試合数	先発	セーブ	投球イニング	被安打	失点	自責点	被本塁打	与四球	奪三振	WHIP
2022	マーリンズ	4	7	3.32	18	18	0	100.1	69	40	37	10	35	120	1.04
通算成績		13	18	4.59	61	45	2	266.2	238	142	136	40	103	293	1.28

先発

27 エドワード・カブレラ *Edward Cabrera*
17歳からマーリンズで育った生え抜き

25歳 1998.4.13生｜196cm｜98kg 右投右打 國150キロ台後半（フォーシーム、シンカー）図◎チェンジアップ
対左.168 対右.185 ⑤2015⑩マーリンズ 囲ドミニカ 囲72万ドル（約9360万円）＋α

球制緩キレ度

マーリンズの下部組織で成長してきた次世代のエース候補。ときに160キロを超える速球とチェンジアップ、スライダーを駆使して三振を数多く奪っていくスタイル。昨季はマイナーで開幕を迎えたあと、6月1日に昇格し、いきなり6回無失点でメジャー初勝利を果たすも、15日には右ヒジに炎症が発生してIL入り。復帰までに2カ月以上要した。その後、防御率1点台と快投を続けた8月に比べ、9月はやや調子を落としたが、今季に向けて期待をいだかせる内容ではあった。ただ、10月初旬には右足首の捻挫で離脱するなど、健康状態を維持することが、必須課題と言える。

年度	所属チーム	勝利	敗戦	防御率	試合数	先発	セーブ	投球イニング	被安打	失点	自責点	被本塁打	与四球	奪三振	WHIP
2022	マーリンズ	6	4	3.01	14	14	0	71.2	44	24	24	10	33	75	1.07
通算成績		6	7	3.77	21	21	0	98.0	68	44	41	16	52	103	1.22

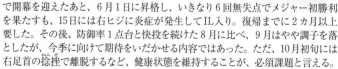

國=速球のスピード 図=決め球 対左=対左打者被打率 対右=対右打者被打率
⑤=ドラフトデータ 囲=出身地 囲=年俸

マーリンズ

背中の痛みが解消すれば左腕エース候補 先発

28 トレヴァー・ロジャーズ Trevor Rogers

26歳 1997.11.13生 | 196cm | 98kg | 左投左打 球150キロ台前半（フォーシーム） 決◎チェンジアップ
対左.194 対右.298 ド2017①マーリンズ 田ニューメキシコ州 年72万ドル（9360万円）+α

球速 2
制球 4
緩急 3
守備 4
度 4

いまだ才能を眠らせている、2017年のドラフト1巡目指名左腕。新人王投票2位と飛躍を遂げた21年に続いて期待が寄せられた昨季は、ほぼすべての面で成績を低下させた。三振が思うように奪えず、奪三振率、与四球率が悪化。とくに決め球のスライダーで空振りが取れず、長打を食うケースが増えた。7月末と9月中旬には広背筋を痛めてIL入りしており、不調の原因の1つには、身体的なコンディションがあったとも考えられる。今季はケガなく過ごせることが、首脳陣の望みだ。17歳上のいとこに、マーリンズでのプレー経験もある元外野手のコーディ・ロスがいる。

年度	所属チーム	勝利	敗戦	防御率	試合数	先発	セーブ	投球イニング	被安打	失点	自責点	被本塁打	与四球	奪三振	WHIP
2022	マーリンズ	4	11	5.47	23	23	0	107.0	116	69	65	15	45	106	1.50
通算成績		12	21	4.13	55	55	0	268.0	255	135	123	26	104	302	1.34

高校時代は米国代表のエリートサウスポー 先発

29 ブラクストン・ギャレット Braxton Garrett

26歳 1997.8.5生 | 188cm | 91kg | 左投右打 球140キロ台後半（フォーシーム） 決◎スライダー
対左.173 対右.280 ド2016①マーリンズ 田アラバマ州 年72万ドル（約9360万円）+α

球速 3
制球 4
緩急 2
守備 3
度 4

早くローテーションの中心に成長したい元プロスペクト（有望株）。高校時代は外野も守る二刀流で、通算打率3割9分4厘。「WBSC U-18ワールドカップ」では、米国代表として金メダル獲得に貢献した。2016年のドラフトで1巡目（全体7位）に指名され、入団。翌年7月に、トミー・ジョン手術を受けている。飛躍が期待された昨季は、右肩のケガのため初登板は6月。7月以降は安定感が出たものの、8月には右脇腹を痛めて離脱するなど満足のいく結果は残せなかった。投球全体の30%以上を占めるスライダーが主武器。今季はもっとイニングをかせげるようになれるか注目。

年度	所属チーム	勝利	敗戦	防御率	試合数	先発	セーブ	投球イニング	被安打	失点	自責点	被本塁打	与四球	奪三振	WHIP
2022	マーリンズ	3	7	3.58	17	17	0	88.0	86	38	35	9	24	90	1.25
通算成績		5	10	4.10	27	26	0	129.2	136	64	59	15	49	130	1.43

速球とスライダーの強力なツーピッチ セットアップ クローザー

66 タナー・スコット Tanner Scott

29歳 1994.7.22生 | 183cm | 106kg | 左投右打 球150キロ台後半（フォーシーム） 決◎スライダー
対左.231 対右.238 ド2014⑥オリオールズ 田オハイオ州 年283万ドル（約3億6790万円）

球速 5
制球 2
緩急 3
守備 4
度 4

ストライクさえ入れば一級品のクローザー候補。昨季開幕直前の4月3日にオリオールズからトレード移籍し、チーム最多、ナショナル・リーグ8位の登板数を記録した。160キロに達する豪速球と、全投球の6割を占める強烈なスライダーは、左右両方の打者にとって脅威であり、奪三振率12.9は申し分ない数字。だが、課題の制球力は依然として改善されていない。与四球率6.6は最悪レベルだ。試合終盤で勝ちゲームを台無しにするのも、ほぼ四球によって自滅するパターンの繰り返し。このまま今季も荒れ続けるようだと、クローザーを任せるわけにはいかないだろう。

年度	所属チーム	勝利	敗戦	防御率	試合数	先発	セーブ	投球イニング	被安打	失点	自責点	被本塁打	与四球	奪三振	WHIP
2022	マーリンズ	4	5	4.31	67	0	20	62.2	55	34	30	5	46	90	1.61
通算成績		13	13	4.61	237	0	21	218.2	200	125	112	22	142	298	1.56

球=速球のスピード 決=決め球 対左=対左打者被打率 対右=対右打者被打率
ド=ドラフトデータ 田=出身地 年=年俸

チャンピオンリングを持っている抑え投手

クローザー/セットアップ

36 ディラン・フローロ *Dylan Floro*

33歳 1990.12.27生｜188cm｜91kg｜右投右打 園150キロ前後（シンカー、フォーシーム）図◎チェンジアップ
対左.293 対右.202 图2012⑬レイズ 囲カリフォルニア州 囲390万ドル（約5億700万円）

球 **3**
制 **4**
緩 **4**
守 **4**
度 **4**

移籍2年目に安定感のある投球を見せたリリーフ右腕。昨シーズンは4月に右肩の故障で出遅れたため、スタートは5月に入ってから。当初はミドルリリーフの役割をになっていたが、終盤にはスコットに代わってクローザーへ。10セーブのうち7つは、シーズン最後の1カ月にマークしたものだ。ドジャース時代の3年前あたりから、チェンジアップの質が向上したため、元来の鋭いシンカーやスライダーとのバランスが良くなってレベルアップした。バットの芯を外して打ち取るタイプ。難点は奪三振率が平均レベルであること。今季はクローザーとしてシーズンを迎える。

年度	所属チーム	勝利	敗戦	防御率	試合数	先発	セーブ	投球イニング	被安打	失点	自責点	被本塁打	与四球	奪三振	WHIP
2022	マーリンズ	1	3	3.02	56	0	10	53.2	48	23	18	4	15	48	1.17
通算成績		21	16	3.15	268	0	25	277.1	265	112	97	16	88	249	1.27

3年前には未契約の苦しみを経験

セットアップ

48 スティーヴン・オーカート *Steven Okert*

32歳 1991.7.9生｜188cm｜91kg｜左投右打 園150キロ前後（フォーシーム）図◎スライダー
対左.239 対右.152 图2012④ジャイアンツ 囲カリフォルニア州 囲72万ドル（約9360万円）＋α

球 **3**
制 **2**
緩 **2**
守 **4**
度 **4**

試合の行方を左右する場面で登板するサウスポー。昨季は開幕からフル稼働で登板し、好投。8月末時点の防御率は2.35だった。だが、疲れが出た9月以降、逆転や勝ち越しを許す場面が増え、下旬に左上腕三頭筋を痛めてシーズンを終えた。投球の70%近くがスライダー、残りがフォーシームというツーピッチ投手。失点の場面では必ずと言っていいほど四球がからむので、制球力の向上が生き残りへの必須条件だ。2019年オフにジャイアンツからFAになったあと、20年は無所属。代理人が元マーリンズのトム・コーラーだったことで、翌21年、マーリンズとの契約にこぎつけた。

年度	所属チーム	勝利	敗戦	防御率	試合数	先発	セーブ	投球イニング	被安打	失点	自責点	被本塁打	与四球	奪三振	WHIP
2022	マーリンズ	5	5	2.98	60	0	0	51.1	34	19	17	8	26	63	1.17
通算成績		9	7	3.38	164	0	0	135.2	98	55	51	18	56	147	1.14

― ジョシュ・シンプソン *Josh Simpson*

リリーフ ｜ 期待度 **C+** ｜ ルーキー

26歳 1997.8.19生｜188cm｜86kg｜左投左打 ◆昨季は2A、3Aでプレー 图2019㉜マーリンズ 囲コネティカット州

ハイレベルなカーブを武器にするリリーフ左腕。球種はほかに、150キロ台前半のフォーシーム、カッター、チェンジアップ。課題は制球力。大学時代にトミー・ジョン手術を受け、2018年シーズンを全休。19年のドラフトで、マーリンズから32巡目に指名され、契約金2万5000ドルでプロ入り。

― ユーリ・ペレス *Eury Perez*

先発 ｜ 期待度 **A−** ｜ ルーキー

20歳 2003.4.15生｜203cm｜99kg｜右投右打 ◆昨季は1A、2Aでプレー 图2019⑳マーリンズ 囲ドミニカ

マーリンズのナンバーワン有望株。長身から投げ下ろす最速158キロの速球が、最大の武器。チェンジアップ、カーブも一級品だ。ドミニカ出身。今年4月に20歳になる若者だが、今季中のメジャー昇格が濃厚になっている。16歳のときに193センチだった身長は、2メートルを超えるまでに成長。

マーリンズ

アーロン・ジャッジの三冠王を阻止

セカンド **移籍**

3 ルイス・アラエズ
Luis Arraez ★WBCベネズエラ代表

26歳 1997.4.9生／178cm／79kg／右投左打

◆対左投手打率／.265(113-30) ◆対右投手打率／.329(434-143)
◆ホーム打率／.327(278-91) ◆アウェー打率／.305(269-82)
◆得点圏打率／.366(93-34)
◆22年のポジション別出場数／ファースト=65、セカンド=41、DH=38、サード=7
◆ドラフトデータ／⑧ツインズ
◆出身地／ベネズエラ
◆年俸／610万ドル(約7億9300万円)
◆首位打者1回(22年)、シルバースラッガー賞1回(22年)

ミート **5**
パワー **2**
走塁 **3**
守備 **4**
肩 **3**

　昨季までツインズでプレーしていた、ベネズエラ出身の安打製造機。昨季はアメリカン・リーグの首位打者に輝き、シルバースラッガー賞も獲得。ノミネートされたのは、昨年新設された「ユーティリティ部門」で、大谷翔平、ルイス・レンヒーフォらを抑えての受賞となった。年が明けた今年1月、パブロ・ロペスらとのトレードで、マーリンズへ移籍。首位打者がその年のオフにトレードされるのは、ロッド・カルー以来、メジャー44年ぶりのこと。カルーも、ツインズからの移籍だった。

　以前からその安打生産能力は高く評価されており、昨季も開幕から好調をキープ。打率は一時、3割6分台に達した。しかしハムストリングの状態が万全ではなく、8月下旬から打率が少しずつ下がり始め、9月上旬には打率が3割1分台に。そして低下する打率と反比例するかのように、アラエズを取り巻く首位打者レースへの注目度は高まっていった。ヤンキースのアーロン・ジャッジに、三冠王の可能性が出てきたためだ。9月20日にジャッジの打率がアラエズを上回ったが、30日にアラエズが再逆転。最終的な打率は3割1分6厘で、ジャッジとはわずか5厘差だった。

　打撃面の特徴は、広角に打球を打ち分けるスプレーヒッターであること。フィールド全体にまんべんなくヒットを放つことから、「スプリンクラー」の異名がある。選球眼が良く、空振りが非常に少ないことも大きな長所。昨季は打席に占める三振の割合が7.1%だったが、これは規定打席に到達したメジャーの選手の中で、最も優れた数字だった。

　昨季は、イチローの「お気に入りの選手」としても話題を集めた。6月のマリナーズとの3連戦期間に、イチローから直接激励され、「彼が僕にずっと注目していたなんて、思ってもいなかったよ」と感激していた。

カモ M・クレヴィンジャー(ホワイトソックス).500(16-8)0本　B・シンガー(ロイヤルズ).421(19-8)0本
苦手 C・カラスコ(メッツ).000(5-0)0本　G・ソト(フィリーズ).000(5-0)0本

年度	所属チーム	試合数	打数	得点	安打	二塁打	三塁打	本塁打	打点	四球	三振	盗塁	盗塁死	出塁率	OPS	打率
2019	ツインズ	92	326	54	109	20	1	4	28	36	29	2	2	.399	.838	.334
2020	ツインズ	32	112	16	36	9	0	0	13	8	11	0	0	.364	.766	.321
2021	ツインズ	121	428	58	126	17	6	2	42	43	48	2	2	.357	.733	.294
2022	ツインズ	144	547	88	173	31	1	8	49	50	43	4	4	.375	.795	.316
通算成績		389	1413	216	444	77	8	14	132	137	131	8	8	.374	.784	.314

「30-30」が期待できる希望の星 センター

2 ジャズ・チゾム・ジュニア *Jazz Chisholm Jr.*

マーリンズ

25歳 1998.2.1生｜180cm｜83kg｜右投左打

◆対左投手打率／.143　◆対右投手打率／.275
◆ホーム打率／.286　◆アウェー打率／.222　◆得点圏打率／.366
◆22年のポジション別出場数／セカンド＝60
◆Ⓓ2015㉟ダイヤモンドバックス　◆⊞バハマ
◆㊷72万ドル（約9360万円）＋α

ミート	3
パワー	4
走塁	5
守備	4
肩	4

　チームとMLBの将来をになう、好守好打のリードオフマン。現役では2人しかいない、バハマ出身のメジャーリーガーだ。ブレイクを果たした一昨年に続き、昨季も開幕から主に1番打者で躍動。オールスターのファン投票では、セカンド部門で選出された。しかし、故障で出場できず、昨年は6月末でシーズンを終えている。今季はアラエズの加入により、センターでプレー。本人はコンバートに前向きだ。華のあるプレースタイル、独特のファッションなど、スター性も十分。メジャーを代表する選手になると期待されており、ビデオゲーム『MLB The Show 2023』（今季開幕直前に発売予定）のカバーアスリートにも抜擢された。ちなみに同ゲームの2021年版はフェルナンド・タティース・ジュニア、2022年版は大谷翔平がパッケージの表紙を務めている。

カモ I・アンダーソン（ブレーブス）.385(13-5)1本　**苦手** K・ライト（ブレーブス）.000(7-0)0本

年度	所属チーム	試合数	打数	得点	安打	二塁打	三塁打	本塁打	打点	四球	三振	盗塁	盗塁死	出塁率	OPS	打率
2020	マーリンズ	21	56	8	9	1	1	2	6	5	19	2	2	.242	.563	.161
2021	マーリンズ	124	464	70	115	20	4	18	53	34	145	23	8	.303	.728	.248
2022	マーリンズ	60	213	39	54	10	4	14	45	21	66	12	5	.325	.860	.254
通算成績		205	733	117	178	31	9	34	104	60	230	37	15	.305	.754	.243

昨季のナショナル・リーグ盗塁王 ユーティリティ

5 ジョン・バーティ *Jon Berti*

33歳 1990.1.22生｜178cm｜86kg｜右投右打

◆対左投手打率／.232　◆対右投手打率／.243
◆ホーム打率／.272　◆アウェー打率／.205　◆得点圏打率／.205
◆22年のポジション別出場数／セカンド＝47、サード＝37、
レフト＝16、ショート＝10、センター＝3、DH＝3
◆Ⓓ2011⑱ブルージェイズ　◆⊞ミシガン州
◆㊷210万ドル（約2億7300万円）　◆盗塁王1回（22年）

ミート	2
パワー	2
走塁	5
守備	4
肩	4

　メジャー屈指の多様性を有するスピードの持ち主。昨季、41盗塁を記録して見事ナショナル・リーグの盗塁王に輝いたが、それまではデビュー以降4シーズンでわずか35回しか決めていなかった。苦節8年間のマイナー生活で265盗塁をマークした能力を、32歳にして一気に開花させたのだ。また、攻守ともに相変わらずの万能ぶりで、内外野5つのポジションで試合に出場。代打や代走、DHを含めると、8つの役割をこなしたことになる。父トーマスは、タイガースのマイナーで2シーズン、プレーした経験がある元内野手。

カモ I・アンダーソン（ブレーブス）.500(12-6)0本　**苦手** M・フリード（ブレーブス）.091(11-1)0本

年度	所属チーム	試合数	打数	得点	安打	二塁打	三塁打	本塁打	打点	四球	三振	盗塁	盗塁死	出塁率	OPS	打率
2018	ブルージェイズ	4	15	2	4	1	1	0	2	0	4	1	0	.267	.734	.267
2019	マーリンズ	73	256	52	70	14	1	6	24	24	73	17	3	.348	.754	.273
2020	マーリンズ	39	120	21	31	5	0	2	14	23	37	9	2	.388	.738	.258
2021	マーリンズ	85	233	35	49	10	1	4	19	32	61	8	4	.311	.624	.210
2022	マーリンズ	102	358	47	86	17	3	4	28	42	89	41	5	.324	.662	.240
通算成績		303	982	157	240	47	6	16	87	121	264	76	14	.335	.688	.244

12 ホルヘ・ソレーア *Jorge Soler*

結果が求められる正念場の強打者 〔DH レフト〕

31歳 1992.2.25生｜193cm｜106kg｜右投右打 （対左）.203 （対右）.209 （ホ）.216 （ア）.200 （得）.208 （ド）2012⑪カブス （出）キューバ （年）1500万ドル（約19億5000万円）◆本塁打王1回（19年）

ミ 2
バ 5
走 2
守 3
肩 3

攻撃性が劣化してきたキューバ人パワーヒッター。ロイヤルズ時代の2019年にはアメリカン・リーグ本塁打王（48本）、21年にはブレーブスでワールドシリーズMVPに輝いた。しかしマーリンズに加入した昨季は、開幕から長打がなかなか生まれず、おまけに7月には今まで患ったことのない骨盤の炎症や腰のけいれんを発症し、そのまま復帰することなくシーズンを終えた。オフには「故障を防ぐために体幹を強化するトレーニングを行う」と述べており、今季は万全な体調でシーズンを過ごすことをチームも願っている。様子を見ながらDHかレフトで起用される見込みだ。

年度	所属チーム	試合数	打数	得点	安打	二塁打	三塁打	本塁打	打点	四球	三振	盗塁	盗塁死	出塁率	OPS	打率
2022	マーリンズ	72	270	32	56	13	0	13	34	31	90	0	2	.295	.695	.207
通算成績		733	2526	339	610	139	3	134	377	299	786	10	5	.327	.785	.241

18 ジョーイ・ウェンドル *Joey Wendle*

万能性が効果をもたらす、いぶし銀内野手 〔ユーティリティ〕

33歳 1990.4.26生｜185cm｜88kg｜右投左打 （対左）.230 （対右）.266 （ホ）.257 （ア）.262 （得）.313 （ド）2012⑥インディアンズ （出）デラウェア州 （年）630万ドル（約8億1900万円）

ミ 3
バ 3
走 4
守 4
肩 4

レイズから移籍1年目の昨シーズンは、古傷でもある両足のハムストリングの調子が思わしくなく、打撃成績を落とす結果となった。ただ、3度のIL入りを経験しながらも、ファーストを除く3つの内野ポジションをまんべんなくこなし、地味ながら攻守でチームを支え続けた。打順は1番を打つことも多かったが、早打ちのため四球が少なく、出塁率が低いのでリードオフマンに向いているとは言い難い。兄2人の影響で野球を始めたが、一方で高校時代はレスリング選手としても花形だった。敬虔なクリスチャンで、アスリートのためのキリスト教団体に参加もしている。

年度	所属チーム	試合数	打数	得点	安打	二塁打	三塁打	本塁打	打点	四球	三振	盗塁	盗塁死	出塁率	OPS	打率
2022	マーリンズ	101	347	27	90	24	1	3	32	15	50	12	3	.297	.657	.259
通算成績		537	1809	232	490	112	15	30	199	111	360	54	18	.322	.721	.271

58 ジェイコブ・スターリングス *Jacob Stallings*

選手の力を最大限発揮させる好漢 〔キャッチャー〕

34歳 1989.12.22生｜196cm｜101kg｜右投右打 ◆盗塁阻止率／.141(71-10) （対左）.210 （対右）.225 （ホ）.198 （ア）.246 （得）.250 （ド）2012⑦パイレーツ （出）カンザス州 （年）335万ドル（約4億3550万円）◆ゴールドグラブ賞1回（21年）

ミ 3
バ 3
走 2
守 5
肩 3

一昨年、パイレーツでゴールドグラブ賞に輝いた、ボールブロッキングに長けた捕手。マーリンズ1年目の昨季も、パスボールは1つもなかった。キャッチング能力だけでなく、投手の特性を見出す才能も抜群。昨季、サイ・ヤング賞に輝いたアルカンタラも、その投球をすべて受けたスターリングのリードに全幅の信頼を置いていた。ただ、昨季はフレーミングの面では、ワーストレベルの結果が出ている。観察眼を研ぎ澄まし、人間関係を重視するスタイルは、カレッジバスケットボールの名将だった父ケヴィンさんの姿を、中学生時代から長年見てきたことで養われたという。

年度	所属チーム	試合数	打数	得点	安打	二塁打	三塁打	本塁打	打点	四球	三振	盗塁	盗塁死	出塁率	OPS	打率
2022	マーリンズ	114	346	25	77	12	0	4	34	29	83	0	1	.292	.584	.223
通算成績		363	1102	107	269	47	1	21	128	114	263	1	1	.319	.665	.244

（対左）=対左投手打率　（対右）=対右投手打率　（ホ）=ホーム打率　（ア）=アウェー打率　（得）=得点圏打率
（ド）=ドラフトデータ　（出）=出身地　（年）=年俸

勝者のメンタリティを備えた貴重な新戦力

サード／ショート　**移籍**

9 ジーン・セグーラ *Jean Segura* ★WBCドミニカ代表

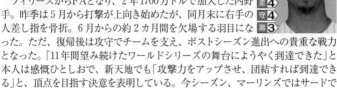

33歳 1990.3.17生｜178cm｜99kg｜右投右打 対左.301 対右.267 仲.282 ⑦.272
圏.286 ⑤2007⑦エンゼルス 囲ドミニカ 囲650万ドル（約8億4500万円）

ミ4
バ3
走4
守4
肩3

フィリーズからFAとなり、2年1700万ドルで加入した内野手。昨季は5月から打撃が上向き始めたが、同月末に右手の人差し指を骨折。6月からの約2カ月間を欠場する羽目になった。ただ、復帰後は攻守でチームを支え、ポストシーズン進出への貴重な戦力となった。「11年間望み続けたワールドシリーズの舞台にようやく到達できた」と本人は感慨ひとしおで、新天地でも「攻撃力をアップさせ、団結すれば到達できる」と、頂点を目指す決意を表明している。今シーズン、マーリンズではサードでの起用が予定されているが、本職であるセカンドやショートを守る可能性もある。

年度	所属チーム	試合数	打数	得点	安打	二塁打	三塁打	本塁打	打点	四球	三振	盗塁	盗塁死	出塁率	OPS	打率
2022	フィリーズ	98	354	45	98	9	0	10	33	25	58	13	6	.336	.723	.277
通算成績		1328	5195	712	1479	232	45	107	492	301	777	205	71	.330	.738	.285

前半戦好調でオールスターに初出場

ファースト／DH

26 ギャレット・クーパー *Garrett Cooper*

33歳 1990.12.25生｜196cm｜106kg｜右投右打 対左.228 対右.270 仲.236 ⑦.289
圏.242 ⑤2013⑥ブリュワーズ 囲カリフォルニア州 囲420万ドル（約5億4600万円）

ミ4
バ4
走2
守3
肩3

毎年のようにケガで離脱している、ポテンシャルは高い右の中距離ヒッター。メジャー6年目の昨季は、開幕前に第一子リーガンちゃんが誕生したせいもあってか「健康であり続けること」を目標に掲げ、実際、コロナ感染で6月に離脱した以外は前半戦を乗り切り、打率3割をキープ。負傷欠場のブライス・ハーパーの代替として初のオールスター出場を果たした。ただ、その後は打撃成績が急降下。しかも7月下旬に右手首挫傷、8月は脳震盪、9月下旬には左手薬指を骨折するなど、またもやケガ癖が再発し、度々離脱した。それでもシーズン119試合の出場は、自己最多だ。

年度	所属チーム	試合数	打数	得点	安打	二塁打	三塁打	本塁打	打点	四球	三振	盗塁	盗塁死	出塁率	OPS	打率
2022	マーリンズ	119	414	37	108	33	2	9	50	40	119	0	0	.337	.752	.261
通算成績		358	1206	144	331	73	5	39	161	119	352	1	1	.348	.788	.274

不良資産となる不安が増加中

ライト

24 アヴィサイル・ガルシア *Avisail Garcia*

32歳 1991.6.12生｜193cm｜113kg｜右投右打 対左.219 対右.225 仲.199 ⑦.246
圏.211 ⑤2007⑦タイガース 囲ベネズエラ 囲1200万ドル（約15億6000万円）

ミ3
バ4
走3
守3
肩4

ブリュワーズをFAとなり、移籍1年目となった昨シーズン、身の丈に合わない契約に対する周囲の不安を的中させてしまったベネズエラ人外野手。主に4、5番を任されながら夏場以外はほぼ絶不調で、キャリア最低レベルの成績しか残せず、8〜9月には左ハムストリングを痛めて欠場が続いた。とくに長打力の激減は、ベンチにとって大誤算だった。ブリュワーズ入り後にドン底だった1年目から、2年目にV字回復した過去があるので、今シーズンはその再現を期待されている。キャリアは長いが、年齢はまだ32歳なので、故障がなければ長打力が復活する可能性は十分にある。

年度	所属チーム	試合数	打数	得点	安打	二塁打	三塁打	本塁打	打点	四球	三振	盗塁	盗塁死	出塁率	OPS	打率
2022	マーリンズ	98	357	31	80	9	0	8	35	17	109	4	0	.266	.583	.224
通算成績		1049	3791	484	1006	150	16	135	510	255	986	49	32	.319	.739	.265

マーリンズ

先発か控えに回るかの勝負の年

14 ブライアン・デラクルーズ *Bryan De La Cruz* ライトセンター

27歳 | 1996.12.16生 | 188cm | 79kg | 右投右打 | 対左.184 対右.277 ホ.268 ア.236
圏.195 | ⓓ2013㊾アストロズ | 囲ドミニカ | 囲72万ドル（約9360万円）+α

ミ **3**
バ **4**
走 **3**
守 **3**
肩 **5**

外野のレギュラーを狙うメジャー3年目のドミニカ人。開幕をベンチスタートで迎えた昨季は徐々に先発のチャンスを与えられたものの、6月からスランプにおちいり、8月の月間打率が1割を切りかけたところでマイナー降格を告げられた。しかし、約3週間の調整で見事に復活。9月2日に再昇格してからは覚醒し、シーズン最終盤の15日間は打率4割3分1厘と打棒を爆発させた。外野の3ポジションをすべてそつなくこなし、4人目の外野手としても有効な存在だが、打撃面のムラをなくすことが、実績で上回る選手を追い抜き、レギュラー奪取するための絶対条件だ。

年度	所属チーム	試合数	打数	得点	安打	二塁打	三塁打	本塁打	打点	四球	三振	盗塁	盗塁死	出塁率	OPS	打率
2022	マーリンズ	115	329	38	83	20	0	13	43	19	90	4	0	.294	.726	.252
通算成績		173	528	55	142	27	2	18	62	37	143	5	1	.318	.748	.269

望みは変則シフト制限のルール変更

7 ヘスース・サンチェス *Jesus Sanchez* センターレフト

26歳 | 1997.10.7生 | 190cm | 100kg | 右投左打 | 対左.145 対右.229 ホ.262 ア.174
圏.218 | ⓓ2014㊾レイズ | 囲ドミニカ | 囲72万ドル（約9360万円）+α

ミ **3**
バ **3**
走 **2**
守 **2**
肩 **3**

球団の目論見とは異なり、成績が停滞している若手外野手。昨季は開幕から継続的に先発起用されながら伸び悩み、打線が機能不全におちいる原因の一端となった。一昨年は苦にしなかった左投手に打率1割4分5厘とカモにされ、7月以降は急激に状態が悪化したため、シビレを切らした球団は8月5日にマイナー行きを宣告。9月29日まで復帰できなかった。本来ならば、広角に打球を飛ばせる技術と一発長打を放つパワーを兼ね備えた選手。内野の変則シフトに引っかかる確率が多かったため、ルールが変更される今季はその恩恵を最も受ける選手の1人とされている。

年度	所属チーム	試合数	打数	得点	安打	二塁打	三塁打	本塁打	打点	四球	三振	盗塁	盗塁死	出塁率	OPS	打率
2022	マーリンズ	98	313	38	67	14	3	13	36	26	92	1	0	.280	.683	.214
通算成績		172	565	66	125	23	5	27	74	50	181	1	1	.291	.714	.221

— ジェイコブ・アマヤ *Jacob Amaya* ショート 期待度 C+ 移籍 ルーキー

25歳 | 1998.9.3生 | 183cm | 81kg | 右投右打 | ◆昨季は2A、3Aでプレー | ⓓ2017⑪ドジャース | 囲カリフォルニア州

今年1月、ミゲール・ロハスとのトレードでドジャースから移籍の遊撃手。守備範囲が広く、ショートの守備はすでに、メジャーで十分通用するレベルだ。打撃面も進歩しており、昨季は2Aと3Aの133試合で、打率2割6分1厘、17本塁打。祖父フランクは、マイナーでのプレー経験がある元内野手。

— ハヴィエア・エドワーズ *Xavier Edwards* セカンド 期待度 C+ 移籍 ルーキー

24歳 | 1999.8.9生 | 178cm | 79kg | 右投両打 | ◆昨季は3Aでプレー | ⓓ2018①パドレス | 囲ニューヨーク州

2018年ドラフト1巡目（38位）でパドレス入団後、レイズを経て昨年11月にトレードで加わった両打ちの内野手。マイナーでは342試合で打率3割、出塁率3割7分3厘をマークしており、長打は少ないが選球眼に長け、追い込まれてから粘りを見せるしぶといタイプ。走力、盗塁技術も備えている。

対左=対左投手打率 対右=対右投手打率 ホ=ホーム打率 ア=アウェー打率 圏=得点圏打率 ⓓ=ドラフトデータ 囲=出身地 囲=年俸

ワシントン・ナショナルズ

◆創 立：1969年　　　　　　　　　　◆ワールドシリーズ制覇：1回　◆リーグ優勝：1回
◆本拠地：コロンビア特別区ワシントンD.C.　◆地区優勝：5回／◆ワイルドカード獲得：1回

主要オーナー マーク・ラーナー（不動産開発会社ラーナー社オーナー）

過去5年成績	年度	勝	負	勝率	ゲーム差	地区順位	ポストシーズン成績
	2018	82	80	.506	8.0	②	―
	2019	93	69	.574	4.0	②	ワールドシリーズ制覇
	2020	26	34	.433	9.0	④(同率)	―
	2021	65	97	.401	23.5	⑤	―
	2022	55	107	.340	46.0	⑤	―

監督 ❹ デイヴ・マルティネス *Dave Martinez*

◆年　齢…………59歳（ニューヨーク州出身）
◆現役時代の経歴…16シーズン　カブス（1986～88）、エクスポズ（1988～91）、
（外野手）　　　　　レッズ（1992）、ジャイアンツ（1993～94）、ホワイトソックス
　　　　　　　　　（1995～97）、デビルレイズ（1998～2000）、カブス（2000）、
　　　　　　　　　レンジャーズ（2000）、ブルージェイズ（2000）、ブレーブス（2001）
◆現役通算成績……1918試合　.276　91本　580打点
◆監督経歴…………5シーズン　ナショナルズ（2018～）
◆通算成績…………321勝387敗（勝率.453）

　監督就任2年目にワールドチャンピオンに輝いたが、その後は再建期に入り、苦しいシーズンが続いている。昨季の107敗は、球団史上2番目に悪い数字だった。ただ、リゾGMは、マルティネスの若手育成手腕を、高く評価している。尊敬する人物は、昨シーズン途中までエンジェルスで監督を務めていたジョー・マドン。現役引退後、レイズとカブスの2球団で、コーチとしてマドン監督に仕え、多くのことを学んでいる。契約は今季まで。両親はプエルトリコ出身。

注目コーチ ❼ ダネル・コールズ *Darnell Coles*

　打撃コーチ。61歳。ブリュワーズ、ダイヤモンドバックスでも、打撃コーチの経験がある。現役時代の1996年に中日でプレーし、29本塁打。翌97年は阪神でプレー。

編成責任者 マイク・リゾ *Mike Rizzo*

　63歳。昨年7月、ホアン・ソトに契約延長をオファーしたが、成立せず。その結果、8月にトレードでパドレスへ放出し、有望株を数名獲得した。元マイナーの内野手。

スタジアム ナショナルズ・パーク *Nationals Park*

◆開場年…………2008年
◆仕　様…………天然芝
◆収容能力………41,339人
◆フェンスの高さ…2.4～3.7m
◆特　徴…………首都ワシントンD.C.にある、比較的ホームランの出やすい球場。そのせいもあり、昨季、ナショナルズの投手陣は、リーグ最多の本塁打を浴びている。なお、打線は球場の特性を生かし切れず、チームの本塁打数はリーグ最少だった。

ヒッターズパーク

115　123　113
102　　　　　102

Best Order [ベストオーダー]

①レイン・トーマス……ライト
②C.J.エイブラムズ……ショート
③ジョーイ・メネセス……DH
④コーリー・ディッカーソン……レフト
⑤キーバート・ルイーズ……キャッチャー
⑥ジャイマー・キャンデラリオ……サード
⑦ドミニク・スミス……ファースト
⑧ルイス・ガルシア……セカンド
⑨ヴィクター・ロブレス……センター

Depth Chart [ポジション別選手層・メンバーリスト]

※2023年2月13日時点の候補選手。数字は背番号（開幕前に変更する場合もあり）、右・左等は投・打の順。

センター
16 ヴィクター・ロブレス [右・右]
28 レイン・トーマス [右・右]
62 アレックス・コール [右・右]

レフト
23 コーリー・ディッカーソン [右・左]
36 ストーン・ギャレット [右・右]
62 アレックス・コール [右・右]

ライト
28 レイン・トーマス [右・右]
36 ストーン・ギャレット [右・右]

ショート
5 C.J.エイブラムズ [右・左]
14 イルデマーロ・ヴァルガス [右・両]
3 ジーター・ダウンズ [右・右]

セカンド
2 ルイス・ガルシア [右・左]
14 イルデマーロ・ヴァルガス [右・両]

ローテーション
40 ジョサイア・グレイ [右・右]
73 ハンター・ハーヴィー [右・右]
32 トレヴァー・ウィリアムズ [右・右]
54 ケイド・カヴァーリ [右・右]
46 パトリック・コービン [左・左]
1 マッケンジー・ゴア [左・左]
37 スティーヴン・ストラスバーグ [右・右]

サード
9 ジャイマー・キャンデラリオ [右・両]
8 カーター・キーブーム [右・右]
14 イルデマーロ・ヴァルガス [右・両]

ファースト
22 ドミニク・スミス [左・左]
45 ジョーイ・メネセス [右・右]
9 ジャイマー・キャンデラリオ [右・両]

キャッチャー
20 キーバート・ルイーズ [右・両]
15 ライリー・アダムズ [右・右]

DH
45 ジョーイ・メネセス [右・右]
22 ドミニク・スミス [左・左]
36 ストーン・ギャレット [右・右]
9 ジャイマー・キャンデラリオ [右・両]

ブルペン
67 カイル・フィネガン [右・右] CL
58 カール・エドワーズ・ジュニア [右・右]
71 メイソン・トンプソン [右・右]
73 ハンター・ハーヴィー [右・右]
64 ヴィクター・アラーノ [右・右]
61 エラスモ・ラミレス [右・右]
30 パオロ・エスピーノ [右・右]
21 タナー・レイニー [右・右]
77 コーリー・アボット [右・右]
51 ジョーダン・ウィームズ [右・左]

※CL＝クローザー

ナショナルズ試合日程……＊はアウェーでの開催

3月30・4月1・2	ブレーブス	5月1・2・3・4	カブス	6月2・3・4	フィリーズ
3・4・5	レイズ	5・6・7	ダイヤモンドバックス＊	6・7・8	ダイヤモンドバックス
6・7・8・9	ロッキーズ＊	8・9・10	ジャイアンツ＊	9・10・11	ブレーブス＊
10・11・12	エンジェルス＊	12・13・14・15	メッツ	13・14・15	アストロズ＊
14・15・16	ガーディアンズ	16・17・18	マーリンズ＊	16・17・18	マーリンズ
18・19	オリオールズ	19・20・21	タイガース	19・20・21	カーディナルス
21・22・23	ツインズ＊	23・24・25	パドレス	23・24・25	パドレス
25・26・27	メッツ＊	26・27・28	ロイヤルズ＊	26・27・28	マリナーズ＊
28・29・30	パイレーツ	29・30・31	ドジャース＊	30・7月1・2	フィリーズ

球団メモ 昨季のチーム本塁打数（136本）はリーグ最少、被本塁打数（244）はリーグ最多だった。なお、被本塁打数のリーグ・ワーストは、2020年から3シーズン連続。

ナショナルズ

■投手力 ▶ …★★★★★ 【昨年度チーム防御率5.00、リーグ14位】

昨季の先発防御率5.97は、ダントツでリーグ最下位。大エース、ストラスバーグは1試合しか投げられず、今季も期待できない。グレイ、ゴア、カヴァーリら、若手のブレイク頼みとなりそうだ。ブルペンはそこそこ整っており、昨季のリリーフ防御率（3.84）は、リーグ平均より良かった。

■攻撃力 ▶ …★★★★★ 【昨年度チーム得点603、リーグ13位】

昨季途中、打線の核だったソトを、トレードでパドレスに放出。得点源として期待できる、唯一の選手を失った。昨季終了時、チームに残っていた選手では、トーマスの17本塁打がチーム最多。当然、チーム本塁打数はリーグワーストだった。オフに加入したキャンデラリオ、ディッカーソンにも、本塁打の量産は期待できない。昨季ブレイクしたメネセス（元オリックス）にも過度な期待はできず、今季も長打不足に悩まされそうだ。

■守備力 🔼 …★★★🔽★ 【昨年度チーム失策数104、リーグ14位】

昨季の守備に関する指標は、軒並みリーグワースト・レベル。ただ、守備で足を引っ張った選手の多くが、昨季途中あるいはオフにチームを去っているので、今季は少しはマシになるはず。センターのロブレスの守備は、リーグ屈指。ガルシア、エイブラムズの二遊間コンビの成長も期待できる。

■機動力 🔽 …★★★★★ 【昨年度チーム盗塁数75、リーグ10位】

チームの解体が進んでいった結果、マルティネス監督が好むスモールボールに対応できるプレーヤーも、いなくなってしまった。

総合評価 ▶
★★★★★

昨年8月、ソトを放出したことで、完全に再建期へと突入した。オフの補強は、一時的な穴埋め要員としてのもの。今後数年は若手の成長を待ち、どこかで勝負に出るタイミングをうかがうことになる。今季は、シーズン100敗を何とか回避したいところだ。

IN 主な入団選手	OUT 主な退団選手
投手	**投手**
トレヴァー・ウィリアムズ ← メッツ	スティーヴ・スィーシェク ➡ 引退
野手	アニーバル・サンチェス ➡ 所属先未定
ジャイマー・キャンデラリオ ← タイガース	**野手**
コーリー・ディッカーソン ← カーディナルス	ネルソン・クルーズ ➡ パドレス
ドミニック・スミス ← メッツ	ルーク・ヴォイト ➡ 所属先未定
ジーター・ダウンズ ← レッドソックス	

3·4·5·6	レッズ	4·5·6	レッズ*	5·6	メッツ
7·8·9	レンジャーズ	7·8·9·10	フィリーズ*	8·9·10	ドジャース
11	オールスターゲーム	11·12·13	アスレティックス	11·12·13·14	パイレーツ*
14·15·16	カーディナルス*	15·16·17	レッドソックス	15·16·17	ブリュワーズ*
17·18·19	カブス*	18·19·20	フィリーズ	18·19·20	ホワイトソックス
21·22·23	ジャイアンツ	22·23·24	ヤンキース*	21·22·23·24	ブレーブス
24·25·26	ロッキーズ	25·26·27	マーリンズ*	26·27	オリオールズ*
27·28·29·30	メッツ*	28·29·30	ブルージェイズ*	29·30·**10**月1	ブレーブス*
31·**8**月1·2	ブリュワーズ	31·**9**月1·2·3	マーリンズ		

球団メモ 2019年、球団創設51年目に、初めてワールドシリーズを制覇した。だが翌20年から3シーズン連続で、地区最下位に沈んだ。昨季の勝率.340は30球団中最低。

投｜手

制球力アップが課題のエース候補　　先 発

40 ジョサイア・グレイ Josiah Gray

26歳 1997.12.21生｜185cm｜90kg｜右投右打

◆速球のスピード／150キロ台前半（フォーシーム主体）
◆決め球と持ち球／☆スライダー、☆カーブ、○フォーシーム、△シンカー、△チェンジアップ
◆対左.265　◆対右.221　◆ホ防6.12　◆ア防4.11
◆ド2018②レッズ　◆出ニューヨーク州
◆年72万ドル（約9360万円）＋α

球威 4
制球 2
緩急 3
守備・走塁 3
度胸 4

　規定投球回未満で、MLB史上初の被本塁打王になってしまった発展途上の右腕。規定投球回はクリアできなかったが、シーズンをまっとうし、昨季はチーム最多の7勝。好調時は打者を圧倒するパワーピッチングを見せ、2ケタ奪三振も3試合あった。被本塁打38本の内訳は、フォーシームが24、スライダーが6、カーブが5、チェンジアップが2、シンカーが1で、フォーシームが突出して多かった。与四球66もリーグワーストの数字で、制球力の向上が課題になっている。オフに、ナショナルズ・ベースボールアカデミーのチーム4人目の大使に任命され、黒人野球少年の育成に時間を割いた。

| カモ F・フリーマン（ドジャース）.000(7-0)0本 | | 苦手 G・クーパー（マーリンズ）.643(14-9)0本 | | | | | | | | | | | |

年度	所属チーム	勝利	敗戦	防御率	試合数	先発	セーブ	投球イニング	被安打	失点	自責点	被本塁打	与四球	奪三振	WHIP
2021	ドジャース	0	0	6.75	2	1	0	8.0	7	6	6	4	5	13	1.50
2021	ナショナルズ	2	2	5.31	12	12	0	62.2	56	38	37	15	28	63	1.34
2021	2チーム計	2	2	5.48	14	13	0	70.2	63	44	43	19	33	76	1.36
2022	ナショナルズ	7	10	5.02	28	28	0	148.2	136	84	83	38	66	154	1.36
通算成績		9	12	5.17	42	41	0	219.1	199	128	126	57	99	230	1.36

自宅にデータ解析機器を設置　　クローザー

67 カイル・フィネガン Kyle Finnegan

32歳 1991.9.4生｜188cm｜89kg｜右投右打

◆速球のスピード／150キロ台中頃（シンカー）
◆決め球と持ち球／☆シンカー、◎スライダー、◎スプリッター
◆対左.163　◆対右.264　◆ホ防2.02　◆ア防5.23
◆ド2013⑥アスレティックス　◆出ミシガン州
◆年233万ドル（約3億290万円）

球威 5
制球 3
緩急 3
守備・走塁 4
度胸 5

　2年続けて後半戦のクローザーを任された右腕。昨季は前半戦12セーブのレイニーがトミー・ジョン手術を受けたため、ふたたび抑えに回って好結果を残した。日曜大工好きで、マイナー時代に作ったテーブルをいまだに使用。そうした創意工夫の精神は野球にも生かされており、数年前には自宅の裏庭に照明付きのブルペンも作った。さらに、2021年オフにはデータ解析機器「ラプソード」も設置。これにより投球の幅が広がった。ハードシンカーは毎年1マイル（約1.6キロ）ずつ平均スピードを高めており、昨年5月8日のエンジェルス戦では、7回無死一塁からトラウト、大谷翔平、レンドーンを3連続三振にしとめた。与四球率4.62→2.97、暴投8→0と安定感も増している。

| カモ M・オズーナ（ブレーブス）.000(8-0)0本 | | 苦手 A・ボーム（フィリーズ）.429(7-3)1本 | | | | | | | | | | | |

年度	所属チーム	勝利	敗戦	防御率	試合数	先発	セーブ	投球イニング	被安打	失点	自責点	被本塁打	与四球	奪三振	WHIP
2020	ナショナルズ	1	0	2.92	25	0	0	24.2	21	10	8	2	13	27	1.38
2021	ナショナルズ	5	9	3.55	68	0	11	66.0	64	39	26	9	34	68	1.48
2022	ナショナルズ	6	4	3.51	66	0	11	66.2	54	28	26	9	22	70	1.14
通算成績		12	13	3.43	159	0	22	157.1	139	77	60	20	69	165	1.32

対左＝対左打者被打率　対右＝対右打者被打率　ホ防＝ホーム防御率　ア防＝アウェー防御率
ド＝ドラフトデータ　出＝出身地　年＝年俸　カモ 苦手は通算成績

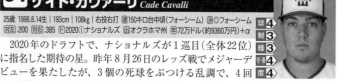

ナショナルズ

投手

73 ハンター・ハーヴィー Hunter Harvey
父はメジャー通算177セーブのクローザー `セットアップ`

29歳 1994.12.9生｜188cm｜101kg｜右投右打｜球150キロ台後半（フォーシーム）｜決☆フォーシーム
対左.179 対右.284 ド2013①オリオールズ 囲ノースカロライナ州 年87万ドル（約1億1310万円）

球 5
制 3
緩 4
守 3
度 4

プロ10年目で開花した2世投手。2013年のドラフトでオリオールズ1巡目に指名されたが、翌年トミー・ジョン手術もあり、一昨年までメジャーでの登板は、わずか26試合（すべてリリーフ）。ナショナルズに移籍した昨季は4月に右回旋筋を痛めてIL（故障者リスト）入りし、7月に復帰。終盤はトップ・セットアッパーを務めた。武器は平均球速158キロの速球で、全投球の約8割を占める。1991年に、エンジェルスでセーブ王に輝いた父ブライアンゆずりのスプリッターも有効だ。兄クリスは外野手としてプロ入り。その後、投手に転向したが、メジャー昇格は果たせなかった。

年度	所属チーム	勝利	敗戦	防御率	試合数	先発	セーブ	投球イニング	被安打	失点	自責点	被本塁打	与四球	奪三振	WHIP
2022	ナショナルズ	2	1	2.52	38	0	0	39.1	33	12	11	1	12	45	1.14
通算成績		3	3	2.86	64	0	0	63.0	52	23	20	5	21	68	1.16

32 トレヴァー・ウィリアムズ Trevor Williams
新天地で先発ローテーション復帰へ `先発` `移籍`

31歳 1992.4.25生｜190cm｜106kg｜右投右打｜球140キロ台後半（フォーシーム主体）｜決◎フォーシーム
対左.319 対右.209 ド2013②マーリンズ 囲カリフォルニア州 年600万ドル（約7億8000万円）

球 3
制 3
緩 4
守 3
度 4

メッツを出てFAになり、2年1300万ドルで入団した右腕。パイレーツ時代の2017年には14勝をマーク。その後、やや制球難におちいったが解消傾向にあり、昨季は先発9試合、リリーフ21試合に登板。シーズン最終戦で先発し、6回2失点で勝利投手になったが、ポストシーズンのベンチ入りメンバーからは外れた。速球主体で、内外角に散らして打ち取るのが基本線。アリゾナ州立大学時代、チームメートの脊髄損傷を目の当たりにして、脊髄損傷医療への支援を続けている。敬虔なカトリックとしても知られ、腕のタトゥーにはイエズス会の初期の紋章が入っている。

年度	所属チーム	勝利	敗戦	防御率	試合数	先発	セーブ	投球イニング	被安打	失点	自責点	被本塁打	与四球	奪三振	WHIP
2022	メッツ	3	5	3.21	30	9	1	89.2	87	34	32	12	23	84	1.23
通算成績		38	44	4.27	159	118	1	715.1	730	370	339	98	231	590	1.34

54 ケイド・カヴァーリ Cade Cavalli
昨季デビューしたナショナルズの希望 `先発` `ルーキー`

25歳 1998.8.14生｜193cm｜108kg｜右投右打｜球150キロ台中頃（フォーシーム）｜決◎フォーシーム
対左.200 対右.385 ド2020①ナショナルズ 囲オクラホマ州 年72万ドル（約9360万円）+α

球 4
制 3
緩 4
守 4
度 4

2020年のドラフトで、ナショナルズが1巡目（全体22位）に指名した期待の星。昨年8月26日のレッズ戦でメジャーデビューを果たしたが、3個の死球をぶつける乱調で、4回1/3を投げて7失点。次回の先発も発表されていながら、右肩炎症でシーズン終了となった。今季はローテーションの4番手で開幕を迎える予定だ。武器は、最速158キロの速球と曲がりの大きなカーブ。昨季3Aでは、97イニングで3本しか本塁打を打たれず、チームのマイナー最優秀投手にも選出されている。大学時代は打者としても活躍。父親は、エンジェルス傘下でプレー経験がある元捕手だ。

年度	所属チーム	勝利	敗戦	防御率	試合数	先発	セーブ	投球イニング	被安打	失点	自責点	被本塁打	与四球	奪三振	WHIP
2022	ナショナルズ	0	1	14.54	1	1	0	4.1	6	7	7	0	2	6	1.85
通算成績		0	1	14.54	1	1	0	4.1	6	7	7	0	2	6	1.85

球＝速球のスピード　決＝決め球

327

ローテーション堅持も、メジャー21年ぶりの19敗　先発

46 パトリック・コービン Patrick Corbin

34歳 1989.7.19生 | 193cm | 100kg | 左投左打 | 球140キロ台後半（シンカー、フォーシーム）｜ 決○シンカー
対左.321 対右.320 Ｄ2009②エンジェルス 囲ニューヨーク州 囲2400万ドル（約31億2000万円）

球 3
制 3
緩 3
守備 4
度 3

　5年連続で防御率が悪化している元エース左腕。かつて打者を圧倒したスライダーも打ち込まれるようになって、シンカーに活路を求めたが、この球種も通用せず、メジャー21年ぶりの19敗。8月下旬からの5試合は防御率2.90と好投し、通算200勝を目指したシャーザーにも投げ勝ったが、シーズン最終戦は5回持たずに7失点だった。元チームメートだったタイラー・スキャッグス投手とは、結婚式の介添人を務めた仲。急死した2019年7月には、マーリンズ戦で彼に敬意を表して背番号45を着けて登板した。それだけに、彼の死因についての裁判に心を痛めている。

年度	所属チーム	勝利	敗戦	防御率	試合数	先発	セーブ	投球イニング	被安打	失点	自責点	被本塁打	与四球	奪三振	WHIP
2022	ナショナルズ	6	19	6.31	31	31	0	152.2	210	119	107	27	49	128	1.70
通算成績		87	103	4.31	278	260	0	1537.2	1600	796	736	205	468	1466	1.34

昨年春の輝きが戻れば、左腕エースに君臨か　先発

1 マッケンジー・ゴア MacKenzie Gore

24歳 1999.2.24生 | 188cm | 89kg | 左投左打 | 球150キロ台前半（フォーシーム）｜ 決○フォーシーム
対左.193 対右.263 Ｄ2017①パドレス 囲ノースカロライナ州 囲72万ドル（約9360万円）＋α

球 4
制 3
緩 2
守備 3
度 3

　昨年8月2日、ホアン・ソトをパドレスに放出した際、獲得した交換選手の中で、最大注目の左腕。高校卒業時のドラフトで1巡目（全体3位）に指名され、パドレス史上最高額の670万ドルで入団。昨季メジャーデビューし、最初の9試合に4勝1敗、48イニングで防御率1.50、57奪三振。防御率が導入された1913年以降、デビュー9試合で、防御率1.50以下で50以上の三振を奪った史上初の投手となった。ところが、以降打ち込まれるようになり、左ヒジの違和感でIL入り。そのままナショナルズに移籍した。球種はフォーシーム、カーブ、スライダー、チェンジアップ。

年度	所属チーム	勝利	敗戦	防御率	試合数	先発	セーブ	投球イニング	被安打	失点	自責点	被本塁打	与四球	奪三振	WHIP
2022	パドレス	4	4	4.50	16	13	0	70.0	66	35	35	7	37	72	1.47
通算成績		4	4	4.50	16	13	0	70.0	66	35	35	7	37	72	1.47

4年ぶり復活した「サヤインゲン投手」　セットアップ

58 カール・エドワーズ・ジュニア Carl Edwards Jr.

32歳 1991.9.3生 | 190cm | 77kg | 右投右打 | 球150キロ前後（フォーシーム）｜ 決○フォーシーム
対左.241 対右.208 Ｄ2011㊼レンジャーズ 囲サウスカロライナ州 囲225万ドル（約2億9250万円）

球 4
制 3
緩 4
守備 5

　チェンジアップ習得でカムバックしたリリーフ右腕。2019年途中までは、カブスでセットアッパーとして活躍。だが制球難もあって、昨季はマイナー契約でスタート。3Aでの好投が認められて5月に昇格すると、速球とカーブに、新たにマスターしたチェンジアップを交え、好成績を残した。シーズン終盤には、2年ぶりのセーブもあげている。カールとジュニアで「CJ」と呼ばれることがあるが、メジャー屈指の細身体型から「The String Bean Slinger（サヤインゲンのような投手）」のニックネームもある。2人の子供を授かった相手アンキネットさんと、21年に正式に結婚。

年度	所属チーム	勝利	敗戦	防御率	試合数	先発	セーブ	投球イニング	被安打	失点	自責点	被本塁打	与四球	奪三振	WHIP
2022	ナショナルズ	6	3	2.76	57	0	2	62.0	51	22	19	8	25	56	1.23
通算成績		15	11	3.52	263	0	5	248.1	159	104	97	26	129	304	1.16

球=速球のスピード　決=決め球　対左=対左打者被打率　対右=対右打者被打率
Ｄ=ドラフトデータ　囲=出身地　囲=年俸

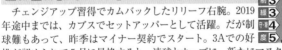

ミドルリリーフ

71 メイソン・トンプソン Mason Thompson

ハードシンカーを武器にする将来のクローザー候補

25歳 1998.2.20生 | 198cm | 106kg | 右投右打 | 150キロ台後半（シンカー主体）| ◎スライダー

対左.250 対右.174 D2016③パドレス 出テキサス州 围72万ドル（約9360万円）+α

球 5
制 3
緩 3
守 4
度 4

高校時代にトミー・ジョン手術を経験している長身右腕。高校の最上級生時には1イニングしか投げなかったが、2016年のドラフトで、パドレスが3巡目に指名。プロ入り後も故障続きで、メジャー2年目の昨季は上腕二頭筋を痛めてIL入りし、24試合のリリーフ登板にとどまった。だが、そのうちの20試合を無失点に抑えている。また、引き継いだ走者9人を、1人も生還させなかった。9月5日のカーディナルス戦では、700号目前のプーホールスを2打席凡退に抑えるなど3イニングを投げ、初セーブを記録。ピッチングの基本は、シンカーとスライダーのコンビネーション。

年度	所属チーム	勝利	敗戦	防御率	試合数	先発	セーブ	投球イニング	被安打	失点	自責点	被本塁打	与四球	奪三振	WHIP
2022	ナショナルズ	1	1	2.92	24	0	1	24.2	19	8	8	2	9	15	1.14
通算成績		2	4	3.47	55	0	1	49.1	51	23	19	6	24	38	1.52

先発

37 スティーヴン・ストラスバーグ Stephen Strasburg

3年間で8登板の「ガラスのエース」

35歳 1988.7.20生 | 196cm | 108kg | 右投右打 | 150キロ前後（フォーシーム、シンカー）| ◎フォーシーム

対左.667 対右.286 D2009①ナショナルズ 出カリフォルニア州 围3500万ドル（約45億5000万円）
●最多勝1回（19年）、最多奪三振1回（14年）、シルバースラッガー賞1回（12年）

球 4
制 4
緩 3
守 4
度 4

史上最悪の大型契約と揶揄される右腕。世界一になった2019年オフに、2億4500万ドルの7年契約を結んだが、最初の3年間（20〜22年）はわずか8登板。昨季もキャンプでは復帰間近と言われながら、新型コロナウイルス陽性となって出遅れた。6月9日のマーリンズ戦に満を持して登板したが、5回途中7失点。ふたたび手のしびれがぶり返し、その1登板だけでシーズン終了。9月に2度目の胸郭出口症候群と診断され、肋骨、首の筋肉の一部を切除する手術を受けたが、経過は良好とは言えない。昨年、何十冊もストラスバーグの記事をスクラップしていた最愛の父が死去。

年度	所属チーム	勝利	敗戦	防御率	試合数	先発	セーブ	投球イニング	被安打	失点	自責点	被本塁打	与四球	奪三振	WHIP
2022	ナショナルズ	0	1	13.50	1	1	0	4.2	8	7	7	1	2	5	2.14
通算成績		113	62	3.24	247	247	0	1470.0	1217	582	530	149	394	1723	1.10

― コール・ヘンリー Cole Henry

先発 期待度 B+ ルーキー

24歳 1999.7.15生 | 193cm | 97kg | 右投右打 | ◆昨季は2A、3Aでプレー D2020②ナショナルズ 出アラバマ州

2020年のドラフトで、ナショナルズが2巡目に指名した先発右腕。昨季、2Aで圧倒的な実力を示し、3Aに昇格したが、肩を痛めて手術することになったため、シーズン終了となった。ただ、今季の早い段階で、復帰できる見込みだ。150キロ台中盤の速球に、カーブ、チェンジアップを交えて投げる。

56 マット・クローニン Matt Cronin

リリーフ 期待度 C+ ルーキー

26歳 1997.9.20生 | 188cm | 89kg | 左投左打 | ◆昨季は2A、3Aでプレー D2019④ナショナルズ 出フロリダ州

大学時代からリリーフで活躍していた左腕。武器は150キロ台中盤の速球と、大きくタテに割れるカーブ。課題の制球力が改善されず、当初の予定よりもメジャー昇格が遅れているので、今季中には昇格したいところだ。大学時代、コーチにビンタで気合をいれてもらうのが、登板前の儀式だった。

※メジャー経験がない投手の「先発」「リリーフ」はマイナーでの役割

ナショナルズ

野手

30歳でメジャーデビューし、大爆発

45 ジョーイ・メネセス *Joey Meneses*

DH ファースト

★WBCメキシコ代表

31歳 1992.5.6生 | 190cm | 97kg | 右投右打

◆対左投手打率／.366　◆対右投手打率／.305
◆ホーム打率／.317　◆アウェー打率／.331　◆得点圏打率／.220
◆22年のポジション別出場数／ファースト=40、ライト=22、レフト=3
◆⑫2011㉞ブレーブス　◆⑪メキシコ
◆㊝72万ドル（約9360万円）+α

ミート	4
パワー	4
走塁	3
守備	2
肩	3

　30歳でメジャーに初昇格し、猛打爆発の元オリックス戦士。2011年、プロ入りしたが、マイナーを転々。18年に3Aで本塁打と打点の二冠王となってオリックスと契約したが、5月に禁止薬物使用で解雇。その後、21年の東京五輪にメキシコ代表として参加、日本戦で本塁打を打ち、再注目された。プロ12年目で8月に初昇格した昨季は、メキシコ人選手初のデビュー戦アーチをやってのけたのを皮切りに、56試合でサヨナラ弾やランニングホーマーを含む13本塁打を記録した。アニメ『ドラゴンボール』の大ファンで、オリックス入団時のコメントは、「マイヒーローのスーパーサイヤ人になりたい」だった。

カモ K・ギブソン（オリオールズ）.500(6-3)1本　**苦手** ──

年度	所属チーム	試合数	打数	得点	安打	二塁打	三塁打	本塁打	打点	四球	三振	盗塁	盗塁死	出塁率	OPS	打率
2022	ナショナルズ	56	222	33	72	14	0	13	34	15	52	1	0	.367	.930	.324
通算成績		56	222	33	72	14	0	13	34	15	52	1	0	.367	.930	.324

最近3年間のべ8球団所属のジャーニーマン

14 イルデマーロ・ヴァルガス *Ildemaro Vargas*

ユーティリティ

32歳 1991.7.16生 | 183cm | 81kg | 右投両打

◆対左投手打率／.253　◆対右投手打率／.269
◆ホーム打率／.253　◆アウェー打率／.273　◆得点圏打率／.269
◆22年のポジション別出場数／サード=43、ショート=15、
　セカンド=4、ピッチャー=1　◆⑫2009⑦アスレティックス
◆⑪イリノイ州　◆㊝97.5万ドル（約1億2675万円）

ミート	3
パワー	3
走塁	4
守備	4
肩	4

　マイナー通算1191安打のベテラン。3Aのパシフィックコーストリーグで、歴代5位の35試合連続安打をマークしたことがある。ダイヤモンドバックス時代の2017年、スペシャルアシスタントだったトニー・ラルーサ（昨季ホワイトソックス監督）の目に留まり、メジャー初昇格。だが、完全に定着できない状態が続き、最近3年間では、のべ8チームに所属。昨季はカブスからナショナルズに移籍。8月に昇格し、初戦で4安打。一昨年、打率1割台だった速球系を2割9分8厘と打ち、レギュラー不在の三塁の定位置を奪取した。

カモ R・スアレス（フィリーズ）.500(8-4)1本　**苦手** S・アルカンタラ（マーリンズ）.000(7-0)0本

年度	所属チーム	試合数	打数	得点	安打	二塁打	三塁打	本塁打	打点	四球	三振	盗塁	盗塁死	出塁率	OPS	打率
2017	ダイヤモンドバックス	12	13	4	4	1	0	0	4	0	3	0	0	.308	.693	.308
2018	ダイヤモンドバックス	14	19	2	4	0	0	1	4	1	4	1	0	.250	.618	.211
2019	ダイヤモンドバックス	92	201	25	54	9	1	6	24	9	24	1	0	.299	.712	.269
2020	ダイヤモンドバックス	8	20	2	3	0	0	0	0	1	5	0	0	.190	.340	.150
2020	ツインズ	10	22	3	5	1	1	0	2	1	2	0	0	.250	.614	.227
2020	カブス	6	9	1	2	0	0	1	1	0	3	0	0	.222	.778	.222
2020	3チーム計	24	51	6	10	1	1	1	3	2	10	0	0	.222	.536	.196
2021	カブス	9	13	0	1	0	0	0	0	0	3	0	0	.077	.154	.077
2021	パイレーツ	7	13	0	1	0	0	0	1	0	3	0	0	.250	.488	.143
2021	ダイヤモンドバックス	18	43	4	8	1	1	0	4	3	7	0	0	.239	.495	.186
2021	3チーム計	34	77	7	12	3	1	0	7	6	17	1	0	.217	.438	.156
2022	カブス	10	23	4	3	0	1	1	4	3	2	0	0	.231	.579	.130
2022	ナショナルズ	53	186	15	52	13	3	3	19	5	21	3	1	.308	.706	.280
2022	2チーム計	63	209	19	55	13	4	4	23	8	23	3	1	.299	.691	.263
通算成績		239	570	63	139	27	4	12	65	26	81	6	1	.279	.647	.244

　⑫=ドラフトデータ　⑪=出身地　㊝=年俸　**カモ** **苦手** は通算成績

故障なくプレーならゴールドグラブ賞候補　キャッチャー

20 キーバート・ルイーズ Keibert Ruiz

25歳 1998.7.20生 | 183cm | 101kg | 右投両打 ◆盗塁阻止率／.261(69-18)

◆対左投手打率／.237　◆対右投手打率／.256
◆ホーム打率／.263　◆アウェー打率／.240　◆得点圏打率／.228
◆22年のポジション別出場数／キャッチャー＝106、DH＝1
◆Ⓓ2014外ドジャース　◆囲ベネズエラ
◆甲72万ドル（約9360万円）＋α

ミート	4
パワー	3
走塁	4
守備	4
肩	4

攻守に成長を見せた、ベネズエラ出身の若き正捕手。盗塁阻止率が向上し、昨季の18盗塁刺はナショナル・リーグ2位。また、牽制刺4はメジャートップタイの数字だった。8月19日以降の16試合は、57打席で打率3割1分4厘と打棒も上向いていただけに、9月8日の試合でファウルボールが股間を直撃して、その後全休となったのは不運だった。ドジャース時代の恩師は、キャッチングコーディネーターだったトラヴィス・バーバリー。シーズンオフにはベネズエラに帰らず、サウスカロライナの同氏の自宅でキャッチング、リードを教え込まれた。そのため、同氏の子供たちとは、兄弟のような仲に。

カモ K・ライト（ブレーブス）.600(5-3)0本　苦手 ダルビッシュ有（パドレス）.000(6-0)0本

年度	所属チーム	試合数	打数	得点	安打	二塁打	三塁打	本塁打	打点	四球	三振	盗塁	盗塁死	出塁率	OPS	打率
2020	ドジャース	2	8	1	2	0	0	1	1	0	3	0	0	.250	.875	.250
2021	ドジャース	6	7	1	1	0	0	1	1	0	5	0	0	.143	.714	.143
2021	ナショナルズ	23	81	9	23	3	0	2	14	6	14	0	0	.348	.743	.284
2021	2チーム計	29	88	10	24	3	0	3	15	6	19	0	0	.333	.742	.273
2022	ナショナルズ	112	394	33	99	22	0	7	36	30	50	6	1	.313	.673	.251
通算成績		143	490	44	125	25	0	11	52	36	62	6	1	.315	.688	.255

1試合3発も記録したチーム最優秀選手　ライト

28 レイン・トーマス Lane Thomas

28歳 1995.8.23生 | 183cm | 86kg | 右投右打

◆対左投手打率／.253　◆対右投手打率／.234
◆ホーム打率／.181　◆アウェー打率／.293　◆得点圏打率／.218
◆22年のポジション別出場数／レフト＝73、センター＝56、
　ライト＝43、DH＝2　◆Ⓓ2014⑤ブルージェイズ
◆囲テネシー州　◆甲220万ドル（約2億8600万円）

ミート	3
パワー	4
走塁	4
守備	4
肩	4

メジャー4年目で、規定打席に初めて到達した万能外野手。昨季、守備では外野3ポジションで、それぞれ30試合以上に先発出場。9月26日のブレーブス戦では、ライトで本塁打性の打球をもぎ取る好守を見せた。打撃面では、チームで2番目に多い17本塁打を記録。6月3日のレッズ戦では、1試合3本塁打の活躍を見せた。また、5月20日のブリュワーズ戦では右中間に放つと、ダイヤモンドを全力疾走。本塁で間一髪アウトになり、ランニング本塁打をのがしたが、チーム最速（1秒間8.9メートル）の脚力を見せつけた。父マイクさんは、元ドラッグレースのレーサー。闘争心は父親ゆずりだ。

カモ R・スアレス（フィリーズ）.500(10-5)0本　苦手 S・アルカンタラ（マーリンズ）.000(15-0)0本

年度	所属チーム	試合数	打数	得点	安打	二塁打	三塁打	本塁打	打点	四球	三振	盗塁	盗塁死	出塁率	OPS	打率
2019	カージナルス	34	38	6	12	0	1	4	12	4	8	1	1	.409	1.093	.316
2020	カージナルス	18	36	5	4	2	0	1	2	4	13	0	0	.200	.450	.111
2021	カージナルス	32	48	2	5	1	0	0	1	10	17	2	1	.259	.384	.104
2021	ナショナルズ	45	178	33	48	14	2	7	27	27	46	4	2	.364	.853	.270
2021	2チーム計	77	226	35	53	15	2	7	28	37	63	6	3	.341	.753	.235
2022	ナショナルズ	146	498	62	120	26	2	17	52	41	132	8	4	.301	.705	.241
通算成績		275	798	108	189	43	5	29	94	86	216	15	8	.314	.726	.237

ナショナルズ

指揮官はメジャーデビュー時のベンチコーチ

サード ファースト　**移籍**

9 ジャイマー・キャンデラリオ *Jeimer Candelario*

30歳 1993.11.24生｜185cm｜97kg｜右投両打 対左.235 対右.210 ホ.206 ア.227
得.244 ド2010外カブス 出ニューヨーク州 年500万ドル（約6億5000万円）

ミ **4**
パ **4**
走 **2**
守 **2**
肩 **4**

　2020年、21年と2年連続でタイガースの最優秀選手に選出されたが、昨季は打撃不振。低迷したとたん、コスト削減のためオフに放出され、FAに。ナショナルズのマルティネス監督は、16年メジャーデビューしたカブスで当時ベンチコーチを務めており、ナショナルズ入りは同監督の働きかけで実を結んだようだ。昨季はボール球に手を出すことが多く、それが低打率にあえいだ原因。6月のヤンキース戦では三塁線の打球にダイブして、左肩脱臼で戦列を離れるアクシデントもあった。今季、一塁守備にも意欲十分。指揮官は、完全復活し、チームリーダーになることを期待。

年度	所属チーム	試合数	打数	得点	安打	二塁打	三塁打	本塁打	打点	四球	三振	盗塁	盗塁死	出塁率	OPS	打率
2022	タイガース	124	429	49	93	19	2	13	50	28	109	0	1	.272	.633	.217
通算成績		606	2183	283	525	126	13	66	248	237	587	7	5	.322	.723	.240

名遊撃手としての成長に期待

ショート

5 C.J.エイブラムズ *CJ Abrams*

23歳 2000.10.3生｜188cm｜83kg｜右投左打 対左.157 対右.287 ホ.226 ア.268
得.306 ド2019①パドレス 出ジョージア州 年72万ドル（約9360万円）+α

ミ **3**
パ **3**
走 **4**
守 **4**
肩 **4**

　昨年8月、ソトとのトレードでパドレスから移籍した若手有望株の1人。高校時代から5ツールプレーヤーとして注目され、2019年ドラフトの1巡目でパドレス入りし、昨年開幕直後にメジャーデビュー。移籍後の9月28日のブレーブス戦では、全力疾走をおこたり、アウトになるミスを犯したが、次の打席でサヨナラ安打を放ち、意地を見せた。特徴は、早打ちの傾向が強く、三振が少ないが、四球も少ないこと。生後18カ月でプラスチックのバットをつかみ、母親が投げる丸めた靴下を打つのが日課だった。高校時代は筋ジストロフィー患者介護のボランティアもやっていた。

年度	所属チーム	試合数	打数	得点	安打	二塁打	三塁打	本塁打	打点	四球	三振	盗塁	盗塁死	出塁率	OPS	打率
2022	パドレス	46	125	16	29	5	0	2	11	4	27	1	2	.285	.605	.232
2022	ナショナルズ	44	159	17	41	7	2	0	10	1	23	6	2	.276	.603	.258
2022	2チーム計	90	284	33	70	12	2	2	21	5	50	7	4	.280	.604	.246
通算成績		90	284	33	70	12	2	2	21	5	50	7	4	.280	.604	.246

メジャー屈指の二遊間コンビ完成へ

セカンド

2 ルイス・ガルシア *Luis Garcia*

23歳 2000.5.16生｜188cm｜95kg｜右投左打 対左.235 対右.290 ホ.328 ア.226
得.314 ド2016外ナショナルズ 出ニューヨーク州 年72万ドル（約9360万円）+α

ミ **3**
パ **3**
走 **3**
守 **4**
肩 **4**

　遊撃手としては失格だが、二塁手としての適正は抜群の内野手。昨季、59試合守ったショートでのDRS（守備で防いだ失点）は-17だったが、33試合守ったセカンドでは+4をマークした。昨年8月に加入した遊撃手エイブラムズと相性が良く、『ワシントン・ポスト』は「ナショナルズは最高のダブルプレーコンビを手に入れた」と絶賛。ガルシアも「もう3年以上、一緒にやっているようだ」と語る。打撃も向上し、とくに速球系に強い。父ルイス・シニアも、元メジャーリーガー。独自の栄養計画とトレーニングで、息子の筋力アップに取り組み、プロ入りをアシストした。

年度	所属チーム	試合数	打数	得点	安打	二塁打	三塁打	本塁打	打点	四球	三振	盗塁	盗塁死	出塁率	OPS	打率
2022	ナショナルズ	93	360	29	99	23	2	7	45	11	84	9	4	.295	.703	.275
通算成績		203	730	76	193	47	4	15	83	27	156	4	7	.290	.691	.264

対左＝対左投手打率　対右＝対右投手打率　ホ＝ホーム打率　ア＝アウェー打率　得＝得点圏打率
ド＝ドラフトデータ　出＝出身地　年＝年俸

野手

打撃は小技に活路を見いだす時期か

センター

16 ヴィクター・ロブレス *Victor Robles*

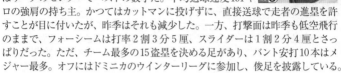

26歳 1997.5.19生｜183cm｜88kg｜右投右打 [対左].294 [対右].188 [**ホ**].230 [ア].218
[得].195 [ド]2013外ナショナルズ 田ドミニカ 囲233万ドル（約3億290万円）

ミ2
パ2
走4
守5
肩5

　昨季、ゴールドグラブ賞の最終候補にノミネートされた好守の中堅手。DRS（守備で防いだ失点）が12あったが、これはリーグのセンターでベストの数字だ。平均送球速度151キロの強肩の持ち主。かつてはカットマンに投げずに、直接送球で走者の進塁を許すことが目に付いたが、昨季はそれも減少した。一方、打撃面は昨季も低空飛行のままで、フォーシームは打率2割3分5厘、スライダーは1割2分4厘とさっぱりだった。ただ、チーム最多の15盗塁を決める足があり、バント安打10本はメジャー最多。オフにはドミニカのウインターリーグに参加し、俊足を披露している。

年度	所属チーム	試合数	打数	得点	安打	二塁打	三塁打	本塁打	打点	四球	三振	盗塁	盗塁死	出塁率	OPS	打率
2022	ナショナルズ	132	366	42	82	10	2	6	33	17	104	15	4	.273	.584	.224
通算成績		480	1478	195	345	73	10	31	146	98	400	58	23	.306	.665	.233

昨年8月に10打数連続安打の快挙達成

レフト 移籍

23 コーリー・ディッカーソン *Corey Dickerson*

34歳 1989.5.22生｜185cm｜90kg｜右投左打 [対左].077 [対右].286 [**ホ**].220 [ア].321
[得].306 [ド]2010⑧ロッキーズ 田ミシシッピ州 囲225万ドル（約2億9250万円）

ミ3
パ3
走3
守2
肩2

　1年契約で加入したオールスター出場歴のある外野手。昨季は3月にカーディナルスと契約し、開幕を迎えた。しかし、ふくらはぎの状態が悪く、前半戦はさっぱり。ただ、状態の良くなったシーズン後半は、3割1分8厘の打率を残している。圧巻だったのは、8月23〜25日のカブス戦。この3連戦で10打数連続安打をやってのけ、周囲の度肝を抜いた。2018年にゴールドグラブ賞に輝いた外野の守備力は低下しているが、本人はDHではなく、外野手としての試合出場を希望。今季は相手の先発が右投手の試合で、左翼手として優先的にスタメン出場することになりそうだ。

年度	所属チーム	試合数	打数	得点	安打	二塁打	三塁打	本塁打	打点	四球	三振	盗塁	盗塁死	出塁率	OPS	打率
2022	カーディナルス	97	281	28	75	17	1	6	36	12	48	0	0	.300	.699	.267
通算成績		1034	3527	471	992	230	36	134	452	220	771	30	24	.324	.805	.281

昨季はトミー・ジョン手術で全休

サード

8 カーター・キーブーム *Carter Kieboom*

26歳 1997.9.3生｜188cm｜90kg｜右投右打 ◆昨季はメジャー出場なし
[ド]2016①ナショナルズ 田ジョージア州 囲72万ドル（約9360万円）+α

ミ2
パ3
走2
守4
肩3

　2019年オフのレンドーン移籍によって空いた正三塁手候補だったが、伸び悩んだ選手。昨季は3月に右ヒジのトミー・ジョン手術を受け、全休。リハビリとともに彼の日課は、リーグ東部地区の全試合のボックススコアのチェックで、23年に対戦するであろう投手の投球を確認することだった。ナショナルズはオフに、実績あるキャンデラリオを獲得。今季のレギュラーの保証はない。長兄スペンサーは、2016、18年にナショナルズでプレーした捕手で、計53試合に出場。次兄トレヴァーはプロ入りできなかったが、現在はカーターの代理人。兄弟で末弟の活躍を期待している。

年度	所属チーム	試合数	打数	得点	安打	二塁打	三塁打	本塁打	打点	四球	三振	盗塁	盗塁死	出塁率	OPS	打率
2021	ナショナルズ	62	217	26	45	6	0	6	20	25	62	0	0	.301	.619	.207
通算成績		106	355	45	70	7	0	8	31	46	111	0	1	.304	.589	.197

ナショナルズ

コロナ禍で一時転職も、復帰後に大躍進

36 ストーン・ギャレット *Stone Garrett*

レフト DH　移籍

28歳 1995.11.22生 | 188cm | 88kg | 右投右打 対左.304 対右.233 赤.308 ア.243
得.125 ド2014⑧マーリンズ 田テキサス州 年72万ドル（約9360万円）＋α

ミ 3
パ 4
走 4
守 3
肩 3

　2020年、コロナ禍でマイナーリーグの中止が決まると、不動産業に転身。だが、ダイヤモンドバックスから声がかかり、翌21年に現役復帰。昨年、3Aで28本塁打を放ち、メジャー初昇格を果たした。マイナー時代の16年、ジョシュ・ネイラー（現ガーディアンズ）の悪ふざけで、ナイフで右手をケガして3針縫い、ニュースになったが、昨季は昇格を両親にスマホで伝えた際の、母親の絶叫が話題に。敵地でのデビュー戦に両親はテキサスから駆けつけたが、父はサンフランシスコとの気温差を考えておらず、空港でジャイアンツのトレーナーを購入。敵軍の服で息子を応援した。

年度	所属チーム	試合数	打数	得点	安打	二塁打	三塁打	本塁打	打点	四球	三振	盗塁	盗塁死	出塁率	OPS	打率
2022	ダイヤモンドバックス	27	76	13	21	8	0	4	10	3	27	3	1	.309	.848	.276
通算成績		27	76	13	21	8	0	4	10	3	27	3	1	.309	.848	.276

メンタル面の不調が打撃にも影響

22 ドミニック・スミス *Dominic Smith*

ファースト　移籍

28歳 1995.6.15生 | 183cm | 108kg | 左投左打 対左.176 対右.197 赤.250 ア.154
得.278 ド2013①メッツ 田カリフォルニア州 年200万ドル（約2億6000万円）

ミ 2
パ 4
走 2
守 3
肩 2

　スランプから抜け出せないパワーヒッター。昨季まではメッツでプレー。2020年の短縮シーズンに打ちまくって注目されたが、一過性だったようで、翌21年は長打のペースが一気に後退。昨季は58試合で0本塁打に終わった。選手層が厚いメッツでは出場機会が限られ、かなり不満をためていた。また、プライベートで悩むことも多く、昨季はセラピストの指導も受けながら、自身のメンタルを良好に保とう努めていた。マイナーではまずまずのペースで長打を放っており、ナショナルズは、環境が変われば再ブレイクもあり得ると踏み、1年200万ドルの契約で獲得。

年度	所属チーム	試合数	打数	得点	安打	二塁打	三塁打	本塁打	打点	四球	三振	盗塁	盗塁死	出塁率	OPS	打率
2022	メッツ	58	134	11	26	10	1	0	17	12	37	0	0	.276	.560	.194
通算成績		447	1244	147	306	78	3	46	179	95	334	3	3	.308	.732	.246

27 ジェイク・アル *Jake Alu*

サード 期待度B⁻　ルーキー

26歳 1997.4.6生 | 178cm | 79kg | 右投左打 ◆昨季は2A、3Aでプレー ド2019㉔ナショナルズ 田ニュージャージー州

　ドラフト24巡目からはい上がり、メジャー昇格の一歩手前まで来た三塁手。2Aでスタートした昨季は、7月に3A昇格。好調をキープし、20試合連続出塁でシーズンを終えた。この期間の打率は4割3分0厘で、本塁打も7本放っている。三塁の守備は「中の上」レベルで、セカンド、レフトも守る。

― ロバート・ハッセル3世 *Robert Hassell III*

外野手 期待度B⁺　ルーキー

22歳 2001.8.15生 | 188cm | 88kg | 左投右打 ◆昨季は1A+、2Aでプレー ド2020①パドレス 田テネシー州

　2020年ドラフトで、パドレスが1巡目（全体8位）指名した外野手。昨年8月のトレードで、ソトの交換要員の1人としてナショナルズに加入。打撃面の特徴は、逆方向にも打てる中距離ヒッターで、高い打率を期待できること。ただ、昨季移籍後は右手の故障もあり、2Aで打率2割2分2厘だった。

対左＝対左投手打率　対右＝対右投手打率　赤＝ホーム打率　ア＝アウェー打率　得＝得点圏打率
ド＝ドラフトデータ　田＝出身地　年＝年俸

セントルイス・カーディナルス

◆創　立：1882年
◆本拠地：ミズーリ州セントルイス市
◆ワールドシリーズ制覇：11回／◆リーグ優勝：19回
◆地区優勝：15回　◆ワイルドカード獲得：5回

主要オーナー　ウィリアム・デウィットJr.（スポーツ企業家）

過去5年成績

年度	勝	負	勝率	ゲーム差	地区順位	ポストシーズン成績
2018	88	74	.543	7.5	③	—
2019	91	71	.562	(2.0)	①	リーグ優勝決定シリーズ敗退
2020	30	28	.517	3.0	②	ワイルドカードシリーズ敗退
2021	90	72	.556	5.0	②	ワイルドカードゲーム敗退
2022	93	69	.574	(7.0)	①	ワイルドカードシリーズ敗退

監督　**37 オリヴァー・マーモル** *Oliver Marmol*

◆年　　齢…………37歳（フロリダ州）
◆現役時代の経歴 … メジャーでのプレー経験なし
（ショート、セカンド、レフト）
◆監督経歴…………1シーズン　カーディナルス（2022〜）
◆通算成績…………93勝69敗（勝率.574）

　メジャーの現役監督の中で、最年少の指揮官。ダルビッシュ有と同じ1986年生まれで、今季開幕時はまだ36歳という若さだ。2019年から3年間、カーディナルスのベンチコーチを務めたあと、監督に就任。1年目の昨季、地区優勝を果たして、早速結果を出した。称賛されたことの1つが、アルバート・プーホールスの起用法だ。自身より6歳上の、この偉大なスラッガーが十分力を発揮できるよう、相手投手との相性などに気を配り、引退前の復活をあと押しした。

注目コーチ　**87 ブランドン・アレン** *Brandon Allen*

　新打撃コーチ補佐。37歳。昨季まではカーディナルスのマイナーで打撃コーチを務め、高い評価を得ていた。現役時代の2012年に、福岡ソフトバンクでのプレー経験がある。

編成責任者　**ジョン・マゼリアック** *John Mozeliak*

　54歳。補強と育成の両輪がうまく回り、マゼリアックが編成トップになってから15シーズン、カーディナルスは一度も負け越しがない。2011年にワールドシリーズ制覇。

スタジアム　**ブッシュ・スタジアム** *Busch Stadium*

◆開場年…………2006年
◆仕　様…………天然芝
◆収容能力………45,494人
◆フェンスの高さ…2.4m
◆特　徴…………外野が広く、ホームランは出にくいほうだ。ホームプレートまわりのファウルテリトリーも、他球場に比べて広い。球場の形状はほぼ左右対称だが、レフト線の長さが、ライト線の長さよりも、1フィート（約30センチ）長い。

ピッチャーズパーク

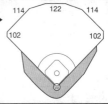

Best Order

［ベストオーダー］

①トミー・エドマン……ショート
②ウィルソン・コントレラス……キャッチャー
③ポール・ゴールドシュミット……ファースト
④ノーラン・アレナード……サード
⑤ブレンダン・ドノヴァン……セカンド
⑥タイラー・オニール……レフト
⑦ラース・ヌートバー……ライト
⑧ホアン・イエペス……DH
⑨ディラン・カールソン……センター

Depth Chart

［ポジション別選手層・メンバーリスト］

※2023年2月13日時点の候補選手。数字は背番号（開幕前に変更する場合もあり）、右・左等は投・打の順。

センター
3 **ディラン・カールソン［左・両］**
21 ラース・ヌートバー［右・左］

レフト
27 **タイラー・オニール［右・右］**
33 ブレンダン・ドノヴァン［右・左］
13 ホアン・イエペス［右・右］

ライト
21 **ラース・ヌートバー［右・左］**
33 ブレンダン・ドノヴァン［右・左］
19 トミー・エドマン［右・両］

ショート
19 **トミー・エドマン［右・両］**
11 ポール・デヤング［右・右］
33 ブレンダン・ドノヴァン［右・左］

セカンド
33 **ブレンダン・ドノヴァン［右・左］**
16 ノーラン・ゴーマン［右・左］
19 トミー・エドマン［右・両］

ローテーション
50 アダム・ウェインライト［右・右］
39 マイルズ・マイコラス［右・右］
47 ジョーダン・モンゴメリー［左・左］
22 ジャック・フラハティ［右・右］
32 スティーヴン・マッツ［左・右］
52 マシュー・リバートーア［左・左］

サード
28 **ノーラン・アレナード［右・右］**
33 ブレンダン・ドノヴァン［右・左］

ファースト
46 **ポール・ゴールドシュミット［右・右］**
33 ブレンダン・ドノヴァン［右・左］

キャッチャー
40 **ウィルソン・コントレラス［右・右］**
7 アンドルー・キズナー［右・右］

DH
13 **ホアン・イエペス［右・右］**
－ アンソニー・ミセビッチ［左・右］

ブルペン
56 ライアン・ヘルズリー［右・右］CL
65 ジオヴァニー・ガイエゴス［右・右］
53 アンドレ・パランテ［右・右］
12 ジョーダン・ヒックス［右・右］
92 ヘネシス・カブレラ［左・左］
30 クリス・ストラットン［右・右］
43 ダコタ・ハドソン［右・右］
34 ドルー・ヴァーヘイゲン［右・右］
44 ジェイク・ウッドフォード［右・右］
57 ザック・トンプソン［左・左］

※CL＝クローザー

カーディナルス試合日程……＊はアウェーでの開催

3月30・4月1・2	ブルージェイズ	5月2・3・4	エンジェルス	6月2・3・4	パイレーツ＊
3・4・5	ブレーブス	5・6・7	タイガース	5・6・7	レンジャーズ＊
7・8・9	ブリュワーズ＊	8・9・10	カブス＊	9・10・11	レッズ
10・11・12	ロッキーズ＊	12・13・14	レッドソックス＊	12・13・14	ジャイアンツ
13・14・15・16	パイレーツ	15・16・17	ブリュワーズ	16・17・18	メッツ＊
17・18・19	ダイヤモンドバックス	18・19・20・21	ドジャース	19・20・21	ナショナルズ＊
21・22・23	マリナーズ＊	22・23・24・25	レッズ＊	24・25・	カブス
24・25・26・27	ジャイアンツ＊	26・27・28	ガーディアンズ＊	27・28・29	アストロズ
28・29・30	ドジャース＊	29・30	ロイヤルズ	30・7月1・2	ヤンキース

球団メモ 正捕手として長く活躍し、9度のゴールドグラブ賞を獲得したヤディアー・モリナが、昨シーズンで現役を引退。メジャー生活19年、カーディナルス一筋にプレーした。

カーディナルス

■**投手力** ↘…★★★☆☆【昨年度チーム防御率3.79、リーグ4位】

　昨季、投手陣の奪三振率はリーグワースト。打たせて取る技巧派が多く、リーグ4位の防御率は、高い守備力に支えられている面が大きい。また、長年、的確なリードで投手陣を支えてきたモリナの存在も見逃せない。そのモリナが、オフに引退。これは大きなマイナス要素だ。ローテーションからは昨夏に加入したキンターナが抜け、大きな補強はなし。今季開幕時は、マイコラス、ウェインライト、モンゴメリー、フラハティが1〜4番手を務める。

■**攻撃力** ↗…★★★★☆【昨年度チーム得点772、リーグ3位タイ】

　アレナード、ゴールドシュミットのW主砲が引っ張る打線は、他球団にとって脅威だ。昨季のチーム打率はリーグ6位だが、出塁率の高い選手が多い。オフに強打の捕手コントレラスが加わり、さらにレベルアップした。

■**守備力** ↘…★★★★★【昨年度チーム失策数66、リーグ1位】

　内外野とも、守備力はメジャー屈指。ゴールドグラブ賞の獲得経験がある選手が、何人もいる。昨季はサードのアレナードが10年連続で受賞したほか、新設されたユーティリティ部門でドノヴァンが受賞。ただ、オフにレジェンド捕手のモリナが引退。長年、グラウンドにいるもう1人の監督としてディフェンスを取りまとめてきただけに、その影響が懸念される。

■**機動力** ↘…★★★☆☆【昨年度チーム盗塁数95、リーグ7位】

　走塁技術のある選手が多く、盗塁企図数はリーグ平均並みだが、成功率が高い。昨季、エドマンがリーグ2位の32盗塁をマークしている。

総合評価
★★★☆☆

　毎年、優秀な若手がデビューしては活躍する、育成力のあるチーム。ただ、ナショナル・リーグ中部地区では勝てても、他地区の強豪には見劣りする戦力で、ポストシーズンでは結果を残せない状況が続いている。今季はモリナが去った影響も心配だ。

IN 主な入団選手	OUT 主な退団選手
投手	投手
とくになし	ホセ・キンターナ➡メッツ
野手	野手
ウィルソン・コントレラス◀カブス	コーリー・ディッカーソン➡ナショナルズ
	アルバート・プーホールス➡引退
	ヤディアー・モリナ➡引退

3・4・5・6	マーリンズ＊	4・5・6	ロッキーズ＊	5・6・7	ブレーブス＊
7・8・9	ホワイトソックス＊	8・9・10	レイズ＊	8・9・10	レッズ＊
11	オールスターゲーム	11・12	ロイヤルズ＊	11・12・13	オリオールズ＊
14・15・16	ナショナルズ	14・15・16	アスレティックス	15・16・17	フィリーズ＊
17・18・19	マーリンズ	17・18・19・20	メッツ	18・19・20・21	ブリュワーズ
20・21・22・23	カブス＊	21・22・23	パイレーツ＊	22・23・24	パドレス＊
24・25・26	ダイヤモンドバックス＊	25・26・27	フィリーズ＊	26・27・28	ブリュワーズ
27・28・29・30	カブス	28・29・30	パドレス	29・30・**10月**1	レッズ
8月1・2・3	ツインズ	**9月**1・2・3	パイレーツ		

昨季、投手人生の新たな1ページを開いた不死鳥　先発

39 マイルズ・マイコラス
Miles Mikolas ★WBCアメリカ代表

35歳 1988.8.23生／193cm／104kg／右投右打
◆速球のスピード／150キロ前後（フォーシーム、シンカー）
◆決め球と持ち球／☆フォーシーム、◎シンカー、
　◎スライダー、○カーブ、△チェンジアップ
◆対左打者被打率／.207　◆対右打者被打率／.244
◆ホーム防御率／2.38　　◆アウェー防御率／4.10
◆ドラフトデータ／2009⑦パドレス
◆出身地／フロリダ州　◆年俸／1575万ドル（約20億4750万円）
◆最多勝1回（18年）

球威	4
制球	5
緩急	4
守備・牽制	4
度胸	4

　昨年、エースの働きを見せたため、今季は開幕投手としてシーズンに入ると思われる日本のファンにはおなじみの投手。2014年までは、一発をよく食うメジャーに定着できない三流投手だった。しかし、15年に来日して3年間、巨人軍で投げているうちに制球力が格段に向上。精神面でも自分をコントロールできるようになった。また、カーブとスライダーの精度も上がり、どんなカウントからでもストライクを取れるようになった。そうした成長は、2年1550万ドルの契約でカーディナルスに迎えられてから開花する。メジャーに復帰した18年、彼はナショナル・リーグで最多タイの18勝をマークして、2年契約が終了したあとは、新たに4年契約（2020〜23年）を交わしてチームに残留し、さらなる活躍を期待された。

　ところが19-20年のオフに、右前腕屈筋の腱を痛め、PRP（多血小板血漿療法）で治癒を目指したが成功せず、7月に修復手術を受けたため、20年は全休。翌21年は5月に復帰したが、すぐに前腕部に違和感を覚えてIL（故障者リスト）入り。先行き真っ暗になるが、その後、幹細胞を注射する治療を受けてようやく前腕部の不調は解消され、その年の8月20日にメジャー復帰がかなった。その後は好投が続いたため評価が上がり、昨季は先発2番手としてシーズンに入った。

　故障個所がどこにもなかったため、昨季は出だしから好調で、4月は5試合に先発して失点がわずか5。5月下旬の9度目の先発までは、防御率が1点台だった。その後、本塁打と四球がらみで、2試合で10点を失い防御率が3点台になるが、6月14日のパイレーツ戦で9回の2死までノーヒットピッチングを続けたことで復調した。

カモ	C・イェリッチ（ブリュワーズ）.135(37-5)1本　鈴木誠也（カブス）.167(6-1)0本
苦手	E・ホズマー（カブス）.455(11-5)1本　J・ウインカー（ブリュワーズ）.385(13-5)2本

年度	所属チーム	勝戦	敗戦	防御率	試合数	先発	セーブ	投球イニング	被安打	失点	自責点	被本塁打	与四球	奪三振	WHIP
2012	パドレス	2	1	3.62	25	0	0	32.1	32	15	13	4	15	23	1.45
2013	パドレス	0	0	0.00	2	0	0	1.2	0	0	0	0	1	1	0.60
2014	レンジャーズ	2	5	6.44	10	10	0	57.1	64	43	41	8	18	38	1.43
2018	カーディナルス	18	4	2.83	32	32	0	200.2	186	70	63	16	29	146	1.07
2019	カーディナルス	9	14	4.16	32	32	0	184.0	193	90	85	27	32	144	1.22
2021	カーディナルス	2	3	4.23	9	9	0	44.2	43	24	21	6	11	31	1.21
2022	カーディナルス	12	13	3.29	33	32	0	202.1	170	81	74	25	39	153	1.03
通算成績		45	40	3.70	143	115	0	723.0	688	323	297	86	145	536	1.15

平均球速160.3キロはクローザーで最速　クローザー

56 ライアン・ヘルズリー　*Ryan Helsley*

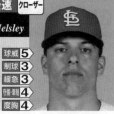

29歳　1994.7.18生｜188cm｜104kg｜右投右打

◆速球のスピード／160キロ前後（フォーシーム主体）
◆決め球と持ち球／☆フォーシーム、◎スライダー、○カーブ
◆対左.141　◆対右.118　◆ホ防1.46　◆ア防0.98
◆ド2015⑤カーディナルス
◆囲オクラホマ州

球威	5
制球	3
緩急	3
守備・牽制	4
度胸	4

チェロキー先住民保留地出身の初のメジャーリーガー。2020年と21年は故障に悩まされたが、昨季はフォーシームの平均球速が156.8キロから160.3キロにアップ。投球フォームの見直しで、ストライク率もアップした。セットアッパーとしてシーズンに入ったが、4月は6試合に登板して被安打1。5月27日までは14試合連続で無失点に抑えたため、ガイエゴスとクローザーに併用されるようになり、7月からはクローザーに固定された。痛恨事はシーズン最終登板で突き指し、ポストシーズン初戦で4失点したことだ。

カモ　K・ブライアント（ロッキーズ）.143(7-1)0本　　苦手　T・スティーヴンソン（レッズ）1.000(4-4)0本

年度	所属チーム	勝利	敗戦	防御率	試合数	先発	セーブ	投球イニング	被安打	失点	自責点	被本塁打	与四球	奪三振	WHIP
2019	カーディナルス	2	0	2.95	24	0	0	36.2	34	13	12	5	12	32	1.25
2020	カーディナルス	1	1	5.25	12	0	0	12.0	8	8	7	3	8	10	1.33
2021	カーディナルス	6	4	4.56	51	0	1	47.1	40	24	24	4	27	47	1.42
2022	カーディナルス	9	1	1.25	54	0	19	64.2	28	11	9	6	20	94	0.74
通算成績		18	6	2.91	141	0	21	160.2	110	56	52	18	67	183	1.10

盟友モリナが引退。その影響が心配される　先発

50 アダム・ウェインライト　*Adam Wainwright*
★WBCアメリカ代表

42歳　1981.8.30生｜201cm｜104kg｜右投右打

◆速球のスピード／140キロ台前半（シンカー、フォーシーム）
◆決め球と持ち球／◎カーブ、◎カッター、○シンカー、△フォーシーム、△チェンジアップ
◆対左.256　◆対右.265　◆ホ防2.98　◆ア防4.73
◆ド2000①ブレーブス　◆囲ジョージア州
◆囲1750万ドル（約22億7500万円）◆最多勝2回(09、13年)、ゴールドグラブ賞2回
（09、13年）、シルバースラッガー賞1回(17年)、ロベルトクレメンテ賞1回(20年)

球威	2
制球	4
緩急	4
守備・牽制	5
度胸	4

昨季、40歳ながら191回2/3を投げた右腕。開幕投手としてシーズンに入った昨季は、効率良くアウトを取ることに主眼を置いた投球で、前半戦の18試合は防御率が3.00。しかし、後半は疲労で失点が多くなった。今季の懸念は、盟友ヤディアー・モリナ引退の影響だ。昨季はバックアップ捕手のキズナーと6試合バッテリーを組んで好結果が出ているので、新加入の正捕手コントレラスではなく、キズナーがメインの女房役を務める可能性がある。

カモ　K・ヘイズ（パイレーツ）.000(13-0)0本　　苦手　R・ホスキンス（フィリーズ）.500(14-7)3本

年度	所属チーム	勝利	敗戦	防御率	試合数	先発	セーブ	投球イニング	被安打	失点	自責点	被本塁打	与四球	奪三振	WHIP
2005	カーディナルス	0	0	13.50	4	0	0	2.0	2	3	3	1	1	0	1.50
2006	カーディナルス	2	1	3.12	61	0	3	75.0	64	26	26	6	22	72	1.15
2007	カーディナルス	14	12	3.70	32	32	0	202.0	212	93	83	13	70	136	1.40
2008	カーディナルス	11	3	3.20	20	20	0	132.0	122	51	47	12	34	91	1.18
2009	カーディナルス	19	8	2.63	34	34	0	233.0	216	75	68	17	66	212	1.21
2010	カーディナルス	20	11	2.42	33	33	0	230.1	186	68	62	15	56	213	1.05
2012	カーディナルス	14	13	3.94	32	32	0	198.2	196	96	87	15	52	184	1.25
2013	カーディナルス	19	9	2.94	34	34	0	241.2	223	83	79	15	35	219	1.07
2014	カーディナルス	20	9	2.38	32	32	0	227.0	184	66	60	9	50	179	1.03
2015	カーディナルス	2	1	1.61	7	4	0	28.0	25	7	5	0	4	20	1.04
2016	カーディナルス	13	9	4.62	33	33	0	198.2	220	108	102	22	59	161	1.40
2017	カーディナルス	12	5	5.11	24	23	0	123.1	140	73	70	14	45	96	1.50
2018	カーディナルス	2	4	4.46	8	8	0	40.1	41	21	20	5	18	40	1.46
2019	カーディナルス	14	10	4.19	31	31	0	171.2	181	83	80	22	64	153	1.43
2020	カーディナルス	5	3	3.15	10	10	0	65.2	54	25	23	9	15	54	1.05
2021	カーディナルス	17	7	3.05	32	32	0	206.1	168	72	70	21	50	174	1.06
2022	カーディナルス	11	12	3.71	32	32	0	191.2	192	80	79	16	54	143	1.28
通算成績		195	117	3.38	457	390	3	2567.1	2426	1028	964	213	695	2147	1.22

対左=対左打者被打率　対右=対右打者被打率　ホ防=ホーム防御率　ア防=アウェー防御率
ド=ドラフトデータ　囲=出身地　囲=年俸

カーディナルス

セットアッパーとしてはメジャー屈指の実力　セットアップ／クローザー

65　ジオヴァニー・ガイエゴス　Giovanny Gallegos

★WBCメキシコ代表

32歳 1991.8.14生 | 188cm | 97kg | 右投右打

◆速球のスピード／150キロ台前半（シンカー、フォーシーム）
◆決め球と持ち球／◎スライダー、◎シンカー、◎チェンジアップ、○フォーシーム
◆対左.226　◆対右.175　◆ホ防4.41　◆ア防1.37
◆ド2011⑯ヤンキース　◆出メキシコ
◆年450万ドル（約6億8500万円）

球威	4
制球	4
緩急	4
守備・牽制	5
度胸	4

　昨シーズンはクローザーとしてはイマイチ、セットアッパーとしては最高の働きをしたメキシコ出身の右腕。一昨年終盤、トップ・セットアッパーからクローザーに回って好投。昨季も開幕からクローザーを務めたが、5月末までに2失点以上してセーブに失敗するケースが3回あり、6月から驚異的なピッチングを見せていたヘルズリーがクローザーの1番手で使われるようになった。ウリは、スライダーを武器に狙って三振を取れること。弱点は、連投に弱いこと。昨季は連投となった試合で11イニング投げたが、防御率は6.55。

| カモ | L・ウリーアス（ブリュワーズ）.000(7-0)0本 | 苦手 | D・スワンソン（カブス）.500(6-3)1本 |

年度	所属チーム	勝利	敗戦	防御率	試合数	先発	セーブ	投球イニング	被安打	失点	自責点	被本塁打	与四球	奪三振	WHIP
2017	ヤンキース	0	1	4.87	16	0	0	20.1	21	12	11	3	5	22	1.28
2018	ヤンキース	0	0	4.50	4	0	0	10.0	10	5	5	2	3	10	1.30
2018	カーディナルス	0	0	0.00	2	0	0	1.1	1	0	0	0	0	2	0.75
2018	2チーム計	0	0	3.97	6	0	0	11.1	11	5	5	2	3	12	1.24
2019	カーディナルス	3	2	2.31	66	0	1	74.0	44	19	19	9	16	93	0.81
2020	カーディナルス	2	2	3.60	16	0	4	15.0	9	6	6	1	4	21	0.87
2021	カーディナルス	6	5	3.02	73	0	14	80.1	51	28	27	6	20	95	0.88
2022	カーディナルス	3	6	3.05	57	0	14	59.0	42	23	20	6	18	73	1.02
通算成績		14	16	3.05	234	0	34	260.0	178	93	88	27	66	316	0.94

昨季は肩痛で140日間IL入り　先発

22　ジャック・フラハティ　Jack Flaherty

28歳 1995.10.15生 | 193cm | 101kg | 右投右打

◆速球のスピード／150キロ前後（フォーシーム、シンカー）
◆決め球と持ち球／◎スライダー、○カーブ、△フォーシーム、△チェンジアップ
◆対左.268　◆対右.246　◆ホ防3.86　◆ア防4.80
◆ド2014①カーディナルス　◆出カリフォルニア州
◆年540万ドル（約7億200万円）

球威	3
制球	3
緩急	3
守備・牽制	2
度胸	3

　今季はフルシーズンの稼働を期待されている実力エース級の右腕。昨季はキャンプに入った頃から右肩に違和感があり、痛み出したため、診察を受けたところ、肩関節の滑液胞に炎症が起きていることが判明。IL入りして治療を始めた。復帰したのは6月15日でローテーションに入って投げ始めたが、3試合目に肩痛が再発してまたIL入りする羽目に。このときも治療に時間を要し復帰できたのは9月5日になったが、その後は5試合に先発して毎回5イニング以上を投げ、今シーズンに希望を持たせた。昨年ひと月半しか働かなかったが評価は下がっておらず、今季は先発2番手に予定されている。

| カモ | C・ベリンジャー（カブス）.091(11-1)0本 | 苦手 | J・ウインカー（ブリュワーズ）.400(15-6)2本 |

年度	所属チーム	勝利	敗戦	防御率	試合数	先発	セーブ	投球イニング	被安打	失点	自責点	被本塁打	与四球	奪三振	WHIP
2017	カーディナルス	0	2	6.33	6	5	0	21.1	23	15	15	4	10	20	1.55
2018	カーディナルス	8	9	3.34	28	28	0	151.0	108	59	56	20	59	182	1.11
2019	カーディナルス	11	8	2.75	33	33	0	196.1	135	62	60	25	55	231	0.97
2020	カーディナルス	4	3	4.91	9	9	0	40.1	33	22	22	6	18	49	1.21
2021	カーディナルス	9	2	3.22	17	15	0	78.1	57	35	28	12	26	85	1.06
2022	カーディナルス	2	1	4.25	9	8	0	36.0	36	18	17	4	22	33	1.61
通算成績		34	25	3.41	102	98	0	523.1	392	211	198	71	188	600	1.11

対左＝対左打者被打率　対右＝対右打者被打率　ホ防＝ホーム防御率　ア防＝アウェー防御率
ド＝ドラフトデータ　出＝出身地　年＝年俸　カモ 苦手 は通算成績

投手

47 ジョーダン・モンゴメリー Jordan Montgomery

モリナの好リードを得て8月に大活躍 先発

31歳｜1992.12.27生｜198cm｜103kg｜左投左打

◆速球のスピード／150キロ前後（シンカー、フォーシーム）
◆決め球と持ち球／☆シンカー、◎チェンジアップ、○カーブ、△フォーシーム、△カッター
◆対左.198　◆対右.242　◆ホ防3.31　◆ア防3.75
◆ド2014④ヤンキース　◆出サウスカロライナ州
◆年1000万ドル（約13億円）

球威 3
制球 5
緩急 4
守備・牽制 4
度胸 3

昨年8月2日のトレードでヤンキースから移籍し、チームの地区優勝に多大な貢献をしたサウスポー。昨季はヤンキースの先発3番手としてシーズンに入り、トレードされるまでに21試合に先発。そのうちの14試合を自責点2以内に抑える好投を見せた。しかし、交代が早いことに不満をつのらせ、ブーン監督に反抗的とも取れる態度をとったことも。カーディナルスに来てからは、大捕手ヤディアー・モリナのリードを信頼して攻めのピッチングを見せ、初めの4試合は25回2/3を投げて失点がわずか1で4連勝し、カーディナルスがナショナル・リーグ中部地区の首位に躍り出る牽引役になった。

カモ I・ハップ（カブス）.000（9-0）0本　苦手 X・ボーガーツ（パドレス）.471（34-16）0本

年度	所属チーム	勝利	敗戦	防御率	試合数	先発	セーブ	投球イニング	被安打	失点	自責点	被本塁打	与四球	奪三振	WHIP
2017	ヤンキース	9	7	3.88	29	29	0	155.1	140	72	67	21	51	144	1.23
2018	ヤンキース	2	0	3.62	6	6	0	27.1	21	11	11	3	12	23	1.35
2019	ヤンキース	0	0	6.75	2	0	0	4.0	7	3	3	1	0	5	1.75
2020	ヤンキース	2	3	5.11	10	10	0	44.0	48	27	25	7	9	47	1.30
2021	ヤンキース	6	7	3.83	30	30	0	157.1	150	73	67	19	51	162	1.28
2022	ヤンキース	3	3	3.69	21	21	0	114.2	103	48	47	15	23	97	1.10
2022	カーディナルス	6	3	3.11	11	11	0	63.2	56	24	22	6	13	61	1.08
2022	2チーム計	9	6	3.48	32	32	0	178.1	159	72	69	21	36	158	1.09
通算成績		28	23	3.85	109	108	0	566.1	529	258	242	72	159	539	1.21

53 アンドレ・パランテ Andre Pallante

昨年彗星の如く現れた内野ゴロ製造機 スイングマン

★WBCイタリア代表

25歳｜1998.9.18生｜183cm｜91kg｜右投右打

◆速球のスピード／150キロ台前半（フォーシーム、シンカー）
◆決め球と持ち球／☆フォーシーム、◎スライダー、△カーブ
◆対左.246　◆対右.295　◆ホ防3.47　◆ア防2.79
◆ド2019④カーディナルス　◆出カリフォルニア州
◆年72万ドル（約9360万円）+α

球威 4
制球 3
緩急 3
守備・牽制 4
度胸 3

昨年開幕メンバーに抜擢されてメジャーデビューし、先発とリリーフの両面でいい働きを見せた注目の右腕。投球フォームに特徴があり、テイクバックを大きく取って一度上体をそらせてから、オーバーハンドで速球とスライダー、カーブを投げ込んでくる。比率は速球65%、スライダー20%、カーブ15%くらいの割合で、最大の特徴は打球がゴロになる比率がたいへん高いこと（昨年のゴロ打球比率は63.9%）。これは通常のフォーシームのグリップで投げても、ナチュラルシンカーになるのが最大の要因。ウリは先発でもリリーフでも投げられるうえ、リリーフで使う場合はどんな役回りにも対応できることだ。昨シーズンは4月にロングリリーフで好投し、5月はセットアッパーに回ってここでも好投。6月、7月はローテーション入りして先発で投げ（先発防御率3.98）、8月以降はセットアッパーに戻って投げていた。

カモ O・ナルヴァエス（メッツ）.000（4-0）0本　苦手 J・スウィンスキー（パイレーツ）1.000（3-3）1本

年度	所属チーム	勝利	敗戦	防御率	試合数	先発	セーブ	投球イニング	被安打	失点	自責点	被本塁打	与四球	奪三振	WHIP
2022	カーディナルス	6	5	3.17	47	10	0	108.0	113	39	38	9	40	73	1.42
通算成績		6	5	3.17	47	10	0	108.0	113	39	38	9	40	73	1.42

カーディナルス

トミー・ジョン手術後、制球力が低下

ミドルリリーフ

12 ジョーダン・ヒックス *Jordan Hicks*

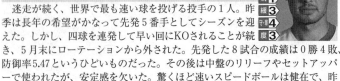

27歳 1996.9.6生｜188cm｜99kg｜右投右打 速160キロ前後（シンカー）決○スライダー
対左.232 対右.197 ド2015③カーディナルス 出テキサス州 年184万ドル（約2億3920万円）

球5 制1 緩3 守4 度3

迷走が続く、世界で最も速い球を投げる投手の１人。昨季は長年の希望がかなって先発５番手としてシーズンを迎えた。しかし、四球を連発して早い回にKOされることが続き、５月末にローテーションから外された。先発した８試合の成績は０勝４敗、防御率5.47というひどいものだった。その後は中盤のリリーフやセットアッパーで使われたが、安定感を欠いた。驚くほど速いスピードボールは健在で、昨季の速球（高速シンカー）の平均球速は160.5キロでヨアン・デュラン（ツインズ）の162.3キロ、アンドレス・ムニョス（マリナーズ）の161.2キロに次いで速かった。

年度	所属チーム	勝利	敗戦	防御率	試合数	先発	セーブ	投球イニング	被安打	失点	自責点	被本塁打	与四球	奪三振	WHIP
2022	カーディナルス	3	6	4.84	35	8	0	61.1	46	33	33	5	35	63	1.32
通算成績		8	12	4.05	147	8	20	177.2	126	82	80	9	101	174	1.28

ゴロ打球の比率が増したことで安定感

スイングマン

44 ジェイク・ウッドフォード *Jake Woodford*

27歳 1996.10.28生｜193cm｜97kg｜右投右打 速150キロ前後（シンカー、フォーシーム）決○スライダー
対左.292 対右.232 ド2015①カーディナルス 出フロリダ州 年72万ドル（約9360万円）+α

球2 制4 緩3 守2 度3

メジャーとマイナーを忙しく往復する状態が続く右腕。昨季メジャーでは27試合に登板、主にロングリリーフで起用されていい働きをした。ウリはリリーフだけでなく先発でも使えることで、メジャーでは１試合だけだが、マイナーでは11試合中10試合が先発登板。球種はシンカー、スライダー、フォーシーム、カーブ、チェンジアップの５つで、アウトピッチはスライダー。シンカーとスライダーを主体に投げる典型的な打たせて取るタイプだが、打者を追い込むとフォーシームを高めのボールゾーンに投げ込んで空振りを誘う。一発リスクが低く、昨季は被本塁打１だった。

年度	所属チーム	勝利	敗戦	防御率	試合数	先発	セーブ	投球イニング	被安打	失点	自責点	被本塁打	与四球	奪三振	WHIP
2022	カーディナルス	4	0	2.23	27	1	0	48.1	43	13	12	1	11	24	1.12
通算成績		8	4	3.61	65	10	0	137.0	129	58	55	15	41	90	1.24

昨年勝ち運に最も恵まれた投手

ミドルリリーフ

30 クリス・ストラットン *Chris Stratton*

33歳 1990.8.22生｜188cm｜92kg｜右投右打 速150キロ前後（フォーシーム主体）決○カーブ
対左.333 対右.268 ド2012①ジャイアンツ 出ミシシッピ州 年280万ドル（約3億6400万円）

球2 制4 緩4 守3 度3

昨年８月２日のトレードでパイレーツから移籍後、勝ち運に恵まれて５勝（０敗）したリリーフ右腕。ちなみに移籍前も勝ち運に恵まれ、防御率5.09で５勝。勝ち星が２ケタになった。移籍後は、ボールになるカーブとスライダーにバットを出させて、凡ゴロや三振にしとめるピッチングが冴えを見せた。ジャイアンツ時代は先発で投げていたが、2019年の途中でパイレーツに移ったあとはリリーフ専業に。昨年７月12日、４年ぶりに一度だけ先発したが、この日はリリーフ投手だけで９回を乗り切るブルペンデーだったため、最初に使われたというだけで特別な意味はない。

年度	所属チーム	勝利	敗戦	防御率	試合数	先発	セーブ	投球イニング	被安打	失点	自責点	被本塁打	与四球	奪三振	WHIP
2022	パイレーツ	5	4	5.09	40	1	2	40.2	50	26	23	4	13	37	1.55
2022	カーディナルス	5	0	2.78	20	0	0	22.2	22	9	7	0	12	23	1.50
2022	2チーム計	10	4	4.26	60	1	2	63.1	72	34	30	4	25	60	1.53
通算成績		35	23	4.52	238	42	11	462.1	484	253	232	54	191	423	1.46

速＝速球のスピード 決＝決め球 対左＝対左打者被打率 対右＝対右打者被打率
ド＝ドラフトデータ 出＝出身地 年＝年俸

ピンチの火消し役では良い働き

34 ドルー・ヴァーヘイゲン *Drew VerHagen*

ミドル
リリーフ

33歳 1990.10.22生｜198cm｜104kg｜右投右打 圏150キロ台前半(シンカー、フォーシーム) 図○スライダー
対左.353 対右.268 图2012④タイガース 囲テキサス州 囲300万ドル(約3億9000万円)

球 4
制 2
緩 3
守 2
度 2

　カーディナルス1年目は故障続きで精彩を欠いた、日本の野球ファンにはおなじみの投手。2020年に来日し、日本ハムで先発投手として2シーズンいい働きをしたあと、昨年3月11日に2年500万ドルの契約でカーディナルスに入団。開幕後は中盤のリリーフで起用されたが、4月22日に股関節を痛めてIL入り。5月14日に復帰後は、ピンチの火消し役で使われたときは好投したが、それ以外の役目で登板したときは失点することが多かった。6月24日に肩痛でIL入り。7月13日に復帰したが、すぐに股関節痛が再発し、IL入り。シーズン終了まで復帰できなかった。

年度	所属チーム	勝利	敗戦	防御率	試合数	先発	セーブ	投球イニング	被安打	失点	自責点	被本塁打	与四球	奪三振	WHIP
2022	カーディナルス	3	1	6.65	19	0	0	21.2	27	18	16	5	14	18	1.89
通算成績		13	11	5.26	146	8	0	220.2	236	133	129	34	89	174	1.47

トミー・ジョン手術の影響で球速が3キロ低下

43 ダコタ・ハドソン *Dakota Hudson*

スイング
マン

29歳 1994.9.15生｜196cm｜97kg｜右投右打 圏140キロ台後半(シンカー、フォーシーム) 図○スライダー
対左.263 対右.281 图2016①カーディナルス 囲テネシー州 囲265万ドル(約3億4450万円)

球 2
制 2
緩 2
守 2
度 3

　今季は先発5番手の座を、リバートーア、マッツと争うことになるグラウンドボール・ピッチャー。2020年9月にトミー・ジョン手術を受けたため、昨季は本格的なカムバックイヤーとなった。だが、多投するシンカーの球速が平均2.6キロ落ちていることや、制球が以前より不安定になったことで波の大きい展開になってしまった。それでも最終登板の前までは、防御率が4.07。メジャーの先発投手の平均値(昨年の先発投手平均は4.05)を保っていたが、最終登板で7失点して4.45に落ちたことで、ローテーションから外された状態で今年のキャンプに臨むことになった。

年度	所属チーム	勝利	敗戦	防御率	試合数	先発	セーブ	投球イニング	被安打	失点	自責点	被本塁打	与四球	奪三振	WHIP
2022	カーディナルス	8	7	4.45	27	26	0	139.2	141	71	69	9	61	78	1.45
通算成績		32	17	3.61	96	67	1	389.1	351	175	156	36	181	270	1.37

52 マシュー・リバートーア *Matthew Liberatore*

先発
リリーフ

期待度 B+

ルーキー

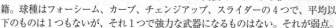

24歳 1999.11.6生｜193cm｜90kg｜左投左打 ◆昨季はメジャーで9試合に出場 图2018①レイズ 囲アリゾナ州

　昨年メジャーデビューして厚い壁に跳ね返されたピッチャーのホープ。2020年1月のトレードで、アロザレナと交換でレイズから移籍。球種はフォーシーム、カーブ、チェンジアップ、スライダーの4つで、平均以下のものは1つもないが、それ1つで強力な武器になるものはない。それが弱点。

― ゴードン・グラセッフォ *Gordon Graceffo*

先発

期待度 A−

ルーキー

23歳 2000.3.17生｜193cm｜95kg｜右投右打 ◆昨季は1A・2Aでプレー 图2021⑤カーディナルス 囲ニュージャージー州

　フォーシーム、スライダー、チェンジアップ、カーブの4つを効果的に組み合わせて、打者に強い打球を打たせないことに主眼を置いた投球を見せる右腕。長所は制球力があるため、長いイニングを投げられること。よく落ちるチェンジアップが一番の武器だが、スライダーにも磨きがかかってきた。

投手との駆け引きに長けた賢人打者

ファースト

46 ポール・ゴールドシュミット
Paul Goldschmidt ★WBCアメリカ代表

36歳 1987.9.10生 | 190cm | 99kg | 右投右打

- ◆対左投手打率／.411(112-46) ◆対右投手打率／.294(449-132)
- ◆ホーム打率／.347(271-94) ◆アウェー打率／.290(290-84)
- ◆得点圏打率／.308(117-36)
- ◆22年のポジション別出場数／ファースト＝128、DH＝23
- ◆ドラフトデータ／2009⑧ダイヤモンドバックス
- ◆出身地／デラウェア州
- ◆年俸／2200万ドル（約28億6000万円）
- ◆MVP1回(22年)、本塁打王1回(13年)、打点王1回(13年)、ゴールドグラブ賞4回(13.15.17. 21年)、シルバースラッガー賞5回(13.15.17.18.22年)、ハンク・アーロン賞1回(13.22年)

ミート	5
パワー	5
走塁	4
守備	4
肩	2

　ナショナル・リーグのMVPに輝いたカーディナルスの主砲。MVPレースの最終候補にノミネートされたのはゴールドシュミット、マチャード、アレナードの3人だったが、ゴールドシュミットが30ある1位票のうち22票を獲得し、7票のマチャード、1票のアレナードに大差をつけて選出された。これまで、次点は2度あるがMVPに選出されたことはなく、34歳で迎えた昨シーズンはラストチャンスだった。4月は不調で本塁打が1本しか出なかったが、5月になると速球にも変化球にもタイミングが合うようになり、5月7日から30試合連続でヒットが出た。加えて5月中旬からは一発もハイペースで出るようになり、5月23日のブルージェイズ戦でサヨナラ満塁アーチを放って波に乗った。8月末時点では打率3割3分2厘で、打率も首位。本塁打はトップと3本差だったので、三冠王の可能性もあったが、9月以降失速し、2本しか出なかった。

　打撃面のウリは①逆方向にも飛距離が出る。②ボールにバックスピンをかけて遠くに飛ばす技術が高い。③選球眼が良く、当てることにも長けているので四球が多く出塁率が高い、といった点だ。ファーストの守備はグラブさばきがうまく、3年間で捕球ミスは1つしかない。守備範囲も広く、過去にゴールドグラブ賞を4回受賞しているが、昨季は「ゴールグラブ候補」にとどまった。今季はWBCにアメリカ代表の一員として参加後、チームに合流する。父方はユダヤ系だが、母がカトリックの信者だったためキリスト教徒として育ち、ユダヤ系という意識はまったくないようだ。

カモ J・キンターナ(メッツ).647(17-11)3本　R・ヒル(パイレーツ).500(22-11)2本
苦手 C・キンブル(フィリーズ).000(12-0)0本　S・アルカンタラ(マーリンズ).125(16-2)0本

年度	所属チーム	試合数	打数	得点	安打	二塁打	三塁打	本塁打	打点	四球	三振	盗塁	盗塁死	出塁率	OPS	打率
2011	ダイヤモンドバックス	48	156	28	39	9	1	8	26	20	53	4	0	.333	.807	.250
2012	ダイヤモンドバックス	145	514	82	147	43	1	20	82	60	130	18	3	.359	.849	.286
2013	ダイヤモンドバックス	160	602	103	182	36	3	36	125	99	145	15	7	.401	.952	.302
2014	ダイヤモンドバックス	109	406	75	122	39	1	19	69	64	110	9	3	.396	.938	.300
2015	ダイヤモンドバックス	159	567	103	182	38	2	33	110	118	151	21	5	.435	1.005	.321
2016	ダイヤモンドバックス	158	579	106	172	33	3	24	95	110	150	32	5	.411	.900	.297
2017	ダイヤモンドバックス	155	558	117	166	34	3	36	120	94	147	18	5	.404	.967	.297
2018	ダイヤモンドバックス	158	593	95	172	35	5	33	83	90	173	7	4	.389	.922	.290
2019	カーディナルス	161	597	97	155	25	1	34	97	78	166	3	1	.346	.822	.260
2020	カーディナルス	58	191	31	58	13	0	6	21	37	43	1	0	.417	.883	.304
2021	カーディナルス	158	603	102	177	36	2	31	99	67	136	12	0	.365	.879	.294
2022	カーディナルス	151	561	106	178	41	0	35	115	79	141	7	0	.404	.982	.317
通算成績		1620	5927	1045	1750	382	22	315	1042	916	1545	147	33	.391	.918	.295

28 ノーラン・アレナード
Nolan Arenado ★WBCアメリカ代表

32歳 1991.4.16生 | 188cm | 97kg | 右投右打

◆対左投手打率／.250(112-28)　◆対右投手打率／.303(445-135)
◆ホーム打率／.282(273-77)　◆アウェー打率／.303(284-86)
◆得点圏打率／.290(155-45)
◆22年のポジション別出場数／サード=131、DH=17
◆ドラフトデータ／2009②ロッキーズ
◆出身地／カリフォルニア州
◆年俸／3500万ドル（約45億5000万円）
◆本塁打王3回(15、16、18年)、打点王2回(15、16年)、ゴールドグラブ賞10回(13～22年)、シルバースラッガー賞5回(15～18、22年)

ミート	4
パワー	5
走塁	3
守備	5
肩	5

　MVPの最終候補にノミネートされたが、受賞は逃した最高レベルの打力と守備力を備えた三塁手。昨季は波の大きい展開になり、4月と8月には打ちまくって月間MVPになったが、5月はスランプで打率1割台。9月は一発が2本しか出なかった。しかし総体で見ると、2年連続で本塁打を30の大台に、打点も3ケタに乗せ、主砲ノルマをきっちり果たした。

　打者としての特徴は、打球を上げることに徹していることで、昨季はゴロ打球の比率が、メジャーの打者（規定打席以上）で最も低かった。動体視力が良く、当てることに長けているため、長打を量産する強打者なのに、三振が少ないのも大きな特徴だ。

　サードの守備ではエラーがやや多かったが、守備範囲の広さ、打球への反応の速さ、打球の軌道を瞬時に読む能力、グラブさばきのうまさ、送球の正確さは依然トップレベルで、DRSもメジャーの三塁手で2番目に多い19あった。シーズン終了後には10年連続となるゴールドグラブ賞を受賞して、イチローの持つ連続受賞記録に並んだ。さらに受賞者の中から最高の守備力と認定された1名に贈られるプラチナグラブ賞も6年連続で受賞し、メジャーリーグ最高のディフェンダーという評価は揺るぎないものになった。コロナワクチンに懐疑的な考えを持っており、接種を拒否し続けてきた。そのため入国者にワクチン接種を義務付けているカナダに入国できず、同じく接種を拒否し続けてきたゴールドシュミットともに、7月24日から始まるアウェーでのブルージェイズ3連戦を欠場した。

カモ　G・コール（ヤンキース）.474(19-9)3本　　ダルビッシュ有（パドレス）.400(20-8)3本
苦手　S・アルカンタラ（マーリンズ）.071(14-1)0本　　J・デグローム（レンジャーズ）.100(20-2)0本

年度	所属チーム	試合数	打数	得点	安打	二塁打	三塁打	本塁打	打点	四球	三振	盗塁	盗塁死	出塁率	OPS	打率
2013	ロッキーズ	133	486	49	130	29	4	10	52	23	72	2	0	.301	.706	.267
2014	ロッキーズ	111	432	58	124	34	2	18	61	25	58	2	1	.328	.828	.287
2015	ロッキーズ	157	616	97	177	43	4	42	130	34	110	2	5	.323	.898	.287
2016	ロッキーズ	160	618	116	182	35	6	41	133	68	103	2	2	.362	.932	.294
2017	ロッキーズ	159	606	100	187	43	7	37	130	62	106	3	2	.373	.959	.309
2018	ロッキーズ	156	590	104	175	38	2	38	110	73	122	2	2	.374	.935	.297
2019	ロッキーズ	155	588	102	185	31	2	41	118	62	93	3	2	.379	.962	.315
2020	ロッキーズ	48	182	23	46	9	0	8	26	15	20	0	0	.303	.737	.253
2021	カーディナルス	157	593	81	151	34	3	34	105	50	96	2	0	.312	.806	.255
2022	カーディナルス	148	557	73	163	42	1	30	103	52	72	5	3	.358	.891	.293
通算成績		1384	5268	803	1520	338	31	299	968	464	852	23	18	.346	.881	.289

球場をわかせるプレーを連発する異能派　ライト

21 ラース・ヌートバー
Lars Nootbaar ★WBC日本代表

26歳 1997.9.8生｜190cm｜95kg｜右投左打

◆対左投手打率／.273(55-15) ◆対右投手打率／.217(235-51)
◆ホーム打率／.184(136-25) ◆アウェー打率／.266(154-41)
◆得点圏打率／.262(61-16)
◆22年のポジション別出場数／ライト=79、センター
=12、レフト=11、DH=9
◆ドラフトデータ／2018⑧カーディナルス
◆出身地／カリフォルニア州
◆年俸／72万ドル(約9360万円)+α

ミート	3
パワー	4
走塁	3
守備	5
肩	5

　サムライジャパンのメンバーになったことで、日本の野球ファンに広く知られるようになった日米ハーフの外野手。昨季は前評判が高く、オープン戦不調だったにもかかわらず開幕メンバーに入った。

　しかし、シーズンに入っても調子は上がらず、出だしからスランプ。それが3カ月近く続いた。そのため2度、マイナー落ちの屈辱を味わったが、7月に入ってから復調し、その後は長打とタイムリーがよく出るようになった。それが評価され、8月2日のトレードでベイダーがヤンキースにトレードで出た際、ライトのレギュラーに抜擢された。

　打者としての特徴は、早打ちせず失投をじっくり待つタイプであるため、打率が低く、三振も多いが、四球での出塁も多く、長打がよく出ること。四球で出塁する割合は、メジャー全体(200打数以上)で6番目に高かった。勝負強さも持ち合わせていて、得点圏打率が高く、昨年8月4日のカブス戦ではレギュラーになったばかりなのに、9回裏にサヨナラ安打をライトに打ってヒーローになった。

　守備面では打球への反応が早く、球際にも強いため、ダイビングキャッチが得意で何度もスーパープレーをやって投手を助けた。かなりの強肩で送球も正確であるため、昨季は本塁へのレーザービーム送球で走者を刺したケースも3度あり、そのたびにヌートバーをたたえる「NOOOOT!(ヌーーート!)」という声の塊が、球場中からわきあがった。

　WBCの日本代表チームの一員になることができたのは、母・久美子さんが日本人だからだ。久美子さんはカリフォルニア州立ポリテクニック大学に留学中、ヌートバーの父であるチャーリーさんと出会い、のちにチャーリーさんが来日した際に交際が始まり、結婚。ヌートバーは三男で、上の2人の兄は日本生まれだが、彼は両親が米国に移ってから誕生した。

カモ K・トンプソン(カブス).800(5-4)0本　M・ケラー(パイレーツ).500(8-4)0本
苦手 C・バーンズ(ブリュワーズ).100(10-1)1本　S・アルカンタラ(マーリンズ).000(6-0)0本

年度	所属チーム	試合数	打数	得点	安打	二塁打	三塁打	本塁打	打点	四球	三振	盗塁	盗塁死	出塁率	OPS	打率
2021	カーディナルス	58	109	15	26	3	1	5	15	13	28	2	1	.317	.739	.239
2022	カーディナルス	108	290	53	66	16	3	14	40	51	71	4	1	.340	.788	.228
通算成績		166	399	68	92	19	4	19	55	64	99	6	2	.334	.775	.231

レジェンド捕手ヤディアー・モリナの後継者　キャッチャー　移籍

40 ウィルソン・コントレラス　Willson Contreras

31歳 1992.5.13生｜185cm｜101kg｜右投右打　◆盗塁阻止率／.273(33-9)

◆対左投手打率／.219　◆対右投手打率／.251
◆ホーム打率／.259　◆アウェー打率／.224　◆得点圏打率／.255
◆22年のポジション別出場数／キャッチャー＝72、DH＝39
◆Ⓓ2009㉚カブス　◆囲ベネズエラ
◆囲1000万ドル（約13億円）

ミート	4
パワー	5
走塁	3
守備	3
肩	5

5年8750万ドルの契約で入団した、カブスでは主砲だった強打のキャッチャー。打撃面のウリは、パワーがあるというだけでなく、安定して本塁打と二塁打を生産できること。捕手なので配球を読むことにも長けていて、変化球を積極的に打ちに行く傾向がある。守備面のウリは強肩。昨季は盗塁阻止率が「上」レベルの27.3%（33-9）で、捕手牽制刺が2つある。ボールブロックとフレーミングは平均レベル。ゲームコーリング（リード）はイマイチ。打者としての価値が高いので、昨季は先発出場した111試合のうち、65%が捕手、35%がDHでの出場だった。今季もDHでの出場が一定数あるだろう。

[カモ] J・ライルズ（ロイヤルズ）.500(10-5)2本　[苦手] D・ウィリアムズ（ブリュワーズ）.000(8-0)0本

年度	所属チーム	試合数	打数	得点	安打	二塁打	三塁打	本塁打	打点	四球	三振	盗塁	盗塁死	出塁率	OPS	打率
2016	カブス	76	252	33	71	14	1	12	35	26	67	2	2	.357	.845	.282
2017	カブス	117	377	50	104	21	0	21	74	45	98	5	4	.356	.855	.276
2018	カブス	138	474	50	118	27	5	10	54	53	121	4	1	.339	.729	.249
2019	カブス	105	360	57	98	18	2	24	64	38	102	1	2	.355	.888	.272
2020	カブス	57	189	37	46	10	0	7	26	20	57	1	2	.356	.763	.243
2021	カブス	128	413	61	98	20	0	21	57	52	138	5	4	.340	.778	.237
2022	カブス	113	416	65	101	23	2	22	55	45	103	4	3	.349	.815	.243
通算成績		734	2481	353	636	133	10	117	365	279	686	22	17	.349	.808	.256

「値千金の一打」をよく打つ野球巧者　ショート

19 トミー・エドマン　Tommy Edman

★WBC韓国代表

28歳 1995.5.9生｜178cm｜81kg｜右投両打

◆対左投手打率／.276　◆対右投手打率／.261
◆ホーム打率／.276　◆アウェー打率／.254　◆得点圏打率／.324
◆22年のポジション別出場数／セカンド＝89、ショート＝80、サード＝8、ライト＝2、センター＝1
◆Ⓓ2016⑥カーディナルス　◆囲カリフォルニア州
◆囲420万ドル（約5億4600万円）　◆ゴールドグラブ賞1回(21年)

ミート	4
パワー	3
走塁	5
守備	5
肩	4

ほかの選手が打たないときによく打つ、スイッチヒッターの巧打者。昨季は開幕からトップバッターで起用され、6月までは良いチャンスメーカーになっていた。だが、7月に入ってスランプになり、7月下旬からは9番打者や2番打者で使われることが多くなった。打者としての長所はチャンスによく打つクラッチヒッターで、かつ、変化球への対応力が高いことだ。守備では正二塁手としてシーズンに入り、ハイレベルなプレーを随所に見せていたが、5月の途中からポジションがショートに移った。シーズン終了後には、セカンドとユーティリティ部門でゴールドグラブ賞の最終候補にノミネートされ、2部門でノミネートされた史上初の選手になったが、どちらも受賞はのがした。

[カモ] H・グリーン（レッズ）.500(10-5)0本　[苦手] A・ノーラ（フィリーズ）.000(11-0)0本

年度	所属チーム	試合数	打数	得点	安打	二塁打	三塁打	本塁打	打点	四球	三振	盗塁	盗塁死	出塁率	OPS	打率
2019	カーディナルス	92	326	59	99	17	7	11	36	16	61	15	1	.350	.850	.304
2020	カーディナルス	55	204	29	51	7	1	5	26	16	48	2	4	.317	.685	.250
2021	カーディナルス	159	641	91	168	41	3	11	56	38	95	30	5	.308	.695	.262
2022	カーディナルス	153	577	95	153	31	4	13	57	46	111	32	3	.324	.724	.265
通算成績		459	1748	274	471	96	15	40	175	116	315	79	13	.322	.732	.269

Ⓓ=ドラフトデータ　囲=出身地　囲=年俸

カーディナルス

価値ある一打をよく打つ1人9役の男　ユーティリティ

33 ブレンダン・ドノヴァン　*Brendan Donovan*

26歳｜1997.1.16生｜185cm｜88kg｜右投左打

◆対左投手打率／.279　◆対右投手打率／.282
◆ホーム打率／.330　◆アウェー打率／.236　◆得点圏打率／.347
◆22年のポジション別出場数／セカンド＝38、サード＝31、ライト＝20、レフト＝19、ファースト＝16、DH＝16、ショート＝7
◆Ⓓ2018⑦カーディナルス　◆Ⓗドイツ
◆Ⓨ72万ドル（約9360万円）＋α　◆ゴールドグラブ賞1回（22年）

ミート	4
パワー	3
走塁	3
守備	3
肩	4

　昨年ブレイクし、ルーキーながら新設されたゴールドグラブ賞ユーティリティ部門の受賞者になったスーパーサブ。新人王選出でも最終候補になったが、受賞には至らなかった。昨季は4月25日に待望のメジャーデビュー。その後はポジション日替わりで連日打線に名をつらね、途切れることなくヒットを放ってシーズン終了までハイアベレージをキープ。優秀なチャンスメーカーとして機能した。日替わりポジションの内訳は、セカンド38試合、サード31試合、ライト20試合、レフト19試合、ファースト16試合、ショート7試合で、これ以外にDHで16試合、代打で6試合、代走で7試合出場。称賛されたのは、各ポジションでスーパープレーを度々見せたこと。サードではDRS（守備で防いだ失点）が8あり、レフトでも2、ライトでも1あった。

カモ J・グレイ（ナショナルズ）.600(5-3)0本　苦手 H・グリーン（レッズ）.000(5-0)0本

年度	所属チーム	試合数	打数	得点	安打	二塁打	三塁打	本塁打	打点	四球	三振	盗塁	盗塁死	出塁率	OPS	打率
2022	カーディナルス	126	391	64	110	21	1	5	45	60	70	2	3	.394	.773	.281
通算成績		126	391	64	110	21	1	5	45	60	70	2	3	.394	.773	.281

楽しみな要素がたくさんある未完の大器　センター／ライト

3 ディラン・カールソン　*Dylan Carlson*

25歳｜1998.10.23生｜188cm｜92kg｜左投両打

◆対左投手打率／.305　◆対右投手打率／.207
◆ホーム打率／.249　◆アウェー打率／.226　◆得点圏打率／.248
◆22年のポジション別出場数／センター＝73、ライト＝62、DH＝2
◆Ⓓ2016①カーディナルス　◆Ⓗカリフォルニア州
◆Ⓨ72万ドル（約9360万円）＋α

ミート	3
パワー	3
走塁	3
守備	4
肩	2

　昨年期待に応えられなかったため、今季は何が何でも結果を出すと心に期しているスイッチヒッターの外野手。一昨年、新人王投票で3位に入る活躍をしたため、昨季は大いに期待されたが、強い打球が出る割合が大幅に減少し、打撃成績が低迷した。また、チャンスに打席に入っても結果が出せないことが多かった。モゼリアクGMはシーズン終了時の記者会見で、カールソンが手首と親指を痛めながら、それを隠してプレーしていたことを公表。守備は開幕からライトに入っていたが、ベイダーが8月2日にヤンキースにトレードされたためセンターに回った。弱肩が守備面での唯一の欠点であるため、センターに移ったことでこの弱点が目立たたなくなり、8月以降は味方のピンチに度々スーパープレーを見せてピッチャーを助け、感謝されていた。

カモ W・マイリー（ブリュワーズ）.455(11-5)0本　苦手 ダルビッシュ有（パドレス）.125(8-1)0本

年度	所属チーム	試合数	打数	得点	安打	二塁打	三塁打	本塁打	打点	四球	三振	盗塁	盗塁死	出塁率	OPS	打率
2020	カーディナルス	35	110	11	22	7	1	3	16	8	35	1	1	.252	.616	.200
2021	カーディナルス	149	542	79	144	31	4	18	65	57	152	2	1	.343	.780	.266
2022	カーディナルス	128	432	56	102	30	4	8	42	45	94	5	2	.316	.696	.236
通算成績		312	1084	146	268	68	9	29	123	110	281	8	4	.323	.730	.247

野手

故障がなければ30本期待できる筋肉マン　レフト

27 タイラー・オニール Tyler O'Neill ★WBCカナダ代表

28歳 1995.6.22生｜180cm｜90kg｜右投右打 [対左].256 [対右].219 [ホ].224 [ア].231
[得].299 [2013①]マリナーズ [国]カナダ [年]495万ドル（約6億4350万円）◆ゴールドグラブ賞2回（20、21年）

ミ	3
パ	4
走	5
守	3
肩	3

34本塁打を記録した2021年の再現を期待される、昨年打撃不振にあえいだ外野手。昨季は主砲級の活躍を期待されたが、出だしスランプ。しかも5月以降ハムストリングの肉離れに悩まされて3度IL入りしたため96試合しか出場できず、成績も低レベルなものに終わった。ウリは筋骨隆々とした肉体が生み出すパワー。父親がカナダのボディビル選手権で優勝したことがあるボディビルダーで、その影響で少年時代からウエイト・トレに励み、屈強な体を作り上げた。あだ名はポパイ。今年1月、妻ステファニーさんが女児オードリーちゃんを出産。パパになり張り切っている。

年度	所属チーム	試合数	打数	得点	安打	二塁打	三塁打	本塁打	打点	四球	三振	盗塁	盗塁死	出塁率	OPS	打率
2022	カーディナルス	96	334	56	76	11	1	14	58	38	103	14	4	.308	.700	.228
通算成績		405	1226	212	308	53	3	69	196	108	424	35	9	.320	.788	.251

今季も出番が多くなりそうな第2捕手　キャッチャー

7 アンドルー・キズナー Andrew Knizner

28歳 1995.2.3生｜185cm｜101kg｜右投右打 ◆盗塁阻止率／.222(27-6) [対左].138 [対右].238 [ホ].210
[ア].219 [得].174 [2016⑦]カーディナルス [国]ヴァージニア州 [年]110万ドル（約1億4300万円）

ミ	2
パ	3
走	2
守	3
肩	3

モリナが引退したが、それに代わる正捕手にコントレラスが入るため、引き続きバックアップを務めるキャッチャー。昨季は、モリナがシーズン終了後に引退することが決まっていたため、正捕手並みの78試合に先発出場。守備面ではボールブロックは「中の上」レベル。盗塁阻止率は22.2%（27-6）で平均レベルだが、フレーミングは平均以下のレベル。捕手防御率は平均レベルの3.95。投手別ではキンターナと相性が良く、度々好投を引き出していた。打者としてはパワーアップしており、二塁打10と本塁打4を記録。打率は低いが早打ちをしないので、出塁率が高い。

年度	所属チーム	試合数	打数	得点	安打	二塁打	三塁打	本塁打	打点	四球	三振	盗塁	盗塁死	出塁率	OPS	打率
2022	カーディナルス	97	260	28	56	10	0	4	25	26	62	1	1	.301	.601	.215
通算成績		186	490	54	100	19	0	7	45	50	120	2	1	.292	.580	.204

高めの快速球を克服できれば、主砲級に成長可能　セカンド

16 ノーラン・ゴーマン Nolan Gorman

23歳 2000.5.10生｜185cm｜95kg｜右投左打 [対左].211 [対右].227 [ホ].212 [ア].241
[得].240 [2018①]カーディナルス [国]アリゾナ州 [年]72万ドル（約9360万円）+α

ミ	3
パ	4
走	3
守	2
肩	3

弱点を克服し、揺るぎないレギュラーの座を目指す大型二塁手。昨季は3Aで打ちまくったあと、5月下旬にメジャーデビュー。エドマンがショートに移ったため、初めからセカンドのレギュラー格で使われることになった。連日スタメンで起用され、最初の11試合は本塁打3、打点10と目を見張る活躍。その後は打率、出塁率とも、メジャーの平均レベルで推移し、9月に調子を落としてマイナー落ちした。ローボールヒッターで、真ん中低めに来た場合は、速球、変化球にかかわらず高い確率で外野席に叩き込むが、高めの快速球が苦手で、対応できないことが多い。

年度	所属チーム	試合数	打数	得点	安打	二塁打	三塁打	本塁打	打点	四球	三振	盗塁	盗塁死	出塁率	OPS	打率
2022	カーディナルス	89	283	44	64	13	0	14	35	28	103	1	0	.300	.720	.226
通算成績		89	283	44	64	13	0	14	35	28	103	1	0	.300	.720	.226

カーディナルス

13 パワーは25本塁打を期待できるレベル

ホアン・イエペス *Juan Yepez*

DH / ファースト / レフト

25歳 1998.2.19生 | 185cm | 90kg | 右投右打 [対左].255 [対右].253 [ホ].237 [ア].266 [得].200 [ド]2014㉒ブレーブス [出]ベネズエラ [年]72万ドル（約9360万円）+α

ミート **3**
パワー **5**
走塁 **2**
守備 **1**
肩 **4**

昨年5月3日にメジャーデビューした、バットを持つと一流、グラブを持つと三流というタイプのスラッガー。打撃面のウリはバットスピードの速さ。それがあるためインサイドに来た快速球を、差し込まれることなくコンパクトに振り抜いて痛烈なライナーを外野に弾き返す。外野の守備は、強肩だが、守備範囲が狭く、フライの軌道を読み違えることがよくある。本来はDHで使うのが無難なタイプだが、昨年はプーホールスがフルタイムでDHを務めていたので、そのチャンスはなかった。しかしプーホールスが昨季終了後に引退したため、今季はDHの1番手に予定されている。

年度	所属チーム	試合数	打数	得点	安打	二塁打	三塁打	本塁打	打点	四球	三振	盗塁	盗塁死	出塁率	OPS	打率
2022	カーディナルス	76	253	27	64	13	0	12	30	16	61	0	0	.296	.743	.253
通算成績		76	253	27	64	13	0	12	30	16	61	0	0	.296	.743	.253

11 今季もスランプならシーズン中に解雇も

ポール・デヤング *Paul DeJong*

ショート

30歳 1993.8.2生 | 183cm | 92kg | 右投右打 [対左].151 [対右].159 [ホ].161 [ア].154 [得].192 [ド]2015④カーディナルス [出]フロリダ州 [年]900万ドル（約11億7000万円）

ミート **1**
パワー **4**
走塁 **3**
守備 **5**
肩 **4**

6年契約の最終年に入る、打撃面の劣化が止まらない内野手。一昨年、打率が1割台だったにもかかわらず、昨季は開幕から正遊撃手として起用された。しかし出だしからスランプで、打率が1割台前半を低空飛行したため、球団は5月10日に本人の同意を得て3Aに送った。3Aではハイペースで本塁打を生産したため、7月末にメジャーに呼び戻され、その後10試合で4本塁打、13打点を叩き出す活躍を見せた。しかし、その後はまたヒットがほとんど出なくなった。ショートの守備は依然ハイレベル。DRS（守備で防いだ失点）が5つあり、守備範囲の広さもトップレベルだ。

年度	所属チーム	試合数	打数	得点	安打	二塁打	三塁打	本塁打	打点	四球	三振	盗塁	盗塁死	出塁率	OPS	打率
2022	カーディナルス	77	210	19	33	9	0	6	25	21	79	3	2	.245	.531	.157
通算成績		617	2154	300	501	107	4	102	306	192	628	19	9	.306	.734	.233

― **ジョーダン・ウォーカー** *Jordan Walker*

サード / ライト / ルーキー

21歳 2002.5.22生 | 196cm | 99kg | 右投右打 ◆昨季は2Aでプレー [ド]2020①カーディナルス [出]ジョージア州

天性の打撃センスとトップレベルのパワーを備えた今年度の最有望新人。昨季はマイナーの2A級で119試合に出場し、打率3割0分6厘、出塁率3割8分8厘、二塁打31、本塁打19を記録。サードの守備も評価が高いが、アレナードとポジションが重なるため、球団は外野手としての出番を増やす方針。

48 **イヴァン・ヘレーラ** *Ivan Herrera* ★WBCパナマ代表

キャッチャー / ルーキー

23歳 2000.6.1生 | 180cm | 99kg | 右投右打 ◆昨季はメジャーで11試合に出場 [ド]2016㉘カーディナルス [出]パナマ

打撃面のウリは、四球をたくさん選べるため出塁率が高いこと。プロ入り当初は非力だったが、この2、3年で着実にパワーアップし、長打も期待できるようになった。守備面では課題が多い。肩の強さは平均レベルだが、ボールブロックはイマイチ。ときどき集中力に欠けるプレーを見せることがある。

[対左]＝対左投手打率 [対右]＝対右投手打率 [ホ]＝ホーム打率 [ア]＝アウェー打率 [得]＝得点圏打率 [ド]＝ドラフトデータ [出]＝出身地 [年]＝年俸

ミルウォーキー・ブリュワーズ

◆創　立：1969年
◆本拠地：ウィスコンシン州ミルウォーキー市
◆ワールドシリーズ制覇：0回／◆リーグ優勝：1回
◆地区優勝：5回／◆ワイルドカード獲得：3回

主要オーナー　マーク・アタナシオ（資産運用会社トラストカンパニー・オブ・ウエスト社共同経営者）

過去5年成績

年度	勝	負	勝率	ゲーム差	地区順位	ポストシーズン成績
2018	96	67	.589	(1.0)	①	リーグ優勝決定シリーズ敗退
2019	89	73	.549	2.0	②	ワイルドカードゲーム敗退
2020	29	31	.483	5.0	④	ワイルドカードシリーズ敗退
2021	95	67	.586	(5.0)	①	地区シリーズ敗退
2022	**86**	**76**	**.531**	**7.0**	**②**	**—**

監督　30 クレイグ・カウンセル *Craig Counsell*

◆年　　齢…………53歳（インディアナ州出身）
◆現役時代の経歴…16シーズン　ロッキーズ（1995, 97）、マーリンズ（1997～99）、
（セカンド、ショート）ドジャース（1999）、ダイヤモンドバックス（2000～03）、
ブリュワーズ（2004）、ダイヤモンドバックス（2005～06）、
ブリュワーズ（2007～11）
◆現役通算成績……1624試合　.255　42本　390打点
◆監督経歴…………8シーズン　ブリュワーズ（2015～）
◆通算成績…………615勝555敗（勝率.526）

　球団、ファンに支持され、長期政権を築いている名将。昨年6月15日の試合で、監督通算564勝目を記録。フィル・ガーナーを抜き、ブリュワーズで最も勝ち星をあげている監督となった。ただ、チームは開幕前、地区優勝の本命と見なされながら、7ゲーム差をつけられての2位。枠が拡大したにもかかわらず、ポストシーズン進出ものがしてしまった。今季は契約最終年。昨季終了後、ともにチームを作り上げてきたスターンズが、編成トップの座から降りている。

注目コーチ　99 オジー・ティモンズ *Ozzie Timmons*

　打撃コーチ。53歳。一昨年まではレイズで一塁ベースコーチを務めていた。現役時代は外野手。2001年に来日して中日でプレーし、83試合で打率2割2分8厘、12本塁打。

編成責任者　マット・アーノルド *Matt Arnold*

　45歳。レイズの組織で活躍後、ブリュワーズに移って7年間、前任者デイヴィッド・スターンズを支え、昨季終了後に昇格。2020年に、エンジェルスのGM候補になった。

スタジアム　アメリカン・ファミリー・フィールド *American Family Field*

◆開場年…………2001年
◆仕　様…………天然芝、開閉式屋根付き
◆収容能力………41,900人
◆フェンスの高さ…2.4m
◆特　徴…………夏場は気流の関係でボールがよく飛び、とくにライト方向への打球が伸びるため、左打者のホームランが増える傾向にある。保険会社のアメリカン・ファミリー・インシュアランス社が命名権を取得し、2021年から現在の名称。

ヒッターズパーク

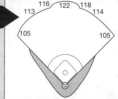

113　116　122　118　114
105　　　　　　　　105

① **クリスチャン・イェリッチ**……レフト
② **ウィリー・アダメス**……ショート
③ **ロウディ・テレーズ**……ファースト
④ **ウィリアム・コントレラス**……キャッチャー
⑤ **ジェシー・ウインカー**……DH
⑥ **ルイス・ウリーアス**……セカンド
⑦ **ギャレット・ミッチェル**……センター
⑧ **ブライアン・アンダーソン**……サード
⑨ **タイロン・テイラー**……ライト

Depth Chart [ポジション別選手層・メンバーリスト]

※2023年2月13日時点の候補選手。数字は背番号（開幕前に変更する場合もあり）、右・左等は投・打の順。

センター
5 **ギャレット・ミッチェル [右・左]**
15 タイロン・テイラー [右・右]

レフト
22 **クリスチャン・イェリッチ [右・左]**
33 ジェシー・ウインカー [左・左]
18 ケストン・ヒウラ [右・右]

ライト
15 **タイロン・テイラー [右・右]**

ショート
27 **ウィリー・アダメス [右・右]**
2 ルイス・ウリーアス [右・右]

セカンド
2 **ルイス・ウリーアス [右・右]**
18 ケストン・ヒウラ [右・右]
10 マイク・ブラソー [右・右]
6 オーウェン・ミラー [右・右]

サード
9 **ブライアン・アンダーソン [右・右]**
2 ルイス・ウリーアス [右・右]
10 マイク・ブラソー [右・右]
13 エイブラハム・トロ [右・両]

ローテーション
39 コービン・バーンズ [右・右]
53 ブランドン・ウッドラフ [右・右]
52 エリック・ラウアー [左・右]
51 フレディ・ペラルタ [右・右]
26 アーロン・アシュビー [左・右]
20 ウェイド・マイリー [左・左]
37 エイドリアン・ハウザー [右・右]

ファースト
11 **ロウディ・テレーズ [左・左]**
18 ケストン・ヒウラ [右・右]
6 オーウェン・ミラー [右・右]

キャッチャー
24 **ウィリアム・コントレラス [右・右]**
7 ヴィクター・カラティーニ [右・両]

DH
33 **ジェシー・ウインカー [左・左]**
11 ロウディ・テレーズ [左・左]
22 クリスチャン・イェリッチ [右・左]
18 ケストン・ヒウラ [右・右]

ブルペン
38 デヴィン・ウィリアムズ [右・右] CL
21 マット・ブッシュ [右・右]
32 ピーター・ストレズレキー [右・右]
55 ホービー・ミルナー [左・左]
54 ジェイク・カズンズ [右・右]
12 ハーヴィー・ゲーラ [右・右]
41 ジェイソン・アレグザンダー [右・右]
68 タイソン・ミラー [右・右]
59 エルヴィス・ペゲーロ [右・右]
31 ジョエル・パヤンプス [右・右]

※CL=クローザー

ブリュワーズ試合日程……＊はアウェーでの開催

3月30・4月1・2 カブス＊	**5月2・3・4** ロッキーズ＊	**2・3・4・5** レッズ＊
3・4・5 メッツ	5・6・7 ジャイアンツ＊	6・7・8 オリオールズ
7・8・9 カーディナルス	8・9・10 ドジャース	9・10・11 アスレティックス＊
10・11・12 ダイヤモンドバックス＊	12・13・14 ロイヤルズ	13・14 ツインズ＊
13・14・15・16 パドレス	15・16・17 カーディナルス＊	16・17・18 パイレーツ
17・18・19 マリナーズ＊	19・20・21 レイズ＊	19・20・21 ダイヤモンドバックス
21・22・23 レッドソックス	22・23・24 アストロズ	23・24・25 ガーディアンズ＊
24・25・26 タイガース	25・26・27・28 ジャイアンツ	26・27・28・29 メッツ＊
28・29・30 エンジェルス	30・31・**6月1** ブルージェイズ＊	30・**7月1・2** パイレーツ

352　球団メモ　昨季は好スタートを切り、開幕からの50試合で32勝18敗（勝率.640）。 これは球団史上最高の成績だった。だがその後は失速し、ポストシーズン進出ものがした。

■投手力 ➡ …★★★★★ 【昨年度チーム防御率3.83、リーグ6位】

先発ではバーンズとウッドラフが、昨季もハイレベルな成績を叩き出した。今季もこの2大エースを中心としながら、ペラルタ、ラウアー、アシュビー、新加入のベテラン左腕マイリーらで、ローテーションを回していくことになる。一方、リリーフ陣では昨夏、ブリュワーズの守護神として君臨していたヘイダーを放出。セットアッパーで好調だったウィリアムズを新クローザーに据えたが、抑え就任後は失点する場面が増え、今季に一抹の不安が残る。

■攻撃力 ➡ …★★★★★ 【昨年度チーム得点725、リーグ6位】

昨季はテレーズとアダメスが30本塁打以上を記録し、チーム本塁打219はリーグ2位だった。29本塁打のレンフローがオフにチームを出たが、新加入のウインカー、コントレラス、アンダーソンも長打力があり、本塁打数が大きくダウンすることはないだろう。有望株ミッチェルの成長も期待でき、どこからでも一発が出る打線は、今季も変わりない。ただ、長打力はあっても確実性に欠け、昨季のチーム打率（.235）はリーグ平均を下回った。

■守備力 ⬇ …★★★★★ 【昨年度チーム失策数91、リーグ10位】

正捕手がコントレラス（弟）になるのはマイナス。ウリーアスとアダメスの二遊間は「中の上」レベル。テレーズの一塁守備はだいぶマシになった。

■機動力 ⬇ …★★★★★ 【昨年度チーム盗塁数96、リーグ6位】

オフにウォンとピーターソンが抜け、昨季2ケタの盗塁を記録したのはイェリッチだけに。カウンセル監督が好む、足をからめた作戦も減っている。

総合評価 ➡	昨季はシーズン後半に勝ち星を増やせず、5年ぶりにポストシーズン進出をのがした。同地区のカーディナルスに対抗し、地区優勝、そしてさらにその先を狙うには、2大エース（バーンズ、ウッドラフ）が、長期離脱せずに投げ切ることが、大前提となる。
★★★★★	

ブリュワーズ

IN 主な入団選手	**OUT** 主な退団選手
投手	投手
ウェイド・マイリー ← カブス	テイラー・ロジャーズ → ジャイアンツ
ハーヴィー・ゲーラ ← レイズ	野手
野手	ジェイス・ピーターソン → アスレティックス
ウィリアム・コントレラス ← ブレーブス	オマー・ナルヴァエス → メッツ
ジェシー・ウインカー ← マリナーズ	アンドルー・マカッチェン → パイレーツ
ブライアン・アンダーソン → マーリンズ	コルテン・ウォン → マリナーズ
オーウェン・ミラー ← ガーディアンズ	ハンター・レンフロー → エンジェルス

3・4・5・6	カブス	3・4・5・6	パイレーツ	4・5・6	パイレーツ*
7・8・9	レッズ	7・8・9	ロッキーズ	8・9・10	ヤンキース*
11	オールスターゲーム	11・12・13	ホワイトソックス*	11・12・13・14	マーリンズ
14・15・16	レッズ*	15・16・17	ドジャース*	15・16・17	ナショナルズ
18・19・20	フィリーズ*	18・19・20	レンジャーズ*	18・19・20・21	カーディナルス*
21・22・23	ブレーブス	22・23	ツインズ	22・23・24	マーリンズ*
24・25・26	レッズ	25・26・27	パドレス	26・27・28	カーディナルス
28・29・30	ブレーブス*	28・29・30	カブス*	29・30・**10月**1	カブス
31・**8月**1・2	ナショナルズ*	**9月**1・2・3	フィリーズ		

投手

昨季はナショナル・リーグの奪三振王

先発

39 コービン・バーンズ
Corbin Burnes

29歳｜1994.10.22生｜190cm｜101kg｜右投右打

◆速球のスピード／150キロ台前半（カッター主体）
◆決め球と持ち球／☆カッター、☆カーブ、◎スライダー、
　○チェンジアップ、○シンカー、△フォーシーム
◆対左打者被打率／.203　◆対右打者被打率／.190
◆ホーム防御率／3.04　◆アウェー防御率／2.83
◆ドラフトデータ／2016④ブリュワーズ
◆出身地／カリフォルニア州
◆サイ・ヤング賞1回（21年）、賞最優秀防御率1回（21年）、
　最多奪三振1回（22年）

球威 **5**
制球 **5**
緩急 **4**
守備・牽制 **5**
度胸 **4**

　2度目のサイ・ヤング賞を期待される、耐久性抜群のブリュワーズのエース。一昨年（2021年）、サイ・ヤング賞を受賞したため、昨季は燃え尽き症候群が懸念されたが、序盤からQSが続く安定したピッチングを見せ、そうした懸念を一掃した。昨季はローテーション通りに33試合に登板し、202イニング投げているが、奪三振243はナショナル・リーグで1位。QS21は4位タイで、サイ・ヤング賞投票では7位に入った。

　2020年シーズンから、ピッチングの基本形に変わりはない。全投球の55％を占めるのは、平均球速153キロの高速カッターだ。左打者にはこの高速カッターにカーブとチェンジアップを、右打者には高速カッターにスライダーとシンカーを交えて組み立てている。

　2019年まで多投していたフォーシームをやめて、20年から高速カッター主体のピッチングに切り替えたのは、19年に17イニング（先発4試合）で11本打たれた本塁打の大半が、フォーシームを叩かれたものだったからだ。一発を食いにくい軌道の速いボールが必要になったことから、高速カッターの開発に注力した。参考にしたのは、マリアーノ・リヴェラとケンリー・ジャンセンのカッターだ。ブリュワーズのフック前投手コーチの助言を受けながら、グリップやリリースのときの指の使い方をいろいろ試してみたところ、フォーシームのグリップで握り、中指を押し込んで横回転をつけるタイプがベストだったため、それでいくことにした。

　カリフォルニア州の内陸部にある、ベイカーズフィールド出身。高校時代は学業成績も良く、文武両道の生徒に送られる「アカデミック・オナー」を3度受けている。既婚で、2020年11月に結婚した妻ブルックさんが、昨年3月に第一子となる男の子を出産。パパになった。

カモ K・ヘイズ（パイレーツ）.000（10-0）0本　　J・ヴォト（レッズ）.133（15-2）0本
苦手 O・オルビーズ（ブレーブス）.500（10-5）0本　　M・オズーナ（ブレーブス）.417（12-5）2本

年度	所属チーム	勝利	敗戦	防御率	試合数	先発	セーブ	投球イニング	被安打	失点	自責点	被本塁打	与四球	奪三振	WHIP
2018	ブリュワーズ	7	0	2.61	30	0	1	38.0	27	11	11	4	11	35	1.00
2019	ブリュワーズ	1	5	8.82	32	4	1	49.0	70	52	48	17	20	70	1.84
2020	ブリュワーズ	4	1	2.11	12	9	0	59.2	37	15	14	2	24	88	1.02
2021	ブリュワーズ	11	5	2.43	28	28	0	167.0	123	47	45	7	34	234	0.94
2022	ブリュワーズ	12	8	2.94	33	33	0	202.0	144	73	66	23	51	243	0.97
通算成績		35	19	3.21	135	74	2	515.2	401	198	184	53	140	670	1.05

昨年6月のIL入りは、指の血行障害が原因　先発

53 ブランドン・ウッドラフ Brandon Woodruff

30歳 1993.2.10生｜193cm｜109kg｜右投左打
◆速球のスピード／150キロ台中頃（フォーシーム主体）
◆決め球と持ち球／◎シンカー、◎フォーシーム、◎チェンジアップ、○カーブ
◆対左.190 ◆対右.237 ◆ホ防2.06 ◆ア防4.10
◆ド2014⑪ブリュワーズ ◆出ミシシッピ州
◆年1080万ドル（約14億400万円）

球威5
制球5
緩急4
勝負・調4
度胸4

縦書き：ブリュワーズ

毎年ハイレベルな成績を出し続けている先発の柱。昨季は5月下旬に遠征先で足首を痛め、1日欠場してミルウォーキーに戻り、検査を受け、翌日シカゴでチームに合流した。そのとき異変が起きた。右手の人差し指、中指、薬指が凍りついたようになり、白く変色したのだ。検査の結果、レイノー症候群と判明。IL（故障者リスト）入りして、治療を受けることに。この思いがけない故障により、昨季は規定投球回に届かなかったが、奪三振率、WHIP、WARなどの指標は依然どれもハイレベル。深南部ミシシッピ州出身。オフはミシシッピの自宅で過ごし、ハンティングや釣りに興じる。奥さんのジョーニーさんは、ブロンドのサザンベル（南部美人）で、高校時代に交際を開始。

カモ J・インディア（レッズ）.071(14-1)0本　苦手 鈴木誠也（カブス）.833(6-5)1本

年度	所属チーム	勝利	敗戦	防御率	試合数	先発	セーブ	投球イニング	被安打	失点	自責点	被本塁打	与四球	奪三振	WHIP
2017	ブリュワーズ	2	3	4.81	8	8	0	43.0	43	23	23	5	14	32	1.33
2018	ブリュワーズ	3	0	3.61	19	4	1	42.1	36	18	17	4	14	47	1.18
2019	ブリュワーズ	11	3	3.62	22	22	0	121.2	109	49	49	12	30	143	1.14
2020	ブリュワーズ	3	5	3.05	13	13	0	73.2	55	26	25	9	18	91	0.99
2021	ブリュワーズ	9	10	2.56	30	30	0	179.1	130	54	51	18	43	211	0.96
2022	ブリュワーズ	13	4	3.05	27	27	0	153.1	122	56	52	18	42	190	1.07
通算成績		41	25	3.18	119	104	1	613.1	495	226	217	66	161	714	1.07

クローザー昇格後は安定感を欠く　クローザー

38 デヴィン・ウィリアムズ Devin Williams
★WBCアメリカ代表

29歳 1994.9.21生｜188cm｜90kg｜右投右打
◆速球のスピード／150キロ台前半（フォーシーム主体）
◆決め球と持ち球／☆チェンジアップ、◎フォーシーム、△スライダー（カッター）
◆対左.207 ◆対右.110 ◆ホ防1.80 ◆ア防2.05
◆ド2013②ブリュワーズ ◆出ミズーリ州
◆年355万ドル（約4億3550万円）
◆最優秀救援投手賞1回（20年）、新人王（20年）

球威5
制球3
緩急4
勝負・調3
度胸3

昨年8月1日のトレードでヘイダーがチームを去ったあと、クローザーに昇格した、チェンジアップが全投球の6割を占める右腕。昨季は開幕からセットアッパーとして起用されたが、序盤はチェンジアップが落ちずに失点する場面が何度かあった。しかし、5月中旬以降はそれがなくなり、7月末まで30試合連続で失点がなく、初めてオールスターにも選出された。8月2日のクローザー昇格後は、プレッシャーからか、別人のように失点が多くなる。8月は同点の場面での登板が多かったこともあり、負けが4つ付いた。ブリュワーズは昨季終盤、ポストシーズン進出の最後のイスをフィリーズと争ったが、ウィリアムズの8月の乱調がなければ、ブリュワーズが進出していただろう。

カモ T・スティーヴンソン（レッズ）.000(5-0)0本　苦手 B・レイノルズ（パイレーツ）.400(10-4)1本

年度	所属チーム	勝利	敗戦	防御率	試合数	先発	セーブ	投球イニング	被安打	失点	自責点	被本塁打	与四球	奪三振	WHIP
2019	ブリュワーズ	0	0	3.95	13	0	0	13.2	18	9	6	2	6	14	1.76
2020	ブリュワーズ	4	1	0.33	22	0	0	27.0	8	1	1	1	9	53	0.63
2021	ブリュワーズ	8	2	2.50	58	0	3	54.0	36	17	15	5	28	87	1.19
2022	ブリュワーズ	6	4	1.93	65	0	15	60.2	31	17	13	2	30	96	1.01
通算成績		18	7	2.03	158	0	18	155.1	93	47	35	10	73	250	1.07

対左＝対左打者被打率　対右＝対右打者被打率　ホ防＝ホーム防御率　ア防＝アウェー防御率
ド＝ドラフトデータ　出＝出身地　年＝年俸

先発5番手で11勝は立派 先 発

52 エリック・ラウアー Eric Lauer

28歳 1995.6.3生／190cm／103kg／左投右打

◆速球のスピード／150キロ前後（フォーシーム主体）
◆決め球と持ち球／◎フォーシーム、◎スライダー、△カッター、△カーブ、△チェンジアップ
◆対左.216　◆対右.230　◆ホ防2.56　◆ア防4.76
◆ド2016①パドレス　◆田オハイオ州
◆年508万ドル（約6億6040万円）

球威	4
制球	3
緩急	3
守備・牽制	4
度胸	3

　計算できる先発投手に成長したサウスポー。昨季は先発の5番手としてシーズンに入り、序盤は制球が安定していたため、10度目の先発を終えた6月5日時点の防御率は2.38という見事なものだった。ところが6月中旬から投球が浮くようになり、頻繁に一発を食うようになったため、失点が急増した。しかし7月以降は安定感を取り戻し、最終的に初めて2ケタ勝利をマークした。長所は、走者を出しても失点を最小限にとどめる粘りの投球ができること。弱点は典型的なフライボール・ピッチャーであるため、被本塁打が多いこと。昨年の被本塁打27は、リーグの投手で5番目に多い数字。スタミナに不安があり、ゲーム中盤に入ると制球が甘くなって、一発を食いやすくなる。

カモ 鈴木誠也（カブス）.143(7-1)本　苦手 M・オズーナ（ブレーブス）.545(11-6)3本

年度	所属チーム	勝利	敗戦	防御率	試合数	先発	セーブ	投球イニング	被安打	失点	自責点	被本塁打	与四球	奪三振	WHIP
2018	パドレス	6	7	4.34	23	23	0	112.0	127	61	54	15	46	100	1.54
2019	パドレス	8	10	4.45	30	29	0	149.2	158	82	74	20	51	138	1.40
2020	ブリュワーズ	2	2	13.09	4	2	0	11.0	17	16	16	2	9	12	2.36
2021	ブリュワーズ	7	5	3.19	24	20	0	118.2	94	46	42	16	41	117	1.14
2022	ブリュワーズ	11	7	3.69	29	29	0	158.2	135	71	65	27	59	157	1.22
通算成績		32	31	4.11	110	103	0	550.0	531	276	251	80	206	524	1.34

高めにどんどん投げ込む攻めの投球が持ち味 先 発

51 フレディ・ペラルタ Freddy Peralta

27歳 1996.6.4生／180cm／90kg／右投右打

◆速球のスピード／150キロ前後（フォーシーム主体）
◆決め球と持ち球／◎フォーシーム、◎カーブ、◎チェンジアップ、◎スライダー
◆対左.145　◆対右.222　◆ホ防4.34　◆ア防2.51
◆ド2013外マリナーズ　◆田ドミニカ
◆年350万ドル（約4億5500万円）

球威	5
制球	3
緩急	3
守備・牽制	2
度胸	4

　昨季はIL入りした期間が83日もあったため、今季は故障せずにいられるか注目の先発右腕。一昨年ブレイクしたため、昨年も同レベルの活躍を期待された。しかし、調子が上向いてきた5月下旬に、肩の広背筋を痛めてIL入り。復帰がかなったのは8月3日だった。その後は安定したピッチングを見せていたが、9月5日に、肩に痛みが出て再度IL入りし、復帰したのはシーズン終了間際の9月25日だった。武器はフォーシーム。球速は平均以下だが、強烈なバックスピンがかかった一級品。これを高めに、3つの変化球（カーブ、スライダー、チェンジアップ）を低めに投げ分けるのが、投球の基本線。以前は奪三振率がトップレベルだったが、最近は三振にこだわらなくなった。

カモ K・ヘイズ（パイレーツ）.100(10-1)0本　苦手 P・ゴールドシュミット（カーディナルス）.438(16-7)2本

年度	所属チーム	勝利	敗戦	防御率	試合数	先発	セーブ	投球イニング	被安打	失点	自責点	被本塁打	与四球	奪三振	WHIP
2018	ブリュワーズ	6	4	4.25	16	14	0	78.1	49	37	37	8	40	96	1.14
2019	ブリュワーズ	7	3	5.29	39	8	1	85.0	87	58	50	15	37	115	1.46
2020	ブリュワーズ	3	1	3.99	5	1	0	29.1	26	14	13	2	12	47	1.16
2021	ブリュワーズ	10	5	2.81	28	27	0	144.1	84	47	45	14	56	195	0.97
2022	ブリュワーズ	4	4	3.58	18	17	0	78.0	54	31	31	6	27	86	1.04
通算成績		30	17	3.82	116	67	1	415.0	296	187	176	45	172	539	1.13

対左=対左打者被打率　対右=対右打者被打率　ホ防=ホーム防御率　ア防=アウェー防御率
ド=ドラフトデータ　田=出身地　年=年俸　カモ 苦手 は通算成績

投手

大きく負け越してもGMの信頼は揺るがず　先発

26 アーロン・アシュビー　*Aaron Ashby*

25歳　1998.5.24生　188cm　81kg　左投右打

◆速球のスピード／150キロ台前半(シンカー主体)
◆決め球と持ち球／◎カーブ、○シンカー、○スライダー、△チェンジアップ
◆対左.250　◆対右.254　◆本防3.43　◆ア防5.03
◆ド2018④ブリュワーズ　◆田ミズーリ州
◆年100万ドル(約1億3000万円)

球威	4
制球	2
緩急	4
守備・牽制	2
度胸	2

昨年は期待を大きく裏切ったため、今季巻き返しを図るサウスポー。チーム内に優秀な先発投手がひしめいているため、昨季は先発6番手とロングリリーフを兼ねるスイングマンとして起用され、先発で19試合、リリーフで8試合に登板。先発で投げたときは、制球が不安定で四球を連発。一発を食うケースも頻繁にあったため、防御率は4.81という冴えない数字だった。それに対しリリーフで投げたときは、被本塁打が1本もなく、防御率は2.79だった。それでもアーノルドGMは「若い先発投手はみんな不安定なものさ。今、ウチの柱になっているバーンズもウッドラフもペラルタも、みんなそうだった」とアシュビーを弁護し、今季は先発5番手として使う方針のようだ。同GMは、アシュビーへの信頼の証として、昨年7月に5年契約をプレゼント。

| カモ | N・アレナード(カーディナルス).000(6-0)0本 | 苦手 | L・トーマス(ナショナルズ).800(5-4)0本 |

年度	所属チーム	勝利	敗戦	防御率	試合数	先発	セーブ	投球イニング	被安打	失点	自責点	被本塁打	与四球	奪三振	WHIP
2021	ブリュワーズ	3	2	4.55	13	4	1	31.2	25	20	16	4	12	39	1.17
2022	ブリュワーズ	2	10	4.44	27	19	1	107.1	106	62	53	15	47	126	1.43
通算成績		5	12	4.47	40	23	2	139.0	131	82	69	19	59	165	1.37

父ブライアンはブルージェイズの元捕手　ミドルリリーフ

55 ホービー・ミルナー　*Hoby Milner*

32歳　1991.1.13生　190cm　79kg　左投左打

◆速球のスピード／140キロ台中頃(シンカー主体)
◆決め球と持ち球／◎カーブ、○シンカー、○チェンジアップ
◆対左.253　◆対右.248　◆本防2.78　◆ア防4.73
◆ド2012⑦フィリーズ　◆田テキサス州
◆年103万ドル(約1億3390万円)

球威	2
制球	3
緩急	4
守備・牽制	4
度胸	4

昨年初めて、メジャーでフルシーズン投げた変則左腕。球種は真横からクロスファイア気味に繰り出すシンカー、カーブ、チェンジアップ。カーブは、フリスビーのようにヨコに曲がるタイプ。2017年にフィリーズでメジャーデビューしたが、本塁打や四球がらみの失点が多いため、定着できずにいた。しかし、昨季は序盤から制球が安定。前年(2021年)は19試合で被本塁打が8本もあったのに、昨季前半は38試合で1本しか打たれなかった。昨季はピンチの火消し役として登板した際、良い働きを見せ、引き継いだ走者37人のうち、32人を生還させなかった。生還阻止率86%はトップレベルの数字。

| カモ | O・クルーズ(パイレーツ).000(4-0)0本 | 苦手 | T・スティーヴンソン(レッズ)1.000(3-3)0本 |

年度	所属チーム	勝利	敗戦	防御率	試合数	先発	セーブ	投球イニング	被安打	失点	自責点	被本塁打	与四球	奪三振	WHIP
2017	フィリーズ	0	0	2.01	37	0	0	31.1	30	7	7	2	16	22	1.47
2018	フィリーズ	0	0	7.71	10	0	0	4.2	6	4	4	1	3	4	1.93
2018	レイズ	0	0	6.75	4	0	0	2.2	3	4	2	1	2	4	1.88
2018	2チーム計	0	0	7.36	14	0	0	7.1	9	8	6	3	5	8	1.91
2019	レイズ	0	0	7.36	4	0	0	3.2	4	3	3	0	1	3	1.36
2020	エンジェルス	0	0	8.10	19	0	0	13.1	13	12	12	5	6	13	1.43
2021	ブリュワーズ	0	0	5.40	19	0	0	20	30	15	13	8	13	30	1.52
2022	ブリュワーズ	3	3	3.76	67	0	0	64.2	61	29	27	5	15	64	1.18
通算成績		3	3	4.31	160	0	0	142.0	147	74	68	23	46	140	1.36

ブリュワーズ

357

投手

21 マット・ブッシュ *Matt Bush*

刑務所暮らしと2度のトミー・ジョン手術を経験 　セットアップ

37歳 1986.2.8生｜175cm｜81kg｜右投右打
◆速球のスピード／150キロ台後半（フォーシーム主体）
◆決め球と持ち球／◎フォーシーム、◎カーブ、△カッター
◆[対左].200　◆[対右].194　◆[ホ防]3.44　◆[ア防]3.51
◆[ド]2004①パドレス　◆[出]カリフォルニア州
◆[年]185万ドル（約2億4050万円）

球威	5
制球	3
緩急	4
守備・走塁	2
度胸	4

　昨年8月2日にレンジャーズから移籍し、セットアッパーとして良い働きをしている波乱万丈の人生を歩んできた投手。2004年のドラフトで、全体1位に指名された高校ナンバーワンの遊撃手だったが、酒と麻薬におぼれて愚行を繰り返すようになり、12年3月にはひき逃げ事件を起こして逮捕され、5年3カ月の実刑判決を受け、服役。模範囚だったため、15年10月に早期出所し、レンジャーズと契約。16年5月にメジャーデビューし、良い働きを見せた。しかし、18年9月と19年7月に2度、トミー・ジョン手術を受けたため、忍耐の日々が続いたが、昨年4月にようやくメジャー復帰がかなった。

[カモ] G・スプリンガー（ブルージェイズ）.000(7-0)0本　[苦手] W・メリフィールド（ブルージェイズ）.750(4-3)1本

年度	所属チーム	勝利	敗戦	防御率	試合数	先発	セーブ	投球イニング	被安打	失点	自責点	被本塁打	与四球	奪三振	WHIP
2016	レンジャーズ	7	2	2.48	58	0	1	61.2	44	18	17	4	14	61	0.94
2017	レンジャーズ	3	4	3.78	57	0	10	52.1	57	30	22	7	19	58	1.45
2018	レンジャーズ	0	0	4.70	21	0	0	23.0	23	13	12	3	14	19	1.61
2021	レンジャーズ	0	0	6.75	4	0	0	4.0	4	3	3	3	1	5	1.25
2022	レンジャーズ	1	1	2.95	40	5	1	36.2	27	16	12	5	10	45	1.01
2022	ブリュワーズ	1	2	4.30	25	1	2	23.0	16	15	11	6	8	29	1.04
2022	2チーム計	2	3	3.47	65	6	3	59.2	43	31	23	11	18	74	1.02
通算成績		12	9	3.45	205	6	14	200.2	171	95	77	28	66	217	1.18

---

37 エイドリアン・ハウザー *Adrian Houser*

先発投手として崖っぷちに立つ状況 　先発

30歳 1993.2.2生｜190cm｜100kg｜右投右打
◆速球のスピード／150キロ台前半（シンカー、フォーシーム）
◆決め球と持ち球／◎スライダー、◎シンカー、△フォーシーム、△カーブ、△チェンジアップ
◆[対左].307　◆[対右].217　◆[ホ防]3.68　◆[ア防]6.14
◆[ド]2011②アストロズ　◆[出]オクラホマ州
◆[年]360万ドル（約4億6800万円）

球威	2
制球	3
緩急	2
守備・走塁	4
度胸	2

　沈む軌道の速球（シンカー）を多投し、ゴロを量産するのが持ち味の右腕。昨季は2021年に比べ防御率が大幅に悪くなったが、原因はシンカーが5月以降沈まなくなり、痛打されるようになったことが大きい。それに加え、昨季は走者がいる場面で制球が甘くなったことも、失点が多くなる一因になった。今季はキャンプ中にケガ人が出なければ、先発の6番手という位置付けになる。先発投手として生き残るには、ピッチングを再構築する必要がある。昨季は奪三振率が5.99で、100イニング以上投げたナショナル・リーグの先発投手の中で2番目に低かった。狙って空振りを取れる変化球も欲しい。

[カモ] M・マチャード（パドレス）.091(11-1)0本　[苦手] T・スティーヴンソン（レッズ）.571(7-4)1本

年度	所属チーム	勝利	敗戦	防御率	試合数	先発	セーブ	投球イニング	被安打	失点	自責点	被本塁打	与四球	奪三振	WHIP
2015	ブリュワーズ	0	0	0.00	2	0	0	2.0	1	0	0	0	2	0	1.50
2018	ブリュワーズ	0	0	3.29	7	0	0	13.2	13	5	5	0	7	8	1.50
2019	ブリュワーズ	6	7	3.72	35	18	0	111.1	101	49	46	14	37	117	1.24
2020	ブリュワーズ	1	6	5.30	12	11	0	56.0	63	41	33	8	21	44	1.50
2021	ブリュワーズ	10	6	3.22	28	26	0	142.1	118	61	51	12	64	105	1.28
2022	ブリュワーズ	6	10	4.73	22	21	0	102.2	103	66	54	8	47	69	1.46
通算成績		23	29	3.97	106	76	0	428.0	399	222	189	42	178	343	1.35

[対左]＝対左打者被打率　[対右]＝対右打者被打率　[ホ防]＝ホーム防御率　[ア防]＝アウェー防御率
[ド]＝ドラフトデータ　[出]＝出身地　[年]＝年俸　[カモ] [苦手]は通算成績

54　メジャーデビューまで回り道が長かった苦労人
ジェイク・カズンズ *Jake Cousins*

ミドル
リリーフ

29歳 1994.7.14生｜193cm｜83kg｜右投右打　園150キロ台前半（シンカー、フォーシーム）　函○スライダー
（対左）.238 （対右）.179　匠2017③ナショナルズ　盟イリノイ州　囲72万ドル（約9360万円）+α

球	4
制	2
緩	4
守	4
度	3

　独立リーグでプレーした経験もある奪三振率の高いリリーフ右腕。大学時代は、アイビーリーグの1つペンシルヴァニア大学でプレー。4年次に好成績を出し、その年（2017年）のドラフトでナショナルズから20巡目に指名された。しかし3年目に解雇され、野球を続けたいため独立リーグへ。そこで投げ始めて2カ月ほどたったとき、ブリュワーズのスカウトの目に留まり、マイナー契約。1Aのクローザーになった。その後はスライダーを多投するピッチングで、マイナーの各レベルで好成績を出し、21年6月にメジャーデビュー。昨季は、スライダーの制球に苦しんだ。

年度	所属チーム	勝利	敗戦	防御率	試合数	先発	セーブ	投球イニング	被安打	失点	自責点	被本塁打	与四球	奪三振	WHIP
2022	ブリュワーズ	2	1	2.70	12	0	0	13.1	10	4	4	1	8	21	1.35
通算成績		3	1	2.70	42	0	0	43.1	26	13	13	4	27	65	1.22

32　父の突然死を機に発奮し、プロ入りを実現
ピーター・ストレズレキー *Peter Strzelecki*

ミドル
リリーフ

29歳 1994.10.24生｜188cm｜88kg｜右投右打　園150キロ前後（フォーシーム主体）　函○フォーシーム
（対左）.222 （対右）.220　匠2018例ブリュワーズ　盟ニューヨーク州　囲72万ドル（約9360万円）+α

球	5
制	3
緩	3
守	4
度	3

　昨年6月2日にメジャーデビューし、中継ぎでいい働きをした遅咲きの右腕。球種はロー・スリークォーターから投げ込むフォーシーム、スライダー、チェンジアップ。フォーシームは、球速は平均レベルだが、スピン量はトップレベル。追い込むとこれを高めに投げ、空振りを誘う。ドラフトでは指名されず、通常より2年遅い23歳のときにドラフト外で入団。これはサウスフロリダ大学3年のとき、トミー・ジョン手術を受け、2年間投げられなかったからだ。2018年6月に父ケヴィンさんが心筋梗塞で突然亡くなったが、その悲しみをエネルギーに変え、プロ入りを実現。

年度	所属チーム	勝利	敗戦	防御率	試合数	先発	セーブ	投球イニング	被安打	失点	自責点	被本塁打	与四球	奪三振	WHIP
2022	ブリュワーズ	2	1	2.83	30	0	1	35.0	28	13	11	2	15	40	1.23
通算成績		2	1	2.83	30	0	1	35.0	28	13	11	2	15	40	1.23

20　2ケタ勝利5度の技巧派サウスポー
ウェイド・マイリー *Wade Miley*

先発

移籍

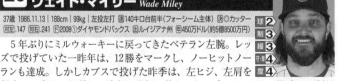

37歳 1986.11.13生｜188cm｜99kg｜左投左打　園140キロ台前半（フォーシーム主体）　函○カッター
（対左）.147 （対右）.241　匠2008①ダイヤモンドバックス　盟ルイジアナ州　囲450万ドル（約5億8500万円）

球	2
制	3
緩	4
度	4

　5年ぶりにミルウォーキーに戻ってきたベテラン左腕。レッズで投げていた一昨年は、12勝をマークし、ノーヒットノーランも達成。しかしカブスで投げた昨季は、左ヒジ、左肩を相次いで痛め、わずか9試合の登板に終わった。ピッチングは、投球の4割以上を占めるカッターに、チェンジアップ、フォーシーム、スライダー、カーブを交える。フォーシームの平均球速は143キロ程度で、奪三振率も低いが、打者のタイミングを外す技術に長けていて、打たせて取る投球が持ち味だ。また、牽制のうまさにも定評がある。通算100勝まであと1勝。少年時代はブレーブスのファン。

年度	所属チーム	勝利	敗戦	防御率	試合数	先発	セーブ	投球イニング	被安打	失点	自責点	被本塁打	与四球	奪三振	WHIP
2022	カブス	2	2	3.16	9	8	0	37.0	31	20	13	3	14	28	1.22
通算成績		99	94	4.13	292	285	0	1618.0	1663	797	742	178	563	1280	1.38

園=速球のスピード　函=決め球

12 5年前までは遊撃手だった変わりダネ
ハーヴィー・ゲーラ *Javy Guerra* ★WBCパナマ代表

ミドル リリーフ / 移籍

28歳 1995.9.25生 | 183cm | 83kg | 右投左打 | 球150キロ台後半(ツーシーム、フォーシーム) 決◎ツーシーム
対左.200 対右.250 ド2012外レッドソックス 田パナマ 年72万ドル(約9360万円)+α

球4 制2 緩3 守4 度2

オフのトレードで、レイズから移籍した豪腕リリーバー。2013年から18年までは遊撃手としてプレー。18年にはパドレスでメジャーデビューも果たしたが、打撃面で貢献できないため、強肩を見込まれて翌19年にリリーフ投手にコンバートされた。するとマイナーの1Aからスタートして、マイナーの出世階段を駆け上がり、同年9月1日に投手としてメジャーデビュー。その後は制球難でメジャーに定着できない状態が続いているが、ピッチャーの育成能力の高いブリュワーズに来たことで、制球難が解消され、常時メジャーで活躍するリリーバーになる可能性は十分ある。

年度	所属チーム	勝利	敗戦	防御率	試合数	先発	セーブ	投球イニング	被安打	失点	自責点	被本塁打	与四球	奪三振	WHIP
2022	パドレス	0	0	18.00	1	0	0	2.0	3	4	4	1	3	3	3.00
2022	レイズ	1	1	3.38	17	0	0	16.0	13	7	6	2	8	9	1.31
2022	2チーム計	1	1	5.00	18	0	0	18.0	16	11	10	3	11	10	1.50
通算成績		1	6	6.60	44	0	0	43.2	52	34	32	7	21	31	1.67

41 兄スコットと同タイプのシンカーボーラー
ジェイソン・アレグザンダー *Jason Alexander*

ロングリリーフ 先発

30歳 1993.3.1生 | 190cm | 90kg | 右投右打 | 球140キロ台後半(シンカー主体) 決○スライダー
対左.331 対右.297 ド2017外エンジェルス 田カリフォルニア州 年72万ドル(約9360万円)+α

球2 制3 緩3 守4 度3

昨年6月1日に29歳でメジャーデビューを果たした苦労人。大学3年のときにトミー・ジョン手術を受けたため、プロ入りは通常より3歳遅い24歳のとき。その年(2017年)のドラフトでは、どこからも指名されなかったので、プロ入りをあきらめて高校のチームの投手コーチになろうと思っていたとき、エンジェルスのスカウトから電話が来て、契約金なしで入団が決まった。ゴロ打球の比率が高いことで知られるスコット・アレグザンダー(昨季はジャイアンツ)の、4歳下の弟。兄と同様シンカーボーラーで、ゴロを打たせることに主眼を置いたピッチングを見せる。

年度	所属チーム	勝利	敗戦	防御率	試合数	先発	セーブ	投球イニング	被安打	失点	自責点	被本塁打	与四球	奪三振	WHIP
2022	ブリュワーズ	2	3	5.40	18	11	0	71.2	88	47	43	12	28	46	1.62
通算成績		2	3	5.40	18	11	0	71.2	88	47	43	12	28	46	1.62

— **ロバート・ガッサー** *Robert Gasser*
先発 / 期待度B / ルーキー

24歳 1999.5.31生 | 185cm | 86kg | 左投左打 | ◆昨季は1A+、2A、3Aでプレー ド2021②パドレス 田カリフォルニア州

ブリュワーズのマイナーの先発投手では、最も評価が高い左腕。球種はスリー・クォーターから繰り出すフォーシーム、スライダー、カーブ、チェンジアップ。打者を追い込むと、高めいっぱいにフォーシームを投げ込んで、豪快に三振を奪うことが多い。昨年8月1日のトレードで、パドレスから移籍した4選手の1人。

73 **アブナー・ウリーベ** *Abner Uribe*
リリーフ / 期待度A− / ルーキー

23歳 2000.6.20生 | 188cm | 90kg | 右投右打 | ◆昨季は2Aでプレー ド2018外ブリュワーズ 田ドミニカ

平均球速161キロのフォーシームとスライダーを武器にする豪腕リリーバー。昨季は2Aで2試合に登板しただけで、ヒザを痛め(半月板損傷)手術を受けたため、シーズン終了まで復帰できなかった。だが、アリゾナ秋季リーグでまずまずの成績だったため40人枠に加えられた。課題はコントロール。

気配り上手なチームリーダー

ショート

27 ウィリー・アダメス
Willy Adames ★WBCドミニカ代表

28歳 1995.9.2生｜183cm｜95kg｜右投右打

- ◆対左投手打率／.224(152-34) ◆対右投手打率／.243(411-100)
- ◆ホーム打率／.235(281-66) ◆アウェー打率／.241(282-68)
- ◆得点圏打率／.301(133-40)
- ◆22年のポジション別出場数／ショート＝136、DH＝2
- ◆ドラフトデータ／2012⑰タイガース
- ◆出身地／ドミニカ
- ◆年俸／870万ドル（約11億3100万円）

ミート	3
パワー	4
走塁	4
守備	4
肩	4

ブリュワーズ

　移籍2年目で、早くもチームの顔になった感があるドミニカ出身の遊撃手。昨季は足首の捻挫で5月中旬から3週間ほどIL入りしたため、139試合の出場にとどまったが、打者としてさらにパワーアップしているため、初めて本塁打を30の大台に乗せた。打点もフルシーズン2番打者で使われたにもかかわらず、チャンスによく一発やタイムリーが出て、98打点をマークした。31本塁打と98打点は、ともにナショナル・リーグで10位の数字だ。ショートの守備では悪送球が多いものの、守備範囲が広くなっているため、DRS（守備で防いだ失点）が9つあった。

　数字に表れない長所がいくつかあり、その1つはチームメートに気遣いできることだ。レイズ時代には新加入の筒香がリラックスできるように、積極的に話しかけ、筒香が本塁打を打てば誰よりもにぎやかに祝福し、チームに溶け込んでいることを上手に演出していた。ブリュワーズに来てからも周囲に積極的に話しかけ、チームが一丸となる空気を生み出す起点の役割を果たしており、いつの間にかチームリーダー的な存在になった。

　2024年のシーズン終了後にFA権を取得するが、球団はアダメスのそうした優れた側面を十分認識しており、長期契約を交わしてつなぎ止める方針を固め、代理人と交渉を開始している。周囲に気遣いできる人間になったのは、小さい頃、母ソベイダさんから「自分のことだけ考えず、まわりの人をリスペクトしなさい」と教え込まれて育ったからだ。

　正式な結婚はしていないようだが、ニクスザリさんという女性と事実婚状態で一緒に暮らしており、自らのインスタグラムに、彼女とのツーショットや、彼女の家族の写真を公開している。

カモ M・ストローマン(カブス).538(13-7)2本　Z・トンプソン(パイレーツ).455(11-5)0本
苦手 L・セッサ(レッズ).000(16-0)0本　K・ヘンドリックス(カブス).143(14-2)0本

年度	所属チーム	試合数	打数	得点	安打	二塁打	三塁打	本塁打	打点	四球	三振	盗塁	盗塁死	出塁率	OPS	打率
2018	レイズ	85	288	43	80	7	0	10	34	31	95	6	5	.348	.754	.278
2019	レイズ	152	531	69	135	25	1	20	52	46	153	4	2	.317	.735	.254
2020	レイズ	54	185	29	48	15	1	8	23	20	74	2	1	.332	.813	.259
2021	レイズ	41	132	16	26	6	1	5	15	10	51	1	2	.254	.625	.197
2021	ブリュワーズ	99	365	61	104	31	0	20	58	47	105	4	2	.366	.887	.285
2021	2チーム計	140	497	77	130	37	1	25	73	57	156	5	4	.337	.818	.262
2022	ブリュワーズ	139	563	83	134	31	0	31	98	49	166	8	3	.298	.756	.238
通算成績		570	2064	301	527	110	3	94	280	203	644	25	15	.322	.770	.255

カモ **苦手** は通算成績

看板選手に成長することを期待される逸材 センター ルーキー

5 ギャレット・ミッチェル Garrett Mitchell

25歳 1998.9.4生｜190cm｜97kg｜右投左打

◆対左投手打率／.500　◆対右投手打率／.298
◆ホーム打率／.364　◆アウェー打率／.176　◆得点圏打率／.200
◆22年のポジション別出場数／センター＝28
◆Ⓓ2020①ブリュワーズ　◆Ⓟカリフォルニア州
◆Ⓨ72万ドル（約9360万円）＋α

ミート	4
パワー	4
走塁	4
守備	4
肩	5

　昨季終盤にメジャーデビューし、目を見張る活躍を見せたホープ中のホープ。長所が1つ2つあるという並の有望株ではなく、5ツール（高打率を出す能力、長打力、脚力、守備力、肩の強さ）をフルに備えている大型新人で、さらに打撃面では選球眼が良く出塁率が高い、守備面では守備範囲が広く球際にも強いという長所がある。2020年ドラフトで、1巡目指名で入団。昨季は8月2日に2Aから3Aに昇格。ここでヒットを量産し、メジャーに呼ばれた。その後は、メジャー初スタメンとなった8月28日のパイレーツ戦で2点タイムリー、その翌日には2点ビハインドの場面でツーラン、9月16日のヤンキース戦ではサヨナラヒットと度々値千金の一打を放ち、人気者に。早婚で、一昨年11月にプロのソフトボール選手ヘイリー・クルースさんと結婚。

カモ S・アルカンタラ（マーリンズ）.667(3-2)0本　苦手 M・ケリー（ダイヤモンドバックス）.000(3-0)0本

年度	所属チーム	試合数	打数	得点	安打	二塁打	三塁打	本塁打	打点	四球	三振	盗塁	盗塁死	出塁率	OPS	打率
2022	ブリュワーズ	28	61	9	19	3	0	2	9	6	28	8	0	.373	.832	.311
通算成績		28	61	9	19	3	0	2	9	6	28	8	0	.373	.832	.311

打棒復活の気配が見えない2018年のMVP レフト DH

22 クリスチャン・イェリッチ Christian Yelich

32歳 1991.12.5生｜190cm｜88kg｜右投左打

◆対左投手打率／.258　◆対右投手打率／.249
◆ホーム打率／.253　◆アウェー打率／.251　◆得点圏打率／.241
◆22年のポジション別出場数／レフト＝115、DH＝36
◆Ⓓ2010①マーリンズ　◆Ⓟカリフォルニア州　◆Ⓨ2600万ドル（約33億8000万円）
◆MVP1回(18年)、首位打者2回(18,19年)、ゴールドグラブ賞1回(14年)、
　シルバースラッガー賞3回(16,18,19年)、ハンク・アーロン賞2回(18,19年)

ミート	4
パワー	3
走塁	4
守備	2
肩	3

　MVP級の打者から平均レベルの打者に転落して3年が経過した、チーム1の高給取り。打撃成績の長期低迷が始まったのが、2020年3月に球団と総額2億1500万ドルの9年契約を交わしたあとだったことから、原因はモチベーションの低下によるものと思われた。しかし本人はそれを否定、腰痛に悩まされるようになり、以前のスイングができなくなったことが根底にあると語っている。昨年見られた変化は、長打が思うように出ないマイナスを、高い出塁率で埋め合わせ、チャンスメーカーとしては良い働きをしていたことだ。

カモ C・カーショウ（ドジャース）.474(19-9)2本　苦手 M・マイコラス（カーディナルス）.135(37-5)1本

年度	所属チーム	試合数	打数	得点	安打	二塁打	三塁打	本塁打	打点	四球	三振	盗塁	盗塁死	出塁率	OPS	打率
2013	マーリンズ	62	240	34	69	12	1	4	16	31	66	10	0	.370	.766	.288
2014	マーリンズ	144	582	94	165	30	6	9	54	70	137	21	7	.362	.764	.284
2015	マーリンズ	126	476	63	143	30	2	7	44	47	101	16	5	.366	.782	.300
2016	マーリンズ	155	578	78	172	38	3	21	98	72	138	9	4	.376	.859	.298
2017	マーリンズ	156	602	100	170	36	2	18	81	80	137	16	2	.369	.808	.282
2018	ブリュワーズ	147	574	118	187	34	7	36	110	68	135	22	4	.402	1.000	.326
2019	ブリュワーズ	130	489	100	161	29	3	44	97	80	118	30	2	.429	1.100	.329
2020	ブリュワーズ	58	200	39	41	7	1	12	22	46	76	4	2	.356	.786	.205
2021	ブリュワーズ	117	399	70	99	19	2	9	51	70	113	9	3	.362	.735	.248
2022	ブリュワーズ	154	575	99	145	25	4	14	57	88	162	19	3	.355	.738	.252
通算成績		1249	4715	795	1352	260	31	174	630	652	1183	156	32	.376	.842	.287

セカンドで使うと生きる野球巧者 ユーティリティ

2 ルイス・ウリーアス *Luis Urias*

★WBCメキシコ代表

26歳 1997.6.3生 | 175cm | 84kg | 右投右打

◆対左投手打率／.269 ◆対右投手打率／.226
◆ホーム打率／.273 ◆アウェー打率／.210 ◆得点圏打率／.168
◆22年のポジション別出場数／サード＝73、セカンド＝46、ショート＝24
◆🅓2013外パドレス ◆🅑メキシコ
◆🅐470万ドル（約6億1100万円）

ミート3
パワー4
走塁3
守備4
肩3

昨年7月にサヨナラ打を2度打って、勝負強さを知らしめた地味なクラッチヒッター。打力、守備力とも「中の上」レベルで、セカンドのレギュラーとして十分使えるが、様々な役回りに対応できるため、出番の多いユーティリティとして使われている。昨季はサードで68、セカンドで42、ショートで23試合に先発出場。セカンドでは安定した守りを見せたが、サードではエラーが多く、ショートでは守備範囲の広さにやや難があった。昨年オリオールズでショートのレギュラー格になったラモン・ウリーアスは4歳上の兄で、シーズン中、よくメールで情報交換を行っている。兄弟ともに愛国者で、今季はともにメキシコ代表チームに加わってWBCに参加後、チームに合流する。

カモ	R・レイ（マリナーズ）.556(9-5)1本		苦手	G・ガイゴエス（カーディナルス）.000(7-0)0本

年度	所属チーム	試合数	打数	得点	安打	二塁打	三塁打	本塁打	打点	四球	三振	盗塁	盗塁死	出塁率	OPS	打率
2018	パドレス	12	48	5	10	1	0	2	5	3	10	1	0	.264	.618	.208
2019	パドレス	71	215	27	48	8	1	4	24	25	56	0	1	.329	.655	.223
2020	ブリュワーズ	41	109	11	26	4	1	0	11	10	32	2	2	.308	.602	.239
2021	ブリュワーズ	150	490	77	122	25	1	23	75	63	116	5	1	.345	.790	.249
2022	ブリュワーズ	119	406	54	97	17	1	16	47	50	99	1	2	.335	.739	.239
通算成績		393	1268	174	303	55	4	45	162	151	313	9	6	.335	.728	.239

中軸をになうファーストのレギュラーに成長 ファースト DH

11 ロウディ・テレーズ *Rowdy Tellez*

★WBCメキシコ代表

28歳 1995.3.16生 | 193cm | 115kg | 左投左打

◆対左投手打率／.209 ◆対右投手打率／.222
◆ホーム打率／.231 ◆アウェー打率／.208 ◆得点圏打率／.264
◆22年のポジション別出場数／ファースト＝139、DH＝9
◆🅓2013③⓪ブルージェイズ ◆🅑カリフォルニア州
◆🅐495万ドル（約6億4350万円）

ミート2
パワー5
走塁2
守備3
肩3

リーグ5位タイの35本塁打をマークした巨漢一塁手。昨季は「プラトーンで起用される一塁手」としてシーズンを迎えたが、プラトーン・パートナーであるヒウラの打撃不振により、エブリデー・プレーヤーに格上げされた。一昨年までは守備がお粗末でDHで使うのが無難という評価だったが、昨季は守備力も改善されたためファーストに固定され、エラーは2つしかなかった。兄弟分は、ブルージェイズ時代にチームメートだった捕手のダニー・ジャンセン。テレーズは、母ローリーさんを2018年に脳腫瘍で亡くしているので、ミルウォーキー近郊に住むジャンセン・ファミリーがよくテレーズの応援に来ている。テレーズは「俺はジャンセン家の養子のような存在」と語っている。

カモ	L・ジオリート（ホワイトソックス）.571(7-4)0本		苦手	M・ケリー（ダイヤモンドバックス）.000(9-0)0本

年度	所属チーム	試合数	打数	得点	安打	二塁打	三塁打	本塁打	打点	四球	三振	盗塁	盗塁死	出塁率	OPS	打率
2018	ブルージェイズ	23	70	10	22	9	0	4	14	2	21	0	0	.329	.943	.314
2019	ブルージェイズ	111	370	49	84	19	0	21	54	29	116	1	1	.293	.742	.227
2020	ブルージェイズ	35	113	20	32	5	0	8	23	11	20	0	1	.346	.886	.283
2021	ブルージェイズ	50	139	12	29	4	1	4	8	9	33	0	0	.272	.610	.209
2021	ブリュワーズ	56	158	22	43	10	1	7	28	14	32	0	0	.333	.814	.272
2021	2チーム計	106	297	34	72	14	2	11	36	23	65	0	0	.305	.719	.242
2022	ブリュワーズ	153	529	67	116	23	0	35	89	62	121	2	1	.306	.767	.219
通算成績		428	1379	180	326	70	2	79	216	127	343	3	3	.307	.769	.236

貢献度が高い、過小評価されている外野手

15 タイロン・テイラー Tyrone Taylor

ライト
センター

29歳 1994.1.22生｜183cm｜87kg｜右投右打

◆対左投手打率／.225　◆対右投手打率／.237
◆ホーム打率／.240　◆アウェー打率／.227　◆得点圏打率／.311
◆22年のポジション別出場数／センター＝84、ライト＝23、
　レフト＝20、DH＝1
◆Ⓓ2012②ブリュワーズ　◆⽥カリフォルニア州
◆⽥72万ドル（約9360万円）＋α

ミート	2
パワー	4
走塁	2
守備	5
肩	4

　守備面でも目立つ活躍をするようになった外野手。長所と短所がハッキリしているプレーヤーで、打撃面では長打力があり、チャンスにも強いが、早打ちで出塁率が低く、三振も多いという欠点がある。守備面では強肩で守備範囲が広く、球際にも強い。昨季はこうした長所をフルに発揮して、ピンチに度々スーパープレーを見せ、投手を助けていた。フェンスを恐れず、ジャンプ力もあるため、8月9日のレイズ戦で劇的なホームランキャッチをやってみせたほか、フェンス際で見せたスーパーキャッチが何度もあった。守備面での短所は、時々フライの軌道を読み間違えることだ。それでも高い身体能力にものを言わせて、ギリギリ落下点に入って捕球してしまうことが多い。

カモ A・ウェインライト（カーディナルス）.429（14-6）2本　苦手 D・スマイリー（カブス）.000（6-0）0本

年度	所属チーム	試合数	打数	得点	安打	二塁打	三塁打	本塁打	打点	四球	三振	盗塁	盗塁死	出塁率	OPS	打率
2019	ブリュワーズ	15	10	1	4	2	0	0	1	1	1	0	0	.500	1.100	.400
2020	ブリュワーズ	22	38	6	9	4	0	2	6	2	8	0	0	.293	.793	.237
2021	ブリュワーズ	93	243	33	60	9	3	12	43	20	59	6	1	.321	.778	.247
2022	ブリュワーズ	120	373	49	87	21	3	17	51	22	102	3	2	.286	.728	.233
通算成績		250	664	89	160	36	6	31	101	45	170	9	3	.303	.756	.241

兄弟でオールスター出場の快挙

24 ウィリアム・コントレラス William Contreras

キャッチャー

移籍

26歳 1997.12.24生｜183cm｜81kg｜右投右打　盗塁阻止率／.100（40-4）

◆対左投手打率／.354　◆対右投手打率／.247
◆ホーム打率／.260　◆アウェー打率／.294　◆得点圏打率／.266
◆22年のポジション別出場数／キャッチャー＝60、DH＝34、レフト＝1
◆Ⓓ2015㉙ブレーブス　◆⽥ベネズエラ
◆⽥72万ドル（約9360万円）＋α

ミート	3
パワー	5
走塁	2
守備	2
肩	3

　オフの三角トレードで、ブレーブスからやって来た強打の捕手。メジャー3年目の昨季は、DHでも試合に出ながら97試合に出場。20本塁打をマークした。昨季は16.7打数に1本のペースで本塁打を生産したが、これはブレーブスでトップの数字だ。打撃面の特徴は、速球にめっぽう強いこと。その一方で、スライダーを苦手にしている。守備はフレーミングの技術を含め、課題が山積みだ。カブスの正捕手だったウィルソン・コントレラス（今季カーディナルス）は、5歳上の兄。昨年のオールスターには兄弟そろって出場し、兄が「6番・捕手」、弟が「7番・DH」で、スタメンに名をつらねた。今季は同地区でプレーするので、兄弟ともにマスクをかぶる試合が何度もあるだろう。

カモ C・カラスコ（メッツ）.500（6-3）2本　苦手 S・アルカンタラ（マーリンズ）.000（6-0）0本

年度	所属チーム	試合数	打数	得点	安打	二塁打	三塁打	本塁打	打点	四球	三振	盗塁	盗塁死	出塁率	OPS	打率
2020	ブレーブス	4	10	0	4	1	0	0	1	0	4	0	0	.400	.900	.400
2021	ブレーブス	52	163	19	35	4	1	8	23	19	54	0	0	.303	.702	.215
2022	ブレーブス	97	334	51	93	14	1	20	61	39	104	2	0	.354	.860	.278
通算成績		153	507	70	132	19	2	28	69	58	162	2	0	.338	.809	.260

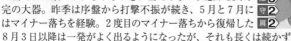

野手

18 ケストン・ヒウラ Keston Hiura
三振が多い、日系人のスラッガー
ファースト
セカンド
レフト

27歳 1996.8.2生 | 183cm | 91kg | 右投右打 対左.188 対右.254 困.227 ⑦.226
傳.232 ⑥2017①ブリュワーズ 囲カリフォルニア州 囲220万ドル（約2億8600万円）

ミ2
バ5
走3
守2
肩2

当たれば飛ぶが、なかなか芯に当たらない状態が続く未完の大器。昨季は序盤から打撃不振が続き、5月と7月にはマイナー落ちを経験。2度目のマイナー落ちから復帰した8月3日以降は一発がよく出るようになったが、それも長くは続かず、9月以降は1本も出なかった。昨シーズン顕著だったのは、三振の多さ。三振率41.7%は、メジャーの打者（250打席以上）でワーストの数字。ただ、フライ打球が本塁打になる比率は30.4%という高率で、強打者度を示すOPSは平均よりずっと高い。ジャクリン・クリールさんという婚約者がいて、2018年から一緒に暮らしている。

年度	所属チーム	試合数	打数	得点	安打	二塁打	三塁打	本塁打	打点	四球	三振	盗塁	盗塁死	出塁率	OPS	打率
2022	ブリュワーズ	80	234	34	53	8	1	14	32	23	111	5	2	.316	.765	.226
通算成績		284	938	131	223	44	4	50	132	78	380	20	7	.318	.771	.238

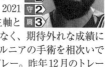

33 ジェシー・ウインカー Jesse Winker
故障がなければ「3割・30本」を狙える実力
DH
レフト
移籍

30歳 1993.8.17生 | 190cm | 97kg | 左投左打 対左.244 対右.211 困.203 ⑦.232
傳.204 ⑥2012①レッズ 囲ニューヨーク州 囲825万ドル（約10億7250万円）

ミ4
バ4
走2
守2
肩3

ナショナル・リーグ中部地区に復帰する、強打の外野手。昨年3月のトレードで、レッズからマリナーズへ移籍。2021年にプチ・ブレイクしたため、新天地シアトルでは、主軸としての活躍が期待された。たが、体の状態が万全ではなく、期待外れな成績に終わった。昨季終了後には、左ヒザの手術、椎間板ヘルニアの手術を相次いで受けている。結局、マリナーズでは1シーズンのみのプレー。昨年12月のトレードで、ブリュワーズへ移籍した。ブリュワーズの本拠地アメリカン・ファミリー・フィールド（旧称ミラー・パーク）では通算打率3割4分4厘と、よく打っている。

年度	所属チーム	試合数	打数	得点	安打	二塁打	三塁打	本塁打	打点	四球	三振	盗塁	盗塁死	出塁率	OPS	打率
2022	マリナーズ	136	456	51	100	15	0	14	53	84	103	0	0	.344	.688	.219
通算成績		549	1768	265	478	94	3	80	243	267	354	3	3	.374	.837	.270

7 ヴィクター・カラティーニ Victor Caratini
名捕手を数多く送り出してきたプエルトリコ出身
キャッチャー

30歳 1993.8.17生 | 185cm | 97kg | 右投両打 ◆盗塁阻止率-.231(52-12) 対左.168 対右.168 困.142
⑦.266 傳.224 ⑥2013②ブレーブス 囲プエルトリコ 囲280万ドル（約3億6400万円）

ミ2
バ2
走2
守3
肩3

カブスとパドレスで、ダルビッシュ有のパーソナル捕手を務めていたため、日本のファンにもよく知られたキャッチャー。昨季は開幕直前のトレードで、パドレスから移籍。バックアップ捕手として使われることになった。開幕後は、5月からスタメン出場する機会が増え、シーズン全体では捕手として73試合に先発出場。守備のほうは、盗塁阻止率が23.1%（52-12）で「中の上」レベル。以前よりボールブロックがうまくなったため、ワイルドピッチを出す頻度は、平均よりずっと低かった。打撃面ではパワーがウリで、昨季は本塁打を9本、二塁打を12本記録している。

年度	所属チーム	試合数	打数	得点	安打	二塁打	三塁打	本塁打	打点	四球	三振	盗塁	盗塁死	出塁率	OPS	打率
2022	ブリュワーズ	96	272	26	54	12	0	9	34	31	67	0	0	.300	.642	.199
通算成績		458	1185	127	275	49	0	31	146	123	294	3	1	.316	.668	.232

ブリュワーズ

対左=対左投手打率 対右=対右投手打率 困=ホーム打率 ⑦=アウェー打率 傳=得点圏打率　365

ブリュワーズの実況アナと同姓同名

⑨ ブライアン・アンダーソン *Brian Anderson*

サード
ライト
移籍

30歳 1993.5.19生｜190cm｜94kg｜右投右打 対左.247 対右.215 ホ.243
ア.195 得.173 D2014③マーリンズ 出オクラホマ州 年350万ドル（約4億5500万円）

ミ 2
バ 4
走 3
守 3
肩 4

　1年350万ドルの契約で加入した、昨季までマーリンズでプレーしていた三塁手兼右翼手。2018年に、ナショナル・リーグ新人王投票で4位に入る活躍を見せ、翌19年には20本塁打を記録。マーリンズの中心打者に成長することを期待されたが、ここ数年は故障もあり、満足な成績を残せていない。パワフルなバッティングがウリで、打った瞬間、それとわかるホームランが多い。特徴は、三振と死球（四球ではなく）が多いこと。ブリュワーズの実況放送をよく担当するアナウンサーの名前も「ブライアン・アンダーソン」で、加入決定後、ファンの間でそれが話題になった。

年度	所属チーム	試合数	打数	得点	安打	二塁打	三塁打	本塁打	打点	四球	三振	盗塁	盗塁死	出塁率	OPS	打率
2022	マーリンズ	98	338	43	75	16	1	8	28	37	101	1	0	.311	.657	.222
通算成績		531	1904	249	487	106	8	57	233	201	503	13	5	.341	.751	.256

「意外性の男」復活を期待される強打の脇役

⑩ マイク・ブラソー *Mike Brosseau*

ユーティリティ

29歳 1994.3.15生｜178cm｜92kg｜右投右打 対左.274 対右.217 ホ.284 ア.230
得.333 D2016外レイズ 出インディアナ州 年140万ドル（約1億8200万円）

ミ 3
バ 4
走 2
守 3
肩 3

　レイズからブリュワーズに移籍して迎えた昨季は、不完全燃焼の感があった内野手。シーズン中は相手の先発が左投手のときにサードで先発出場したが、6月に足首の捻挫で3週間、シーズン終盤には側胸部の筋肉を痛めて2週間ほどIL入り。それもあって出場は70試合にとどまり、レイズ時代のように意外性を発揮してヒーローになることもなかった。一度だけ注目されたのは、9月21日のメッツ戦で、代打満塁ホーマーを放ったときだ。その頃はチームがまだポストシーズン進出をかけ、フィリーズと激しいツバ競り合いを演じていたので、値千金の一打と称賛された。

年度	所属チーム	試合数	打数	得点	安打	二塁打	三塁打	本塁打	打点	四球	三振	盗塁	盗塁死	出塁率	OPS	打率
2022	ブリュワーズ	70	141	15	36	5	0	6	23	14	48	2	0	.344	.762	.255
通算成績		215	509	65	126	26	1	22	69	44	171	7	0	.320	.752	.248

ー サル・フレリック *Sal Frelick*

★WBCイタリア代表
外野手
期待度 A⁻
ルーキー

23歳 2000.4.19生｜178cm｜82kg｜右投右打 ◆昨季は1A+、2A、3Aでプレー D2021①ブリュワーズ 出マサチューセッツ州

　天性の打撃センスとスピードを併せ持つ、楽しみな外野手。「将来のブリュワーズのリードオフマン」として、期待されている。昨季はマイナーの1A+、2A、3Aでプレーしているが、クラスが上がるほど良い成績を出しており、3Aでは46試合に出場し、打率3割6分5厘、出塁率4割3分5厘を記録している。

㊲ ブライス・トゥラン *Brice Turang*

ショート
センター
期待度 B
ルーキー

24歳 1999.11.21生｜183cm｜78kg｜右投左打 ◆昨季は3Aでプレー D2018①ブリュワーズ 出カリフォルニア州

　昨年11月に40人枠に加えられ、メジャーデビューが近づいているショートのホープ。打者としては選球眼が良く、ミートもうまいため、四球が多く出塁率が高い。俊足でモーションを盗むコツも心得ているので、盗塁数が多い。守備面では、守備範囲が広く、打球が来る方向を予測する能力が高い。

対左＝対左投手打率　対右＝対右投手打率　ホ＝ホーム打率　ア＝アウェー打率　得＝得点圏打率
D＝ドラフトデータ　出＝出身地　年＝年俸

シカゴ・カブス

◆創　立：1876年
◆本拠地：イリノイ州シカゴ市

◆ワールドシリーズ制覇：3回 　◆リーグ優勝：17回
◆地区優勝：8回／ワイルドカード獲得：3回

主要オーナー　トム・リケッツ（証券会社TDアメリトレード・ホールディングス取締役）

過去5年成績	年度	勝	負	勝率	ゲーム差	地区順位	ポストシーズン成績
	2018	95	68	.583	1.0	②	ワイルドカードゲーム敗退
	2019	84	78	.519	7.0	③	—
	2020	34	26	.567	(3.0)	①	ワイルドカードシリーズ敗退
	2021	71	91	.438	24.0	④	—
	2022	**74**	**88**	**.457**	**19.0**	**③**	**—**

監　督　**3** デイヴィッド・ロス *David Ross*

◆年　　齢……………46歳（ジョージア州出身）
◆現役時代の経歴 …15シーズン　ドジャース（2002〜04）、
　（キャッチャー）　　パイレーツ（2005）、パドレス（2005）、レッズ（2006〜
　　　　　　　　　　08）、レッドソックス（2008）、ブレーブス（2009〜12）、
　　　　　　　　　　レッドソックス（2013〜14）、カブス（2015〜16）
◆現役通算成績……883試合 .229 106本 314打点
◆監督経歴…………3シーズン　カブス（2020〜）
◆通算成績…………179勝205敗（勝率.466）

　コミュニケーション能力が高い捕手出身監督。現役時代に2度、ワールドシリーズ制覇を経験。1度目はレッドソックス時代の2013年で、優勝の瞬間、上原浩治とマウンド付近で抱き合ったのがロスだった。2度目は、カブスが108年ぶりの世界一に輝いた2016年で、現役最後の試合となったワールドシリーズ第7戦では、本塁打を放っている。当時、カブスの監督だったジョー・マドン（昨季途中までエンジェルス監督）の名を、尊敬する人物としてよく出している。

注目コーチ　**55** マイク・ナポリ *Mike Napoli*

　一塁ベースコーチ。42歳。現役時代は、強打の一塁手兼捕手。2013年、レッドソックスが世界一になった試合で一塁を守っており、ロスや上原と喜びを分かち合った。

編成責任者　ジェド・ホイヤー *Jed Hoyer*

　50歳。「再建」から「勝負」モードに移行し、オフに入ると、コーディ・ベリンジャー、ダンズビー・スワンソンら、有力選手を次々獲得した。パドレスでのGM経験がある。

スタジアム　リグレー・フィールド *Wrigley Field*

◆開 場 年………1914年
◆仕　　様………天然芝
◆収容能力………41,649人
◆フェンスの高さ…3.5〜4.6m
◆特　　徴………ツタで覆われた外野フェンスが
　美しい、メジャーで2番目に古い球場。ツタにボールがうまり、取れなくなると、二塁打になる。
「野球は太陽の下で」という、リグレー元オーナーの野球哲学を受け継ぎ、デーゲーム開催が多い。

ニュートラルパーク

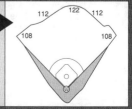

Best Order [ベストオーダー]

① ニコ・ホーナー……セカンド
② ダンズビー・スワンソン……ショート
③ イアン・ハップ……レフト
④ 鈴木誠也……ライト
⑤ エリック・ホズマー……ファースト
⑥ トレイ・マンシーニ……DH
⑦ コーディ・ベリンジャー……センター
⑧ クリストファー・モレル……サード
⑨ タッカー・バーンハート／ヤン・ゴームス……キャッチャー

Depth Chart [ポジション別選手層・メンバーリスト]

※2023年2月13日時点の候補選手。数字は背番号（開幕前に変更する場合もあり）、右・左／右・左は投・打の順。

センター
24 **コーディ・ベリンジャー [左・右]**
4 ネルソン・ヴェラスケス [右・右]
94 ブレナン・デイヴィス [右・右]

レフト
8 **イアン・ハップ [右・両]**
16 パトリック・ウィズダム [右・右]
4 ネルソン・ヴェラスケス [右・右]

ライト
27 **鈴木誠也 [右・右]**
8 イアン・ハップ [右・両]
4 ネルソン・ヴェラスケス [右・右]

ショート
7 **ダンズビー・スワンソン [右・右]**
5 クリストファー・モレル [右・右]
2 ニコ・ホーナー [右・右]

セカンド
2 **ニコ・ホーナー [右・右]**
1 ニック・マドリガル [右・右]
5 クリストファー・モレル [右・右]

サード
5 **クリストファー・モレル [右・右]**
16 パトリック・ウィズダム [右・右]

ローテーション
0 マーカス・ストローマン [右・右]
50 ジェイムソン・タイヨン [右・右]
35 ジャスティン・スティール [左・右]
11 ドルー・スマイリー [左・左]
71 キーガン・トンプソン [右・右]
28 カイル・ヘンドリックス [右・右]
19 ヘイデン・ウェズネスキー [右・右]
41 エイドリアン・サンプソン [右・右]

ファースト
51 **エリック・ホズマー [左・左]**
36 トレイ・マンシーニ [右・右]
16 パトリック・ウィズダム [右・右]

キャッチャー
15 **ヤン・ゴームス [右・右]**
18 タッカー・バーンハート [右・両]

DH
36 **トレイ・マンシーニ [右・右]**
16 パトリック・ウィズダム [右・右]
15 ヤン・ゴームス [右・右]

ブルペン
47 ブランドン・ヒューズ [左・両] CL
45 ブラッド・ボックスバーガー [右・右]
99 ローワン・ウィック [右・右]
59 マイケル・ラッカー [右・右]
73 アドバート・アルゾレイ [右・右]
66 ジュリアン・メリウェザー [右・右]
41 エイドリアン・サンプソン [右・右]
71 キーガン・トンプソン [右・右]
56 ジェレミア・エストラーダ [右・両]
21 イーサン・ロバーツ [右・右]
ー マイケル・フルマー [右・右]

※CL＝クローザー

カブス試合日程……＊はアウェーでの開催

3月30・4月1・2 ブリュワーズ	**5月1・2・3・4** ナショナルズ＊	**6月2・3・4・5** パドレス＊
3・4・5 レッズ＊	5・6・7 マーリンズ	6・7・8 エンジェルス＊
7・8・9 レンジャーズ	8・9・10 カーディナルス	9・10・11 ジャイアンツ＊
10・11・12 マリナーズ	12・13・14 ツインズ＊	13・14・15 パイレーツ
14・15・16 ドジャース＊	15・16・17 アストロズ＊	16・17・18 オリオールズ
17・18・19 アスレティックス＊	19・20・21 フィリーズ	19・20・21 パイレーツ＊
20・21・22・23 ドジャース	23・24・25 メッツ	24・25 カーディナルス＊
25・26・27 パドレス	26・27・28 レッズ	27・28・29 フィリーズ
28・29・30 マーリンズ＊	29・30・31 レイズ	30・7月1・2 ガーディアンズ

球団メモ 2008年に入団した福留孝介が、球団初の日本人プレイヤー。以後、2012年と2020年を除き、日本人選手が1人以上、所属している。鈴木誠也は9人目となる。

■**投手力**…★★★☆☆【昨年度チーム防御率4.00、リーグ10位】

ローテーションにはストローマン、ヘンドリックス、スマイリー、新加入のタイヨンといったベテランと、昨季ブレイクの兆しを見せたスティールが入る。昨季の先発防御率はリーグ10位（3.95）だったが、多少改善されるだろう。ウェズネスキー、トンプソン、サンプソンら、先発候補はほかにもいるので、離脱者が出たとしても何とか戦える陣容だ。弱点のブルペンには、昨季ブリュワーズで好成績を収めたボックスバーガーを加えている。

■**攻撃力**↗…★★★☆☆【昨年度チーム得点657、リーグ11位】

野手に関しては、オフに積極的な補強を展開。スワンソン、ベリンジャー、マンシーニなど実績ある選手が加わり、レギュラーメンバーの半数以上が、昨季から入れ替わることになった。ただ、新加入組が大幅な得点力アップをもたらすとは思えず、メジャー2年目を迎える鈴木誠也のブレイクに、期待がかかる。強打の捕手コントレラス（兄）が去ったのは、マイナス要素。

■**守備力**⬆…★★★★☆【昨年度チーム失策数96、リーグ11位】

センターに好守のベリンジャーが入り、ホーナーとスワンソンが組む二遊間も強固。オフの補強で、センターラインが強化された形だ。スワンソンとレフトのハップは、昨季、初めてゴールドグラブ賞を受賞している。

■**機動力**↗…★★★★☆【昨年度チーム盗塁数111、リーグ2位】

スピードのある選手が多く、昨季の盗塁数111はリーグ2位だった。新加入のスワンソンとベリンジャーも、昨季2ケタの盗塁をマークしている。

総合評価↗　★★★☆☆

今回のオフも補強を推し進め、全体的な戦力は確かにレベルアップしている。しかし、それが費やした大金に見合ったものであるかどうかは、判断が難しいところだ。勝率5割は超えられるとしても、さすがにポストシーズンを狙える戦力とは言い難い。

IN 主な入団選手
投手
ジェイムソン・タイヨン◀ヤンキース
ブラッド・ボックスバーガー◀ブリュワーズ
野手
コーディ・ベリンジャー◀ドジャース
ダンズビー・スワンソン◀ブレーブス
タッカー・バーンハート◀タイガース
トレイ・マンシーニ◀アストロズ

OUT 主な退団選手
投手
ウェイド・マイリー▶ブリュワーズ
野手
ウィルソン・コントレラス▶カーディナルス

3・4・5・6	ブリュワーズ*	4・5・6	ブレーブス	4・5・6	ジャイアンツ
7・8・9	ヤンキース*	7・8・9	メッツ*	8・9・10	ダイヤモンドバックス
11	オールスターゲーム	11・12・13	ブルージェイズ*	11・12・13	ロッキーズ*
14・15・16	レッドソックス	15・16	ホワイトソックス	15・16・17	ダイヤモンドバックス*
17・18・19	ナショナルズ	18・19・20	ロイヤルズ	19・20・21	パイレーツ
20・21・22・23	カーディナルス	21・22・23	タイガース*	22・23・24	ロッキーズ
25・26	ホワイトソックス	24・25・26・27	パイレーツ	26・27・28	ブレーブス
27・28・29・30	カーディナルス*	28・29・30	ブリュワーズ	29・30・**10**1	ブリュワーズ*
31・**8**1・2・3	レッズ	**9**1・2・3	レッズ*		

勝ち星が4勝でもエースのピッチング　先発

35 ジャスティン・スティール Justin Steele

28歳 1995.7.11生 188cm｜92kg｜左投左打

- ◆速球のスピード／150キロ前後（フォーシーム、ツーシーム）
- ◆決め球と持ち球／☆スライダー、○ツーシーム、△フォーシーム、△カーブ、△チェンジアップ
- ◆対左.232　◆対右.248　◆ホ防2.78　◆ア防3.78
- ◆ド2014⑤カブス　◆出ミシシッピ州
- ◆年72万ドル（約9360万円）+α

球威	4
制球	3
緩急	3
精神力	1
度胸	4

　カブスの先発陣の中で、昨年最も良い働きをしたサウスポー。昨季は先発3番手に抜擢されてシーズンに入ったが、制球が不安定で、パッとしない投球が続いた。転機になったのは5月4日の婚約発表だった。スティールは以前から、リビー・マーフィーさんと一緒に暮らしていたが、リビーさんの妊娠が判明し、9月にパパになることがわかったので、あわてて婚約を発表したのだ。事情はどうあれ、パパになることは彼に大きなモチベーションを与える結果になり、その後は月を追うごとに投球内容が良くなった。とくに8月はスライダーが冴え、自責点が3しかなかったため月間防御率は0.98というすごい数字になった。9月以降、登板がないのは、8月26日のゲームで腰の張りを訴えて途中降板し、そのままIL（故障者リスト）入りしたからだ。

カモ M・ブラソー（ブリュワーズ）.083（12-1）0本　苦手 T・エドマン（カーディナルス）.600（5-3）0本

年度	所属チーム	勝利	敗戦	防御率	試合数	先発	セーブ	投球イニング	被安打	失点	自責点	被本塁打	与四球	奪三振	WHIP
2021	カブス	4	4	4.26	20	9	0	57.0	50	29	27	14	27	59	1.35
2022	カブス	4	7	3.18	24	24	0	119.0	111	53	42	8	50	126	1.35
通算成績		8	11	3.53	44	33	0	176.0	161	82	69	20	77	185	1.35

4年前までは外野手だったリリーフの逸材　クローザー セットアップ

47 ブランドン・ヒューズ Brandon Hughes

28歳 1995.12.1生 188cm｜97kg｜左投両打

- ◆速球のスピード／150キロ前後（フォーシーム主体）
- ◆決め球と持ち球／○スライダー、○フォーシーム
- ◆対左.226　◆対右.183　◆ホ防3.54　◆ア防2.73
- ◆ド2017⑯カブス　◆出ミシガン州
- ◆年72万ドル（約9360万円）+α

球威	4
制球	3
緩急	5
精神力	4
度胸	4

　クローザーの最有力候補であるリリーフ左腕。昨季は2Aと3Aで計10試合、リリーフで登板。すべて無失点に抑えて5月17日にメジャーデビュー。8月中旬からクローザーの1番手で使われるようになり、8セーブを記録した。ただ、ほかの投手も時々クローザーで起用されており、オンリーワンのクローザーになったわけではなかった。2017年のドラフトで16巡目に指名され、外野手としてプロ入り。19年のキャンプ中に、カブスのマディソン育成部長からリリーフ投手への転向を勧められ、24時間熟考した末、それを了承した。早速マイナーのルーキー級で投げ始め、着実に出世階段を上って昨年メジャーに到達。スリークォーターからフォーシームとスライダーを投げ込んでくるツーピッチ・ピッチャーで、打者のタイミングを外すことに長けている。

カモ J・ヴォト（レッズ）.000（5-0）0本　苦手 C・イェリッチ（ブリュワーズ）.500（4-2）0本

年度	所属チーム	勝利	敗戦	防御率	試合数	先発	セーブ	投球イニング	被安打	失点	自責点	被本塁打	与四球	奪三振	WHIP
2022	カブス	2	3	3.12	57	0	8	57.2	42	22	20	11	21	68	1.09
通算成績		2	3	3.12	57	0	8	57.2	42	22	20	11	21	68	1.09

対左=対左打者被打率　対右=対右打者被打率　ホ防=ホーム防御率　ア防=アウェー防御率
ド=ドラフトデータ　出=出身地　年=年俸　カモ 苦手は通算成績

シンカーとスライダーを操る超新星 | 先発 | ルーキー

19 ヘイデン・ウェズネスキー Hayden Wesneski

26歳 | 1997.12.5生 | 190cm | 95kg | 右投右打

- ◆速球のスピード／150キロ前後（シンカー、フォーシーム）
- ◆決め球と持ち球／☆スライダー、○シンカー、○フォーシーム、△チェンジアップ
- ◆対左.159 ◆対右.221 ◆床防2.18 ◆ア防2.19
- ◆ド2019⑥ヤンキース ◆囲テキサス州
- ◆囲72万ドル（約9360万円）+α

球威 **3**
制球 **4**
緩急 **4**
守備・牽制 **2**
度胸 **4**

昨季はヤンキースの3Aで投げていたが、8月2日のトレードでカブスに移籍。9月6日のレッズ戦でメジャーデビューした。このときは5回から登板し、シンカーとバックドア・スライダーを両サイドに投げ分けて次々に三振を奪い、9回終了まで無失点に抑えて勝ち投手になった。3度目の登板からはローテーション入りし、シーズン終了までに4試合に先発。3試合が自責点1、1試合が自責点2という圧巻のピッチングを見せた。9月22日のパイレーツ戦ではシンカーとスライダーが冴え、5回に3人の打者をすべて3球三振に切って取る「イマキュレート・イニング」を達成。今季は開幕からのローテーション入りを狙う。敗れた場合はスイングマンとして使われるだろう。

カモ J・フレイリー（レッズ）.000(5-0)0本　苦手 B・レイノルズ（パイレーツ）1.000(3-3)0本

年度	所属チーム	勝利	敗戦	防御率	試合数	先発	セーブ	投球イニング	被安打	失点	自責点	被本塁打	与四球	奪三振	WHIP
2022	カブス	3	2	2.18	6	4	0	33.0	24	9	8	3	7	33	0.94
通算成績		3	2	2.18	6	4	0	33.0	24	9	8	3	7	33	0.94

シーズン後半は立ち直り、防御率2.71 | 先発

0 マーカス・ストローマン Marcus Stroman

★WBCプエルトリコ代表

32歳 | 1991.5.1生 | 170cm | 81kg | 右投右打

- ◆速球のスピード／150キロ前後（シンカー、フォーシーム）
- ◆決め球と持ち球／☆スライダー、○シンカー、○カッター、△チェンジアップ、△フォーシーム
- ◆対左.257 ◆対右.210 ◆床防5.18 ◆ア防2.06
- ◆ド2012①ブルージェイズ ◆囲ニューヨーク州
- ◆囲2500万ドル（約32億5000万円） ◆ゴールドグラブ賞1回（17年）

球威 **3**
制球 **5**
緩急 **5**
守備・牽制 **5**
度胸 **4**

今季は高額年俸に見合った働きを期待される波の大きい先発右腕。3年7100万ドルの大型契約で迎えられた昨季は、エースの働きを期待されたが、4月は一発病で失点が多く0勝3敗、防御率6.98と最悪のスタートとなった。しかも5月8日にコロナ陽性で12日間IL入り。さらに6月10日から約1カ月間、肩の炎症でIL入りした。シーズン後半に入ると別人のようにコントロールが安定。一発をほとんど食わなかったため好投が続いた。本音がストレートに出るタイプ。昨年11月には「主要メディアは偏った報道ばかりしている。それが社会のヘイトをあおっている」とツイートし、バッシングされた。

カモ B・ハーパー（フィリーズ）.077(13-1)0本　苦手 W・アダメス（ブリュワーズ）.538(13-7)2本

年度	所属チーム	勝利	敗戦	防御率	試合数	先発	セーブ	投球イニング	被安打	失点	自責点	被本塁打	与四球	奪三振	WHIP
2014	ブルージェイズ	11	6	3.65	26	20	1	130.2	125	56	53	7	28	111	1.17
2015	ブルージェイズ	4	0	1.67	4	4	0	27.0	20	5	5	2	6	18	0.96
2016	ブルージェイズ	9	10	4.37	32	32	0	204.0	209	104	99	21	54	166	1.29
2017	ブルージェイズ	13	9	3.09	33	33	0	201.0	201	82	69	21	62	164	1.31
2018	ブルージェイズ	4	9	5.54	19	19	0	102.1	115	68	63	9	36	77	1.48
2019	ブルージェイズ	6	11	2.96	21	21	0	124.2	118	50	41	10	35	99	1.23
2019	メッツ	4	2	3.77	11	11	0	59.2	65	27	25	8	23	60	1.47
2019	2チーム計	10	13	3.22	32	32	0	184.1	183	77	66	18	58	159	1.31
2021	メッツ	10	13	3.02	33	33	0	179.0	161	70	60	17	44	158	1.15
2022	カブス	6	7	3.50	25	25	0	138.2	123	61	54	16	36	119	1.15
通算成績		67	67	3.62	204	198	1	1167.0	1137	523	469	111	324	972	1.25

カブス

25 通算セーブ82、ホールド91の実績　セットアップ/クローザー　移籍
ブラッド・ボックスバーガー　Brad Boxberger

35歳 1988.5.27生｜178cm｜95kg｜右投右打 圓150キロ前後（フォーシーム主体）囲◎フォーシーム
対左.248 対右.203 ⑤2009①レッズ 田カリフォルニア州 囲200万ドル（約2億6000万円）

球 3
制 3
緩 4
予測 2
度 4

　2年連続で70試合以上に登板した、酷使に耐える鉄人投手。昨季はブリュワーズで主にセットアッパーとして起用され、メジャー2位の29ホールドをマーク。昨季は三振数にこだわらず、効率良くアウトを取ることを優先していたが、それを可能にしたのは、初球ストライク率の大幅アップだ（58.4%→66.0%）。ただ、ピンチの火消し役で使われたときはイマイチ。引き継いだ走者の42%を生還させてしまった。しかしトータルで見れば昨季の働きは見事なものであり、それを1年200万ドルという超お手頃価格で獲得したことは、カブス・フロント陣のお手柄と言っていいだろう。

年度	所属チーム	勝利	敗戦	防御率	試合数	先発	セーブ	投イニング	被安打	失点	自責点	被本塁打	与四球	奪三振	WHIP
2022	ブリュワーズ	4	3	2.95	70	0	1	64.0	52	23	21	6	27	68	1.23
通算成績		31	37	3.44	484	0	82	457.2	357	193	175	60	222	564	1.27

11 2017年のWBCでヒジを痛め、トミー・ジョン手術　先発
ドルー・スマイリー　Drew Smyly

34歳 1989.6.13生｜188cm｜85kg｜左投左打 圓150キロ前後（ツーシーム主体）囲◎カーブ
対左.191 対右.258 ⑤2010②タイガース 田アーカンソー州 囲800万ドル（約10億4000万円）

球 2
制 4
緩 5
予測 4
度 3

　いったんFAになったが、新たにカブスと2年1900万ドルの契約を交わして、結果的に残留することになったサウスポー。タイミングを外すことと、打者の目線を狂わすことに長けた技巧派。最大の武器はカーブで、これを軌道と球速を変えながら多投する。年を追うごとに使用頻度が高くなっており、昨季は全投球の43%がカーブだった。2017年のWBCに参加したときにヒジを痛め、トミー・ジョン手術を受けたが、その後のリハビリも順調にいかなかったため、2年間全休する羽目に。19年に復帰がかなったが、その後も安定感を欠き、21年にようやく元のレベルに戻った。

年度	所属チーム	勝利	敗戦	防御率	試合数	先発	セーブ	投イニング	被安打	失点	自責点	被本塁打	与四球	奪三振	WHIP
2022	カブス	7	8	3.47	22	22	0	106.1	101	46	41	16	26	91	1.19
通算成績		53	47	4.10	239	156	3	943.2	903	462	430	154	292	922	1.27

28 IQの高さと学習能力はピカイチだが…　先発
カイル・ヘンドリックス　Kyle Hendricks

34歳 1989.12.7生｜190cm｜86kg｜右投右打 圓140キロ前後（シンカー、フォーシーム）囲◎シンカー
対左.291 対右.226 ⑤2011⑧レンジャーズ 田カリフォルニア州 囲1400万ドル（約18億2000万円）◆最優秀防御率1回（16年）

球 2
制 4
緩 4
予測 4
度 3

　ピンポイントの制球力とタイミングを外す技術が劣化し、危機的状況にある先発右腕。制球力の低下は、失投と与四球の増大につながる。昨季は四球がらみ、一発がらみで失点することが多く、防御率が4点台後半から5点台で推移した。さらに肩の張りを理由に、7月6日にIL入りし、シーズン終了までに復帰できなかった。今季は4年契約の最終年。来季に関しては「年俸1600万ドルでプレーするか否かの選択権（オプション）を球団が持つ」となっている。残留には3.30以内の防御率が必要になる。ピンポイントの制球力が復活すれば、決して無理な数字ではないが……。

年度	所属チーム	勝利	敗戦	防御率	試合数	先発	セーブ	投イニング	被安打	失点	自責点	被本塁打	与四球	奪三振	WHIP
2022	カブス	4	6	4.80	16	16	0	84.1	85	45	45	12	24	66	1.29
通算成績		87	61	3.46	223	222	0	1312.2	1216	540	504	150	294	1079	1.15

　圓＝速球のスピード　囲＝決め球　対左＝対左打者被打率　対右＝対右打者被打率
⑤＝ドラフトデータ　田＝出身地　囲＝年俸

投手

大病を3度も経験しながら大型契約をゲット　先発　移籍

50　ジェイムソン・タイヨン *Jameson Taillon*

32歳 1991.11.18生 | 196cm | 104kg | 右投右打 | 150キロ台前半（フォーシーム、ツーシーム）| 変◎スライダー | 対左 .235 | 対右 .253 | ド2010①パイレーツ | 田フロリダ州 | 囲1400万ドル（約18億2000万円）

球 3
制 4
緩 4
守 4
度 3

　ヤンキースで2年投げたあと、カブスに4年6800万ドルの契約で入団。ウリは安定感。目を見張る好投は少ないが、クレバーで制球も良いため、悪いときでも失点を最小限に抑え、5回ないし6回まで持ちこたえることが多い。ドラフトで全体の2番目に指名された野球エリートだが、その後、トミー・ジョン手術を2度経験、その都度つらいリハビリを強いられた。さらに17年には、精巣腫瘍（睾丸にできる癌）が見つかって摘出手術を受け、その後の抗癌剤治療で体重が激減。大病を3度も経験しながら5000万ドル以上の大型契約をゲットしたのは、タイヨンが初めてだ。

年度	所属チーム	勝利	敗戦	防御率	試合数	先発	セーブ	投球イニング	被安打	失点	自責点	被本塁打	与四球	奪三振	WHIP
2022	ヤンキース	14	5	3.91	32	32	0	177.1	168	78	77	26	32	151	1.13
通算成績		51	35	3.84	143	143	0	787.2	762	353	336	98	193	710	1.21

2イニング以上のロングリリーフが適任　スイングマン

71　キーガン・トンプソン *Keegan Thompson*

28歳 1995.3.13生 | 185cm | 95kg | 右投右打 | 150キロ前後（フォーシーム、シンカー）| 変◎カッター | 対左 .237 | 対右 .241 | ド2017③カブス | 田アラバマ州 | 囲72万ドル（約9360万円）+α

球 5
制 4
緩 4
守 4
度 3

　先発でもリリーフでも使える、昨年チームでただ1人2ケタの勝ち星をあげた右腕。昨シーズンは先発で投げた17試合の防御率は4.83で、昨年のメジャー平均（先発投手の平均は4.05）よりかなり悪かった。だが、ロングリリーフで使われた12試合の防御率は、トップレベルの1.41だった。投手としての特徴は、球種が多いこと。昨季、使用頻度が3%以上だった球種は6つある（フォーシーム、シンカー、カッター、カーブ、チェンジアップ、スライダー）。評価が最も高い球種はフォーシームで、スピードは平均レベルだが、スピン量はトップレベル。心もち浮き上がる軌道になる。

年度	所属チーム	勝利	敗戦	防御率	試合数	先発	セーブ	投球イニング	被安打	失点	自責点	被本塁打	与四球	奪三振	WHIP
2022	カブス	10	5	3.76	29	17	1	115.0	103	54	48	16	43	108	1.27
通算成績		13	8	3.64	61	23	2	168.1	151	76	68	25	74	163	1.34

球威はあるが、信頼度はイマイチ　ミドルリリーフ

99　ローワン・ウィック *Rowan Wick*

31歳 1992.11.9生 | 190cm | 105kg | 右投左打 | 150キロ台前半（フォーシーム主体）| 変◎フォーシーム | 対左 .341 | 対右 .272 | ド2012⑨カーディナルス | 田カナダ | 囲155万ドル（約2億150万円）

球 5
制 2
緩 3
守 3

　先発で投げることを希望している、制球がなかなか安定しない右腕。昨季は開幕から5月中旬まで、与四球を最小限に抑え好投を続けていたが、それ以降はにわかに与四球や失投が多くなり、防御率が一時は5点台に悪化した。7月以降は持ち直し、8月2日にロバートソンがフィリーズにトレードされたあとは、クローザーで何度か起用された。制球を安定させるため、ショートアームに近い投球モーションで投げているが、制球難の解消には至っていない。昨季は第2の変化球として、一時期カッターを多投していたが、減多打ちにあい、終盤はほとんど使わなくなった。

年度	所属チーム	勝利	敗戦	防御率	試合数	先発	セーブ	投球イニング	被安打	失点	自責点	被本塁打	与四球	奪三振	WHIP
2022	カブス	4	7	4.22	64	0	9	64.0	79	37	30	9	29	69	1.69
通算成績		6	10	3.82	146	0	20	146.0	149	74	62	12	66	160	1.47

カブス

昨年たらい回しにされたあと、先発で成功

41 エイドリアン・サンプソン Adrian Sampson

スイングマン

32歳 1991.10.7生 | 188cm | 95kg | 右投右打 | 球150キロ前後(シンカー、フォーシーム) | 決◎シンカー
対左.230 | 対右.276 | ドラ2012⑤パイレーツ | 出ワシントン州 | 年190万ドル(約2億4700万円)

球威 3
制球 3
緩急 4
守備 5
度胸 4

　30歳で迎えた昨季、紆余曲折の末、7月からローテーション入りし、先発で見事な働きをした苦労人の右腕。2016年にマリナーズでメジャーデビューしたが、定着できず。20年は韓国のロッテで投げたが、防御率5.40とひどい成績に終わった。21年はカブスにマイナー契約で入団。ここで3Aのヴィローン投手コーチ、ブシェイ育成コーチの助言で全球種の握りを変えたところ、効率良くアウトを取れるようになった。昨季は3Aで開幕を迎えたが、5月に40人枠から外され、マリナーズにウエーバー経由で移籍したが、すぐにカブスの3Aに復帰。そこから成功物語が始まった。

年度	所属チーム	勝利	敗戦	防御率	試合数	先発	セーブ	投球イニング	被安打	失点	自責点	被本塁打	与四球	奪三振	WHIP
2022	カブス	4	5	3.11	21	19	0	104.1	101	40	36	10	27	73	1.23
通算成績		11	19	4.43	72	44	0	292.2	319	158	144	55	76	219	1.35

昨季のホールド25はメジャー全体で6位タイ

マイケル・フルマー Michael Fulmer

セットアップ

移籍

30歳 1993.3.15生 | 190cm | 101kg | 右投右打 | 球150キロ前後(フォーシーム、ツーシーム) | 決☆スライダー
対左.337 | 対右.188 | ドラ2011①メッツ | 出オクラホマ州 | 新人王(16年)

球威 2
制球 3
緩急 3
度胸 4

　トミー・ジョン手術を受けたことで先発投手として立ちいかなくなったが、リリーフに回ってよみがえった右腕。2016年にタイガースでメジャーデビュー。11勝7敗、防御率3.06をマークして新人王に輝き、17年にはオールスターにも選出された。だが、19年3月にヒジを痛め、トミー・ジョン手術を受ける羽目に。短縮シーズンだった翌20年は、7月の開幕時に復帰したが、10試合に先発して防御率が8.78だったため、21年はリリーフで再生を図ることになった。その後はスライダー・マシンに変身して、セットアッパーとして成功。昨季は投球の64%がスライダーだった。

年度	所属チーム	勝利	敗戦	防御率	試合数	先発	セーブ	投球イニング	被安打	失点	自責点	被本塁打	与四球	奪三振	WHIP
2022	タイガース	3	4	3.20	41	0	2	39.1	29	17	14	1	20	39	1.25
2022	ツインズ	2	2	3.70	26	0	1	24.1	30	15	10	3	8	22	1.56
2022	2チーム計	5	6	3.39	67	0	3	63.2	59	27	24	4	28	61	1.37
通算成績		34	45	3.89	204	89	17	617.0	587	293	267	67	188	510	1.26

ジョーダン・ウィックス Jordan Wicks

先発 | 期待度 B+ | ルーキー

24歳 1999.9.1生 | 190cm | 99kg | 左投左打 | ◆昨季は1A+、2Aでプレー | ドラ2021①カブス | 出アーカンソー州

　チェンジアップを駆使して三振の山を築く注目のサウスポー。クロスファイアー気味に投げ込んでくるので、ボールの出どころが見えにくいうえ、チェンジアップを速球とまったく同じ腕の振りで投げ込んでくるため、見分けがつきにくい。スライダーもレベルアップし、左打者への強力な武器になった。

ベン・ブラウン Ben Brown

先発 | 期待度 B+ | ルーキー

24歳 1999.9.9生 | 198cm | 95kg | 右投右打 | ◆昨季は1A+、2Aでプレー | ドラ2017㉝フィリーズ | 出ニューヨーク州

　心のケアもしっかりやって成長を続けている投手。オーバーハンドから投げ下ろすパワーピッチャーで、速球は角度がつくため見た目以上に威力がある。ウリは、ハイレベルなスライダーがあるため、右打者に抜群に強いこと。プロ入り3年目の2019年5月に、トミー・ジョン手術を経験している。昨年8月のトレードで加入。

球=速球のスピード　決=決め球　対左=対左打者被打率　対右=対右打者被打率
ド=ドラフトデータ　出=出身地　年=年齢

※メジャー経験がない投手の「先発」「リリーフ」はマイナーでの役割

シーズン序盤は驚異的な活躍

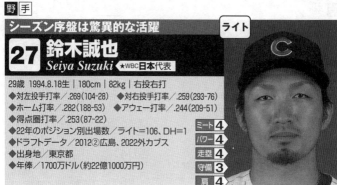

ライト

27 鈴木誠也
Seiya Suzuki ★WBC**日本代表**

29歳 1994.8.18生／180cm／82kg／右投右打

◆対左投手打率／.269(104-28) ◆対右投手打率／.259(293-76)
◆ホーム打率／.282(188-53) ◆アウェー打率／.244(209-51)
◆得点圏打率／.253(87-22)
◆22年のポジション別出場数／ライト=106、DH=1
◆ドラフトデータ／2012②広島、2022外カブス
◆出身地／東京都
◆年俸／1700万ドル（約22億1000万円）

ミート **4**
パワー **4**
走塁 **4**
守備 **3**
肩 **4**

カブス

2年目の飛躍を期待される、広島東洋カープの元主砲。5年8500万ドルの大型契約で入団したため、昨季は大いに期待されてシーズンに入った。それに応えるように、出だしは絶好調。最初の3週間は打率3割3分3厘、出塁率4割5分8厘、OPS1.090という数字が示すように、驚異的な活躍を見せた。しかし、4月28日以降は一転してスランプにおちいり、本塁打が一本も出ないまま5月27日にIL入りした。これは前日のゲームで盗塁した際、左手薬指を突き指して、激痛が走るようになったからだ。幸い骨折はしていなかったので、7月4日に復帰。その試合で9回に、ブリュワーズの守護神ヘイダーの豪速球を叩いて勝ち越しのランニングホーマーを放ち、復帰をアピールした。最終的に昨季は111試合の出場にとどまったため、本塁打は20本に届かなかったが、貢献度を示すWAR（ファングラフス版）は2.0で、1600万ドル相当の働きをしたことになる。

カブスの本拠地リグレー・フィールドは、レンガの外野フェンスがツタで覆われているため、クッションボールの処理が難しいことで知られる。しかも両翼が深く、ファウルゾーンが極端に狭い特殊な形状をしているため、慣れないうちはフライへの対処法を間違えて、エラーを犯しがちだ。誠也もシーズン序盤はまごつく場面が見られたが、中盤以降はコツをつかんで、危なげのない守備を見せるようになった。

2019年に、リオ五輪に出場した新体操の畠山愛理さんと結婚。第一子となる男児が昨年9月に誕生した。日本で出産したため、誠也はそれに合わせ一時帰国し、出産に立ち会った。4月は、リグレー・フィールドのスタンドで夫のプレーを見守る愛理さんの姿が頻繁に見られた。テレビ局もそれを見逃さず、アップで映し出し、実況アナが、この美しい女性が誠也の奥さんであること、オリンピックに出場した新体操の選手であること、引退後はスポーツ番組のキャスターをしていたことなどを説明していた。

カモ B・ウッドラフ（ブリュワーズ）.833(6-5)1本　C・カーショウ（ドジャース）.600(5-3)0本
苦手 J・ブルベイカー（パイレーツ）.125(8-1)0本　E・ラウアー（ブリュワーズ）.143(7-1)0本

年度	所属チーム	試合数	打数	得点	安打	二塁打	三塁打	本塁打	打点	四球	三振	盗塁	盗塁死	出塁率	OPS	打率
2022	カブス	111	397	54	104	22	2	14	46	42	110	9	5	.336	.769	.262
通算成績		111	397	54	104	22	2	14	46	42	110	9	5	.336	.769	.262

カモ 苦手 は通算成績

野手

MVPの3年後にクビになり、新天地へ

センター　移籍

24 コーディ・ベリンジャー
Cody Bellinger

28歳｜1995.7.13生｜193cm｜91kg｜左投左打

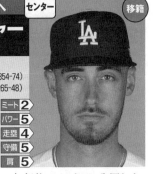

- ◆対左投手打率／.213(150-32)　◆対右投手打率／.209(354-74)
- ◆ホーム打率／.243(239-58)　◆アウェー打率／.181(265-48)
- ◆得点圏打率／.238(122-29)
- ◆22年のポジション別出場数／センター＝144
- ◆ドラフトデータ／2013④ドジャース
- ◆出身地／アリゾナ州
- ◆年俸／1750万ドル（約22億7500万円）　◆MVP1回(19年)、ゴールドグラブ賞1回(19年)、シルバースラッガー賞1回(19年)、新人王(17年)

ミート **2**
パワー **5**
走塁 **4**
守備 **5**
肩 **5**

　ドジャースを出て、年俸1750万ドルの1年契約でカブスに入団した、2019年のナショナル・リーグMVP。23歳の若さでMVPになった打者が、FA権の取得前にカブスに来ることになったのは、2年連続で極端な打撃不振にあえぎ、ドジャースに契約更改を拒否されたからだ。

　この長い打撃低迷の発端になったのは、2020年のリーグ優勝決定シリーズ第7戦で勝ち越しアーチを放った際、エンリケ・ヘルナンデス（現レッドソックス）から受けたアームバッシングによる祝福だった。それまでにもベリンジャーは、ダイビングキャッチを試みた際、数回肩を脱臼して癖になっていた。そのため、アームバッシングによる衝撃で、右肩を脱臼したのだ。このときは、すぐ元に戻して痛み止めを打ちながら出場を続けたが、痛みが引かないため検査を受けたところ、肩の関節唇を損傷していることがわかり、修復手術を受けた。その影響で21年は調整不足のままシーズンに入ったが、開幕4戦目に一塁にベースカバーに入った投手と交錯して、スネの脛骨を骨折。5月下旬までIL入りする羽目になった。この2つのケガはスイングを劣化させることになり、長打の生産力が大幅に落ちた。それでも昨季は、故障の影響がなくなり本来のスイングを取り戻すと思われたが、序盤から変化球にタイミングが合わない状態が続き、打撃成績が低迷。立て直せないままシーズンを終えた。

　昨年11月、ドジャースは当面、良くなる見込みがないと判断し、契約更改を見送る決断をした。複数年契約をオファーする球団があった中で、あえて1年契約でカブス入りしたのは、今季好成績を出してFAになれば、5年契約以上をゲットできるという読みがあるからだ。守備は依然ハイレベル。カブスでもセンターで起用され、外野の守りの要になるだろう。

カモ　Z・ウィーラー（フィリーズ）.385(13-5)5本　J・グレイ（レンジャーズ）.478(23-11)0本
苦手　M・マイコラス（カーディナルス）.000(7-0)0本　ダルビッシュ有（パドレス）.143(14-2)1本

年度	所属チーム	試合数	打数	得点	安打	二塁打	三塁打	本塁打	打点	四球	三振	盗塁	盗塁死	出塁率	OPS	打率
2017	ドジャース	132	480	87	128	26	4	39	97	64	146	10	3	.352	.933	.267
2018	ドジャース	162	557	84	145	28	7	25	76	69	151	14	1	.343	.813	.260
2019	ドジャース	156	558	121	170	34	3	47	115	95	108	15	5	.406	1.035	.305
2020	ドジャース	56	213	33	51	10	0	12	30	30	42	6	1	.333	.788	.239
2021	ドジャース	95	315	39	52	9	2	10	36	31	94	3	1	.240	.542	.165
2022	ドジャース	144	504	70	106	27	3	19	68	38	150	14	3	.265	.654	.210
通算成績		745	2627	434	652	134	19	152	422	327	691	62	14	.332	.819	.248

7 ダンズビー・スワンソン *Dansby Swanson*

奥さんはシカゴのサッカーチームに所属　ショート　移籍

29歳 1994.2.11生 | 185cm | 86kg | 右投右打

◆対左投手打率／.297　◆対右投手打率／.270
◆ホーム打率／.304　◆アウェー打率／.251　◆得点圏打率／.321
◆22年のポジション別出場数／ショート=161
◆Ⓓ2015①ダイヤモンドバックス　◆Ⓗジョージア州
◆Ⓨ1300万ドル（約16億9000万円）　◆ゴールドグラブ賞1回（22年）

ミート 4
パワー 5
走塁 4
守備 5
肩 5

　7年1億7700万ドルの契約で入団した遊撃手。昨季はブレーブスで、162試合にフル出場。5月から6月にかけて途切れることなく長打とタイムリーが出たため、初めてオールスターに選出された。守備でもピンチにスーパープレーを度々見せ、初めてゴールドグラブ賞に輝いた。一昨年12月、女子サッカー米国代表メンバーのマロリー・ピューさんと結婚。彼女は現在、女子プロサッカーのシカゴ・レッドスターに所属している。スワンソンはマロリーさん同伴で臨んだカブス入団の記者会見で、彼女の出場するサッカーの試合を見に行けることも、カブスを選択した理由の1つになったと語っている。

カモ C・バーンズ（ブリュワーズ）.556(9-5)2本　苦手 A・ウェインライト（カーディナルス）.000(11-0)0本

年度	所属チーム	試合数	打数	得点	安打	二塁打	三塁打	本塁打	打点	四球	三振	盗塁	盗塁死	出塁率	OPS	打率
2016	ブレーブス	38	129	20	39	7	1	3	17	13	34	3	0	.361	.803	.302
2017	ブレーブス	144	488	59	113	23	2	6	51	59	120	3	3	.312	.636	.232
2018	ブレーブス	136	478	51	114	25	4	14	59	44	122	10	4	.304	.699	.238
2019	ブレーブス	127	483	77	121	26	3	17	65	51	124	10	5	.325	.747	.251
2020	ブレーブス	60	237	49	65	15	0	10	35	22	71	5	0	.345	.809	.274
2021	ブレーブス	160	588	78	146	33	2	27	88	52	167	9	3	.311	.760	.248
2022	ブレーブス	162	640	99	177	32	1	25	96	49	182	18	7	.329	.776	.277
通算成績		827	3043	433	775	161	13	102	411	290	820	58	22	.321	.738	.255

8 イアン・ハップ *Ian Happ*

オールスター初出場、ゴールドグラブ初受賞　レフト

29歳 1994.8.12生 | 183cm | 92kg | 右投両打

◆対左投手打率／.305　◆対右投手打率／.261
◆ホーム打率／.308　◆アウェー打率／.236　◆得点圏打率／.250
◆22年のポジション別出場数／レフト=146、DH=10、センター=3
◆Ⓓ2015①カブス　◆Ⓗペンシルヴァニア州
◆Ⓨ1085万ドル（約14億1050万円）　◆ゴールドグラブ賞1回（22年）

ミート 4
パワー 4
走塁 3
守備 5
肩 4

　シーズン終了後にFAになるため、今季はコントラクトイヤー（長期契約がかかった年）の踏ん張りを見せると思われるスイッチヒッターの外野手。打者としては、一昨年までは一発志向が顕著だった。だが昨季はライナーを広角に弾き返すことを志向するようになり、本塁打は減少したが、二塁打が倍増。二塁打42はリーグで6番目に多い数字だ。守備では初めてレフトに固定されたが、味方のピンチに度々好守を見せて投手を助けたため、DRS（守備で防いだ失点）がリーグの左翼手で最多の13あった。それに加え、エラーが最少レベルでアシストも8あったため、初めてゴールドグラブ賞を受賞している。

カモ M・ケラー（パイレーツ）.438(16-7)2本　苦手 J・モンゴメリー（カーディナルス）.000(9-0)0本

年度	所属チーム	試合数	打数	得点	安打	二塁打	三塁打	本塁打	打点	四球	三振	盗塁	盗塁死	出塁率	OPS	打率
2017	カブス	115	364	62	92	17	3	24	68	39	129	8	4	.328	.842	.253
2018	カブス	142	387	56	90	19	2	15	44	70	167	8	4	.353	.761	.233
2019	カブス	58	140	25	37	7	1	11	30	15	39	2	0	.333	.897	.264
2020	カブス	57	198	27	51	11	1	12	28	30	63	1	3	.361	.866	.258
2021	カブス	148	465	63	105	20	1	25	66	62	156	9	2	.323	.757	.226
2022	カブス	158	573	72	155	42	2	17	72	58	149	9	4	.342	.782	.271
通算成績		678	2127	305	530	116	10	104	308	274	703	37	17	.339	.799	.249

スワンソンの加入で、今季は正二塁手

セカンド

2 ニコ・ホーナー *Nico Hoerner*

26歳 1997.5.13生 | 185cm | 90kg | 右投右打 対左.294 対右.276 ホ.318 ア.244
得.283 ド2018①カブス 出カリフォルニア州 年253万ドル（約3億2890万円）

ミ	4
バ	3
走	5
守	5
肩	4

昨季は貢献ポイントであるWAR（ファングラフス版）が4.0
で、カブスで最も高かった内野手。一昨年はセカンド兼ショートだったが、昨季は始めからショートのレギュラーに固定され、打撃、守備、走塁のすべてでハイレベルな活躍。打撃面では、2020年と21年は本塁打が0だったのに、昨年は10本記録した。ショートの守備では走者が塁にいる場面で度々好プレーを見せ、DRS（守備で防いだ失点）が10あった。これはナショナル・リーグの遊撃手で2番の数字だったため、ゴールドグラブ賞の最終候補に入っていないとわかった際、カブスファンから怒りの声が上がった。

年度	所属チーム	試合数	打数	得点	安打	二塁打	三塁打	本塁打	打点	四球	三振	盗塁	盗塁死	出塁率	OPS	打率
2022	カブス	135	481	60	135	22	5	10	55	28	57	20	2	.327	.737	.281
通算成績		247	816	105	226	37	6	13	101	60	117	28	7	.333	.718	.277

ピッチャーを育てる賢人捕手

キャッチャー

15 ヤン・ゴームス *Yan Gomes*

36歳 1987.7.19生 | 188cm | 95kg | 右投右打 ◆盗塁阻止率.302(53-16) 対左.241 対右.232 ホ.244
ア.225 得.222 ド2009①ブルージェイズ 出ブラジル 年600万ドル（約7億8000万円）◆シルバースラッガー賞1回(14年)

ミ	2
バ	3
走	2
守	4
肩	5

ディフェンス面で多大な貢献をしている捕手。捕手の守備力を重視するロス監督のお気に入りで、昨季はバックアップ捕手ながら66試合に先発出場し、トップレベルの盗塁阻止率（30.2%）をマーク。ワイルドピッチやパスボールも最小限に抑えた。最も高く評価されたのは、巧みなリードで若い投手たちから度々好投を引き出し、大きな戦力に変えたことだ。スティール、トンプソン、ウェズネスキーの成長は、ゴームスのアシストがあったため実現したと言っても過言ではない。ロス監督は今季、右打者のゴームスと左打者のバーンハートをプラトーンで使う考えのようだ。

年度	所属チーム	試合数	打数	得点	安打	二塁打	三塁打	本塁打	打点	四球	三振	盗塁	盗塁死	出塁率	OPS	打率
2022	カブス	86	277	23	65	12	0	8	31	8	47	2	0	.260	.625	.235
通算成績		968	3283	392	807	170	8	125	447	193	841	7	0	.295	.712	.246

レッズで6シーズン正捕手を務めたベテラン

キャッチャー　移籍

18 タッカー・バーンハート *Tucker Barnhart*

32歳 1991.1.7生 | 180cm | 86kg | 右投両打 ◆盗塁阻止率.239(67-16) 対左.238 対右.216 ホ.213
ア.229 得.207 ド2009⑩レッズ 出インディアナ州 年325万ドル（約4億2250万円）◆ゴールドグラブ賞2回(17、20年)

ミ	2
バ	2
走	2
守	4
肩	4

2年650万ドルで入団した、ゴールドグラブ賞2度受賞の捕手。昨年はタイガースでプレーしたが、それ以前はレッズに在籍。2016年以降は正捕手格で起用されていた。そのためナショナル・リーグ中部地区の事情にくわしく、各チームの作戦傾向や強み弱みを熟知している。長所は、守備能力がオールラウンドに高いこと。リード面では、変化球の効果的な使い方を心得ていて、昨シーズン、タイガースでは、技巧派エドワルド・ロドリゲスのパーソナル捕手を務め、復活に貢献した。打撃面では昨年不振を極めたが、今季は経験のある投手との対戦が多くなるので、好転するだろう。

年度	所属チーム	試合数	打数	得点	安打	二塁打	三塁打	本塁打	打点	四球	三振	盗塁	盗塁死	出塁率	OPS	打率
2022	タイガース	94	281	16	62	10	0	1	16	25	74	0	0	.287	.554	.221
通算成績		838	2546	235	623	125	6	52	277	271	576	6	5	.320	.680	.245

対左=対左投手打率　対右=対右投手打率　ホ=ホーム打率　ア=アウェー打率　得=得点圏打率
ド=ドラフトデータ　出=出身地　年=年俸

2019年には35本塁打をマーク

DH／ファースト　移籍

36 トレイ・マンシーニ　*Trey Mancini*

31歳 1992.3.18生｜190cm｜104kg｜右投右打｜対左.234｜対右.241｜(ホ).259｜(ア).219｜(得).246｜ドラ2013⑧オリオールズ｜出フロリダ州｜年700万ドル（約9億1000万円）｜◆カムバック賞1回(21年)

ミ3 バ4 走2 守3 肩2

オリオールズで活躍していた強打者。2020年はじめに結腸癌（ちょうがん）が発覚し、その年は治療に専念。21年に復帰すると、カムバック賞を受賞する働きを見せた。昨季は好不調の波が激しく、8月にアストロズへ移ったあとは、最初の8打席で3本塁打したものの、その後、スランプとなり、移籍後の打率は1割台。ポストシーズンでも活躍できなかった。オフにカブスと2年契約（1400万ドル）を交わしたが、今季350打席をクリアすると、シーズン終了後にオプトアウト（契約破棄）できる権利を与えられている。DHおよび、ホズマーとのプラトーンで、一塁で起用される見込みだ。

年度	所属チーム	試合数	打数	得点	安打	二塁打	三塁打	本塁打	打点	四球	三振	盗塁	盗塁死	出塁率	OPS	打率
2022	オリオールズ	92	354	39	95	16	1	10	41	35	86	0	0	.347	.751	.268
2022	アストロズ	51	165	17	29	7	0	8	22	18	49	0	0	.258	.622	.176
2022	2チーム計	143	519	56	124	23	1	18	63	53	135	0	0	.319	.710	.239
通算成績		752	2816	376	746	144	11	125	372	244	717	2	1	.330	.787	.265

攻守に衰えが目立つ一塁手

ファースト　移籍

51 エリック・ホズマー　*Eric Hosmer*

34歳 1989.10.24生｜193cm｜102kg｜左投左打｜対左.324｜対右.245｜(ホ).278｜(ア).260｜(得).232｜ドラ2008①ロイヤルズ｜出フロリダ州｜年1300万ドル（約16億9000万円）｜◆ゴールドグラブ賞4回(13〜15、17年)、シルバースラッガー賞1回(17年)

ミ3 バ3 走2 守2 肩2

ここ数年、パドレスで大型契約に見合った働きができず、パドレスはトレードでの放出を模索。昨年8月2日には、ナショナルズへの移籍が決まりかけた。しかし、契約には10球団とのトレード拒否権が含まれており、ナショナルズがそれに該当したため、ホズマーは移籍を拒否。その直後、トレード拒否権のないレッドソックスへトレードされた。結局、移籍後も成績は上向かず、オフに戦力外となったところを、カブスが獲得。契約は3年分（3900万ドル）残っているが、その大半はパドレスが負担するため、カブスは最低保証年俸（今季は72万ドル）を払えばいいだけだ。

年度	所属チーム	試合数	打数	得点	安打	二塁打	三塁打	本塁打	打点	四球	三振	盗塁	盗塁死	出塁率	OPS	打率
2022	パドレス	90	335	32	91	16	0	8	40	33	55	0	0	.336	.727	.272
2022	レッドソックス	14	45	6	11	3	0	0	4	3	9	0	0	.320	.631	.244
2022	2チーム計	104	380	38	102	19	0	8	44	37	64	0	0	.334	.716	.268
通算成績		1658	6255	805	1731	319	20	196	879	556	1210	76	30	.336	.764	.277

球場をわかせるプレーを随所に見せる異能派

サード

5 クリストファー・モレル　*Christopher Morel*

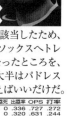

24歳 1999.6.24生｜180cm｜65kg｜右投右打｜対左.190｜対右.251｜(ホ).270｜(ア).197｜(得).183｜ドラ2015外カブス｜出ドミニカ｜年72万ドル（約9360万円）+α

ミ2 バ4 走4 守3 肩5

昨年5月17日のメジャー初打席で、レフト席に弾丸ライナーの一発を叩き込んだ注目株。打者としてのウリは手首が強く、パワーもあるため、バットスピードが速いこと。ハイボールヒッターで、高めの豪速球を苦もなく振り抜いてライナーで弾き返す。守備面では身体能力が抜群に高いため、ファーストを除く内外野の全ポジションに対応可能であること。その一方で送球ミス、走塁ミスが多く、ルーティーンプレーでエラーをよくやる。昨季後半はセンターのレギュラー格で使われたが、ベリンジャーが加入したため、今季はサードのレギュラー格で使われる可能性が高い。

年度	所属チーム	試合数	打数	得点	安打	二塁打	三塁打	本塁打	打点	四球	三振	盗塁	盗塁死	出塁率	OPS	打率
2022	カブス	113	379	55	89	19	4	16	47	38	137	10	7	.308	.741	.235
通算成績		113	379	55	89	19	4	16	47	38	137	10	7	.308	.741	.235

飛距離が出るプルヒッターだが…

16 パトリック・ウィズダム *Patrick Wisdom*

ファースト
レフト

32歳 1991.8.27生 | 188cm | 99kg | 右投右打 | 対左.250 対右.191 困.191 ⑦.221
得.227 ⓓ2012①カーディナルス 出カリフォルニア州 年72万ドル（約9360万円）+α

ミ2
パ5
走3
守1
肩2

　2年連続で25本以上の本塁打を放っている長距離砲。一昨年、29歳でブレイク。106試合の出場ながら28本塁打を記録し、ナショナル・リーグの新人王投票で4位に入った。本塁打の生産ペースは12.8打席に1本という本塁打王になれるペースだったため、昨季は大いに期待された。しかし弱点を研究され、外のスライダーや、ハイファストボールを多投されたため本塁打の生産ペースが大幅に落ちた。それでも昨季の25本塁打は、チーム最多だ。弱点は、三振の多さと守備のまずさ。昨季はサードのレギュラー格で起用されたが、エラーを連発して投手の足を引っ張った。

年度	所属チーム	試合数	打数	得点	安打	二塁打	三塁打	本塁打	打点	四球	三振	盗塁	盗塁死	出塁率	OPS	打率
2022	カブス	134	469	67	97	28	0	25	66	53	183	8	4	.298	.724	.207
通算成績		283	885	133	192	43	0	57	138	92	370	14	6	.301	.760	.217

代理人を通じて鈴木誠也をカブスに勧誘

1 ニック・マドリガル *Nick Madrigal*

セカンド

26歳 1997.3.5生 | 173cm | 79kg | 右投右打 | 対左.256 対右.244 困.250 ⑦.247
得.095 ⓓ2018①ホワイトソックス 出カリフォルニア州 年123万ドル（約1億5990万円）

ミ4
パ2
走3
守3
肩3

　打撃不振と故障の多さで、居場所を失いつつある二塁手。セカンドのレギュラーで迎えた昨季だったが、体のあちこちを痛めて度々IL入り。自慢のバットコントロールも発揮できなかった。今季はスワンソンの加入でホーナーが二塁に回るため、限られた出場機会で実力をアピールする必要がある。代理人は、鈴木誠也と同じジョエル・ウルフ。昨年3月、まだ所属先が決まっていない鈴木に対し、ウルフを通じてイラスト入りの勧誘メッセージを送った。その後、鈴木のカブス入りが決まった際は「僕の貢献が大きかったんじゃないかな」とジョークを交え、入団を喜んだ。

年度	所属チーム	試合数	打数	得点	安打	二塁打	三塁打	本塁打	打点	四球	三振	盗塁	盗塁死	出塁率	OPS	打率
2022	カブス	59	209	19	52	7	0	0	7	14	27	3	1	.305	.587	.249
通算成績		142	512	57	148	20	4	2	39	29	51	6	4	.336	.691	.289

94 ブレナン・デイヴィス *Brennen Davis*

外野手 期待度B⁻ ルーキー

24歳 1999.11.2生 | 193cm | 95kg | 右投右打 ◆昨季はルーキー級、1A+、3Aでプレー ⓓ2018②カブス 出アリゾナ州

　父はNBAのスター選手だったレジー・セウス、母ジャッキーさんは走り幅跳びの有名選手。この2人のDNAを受け継いでいるため、身体能力が抜群に高い。スイングをかなりコンパクトにしたことで、豪速球に差し込まれることもなくなったが、追い込まれると外側のスライダーにバットが出てしまう。

— アレクサンダー・キャナリオ *Alexander Canario*

外野手 期待度B ルーキー

23歳 2000.5.7生 | 185cm | 74kg | 右投右打 ◆昨季は1A+、2A、3Aでプレー ⓓ2016外ジャイアンツ 出ドミニカ

　打撃面のウリは、細身の体に似合わない並外れたパワーとバットスピードの速さだ。打球にバックスピンをかけて、遠くに飛ばす技術もある。昨季はマイナーの1A+級、2A級、3A級で併せて125試合に出場し、37本塁打を記録。守備範囲の広さは平均レベルだが、強肩。ライトで使うと生きるタイプ。

対左=対左投手打率 対右=対右投手打率 困=ホーム打率 ⑦=アウェー打率 得=得点圏打率
ⓓ=ドラフトデータ 出=出身地 年=年俸

シンシナティ・レッズ

◆創　立：1881年
◆本拠地：オハイオ州シンシナティ市
◆ワールドシリーズ制覇：5回／◆リーグ優勝：9回
◆地区優勝：10回／◆ワイルドカード獲得：2回

主要オーナー　ロバート・カステリーニ（野菜果物卸売り企業カステリーニ社社長）

過去5年成績

年度	勝	負	勝率	ゲーム差	地区順位	ポストシーズン成績
2018	67	95	.414	28.5	⑤	―
2019	75	87	.463	16.0	④	―
2020	31	29	.517	3.0	③	ワイルドカードシリーズ敗退
2021	83	79	.512	12.0	③	―
2022	**62**	**100**	**.383**	**31.0**	**④（同率）**	**―**

監督　25 デイヴィッド・ベル David Bell

◆年　　齢…………51歳（オハイオ州出身）
◆現役時代の経歴…12シーズン　インディアンズ（1995）、カーディナルス
（サード、セカンド）　（1995～98）、インディアンズ（1998）、マリナーズ
　　　　　　　　　　（1998～2001）、ジャイアンツ（2002）、フィリーズ
　　　　　　　　　　（2003～06）、ブリュワーズ（2006）
◆現役通算成績……1403試合　.257　123本　589打点
◆監督経歴…………4シーズン　レッズ（2019～）
◆通算成績…………251勝295敗（勝率.460）

　レッズの第63代監督。就任4年目の昨シーズンは、戦力不足が露呈し、大きく負け越した。契約は今季まで。監督就任時から一緒だった5人のコーチが、昨季終了後に解雇されている。3代にわたる有名なベースボール・ファミリーの出身。祖父ガス、父バディ、弟マイクも元メジャーリーガーで、レッズでプレーしているが、デイヴィッド自身は、現役時代にレッズでプレーしたことはない。父バディは現在、レッズのフロントで、アドバイザー的ポジションにいる。

注目コーチ　54 コリン・カウギル Collin Cowgill

　新一塁ベースコーチ。37歳。現役時代は外野手で、2020年に引退。21年、22年は、マリナーズ傘下のトラベラーズ（2A）で監督を務め、その指導力が高く評価された。

編成責任者　ニック・クラール Nick Krall

　46歳。大学卒業後、アスレティックスの組織に2年ほど属したあとは、一貫してレッズで働き、組織の階段を上ってきた叩き上げ。結果をなかなか残せずにいる。

スタジアム　グレートアメリカン・ボールパーク Great American Ball Park

◆開 場 年…………2003年
◆仕　　様…………天然芝
◆収容能力…………43,500人
◆フェンスの高さ…2.4～3.7m
◆特　　徴…………球場サイズが他球場に比べて小さく、ホームランがきわめて出やすい球場となっている。ファウルテリトリーが狭いのも、投手にはつらい設計だ。外野スタンドにある、蒸気船の煙突をイメージした2本のモニュメントがシンボル。

ヒッターズパーク

116　123　113
100　　　　99

Best Order

① TJ・フリードル……レフト
② ジョナサン・インディア……セカンド
③ ジョーイ・ヴォト……ファースト
④ タイラー・スティーヴンソン……キャッチャー
⑤ ウィル・マイヤーズ……ライト
⑥ ジェイク・フレイリー……DH
⑦ スペンサー・スティーア……サード
⑧ ケヴィン・ニューマン……ショート
⑨ ニック・センゼル……センター

Depth Chart

※2023年2月13日時点の候補選手。数字は背番号(開幕前に変更する場合もあり)、右・左等は投・打の順。

センター
15 ニック・センゼル [右・右]
29 TJ・フリードル [左・左]
38 マイケル・シアニ [左・左]
57 スタウト・フェアチャイルド [右・右]

レフト
29 TJ・フリードル [左・左]
27 ジェイク・フレイリー [左・左]
16 ニック・ソラック [右・右]
57 スタウト・フェアチャイルド [右・右]

ライト
4 ウィル・マイヤーズ [右・右]
27 ジェイク・フレイリー [左・左]
30 ウィル・ベンソン [左・左]
57 スタウト・フェアチャイルド [右・右]

ショート
28 ケヴィン・ニューマン [右・右]
2 ホセ・バレーロ [右・右]

セカンド
6 ジョナサン・インディア [右・右]
7 スペンサー・スティーア [右・右]

ローテーション
21 ハンター・グリーン [右・右]
40 ニック・ロドロ [左・左]
51 グラム・アシュクラフト [右・右]
34 ルーク・ウィーヴァー [右・右]
85 ルイス・セッサ [右・右]
71 コナー・オヴァートン [右・右]

サード
7 スペンサー・スティーア [右・右]

ファースト
19 ジョーイ・ヴォト [右・左]
4 ウィル・マイヤーズ [右・右]
7 スペンサー・スティーア [右・右]

キャッチャー
37 タイラー・スティーヴンソン [右・右]
12 カート・カサーリ [右・右]
22 ルーク・メイリー [右・右]

DH
27 ジェイク・フレイリー [左・左]
16 ニック・ソラック [右・右]
19 ジョーイ・ヴォト [右・左]

ブルペン
43 アレクシス・ディアス [右・右] CL
46 バック・ファーマー [右・右]
63 フェルナンド・クルーズ [右・右]
39 ルーカス・シムズ [右・右]
52 レイヴァー・サンマルティーン [左・左]
71 コナー・オヴァートン [右・右]
53 ヴラディミール・グティエレス [右・右]
66 ジョエル・キューネル [右・右]
79 イアン・ギボート [右・右]
63 フェルナンド・クルーズ [右・右]
64 トニー・サンティアン [右・右]

※CL=クローザー

レッズ試合日程……＊はアウェーでの開催

3月30・4月1・2	パイレーツ	5月1・2・3	パドレス＊	2・3・4・5	ブリュワーズ
3・4・5	カブス	5・6・7	ホワイトソックス	6・7・8	ドジャース
6・8・9	フィリーズ＊	9・10・11	メッツ	9・10・11	カーディナルス＊
10・11・12	ブレーブス＊	12・13・14	マーリンズ＊	12・13・14	ロイヤルズ＊
13・14・15・16	フィリーズ	15・16・17	ロッキーズ	16・17・18	アストロズ＊
17・18・19	レイズ	19・20・21	ヤンキース	19・20・21	ロッキーズ
20・21・22・23	パイレーツ＊	22・23・24・25	カーディナルス	23・24・25	ブレーブス
24・25・26	レンジャーズ	26・27・28	カブス＊	26・27・28	オリオールズ＊
28・29・30	アスレティックス＊	30・31・6月1	レッドソックス＊	30・7月1・2	パドレス

球団メモ 昨季は、スタートからつまづいた。4月5から15日まで11連敗、4月17日から25日まで9連敗。開幕からの25試合で、3勝22敗(勝率.120)という惨状だった。

レッズ

■投手力 ⬇ …★★★★★ 【昨年度チーム防御率4.86、リーグ13位】

昨季途中にルイス・カスティーヨをマリナーズに売り払い、今季は若手中心の先発ローテーションになる。グリーン、ロドロ、アシュクラフトが三本柱になりそうだが、いずれも実績に乏しく、安定感に欠ける。4番手以下は先発転向のセッサやオヴァートンが食い込みそうだ。リリーフでは守護神のディアスが孤軍奮闘したが、セットアッパーは不足しており、充実した勝ちパターンは組めない。先発もリリーフも若手の台頭待ちになるだろう。

■攻撃力 ⬇ …★★★★★ 【昨年度チーム得点648、リーグ12位】

チーム最多の145試合に出場したファーマーが去り、コンスタントに活躍できそうな選手もいない。昨季は故障に苦しんだスティーヴンソンに中軸を託すつもりだが、キャッチャーとして起用するならば、再三再四の離脱も考えられる。ファーマーに代わる正遊撃手としてニューマンをパイレーツから獲得したが、打力は高くない。打率3割を狙える選手も、シーズン20本塁打を狙える選手もほとんどおらず、全体的に低調な打線になりそうだ。

■守備力 ➡ …★★★★★ 【昨年度チーム失策数81、リーグ7位】

ニューマンの加入で内野守備はそこそこ締まりそうだが、全体的には名手らしい名手もおらず、平均レベルに収まる見込み。

■機動力 ➡ …★★★★★ 【昨年度チーム盗塁数58、リーグ13位】

昨季は例年に比べれば走ったほうだが、編成の時点でホームラン志向から抜け出せず、機動力は度外視。単調な攻めを繰り返す可能性が高い。

総合評価 ⬇
★★★★★

秋山翔吾を獲得した頃は補強にも勢いがあったが、昨年4月の3勝17敗という大コケで地元ファンの興も削がれた。選手の年俸削減を進めており、グリーンやスティーヴンソンなどの成長を保護者のような目で見守るぐらいしか楽しみはないだろう。

IN 主な入団選手	OUT 主な退団選手
投手	**投手**
ルーク・ウィーヴァー ←ロイヤルズ	マイク・マイナー ➡所属先未定
野手	ジェフ・ホフマン ➡所属先未定
ウィル・マイヤーズ ←パドレス	ハンター・ストリックランド ➡所属先未定
ケヴィン・ニューマン ←パイレーツ	**野手**
ニック・ソラック ←レンジャーズ	カイル・ファーマー ➡ツインズ
カート・カサーリ ←マリナーズ	マイク・ムスタカス ➡所属先未定
ルーク・メイリー ←ガーディアンズ	ドノヴァン・ソラーノ ➡所属先未定

3・4・5・6	ナショナルズ*	4・5・6	ナショナルズ	4・5・6	マリナーズ
7・8・9	ブリュワーズ	7・8・9	マーリンズ	8・9・10	カーディナルス
11	オールスターゲーム	11・12・13	パイレーツ*	12・13・14	タイガース*
14・15・16	ブリュワーズ	15・16	ガーディアンズ	15・16・17	メッツ*
17・18・19・20	ジャイアンツ	18・19・20	ブルージェイズ	18・19・20	ツインズ
21・22・23	ダイヤモンドバックス	21・22・23	エンゼルス*	22・23・24	パイレーツ
24・25・26	ブリュワーズ*	24・25・26・27	ダイヤモンドバックス	26・27	ガーディアンズ
28・29・30	ドジャース*	28・29・30	ジャイアンツ	29・30・**10月**1	カーディナルス*
31・**8月**1・2・3	カブス*	**9月**1・2・3	カブス		

球団メモ 2020年に秋山翔吾が入団。だが、昨季は開幕ロースターから外れ、その後、退団。日本球界に復帰した。レッズでの打撃成績は、142試合で打率.224、0本塁打。

アメリカ野球界の希望の星がついにデビュー　先発

21 ハンター・グリーン Hunter Greene

24歳　1999.8.6生｜196cm｜104kg｜右投右打

◆速球のスピード／160キロ前後（フォーシーム主体）
◆決め球と持ち球／◎スライダー、○フォーシーム、△チェンジアップ
◆対左.205　◆対右.239　◆ホ防4.70　◆ア防4.21
◆ド2017①レッズ　◆出カリフォルニア州
◆年72万ドル（約9360万円）+α

球威5
制球3
緩急4
守備・牽制2
度胸3

　高校生にして最速102マイル（164キロ）を叩き出し、大いに注目されてきた右腕。高校時代には、権威あるスポーツ誌『スポーツ・イラストレイテッド』の表紙にも抜擢された。高校球児としては、ブライス・ハーパー以来の快挙だった。2019年にトミー・ジョン手術を受け、デビューが遅れていたが、昨季ついにメジャーの舞台へ。4月16日のドジャース戦では、メジャー新記録となる1試合で39球の100マイル超を達成。フォーシームの球質にはまだ改善の余地を残すものの、先発型スピードキングの才覚をまざまざと見せつけた。父ラッセルさんは有名な私立探偵、母センタさんは教育コンサルタントという裕福な家庭に育ち、高校時代はバイオリンや絵画、ヨガなど上流階級の習い事もしていた。近年、アフリカ系アメリカ人の野球離れが進んでおり、球界のレジェンドたちも、グリーンのさらなる大活躍を望んでいる。

カモ P・ゴールドシュミット（カーディナルス）.111(9-1)0本　　苦手 T・エドマン（カーディナルス）.500(10-5)0本

年度	所属チーム	勝利	敗戦	防御率	試合数	先発	セーブ	投球イニング	被安打	失点	自責点	被本塁打	与四球	奪三振	WHIP
2022	レッズ	5	13	4.44	24	24	0	125.2	104	64	62	24	48	164	1.21
通算成績		5	13	4.44	24	24	0	125.2	104	64	62	24	48	164	1.21

自慢のカーブで三振を量産したドラ1左腕　先発

40 ニック・ロドロ Nick Lodolo

25歳　1998.2.5生｜198cm｜92kg｜左投左打

◆速球のスピード／150キロ台前半（フォーシーム、シンカー）
◆決め球と持ち球／○フォーシーム、◎カーブ、△シンカー、△チェンジアップ
◆対左.109　◆対右.252　◆ホ防2.85　◆ア防5.11
◆ド2019①レッズ　◆出カリフォルニア州
◆年72万ドル（約9360万円）+α

球威4
制球3
緩急3
守備・牽制3
度胸3

　2019年のドラフト1巡目（全体7位）。同年のMLBドラフト上位は野手中心だったが、投手では一番最初に指名されたパワフルなスリークォーター左腕。昨季、メジャーデビューを果たすと、横滑りするカーブで三振を量産。前半戦は背中の痛みで離脱した時期もあったが、後半戦には先発ローテーションに定着し、4勝をあげた。順調に育てば、左のエース格になってくれそうな逸材。昨年8月11日のカブス戦は、映画『フィールド・オブ・ドリームス』を模した、トウモロコシ畑に囲まれた仮設球場でのスペシャルマッチ。ロドロは栄えある先発を託されたが、「実はその映画を見たことがないんだ」と正直にコメント（映画の公開は1989年）。ロドロも「楽しみ」感は出していたものの、盛り上がるおじさんたちと若者の温度差が実にシュールだった。

カモ V・カラティーニ（レッズ）.000(7-0)0本　　苦手 P・ゴールドシュミット（カーディナルス）.600(5-3)1本

年度	所属チーム	勝利	敗戦	防御率	試合数	先発	セーブ	投球イニング	被安打	失点	自責点	被本塁打	与四球	奪三振	WHIP
2022	レッズ	4	7	3.66	19	19	0	103.1	90	44	42	13	39	131	1.25
通算成績		4	7	3.66	19	19	0	103.1	90	44	42	13	39	131	1.25

　対左=対左打者被打率　対右=対右打者被打率　ホ防=ホーム防御率　ア防=アウェー防御率
ド=ドラフトデータ　出=出身地　年=年俸　カモ 苦手 は通算成績

兄はメジャーを代表するクローザー

クローザー／セットアップ

43 アレクシス・ディアス *Alexis Diaz*
★WBCプエルトリコ代表

27歳 1996.9.28生 | 188cm | 101kg | 右投右打 國160キロ台中頃(フォーシーム主体) 医○スライダー
[対左].158 [対右].107 [ド]2015⑫レッズ 囲プエルトリコ 囲72万ドル(約9360万円)+α

球5 制4 緩4 守2 度4

　昨季2Aから飛び級でメジャーに昇格し、リリーバーとしてブレイクした右腕。2歳上の兄は、昨季、最優秀救援投手賞(トレヴァー・ホフマン賞)に輝いたメッツのエドウィン・ディアス。顔も体型も投球フォームも投球スタイルも瓜二つ。160キロ右腕の兄に比べて、球速はやや劣るが、フォーシームとスライダーのコンビネーションで打者を圧倒し、兄と同様の実力を見せ付けた。昨年のレッズ対メッツのシリーズでは、プエルトリコから親族50人が応援に訪れたが、左半分がメッツ、右半分がレッズの「Meds」のユニフォーム(特注で製作)を着て、2人に声援を送った。

年度	所属チーム	勝利	敗戦	防御率	試合数	先発	セーブ	投球イニング	被安打	失点	自責点	被本塁打	与四球	奪三振	WHIP
2022	レッズ	7	3	1.84	59	0	10	63.2	28	18	13	5	33	83	0.96
通算成績		7	3	1.84	59	0	10	63.2	28	18	13	5	33	83	0.96

審判に結婚指輪を外せと指示されて困惑

先発

51 グラム・アシュクラフト *Graham Ashcraft*

25歳 1998.2.11生 | 188cm | 108kg | 右投左打 國150キロ台後半(フォーシーム、シンカー) 医○フォーシーム
[対左].232 [対右].323 [ド]2019⑥レッズ 囲アラバマ州 囲72万ドル(約9360万円)+α

球4 制2 緩2 守2 度3

　グリーン、ロドロとともに「若手三羽ガラス」のような扱いを受けてきた右腕。フォーシーム、シンカーともに最速は100マイル(161キロ)を超え、回転数も悪くないものの、出どころが見えやすいのか空振りをあまり奪えず、ビッグリーグの洗礼を受けた。昨年6月18日のブリュワーズ戦では、1回終了後の粘着物質チェックの際、審判から「結婚指輪を外すように」と指導を受けた。これまで結婚指輪については黙認されていたが、前日からルールが厳格化されており、指導第1号になってしまった。ベル監督が審判団から受け取ったメモをよく読まず、伝え忘れていたのが真相。

年度	所属チーム	勝利	敗戦	防御率	試合数	先発	セーブ	投球イニング	被安打	失点	自責点	被本塁打	与四球	奪三振	WHIP
2022	レッズ	5	6	4.89	19	19	0	105.0	119	61	57	11	30	71	1.42
通算成績		5	6	4.89	19	19	0	105.0	119	61	57	11	30	71	1.42

新天地で、ふたたび先発ローテーション入り

先発 移籍

34 ルーク・ウィーヴァー *Luke Weaver*

30歳 1993.8.21生 | 188cm | 82kg | 右投右打 國150キロ台前半(フォーシーム) 医○チェンジアップ
[対左].357 [対右].318 [ド]2014①カーディナルス 囲フロリダ州 囲200万ドル(約2億6000万円)

球3 制3 緩3 守3 度3

　このオフに、1年200万ドルの契約でレッズ入りした右腕。2014年のドラフトで、カーディナルスから1巡目に指名されてプロ入り。16年にメジャーデビューを果たし、その後、カーディナルス、ダイヤモンドバックスで先発ローテーションに入って投げもしたが、故障が多いため、ブレイクすることなく、ここまできたのが現状。リリーフに回った昨季も、2球団で防御率6点台半ばと結果を残せなかった。今季、レッズではふたたび、先発で起用される見込みだ。ピッチングの基本は、フォーシームの速球とチェンジアップのコンビネーション。これに時折、スライダーを交える。

年度	所属チーム	勝利	敗戦	防御率	試合数	先発	セーブ	投球イニング	被安打	失点	自責点	被本塁打	与四球	奪三振	WHIP
2022	ダイヤモンドバックス	1	1	7.71	12	1	0	16.1	24	14	14	1	5	19	1.78
2022	ロイヤルズ	0	0	5.59	14	0	0	19.1	28	15	12	0	8	19	1.86
2022	2チーム計	1	1	6.56	26	1	0	35.2	52	29	26	1	13	38	1.82
通算成績		24	36	4.79	115	81	0	450.2	483	263	240	61	148	462	1.40

國=速球のスピード　医=決め球

レッズ

32歳にしてメジャーにたどり着いた苦労人

63 フェルナンド・クルーズ *Fernando Cruz*
★WBCプエルトリコ代表

ミドルリリーフ　ルーキー

33歳 1990.3.28生 | 188cm | 92kg | 右投右打 | 球150キロ台半ば(フォーシーム主体) | 決○スプリッター
対左.154 | 対右.179 | Ⓓ2007⑥ロイヤルズ | 出プエルトリコ | 年72万ドル(約9360万円)+α

球 **4**
制 **2**
緩 **3**
変 **4**
度 **4**

　2007年に遊撃手としてプロ入りしたが、芽が出ずに11年に投手転向。独立リーグやメキシカンリーグを経て、昨季、32歳にしてようやくメジャー行きの夢切符をつかんだオールドルーキー。スライダーを見せ球にスプリッターで三振を奪う投球術で、少ない試合数ながら、百戦錬磨の実力を披露した。4人の子持ちながらここまで野球を続けられたのは、妻オマリーさんのおかげ。オマリーさんの父は、1988～92年にレッズでもプレーしたルイス・キノネス。野球一家で育った妻の理解が夫を押し上げた。「年齢？ 今も体は24歳！」とクルーズは語り、気力がみなぎっている。

年度	所属チーム	勝利	敗戦	防御率	試合数	先発	セーブ	投球イニング	被安打	失点	自責点	被本塁打	与四球	奪三振	WHIP
2022	レッズ	0	1	1.23	14	2	0	14.2	9	3	2	1	9	21	1.23
通算成績		0	1	1.23	14	2	0	14.2	9	3	2	1	9	21	1.23

技巧派のわりには荒れ球すぎる?

52 レイヴァー・サンマルティーン *Reiver Sanmartin*
★WBCコロンビア代表

ロングリリーフ

27歳 1996.4.15生 | 188cm | 72kg | 左投左打 | 球140キロ台中頃(フォーシーム、シンカー) | 決○スライダー
対左.247 | 対右.324 | Ⓓ2015㊤レンジャーズ | 出コロンビア | 年72万ドル(約9360万円)+α

球 **2**
制 **3**
緩 **3**
変 **3**
度 **3**

　一昨季の最終盤に先発で2戦2勝し、期待されていた左腕。昨季は開幕からスターターとして起用されたが、大炎上を繰り返し、3Aに逆戻り。技巧派のわりにはストライクとボールがハッキリとしており、甘い球を確実にしとめられた。6月にリリーフとして再昇格後は少し立ち直り、救援では41試合で防御率2.96と悪くない成績を残している。球種はフォーシーム、シンカー、チェンジアップ、スライダーで、フォーシームの質はイマイチ。現状は爆発力に乏しい印象だ。コロンビア出身、カリビアンシリーズ(ラテンアメリカの国際大会)で、代表選出されたこともある。

年度	所属チーム	勝利	敗戦	防御率	試合数	先発	セーブ	投球イニング	被安打	失点	自責点	被本塁打	与四球	奪三振	WHIP
2022	レッズ	4	4	6.32	45	4	0	57.0	66	43	40	8	29	47	1.67
通算成績		6	4	5.50	47	6	0	68.2	78	45	42	8	31	58	1.59

やっぱり必要なブルペンのイニングイーター

46 バック・ファーマー *Buck Farmer*

セットアップ

32歳 1991.2.20生 | 193cm | 104kg | 右投左打 | 球150キロ前半(フォーシーム主体) | 決○スライダー
対左.226 | 対右.202 | Ⓓ2013⑤タイガース | 出ジョージア州 | 年175万ドル(約2億2750万円)

球 **3**
制 **3**
緩 **3**
変 **4**
度 **4**

　昨季加入したリリーフ右腕。フォーシーム、スライダー、チェンジアップの3球種を駆使するが、とりわけすごい武器があるわけではない。ただ、シーズンを通じて投げ抜くスタミナがあり、毎日のように投げることができる。昨季は開幕から10試合で防御率6.75と出遅れ、3Aで投げることになったが、そこで実力を示し、7月9日に再昇格。メジャーで44試合、3Aで20試合の計64試合を投げた。近年のトレードマークになっているヒゲは、父ウォーレンさんとおそろい。父の声はよく通るそうで、数万人の観客がいても「低めに集めろ！」と叱咤激励が聞こえてくるのだとか。

年度	所属チーム	勝利	敗戦	防御率	試合数	先発	セーブ	投球イニング	被安打	失点	自責点	被本塁打	与四球	奪三振	WHIP
2022	レッズ	2	2	3.83	44	0	0	47.0	36	21	20	2	15	54	1.30
通算成績		17	23	5.14	285	21	2	367.2	370	221	210	53	178	346	1.49

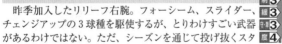

球=速球のスピード　決=決め球　対左=対左打者被打率　対右=対右打者被打率
Ⓓ=ドラフトデータ　出=出身地　年=年俸

71 コナー・オヴァートン Connor Overton
ツイッターで就活をした現代的戦略

先発
ロングリリーフ

30歳 1993.7.24生 | 183cm | 86kg | 右投左打 | 團140キロ台後半(フォーシーム主体) | 國◎スライダー
対左.167 対右.207 图2014⑮マーリンズ 囲ヴァージニア州 囲72万ドル(約9360万円)+α

球 2
制 3
緩 3
守 3
度 3

　一昨年、ブルージェイズでメジャー昇格を果たしたが定着には至らず、昨季、マイナー契約でレッズにやって来た右腕。フォーシームの平均球速は140キロ台後半だが、スライダー、チェンジアップ、カーブ、シンカーなどを巧みに操る。昨年は4月末にメジャーに昇格すると、4先発すべてを自責点2以内に抑え、ようやく活躍の場をつかんだように見えた。だが、5月後半に腰を痛めて長期離脱。結局、計6試合でシーズンを終えた。若手時代は故障に苦しみ、マイナーと独立リーグを行き来していたが、自身の投球動画をツイッターにアップし、就活アピールに努めていた。

年度	所属チーム	勝利	敗戦	防御率	試合数	先発	セーブ	投球イニング	被安打	失点	自責点	被本塁打	与四球	奪三振	WHIP
2022	レッズ	1	0	2.73	6	4	0	33.0	21	10	10	1	11	14	0.97
通算成績		1	1	3.35	15	7	0	48.1	35	18	18	3	16	29	1.06

85 ルイス・セッサ Luis Cessa ★WBCメキシコ代表
久々の先発挑戦で一定の評価を受ける

先発
ロングリリーフ

31歳 1992.4.25生 | 183cm | 94kg | 右投右打 | 團150キロ前後(フォーシーム、シンカー) | 國◎スライダー
対左.247 対右.253 图2008外メッツ 囲メキシコ 囲265万ドル(約3億4450万円)

球 3
制 4
緩 4
守 4
度 4

　一昨年、ヤンキースからトレードでやって来た右腕。若い頃は100マイル(161キロ)にせまるフォーシームがウリだったが、思いのほかに打ち込まれ、スライダー投手に変身を遂げた。昨季はリリーフで結果を残せなかったが、8月下旬にチーム事情から先発に転向。9試合中8試合で、5回以上を投げて自責点3以下と安定したピッチングを見せ、改めて先発適性を示した。2016年からジャーナリストでレポーターのアレオーラさんと交際していたが、21年11月についに結婚。アレオーラさんはスポーツレポーターとして、19年に「エミー賞」を受賞しているやり手の美人だ。

年度	所属チーム	勝利	敗戦	防御率	試合数	先発	セーブ	投球イニング	被安打	失点	自責点	被本塁打	与四球	奪三振	WHIP
2022	レッズ	4	4	4.57	46	10	0	80.2	76	44	41	14	28	59	1.29
通算成績		16	18	4.13	201	29	4	399.0	377	204	183	63	129	320	1.27

55 ブランドン・ウィリアムソン Brandon Williamson
先発　期待度 B

ルーキー

25歳 1998.4.2生 | 198cm | 95kg | 左投右打 | ◆昨季は2A、3Aでプレー | 图2019②マリナーズ 囲ミネソタ州

　昨年3月に、マリナーズ傘下からトレードで移籍してきた有望株。198センチの長身から投げ下ろすフォーシームには角度があり、最速は150キロ台中盤。制球に課題を残すものの、ドロップカーブで効果的に空振りを奪い、長打を打たれにくいのも特長。先発の駒が不足すれば、コールアップも。

58 リーヴァイ・スタウト Levi Stoudt
先発　期待度 C+

ルーキー

26歳 1997.12.4生 | 185cm | 88kg | 右投右打 | ◆昨季は2A、3Aでプレー | 图2019③マリナーズ 囲ペンシルヴァニア州

　昨年7月のトレードで、ルイス・カスティーヨを放出した見返りにマリナーズからやって来た4選手のうちの1人。160キロにせまるフォーシームと、ブレーキがしっかり効いたチェンジアップのコンビネーションが光る右腕だ。課題は制球力。プロ入り直後に、トミー・ジョン手術を経験している。

正捕手として育成予定も相次ぐケガで再検討？ キャッチャー

37 タイラー・スティーヴンソン Tyler Stephenson

27歳 1996.8.16生｜193cm｜101kg｜右投右打 ◆盗塁阻止率／.250(36-9)

- ◆対左投手打率／.346　◆対右投手打率／.307
- ◆ホーム打率／.395　◆アウェー打率／.247　◆得点圏打率／.412
- ◆22年のポジション別出場数／キャッチャー=45、DH=3、ファースト=1
- ◆Ⓓ2015①レッズ　◆Ⓑジョージア州
- ◆Ⓔ72万ドル（約9360万円）+α

ミート	5
パワー	4
走塁	2
守備	2
肩	3

　昨季開幕前、ベル監督が正捕手としての起用を明言していた打てる捕手。守備面の成長が待ち望まれていたが、4月にクロスプレーでの脳震盪で7日間の離脱、6月にファウルチップを右手親指に受けて骨折し離脱、7月にはファウルチップで右肩鎖骨が折れて手術。不運なケガの連続でシーズンを終えた。それでも50試合で打率3割1分9厘をマークした打力は本物。ファーストとレフトも守れるが、捕手としての成長に賭けてもいいだろう。高校時代、ライバル校との一戦でホームランを放った際に見せた豪快なバット投げの動画がSNSで大バズり。昨年5月には、初めて自分のユニフォームを着た子供を球場で見かけて大喜び。ユニフォームにサインし、バットもプレゼント。

カモ R・ヘルズリー（カーディナルス）1.000(4-4)1本　苦手 D・ウィリアムズ（ブリュワーズ）.000(4-0)0本

年度	所属チーム	試合数	打数	得点	安打	二塁打	三塁打	本塁打	打点	四球	三振	盗塁	盗塁死	出塁率	OPS	打率
2020	レッズ	8	17	4	5	0	0	2	6	2	9	0	0	.400	1.047	.294
2021	レッズ	132	350	56	100	21	0	10	45	41	75	0	0	.366	.797	.286
2022	レッズ	50	166	24	53	9	0	6	35	12	47	1	0	.372	.854	.319
通算成績		190	533	84	158	30	0	18	86	55	131	1	0	.369	.823	.296

クロールGMは主砲としての活躍に期待 ライトDH 移籍

4 ウィル・マイヤーズ Wil Myers

33歳 1990.12.10生｜190cm｜93kg｜右投右打

- ◆対左投手打率／.264　◆対右投手打率／.259
- ◆ホーム打率／.208　◆アウェー打率／.309　◆得点圏打率／.314
- ◆22年のポジション別出場数／ライト=36、ファースト=25、レフト=10、センター=6、ピッチャー=4、サード=2
- ◆Ⓓ2009③ロイヤルズ　◆Ⓑノースカロライナ州
- ◆Ⓔ600万ドル（約7億8000万円）　◆新人王（13年）

ミート	3
パワー	4
走塁	4
守備	3
肩	4

　1年600万ドルで加入した、2013年のアメリカン・リーグ新人王。15年からはパドレスに所属し、17年には6年8300万ドル（当時の球団史上最高額）の大型契約を結んだ。しかし、その年は30本塁打を放ったものの、その後は故障連発で、シーズン20本塁打を超えることはなかった。18年には、チームメイトと人気ゲーム『フォートナイト』をプレーしている際、ライブストリーミングされているのに気づかず、監督を批判。後日、謝罪する羽目に。

カモ L・カスティーヨ（マリナーズ）.389(18-7)1本　苦手 C・バーンズ（ブリュワーズ）.000(9-0)0本

年度	所属チーム	試合数	打数	得点	安打	二塁打	三塁打	本塁打	打点	四球	三振	盗塁	盗塁死	出塁率	OPS	打率
2013	レイズ	88	335	50	98	23	0	13	53	33	91	5	2	.354	.832	.293
2014	レイズ	87	325	37	72	14	0	6	35	34	90	5	1	.294	.614	.222
2015	パドレス	60	225	40	57	13	1	8	29	27	55	5	2	.336	.763	.253
2016	パドレス	157	599	99	155	29	4	28	94	68	160	28	6	.336	.797	.259
2017	パドレス	155	567	80	138	29	3	30	74	70	180	20	6	.328	.792	.243
2018	パドレス	83	312	39	79	25	1	11	39	30	94	13	1	.318	.764	.253
2019	パドレス	155	435	58	104	22	1	18	53	51	168	16	7	.321	.739	.239
2020	パドレス	55	198	34	57	14	2	15	40	18	56	2	1	.353	.959	.288
2021	パドレス	146	442	56	113	24	2	17	63	54	141	8	5	.334	.768	.256
2022	パドレス	77	261	29	68	15	0	7	41	21	86	2	1	.315	.713	.261
通算成績		1063	3699	522	941	208	14	153	521	406	1121	105	32	.329	.771	.254

トウモロコシ畑からドクターヘリで搬送 [セカンド]

6 ジョナサン・インディア Jonathan India

27歳 1996.12.15生｜183cm｜90kg｜右投右打

◆対左投手打率／.260　◆対右投手打率／.245
◆ホーム打率／.246　◆アウェー打率／.251　◆得点圏打率／.284
◆22年のポジション別出場数／セカンド＝86、DH＝14
◆D2018①レッズ　◆囲フロリダ州
◆囲72万ドル（約9360万円）＋α　◆新人王（21年）

ミート **3**
パワー **4**
走塁 **3**
守備 **2**
肩 **4**

　一昨年、ルーキーながら21本塁打を放ち、ナショナル・リーグの新人王に輝いた二塁手。昨季はさらなる飛躍を期待されていたが、4月に右ハムストリングを負傷して約1カ月半離脱し、勢いを欠いた。夏場にはヒット量産体勢に入ったが、8月11日の「フィールド・オブ・ドリームス・ゲーム」で左すねに死球を受ける不運。足がはれあがり、試合後にトウモロコシ畑の中の球場から、ドクターヘリで搬送された。「最高の光景だった。写真を撮りたかったが、ダメだと言われた」と本人談。結局大事には至らず、5日後に復帰したが、痛みは残っていたようで尻すぼみ。セカンドの守備も精彩を欠いた。

カモ A・ノーラ（フィリーズ）.800(5-4)1本　苦手 B・ウッドラフ（ブリュワーズ）.071(14-1)0本

年度	所属チーム	試合数	打数	得点	安打	二塁打	三塁打	本塁打	打点	四球	三振	盗塁	盗塁死	出塁率	OPS	打率
2021	レッズ	150	532	98	143	34	2	21	69	71	141	12	3	.376	.835	.269
2022	レッズ	103	386	48	96	16	2	10	41	31	94	3	4	.327	.705	.249
通算成績		253	918	146	239	50	4	31	110	102	235	15	7	.356	.781	.260

40歳を目前に「TikTok」で大ブレイク [ファースト DH]

19 ジョーイ・ヴォト Joey Votto

40歳 1983.9.10生｜188cm｜99kg｜右投左打

◆対左投手打率／.214　◆対右投手打率／.201
◆ホーム打率／.185　◆アウェー打率／.224　◆得点圏打率／.270
◆22年のポジション別出場数／ファースト＝76、DH＝14
◆D2002②レッズ　◆囲カナダ
◆囲2500万ドル（約32億5000万円）　◆MVP1回（10年）、ゴールドグラブ賞1回（11年）、ハンク・アーロン賞1回（10年）

ミート **3**
パワー **4**
走塁 **3**
守備 **4**
肩 **3**

　2002年の入団以来、レッズ一筋のレジェンド。昨シーズンは左肩の状態が悪く、キャリアワーストの打率に終わったが、これまでの功績もあって、あまり文句は言われない立場だ。若い頃は生真面目な求道者のイメージがあったが、最近は一気に丸くなり、昨年は「TikTok」デビュー。本格的な面白動画を投稿して注目を集めている。なぜか少女からの人気が高く、昨季も試合前に「一緒にTikTokの動画を撮って」と頼まれ、流行りのダンスを踊った。

カモ J・キンターナ（メッツ）.542(24-13)1本　苦手 J・デグローム（レンジャーズ）.071(14-1)0本

年度	所属チーム	試合数	打数	得点	安打	二塁打	三塁打	本塁打	打点	四球	三振	盗塁	盗塁死	出塁率	OPS	打率
2007	レッズ	24	84	11	27	7	0	4	17	5	15	1	0	.360	.908	.321
2008	レッズ	151	526	69	156	32	3	24	84	59	102	7	5	.368	.874	.297
2009	レッズ	131	469	82	151	38	1	25	84	70	106	4	1	.414	.981	.322
2010	レッズ	150	547	106	177	36	2	37	113	91	125	16	5	.424	1.024	.324
2011	レッズ	161	599	101	185	40	3	29	103	110	129	8	6	.416	.947	.309
2012	レッズ	111	374	59	126	44	0	14	56	94	85	5	3	.474	1.041	.337
2013	レッズ	162	581	101	177	30	3	24	73	135	138	6	3	.435	.926	.305
2014	レッズ	62	220	32	56	16	0	6	23	47	49	1	1	.390	.799	.255
2015	レッズ	158	545	95	171	33	2	29	80	143	135	11	3	.459	1.000	.314
2016	レッズ	158	556	101	181	34	2	29	97	108	120	8	1	.434	.984	.326
2017	レッズ	162	559	106	179	34	1	36	100	134	83	5	1	.454	1.032	.320
2018	レッズ	145	503	67	143	28	2	12	67	108	101	2	0	.417	.836	.284
2019	レッズ	142	525	79	137	32	1	15	47	76	123	5	0	.357	.768	.261
2020	レッズ	54	186	32	42	8	0	11	22	37	43	0	0	.354	.800	.226
2021	レッズ	129	448	73	119	23	1	36	99	77	127	1	0	.375	.938	.266
2022	レッズ	91	322	31	66	18	1	11	41	44	97	0	0	.319	.689	.205
通算成績		1991	7044	1145	2093	453	22	342	1106	1338	1578	80	29	.412	.925	.297

レッズ

27 対右投手だけなら準一流の打撃能力　レフト／ライト
ジェイク・フレイリー　Jake Fraley

28歳　1995.5.25生　183cm　88kg　左投左打　対左.143　対右.277　ホ.287　ア.238　得.237　ド2016②レイズ　出メリーランド州　年72万ドル（約9360万円）+α

ミート3　パワー3　走塁4　守備3　肩4

　昨年3月にマリナーズからトレードで加入した外野手。開幕当初はヒザの炎症に苦しんだが、後半戦に3Aから昇格すると11本塁打を量産。右投手キラーで、昨年も右投手に対しては、216打席で打率2割7分7厘、11本塁打をマーク。右投手が相手なら一線級の打者だが、対左投手は打率1割4分3厘とまったく打てないため、プラトーンの域を出ない。見た目はいかにもパワータイプだが、意外にも足が速く、センターも守れる。昨年8月のフィリーズ戦では、フィラデルフィア名物のヤジに反応し、ののしり合いのケンカを演じた。どうやら子供の悪口を言われたらしい。

年度	所属チーム	試合数	打数	得点	安打	二塁打	三塁打	本塁打	打点	四球	三振	盗塁	盗塁死	出塁率	OPS	打率
2022	レッズ	68	216	33	56	9	0	12	28	26	54	4	1	.344	.812	.259
通算成績		165	496	66	111	19	1	21	65	74	150	16	4	.330	.723	.224

28 パイレーツは見切りをつけたが、そこそこやれる　ショート　移籍
ケヴィン・ニューマン　Kevin Newman

30歳　1993.8.4生　183cm　88kg　右投右打　対左.361　対右.230　ホ.267　ア.281　得.321　ド2015①パイレーツ　出カリフォルニア州　年266万ドル（約3億4580万円）

ミート3　パワー3　走塁4　守備4　肩2

　昨年11月にトレードでパイレーツから加入した遊撃手。元ドラ1で、パイレーツが手塩にかけて育てたが、2019年に130試合で打率3割0分8厘を記録したあとは打撃がふるわず。昨季は故障に苦しみながらも、やや復調気配を見せたが、年齢的にも見切られた形。ただ、遊撃手としては平均レベルの守備力があり、計算が立つ選手。肩は「やや弱い」と評価されがちだが、フットワークと正確さでカバーできており、一昨年はゴールドグラブ賞のファイナリストにノミネートされている。次世代の遊撃手を育成するまでのつなぎ役として、可もなく不可もなくやってくれそうだ。

年度	所属チーム	試合数	打数	得点	安打	二塁打	三塁打	本塁打	打点	四球	三振	盗塁	盗塁死	出塁率	OPS	打率
2022	パイレーツ	78	288	31	79	18	2	2	24	16	48	1	2	.316	.688	.274
通算成績		431	1545	161	402	67	11	20	143	87	195	30	13	.303	.660	.260

2 亡くなった母にささげる初ホームラン　ショート
ホセ・バレーロ　Jose Barrero

25歳　1998.4.5生　188cm　79kg　右投右打　対左.146　対右.153　ホ.123　ア.170　得.116　ド2017①レッズ　出キューバ　年72万ドル（約9360万円）+α

ミート2　パワー4　走塁3　守備3　肩4

　キューバから亡命し、2017年にレッズに入団した若手遊撃手。パワフルな打撃がウリで、一昨年は3Aで45試合に出場し、打率3割0分6厘、13本塁打をマーク。しかし、今季は有鈎骨の手術で出遅れ、さらに打撃の歯車が狂ったままメジャーに呼ばれ、持ち前の打撃力を示すことはできなかった。入団時の登録名は「ホセ・ガルシア」だったが、21年5月に新型コロナウイルスで母を亡くしたのを機に、母方の姓である「バレーロ」に変更。昨年8月6日のブリュワーズ戦では、メジャー初を含む1試合2本塁打を放ち、「ホームランボールをささげたい」と母をしのんだ。

年度	所属チーム	試合数	打数	得点	安打	二塁打	三塁打	本塁打	打点	四球	三振	盗塁	盗塁死	出塁率	OPS	打率
2022	レッズ	48	165	13	25	3	0	2	10	9	76	4	1	.195	.401	.152
通算成績		93	282	21	48	7	1	2	15	13	119	6	2	.215	.438	.170

対左＝対左投手打率　対右＝対右投手打率　ホ＝ホーム打率　ア＝アウェー打率　得＝得点圏打率
ド＝ドラフトデータ　出＝出身地　年＝年俸

野手

俊足が光る猪突猛進型の外野手 センター／レフト

29 TJ・フリードル *TJ Friedl*

28歳 1995.8.14生｜178cm｜81kg｜左投左打 ［対左］.333 ［対右］.333 ［出］.297 ［ア］.201 ［得］.217 ［ド］2016外レッズ ［田］ペンシルヴァニア州 ［年］72万ドル（約9360万円）+α

走4 守3 肩3 ミ2 パ4

　アグレッシブさが魅力の外野手。俊足選手だが、スマートではなく猪突猛進型。外野守備では気迫のこもったダイビングキャッチを見せるが、地面に突き刺さるようなダイブで、見ている側をヒヤヒヤさせる。実際に昨季最終盤、三盗を試みた際に足を痛めてシーズンを終えている。アマチュアFAで、プロの道に進んだ異色の経歴の持ち主。これは大学2年の1年間を「赤シャツ」（故障などでの資格停止）として過ごしたため、ドラフト指名を受けられるのは1年後だと勘違いし、エントリーしなかったのが原因。「在学3年」で資格を得るのを「プレー3年」と思い込んでいた。

年度	所属チーム	試合数	打数	得点	安打	二塁打	三塁打	本塁打	打点	四球	三振	盗塁	盗塁死	出塁率	OPS	打率
2022	レッズ	72	225	33	54	10	5	8	25	20	40	7	2	.314	.750	.240
通算成績		86	256	42	63	11	5	9	27	24	42	7	2	.320	.754	.246

奥さんは身長175センチの元バレー選手 サード／レフト／セカンド 移籍

16 ニック・ソラック *Nick Solak*

28歳 1995.1.11生｜180cm｜83kg｜右投右打 ［対左］.250 ［対右］.158 ［出］.220 ［ア］.188 ［得］.105 ［ド］2016②ヤンキース ［田］イリノイ州 ［年］72万ドル（約9360万円）+α

走3 守3 肩3 ミ2 パ3

　若手時代にはヤンキース傘下で、加藤豪将（現・北海道日本ハム）としのぎを削った内野手。昨年11月に金銭トレードでレンジャーズから加入した。2021年には11本塁打を放ち、セカンドの定位置を得たが、昨季は右足を骨折して35試合の出場に終わっている。セカンドのほかにサード、外野も平均レベルで守れるうえ、やや手薄な右打者なので、外野を中心に出場機会は確保できそうだ。妻のロクサーヌさんは、ソラックと同じルイビル大学で活躍したバレーボールスター。大学時代は単なるクラスメートだったが、卒業後にルイビルのパブで偶然出会い、交際を開始したそうだ。

年度	所属チーム	試合数	打数	得点	安打	二塁打	三塁打	本塁打	打点	四球	三振	盗塁	盗塁死	出塁率	OPS	打率
2022	レンジャーズ	35	82	14	17	1	0	3	4	7	19	3	2	.309	.638	.207
通算成績		253	865	117	218	35	3	21	93	74	197	19	8	.327	.699	.252

伸び悩む2016年ドラフトの全体2位 センター

15 ニック・センゼル *Nick Senzel*

28歳 1995.6.29生｜185cm｜92kg｜右投右打 ［対左］.241 ［対右］.226 ［出］.242 ［ア］.217 ［得］.230 ［ド］2016①レッズ ［田］ジョージア州 ［年］195万ドル（約2億5350万円）

走4 守2 肩3 ミ2 パ2

　プロ入り時は、レッズの希望の星と見なされていた中堅手。しかし、故障が相次いだこともあって伸び悩み、自己ベストの120試合に出場した昨季も、攻守両面で精彩を欠いた。昨年9月20日の試合では、打球を追って外野フェンスに激突。左足を負傷し、シーズンを終えている。2016年のドラフトで、レッズから全体2位で指名され、プロ入り。契約金620万ドル（約8億円）は、その年にドラフト指名された選手の中で最高額だった。プロ入り時は三塁手だったが、レッズはセンターへコンバート。結果的にそれがケガを増やし、センゼルのブレイクを妨げたとの批判もある。

年度	所属チーム	試合数	打数	得点	安打	二塁打	三塁打	本塁打	打点	四球	三振	盗塁	盗塁死	出塁率	OPS	打率
2022	レッズ	110	373	45	86	13	0	5	25	30	76	8	5	.296	.602	.231
通算成績		273	929	126	223	43	4	20	83	78	208	26	16	.303	.663	.240

好リードでチームに貢献するベテラン捕手 `キャッチャー` `移籍`

12 カート・カサーリ Curt Casali

35歳 1988.11.9生 | 188cm | 99kg | 右投右打 ◆盗塁阻止率／.154(26-4) 対左.218 対右.194 ホ.190 ア.212 得.205 ⒟2011⑩タイガース 出カリフォルニア州 年250万ドル(約3億2500万円)

ミ ③
バ ③
走 ②
守 ④
肩 ③

　2020年以来のレッズ復帰。これまでキャリアのほとんどをバックアップ捕手として過ごしてきたが、高いリード能力でいぶし銀の働きをしてきた男。通算出塁率3割1分8厘と捕手としては及第点の打撃力もあり、攻守に安定感がある。ある意味では器用すぎて不遇をかこってきた選手だが、1年250万ドルの契約は、地道な努力で勝ち取ったものだ。今季も正捕手候補のタイラー・スティーヴンソンとの併用が濃厚だが、カサーリの加入でラインアップの幅が格段に広がった。妻のルネさんは元プロゴルファー。昨年9月末に待望の第一子が誕生し、気力がみなぎっている。

年度	所属チーム	試合数	打数	得点	安打	二塁打	三塁打	本塁打	打点	四球	三振	盗塁	盗塁死	出塁率	OPS	打率
2022	ジャイアンツ	41	108	13	25	3	0	4	14	15	36	0	0	.325	.695	.231
2022	マリナーズ	16	40	7	5	1	0	1	3	9	14	0	0	.300	.525	.125
2022	2チーム計	57	148	20	30	4	0	5	17	24	50	0	0	.318	.649	.203
通算成績		462	1179	137	263	56	1	47	148	145	378	2	2	.316	.708	.223

サードのレギュラーに期待されているプロスペクト `サード` `ルーキー`

7 スペンサー・スティーア Spencer Steer

26歳 1997.12.7生 | 180cm | 83kg | 右投右打 対左.316 対右.184 ホ.222 ア.200 得.278 ⒟2019③ツインズ 出カリフォルニア州 年72万ドル(約9360万円)+α

ミ ②
バ ③
走 ③
守 ③
肩 ③

　タイラー・マーリーを放出した見返りに昨夏、ツインズから加入したプロスペクト(有望株)の1人。昨季、2A、3Aで計106試合に出場し、打率2割7分4厘、23本塁打、出塁率3割6分4厘。9月2日のロッキーズ戦でメジャーデビューを果たすと、第2打席で初本塁打をかっ飛ばした。首脳陣は今季、オフに戦力外としたマイク・ムスタカスに代わるサードの軸にすると明言している。ただ、打撃はメジャーレベルに対応しきれたとは言い難く、結局、内野ユーティリティの枠に収まるのではないかと見られている。引っかけ倒したサードゴロを減らせるかが活躍のカギか。

年度	所属チーム	試合数	打数	得点	安打	二塁打	三塁打	本塁打	打点	四球	三振	盗塁	盗塁死	出塁率	OPS	打率
2022	レッズ	28	95	12	20	5	0	2	8	11	26	0	1	.306	.632	.211
通算成績		28	95	12	20	5	0	2	8	11	26	0	1	.306	.632	.211

44 エリー・デラクルーズ Elly De La Cruz `ショート` `期待度 A⁻` `ルーキー`

21歳 2002.1.11生 | 196cm | 90kg | 右投両打 ◆昨季は1A+、2Aでプレー ⒟2018外レッズ 出ドミニカ

　パワー、スピード、肩の3点ですこぶる高評価を受けている若手ドミニカン。昨季2Aに昇格すると、47試合で打率3割0分5厘、8本塁打をマーク。スイッチヒッターだが、とくに左打席での飛距離はすさまじく、昨季は推定飛距離512フィート(約156メートル)の衝撃的なアーチも放っている。

38 マイケル・シアニ Michael Siani `センター` `期待度 B⁻` `ルーキー`

24歳 1999.7.16生 | 185cm | 85kg | 左投左打 ◆昨季はメジャーで9試合に出場 ⒟2018④レッズ 出ペンシルヴァニア州

　俊足・強肩・堅守で、「未来のゴールドグラブ賞」とも言われている外野手。昨季は主に2Aでプレーし、121試合で打率2割5分2厘、出塁率3割5分1厘、本塁打12、盗塁49を記録。3Aで8試合、メジャーでも9試合に出場した。打撃はパワフルだが、典型的なプルヒッターで、改善の余地がある。

対左=対左投手打率　対右=対右投手打率　ホ=ホーム打率　ア=アウェー打率　得=得点圏打率
⒟=ドラフトデータ　出=出身地　年=年俸

ピッツバーグ・パイレーツ

◆創　立：1882年
◆本拠地：ペンシルヴァニア州ピッツバーグ市
◆ワールドシリーズ制覇：5回／◆リーグ優勝：9回
◆地区優勝：9回／◆ワイルドカード獲得：3回

主要オーナー　ロバート・ナッティング（スポーツ企業家）

過去5年成績

年度	勝	負	勝率	ゲーム差	地区順位	ポストシーズン成績
2018	82	79	.509	13.0	④	―
2019	69	93	.426	22.0	⑤	―
2020	19	41	.317	15.0	⑤	―
2021	61	101	.377	34.0	⑤	―
2022	**62**	**100**	**.383**	**31.0**	**④（同率）**	**―**

監督　**17** デレク・シェルトン　*Derek Shelton*

◆年　齢…………53歳（イリノイ州出身）
◆現役時代の経歴 ……メジャーでのプレー経験なし（キャッチャー）
◆監督経歴…………3シーズン　パイレーツ（2020～）
◆通算成績…………142勝242敗（勝率.370）

　レイズの打撃コーチ、ツインズのベンチコーチなどを経て、パイレーツの第41代監督に就任。しかし、若手が期待通りに成長せず、監督を務めた3シーズン、すべて最下位に沈んでいる。戦力面での悩みはもちろんのこと、チームには、精神的に幼い面が残る選手も多く、そのフォローでも気疲れが多そうだ。レイズのコーチ時代に監督を務めていたジョー・マドンから、大きな影響を受けており、マドンも「いずれ監督になる男」と、シェルトンを評価していた。

注目コーチ　**49** アンディ・ヘインズ　*Andy Haines*

　打撃コーチ。46歳。昨季より現職。それまでもカブスで打撃コーチ補佐、ブリュワーズで打撃コーチと、ナショナル・リーグ中部地区の球団で指導にあたっていた。

編成責任者　ベン・チェリントン　*Ben Cherington*

　49歳。レッドソックスGM時代の2013年に、ワールドシリーズを制している。パイレーツでは結果が出ていないが、本人は「才能ある若い選手が多い」と、未来に自信。

スタジアム　PNCパーク　*PNC Park*

◆開場年…………2001年
◆仕　様…………天然芝
◆収容能力…………38,747人
◆フェンスの高さ…1.8～6.4m
◆特　徴…………ホームランが出にくい球場の1つ。左中間が深く、右打者にとくに、その傾向が強い。ライト側フェンスは、高さが21フィート（6.4メートル）ある。この高さは、偉大な球団OBロベルト・クレメンテの背番号「21」にちなむ。

ピッチャーズパーク

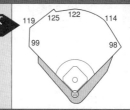

119　125　122　114
99　　　　　　98

393

Best Order

[ベストオーダー]

① オニール・クルーズ……ショート
② ブライアン・レイノルズ……センター
③ キーブライアン・ヘイズ……サード
④ 崔志萬（チェ・ジマン）……ファースト
⑤ カルロス・サンタナ……DH
⑥ アンドルー・マカッチェン……レフト
⑦ ジャック・スウィンスキー……ライト
⑧ ロドルフォ・カストロ……セカンド
⑨ オースティン・ヘッジス……キャッチャー

Depth Chart

[ポジション別選手層・メンバーリスト]

※2023年2月13日時点の候補選手。数字は背番号（開幕前に変更する場合もあり）、右・左等は投・打の順。

センター
10 ブライアン・レイノルズ [右・両]
5 トラヴィス・スワーガティ [左・左]
3 裵智煥（ペ・ジファン）[右・左]

ライト
65 ジャック・スウィンスキー [左・左]
31 カル・ミッチェル [左・左]
2 コナー・ジョー [右・右]

レフト
22 アンドルー・マカッチェン [右・右]
31 カル・ミッチェル [左・右]
2 コナー・ジョー [右・右]

ショート
15 オニール・クルーズ [右・左]
14 ロドルフォ・カストロ [右・両]

セカンド
14 ロドルフォ・カストロ [右・両]
3 裵智煥（ペ・ジファン）[右・左]
30 トゥカピタ・マルカーノ [右・右]

サード
13 キーブライアン・ヘイズ [右・右]
14 ロドルフォ・カストロ [右・両]
2 コナー・ジョー [右・右]

ローテーション
59 ロアンシー・コントレラス [右・右]
44 リッチ・ヒル [左・左]
23 ミッチ・ケラー [右・右]
34 J.T.ブルベイカー [右・右]
27 ヴィンス・ヴェラスケス [右・右]
24 ヨハン・オヴィエド [右・右]
48 ルイス・オーティズ [右・右]

ファースト
91 崔志萬（チェ・ジマン）[右・左]
41 カルロス・サンタナ [右・両]
2 コナー・ジョー [右・右]

キャッチャー
18 オースティン・ヘッジス [右・右]

DH
41 カルロス・サンタナ [右・両]
91 崔志萬（チェ・ジマン）[右・左]
22 アンドルー・マカッチェン [右・右]

ブルペン
51 デイヴィッド・ベドナー [右・左] CL
29 ウィル・クロウ [右・右]
66 ハーリン・ガルシア [左・左]
56 ドゥエイン・アンダーウッド・ジュニア [右・右]
43 ロバート・スティーヴンソン [右・右]
37 チェイス・デヤング [右・左]
57 イェリー・デロスサントス [右・右]
35 コリン・ホルダーマン [右・右]
36 ダウリ・モレタ [右・右]
46 ヨハン・ラミレス [右・右]

※CL＝クローザー

パイレーツ試合日程……＊はアウェーでの開催

3月30・4月1・2	レッズ＊	5月2・3・4	レイズ＊	6月2・3・4	カーディナルス
3・4・5	レッドソックス＊	5・6・7	ブルージェイズ	5・6・7	アスレティックス
7・8・9	ホワイトソックス	8・9・10	ロッキーズ	9・10・11	メッツ
10・11・12	アストロズ	12・13・14	オリオールズ＊	13・14・15	カブス＊
13・14・15・16	カーディナルス＊	16・17	タイガース	16・17・18	ブリュワーズ
17・18・19	ロッキーズ＊	19・20・21	ダイヤモンドバックス	19・20・21	カブス
20・21・22・23	レッズ	22・23・24	レンジャーズ	22・23・24・25	マーリンズ
25・26・27	ドジャース	26・27・28	マリナーズ＊	27・28・29	パドレス
28・29・30	ナショナルズ＊	29・30・31	ジャイアンツ	30・7月1・2	ブリュワーズ

球団メモ　1890年に、ライバル球団から選手を大量に引き抜き、「海賊行為」と非難された。そこから「パイレーツ（海賊）」のニックネームが定着し、チーム名になった。

■**投手力** → …★★✦★★【昨年度チーム防御率4.66、リーグ12位】

ケラーやコントレラスが成長の気配を見せており、2人が先発の軸になる。昨シーズン、100イニング以上を投げたトンプソンとウィルソンがチームを去ったが、2人とも防御率5点台と冴えなかったので致し方なし。ブルベイカーや新加入のヴェラスケスが踏ん張れば、先発陣での勝ち越しも夢ではない。現役最年長のヒルを獲得したのも、ここで踏ん張ろうという意欲を感じる。リリーフ陣は、ベドナーがクローザーを務め、新加入のガルシアらが脇を固めるが、他球団に比べて格落ち感は否めず、実に微妙。

■**攻撃力** ↗ …★★✦★★【昨年度チーム得点591、リーグ14位】

昨季も大活躍を見せたレイノルズが打線の軸だが、トレードを志願しており、いなくなれば星1個クラスの最弱打線になりかねない。ただし、ある程度の打力を期待できるカルロス・サンタナ、崔志萬を獲得し、勢いのある頃を知るマカッチェンも2017年以来の古巣復帰。まったくやる気がないわけではなさそうだ。クルーズが30本塁打級に化ければ、状況は一変する。

■**守備力** …★✦★★★【昨年度チーム失策数121、リーグ15位】

ヘッジスの加入で捕手陣は安定するだろうが、ニューマンの放出により、クルーズの遊撃手での育成が現実的に。良くも悪くもスリリングだ。

■**機動力** …★★★✦★【昨年度チーム盗塁数90、リーグ8位】

昨季20盗塁のヘイズを球団は高く評価しており、プロスペクトも俊足系が多い。裴智煥、スワーガティらがラインアップに食い込めば、さらに上昇。

| 総合評価 → ★★✦★★ | 長いトンネルのど真ん中にいるが、最低限の補強を行ったことは評価。「育成球団」を標榜するならば、レイノルズのようなスターを次々と生み出すしかない。今季はプロスペクトがそろっている気がするが、これまでの失敗があるので過信できない。 |

パイレーツ

IN 主な入団選手	**OUT** 主な退団選手
投手	投手
リッチ・ヒル←レッドソックス	ザック・トンプソン➡ブルージェイズ
ヴィンス・ヴェラスケス←ホワイトソックス	ブライス・ウィルソン➡ブリュワーズ
野手	ベン・ギャメル➡所属先未定
カルロス・サンタナ←マリナーズ	野手
崔志萬←レイズ	ケビン・ニューマン➡レッズ
オースティン・ヘッジス←ガーディアンズ	ホイ・パーク➡レッドソックス
アンドルー・マカッチェン←ブリュワーズ	ロベルト・ペレス➡ジャイアンツ

3・4・5・6	ドジャース*	3・4・5・6	ブリュワーズ*	4・5・6	ブリュワーズ
7・8・9	ダイヤモンドバックス*	7・8・9・10	ブレーブス	8・9・10	ブレーブス
11	オールスターゲーム	11・12・13	レッズ	11・12・13・14	ナショナルズ
14・15・16	ジャイアンツ	14・15・16	メッツ*	15・16・17	ヤンキース
17・18・19	ガーディアンズ	18・19・20	ツインズ*	19・20・21	カブス*
21・22・23	エンジェルス*	21・22・23	カーディナルス	22・23・24	レッズ*
24・25・26	パドレス	24・25・26・27	カブス	26・27・28	フィリーズ*
28・29・30	フィリーズ	28・29・30	ロイヤルズ*	29・30・**10月**1	マーリンズ
8月1・2	タイガース	**9月**1・2・3	カーディナルス*		

球団メモ 過去に所属した日本人選手は、計4人。投手では桑田真澄（2007年）と高橋尚成（2012年）、野手では岩村明憲（2010年）と筒香嘉智（2021〜22年）がプレー。

395

投手

脱ショートアームで飛躍を遂げたエース 先発

23 ミッチ・ケラー *Mitch Keller*

27歳 1996.4.4生｜188cm｜99kg｜右投右打

◆速球のスピード／150キロ台中頃（フォーシーム、シンカー）
◆決め球と持ち球／◎スライダー、○フォーシーム、○シンカー、○カーブ、△チェンジアップ
◆対左.276 ◆対右.257 ◆ホ防3.72 ◆ア防4.13
◆ド2014②パイレーツ ◆田アイオワ州
◆軍244万ドル（約3億1720万円）

球威	5
制球	4
緩急	4
守備・敏捷	3
度胸	3

　2014年にドラフト2巡目でパイレーツに入団し、期待されてきたエース候補生。ただ、チャンスをもらっても結果を残せず、見切られる寸前まで追い込まれた。そこで21年オフに、トレーニング施設「スレッド・アスリート」に通い、大幅なフォーム改造に着手。それまでは流行のショートアーム（テイクバックで腕を曲げる投法）を取り入れていたが、ロングアームに戻すと球速が一気に上昇し、最速100マイル（161キロ）に到達。さらにシンカーも投げられるようになり、スライダーのキレも大幅アップした。近年、アメリカの野球トレーナー業界では、菊池雄星の投法を参考にした「菊池ドリル」がプチ流行しており、ケラーも左右は違えど、菊池風のテイクバックになっている。

カモ D・カールソン（カーディナルス）.100(10-1)0本　苦手 J・リアルミュート（フィリーズ）.625(8-5)1本

年度	所属チーム	勝利	敗戦	防御率	試合数	先発	セーブ	投球イニング	被安打	失点	自責点	被本塁打	与四球	奪三振	WHIP
2019	パイレーツ	1	5	7.13	11	11	0	48.0	72	41	38	6	16	65	1.83
2020	パイレーツ	1	1	2.91	5	5	0	21.2	9	7	7	4	18	16	1.25
2021	パイレーツ	5	11	6.17	23	23	0	100.2	131	69	69	10	49	92	1.79
2022	パイレーツ	5	12	3.91	31	29	0	159.0	162	77	69	14	60	138	1.40
通算成績		12	29	5.00	70	68	0	329.1	374	194	183	34	143	311	1.57

地元に恩返しを続けるニューヒーロー クローザー

51 デイヴィッド・ベドナー *David Bednar* ★WBCアメリカ代表

29歳 1994.10.10生｜185cm｜113kg｜右投左打

◆速球のスピード／150キロ台中頃（フォーシーム主体）
◆決め球と持ち球／◎フォーシーム、◎スプリッター、○カーブ
◆対左.188 ◆対右.239 ◆ホ防2.30 ◆ア防2.96
◆ド2016㉟パドレス ◆田ペンシルヴァニア州
◆軍72万ドル（約9360万円）+α

球威	5
制球	3
緩急	5
守備・敏捷	3
度胸	4

　伸び上がるフォーシームとキレ味鋭いスプリッター、カーブを武器にクローザーに定着した豪腕。昨年は5月にナショナル・リーグ月間最優秀救援投手に輝き、守護神の座をガッチリとキープ。オールスターにも初選出され、勢いに乗っている。彼がチーム屈指の人気選手になった要因は、ピッツバーグ郊外で育った地元出身選手だから。パイレーツのみならず、同じくピッツバーグに本拠地を置くNFL・スティーラーズ、NHL・ペンギンズの熱烈なファンであることを公言しており、スティーラーズやペンギンズの選手とともに地域貢献活動にも力を入れている。弟ウィルは2021年のMLBドラフトでジャイアンツから1巡目（全体14位）で指名されており、こちらも大物の気配。

カモ N・アレナード（カーディナルス）.000(6-0)0本　苦手 ──

年度	所属チーム	勝利	敗戦	防御率	試合数	先発	セーブ	投球イニング	被安打	失点	自責点	被本塁打	与四球	奪三振	WHIP
2019	パドレス	0	2	6.55	13	0	0	11.0	10	8	8	3	5	14	1.36
2020	パドレス	0	0	7.11	4	0	0	6.1	11	6	5	1	2	5	2.05
2021	パイレーツ	3	1	2.23	61	0	3	60.2	40	15	15	5	19	77	0.97
2022	パイレーツ	3	4	2.61	45	0	19	51.2	42	19	15	4	16	69	1.12
通算成績		6	7	2.98	123	0	22	129.2	103	48	43	13	42	165	1.12

対左=対左打者被打率　対右=対右打者被打率　ホ防=ホーム防御率　ア防=アウェー防御率
ド=ドラフトデータ　田=出身地　軍=年俸　カモ 苦手 は通算成績

若い投手の先生役としても期待 先発 移籍

44 リッチ・ヒル *Rich Hill*

43歳 1980.3.11生 | 196cm | 99kg | 左投右打 | 球140キロ台前半（フォーシーム） | 決◎カーブ
対左.277 対右.255 [D]2002④カブス 囲マサチューセッツ州 囲800万ドル（約10億4000万円）

球 **2**
制 **4**
緩 **5**
守 **3**
度 **4**

　今季開幕を43歳で迎える、現役最年長メジャーリーガー。メジャー18年目の昨季は、レッドソックスでローテーションに入って投げ、途中、故障離脱はあったものの、26試合に先発。8勝をマークした。球種は豊富で、フォーシーム、カーブ、カッター、スライダー、チェンジアップ。フォーシームの平均球速は142キロだが、緩急を使った巧みな投球術で、打者を手玉に取る。オフにパイレーツが、1年800万ドルで獲得。ヒルにとって、パイレーツは12球団目の所属チームとなる。レッドソックスでは、若い投手たちに積極的に投球指南を行い、その成長に寄与していた。

年度	所属チーム	勝利	敗戦	防御率	試合数	先発	セーブ	投球イニング	被安打	失点	自責点	被本塁打	与四球	奪三振	WHIP
2022	レッドソックス	8	7	4.27	26	26	0	124.1	125	67	59	15	37	109	1.30
通算成績		82	59	3.85	350	221	0	1259.0	1065	574	538	151	482	1294	1.23

パイレーツ

ハイレベルなスライダーが武器 先発

59 ロアンシー・コントレラス *Roansy Contreras*
★WBCドミニカ代表

24歳 1999.11.7生 | 183cm | 79kg | 右投右打 | 球150キロ台中盤（フォーシーム主体） | 決☆スライダー
対左.204 対右.239 [D]2016⑦ヤンキース 囲ドミニカ 囲72万ドル（約9360万円）+α

球 **4**
制 **4**
緩 **4**
守 **4**
度 **3**

　2021年1月にジェイムソン・タイヨンを放出した見返りに、ヤンキース傘下からトレード移籍の右腕。昨季、メジャーで本格デビューを果たすと、タテヨコに鋭く曲がるスライダーを駆使し、後半戦には先発ローテーションに定着した。打者3巡目に入ると打ち込まれる傾向にあり、スタミナに課題を残すものの、5回程度ならばしっかり投げてくれるため、若手ながら今季も先発陣で一定の仕事をこなしてくれそうだ。ドミニカ出身で、おばあちゃんのことが大好き。昨年、おばあちゃんのために家を建てるという夢をかなえており、アメリカンドリームに邁進している。

年度	所属チーム	勝利	敗戦	防御率	試合数	先発	セーブ	投球イニング	被安打	失点	自責点	被本塁打	与四球	奪三振	WHIP
2022	パイレーツ	5	5	3.79	21	18	0	95.0	82	45	40	13	39	86	1.27
通算成績		5	5	3.67	22	19	0	98.0	85	45	40	13	40	90	1.28

先発の「数合わせ」から少しは前進 先発

34 J.T.ブルベイカー *JT Brubaker*

30歳 1993.11.17生 | 190cm | 83kg | 右投右打 | 球150キロ前後（シンカー主体） | 決◎スライダー
対左.269 対右.272 [D]2015⑥パイレーツ 囲オハイオ州 囲228万ドル（約2億9640万円）

球 **3**
制 **3**
緩 **3**
守 **3**
度 **3**

　2015年にドラフト6巡目でパイレーツに入団した生え抜き右腕。20年のメジャーデビュー以降、なかなか結果を出せていなかったが、得意のスライダーに加え、カーブを効果的に使えるようになり、そこそこの働きができるようになった。昨季は3勝12敗と大きく負け越したが、打線次第では勝率5割近くまで勝ち星を伸ばせるかもしれない。21年にメジャー初ヒットを放った際は、スタンドで両親が観戦していたが、父フランクさんが喜びのあまり、母テレサさんのお尻を強めに叩いてしまい、テレサさんが激怒。フランクさんが説教される姿がテレビ中継で流れてしまった。

年度	所属チーム	勝利	敗戦	防御率	試合数	先発	セーブ	投球イニング	被安打	失点	自責点	被本塁打	与四球	奪三振	WHIP
2022	パイレーツ	3	12	4.69	28	28	0	144.0	157	85	75	17	54	147	1.47
通算成績		9	28	4.99	63	61	0	315.2	328	187	175	51	109	324	1.38

球＝速球のスピード　決＝決め球

27 未完のままで時が過ぎ去った先発5番手

先発 | 移籍

ヴィンス・ヴェラスケス Vince Velasquez

31歳 1992.6.7生 | 190cm | 95kg | 右投右打 | 園150キロ台前後(フォーシーム主体) | 図◎フォーシーム
対左.222 対右.245 ⑤2010②アストロズ 囲カリフォルニア州 囲315万ドル(約4億950万円)

球 3
制 3
緩 2
守 3
度 3

　単年契約で新加入した先発右腕。2015年にアストロズでデビューを果たし、フィリーズでは期待の若手として重用された。しかし、変化球がバラつく悪癖を克服できず、21年9月についに戦力外に。以降、パドレス、ホワイトソックスでプレーしたが、防御率5点台前後の実力は変わらず。昨季はリリーフに配置転換されたが、大化けすることなくシーズンを終えた。昨季は比較的スライダーの調子が良かったが、毎年オフに変化球の経験値がリセットされてしまうので信頼はできない。高校時代に右腕を負傷した際には、左投げの外野手としてプレーしており、実は両投両打。

年度	所属チーム	勝利	敗戦	防御率	試合数	先発	セーブ	投球イニング	被安打	失点	自責点	被本塁打	与四球	奪三振	WHIP
2022	ホワイトソックス	3	3	4.78	19	9	0	75.1	68	42	40	11	25	69	1.23
通算成績		34	47	4.93	183	136	0	726.1	706	419	398	120	293	785	1.38

66 ドジャースを挑発して逆にあおられる

セットアップ | 移籍

ハーリン・ガルシア Jarlin Garcia

30歳 1993.1.18生 | 190cm | 97kg | 左投左打 | 園150キロ台前半(フォーシーム主体) | 図◎スライダー
対左.192 対右.275 ⑤2010外マーリンズ 囲ドミニカ 囲250万ドル(約3億2500万円)

球 4
制 4
緩 3
守 5
度 4

　スライダーとチェンジアップはメジャー屈指の変化量を誇り、安定した結果を見込めるセットアップ候補。パワフルな投球が光るが、気合が入りすぎるのが長所であり、短所。ジャイアンツでプレーした昨季、ドジャース戦で登板した際には、ドジャースがヒットやホームランを放った際に行っているセレブレーションにブチギレ。自身が三振を奪った際にセレブレーションを真似してドジャースをあおったが、球審が見逃すわけもなく警告が発動。キャブラー監督が逆上して退場になった挙句、後続の投手がベッツに本塁打を打たれ、「ガルシアざまぁみろ」とあおり返された。

年度	所属チーム	勝利	敗戦	防御率	試合数	先発	セーブ	投球イニング	被安打	失点	自責点	被本塁打	与四球	奪三振	WHIP
2022	ジャイアンツ	1	4	3.74	58	0	1	65.0	60	34	27	10	18	56	1.20
通算成績		17	15	3.61	285	7	2	322.0	265	149	129	45	104	259	1.15

56 リリーフへの順応がはかどらず

ミドルリリーフ

ドゥエイン・アンダーウッド・ジュニア Duane Underwood Jr.
★WBCプエルトリコ代表

29歳 1994.7.20生 | 188cm | 101kg | 右投右打 | 園150キロ台前半(シンカー主体) | 図◎チェンジアップ
対左.298 対右.224 ⑤2012②カブス 囲ノースカロライナ州 囲103万ドル(約1億3390万円)

球 5
制 2
緩 3
守 3
度 3

　2021年3月にトレードでカブスから加入し、リリーフで起用されている右腕。良質なチェンジアップがウイニングショットとして機能しているが、軸となる真っ直ぐ系が弱く、制球もイマイチ。昨季はカッターを多用したが、被本塁打1の数字以外は平凡で、ブレイクするまでには至らなかった。カブス傘下時代は先発として育成されており、リリーフ起用が最適解なのかは、きわめて怪しい。子供の頃、初めてメジャーリーグを生観戦したのがブレーブス戦で、当時の遊撃手であるラファエル・ファーカルの大ファン。8歳にして、ダブルプレーを完成させたのが今でも自慢だ。

年度	所属チーム	勝利	敗戦	防御率	試合数	先発	セーブ	投球イニング	被安打	失点	自責点	被本塁打	与四球	奪三振	WHIP
2022	パイレーツ	1	6	4.40	51	1	1	57.1	58	35	28	1	25	57	1.45
通算成績		4	10	4.55	124	2	1	166.1	175	96	84	18	64	165	1.44

園=速球のスピード 図=決め球 対左=対左打者被打率 対右=対右打者被打率
⑤=ドラフトデータ 囲=出身地 囲=年俸

29 ウィル・クロウ Wil Crowe
スタミナがないのにゴリゴリ使われた

ミドルリリーフ

29歳 1994.9.9生 | 188cm | 110kg | 右投右打 | 阃150キロ前後（フォーシーム、シンカー） | ⑱○スライダー
対左.198 対右.260 ⑪2017②ナショナルズ 囲テネシー州 囲72万ドル（約9360万円）+α

球威	3
制球	2
緩急	4
守備	4
度胸	4

メッキがはがれつつある元・期待の星。トレード加入1年目の2021年は先発で起用されたが、防御率5点台と冴えず、昨季はリリーフに転向。スライダーやチェンジアップの奪三振能力を買われ、ロングリリーフを任せられたが、徐々に成績が低下。とくに後半戦は、防御率6.66と散々な数字になってしまった。先発時代もスタミナ不足と言われていたが、リリーフでも結局はスタミナ不足。しかし、気合満点のブルドッグメンタリティで首脳陣のウケは悪くない。ベドナーが離脱した際には代役守護神を任せられたが、冷静に見れば見るほど「帯に短しタスキに長し」だ。

年度	所属チーム	勝利	敗戦	防御率	試合数	先発	セーブ	投球イニング	被安打	失点	自責点	被本塁打	与四球	奪三振	WHIP
2022	パイレーツ	6	10	4.38	60	1	4	76.0	68	40	37	8	38	68	1.39
通算成績		10	20	5.33	89	29	4	201.0	208	128	119	38	103	187	1.55

37 チェイス・デヤング Chase De Jong
ロングリリーフではもったいない逸材

ロングリリーフ

30歳 1993.12.29生 | 193cm | 104kg | 右投右打 | 阃150キロ前後（フォーシーム主体） | ⑱☆スライダー
対左.209 対右.200 ⑪2012②ブルージェイズ 囲カリフォルニア州 囲72万ドル（約9360万円）+α

球威	4
制球	3
緩急	4
守備	3
度胸	3

一時は独立リーグでプレーしていたが、ここ数年でメキメキと力を伸ばしている右腕。昨年は3Aで開幕を迎えたが、4月13日の試合で7回無安打の好投を見せ、メジャー昇格。ロングリリーフで安定した投球を続け、パイレーツのブルペン陣では貴重な防御率2点台をマーク。チーム最多タイの6勝をマークした。2021年に、メジャーで9試合に先発登板したが、そのときは結果を残せず。ただ、十分なスタミナがあり、ふたたび先発でテストしてみたい人材だ。妻クリスティーナさんの父は、ヨーロッパゴルフ界をリードし、マスターズを2度制したベルンハルト・ランガー。

年度	所属チーム	勝利	敗戦	防御率	試合数	先発	セーブ	投球イニング	被安打	失点	自責点	被本塁打	与四球	奪三振	WHIP
2022	パイレーツ	6	3	2.64	42	0	1	71.2	52	24	21	10	30	59	1.14
通算成績		8	12	4.88	66	19	1	169.2	165	97	92	32	75	133	1.41

53 マイク・バロウズ Mike Burrows

先発 | 期待度 B | ルーキー

24歳 1999.11.8生 | 188cm | 88kg | 右投右打 | ◆昨季は2A、3Aでプレー | ⑪2018⑪パイレーツ 囲コネティカット州

昨年11月に初のロースター入りを果たし、メジャーデビュー目前の右腕。昨季は2Aで結果を残し、3Aに昇格。12試合（10先発）で1勝4敗、防御率5.31と数字はイマイチだったが、フォーシームとカーブの回転数が非常に良好で、アナリストたちからは高く評価されている。気がかりは、故障の多さ。

— クイン・プリースター Quinn Priester

先発 | 期待度 B+ | ルーキー

23歳 2000.9.15生 | 190cm | 95kg | 右投右打 | ◆昨季は1A、1A+、2A、3Aでプレー | ⑪2019①パイレーツ 囲イリノイ州

昨季、早くも3Aに到達した、2019年のドラフト1巡目指名（全体18位）右腕。150キロ台中盤のフォーシームとシンカー、カーブが武器。チェンジアップは開発途上だ。高校時代は投手コーチがおらず、「YouTube」で好投手の真似をして育った独学派。日本のアニメ『ドラゴンボールZ』が大好き。

パイレーツ

球団史上最高額の8年7000万ドルで更改 サード

13 キーブライアン・ヘイズ Ke'Bryan Hayes

26歳 1997.1.28生 | 178cm | 92kg | 右投右打

- ◆対左投手打率／.270 ◆対右投手打率／.232
- ◆ホーム打率／.237 ◆アウェー打率／.227 ◆得点圏打率／.227
- ◆22年のポジション別出場数／サード=133、ショート=3、DH=2
- ◆Ⓓ2015①パイレーツ ◆⊞テキサス州
- ◆㊘1000万ドル（約13億円）

ミート 2
パワー 3
走塁 4
守備 5+
肩 5

　メジャー通算144本塁打を放ったチャーリー・ヘイズを父に持つ三塁手。クラッチヒッター型の父とは異なり、キーブライアンは身体能力が高いアスリートタイプ。とくに三塁守備は飛び抜けており、昨季はDRS（守備で防いだ失点）が24でメジャー全体トップ。ゴールドグラブ賞とフィールディング・バイブル賞こそ、ノーラン・アレナードにゆずったが、指標は僅差であり、ヘイズが「三塁の名手」として名を馳せる日も近い。最高級の守備能力を買って、球団は昨年4月に8年7000万ドルの大型契約を提示。球団史上最高額で契約を更改した。ただ、打撃面は粗削りで、ボールを引っぱたくハードヒットタイプ。三振率は改善しつつあるが、まだ中軸を打つレベルにはない。

| カモ | K・ヘンドリックス（カブス）.500（12-6）2本 | 苦手 | A・ウェインライト（カーディナルス）.000（13-0）0本 |

年度	所属チーム	試合数	打数	得点	安打	二塁打	三塁打	本塁打	打点	四球	三振	盗塁	盗塁死	出塁率	OPS	打率
2020	パイレーツ	24	85	17	32	7	2	5	11	9	20	1	0	.442	1.124	.376
2021	パイレーツ	96	362	49	93	20	2	6	38	31	87	9	1	.316	.689	.257
2022	パイレーツ	136	505	55	123	24	3	7	41	48	122	20	5	.314	.659	.244
通算成績		256	952	121	248	51	7	18	90	88	229	30	6	.326	.712	.261

まさかのトレード志願でピッツバーグは騒然 センター

10 ブライアン・レイノルズ Bryan Reynolds

28歳 1995.1.27生 | 190cm | 92kg | 右投両打

- ◆対左投手打率／.273 ◆対右投手打率／.258
- ◆ホーム打率／.252 ◆アウェー打率／.271 ◆得点圏打率／.229
- ◆22年のポジション別出場数／センター=127、DH=18、レフト=1
- ◆Ⓓ2016②ジャイアンツ ◆⊞メリーランド州
- ◆㊘675万ドル（約8億7750万円）

ミート 4
パワー 5
走塁 4
守備 4
肩 3

　低迷するチームで孤軍奮闘を続ける打線の柱。昨季は4月に新型コロナウイルスに感染して離脱する不運もあり、打率をやや落としたが、自己最多の27本塁打をかっ飛ばし、抜群の安定感で攻撃型2番打者の仕事をまっとうした。守備面ではやや指標が落ちたが、球際の強さは健在で、スライディングキャッチやダイビングキャッチで球場を盛り上げた。昨年4月、新たに2年契約を結び、「このチームでチャンピオンになりたい」と語ったが、オフに突如トレードを志願。足踏みするチーム再建に業を煮やしたともささやかれている。フロントもトレードを画策しているが、ドラ1級のプロスペクト（有望株）2人を相手に設定しているらしく、なかなか話がまとまらないようだ。

| カモ | F・ペラルタ（ブリュワーズ）.474（19-9）0本 | 苦手 | ダルビッシュ有（パドレス）.083（12-1）1本 |

年度	所属チーム	試合数	打数	得点	安打	二塁打	三塁打	本塁打	打点	四球	三振	盗塁	盗塁死	出塁率	OPS	打率
2019	パイレーツ	134	491	83	154	37	4	16	68	46	121	3	2	.377	.880	.314
2020	パイレーツ	55	185	24	35	6	2	7	19	21	57	1	1	.275	.632	.189
2021	パイレーツ	159	559	93	169	35	8	24	90	75	119	5	2	.390	.912	.302
2022	パイレーツ	145	542	74	142	19	4	27	62	56	141	7	3	.345	.806	.262
通算成績		493	1777	274	500	97	18	74	239	198	438	16	8	.361	.842	.281

野手

15 オニール・クルーズ Oneil Cruz
異次元の強肩とパワーを持つ大型遊撃手 ショート

25歳 1998.10.4生｜201cm｜99kg｜右投左打

◆対左投手打率／.158　◆対右投手打率／.265
◆ホーム打率／.269　◆アウェー打率／.194　◆得点圏打率／.299
◆22年のポジション別出場数／ショート＝79、DH＝8、レフト＝1
◆田2015⑨ドジャース　◆田ドミニカ
◆囲72万ドル（約9360万円）＋α

ミート	2
パワー	5
走塁	5
守備	3
肩	5+

　野球界ではあまりお目にかかれない、異次元の身体能力を有する若手遊撃手。201センチの長身から繰り出す送球は猛烈。150キロ台後半の爆速スローイングで、幾度もアウトをもぎ取った。守備全体を見れば粗さもあるが、伸びしろも十分あるだろう。そして打撃面も強烈。8月24日のブレーブス戦ではライトフェンス直撃のシングルヒットを放ったが、打球速度はスタットキャスト史上最速の122.4マイル（約197.0キロ）を計測。三振率34.9%はメジャーワーストの域だが、そこはご愛敬。攻守に「すさまじい」選手である。

カモ　J・デグロム（レンジャーズ）.500(6-3)1本　苦手　R・サンマルティーン（レッズ）.125(8-1)0本

年度	所属チーム	試合数	打数	得点	安打	二塁打	三塁打	本塁打	打点	四球	三振	盗塁	盗塁死	出塁率	OPS	打率
2021	パイレーツ	2	9	2	3	0	0	1	3	0	4	0	0	.333	1.000	.333
2022	パイレーツ	87	331	45	77	13	4	17	54	28	126	10	4	.294	.744	.233
通算成績		89	340	47	80	13	4	18	57	28	130	10	4	.295	.751	.235

41 カルロス・サンタナ Carlos Santana
長打力と選球眼はあるが、年齢的に厳しい ファースト DH　移籍

25歳 1986.4.8生｜180cm｜97kg｜右投両打

◆対左投手打率／.265　◆対右投手打率／.178
◆ホーム打率／.201　◆アウェー打率／.203　◆得点圏打率／.209
◆22年のポジション別出場数／ファースト＝76、DH＝50、ライト＝1
◆田2004⑩ドジャース　◆田ドミニカ
◆囲675万ドル（約8億7750万円）　◆シルバースラッガー賞1回（19年）

ミート	2
パワー	4
走塁	2
守備	3
肩	3

　単年契約で加入したベテランスラッガー。2019年には34本塁打を放ち、シルバースラッガー賞を獲得したが、その後は成績が低下。抜群の選球眼があるため、出塁率が3割を切ることはなかったが、衰えは隠しきれない。光明があるとすれば内野の変則シフト禁止。左右どちらの打席でも極端なプルヒッターのため、シフトを敷かれることが多かった。ルール変更で大きな恩恵を受ける選手の1人だろう。「踊り魔」としても知られ、クラブハウスやベンチですぐ踊る。パイレーツの入団会見でも、得意のダンスを披露した。

カモ　B・ファーマー（レッズ）.421(19-8)0本　苦手　大谷翔平（エンジェルス）.000(6-0)0本

年度	所属チーム	試合数	打数	得点	安打	二塁打	三塁打	本塁打	打点	四球	三振	盗塁	盗塁死	出塁率	OPS	打率
2010	インディアンズ	46	150	23	39	13	0	6	22	37	29	3	0	.401	.868	.260
2011	インディアンズ	155	552	84	132	35	2	27	79	97	133	5	3	.351	.808	.239
2012	インディアンズ	143	507	72	128	27	2	18	76	91	101	3	5	.365	.785	.252
2013	インディアンズ	154	541	75	145	39	1	20	74	93	110	3	1	.377	.832	.268
2014	インディアンズ	152	541	68	125	25	0	27	85	113	124	5	2	.365	.792	.231
2015	インディアンズ	154	550	72	127	29	2	19	85	108	122	11	3	.357	.752	.231
2016	インディアンズ	158	582	89	151	31	3	34	87	99	99	5	2	.366	.864	.259
2017	インディアンズ	154	571	90	148	37	3	23	79	88	94	5	1	.363	.818	.259
2018	フィリーズ	161	560	82	128	28	2	24	86	110	93	2	1	.352	.766	.229
2019	インディアンズ	158	573	110	161	30	1	34	93	108	108	4	0	.397	.912	.281
2020	インディアンズ	60	206	34	41	7	0	8	30	47	43	0	0	.349	.699	.199
2021	ロイヤルズ	158	565	66	121	15	0	19	69	86	102	2	0	.319	.661	.214
2022	ロイヤルズ	52	176	17	38	10	0	4	21	36	28	0	0	.349	.690	.216
2022	マリナーズ	79	255	35	49	8	0	15	39	35	60	0	0	.293	.693	.192
2022	2チーム計	131	431	52	87	18	0	19	60	71	88	0	0	.316	.692	.202
通算成績		1784	6329	917	1533	334	16	278	925	1148	1246	48	18	.359	.791	.242

パイレーツ

401

91 崔志萬（チェ・ジマン）Ji-Man Choi
なぜか大谷翔平に抱きつかれる兄さん

ファースト DH 移籍

32歳 1991.5.19년 | 185cm | 117kg | 右投左打 | 对左.294 对右.223 ホ.227 ア.239 得.323 ド2009外マリナーズ 出韓国

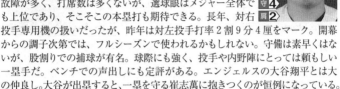

ミ	3
パ	4
走	2
守	4
肩	2

昨年11月にトレードで加入した韓国人スラッガー。細かい故障が多く、打席数は多くないが、選球眼はメジャー全体でも上位であり、そこそこの本塁打も期待できる。長年、対右投手専用機の扱いだったが、昨年は対左投手打率2割9分4厘をマーク。開幕からの調子次第では、フルシーズンで使われるかもしれない。守備は素早くはないが、股割りでの捕球が有名。球際にも強く、投手や内野陣にとっては頼もしい一塁手だ。ベンチでの声出しにも定評がある。エンジェルスの大谷翔平とは大の仲良し。大谷が出塁すると、一塁を守る崔志萬に抱きつくのが恒例になっている。

年度	所属チーム	試合数	打数	得点	安打	二塁打	三塁打	本塁打	打点	四球	三振	盗塁	盗塁死	出塁率	OPS	打率
2022	レイズ	113	356	36	83	22	0	11	52	58	123	0	0	.341	.729	.233
	通算成績	486	1463	178	350	88	3	61	225	231	441	6	7	.345	.774	.239

18 オースティン・ヘッジス Austin Hedges
若手の育成にも情熱を燃やす先生役

キャッチャー 移籍

31歳 1992.8.18년 | 185cm | 100kg | 右投右打 ●盗塁阻止率／.161(56-9) 对左.147 对右.168 ホ.169 ア.158 得.193 ド2011②パドレス 出カリフォルニア州 年500万ドル（約6億5000万円）

ミ	1
パ	1
走	2
守	5
肩	4

ガーディアンズからFAで加入した守備型捕手。打撃は乾坤一擲の一発しかなく、打率1割台の常連だが、捕手としてのスキルは天下一品。キャッチング、フレーミング、盗塁阻止能力、リードとすべてを兼ね備えており、昨季もDRS（守備で防いだ失点）が8もあった。前半戦は第1捕手として起用されるだろうが、獲得のもう1つの目的は有望株捕手の育成。ヘッジス自身も若手の教育に意欲を示しており、守備の先生になってくれるだろう。曽祖父母は、ウクライナからピッツバーグにやってきた移民。そのため今季、縁深い土地でプレーすることに喜びを感じている。

年度	所属チーム	試合数	打数	得点	安打	二塁打	三塁打	本塁打	打点	四球	三振	盗塁	盗塁死	出塁率	OPS	打率
2022	ガーディアンズ	105	294	26	48	4	0	7	30	25	78	2	0	.241	.489	.163
	通算成績	605	1812	173	343	55	4	66	207	125	554	12	3	.247	.578	.189

14 ロドルフォ・カストロ Rodolfo Castro
走塁中にスマホを落として出場停止

セカンド サード

24歳 1999.5.21년 | 183cm | 92kg | 右投両打 | 对左.263 对右.220 ホ.201 ア.269 得.260 ド2015外パイレーツ 出ドミニカ 年72万ドル（約9360万円）+α

ミ	2
パ	4
走	3
守	2
肩	4

2021年に「メジャー最初の5安打がすべて本塁打」という珍記録を打ち立てた若手内野手。昨季は一定のパンチ力を示したが、確実性を欠いてマイナーとメジャーを行き来。二塁守備も未完成で安定感はなかった。昨季、プレー以上に注目を集めたのは「落とし物事件」。8月9日のダイヤモンドバックス戦で三塁打を放ったが、三塁にヘッドスライディングをした際にお尻のポケットからスマホがスルリと落下。使用した形跡はなかったが、電子機器持ち込みの規則に反しており、1試合の出場停止処分が科せられた。厳罰を求める声が多かったわりには、寛大な大岡裁きだった。

年度	所属チーム	試合数	打数	得点	安打	二塁打	三塁打	本塁打	打点	四球	三振	盗塁	盗塁死	出塁率	OPS	打率
2022	パイレーツ	71	253	25	59	8	4	11	27	22	74	5	3	.299	.726	.233
	通算成績	102	339	34	76	10	4	16	35	28	101	5	3	.288	.707	.224

对左=対左投手打率　对右=対右投手打率　ホ=ホーム打率　ア=アウェー打率　得=得点圏打率
ド=ドラフトデータ　出=出身地　年=年俸

野手

65 ジャック・スウィンスキー *Jack Suwinski*
1試合3本塁打をやってのけたパワーヒッター

ライト/レフト

25歳 1998.7.29生 | 188cm | 97kg | 左投左打 [対左].122 [対右].237 [本].282 [ア].112
[得].159 [ド]2016⑮パドレス [出]イリノイ州 [年]72万ドル(約9360万円)+α

ミ②
パ②
走④
守④
肩⑤

2021年7月にトレードで加入したプロスペクト(有望株)の1人。昨季メジャーデビューを果たすと、6月19日のジャイアンツ戦ではサヨナラスリーランを含む、1試合3本塁打を記録。守備能力も上々で、ホームランキャッチを見せるシーンもあった。打撃面では、選球眼は良いが、スイング時のコンタクト率が低いため、三振が多い。平均打球速度は速くないが、芯でとらえた際の打球速度はメジャー上位だ。現状、粗さが目立つが、ロマンがデータに現れている。父ティムさんは大工。息子のトラベルボールの遠征費用を捻出するため、あらゆるクーポンを貯めたそうだ。

年度	所属チーム	試合数	打数	得点	安打	二塁打	三塁打	本塁打	打点	四球	三振	盗塁	盗塁死	出塁率	OPS	打率
2022	パイレーツ	106	326	45	66	11	0	19	38	41	114	4	2	.298	.709	.202
通算成績		106	326	45	66	11	0	19	38	41	114	4	2	.298	.709	.202

31 カル・ミッチェル *Cal Mitchell*
マイコラスのノーヒットノーランを阻止

ライト/レフト

24歳 1999.3.8生 | 183cm | 92kg | 左投左打 [対左].245 [対右].220 [本].274 [ア].168
[得].191 [ド]2017②パイレーツ [出]カリフォルニア州 [年]72万ドル(約9360万円)+α

ミ②
パ③
走③
守③
肩③

2017年のドラフトで、パイレーツが2巡目に指名した外野手。昨年5月に外野陣がケガ人だらけになったため、3Aから緊急昇格。6月14日のカーディナルス戦ではマイコラスにノーヒットノーランを食らうところだったが、8回2死からセンター奥にエンタイトルツーベースを放ち、総立ちの敵地ファンを黙らせた。昨季は3Aで打率3割3分9厘を記録したものの、メジャーでは三振が目立ち、成長途上。随所で打球を上げるテクニックを見せており、打撃開花が待ち望まれる。少年時代のトラベルボールのコーチは、1989年のワールドシリーズMVPデイヴ・スチュワート。

年度	所属チーム	試合数	打数	得点	安打	二塁打	三塁打	本塁打	打点	四球	三振	盗塁	盗塁死	出塁率	OPS	打率
2022	パイレーツ	69	212	21	48	11	0	5	17	18	52	3	1	.286	.635	.226
通算成績		69	212	21	48	11	0	5	17	18	52	3	1	.286	.635	.226

3 裵智煥(ペ・ジファン) *Ji Hwan Bae*
韓国が生んだ衝撃的なスピードスター

セカンド/センター　ルーキー

24歳 1999.7.26生 | 185cm | 83kg | 右投左打 [対左].000 [対右].423 [本].292 [ア].444
[得].429 [ド]2017例ブレーブス [出]韓国 [年]72万ドル(約9360万円)+α

ミ③
パ③
走⑤
守④
肩③

若き韓国人野手。韓国高校野球のスーパースターで、韓国でのドラフト1位指名が確実視されていたが、指名を拒否して渡米。パイレーツとマイナー契約を結んだ。メジャートップクラスの俊足と溌溂としたプレーが魅力で、昨季は3Aで108試合に出場し、打率2割8分9厘、8本塁打、30盗塁。9月にメジャーデビューを果たした。韓国の英雄になれそうな逸材だが、高校時代にガールフレンドを殴ったとして、2018年4月に罰金処分を受けたほか、過去の飲酒運転が問題視され、韓国球界に復帰できなかった姜正浩をSNSで擁護して批判を浴びるなど、母国での人気はイマイチ。

年度	所属チーム	試合数	打数	得点	安打	二塁打	三塁打	本塁打	打点	四球	三振	盗塁	盗塁死	出塁率	OPS	打率
2022	パイレーツ	10	33	5	11	3	0	0	6	2	6	3	0	.405	.829	.333
通算成績		10	33	5	11	3	0	0	6	2	6	3	0	.405	.829	.333

パイレーツ

10年前のナショナル・リーグMVP
22 アンドルー・マカッチェン Andrew McCutchen

レフト DH　移籍

37歳 1986.10.10生｜180cm｜88kg｜右投右打　対左.221　対右.243　㍫.235
⑦.238　㊦.264　㋳2005①パイレーツ　㊐フロリダ州　㊓500万ドル（約6億5000万円）＋α
●MVP1回（13年）、ゴールドグラブ賞1回（12年）、シルバースラッガー賞4回（12〜15年）、ロベルト・クレメンテ賞1回（15年）

ミ **2**
バ **3**
走 **3**
守 **2**
肩 **2**

　6年ぶりに、愛着あるチームへ帰還したピッツバーグの英雄。2005年のドラフトで、パイレーツから1巡目に指名されてプロ入り。09年にメジャーデビューすると、5ツールを備えた外野手として、またたく間にパイレーツの、そしてMLBを代表するスター選手になった。18年にパイレーツを出る前後から、すべてのツールの衰えが激しくなり、ブリュワーズでプレーした昨季のOPSは自己ワーストの.700。今季、古巣パイレーツと交わした契約は1年で、引退へ向けた準備と見る向きも多いが、本人はそれを否定。「別れのためじゃない。チームの勝利のため、戻ってきたんだ！」

年度	所属チーム	試合数	打数	得点	安打	二塁打	三塁打	本塁打	打点	四球	三振	盗塁	盗塁死	出塁率	OPS	打率
2022	ブリュワーズ	134	515	66	122	25	0	17	69	57	124	8	6	.316	.700	.237
通算成績		1895	7035	1118	1948	392	49	287	1002	983	1542	205	84	.369	.838	.277

俊足巧打の元ドラ1外野手
5 トラヴィス・スワーガティ Travis Swaggerty

外野手　ルーキー

26歳 1997.8.19生｜178cm｜90kg｜左投左打　対左.167　対右.000　㍫.000　⑦.200
㊦.000　㋳2018①パイレーツ　㊐ルイジアナ州　㊓72万ドル（約9360万円）＋α

ミ **1**
バ **2**
走 **5**
守 **4**
肩 **4**

　2018年にドラフト1巡目（全体10位）で入団した外野手。大学時代にはアメリカ代表にも選出され、日米大学野球で森下暢仁（現・広島）らと対戦している。ハイレベルな選球眼と走塁、守備が評価されており、昨季は3Aで107試合に出場し、打率2割5分4厘、9本塁打、20盗塁、出塁率3割4分8厘をマーク。6月にはメジャーで5試合に出場した。バッティングはあと一押しだが、代走と守備固めならば十分に任せられるレベル。21年に長女が誕生したが、約6週間の早産だった。そのため、新生児集中治療室（NICU）の重要性を訴える啓蒙活動に、精力的に参加している。

年度	所属チーム	試合数	打数	得点	安打	二塁打	三塁打	本塁打	打点	四球	三振	盗塁	盗塁死	出塁率	OPS	打率
2022	パイレーツ	5	9	0	1	0	0	0	0	4	0	0	0	.111	.222	.111
通算成績		5	9	0	1	0	0	0	0	4	0	0	0	.111	.222	.111

25 エンディ・ロドリゲス Endy Rodriguez

キャッチャー　期待度 A　ルーキー

23歳 2000.5.26生｜183cm｜77kg｜右投両打　◆昨季は1A+、2A、3Aでプレー　㋳2018㊱メッツ　㊐ドミニカ

　スイッチヒッターのドミニカ出身捕手。高い身体能力が自慢だ。外野や一塁、二塁も守る器用さを持つが、バットコントロールは出色。昨季は1A+で開幕を迎えたが、88試合で打率3割0分2厘、16本塁打をマーク。2Aでも31試合で打率3割5分6厘、8本塁打の好成績を残して、3A昇格を果たした。

ー マルコム・ヌニェス Malcom Nunez

ファースト　期待度 B　ルーキー

22歳 2001.3.9生｜180cm｜92kg｜右投右打　◆昨季は2A、3Aでプレー　㋳2018㊱カーディナルス　㊐キューバ

　ヨハン・オヴィエドとともに、昨年8月にカーディナルスからトレードで移籍してきたキューバ出身の若手野手。昨季は2Aで114試合に出場し、22本塁打をかっ飛ばした。俊敏性に欠けるため守備は苦手だが、打撃能力は非常に高く、主軸候補と言われている。2016年には、U-15キューバ代表の4番として来日している。

　対左＝対左投手打率　対右＝対右投手打率　㍫＝ホーム打率　⑦＝アウェー打率　㊦＝得点圏打率　㋳＝ドラフトデータ　㊐＝出身地　㊓＝年俸

ロサンジェルス・ドジャース

◆創　立：1883年
◆本拠地：カリフォルニア州ロサンゼルス市
◆ワールドシリーズ制覇：7回　◆リーグ優勝：24回
◆地区優勝：20回　◆ワイルドカード獲得：3回

| 主要オーナー | マーク・ウォルター（投資会社グッゲンハイム・パートナーズ最高責任者） |

過去5年成績

年度	勝	負	勝率	ゲーム差	地区順位	ポストシーズン成績
2018	92	71	.564	(1.0)	①	ワールドシリーズ敗退
2019	106	56	.654	(21.0)	①	地区シリーズ敗退
2020	43	17	.717	(6.0)	①	ワールドシリーズ制覇
2021	106	56	.654	1.0	②	リーグ優勝決定シリーズ敗退
2022	111	51	.685	(22.0)	①	地区シリーズ敗退

監督　**30 デイヴ・ロバーツ** *Dave Roberts*

◆年　　齢……51歳（沖縄県出身）
◆現役時代の経歴……10シーズン　インディアンズ（1999〜2001）、
　（センター、レフト）　ドジャース（2002〜04）、レッドソックス（2004）、
　パドレス（2005〜06）、ジャイアンツ（2007〜08）
◆現役通算成績……832試合　.266　23本　213打点
◆監督経歴……7シーズン　ドジャース（2016〜）
◆監督経歴……653勝381敗（勝率.632）　最優秀監督賞1回（16年）

　昨季、球団史上最多となるシーズン111勝をマークした日系人監督。就任から7年、スター選手たちをまとめ上げ、レギュラーシーズンではすばらしい成績を残してきた。だが、ワールドシリーズ制覇は一度のみ。ポストシーズンで結果を出せず、ファンから非難されることも多い。生まれは、沖縄県那覇市。父ウェイモンさんが、沖縄の米軍基地に所属していた際、母の栄子さんと知り合い結婚。栄子さんはドジャース・スタジアムで、始球式を務めたことがある。

注目コーチ　**91 ディノ・イベル** *Dino Ebel*

　三塁ベースコーチ。57歳。エンジェルスでのコーチ歴も長く、プーホールスから厚い信頼を寄せられていた。2023年のWBCでは、米国代表チームの三塁ベースコーチ。

編成責任者　**アンドルー・フリードマン** *Andrew Friedman*

　47歳。28歳の若さでレイズのGMとなり、成功を収めた。37歳のとき（2014年10月）、5年3500万ドルの大型契約でドジャース入り。結果を出し続け、その後、契約延長。

スタジアム　**ドジャー・スタジアム** *Dodger Stadium*

◆開 場 年……1962年
◆仕　　様……天然芝
◆収容能力……56,000人
◆フェンスの高さ…1.4〜2.4m
◆特　　徴……メジャーでは珍しい、左右対称な形状をした球場。ホームからセンターフェンスまでの距離は短めだが、左中間、右中間が、他球場に比べて深くなっている。投手に有利とされているが、ドジャースの強力な打撃陣には関係なし。

ピッチャーズパーク
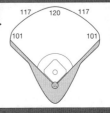

Best Order [ベストオーダー]

① **ムッキー・ベッツ**……ライト
② **フレディ・フリーマン**……ファースト
③ **ウィル・スミス**……キャッチャー
④ **マックス・マンシー**……セカンド
⑤ **J.D.マルティネス**……DH
⑥ **トレイス・トンプソン**……センター
⑦ **ギャヴィン・ラックス**……ショート
⑧ **クリス・テイラー**……レフト
⑨ **ミゲール・ヴァルガス**……サード

Depth Chart [ポジション別選手層・メンバーリスト]

※2023年2月13日時点の候補選手。数字は背番号(開幕前に変更する場合もあり)、右・左等は投・打の順。

センター
25 **トレイス・トンプソン** [右・右]
3 クリス・テイラー [右・右]
77 ジェイムズ・アウトマン [右・右]

レフト
3 **クリス・テイラー** [右・右]
― デイヴィッド・ペラルタ [左・左]
77 ジェイムズ・アウトマン [右・右]
25 トレイス・トンプソン [右・右]

ライト
50 **ムッキー・ベッツ** [右・右]
3 クリス・テイラー [右・右]
77 ジェイムズ・アウトマン [右・右]

ショート
9 **ギャヴィン・ラックス** [右・左]
11 ミゲール・ロハス [右・右]

セカンド
13 **マックス・マンシー** [右・左]
9 ギャヴィン・ラックス [右・左]
3 クリス・テイラー [右・右]

ローテーション
7 フリオ・ウリーアス [左・右]
26 トニー・ゴンソリン [右・右]
22 クレイトン・カーショウ [左・右]
85 ダスティン・メイ [右・右]
43 ノア・シンダーガード [右・左]
47 ライアン・ペピオ [右・右]

サード
71 **ミゲール・ヴァルガス** [右・右]
13 マックス・マンシー [右・左]

ファースト
5 **フレディ・フリーマン** [右・左]
13 マックス・マンシー [右・左]

キャッチャー
16 **ウィル・スミス** [右・右]
15 オースティン・バーンズ [右・右]

DH
28 **J.D.マルティネス** [右・右]
13 マックス・マンシー [右・左]
16 ウィル・スミス [右・右]

ブルペン
59 エヴァン・フィリップス [右・右] CL
51 アレックス・ヴェシーア [左・左] CL
38 イェンシー・アルモンテ [右・右]
64 ケイレブ・ファーガソン [左・右]
48 ブルスダー・グラテロル [右・右]
78 マイケル・グローヴ [右・右]
18 シェルビー・ミラー [右・右]
52 フィル・ビックフォード [右・右]
63 ジャスティン・ブリュール [左・左]

※ CL =クローザー

ドジャース試合日程……*はアウェーでの開催

3月30・31・4月1・2	ダイヤモンドバックス	5月1・2・3	フィリーズ	6月2・3・4	ヤンキース
3・4	ロッキーズ	5・6・7	パドレス*	6・7・8	レッズ*
6・7・8・9	ダイヤモンドバックス*	8・9・10	ブリュワーズ*	9・10・11	フィリーズ*
10・11・12	ジャイアンツ	12・13・14	パドレス	13・14・15	ホワイトソックス
14・15・16	カブス	15・16・17	ツインズ	16・17・18	ジャイアンツ
17・18・19	メッツ	18・19・20・21	カーディナルス*	20・21	エンジェルス*
20・21・22・23	カブス*	22・23・24	ブレーブス	23・24・25	アストロズ
25・26・27	パイレーツ*	26・27・28	レイズ*	27・28・29	ロッキーズ*
28・29・30	カーディナルス	29・30・31	ナショナルズ	30・7月1・2	ロイヤルズ*

球団メモ 1958年、当時のオーナーのウォルター・オマリーが、ニューヨークからロサンジェルスへ本拠を移転。現パドレスのオーナー、ピーター・サイドラーはオマリーの孫。

■**投手力**➡…★★★★☆ 【昨年度チーム防御率2.80、リーグ1位】

　ローテーションは1～4番手がウリーアス、ゴンソリン、カーショウ、メイで昨季終盤と同じ顔ぶれだ。全員トップレベルの実力があり、全員が2点台の防御率を出す可能性がある。5番手に予定されているシンダーガードは、トミー・ジョン手術後に球速が低下しているが、3点台後半の防御率を出す能力はある。ブルペンは球団がクローザーを1人に固定しない方針を打ち出しており、フィリップス、グラテロル、ヴェシーア、アルモンテあたりが代わる代わる務めることになる。これは多少マイナスに作用する可能性が高い。

■**攻撃力**⬇…★★★★☆ 【昨年度チーム得点847、リーグ1位】

　打線からベリンジャー、トレイ・ターナー、ジャスティン・ターナーの3人が抜けた。これは大きなマイナスになるが、ドジャースにはケタ外れの得点力があるため、チーム得点が急速に落ち込むことはない。

■**守備力**➡…★★★★☆ 【昨年度チーム失策数83、リーグ8位】

　ピンチになると集中力が増す優秀なベテランが多いため、昨年はDRS（守備で防いだ失点）が86あった。これはリーグで最多の数字。スミスとバーンズの正副捕手コンビは、ボールブロックがうまく、昨季はワイルドピッチを38個しか出さなかった。これはリーグで3番目に少ない数字だ。

■**機動力**➡…★★★★☆ 【昨年度チーム盗塁数98、リーグ5位】

　機動力野球発祥のチームだけあって、盗塁数（98）が多いだけでなく、成功率が高い（84.5％）。送りバントはほとんど使わない。

総合評価
★★★★☆

　昨年、先発防御率、リリーフ防御率、チーム得点が、すべてメジャーでダントツだったすごいチーム。それに加え、「行き詰まったピッチャーたちの再生工場」という役目も果たしている。おそらく今シーズンも余裕で100勝し、地区優勝することだろう。

（右側縦書き）ドジャース

IN 主な入団選手	**OUT** 主な退団選手
投手	投手
ノア・シンダーガード ←フィリーズ	タイラー・アンダーソン ➡エンジェルス
シェルビー・ミラー ←ジャイアンツ	クリス・マーティン ➡レッドソックス
	クレイグ・キンブル ➡フィリーズ
野手	野手
J.D.マルティネス ←レッドソックス	トレイ・ターナー ➡フィリーズ
ミゲール・ロハス ←マーリンズ	ジャスティン・ターナー ➡レッドソックス
	コーディ・ベリンジャー ➡カブス

3・4・5・6	パイレーツ	4・5・6・7	パドレス*	5・6・7	マーリンズ*
7・8	エンジェルス	8・9	ダイヤモンドバックス*	8・9・10	ナショナルズ*
11	オールスターゲーム	10・11・12・13	ロッキーズ	11・12・13	パドレス
14・15・16	メッツ*	15・16・17	ブリュワーズ	15・16・17	マリナーズ*
17・18・19	オリオールズ*	18・19・20	マーリンズ	18・19・20	タイガース
21・22・23	レンジャーズ*	22・23・24	ガーディアンズ*	21・22・23	ジャイアンツ
24・25・26	ブルージェイズ	25・26・27	レッドソックス*	26・27・28	ロッキーズ
28・29・30	レッズ	28・29・30	ダイヤモンドバックス	29・30・**10月**1	ジャイアンツ*
8月1・2・3	アスレティックス	31・**9月**1・2・3	ブレーブス		

球団メモ 大投手デイヴィッド・プライスが、昨季で現役を引退。実働14年で、157勝82敗、防御率3.32、2076奪三振。レイズ時代の2012年には、サイ・ヤング賞を獲得。

効率良くアウトを取ることに徹し、完全復活 　先発

22 クレイトン・カーショウ
Clayton Kershaw ★WBCアメリカ代表

35歳 1988.3.19生｜193cm｜101kg｜左投左打

◆速球のスピード／140キロ台後半（フォーシーム主体）
◆決め球と持ち球／☆スライダー、☆カーブ、◎フォーシーム
◆対左打者被打率／.254　◆対右打者被打率／.198
◆ホーム防御率／2.39　◆アウェー防御率／2.17
◆ドラフトデータ／2006①ドジャース
◆出身地／テキサス州　◆年俸／2000万ドル（約26億円）
◆MVP1回（14年）、サイ・ヤング賞3回（11、13、14年）、最優秀防御率5回
（11～14、17年）、最多勝3回（11、14、17年）、最多奪三振3回（11、13、15
年）、ゴールドグラブ賞1回（11年）、ロベルト・クレメンテ賞1回（12年）

球威	3
制球	5
緩急	4
守備・走塁	3
度胸	5

　昨季終了後いったんFAになったが、ドジャースと新たに1年2000万ドルの契約を交わした偉大なサウスポー。一昨年はヒジの故障にとことん苦しみ、ポストシーズンで投げることができなかった。そのため昨季は、メディアやファンから不安視される中でシーズンに入ることになった。そうした空気は、最初の登板となった4月13日のツインズ戦で、シャットアウトすることになる。7回を無安打無失点に抑え、13個の三振を奪う圧巻のピッチングを見せたのだ。この試合で彼は7回を80球で片付けているが、その後も効率良くアウトを取ることに徹した結果、勝ち星がどんどん積み上がっていった。途中5月には骨盤と腸をつなぐ仙腸関節を痛めて約ひと月、8月には持病の腰痛が再発して26日間IL（故障者リスト）入りしたが、ピッチングに深刻な影響が出る故障ではなかったため、シーズンを通して制球が安定し、防御率は2点台前半で推移した。

　テキサス州ダラスで生まれ育ち、現在も自宅はダラスにあるため、シーズン終了後にFAになった際は、地元のレンジャーズから複数年契約のオファーがあったが、ドジャースとの単年契約を選択している。今後も投げられる状態であれば1年契約で残留し、故障が深刻で投げられる状態でなければいさぎよく引退すると、心に決めているようだ。昨季終了時点で通算197勝しており、今年4月下旬に200勝達成となる可能性が高い。

カモ B・クロフォード（ジャイアンツ）.125(48-6)0本　大谷翔平（エンジェルス）.000(8-0)0本
苦手 J・デイヴィス（ジャイアンツ）.455(11-5)3本　鈴木誠也（カブス）.600(5-3)0本

年度	所属チーム	勝利	敗戦	防御率	試合数	先発	セーブ	投球イニング	被安打	失点	自責点	被本塁打	与四球	奪三振	WHIP
2008	ドジャース	5	5	4.26	22	21	0	107.2	109	51	51	11	52	100	1.50
2009	ドジャース	8	8	2.79	31	30	0	171.0	119	55	53	7	91	185	1.23
2010	ドジャース	13	10	2.91	32	32	0	204.1	160	73	66	13	81	212	1.18
2011	ドジャース	21	5	2.28	33	33	0	233.1	174	66	59	15	54	248	0.98
2012	ドジャース	14	9	2.53	33	33	0	227.2	170	70	64	16	63	229	1.02
2013	ドジャース	16	9	1.83	33	33	0	236.0	164	55	48	11	52	232	0.92
2014	ドジャース	21	3	1.77	27	27	0	198.1	139	42	39	9	31	239	0.86
2015	ドジャース	16	7	2.13	33	33	0	232.2	163	62	55	15	42	301	0.88
2016	ドジャース	12	4	1.69	21	21	0	149.0	97	31	28	8	11	172	0.72
2017	ドジャース	18	4	2.31	27	27	0	175.0	136	49	45	23	30	202	0.95
2018	ドジャース	9	5	2.73	26	26	0	161.1	139	55	49	17	29	155	1.04
2019	ドジャース	16	5	3.03	29	28	0	178.1	145	63	60	28	41	189	1.04
2020	ドジャース	6	2	2.16	10	10	0	58.1	41	18	14	8	8	62	0.84
2021	ドジャース	10	8	3.55	22	22	0	121.2	103	51	48	15	21	144	1.02
2022	ドジャース	12	3	2.28	22	22	0	126.1	96	36	32	10	23	137	0.94
通算成績		197	87	2.48	401	398	0	2581.0	1955	777	711	206	629	2807	1.00

走者は出しても得点は許さない新エース　**先発**

7 フリオ・ウリーアス
Julio Urias ★WBC**メキシコ代表**

27歳　1996.8.12生　183cm／101kg　左投左打
◆速球のスピード／150キロ前後（フォーシーム主体）
◆決め球と持ち球／☆フォーシーム、☆カーブ、
　○チェンジアップ
◆対左打者被打率／.178　◆対右打者被打率／.204
◆ホーム防御率／2.43　◆アウェー防御率／1.94
◆ドラフトデータ／2012⑰ドジャース
◆出身地／メキシコ　◆年俸／1425万ドル（約18億5250万円）
◆最優秀防御率1回（22年）、最多勝1回（21年）

球威	5
制球	5
緩急	5
守備_走塁	3
度胸	5

ナショナル・リーグでベストの防御率（2.16）をマークし、初めてサイ・ヤング賞の最終候補にノミネートされたメキシコ出身のサウスポー。

昨シーズンは最初の登板が、標高の高いデンバーで行われたロッキーズ戦だったため、制球がままならず2回までに6失点（自責点3）して負け投手になった。だが、それ以降はローテーション通りに登板して、好投を続けた。とくにシーズン後半は制球が安定し、登板した13試合のうち10試合を自責点1以内に抑え、防御率がどんどん良くなって、ナ・リーグの最高防御率につながった。通常はフォーシーム5割、カーブ3割、チェンジアップ2割くらいの比率で投げているが、昨年好調を支えたのはフォーシーム。昨季、フォーシームの平均球速は前年（2021年）より1.0マイル（約1.6キロ）落ちているが、もともと多かったスピン量がさらに増したため威力が増し、フォーシームを高めに、カーブとチェンジアップを低めに投げ分けるピッチングが冴えわたった。

2016年にメジャーデビューしてしばらくの間は、目のまぶたに腫瘍ができて視界を狭くする先天的な疾患があるのに、何度も手術を受けてそれを乗り越えメジャーリーガーになった努力の人と見なされ、人気があった。

しかし19年に、当時同棲していた女性とショッピングセンターに出かけた際、駐車場で口論になり、暴力をふるってMLBから20試合出場停止処分を受けた。これでイメージが悪くなったが、21年に大化けして20勝したことで人気選手の1人になった。現在はデイジー・ペレスさんという女性と一緒に住んでおり、昨年5月に彼女がドジャー・スタジアムで始球式をやるという話がメディアに出たことがあった。

[カモ] 金河成（パドレス）.000(9-0)0本　J・ソト（パドレス）.063(16-1)1本
[苦手] A・スレイター（ジャイアンツ）.393(28-11)2本　D・フレッチャー（エンジェルス）.714(7-5)0本

年度	所属チーム	勝利	敗戦	防御率	試合数	先発	セーブ	投球イニング	被安打	失点	自責点	被本塁打	与四球	奪三振	WHIP
2016	ドジャース	5	2	3.39	18	15	0	77.0	81	32	29	5	31	84	1.45
2017	ドジャース	0	2	5.40	5	5	0	23.1	23	15	14	1	14	11	1.59
2018	ドジャース	0	0	0.00	3	0	0	4.0	1	0	0	0	0	7	0.25
2019	ドジャース	4	3	2.49	37	8	4	79.2	59	28	22	7	27	85	1.08
2020	ドジャース	3	0	3.27	11	10	0	55.0	45	20	20	5	18	45	1.15
2021	ドジャース	20	3	2.96	32	32	0	185.2	151	67	61	19	38	195	1.02
2022	ドジャース	17	7	2.16	31	31	0	175.0	127	51	42	23	41	166	0.96
通算成績		49	17	2.82	137	101	4	599.2	487	213	188	60	169	593	1.09

ド
ジ
ャ
ー
ス

スプリッターとスライダーを武器に急成長　**先発**

26　トニー・ゴンソリン　Tony Gonsolin

29歳｜1994.5.14生｜190cm｜92kg｜右投右打

◆速球のスピード／150キロ前後（フォーシーム主体）
◆決め球と持ち球／☆スプリッター、☆スライダー、◎カーブ、○フォーシーム
◆対左.163　◆対右.184　◆ホ防1.64　◆ア防2.66
◆ド2016⑨ドジャース　◆出カリフォルニア州
◆年325万ドル（約4億2250万円）

球威	4
制球	4
緩急	5
守備・走塁	5
度胸	4

　メジャー4年目で大ブレイクした、顔の下半分を覆う海賊ヒゲがトレードマークの右腕。昨季は出だしからスプリッターとスライダーの制球が安定し、ピンチになってもこの2つを効果的に使ってしのぎ、好投を続けた。7月7日までの16回の先発はすべて自責点2以内で、11勝して負けなしだったため、初めてオールスターに選出された。シーズン後半も好投が続いたが、8月下旬に前腕部に張りが出てIL入り。シーズン終了前日に復帰し、ポストシーズンで1試合に登板したが、4つアウトを取っただけで降板した。以前はケネディー・ジョーゲンセンさんというブロンドの女性と行動をともにしていたが、現在はメイディ・マドリガルさんという黒髪の女性と暮らしている。

| カモ | J.クローネンワース（パドレス）.000(10-0)0本 | 苦手 | T.グリシャム（パドレス）.400(10-4)1本 |

年度	所属チーム	勝利	敗戦	防御率	試合数	先発	セーブ	投イニング	被安打	失点	自責点	被本塁打	与四球	奪三振	WHIP
2019	ドジャース	4	2	2.93	11	6	1	40.0	26	15	13	4	15	37	1.03
2020	ドジャース	2	2	2.31	9	8	0	46.2	32	13	12	2	7	46	0.84
2021	ドジャース	4	1	3.23	15	13	0	55.2	41	20	20	8	34	65	1.35
2022	ドジャース	16	1	2.14	24	24	0	130.1	79	32	31	11	35	119	0.87
通算成績		26	6	2.51	59	51	1	272.2	178	80	76	25	91	267	0.99

制球力が回復すれば大化けの可能性も　**先発**

85　ダスティン・メイ　Dustin May

26歳｜1997.9.6生｜198cm｜81kg｜右投右打

◆速球のスピード／150キロ台後半（シンカー、フォーシーム）
◆決め球と持ち球／◎シンカー、◎カーブ、◎フォーシーム、○カッター、△チェンジアップ
◆対左.148　◆対右.241　◆ホ防7.07　◆ア防2.25
◆ド2016③ドジャース　◆出テキサス州
◆年168万ドル（約2億1840万円）

球威	5
制球	2
緩急	4
守備・走塁	3
度胸	3

　一昨年の5月にトミー・ジョン手術を受けたため、今季が本格的なカムバックイヤーになる右腕。術後の回復が順調だったため、昨年7月16日からマイナーで復帰に向けた試運転登板を開始。3Aで5試合に先発してすべて1失点以内に抑えたため、8月20日にメジャーに復帰。ローテーション入りしてシーズン終了までに6試合に先発。シンカーの平均球速は156.6キロ、フォーシームは157.8キロで、手術前のレベルに戻っているが、制球力がフルに回復していないため与四球が多く、イマイチの内容だった。今季は制球力の回復が見込めるので、大勝ちする可能性も。メイのメジャー復帰への道のりはフィルムに収められ、2度に分けて放送されたのでファンの関心も高い。

| カモ | N.アレナード（カーディナルス）.000(6-0)0本 | 苦手 | C.ウォーカー（ダイヤモンドバックス）.750(4-3)0本 |

年度	所属チーム	勝利	敗戦	防御率	試合数	先発	セーブ	投イニング	被安打	失点	自責点	被本塁打	与四球	奪三振	WHIP
2019	ドジャース	2	3	3.63	14	4	0	34.2	33	17	14	2	5	32	1.10
2020	ドジャース	3	1	2.57	12	10	0	56.0	45	18	16	9	16	44	1.09
2021	ドジャース	1	1	2.74	5	5	0	23.0	16	8	7	4	6	35	0.96
2022	ドジャース	2	3	4.50	6	6	0	30.0	21	17	15	3	14	29	1.17
通算成績		8	8	3.26	37	25	0	143.2	115	60	52	18	41	140	1.09

対左=対左打者被打率　対右=対右打者被打率　ホ防=ホーム防御率　ア防=アウェー防御率
ド=ドラフトデータ　出=出身地　年=年俸　カモ　苦手 は通算成績

投手

59 エヴァン・フィリップス Evan Phillips
5月以降の55試合の防御率は0.50 セットアップ クローザー

29歳 1994.9.11生｜188cm｜97kg｜右投右打
◆速球のスピード／150キロ台前半〜中頃（フォーシーム、シンカー）
◆決め球と持ち球／☆スライダー、◎フォーシーム、◎カッター、◎シンカー
◆対左.170 ◆対右.142 ◆ホ防1.41 ◆ア防0.87
◆ド2015⑰ブレーブス ◆囲メリーランド州
◆囲130万ドル（約1億6900万円）

	球威	4
制球	5
緩急	4
守備・走制	4
度胸	4

今年1月に「MLB.com」が発表した「メジャーリーグ・リリーフ投手・トップ10」で4位にランクされた右腕。一昨年までの4年間は防御率6.68だったが、昨年は全投球の半分弱を占めるスライダーの制球が良く、打者を追い込むとこれを使ってハイペースで三振を奪った。その後はカッター、フォーシーム、シンカーの制球も安定してほとんど失点しなくなり、5月以降の55試合は自責点がわずか3で、この期間の防御率は0.50だった。今シーズンもセットアッパーを務めるが、クローザーでも20試合以上使われる可能性が高い。

カモ B.ドルーリー（エンジェルス）.000(5-0)0本　苦手 V.ゲレーロ・ジュニア（ブルージェイズ）.750(4-3)0本

年度	所属チーム	勝利	敗戦	防御率	試合数	先発	セーブ	投球イニング	被安打	失点	自責点	被本塁打	与四球	奪三振	WHIP
2018	ブレーブス	0	0	8.53	4	0	0	6.1	6	6	6	4	3	1.58
2018	オリオールズ	0	1	18.56	5	1	0	5.1	7	13	11	2	6	5	2.44
2018	2チーム計	0	1	13.11	9	1	0	11.2	13	19	17	5	10	8	1.97
2019	オリオールズ	0	0	6.43	25	0	0	28.0	32	20	20	2	20	40	1.86
2020	オリオールズ	1	1	5.02	14	0	0	14.1	14	8	8	1	10	20	1.67
2021	レイズ	0	0	3.00	1	0	0	3.0	3	1	1	1	0	1	1.00
2021	ドジャース	1	1	3.48	7	0	0	10.1	8	5	4	0	5	10	1.26
2021	2チーム計	1	1	3.38	8	0	0	13.1	11	6	5	1	5	11	1.20
2022	ドジャース	7	3	1.14	64	0	3	63.0	33	11	8	8	21	77	0.76
通算成績		9	7	4.01	120	1	3	130.1	103	64	58	11	60	156	1.25

51 アレックス・ヴェシーア Alex Vesia
8月以降の23試合で失点はわずか1 セットアップ クローザー

27歳 1996.4.11生｜185cm｜94kg｜左投左打
◆速球のスピード／150キロ台前半（フォーシーム）
◆決め球と持ち球／☆フォーシーム、◎スライダー、△チェンジアップ
◆対左.130 ◆対右.217 ◆ホ防2.84 ◆ア防1.55
◆ド2018⑰マーリンズ ◆囲カリフォルニア州
◆囲72万ドル（約9360万円）＋α

	球威	5
制球	2
緩急	3
守備・走制	2
度胸	3

マウンド上で吠えながら派手なアクションを連発する、ブルドッグメンタリティのリリーフ左腕。昨季は、シーズン後半になってエンジン全開になり、8月以降は登板するたびに無失点に抑え、23試合に登板して失点はわずか1だった。さらにポストシーズンでも3試合に登板して、すべて無失点に抑えた。球種はオーバーハンドから繰り出すフォーシーム、スライダー、チェンジアップ。最大の武器はフォーシーム。スピン量の多い、心もち浮き上がる軌道のボールで、打者を追い込むと、高めのボールゾーンにこれを叩き込んで三振を奪う。今季ドジャースはクローザーを固定しない可能性が高いので、9回の抑えで登板する機会がかなりありそうだ。まだ正式な結婚はしていないが、ケイラ・ハワードさんという黒髪の肉感的な女性と行動をともにしている。

カモ M.ヤストレムスキー（ジャイアンツ）.000(5-0)0本　苦手 K.マーテイ（ダイヤモンドバックス）1.000(3-3)0本

年度	所属チーム	勝利	敗戦	防御率	試合数	先発	セーブ	投球イニング	被安打	失点	自責点	被本塁打	与四球	奪三振	WHIP
2020	マーリンズ	1	1	18.69	9	0	0	4.1	7	10	9	3	5	3.23
2021	ドジャース	3	1	2.25	41	0	1	40.0	17	17	10	6	22	54	0.98
2022	ドジャース	5	0	2.15	63	0	1	54.1	37	14	13	2	24	79	1.12
通算成績		8	2	2.92	109	0	2	98.2	61	41	32	11	53	138	1.16

ドジャース

再生工場ドジャースの成功例になれるか注目　先発　移籍

43 ノア・シンダーガード *Noah Syndergaard*

31歳　1992.8.29生｜198cm｜109kg｜右投左打

- ◆速球のスピード／150キロ台前半（シンカー、フォーシーム）
- ◆決め球と持ち球／☆シンカー、◎スライダー、◎カーブ、△フォーシーム、△チェンジアップ
- ◆対左.272　◆対右.256　◆ホ防3.47　◆ア防4.64
- ◆ド2010①ブルージェイズ　◆田テキサス州
- ◆年1300万ドル（約16億9000万円）

球威	3
制球	4
緩急	3
守備・走塁	1
度胸	3

　トミー・ジョン手術から復帰後、シンカーとフォーシームの球速が5キロ以上低下したため、かつてのようなパワーピッチングができなくなった右腕。昨季はエンジェルスとフィリーズに在籍し、新たな投球スタイルを確立しようと試行錯誤しているうちにシーズンが終了した。今季、ドジャースに1年1300万ドルの契約で入団したのは、行き詰まったベテランがドジャースに来て次々好成績を残しているので、自分もここで1年間好成績を出して、そのうえでFA市場に出て、4年以上の長期契約を得ようと目論んでいるのだ。

カモ G・スタントン（ヤンキース）.077(13-1)0本　**苦手** H・レンフロー（エンジェルス）.571(7-4)0本

年度	所属チーム	勝利	敗戦	防御率	試合数	先発	セーブ	投球イニング	被安打	失点	自責点	被本塁打	与四球	奪三振	WHIP
2015	メッツ	9	7	3.24	24	24	0	150.0	126	60	54	19	31	166	1.05
2016	メッツ	14	9	2.60	31	30	0	183.2	168	61	53	11	43	218	1.15
2017	メッツ	1	2	2.97	7	7	0	30.1	29	14	10	0	3	34	1.05
2018	メッツ	13	4	3.03	25	25	0	154.1	148	55	52	9	39	155	1.21
2019	メッツ	10	8	4.28	32	32	0	197.2	194	101	94	24	50	202	1.23
2021	メッツ	0	1	9.00	2	2	0	2.0	3	2	2	1	0	2	1.50
2022	エンジェルス	5	8	3.83	15	15	0	80.0	75	36	34	9	22	64	1.21
2022	フィリーズ	5	2	4.12	10	9	0	54.2	63	26	25	5	9	31	1.32
2022	2チーム計	10	10	3.94	25	24	0	134.2	138	62	59	14	31	95	1.25
通算成績		57	41	3.42	146	144	0	852.2	806	355	324	78	197	872	1.18

昨年、スライダーの魔術師に変身　セットアップ

38 イェンシー・アルモンテ *Yency Almonte*

29歳　1994.6.4生｜196cm｜100kg｜右投右打

- ◆速球のスピード／150キロ台中頃（フォーシーム主体）
- ◆決め球と持ち球／☆スライダー、◎フォーシーム、◎チェンジアップ、△シンカー
- ◆対左.071　◆対右.192　◆ホ防1.06　◆ア防0.98
- ◆ド2012⑰エンジェルス　◆田フロリダ州
- ◆年150万ドル（約1億9500万円）

球威	4
制球	4
緩急	4
守備・走塁	2
度胸	3

　昨年3月にマイナー契約で入団。期待は小さかったのに、5月にメジャーに上がって目を見張る活躍を見せたリリーフ右腕。スライダー50%、フォーシーム45%、チェンジアップ5%くらいの比率で投げる技巧派で、一番の武器はスライダー。昨年はこのスライダーの制球がいつになく安定し、打者を追い込むと、これを外側に投げ込んで空振りを誘った。マイアミのキューバ系住民が集住するハイアレーア地区出身。小さい頃、野球の基礎を叩き込んでくれたのは父ラモンさんだ。この父は、現在マイアミでベースボールアカデミーを経営しているため、オフになるとマイアミに戻り、父のアカデミーでピッチングインストラクターをやっている。英語とスペイン語が堪能。

カモ M・マチャード（パドレス）.000(6-0)0本　**苦手** E・エスコバー（メッツ）.500(6-3)1本

年度	所属チーム	勝利	敗戦	防御率	試合数	先発	セーブ	投球イニング	被安打	失点	自責点	被本塁打	与四球	奪三振	WHIP
2018	ロッキーズ	0	0	1.84	14	0	0	14.2	15	5	3	1	4	14	1.30
2019	ロッキーズ	1	0	5.56	28	0	0	34.0	39	22	21	7	14	29	1.56
2020	ロッキーズ	3	0	2.93	24	0	1	27.2	25	13	9	2	6	23	1.12
2021	ロッキーズ	0	3	7.55	48	0	0	47.2	47	42	40	9	29	47	1.59
2022	ドジャース	0	1	1.02	33	0	1	35.1	18	4	4	2	10	33	0.79
通算成績		4	4	4.35	147	0	2	159.1	144	86	77	21	63	146	1.30

対左=対左打者被打率　対右=対右打者被打率　ホ防=ホーム防御率　ア防=アウェー防御率
ド=ドラフトデータ　田=出身地　年=年俸　カモ　苦手は通算成績

人生2度目のトミー・ジョン手術から復帰

ミドルリリーフ

64 ケイレブ・ファーガソン *Caleb Ferguson*

27歳 1996.7.2生 | 190cm | 102kg | 左投右打 | 國150キロ台前半（フォーシーム）| 國◎カーブ
対左.243 対右.163 囮2014⑳ドジャース 囲オハイオ州 囲110万ドル（約1億4300万円）

球	4
制	4
緩	4
守	3
度	4

　2020年9月にトミー・ジョン手術を受けたため、21年は全休したリリーフ左腕。昨年5月16日にメジャー復帰を果たすと、19試合（18回2/3）連続で無失点登板を続け、復活をアピールした。昨季は1試合、先発でも投げているが、これは9月4日のパドレス戦で、オープナーとして起用されたもの。金河成、ホアン・ソト、マニー・マチャードを3者三振に切って取り、チームの勝利に貢献している。以前はチェンジアップやカッターも投げていたが、昨季はフォーシームとカーブだけでピッチングを組み立てていた。なお、トミー・ジョン手術は高校時代にも経験している。

年度	所属チーム	勝利	敗戦	防御率	試合数	先発	セーブ	投球イニング	被安打	失点	自責点	被本塁打	与四球	奪三振	WHIP
2022	ドジャース	1	0	1.82	37	1	0	34.2	23	9	7	1	17	37	1.15
通算成績		11	5	3.43	133	7	2	147.0	121	63	56	20	59	177	1.22

球の速さだけならメジャーでもトップクラス

セットアップ

48 ブルスダー・グラテロル *Brusdar Graterol*

25歳 1998.8.26生 | 185cm | 119kg | 右投右打 | 國160キロ前後（シンカー主体）| 國☆シンカー
対左.292 対右.165 囮2014⑳ツインズ 囲ベネズエラ 囲123万ドル（約1億3530万円）

球	5
制	2
緩	2
守	4
度	3

　リリーフで登場して160キロ超えの速球を連発する、メジャーを代表するファイヤーボーラーの1人。速球はシンカーがメインで、平均球速は160.4キロ。この超高速シンカーと、平均球速154キロの超高速カッターが投球の約7割を占め、ゴロ打球の比率が際立って高い。昨季は守護神キンブルがスランプの際、クローザーを任されることもあり、4セーブをかせいだ。球がめちゃくちゃ速いという特長はあるものの、ほかの面ではあまり進歩がなく、左打者を相変わらず苦手にしている。2020年のベッツ、前田健太らが動いた三角トレードで、ツインズからドジャースへ移籍。

年度	所属チーム	勝利	敗戦	防御率	試合数	先発	セーブ	投球イニング	被安打	失点	自責点	被本塁打	与四球	奪三振	WHIP
2022	ドジャース	2	4	3.26	46	1	4	49.2	39	20	18	3	10	43	0.99
通算成績		7	7	3.72	113	4	4	116.0	101	52	48	7	28	93	1.11

トミー・ジョン手術のリハビリ中にドラフト指名

先発ロングリリーフ / ルーキー

78 マイケル・グローヴ *Michael Grove*

27歳 1996.12.18生 | 190cm | 90kg | 右投右打 | 國150キロ台前半（フォーシーム主体）| 國◎カーブ
対左.275 対右.241 囮2018②ドジャース 囲ウエストヴァージニア州 囲72万ドル（約9360万円）+α

球	4
制	2
緩	4
守	2
度	3

　昨年メジャーデビューし、スケールの大きさを感じさせた右腕。5度目の先発となった9月25日のカーディナルス戦で、メジャー初勝利をマークした。ピッチングの主体は150キロ台前半のフォーシームで、これにパワーカーブと高速スライダーを組み合わせて投げる。ネックはスタミナと、長打を食いすぎること。今季はリリーフで投げる機会も増えそうだ。大学2年のときにトミー・ジョン手術を受け、3年のときはプレーできなかった。だが、その能力の高さを評価していたドジャースが2018年のドラフトで、まだリハビリの途中だったグローヴを2巡目で指名した。

年度	所属チーム	勝利	敗戦	防御率	試合数	先発	セーブ	投球イニング	被安打	失点	自責点	被本塁打	与四球	奪三振	WHIP
2022	ドジャース	1	0	4.60	7	6	0	29.1	32	21	15	6	10	24	1.43
通算成績		1	0	4.60	7	6	0	29.1	32	21	15	6	10	24	1.43

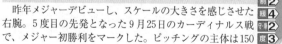

國＝速球のスピード　國＝決め球

ドジャース

今季の課題は与四球の半減

47 ライアン・ペピオ *Ryan Pepiot*

先発
ロングリリーフ

ルーキー

26歳 1997.8.21生 | 190cm | 97kg | 右投右打 | 速150キロ台前半(フォーシーム主体) | 決◎フォーシーム
対左.239 | 対右.159 | ド2019③ドジャース | 出インディアナ州 | 年72万ドル(約9360万円)+α

球速 **5**
制球 **2**
緩急 **5**
守備 **3**
度胸 **3**

　ローテーション定着に意欲を燃やす、昨年5月11日にメジャーデビューしたピッチャーのホープ。昨季は3Aとメジャーの間を忙しく往復しながら、3Aでは19試合に登板して9勝1敗、防御率2.56。メジャーでは9試合に出場して3勝0敗、防御率3.47という良好な数字を出した。球種はフォーシーム、チェンジアップ、スライダーの3つ。カーブとカッターはメジャーでは使わなかった。フォーシームは、球速は平均レベルだが強烈なバックスピンのかかった伸びのあるボール。チェンジアップはサークルチェンジのグリップで投げ、ホームベース付近で急速に落ちる一品級。

年度	所属チーム	勝利	敗戦	防御率	試合数	先発	セーブ	投球イニング	被安打	失点	自責点	被本塁打	与四球	奪三振	WHIP
2022	ドジャース	3	0	3.47	9	7	0	36.1	26	15	14	6	27	42	1.46
通算成績		3	0	3.47	9	7	0	36.1	26	15	14	6	27	42	1.46

ドジャースが再生可能と見て獲得

18 シェルビー・ミラー *Shelby Miller*

ミドル
リリーフ

移籍

33歳 1990.10.10生 | 190cm | 101kg | 右投右打 | 速150キロ台前半(フォーシーム主体) | 決◎フォーシーム
対左.267 | 対右.167 | ド2009①カーディナルス | 出テキサス州 | 年150万ドル(約1億9500万円)

球速 **4**
制球 **2**
緩急 **3**
守備 **3**
度胸 **3**

　ここ数年、マイナー契約で球団を渡り歩く状態が続いていたが、今季はドジャースに1年150万ドルのメジャー契約で迎えられたベテラン・リリーバー。ドジャースがミラーの獲得に動いたのは、昨年9月、ジャイアンツでメジャーに昇格した際、対戦した30人の打者のうち、14人を三振に切って取ったのを見て、再生作業をほどこせば、いい戦力になると判断したからだ。入団後、ミラーはキャンプ地のトレーニング施設で、プライアー投手コーチ、マクギネス投手コーチ補佐の指導を受けながら、投球時にボールの出どころを見えにくくする技術の習得に取り組んでいる。

年度	所属チーム	勝利	敗戦	防御率	試合数	先発	セーブ	投球イニング	被安打	失点	自責点	被本塁打	与四球	奪三振	WHIP
2022	ジャイアンツ	0	1	6.43	4	0	0	7.0	6	5	5	3	14	13	1.29
通算成績		38	58	4.21	167	132	0	778.0	755	394	364	86	312	644	1.37

― ボビー・ミラー *Bobby Miller*

先発
期待度 **B+**

ルーキー

24歳 1999.4.5生 | 196cm | 99kg | 右投左打 | ◆昨季は2A、3Aでプレー | ド2020①ドジャース | 出イリノイ州

　150キロ台中頃のフォーシームに、ツーシーム、スライダー、チェンジアップを組み合わせてハイベースで三振を奪うパワーピッチャー。スライダーはタテに変化するタイプで評価が高い。制球力も向上中で、2、3年のうちに、メジャーで先発の1、2番手として投げる投手に成長すると見る向きが多い。

― ギャヴィン・ストーン *Gavin Stone*

先発
期待度 **A**

ルーキー

25歳 1998.10.15生 | 185cm | 79kg | 右投右打 | ◆昨季は1A+、2A、3Aでプレー | ド2020⑤ドジャース | 出アーカンソー州

　昨年、マイナーの1A+級、2A級、3A級で、いずれも1点台の防御率をマークしている注目の右腕。最大の武器はフォーシームの速球。平均球速は151キロとほどでもないが、低いリリースポイントから浮き上がる軌道のボールを高めに投げ込んでくるため、空振り率が高い。昨季3Aでは、奪三振率12.73をマークしている。

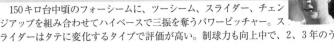

速=速球のスピード　決=決め球　対左=対左打者被打率　対右=対右打者被打率
ド=ドラフトデータ　出=出身地　年=年俸

※メジャー経験がない投手の「先発」「リリーフ」はマイナーでの役割

12年契約の3年目に入る、MVPの有力候補　ライト

50 ムッキー・ベッツ
Mookie Betts ★WBCアメリカ代表

31歳 1992.10.7生｜175cm｜81kg｜右投右打

- ◆対左投手打率／.308(156-48)　◆対右投手打率／.255(416-106)
- ◆ホーム打率／.278(284-79)　◆アウェー打率／.260(288-75)
- ◆得点圏打率／.274(113-31)
- ◆22年のポジション別出場数／ライト=136、セカンド=7、DH=1
- ◆ドラフトデータ／2011⑤レッドソックス
- ◆出身地／テネシー州
- ◆年俸／2000万ドル（約26億円）
- ◆MVP1回(18年)、首位打者1回(18年)、ゴールドグラブ賞6回(16～20、22年)、シルバースラッガー賞5回(16、18、19、20、22年)

ミート	5
パワー	5
走塁	4
守備	5
肩	4

ドジャース

ドジャースの強力打線を牽引する、メジャーリーグ最高のリードオフマン。昨季はプレーに影響するような故障がなかったため、キャリアハイの35本塁打を記録。チャンスメーカーとしてもフルに機能し、アメリカン・リーグ最多タイの117得点をマークした。守備面でも好調で、DRS（守備で防いだ失点）15はメジャーの右翼手で2番目に多い数字で、アシストも8個記録したため、6度目となるゴールドグラブ賞を受賞した。

レッドソックスからトレードでドジャースに移籍したのは、2020年2月のキャンプ直前のことだったが、間髪を入れずに、その年の7月22日に球団と12年3億6500万ドルの契約を交わした。これはトラウトの12年4億3200万ドルに次ぐ契約規模だ。この大型契約締結後、故郷テネシー州フランクリンに、敷地面積約1万坪の土地に450万ドルかけて延べ床面積1860平方メートルの豪邸を建ててオフシーズンのすまいとし、シーズン中は760万ドルで購入したロサンジェルス・エルチーノにある邸宅で暮らしている。この邸宅はプール、ジム、バスケットのコートから、ワインセラー、ビデオルーム、バーベキュー設備まで、あらゆるものがそろっている。

遠い遠い親戚に、英国王室の次男ハリー王子と結婚した黒人の血を引く元女優メーガン・マークルがいる。系図学者によると、ベッツのひいひいおじいさん（4代前）にあたるジョセフ・ベッツとメーガンのひいひいひいおじいさん（5代前）に当たるジェイコブ・ベッツは、アラバマ州マディソン郡にある同じ村の出身であり、姓が同じなので、同じファミリーから出ている可能性が高い、ということのようだ。

カモ A・ウッド（ジャイアンツ）.643(14-9)3本　G・コール（ヤンキース）.545(11-6)0本
苦手 J・ヴァーランダー（メッツ）.000(16-0)0本　ダルビッシュ有（パドレス）.192(26-5)1本

年度	所属チーム	試合数	打数	得点	安打	二塁打	三塁打	本塁打	打点	四球	三振	盗塁	盗塁死	出塁率	OPS	打率
2014	レッドソックス	52	189	34	55	12	1	5	18	21	31	7	3	.368	.812	.291
2015	レッドソックス	145	597	92	174	42	8	18	77	46	82	21	6	.341	.820	.291
2016	レッドソックス	158	672	122	214	42	5	31	113	49	80	26	4	.363	.897	.318
2017	レッドソックス	153	628	101	166	46	2	24	102	77	79	26	3	.344	.803	.264
2018	レッドソックス	136	520	129	180	47	5	32	80	81	91	30	6	.438	1.078	.346
2019	レッドソックス	150	597	135	176	40	5	29	80	97	101	16	3	.391	.915	.295
2020	ドジャース	55	219	47	64	9	1	16	39	24	38	10	2	.366	.928	.292
2021	ドジャース	122	466	93	123	29	3	23	58	68	86	10	5	.367	.854	.264
2022	ドジャース	142	572	117	154	40	3	35	82	55	104	12	2	.340	.873	.269
通算成績		1113	4460	870	1306	307	33	213	649	518	692	158	34	.368	.888	.293

カモ **苦手** は通算成績

二重三重に効果があったフリーマンの加入　ファースト

5 フレディ・フリーマン
Freddie Freeman ★WBCカナダ代表

34歳　1989.9.12生　196cm　99kg　右投左打

◆対左投手打率／.294(180-53)　◆対右投手打率／.338(432-146)
◆ホーム打率／.308(292-90)　◆アウェー打率／.341(320-109)
◆得点圏打率／.391(151-59)
◆22年のポジション別出場数／ファースト＝159
◆ドラフトデータ／2007②ブレーブス
◆出身地／カリフォルニア州
◆年俸／2700万ドル（約35億1000万円）
◆MVP1回（20年）、ゴールドグラブ賞1回（18年）、シルバース
　ラッガー賞3回（19～21年）、ハンク・アーロン賞1回（20年）

ミート	5
パワー	5
走塁	3
守備	4
肩	4

　ドジャース1年目は、リーグ最多タイの117得点と100打点を記録し、チームの地区優勝に多大な貢献をしたスラッガー。昨季は得点以外にもハイレベルな数字が並び、出塁率（4割0分7厘）、安打数（199）、二塁打（47）はいずれもリーグ1位。打率（3割2分5厘）はマクニールに1厘及ばず、首位打者のタイトルをのがした。昨年、出塁率が高く、三振が少ないフリーマンが2番打者として加わったことは、打線のつながりを良くし、もともと高かったドジャースの得点力をメジャーで並ぶもののないレベルまで押し上げた。また好不調の波の少ないフリーマンの存在は、打線の安定剤の役割も果たし、数字に表れない部分でも多大な貢献をした。

　フリーマンがドジャースに入団したというニュースが流れたとき、多くの野球ファンはまさかと思った。ひときわブレーブス愛が強く、ブレーブスでユニフォームを脱ぐことを希望していたフリーマンが、アトランタを離れるはずがないと思ったのだ。それほどブレーブスと一体化しているイメージがあったフリーマンがドジャースに来ることになったのは、フリーマン・サイドが6年契約を希望したのに対し、ブレーブスが5年契約にこだわり、平行線の状態が続いていたとき、ドジャースが手際良くフリーマン側に6年契約をオファーして、速攻で契約をまとめてしまったからだ。ブレーブスは6年契約にすると、38歳のフリーマンに2700万ドル支払うことになるので、6年契約に頑として応じなかったのだ。

カモ　L・ウェッブ（ジャイアンツ）.500(20-10)1本　J・ウレーニャ（ロッキーズ）.368(38-14)4本
苦手　A・ループ（エンジェルス）.000(9-0)0本　Z・ギャレン（ダイヤモンドバックス）.111(9-1)0本

年度	所属チーム	試合数	打数	得点	安打	二塁打	三塁打	本塁打	打点	四球	三振	盗塁	盗塁死	出塁率	OPS	打率
2010	ブレーブス	20	24	3	4	1	0	0	1	0	8	0		.167	.500	.167
2011	ブレーブス	157	571	67	161	32	0	21	76	53	142	4	4	.346	.794	.282
2012	ブレーブス	147	540	91	140	33	2	23	94	64	129	2	0	.340	.796	.259
2013	ブレーブス	147	551	89	176	27	2	23	109	66	121	1	0	.396	.897	.319
2014	ブレーブス	162	607	93	175	43	4	18	78	90	145	3	4	.386	.847	.288
2015	ブレーブス	118	416	62	115	27	0	18	66	56	98	3	1	.370	.841	.276
2016	ブレーブス	158	589	102	178	43	6	34	91	89	171	6	1	.400	.969	.302
2017	ブレーブス	117	440	84	135	35	2	28	71	65	95	8	5	.403	.989	.307
2018	ブレーブス	162	618	94	191	44	2	23	98	76	132	10	3	.388	.893	.309
2019	ブレーブス	158	597	113	176	34	2	38	121	87	127	6	3	.389	.938	.295
2020	ブレーブス	60	214	51	73	23	1	13	53	45	37	2	0	.462	1.102	.341
2021	ブレーブス	159	600	120	180	25	2	31	83	85	107	8	3	.393	.896	.300
2022	ドジャース	159	612	117	199	47	2	21	100	84	102	13	3	.407	.918	.325
通算成績		1724	6379	1086	1903	414	27	292	1041	860	1414	66	27	.386	.895	.298

野手

捕手防御率2.58はメジャー・トップ

16 ウィル・スミス *Will Smith*

キャッチャー

★WBCアメリカ代表

28歳 1995.3.28生｜178cm｜88kg｜右投右打 ◆盗塁阻止率／.115(52-6)

◆対左投手打率／.300　◆対右投手打率／.247
◆ホーム打率／.243　◆アウェー打率／.275　◆得点圏打率／.287
◆22年のポジション別出場数／キャッチャー＝109、DH＝25
◆Ⓓ2016①ドジャース　◆Ⓗケンタッキー州
◆Ⓨ525万ドル（約6億8250万円）

ミート	4
パワー	4
走塁	2
守備	4
肩	3

バットを持てばチャンスに強い右の主砲、ミットを手にはめればゲームをコントロールできる守りの要として重要な存在になった優秀なキャッチャー。昨季は4番打者、ないし3番打者で起用されることが多く、チャンスによく長打やタイムリーが出て、メジャーの捕手では最多の87打点を記録した。本塁打24も、マリナーズのローリーに次いで多い数字だ。守備面で光るのは、捕手防御率2.58。これはメジャーの300イニング以上マスクをかぶった捕手の中で、ダントツの数字だ。とくにタイラー・アンダーソンと抜群に相性が良く、彼の32歳でのブレイクに、多大な貢献をした。その一方で、盗塁阻止率は11.5％（52-6）で平均を下回り、フレーミングもイマイチだった。

カモ C・エステヴェス（エンジェルス）.714(7-5)2本　**苦手** ダルビッシュ有（パドレス）.133(15-2)1本

年度	所属チーム	試合数	打数	得点	安打	二塁打	三塁打	本塁打	打点	四球	三振	盗塁	盗塁死	出塁率	OPS	打率
2019	ドジャース	54	170	30	43	9	0	15	42	18	52	2	0	.337	.908	.253
2020	ドジャース	37	114	23	33	9	0	8	25	20	22	0	0	.401	.980	.289
2021	ドジャース	130	414	71	107	19	2	25	76	58	101	3	0	.365	.860	.258
2022	ドジャース	137	508	68	132	26	3	24	87	56	96	1	0	.343	.808	.260
通算成績		358	1206	192	315	63	5	72	230	152	271	6	0	.356	.857	.261

期待は高いが、成長しきれない逸材

9 ギャヴィン・ラックス *Gavin Lux*

ショート

26歳 1997.11.23生｜188cm｜86kg｜右投左打

◆対左投手打率／.263　◆対右投手打率／.280
◆ホーム打率／.266　◆アウェー打率／.285　◆得点圏打率／.241
◆22年のポジション別出場数／セカンド＝102、レフト＝28、
　ショート＝9、DH＝1　◆Ⓓ2016①ドジャース
◆Ⓗウィスコンシン州　◆Ⓨ72万ドル（約9360万円）＋α

ミート	4
パワー	3
走塁	4
守備	3
肩	3

トレイ・ターナーがチームを去ったため、ポジションがセカンドからショートに変わる内野手。ショートは2021年にシーガーが長期欠場した際、その穴埋めで使われ50試合ほど経験しているので、まごつくようなことはない。打撃面では、年を追うごとに強い打球が出る比率が低下しているため、昨季はスイングをアッパー軌道から水平軌道に変える取り組みを行い、徐々に成果が出ている。スカウティングレポートでは、パワーは「上」レベルと評価されているのに、いまだに本塁打は1ケタで、10本を超えたシーズンがない。今季、何かのきっかけで、突然ハイペースで打ち出す可能性は十分ある。

カモ M・ケリー（ダイヤモンドバックス）.500(14-7)0本　**苦手** Z・ギャレン（ダイヤモンドバックス）.091(11-1)0本

年度	所属チーム	試合数	打数	得点	安打	二塁打	三塁打	本塁打	打点	四球	三振	盗塁	盗塁死	出塁率	OPS	打率
2019	ドジャース	23	75	12	18	4	1	2	9	7	24	2	0	.305	.705	.240
2020	ドジャース	19	63	8	11	2	0	3	8	6	19	1	0	.246	.595	.175
2021	ドジャース	102	335	49	81	12	4	7	46	41	83	4	1	.328	.692	.242
2022	ドジャース	129	421	66	116	20	7	6	42	47	95	7	2	.346	.745	.276
通算成績		273	894	135	226	38	12	18	105	101	221	14	3	.329	.712	.253

ドジャース

Ⓓ＝ドラフトデータ　Ⓗ＝出身地　Ⓨ＝年俸　　　　　　　　　　　417

調子の波が極端に大きいジェットコースター

13 マックス・マンシー *Max Muncy*

セカンド／サード／ファースト

33歳 1990.8.25生｜183cm｜97kg｜右投左打 [対左].178 [対右].202 [ホ].211 [ア].182
[得].235 [ド]2012⑤アスレティックス [出]テキサス州 [年]1350万ドル（約17億5500万円）

ミ **2**
パ **5**
走 **2**
守 **3**
肩 **3**

　巻き返しを図る強打の内野手。一昨年9月にヒジを脱臼して手術を受けたため、昨季は調整不十分でシーズンに入った。さらにポジションがファーストからサードに変わったこともマイナスに作用し、出だしからひどいスランプにあえぎ、7月までは打率が1割台の中盤を低空飛行。8月に入ってやや復調し、9月中旬に2割台に乗ったが、シーズン最終週にヒットが出なくなり、1割台に逆戻りしてシーズンを終えた。2020年も打率が1割台（1割9分2厘）で終わったが、このときは危機感をバネに、翌年MVP投票で10位に入る見事な活躍をした。それを再現できるか注目だ。

年度	所属チーム	試合数	打数	得点	安打	二塁打	三塁打	本塁打	打点	四球	三振	盗塁	盗塁死	出塁率	OPS	打率
2022	ドジャース	136	464	69	91	22	1	21	69	90	141	2	0	.329	.713	.196
通算成績		712	2261	403	522	101	7	144	384	410	656	12	2	.355	.828	.231

ヴァンスコヨック打撃コーチの愛弟子

3 クリス・テイラー *Chris Taylor*

外野手／セカンド

33歳 1990.8.29生｜185cm｜88kg｜右投右打 [対左].193 [対右].233 [ホ].217 [ア].225
[得].178 [ド]2012⑤マリナーズ [出]ヴァージニア州 [年]1500万ドル（約19億5000万円）

ミ **3**
パ **4**
走 **5**
守 **3**
肩 **4**

　昨季は不本意な成績に終わったため、今季巻き返しを図る多くのファンを持つ名脇役。球団と新たに4年6000万ドルの大型契約を交わして臨んだ昨シーズンは、4月は良かったものの、5月以降は坂を転げ落ちるように打撃成績が低下。立て直せないままシーズンを終えた。2016年のシーズン途中、マリナーズから移籍。ここでドジャースの打撃コンサルタントだったヴァンスコヨック（現ドジャース打撃コーチ）とめぐり合ってスイングの改造に取り組んだ。これが功を奏して長打がコンスタントに出るようになり、守備位置日替わりで、連日打線に名を連ねるようになった。

年度	所属チーム	試合数	打数	得点	安打	二塁打	三塁打	本塁打	打点	四球	三振	盗塁	盗塁死	出塁率	OPS	打率
2022	ドジャース	118	402	45	89	25	3	10	43	44	160	10	1	.304	.677	.221
通算成績		861	2801	422	716	91	29	89	352	296	902	68	18	.332	.765	.256

今季はセンターのレギュラー候補

25 トレイス・トンプソン *Trayce Thompson*
★WBCイギリス代表

センター／レフト

32歳 1991.3.15生｜190cm｜101kg｜右投右打 [対左].174 [対右].308 [ホ].308 [ア].209
[得].271 [ド]2009②ホワイトソックス [出]カリフォルニア州 [年]145万ドル（約1億8850万円）

ミ **3**
パ **4**
走 **3**
守 **4**
肩 **3**

　2017年以降、チームを渡り歩く状態が続いていたジャーニーマンの外野手。昨年は3月にマイナー契約でパドレスに入団。4月末にメジャーに上がり、6試合に出場したが、5月に解雇された。その後、タイガースとのマイナー契約を経て、6月20日、5年ぶりに古巣ドジャースに復帰。打球をより上げられるよう、スイングを修正したところ、OPS.901という目を見張る打撃成績を残した。カーディナルスのノーラン・アレナードは、少年時代からともにメジャーを夢見てきた大親友。兄クレイは、NBAで活躍するバスケのスター選手。父マイカルも、有名な元バスケ選手だ。

年度	所属チーム	試合数	打数	得点	安打	二塁打	三塁打	本塁打	打点	四球	三振	盗塁	盗塁死	出塁率	OPS	打率
2022	パドレス	6	14	1	1	0	0	0	2	2	7	0	1	.188	.259	.071
2022	ドジャース	74	205	35	55	14	1	13	39	30	86	4	0	.364	.901	.268
2022	2チーム計	80	219	36	56	14	1	13	41	32	93	4	1	.353	.860	.256
通算成績		297	782	111	173	39	5	39	109	91	269	15	3	.303	.737	.221

[対左]＝対左投手打率　[対右]＝対右投手打率　[ホ]＝ホーム打率　[ア]＝アウェー打率　[得]＝得点圏打率
[ド]＝ドラフトデータ　[出]＝出身地　[年]＝年俸

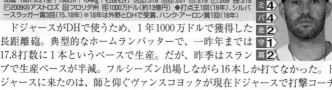

28 J.D.マルティネス *J.D. Martinez*

ドジャースは恩師が打撃コーチを務めるチーム　**DH** 移籍

36歳 1987.8.21生 | 190cm | 104kg | 右投右打 対左.319 対右.261 困.279 ⑦.269 儘.218 ⑪2009㉑アストロズ 囲フロリダ州 囲1000万ドル（約13億円）※打点王1回（18年）、シルバースラッガー賞3回（15,18年）※18年は外野とDHで受賞、ハンク・アーロン賞1回（18年）

ミ4 / バ4 / 走2 / 守1 / 肩2

　ドジャースがDHで使うため、1年1000万ドルで獲得した長距離砲。典型的なホームランバッターで、一昨年までは17.8打数に1本というペースで生産。だが、昨季はスランプで生産ペースが半減。フルシーズン出場しながら16本しか打てなかった。ドジャースに来たのは、師と仰ぐヴァンスコヨックが現在ドジャースで打撃コーチを務めており、その指導を受ければ復活できるという期待があるからだ。ヴァンスコヨックは「フライボール革命」の提唱者の1人で、J.D.は若い頃、ヴァンスコヨックから打球を上げるノウハウを伝授され、アーチを量産できるようになった。

年度	所属チーム	試合数	打数	得点	安打	二塁打	三塁打	本塁打	打点	四球	三振	盗塁	盗塁死	出塁率	OPS	打率
2022	レッドソックス	139	533	76	146	43	1	16	62	52	145	0	0	.341	.789	.274
通算成績		1409	5286	790	1522	339	21	282	899	518	1424	25	11	.352	.872	.288

71 ミゲール・ヴァルガス *Miguel Vargas*

打者としての価値が高いキューバ産の三塁手　**サード** ルーキー

24歳 1999.11.17生 | 190cm | 92kg | 右投右打 対左.174 対右.167 困.139 ⑦.273 儘.333 ⑪2017㊉ドジャース 囲キューバ 囲72万ドル（約9360万円）＋α

ミ5 / バ2 / 走2 / 守2 / 肩4

　サードのレギュラーに予定されている血統書付きの内野手。父ラサーロ・ヴァルガスは、キューバ・ナショナルチームの元主砲で、同国の2度の五輪金メダルに貢献した人物。ウリは父ゆずりの打撃センスとパワー。マイナーでの通算打率は3割1分3厘。キューバ亡命組には珍しい、早打ちせずにじっくり見ていくタイプで、出塁率も高い。昨季後半、メジャーに呼ばれたときは投手たちの変化球とテクニックに翻弄されたが、慣れるのは時間の問題なので、今季は本塁打20、二塁打30レベルの活躍を期待されている。サードの守備は多くを期待できないが、肩は強い。

年度	所属チーム	試合数	打数	得点	安打	二塁打	三塁打	本塁打	打点	四球	三振	盗塁	盗塁死	出塁率	OPS	打率
2022	ドジャース	18	47	4	8	1	0	1	8	2	13	1	0	.200	.455	.170
通算成績		18	47	4	8	1	0	1	8	2	13	1	0	.200	.455	.170

11 ミゲール・ロハス *Miguel Rojas* ★WBCベネズエラ代表

昨年はゴールドグラブの最終候補に　**ユーティリティ** 移籍

34歳 1989.2.24生 | 183cm | 85kg | 右投右打 対左.215 対右.243 困.222 ⑦.250 儘.301 ⑪2005㊉レッズ 囲ベネズエラ 囲500万ドル（約6億5000万円）

ミ3 / バ4 / 守5 / 肩4

　今年1月のトレードでマーリンズから移籍。9年ぶりにドジャーブルーのユニフォームを着る野球巧者。2014年にドジャースでメジャーデビュー後、トレードでマーリンズに移籍。4年間内野のユーティリティとして働いたあと、昨年までショートのレギュラーを4年務めた。今回、ドジャースが守備力の高いロハスを獲得したのは、セカンドのレギュラーに予定されているマンシー、サードのヴァルガス、ショートのラックスの守備に不安があり、守備力の高いユーティリティが必要になったからだ。長期欠場者や成績不振者が出れば、その代役としても使えるという読みもある。

年度	所属チーム	試合数	打数	得点	安打	二塁打	三塁打	本塁打	打点	四球	三振	盗塁	盗塁死	出塁率	OPS	打率
2022	マーリンズ	140	471	34	111	19	2	6	36	26	61	9	3	.283	.606	.236
通算成績		955	2819	309	734	139	10	39	269	194	387	46	18	.314	.672	.260

ドジャース

野球IQの高いバックアップ捕手

15 オースティン・バーンズ *Austin Barnes*

★WBCメキシコ代表

キャッチャー

34歳 1989.12.28生 | 178cm | 84kg | 右投右打 ◆盗塁阻止率/.125(24-3) 対左.182 対右.230 .233
ア.191 得.184 D2011⑨マーリンズ 田カリフォルニア州 年350万ドル（約4億5500万円）

ミ **3**
バ **3**
走 **2**
守 **3**
肩 **3**

今季も55試合前後先発でマスクをかぶるバックアップ捕手。守備面では飛び抜けた能力はないものの、目立った欠点もないタイプ。ボールブロックとフレーミングは「中の上」レベルだが、盗塁阻止率は12.5%（24-3）で「中の下」レベルだ。打撃面では毎年判で押したように、キャッチャーの平均値（昨年は打率2割2分6厘、出塁率2割9分6厘）に近い数字を出している。ゲームの流れを読めるベテランと評価されており、ゲームに出ないとき、ベンチで若手と一緒にゲームを注視しながら、この場面では何が重要で、何をやってはいけないか、といったことを教えている。

年度	所属チーム	試合数	打数	得点	安打	二塁打	三塁打	本塁打	打点	四球	三振	盗塁	盗塁死	出塁率	OPS	打率
2022	ドジャース	62	179	31	38	6	0	8	26	27	37	2	1	.324	.704	.212
通算成績		486	1156	175	260	52	3	32	138	164	298	18	5	.333	.691	.225

昨年、マイナーでブレイクした外野のホープ

77 ジェイムズ・アウトマン *James Outman*

外野手

ルーキー

26歳 1997.5.14生 | 190cm | 97kg | 右投左打 対左.000 対右.500 ホ― ア.462
得.200 D2018⑦ドジャース 田カリフォルニア州 年72万ドル（約9360万円）+α

ミ **4**
バ **4**
走 **4**
守 **4**
肩 **4**

昨年7月31日にメジャーデビューし、わずか4試合の出場ではあったが、打ちまくって注目された外野手。昨季はボール球にあまり手を出さなくなり、狙い球をしぼるようになったことでシーズンを通して好調で、2Aと3Aで併せて125試合に出場、本塁打31、三塁打7、二塁打31を記録。3Aでは、4日間で2回サイクルヒットをやってのけた。俊足で盗塁技術も高いため、昨季はマイナーで27回盗塁を試みて23回成功。守備力も高い。敏捷で守備範囲が広く、打球への反応も素早いので、センターで使うのにうってつけだが、肩も強いので、ライトで使っても、良い働きをする。

年度	所属チーム	試合数	打数	得点	安打	二塁打	三塁打	本塁打	打点	四球	三振	盗塁	盗塁死	出塁率	OPS	打率
2022	ドジャース	4	13	6	6	2	0	1	3	2	7	0	0	.563	1.409	.462
通算成績		4	13	6	6	2	0	1	3	2	7	0	0	.563	1.409	.462

－ ディエゴ・カルタヤ *Diego Cartaya*

キャッチャー

期待度 **A⁻**

ルーキー

22歳 2001.9.7生 | 190cm | 99kg | 右投右打 ◆昨季は1A、1A+でプレー D2018⑯ドジャース 田ベネズエラ

身体能力が際立って高い将来の正捕手候補。リーダーシップを発揮できるタイプの捕手で、リード面でも急速に進化している。かなりの強肩だが、盗塁阻止率はイマイチ。打者としてはトップレベルのパワーを備えており、逆方向にも飛距離が出る。選球眼が良く、カウントを考えた打撃もできる。

－ アンディ・パヘス *Andy Pages*

ライト

期待度 **A⁻**

ルーキー

23歳 2000.12.8生 | 185cm | 96kg | 右投右打 ◆昨季は2Aでプレー D2017⑯ドジャース 田キューバ

打席では早打ちせず、失投をじっくり待つタイプ。パワーがあるだけでなく、打球を上げる技術もあるため、長打を量産できる。四球をたくさん選べるので出塁率が高く、球種を見極める能力も高い。守備面では守備範囲は平均レベルだが、肩の強さはトップレベル。ライトで使うと生きるタイプだ。

対左=対左投手打率 対右=対右投手打率 ホ=ホーム打率 ア=アウェー打率 得=得点圏打率 D=ドラフトデータ 田=出身地 年=年俸

サンディエゴ・パドレス

ナショナル・リーグ……西部地区　*SAN DIEGO PADRES*

◆創　立：1969年
◆本拠地：カリフォルニア州サンディエゴ市
◆主要オーナー：ピーター・サイドラー（投資家）
◆ワールドシリーズ制覇：0回　◆リーグ優勝：2回
◆地区優勝：5回／◆ワイルドカード獲得：2回

過去5年成績

年度	勝	負	勝率	ゲーム差	地区順位	ポストシーズン成績
2018	66	96	.407	25.5	⑤	―
2019	70	92	.432	36.0	⑤	―
2020	37	23	.617	6.0	②	地区シリーズ敗退
2021	79	83	.488	28.0	③	―
2022	**89**	**73**	**.549**	**22.0**	**②**	**リーグ優勝決定シリーズ敗退**

監督　**3 ボブ・メルヴィン** *Bob Melvin*

◆年　齢……62歳（カリフォルニア州出身）
◆現役時代の経歴…10シーズン　タイガース（1985）、ジャイアンツ（1986～88）、（キャッチャー）オリオールズ（1989～91）、ロイヤルズ（1992）、レッドソックス（1993）、ヤンキース（1994）、ホワイトソックス（1994）
◆現役通算成績……692試合　.233　35本　212打点
◆監督経歴……19シーズン　マリナーズ（2003～04）、ダイヤモンドバックス（2005～09）、アスレティックス（2011～2021）、パドレス（2022～）
◆通算成績……1435勝1345敗（勝率.516）　最優秀監督3回（07,12,18年）

選手の特性を活かした采配が光る指揮官。2021年まではアスレティックスの監督。同年オフ、新監督を探していたパドレスが、アスレティックスに許可を得て、まだ契約が残っていたメルヴィンを引き抜いた。ダルビッシュ有所属の球団に来たことで、日本でも注目されたが、これまでコーチ・監督として、数多くの日本人選手（松井秀喜、野茂英雄ら）に接してきた。とくにイチローとの友情は有名だ。昨年5月、前立腺の手術を受けたが、10日ほどで現場復帰。

注目コーチ　20 ライアン・クリステンソン *Ryan Christenson*

ベンチコーチ。49歳。2018年から21年までは、アスレティックスのベンチコーチを務め、メルヴィン監督を支えていた。昨季から2人でパドレスに移り、コンビ継続。

編成責任者　A.J.プレラー *A.J. Preller*

46歳。2014年に就任後、マイナー組織の立て直しに尽力。最近は勝利優先で、積極的な大型補強を展開。昨年8月には、若手有望株を数名放出し、ホアン・ソトを獲得。

スタジアム　ペトコ・パーク *Petco Park*

◆開場年……2004年
◆仕様……天然芝
◆収容能力……42,445人
◆フェンスの高さ…1.2～3.0m
◆特徴……湿った海風が、投手に有利に働くことが多い。左翼にある、古いレンガ造りの建物がシンボルとなっており、この建物の角が、左翼ポールの役目を果たしている。命名権を持っているペトコ社は、アメリカの大手ペット用品店だ。

ピッチャーズパーク

119　121　119
109　　　　116
102　　　　　98

421

Best Order [ベストオーダー]

① 金河成(キム・ハソン)……セカンド
② ホアン・ソト……ライト
③ マニー・マチャード……サード
④ ザンダー・ボーガーツ……ショート
⑤ ネルソン・クルーズ……DH
⑥ ジェイク・クローネンワース……ファースト
⑦ マット・カーペンター……レフト
⑧ オースティン・ノーラ……キャッチャー
⑨ トレント・グリシャム……センター

Depth Chart [ポジション別選手層・メンバーリスト]

※2023年2月13日時点の候補選手。数字は背番号(開幕前に変更する場合もあり)、右・左等は投・打の順。

センター
1 トレント・グリシャム [左・左]
5 アダム・エングル [右・右]
23 フェルナンド・タティース・ジュニア [右・右]

レフト
14 マット・カーペンター [右・左]
23 フェルナンド・タティース・ジュニア [右・右]
5 アダム・エングル [右・右]

ライト
22 ホアン・ソト [左・左]
5 アダム・エングル [右・右]
28 ホセ・アゾーカー [右・右]

ショート
2 ザンダー・ボーガーツ [右・右]
7 金河成(キム・ハソン) [右・右]
9 ジェイク・クローネンワース [右・左]

セカンド
7 金河成(キム・ハソン) [右・右]
9 ジェイク・クローネンワース [右・左]

ローテーション
11 ダルビッシュ有 [右・右]
44 ジョー・マズグローヴ [右・右]
4 ブレイク・スネル [左・左]
21 ニック・マルティネス [右・右]
67 セス・ルーゴ [右・右]
50 エイドリアン・モレホン [左・左]

サード
13 マニー・マチャード [右・右]
7 金河成(キム・ハソン) [右・右]

ファースト
9 ジェイク・クローネンワース [右・左]
14 マット・カーペンター [右・左]

キャッチャー
26 オースティン・ノーラ [右・右]
12 ルイス・キャンプサーノ [右・右]

DH
43 ネルソン・クルーズ [右・右]
14 マット・カーペンター [右・左]
12 ルイス・キャンプサーノ [右・右]

ブルペン
71 ジョシュ・ヘイダー [左・右] CL
75 ロベルト・スアレス [右・右]
66 ルイス・ガルシア [右・右]
15 ドルー・ポメランツ [左・右]
36 スティーヴン・ウィルソン [右・右]
25 ティム・ヒル [左・右]
74 ナビル・クリズマット [右・右]
68 ホセ・ロペス [左・右]
49 エイドリアン・モレホン [左・左]
40 マイケル・バエズ [右・右]
56 レイ・カー [左・右]

※CL=クローザー

パドレス試合日程……＊はアウェーでの開催

3月30·31·4月1·2	ロッキーズ	5月1·2·3	レッズ	2·3·4·5	カブス
3·4	ダイヤモンドバックス	5·6·7	ドジャース	6·7	マリナーズ
6·7·8·9	ブレーブス＊	9·10·11	ツインズ	9·10·11	ロッキーズ＊
10·11·12	メッツ＊	12·13·14	ドジャース＊	13·14·15	ガーディアンズ
13·14·15·16	ブリュワーズ	15·16·17	ロイヤルズ	16·17·18	レイズ
17·18·19	ブレーブス	19·20·21	レッドソックス	19·20·21·22	ジャイアンツ
20·21·22·23	ダイヤモンドバックス＊	23·24·25	ナショナルズ＊	23·24·25	ナショナルズ
25·26·27	カブス＊	26·27·28	ヤンキース＊	27·28·29	パイレーツ＊
29·30	ジャイアンツ	30·31·6月1	マーリンズ＊	30·7月1·2	レッズ＊

球団メモ 昨季の1点差ゲームの勝率.638(30勝17敗)はメジャートップ。接戦をものにしてポストシーズン進出を勝ち取り、24年ぶりにリーグ優勝決定シリーズに進んだ。

■**投手力**➡…★★★★☆　【昨年度チーム防御率3.81、リーグ5位】

　ローテーションは1〜4番手のダルビッシュ、マズグローヴ、スネル、マルティネスで50勝前後するだろうが、5番手のルーゴ（オフに1年契約で獲得）は投げてみないとわからない。先発の補充要員が手薄な印象で、ローテーションに故障者が2人以上出ると、やりくりが大変になるだろう。ブルペンはヘイダーと、元阪神のスアレスが後ろを締めくくる体制なので、最強レベルだ。ベテランのリリーフ右腕、ガルシアも頼れる存在。

■**攻撃力**↗…★★★★☆　【昨年度チーム得点705、リーグ8位】

　ボーガーツの加入で、打線の中軸にソト、マチャード、ボーガーツ、タティース・ジュニアの4人が顔をそろえる強力打線が誕生した（タティース・ジュニアは4月下旬から出場可能）。ボーガーツは、調子の波が少ない計算できる打者なので、得点力のアップに貢献するだろう。プレラーGMは、年俸総額を抑える窮余の策としてクルーズとカーペンターを獲得し、下位打線の主砲にするつもりだ。かなりの奇策だが、2〜3カ月は機能するかもしれない。

■**守備力**➡…★★★☆☆　【昨年度チーム失策数76、リーグ5位】

　守備力の向上が著しいボーガーツがショートに入り、内野の要(かなめ)になる。これはプラスだが、カーペンターの加入はどう見てもマイナスだ。タティース・ジュニアは外野の一角で起用されるが、大きなマイナスにはならないだろう。

■**機動力**➡…★☆☆☆☆　【昨年度チーム盗塁数49、リーグ14位】

　走れる選手は金河成(キム・ハソン)とマチャードだけ。盗塁成功率も低い。

パドレス

総合評価 ➡ ★★★★☆	エンジェルス同様、育成力がないので、トレードとFA補強に頼ったチーム作りをしている。そんな寄せ集め軍団を機能させるのは容易ではないが、名将メルヴィン監督が、見事に統率している。主力に故障者が続出しない限り、90勝は行くだろう。

IN 主な入団選手	**OUT** 主な退団選手
投手	投手
セス・ルーゴ◀メッツ	ショーン・マナイア▶ジャイアンツ
野手	マイク・クレヴィンジャー▶ホワイトソックス
ザンダー・ボーガーツ◀レッドソックス	ピアース・ジョンソン▶ロッキーズ
マット・カーペンター◀ヤンキース	野手
ネルソン・クルーズ◀ナショナルズ	ジョシュ・ベル▶ガーディアンズ
アダム・エングル◀ホワイトソックス	ブランドン・ドルーリー▶エンジェルス
	ジュリクソン・プロファー▶所属先未定

3・4・5	エンジェルス	4・5・6・7	ドジャース	4・5・6	フィリーズ
7・8・9	メッツ	8・9	マリナーズ＊	8・9・10	アストロズ＊
11	オールスターゲーム	11・12・13	ダイヤモンドバックス＊	11・12・13	ドジャース＊
14・15・16	フィリーズ＊	14・15・16	オリオールズ	15・16・17	アスレティックス＊
18・19・20	ブルージェイズ＊	17・18・19・20	ダイヤモンドバックス	18・19・20	ロッキーズ
21・22・23	タイガース＊	21・22・23	マーリンズ	22・23・24	カーディナルス
24・25・26	パイレーツ	25・26・27	ブリュワーズ	25・26・27	ジャイアンツ
28・29・30	レンジャーズ	28・29・30	カーディナルス＊	29・30・**10**月1	ホワイトソックス＊
31・**8**月1・2	ロッキーズ＊	31・**9**月1・2・3	ジャイアンツ		

| 球団メモ | 球団名は、神父を意味する「padre（パードレ）」に由来。球団のマスコットキャラクターである「スウィンギング・フライヤー」は、修道士がモチーフになっている。 | 423 |

昨季のQS25は、ナショナル・リーグ最多　先発

11 ダルビッシュ有

Yu Darvish ★WBC日本代表

37歳 1986.8.16生｜196cm｜99kg｜右投右打

◆速球のスピード／150キロ台前半（フォーシーム、ツーシーム）
◆決め球と持ち球／☆スライダー、◎フォーシーム、◎シンカー、◎スプリッター、△カッター、△カーブ
◆対左打者被打率／.185　◆対右打者被打率／.233
◆ホーム防御率／2.60　◆アウェー防御率／3.50
◆ドラフトデータ／2004①日本ハム、2012㊕レンジャーズ
◆出身地／大阪府　◆年俸／2400万ドル（約31億2000万円）
◆最多勝1回（20年）、最多奪三振1回（13年）

球威 5
制球 5
緩急 5
守備・牽制 3
度胸 5

今年2月、パドレスと新たに6年1億800万ドル（約140億円）の契約を結んだ大エース。昨季は2度目の登板でジャイアンツ打線に滅多打ちにあい、2回途中までに9点を失ってKOされたため、先行きが思いやられた。しかし大炎上したのはこの日だけで、それ以降は、球の走りが悪いときでも使える球種を多投して6回か7回まで持ちこたえたため、QSの付いた試合がナショナル・リーグ最多の25もあった。昨季見られた一番大きな変化は、三振より、効率良くアウトを取ることに徹していた点だ。そのためかつてはトップレベルだった奪三振率（9イニングあたりの奪三振）が、「中の上」レベルの9.11に落ちたが、四球を出さないことに注力していたため、与四球率（9イニングあたりの与四球）は1.71まで下がった。これはナショナル・リーグの規定投球回に達した投手の中で3番目にいい数字だ。

一昨年までポストシーズンでは、2018年のワールドシリーズで、アストロズの悪質なサイン盗み被害にあったこともあり、通算で2勝5敗、防御率5.18という冴（さ）えない数字になっていた。しかし昨年はまず、シャーザーとの投げ合いになったワイルドカード初戦で、メッツの強力打線を7回まで1失点に抑える好投。これでチームを上昇気流に乗せると、地区シリーズ第2戦ではソロアーチを3本浴びながらも、5回終了まで持ちこたえてチームに勝利を呼び込み、フィリーズとのリーグ優勝決定シリーズでは初戦と第5戦に先発してどちらも6回以上を2失点に抑える好投を見せ、ポストシーズンに弱いというイメージを完全に払拭（ふっしょく）した。

カモ G・ペルドモ（ダイヤモンドバックス）.000（10-0）0本　C・テイラー（ドジャース）.000（10-0）0本
苦手 N・アレナード（カーディナルス）.400（20-8）3本　S・マーテイ（メッツ）.412（17-7）1本

年度	所属チーム	勝利	敗戦	防御率	試合数	先発	セーブ	投球イニング	被安打	失点	自責点	被本塁打	与四球	奪三振	WHIP
2012	レンジャーズ	16	9	3.90	29	29	0	191.1	156	89	83	14	89	221	1.28
2013	レンジャーズ	13	9	2.83	32	32	0	209.2	145	68	66	26	80	277	1.07
2014	レンジャーズ	10	7	3.06	22	22	0	144.1	133	54	49	13	49	182	1.26
2016	レンジャーズ	7	5	3.41	17	17	0	100.1	81	43	38	12	31	132	1.12
2017	レンジャーズ	6	9	4.01	22	22	0	137.0	115	63	61	20	45	148	1.17
2017	ドジャース	4	3	3.44	9	9	0	49.2	44	20	19	7	13	61	1.15
2017	2チーム計	10	12	3.86	31	31	0	186.2	159	83	80	27	58	209	1.16
2018	カブス	1	3	4.95	8	8	0	40.0	36	24	22	7	21	49	1.43
2019	カブス	6	8	3.98	31	31	0	178.2	140	82	79	33	56	229	1.10
2020	カブス	8	3	2.01	12	12	0	76.0	59	18	17	5	14	93	0.96
2021	パドレス	8	11	4.22	30	30	0	166.1	138	81	78	28	44	199	1.09
2022	パドレス	16	8	3.10	30	30	0	194.2	148	67	67	22	37	197	0.95
通算成績		95	75	3.50	242	242	0	1488.0	1195	609	579	187	479	1788	1.13

投手

クローザー並みの5年4600万ドルで残留　**セットアップ**

75 ロベルト・スアレス
Robert Suarez

32歳　1991.3.1生　188cm／95kg　右投右打

◆速球のスピード／150キロ台後半（フォーシーム、シンカー）
◆決め球と持ち球／☆チェンジアップ、◎シンカー、
　○フォーシーム、○カッター、△カーブ
◆対左打者被打率／.181　◆対右打者被打率／.172
◆ホーム防御率／0.00　◆アウェー防御率／4.56
◆ドラフトデータ／2021㉖パドレス
◆出身地／ベネズエラ
◆年俸／1000万ドル（約13億円）

球威	5
制球	2
緩急	5
守備・走塁	4
度胸	3

パドレス

　阪神タイガースでの輝かしい実績を手土産に昨年パドレスに入団し、大ブレイクした豪腕リリーバー。典型的なパワーピッチャーで、通常は150キロ台後半の2種類の速球（フォーシーム、シンカー）を主体に、チェンジアップ、カッターを組み合わせて投げる。アウトピッチはチェンジアップで、昨季の被打率は0割8分9厘という低さだった。

　パドレスはクローザーを固定できない状態が続いていたため、昨季は期待され、クローザーの第1候補としてシーズンに入ったが、出だしは悲惨なものになった。初登板は4月7日の開幕戦。2対0の場面で9回裏に登板したのだが、それまでメジャーで投げた経験が一度もなく、しかもいきなりクローザーで起用されたため、極度の緊張で肩に力が入ってストライクが入らない。2人を四球で歩かせ、3人目の打者には死球をぶつけてあえなく降板。リリーフに立ったスタメンが次打者に満塁弾を浴び、スアレスは負け投手に。試合後、茫然自失状態だったが、勝ち星を消されたのに、ダルビッシュが励ましの言葉をかけてくれ、いくらか救われた気持ちになった。この炎上で一挙に首脳陣の信頼を失い、ミドルリリーフに回った。

　その後、6月にヒザの炎症で2カ月間戦列を離れたが、本領発揮は8月6日に復帰してからだ。パドレスはシーズン終盤、チーム得点が伸びない中で僅少差を守り切って勝つケースが多くなるが、9月以降、スアレスは出るたびに無失点に抑え、チームのポストシーズン進出に貢献。さらにポストシーズンでも、8回担当のセットアッパーとして無失点登板を続けた。だがリーグ優勝決定シリーズ第5戦で、1点リードの場面で登板し、ハーパーにツーランを打たれて、パドレス飛躍の年の幕引きをする羽目になった。シーズン終了後はFAになったが、パドレスは5年4600万ドルという一流クローザー並みの条件を提示して連れ戻すことに成功。ヘイダーとの契約が今季限りで切れるので、その後釜に使えると考えているようだ。

カモ T・エストラーダ（ジャイアンツ）.000（3-0）0本　J・ターナー（レッドソックス）.000（3-0）0本
苦手

年度	所属チーム	勝利	敗戦	防御率	試合数	先発	セーブ	投球イニング	被安打	失点	自責点	被本塁打	与四球	奪三振	WHIP
2022	パドレス	5	1	2.27	45	0	1	47.2	29	13	12	4	21	61	1.05
通算成績		5	1	2.27	45	0	1	47.2	29	13	12	4	21	61	1.05

移籍後大量失点し、クローザーを外される屈辱 クローザー

71 ジョシュ・ヘイダー Josh Hader

29歳 1994.4.7生 | 190cm | 81kg | 左投左打

◆速球のスピード／150キロ台後半（ツーシーム主体）
◆決め球と持ち球／◎ツーシーム、◎スライダー、△チェンジアップ
◆対左.209 ◆対右.230 ◆ホ防4.61 ◆ア防5.96
◆ド2012⑲オリオールズ ◆出メリーランド州 ◆年1410万ドル（約18億3300万円）
◆最多セーブ1回（20年）、最優秀救援投手賞3回（18、19、21年）

球威	5
制球	2
緩急	4
守備・牽制	3
度胸	4

昨年8月2日のトレードでブリュワーズから移籍した、メジャーを代表するクローザーの1人。移籍直後は四球がらみで3失点するゲームが2度あったため、一時はクローザーから外さる屈辱を味わった。さらに中継ぎで登板したロイヤルズ戦で6失点し、GMがメディアから厳しい批判にさらされた。しかし9月になると、本来の打者に付け入る隙を与えぬパワーピッチングがよみがえり、ほとんど失点しなくなった。好調はポストシーズンでも続き、5試合に登板して5イニングを投げ、許したヒットは1本だけだった。

カモ K・シュワーバー（フィリーズ）.000（13-0）0本　苦手 S・マーテイ（メッツ）.500（6-3）2本

年度	所属チーム	勝利	敗戦	防御率	試合数	先発	セーブ	投球イニング	被安打	失点	自責点	被本塁打	与四球	奪三振	WHIP
2017	ブリュワーズ	2	3	2.08	35	0	0	47.2	25	11	11	4	22	68	0.99
2018	ブリュワーズ	6	1	2.43	55	0	12	81.1	36	23	22	9	30	143	0.81
2019	ブリュワーズ	3	5	2.62	61	0	37	75.2	41	24	22	15	20	138	0.81
2020	ブリュワーズ	1	2	3.79	21	0	13	19.0	8	8	8	3	10	31	0.95
2021	ブリュワーズ	4	2	1.23	60	0	34	58.2	25	8	8	3	24	102	0.84
2022	ブリュワーズ	1	4	4.24	37	0	29	34.0	26	16	16	7	12	59	1.12
2022	パドレス	1	1	7.31	19	0	7	16.0	17	14	13	1	9	22	1.63
2022	2チーム計	2	5	5.22	56	0	36	50.0	43	30	29	8	21	81	1.28
通算成績		18	18	2.71	288	0	132	332.1	178	104	100	42	127	563	0.92

今季は先発4番手としてスタート予定 スイングマン

21 ニック・マルティネス Nick Martinez

33歳 1990.8.5生 | 185cm | 90kg | 右投左打

◆速球のスピード／150キロ前後（フォーシーム、ツーシーム）
◆決め球と持ち球／◎チェンジアップ、◎シンカー、○カーブ、○カッター、△フォーシーム
◆対左.225 ◆対右.251 ◆ホ防3.83 ◆ア防3.06
◆ド2011⑱レンジャーズ ◆出フロリダ州
◆年1000万ドル（約13億円）

球威	2
制球	4
緩急	5
守備・牽制	4
度胸	4

昨季終了後FAになり、新たにパドレスと「3年2600万ドル＋出来高」の契約を交わした技巧派右腕。2018年から4年間、北海道日本ハムとソフトバンクに在籍。ソフトバンクにいた21年に大化けし、パドレスに迎えられた。昨季は先発5番手でシーズンに入り、10試合に先発後、リリーフに回ってクローザー、セットアッパー、ロングリリーフ、ミドルリリーフなど様々な役回りで登板。ポストシーズンでは、初戦のメッツ戦でアロンゾに本塁打を食らったが、その後の地区シリーズとリーグ優勝決定シリーズでは、ドジャースとフィリーズ打線に6試合（8回1/3）で2安打しか許さず、0封。評価が急上昇した。

カモ M・ヤストレムスキー（ジャイアンツ）.000（7-0）0本　苦手 C・コレイア（ツインズ）.667（12-8）3本

年度	所属チーム	勝利	敗戦	防御率	試合数	先発	セーブ	投球イニング	被安打	失点	自責点	被本塁打	与四球	奪三振	WHIP
2014	レンジャーズ	5	12	4.55	29	24	0	140.1	150	79	71	18	55	77	1.46
2015	レンジャーズ	7	9	3.96	24	21	0	125.0	135	66	55	16	46	77	1.45
2016	レンジャーズ	2	3	5.59	12	5	0	38.2	45	24	24	8	19	16	1.66
2017	レンジャーズ	3	8	5.66	23	18	0	111.1	124	74	70	26	28	67	1.37
2022	パドレス	4	4	3.47	47	10	8	106.1	96	44	41	15	41	95	1.29
通算成績		21	34	4.50	135	78	8	521.2	550	287	261	83	189	332	1.42

対左=対左打者被打率　対右=対右打者被打率　ホ防=ホーム防御率　ア防=アウェー防御率
ド=ドラフトデータ　出=出身地　年=年俸　カモ 苦手 は通算成績

投|手

メッツ監督の幻惑作戦に冷静に対応　先発

44 ジョー・マズグローヴ Joe Musgrove

31歳｜1992.12.4生｜196cm｜104kg｜右投右打

◆速球のスピード／150キロ前後（フォーシーム、シンカー）
◆決め球と持ち球／◎フォーシーム、◎カッター、
○スライダー、○シンカー、○カーブ、△チェンジアップ
◆対左.203　◆対右.254　◆ホ防2.86　◆ア防3.01
◆ド2011①ブルージェイズ　◆出カリフォルニア州　◆年2000万ドル（約26億円）

球威 **4**
制球 **5**
緩急 **3**
守備・牽制 **3**
度胸 **4**

　2シーズン連続でトップレベルの成績を残し、エース級の実力と認識されるようになった右腕。一番のウリは安定感。昨季は開幕から好調で、6回以上を自責点2以内に抑える好投を、開幕から12試合連続でやってのけた。ポストシーズンでは、メッツとのワイルドカード第3戦に先発し、7回1安打無失点の快投を見せた。6回に敗色濃厚になったメッツのショーウォルター監督が、「マズグローヴは耳の中に、（滑り止めに使う）異物を仕込んでいるようだ。調べて欲しい」と審判に要求。球審がそれに応じたので、念入りに調べられたが、攪乱目的だとわかっているので冷静に対応し、称賛された。

カモ M・ヤストレムスキー（ジャイアンツ）.125(24-3)1本　苦手 P・ゴールドシュミット（カーディナルス）.524(21-11)1本

年度	所属チーム	勝利	敗戦	防御率	試合数	先発	セーブ	投球イニング	被安打	失点	自責点	被本塁打	与四球	奪三振	WHIP
2016	アストロズ	4	4	4.06	11	10	0	62.0	59	28	28	9	16	55	1.21
2017	アストロズ	7	8	4.77	38	15	0	109.1	117	59	58	18	28	98	1.33
2018	パイレーツ	6	9	4.06	19	19	0	115.1	113	56	52	12	23	100	1.18
2019	パイレーツ	11	12	4.44	32	31	0	170.1	168	98	84	21	39	157	1.22
2020	パイレーツ	1	5	3.86	8	8	0	39.2	33	17	17	5	16	55	1.24
2021	パドレス	11	9	3.18	32	31	0	181.1	142	68	64	22	54	203	1.08
2022	パドレス	10	7	2.93	30	30	0	181.0	154	67	59	22	42	184	1.08
通算成績		50	54	3.79	170	144	2	859.0	786	393	362	109	218	852	1.17

スライダーを武器に昨季後半、好投が続く　先発

4 ブレイク・スネル Blake Snell

31歳｜1992.12.4生｜193cm｜101kg｜左投左打

◆速球のスピード／150キロ台前半（フォーシーム主体）
◆決め球と持ち球／☆スライダー、◎フォーシーム、○カーブ、△チェンジアップ
◆対左.233　◆対右.213　◆ホ防3.56　◆ア防3.06
◆ド2011①レイズ　◆出ワシントン州
◆年1600万ドル（約20億8000万円）　◆サイ・ヤング賞1回（18年）、最優秀防御率1回（18年）、最多勝1回（18年）

球威 **4**
制球 **3**
緩急 **4**
守備・牽制 **2**
度胸 **4**

　2018年にサイ・ヤング賞を受賞後、一度も2ケタ勝利がないが、投球内容は年を追うごとに良くなっている先発左腕。昨季は4月10日のゲーム前に、大腿の内転筋を痛めてIL（故障者リスト）入りしたため出遅れ、投げ始めたのは5月18日からとなった。その後、シーズン前半は不安定なピッチングが続いたが、後半戦は見違えるように良くなり、先発14試合中、11試合を無失点か1失点に抑える好投を見せた。好調に転じたのはフォーシームのスピン量と球速が増し、一発を食うケースが大幅に減ったことが大きい。今季はオフにFA権を取得するため、序盤から気合の入った投球が見られるだろう。

カモ F・リンドーア（メッツ）.120(25-3)0本　苦手 Y・ダーザ（ロッキーズ）.615(13-8)0本

年度	所属チーム	勝利	敗戦	防御率	試合数	先発	セーブ	投球イニング	被安打	失点	自責点	被本塁打	与四球	奪三振	WHIP
2016	レイズ	6	8	3.54	19	19	0	89.0	93	44	35	5	51	98	1.62
2017	レイズ	5	7	4.04	24	24	0	129.1	113	65	58	15	59	119	1.33
2018	レイズ	21	5	1.89	31	31	0	180.2	112	41	38	16	64	221	0.97
2019	レイズ	6	8	4.29	23	23	0	107.0	96	53	51	14	40	147	1.27
2020	レイズ	4	2	3.24	11	11	0	50.0	42	19	18	10	18	63	1.20
2021	パドレス	7	6	4.20	27	27	0	128.2	101	61	60	16	69	170	1.32
2022	パドレス	8	10	3.38	24	24	0	128.0	103	51	48	11	51	171	1.20
通算成績		57	46	3.41	159	159	0	812.2	660	334	308	87	352	989	1.25

パドレス

投手

67 セス・ルーゴ Seth Lugo

今季は先発5番手としてスタート予定　スイングマン　移籍

34歳 1989.11.17生 | 193cm | 101kg | 右投右打

◆速球のスピード／150キロ台前半(フォーシーム、ツーシーム)
◆決め球と持ち球／◎フォーシーム、◎カーブ、○チェンジアップ、○スライダー、△シンカー
◆対左.167 ◆対右.279 ◆ホ防3.41 ◆ア防3.78
◆ド2011㉞メッツ ◆出ルイジアナ州
◆年750万ドル(約9億7500万円)

球威3 制球3 緩急4 守備・走塁5 度胸3

メッツをFAで出て、パドレスに1年700万ドルで入団したカーブを武器にする右腕。先発志向が強く、契約先を選ぶ際には、先発で投げる機会を与えてくれることを希望。それに応じた球団の中からパドレスを選択した。そのような経緯で入団したため、今季は開幕から先発5番手で起用される可能性が高い。メッツでは2020年までスイングマンとして起用され、計38試合に先発。防御率は4.35で平均レベルの数字を出しているが、20年は先発で投げたときの防御率が6.15だったため、翌年から先発で使われなくなった。

カモ D・スワンソン(カブス).077(13-1)0本　苦手 P・ゴールドシュミット(カーディナルス).667(9-6)2本

年度	所属チーム	勝利	敗戦	防御率	試合数	先発	セーブ	投球イニング	被安打	失点	自責点	被本塁打	与四球	奪三振	WHIP
2016	メッツ	5	2	2.67	17	8	0	64.0	49	19	19	7	21	45	1.09
2017	メッツ	7	5	4.71	19	18	0	101.1	114	57	53	13	25	85	1.37
2018	メッツ	3	4	2.66	54	5	3	101.1	81	36	30	9	28	103	1.08
2019	メッツ	7	4	2.70	61	0	6	80.0	56	28	24	8	16	104	0.90
2020	メッツ	3	4	5.15	16	7	0	36.2	40	22	21	8	10	47	1.36
2021	メッツ	4	3	3.50	46	0	1	46.1	41	18	18	6	19	55	1.29
2022	メッツ	3	2	3.60	62	0	3	65.0	58	26	26	9	18	69	1.17
通算成績		32	24	3.48	275	38	16	494.2	439	206	191	60	137	508	1.16

66 ルイス・ガルシア Luis Garcia

35歳になっても161キロが出る豪腕投手　セットアップ
★WBCドミニカ代表

36歳 1987.1.30生 | 188cm | 108kg | 右投右打

◆速球のスピード／150キロ台後半(シンカー主体)
◆決め球と持ち球／◎スライダー、○シンカー、○スプリッター
◆対左.247 ◆対右.239 ◆ホ防4.05 ◆ア防2.60
◆ド2004㉚ドジャース ◆出ドミニカ
◆年350万ドル(約4億5500万円)

球威5 制球4 緩急3 守備・走塁1 度胸3

メジャーリーグに3人いる「ルイス・ガルシア」の1人。速球は、しばしば161キロが出る超高速シンカー。アウトピッチは、タテに鋭く変化するスライダー。ピッチングは一発を食わないことと、四球を出さないことに主眼を置いている。芯を外す技術も高い。ウリは、酷使しても大きな故障がないこと。昨季は側胸部を痛めて開幕時IL入りしていたが、4月15日に復帰すると、チーム最多の64試合に登板。ポストシーズンに入っても、良い働きをした。

カモ G・スタントン(ヤンキース).000(9-0)0本　苦手 N・アレナード(カーディナルス).571(7-4)1本

年度	所属チーム	勝利	敗戦	防御率	試合数	先発	セーブ	投球イニング	被安打	失点	自責点	被本塁打	与四球	奪三振	WHIP
2013	フィリーズ	1	1	3.73	24	0	0	31.1	27	15	13	3	23	23	1.60
2014	フィリーズ	1	0	6.43	13	0	0	14.0	14	12	10	2	13	12	1.93
2015	フィリーズ	4	6	3.51	72	0	2	66.2	72	28	26	4	37	63	1.64
2016	フィリーズ	1	1	6.46	17	0	0	15.1	21	11	11	2	8	14	1.89
2017	フィリーズ	2	5	2.65	66	0	2	71.1	61	22	21	3	26	60	1.22
2018	フィリーズ	3	1	6.07	59	0	1	46.0	49	31	31	4	18	51	1.46
2019	エンゼルス	1	4	4.35	64	0	2	62.0	61	35	30	13	33	57	1.52
2020	レンジャーズ	0	2	7.56	11	2	0	8.1	10	9	7	1	9	11	2.28
2021	カーディナルス	1	1	3.24	34	0	2	33.1	25	12	12	2	8	34	0.99
2022	パドレス	4	3	3.39	64	0	1	61.0	57	28	23	3	17	68	1.21
通算成績		19	24	4.05	424	4	11	409.1	397	203	184	37	192	393	1.44

対左=対左打者被打率　対右=対右打者被打率　ホ防=ホーム防御率　ア防=アウェー防御率
ド=ドラフトデータ　出=出身地　年=年俸　カモ 苦手は通算成績

428

投 手

36 契約金5000ドルからメジャーへ

スティーヴン・ウィルソン *Steven Wilson*

ミドル
リリーフ

29歳 1994.8.24生 | 190cm | 99kg | 右投右打 | 國150キロ台前半(フォーシーム主体) | 決☆スライダー
対左.221 対右.175 ⑤2018⑧パドレス 囲コロラド州 囲72万ドル(約9360万円)+α

球 5
制 2
緩 3
守 3
度 4

昨年開幕時に、27歳でメジャーデビューしたリリーフ右腕。球種はフォーシーム、スライダー、チェンジアップの３つだが、チェンジアップは左打者にたまに使う程度で、通常はフォーシームとスライダーだけを使う。フォーシームは強烈なバックスピンのかかったライジングボールで、これを高めに、タテに変化するスライダーを低めに投げ分け、フライアウトか三振にしとめる。遅咲きなのは大学時代に２度故障し、２度目はトミー・ジョン手術だったため、通常より２年遅い23歳のとき、ドラフト指名されたからだ。２年遅れなので、契約金は5000ドルしかもらえなかった。

年度	所属チーム	勝利	敗戦	防御率	試合数	先発	セーブ	投球イニング	被安打	失点	自責点	被本塁打	与四球	奪三振	WHIP
2022	パドレス	4	2	3.06	50	1	1	53.0	36	20	18	7	20	53	1.06
通算成績		4	2	3.06	50	1	1	53.0	36	20	18	7	20	53	1.06

25 サイドハンドのゴロ打たせ屋

ティム・ヒル *Tim Hill*

ミドル
リリーフ

33歳 1990.2.10生 | 193cm | 90kg | 左投左右打 | 國140キロ台中頃(シンカー主体) | 決☆スライダー
対左.208 対右.280 ⑤2014⑩ロイヤルズ 囲カリフォルニア州 囲185万ドル(約2億4060万円)

球 2
制 3
緩 2
守 3
度 4

ファンキーデリバリー(変則投法)で投げる、左のワンポイント投手の生き残り。ピッチングはシンカー主体の速球に、スライダー、カッターを交え、打球のゴロ比率が高い。昨季は85%以上の試合で失点せず、７月２日から９月６日までは無失点登板を続けた。地区シリーズとリーグ優勝決定シリーズでも、登板した３試合すべて、無失点に抑えている。MLBのルール改正により、2020年からリリーフ投手は３人以上投げなくてはいけなくなり、多くのワンポイント投手が姿を消した。そのような中で、右打者を抑える投球術を身につけ、生き残っているのは称賛に値する。

年度	所属チーム	勝利	敗戦	防御率	試合数	先発	セーブ	投球イニング	被安打	失点	自責点	被本塁打	与四球	奪三振	WHIP
2022	パドレス	3	0	3.56	55	0	0	48.0	45	20	19	1	14	25	1.23
通算成績		15	10	3.88	272	0	4	211.0	190	108	91	21	70	182	1.23

74 ポストシーズンのメンバーから外れ、涙

ナビル・クリズマット *Nabil Crismatt* ★WBCコロンビア代表

ミドル
リリーフ

29歳 1994.12.25生 | 185cm | 99kg | 右投右打 | 國140キロ台後半(フォーシーム、シンカー) | 決☆チェンジアップ
対左.208 対右.238 ⑤2011⑭メッツ 囲コロンビア 囲72万ドル(約9360万円)+α

球 2
制 5
緩 2
守 2
度 3

タイミングを外すことと、芯を外すことに長けた技巧派右腕。マイナーのチームを渡り歩いていたジャーニーマンで、一昨年、パドレスにもマイナー契約で入団。ここでチェンジアップをメインにする投球に切り替えたところ、メジャーに定着できるようになった。昨季は出だしからチェンジアップの制球が良く、６月までは１点台の防御率で、メルヴィン監督に頼りにされた。しかし終盤になってチェンジアップが浮くようになり、５試合で８失点したためマイナー落ち。シーズン最終戦でメジャーに復帰し、登板したものの、ポストシーズンのメンバーには入れなかった。

年度	所属チーム	勝利	敗戦	防御率	試合数	先発	セーブ	投球イニング	被安打	失点	自責点	被本塁打	与四球	奪三振	WHIP
2022	パドレス	5	2	2.94	50	1	0	67.1	57	29	22	5	22	65	1.17
通算成績		8	3	3.38	101	1	0	157.0	150	72	59	17	47	144	1.25

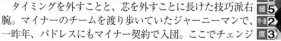

國=速球のスピード 決=決め球

パドレス

429

先発でメジャー定着を狙うキューバ亡命組

スイングマン

50 エイドリアン・モレホン *Adrian Morejon*

24歳 1999.2.27生｜180cm｜101kg｜左投右打｜球150キロ台中頃（フォーシーム主体）｜決◎フォーシーム
対左.227 対右.244 ド2016外パドレス 田キューバ 年80万ドル（約1億400万円）

球 **4**
制 **3**
緩 **3**
守 **3**
度 **3**

2021年4月にトミー・ジョン手術を受けたため、リハビリに14カ月を要し、昨年6月7日にメジャー復帰を果たしたサウスポー。復帰後は1試合に投げただけで、左肩の炎症ですぐにIL入りしたが、7月13日に復帰後は中継ぎ要員としてシーズン終了まで投げ、ポストシーズンでも2試合に登板。手術前に比べるとフォーシームの球速が多少アップしているため、フォーシームの使用比率が大幅に増え、ゴロを量産するタイプからフライを量産するタイプに変身した。今季のパドレスは、先発の頭数が少なめなので、先発でまとまった登板機会を与えられる可能性が高い。

年度	所属チーム	勝利	敗戦	防御率	試合数	先発	セーブ	投球イニング	被安打	失点	自責点	被本塁打	与四球	奪三振	WHIP
2022	パドレス	5	1	4.24	26	0	0	34.0	31	18	16	4	9	28	1.18
通算成績		7	3	5.05	42	8	0	66.0	71	40	37	14	18	65	1.35

昨季全休で、今季は投手生命をかけた年に

ミドルリリーフ

15 ドルー・ポメランツ *Drew Pomeranz*

35歳 1988.11.22生｜196cm｜111kg｜左投右打｜球150キロ前後（フォーシーム主体）｜決◎フォーシーム
◆昨季はメジャー出場なし ド2010①インディアンズ 田テネシー州 年800万ドル（約10億4000万円）

球 **4**
制 **3**
緩 **4**
守 **4**
度 **4**

4年契約の最終年に入るケガのデパート、サンディエゴ支店。健康体のときは、トップクラスのセットアッパーとして機能する投手。それを評価して、パドレスは4年3900万ドルという異例の厚遇で契約した。しかし1年目の2020年はシーズンが60試合に短縮されたこともあって期待通りの働きをしたが、それ以降は故障続き。21年は肩と前腕部の不調に悩まされ、前腕屈筋の修復手術を受けたこともあって、21年8月中旬以降は、メジャーで一度も登板がない。昨シーズンはマイナーで5試合に登板しているが、防御率は7.71で散々の出来だった。（5段階評価は手術前のもの）

年度	所属チーム	勝利	敗戦	防御率	試合数	先発	セーブ	投球イニング	被安打	失点	自責点	被本塁打	与四球	奪三振	WHIP
2021	パドレス	1	0	1.75	27	0	0	25.2	19	6	5	2	10	30	1.13
通算成績		48	58	3.91	289	140	9	858.1	786	403	373	110	369	883	1.35

77 ジェイ・グルーム *Jay Groome*

先発 期待度 **B⁻** **ルーキー**

25歳 1998.8.23生｜198cm｜118kg｜左投左打｜◆昨季は2A、3Aでプレー ド2016①レッドソックス 田ニュージャージー州

かつては全米ナンバーワンの高校生投手。2016年にドラフト1巡目指名でプロ入りしたが、18年にトミー・ジョン手術を受け、出世が遅れた。昨年8月2日にレッドソックスからパドレスに移籍。速球は以前のレベルに戻っていないが、移籍後はスライダーを武器に3Aで10試合に先発し、防御率3.16。

68 ホセ・ロペス *Jose Lopez*

リリーフ 期待度 **B** **移籍** **ルーキー**

24歳 1999.2.15生｜185cm｜90kg｜左投左打｜◆昨季は1A+、2A、3Aでプレー ド2016②レイズ 田ドミニカ

昨年からリリーフ専業になって、良い働きをするようになったサウスポー。球種はスリークォーターから繰り出す150キロ台中盤の速球、スライダー、チェンジアップ。スライダーはヨコに鋭く変化するタイプで、左打者に対する強力な武器になる。良いチェンジアップがあるので、右打者にも強い。

球=速球のスピード 決=決め球 対左=対左打者被打率 対右=対右打者被打率
ド=ドラフトデータ 田=出身地 年=年俸
※メジャー経験がない投手の「先発」「リリーフ」はマイナーでの役割

「悪ガキ」というイメージは過去のものに　サード

13 マニー・マチャード
Manny Machado ★WBCドミニカ代表

31歳 1992.7.6生 / 190cm / 98kg / 右投右打

◆対左投手打率／.259(162-42)　◆対右投手打率／.313(416-130)
◆ホーム打率／.280(261-73)　◆アウェー打率／.312(317-99)
◆得点圏打率／.319(141-45)
◆22年のポジション別出場数／サード=134、DH=15
◆ドラフトデータ／2010①オリオールズ
◆出身地／フロリダ州
◆年俸／3000万ドル（約39億円）
◆ゴールドグラブ賞2回(13、15年)、シルバースラッガー賞1回(20年)

ミート **5**
パワー **5**
走塁 **4**
守備 **3**
肩 **5**

　ナショナル・リーグのMVP投票で次点になったパドレスの主砲。MVPに選出されたのは、30ある1位票のうち22票を獲得したゴールドシュミットで、マチャードは7票だった。昨季、ハイレベルな活躍ができたのは、もう1人の主砲タティース・ジュニアが長期欠場することになったため、その分もオレが頑張らなくてはと、自分に大きなプレッシャーをかけてシーズンに臨んだからだ。そのプレッシャーはプラスに作用し、出だしから長打やタイムリーがよく出て打線の牽引役になった。唯一の危機は、6月中旬に足首を捻挫したときだった。腫れ上がった足首を見て誰もが、復帰まで数カ月かかると予想したが、このケガは実際には軽いもので、11日後に復帰した。その後、シーズン後半に入ると本塁打、打点の生産ペースを加速させ、最終的に得点と打点が3ケタになり、本塁打も30の大台に乗った。チームはポストシーズンのリーグ優勝決定シリーズまで勝ち上がったが、これはマチャードの驚異的な活躍があったからこそ実現したものである。そのため彼は、パドレスの唯一無二の主砲と見なされるようになった。

　2、3年前まで、マチャードと言えば、すぐにキレる悪ガキ、乱闘のタネをまき散らすケンカ屋というイメージだった。だが、最近は感情的な言葉を連発して突っ張った態度をとることはなくなり、チーム内では、若手に相談を持ちかけられると、経験に裏打ちされた深みのある答えを返してくれる賢い兄貴分と見なされている。8月2日にトレードでパドレスに来たホワン・ソトは「彼があんなに野球IQの高い人間だとは知らなかった。彼は過小評価されている」と、マチャードを激賞している。

| カモ | J・ウリーアス(ドジャース).360(25-9)4本　G・マルケス(ロッキーズ).407(27-11)1本 |
| 苦手 | C・スミス(ダイヤモンドバックス).071(14-1)1本　C・キンブル(フィリーズ).000(11-0)0本 |

年度	所属チーム	試合数	打数	得点	安打	二塁打	三塁打	本塁打	打点	四球	三振	盗塁	盗塁死	出塁率	OPS	打率
2012	オリオールズ	51	191	24	50	8	3	7	26	9	38	2	0	.294	.739	.262
2013	オリオールズ	156	667	88	189	51	3	14	71	29	113	6	7	.314	.746	.283
2014	オリオールズ	82	327	38	91	14	0	12	32	20	68	2	0	.324	.755	.278
2015	オリオールズ	162	633	102	181	30	1	35	86	70	111	20	8	.359	.861	.286
2016	オリオールズ	157	640	105	188	40	1	37	96	48	120	0	3	.343	.876	.294
2017	オリオールズ	156	630	81	163	33	1	33	95	50	115	9	4	.310	.781	.259
2018	オリオールズ	96	365	48	115	21	1	24	65	45	51	8	1	.387	.962	.315
2018	ドジャース	66	267	36	73	14	2	13	42	25	53	6	1	.338	.825	.273
2018	2チーム計	162	632	84	188	35	3	37	107	70	104	14	2	.367	.905	.297
2019	パドレス	156	587	81	150	21	2	32	85	65	128	5	3	.334	.796	.256
2020	パドレス	60	224	44	68	12	1	16	47	26	37	6	3	.370	.950	.304
2021	パドレス	153	564	92	157	31	2	28	106	63	102	12	3	.347	.836	.278
2022	パドレス	150	578	100	172	37	1	32	102	63	133	9	1	.366	.897	.298
通算成績		1445	5673	839	1597	312	18	283	853	513	1069	85	34	.341	.834	.282

カモ 苦手 は通算成績

アジア人ではナンバーワンの内野手に成長 セカンド

7 金河成（キム・ハソン）
Ha-Seong Kim ★WBC韓国代表

28歳 1995.10.17生 175cm 76kg 右投右打
◆対左投手打率／.270(159-43) ◆対右投手打率／.243(358-87)
◆ホーム打率／.234(252-59) ◆アウェー打率／.268(265-71)
◆得点圏打率／.269(104-28)
◆22年のポジション別出場数／ショート＝131、サード＝24
◆ドラフトデータ／2021㉚パドレス
◆出身地／韓国
◆年俸／700万ドル（約9億1000万円）

ミート	3
パワー	3
走塁	4
守備	5
肩	4

　ボーガーツが加入しショートに入るため、今季はセカンドに回る昨年急成長した内野手。1年目はセカンド、サード、ショートの控えを兼務するユーティリティだったが、昨季はショートのレギュラーに予定されていたタティース・ジュニアが手の舟状骨を骨折し、長期欠場。さらに8月に筋肉増強剤の使用発覚で80試合出場停止になったため、開幕からシーズン終了まで、大半のゲームで遊撃手として先発出場。ショート以外では24試合サードに入ったが、セカンドでの出場はなかった。

　ショートの守備では、常に高い集中力をキープしてエラーを最小限に抑えただけでなく、味方のピンチにしばしばスーパープレーを見せてチームを救った。注目されたのは、フライ打球の守備範囲が広いことで、ファウルゾーンに上がったフライを、サードのマチャードを追い越して落下点に達し、好捕するシーンが何度も見られた。また敏捷でフットワークもいいため、二遊間のゴロを好捕したあと自らベースを踏んで一塁に送球する、1人ダブルプレーも得意にしている。昨季終了後には、オールラウンドに守備力が高いことを評価されて、ゴールドグラブ賞の最終候補にノミネートされたが、受賞には至らなかった。昨季は打撃面でも進化が見られ、1年目に対応できなかった150キロ台後半の快速球を、差し込まれることなくライナーで弾き返すシーンが見られるようになった。1年目は右投手に追い込まれると、誘い球のスライダーに手が出て三振に倒れるケースがよくあったが、昨季はそれもあまり見られなくなった。

　パドレス戦の中継では、彼の名を「ハソン・キム」ではなく「ハッサン・キム」と呼んでいる。そのためパドレスファンの間でも「ハッサン・キム」の呼び方が定着している。米国人は「ハソン」という名をうまく発音できないので、言いやすい「ハッサン」にしているのかもしれない。

カモ A・ゴンバー(ロッキーズ).556(9-5)0本　T・アンダーソン(エンジェルス).417(12-5)0本
苦手 C・ロドーン(ヤンキース).000(8-0)0本　S・アルカンタラ(マーリンズ).000(7-0)0本

年度	所属チーム	試合数	打数	得点	安打	二塁打	三塁打	本塁打	打点	四球	三振	盗塁	盗塁死	出塁率	OPS	打率
2021	パドレス	117	267	27	54	12	2	8	34	22	71	6	1	.270	.622	.202
2022	パドレス	150	517	58	130	29	3	11	59	51	100	12	2	.325	.708	.251
通算成績		267	784	85	184	41	5	19	93	73	171	18	3	.306	.678	.235

ホアン・ソト *Juan Soto*

22 ライト

出塁率が4割を切ったシーズンは一度もなし

★WBCドミニカ代表

25歳 1998.10.25生｜188cm｜101kg｜左投左打

◆対左投手打率／.210　◆対右投手打率／.261
◆ホーム打率／.233　◆アウェー打率／.251　◆得点圏打率／.204
◆22年のポジション別出場数／ライト＝151、DH＝1
◆Ⓓ2015㉙ナショナルズ　◆⊞ドミニカ　◆㊟2300万ドル（約29億9000万円）
◆首位打者1回（20年）、シルバースラッガー賞3回（20、21、22年）

ミート **5**
パワー **5**
走塁 **4**
守備 **3**
肩 **3**

昨年8月2日の大型トレードで、ナショナルズから移籍した完成度の高い打者。2023年オフにFA権を得るので、ナショナルズは15年4億4000万ドルの超大型契約で引き留めにかかったが、拒否されたため、トレードは時間の問題だった。ただ移籍後、パドレスもすぐ長期契約を提示すると見られていたが、それはなく、今季は1年2300万ドルでプレーする。驚異的な選球眼を持ち、シーズン四球数は2年連続でメジャー最多。昨年は通算500四球を23歳で達成したが、これはメジャー史上最年少記録だ。昨年はオールスター前日のホームランダービーで優勝し、本塁打生産能力の高さも再認識された。

カモ Z・エフリン（レイズ）.478（23-11）2本　**苦手** J・ウリーアス（ドジャース）.063（16-1）1本

年度	所属チーム	試合数	打数	得点	安打	二塁打	三塁打	本塁打	打点	四球	三振	盗塁	盗塁死	出塁率	OPS	打率
2018	ナショナルズ	116	414	77	121	25	1	22	70	79	99	5	2	.406	.923	.292
2019	ナショナルズ	150	542	110	153	32	5	34	110	108	132	12	1	.401	.949	.282
2020	ナショナルズ	47	154	39	54	14	0	13	37	41	28	6	2	.490	1.185	.351
2021	ナショナルズ	151	502	111	157	20	2	29	95	145	93	9	7	.465	.999	.313
2022	ナショナルズ	101	342	62	84	17	1	21	46	91	62	6	0	.408	.893	.246
2022	パドレス	52	182	31	43	8	1	6	16	44	34	0	0	.388	.778	.236
2022	2チーム計	153	524	93	127	25	2	27	62	135	96	6	0	.401	.853	.242
通算成績		617	2136	430	612	116	10	125	374	508	448	38	14	.424	.950	.287

ザンダー・ボーガーツ *Xander Bogaerts*

2 ショート　移籍

アメリカン・リーグ3位の打率3割0分7厘

★WBCオランダ代表

31歳 1992.10.1生｜188cm｜98kg｜右投右打

◆対左投手打率／.382　◆対右投手打率／.286
◆ホーム打率／.317　◆アウェー打率／.297　◆得点圏打率／.301
◆22年のポジション別出場数／ショート＝146、DH＝4
◆Ⓓ2009㉙レッドソックス　◆⊞オランダ領アルバ島
◆㊟2500万ドル（約32億5000万円）　◆シルバースラッガー賞5回（15、16、19、21、22年）

ミート **5**
パワー **4**
走塁 **3**
守備 **3**
肩 **4**

ボストンで活躍していた、打者としての価値が高い遊撃手。オフのFA市場では目玉選手の1人となり、パドレスが11年2億8000万ドルの契約で獲得した。故障も好不調の波も少ないので、ハイレベルな成績を毎年、安定して残せる打者だ。大型契約ゲットのため、守備範囲を広くするトレーニングを繰り返し、守備力も向上。カリブ海に浮かぶオランダ自治領の島アルバ出身。オランダ語、スペイン語、英語、パピアメント語を話せるクワドリンガルだ。

カモ S・マナイア（ジャイアンツ）.545（11-6）1本　**苦手** L・セヴェリーノ（ヤンキース）.074（27-2）0本

年度	所属チーム	試合数	打数	得点	安打	二塁打	三塁打	本塁打	打点	四球	三振	盗塁	盗塁死	出塁率	OPS	打率
2013	レッドソックス	18	44	7	11	2	0	1	5	5	13	1	0	.320	.684	.250
2014	レッドソックス	144	538	60	129	28	1	12	46	39	138	2	3	.297	.659	.240
2015	レッドソックス	156	613	84	196	35	3	7	81	32	101	10	2	.355	.776	.320
2016	レッドソックス	157	652	115	192	34	1	21	89	58	123	13	4	.356	.802	.294
2017	レッドソックス	148	571	94	156	32	6	10	62	56	116	15	1	.343	.746	.273
2018	レッドソックス	136	513	72	148	45	3	23	103	55	102	8	2	.360	.882	.288
2019	レッドソックス	155	614	110	190	52	0	33	117	76	122	4	2	.384	.939	.309
2020	レッドソックス	56	203	36	61	8	0	11	28	21	41	8	0	.364	.866	.300
2021	レッドソックス	144	529	90	156	34	1	23	79	62	113	5	1	.370	.863	.295
2022	レッドソックス	150	557	84	171	38	1	15	73	57	118	8	2	.377	.833	.307
通算成績		1264	4834	752	1410	308	15	156	683	461	987	74	17	.356	.814	.292

パドレス

ポストシーズンで弟アーロンからタイムリー

キャッチャー

26 オースティン・ノーラ Austin Nola

34歳 1989.12.28生 | 183cm | 89kg | 右投右打 ◆盗塁阻止率／.082(61-5) [対左].285 [対右].230 [ホ].271 [ア].232 [得].244 [ド]2012⑤マーリンズ [出]ルイジアナ州 [年]235万ドル（約3億550万円）

リードのうまい捕手として注目されるようになった遅咲きの正捕手。昨季はエース・ダルビッシュの新たな女房役となって、好リードでナショナル・リーグ最多のQS26をマークすることに貢献。それ以外の投手と組んだときも好投を引き出すことが多く、捕手防御率は3.38という称賛に値する数字で、バックアップ捕手アルファーロの4.12に大差をつけていた。27歳のとき捕手をやり始め、30歳のときフルタイムの捕手になった変わりダネ。それでもリードの名手になれたのは、フィリーズのエースである3歳下の弟アーロンから様々な助言を受けることができたからだ。

年度	所属チーム	試合数	打数	得点	安打	二塁打	三塁打	本塁打	打点	四球	三振	盗塁	盗塁死	出塁率	OPS	打率
2022	パドレス	110	347	40	87	15	0	4	40	34	60	2	1	.321	.650	.251
通算成績		293	919	116	242	48	2	23	128	89	176	3	2	.336	.731	.263

ミ 3 バ 3 走 2 守 3 肩 2

パドレスを支える屋台骨のような存在

ファースト

9 ジェイク・クローネンワース Jake Cronenworth

29歳 1994.1.21生 | 183cm | 84kg | 右投左打 [対左].232 [対右].241 [ホ].215 [ア].260 [得].289 [ド]2015⑦レイズ [出]ミシガン州 [年]423万ドル（約5億4990万円）

スター性には欠けるが、チームへの貢献度が高いオールラウンドプレーヤー。打撃面のウリは、①チャンスに強いクラッチヒッター、②選球眼が良くて出塁率が高い、③どんな打順で使っても、その打順に合った打撃ができる、といった点だ。昨季は打率や長打数が多少ダウンしたが、これはフライ打球を志向するようになった結果、凡フライが多くなったことが原因。今季はボーガーツ加入による玉突き異動で、ファーストのレギュラーでプレーする。もともと内野のすべてのポジションに対応するユーティリティだったので、ファーストの経験は十分あり、守備成績も良好だ。

年度	所属チーム	試合数	打数	得点	安打	二塁打	三塁打	本塁打	打点	四球	三振	盗塁	盗塁死	出塁率	OPS	打率
2022	パドレス	158	587	88	140	30	4	17	88	70	131	3	0	.332	.722	.239
通算成績		364	1326	208	340	78	10	42	179	143	251	10	4	.338	.769	.256

ミ 4 バ 4 走 4 守 4 肩 4

打率1割台の男がポストシーズンで大噴火

センター

1 トレント・グリシャム Trent Grisham

27歳 1996.11.1生 | 180cm | 101kg | 左投左打 [対左].203 [対右].177 [ホ].185 [ア].183 [得].241 [ド]2015①ブリュワーズ [出]テキサス州 [年]318万ドル（約4億1340万円）◆ゴールドグラブ賞1回（22年）

2度目のゴールドグラブ賞に輝いた外野の守備の要。守備面のウリは、①フライやライナーの軌道を瞬時に読んで最短の軌道で落下点に入る。とくに難しいとされるセンター返しのライナーの軌道を的確に読める。②ダッシュ力があり、動体視力も高いため、ダイビングキャッチの達人。③フェンスを恐れず、ジャンプ力があるのでホームランキャッチが得意、といった点だ。一方、打撃のほうは序盤からスランプで、シーズン終了まで打率が1割台を低空飛行した。しかし、ポストシーズンでは打ちまくり、シャーザー、デグローム、ヒーニーから価値ある一発を放ってヒーローに。

ミ 2 バ 4 走 4 守 5 肩 3

年度	所属チーム	試合数	打数	得点	安打	二塁打	三塁打	本塁打	打点	四球	三振	盗塁	盗塁死	出塁率	OPS	打率
2022	パドレス	152	451	58	83	16	2	17	53	57	150	7	1	.284	.625	.184
通算成績		394	1284	185	285	58	10	48	165	162	381	31	7	.316	.711	.222

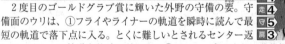

[対左]=対左投手打率 [対右]=対右投手打率 [ホ]=ホーム打率 [ア]=アウェー打率 [得]=得点圏打率 [ド]=ドラフトデータ [出]=出身地 [年]=年俸

野手

23 14年契約の2年目は、醜聞続きで出場ゼロに　**レフト**

フェルナンド・タティース・ジュニア *Fernando Tatis Jr.*

24歳 1999.1.2生｜190cm｜98kg｜右投右打　◆昨季メジャー出場なし　D2015外ホワイトソックス
囲ドミニカ　囲700万ドル（約9億1000万円）◆本塁打王1回（21年）、シルバースラッガー賞2回（20、21年）

ミ **4**
パ **5**
走 **5**
守 **2**
肩 **5**

　薬物検査で筋肉増強剤クロステボルの成分が検出され、昨年8月12日にコミッショナーから80試合出場停止処分を受けたスター選手。これにより今季は、21試合目（4月20日頃）まで出場できない。昨季はオフの間に、自分の不注意による自転車事故で手を痛めていた。キャンプに入っても痛みが引かないため検査を受けたところ、手の舟状骨を骨折していることが判明し、手術を受けた。さらに復帰の準備に入ったときに禁止薬物で80試合出場禁止になり、出場ゼロに終わった。今回の筋肉増強剤の使用発覚で、2021年の本塁打王はその力を借りたものであることが判明。

年度	所属チーム	試合数	打数	得点	安打	二塁打	三塁打	本塁打	打点	四球	三振	盗塁	盗塁死	出塁率	OPS	打率
2021	パドレス	130	478	99	135	31	0	42	97	62	153	25	4	.364	.975	.282
通算成績		273	1036	210	303	55	8	81	195	119	324	52	13	.369	.965	.292

12 守備、リード面が向上すれば正捕手昇格も　**キャッチャー DH**

ルイス・キャンプサーノ *Luis Campusano*

25歳 1998.9.29生｜180cm｜104kg｜右投右打　◆盗塁阻止率／.000(8-0) 対左.278 対右.233
困.211 得.276 得.273　D2017②パドレス　囲ジョージア州　囲72万ドル（約9360万円）+α

ミ **4**
パ **5**
走 **2**
守 **2**
肩 **4**

　今季はバックアップ捕手として50〜70試合、先発出場する機会を与えられると思われるキャッチャーのホープ。打者としては、メジャーでも中軸を打てるレベルのパワーを備え、コースに逆らわずに広角に打ち返すため、打力も平均以上を期待できる。課題は守備。ボールブロックとフレーミングはうまいほうだが、強肩でも送球の正確さに欠け、盗塁阻止力はイマイチ。一番遅れているのはリード面。昨季はメジャーで16試合に出場したが、捕手防御率は6.35でワーストレベル。昨季3Aで、この方面のレベルアップに取り組んだので、今季その成果が出るかもしれない。

年度	所属チーム	試合数	打数	得点	安打	二塁打	三塁打	本塁打	打点	四球	三振	盗塁	盗塁死	出塁率	OPS	打率
2022	パドレス	16	48	4	12	1	0	1	5	1	11	0	0	.260	.593	.250
通算成績		28	85	6	16	1	0	2	7	5	24	0	0	.239	.510	.188

14 死火山かと思ったら、昨季突然活火山に　**DH レフト ファースト**　**移籍**

マット・カーペンター *Matt Carpenter*

38歳 1985.11.26生｜193cm｜95kg｜右投左打　対左.333 対右.295 得.388 ⑦.253 困.324
D2009⑬カーディナルス　囲テキサス州　囲350万ドル（約4億5500万円）◆シルバースラッガー賞1回（13年）

ミ **3**
パ **5**
走 **2**
守 **2**
肩 **3**

　ヤンキースで見事によみがえったあと、2年契約でパドレスに来た不死身の野武士。打撃不振が続き、2021年限りでカーディナルスを退団。昨季はマイナー契約でレンジャーズに入団し、3Aで好成績を出していたが、5月19日に解雇された。すると故障者続出のヤンキースが、3AとはいえOPS.991を出していることに注目。5月26日にメジャー契約で獲得し、早速ゲームで使ってみた。すると打ちまくって10試合で6本塁打、13打点を叩き出した。その後も一発とタイムリーがよく出たが、8月9日に自打球を足に当て骨折し、IL入りした。その後、ポストシーズンで復帰。

年度	所属チーム	試合数	打数	得点	安打	二塁打	三塁打	本塁打	打点	四球	三振	盗塁	盗塁死	出塁率	OPS	打率
2022	ヤンキース	47	128	28	39	9	0	15	37	19	35	0	0	.412	1.139	.305
通算成績		1376	4531	780	1192	310	28	170	613	718	1107	27	17	.369	.825	.263

最後のひと花を咲かせることができるか注目

DH 移籍

43 ネルソン・クルーズ Nelson Cruz ★WBCドミニカ代表

43歳 1980.7.1生｜188cm｜104kg｜右投右打 [対左].248 [対右].227 [両].246 [ア].221 [得].262 [ド]1998⑧メッツ [田]ドミニカ [年]100万ドル（約1億3000万円）◆本塁打王1回（14年）、打点王1回（17年）、シルバースラッガー賞4回（15、17、19、20年）、ロベルト・クレメンテ賞1回（21年）

ミ	4
バ	5
走	2
守	1
肩	1

　パドレスが「左投手用のDH」として使う分には、まだ戦力になるかもしれないと見て獲得したスラッガー。30代後半になってもパワーが衰えず、毎年11.1打数～16.0打数に1本というペースで本塁打を生産してきた。しかし、ナショナルズでプレーした昨季は、本塁打が激減。生産ペースは44.8打数に1本に落ちた。40歳を過ぎていたので、メディアやアナリストの多くはこれを年齢的な衰えと受けとめ、引退の可能性が高いと見た。しかし本人は、視力障害が原因であるとして、現役続行に自信を見せたため、パドレスがリスクのない範囲（保証年俸100万ドル）で獲得した。

年度	所属チーム	試合数	打数	得点	安打	二塁打	三塁打	本塁打	打点	四球	三振	盗塁	盗塁死	出塁率	OPS	打率
2022	ナショナルズ	124	448	50	105	16	0	10	64	49	119	4	0	.313	.650	.234
通算成績		2006	7358	1081	2018	367	14	459	1302	732	1870	83	32	.344	.859	.274

グラブと足で貢献するタイプの外野のサブ

外野手 移籍

5 アダム・エングル Adam Engel

32歳 1991.12.9生｜188cm｜97kg｜右投右打 [対左].141 [対右].259 [両].221 [ア].228 [得].255 [ド]2013⑲ホワイトソックス [田]オハイオ州

ミ	3
バ	2
走	4
守	5
肩	3

　パドレスが4人目の外野手として獲得した守備のエキスパート。ホワイトソックスではセンターおよびライトの2番手として起用され、しばしば味方のピンチにスーパープレーを見せて投手を助けてきた。しかし、一昨年から肩やハムストリングの肉離れでIL入りする期間が長くなった。それに加え、昨季は打撃成績も低迷したため、ホワイトソックスから契約更新を拒否されFAに。今季は4人目の外野手として、ライト、センター、レフトの2番手を兼任する形になるが、グリシャムの打撃不振が長く続く場合は、「左投手用のセンター」としてプラトーンで起用される可能性もある。

年度	所属チーム	試合数	打数	得点	安打	二塁打	三塁打	本塁打	打点	四球	三振	盗塁	盗塁死	出塁率	OPS	打率
2022	ホワイトソックス	119	245	32	55	13	1	2	17	11	76	12	4	.269	.579	.224
通算成績		523	1413	173	318	65	11	30	123	76	450	47	17	.280	.630	.225

32 エグイ・ロザリオ Eguy Rosario

ユーティリティ 期待度 **B+** ルーキー

24歳 1999.8.25生｜175cm｜68kg｜右投右打 ◆昨季はメジャーで7試合に出場 [ド]2015⑧パドレス [田]ドミニカ

　体は小さいが年を追うごとにパワーアップし、長打を量産できるようになった内野手。昨季は3Aで124試合に出場し、二塁打34、三塁打4、本塁打21を記録。スピードにも恵まれ、盗塁能力も高い。守備面でのウリは強肩。ポジションはセカンド、サード、ショートに対応するが、適所はサードだ。

□ コーリー・ハウエル Korry Howell

ユーティリティ 期待度 **C+** ルーキー

25歳 1998.9.1生｜190cm｜81kg｜右投右打 ◆昨季は2Aでプレー [ド]2018⑫ブリュワーズ [田]イリノイ州

　セカンド、サード、ショートと外野の3つのポジションに対応する、使い勝手が良いプレーヤー。一番のウリは、高い守備力が必要なセンター、ショート、セカンドで、平均レベルの守備を期待できること。もう1つのウリは、20盗塁以上期待できる脚力。急速にパワーもアップしており、昨シーズンは2Aで長打を量産していた。

[対左]＝対左投手打率　[対右]＝対右投手打率　[両]＝ホーム打率　[ア]＝アウェー打率　[得]＝得点圏打率　[ド]＝ドラフトデータ　[田]＝出身地　[年]＝年俸

ナショナル・リーグ……西部地区　*SAN FRANCISCO GIANTS*

サンフランシスコ・ジャイアンツ

◆創　立：1883年　　　　　　　　◆ワールドシリーズ制覇：8回　◆リーグ優勝：23回
◆本拠地：カリフォルニア州サンフランシスコ市　◆地区優勝：9回　◆ワイルドカード獲得：3回
主要オーナー ▶ ラリー・ベア（スポーツ企業家）

過去5年成績

年度	勝	負	勝率	ゲーム差	地区順位	ポストシーズン成績
2018	73	89	.451	18.5	④	―
2019	77	85	.475	29.0	③	―
2020	29	31	.483	14.0	③	―
2021	107	55	.660	(1.0)	①	地区シリーズ敗退
2022	**81**	**81**	**.500**	**30.0**	**③**	―

監督　19 ゲイブ・キャプラー *Gabe Kapler*

◆年　　齢…………48歳（カリフォルニア州出身）
◆現役時代の経歴…12シーズン　タイガース（1998〜99）、
（外野手）　　　　レンジャーズ（2000〜02）、ロッキーズ（2002〜
　　　　　　　　　03）、レッドソックス（2003〜06）、ブリュワーズ
　　　　　　　　　（2008）、レイズ（2009〜10）
◆現役通算成績……1104試合　.268　82本　386打点
◆監督経歴…………5シーズン　フィリーズ（2018〜19）、ジャイアンツ（2020〜）
◆通算成績…………378勝330敗（勝率.534）最優秀監督賞1回（21年）

　日本の読売ジャイアンツでのプレー歴がある、データ分析に長けた監督。就任時、職務分担の重要性を主張し、球団にコーチング・スタッフの増員を認めさせた。その成果がすぐに出たため、他球団も真似しだし、この1、2年で多くの球団が、ベンチ入り制限数（8人）を大きく上回る数のコーチを、雇うようになっている。銃の規制を進めようとしない米国政府に、強い怒りを持っており、昨年5月27日の試合前には、国歌斉唱を拒否し、抗議の意思表示を行った。

注目コーチ ▶ 92 アリッサ・ナッケン *Alyssa Nakken*

　アシスタント・コーチ。33歳。メジャーリーグ初の女性常勤コーチで、試合中は相手の打球方向の分析などを行っている。昨年4月12日の試合では、一塁コーチも経験。

編成責任者 ▶ ファーハン・ザイディ *Farhan Zaidi*

　47歳。2018年まではドジャースの要職にあり、編成トップのフリードマンを支えていた。フィリピン育ちの、パキスタン系カナダ人。MLBでは数少ないイスラム教徒。

スタジアム ▶ オラクル・パーク *Oracle Park*

◆開　場　年…………2000年
◆仕　　　様…………天然芝
◆収容能力…………41,265人
◆フェンスの高さ…2.4〜7.6m
◆特　　徴…………外野フェンスの位置が深く、また、海風の影響もあり、ホームランが出にくい。ライトポール付近のフェンスは、位置はやや手前にあるものの、高さが25フィート（7.6メートル）ある。IT企業大手のオラクル社が命名権を持つ。

ピッチャーズパーク ▶

111　122　128
103　　　　94

437

Best Order

[ベストオーダー]

①タイロ・エストラーダ……セカンド
②マイク・ヤストレムスキー……センター
③マイケル・コンフォルト……レフト
④ジョック・ピーダーソン……DH
⑤ミッチ・ハニガー……ライト
⑥ウィルマー・フローレス……ファースト
⑦ブランドン・クロフォード……ショート
⑧J.D.デイヴィス……サード
⑨ジョーイ・バート……キャッチャー

Depth Chart

[ポジション別選手層・メンバーリスト]

※2023年2月13日時点の候補選手。数字は背番号(開幕前に変更する場合もあり)、右・左等は投・打の順。

センター

5 **マイク・ヤストレムスキー [左・左]**
13 オースティン・スレイター [右・右]
12 エリオット・ラモス [右・右]

レフト

8 **マイケル・コンフォルト [右・左]**
17 ミッチ・ハニガー [右・右]
23 ジョック・ピーダーソン [左・左]

ライト

17 **ミッチ・ハニガー [右・右]**
13 オースティン・スレイター [右・右]
51 ルイス・ゴンザレス [左・左]

ショート

35 **ブランドン・クロフォード [右・左]**
39 タイロ・エストラーダ [右・右]

セカンド

39 **タイロ・エストラーダ [右・右]**
41 ウィルマー・フローレス [右・右]
32 デイヴィッド・ヴィアー [右・右]

ローテーション

62 ローガン・ウェッブ [右・右]
38 アレックス・カッブ [右・右]
52 ショーン・マナイア [左・右]
48 ロス・ストリップリング [右・右]
57 アレックス・ウッド [左・右]
26 アンソニー・デスクラファーニ [右・右]
64 ショーン・ジェリー [右・右]

サード

7 **J.D.デイヴィス [右・右]**
41 ウィルマー・フローレス [右・右]
32 デイヴィッド・ヴィアー [右・右]

ファースト

41 **ウィルマー・フローレス [右・右]**
7 J.D.デイヴィス [右・右]
32 デイヴィッド・ヴィアー [右・右]
31 ラモンテ・ウェイド・ジュニア [左・左]

キャッチャー

21 **ジョーイ・バート [右・右]**
— ロベルト・ペレス [右・右]

DH

23 **ジョック・ピーダーソン [左・左]**
41 ウィルマー・フローレス [右・右]
7 J.D.デイヴィス [右・右]

ブルペン

75 カミーロ・ドヴァル [右・右] CL
71 タイラー・ロジャーズ [右・右]
— テイラー・ロジャーズ [左・左]
59 ジョン・ブレビア [右・左]
54 スコット・アレグザンダー [左・左]
34 ジェイコブ・ジュニス [右・右]
26 アンソニー・デスクラファーニ [右・右]
73 サム・ロング [左・左]
64 ショーン・ジェリー [右・右]
56 コール・ウェイツ [右・右]

※CL=クローザー

ジャイアンツ試合日程……＊はアウェーでの開催

3月30・4月1・2	ヤンキース＊	5月1・2・3	アストロズ＊	6月2・3・4	オリオールズ
3・5・6	ホワイトソックス＊	5・6・7	ブリュワーズ	6・7・8	ロッキーズ＊
7・8・9	ロイヤルズ	8・9・10	ナショナルズ	9・10・11	カブス
10・11・12	ドジャース	11・12・13・14	ダイヤモンドバックス＊	12・13・14	カーディナルス＊
14・15・16	タイガース＊	15・16・17	フィリーズ	16・17・18	ドジャース＊
17・18・19	マーリンズ＊	19・20・21	マーリンズ	19・20・21・22	パドレス
20・21・22・23	メッツ	22・23・24	ツインズ＊	23・24・25	ダイヤモンドバックス
24・25・26・27	カーディナルス	25・26・27・28	ブリュワーズ＊	27・28・29	ブルージェイズ＊
29・30	パドレス＊	29・30・31	パイレーツ	30・7月1・2	メッツ＊

球団メモ 長年、ジャイアンツの正捕手として活躍したバスター・ポージー(2021年に引退)が、昨年9月、出資者の1人となり、球団のオーナーグループに新たに加わった。

■投手力 → …★★★☆★　【昨年度チーム防御率3.85、リーグ7位】

　今季の先発1～4番手は、ウェッブ、カッブに、新加入のマナイアとストリップリングが務める。昨季の先発防御率は3.68でリーグ3位だったが、オフに左のエース・ロドーンが抜けたのは、大きなマイナスだ。昨季、リリーフ防御率がリーグ平均をやや下回ったブルペンには、クローザー経験もあるテイラー・ロジャーズとルーク・ジャクソンを加えている。ただ、ロジャーズには以前ほどの勢いが見られず、ジャクソンもトミー・ジョン手術明けで今季途中からの出場となるため、大幅なレベルアップとは言えないだろう。

■攻撃力 → …★★★☆★　【昨年度チーム得点716、リーグ7位】

　チーム打撃はどこをとっても「中の中」。クロフォード、フローレスらのベテランもさすがに衰えは隠せず、大黒柱となる打者がいない。強いてあげるならば、昨季チームトップの23本塁打を放ったピーダーソンが軸になる。新戦力はコンフォルトとハニガーの2人だが、コンフォルトは昨季全休、ハニガーも故障が多く、以前のような30本塁打級の活躍はあまり期待できない。ただ、中堅・ベテランをうまく使えるチームなので、大崩れもないだろう。

■守備力 ↓ …★★☆★★　【昨年度チーム失策数100、リーグ13位】

　身体能力の落ちたベテランがポロポロとエラーを重ね、守備力は下降気味。正遊撃手のクロフォードも名手の域だが、守備範囲が少し狭まってきた。

■機動力 → …★★★★★　【昨年度チーム盗塁数64、リーグ11位】

　エストラーダが21盗塁を記録するなど、走れる選手には走らせる方針。

総合評価 →
★★★☆★

ジャッジ獲得に失敗し、コレイアとは契約目前までいったが、入団記者会見の直前で破談に。ただ、超大物を加入させられなかったものの、球団編成側の意欲は高く、投打に細かな補強を図っている。しかし、2強（ドジャース、パドレス）には及ばないか。

ジャイアンツ

IN 主な入団選手		**OUT** 主な退団選手	
投手		投手	
ショーン・マナイア ← パドレス		カルロス・ロドーン → ヤンキース	
ロス・ストリップリング ← ブルージェイズ		シェルビー・ミラー → ドジャース	
テイラー・ロジャーズ ← ブリュワーズ		ハーリン・ガルシア → パイレーツ	
野手		野手	
マイケル・コンフォルト ← メッツ		ブランドン・ベルト → ブルージェイズ	
ミッチ・ハニガー ← マリナーズ		エヴァン・ロンゴリア → ダイヤモンドバックス	
ロベルト・ペレス ← パイレーツ		トミー・ラステーラ → マリナーズ	

3・4・5	マリナーズ	5・6	アスレティックス*	4・5・6	カブス*
7・8・9	ロッキーズ	7・8・9	エンジェルス*	8・9・10	ロッキーズ
11	オールスターゲーム	11・12・13	レンジャーズ	11・12・13	ガーディアンズ
14・15・16	パイレーツ*	14・15・16	レイズ	14・15・16・17	ロッキーズ*
17・18・19・20	レッズ*	18・19・20	ブレーブス*	19・20	ダイヤモンドバックス*
21・22・23	ナショナルズ*	21・22・23	フィリーズ*	21・22・23・24	ロッキーズ*
25・26	アスレティックス	25・26・27	ブレーブス	25・26・27	パドレス
28・29・30	レッドソックス	28・29・30	レッズ	29・30・**10**月1	ドジャース
31・**8**月1・2・3	ダイヤモンドバックス	31・**9**月1・2・3	パドレス*		

ますます変則度を増したマニアックな投手　先発

62 ローガン・ウェッブ
Logan Webb

27歳 | 1996.11.18生 | 185cm | 99kg | 右投右打

◆速球のスピード／150キロ前後（シンカー主体）
◆決め球と持ち球／☆スライダー、◎チェンジアップ、○シンカー、○フォーシーム
◆対左打者被打率／.263　◆対右打者被打率／.216
◆ホーム防御率／2.91　◆アウェー防御率／2.89
◆ドラフトデータ／2014④ジャイアンツ
◆出身地／カリフォルニア州
◆年俸／460万ドル（約5億9800万円）

球威	5
制球	5
緩急	5
守備・牽制	5
度胸	5

　2年連続で2ケタ勝利を達成し、ベイビーエースから本格的なエースにステップアップした右腕。マイナー時代はノーマルなスリークォーターだったが、得意の変化球を生かすべく、腕を下げていったところ、一昨年に感覚がピタッとハマってブレイクアウト。クネクネと動くスライダー、ブレーキが効いたチェンジアップ、一昨年から投球の主体にしているシンカーで、ゴロピッチャーとして開花した。

　昨季は春季キャンプからメカニックの改造を行い、メインの決め球の1つだったカーブをスライダーと融合。フォームのクイックさも増し、さらに強烈な変則投手になった。昨季の防御率2.90は、ナショナル・リーグ7位の数字。被本塁打率0.52は、リーグで2番目にいい数字だった。

　北カリフォルニアのロックリン高校から、2014年のドラフト4巡目で指名されているが、実は最終学年まであまり知られていなかった存在。同地区のグラニット・ベイ高校にミッチ・ハートという好投手がおり、ハートを見るために大勢のスカウトが訪れていた。その試合でウェッブは1対0の完封勝利を収めたばかりか、150キロ以上の球速をマーク。試合中に父エリックさんにあいさつをするために、20人以上のスカウトが長蛇の列を作ったという。ちなみに対戦相手のハートは、同じくジャイアンツからドラフト指名されたが、35巡目。サウスタン・カリフォルニア大学に進んだが、2度目の指名はなかった。ウェッブは自身の成功は「ハートのおかげ」と語っており、彼に会うたびに感謝の意を示しているそうだ。

　昨年、妻シェリダンさんと結婚式を挙げたが、司祭者（牧師役）を務めたのは、今季から巨人でプレーするタイラー・ビーディだ。ビーディはウェッブと同じ2014年のドラフトで、ジャイアンツから1巡目に指名されてプロ入り。その後、チームメートとして、ともにプレーしてきた。

カモ J・ソト（パドレス）.000(9-0)0本　F・タティースJr.（パドレス）.000(9-0)0本
苦手 F・フリーマン（ドジャース）.500(20-10)1本　J・マッカーシー（ダイヤモンドバックス）.500(10-5)0本

年度	所属チーム	勝利	敗戦	防御率	試合数	先発	セーブ	投イニング	被安打	失点	自責点	被塁打	与四球	奪三振	WHIP
2019	ジャイアンツ	2	3	5.22	8	8	0	39.2	44	25	23	5	14	37	1.46
2020	ジャイアンツ	3	4	5.47	13	11	0	54.1	61	38	33	4	24	46	1.56
2021	ジャイアンツ	11	3	3.03	27	26	0	148.1	128	53	50	9	36	158	1.11
2022	ジャイアンツ	15	9	2.90	32	32	0	192.1	174	76	62	11	49	163	1.16
通算成績		31	19	3.48	80	77	0	434.2	407	192	168	29	123	404	1.22

衝撃的なハードピッチで守護神に定着 クローザー

75 カミーロ・ドヴァル *Camilo Doval*
★WBCドミニカ代表

26歳 1997.7.4生｜188cm｜83kg｜右投右打

- ◆速球のスピード／160キロ前後（シンカー）
- ◆決め球と持ち球／☆スライダー、◎カッター、◎シンカー
- ◆対左.261 ◆対右.182 ◆床防2.04 ◆ア防3.06
- ◆ド2015外ジャイアンツ ◆出ドミニカ
- ◆年72万ドル（約9360万円）+α

2021年にメジャーデビューを果たし、昨季はクローザーに駆け上がったドミニカ人右腕。フォームを分類すると、サイドに近いスリークォーターだが、一言で表せば「横からぶん投げるタイプ」のパワーピッチャー。昨年8月にはカッターで103.5マイル（約166キロ）を叩き出したが、カッターはどちらかといえば見せ球で、コントロールは皆無。ボールの回転上はカッターだが、日本で言うシュートの変化をすることもあり、キャッチャー泣かせの球だ。投球の主体はむしろスライダー。こちらも落ちたり滑ったり、不規則だが、制球は安定。昨季後半からシンカーを投げ始め、新たな武器にしている。

カモ C・ベリンジャー（カブス）.000(5-0)0本　苦手 ——

年度	所属チーム	勝利	敗戦	防御率	試合数	先発	セーブ	撥イニング	被安打	失点	自責点	本塁打	与四球	奪三振	WHIP
2021	ジャイアンツ	5	1	3.00	29	0	3	27.0	19	10	9	4	9	37	1.04
2022	ジャイアンツ	6	6	2.53	68	0	27	67.2	54	27	19	4	30	80	1.24
通算成績		11	7	2.66	97	0	30	94.2	73	37	28	8	39	117	1.18

30代中盤でも衰えない実力者 先発

38 アレックス・カッブ *Alex Cobb*

36歳 1987.10.7生｜190cm｜92kg｜右投右打

- ◆速球のスピード／150キロ台前半（シンカー主体）
- ◆決め球と持ち球／◎スプリッター、○シンカー、○カーブ
- ◆対左.269 ◆対右.256 ◆床防2.68 ◆ア防5.20
- ◆ド2006④デビルレイズ ◆出マサチューセッツ州
- ◆年900万ドル（約11億7000万円）

昨季、2年契約で加入したベテランスターター。2019年に股関節を手術してからは一息入ったが、ここ2年は好調をキープしている。近年はスプリッターを多投しているが、昨季はキャリアハイの151奪三振をマーク。打球を上げさせない投球術には定評がある。細かい故障はあるものの、中4日から6日まで自在にこなすので、今季も安定した成績を残しそうだ。一昨年はエンゼルスに在籍したが大谷翔平に慕われ、オフには一緒に自主トレをする仲になった。兄貴肌で、若手からの信頼の厚さも頼もしい。フロリダで育ったが、両親がボストン出身で、レッドソックスのファンであることを公言。

カモ C・イェリッチ（ブリュワーズ）.000(8-0)0本　苦手 M・トラウト（エンジェルス）.538(13-7)2本

年度	所属チーム	勝利	敗戦	防御率	試合数	先発	セーブ	撥イニング	被安打	失点	自責点	本塁打	与四球	奪三振	WHIP
2011	レイズ	3	2	3.42	9	9	0	52.2	49	21	20	3	21	37	1.33
2012	レイズ	11	9	4.03	23	23	0	136.1	130	67	61	11	40	106	1.25
2013	レイズ	11	3	2.76	23	22	0	143.1	120	46	44	13	45	134	1.15
2014	レイズ	10	9	2.87	27	27	0	166.1	142	56	53	11	47	149	1.14
2016	レイズ	1	2	8.59	5	5	0	22.0	32	22	21	5	7	16	1.77
2017	レイズ	12	10	3.66	29	29	0	179.1	175	78	73	22	44	128	1.22
2018	オリオールズ	5	15	4.90	28	28	0	152.1	172	93	83	24	43	102	1.41
2019	オリオールズ	0	2	10.95	3	3	0	12.1	21	16	15	9	2	8	1.86
2020	オリオールズ	2	5	4.30	10	10	0	52.1	52	27	25	8	18	38	1.34
2021	エンジェルス	8	3	3.76	18	18	0	93.1	85	46	39	5	33	98	1.26
2022	ジャイアンツ	7	8	3.73	28	28	0	149.2	152	72	62	9	43	151	1.30
通算成績		70	68	3.85	202	202	0	1160.0	1130	544	496	120	343	967	1.27

対左=対左打者被打率　対右=対右打者被打率　床防=ホーム防御率　ア防=アウェー防御率
ド=ドラフトデータ　出=出身地　年=年俸

ジャイアンツ

炎上癖が気になるが、まだまだやれる　[先発]　[移籍]

52 ショーン・マナイア　Sean Manaea

31歳 1992.2.1生｜196cm｜110kg｜左投右打

◆速球のスピード／140キロ台中頃（シンカー主体）
◆決め球と持ち球／◎シンカー、○チェンジアップ、○スライダー
◆対左.187　◆対右.273　◆ホ防3.62　◆ア防6.16
◆ド2013①ロイヤルズ　◆田インディアナ州
◆年750万ドル（約9億7500万円）

球威	3
制球	3
緩急	4
守備・牽制	3
度胸	3

2年契約で加入した左腕。大柄な見た目とは裏腹に、スリークォーターから柔らかく投げ込む技巧派だ。2018年にはノーヒットノーランを達成しているが、基本的には6回自責点3以下のQSを見込める3〜4番手。年に数回7〜8失点級の大炎上を起こすため、防御率は見栄えしないが、打線が機能すれば勝ち越せるだけの能力とスタミナを有している。若い頃は精悍ないで立ちだったが、近年は髪の毛やヒゲを伸ばし、ワイルドな見た目に。母オパールさんから「髪を短く、清潔に！」と育てられたそうで、その反動だと本人は語る。父はアメリカ領サモア出身。右腕のタトゥーはサモア伝統の柄だ。

[カモ] J・ウォルシュ（エンジェルス）.000(8-0)0本　[苦手] M・トラウト（エンジェルス）.429(21-9)3本

年度	所属チーム	勝利	敗戦	防御率	試合数	先発	セーブ	投球イニング	被安打	失点	自責点	被本塁打	与四球	奪三振	WHIP
2016	アスレティックス	7	9	3.86	25	24	0	144.2	135	65	62	20	37	124	1.19
2017	アスレティックス	12	10	4.37	29	29	0	158.2	167	85	77	18	55	140	1.40
2018	アスレティックス	12	9	3.59	27	27	0	160.2	141	67	64	21	32	108	1.08
2019	アスレティックス	4	0	1.21	5	5	0	29.2	16	4	4	3	7	30	0.78
2020	アスレティックス	4	3	4.50	11	11	0	54.0	57	32	27	7	8	45	1.20
2021	アスレティックス	11	10	3.91	32	32	0	179.1	179	79	78	25	41	194	1.23
2022	パドレス	8	9	4.96	30	28	0	158.0	155	95	87	29	50	156	1.30
通算成績		58	50	4.06	159	156	0	885.0	850	430	399	123	230	797	1.22

開幕直後と秋ではまったくの別人に　[セットアップ][オープナー]

59 ジョン・ブレビア　John Brebbia

33歳 1990.5.30生｜185cm｜90kg｜右投右打

◆速球のスピード／150キロ台前半（フォーシーム主体）
◆決め球と持ち球／◎フォーシーム、○スライダー
◆対左.278　◆対右.262　◆ホ防4.15　◆ア防2.16
◆ド2011㉚ヤンキース　◆田マサチューセッツ州
◆年230万ドル（約2億9000万円）

球威	4
制球	5
緩急	3
守備・牽制	4
度胸	4

トミー・ジョン手術から復活し、昨季、リーグ最多の76登板を果たしたタフネス右腕。球種はスライダーとフォーシームのツーピッチだが、スライダーをストライクからボールにしっかりと落とし、フォーシームを高めギリギリに投げ込む制球力が光る。ブレビアの名物といえば、アゴのヒゲ。春はヒゲをそってシャキッとした姿で現れるが、シーズン中はヒゲを伸ばし続けるため、秋にはヒゲモジャ男になる。シーズン最終盤にはヒゲをギャグ漫画のようなスタイルにすることもあり、2018年11月の日米野球では、珍妙なヒゲで登場した。オフにヒゲをそり落とすため、夏は暑く、冬は寒いのが悩み。

[カモ] C・ウォーカー（ダイヤモンドバックス）.000(7-0)0本　[苦手] F・フリーマン（ドジャース）.800(5-4)1本

年度	所属チーム	勝利	敗戦	防御率	試合数	先発	セーブ	投球イニング	被安打	失点	自責点	被本塁打	与四球	奪三振	WHIP
2017	カーディナルス	0	0	2.44	50	0	0	51.2	37	15	14	8	11	51	0.93
2018	カーディナルス	3	3	3.20	45	0	0	50.2	43	18	18	5	16	60	1.16
2019	カーディナルス	3	4	3.59	66	0	0	72.2	59	31	29	6	27	87	1.18
2021	ジャイアンツ	0	1	5.89	18	0	0	18.1	25	13	12	4	4	22	1.58
2022	ジャイアンツ	6	2	3.18	76	11	2	68.0	71	27	24	5	18	54	1.31
通算成績		12	10	3.34	255	11	2	261.1	235	104	97	28	76	274	1.19

[対左]=対左打者被打率　[対右]=対右打者被打率　[ホ防]=ホーム防御率　[ア防]=アウェー防御率
[ド]=ドラフトデータ　[田]=出身地　[年]=年俸　[カモ][苦手]は通算成績

57 ケガから復活したが、旬は過ぎたか　　先発
アレックス・ウッド　Alex Wood

32歳 1991.1.12生 | 193cm | 97kg | 左投右打 | 球140キロ台後半(シンカー主体) | 決○シンカー
対左.193 対右.283 | 图2012②ブレーブス | 田ノースカロライナ州 | 囲1250万ドル(約16億2500万円)

球 3
制 4
緩 3
守 3
度 3

　シンカー、スライダー、チェンジアップの3球種で投球を組み立てる技巧派左腕。2017年にはドジャースで、16勝をマークしている。19年に背中の痛みで長期離脱し、約2年間、ほとんど投げられなかったが、ジャイアンツ移籍後は先発として復活の兆候を見せた。ただ、成績はやや下降気味で、昨季は負け越し。9月は左肩の痛みで投げられず、シーズンを終えている。8月19日のロッキーズ戦では、本塁打を食らった直後にヒットを打たれ、あきらめたようにグラブを宙に放るシーンも。キャプラー監督は「イライラすることもある」と擁護したが、見苦しい場面だった。

年度	所属チーム	勝利	敗戦	防御率	試合数	先発	セーブ	投球イニング	被安打	失点	自責点	被本塁打	与四球	奪三振	WHIP
2022	ジャイアンツ	8	12	5.10	26	26	0	130.2	132	78	74	17	30	131	1.24
通算成績		71	60	3.69	240	190	0	1121.0	1062	500	459	112	313	1066	1.23

26 3年契約の1年目から長期離脱の大誤算　　先発
アンソニー・デスクラファーニ　Anthony DeSclafani

33歳 1990.4.18生 | 188cm | 88kg | 右投右打 | 球150キロ前後(シンカー、フォーシーム) | 決○シンカー
対左.382 対右.412 | 图2011⑥ブルージェイズ | 田ニュージャージー州 | 囲1200万ドル(約15億6000万円)

球 4
制 4
緩 4
守 4
度 4

　2021年にキャリアハイの13勝をマークした右腕。不安があった右肩も癒えていると見て、同年オフに、ジャイアンツが3年3600万ドルを提示して再契約。しかし、昨季は4月に右足首を痛めると、一時離脱。6月に復帰したが、結局完治はしておらず、7月には手術に踏み切った。少ない球数で長いイニングを投げてくれる投手であり、居ると居ないのでは大違い。リハビリが順調に進むことを願うしかない。20年に、妻ローレンさんとの間に長男が誕生。父親の応援に行くため、0歳の頃からよく飛行機に乗っており、「全然泣かないね」と、ほかの乗客に感心されるそうだ。

年度	所属チーム	勝利	敗戦	防御率	試合数	先発	セーブ	投球イニング	被安打	失点	自責点	被本塁打	与四球	奪三振	WHIP
2022	ジャイアンツ	0	2	6.63	5	5	0	19.0	34	21	14	4	4	17	2.00
通算成績		50	48	4.12	161	151	0	843.0	839	421	386	120	231	751	1.27

48 投げるインテリ証券アドバイザー　　先発　移籍
ロス・ストリップリング　Ross Stripling

34歳 1989.11.23生 | 185cm | 97kg | 右投右打 | 球150キロ前後(フォーシーム主体) | 決○チェンジアップ
対左.215 対右.240 | 图2012⑤ドジャース | 田ペンシルヴァニア州 | 囲750万ドル(約9億7500万円)

球 3
制 5
緩 3
守 3
度 3

　新たに加入した心強い便利屋。デビュー以来、先発、リリーフ、バルクガイ(オープナーの第2先発)を行き来している。多彩な球種を生かし、昨季はキャリアハイの10勝をあげており、脂が乗ってきている。大学で金融学の博士号を取得しており、野球選手になってからもオフに勉強やインターンを続け、株式ディーラーや証券アドバイザーの資格を取得。2021年には、仲間とともに投資会社を立ち上げた。公式のニックネームは「チキン・ストリップ」だが、本人は「ストリッパー」と呼ばれたがっている。ただ、教育によろしくないのでMLBからストップがかかっている。

年度	所属チーム	勝利	敗戦	防御率	試合数	先発	セーブ	投球イニング	被安打	失点	自責点	被本塁打	与四球	奪三振	WHIP
2022	ブルージェイズ	10	4	3.01	32	24	1	134.1	117	49	45	12	20	111	1.02
通算成績		38	38	3.78	204	104	4	672.0	644	300	282	97	159	622	1.19

球=速球のスピード　決=決め球

双子だが、投球スタイルはまったく似ず
71 タイラー・ロジャーズ *Tyler Rogers*

33歳 1990.12.17生 | 190cm | 81kg | 右投右打 | 速130キロ台前半(シンカー主体) | 決☆スライダー

対左.317 対右.208 ド2013⑩ジャイアンツ 出コロラド州 年168万ドル(約2億1840万円)

球速 3 / 制球 4 / 緩急 5 / 守備 2 / 度 3

　2020年、21年の・ナショナル・リーグ最多登板投手。下記のテイラー・ロジャーズとは、双子の兄弟。テイラーは本格派の左腕だが、タイラーはサブマリン右腕。高校時代はテイラーばかりが評価され、自身はコミュニティカレッジに進むのがやっとだったが、そこでアンダースローにフォームを改造。これが大成功し、大学、ドラフトへの道が開けた。球種はシンカーとスライダーのみだが、スライダーはエグい角度で伸び上がり、「ライジングスライダー」の異名を持つ。アンダースローだけに左打者にはやや弱いが、スタミナがあり、ブルペンの柱に据えるにはもってこいだ。

年度	所属チーム	勝利	敗戦	防御率	試合数	先発	セーブ	投球イニング	被安打	失点	自責点	被本塁打	与四球	奪三振	WHIP
2022	ジャイアンツ	3	4	3.57	68	0	0	75.2	73	34	30	3	23	49	1.27
通算成績		15	8	2.94	194	0	16	202.1	190	76	66	10	45	147	1.16

史上4組目の双子同一チーム所属に
一 テイラー・ロジャーズ *Taylor Rogers*

移籍

33歳 1990.12.17生 | 190cm | 86kg | 左投左打 | 速150キロ前後(シンカー主体) | 決◎スライダー

対左.167 対右.263 ド2012⑪ツインズ 出コロラド州 年900万ドル(約11億7000万円)

球速 4 / 制球 3 / 緩急 3 / 守備 3 / 度 4

　このオフにジャイアンツと3年3300万ドルの契約を交わし、双子の兄弟タイラーと同じチームで投げることになった左腕。サウスポーということもあって、タイラーよりも常に高い評価を受けており、メジャーデビューも3年先。守護神を務めた経験もあるが、タイラーの台頭とは裏腹に、こちらはやや下がり目だ。ただ、経験と実績は十分なので、ひと工夫あれば再浮上も可能だろう。以前はカーブやチェンジアップも投げていたが、現在はスライダーとシンカーのツーピッチ・ピッチャー。入団会見では、弟のタイラーが変装して記者に紛れ込むサプライズ。仲良しすぎる双子だ。

年度	所属チーム	勝利	敗戦	防御率	試合数	先発	セーブ	投球イニング	被安打	失点	自責点	被本塁打	与四球	奪三振	WHIP
2022	パドレス	1	5	4.35	42	0	28	41.1	37	22	20	1	9	48	1.11
2022	ブリュワーズ	3	3	5.48	24	0	3	23.0	20	16	14	6	10	36	1.30
2022	2チーム計	4	8	4.76	66	0	31	64.1	57	38	34	7	19	84	1.18
通算成績		21	26	3.42	385	0	81	379.0	343	159	144	37	95	445	1.16

ドジャースが手放した左キラー
54 スコット・アレグザンダー *Scott Alexander*

34歳 1989.7.10生 | 188cm | 88kg | 左投右打 | 速140キロ台後半(シンカー主体) | 決◎シンカー

対左.107 対右.265 ド2010⑥ロイヤルズ 出カリフォルニア州 年120万ドル(約1億5600万円)

球速 3 / 制球 4 / 緩急 3 / 守備 3 / 度 3

　昨季途中に加入した、シンカーを多投するスリークォーター左腕。2018年にはドジャースで73登板を果たして本格化したが、翌19年に前腕部などを痛めると故障続きで思うように投げられず、21年オフに40人枠から漏れ、戦力外になった。昨季はようやく投げられる状態になり、シーズン終盤に17登板。対左打者は相変わらず強く、打者28人に対して被安打3(被打率1割0分7厘)、8奪三振、0四死球と猛威を振るった。オープナーとしても、4先発で無失点と好調で、経験値は高い。16年に、インスリンの分泌不足で起こる1型糖尿病を発症し、治療を続けながらプレーした。

年度	所属チーム	勝利	敗戦	防御率	試合数	先発	セーブ	投球イニング	被安打	失点	自責点	被本塁打	与四球	奪三振	WHIP
2022	ジャイアンツ	0	0	1.04	17	4	2	17.1	12	2	2	0	7	10	0.75
通算成績		12	9	3.00	228	5	9	222.1	201	82	74	15	86	170	1.29

速=速球のスピード 決=決め球 対左=対左打者被打率 対右=対右打者被打率
ド=ドラフトデータ 出=出身地 年=年俸

迷路から脱したが、平凡さは否めず?

スイングマン

34 ジェイコブ・ジュニス *Jakob Junis*

31歳 1992.9.16生 | 190cm | 99kg | 右投右打 | 球140キロ台後半(シンカー主体) | 決◎スライダー
対左.307 対右.235 ド2011②ロイヤルズ 田アーカンソー州 年280万ドル(約3億6400万円)

球	3
制	4
緩	3
守・走	2
度	3

昨年3月に加入した先発サウスポー。ロイヤルズ時代は次期エースとして期待を受けており、先発でゴリゴリと投げたが、3年連続9勝止まり。一流の壁を打ち破れないまま時が過ぎるうちに、得意のスライダーが冴えなくなり、フェードアウトしていった。2020年頃からピッチングデザインの変更に取り組み、一時はカッター主体に切り替えたが、まったくうまくいかず。ジャイアンツに拾われた昨季は、初心に戻ってスライダーを主体にしたところ、以前のように制球を乱すこともなく、一定の成果を収めたが、振り出しに戻っただけとも言える。伸びしろは、あまりないか。

年度	所属チーム	勝利	敗戦	防御率	試合数	先発	セーブ	投球イニング	被安打	失点	自責点	被本塁打	与四球	奪三振	WHIP
2022	ジャイアンツ	5	7	4.42	23	17	0	112.0	120	57	55	13	25	98	1.29
通算成績		34	42	4.75	128	106	0	627.1	673	353	331	105	169	566	1.34

メジャー史上最も背が高い選手

先発ロングリリーフ **ルーキー**

64 ショーン・ジェリー *Sean Hjelle*

26歳 1997.5.7生 | 211cm | 103kg | 右投右打 | 球150キロ前後(シンカー主体) | 決◎スライダー
対左.205 対右.373 ド2018②ジャイアンツ 田ミネソタ州 年72万ドル(約9360万円)+α

球	3
制	2
緩	3
守・走	4
度	3

「ジャイアンツ」に在籍するにふさわしい、身長211センチの長身右腕。2000〜10年代にナショナルズなどで活躍したジョン・ラウシュと並び、MLB史上最も背の高い選手。スペックはロマンたっぷりで、ドラフトも2位指名。「高身長から投げ下ろろ〜」と紹介したいところだが、マイナーで育成されているうちにショートアーム気味のスリークォーターという「小ぢんまりした投手」になっており、面白味はあまりない。それでも長い手足で軽々と球威を出してくるのは、フィジカルのおかげ。高身長だが動きは俊敏で、一塁へのカバーなどフィールディング能力は高い現代型。

年度	所属チーム	勝利	敗戦	防御率	試合数	先発	セーブ	投球イニング	被安打	失点	自責点	被本塁打	与四球	奪三振	WHIP
2022	ジャイアンツ	1	2	5.76	8	0	0	25.0	33	19	16	3	8	28	1.64
通算成績		1	2	5.76	8	0	0	25.0	33	19	16	3	8	28	1.64

56 コール・ウェイツ *Cole Waites*

リリーフ 期待度 **B⁻** **ルーキー**

25歳 1998.6.10生 | 190cm | 81kg | 右投右打 ◆昨季はメジャーで7試合に出場 ド2019⑱ジャイアンツ 田ジョージア州

ドラフト18巡目から駆け上がってきたリリーフ右腕。昨季は1A+でスタートしたが、奪三振率19.18をマーク。2Aでも同16.29、3Aでも同12.38を記録し、一気にメジャーデビューを決めた。160キロにせまる豪速球とスライダーが武器。低めでも球速が落ちない魅力はあるが、制球力は皆無に等しい。

― カイル・ハリソン *Kyle Harrison*

先発 期待度 **A⁺** **ルーキー**

22歳 2001.8.12生 | 188cm | 90kg | 右投左打 ◆昨季は1A+、2Aでプレー ド2020③ジャイアンツ 田カリフォルニア州

メジャー全体でも上位に推されているトップ・プロスペクト(最有望株)。今年で22歳とまだ若いが、すでに球速は150キロ台後半に到達しており、スライダーやチェンジアップも上質。2Aに昇格した昨季は18先発で防御率3.11と安定した結果を残し、順調に成長中。すでにメジャーでもやれる実力だ。

ジャイアンツ

実力はあるが、故障で1年間のブランク レフト／ライト 移籍

8 マイケル・コンフォルト Michael Conforto

30歳 1993.3.1生 | 185cm | 97kg | 右投左打

◆昨季はメジャー出場なし
◆Ⓓ2014①メッツ ◆⊞ワシントン州
◆㊐1800万ドル（約23億4000万円）

ミート	5
パワー	4
走塁	3
守備	3
肩	3

　ジャッジ、コレイアをのがしたジャイアンツがオフに獲得した、高い出塁率が持ち味の好打者。大振りしないシャープなスイングだが、打球速度が非常に速く、2019年にはメッツで33本塁打を放っている。実力、実績ともに申し分ないが、21年はいつもより長打が出ず、尻すぼみでフィニッシュ。オフにFAを選んだが、ロックアウトの影響を受けて契約が決まらないまま越年。1月の自主トレ中に右肩を負傷し、4月に手術。無所属で昨季を過ごした。母トレーシーさんはアーティスティックスイミング界のレジェンドで、1984年のロス五輪金メダリスト。勉強もスポーツもビシバシと息子を鍛えたそうだ。

カモ J・ウレーニャ（ロッキーズ）.409(22-9)2本　苦手 M・バムガーナー（ダイヤモンドバックス）.000(9-0)0本

年度	所属チーム	試合数	打数	得点	安打	二塁打	三塁打	本塁打	打点	四球	三振	盗塁	盗塁死	出塁率	OPS	打率
2015	メッツ	56	174	30	47	14	0	9	26	17	39	0	1	.335	.841	.270
2016	メッツ	109	304	38	67	21	1	12	42	36	89	2	1	.310	.724	.220
2017	メッツ	109	373	72	104	20	1	27	68	57	113	2	0	.384	.939	.279
2018	メッツ	153	543	78	132	25	1	28	82	84	159	3	4	.350	.798	.243
2019	メッツ	151	549	90	141	29	1	33	92	84	149	7	2	.363	.857	.257
2020	メッツ	54	202	40	65	10	0	9	31	24	57	3	3	.412	.927	.322
2021	メッツ	125	406	52	94	20	0	14	55	59	104	1	0	.344	.728	.232
通算成績		757	2551	400	650	141	4	132	396	361	710	18	11	.356	.824	.255

波に乗ってきたタフネス・ユーティリティ ユーティリティ

39 タイロ・エストラーダ Thairo Estrada

27歳 1996.2.22生 | 178cm | 83kg | 右投右打

◆対左投手打率／.283　◆対右投手打率／.250
◆ホーム打率／.260　◆アウェー打率／.260　◆得点圏打率／.262
◆22年のポジション別出場数／セカンド＝102、ショート＝37、
　レフト＝18、サード＝3、センター＝1　◆Ⓓ2012㉚ヤンキース
◆⊞ベネズエラ　◆㊐225万ドル（約2億9250万円）

ミート	3
パワー	3
走塁	4
守備	4
肩	3

　昨季、シルバースラッガー賞のユーティリティ部門でファイナリストに残ったプレーヤー。二塁を中心に遊撃、三塁、外野を守る。ヤンキース時代は出番に恵まれなかったが、昨季ようやくレギュラーに定着。中軸とまではいかないが、二塁手としては合格点の打撃力を有し、守備でも軽快な足さばきを見せる。7月30日のカブス戦では頭部に死球を受けたが、約1週間で復帰。その復帰初戦にホームランを放ち、その翌週にはキャリア初のサヨナラ弾を放つなど、バイタリティを見せつけた。2018年には母国ベネズエラで強盗にあい、お尻に弾丸が入ったまま1年間プレーしたこともあるタフガイ。

カモ Z・ギャレン（ダイヤモンドバックス）.500(10-5)0本　苦手 M・ケリー（ダイヤモンドバックス）.000(9-0)0本

年度	所属チーム	試合数	打数	得点	安打	二塁打	三塁打	本塁打	打点	四球	三振	盗塁	盗塁死	出塁率	OPS	打率
2019	ヤンキース	35	64	12	16	3	0	3	12	3	15	4	0	.294	.732	.250
2020	ヤンキース	26	48	8	8	0	0	1	3	1	19	1	0	.231	.460	.167
2021	ジャイアンツ	52	121	19	33	4	0	7	22	9	22	5	0	.333	.812	.273
2022	ジャイアンツ	140	488	71	127	22	2	14	62	33	89	21	6	.322	.722	.260
通算成績		253	721	110	184	29	2	25	99	46	146	27	6	.316	.721	.255

偉大な祖父には敵わないが、良い仕事ぶり

センター／ライト

5 マイク・ヤストレムスキー Mike Yastrzemski

33歳 1990.8.23生｜178cm｜80kg｜左投左打

◆対左投手打率／.179 ◆対右投手打率／.227
◆ホーム打率／.201 ◆アウェー打率／.228 ◆得点圏打率／.226
◆22年のポジション別出場数／ライト＝104、センター＝93、DH＝1
◆⑤2013⑭オリオールズ ◆⑩マサチューセッツ州
◆㊙610万ドル（約7億9300万円）

ミート	3
パワー	4
走塁	4
守備	5
肩	3

1967年にレッドソックスで三冠王を獲得した、カール・ヤストレムスキーを祖父に持つ外野手。20年には、メジャーデビューから球団史上3番目の早さで通算30本塁打に到達したが、その後は打撃がやや粗くなった。しかし、祖父の「ボール球を振らない」という教えは忠実に守っており、それなりの四球数は確保できる。昨季はメインのライト以外にセンターでも起用されたが、好プレーを連発し、守備能力の高さも証明した。昨年7月15日のブリュワーズ戦では、チーム49年ぶりとなるサヨナラ・グランドスラムを放った。

カモ K・フリーランド（ロッキーズ）.500（12-6）1本　**苦手** B・スネル（パドレス）.000（8-0）0本

年度	所属チーム	試合数	打数	得点	安打	二塁打	三塁打	本塁打	打点	四球	三振	盗塁	盗塁死	出塁率	OPS	打率
2019	ジャイアンツ	107	371	64	101	22	3	21	55	32	107	2	4	.334	.852	.272
2020	ジャイアンツ	54	192	39	57	14	4	10	35	30	55	2	1	.400	.968	.297
2021	ジャイアンツ	139	468	75	105	28	3	25	71	54	131	4	0	.311	.768	.224
2022	ジャイアンツ	148	485	73	104	31	2	17	57	61	141	5	1	.305	.697	.214
通算成績		448	1516	251	367	95	12	73	218	174	434	13	6	.326	.791	.242

万能性と勝負強さと人徳で契約延長

ユーティリティ

41 ウィルマー・フローレス Wilmer Flores

32歳 1991.8.6生｜188cm｜96kg｜右投右打

◆対左投手打率／.223 ◆対右投手打率／.231
◆ホーム打率／.248 ◆アウェー打率／.212 ◆得点圏打率／.292
◆22年のポジション別出場数／セカンド＝61、ファースト＝45、
サード＝34、DH＝26 ◆⑤2007㊤メッツ
◆⑩ベネズエラ ◆㊙650万ドル（約8億4500万円）

ミート	3
パワー	4
走塁	2
守備	3
肩	2

今季でメジャー11年目を迎えるベテラン・ユーティリティ。昨季は得点圏打率2割9分2厘と勝負強さを発揮し、キャリアハイの71打点をマーク。一塁、二塁、三塁を守れる万能性も武器だ。年々スピードが衰え、鈍足の部類に入るが、状況判断に優れ、セカンドも「中の下」ぐらいで守れる。新たに2024年までの2年契約を結んだが、これは球団が、彼のリーダーシップを高く評価していることも大きい。昨年、ジャイアンツの選手・球団職員・ファンが卓越したスピリットを持つプレーヤーを選ぶウィリー・マック賞を受賞しており、人気が高い。英語は、人気ドラマ『フレンズ』で学んだそうだ。

カモ G・マルケス（ロッキーズ）.500（12-6）1本　**苦手** M・シャーザー（メッツ）.000（17-0）0本

年度	所属チーム	試合数	打数	得点	安打	二塁打	三塁打	本塁打	打点	四球	三振	盗塁	盗塁死	出塁率	OPS	打率
2013	メッツ	27	95	8	20	5	0	1	13	5	23	0	0	.248	.543	.211
2014	メッツ	78	259	28	65	13	1	6	29	12	31	1	0	.286	.664	.251
2015	メッツ	137	483	55	127	22	0	16	59	19	63	0	1	.295	.703	.263
2016	メッツ	103	307	38	82	14	0	16	49	23	48	1	1	.319	.788	.267
2017	メッツ	110	336	42	91	17	1	18	52	17	54	1	1	.307	.795	.271
2018	メッツ	126	386	43	103	25	0	11	51	29	42	0	0	.319	.736	.267
2019	ダイヤモンドバックス	89	265	31	84	18	0	9	37	15	31	0	0	.361	.848	.317
2020	ジャイアンツ	55	198	30	53	11	1	12	32	13	36	1	0	.315	.830	.268
2021	ジャイアンツ	139	389	57	102	16	1	18	53	41	56	1	0	.335	.782	.262
2022	ジャイアンツ	151	525	72	120	28	1	19	71	59	103	0	0	.316	.710	.229
通算成績		1015	3243	404	847	169	5	126	446	233	487	5	3	.314	.747	.261

野手

35 ブランドン・クロフォード Brandon Crawford

コレイアとの契約破談で、今季も正遊撃手

ショート

36歳 1987.1.21生 | 185cm | 100kg | 右投左打 | 対左.241 対右.227 ホ.219
ア.241 得.272 ド2008④ジャイアンツ 出カリフォルニア州 年1600万ドル（約20億8000万円）
◆ゴールドグラブ賞4回（15〜17、21年）、シルバースラッガー賞1回（15年）

	ミ	3
	バ	3
	走	3
	守	5
	肩	5

　2008年の入団以来、ジャイアンツ一筋のフランチャイズ・プレーヤー。一昨年は打率が3割にせまり、打撃覚醒かと思われたが、昨季はいつもの調子に逆戻り。それでもゴールドグラブ賞4度の遊撃守備は健在で、ディフェンス面ではチームに大きく貢献した。しかし、30代半ばで守備範囲に少し衰えが見られることから、オフに球団はカルロス・コレイアの獲得を画策。二塁か三塁にコンバートされる寸前だった。契約目前で破談になったが、クロフォードは「個人的にはうれしい。ショートでしかプレーしたことがないし、まだまだやれるからね」と上機嫌で語っている。

年度	所属チーム	試合数	打数	得点	安打	二塁打	三塁打	本塁打	打点	四球	三振	盗塁	盗塁死	出塁率	OPS	打率
2022	ジャイアンツ	118	407	50	94	15	2	9	52	39	98	1	1	.308	.652	.231
通算成績		1561	5292	638	1337	279	43	139	706	508	1187	44	34	.321	.721	.253

23 ジョック・ピーダーソン Joc Pederson ★WBCイスラエル代表

現代的な打撃能力が七分咲きに

レフト
DH

31歳 1992.4.21生 | 185cm | 99kg | 左投左打 | 対左.245 対右.278 ホ.284 ア.264
得.388 ド2010①ドジャース 出カリフォルニア州 年1965万ドル（約25億5450万円）

	ミ	4
	バ	4
	走	3
	守	2
	肩	3

　昨年のオールスターにスタメン出場を果たしたバットマン。現代的な打撃指標である打球速度、ハードヒット率、バレル率は軒並みメジャートップクラス。まずまずの選球眼も持っており、大崩れがないタイプの打者だ。完全開花とならないのは左投手に弱いから。昨季も対左投手は打率2割4分5厘、2本塁打と冴えなかった。もともと守備にも定評があったが、最近は太ってきており、動きが緩慢になっている。アメフトゲーム『ファンタジー・フットボール』に熱中しており、昨年、ゲーム内のルールをめぐってトミー・ファム（当時レッズ）と試合前に口論し、ビンタされた。

年度	所属チーム	試合数	打数	得点	安打	二塁打	三塁打	本塁打	打点	四球	三振	盗塁	盗塁死	出塁率	OPS	打率
2022	ジャイアンツ	134	380	57	104	19	3	23	70	42	100	3	2	.353	.874	.274
通算成績		1019	2962	457	702	150	13	171	434	385	826	22	23	.335	.805	.237

17 ミッチ・ハニガー Mitch Haniger

故障リスクは高いが、長打力は本物

ライト
レフト

移籍

33歳 1990.12.23生 | 188cm | 96kg | 右投右打 | 対左.246 対右.245 ホ.271 ア.227
得.256 ド2012①ブリュワーズ 出カリフォルニア州 年500万ドル（約6億5000万円）

	ミ	2
	バ	5
	走	3
	肩	4

　3年契約で今季から加入するスラッガー。2019年に自打球で睾丸が破裂し、翌年も腰や鼠径部が痛み、全休。この世のすべての男性を凍りつかせる悲惨な大ケガを負ったが、21年には39本塁打を放ち、カムバックを果たした。昨季は右足首の故障で57試合の出場にとどまったが、11本塁打とペースは悪くなかった。サンフランシスコから程近いマウンテンビューの出身で、自身のキャリアを締める里帰り移籍。もちろんジャイアンツの大ファン。子供の頃はバリー・ボンズやジェフ・ケント、大学時代はバスター・ポージーやティム・リンスカムを熱心に応援していたという。

年度	所属チーム	試合数	打数	得点	安打	二塁打	三塁打	本塁打	打点	四球	三振	盗塁	盗塁死	出塁率	OPS	打率
2022	マリナーズ	57	224	31	55	8	0	11	34	20	65	0	0	.308	.737	.246
通算成績		564	2164	344	565	109	10	112	323	217	583	18	6	.335	.811	.261

対左＝対左投手打率　対右＝対右投手打率　ホ＝ホーム打率　ア＝アウェー打率　得＝得点圏打率　ド＝ドラフトデータ　出＝出身地　年＝年俸

21 ジョーイ・バート *Joey Bart*

前任者が偉大すぎて、かわいそうなことに

キャッチャー

27歳 1996.12.15生｜188cm｜107kg｜右投右打 ◆盗塁阻止率／.164(55-9) 対左.182 対右.231 得.254 ⑦.180 偉.229 Ⓓ2018①ジャイアンツ 囲ジョージア州 甲72万ドル（約9360万円）+α

ミ 2
パ 4
走 2
守 4
肩 4

バスター・ポージーの引退により、急遽正捕手の座が回ってきた若手捕手。キャッチング、フレーミングともにメジャー水準の能力があり、コミュニケーションも上手。守備面では安定感があったが、問題視されたのは打撃だ。昨季は開幕から36試合で打率1割5分6厘、4本塁打にとどまり、さらには三振率が40%台に。6月上旬に3Aに送られ、再調整を余儀なくされた。後半戦は打率がやや回復したが、今度は四球が減り、結局は三振しないために早打ちになっただけ。ドラフト全体2位で入団したわりには、期待されていた打撃が冴えず、ファンのモヤモヤがつのっている。

年度	所属チーム	試合数	打数	得点	安打	二塁打	三塁打	本塁打	打点	四球	三振	盗塁	盗塁死	出塁率	OPS	打率
2022	ジャイアンツ	97	261	34	56	6	0	11	25	26	112	2	1	.296	.660	.215
通算成績		132	370	50	82	11	2	11	33	29	155	2	1	.294	.645	.222

ー ロベルト・ペレス *Roberto Perez*

バートの先生役としても期待

キャッチャー 移籍

35歳 1988.12.23生｜180cm｜99kg｜右投右打 ◆盗塁阻止率／.143(7-1) 対左.238 対右.231 得.172 ⑦.290 偉.176 Ⓓ2008⑬インディアンズ 囲プエルトリコ ◆ゴールドグラブ賞2回(19、20年)

ミ 1
バ 3
走 1
守 5
肩 5

捕手としての能力は、メジャートップレベルと評価されているベテラン。ボールブロックがうまく、強肩。リードのうまさにも定評があり、これまで数多くの若手投手のブレイクをあと押ししてきた。クリーブランドで正捕手を務めていた2019年、20年には、ゴールドグラブ賞を2年連続で受賞している。ただ、翌21年、パイレーツに移籍した22年は、相次ぐ故障で、計63試合の出場にとどまった。今季ジャイアンツでは、バートのバックアップおよび教育係としての役割を期待されている。2017年のWBCには、プエルトリコ代表チームの一員として参加し、銀メダルを獲得。

年度	所属チーム	試合数	打数	得点	安打	二塁打	三塁打	本塁打	打点	四球	三振	盗塁	盗塁死	出塁率	OPS	打率
2022	パイレーツ	21	60	8	14	2	0	2	8	9	25	0	0	.333	.700	.233
通算成績		511	1505	165	312	57	4	55	192	190	521	2	1	.298	.658	.207

7 J.D.デイヴィス *J.D. Davis*

長打力復活で、おいしいトレードに

サード ファースト

30歳 1993.4.27生｜190cm｜98kg｜右投右打 対左.245 対右.252 得.264 ⑦.236 偉.258 Ⓓ2014③アストロズ 囲カリフォルニア州 甲421万ドル（約5億4730万円）

ミ 4
パ 4
走 2
守 2
肩 4

昨年8月にダリン・ラフとのトレードで、メッツからやって来た強打の三塁手。一塁と左翼も守る。2019年には打率3割0分7厘、22本塁打をマークし、大いに期待されていたが、21年に左手首を痛め、長打が出なくなった。昨季も低調なスタートで、メッツとしては「訳アリ品」としてトレードに出したわけだが、移籍後は2倍以上のペースで本塁打を量産。上々の出塁率をマークし、復活の兆しを見せた。放出したラフは高齢なうえ、移籍後は全然活躍しておらず、さらに1対4のトレードだったので、3選手のおまけ付き。ジャイアンツにとってはすばらしいトレードになった。

年度	所属チーム	試合数	打数	得点	安打	二塁打	三塁打	本塁打	打点	四球	三振	盗塁	盗塁死	出塁率	OPS	打率
2022	メッツ	66	181	26	43	8	1	4	21	20	66	1	1	.324	.683	.238
2022	ジャイアンツ	49	137	20	36	8	0	8	14	19	56	0	0	.361	.857	.263
2022	2チーム計	115	318	46	79	16	1	12	35	39	122	1	1	.340	.758	.248
通算成績		451	1262	172	335	65	2	50	146	146	392	6	2	.350	.789	.265

シーズン最終戦で2本塁打

サード／ファースト／セカンド

32 デイヴィッド・ヴィアー *David Villar*

26歳 1997.1.27生｜185cm｜97kg｜右投右打 ｜対左.292 対右.187 ホ.182 ア.257 得.184 ｜ﾄﾞ2018①ジャイアンツ｜囲ジョージア州｜年72万ドル（約9360万円）+α

ミート	3
パワー	4
走力	2
守備	3
肩	2

　昨季3Aで84試合に出場し、打率2割7分5厘、27本塁打、出塁率4割0分4厘と好成績を残し、メジャーに昇格した若手内野手。7月の初昇格時はメジャーのスピードに苦労し、一度は3Aに降格したが、9月に2度目の昇格を果たすとアジャスト。10月2日のダイヤモンドバックス戦で初のサヨナラ打を放つと、同5日のパドレス戦では1試合2本塁打でラストゲームを締めた。やり始めたら最後までやり抜く性格。テコンドーの黒帯を持っており、大学では犯罪学の学位を取得。「ルルレモン（スポーツアパレル店）」のアルバイトでは、フロアトップのセールスを誇った。

年度	所属チーム	試合数	打数	得点	安打	二塁打	三塁打	本塁打	打点	四球	三振	盗塁	盗塁死	出塁率	OPS	打率
2022	ジャイアンツ	52	156	21	36	6	1	9	24	18	58	0	1	.331	.786	.231
通算成績		52	156	21	36	6	1	9	24	18	58	0	1	.331	.786	.231

驚異の打率を残し続ける「代打の切り札」

外野手

13 オースティン・スレイター *Austin Slater*

31歳 1992.12.13生｜185cm｜92kg｜右投右打 ｜対左.277 対右.246 ホ.252 ア.278 得.273 ｜ﾄﾞ2014⑧ジャイアンツ｜囲フロリダ州｜年320万ドル（約4億1600万円）

ミート	4
パワー	3
走力	4
守備	3
肩	3

　左投手に強いクラッチヒッター。2019年から、代打での打率が3割を切った年はなし。昨季も45打席で打率3割5分5厘、1本塁打、8打点、出塁率5割5分6厘と神がかった成績を収めている。名門スタンフォード大学出身のインテリで、専攻はコンピュータサイエンス。ドラフト時には、残りの学位の取得費用を球団が負担する条項を付けた。コロナ禍やロックアウトに際しては、チームの選手代表として交渉を担当している。ファーストネームは、母方の祖父エド・オースティンによる。エドさんは、公選弁護人、州検事、フロリダ州ジャクソンビルの市長を務めた人物。

年度	所属チーム	試合数	打数	得点	安打	二塁打	三塁打	本塁打	打点	四球	三振	盗塁	盗塁死	出塁率	OPS	打率
2022	ジャイアンツ	125	277	49	73	15	2	7	34	40	89	12	1	.366	.774	.264
通算成績		461	1120	162	286	47	9	33	133	134	352	43	4	.345	.747	.255

12 エリオット・ラモス *Heliot Ramos*

外野手 **期待度 C+** **ルーキー**

24歳 1999.9.7生｜185cm｜85kg｜右投右打 ◆昨季はメジャーで9試合に出場 ｜ﾄﾞ2017①ジャイアンツ｜囲プエルトリコ

　2017年にドラフト1巡目（全体19位）の高評価を受けて入団したプエルトリコ人外野手。三拍子そろった外野手との触れ込みだったが、育成しているうちにサイズアップ。太めだが長打力がないのが現状で、3Aレベルで足踏みする可能性もある。兄のヘンリーは、昨季、韓国のKTウィズでプレー。

— ケイシー・シュミット *Casey Schmitt*

サード **期待度 B+** **ルーキー**

24歳 1999.3.1生｜188cm｜97kg｜右投右打 ◆昨季は1A+、2A、3Aでプレー ｜ﾄﾞ2020②ジャイアンツ｜囲カリフォルニア州

　2020年ドラフトの2巡目で指名された、大学時代はリリーフ投手でも活躍した三塁手。最速96マイル（154キロ）を叩き出した強肩が武器。昨季は1A+でスタートしたが、いずれのカテゴリーでも高打率を記録し、すでに3Aに昇格。守備の評価が高く、内野陣が手薄になればコールアップもありそう。打撃は中距離砲が未来像か。

対左=対左投手打率　対右=対右投手打率　ホ=ホーム打率　ア=アウェー打率　得=得点圏打率　ﾄﾞ=ドラフトデータ　囲=出身地　年=年俸

アリゾナ・ダイヤモンドバックス

◆創　立：1998年　　　　　　　　　◆ワールドシリーズ制覇：1回／◆リーグ優勝：1回
◆本拠地：アリゾナ州フェニックス市　◆地区優勝：5回／◆ワイルドカード獲得：1回

主要オーナー　ケン・ケンドリック（ソウトウエア開発企業データテル社会長）

過去5年成績	年度	勝	負	勝率	ゲーム差	地区順位	ポストシーズン成績
	2018	82	80	.506	9.5	③	—
	2019	85	77	.526	21.0	②	—
	2020	25	35	.417	18.0	⑤	—
	2021	52	110	.321	55.0	⑤	—
	2022	74	88	.457	37.0	④	—

監督　**17 トーリ・ロヴロ** *Torey Lovullo*

◆年　　齢……………58歳（カリフォルニア州出身）
◆現役時代の経歴……8シーズン　タイガース（1988～89）、
（セカンド）　　　　ヤンキース（1991）、エンジェルス（1993）、
　　　　　　　　　　マリナーズ（1994）、アスレティックス（1996）、
　　　　　　　　　　インディアンズ（1998）、フィリーズ（1999）
◆現役通算成績……303試合　.224　15本　60打点
◆監督経歴……………6シーズン　ダイヤモンドバックス（2017～）
◆通算成績……………411勝459敗（勝率.472）　最優秀監督賞1回（17年）

　球団史上、最も長い期間、指揮を執っている監督。ここ数年、チーム成績は低迷しているが、ロヴロに対する球団の信頼は変わっていない。契約は昨季までだったが、昨年8月末に球団側が契約延長のオプションを行使し、今季の続投が決まった。自身の意図を選手にしっかりと説明し、また、選手の気持ちをしっかりと受け止めることで、選手たちが納得してプレーできる環境を整えている。現役最終年の2000年に、日本のヤクルトでプレーし、29試合に出場。

注目コーチ　**75 ダミオン・イーズリー** *Damion Easley*

　打撃コーチ補佐。54歳。現役時代は二塁手で、シルバースラッガー賞の獲得歴がある。はとこに、昨年から日本の巨人でプレーしているアダム・ウォーカーがいる。

編成責任者　**マイク・ヘイゼン** *Mike Hazen*

　47歳。若手が順調に成長し、今後に希望が持てる展開になってきた。オフには主に、投手陣の補強に動いた。外野手としてプロ入りしたが、肩を痛めて、2年で引退。

スタジアム　**チェイス・フィールド** *Chase Field*

◆開　場　年…………1998年
◆仕　　様…………人工芝、開閉式屋根付き
◆収容能力…………48,519人
◆フェンスの高さ…2.3～7.6m
◆特　　徴…………砂漠地帯にある球場。ボールが乾燥し、打球がよく飛ぶが、ボールの加湿管理を徹底した結果、以前ほどの「打者天国」ではなくなった。雨がほとんど降らないのに、開閉式の屋根が設置されているが、これは暑さ対策のため。

ヒッターズパーク

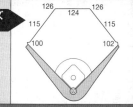

126　124　126
115　　　　115
100　　　　102

① コービン・キャロル……センター
② ケテル・マーテイ……セカンド
③ ジェイク・マッカーシー……ライト
④ クリスチャン・ウォーカー……ファースト
⑤ ジョシュ・ロハス……サード
⑥ ルルデス・グリエル・ジュニア……レフト
⑦ エヴァン・ロンゴリア……DH
⑧ カーソン・ケリー……キャッチャー
⑨ ニック・アーメド……ショート

Depth Chart [ポジション別選手層・メンバーリスト]

※2023年2月13日時点の候補選手。数字は背番号（開幕前に変更する場合もあり）、右・左等は投・打の順。

センター
7 コービン・キャロル [左・左]
5 アレック・トーマス [左・左]
31 ジェイク・マッカーシー [左・左]

レフト
12 ルルデス・グリエル・ジュニア [右・右]
31 ジェイク・マッカーシー [左・左]
7 コービン・キャロル [左・左]
1 カイル・ルイス [右・右]

ライト
31 ジェイク・マッカーシー [左・左]
26 ベイヴィン・スミス [左・左]
7 コービン・キャロル [左・左]
1 カイル・ルイス [右・右]

ショート
13 ニック・アーメド [右・右]
2 ヘラルド・ペルドモ [右・両]
64 ディエゴ・カスティーヨ [右・右]

セカンド
4 ケテル・マーテイ [右・両]
2 ヘラルド・ペルドモ [右・両]
64 ディエゴ・カスティーヨ [右・右]

ローテーション
23 ザック・ギャレン [右・右]
29 メルリ・ケリー [右・右]
40 マディソン・バムガーナー [左・右]
27 ザック・デイヴィース [右・右]
99 ドレイ・ジェイムソン [右・右]
19 ライン・ネルソン [右・右]
47 トミー・ヘンリー [左・左]

サード
10 ジョシュ・ロハス [右・左]
3 エヴァン・ロンゴリア [右・右]
2 ヘラルド・ペルドモ [右・両]

ファースト
53 クリスチャン・ウォーカー [右・右]
26 ベイヴィン・スミス [左・左]
15 エマニュエル・リヴェラ [右・右]

キャッチャー
18 カーソン・ケリー [右・右]
14 ガブリエル・モレノ [右・右]

DH
3 エヴァン・ロンゴリア [右・右]
4 ケテル・マーテイ [右・両]
28 セス・ビアー [右・右]

ブルペン
34 マーク・メランソン [右・右] CL
35 ジョー・マンティプライ [左・右]
37 ケヴィン・ギンケル [右・右]
50 ミゲール・カストロ [右・右]
24 カイル・ネルソン [左・右]
30 スコット・マクガフ [右・右]
54 コール・サルサー [右・右]
25 コービン・マーティン [右・右]
45 カルロス・ヴァルガス [右・右]
- アンドルー・チェイフィン [左・右]

※CL＝クローザー

ダイヤモンドバックス試合日程……＊はアウェーでの開催

3月30・31・4月1・2	ドジャース＊		
3・4	パドレス		
6・7・8・9	ドジャース		
10・11・12	ブリュワーズ		
14・15・16	マーリンズ＊		
17・18・19	カーディナルス＊		
20・21・22・23	パドレス		
24・25・26	ロイヤルズ		
28・29・30	ロッキーズ＊		
5月2・3	レンジャーズ＊		
5・6・7	ナショナルズ		
8・9・10	マーリンズ		
11・12・13・14	ジャイアンツ		
15・16・17	アスレティックス＊		
19・20・21	パイレーツ＊		
22・23・24	フィリーズ		
26・27・28	レッドソックス		
29・30・31・6月1	ロッキーズ		
6月2・3・4	ブレーブス		
6・7・8	ナショナルズ＊		
9・10・11	タイガース		
12・13・14・15	フィリーズ		
16・17・18	ガーディアンズ		
19・20・21	ブリュワーズ		
23・24・25	ジャイアンツ＊		
27・28・29	レイズ		
30・7月1・2	エンジェルス＊		

球団メモ 球団名は、「ニシダイヤガラガラヘビ」に由来。球団誕生時、候補に挙がった球団名には、ほかに「スコーピオンズ」「コヨーテズ」「フェニックス」などがあった。

■投手力➡️…★★☆☆☆ 【昨年度チーム防御率4.25、リーグ11位】

ローテーションの１～４番手は、ギャレン、ケリー、バムガーナー、デイヴィースで、昨季と大きな変化はない。活きがいい若手も出てきており、先発陣は「中の中」ながら目途が立った。問題は昨季、実績を買って獲得したメランソンとケネディが不発だったリリーフ陣。マンティプライのほかには、計算できる投手があまり見当たらない。ギンケルやメランソンが抑え失格となれば、ヤクルトで守護神を務めたマクガフにその座が回ってくるかも。

■攻撃力⬇️…★★☆☆☆ 【昨年度チーム得点702、リーグ9位】

ウォーカーが36本塁打と殻を突き破ったが、チーム２位の27本塁打を放ったヴァーショをブルージェイズに１対２のトレードで出してしまった。相手のグリエル・ジュニアは高打率を期待できるが、昨季は５本塁打に終わっており、破壊力はややダウン。どちらかと言えば、もう１人のモレノを狙ったトレード。そのモレノは高い打力を持つ捕手兼ユーティリティで、23歳と若い。大ベテランだが、ロンゴリアの加入も多少のプラス要素だ。

■守備力⬇️…★★★☆☆ 【昨年度チーム失策数86、リーグ9位】

昨季は遊撃守備の名手アーメドがほとんど出場できず。しかし、一塁のウォーカーが安定しているので、内野守備は崩壊はしていない。

■機動力➡️…★★★★☆ 【昨年度チーム盗塁数104、リーグ4位】

ロハス、マッカーシーがともに23盗塁３盗塁死と、高い盗塁技術を披露。トーマス、キャロルなどの若手外野手も俊足ぞろいで、走るチームに変貌。

総合評価➡️
★★☆☆☆

一昨年のシーズン110敗からは大きく前進したが、マーテイ、アーメドが早くも衰えてきており、売り時をのがしたか。野手を中心に若手のさらなる成長を待つ必要があり、本格的に地区優勝を狙えるのは、現在の主力たちを売り払ってからになるだろう。

ダイヤモンドバックス

IN	主な入団選手
投手	
ミゲール・カストロ ← ヤンキース	
スコット・マクガフ ← 東京ヤクルト	
野手	
ルルデス・グリエル・ジュニア ← ブルージェイズ	
エヴァン・ロンゴリア ← ジャイアンツ	
ガブリエル・モレノ ← ブルージェイズ	
カイル・ルイス ← マリナーズ	

OUT	主な退団選手
投手	
とくになし	
野手	
ドールトン・ヴァーショ → ブルージェイズ	
クーパー・ハメル → マリナーズ	

4・5・6	メッツ	4・5・6	ツインズ*	4・5・6	ロッキーズ
7・8・9	パイレーツ	8・9	ドジャース	7・8・9・10	カブス*
11	オールスターゲーム	11・12・13	パドレス	11・12・13・14	メッツ*
14・15・16	ブルージェイズ*	14・15・16	ロッキーズ*	15・16・17	カブス
18・19・20	ブレーブス*	17・18・19・20	パドレス*	19・20	ジャイアンツ
21・22・23	レッズ*	21・22	レンジャーズ	22・23・24	ヤンキース*
24・25・26	カーディナルス	24・25・26・27	レッズ	25・26・27	ホワイトソックス*
28・29・30	マリナーズ	28・29・30	ドジャース*	29・30・**10月**1	アストロズ・
31・**8月**1・2・3	ジャイアンツ*	**9月**1・2・3	オリオールズ		

伸びるフォーシームで期待通りに成長　先発

23 ザック・ギャレン
Zac Gallen

28歳｜1995.8.3生｜188cm｜85kg｜右投右打

◆速球のスピード／150キロ前後（フォーシーム主体）
◆決め球と持ち球／☆フォーシーム、◎カーブ、
　◎チェンジアップ、○カッター、△スライダー
◆対左打者被打率／.146　◆対右打者被打率／.222
◆ホーム防御率／2.49　◆アウェー防御率／2.59
◆ドラフトデータ／2016③カーディナルス
◆出身地／ニュージャージー州
◆年俸／560万ドル（約7億2800万円）

球威	5
制球	4
緩急	5
守備・牽制	3
度胸	5

　昨季、好成績を記録し、メジャーを代表するスターターに名乗りを上げた右腕。フォームの力感のわりに伸び上がるフォーシームは以前から出色だったが、変化量の大きいカーブとチェンジアップの制球が上昇し、完全開花。これまでは叩きつけるような暴投も多かったが、低めのベストコースに決まるようになった。とくに昨季後半は絶好調域に突入し、6戦連続無失点、MLB歴代7位の44回2/3連続無失点の記録を打ち立てた。

　タテ割れのカーブは魔球クラスだが、そこまで落ちないチェンジアップとの軌道が酷似しており、打者にとってはたまらない。また、しつこい牽制でも知られており、昨季も牽制数144個で、3年連続でMLB全体トップ。その間、牽制で奪ったアウトはゼロで「牽制の名手」ではないが、昨季は許した盗塁数は6個（二盗4、三盗2）と、規定投球回をクリアした先発投手としてはかなり少なく、効果は出ている。

　小学校入学前から、放っておけばずっと、スポーツ専門チャンネル「ESPN」を見ているスポーツ大好きっ子で、5歳のときには「これは野球じゃない！」とティーボール（ちびっ子版野球）への参加を拒否。地元のリトルリーグは、トライアウトののちに各チームがドラフトで選手を指名する本格的なスタイルだったが、父ジムさんが監督を務めるチームに2年飛び級で入団。圧倒的なポテンシャルで年上の子供たちを手玉に取り、地元では伝説的な野球少年になった。ただ、外野を守らせると数球ごとにシャドウピッチングを始めるため、ジムさんは「集中しろ！」と、どなりっぱなしだったという。今でもウエイトルームなど、至る所でシャドウピッチングを始めてしまうため、チームメイトもあきれているそうだ。ちなみに背番号「23」は、NBAのレジェンド、マイケル・ジョーダンへのリスペクトから。

カモ G・ラックス（ドジャース）.091（11-1）0本　B・クロフォード（ジャイアンツ）.105（19-2）0本
苦手 T・エストラーダ（ジャイアンツ）.500（10-5）0本　M・ベッツ（ドジャース）.385（13-5）1本

年度	所属チーム	勝利	敗戦	防御率	試合数	先発	セーブ	投球イニング	被安打	失点	自責点	被本塁打	与四球	奪三振	WHIP
2019	マーリンズ	1	3	2.72	7	7	0	36.1	25	12	11	3	18	43	1.18
2019	ダイヤモンドバックス	2	3	2.89	8	8	0	43.2	37	14	14	5	18	53	1.26
2019	2チーム計	3	6	2.81	15	15	0	80.0	62	26	25	8	36	96	1.23
2020	ダイヤモンドバックス	3	2	2.75	12	12	0	72.0	55	24	22	9	25	82	1.11
2021	ダイヤモンドバックス	4	10	4.30	23	23	0	121.1	108	61	58	19	49	139	1.29
2022	ダイヤモンドバックス	12	4	2.54	31	31	0	184.0	121	56	52	15	47	192	0.91
通算成績		22	22	3.09	81	81	0	457.1	346	167	157	51	157	509	1.10

アジア対策を任されたアメリカ代表投手　先発

29　メルリ・ケリー *Merrill Kelly*
★WBCアメリカ代表

35歳｜1988.10.14生｜188cm｜91kg｜右投右打

◆速球のスピード／150キロ台後半（フォーシーム、シンカー）
◆決め球と持ち球／◎フォーシーム、○チェンジアップ、○シンカー、○カッター、○カーブ
◆対左.229　◆対右.224　◆ホ防3.02　◆ア防3.75
◆ド2010⑧レイズ　◆田テキサス州
◆甲800万ドル（約10億4000万円）

球威	4
制球	4
緩急	3
守備・牽制	3
度胸	4

マイナー暮らしを経て、2015～18年に韓国プロ野球のSKでプレーした先発右腕。韓国では4年間で48勝32敗、防御率3.86とそこまで突き抜けた成績ではなかったが、格安のイニングイーターとして19年にダイヤモンドバックスが獲得し、念願のメジャーデビュー。韓国仕込みの多彩な球種を駆使した投球術で、ブレイクを果たした。昨シーズンは目標に据えていた200投球回を突破。かつて韓国に移籍した理由は、「リリーフ転向を打診されたから」。自分のこだわりを貫き、先発投手としてWBCアメリカ代表にも選出されている。ただ、昨季は9月以降に成績が下降し、ドジャース戦は0勝5敗、防御率8.25。あと一押しあれば、エースと呼ばれてもおかしくないのだが……。

カモ R・グリチック（ロッキーズ）.077(13-1)0本　苦手 G・ラックス（ドジャース）.500(14-7)0本

年度	所属チーム	勝利	敗戦	防御率	試合数	先発	セーブ	投球イニング	被安打	失点	自責点	被本塁打	与四球	奪三振	WHIP
2019	ダイヤモンドバックス	13	14	4.42	32	32	0	183.1	184	95	90	29	57	158	1.31
2020	ダイヤモンドバックス	3	2	2.59	5	5	0	31.1	26	9	9	5	5	29	0.99
2021	ダイヤモンドバックス	7	11	4.44	27	27	0	158.0	163	82	78	21	41	130	1.29
2022	ダイヤモンドバックス	13	8	3.37	33	33	0	200.1	167	77	75	21	61	177	1.14
通算成績		36	35	3.96	97	97	0	573.0	540	263	252	76	164	494	1.23

時代の隙間に入り込んだレトロな左腕　セットアップ

35　ジョー・マンティプライ *Joe Mantiply*

32歳｜1991.3.1生｜193cm｜99kg｜左投右打

◆速球のスピード／140キロ台中頃（シンカー主体）
◆決め球と持ち球／◎スライダー、○チェンジアップ、○シンカー
◆対左.247　◆対右.260　◆ホ防3.09　◆ア防2.57
◆ド2013㉗タイガース　◆田ヴァージニア州
◆甲72万ドル（約9360万円）＋α

球威	3
制球	5
緩急	4
守備・牽制	3
度胸	3

ドラフト27巡目からはい上がり、一昨年、メジャーでブレイク。昨シーズン、ついにオールスター出場を果たしたリリーフ左腕。60イニングで9四死球の安定感もさることながら、特筆すべきは「遅球」だ。普通のスリークォーターにもかかわらず、平均球速はメジャー下位14%に位置し、スピンレートも決して高くない。一昔前ならよくいるサウスポーだったが、現代のメジャーリーグにおいては「見慣れない球」になり、打者は引っかけたゴロを連発している。また、ボール球をスイングさせた率を表すチェイス率は上位1%。万物流転を物語るような、打てそうで打てない、古そうで新しいタイプの投手だ。

カモ T・グリシャム（パドレス）.000(7-0)0本　苦手 B・クロフォード（ジャイアンツ）.625(8-5)0本

年度	所属チーム	勝利	敗戦	防御率	試合数	先発	セーブ	投球イニング	被安打	失点	自責点	被本塁打	与四球	奪三振	WHIP
2016	タイガース	0	0	16.88	5	0	0	2.2	7	5	5	1	2	3	3.38
2019	ヤンキース	1	0	9.00	1	0	0	3.0	3	3	3	1	2	2	1.67
2020	ダイヤモンドバックス	0	0	15.43	4	0	0	2.1	3	4	4	0	4	2	3.00
2021	ダイヤモンドバックス	0	3	3.40	57	0	0	39.2	45	24	15	1	17	38	1.56
2022	ダイヤモンドバックス	2	5	2.85	69	0	2	60.0	59	22	19	6	6	61	1.08
通算成績		3	8	3.85	136	0	2	107.2	117	58	46	9	31	105	1.37

対左=対左打者被打率　対右=対右打者被打率　ホ防=ホーム防御率　ア防=アウェー防御率
ド=ドラフトデータ　田=出身地　甲=年俸

ダイヤモンドバックス

40 自身も認めた「不機嫌なおじさん」
マディソン・バムガーナー *Madison Bumgarner*

先発

34歳 1989.8.1生 | 193cm | 116kg | 左投右打 速140キロ台中頃(フォーシーム主体) 決◎カーブ 対左.263 対右.286
ド2007①ジャイアンツ 出ノースカロライナ州 年2300万ドル(約29億9000万円) ◆シルバースラッガー賞2回(14、15年)

球 3 制 4 緩 3 守・牽 4 度 4

全盛期は過ぎ去った感が強いが、そこそこ投げてくれるベテラン左腕。30代半ばになっても、気性の荒さは健在。昨年5月4日のマーリンズ戦では、粘着物質検査で審判から執拗(しつよう)に手をもまれて「長いんだよ！」と激昂(げきこう)し、退場処分となった。さらに7月23日のナショナルズ戦では、7対1のリードで迎えた8回に、ビクター・ロブレスにソロ本塁打を許したが、ベースを回るのが遅いことに激昂。試合後、会見で「あいつはピエロだな」と言い放った。ただ、同会見では「俺が不機嫌なおじさんということはわかっちゃいるが」と一言添えており、少しは丸くなってきた。

年度	所属チーム	勝利	敗戦	防御率	試合数	先発	セーブ	投球イニング	被安打	失点	自責点	被本塁打	与四球	奪三振	WHIP
2022	ダイヤモンドバックス	7	15	4.88	30	30	0	158.2	179	97	86	25	49	112	1.44
通算成績		134	121	3.42	354	351	0	2192.2	1982	913	834	254	529	2060	1.15

34 セーブ王2度の大ベテランもさすがに衰退期？
マーク・メランソン *Mark Melancon*

クローザー

38歳 1985.3.28生 | 185cm | 97kg | 右投右打 速140キロ台後半(カッター主体) 決○ナックルカーブ 対左.278 対右.283 ド2006⑨ヤンキース 出コロラド州 年600万ドル(約7億8000万円) ◆最多セーブ2回(15、21年)、最優秀救援投手賞1回(15年)

球 3 制 3 緩 4 守・牽 4 度 3

通算262セーブ(現役4位)をマークしているベテラン・クローザー。2021年のオフに、2年1400万ドルでダイヤモンドバックスに加入。パイレーツ時代の15年、パドレス時代の21年と、2度の最多セーブ王に輝いており、高齢ながら信頼度の高いクローザーとして期待された。しかし昨季は、同点の場面で度々失点し、「10敗」の大誤算。最大の武器であるナックルカーブが低めに収まらず、痛打を浴び続けた。被本塁打の少なさはさすがだったが、奪三振率はキャリアで3番目に悪い数字だ。メジャー14年間で、9球団に所属。副業で、フロリダ州で芝生施工会社を経営。

年度	所属チーム	勝利	敗戦	防御率	試合数	先発	セーブ	投球イニング	被安打	失点	自責点	被本塁打	与四球	奪三振	WHIP
2022	ダイヤモンドバックス	3	10	4.66	62	0	18	56.0	63	37	29	5	21	35	1.50
通算成績		37	40	2.94	732	0	262	726.2	657	276	237	44	192	643	1.17

27 私生活のごたごたはプレーに影響せず!?
ザック・デイヴィース *Zach Davies*

先発

30歳 1993.2.7生 | 183cm | 81kg | 右投右打 速140キロ台中頃(シンカー主体) 決◎チェンジアップ
対左.222 対右.255 ド2011㉖オリオールズ 出ワシントン州 年500万ドル(約6億5000万円)

球 2 制 3 緩 4 守・牽 5 度 3

打者のタイミングを外すことに長けた技巧派右腕。ブリューワーズ時代の2017年に、ナショナル・リーグ2位タイの17勝をマークした実績がある。フィールディングにも優れ、21年にはゴールドグラブ賞の候補になった。ダイヤモンドバックスで投げた昨季は、右肩の故障や打線の援護がなかった影響で、27先発してわずか2勝。ただ、投球内容自体はそれほど悪いものではなかった。16年に結婚したが、昨年5月に離婚。元妻ミーガンさんはその原因を、夫の浮気にあったとインスタグラムで発表。多くのメジャーリーガーの妻たちが、ミーガンさんの行動に支持を表明した。

年度	所属チーム	勝利	敗戦	防御率	試合数	先発	セーブ	投球イニング	被安打	失点	自責点	被本塁打	与四球	奪三振	WHIP
2022	ダイヤモンドバックス	2	5	4.09	27	27	0	134.1	122	66	61	21	52	102	1.30
通算成績		58	53	4.14	182	182	0	966.0	957	483	444	125	326	713	1.33

速＝速球のスピード 決＝決め球 対左＝対左打者被打率 対右＝対右打者被打率
ド＝ドラフトデータ 出＝出身地 年＝年俸

絶好のスタートを切った100マイル右腕　先発　ルーキー

99 ドレイ・ジェイムソン　*Drey Jameson*

26歳 1997.8.17生 | 183cm | 74kg | 右投右打 | 速150キロ台後半(フォーシーム主体) | 変◎フォーシーム
対左.170 対右.279 ド2019①ダイヤモンドバックス 囲インディアナ州 囲72万ドル(約9360万円)+α

球3 制4 緩3 守3 度3

　2019年にドラフト1巡目追補(全体34位／チーム3巡目)で入団したプロスペクト(有望株)。昨年の春季キャンプで100マイル(161キロ)を叩き出し、注目を集めた。メジャーデビューは、昨年9月15日のパドレス戦。いきなり7回2安打無失点の好投で初勝利をつかむと、4戦中3戦でQSを記録し、今季の先発争いに名乗りを上げた。スライダー、チェンジアップ、ツーシームなども投げ、球種が豊富な先発型。3Aでは被本塁打が多かったが、奪三振能力もあり、勢いは確かだ。幼少期は貧しかったが、ハードワークで育ててくれた母サリーヌさんへの恩返しを誓う。

年度	所属チーム	勝利	敗戦	防御率	試合数	先発	セーブ	投球イニング	被安打	失点	自責点	被本塁打	与四球	奪三振	WHIP
2022	ダイヤモンドバックス	3	0	1.48	4	4	0	24.1	20	4	4	2	7	24	1.11
通算成績		3	0	1.48	4	4	0	24.1	20	4	4	2	7	24	1.11

ボールの出どころが見えにくい技巧派左腕　先発

47 トミー・ヘンリー　*Tommy Henry*

26歳 1997.7.29生 | 190cm | 92kg | 左投右打 | 速150キロ台後半(フォーシーム主体) | 変◎カーブ
対左.371 対右.236 ド2019②ダイヤモンドバックス 囲ミシガン州 囲72万ドル(約9360万円)+α

球2 制3 緩3 守3 度3

　昨年8月にメジャー初昇格を果たした、生え抜きの若手技巧派サウスポー。腕を小さく折りたたみ、リリースポイントを隠して投げるフォームはまるで日本風。好不調の波はあったが、クセモノの資質を示し、3勝をあげた。あだ名の「ターク」は「Turkey(七面鳥)」から。中学入学初日、頭文字が同じ動物を使って自己紹介をするゲームが行われた際に、ありがちな「タイガー・トミー」ではなく、「ターキー・トミー」と言ったことから定着。今では家族にも、「ターク」と呼ばれているそうだ。父トムさんは、NFLのシアトル・シーホークスに1年間在籍した元アメフト選手。

年度	所属チーム	勝利	敗戦	防御率	試合数	先発	セーブ	投球イニング	被安打	失点	自責点	被本塁打	与四球	奪三振	WHIP
2022	ダイヤモンドバックス	3	4	5.36	9	9	0	47.0	47	28	28	10	21	36	1.45
通算成績		3	4	5.36	9	9	0	47.0	47	28	28	10	21	36	1.45

100マイルの球速が出るも、本線はスライダー　ミドルリリーフ　移籍

50 ミゲール・カストロ　*Miguel Castro*

29歳 1994.12.24生 | 201cm | 90kg | 右投右打 | 速150キロ台後半(シンカー主体) | 変◎スライダー
対左.243 対右.243 ド2012㊅ブルージェイズ 囲ドミニカ 囲350万ドル(約4億5500万円)

球4 制2 緩2 度3

　今季より新加入のリリーフ右腕。球速100マイル(161キロ)を超える馬力があり、2015年、21歳でブルージェイズでデビューを果たしたが、アバウトなコントロールと不安定さゆえに、なかなか跳ね上がらず。それでもタフさとキレ味鋭いスライダーを武器に、メジャーに食らいついている。現状、50～60登板で防御率4点台が及第点の投手。昨季はヤンキースに在籍していたため、控えめだったが、首に幾重もの金のネックレスを着けるジャラジャラ系。母国ドミニカで強盗に襲われ、トレードマークのチェーンを強奪されたこともある。父はヘビー級の元プロボクサー。

年度	所属チーム	勝利	敗戦	防御率	試合数	先発	セーブ	投球イニング	被安打	失点	自責点	被本塁打	与四球	奪三振	WHIP
2022	ヤンキース	5	0	4.03	34	0	0	29.0	27	16	13	2	15	31	1.45
通算成績		16	22	4.12	333	4	7	382.1	333	193	175	47	205	342	1.41

決め球のスライダーは守護神クラスの逸品

37 ケヴィン・ギンケル *Kevin Ginkel*

セットアップ

29歳 1994.3.24生 | 193cm | 106kg | 右投左打 | 速150キロ台前半（フォーシーム主体）決○スライダー
対左.200 対右.263 ⑤2016②ダイヤモンドバックス 出カリフォルニア州 年72万ドル（約9360万円）+α

球	4
制	4
緩	3
守	3
度	2

着実に結果を残し、メジャー完全定着が目前にせまっている守護神候補生。フォーシームとスライダーのツーピッチ・ピッチャーだが、昨季はどちらの球種でも三振を奪う力を見せた。とくにタテに鋭いスライダーは、相手打者の攻略を許さず、被打率1割8分6厘。決め球のスライダーでは、四死球ゼロの安定した制球力も光った。一昨年は7本塁打を浴び、球威に課題を残したが、昨季は被本塁打を1に抑え、3Aでも30試合に登板し、防御率1.17。得点圏にランナーを置くと崩れる悪癖さえ克服すれば、将来のクローザー昇格も、決して夢ではないところまで来ている。

年度	所属チーム	勝利	敗戦	防御率	試合数	先発	セーブ	投球イニング	被安打	失点	自責点	被本塁打	与四球	奪三振	WHIP
2022	ダイヤモンドバックス	4	4	3.38	30	0	4	29.1	27	14	11	1	11	30	1.30
通算成績		4	4	4.32	106	0	4	98.0	93	58	47	13	47	107	1.43

日本で実力を磨き、メジャーに再挑戦

30 スコット・マクガフ *Scott McGough*

ミドルリリーフ｜移籍｜ルーキー

34歳 1989.10.31 | 180cm | 86kg | 右投右打 | 速150キロ台前半（フォーシーム主体）決○スプリッター
◆昨季はメジャー出場なし ⑤2011⑤ドジャース 出ペンシルヴァニア州 年275万ドル（約3億5750万円）

球	5
制	3
緩	4
守	2
度	5

東京ヤクルトを2年連続のリーグ優勝に導いた守護神。2015年にマーリンズでメジャーデビューを果たしたが、その後は3Aで停滞。19年にヤクルトに入団した。来日当初はセットアッパーで、防御率も3点台と平凡な助っ人投手だったが、スプリットに磨きをかけ、徐々に成長。21年に守護神の座をつかみ、防御率2点台でシーズンを完走する投手に化けた。日本での4年間で離脱は一度もなく、タフさも光る。何よりも真面目な性格で、研究熱心。日本でもブルペンの精神的支柱を務めた。守備はやや苦手としているが、実は高校時代には遊撃手としてドラフト指名されている。

年度	所属チーム	勝利	敗戦	防御率	試合数	先発	セーブ	投球イニング	被安打	失点	自責点	被本塁打	与四球	奪三振	WHIP
2015	マーリンズ	0	0	9.45	6	0	0	6.2	12	7	7	0	4	4	2.40
通算成績		0	0	9.45	6	0	0	6.2	12	7	7	0	4	4	2.40

19 ライン・ネルソン *Ryne Nelson*

先発｜期待度 B｜ルーキー

25歳 1998.2.1生 | 190cm | 83kg | 右投右打 ◆昨季、メジャーで3試合に出場 ⑤2019②ダイヤモンドバックス 出ネヴァダ州

昨年、3Aで10勝をマークし、9月にメジャーデビューを果たした先発右腕。デビュー戦ではパドレスを相手に7回4安打無失点。3先発で18回1/3を投げ、自責点3の好投を見せた（防御率1.47）。フォーシームの球威はあるが、変化球は発展途上。カーブやチェンジアップの精度を上げていけるか注目。

─ ブランドン・フォート *Brandon Pfaadt*

先発｜期待度 B+｜ルーキー

25歳 1998.10.15生 | 193cm | 99kg | 右投右打 ◆昨季は2A、3Aでプレー ⑤2020⑤ダイヤモンドバックス 出ケンタッキー州

昨年3Aに昇格し、10試合で防御率2.63、奪三振率10.80をマークしたスターター。150キロ台半ばのフォーシームに、スライダー、チェンジアップを交えて投げる。今季、早い段階でのメジャーデビューもあり得る逸材だ。野球への取り組み方は、大学野球で捕手をしていた祖父から学んでいる。

野手

攻守に輝きを取り戻した、新しきチームの顔　ファースト

53 クリスチャン・ウォーカー
Christian Walker

32歳 1991.3.28生 / 183cm / 94kg / 右投右打

◆対左投手打率／.261(138-36)　◆対右投手打率／.236(445-105)
◆ホーム打率／.227(286-65)　◆アウェー打率／.256(297-76)
◆得点圏打率／.224(152-34)
◆22年のポジション別出場数／ファースト=150、DH=11
◆ドラフトデータ／2012④オリオールズ
◆出身地／ペンシルヴァニア州
◆年俸／650万ドル（約8億4500万円）
◆ゴールドグラブ賞1回(22年)

ミート	3
パワー	5
走塁	3
守備	5
肩	2

　一昨年はわずか10本塁打に終わり、ファンを大いにガッカリさせたが、昨季は36本塁打を放ち、いよいよ本格化した右のスラッガー。身長は183センチと大柄ではないが、コンパクトかつハードに振り上げるスイングが特長。一昨年は打ち気があり過ぎて三振を重ねたが、昨季は初心に戻って選球眼が上昇。バッター有利のカウントで、甘い球を確実にしとめ切った。パワーとコンタクトが天秤にかかるタイプだが、この調子であれば、中軸として期待できるバッターであることに間違いない。

　一方、ファーストの守備では昨季、ゴールドグラブ賞を受賞した。圧倒的な身体能力はないが、球際に強く、なおかつ危なげなく打球を処理。MLB公式の「スタットキャスト」のデータによると、平均的な守備力の野手と比べてどれだけ多くのアウトをチームにもたらしたかを示す「OAA」は、メジャー全体の一塁手で最上位の「+14」。打者走者のスキを見逃さず、平凡なフライをサラリと落としてダブルプレーを完成させるトリックプレーも十八番。守備においては視野が広く、内野陣を押し上げている。

　一家の自慢は、母ジュリーさんが作るミートボール。母方の祖母から受け継がれた、母系一族秘伝のレシピで、「ミートボールとソースのゴールドスタンダード」とウォーカーは評する。地元から近い敵地のフィリーズ戦では、ジュリーさんがチームのために大量に差し入れることがあり、ロヴロ監督も「1年中、これを楽しみにしているんだ」と称賛を惜しまない。ウォーカーと妻アマンダさんも秘伝のレシピを教わっており、自慢のミートボールを「完全に」作ることができるそうだ。

ダイヤモンドバックス

カモ R.フェルトナー(ロッキーズ).1.000(4-4)1本　Z.ウィーラー(フィリーズ).545(11-6)1本
苦手 B.スネル(パドレス).056(18-1)1本　T.ゴンソリン(ドジャース).067(15-1)1本

年度	所属チーム	試合数	打数	得点	安打	二塁打	三塁打	本塁打	打点	四球	三振	盗塁	盗塁死	出塁率	OPS	打率
2014	オリオールズ	6	18	1	3	1	0	1	1	1	9	0	0	.211	.600	.167
2015	オリオールズ	7	9	0	1	0	0	0	0	0	3	4	0	.333	.444	.111
2017	ダイヤモンドバックス	11	12	2	3	1	0	2	2	1	5	0	0	.400	1.233	.250
2018	ダイヤモンドバックス	37	49	6	8	2	0	3	6	3	22	1	0	.226	.614	.163
2019	ダイヤモンドバックス	152	529	86	137	26	1	29	73	67	155	8	1	.348	.824	.259
2020	ダイヤモンドバックス	57	218	35	59	18	1	7	34	19	50	1	1	.333	.792	.271
2021	ダイヤモンドバックス	115	401	55	98	21	1	10	46	38	106	0	1	.315	.697	.244
2022	ダイヤモンドバックス	160	583	84	141	25	2	36	94	69	131	2	2	.327	.804	.242
通算成績		545	1819	269	450	96	5	88	256	201	482	12	4	.328	.779	.247

カモ 苦手 は通算成績

3年契約を得るには、20本塁打以上必要 [レフト]

12 ルルデス・グリエル・ジュニア *Lourdes Gurriel Jr.* [移籍]

30歳 1993.10.10生 | 193cm | 97kg | 右投右打

◆対左投手打率／.278　◆対右投手打率／.295
◆ホーム打率／.303　◆アウェー打率／.281　◆得点圏打率／.286
◆22年のポジション別出場数／レフト=105、DH=13、ファースト=8
◆Ⓓ2016⑰ブルージェイズ　◆Ⓗキューバ
◆Ⓨ540万ドル（約7億200万円）

ミート	4
パワー	3
走塁	3
守備	3
肩	4

　オフのトレードで、ブルージェイズから移籍の外野手。一昨年、本塁打と打点でキャリアハイを出し、昨季は大いに期待された。しかし、良い角度で打球を上げられなくなり、本塁打が激減。これはシーズンを通して、左手首に違和感があったことが原因で、シーズン終了後に手術を受けた。今季は7年契約の最終年なので、序盤から死に物狂いのプレーが見られると思われる。キューバの有名なベースボール・ファミリー出身。父ルルデス・シニアは、キューバ黄金時代の中心選手で、最高の打者と言われた人物。ユリ・グリエル（昨季アストロズ）は9歳年上の腹違いの兄で、2016年2月に一緒に亡命。

[カモ] N・イオヴォルディ（レンジャーズ）.389(18-7)2本　[苦手] G・コール（ヤンキース）.100(20-2)0本

年度	所属チーム	試合数	打数	得点	安打	二塁打	三塁打	本塁打	打点	四球	三振	盗塁	盗塁死	出塁率	OPS	打率
2018	ブルージェイズ	65	249	30	70	8	0	11	35	9	59	1	2	.309	.755	.281
2019	ブルージェイズ	84	314	52	87	19	2	20	50	20	86	6	4	.327	.868	.277
2020	ブルージェイズ	57	208	28	64	14	0	11	33	14	48	1	3	.348	.882	.308
2021	ブルージェイズ	141	500	62	138	28	2	21	84	32	102	1	3	.319	.785	.276
2022	ブルージェイズ	121	453	52	132	32	1	5	52	31	83	3	4	.343	.743	.291
通算成績		468	1724	224	491	101	5	68	254	106	378	14	14	.329	.797	.285

内野手から転向して成功した異色の正捕手 [キャッチャー]

18 カーソン・ケリー *Carson Kelly*

29歳 1994.7.14生 | 188cm | 95kg | 右投右打 | ◆盗塁阻止率／.186(59-11)

◆対左投手打率／.197　◆対右投手打率／.221
◆ホーム打率／.224　◆アウェー打率／.200　◆得点圏打率／.193
◆22年のポジション別出場数／キャッチャー=100、ピッチャー=4、DH=2
◆Ⓓ2012②カーディナルス　◆Ⓗイリノイ州
◆Ⓨ800万ドル（約10億4000万円）

ミート	2
パワー	3
走塁	2
守備	4
肩	4

　プロ入り後にサードからキャッチャーに転向し、正捕手に成り上がった異色の強肩選手。安定した守備力を誇り、カーディナルス時代には名捕手ヤディアー・モリナからも一目置かれていた存在。守備力は問題ないものの、課題はやはり打撃。2019年には18本塁打を放ったようにパワーは十分だが、昨季も捕手の仕事に忙殺され、打撃面での進展はなし。7月には月間打率3割4分4厘、4本塁打と覚醒の気配を見せたが、長続きしなかった。とくにスライダーに弱く、緩急をつければ、コロリ。年齢的にも「惜しい」選手になりつつある。妻エロイーズさんは、大学で陸上コーチを務めるアスリート。

[カモ] A・ウッド（ジャイアンツ）.429(14-6)1本　[苦手] G・マルケス（ロッキーズ）.000(8-0)0本

年度	所属チーム	試合数	打数	得点	安打	二塁打	三塁打	本塁打	打点	四球	三振	盗塁	盗塁死	出塁率	OPS	打率
2016	カーディナルス	10	13	1	2	1	0	0	1	0	2	0	0	.214	.445	.154
2017	カーディナルス	34	69	5	12	3	0	0	6	5	11	0	0	.240	.457	.174
2018	カーディナルス	19	35	1	4	0	0	0	3	3	7	0	0	.205	.319	.114
2019	ダイヤモンドバックス	111	314	46	77	19	0	18	47	48	79	0	0	.348	.826	.245
2020	ダイヤモンドバックス	39	122	11	27	5	0	5	19	6	29	0	0	.264	.649	.221
2021	ダイヤモンドバックス	98	304	41	73	11	1	13	46	44	74	0	0	.343	.754	.240
2022	ダイヤモンドバックス	104	317	40	67	18	0	7	35	29	71	2	0	.282	.616	.211
通算成績		415	1174	145	262	57	1	43	157	135	273	2	0	.309	.692	.223

野手

ドラフト26巡目から成り上がった地元選手　サード

10 ジョシュ・ロハス *Josh Rojas*

29歳 1994.6.30生 | 185cm | 93kg | 右投左打
◆対左投手打率／.243 ◆対右投手打率／.277
◆ホーム打率／.268 ◆アウェー打率／.270 ◆得点圏打率／.295
◆22年のポジション別出場数／サード=89、セカンド=26、DH=5
◆Ⓓ2017㉖アストロズ
◆Ⓗアリゾナ州

ミート3 パワー3 走塁4 守備3 肩3

献身性が高い地元出身選手。三塁、二塁、遊撃に加え、両翼を守る便利屋。献身的なプレーができる選手で、出塁に重きを置いているが、昨年5月20日のカブス戦では1試合3本塁打の大活躍。狙えば長打も打てる。さらに昨季はキャリアハイの23盗塁も記録し、走攻守でしぶとくチームに貢献した。チームで通算10人目のアリゾナ州出身の選手だが、高校時代はまったく無名。ドラフト下位からはい上がった雑草であり、成り上がりストーリーも人気の要因だ。地元財界から資金を集め、高校生や少年野球を支えるチャリティ活動を精力的に行い、昨年、ロベルト・クレメンテ賞にもノミネートされている。

カモ A・ゴンバー(ロッキーズ).667(9-6)0本　苦手 ダルビッシュ有(パドレス).059(17-1)0本

年度	所属チーム	試合数	打数	得点	安打	二塁打	三塁打	本塁打	打点	四球	三振	盗塁	盗塁死	出塁率	OPS	打率
2019	ダイヤモンドバックス	41	138	17	30	7	0	2	16	18	41	4	2	.312	.624	.217
2020	ダイヤモンドバックス	17	61	9	11	0	0	0	2	7	16	1	1	.257	.437	.180
2021	ダイヤモンドバックス	139	484	69	128	32	3	11	44	58	137	9	4	.341	.752	.264
2022	ダイヤモンドバックス	125	443	66	119	25	1	9	56	55	98	23	3	.349	.740	.269
通算成績		322	1126	161	288	64	4	22	118	138	292	37	10	.336	.714	.256

度重なる故障で成績の低下が止まらず　セカンド／DH

4 ケテル・マーティ *Ketel Marte*
★WBCドミニカ代表

30歳 1993.10.12生 | 185cm | 95kg | 右投両打
◆対左投手打率／.276 ◆対右投手打率／.226
◆ホーム打率／.261 ◆アウェー打率／.216 ◆得点圏打率／.210
◆22年のポジション別出場数／セカンド=94、DH=38
◆Ⓓ2010,⑨マリナーズ ◆Ⓗドミニカ
◆Ⓢ1100万ドル(約14億3000万円)

ミート3 パワー3 走塁3 守備3 肩3

2019年に32本塁打を放ったスラッガー。一昨年は打率3割1分8厘をマークしたが、ハムストリングに不安を抱え、昨季は打率2割4分に降下。センターから慣れたセカンドに固定されたものの、何度も負傷で離脱し、指名打者での出場も少なくなかった。妻エレーナさんは幼なじみで、ブルージェイズのヴラディミール・ゲレーロ・ジュニアのいとこ。青春時代、エレーナさんはマーティをまったく相手にしておらず、マーティが5歳年下のゲレーロ・ジュニアに口利きを依頼したこともあるという。ゲレーロ・ジュニアは「彼と話してみるように言ったけど、あまり関わりたくなかった(笑)」と、述懐している。

カモ ダルビッシュ有(パドレス).346(26-9)2本　苦手 J・デグローム(レンジャーズ).000(12-0)0本

年度	所属チーム	試合数	打数	得点	安打	二塁打	三塁打	本塁打	打点	四球	三振	盗塁	盗塁死	出塁率	OPS	打率
2015	マリナーズ	57	219	25	62	14	3	2	17	24	43	8	4	.351	.753	.283
2016	マリナーズ	119	437	55	113	21	2	1	33	18	84	11	5	.287	.610	.259
2017	ダイヤモンドバックス	73	223	30	58	11	2	5	18	29	37	3	1	.345	.740	.260
2018	ダイヤモンドバックス	153	520	68	135	26	12	14	59	54	79	6	1	.332	.769	.260
2019	ダイヤモンドバックス	144	569	97	187	36	9	32	92	53	86	10	2	.389	.981	.329
2020	ダイヤモンドバックス	45	181	19	52	14	1	2	17	7	21	1	0	.323	.732	.287
2021	ダイヤモンドバックス	90	340	52	108	29	1	14	50	31	60	2	0	.377	.909	.318
2022	ダイヤモンドバックス	137	492	68	118	42	2	12	52	55	101	5	1	.321	.728	.240
通算成績		818	2981	414	833	193	32	82	338	271	511	46	14	.342	.790	.279

ダイヤモンドバックス

野手

メジャー16年目を迎えるスラッガー　　サード　移籍

③ エヴァン・ロンゴリア　*Evan Longoria*

38歳｜1985.10.7生｜185cm｜96kg｜右投右打　[対左].282　[対右].215　[ホ].243　[ア].245　[得].267　[ド]2006①デビルレイズ　[出]カリフォルニア州　[年]400万ドル(約5億2000万円)
◆ゴールドグラブ賞3回(09,10,17年)、シルバースラッガー賞1回(09年)、新人王(08年)

ミ③　バ④　走②　守③　肩③

　昨季まで同地区ジャイアンツでプレーしていたベテラン三塁手。ジャイアンツが、契約延長オプション(1年1300万ドル)を行使しなかったためFAとなり、1年400万ドルでアリゾナにやって来た。打撃面の特徴は、左投手に抜群の強さを発揮すること。3度のゴールドグラブ賞獲得歴があるサードの守備は、低下しているものの、まだ平均レベルは維持している。サードでの通算1785試合出場は、現役では最多の数字だ(2位はノーラン・アレナードの1355試合)。最近は故障が多くなっているため、ダイヤモンドバックスは適度に休養を取らせながら、今季起用する方針。

年度	所属チーム	試合数	打数	得点	安打	二塁打	三塁打	本塁打	打点	四球	三振	盗塁	盗塁死	出塁率	OPS	打率
2022	ジャイアンツ	89	266	31	65	13	0	14	42	27	83	0	1	.315	.766	.244
通算成績		1912	7095	992	1883	422	26	331	1131	707	1623	58	19	.334	.806	.265

早くも頭角を現したスピードスター　　ライト／レフト

㉛ ジェイク・マッカーシー　*Jake McCarthy*

26歳｜1997.7.30生｜188cm｜97kg｜左投左打　[対左].281　[対右].284　[ホ].227　[ア].323　[得].403　[ド]2018①ダイヤモンドバックス　[出]ペンシルヴァニア州　[年]72万ドル(約9360万円)+α

ミ③　バ③　走⑤　守③　肩②

　昨年、ナショナル・リーグの新人王投票で4ポイントを得た若手外野手。圧倒的なスプリントスピードの持ち主であることは知られていたが、早くも打撃がメジャー仕様に進化。積極的なバッティングで、打率2割8分3厘をマーク。さらに球団史上2位の得点圏打率4割0分3厘と勝負強さを見せ、クラッチヒッターの資質を示した。23盗塁、3盗塁死と盗塁の技術も抜群。うち1盗塁死は、サヨナラ本盗を試みての失敗だった。外野守備では速さを十分に生かし切れていないが、伸びしろはあるだろう。アスリート一家で、兄のジョー・マッカーシーは昨季オリックスでプレー。

年度	所属チーム	試合数	打数	得点	安打	二塁打	三塁打	本塁打	打点	四球	三振	盗塁	盗塁死	出塁率	OPS	打率
2022	ダイヤモンドバックス	99	321	53	91	16	3	8	43	28	76	23	3	.342	.769	.283
通算成績		123	380	64	104	19	3	10	47	31	99	26	5	.340	.758	.274

チャンスをつかんだドミニカン遊撃手　　ショート／セカンド

② ヘラルド・ペルドモ　*Geraldo Perdomo*

24歳｜1999.10.22生｜188cm｜91kg｜右投両打　[対左].237　[対右].177　[ホ].224　[ア].167　[得].283　[ド]2016㉚ダイヤモンドバックス　[出]ドミニカ　[年]72万ドル(約9360万円)+α

ミ②　バ②　走④　守③　肩④

　ニック・アーメドの負傷離脱にともない、3Aをほぼ飛び級で通過し、メジャーで育成された若手遊撃手。守備面ではさすがに名手アーメドには劣るものの、実質メジャー1年目の昨季、平均クラスの守備指標をマークしている。とくに後半戦は安定感を増し、ダイナミックな好送球を見せる場面もあった。一方、打撃面は非力で、発展途上。昨季は打率が1割台だった。ただ、四球で多く出塁したので、出塁率は2割8分5厘。アーメドが戻ってきたとしても、内野のバックアップで生き残れるだけのポテンシャルは示した。オフにはロヴロ監督が、ドミニカの実家を訪問している。

年度	所属チーム	試合数	打数	得点	安打	二塁打	三塁打	本塁打	打点	四球	三振	盗塁	盗塁死	出塁率	OPS	打率
2022	ダイヤモンドバックス	148	431	58	84	10	2	5	40	50	103	9	2	.285	.547	.195
通算成績		159	462	63	92	13	3	5	41	56	109	9	2	.291	.564	.199

　[対左]=対左投手打率　[対右]=対右投手打率　[ホ]=ホーム打率　[ア]=アウェー打率　[得]=得点圏打率
[ド]=ドラフトデータ　[出]=出身地　[年]=年俸

父はホワイトソックスの熟練トレーナー

センター

5 アレック・トーマス Alek Thomas ★WBCメキシコ代表

23歳 2000.4.28生｜180cm｜79kg｜左投左打 対左.198 対右.241 床.220 ⑦.242
圏.183 ⑤2018②ダイヤモンドバックス 囲イリノイ州 囹72万ドル（約9360万円）+α

ミ2
バ4
走5
守5
肩3

　若くして早くもメジャーデビューを果たした左の大砲候補。やわらかいバッティングの持ち主で、広角に打球を飛ばす。ルーキーイヤーの昨季は、さすがに打率を残せなかったが、変化球打ちが非常に巧みで、選球眼さえ磨けば、一流の打者になっても不思議ではない。ハイレベルな脚力も魅力で、センター守備では、果敢なダイビングキャッチで投手陣を救った。高校時代にはU-18アメリカ代表に選出され、ワールドカップで金メダルを獲得。日本戦では、田浦文丸（現・福岡ソフトバンク）から内野安打を記録している。父アレンさんは、ホワイトソックスのベテラントレーナー。

年度	所属チーム	試合数	打数	得点	安打	二塁打	三塁打	本塁打	打点	四球	三振	盗塁	盗塁死	出塁率	OPS	打率
2022	ダイヤモンドバックス	113	381	45	88	17	1	8	39	22	74	4	3	.275	.619	.231
通算成績		113	381	45	88	17	1	8	39	22	74	4	3	.275	.619	.231

メジャートップの脚力を誇る超有望株

外野手 ルーキー

7 コービン・キャロル Corbin Carroll

23歳 2000.8.21生｜178cm｜74kg｜左投左打 対左.179 対右.289 床.196 ⑦.321
圏.200 ⑤2019①ダイヤモンドバックス 囲ワシントン州 囹72万ドル（約9360万円）+α

ミ3
バ4
走5
守4
肩3

　多くのスカウトから、「高校生ナンバーワン野手」の評を受けた2019年のドラ1。21年に右肩を手術したものの、その後は順調にステップアップし、昨季は3Aで33試合に出場して、打率2割8分7厘、7本塁打、11盗塁。見事にメジャー行きの切符をつかんだ。高い打撃能力もさることながら、ベースランニングが衝撃的に速く、スプリントスピードはメジャー全体でトップ。正真正銘、走攻守三拍子そろった外野手になれる逸材だ。母ペイリンさんは、6歳のときに海を渡ってきた台湾系アメリカ人。息子と同じくサウスポーで、自主トレの際には打撃投手も務めるそうだ。

年度	所属チーム	試合数	打数	得点	安打	二塁打	三塁打	本塁打	打点	四球	三振	盗塁	盗塁死	出塁率	OPS	打率
2022	ダイヤモンドバックス	32	104	13	27	9	2	4	14	8	31	2	1	.330	.830	.260
通算成績		32	104	13	27	9	2	4	14	8	31	2	1	.330	.830	.260

下からの突き上げが激しく、余剰戦力に

ライト ファースト

26 ペイヴィン・スミス Pavin Smith

27歳 1996.2.6生｜188cm｜94kg｜左投左打 対左.226 対右.219 床.224 ⑦.217
圏.212 ⑤2017①ダイヤモンドバックス 囲フロリダ州 囹72万ドル（約9360万円）

ミ3
バ3
走2
守3
肩3

　2017年のドラフトで、1巡目（全体7位）に指名された生え抜きのバットマン。ライナー性の打球を放つ中距離打者だが、ホームランは引っ張り、ヒットは流しと、狙いを定めて使い分けるタイプだ。昨季は若手の台頭もあって出場機会が減少。一時は3Aに降格し、打撃フォームを作り直した。今季は4人目の外野手および一塁のバックアップが濃厚だが、オフにはドミニカのウインターリーグに参戦するなど、生き残りにかける思いは強い。2020年9月にメジャーデビュー。初ヒットは平野佳寿から打っている。妻アマンダさんは、フロリダ大学時代に新体操選手として活躍。

年度	所属チーム	試合数	打数	得点	安打	二塁打	三塁打	本塁打	打点	四球	三振	盗塁	盗塁死	出塁率	OPS	打率
2022	ダイヤモンドバックス	75	245	24	54	9	0	9	33	28	67	1	0	.300	.667	.220
通算成績		232	780	99	197	36	5	21	86	75	181	3	0	.320	.712	.253

ダイヤモンドバックス

野手

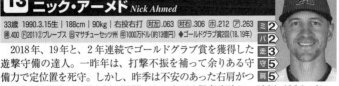

13 遊撃守備の名手も、肩の手術で進退の分岐点
ニック・アーメド Nick Ahmed

33歳 1990.3.15生 | 188cm | 90kg | 右投右打 | 対左.063 対右.306 困.212 ⑦.263 ⑧.400 2011②ブレーブス ⑪マサチューセッツ州 年1000万ドル（約13億円）◆ゴールドグラブ賞2回(18, 19年)

ミ2
バ2
走3
守5
肩5

　2018年、19年と、2年連続でゴールドグラブ賞を獲得した遊撃守備の達人。一昨年は、打撃不振を補って余りある守備力で定位置を死守。しかし、昨季は不安のあった右肩がついに限界を迎え、5月中旬に離脱。それまでは保存療法で、だましだましプレーしていたが、手術を受けることを決め、シーズンを終えた。復帰すれば、再び正遊撃手としてプレーすることになるが、不在の間にハラルド・ペルドモが台頭しており、打撃次第では競争になる可能性も。敬虔なクリスチャンとして有名。マイナー時代、守備につく際に、急に信仰心が目を覚ましたと布教動画で語っている。

年度	所属チーム	試合数	打数	得点	安打	二塁打	三塁打	本塁打	打点	四球	三振	盗塁	盗塁死	出塁率	OPS	打率
2022	ダイヤモンドバックス	17	52	7	12	2	0	3	7	2	15	0	1	.259	.701	.231
通算成績		816	2699	330	636	144	23	68	305	203	575	36	21	.290	.672	.236

14 大物捕手になる条件をフル装備した逸材
ガブリエル・モレノ Gabriel Moreno

23歳 2000.2.14生 | 180cm | 88kg | 右投右打 ◆盗塁阻止率／.412(17-7) 対左.333 対右.313 困.400 ⑦.256 ⑧.375 2016外ブルージェイズ ⑪ドミニカ 年72万ドル（約9360万円）+α

ミ5
バ2
走2
守4
肩5

　ブルージェイズから移籍の、昨年6月にメジャーデビューした捕手。打撃面のウリは、ミートがうまいため、高打率を期待できること。昨年は3Aとメジャーの両方で、3割超の打率を記録している。もう1つのウリは、バットスピードが速く、快速球を苦もなくライナーで弾き返せること。動体視力が良いので、空振りが少ないことも長所だ。守備面では、強肩でリリースも素早いため、盗塁阻止率が高い。昨季はルーキーながら41.2%（17-7）という目を見張る数字を出した。ボールブロックもうまく、ワイルドピッチを出す頻度は平均以下。リード面ではもう少し経験が必要。

年度	所属チーム	試合数	打数	得点	安打	二塁打	三塁打	本塁打	打点	四球	三振	盗塁	盗塁死	出塁率	OPS	打率
2022	ブルージェイズ	25	69	10	22	1	0	1	7	4	8	0	0	.356	.733	.319
通算成績		25	69	10	22	1	0	1	7	4	8	0	0	.356	.733	.319

62 ブレイズ・アレグザンダー Blaze Alexander

24歳 1999.6.11生 | 183cm | 72kg | 右投右打 ◆昨季はルーキー級, 2A, 3Aでプレー ⑫2018⑪ダイヤモンドバックス ⑪フロリダ州

　異次元の強肩がウリの遊撃手。アスリート養成で有名な「IMGアカデミー」の出身。肩の「一芸」でダイヤモンドバックスに下位指名されたが、徐々にパワーアップし、昨季は2Aで88試合、打率3割0分6厘、17本塁打の結果を残し、3Aに昇格。内野手が手薄になるようならば、上でテストされそうだ。

79 ドミニック・フレッチャー Dominic Fletcher ★WBCイタリア代表

26歳 1997.9.2生 | 175cm | 83kg | 左投左打 ◆昨季は2A, 3Aでプレー ⑫2019②ダイヤモンドバックス ⑪カリフォルニア州

　エンジェルスで主力を張る兄デイヴィッドと同様、高いヒット能力を持つ有望株。昨季は3Aで101試合に出場し、打率3割0分1厘と結果を残した。ただ、5本塁打とパワーに欠けており、守備走塁も平均的。コールアップと同時にヒットを打ち続け、献身的なアピールを続けることが成功の条件だ。

対左＝対左投手打率　対右＝対右投手打率　困＝ホーム打率　⑦＝アウェー打率　⑧＝得点圏打率　⑫＝ドラフトデータ　⑪＝出身地　年＝年俸

コロラド・ロッキーズ

◆創　立：1993年　　　　　　◆ワールドシリーズ制覇：0回　／◆リーグ優勝：1回
◆本拠地：コロラド州デンバー市　◆地区優勝：0回／◆ワイルドカード獲得：5回

主要オーナー　チャーリー・モンフォート、ディック・モンフォート（スポーツ企業家）

過去5年成績

年度	勝	負	勝率	ゲーム差	地区順位	ポストシーズン成績
2018	91	72	.558	1.0	②	地区シリーズ敗退
2019	71	91	.438	35.0	④	―
2020	26	34	.433	17.0	④	―
2021	74	87	.460	32.5	④	―
2022	68	94	.420	43.0	⑤	―

監督　**10 バド・ブラック** *Bud Black*

◆年　　齢…………66歳（カリフォルニア州出身）
◆現役時代の経歴…15シーズン　マリナーズ（1981）、
（ピッチャー）　　ロイヤルズ（1982〜88）、インディアンズ（1988〜90）、
　　　　　　　　ブルージェイズ（1990）、ジャイアンツ（1991〜94）、
　　　　　　　　インディアンズ（1995）
◆現役通算成績……398試合　121勝116敗11S　防御率3.84
◆監督経歴…………15シーズン　パドレス（2007〜15年）、ロッキーズ（2017〜）
◆通算成績…………1066勝1166敗（勝率.478）　最優秀監督賞1回（10年）

　投手に厳しい本拠地の球団で奮闘する、現役監督では唯一の投手出身。2007年から15年途中まではパドレス、17年からはロッキーズで監督を務め、昨年4月、監督通算1000勝（MLB史上66人目）を達成した。投手で100勝、監督で1000勝をマークしているのは、MLBの歴史で、ブラックただ1人だ。昨シーズン途中までエンジェルスの監督を務めていたジョー・マドンは、大親友。ともにエンジェルスのコーチとして、2002年のワールドシリーズ制覇に貢献している。

注目コーチ　■ **ヘンスリー・ミューレンス** *Hensley Meulens*

　新打撃コーチ。56歳。昨季は、ヤンキースの打撃コーチ補佐。オランダ領キュラソー島出身の、初のメジャーリーガー。日本や韓国球界でもプレーした経験がある。

編成責任者　**ビル・シュミット** *Bill Schmidt*

　64歳。長くロッキーズの組織に属し、2021年オフ、暫定GMから正式なGMに就任。その後のクリス・ブライアントとの大型契約は、不可解なFA補強と批判の声が多かった。

スタジアム　**クアーズ・フィールド** *Coors Field*

◆開場年…………1995年
◆仕　様…………天然芝
◆収容能力………46,897人
◆フェンスの高さ…2.4〜5.2m
◆特　徴…………メジャーで最も標高の高い場所にある球場。気圧の関係で、ボールがよく飛び、ホームランが出やすい。また、球場サイズ自体は大きめなので、三塁打も出やすい。メジャーの平均的な球場よりも、例年、30％前後、得点が多い。

ヒッターズ
パーク

128　129
119　127　114
106　　　107

465

Best Order [ベストオーダー]

① ヨナタン・ダーザ……センター
② クリス・ブライアント……レフト
③ ライアン・マクマーン……サード
④ C.J.クローン……ファースト
⑤ チャーリー・ブラックモン……DH
⑥ ブレンダン・ロジャーズ……セカンド
⑦ ランドール・グリチック……ライト
⑧ エリアス・ディアス……キャッチャー
⑨ アラン・トレホ……ショート

Depth Chart [ポジション別選手層・メンバーリスト]

※2023年2月13日時点の候補選手。数字は背番号（開幕前に変更する場合もあり）、右・左等は投・打の順。

センター
2 ヨナタン・ダーザ [右・右]
15 ランドール・グリチック [右・右]

レフト
23 クリス・ブライアント [右・右]
29 マイケル・トグリア [左・両]
12 ショーン・ボウチャード [右・右]

ライト
15 ランドール・グリチック [右・右]
19 チャーリー・ブラックモン [左・左]
22 ノーラン・ジョーンズ [右・左]

ショート
13 アラン・トレホ [右・右]
14 エゼキエル・トーヴァー [右・右]

セカンド
7 ブレンダン・ロジャーズ [右・右]
13 アラン・トレホ [右・右]

ローテーション
48 ヘルマン・マルケス [右・右]
21 カイル・フリーランド [左・左]
51 ホセ・ウレーニャ [右・右]
26 オースティン・ゴンバー [左・左]
18 ライアン・フェルトナー [右・右]
49 アントニオ・センザテーラ [右・右]
20 ピーター・ランバート [右・右]

サード
24 ライアン・マクマーン [右・左]
44 エレウリス・モンテーロ [右・右]

ファースト
25 C.J.クローン [右・右]
29 マイケル・トグリア [左・両]
44 エレウリス・モンテーロ [右・右]

キャッチャー
35 エリアス・ディアス [右・右]
6 ブライアン・サーヴン [右・右]

DH
19 チャーリー・ブラックモン [左・左]
15 ランドール・グリチック [右・右]
25 C.J.クローン [右・右]

ブルペン
52 ダニエル・バード [右・右] CL
－ ピアース・ジョンソン [右・右]
40 タイラー・キンリー [右・右]
39 ブレント・スーター [左・左]
58 ルーカス・ギルブレス [左・右]
61 ジャスティン・ローレンス [右・右]
59 ジェイク・バード [右・右]
43 コナー・シーボルド [右・右]
32 ディネルソン・ラメット [右・右]

※ CL =クローザー

ロッキーズ試合日程……＊はアウェーでの開催

3月30・31・4月1・2 パドレス＊	5月2・3・4 ブリュワーズ	2・3・4 ロイヤルズ＊
3・4 ドジャース＊	5・6・7 メッツ＊	6・7・8 ジャイアンツ
6・7・8・9 ナショナルズ	8・9・10 パイレーツ＊	9・10・11 パドレス
10・11・12 カーディナルス	12・13・14 フィリーズ	12・13・14 レッドソックス＊
14・15・16 マリナーズ＊	15・16・17 レッズ	15・16・17・18 ブレーブス＊
17・18・19 パイレーツ	19・20・21 レンジャーズ	19・20・21 レッズ
20・21・22・23 フィリーズ＊	22・23・24・25 マーリンズ	23・24・25 エンジェルス
24・25・26 ガーディアンズ＊	26・27・28 メッツ	27・28・29 ドジャース
28・29・30 ダイヤモンドバックス	29・30・31・6月1 ダイヤモンドバックス＊	30・7月1・2 タイガース

466

球団メモ チームカラーは、むらさき色。アメリカの愛国歌『アメリカ・ザ・ビューティフル』で、ロッキー山脈の美しさを、むらさき色で表現していることに由来している。

■**投手力**➡️…★★★★★★　【昨年度チーム防御率5.07、リーグ15位】

　一昨年は、チーム防御率がリーグ12位と健闘（？）したが、昨季は指定席のリーグ最下位。ボールがよく飛ぶ、投手に不利な本拠地球場である点を差し引いても、投手陣の顔ぶれは他球団に比べて大きく見劣りする。ローテーションは、昨季から大きな変化はない。リリーフ陣では、チーム最多の62試合に登板し、3点台の防御率を残したエステヴェスがエンジェルスへ移籍した。新たに、2019年に阪神でセットアッパーとして活躍したジョンソンが加入したが、昨季はパドレスで防御率5点台。左腕のスーターも獲得したが、こちらもブルペンのレベルを大幅に押し上げるほどの補強ではない。

■**攻撃力**➡️…★★★✫★★　【昨年度チーム得点698、リーグ10位】

　昨季は、2021年オフに大金をはたいて獲得したブライアントが、故障もあってまったく機能せず。チーム打率こそリーグ3位（.254）だったが、ホームラン数がリーグ平均を大きく下回り、得点が伸びなかった。30本塁打前後期待できる選手は、ほかにクローンくらいで、全体的に迫力不足。

■**守備力**➡️…★★★★★　【昨年度チーム失策数99、リーグ12位】

　内野の守備は「中の上」レベル。昨季、セカンドのロジャーズと、サードのマクマーンが、ゴールドグラブ賞の最終候補になった。

■**機動力**⬇️…★✫★★★★　【昨年度チーム盗塁数45、リーグ15位】

　昨季の盗塁数はリーグワースト。唯一、2ケタ盗塁をマークしていたハンプソンとも再契約しなかったので、スピードがウリの選手がいなくなった。

総合評価➡️

★★★★★

　オフにオーナーのモンフォートが、同地区パドレスの補強に対し、「大金をつかいすぎ。賛成できない」と批判。しかし、ロッキーズのファンからは「あんたは何もしなさすぎ」と、不満の声が上がった。今季の楽しみは、若手遊撃手トーヴァーの成長ぐらいか。

ロッキーズ

IN　主な入団選手	**OUT**　主な退団選手
投手	投手
ブレント・スーター ⬅️ ブリュワーズ	カルロス・エステヴェス ➡️ エンジェルス
ピアース・ジョンソン ⬅️ パドレス	
	野手
野手	コナー・ジョー ➡️ パイレーツ
とくになし	サム・ヒラード ➡️ ブレーブス
	ホセ・イグレシアス ➡️ 所属先未定

4・5	アストロズ＊	4・5・6	カーディナルス＊	4・5・6	ダイヤモンドバックス＊
7・8・9	ジャイアンツ＊	7・8・9	ブリュワーズ＊	8・9・10	ジャイアンツ＊
11	オールスターゲーム	10・11・12・13	ドジャース＊	11・12・13	カブス
14・15・16	ヤンキース	14・15・16	ダイヤモンドバックス	14・15・16・17	ジャイアンツ
18・19	アストロズ	18・19・20	ホワイトソックス	18・19・20	パドレス＊
21・22・23	マーリンズ＊	22・23・24	レイズ＊	22・23・24	カブス＊
24・25・26	ナショナルズ＊	25・26・27	オリオールズ＊	26・27・28	ドジャース
28・29・30	アスレティックス	28・29・30	ブレーブス	29・30・**10月**1	ツインズ
31・**8月**1・2	パドレス	**9月**1・2・3	ブルージェイズ		

21 契約を5年延長した地元出身サウスポー　先発

カイル・フリーランド　Kyle Freeland

30歳　1993.5.14生｜193cm｜92kg｜左投左打

◆速球のスピード／140キロ台中頃（フォーシーム）
◆決め球と持ち球／○スライダー、○カーブ、
　○フォーシーム、△シンカー、△チェンジアップ

◆対左.315　◆対右.271　◆ホ防6.00　◆ア防3.08
◆ド2014①ロッキーズ　◆出コロラド州　◆年1050万ドル（約13億6500万円）

球威	3
制球	4
緩急	3
守備・走塁	3
度胸	4

　昨年4月に、5年6450万ドルで契約を延長した、地元デンバー生まれの先発サウスポー。契約最終年となる2026年シーズンの投球イニングが170回を超えた場合には、単年で1700万ドルが保証されるオプションも付いている。開幕となったドジャース戦における先発からスタートした昨シーズンは、ローテーションの中心として31試合に登板。174回2/3を投げ、自身3度目となる規定投球回数到達も果たした。とはいえ、規定投球回数到達投手中ワーストとなる被出塁率.342を記録するなど、内容的には今一つ。フォーシームの平均スピードが、2021年より2キロ近く低下した点も、気がかりな材料だ。

カモ B・クロフォード（ジャイアンツ）.143(28-4)0本　苦手 C・シーガー（レンジャーズ）.619(21-13)1本

年度	所属チーム	勝利	敗戦	防御率	試合数	先発	セーブ	投球イニング	被安打	失点	自責点	被本塁打	与四球	奪三振	WHIP
2017	ロッキーズ	11	11	4.10	33	28	0	156.0	169	78	71	17	63	107	1.49
2018	ロッキーズ	17	7	2.85	33	33	0	202.1	182	64	64	17	70	173	1.25
2019	ロッキーズ	3	11	6.73	22	22	0	104.1	126	85	78	25	39	79	1.58
2020	ロッキーズ	2	3	4.33	13	13	0	70.2	77	34	34	9	23	46	1.42
2021	ロッキーズ	7	8	4.33	23	23	0	120.2	133	59	58	20	38	105	1.42
2022	ロッキーズ	9	11	4.53	31	31	0	174.2	193	96	88	19	53	131	1.41
通算成績		49	51	4.27	155	150	0	828.2	880	416	393	107	286	641	1.41

52 「奇跡のストーリー」を紡ぐクローザー　クローザー

ダニエル・バード　Daniel Bard
★WBCアメリカ代表

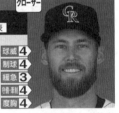

38歳　1985.6.25生｜193cm｜97kg｜右投右打

◆速球のスピード／150キロ台後半（シンカー主体）
◆決め球と持ち球／☆スライダー、☆シンカー

◆対左.174　◆対右.147　◆ホ防1.97　◆ア防1.59
◆ド2006①レッドソックス　◆出テキサス州
◆年950万ドル（約12億3500万円）　◆カムバック賞1回（20年）

球威	4
制球	4
緩急	4
守備・走塁	4
度胸	4

　2020年に7年ぶりとなるメジャー復帰を果たし、カムバック賞と、困難を克服した選手に与えられるトニー・コニグリアロ賞を受賞した右腕。「奇跡のストーリー・第3章」とも言える昨季は、6勝4敗34セーブ、防御率1.79という好成績を残し、クローザーの地位を確固たるものにしてみせた。3月に結んだ契約は、単年440万ドルだったが、7月には2年1900万ドルで契約を延長。チームからの信頼も、揺るぎないものとなっている。住居は、サウスカロライナ州グリーンビル。妻アデアさんとの間に、3人の子供がいる。

カモ M・マチャード（パドレス）.100(10-1)0本　苦手 T・グリシャム（パドレス）.500(6-3)2本

年度	所属チーム	勝利	敗戦	防御率	試合数	先発	セーブ	投球イニング	被安打	失点	自責点	被本塁打	与四球	奪三振	WHIP
2009	レッドソックス	2	2	3.65	49	0	1	49.1	41	24	20	5	22	63	1.28
2010	レッドソックス	1	2	1.93	73	0	3	74.2	45	18	16	6	30	76	1.00
2011	レッドソックス	2	9	3.33	70	0	1	73.0	46	29	27	5	24	74	0.96
2012	レッドソックス	5	6	6.22	17	10	0	59.1	60	42	41	9	43	38	1.74
2013	レッドソックス	0	0	9.00	2	0	0	1.0	1	1	1	0	2	1	3.00
2020	ロッキーズ	4	2	3.65	23	0	6	24.2	22	10	10	2	10	27	1.30
2021	ロッキーズ	7	8	5.21	67	0	20	65.2	69	41	38	8	36	80	1.60
2022	ロッキーズ	6	4	1.79	57	0	34	60.1	35	15	12	3	25	69	0.99
通算成績		27	33	3.64	358	10	65	408.0	319	180	165	38	192	428	1.25

対左=対左打者被打率　対右=対右打者被打率　ホ防=ホーム防御率　ア防=アウェー防御率
ド=ドラフトデータ　出=出身地　年=年俸　カモ 苦手 は通算成績

6年連続で規定投球回数に到達

48 ヘルマン・マルケス German Marquez ★WBCベネズエラ代表 先発

28歳 1995.2.22生 | 185cm | 104kg | 右投右打 | 球150キロ台中頃（フォーシーム）| 決☆カーブ
対左.279 対右.245 ド2011①レイズ 国ベネズエラ 甲1500万ドル（約19億5000万円）◆シルバースラッガー賞1回（18年）

球 4
制 4
緩 4
守 3
度 4

　メジャー昇格2年目から昨季まで、6年連続で規定投球回数をクリアした、ベネズエラ出身のタフネス右腕。この間、先頭打者から8者連続奪三振、チーム初となる本拠地クアーズ・フィールドにおける1安打完封、オールスターゲーム出場、2年連続の開幕投手、シルバースラッガー賞受賞など、数々の勲章を得てきた。しかし、昨季は速球の制球に苦しみ、リーグで2番目に多い30本ものホームランを浴びてしまった。一昨年、ダルビッシュから本塁打を放つなど打撃が得意で、通算打点30は投手の球団記録。それだけに、ナショナル・リーグのDH制導入は残念だったようだ。

年度	所属チーム	勝利	敗戦	防御率	試合数	先発	セーブ	投球イニング	被安打	失点	自責点	被本塁打	与四球	奪三振	WHIP
2022	ロッキーズ	9	13	4.95	31	31	0	181.2	185	109	100	30	63	150	1.37
通算成績		63	54	4.40	172	169	0	996.0	983	522	487	137	299	966	1.29

復活を期す元マーリンズのエース

51 ホセ・ウレーニャ Jose Urena 先発

32歳 1991.9.12生 | 188cm | 94kg | 右投右打 | 球150キロ台中頃（シンカー主体）| 決スライダー
対左.329 対右.234 ド2008外マーリンズ 国ドミニカ 甲300万ドル（約3億9000万円）

球 3
制 3
緩 3
守 3
度 4

　マーリンズ時代の2017年に14勝、防御率3.82の好成績を残した、ドミニカ出身の右腕。昨年5月にブリュワーズから放出され、10日後にロッキーズとマイナー契約を結んだ。7月にメジャー昇格。17試合に先発し、3勝8敗、防御率5点台と、数字は振るわなかったが、シーズン終盤の内容が良かったこともあり、11月に1年300万ドル、2024年は球団にオプションがある年俸400万ドルという内容で再契約した。シンカー、スライダーを組み合わせて、ゴロで打ち取る投球が持ち味だ。ボールが飛びやすいクアーズ・フィールド向きのピッチャーであることは確かだろう。

年度	所属チーム	勝利	敗戦	防御率	試合数	先発	セーブ	投球イニング	被安打	失点	自責点	被本塁打	与四球	奪三振	WHIP
2022	ブリュワーズ	0	0	3.52	4	0	0	7.2	7	5	3	1	5	3	1.57
2022	ロッキーズ	3	8	5.14	17	17	0	89.1	102	57	51	10	38	60	1.57
2022	2チーム計	3	8	5.01	21	17	0	97.0	109	62	54	11	43	63	1.57
通算成績		39	62	4.80	189	133	4	794.2	820	451	424	103	293	536	1.40

変化球を巧みに操る大型サウスポー

26 オースティン・ゴンバー Austin Gomber 先発

30歳 1993.11.23生 | 196cm | 99kg | 左投左打 | 球140キロ台中頃（フォーシーム）| 決スライダー
対左.221 対右.304 ド2014④カーディナルス 国フロリダ州 甲165万ドル（約2億1450万円）

球 2
制 4
緩 4
守 3

　一昨年2月、ノーラン・アレナードとの1対5トレードで、カーディナルスからやって来た長身左腕。移籍初年度となる2021年は、故障での一時離脱はあったものの、先発で9勝をマークした。しかし昨季は好不調の波が大きく、シーズン後半はローテーションの座を剥奪され、リリーフに回されてしまった。好調時は、速球にスライダー、カーブ、チェンジアップを巧みに織り交ぜ、打者を打ち取る。フロリダ州ウインターガーデン生まれで、地元のアトランティック大学に進学。NFLマイアミ・ドルフィンズを熱心に応援している。レイチェル夫人との間に、息子が2人いる。

年度	所属チーム	勝利	敗戦	防御率	試合数	先発	セーブ	投球イニング	被安打	失点	自責点	被本塁打	与四球	奪三振	WHIP
2022	ロッキーズ	5	7	5.56	33	17	0	124.2	137	80	77	20	34	95	1.37
通算成績		21	19	4.66	99	55	0	344.0	339	190	178	48	122	302	1.34

ロッキーズ

ハーバード大学出身のインテリ投手

39 ブレント・スーター *Brent Suter*

ミドルリリーフ｜移籍

34歳 1989.8.29生｜193cm｜96kg｜左投左打｜球140キロ前後（フォーシーム、シンカー）｜決☆チェンジアップ
対左.200 対右.250 ﾄﾞ2012③ブリュワーズ 出イリノイ州 年300万ドル（約3億9000万円）

球速2 制球4 緩急5 守備5 度4

　昨季まではブリュワーズでプレーしていた、投球術に秀でた技巧派左腕。2017、18年には先発ローテーションにも加わっていたが、近年はリリーフに専念している。ピッチングは、140キロ前後のフォーシーム、シンカーに、チェンジアップ、カーブを織り交ぜていくスタイル。投球間隔が短く、また、お尻を後ろに突き出すようにしてから投げる独特のフォームのため、打者はタイミングが取りにくい。名門ハーバード大学で、環境工学と公共政策を専攻したインテリ。妻エリンさんとの間に、2人の息子がいる。昨年6月には、子犬を主人公にした絵本を出版（原作を担当）。

年度	所属チーム	勝利	敗戦	防御率	試合数	先発	セーブ	投球イニング	被安打	失点	自責点	被本塁打	与四球	奪三振	WHIP
2022	ブリュワーズ	5	3	3.78	54	0	0	66.2	58	32	28	9	22	53	1.20
通算成績		36	19	3.51	196	39	4	394.2	380	176	154	52	98	338	1.21

新たに3年契約を結んだ大統領の子孫

40 タイラー・キンリー *Tyler Kinley*

セットアップ

32歳 1991.1.31生｜193cm｜95kg｜右投右打｜球150キロ中頃（フォーシーム）｜決☆スライダー
対左.119 対右.314 ﾄﾞ2013⑯マーリンズ 出フロリダ州 年120万ドル（約1億5600万円）

球速5 制球3 緩急3 守備4 度4

　ヒジを痛め、昨季は6月にシーズンを終えてしまったが、25試合に登板し、0.75というすばらしい防御率を記録したリリーフ右腕。オフに入った11月には、新たな3年契約（2026年は球団にオプション）をロッキーズと結んだ。シンカーやチェンジアップも投げるが、決め球であるスライダーに、フォーシームを織り交ぜていく投球スタイル。10.13に達する三振奪取率は、リリーフ投手としての大きな武器となっている。また、ヒットを打たれながらも、走者を本塁に還さない、粘り強い投球も持ち味だ。第25代米大統領で、在任中に暗殺されたW・マッキンリーの末裔でもある。

年度	所属チーム	勝利	敗戦	防御率	試合数	先発	セーブ	投球イニング	被安打	失点	自責点	被本塁打	与四球	奪三振	WHIP
2022	ロッキーズ	1	1	0.75	25	0	1	24.0	21	5	2	0	6	27	1.13
通算成績		7	6	4.44	184	0	1	178.1	151	92	88	21	88	180	1.34

独特の軌道を描くカーブが武器

— ピアース・ジョンソン *Pierce Johnson*

ミドルリリーフ｜移籍

32歳 1991.5.10生｜188cm｜91kg｜右投右打｜球150キロ台前半（フォーシーム）｜決☆カーブ
対左.217 対右.273 ﾄﾞ2012①カブス 出コロラド州 年500万ドル（約6億5000万円）

球速3 制球2 緩急3 守備4 度4

　昨季は故障で、15試合の登板にとどまったリリーフ右腕。オフにパドレスをFAとなり、1年契約でロッキーズにやって来た。2012年ドラフトでカブスから1巡目指名され、プロ野球生活をスタート。19年には阪神タイガースでプレーし、40ホールドをマークした。130キロ台中盤のカーブと、阪神時代に球速がアップした150キロ台前半のフォーシームだけで投げるツーピッチ・ピッチャー。投球の6割を占めるカーブは、ブレーキがかかってから大きく曲がり落ちる、独特の軌道を描く。カブスの先輩で、阪神でチームメイトだった福留孝介に対し、尊敬の念をいだいている。

年度	所属チーム	勝利	敗戦	防御率	試合数	先発	セーブ	投球イニング	被安打	失点	自責点	被本塁打	与四球	奪三振	WHIP
2022	パドレス	1	2	5.02	15	0	0	14.1	14	8	8	1	8	21	1.53
通算成績		10	9	4.05	140	2	0	137.2	116	65	62	14	67	163	1.33

球＝速球のスピード　決＝決め球　対左＝対左打者被打率　対右＝対右打者被打率
ﾄﾞ＝ドラフトデータ　出＝出身地　年＝年俸

18 ライアン・フェルトナー *Ryan Feltner*

恋人同士でおそろいの背番号　先発

27歳 1996.9.2生 | 193cm | 86kg | 右投右打 ◆150キロ台前半(フォーシーム、シンカー) ⑱○スライダー
(対左).250 (対右).283 Ⓓ2018④ロッキーズ Ⓕフロリダ州 Ⓔ72万ドル(約9360万円)+α

球 **3**
制 **3**
緩 **3**
守備 **4**
度 **3**

　昨季、ローテーションの一翼をになった新鋭。2021年9月にデビューし、その年は2試合に先発、防御率11.37とメジャーの洗礼を浴びた。昨季も苦しいピッチングが続いたが、スコット投手コーチや、投手出身のブラック監督の指導を受け、自身も成長を実感。学びのある1年だった。シーズン最終登板となったドジャース戦では、強力打線相手に6回を2失点に抑え、4勝目をマークしている。恋人のデヴォンさんは、アメリカの女子プロサッカーリーグでプレーする、カナダ出身のゴールキーパー。昨季所属したチームでは、フェルトナーと同じ背番号「18」を付けていた。

年度	所属チーム	勝利	敗戦	防御率	試合数	先発	セーブ	投球イニング	被安打	失点	自責点	被本塁打	与四球	奪三振	WHIP
2022	ロッキーズ	4	9	5.83	20	19	0	97.1	102	65	63	16	35	84	1.41
通算成績		4	10	6.16	22	21	0	103.2	111	73	71	19	40	90	1.46

58 ルーカス・ギルブレス *Lucas Gilbreath*

奪三振率が向上したリリーフ左腕　ミドルリリーフ

27歳 1996.3.5生 | 185cm | 83kg | 右投左打 ◆150キロ台前半(フォーシーム) ⑱○スライダー
(対左).186 (対右).277 Ⓓ2017⑦ロッキーズ Ⓕコロラド州 Ⓔ72万ドル(約9360万円)+α

球 **4**
制 **4**
緩 **3**
守備 **4**
度 **4**

　昨季がメジャーデビュー2年目となった、リリーフ左腕。三振を奪えることが最大の魅力で、2021年の奪三振率は9.38、昨季は43回を投げ、49個の三振を奪い、数字を10.26にまで伸ばした。ただし、防御率、WHIPは、やや悪化し、打者たちに慣れられてきた印象もある。球種は、フォーシームとスライダーの、ほぼ2つ。なかでも、速球と17キロ強の球速差があるスライダーは、切れ味鋭く、打者のタイミングを大きく狂わすことができる。コロラド州ウエストミンスター出身。高校時代にロッキーズからドラフト指名されたが、このときは契約せず、ミネソタ大学に進学した。

年度	所属チーム	勝利	敗戦	防御率	試合数	先発	セーブ	投球イニング	被安打	失点	自責点	被本塁打	与四球	奪三振	WHIP
2022	ロッキーズ	2	0	4.19	47	0	0	43.0	37	22	20	2	26	49	1.47
通算成績		5	2	3.78	94	1	1	85.2	70	40	36	7	49	93	1.39

47 ライアン・ロリソン *Ryan Rolison*

先発　期待度 **B⁻**　ルーキー

26歳 1997.7.11生 | 188cm | 96kg | 左投右打 ◆昨季はプレーせず Ⓓ2018①ロッキーズ Ⓕテネシー州

　2018年のドラフトで、ロッキーズから1巡目に指名されたサウスポー。150キロ前後のフォーシームと、30キロほどの球速差がある落差の大きいカーブとのコンビネーションで、ピッチングを組み立てていく。肩の手術の影響で、昨季はシーズンを全休したが、今季は問題なく、投げられる見込みだ。

― ジェフ・クリスウェル *Jeff Criswell*

先発　期待度 **B**　移籍　ルーキー

24歳 1999.3.10生 | 193cm | 102kg | 右投右打 ◆昨季は1A+、2A、3Aでプレー Ⓓ2020②アスレティックス Ⓕミシガン州

　2020年のドラフトで、アスレティックスから2巡目に指名された右腕。オフのトレードでロッキーズにやって来た。球種は最速156キロのフォーシーム、スライダー、カーブ、チェンジアップで、どの球種も高い評価を得ている。父ブライアンも、アスレティックス傘下のマイナーで投げていた元投手。

ロッキーズ

※メジャー経験がない投手の「先発」「リリーフ」はマイナーでの役割

7 壮絶な打撃戦を締めるサヨナラ弾 セカンド
ブレンダン・ロジャーズ Brendan Rodgers

27歳 1996.8.9生 | 183cm | 92kg | 右投右打

◆対左投手打率／.317 ◆対右投手打率／.239
◆ホーム打率／.313 ◆アウェー打率／.218 ◆得点圏打率／.269
◆22年のポジション別出場数／セカンド＝134、DH＝2
◆Ⓓ2015①ロッキーズ ◆Ⓗフロリダ州
◆Ⓢ270万ドル（約3億5100万円） ◆ゴールドグラブ賞1回（22年）

ミート **4**
パワー **4**
走塁 **2**
守備 **5**
肩 **3**

昨シーズン、初めて規定打席に達した、ロッキーズ生え抜きの二塁手。6月1日の対マーリンズ戦ダブルヘッダー第2試合では、2回に先制となるソロ本塁打を放つと、5回には、2本目のソロ本塁打。タイブレークとなった延長10回には、この日3本目となる逆転サヨナラツーランを放ち、13対12の乱打戦に決着をつけた。この試合を含む、5月30日〜6月5日の7日間で、打率3割4分3厘、4本塁打、7打点の成績を残し、週間MVPにも選出されている。パドレスの本拠地ペトコ・パークは、得意とする球場の1つで、昨季は7試合で打率3割6分4厘、ダルビッシュ有からも一発を放っている。

カモ	ダルビッシュ有（パドレス）.429(7-3)2本	苦手	Z・ギャレン（ダイヤモンドバックス）.188(16-3)0本

年度	所属チーム	試合数	打数	得点	安打	二塁打	三塁打	本塁打	打点	四球	三振	盗塁	盗塁死	出塁率	OPS	打率
2019	ロッキーズ	25	76	8	17	2	0	0	7	4	27	0	0	.272	.522	.224
2020	ロッキーズ	7	21	1	2	1	0	0	2	0	6	0	0	.095	.238	.095
2021	ロッキーズ	102	387	49	110	21	3	15	51	19	84	0	0	.328	.798	.284
2022	ロッキーズ	137	527	72	140	30	3	13	63	46	101	0	0	.325	.733	.266
通算成績		271	1011	130	269	54	6	28	123	69	218	0	0	.318	.732	.266

23 大型契約の1年目は不完全燃焼に終わる レフト
クリス・ブライアント Kris Bryant

31歳 1992.1.4生 | 196cm | 104kg | 右投右打

◆対左投手打率／.333 ◆対右投手打率／.287
◆ホーム打率／.323 ◆アウェー打率／.279 ◆得点圏打率／.100
◆22年のポジション別出場数／レフト＝30、DH＝12
◆Ⓓ2013①カブス ◆Ⓗネヴァダ州 ◆Ⓢ2700万ドル（約35億1000万円）
◆MVP1回（16年）、ハンク・アーロン賞1回（16年）、新人王（15年）

ミート **4**
パワー **4**
走塁 **3**
守備 **3**
肩 **4**

2016年のナショナル・リーグMVP。昨年3月、FA選手に対する契約では球団史上最高額となる、7年1億8200万ドルでロッキーズに入団。だが、球団の目指す方向性が見えないこの巨額の投資には、批判的な論調が目立った。結局1年目の昨季は、背中や右足の故障もあって、42試合の出場に終わっている。今季の課題は、まずは故障なくシーズンを過ごすこと。無事にプレーすれば、それなりの数字を残すはずだ。少年野球時代のチームメイトでもあったブライス・ハーパーとは大の仲良しで、共同で慈善活動にも取り組んでいる。

カモ	T・アンダーソン（エンジェルス）.385(26-10)4本	苦手	ダルビッシュ有（パドレス）.000(6-0)0本

年度	所属チーム	試合数	打数	得点	安打	二塁打	三塁打	本塁打	打点	四球	三振	盗塁	盗塁死	出塁率	OPS	打率
2015	カブス	151	559	87	154	31	5	26	99	77	199	13	4	.369	.857	.275
2016	カブス	155	603	121	176	35	3	39	102	75	154	8	5	.385	.939	.292
2017	カブス	151	549	111	162	38	4	29	73	95	128	7	5	.409	.946	.295
2018	カブス	102	389	59	106	28	3	13	52	48	107	2	4	.374	.834	.272
2019	カブス	147	543	108	153	35	1	31	77	74	145	4	0	.382	.903	.282
2020	カブス	34	131	20	27	5	1	4	11	12	40	0	0	.293	.644	.206
2021	カブス	93	326	58	87	19	2	18	51	39	89	4	2	.358	.861	.267
2021	ジャイアンツ	51	187	28	49	13	0	7	22	23	46	6	0	.344	.788	.262
2021	2チーム計	144	513	86	136	32	2	25	73	62	135	10	2	.353	.834	.265
2022	ロッキーズ	42	160	28	49	12	0	5	14	17	27	0	0	.376	.851	.306
通算成績		926	3447	620	963	216	19	172	501	460	935	44	20	.376	.879	.279

2年連続で20本以上の本塁打を放つ

サード

24 ライアン・マクマーン *Ryan McMahon*

29歳 1994.12.14生｜188cm｜99kg｜右投左打

◆対左投手打率／.228 ◆対右投手打率／.253
◆ホーム打率／.263 ◆アウェー打率／.227 ◆得点圏打率／.220
◆22年のポジション別出場数／サード=145、セカンド=10、ファースト=1、DH=1 ◆⑫2013②ロッキーズ
◆⊞カリフォルニア州 ◆匣900万ドル（約11億7000万円）

ミート	3
パワー	4
走塁	4
守備	4
肩	4

昨年3月、6年7000万ドルで契約を延長した生え抜き三塁手。この契約には、2025年シーズン以降、もしナショナル・リーグのMVP投票で5位以内に入れば、オプトアウト（契約破棄）できるオプションも付いている。レギュラー定着4年目の昨季は、前半戦なかなか打球が上がらなかったものの、シーズン後半に盛り返し、何とか2年連続の20本塁打をクリアした。打撃では相変わらず粗さが目立つが、低めの球をすくい上げ、遠くへ飛ばす技術には一級品のものがある。サードの守備もレベルが高く、昨季は失策数こそリーグの三塁手で最多だったが、ゴールドグラブ賞の最終候補になった。

カモ A・カップ（ジャイアンツ）.625(8-5)0本　苦手 M・バムガーナー（ジャイアンツ）.000(12-0)0本

年度	所属チーム	試合数	打数	得点	安打	二塁打	三塁打	本塁打	打点	四球	三振	盗塁	盗塁死	出塁率	OPS	打率
2017	ロッキーズ	17	19	2	3	1	0	0	1	5	5	0	0	.333	.544	.158
2018	ロッキーズ	91	181	17	42	9	1	5	19	18	64	1	0	.307	.683	.232
2019	ロッキーズ	141	480	70	120	22	1	24	83	56	160	5	1	.329	.779	.250
2020	ロッキーズ	52	172	23	37	6	1	9	26	18	66	0	1	.295	.714	.215
2021	ロッキーズ	151	528	80	134	32	1	23	86	59	147	6	2	.331	.780	.254
2022	ロッキーズ	153	529	67	130	23	3	20	67	60	158	7	3	.327	.741	.246
通算成績		605	1909	259	466	93	7	81	282	216	600	19	7	.324	.751	.244

ロッキーズ

MLB史上第2位の特大弾で話題に

ファースト

25 C.J.クローン *C.J. Cron*

33歳 1990.1.5生｜193cm｜106kg｜右投右打

◆対左投手打率／.208 ◆対右投手打率／.280
◆ホーム打率／.302 ◆アウェー打率／.214 ◆得点圏打率／.309
◆22年のポジション別出場数／ファースト=121、DH=28
◆⑫2011①エンゼルス ◆⊞カリフォルニア州
◆匣725万ドル（約9億4250万円）

ミート	3
パワー	5
走塁	3
守備	3
肩	4

昨シーズンは29本塁打を放った、パワーが自慢のスラッガー。9月9日のダイヤモンドバックス戦で放った第27号ツーランは、なんと飛距離504フィート（約153.6メートル）。「スタットキャスト」が導入された2015年以降では、19年にノマー・マザーラ（当時レンジャーズ）が記録した505フィート（約153.9メートル）に次ぐ、史上2位タイの飛距離だった。球が飛びやすいクアーズ・フィールドではあるが、まさにケタ違いの長距離弾。球団の公式ツイッターには、「アラスカまで飛んだ」という、ファンの声も投稿されていた。

カモ A・カップ（ジャイアンツ）.381(21-8)3本　苦手 大谷翔平（エンゼルス）.000(7-0)0本

年度	所属チーム	試合数	打数	得点	安打	二塁打	三塁打	本塁打	打点	四球	三振	盗塁	盗塁死	出塁率	OPS	打率
2014	エンゼルス	79	242	28	62	12	1	11	37	10	61	0	0	.289	.739	.256
2015	エンゼルス	113	378	37	99	17	1	16	51	17	82	3	1	.300	.739	.262
2016	エンゼルス	116	407	51	113	25	2	16	69	24	75	2	3	.325	.792	.278
2017	エンゼルス	100	339	39	84	14	1	16	56	22	96	3	2	.305	.742	.248
2018	レイズ	140	501	68	127	28	1	30	74	37	145	1	2	.323	.816	.253
2019	ツインズ	125	458	51	116	24	0	25	78	29	107	0	0	.311	.780	.253
2020	タイガース	13	42	9	8	3	0	4	8	9	16	0	0	.346	.894	.190
2021	ロッキーズ	142	470	70	132	31	1	28	92	60	117	1	0	.375	.905	.281
2022	ロッキーズ	150	575	79	148	28	3	29	102	43	164	0	0	.315	.783	.257
通算成績		978	3412	432	889	182	10	175	567	251	863	10	8	.322	.796	.261

野手

長打力と強肩を併せ持つ正捕手 キャッチャー

35 エリアス・ディアス *Elias Diaz* ★WBCコロンビア代表

33歳 1990.11.17生 | 185cm | 100kg | 右投右打 ◆盗塁阻止率／.200(60-12) 対左.278 対右.197 ホ.270
ア.186 得.252 ド2009外パイレーツ 出ベネズエラ 年550万ドル（約7億1500万円）

ミ	2
パ	4
走	2
守	3
肩	5

2021年オフに、3年1450万ドルで契約を延長した強肩捕手。一昨年はキャリアハイとなる18本塁打を放ち、メジャートップレベルの盗塁阻止率38.9％をマークしたが、昨季は9本塁打、平均レベルの盗塁阻止率20.0％と大きく数字を落とし、守備でも精彩を欠いた。昨季のハイライトは、9月9日のダイヤモンドバックス戦で、5打数4安打、2本塁打、7打点と打棒が爆発。9回裏には、サヨナラスリーランを放ち、クアーズ・フィールドらしい13対10の大乱戦に終止符を打った。ベネズエラ出身。2018年に身代金目的でお母さんが誘拐されたが、数日後、無事救助されている。

年度	所属チーム	試合数	打数	得点	安打	二塁打	三塁打	本塁打	打点	四球	三振	盗塁	盗塁死	出塁率	OPS	打率
2022	ロッキーズ	105	351	29	80	18	2	9	51	25	82	0	1	.281	.649	.228
通算成績		487	1506	167	366	78	4	42	186	115	293	1	2	.298	.680	.243

満塁に強いシュアな打撃の中堅手 センター

2 ヨナタン・ダーザ *Yonathan Daza*

29歳 1994.2.28生 | 188cm | 93kg | 右投右打 対左.341 対右.279 ホ.316 ア.289
得.280 ド2010外ロッキーズ 出ベネズエラ 年72万ドル（約9360万円）+α

ミ	4
パ	2
走	3
守	3
肩	4

16歳でロッキーズと契約し、25歳でメジャーデビューを果たしたベネズエラ出身外野手。昨季開幕時は第4の外野手的存在だったが、打棒好調でセンターの定位置をほぼ確保し、後半戦は主に1番、2番を任された。左肩脱臼による夏場のリタイアもあって、規定打席には達しなかったものの、3割を超える打率、3割5分近い出塁率をマークしたことは、高い打撃力の証明。本塁打を数多く放つタイプではないが、野手の間を抜ける、低く、鋭い打球でヒットを量産し、チャンスメーカーとなる場面も目立った。一昨年、昨年とも、満塁では打率6割（5-3）と、勝負強さを発揮。

年度	所属チーム	試合数	打数	得点	安打	二塁打	三塁打	本塁打	打点	四球	三振	盗塁	盗塁死	出塁率	OPS	打率
2022	ロッキーズ	113	372	56	112	21	2	2	34	26	58	0	3	.349	.733	.301
通算成績		264	770	89	217	34	5	4	67	54	139	3	4	.331	.686	.282

通算200本塁打に達したチームリーダー DHライト

19 チャーリー・ブラックモン *Charlie Blackmon*

37歳 1986.7.1生 | 190cm | 99kg | 左投左打 対左.304 対右.247 ホ.284 ア.241
得.336 ド2008②ロッキーズ 出テキサス州 年1000万ドル（約13億円）
◆首位打者1回(17年)、シルバースラッガー賞2回(16、17年)

ミ	4
走	4
守	2
肩	4

チームリーダーとしての役割も果たしている、生え抜きのスラッガー。首位打者、最多安打、最多得点などのタイトルを獲得し、OPS1.000に達した2017年をピークに、徐々に打撃成績が下降している。ただ、チャンスでの強さは相変わらずで、昨季も得点圏では打率3割3分6厘と、高い数字を残した。昨年6月7日のジャイアンツ戦で、球団史上7人目となる通算200号本塁打を達成。熱心なクリスチャンで、学生時代の成績も優秀。ユーモアのセンスにもあふれ、ツイッターの更新を楽しみにしているファンも多い。トレードマークは、もじゃもじゃのヒゲ。契約は今季まで。

年度	所属チーム	試合数	打数	得点	安打	二塁打	三塁打	本塁打	打点	四球	三振	盗塁	盗塁死	出塁率	OPS	打率
2022	ロッキーズ	135	530	60	140	22	6	16	78	32	109	4	1	.314	.733	.264
通算成績		1404	5357	880	1590	286	58	207	709	403	1001	138	56	.354	.842	.297

対左=対左投手打率 対右=対右投手打率 ホ=ホーム打率 ア=アウェー打率 得=得点圏打率
ド=ドラフトデータ 出=出身地 年=年俸

野手

送球で味方一塁手のグラブを突き破る

13 **アラン・トレホ** *Alan Trejo* ★WBCメキシコ代表

ショート
セカンド

27歳 1996.5.30生｜188cm｜92kg｜右投右打｜対左.167｜対右.298｜困.309｜ア.220
通.314｜ド2017⑯ロッキーズ｜出カリフォルニア州｜囲72万ドル（約9360万円）＋α

ミ	3
バ	3
走	4
守	4
肩	5

　昨季終盤に出場機会を増やした内野手。三振が多く、打撃には粗さが残るが、スイングは鋭く、逆方向にも大きな打球を飛ばせる。チャンスに強い点もセールスポイントだ。俊敏な動き、肩の強さ、送球の正確性が光る守備力の高さも、レギュラー定着に向けての武器。9月21日のジャイアンツ戦では、1死一、三塁で相手打者が放ったセカンドゴロをハンプトンが捕球、二塁ベース上でトスを受けたトレホが、ダブルプレーを狙い、一塁手のクローンに矢のような送球をしたが、ファーストミットを突き破って捕球できずという、珍プレーが起きた（記録上はクローンの失策）。

年度 所属チーム	試合数	打数	得点	安打	二塁打	三塁打	本塁打	打点	四球	三振	盗塁	盗塁死	出塁率	OPS	打率
2022 ロッキーズ	35	118	15	32	6	0	4	17	5	31	1	2	.312	.736	.271
通算成績	63	164	22	42	8	0	5	20	8	46	1	2	.297	.693	.256

打撃不振は視力の低下が原因?

15 **ランドール・グリチック** *Randal Grichuk*

ライト

32歳 1991.8.13生｜188cm｜97kg｜右投右打｜対左.308｜対右.234｜困.307｜ア.205
通.291｜ド2009①エンゼルス｜出テキサス州｜囲933万ドル（約12億1290万円）

ミ	3
バ	4
走	3
守	3
肩	4

ロッキーズ

　昨年の開幕直前、ブルージェイズとのトレードで加入した、パワフルな打撃が魅力の右翼手。2019年の31本をはじめ、過去5度20本を超える本塁打を放っていただけに、「打者天国」クアーズ・フィールドを本拠地とするロッキーズでは長打量産を期待された。だが20本塁打にも届かず、期待を裏切った。三振が多く、四球を選べない弱点は相変わらず。昨季の四球／三振率0.19は、規定打席到達者におけるリーグ最低の数字だ。プロ入り前にレーシック手術を受けているが、視力の低下を感じ、昨季はコンタクトレンズや眼鏡を利用するなど、試行錯誤しながらプレーしていた。

年度 所属チーム	試合数	打数	得点	安打	二塁打	三塁打	本塁打	打点	四球	三振	盗塁	盗塁死	出塁率	OPS	打率
2022 ロッキーズ	141	506	60	131	21	3	19	73	24	127	4	0	.299	.724	.259
通算成績	1024	3534	471	874	199	24	175	512	207	990	25	16	.293	.759	.247

パワーはあるが、確実性に課題

44 **エレウリス・モンテーロ** *Elehuris Montero*

サード
ファースト

25歳 1998.8.17生｜190cm｜106kg｜右投右打｜対左.261｜対右.215｜困.277｜ア.194
通.242｜ド2014⑲カーディナルス｜出ドミニカ｜囲72万ドル（約9360万円）＋α

ミ	4
バ	4
走	3
守	2
肩	4

　2021年2月に、ノーラン・アレナードとの1対5トレードで、カーディナルスから移籍してきたドミニカ出身の内野手。昨年5月1日のレッズ戦で、念願のメジャーデビューを果たし、初安打も放った。その後は、マイナーとの行き来を繰り返し、8月以降メジャーに定着。41安打中6本塁打を含む22本が長打という、パワフルな打撃を披露した。三振が多く、四球を選ぶことも苦手と、確実性の欠如が課題だ。ファーストの守備も、まだ勉強中。お父さんのフランシスコさんは、フィリーズ傘下のマイナーでプレーしていた元投手。少年時代に、この父から野球の基礎を学んだ。

年度 所属チーム	試合数	打数	得点	安打	二塁打	三塁打	本塁打	打点	四球	三振	盗塁	盗塁死	出塁率	OPS	打率
2022 ロッキーズ	53	176	21	41	15	1	6	20	8	60	0	0	.270	.702	.233
通算成績	53	176	21	41	15	1	6	20	8	60	0	0	.270	.702	.233

デビュー2戦目にホームラン2発

キャッチャー

6 ブライアン・サーヴン Brian Serven

28歳 1995.5.5生 | 183cm | 93kg | 右投右打 ◆盗塁阻止率／.196(51-10) 対左.227 対右.196 ホ.250 ア.149 得.159 Ｄ2016⑤ロッキーズ 出カリフォルニア州 年72万ドル（約9360万円）+α

昨年5月18日のジャイアンツ戦で、メジャーデビューを果たした捕手。出場2試合目となった3日後のメッツ戦では、2回にメジャー初安打、初本塁打となるツーラン、6回にも、この日2本目となるホームランを放ち、バットでチームの勝利に大きな貢献を果たした。打者としては、長打力が魅力。三振も多いが、選球眼は悪くない。守備では、マイナー時代からブロッキングが課題となっている。ビル・ゲイツが別荘を保持するなど、セレブの住居も多い、カリフォルニア州パームデザートの出身。父ジムさんは、高校でバスケットボールやソフトボールのコーチをしている。

年度	所属チーム	試合数	打数	得点	安打	二塁打	三塁打	本塁打	打点	四球	三振	盗塁	盗塁死	出塁率	OPS	打率
2022	ロッキーズ	62	187	19	38	4	1	6	16	13	44	0	0	.261	.593	.203
通算成績		62	187	19	38	4	1	6	16	13	44	0	0	.261	.593	.203

成長が待たれる大型スイッチヒッター

ファースト レフト **ルーキー**

29 マイケル・トグリア Michael Toglia

25歳 1998.8.16生 | 196cm | 102kg | 左投両打 対左.200 対右.224 ホ.271 ア.175 得.280 Ｄ2019①ロッキーズ 出アリゾナ州 年72万ドル（約9360万円）+α

2019年ドラフトでロッキーズが1位（全体23位）指名した、UCLA（カリフォルニア大学ロサンゼルス校）出身のスイッチヒッター。昨季途中、2Aから3Aに上がり、8月30日にメジャー昇格。デビュー戦となったその日のブレーブス戦では、4打数無安打に終わったが、翌日には初安打、初本塁打、初打点をマークし、チームの勝利に貢献した。その後、ファースト、レフトの守備につき、計31試合に出場。打棒爆発とはならなかったが、24安打の半分が長打と、優秀なパワーの片鱗を見せた。高校時代には投手もこなす二刀流で、42イニングを投げ、防御率は1.00だった。

年度	所属チーム	試合数	打数	得点	安打	二塁打	三塁打	本塁打	打点	四球	三振	盗塁	盗塁死	出塁率	OPS	打率
2022	ロッキーズ	31	111	10	24	8	2	2	12	9	44	1	1	.275	.653	.216
通算成績		31	111	10	24	8	2	2	12	9	44	1	1	.275	.653	.216

14 エゼキエル・トーヴァー Ezequiel Tovar

ショート **期待度 B** **ルーキー**

22歳 2001.8.1生 | 183cm | 73kg | 右投右打 ◆昨季はメジャーで9試合に出場 Ｄ2017外ロッキーズ 出ベネズエラ

今夏に22歳となる、ベネズエラ出身の遊撃手。昨年9月23日のパドレス戦でメジャーデビューし、シーズン最終戦となる10月5日のドジャース戦で初本塁打を放った。守備力、走力は、マイナー時代から高い評価を受けていただけに、選球眼を含めた打撃力向上が、レギュラー獲得のカギとなる。

— ザック・ヴィーン Zac Veen

外野手 **期待度 B+** **ルーキー**

22歳 2001.12.12生 | 193cm | 86kg | 右投左打 ◆昨季は1A+、2Aでプレー Ｄ2020①ロッキーズ 出フロリダ州

2020年のドラフトで1巡目指名（全体9位）を受けた、走攻守の3拍子がそろった外野手。なかでも走力が自慢で、昨季は、マイナー2チームで計126試合に出場し55盗塁、アリゾナ秋季リーグでも、最多の16盗塁を記録している。まだ線は細いが、将来的には、チームの主力となり得る好素材だ。

対左=対左投手打率 対右=対右投手打率 ホ=ホーム打率 ア=アウェー打率 得=得点圏打率 Ｄ=ドラフトデータ 出=出身地 年=年俸

2022年度
MAJOR LEAGUE BASEBALL
最終成績

巻末付録
1

アメリカン・リーグ

東部地区 EAST

順位	チーム名	勝数	負数	勝率	差	打率	得点	本塁打	盗塁	防御率	失策
1位	*ヤンキース	99	63	.611	−	.241	807	254	102	3.30	74
2位	*ブルージェイズ	92	70	.568	7.0	.264	775	200	67	3.87	82
3位	*レイズ	86	76	.531	13.0	.239	666	139	95	3.41	84
4位	オリオールズ	83	79	.512	16.0	.236	674	171	95	3.97	91
5位	レッドソックス	78	84	.481	21.0	.258	735	155	52	4.53	85

中部地区 CENTRAL

順位	チーム名	勝数	負数	勝率	差	打率	得点	本塁打	盗塁	防御率	失策
1位	*ガーディアンズ	92	70	.568	−	.254	698	127	119	3.46	97
2位	ホワイトソックス	81	81	.500	11.0	.256	686	149	58	3.92	101
3位	ツインズ	78	84	.481	14.0	.248	696	178	38	3.98	83
4位	タイガース	66	96	.407	26.0	.231	557	110	47	4.05	93
5位	ロイヤルズ	65	97	.401	27.0	.244	640	138	104	4.70	82

西部地区 WEST

順位	チーム名	勝数	負数	勝率	差	打率	得点	本塁打	盗塁	防御率	失策
1位	*アストロズ	106	56	.654	−	.248	737	214	83	2.90	72
2位	*マリナーズ	90	72	.556	16.0	.230	690	197	83	3.59	69
3位	エンジェルス	73	89	.451	33.0	.233	623	190	77	3.77	84
4位	レンジャーズ	68	94	.420	38.0	.239	707	198	128	4.22	96
5位	アスレティックス	60	102	.370	46.0	.216	568	137	78	4.52	92

ナショナル・リーグ

東部地区 EAST

順位	チーム名	勝数	負数	勝率	差	打率	得点	本塁打	盗塁	防御率	失策
1位	*ブレーブス	101	61	.623	−	.253	789	243	87	3.46	77
2位	*メッツ	101	61	.623	−	.259	772	171	62	3.57	67
3位	*フィリーズ	87	75	.537	14.0	.253	747	205	105	3.97	69
4位	マーリンズ	69	93	.426	32.0	.230	586	144	122	3.87	69
5位	ナショナルズ	55	107	.340	46.0	.249	603	136	75	5.00	104

中部地区 CENTRAL

順位	チーム名	勝数	負数	勝率	差	打率	得点	本塁打	盗塁	防御率	失策
1位	*カーディナルス	93	69	.574	−	.252	772	197	95	3.79	66
2位	ブリュワーズ	86	76	.531	7.0	.235	725	219	96	3.83	91
3位	カブス	74	88	.457	19.0	.238	657	159	111	4.00	96
4位	レッズ	62	100	.383	31.0	.235	648	156	58	4.86	81
4位	パイレーツ	62	100	.383	31.0	.222	591	158	90	4.66	121

西部地区 WEST

順位	チーム名	勝数	負数	勝率	差	打率	得点	本塁打	盗塁	防御率	失策
1位	*ドジャース	111	51	.685	−	.257	847	212	98	2.80	83
2位	*パドレス	89	73	.549	22.0	.241	705	153	49	3.81	76
3位	ジャイアンツ	81	81	.500	30.0	.234	716	183	64	3.85	100
4位	ダイヤモンドバックス	74	88	.457	37.0	.230	702	173	104	4.25	86
5位	ロッキーズ	68	94	.420	43.0	.254	698	149	45	5.07	99

*はポストシーズン出場チーム。ブレーブス、メッツの順位は直接対決の成績による。

2022年度 ポストシーズン結果

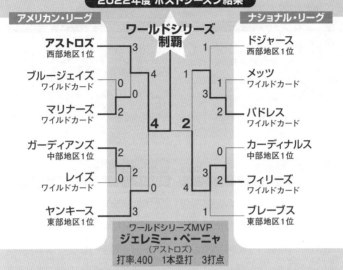

アメリカン・リーグ

ワールドシリーズ制覇

ナショナル・リーグ

アストロズ
西部地区1位 — 3

ブルージェイズ
ワイルドカード — 0 / 0 / 4

マリナーズ
ワイルドカード — 2

ドジャース
西部地区1位 — 1

メッツ
ワイルドカード — 1 / 3

パドレス
ワイルドカード — 2

4 **2**

ガーディアンズ
中部地区1位 — 2

レイズ
ワイルドカード — 0 / 2 / 0

ヤンキース
東部地区1位 — 3

カーディナルス
中部地区1位 — 0

フィリーズ
ワイルドカード — 3 / 2 / 4

ブレーブス
東部地区1位 — 1

ワールドシリーズMVP
ジェレミー・ペーニャ
（アストロズ）
打率.400　1本塁打　3打点

2022年度 タイトル受賞者

アメリカン・リーグ	**ナショナル・リーグ**
MVP	**MVP**
MOST VALUABLE PLAYER	MOST VALUABLE PLAYER
アーロン・ジャッジ	**ポール・ゴールドシュミット**
（ヤンキース）	（カーディナルス）
打率.311　62本塁打　131打点　16盗塁	打率.317　35本塁打　115打点　7盗塁
サイ・ヤング賞	**サイ・ヤング賞**
CY YOUNG AWARD	CY YOUNG AWARD
ジャスティン・ヴァーランダー	**サンディ・アルカンタラ**
（アストロズ）	（マーリンズ）
28試合18勝4敗　防御率1.75　185奪三振	32試合14勝9敗　防御率2.28　207奪三振
新人王	**新人王**
ROOKIE OF THE YEAR	ROOKIE OF THE YEAR
フリオ・ロドリゲス	**マイケル・ハリス2世**
（マリナーズ）	（ブレーブス）
打率.284　28本塁打　75打点　25盗塁	打率.297　19本塁打　64打点　20盗塁
最優秀監督	**最優秀監督**
MANAGER OF THE YEAR	MANAGER OF THE YEAR
テリー・フランコーナ	**バック・ショーウォルター**
（ガーディアンズ）	（メッツ）
若手の力を引き出し、地区優勝に導く。	就任1年目で、勝ち星を大きく上積み。

479

アメリカン・リーグ　投手

勝利　WINS

順位	選手名（チーム名）	勝利
1位	ジャスティン・ヴァーランダー（アストロズ）	18
2位	フランバー・ヴァルデス（アストロズ）	17
3位	アレック・マノア（ブルージェイズ）	16
4位	ルイス・ガルシア（アストロズ）	15
4位	大谷翔平（エンジェルス）	15
4位	キャル・クワントリル（ガーディアンズ）	15
7位	ディラン・シース（ホワイトソックス）	14
7位	ジェイムソン・タイヨン（ヤンキース）	14
9位	シェイン・ビーバー（ガーディアンズ）	13
9位	ゲリット・コール（ヤンキース）	13
9位	ローガン・ギルバート（マリナーズ）	13
9位	ジョー・ライアン（ツインズ）	13
9位	ホセ・アーキーディ（アストロズ）	13

防御率*　EARNED RUN AVERAGE

順位	選手名（チーム名）	防御率
1位	ジャスティン・ヴァーランダー（アストロズ）	1.75
2位	ディラン・シース（ホワイトソックス）	2.20
3位	アレック・マノア（ブルージェイズ）	2.24
4位	大谷翔平（エンジェルス）	2.33
5位	シェイン・マクラナハン（レイズ）	2.54
6位	フランバー・ヴァルデス（アストロズ）	2.82
7位	シェイン・ビーバー（ガーディアンズ）	2.88
8位	マーティン・ペレス（レンジャーズ）	2.89
9位	トリストン・マッケンジー（ガーディアンズ）	2.96
10位	ローガン・ギルバート（マリナーズ）	3.20

セーブ　SAVES

順位	選手名（チーム名）	セーブ
1位	エマヌエル・クラセー（ガーディアンズ）	42
2位	リーアム・ヘンドリックス（ホワイトソックス）	37
3位	ジョーダン・ロマーノ（ブルージェイズ）	36
4位	ライアン・プレスリー（アストロズ）	33
5位	グレゴリー・ソト（タイガース）	30
6位	スコット・バーロウ（ロイヤルズ）	24
7位	ホルヘ・ロペス（ツインズ）	23
8位	クレイ・ホームズ（ヤンキース）	20
8位	ポール・シーウォルド（マリナーズ）	20
10位	ライセル・イグレシアス（エンジェルス）	16

奪三振　STRIKEOUTS

順位	選手名（チーム名）	奪三振
1位	ゲリット・コール（ヤンキース）	257
2位	ディラン・シース（ホワイトソックス）	227
3位	大谷翔平（エンジェルス）	219
4位	ロビー・レイ（マリナーズ）	212
5位	ケビン・ゴーズマン（ブルージェイズ）	205
6位	シェイン・ビーバー（ガーディアンズ）	198
7位	クリスチャン・ハヴィエア（アストロズ）	194
7位	シェイン・マクラナハン（レイズ）	194
7位	フランバー・ヴァルデス（アストロズ）	194
10位	トリストン・マッケンジー（ガーディアンズ）	190

登板試合　GAMES

順位	選手名（チーム名）	試合
1位	アダム・シンバー（ブルージェイズ）	77
1位	エマヌエル・クラセー（ガーディアンズ）	77
3位	アレックス・ラング（タイガース）	71
3位	ラファエル・モンテーロ（アストロズ）	71
5位	ドミンゴ・アセヴェド（アスレティックス）	70
5位	ジェイク・ディークマン（ホワイトソックス）	70
5位	ヘクター・ネリス（アストロズ）	70
8位	スコット・バーロウ（ロイヤルズ）	69
9位	ライアン・ブレイジャー（レッドソックス）	68
9位	ディラン・コールマン（ロイヤルズ）	68

登板イニング　INNING PITCHED

順位	選手名（チーム名）	イニング
1位	フランバー・ヴァルデス（アストロズ）	201⅓
2位	ゲリット・コール（ヤンキース）	200⅔
3位	シェイン・ビーバー（ガーディアンズ）	200
4位	アレック・マノア（ブルージェイズ）	196⅔
5位	マーティン・ペレス（レンジャーズ）	196⅓
6位	トリストン・マッケンジー（ガーディアンズ）	191⅓
7位	ロビー・レイ（マリナーズ）	189
8位	キャル・クワントリル（ガーディアンズ）	186⅓
9位	ローガン・ギルバート（マリナーズ）	185⅔
10位	ディラン・シース（ホワイトソックス）	184

奪三振率*　STRIKE PER 9 INNINGS

順位	選手名（チーム名）	9イニング平均個
1位	大谷翔平（エンジェルス）	11.87
2位	ゲリット・コール（ヤンキース）	11.53
3位	ディラン・シース（ホワイトソックス）	11.10
4位	ケビン・ゴーズマン（ブルージェイズ）	10.56
5位	シェイン・マクラナハン（レイズ）	10.50
6位	ロビー・レイ（マリナーズ）	10.10
7位	ジャスティン・ヴァーランダー（アストロズ）	9.51
8位	トリストン・マッケンジー（ガーディアンズ）	8.94
9位	シェイン・ビーバー（ガーディアンズ）	8.91
10位	ニック・ピヴェタ（レッドソックス）	8.77

被打率*　OPP BATTING AVG AGAINST

順位	選手名（チーム名）	被打率
1位	ジャスティン・ヴァーランダー（アストロズ）	.186
2位	ディラン・シース（ホワイトソックス）	.190
3位	シェイン・マクラナハン（レイズ）	.194
4位	トリストン・マッケンジー（ガーディアンズ）	.201
5位	アレック・マノア（ブルージェイズ）	.202
6位	大谷翔平（エンジェルス）	.203
7位	ゲリット・コール（ヤンキース）	.209
8位	フランバー・ヴァルデス（アストロズ）	.223
9位	シェイン・ビーバー（ガーディアンズ）	.230
10位	ロビー・レイ（マリナーズ）	.231

アメリカン・リーグ　打者

打率* BATTING AVERAGE

順位	選手名(チーム名)	打率
1位	ルイス・アラエズ(ツインズ)	.316
2位	アーロン・ジャッジ(ヤンキース)	.311
3位	ザンダー・ボーガーツ(レッドソックス)	.307
4位	ヨーダン・アルヴァレス(アストロズ)	.306
5位	ホセ・アブレイユ(ホワイトソックス)	.3044
6位	アンドルー・ベニンテンディ(ヤンキース)	.3036
7位	ナサニエル・ロウ(レンジャーズ)	.302
8位	ホセ・アルトゥーヴェ(アストロズ)	.300
9位	スティーヴン・クワン(ガーディアンズ)	.298
10位	アンドレス・ヒメネス(ガーディアンズ)	.297

本塁打 HOME RUNS

順位	選手名(チーム名)	本塁打
1位	アーロン・ジャッジ(ヤンキース)	62
2位	マイク・トラウト(エンジェルス)	40
3位	ヨーダン・アルヴァレス(アストロズ)	37
4位	大谷翔平(エンジェルス)	34
5位	アンソニー・サンタンデーア(オリオールズ)	33
5位	コーリー・シーガー(レンジャーズ)	33
7位	ヴラディミール・ゲレーロ・ジュニア(ブルージェイズ)	32
7位	アンソニー・リゾ(ヤンキース)	32
9位	ジャンカルロ・スタントン(ヤンキース)	31
9位	エウヘイニオ・スアレス(マリナーズ)	31

打点 RUNS BATTED IN

順位	選手名(チーム名)	打点
1位	アーロン・ジャッジ(ヤンキース)	131
2位	ホセ・ラミレス(ガーディアンズ)	126
3位	カイル・タッカー(アストロズ)	107
4位	アドリス・ガルシア(レンジャーズ)	101
5位	ヨーダン・アルヴァレス(アストロズ)	97
5位	ヴラディミール・ゲレーロ・ジュニア(ブルージェイズ)	97
7位	大谷翔平(エンジェルス)	95
8位	ボー・ビシェット(ブルージェイズ)	93
8位	アレックス・ブレグマン(アストロズ)	93
10位	ランディ・アロザレーナ(レイズ)	89
10位	アンソニー・サンタンデーア(オリオールズ)	89

OPS* ON-BASE PLUS SLUGGING

順位	選手名(チーム名)	OPS
1位	アーロン・ジャッジ(ヤンキース)	1.111
2位	ヨーダン・アルヴァレス(アストロズ)	1.019
3位	ホセ・アルトゥーヴェ(アストロズ)	.920
4位	ラファエル・デヴァース(レッドソックス)	.879
5位	大谷翔平(エンジェルス)	.875
6位	ホセ・ラミレス(ガーディアンズ)	.869
7位	フリオ・ロドリゲス(マリナーズ)	.854
8位	ナサニエル・ロウ(レンジャーズ)	.850
9位	アンドレス・ヒメネス(ガーディアンズ)	.837
10位	ザンダー・ボーガーツ(レッドソックス)	.833
10位	カルロス・コレイア(ツインズ)	.833
10位	テイラー・ウォード(エンジェルス)	.833

安打 HITS

順位	選手名(チーム名)	安打
1位	ボー・ビシェット(ブルージェイズ)	189
2位	ホセ・アルトゥーヴェ(ホワイトソックス)	183
3位	アーメド・ロザリオ(ガーディアンズ)	180
4位	ナサニエル・ロウ(レンジャーズ)	179
5位	アーロン・ジャッジ(ヤンキース)	177
6位	ヴラディミール・ゲレーロ・ジュニア(ブルージェイズ)	175
7位	ルイス・アラエズ(ツインズ)	173
8位	ザンダー・ボーガーツ(レッドソックス)	171
9位	スティーヴン・クワン(ガーディアンズ)	168
9位	ホセ・ラミレス(ガーディアンズ)	168

盗塁 STOLEN BASES

順位	選手名(チーム名)	盗塁
1位	ホルヘ・マテオ(オリオールズ)	35
2位	セドリック・マリンズ(オリオールズ)	34
3位	ランディ・アロザレーナ(レイズ)	32
4位	ボビー・ウィット・ジュニア(ロイヤルズ)	30
5位	アドリス・ガルシア(レンジャーズ)	25
5位	フリオ・ロドリゲス(マリナーズ)	25
5位	マーカス・シミエン(レンジャーズ)	25
5位	カイル・タッカー(アストロズ)	25
9位	アイザイア・カイナーファレファ(ヤンキース)	22
10位	ディラン・ムーア(マリナーズ)	21
10位	マイルズ・ストロウ(ガーディアンズ)	21

四球 WALKS

順位	選手名(チーム名)	四球
1位	アーロン・ジャッジ(ヤンキース)	111
2位	アレックス・ブレグマン(アストロズ)	87
3位	ジェシー・ウィンカー(マリナーズ)	84
4位	ヨーダン・アルヴァレス(アストロズ)	78
4位	ヤンディ・ディアス(レイズ)	78
6位	エウヘイニオ・スアレス(マリナーズ)	73
7位	大谷翔平(エンジェルス)	72
8位	カルロス・サンタナ(マリナーズ)	71
9位	ホセ・ラミレス(ガーディアンズ)	69
10位	マット・チャップマン(ブルージェイズ)	68
10位	J.P. クロフォード(マリナーズ)	68

犠打 SACRIFICE HITS

順位	選手名(チーム名)	犠打
1位	オースティン・ヘッジス(ガーディアンズ)	10
1位	ニッキー・ロペス(ロイヤルズ)	10
3位	ニック・アレン(アスレティックス)	6
3位	リース・マグワイア(レッドソックス)	6
3位	アンドルー・ヴェラスケス(エンジェルス)	6
6位	トニー・ケンプ(アスレティックス)	5
6位	タイラー・ウェイド(エンジェルス)	5
8位	チャーリー・カルバーソン(レンジャーズ)	4
8位	アダム・フレイジャー(マリナーズ)	4
8位	アンドレス・ヒメネス(ガーディアンズ)	4
8位	マーティン・マルドナード(アストロズ)	4
8位	ブレット・フィリップス(オリオールズ)	4

*の付いたランキングは、規定打席以上の打者に限る。

481

ナショナル・リーグ　投手

勝利　WINS

順位	選手名（チーム名）	勝利
1位	カイル・ライト（ブレーブス）	21
2位	フリオ・ウリアス（ドジャース）	17
3位	ダルビッシュ有（パドレス）	16
3位	トニー・ゴンソリン（ドジャース）	16
5位	タイラー・アンダーソン（ドジャース）	15
5位	クリス・バシット（メッツ）	15
5位	カルロス・カラスコ（メッツ）	15
5位	ローガン・ウェッブ（ジャイアンツ）	15
9位	サンディ・アルカンタラ（マーリンズ）	14
9位	マックス・フリード（ブレーブス）	14
9位	カルロス・ロドーン（ジャイアンツ）	14

防御率*　EARNED RUN AVERAGE

順位	選手名（チーム名）	防御率
1位	フリオ・ウリアス（ドジャース）	2.16
2位	サンディ・アルカンタラ（マーリンズ）	2.28
3位	マックス・フリード（ブレーブス）	2.48
4位	ザック・ギャレン（ダイヤモンドバックス）	2.54
5位	タイラー・アンダーソン（ドジャース）	2.57
6位	カルロス・ロドーン（ジャイアンツ）	2.88
7位	ローガン・ウェッブ（ジャイアンツ）	2.90
8位	ホセ・キンターナ（カーディナルス）	2.9336
9位	ジョー・マスグローヴ（パドレス）	2.9337
10位	コービン・バーンズ（ブリュワーズ）	2.94

セーブ　SAVES

順位	選手名（チーム名）	セーブ
1位	ケンリー・ジャンセン（ブレーブス）	41
2位	ジョシュ・ヘイダー（パドレス）	36
3位	ダニエル・バード（ロッキーズ）	34
4位	エドウィン・ディアス（メッツ）	32
5位	テイラー・ロジャーズ（ブリュワーズ）	31
6位	カミーロ・ドヴァル（ジャイアンツ）	27
7位	クレイグ・キンブル（ドジャース）	22
8位	デイヴィッド・ロバートソン（フィリーズ）	20
8位	タナー・スコット（マーリンズ）	20
10位	デイヴィッド・ベドナー（パイレーツ）	19
10位	ライアン・ヘルズリー（カーディナルス）	19

奪三振　STRIKEOUTS

順位	選手名（チーム名）	奪三振
1位	コービン・バーンズ（ブリュワーズ）	243
2位	カルロス・ロドーン（ジャイアンツ）	237
3位	アーロン・ノーラ（フィリーズ）	235
4位	サンディ・アルカンタラ（マーリンズ）	207
5位	チャーリー・モートン（ブレーブス）	205
6位	スペンサー・ストライダー（ブレーブス）	202
7位	ダルビッシュ有（パドレス）	197
8位	ザック・ギャレン（ダイヤモンドバックス）	192
9位	ブランドン・ウッドラフ（ブリュワーズ）	190
10位	ジョー・マスグローヴ（パドレス）	184

登板試合　GAMES

順位	選手名（チーム名）	試合
1位	ジョン・ブレビア（ジャイアンツ）	76
2位	A.J.ミンター（ブレーブス）	75
3位	ブラッド・ボックスバーガー（ブリュワーズ）	70
4位	スティーヴ・シーシェク（ナショナルズ）	69
4位	ジョー・マンティプライ（ダイヤモンドバックス）	69
6位	カミーロ・ドヴァル（ジャイアンツ）	68
6位	タイラー・ロジャーズ（ジャイアンツ）	68
8位	ホビー・ミルナー（ブリュワーズ）	67
8位	タナー・スコット（マーリンズ）	67
10位	カイル・フィネガン（ナショナルズ）	66
10位	アダム・オタヴィーノ（メッツ）	66
10位	テイラー・ロジャーズ（ブリュワーズ）	66
10位	ハンター・ストリックランド（レッズ）	66

登板イニング　INNING PITCHED

順位	選手名（チーム名）	イニング
1位	サンディ・アルカンタラ（マーリンズ）	228⅔
2位	アーロン・ノーラ（フィリーズ）	205
3位	マイルズ・マイコラス（カーディナルス）	202⅓
4位	コービン・バーンズ（ブリュワーズ）	202
5位	メリル・ケリー（ダイヤモンドバックス）	200⅓
6位	ダルビッシュ有（パドレス）	194⅔
7位	ローガン・ウェッブ（ジャイアンツ）	192⅓
8位	アダム・ウェインライト（カーディナルス）	191⅔
9位	マックス・フリード（ブレーブス）	185⅓
10位	ザック・ギャレン（ダイヤモンドバックス）	184

奪三振率*　STRIKE PER 9 INNINGS

順位	選手名（チーム名）	9イニング平均奪三振
1位	カルロス・ロドーン（ジャイアンツ）	11.98
2位	コービン・バーンズ（ブリュワーズ）	10.83
3位	チャーリー・モートン（ブレーブス）	10.73
4位	アーロン・ノーラ（フィリーズ）	10.32
5位	ザック・ギャレン（ダイヤモンドバックス）	9.39
6位	ジョー・マスグローヴ（パドレス）	9.15
7位	ダルビッシュ有（パドレス）	9.11
8位	パブロ・ロペス（マーリンズ）	8.70
9位	カイル・ライト（ブレーブス）	8.68
10位	フリオ・ウリアス（ドジャース）	8.54

被打率*　OPP BATTING AVG AGAINST

順位	選手名（チーム名）	被打率
1位	ザック・ギャレン（ダイヤモンドバックス）	.186
2位	コービン・バーンズ（ブリュワーズ）	.197
3位	フリオ・ウリアス（ドジャース）	.199
4位	カルロス・ロドーン（ジャイアンツ）	.202
5位	ダルビッシュ有（パドレス）	.207
6位	サンディ・アルカンタラ（マーリンズ）	.212
7位	アーロン・ノーラ（フィリーズ）	.219
8位	タイラー・アンダーソン（ドジャース）	.221
9位	マックス・フリード（ブレーブス）	.225
10位	メリル・ケリー（ダイヤモンドバックス）	.226
10位	マイルズ・マイコラス（カーディナルス）	.226

　*の付いたランキングは、規定投球回数以上の投手に限る。

ナショナル・リーグ　打者

打率* BATTING AVERAGE

順位	選手名(チーム名)	打率
1位	ジェフ・マクニール(メッツ)	.326
2位	フレディ・フリーマン(ドジャース)	.325
3位	ポール・ゴールドシュミット(カーディナルス)	.317
4位	マニー・マチャード(パドレス)	.29757
5位	トレイ・ターナー(ドジャース)	.29754
6位	ノーラン・アレナード(カーディナルス)	.293
7位	スターリング・マーテイ(メッツ)	.292
8位	ニコ・ホーナー(カブス)	.281
9位	アレック・ボーム(フィリーズ)	.280
10位	ジャスティン・ターナー(ドジャース)	.278

本塁打 HOME RUNS

順位	選手名(チーム名)	本塁打
1位	カイル・シュワーバー(フィリーズ)	46
2位	ピート・アロンゾ(メッツ)	40
3位	オースティン・ライリー(ブレーブス)	38
4位	クリスチャン・ウォーカー(ダイヤモンドバックス)	36
5位	ムッキー・ベッツ(ドジャース)	35
5位	ポール・ゴールドシュミット(カーディナルス)	35
5位	ロウディ・テレーズ(ブリュワーズ)	35
8位	マット・オルソン(ブレーブス)	34
9位	マニー・マチャード(パドレス)	32
10位	ウィリー・アダメス(ブリュワーズ)	31

打点 RUNS BATTED IN

順位	選手名(チーム名)	打点
1位	ピート・アロンゾ(メッツ)	131
2位	ポール・ゴールドシュミット(カーディナルス)	115
3位	フランシスコ・リンドーア(メッツ)	107
4位	ノーラン・アレナード(カーディナルス)	103
4位	マット・オルソン(ブレーブス)	103
6位	C.J. クローン(ロッキーズ)	102
6位	マニー・マチャード(パドレス)	102
8位	フレディ・フリーマン(ドジャース)	100
8位	トレイ・ターナー(ドジャース)	100
10位	ウィリー・アダメス(ブリュワーズ)	98

OPS* ON-BASE PLUS SLUGGING

順位	選手名(チーム名)	OPS
1位	ポール・ゴールドシュミット(カーディナルス)	.982
2位	フレディ・フリーマン(ドジャース)	.918
3位	マニー・マチャード(パドレス)	.897
4位	ノーラン・アレナード(カーディナルス)	.891
5位	オースティン・ライリー(ブレーブス)	.877
6位	ムッキー・ベッツ(ドジャース)	.873
7位	ピート・アロンゾ(メッツ)	.870
8位	ホアン・ソト(パドレス)	.853
9位	ジェフ・マクニール(メッツ)	.836
10位	カイル・シュワーバー(フィリーズ)	.827

安打 HITS

順位	選手名(チーム名)	安打
1位	フレディ・フリーマン(ドジャース)	199
2位	トレイ・ターナー(ドジャース)	194
3位	ポール・ゴールドシュミット(カーディナルス)	178
4位	ダンズビー・スワンソン(ブレーブス)	177
5位	ジェフ・マクニール(メッツ)	174
6位	マニー・マチャード(パドレス)	172
7位	フランシスコ・リンドーア(メッツ)	170
8位	オースティン・ライリー(ブレーブス)	168
9位	アレック・ボーム(フィリーズ)	164
10位	ノーラン・アレナード(カーディナルス)	163

盗塁 STOLEN BASES

順位	選手名(チーム名)	盗塁
1位	ジョン・バーティ(マーリンズ)	41
2位	トミー・エドマン(カーディナルス)	32
3位	ロナルド・アクーニャ(ブレーブス)	29
4位	トレイ・ターナー(ドジャース)	27
5位	ジェイク・マッカーシー(ダイヤモンドバックス)	23
5位	ジョシュ・ロハス(ダイヤモンドバックス)	23
7位	タイロ・エストラーダ(ジャイアンツ)	21
7位	J.T. リアルミュート(フィリーズ)	21
9位	マイケル・ハリス2世(ブレーブス)	20
9位	キーブライアン・ヘイズ(パイレーツ)	20
9位	ニコ・ホーナー(カブス)	20

四球 WALKS

順位	選手名(チーム名)	四球
1位	ホアン・ソト(パドレス)	135
2位	マックス・マンシー(ドジャース)	90
3位	クリスチャン・イェリッチ(ブリュワーズ)	88
4位	カイル・シュワーバー(フィリーズ)	86
5位	フレディ・フリーマン(ドジャース)	84
6位	ジョシュ・ベル(パドレス)	81
7位	ポール・ゴールドシュミット(カーディナルス)	79
8位	マット・オルソン(ブレーブス)	75
9位	ジュリクソン・プロファー(パドレス)	73
9位	ダニエル・ヴォーグルバック(メッツ)	73

犠打 SACRIFICE HITS

順位	選手名(チーム名)	犠打
1位	トマス・ニド(メッツ)	12
1位	ハラルド・ベルドモ(ダイヤモンドバックス)	12
3位	ヴィクター・ロブレス(ナショナルズ)	11
4位	トレント・グリシャム(パドレス)	7
5位	トックピータ・マルカーノ(パイレーツ)	5
5位	ジョシュ・ロハス(ダイヤモンドバックス)	5
7位	チャーリー・ブラックモン(ロッキーズ)	4
7位	ホセ・ヘラーラ(ダイヤモンドバックス)	4
9位	グレッグ・アレン(パイレーツ)	3
9位	ギャレット・ハンプソン(ロッキーズ)	3
9位	タイラー・ハイネマン(パイレーツ)	3
9位	シーザー・ヘルナンデス(ナショナルズ)	3
9位	P.J. ヒギンズ(カブス)	3
9位	金河成(キム・ハソン)(パドレス)	3
9位	ジェイク・マッカーシー(ダイヤモンドバックス)	3
9位	クリストファー・モレル(カブス)	3
9位	ブランドン・ニモ(メッツ)	3
9位	ジュリクソン・プロファー(パドレス)	3
9位	アンドレルトン・シモンズ(カブス)	3

*の付いたランキングは、規定打席以上の打者に限る。

ゴールドグラブ賞 Gold Glove Awards

■アメリカン・リーグ

ポジション	選手名(チーム名)	受賞回数
投　手	シェイン・ビーバー(ガーディアンズ)	初受賞
捕　手	ホセ・トレヴィーニョ(ヤンキース)	初受賞
一塁手	ヴラディミール・ゲレーロ・ジュニア(ブルージェイズ)	初受賞
二塁手	アンドレス・ヒメネス(ガーディアンズ)	初受賞
三塁手	ラモン・ウリーアス(オリオールズ)	初受賞
遊撃手	ジェレミー・ペーニャ(アストロズ)	初受賞
左翼手	スティーヴン・クワン(ガーディアンズ)	初受賞
中堅手	マイルズ・ストロウ(ガーディアンズ)	初受賞
右翼手	カイル・タッカー(アストロズ)	初受賞
ユーティリティ	DJ・ラメイヒュー(ヤンキース)	4度目

■ナショナル・リーグ

ポジション	選手名(チーム名)	受賞回数
投　手	マックス・フリード(ブレーブス)	3度目
捕　手	J.T. リアルミュート(フィリーズ)	2度目
一塁手	クリスチャン・ウォーカー(ダイヤモンドバックス)	初受賞
二塁手	ブレンダン・ロジャーズ(ロッキーズ)	初受賞
三塁手	ノーラン・アレナード(カーディナルス)	10度目
遊撃手	ダンズビー・スワンソン(ブレーブス)	初受賞
左翼手	イアン・ハップ(カブス)	初受賞
中堅手	トレント・グリシャム(パドレス)	2度目
右翼手	ムッキー・ベッツ(ドジャース)	6度目
ユーティリティ	ブレンダン・ドノヴァン(カーディナルス)	初受賞

※受賞回数は同ポジション・同リーグとは限らない。

シルバースラッガー賞 Silver Slugger Awards

■アメリカン・リーグ

ポジション	選手名(チーム名)	受賞回数
捕　手	アレハンドロ・カーク(ブルージェイズ)	初受賞
一塁手	ナサニエル・ロウ(レンジャーズ)	初受賞
二塁手	ホセ・アルトゥーヴェ(アストロズ)	6度目
三塁手	ホセ・ラミレス(ガーディアンズ)	4度目
遊撃手	ザンダー・ボーガーツ(レッドソックス)	5度目
外野手	アーロン・ジャッジ(ヤンキース)	3度目
外野手	フリオ・ロドリゲス(マリナーズ)	初受賞
外野手	マイク・トラウト(エンジェルス)	9度目
D　H	ヨーダン・アルヴァレス(アストロズ)	初受賞
ユーティリティ	ルイス・アラエズ(ツインズ)	初受賞

■ナショナル・リーグ

ポジション	選手名(チーム名)	受賞回数
捕　手	J.T. リアルミュート(フィリーズ)	3度目
一塁手	ポール・ゴールドシュミット(カーディナルス)	5度目
二塁手	ジェフ・マクニール(メッツ)	初受賞
三塁手	ノーラン・アレナード(カーディナルス)	5度目
遊撃手	トレイ・ターナー(ドジャース)	初受賞
外野手	ムッキー・ベッツ(ドジャース)	5度目
外野手	カイル・シュワーバー(フィリーズ)	初受賞
外野手	ホアン・ソト(パドレス)	3度目
D　H	ジョシュ・ベル(パドレス)	初受賞
ユーティリティ	ブランドン・ドルーリー(パドレス)	初受賞

※受賞回数は同ポジション・同リーグとは限らない。

MAJOR LEAGUE BASEBALL
歴代記録

歴代ワールドシリーズ成績

年度	アメリカン・リーグ	成績	ナショナル・リーグ
1903	**ボストン・ピルグリムス**	5-3	ピッツバーグ・パイレーツ
1904	ボストン・ピルグリムス	中止（ジャイアンツがボイコット）	ニューヨーク・ジャイアンツ
1905	フィラデルフィア・アスレティックス	1-4	**ニューヨーク・ジャイアンツ**
1906	**シカゴ・ホワイトソックス**	4-2	シカゴ・カブス
1907	デトロイト・タイガース	0①4	**シカゴ・カブス**
1908	デトロイト・タイガース	1-4	**シカゴ・カブス**
1909	デトロイト・タイガース	3-4	**ピッツバーグ・パイレーツ**
1910	**フィラデルフィア・アスレティックス**	4-1	シカゴ・カブス
1911	**フィラデルフィア・アスレティックス**	4-2	ニューヨーク・ジャイアンツ
1912	**ボストン・レッドソックス**	4①3	ニューヨーク・ジャイアンツ
1913	**フィラデルフィア・アスレティックス**	4-1	ニューヨーク・ジャイアンツ
1914	フィラデルフィア・アスレティックス	0-4	**ボストン・ブレーブス**
1915	**ボストン・レッドソックス**	4-1	フィラデルフィア・フィリーズ
1916	**ボストン・レッドソックス**	4-1	ブルックリン・ロビンス
1917	**シカゴ・ホワイトソックス**	4-2	ニューヨーク・ジャイアンツ
1918	**ボストン・レッドソックス**	4-2	シカゴ・カブス
1919	シカゴ・ホワイトソックス	3-**5**	**シンシナティ・レッズ**
1920	**クリーブランド・インディアンス**	5-2	ブルックリン・ロビンス
1921	ニューヨーク・ヤンキース	3-**5**	**ニューヨーク・ジャイアンツ**
1922	ニューヨーク・ヤンキース	0①4	**ニューヨーク・ジャイアンツ**
1923	**ニューヨーク・ヤンキース**	4-2	ニューヨーク・ジャイアンツ
1924	**ワシントン・セネタース**	4-3	ニューヨーク・ジャイアンツ
1925	ワシントン・セネタース	3-4	**ピッツバーグ・パイレーツ**
1926	ニューヨーク・ヤンキース	3-4	**セントルイス・カーディナルス**
1927	**ニューヨーク・ヤンキース**	4-0	ピッツバーグ・パイレーツ
1928	**ニューヨーク・ヤンキース**	4-0	セントルイス・カーディナルス
1929	**フィラデルフィア・アスレティックス**	4-1	シカゴ・カブス
1930	**フィラデルフィア・アスレティックス**	4-2	セントルイス・カーディナルス
1931	フィラデルフィア・アスレティックス	3-4	**セントルイス・カーディナルス**
1932	**ニューヨーク・ヤンキース**	4-0	シカゴ・カブス
1933	ワシントン・セネタース	1-**4**	**ニューヨーク・ジャイアンツ**
1934	デトロイト・タイガース	3-4	**セントルイス・カーディナルス**
1935	**デトロイト・タイガース**	4-2	シカゴ・カブス
1936	**ニューヨーク・ヤンキース**	4-2	ニューヨーク・ジャイアンツ
1937	**ニューヨーク・ヤンキース**	4-1	ニューヨーク・ジャイアンツ
1938	**ニューヨーク・ヤンキース**	4-0	シカゴ・カブス
1939	**ニューヨーク・ヤンキース**	4-0	シンシナティ・レッズ
1940	デトロイト・タイガース	3-4	**シンシナティ・レッズ**
1941	**ニューヨーク・ヤンキース**	4-1	ブルックリン・ドジャース
1942	ニューヨーク・ヤンキース	1-4	**セントルイス・カーディナルス**
1943	**ニューヨーク・ヤンキース**	4-1	セントルイス・カーディナルス
1944	セントルイス・ブラウンズ	2-4	**セントルイス・カーディナルス**
1945	**デトロイト・タイガース**	4-3	シカゴ・カブス
1946	ボストン・レッドソックス	3-4	**セントルイス・カーディナルス**
1947	**ニューヨーク・ヤンキース**	4-3	ブルックリン・ドジャース
1948	**クリーブランド・インディアンス**	4-2	ボストン・ブレーブス
1949	**ニューヨーク・ヤンキース**	4-1	ブルックリン・ドジャース
1950	**ニューヨーク・ヤンキース**	4-0	フィラデルフィア・フィリーズ
1951	**ニューヨーク・ヤンキース**	4-2	ニューヨーク・ジャイアンツ
1952	**ニューヨーク・ヤンキース**	4-3	ブルックリン・ドジャース
1953	**ニューヨーク・ヤンキース**	4-2	ブルックリン・ドジャース
1954	クリーブランド・インディアンス	0-4	**ニューヨーク・ジャイアンツ**
1955	ニューヨーク・ヤンキース	3-4	**ブルックリン・ドジャース**
1956	**ニューヨーク・ヤンキース**	4-3	ブルックリン・ドジャース
1957	ニューヨーク・ヤンキース	3-4	**ミルウォーキー・ブレーブス**
1958	**ニューヨーク・ヤンキース**	4-3	ミルウォーキー・ブレーブス
1959	シカゴ・ホワイトソックス	2-4	**ロサンジェルス・ドジャース**
1960	ニューヨーク・ヤンキース	3-4	**ピッツバーグ・パイレーツ**
1961	**ニューヨーク・ヤンキース**	4-1	シンシナティ・レッズ
1962	**ニューヨーク・ヤンキース**	4-3	サンフランシスコ・ジャイアンツ

年度	アメリカン・リーグ	成績	ナショナル・リーグ
1963	ニューヨーク・ヤンキース	0－4	**ロサンジェルス・ドジャース**
1964	ニューヨーク・ヤンキース	3－4	**セントルイス・カーディナルス**
1965	ミネソタ・ツインズ	3－4	**ロサンジェルス・ドジャース**
1966	**ボルティモア・オリオールズ**	4－0	ロサンジェルス・ドジャース
1967	ボストン・レッドソックス	3－4	**セントルイス・カーディナルス**
1968	**デトロイト・タイガース**	4－3	セントルイス・カーディナルス
1969	ボルティモア・オリオールズ	1－4	**ニューヨーク・メッツ**
1970	**ボルティモア・オリオールズ**	4－1	シンシナティ・レッズ
1971	ボルティモア・オリオールズ	3－4	**ピッツバーグ・パイレーツ**
1972	**オークランド・アスレティックス**	4－3	シンシナティ・レッズ
1973	**オークランド・アスレティックス**	4－3	ニューヨーク・メッツ
1974	**オークランド・アスレティックス**	4－1	ロサンジェルス・ドジャース
1975	ボストン・レッドソックス	3－4	**シンシナティ・レッズ**
1976	ニューヨーク・ヤンキース	0－4	**シンシナティ・レッズ**
1977	**ニューヨーク・ヤンキース**	4－2	ロサンジェルス・ドジャース
1978	**ニューヨーク・ヤンキース**	4－2	ロサンジェルス・ドジャース
1979	ボルティモア・オリオールズ	3－4	**ピッツバーグ・パイレーツ**
1980	カンザスシティ・ロイヤルズ	2－4	**フィラデルフィア・フィリーズ**
1981	ニューヨーク・ヤンキース	2－4	**ロサンジェルス・ドジャース**
1982	ミルウォーキー・ブリューワーズ	3－4	**セントルイス・カーディナルス**
1983	**ボルティモア・オリオールズ**	4－1	フィラデルフィア・フィリーズ
1984	**デトロイト・タイガース**	4－1	サンディエゴ・パドレス
1985	**カンザスシティ・ロイヤルズ**	4－3	セントルイス・カーディナルス
1986	ボストン・レッドソックス	3－4	**ニューヨーク・メッツ**
1987	**ミネソタ・ツインズ**	4－3	セントルイス・カーディナルス
1988	オークランド・アスレティックス	1－4	**ロサンジェルス・ドジャース**
1989	**オークランド・アスレティックス**	4－0	サンフランシスコ・ジャイアンツ
1990	オークランド・アスレティックス	0－4	**シンシナティ・レッズ**
1991	**ミネソタ・ツインズ**	4－3	アトランタ・ブレーブス
1992	**トロント・ブルージェイズ**	4－2	アトランタ・ブレーブス
1993	**トロント・ブルージェイズ**	4－2	フィラデルフィア・フィリーズ
1994	中止（選手会ストライキのため）		
1995	クリーブランド・インディアンズ	2－4	**アトランタ・ブレーブス**
1996	**ニューヨーク・ヤンキース**	4－2	アトランタ・ブレーブス
1997	クリーブランド・インディアンズ	3－4	**フロリダ・マーリンズ**
1998	**ニューヨーク・ヤンキース**	4－0	サンディエゴ・パドレス
1999	**ニューヨーク・ヤンキース**	4－0	アトランタ・ブレーブス
2000	**ニューヨーク・ヤンキース**	4－1	ニューヨーク・メッツ
2001	ニューヨーク・ヤンキース	3－4	**アリゾナ・ダイヤモンドバックス**
2002	**アナハイム・エンジェルス**	4－3	サンフランシスコ・ジャイアンツ
2003	ニューヨーク・ヤンキース	2－4	**フロリダ・マーリンズ**
2004	**ボストン・レッドソックス**	4－0	セントルイス・カーディナルス
2005	**シカゴ・ホワイトソックス**	4－0	ヒューストン・アストロズ
2006	デトロイト・タイガース	1－4	**セントルイス・カーディナルス**
2007	**ボストン・レッドソックス**	4－0	コロラド・ロッキーズ
2008	タンパベイ・レイズ	1－4	**フィラデルフィア・フィリーズ**
2009	**ニューヨーク・ヤンキース**	4－2	フィラデルフィア・フィリーズ
2010	テキサス・レンジャーズ	1－4	**サンフランシスコ・ジャイアンツ**
2011	テキサス・レンジャーズ	3－4	**セントルイス・カーディナルス**
2012	デトロイト・タイガース	0－4	**サンフランシスコ・ジャイアンツ**
2013	**ボストン・レッドソックス**	4－2	セントルイス・カーディナルス
2014	カンザスシティ・ロイヤルズ	3－4	**サンフランシスコ・ジャイアンツ**
2015	**カンザスシティ・ロイヤルズ**	4－1	ニューヨーク・メッツ
2016	クリーブランド・インディアンズ	3－4	**シカゴ・カブス**
2017	**ヒューストン・アストロズ**	4－3	ロサンジェルス・ドジャース
2018	**ボストン・レッドソックス**	4－1	ロサンジェルス・ドジャース
2019	ヒューストン・アストロズ	3－4	**ワシントン・ナショナルズ**
2020	タンパベイ・レイズ	2－4	**ロサンジェルス・ドジャース**
2021	ヒューストン・アストロズ	2－4	**アトランタ・ブレーブス**
2022	**ヒューストン・アストロズ**	4－2	フィラデルフィア・フィリーズ

※○内の数字は引き分け。1903年、1919年、1920年、1921年は5戦先取。

歴代投手記録

通算勝利　TOTAL WINS

順位	選手名（チーム名）	勝利
1位	サイ・ヤング（スパイダース→カーディナルス→レッドソックス→ナップス→ラスラーズ）1890～1911	511
2位	ウォルター・ジョンソン（セネタース）1907～1927	417
3位	グローバー・アレクサンダー（フィリーズ→カブス→カーディナルス→フィリーズ）1911～1930	373
3位	クリスティ・マシューソン（ジャイアンツ→レッズ）1900～1916	373
5位	ウォーレン・スパーン（ブレーブス→メッツ→ジャイアンツ）1942～1965	363
6位	ジム・ガルヴィン（ブラウンストッキングス→バイソンズ→パイレーツ→カーディナルス）1879～1892	361
6位	キッド・ニコルズ（ビーンイーターズ→カーディナルス→フィリーズ）1890～1906	361
8位	グレッグ・マダックス（カブス→ブレーブス→カブス→ドジャース→パドレス→ドジャース）1986～2008	355
9位	ロジャー・クレメンス（レッドソックス→ブルージェイズ→ヤンキース→アストロズ→ヤンキース）1984～2007	354
10位	ティム・キーフ（トロージャンズ→メトロポリタンズ→ジャイアンツ→フィリーズ）1880～1893	342

通算防御率　※通算2000イニング以上の投手対象　ERA

順位	選手名（チーム名）	防御率
1位	エド・ウォルシュ（ホワイトソックス→ブレーブス）1904～1917	1.82
2位	アディ・ジョス（ナップス）1902～1910	1.89
3位	モーデカイ・ブラウン（カーディナルス→カブス→レッズ→テリアズ→ティップトップス→ホエールズ→カブス）1903～1916	2.06
4位	ジョン・ウォード（グレイズ→ガッサムス→ワンダーズ→グルームス→ジャイアンツ）1878～1894	2.10
5位	クリスティ・マシューソン（ジャイアンツ→レッズ）1900～1916	2.13
6位	ルーヴ・ワッデル（カーネルス→パイレーツ→カブス→アスレティックス→ブラウンズ）1897～1910	2.16
7位	ウォルター・ジョンソン（セネタース）1907～1927	2.17
8位	トミー・ボンド（アスレティックス→ダークブルース→レッドキャップス→ルビーレッグス→レッズ→フージャーズ）1876～1884	2.25
9位	ウィル・ホワイト（レッドキャップス→レッズ→ウルバリンス→レッドストッキングス）1877～1886	2.28
9位	エド・ロイルバック（カブス→ドジャース→ペパー→ブレーブス）1905～1917	2.28

通算セーブ　TOTAL SAVES

順位	選手名（チーム名）	セーブ
1位	マリアーノ・リヴェラ（ヤンキース）1995～2013	652
2位	トレヴァー・ホフマン（マーリンズ→パドレス→ブリュワーズ）1993～2010	601
3位	リー・スミス（カブス→レッドソックス→カーディナルス→ヤンキース→オリオールズ→エンジェルス→レッズ→エクスポズ）1980～1997	478
4位	フランシスコ・ロドリゲス（エンジェルス→メッツ→ブリュワーズ→オリオールズ→ブリュワーズ→タイガース）2002～2017	437
5位	ジョン・フランコ（レッズ→メッツ→アストロズ）1984～2005	424
6位	ビリー・ワグナー（アストロズ→フィリーズ→メッツ→レッドソックス→ブレーブス）1995～2010	422
7位	*クレイグ・キンブル（ブレーブス→パドレス→レッドソックス→カブス→ホワイトソックス→ドジャース）2010～	394
8位	*ケンリー・ジャンセン（ドジャース→ブレーブス）2010～	391
9位	デニス・エカーズリー（インディアンズ→レッドソックス→カブス→アスレティックス→カーディナルス→レッドソックス）1975～1998	390
10位	ジョー・ネイサン（ジャイアンツ→ツインズ→レンジャーズ→タイガース）1999～2016	377

通算奪三振　TOTAL STRIKEOUTS

順位	選手名（チーム名）	奪三振
1位	ノーラン・ライアン（メッツ→エンジェルス→アストロズ→レンジャーズ）1966～1993	5714
2位	ランディ・ジョンソン（エクスポズ→マリナーズ→アストロズ→ダイヤモンドバックス→ヤンキース→ダイヤモンドバックス→ジャイアンツ）1988～2009	4875
3位	ロジャー・クレメンス（レッドソックス→ブルージェイズ→ヤンキース→アストロズ→ヤンキース）1984～2007	4672
4位	スティーヴ・カールトン（カーディナルス→フィリーズ→ジャイアンツ→ホワイトソックス→インディアンズ→ツインズ）1965～1988	4136
5位	バート・ブライレブン（ツインズ→レンジャーズ→パイレーツ→インディアンズ→ツインズ→エンジェルス）1970～1992	3701
6位	トム・シーバー（メッツ→レッズ→メッツ→ホワイトソックス→レッドソックス）1967～1986	3640
7位	ドン・サットン（ドジャース→アストロズ→ブリュワーズ→エンジェルス→ドジャース）1966～1988	3574
8位	ゲイロード・ペリー（ジャイアンツ→インディアンズ→レンジャーズ→パドレス→レンジャーズ→ヤンキース→ブレーブス→マリナーズ→ロイヤルズ）1962～1983	3534
9位	ウォルター・ジョンソン（セネタース）1907～1927	3508
10位	グレッグ・マダックス（カブス→ブレーブス→カブス→ドジャース→パドレス→ドジャース）1986～2008	3371

歴代打者記録

通算本塁打 TOTAL HOME RUNS

順位	選手名 (チーム名)	本塁打
1位	バリー・ボンズ (パイレーツ→ジャイアンツ) 1986～2007	762
2位	ハンク・アーロン (ブレーブス→ブリュワーズ) 1954～1976	755
3位	ベーブ・ルース (レッドソックス→ヤンキース→ブレーブス) 1914～1935	714
4位	アルバート・プーホールス (カーディナルス→エンジェルス→ドジャース→カーディナルス) 2001～2022	703
5位	アレックス・ロドリゲス (マリナーズ→レンジャーズ→ヤンキース) 1994～2016	696
6位	ウィリー・メイズ (ジャイアンツ→メッツ) 1951～1973	660
7位	ケン・グリフィー・ジュニア (マリナーズ→レッズ→ホワイトソックス→マリナーズ) 1989～2010	630
8位	ジム・トーミィ (インディアンズ→フィリーズ→ホワイトソックス→ドジャース→ツインズ→インディアンズ→フィリーズ→オリオールズ) 1991～2012	612
9位	サミー・ソーサ (レンジャーズ→ホワイトソックス→カブス→オリオールズ→レンジャーズ) 1989～2007	609
10位	フランク・ロビンソン (レッズ→オリオールズ→ドジャース→エンジェルス→インディアンズ) 1956～1976	586

通算安打 TOTAL HITS

順位	選手名 (チーム名)	安打
1位	ピート・ローズ (レッズ→フィリーズ→エクスポズ→レッズ) 1963～1986	4256
2位	タイ・カッブ (タイガース→アスレティックス) 1905～1928	4191
3位	ハンク・アーロン (ブレーブス→ブリュワーズ) 1954～1976	3771
4位	スタン・ミュージアル (カーディナルス) 1941～1963	3630
5位	トリス・スピーカー (レッドソックス→インディアンズ→セネタース→アスレティックス) 1907～1928	3515
6位	デレク・ジーター (ヤンキース) 1995～2014	3465
7位	ホーナス・ワグナー (カーネルズ→パイレーツ) 1897～1917	3430
8位	カール・ヤストレムスキー (レッドソックス) 1961～1983	3419
9位	アルバート・プーホールス (カーディナルス→エンジェルス→ドジャース→カーディナルス) 2001～2022	3384
10位	ポール・モリター (ブルュワーズ→ブルージェイズ→ツインズ) 1978～1998	3319

通算打点 TOTAL RBIS

順位	選手名 (チーム名)	打点
1位	ハンク・アーロン (ブレーブス→ブリュワーズ) 1954～1976	2297
2位	アルバート・プーホールス (カーディナルス→エンジェルス→ドジャース→カーディナルス) 2001～2022	2218
3位	ベーブ・ルース (レッドソックス→ヤンキース→ブレーブス) 1914～1935	2213
4位	アレックス・ロドリゲス (マリナーズ→レンジャーズ→ヤンキース) 1994～2016	2086
5位	バリー・ボンズ (パイレーツ→ジャイアンツ) 1986～2007	1996
6位	ルー・ゲーリッグ (ヤンキース) 1923～1939	1995
7位	スタン・ミュージアル (カーディナルス) 1941～1963	1951
8位	タイ・カッブ (タイガース→アスレティックス) 1905～1928	1938
9位	ジミー・フォックス (アスレティックス→レッドソックス→カブス→フィリーズ) 1925～1945	1922
10位	エディ・マレー (オリオールズ→ドジャース→メッツ→インディアンズ→オリオールズ→エンジェルス→ドジャース) 1977～1997	1917

通算盗塁 TOTAL STEALS

順位	選手名 (チーム名)	盗塁
1位	リッキー・ヘンダーソン (アスレティックス→ヤンキース→アスレティックス→ブルージェイズ→アスレティックス→パドレス→エンジェルス→アスレティックス→メッツ→マリナーズ→パドレス→レッドソックス→ドジャース) 1979～2003	1406
2位	ルー・ブロック (カブス→カーディナルス) 1961～1979	938
3位	ビリー・ハミルトン (カウボーイズ→フィリーズ→ビーンイーターズ) 1888～1901	912
4位	タイ・カッブ (タイガース→アスレティックス) 1905～1928	892
5位	ティム・レインズ (エクスポズ→ホワイトソックス→ヤンキース→アスレティックス→エクスポズ→オリオールズ→マーリンズ) 1979～2002	808
6位	ヴィンス・コールマン (カーディナルス→メッツ→ロイヤルズ→マリナーズ→レッズ→タイガース) 1985～1997	752
7位	エディ・コリンズ (アスレティックス→ホワイトソックス→アスレティックス) 1906～1930	745
8位	アーリー・レイサム (バイソンズ→カーディナルス→パイレーツ→レッズ→カーディナルス→セネタース→ジャイアンツ) 1880～1899, 1909	739
9位	マックス・キャリー (パイレーツ→ロビンズ) 1910～1929	738
10位	ホーナス・ワグナー (カーネルズ→パイレーツ) 1897～1917	722

*は現役選手。

年度	アメリカン・リーグ	ナショナル・リーグ
1931	レフティ・グローブ（アスレティックス）	フランク・フリッシュ（カーディナルス）
1932	ジミー・フォックス（アスレティックス）	チャック・クライン（フィリーズ）
1933	ジミー・フォックス（アスレティックス）	カール・ハッベル（ジャイアンツ）
1934	ミッキー・コークレーン（タイガース）	ディジー・ディーン（カーディナルス）
1935	ハンク・グリーンバーグ（タイガース）	ギャビー・ハートネット（カブス）
1936	ルー・ゲーリッグ（ヤンキース）	カール・ハッベル（ジャイアンツ）
1937	チャーリー・ゲーリンジャー（タイガース）	ジョー・メドウィック（カーディナルス）
1938	ジミー・フォックス（レッドソックス）	アーニー・ロンバルディ（レッズ）
1939	ジョー・ディマジオ（ヤンキース）	バッキー・ウォルターズ（レッズ）
1940	ハンク・グリーンバーグ（タイガース）	フランク・マコーミック（レッズ）
1941	ジョー・ディマジオ（ヤンキース）	ドルフ・カミ리（ドジャース）
1942	ジョー・ゴードン（ヤンキース）	モート・クーパー（カーディナルス）
1943	スパッド・チャンドラー（ヤンキース）	スタン・ミュージアル（カーディナルス）
1944	ハル・ニューハウザー（タイガース）	マーティ・マリオン（カーディナルス）
1945	ハル・ニューハウザー（タイガース）	フィル・キャバレッタ（カブス）
1946	テッド・ウィリアムズ（レッドソックス）	スタン・ミュージアル（カーディナルス）
1947	ジョー・ディマジオ（ヤンキース）	ボブ・エリオット（ブレーブス）
1948	ルー・ブードロー（インディアンズ）	スタン・ミュージアル（カーディナルス）
1949	テッド・ウィリアムズ（レッドソックス）	ジャッキー・ロビンソン（ドジャース）
1950	フィル・リズート（ヤンキース）	ジム・コンスタンティ（フィリーズ）
1951	ヨギ・ベラ（ヤンキース）	ロイ・キャンパネラ（ドジャース）
1952	ボビー・シャンツ（アスレティックス）	ハンク・サウアー（カブス）
1953	アル・ローゼン（インディアンズ）	ロイ・キャンパネラ（ドジャース）
1954	ヨギ・ベラ（ヤンキース）	ウィリー・メイズ（ジャイアンツ）
1955	ヨギ・ベラ（ヤンキース）	ロイ・キャンパネラ（ドジャース）
1956	ミッキー・マントル（ヤンキース）	ドン・ニューカム（ドジャース）
1957	ミッキー・マントル（ヤンキース）	ハンク・アーロン（ブレーブス）
1958	ジャッキー・ジェンセン（レッドソックス）	アーニー・バンクス（カブス）
1959	ネリー・フォックス（ホワイトソックス）	アーニー・バンクス（カブス）
1960	ロジャー・マリス（ヤンキース）	ディック・グロート（パイレーツ）
1961	ロジャー・マリス（ヤンキース）	フランク・ロビンソン（レッズ）
1962	ミッキー・マントル（ヤンキース）	モーリー・ウィルス（ドジャース）
1963	エルストン・ハワード（ヤンキース）	サンディ・コーファックス（ドジャース）
1964	ブルックス・ロビンソン（オリオールズ）	ケン・ボイヤー（カーディナルス）
1965	ゾイロ・ベルサイエス（ツインズ）	ウィリー・メイズ（ジャイアンツ）
1966	フランク・ロビンソン（オリオールズ）	ロベルト・クレメンテ（パイレーツ）
1967	カール・ヤストレムスキー（レッドソックス）	オーランド・セペダ（カーディナルス）
1968	デニー・マクレーン（タイガース）	ボブ・ギブソン（カーディナルス）
1969	ハーモン・キルブルー（ツインズ）	ウィリー・マッコビー（ジャイアンツ）
1970	ブーグ・パウエル（オリオールズ）	ジョニー・ベンチ（レッズ）
1971	バイダ・ブルー（アスレティックス）	ジョー・トーリ（カーディナルス）
1972	ディック・アレン（ホワイトソックス）	ジョニー・ベンチ（レッズ）
1973	レジー・ジャクソン（アスレティックス）	ピート・ローズ（レッズ）
1974	ジェフ・バローズ（レンジャーズ）	スティーヴ・ガービィ（ドジャース）
1975	フレッド・リン（レッドソックス）	ジョー・モーガン（レッズ）
1976	サーマン・マンソン（ヤンキース）	ジョー・モーガン（レッズ）
1977	ロッド・カルー（ツインズ）	ジョージ・フォスター（レッズ）
1978	ジム・ライス（レッドソックス）	デイヴ・パーカー（パイレーツ）
1979	ドン・ベイラー（エンジェルス）	キース・ヘルナンデス（カーディナルス）、ウィリー・スターゼル（パイレーツ）
1980	ジョージ・ブレット（ロイヤルズ）	マイク・シュミット（フィリーズ）
1981	ロリー・フィンガーズ（ブリュワーズ）	マイク・シュミット（フィリーズ）
1982	ロビン・ヨーント（ブリュワーズ）	デール・マーフィー（ブレーブス）
1983	カル・リプケン（オリオールズ）	デール・マーフィー（ブレーブス）
1984	ウィリー・ヘルナンデス（タイガース）	ライン・サンドバーグ（カブス）
1985	ドン・マティングリー（ヤンキース）	ウィリー・マギー（カーディナルス）
1986	ロジャー・クレメンス（レッドソックス）	マイク・シュミット（フィリーズ）
1987	ジョージ・ベル（ブルージェイズ）	アンドレ・ドーソン（カブス）
1988	ホセ・カンセコ（アスレティックス）	カーク・ギブソン（ドジャース）
1989	ロビン・ヨーント（ブリュワーズ）	ケヴィン・ミッチェル（ジャイアンツ）
1990	リッキー・ヘンダーソン（アスレティックス）	バリー・ボンズ（パイレーツ）
1991	カル・リプケン（オリオールズ）	テリー・ペンドルトン（ブレーブス）
1992	デニス・エカーズリー（アスレティックス）	バリー・ボンズ（パイレーツ）
1993	フランク・トーマス（ホワイトソックス）	バリー・ボンズ（ジャイアンツ）
1994	フランク・トーマス（ホワイトソックス）	ジェフ・バグウェル（アストロズ）
1995	モー・ボーン（レッドソックス）	バリー・ラーキン（レッズ）
1996	ホアン・ゴンザレス（レンジャーズ）	ケン・カミネッティ（パドレス）
1997	ケン・グリフィーJr.（マリナーズ）	ラリー・ウォーカー（ロッキーズ）
1998	ホアン・ゴンザレス（レンジャーズ）	サミー・ソーサ（カブス）
1999	イヴァン・ロドリゲス（レンジャーズ）	チッパー・ジョーンズ（ブレーブス）
2000	ジェイソン・ジオンビ（アスレティックス）	ジェフ・ケント（ジャイアンツ）
2001	イチロー（マリナーズ）	バリー・ボンズ（ジャイアンツ）
2002	ミゲール・テハーダ（アスレティックス）	バリー・ボンズ（ジャイアンツ）
2003	アレックス・ロドリゲス（レンジャーズ）	バリー・ボンズ（ジャイアンツ）
2004	ウラディミール・ゲレロ（エンジェルス）	バリー・ボンズ（ジャイアンツ）
2005	アレックス・ロドリゲス（ヤンキース）	アルバート・プーホールス（カーディナルス）
2006	ジャスティン・モルノー（ツインズ）	ライアン・ハワード（フィリーズ）
2007	アレックス・ロドリゲス（ヤンキース）	ジミー・ロリンズ（フィリーズ）
2008	ダスティン・ペドロイア（レッドソックス）	アルバート・プーホールス（カーディナルス）
2009	ジョー・マウアー（ツインズ）	アルバート・プーホールス（カーディナルス）
2010	ジョシュ・ハミルトン（レンジャーズ）	ジョーイ・ヴォット（レッズ）
2011	ジャスティン・ヴァーランダー（タイガース）	ライアン・ブラウン（ブリュワーズ）
2012	ミゲール・カブレラ（タイガース）	バスター・ポージー（ジャイアンツ）
2013	ミゲール・カブレラ（タイガース）	アンドルー・マカッチェン（パイレーツ）
2014	マイク・トラウト（エンジェルス）	クレイトン・カーショウ（ドジャース）
2015	ジョシュ・ドナルドソン（ブルージェイズ）	ブライス・ハーパー（ナショナルズ）
2016	マイク・トラウト（エンジェルス）	クリス・ブライアント（カブス）
2017	ホセ・アルトゥーヴェ（アストロズ）	ジャンカルロ・スタントン（マーリンズ）
2018	ムッキー・ベッツ（レッドソックス）	クリスチャン・イェリッチ（ブリュワーズ）
2019	マイク・トラウト（エンジェルス）	コディ・ベリンジャー（ドジャース）
2020	ホセ・アブレイユ（ホワイトソックス）	フレディ・フリーマン（ブレーブス）
2021	大谷翔平（エンジェルス）	ブライス・ハーパー（フィリーズ）
2022	アーロン・ジャッジ（ヤンキース）	ポール・ゴールドシュミット（カーディナルス）

索引　A to Z

A

CJ Abrams, C.J.エイブラムズ(ナショナルズ)　332
Bryan Abreu, ブライアン・アブレイユ(アストロズ)　181
Jose Abreu, ホセ・アブレイユ(アストロズ)　187
Domingo Acevedo, ドミンゴ・アセヴェド(アスレティックス)　248
Ronald Acuna Jr., ロナルド・アクーニャ・ジュニア(ブレーブス)　271
Jason Adam, ジェイソン・アダム(レイズ)　66
Willy Adames, ウィリー・アダメス(ブリュワーズ)　361
Jo Adell, ジョー・アデル(エンジェルス)　224
Jesus Aguilar, ヘスース・アギラー(アスレティックス)　256
Nick Ahmed, ニック・アーメド(ダイヤモンドバックス)　464
Ozzie Albies, オジー・オルビーズ(ブレーブス)　272
Jorge Alcala, ホルヘ・アルカラ(ツインズ)　142
Sandy Alcantara, サンディ・アルカンタラ(マーリンズ)　314
Blaze Alexander, ブレイズ・アレグザンダー(ダイヤモンドバックス)　464
Jason Alexander, ジェイソン・アレグザンダー(ブリュワーズ)　360
Scott Alexander, スコット・アレグザンダー(ジャイアンツ)　444
Nick Allen, ニック・アレン(アスレティックス)　254
Yency Almonte, イェンシー・アルモンテ(ドジャース)　412
Pete Alonso, ピート・アロンゾ(メッツ)　287
Jose Altuve, ホセ・アルトゥーヴェ(アストロズ)　186
Jake Alu, ジェイク・アル(ナショナルズ)　334
Jose Alvarado, ホセ・アルヴァラード(フィリーズ)　301
Francisco Alvarez, フランシスコ・アルヴァレス(メッツ)　292
Yordan Alvarez, ヨーダン・アルヴァレス(アストロズ)　185
Jacob Amaya, ジェイコブ・アマヤ(マーリンズ)　322
Brian Anderson, ブライアン・アンダーソン(ブリュワーズ)　366
Ian Anderson, イアン・アンダーソン(ブレーブス)　266
Tim Anderson, ティム・アンダーソン(ホワイトソックス)　130
Tyler Anderson, タイラー・アンダーソン(エンジェルス)　213
Jonathan Aranda, ジョナサン・アランダ(レイズ)　75
Orlando Arcia, オルランド・アルシア(ブレーブス)　274
Nolan Arenado, ノーラン・アレナード(カーディナルス)　345
Gabriel Arias, ガブリエル・アリアス(ガーディアンズ)　120
Shawn Armstrong, ショーン・アームストロング(レイズ)　69
Randy Arozarena, ランディ・アロザレーナ(レイズ)　70
Luis Arraez, ルイス・アラエズ(マーリンズ)　318
Christian Arroyo, クリスチャン・アロヨ(レッドソックス)　103
Aaron Ashby, アーロン・アシュビー(ブリュワーズ)　357
Graham Ashcraft, グラム・アシュクラフト(レッズ)　385

B

Sam Bachman, サム・バックマン(エンジェルス)　217
Akil Baddoo, アキル・バドゥー(タイガース)　159
Harrison Bader, ハリソン・ベイダー(ヤンキース)　41
Ji Hwan Bae, 裵智煥(ベ・ジファン)(パイレーツ)　403
Javier Baez, ハビエア・バエズ(タイガース)　156
Bryan Baker, ブライアン・ベイカー(オリオールズ)　83
Daniel Bard, ダニエル・バード(ロッキーズ)　468
Joe Barlow, ジョー・バーロウ(レンジャーズ)　234
Scott Barlow, スコット・バーロウ(ロイヤルズ)　164
Austin Barnes, オースティン・バーンズ(ドジャース)　420
Tucker Barnhart, タッカー・バーンハート(カブス)　378
Jose Barrero, ホセ・バレーロ(レッズ)　390
Jaime Barria, ハイメ・バリア(エンジェルス)　216
Joey Bart, ジョーイ・バート(ジャイアンツ)　449
Osleivis Basabe, オスレイビス・バサベ(レイズ)　76
Anthony Bass, アンソニー・バス(ブルージェイズ)　53

Chris Bassitt, クリス・バシット(ブルージェイズ)　51
Brett Baty, ブレット・ベイティ(メッツ)　292
Felix Bautista, フェリックス・バウティスタ(オリオールズ)　81
David Bednar, デイヴィッド・ベドナー(パイレーツ)　396
Jalen Beeks, ジャレン・ビークス(レイズ)　68
Clayton Beeter, クレイトン・ビーター(ヤンキース)　37
Josh Bell, ジョシュ・ベル(ガーディアンズ)　118
Andrew Bellatti, アンドルー・ベラッティ(フィリーズ)　300
Cody Bellinger, コーディ・ベリンジャー(カブス)　376
Brayan Bello, ブライアン・ベーロ(レッドソックス)　97
Brandon Belt, ブランドン・ベルト(ブルージェイズ)　60
Andrew Benintendi, アンドルー・ベニンテンディ(ホワイトソックス)　129
Jose Berrios, ホセ・ベリオス(ブルージェイズ)　52
Jon Berti, ジョン・バーティ(マーリンズ)　319
Christian Bethancourt, クリスチャン・ベタンコート(レイズ)　75
Mookie Betts, ムッキー・ベッツ(ドジャース)　415
Bo Bichette, ボー・ビシェット(ブルージェイズ)　57
Shane Bieber, シェイン・ビーバー(ガーディアンズ)　109
Cavan Biggio, キャヴァン・ビジオ(ブルージェイズ)　60
Paul Blackburn, ポール・ブラックバーン(アスレティックス)　247
Charlie Blackmon, チャーリー・ブラックモン(ロッキーズ)　474
Xander Bogaerts, ザンダー・ボーガーツ(パドレス)　433
Alec Bohm, アレック・ボーム(フィリーズ)　307
Brad Boxberger, ブラッド・ボックスバーガー(カブス)　377
Matthew Boyd, マシュー・ボイド(タイガース)　153
Kyle Bradish, カイル・ブラディッシュ(オリオールズ)　84
Taj Bradley, タージ・ブラッドリー(レイズ)　69
Michael Brantley, マイケル・ブラントリー(アストロズ)　188
Matt Brash, マット・ブラッシュ(マリナーズ)　198
John Brebbia, ジョン・ブレビア(ジャイアンツ)　442
Alex Bregman, アレックス・ブレグマン(アストロズ)　187
Will Brennan, ウィル・ブレナン(ガーディアンズ)　120
Beau Brieske, ボー・ブリスキー(タイガース)　155
Connor Brogdon, コナー・ブログドン(フィリーズ)　300
Mike Brosseau, マイク・ブラソー(ブリュワーズ)　366
Ben Brown, ベン・ブラウン(カブス)　374
Hunter Brown, ハンター・ブラウン(アストロズ)　182
Seth Brown, セス・ブラウン(アスレティックス)　251
JT Brubaker, J.T.ブルベイカー(パイレーツ)　397
Vidal Brujan, ヴィダル・ブルハーン(レイズ)　76
Kris Bryant, クリス・ブライアント(ロッキーズ)　472
Kris Bubic, クリス・ブービッチ(ロイヤルズ)　165
Madison Bumgarner, マディソン・バムガーナー(ダイヤモンドバックス)　456
Aaron Bummer, アーロン・バマー(ホワイトソックス)　127
Jake Burger, ジェイク・バーガー(ホワイトソックス)　134
Brock Burke, ブロック・バーク(レンジャーズ)　235
Sean Burke, ショーン・バーク(ホワイトソックス)　128
Corbin Burnes, コービン・バーンズ(ブリュワーズ)　354
Mike Burrows, マイク・バロウズ(パイレーツ)　399
Ky Bush, カイ・ブッシュ(エンジェルス)　217
Matt Bush, マット・ブッシュ(ブリュワーズ)　358
Jose Butto, ホセ・ブット(メッツ)　285
Byron Buxton, バイロン・バクストン(ツインズ)　144

C

Edward Cabrera, エドワード・カブレラ(マーリンズ)　315
Miguel Cabrera, ミゲール・カブレラ(タイガース)　157
Oswaldo Cabrera, オズワルド・カブレラ(ヤンキース)　43
Luis Campusano, ルイス・キャンプサーノ(パドレス)　435
Alexander Canario, アレクサンダー・カナリオ(カブス)　380

Jeimer Candelario, ジェイマー・キャンデラリオ (ナショナルズ) 332
Mark Canha, マーク・キャナ (メッツ) 290
Conner Capel, コナー・ケイペル (アスレティックス) 254
Victor Caratini, ヴィクター・カラティーニ (ブリュワーズ) 365
Dylan Carlson, ディラン・カールソン (カーディナルス) 348
Kerry Carpenter, ケリー・カーペンター (タイガース) 159
Matt Carpenter, マット・カーペンター (パドレス) 435
Carlos Carrasco, カルロス・カラスコ (メッツ) 282
Corbin Carroll, コービン・キャロル (ダイヤモンドバックス) 463
Diego Cartaya, ディエゴ・カルタヤ (ドジャース) 420
Curt Casali, カート・カサーリ (レッズ) 392
Triston Casas, トリスタン・カサス (レッドソックス) 102
Nick Castellanos, ニック・カステヤノス (フィリーズ) 308
Diego Castillo, ディエゴ・カスティーヨ (マリナーズ) 197
Luis Castillo, ルイス・カスティーヨ (マリナーズ) 195
Miguel Castro, ミゲール・カストロ (ダイヤモンドバックス) 457
Rodolfo Castro, ロドルフォ・カストロ (パイレーツ) 402
Cade Cavalli, ケイド・カヴァーリ (ナショナルズ) 327
Dylan Cease, ディラン・シース (ホワイトソックス) 124
Luis Cessa, ルイス・セッサ (レッズ) 387
Aroldis Chapman, アロルディス・チャップマン (ロイヤルズ) 165
Matt Chapman, マット・チャップマン (ブルージェイズ) 58
Yonny Chirinos, ヨニー・チリノス (レイズ) 68
Jazz Chisholm Jr., ジャズ・チゾム・ジュニア (マーリンズ) 319
Ji-Man Choi, 崔志萬 (チェ・ジマン) (パイレーツ) 402
Adam Cimber, アダム・シンバー (ブルージェイズ) 50
Jose Cisnero, ホセ・シスネロ (タイガース) 155
Aaron Civale, アーロン・シヴァーリ (ガーディアンズ) 113
Taylor Clarke, テイラー・クラーク (ロイヤルズ) 167
Emmanuel Clase, エマヌエル・クラセー (ガーディアンズ) 108
Garrett Cleavinger, ギャレット・クレヴィンジャー (レイズ) 69
Kody Clemens, コーディ・クレメンス (フィリーズ) 310
Mike Clevinger, マイク・クレヴィンジャー (ホワイトソックス) 126
Alex Cobb, アレックス・カッブ (ジャイアンツ) 441
Oscar Colas, オスカー・コラス (ホワイトソックス) 134
Gerrit Cole, ゲリット・コール (ヤンキース) 34
Dylan Coleman, ディラン・コールマン (ロイヤルズ) 167
Michael Conforto, マイケル・コンフォルト (ジャイアンツ) 446
Roansy Contreras, ロアンシー・コントレラス (パイレーツ) 397
William Contreras, ウィリアム・コントレラス (ブリュワーズ) 364
Willson Contreras, ウィルソン・コントレラス (カーディナルス) 347
Garrett Cooper, ギャレット・クーパー (マーリンズ) 321
Patrick Corbin, パトリック・コービン (ナショナルズ) 328
Carlos Correa, カルロス・コレイア (ツインズ) 143
Nestor Cortes, ネスター・コルテス (ヤンキース) 33
Jake Cousins, ジェイク・カズンズ (ブリュワーズ) 359
Colton Cowser, コルトン・カウザー (オリオールズ) 90
Brandon Crawford, ブランドン・クロフォード (ジャイアンツ) 448
J.P. Crawford, J.P.クロフォード (マリナーズ) 204
Kutter Crawford, カッター・クロフォード (レッドソックス) 98
Nabil Crismatt, ナビル・クリズマット (パドレス) 429
Jeff Criswell, ジェフ・クリスウェル (ロッキーズ) 471
C.J. Cron, C.J.クローン (ロッキーズ) 473
Jake Cronenworth, ジェイク・クローネンワース (パドレス) 434
Matt Cronin, マット・クローニン (ナショナルズ) 329
Wil Crowe, ウィル・クロウ (パイレーツ) 399
Fernando Cruz, フェルナンド・クルーズ (レッズ) 386
Nelson Cruz, ネルソン・クルーズ (パドレス) 436
Oneil Cruz, オニール・クルーズ (パイレーツ) 401
Jose Cuas, ホセ・クアース (ロイヤルズ) 168
Johnny Cueto, ジョニー・クエト (マーリンズ) 315

D

Travis d'Arnaud, トラヴィス・ダーノウ (ブレーブス) 272
Yu Darvish, ダルビッシュ有 (パドレス) 424
Tucker Davidson, タッカー・デイヴィッドソン (エンジェルス) 217
Zach Davies, ザック・デイヴィース (ダイヤモンドバックス) 456

Brennen Davis, ブレナン・デイヴィス (カブス) 380
J.D. Davis, J.D.デイヴィス (ジャイアンツ) 449
Yonathan Daza, ヨナタン・ダーザ (ロッキーズ) 474
Enyel De Los Santos, エンジェル・デロスサントス (ガーディアンズ) 112
Jacob deGrom, ジェイコブ・デグローム (レンジャーズ) 230
Chase De Jong, チェイス・デヤング (パイレーツ) 399
Paul DeJong, ポール・デヤング (カーディナルス) 350
Bryan De La Cruz, ブライアン・デラクルーズ (マーリンズ) 322
Elly De La Cruz, エリー・デラクルーズ (レッズ) 392
Zach DeLoach, ザック・デローチ (マリナーズ) 206
Anthony DeSclafani, アンソニー・デスクラファーニ (ジャイアンツ) 443
Reid Detmers, リード・デトマーズ (エンジェルス) 212
Rafael Devers, ラファエル・デヴァーズ (レッドソックス) 100
Aledmys Diaz, アレドミス・ディアス (アスレティックス) 252
Alexis Diaz, アレクシス・ディアス (レッズ) 385
Edwin Diaz, エドウィン・ディアス (メッツ) 279
Elias Diaz, エリアス・ディアス (ロッキーズ) 474
Jordan Diaz, ジョーダン・ディアス (アスレティックス) 255
Yainer Diaz, ジャイナー・ディアス (アストロズ) 190
Yandy Diaz, ヤンディ・ディアス (レイズ) 71
Corey Dickerson, コーリー・ディッカーソン (ナショナルズ) 333
Jake Diekman, ジェイク・ディークマン (ホワイトソックス) 127
Seranthony Dominguez, セランソニー・ドミンゲス (フィリーズ) 298
Josh Donaldson, ジョシュ・ドナルドソン (ヤンキース) 43
Brendan Donovan, ブレンダン・ドノヴァン (カーディナルス) 348
Camilo Doval, カミーロ・ドヴァル (ジャイアンツ) 441
Hunter Dozier, ハンター・ドージャー (ロイヤルズ) 173
Brandon Drury, ブランドン・ドルーリー (エンジェルス) 221
Dane Dunning, デイン・ダニング (レンジャーズ) 236
Jarren Duran, ジャレン・デュラン (レッドソックス) 104
Jhoan Duran, ヨアン・デュラン (ツインズ) 139
Adam Duvall, アダム・デュヴォール (レッドソックス) 103

E

Nate Eaton, ネイト・イートン (ロイヤルズ) 172
Tommy Edman, トミー・エドマン (カーディナルス) 347
Carl Edwards Jr., カール・エドワーズ・ジュニア (ナショナルズ) 328
Xavier Edwards, ハヴィエア・エドワーズ (マーリンズ) 322
Zach Eflin, ザック・エフリン (レイズ) 67
Bryce Elder, ブライス・エルダー (ブレーブス) 266
Adam Engel, アダム・エングル (パドレス) 436
Nathan Eovaldi, ネイサン・イオヴォルディ (レンジャーズ) 234
Eduardo Escobar, エドゥアルド・エスコバー (メッツ) 291
Santiago Espinal, サンティアーゴ・エスピナル (ブルージェイズ) 59
Daniel Espino, ダニエル・エスピーノ (ガーディアンズ) 113
Carlos Estevez, カルロス・エステヴェス (エンジェルス) 213
Thairo Estrada, タイロ・エストラーダ (ジャイアンツ) 446

F

Pete Fairbanks, ピート・フェアバンクス (レイズ) 66
Bailey Falter, ベイリー・フォルター (フィリーズ) 301
Buck Farmer, バック・ファーマー (レッズ) 386
Kyle Farmer, カイル・ファーマー (ツインズ) 147
Ryan Feltner, ライアン・フェルトナー (ロッキーズ) 471
Caleb Ferguson, ケイレブ・ファーガソン (ドジャース) 413
Matt Festa, マット・フェスタ (マリナーズ) 199
Kyle Finnegan, カイル・フィネガン (ナショナルズ) 326
Jack Flaherty, ジャック・フラハティ (カーディナルス) 340
David Fletcher, デイヴィッド・フレッチャー (エンジェルス) 222
Dominic Fletcher, ドミニク・フレッチャー (ダイヤモンドバックス) 464
Chris Flexen, クリス・フレクセン (マリナーズ) 199
Wilmer Flores, ウィルマー・フローレス (タイガース) 155
Wilmer Flores, ウィルマー・フローレス (ジャイアンツ) 447
Dylan Floro, ディラン・フロロ (マーリンズ) 317
Jason Foley, ジェイソン・フォーリー (タイガース) 154
Jake Fraley, ジェイク・フレイリー (レッズ) 390

Ty France, タイ・フランス (マリナーズ) 203
Wander Franco, ワンダー・フランコ (レイズ) 71
Adam Frazier, アダム・フレイジャー (オリオールズ) 90
Kyle Freeland, カイル・フリーランド (ロッキーズ) 468
Freddie Freeman, フレディ・フリーマン (ドジャース) 416
Sal Frelick, サル・フレリック (ブリュワーズ) 366
Max Fried, マックス・フリード (ブレーブス) 262
TJ Friedl, TJ・フリードル (レッズ) 391
Shintaro Fujinami, 藤浪晋太郎 (アスレティックス) 246
Michael Fulmer, マイケル・フルマー (カブス) 374

G

Giovanny Gallegos, ジオヴァニー・ガイエゴス (カーディナルス) 340
Zac Gallen, ザック・ギャレン (ダイヤモンドバックス) 454
Joey Gallo, ジョーイ・ギャロ (ツインズ) 145
Adolis Garcia, アドリス・ガルシア (レンジャーズ) 238
Avisail Garcia, アヴィサイル・ガルシア (マーリンズ) 321
Dermis Garcia, デルミス・ガルシア (アスレティックス) 255
Jarlin Garcia, ハーリン・ガルシア (パイレーツ) 398
Leury Garcia, レウリー・ガルシア (ホワイトソックス) 134
Luis Garcia, ルイス・ガルシア (アストロズ) 181
Luis Garcia, ルイス・ガルシア (ナショナルズ) 332
Luis Garcia, ルイス・ガルシア (パドレス) 428
Maikel Garcia, マイケル・ガルシア (ロイヤルズ) 174
Yimi Garcia, ジミー・ガルシア (ブルージェイズ) 52
Amir Garrett, アミール・ギャレット (ロイヤルズ) 168
Braxton Garrett, ブラクストン・ギャレット (マーリンズ) 316
Stone Garrett, ストーン・ギャレット (ナショナルズ) 334
Mitch Garver, ミッチ・ガーヴァー (レンジャーズ) 241
Robert Gasser, ロバート・ガッサー (ブリュワーズ) 360
Kevin Gausman, ケヴィン・ゴーズマン (ブルージェイズ) 49
Zack Gelof, ザック・ゲロフ (アスレティックス) 256
Tyler Gentry, タイラー・ジェントリー (ロイヤルズ) 174
Kyle Gibson, カイル・ギブソン (オリオールズ) 85
Logan Gilbert, ローガン・ギルバート (マリナーズ) 196
Lucas Gilbreath, ルーカス・ギルブレス (ロッキーズ) 471
Andres Gimenez, アンドレス・ヒメネス (ガーディアンズ) 114
Kevin Ginkel, ケヴィン・ギンケル (ダイヤモンドバックス) 458
Lucas Giolito, ルーカス・ジオリート (ホワイトソックス) 126
Tyler Glasnow, タイラー・グラスナウ (レイズ) 67
Paul Goldschmidt, ポール・ゴールドシュミット (カーディナルス) 344
Austin Gomber, オースティン・ゴンバー (ロッキーズ) 469
Yan Gomes, ヤン・ゴームス (カブス) 378
Yoendrys Gomez, ヨエンドリス・ゴメス (ヤンキース) 37
Tony Gonsolin, トニー・ゴンソリン (ドジャース) 410
Marco Gonzales, マルコ・ゴンザレス (マリナーズ) 198
Oscar Gonzalez, オスカー・ゴンザレス (ガーディアンズ) 119
Romy Gonzalez, ロミー・ゴンザレス (ホワイトソックス) 133
Nick Gordon, ニック・ゴードン (ツインズ) 144
MacKenzie Gore, マッケンジー・ゴア (ナショナルズ) 328
Nolan Gorman, ノーラン・ゴーマン (カーディナルス) 349
Gordon Graceffo, ゴードン・グラセフォオ (カーディナルス) 343
Yasmani Grandal, ヤスマニ・グランダル (ホワイトソックス) 132
Brusdar Graterol, ブルスダー・グラテロル (ドジャース) 413
Kendall Graveman, ケンドール・グレイヴマン (ホワイトソックス) 127
Jon Gray, ジョン・グレイ (レンジャーズ) 233
Josiah Gray, ジョサイア・グレイ (ナショナルズ) 326
Sonny Gray, ソニー・グレイ (ツインズ) 139
Hunter Greene, ハンター・グリーン (レッズ) 384
Riley Greene, ライリー・グリーン (タイガース) 157
Zack Greinke, ザック・グリンキー (ロイヤルズ) 166
Randal Grichuk, ランドール・グリチャク (ロッキーズ) 475
Trent Grisham, トレント・グリシャム (パドレス) 434
Vaughn Grissom, ヴォーン・グリッソム (ブレーブス) 273
Jay Groome, ジェイ・グルーム (パドレス) 430
Michael Grove, マイケル・グローヴ (ドジャース) 413
Javy Guerra, ハーヴィー・ゲーラ (ブリュワーズ) 360

Vladimir Guerrero Jr., ヴラディミール・ゲレーロ・ジュニア (ブルージェイズ) 56
Luis Guillorme, ルイス・ギョーメ (メッツ) 289
Lourdes Gurriel Jr., ルルデス・グリエル・ジュニア (ダイヤモンドバックス) 460

H

Eric Haase, エリック・ハース (タイガース) 160
Josh Hader, ジョシュ・ヘイダー (パドレス) 426
Sam Haggerty, サム・ハガティ (マリナーズ) 204
Darick Hall, デリック・ホール (フィリーズ) 309
DL Hall, DL・ホール (オリオールズ) 85
Emerson Hancock, エマーソン・ハンコック (マリナーズ) 199
Mitch Haniger, ミッチ・ハニガー (ジャイアンツ) 448
Ian Happ, イアン・ハップ (カブス) 377
Bryce Harper, ブライス・ハーパー (フィリーズ) 305
Dustin Harris, ダスティン・ハリス (レンジャーズ) 242
Michael Harris II, マイケル・ハリス2世 (ブレーブス) 270
Josh Harrison, ジョシュ・ハリソン (フィリーズ) 309
Kyle Harrison, カイル・ハリソン (ジャイアンツ) 445
Grant Hartwig, グラント・ハートウィグ (メッツ) 285
Hunter Harvey, ハンター・ハーヴィー (ナショナルズ) 327
Robert Hassell III, ロバート・ハッセル3世 (ナショナルズ) 334
Ke'Bryan Hayes, キーブライアン・ヘイズ (パイレーツ) 400
Austin Hays, オースティン・ヘイズ (オリオールズ) 89
Andrew Heaney, アンドリュー・ヒーニー (レンジャーズ) 231
Taylor Hearn, テイラー・ハーン (レンジャーズ) 235
Austin Hedges, オースティン・ヘッジス (パイレーツ) 402
Jonah Heim, ジョナ・ハイム (レンジャーズ) 237
Ryan Helsley, ライアン・ヘルズリー (カーディナルス) 339
Gunnar Henderson, ガナー・ヘンダーソン (オリオールズ) 87
Kyle Hendricks, カイル・ヘンドリックス (カブス) 372
Liam Hendriks, リーアム・ヘンドリックス (ホワイトソックス) 125
Cole Henry, コール・ヘンリー (ナショナルズ) 329
Tommy Henry, トミー・ヘンリー (ダイヤモンドバックス) 457
David Hensley, デイヴィッド・ヘンズリー (アストロズ) 189
Sam Hentges, サム・ヘンジェス (ガーディアンズ) 112
Jimmy Herget, ジミー・ハーゲット (エンジェルス) 212
Elieser Hernandez, エリエザー・ヘルナンデス (メッツ) 285
Enrique Hernandez, エンリケ・ヘルナンデス (レッドソックス) 102
Jonathan Hernandez, ジョナサン・ヘルナンデス (レンジャーズ) 234
Teoscar Hernandez, テオスカー・ヘルナンデス (マリナーズ) 202
Ivan Herrera, イヴァン・ヘレーラ (カーディナルス) 350
Aaron Hicks, アーロン・ヒックス (ヤンキース) 44
Jordan Hicks, ジョーダン・ヒックス (カーディナルス) 342
Kyle Higashioka, カイル・ヒガシオカ (ヤンキース) 43
Rich Hill, リッチ・ヒル (パイレーツ) 397
Tim Hill, ティム・ヒル (パドレス) 429
Keston Hiura, ケストン・ヒウラ (ブリュワーズ) 365
Sean Hjelle, ショーン・ジェリー (ジャイアンツ) 445
Nico Hoerner, ニコ・ホーナー (カブス) 378
Clay Holmes, クレイ・ホームズ (ヤンキース) 34
Rhys Hoskins, リース・ホスキンス (フィリーズ) 307
Eric Hosmer, エリック・ホズマー (パドレス) 379
Tanner Houck, タナー・ハウク (レッドソックス) 97
Adrian Houser, エイドリアン・ハウザー (ブリュワーズ) 358
Korry Howell, コリー・ハウエル (パドレス) 436
Dakota Hudson, ダコタ・ハドソン (カーディナルス) 343
Sam Huff, サム・ハフ (レンジャーズ) 242
Brandon Hughes, ブランドン・ヒューズ (カブス) 370
Cooper Hummel, クーパー・ハメル (マリナーズ) 206

I

Raisel Iglesias, ライセル・イグレシアス (ブレーブス) 264
Jonathan India, ジョナサン・インディア (レッズ) 389
Cole Irvin, コール・アーヴィン (オリオールズ) 84
Kyle Isbel, カイル・イズベル (ロイヤルズ) 173

493

J

Zach Jackson, ザック・ジャクソン(アスレティックス) 249
Drey Jameson, ドレイ・ジェイムソン(ダイヤモンドバックス) 457
Danny Jansen, ダニー・ジャンセン(ブルージェイズ) 58
Kenley Jansen, ケンリー・ジャンセン(レッドソックス) 95
Cristian Javier, クリスチャン・ハヴィエア(アストロズ) 179
Griffin Jax, グリフィン・ジャックス(ツインズ) 141
Ryan Jeffers, ライアン・ジェファーズ(ツインズ) 147
Dany Jimenez, ダニー・ヒメネス(アスレティックス) 249
Eloy Jimenez, エロイ・ヒメネス(ホワイトソックス) 131
Joe Jimenez, ジョー・ヒメネス(ブレーブス) 267
Pierce Johnson, ピアース・ジョンソン(ロッキーズ) 470
Aaron Judge, アーロン・ジャッジ(ヤンキース) 38
Hayden Juenger, ヘイデン・ユンガー(ブルージェイズ) 54
Edouard Julien, エドアール・ジュリエン(ツインズ) 148
Josh Jung, ジョシュ・ヤング(レンジャーズ) 240
Jakob Junis, ジェイコブ・ジュニス(ジャイアンツ) 445

K

Tommy Kahnle, トミー・ケインリー(ヤンキース) 35
James Kaprielian, ジェイムズ・カプリリアン(アスレティックス) 247
James Karinchak, ジェイムズ・カリンチャク(ガーディアンズ) 111
Jarred Kelenic, ジャレッド・ケルニック(マリナーズ) 206
Mitch Keller, ミッチ・ケラー(パイレーツ) 396
Carson Kelly, カーソン・ケリー(ダイヤモンドバックス) 460
Joe Kelly, ジョー・ケリー(ホワイトソックス) 128
Merrill Kelly, メルリ・ケリー(ダイヤモンドバックス) 455
Tony Kemp, トニー・ケンプ(アスレティックス) 252
Max Kepler, マックス・ケプラー(ツインズ) 147
Clayton Kershaw, クレイトン・カーショウ(ドジャース) 408
Carter Kieboom, カーター・キーブーム(ナショナルズ) 333
Kevin Kiermaier, ケヴィン・キアマイア(ブルージェイズ) 59
Yusei Kikuchi, 菊池雄星(ブルージェイズ) 51
Ha-Seong Kim, 金河成(キム・ハソン)(パドレス) 432
Craig Kimbrel, クレイグ・キンブル(フィリーズ) 299
Isiah Kiner-Falefa, アイザイア・カイナー=ファレーファ(ヤンキース) 42
Michael King, マイケル・キング(ヤンキース) 36
Tyler Kinley, タイラー・キンリー(ロッキーズ) 470
George Kirby, ジョージ・カービー(マリナーズ) 197
Alex Kirilloff, アレックス・キリロフ(ツインズ) 148
Alejandro Kirk, アレハンドロ・カーク(ブルージェイズ) 55
Corey Kluber, コーリー・クルーバー(レッドソックス) 95
Andrew Knizner, アンドルー・キズナー(カーディナルス) 349
Michael Kopech, マイケル・コペック(ホワイトソックス) 125
Ryan Kreidler, ライアン・クライドラー(タイガース) 158
Dean Kremer, ディーン・クレーマー(オリオールズ) 80
Steven Kwan, スティーヴン・クワン(ガーディアンズ) 115

L

Alex Lange, アレックス・ラング(タイガース) 154
Shea Langeliers, シェイ・ランゲリアーズ(アスレティックス) 253
Eric Lauer, エリック・ラウアー(ブリュワーズ) 356
Ramon Laureano, ラモン・ローリアーノ(アスレティックス) 251
Jose Leclerc, ホセ・ルクラーク(レンジャーズ) 232
Dylan Lee, ディラン・リー(ブレーブス) 265
Korey Lee, コーリー・リー(アストロズ) 190
DJ LeMahieu, DJ・ラメイヒュー(ヤンキース) 40
Pedro Leon, ペドロ・レオーン(アストロズ) 190
Matthew Liberatore, マシュー・リバートーア(カーディナルス) 343
Francisco Lindor, フランシスコ・リンドーア(メッツ) 288
Andre Lipcius, アンドレイ・リプシウス(タイガース) 160
Jonathan Loaisiga, ジョナサン・ロアイシガ(ヤンキース) 36
Nick Lodolo, ニック・ロドロ(レッズ) 384
Nick Loftin, ニック・ロフティン(ロイヤルズ) 174

M

Evan Longoria, エヴァン・ロンゴリア(ダイヤモンドバックス) 462
Jorge Lopez, ホルヘ・ロペス(ツインズ) 141
Jose Lopez, ホセ・ロペス(パドレス) 430
Nicky Lopez, ニッキー・ロペス(ロイヤルズ) 171
Otto Lopez, オットー・ロペス(ブルージェイズ) 60
Pablo Lopez, パブロ・ロペス(ツインズ) 140
Reynaldo Lopez, レイナルド・ロペス(ホワイトソックス) 128
Michael Lorenzen, マイケル・ローレンゼン(タイガース) 152
Aaron Loup, アーロン・ループ(エンジェルス) 216
Brandon Lowe, ブランドン・ラウ(レイズ) 72
Josh Lowe, ジョシュ・ロウ(レイズ) 74
Nathaniel Lowe, ナサニエル・ロウ(レンジャーズ) 239
Seth Lugo, セス・ルーゴ(パドレス) 428
Jordan Luplow, ジョーダン・ルプロウ(ブレーブス) 274
Gavin Lux, ギャヴィン・ラックス(ドジャース) 417
Jesus Luzardo, ヘスース・ルザード(マーリンズ) 315
Jordan Lyles, ジョーダン・ライルズ(ロイヤルズ) 167
Daniel Lynch, ダニエル・リンチ(ロイヤルズ) 166
Lance Lynn, ランス・リン(ホワイトソックス) 126

Manny Machado, マニー・マチャード(パドレス) 431
Nick Madrigal, ニック・マドリガル(カブス) 380
Kenta Maeda, 前田健太(ツインズ) 138
Tyler Mahle, タイラー・マーリー(ツインズ) 140
Martin Maldonado, マーティン・マルドナード(アストロズ) 189
Sean Manaea, ショーン・マナイア(ジャイアンツ) 442
Trey Mancini, トレイ・マンシーニ(カブス) 379
Matt Manning, マット・マニング(タイガース) 153
Alek Manoah, アレク・マノア(ブルージェイズ) 48
Joe Mantiply, ジョー・マンティプライ(ダイヤモンドバックス) 455
Manuel Margot, マヌエル・マーゴウ(レイズ) 75
Cade Marlowe, ケイド・マーロウ(マリナーズ) 206
German Marquez, ヘルマン・マルケス(ロッキーズ) 469
Alec Marsh, アレク・マーシュ(ロイヤルズ) 168
Brandon Marsh, ブランドン・マーシュ(フィリーズ) 308
Ketel Marte, ケテル・マーテイ(ダイヤモンドバックス) 461
Starling Marte, スターリング・マーテイ(メッツ) 289
Brett Martin, ブレット・マーティン(レンジャーズ) 235
Chris Martin, クリス・マーティン(レッドソックス) 96
J.D. Martinez, J.D.マルティネス(ドジャース) 419
Nick Martinez, ニック・マルティネス(パドレス) 426
Orelvis Martinez, オレルヴィス・マルティネス(ブルージェイズ) 60
Michael Massey, マイケル・マッシー(ロイヤルズ) 172
Bryan Mata, ブライアン・マータ(レッドソックス) 98
Jorge Mateo, ホルヘ・マテオ(オリオールズ) 88
Mark Mathias, マーク・マティアス(レンジャーズ) 241
J.J. Matijevic, J.J.マティシェヴィク(アストロズ) 190
Nick Maton, ニック・メイトン(タイガース) 160
Phil Maton, フィル・メイトン(アストロズ) 183
Ronny Mauricio, ロニー・マウリシオ(メッツ) 292
Dustin May, ダスティン・メイ(ドジャース) 410
Trevor May, トレヴァー・メイ(アスレティックス) 249
Tim Mayza, ティム・メイザ(ブルージェイズ) 52
James McCann, ジェイムズ・マッキャン(オリオールズ) 90
Jake McCarthy, ジェイク・マッカーシー(ダイヤモンドバックス) 462
Shane McClanahan, シェイン・マクラナハン(レイズ) 64
Chas McCormick, チャズ・マコーミック(アストロズ) 188
Lance McCullers Jr., ランス・マッカラーズ・ジュニア(アストロズ) 182
Andrew McCutchen, アンドリュー・マカッチェン(パイレーツ) 404
Scott McGough, スコット・マクガフ(ダイヤモンドバックス) 458
Reese McGuire, リース・マグワイア(レッドソックス) 101
Collin McHugh, コリン・マクヒュー(ブレーブス) 266
Triston McKenzie, トリスタン・マッケンジー(ガーディアンズ) 110
Ryan McMahon, ライアン・マクマーン(ロッキーズ) 473
Jeff McNeil, ジェフ・マクニール(メッツ) 286
Curtis Mead, カーティス・ミード(レイズ) 76

Austin Meadows, オースティン・メドウズ(タイガース) 159
Parker Meadows, パーカー・メドウズ(タイガース) 160
Tylor Megill, タイラー・メギル(メッツ) 284
Francisco Mejia, フランシスコ・メヒーア(レイズ) 73
Mark Melancon, マーク・メランソン(ダイヤモンドバックス) 456
Jaime Melendez, ハイメ・メレンデス(アストロズ) 183
MJ Melendez, MJ・メレンデス(ロイヤルズ) 171
Joey Meneses, ジョーイ・メネセス(ナショナルズ) 330
Whit Merrifield, ウィット・メリフィールド(ブルージェイズ) 59
Jake Meyers, ジェイク・マイヤーズ(アストロズ) 189
Miles Mikolas, マイルズ・マイコラス(カーディナルス) 338
Wade Miley, ウェイド・マイリー(ブリュワーズ) 359
Bobby Miller, ボビー・ミラー(ドジャース) 414
Bryce Miller, ブライス・ミラー(マリナーズ) 199
Shelby Miller, シェルビー・ミラー(ドジャース) 414
Hoby Milner, ホービー・ミルナー(ブリュワーズ) 357
A.J. Minter, A.J.ミンター(ブレーブス) 264
Jose Miranda, ホセ・ミランダ(ツインズ) 145
Cal Mitchell, カル・ミッチェル(パイレーツ) 403
Garrett Mitchell, ギャレット・ミッチェル(ブリュワーズ) 362
Yoan Moncada, ヨアン・モンカダ(ホワイトソックス) 133
Frankie Montas, フランキー・モンタス(ヤンキース) 37
Elehuris Montero, エレウリス・モンテーロ(ロッキーズ) 475
Rafael Montero, ラファエル・モンテーロ(アストロズ) 180
Jordan Montgomery, ジョーダン・モンゴメリー(カーディナルス) 341
Mason Montgomery, メイソン・モンゴメリー(レイズ) 69
Dylan Moore, ディラン・ムーア(マリナーズ) 205
Francisco Morales, フランシスコ・モラレス(フィリーズ) 302
Jovani Moran, ジョヴァニ・モラン(ツインズ) 142
Adrian Morejon, エイドリアン・モレホン(パドレス) 430
Christopher Morel, クリストファー・モレル(カブス) 379
Gabriel Moreno, ガブリエル・モレノ(ダイヤモンドバックス) 464
Cody Morris, コーディ・モリス(ガーディアンズ) 113
Charlie Morton, チャーリー・モートン(ブレーブス) 265
Ryan Mountcastle, ライアン・マウントキャッスル(オリオールズ) 89
Kyle Muller, カイル・ムラー(アスレティックス) 250
Cedric Mullins, セドリック・マリンズ(オリオールズ) 87
Max Muncy, マックス・マンシー(ドジャース) 418
Andres Munoz, アンドレス・ムニョス(マリナーズ) 194
Penn Murfee, ペン・マーフィー(マリナーズ) 198
Sean Murphy, ショーン・マーフィー(ブレーブス) 271
Tom Murphy, トム・マーフィー(マリナーズ) 205
Joe Musgrove, ジョー・マズグローヴ(パドレス) 427
Simon Muzziotti, サイモン・ムジオティ(フィリーズ) 310
Wil Myers, ウィル・マイヤーズ(レッズ) 388

N

Omar Narvaez, オマー・ナルヴァエス(メッツ) 291
Bo Naylor, ボー・ネイラー(ガーディアンズ) 119
Josh Naylor, ジョシュ・ネイラー(ガーディアンズ) 117
Nick Nelson, ニック・ネルソン(フィリーズ) 301
Ryne Nelson, ライン・ネルソン(ダイヤモンドバックス) 458
Hector Neris, ヘクター・ネリス(アストロズ) 182
Zach Neto, ザック・ネト(エンゼルス) 226
Kevin Newman, ケヴィン・ニューマン(レッズ) 390
Tomas Nido, トマス・ニド(メッツ) 290
Brandon Nimmo, ブランドン・ニモ(メッツ) 288
Ryan Noda, ライアン・ノダ(アスレティックス) 256
Aaron Nola, アーロン・ノーラ(フィリーズ) 296
Austin Nola, オースティン・ノーラ(パドレス) 434
Lars Nootbaar, ラース・ヌートバー(カーディナルス) 346
Malcom Nunez, マルコム・ヌニェス(パイレーツ) 404

O

Logan O'Hoppe, ローガン・オホッピー(エンゼルス) 222
Tyler O'Neill, タイラー・オニール(カーディナルス) 349

Bailey Ober, ベイリー・オーバー(ツインズ) 140
Jake Odorizzi, ジェイク・オドリッジ(レンジャーズ) 233
Shohei Ohtani, 大谷翔平(エンゼルス)※投手 210
Shohei Ohtani, 大谷翔平(エンゼルス)※野手 218
Steven Okert, スティーヴン・オーカート(マーリンズ) 317
Edward Olivares, エドワード・オリヴァレス(ロイヤルズ) 173
Adam Oller, アダム・オラー(アスレティックス) 248
Matt Olson, マット・オルソン(ブレーブス) 269
Jonathan Ornelas, ジョナサン・オルネラス(レンジャーズ) 242
Adam Ottavino, アダム・オタヴィーノ(メッツ) 282
Glenn Otto, グレン・オットー(レンジャーズ) 236
James Outman, ジェイムズ・アウトマン(ドジャース) 420
Connor Overton, コナー・オヴァートン(レッズ) 387
Marcell Ozuna, マーセル・オズナ(ブレーブス) 273

P

Cristian Pache, クリスチャン・パチェ(アスレティックス) 256
Andy Pages, アンディ・パヘス(ドジャース) 420
Andre Pallante, アンドレ・パランテ(カーディナルス) 341
Isaac Paredes, アイザック・パレデス(レイズ) 73
Vinnie Pasquantino, ヴィニー・パスクァンティーノ(ロイヤルズ) 170
Joc Pederson, ジョック・ピーダーソン(ジャイアンツ) 448
Jeremy Pena, ジェレミー・ペーニャ(アストロズ) 184
Ryan Pepiot, ライアン・ペピオ(ドジャース) 414
Freddy Peralta, フレディ・ペラルタ(ブリュワーズ) 356
Sammy Peralta, サミー・ペラルタ(ホワイトソックス) 128
Wandy Peralta, ワンディ・ペラルタ(ヤンキース) 36
Oswald Peraza, オズワルド・ペラザ(ヤンキース) 44
Geraldo Perdomo, ヘラルド・ペルドモ(ダイヤモンドバックス) 462
Everson Pereira, エヴァーソン・ペレイラ(ヤンキース) 44
Cionel Perez, シオネル・ペレス(オリオールズ) 82
Eury Perez, ユーリ・ペレス(マーリンズ) 317
Martin Perez, マーティン・ペレス(レンジャーズ) 232
Roberto Perez, ロベルト・ペレス(ジャイアンツ) 449
Salvador Perez, サルヴァドール・ペレス(ロイヤルズ) 170
David Peterson, デイヴィッド・ピーターソン(メッツ) 284
Jace Peterson, ジェイス・ピーターソン(アスレティックス) 253
Brandon Pfaadt, ブランドン・フォート(ダイヤモンドバックス) 458
Tommy Pham, トミー・ファム(メッツ) 292
Brett Phillips, ブレット・フィリップス(エンゼルス) 226
Evan Phillips, エヴァン・フィリップス(ドジャース) 411
Manny Pina, マニー・ピーニャ(アスレティックス) 255
Nick Pivetta, ニック・ピヴェタ(レッドソックス) 96
Michael Plassmeyer, マイケル・プラスマイヤー(フィリーズ) 302
Zach Plesac, ザック・プリーサック(ガーディアンズ) 113
Colin Poche, コリン・ポシェイ(レイズ) 68
Jorge Polanco, ホルヘ・ポランコ(ツインズ) 146
AJ Pollock, AJ・ポロック(マリナーズ) 205
Drew Pomeranz, ドルー・ポメランツ(パドレス) 430
Zach Pop, ザック・ポップ(ブルージェイズ) 53
Nick Pratto, ニック・プラット(ロイヤルズ) 174
Ryan Pressly, ライアン・プレスリー(アストロズ) 180
Quinn Priester, クイン・プリースター(パイレーツ) 399

Q

Cal Quantrill, カル・クワントリル(ガーディアンズ) 110
Edgar Quero, エドガー・ケーロ(エンゼルス) 226
Jose Quijada, ホセ・キハーダ(エンゼルス) 215
Jose Quintana, ホセ・キンターナ(メッツ) 283

R

Ceddanne Rafaela, セダン・ラファエラ(レッドソックス) 104
Cal Raleigh, キャル・ローリー(マリナーズ) 200
Brooks Raley, ブルックス・レイリー(メッツ) 285
Harold Ramirez, ハロルド・ラミレス(レイズ) 76

Jose Ramirez, ホセ・ラミレス (ガーディアンズ) 116
Heliot Ramos, エリオット・ラモス (ジャイアンツ) 450
Drew Rasmussen, ドルー・ラスマッセン (レイズ) 65
Robbie Ray, ロビー・レイ (マリナーズ) 197
J.T. Realmuto, J.T.リアルミュート (フィリーズ) 303
Rob Refsnyder, ロブ・レフスナイダー (レッドソックス) 103
Anthony Rendon, アンソニー・レンドーン (エンジェルス) 225
Hunter Renfroe, ハンター・レンフロー (エンジェルス) 221
Luis Rengifo, ルイス・レインフォ (エンジェルス) 223
Bryan Reynolds, ブライアン・レイノルズ (パイレーツ) 400
Trevor Richards, トレヴァー・リチャーズ (ブルージェイズ) 54
Simeon Woods Richardson, シメオン・ウッズ・リチャードソン (ツインズ) 142
Austin Riley, オースティン・ライリー (ブレーブス) 268
Anthony Rizzo, アンソニー・リゾ (ヤンキース) 41
Luis Robert Jr., ルイス・ロバート・ジュニア (ホワイトソックス) 131
David Robertson, デイヴィッド・ロバートソン (メッツ) 284
Victor Robles, ヴィクター・ロブレス (ナショナルズ) 333
Brendan Rodgers, ブレンダン・ロジャーズ (ロッキーズ) 472
Carlos Rodon, カルロス・ロドーン (ヤンキース) 32
Eduardo Rodriguez, エドゥアルド・ロドリゲス (タイガース) 152
Endy Rodriguez, エンディ・ロドリゲス (パイレーツ) 404
Grayson Rodriguez, グレイソン・ロドリゲス (オリオールズ) 85
Joely Rodriguez, ジョエリー・ロドリゲス (レッドソックス) 98
Julio Rodriguez, フリオ・ロドリゲス (マリナーズ) 201
Taylor Rogers, テイラー・ロジャーズ (ジャイアンツ) 444
Trevor Rogers, トレヴァー・ロジャーズ (マーリンズ) 316
Tyler Rogers, タイラー・ロジャーズ (ジャイアンツ) 444
Johan Rojas, ヨハン・ロハス (フィリーズ) 310
Josh Rojas, ジョシュ・ロハス (ダイヤモンドバックス) 461
Miguel Rojas, ミゲール・ロハス (ドジャース) 419
Ryan Rolison, ライアン・ロリソン (ロッキーズ) 471
Jordan Romano, ジョーダン・ロマーノ (ブルージェイズ) 49
Amed Rosario, アーメド・ロザリオ (ガーディアンズ) 117
Eddie Rosario, エディ・ロザリオ (ブレーブス) 273
Eguy Rosario, エグイ・ロザリオ (パドレス) 436
Drew Rucinski, ドルー・ルチンスキー (アスレティックス) 250
Esteury Ruiz, エステウリー・ルイーズ (アスレティックス) 254
Keibert Ruiz, キーバート・ルイーズ (ナショナルズ) 331
Adley Rutschman, アドリー・ラッチマン (オリオールズ) 86
Joe Ryan, ジョー・ライアン (ツインズ) 138
Hyun Jin Ryu, 柳賢振 (リュ・ヒョンジン) (ブルージェイズ) 54

S

Chris Sale, クリス・セイル (レッドソックス) 94
Adrian Sampson, エイドリアン・サンプソン (カブス) 374
Cristopher Sanchez, クリストファー・サンチェス (フィリーズ) 302
Jesus Sanchez, ヘスース・サンチェス (マーリンズ) 322
Nick Sandlin, ニック・サンドリン (ガーディアンズ) 112
Patrick Sandoval, パトリック・サンドヴァル (エンジェルス) 211
Reiver Sanmartin, レイヴァー・サンマルティーン (レッズ) 386
Carlos Santana, カルロス・サンタナ (パイレーツ) 401
Anthony Santander, アンソニー・サンタンデーア (オリオールズ) 88
Max Scherzer, マックス・シャーザー (メッツ) 281
Clarke Schmidt, クラーク・シュミット (ヤンキース) 37
Casey Schmitt, ケイシー・シュミット (ジャイアンツ) 450
Jonathan Schoop, ジョナサン・スクープ (タイガース) 158
John Schreiber, ジョン・シュライバー (レッドソックス) 96
Kyle Schwarber, カイル・シュワーバー (フィリーズ) 304
Tanner Scott, タナー・スコット (マーリンズ) 316
Corey Seager, コーリー・シーガー (レンジャーズ) 239
JP Sears, JP・シアーズ (アスレティックス) 248
Jean Segura, ジーン・セグラ (マーリンズ) 321
Marcus Semien, マーカス・シミエン (レンジャーズ) 238
Koudai Senga, 千賀滉大 (メッツ) 278
Nick Senzel, ニック・センゼル (レッズ) 391
Brian Serven, ブライアン・サーヴェン (ロッキーズ) 476
Luis Severino, ルイス・セヴェリーノ (ヤンキース) 35

Paul Sewald, ポール・シーウォルド (マリナーズ) 196
Gavin Sheets, ギャヴィン・シーツ (ホワイトソックス) 132
Braden Shewmake, ブレイデン・シューメイク (ブレーブス) 274
Jared Shuster, ジャレッド・シュスター (ブレーブス) 267
Michael Siani, マイケル・シアニ (レッズ) 392
Chase Silseth, チェイス・シルセス (エンジェルス) 217
Josh Simpson, ジョシュ・シンプソン (マーリンズ) 317
Brady Singer, ブレイディ・シンガー (ロイヤルズ) 164
Jose Siri, ホセ・シリ (レイズ) 74
Austin Slater, オースティン・スレイター (ジャイアンツ) 450
Dominic Smith, ドミニク・スミス (ナショナルズ) 334
Drew Smith, ドルー・スミス (メッツ) 283
Josh H. Smith, ジョシュ・H・スミス (レンジャーズ) 240
Pavin Smith, ペイヴィン・スミス (ダイヤモンドバックス) 463
Will Smith, ウィル・スミス (ドジャース) 417
Drew Smyly, ドルー・スマイリー (カブス) 372
Blake Snell, ブレイク・スネル (パドレス) 427
Nick Solak, ニック・ソラック (レッズ) 391
Jorge Soler, ホルヘ・ソレーア (マーリンズ) 320
Mike Soroka, マイク・ソロカ (ブレーブス) 267
Edmundo Sosa, エドマンド・ソーサ (フィリーズ) 310
Lenyn Sosa, レニン・ソーサ (ホワイトソックス) 134
Gregory Soto, グレゴリー・ソト (フィリーズ) 300
Juan Soto, ホアン・ソト (パドレス) 433
Livan Soto, リヴァン・ソト (エンジェルス) 225
George Springer, ジョージ・スプリンガー (ブルージェイズ) 57
Jeffrey Springs, ジェフリー・スプリングス (レイズ) 65
Jacob Stallings, ジェイコブ・スターリングス (マーリンズ) 302
Ryne Stanek, ライン・スタネック (アストロズ) 183
Giancarlo Stanton, ジャンカルロ・スタントン (ヤンキース) 42
Max Stassi, マックス・スタッシー (エンジェルス) 223
Justin Steele, ジャスティン・スティール (カブス) 370
Spencer Steer, スペンサー・スティーア (レッズ) 392
Trevor Stephan, トレヴァー・ステフィン (ガーディアンズ) 111
Tyler Stephenson, タイラー・スティーヴンソン (レッズ) 388
Gavin Stone, ギャヴィン・ストーン (ドジャース) 414
Trevor Story, トレヴァー・ストーリー (レッドソックス) 104
Bryson Stott, ブライソン・ストット (フィリーズ) 309
Levi Stoudt, リーヴァイ・スタウト (レッズ) 387
Kyle Stowers, カイル・ストワーズ (オリオールズ) 89
Matt Strahm, マット・ストラム (フィリーズ) 302
Stephen Strasburg, スティーヴン・ストラスバーグ (ナショナルズ) 329
Chris Stratton, クリス・ストラットン (カーディナルス) 342
Myles Straw, マイルズ・ストロウ (ガーディアンズ) 119
Spencer Strider, スペンサー・ストライダー (ブレーブス) 263
Ross Stripling, ロス・ストリップリング (ジャイアンツ) 443
Marcus Stroman, マーカス・ストローマン (カブス) 371
Peter Strzelecki, ピーター・ストレレキー (ブリュワーズ) 359
Eugenio Suarez, エウヘイニオ・スアレス (マリナーズ) 203
Jose Suarez, ホセ・スアレス (エンジェルス) 214
Ranger Suarez, レンジャー・スアレス (フィリーズ) 297
Robert Suarez, ロベルト・スアレス (パドレス) 425
Brent Suter, ブレント・スーター (ロッキーズ) 470
Jack Suwinski, ジャック・スウィンスキー (パイレーツ) 403
Seiya Suzuki, 鈴木誠也 (カブス) 375
Travis Swaggerty, トラヴィス・スワーガティ (パイレーツ) 404
Dansby Swanson, ダンズビー・スワンソン (カブス) 367
Erik Swanson, エリック・スワンソン (ブルージェイズ) 50
Noah Syndergaard, ノア・シンダーガード (ドジャース) 412

T

Jameson Taillon, ジェイムソン・タイオン (カブス) 373
Freddy Tarnok, フレディ・ターノク (アスレティックス) 250
Dillon Tate, ディロン・テイト (オリオールズ) 84
Fernando Tatis Jr., フェルナンド・タティス・ジュニア (パドレス) 435
Leody Taveras, レオディ・タヴェラス (レンジャーズ) 240
Michael A. Taylor, マイケル・A・テイラー (ツインズ) 148

Chris Taylor, クリス・テイラー（ドジャース） 418
Tyrone Taylor, タイロン・テイラー（ブリュワーズ） 364
Rowdy Tellez, ロウディ・テレーズ（ブリュワーズ） 363
Ryan Tepera, ライアン・テペラ（エンジェルス） 215
Matt Thaiss, マット・タイス（エンジェルス） 226
Caleb Thielbar, ケイレブ・スィールバー（ツインズ） 141
Alek Thomas, アレック・トーマス（ダイヤモンドバックス） 463
Lane Thomas, レイン・トーマス（ナショナルズ） 331
Bubba Thompson, バッバ・トンプソン（レンジャーズ） 241
Keegan Thompson, キーガン・トンプソン（カブス） 373
Mason Thompson, メイソン・トンプソン（ナショナルズ） 329
Trayce Thompson, トレイス・トンプソン（ドジャース） 418
Trent Thornton, トレント・ソーントン（ブルージェイズ） 53
Michael Toglia, マイケル・トグリア（ロッキーズ） 476
Spencer Torkelson, スペンサー・トーケルソン（タイガース） 158
Gleyber Torres, グレイバー・トーレス（ヤンキース） 40
Ezequiel Tovar, エゼキエル・トーヴァー（ロッキーズ） 476
Alan Trejo, アラン・トレホ（ロッキーズ） 475
Jose Trevino, ホセ・トレヴィーニョ（ヤンキース） 39
Lou Trivino, ルー・トリヴィーノ（ヤンキース） 35
Mike Trout, マイク・トラウト（エンジェルス） 219
Yoshi Tsutsugo, 筒香嘉智（レンジャーズ） 242
Kyle Tucker, カイル・タッカー（アストロズ） 186
Brice Turang, ブライス・トゥラン（ブリュワーズ） 366
Spencer Turnbull, スペンサー・ターンブル（タイガース） 154
Justin Turner, ジャスティン・ターナー（レッドソックス） 101
Trea Turner, トレイ・ターナー（フィリーズ） 306

U

Duane Underwood Jr., ドゥエイン・アンダーウッド・ジュニア（パイレーツ） 398
Jose Urena, ホセ・ウレーニャ（ロッキーズ） 469
Julio Urias, フリオ・ウリーアス（ドジャース） 409
Luis Urias, ルイス・ウリーアス（ブリュワーズ） 363
Ramon Urias, ラモン・ウリーアス（オリオールズ） 88
Abner Uribe, アブナー・ウリーベ（ブリュワーズ） 360
Jose Urquidy, ホセ・アーキーディ（アストロズ） 181
Gio Urshela, ジオ・アーシェラ（エンジェルス） 224

V

Enmanuel Valdez, エマヌエル・ヴァルデス（レッドソックス） 104
Framber Valdez, フランバー・ヴァルデス（アストロズ） 178
George Valera, ジョージ・ヴァレラ（ガーディアンズ） 120
Ildemaro Vargas, イルデマーロ・ヴァルガス（ナショナルズ） 330
Miguel Vargas, ミゲール・ヴァルガス（ドジャース） 419
Louie Varland, ルーイ・ヴァーランド（ツインズ） 142
Daulton Varsho, ドールトン・ヴァーショ（ブルージェイズ） 58
Andrew Vaughn, アンドルー・ヴォーン（ホワイトソックス） 130
Christian Vazquez, クリスチャン・ヴァスケス（ツインズ） 146
Zac Veen, ザック・ヴィーン（ロッキーズ） 476
Vince Velasquez, ヴィンス・ヴェラスケス（パイレーツ） 398
Andrew Velazquez, アンドルー・ヴェラスケス（エンジェルス） 225
Alex Verdugo, アレックス・ヴァードゥーゴ（レッドソックス） 102
Drew VerHagen, ドルー・ヴァーヘイゲン（カーディナルス） 343
Justin Verlander, ジャスティン・ヴァーランダー（メッツ） 280
Alex Vesia, アレックス・ヴェシーア（ドジャース） 411
Matt Vierling, マット・ヴィアリング（タイガース） 156
David Villar, デイヴィッド・ヴィアー（ジャイアンツ） 450
Meibrys Viloria, メイブリーズ・ヴィロリア（ガーディアンズ） 120
Victor Vodnik, ヴィクター・ヴォドニク（ブレーブス） 267
Daniel Vogelbach, ダニエル・ヴォーゲルバック（メッツ） 291
Anthony Volpe, アンソニー・ヴォルピー（ヤンキース） 44
Austin Voth, オースティン・ヴォース（オリオールズ） 83
Joey Votto, ジョーイ・ヴォト（レッズ） 389

W

Luke Waddell, ルーク・ワッデル（ブレーブス） 274
Adam Wainwright, アダム・ウェインライト（カーディナルス） 339
Cole Waites, コール・ウェイツ（ジャイアンツ） 445
Ken Waldichuk, ケン・ウォルドチャック（アスレティックス） 250
Christian Walker, クリスチャン・ウォーカー（ダイヤモンドバックス） 459
Jordan Walker, ジョーダン・ウォーカー（カーディナルス） 350
Taijuan Walker, タイワン・ウォーカー（フィリーズ） 299
Matt Wallner, マット・ウォールナー（ツインズ） 148
Taylor Walls, テイラー・ウォールズ（レイズ） 72
Jared Walsh, ジャレッド・ウォルシュ（エンジェルス） 224
Brandon Walter, ブランドン・ウォルター（レッドソックス） 98
Andrew Wantz, アンドルー・ワンツ（エンジェルス） 214
Taylor Ward, テイラー・ウォード（エンジェルス） 220
Drew Waters, ドルー・ウォーターズ（ロイヤルズ） 172
Spenser Watkins, スペンサー・ワトキンス（オリオールズ） 85
Luke Weaver, ルーク・ウィーヴァー（レッズ） 385
Logan Webb, ローガン・ウェッブ（ジャイアンツ） 440
Tyler Wells, タイラー・ウェルズ（オリオールズ） 82
Joey Wendle, ジョーイ・ウェンドル（マーリンズ） 320
Joey Wentz, ジョーイ・ウエンツ（タイガース） 155
Hayden Wesneski, ヘイデン・ウェズネスキー（カブス） 371
Jordan Westburg, ジョーダン・ウエストバーグ（オリオールズ） 90
Zack Wheeler, ザック・ウィーラー（フィリーズ） 298
Owen White, オーウェン・ホワイト（レンジャーズ） 236
Forrest Whitley, フォレスト・ウィットリー（アストロズ） 183
Garrett Whitlock, ギャレット・ウィトロック（レッドソックス） 97
Rowan Wick, ローワン・ウィック（カブス） 373
Jordan Wicks, ジョーダン・ウィックス（カブス） 374
Devin Williams, デヴィン・ウィリアムズ（ブリュワーズ） 355
Trevor Williams, トレヴァー・ウィリアムズ（ナショナルズ） 327
Brandon Williamson, ブランドン・ウィリアムソン（レッズ） 387
Steven Wilson, スティーヴン・ウィルソン（パドレス） 429
Jesse Winker, ジェシー・ウインカー（ブリュワーズ） 365
Cole Winn, コール・ウィン（レンジャーズ） 236
Patrick Wisdom, パトリック・ウィズダム（カブス） 380
Bobby Witt Jr., ボビー・ウィット・ジュニア（ロイヤルズ） 169
Kolten Wong, コルテン・ウォン（マリナーズ） 202
Alex Wood, アレックス・ウッド（ジャイアンツ） 443
Jake Woodford, ジェイク・ウッドフォード（カーディナルス） 342
Brandon Woodruff, ブランドン・ウッドラフ（ブリュワーズ） 355
Kyle Wright, カイル・ライト（ブレーブス） 263

Y

Ryan Yarbrough, ライアン・ヤーブロウ（ロイヤルズ） 166
Mike Yastrzemski, マイク・ヤストレムスキー（ジャイアンツ） 447
Christian Yelich, クリスチャン・イェリッチ（ブリュワーズ） 362
Juan Yepez, ホアン・イエペス（カーディナルス） 350
Masataka Yoshida, 吉田正尚（レッドソックス） 99

Z

Seby Zavala, セビー・ザヴァラ（ホワイトソックス） 133
Angel Zerpa, アンヘル・セルパ（ロイヤルズ） 168
Yosver Zulueta, ヨスヴァー・ズルエタ（ブルージェイズ） 54
Mike Zunino, マイク・ズニーノ（ガーディアンズ） 118

監修者略歴
村上雅則（むらかみ まさのり）
1944年、山梨県生まれ。法政二高卒。1963年、南海ホークスに入団。64年、サンフランシスコ・ジャイアンツ傘下の1Aフレズノ（カリフォルニア・リーグ）に野球留学。同リーグでの好成績（のちに同リーグの新人王、ベストナイン）を買われ、シーズン途中の9月1日に3階級特進でメジャー（ジャイアンツ）入りを果たし、日本人として初のメジャーリーガーとなる。その年は、1勝1セーブ。翌65年には、主にリリーフで45試合に登板。74回1/3を投げて、4勝1敗8セーブ（防御率3.75）奪三振85という抜群の成績を残した。66年に帰国後は南海、阪神、日本ハムで活躍し、103勝をマーク。のちに算出されたセーブポイントも100を超す。82年に引退後は、日本ハム、ダイエー、西武のコーチ、そしてサンフランシスコ・ジャイアンツの春季キャンプのピッチングコーチ（日本人初のメジャーコーチ）、及び極東スカウトのほか、NHKの解説者などを歴任。現役中も今も、「マッシー」の愛称で多くのファンに親しまれている。2004年、日米交流150周年記念外務大臣表彰を受ける。12年12月、国連UNHCR協会国連難民親善アスリートに就任。著書に、『たった一人の大リーガー』（恒文社）、『ヒット・バイ・ピッチ』（ザ・マサダ）などがある。アメリカでは15年に、同氏を描いた評伝『MASHI』（ROBERT K. FITTS著）も刊行された。

編著者略歴
友成那智（ともなり なち）
1956年、青森県生まれ。上智大卒。学生時代にアメリカで生のゲームに接してメジャーリーグ・マニアとなる。卒業後、雑誌のスポーツ担当編集記者として、日本で活躍する元メジャーリーガーたちと交流。メジャーに関する知識を深める。現在、様々な新聞、雑誌などにメジャーリーグ関連の記事を寄稿する一方、『NHKメジャーリーグガイド』『白夜ムック ウェルカム・メジャーリーグ』『別冊宝島 日本人大リーガー全戦績』等の執筆やプロデュースも手がけている。著書に、イチローのバットなどを作った職人たちをテーマにした『258本をうんだバット』（ポプラ社）。

装　幀	二宮貴子（ジャムスッカ）
本文デザイン	木村ミユキ
写真協力	Getty Images
	Major League Baseball/Getty Images
	AP／アフロ　USA TODAY Sports／ロイター／アフロ
	スポーツニッポン新聞社
制作協力	吉川優則（明昌堂）
編集協力	鳥羽 唯　佐野之彦　落合初春　関口隆哉　矢島規男
	出口誠記　長岡伸治（プリンシパル）
編　集	岩崎隆宏（廣済堂出版）

メジャーリーグ・完全データ選手名鑑2023

2023年3月15日　第1版第1刷

監修者	村上雅則
編著者	友成那智
発行者	伊藤岳人
発行所	株式会社 廣済堂出版
	〒101-0052　東京都千代田区神田小川町2-3-13 M&Cビル7F
	電話　03-6703-0964（編集）
	03-6703-0962（販売）
	FAX　03-6703-0963（販売）
	振替　00180-0-164137
	URL　https://www.kosaido-pub.co.jp/
印刷所	三松堂株式会社
製本所	

ISBN978-4-331-52385-8 C0075